경찰대학

7개년
기출문제 다잡기

국어·영어·수학

시대에듀

경찰대학 모집 요강 INFORMATION

경찰대학 시험 소개

원서접수	필기시험	필기시험 합격자 발표	신체 · 체력 · 적성검사	면접시험	최종 합격자 발표
5월 초 ~ 중	8월 초	8월 중	9월 초 ~ 말	12월 초 ~ 중	1월 초

1차 시험(필기)	• 남녀 통합 선발 • 인문 · 자연 계열 구분 없이 응시 가능 • 학과는 법학과 · 행정학과 각 25명 정원이며, 2학년 진학 시 결정
2차 시험 (신체 · 체력 · 적성검사/면접시험)	• 신체 · 체력 · 적성검사 　– 개인별 조 편성하여 진행(개인별 1일 소요) 　　※ 8월 중 개인별 1일 순환식 체력검사 연습기회 제공 　　※ 신체 · 체력 · 적성검사 당일 「2차 시험 제출서류」 반드시 제출 • 면접시험 　– 신체 · 체력 검사 합격자에 한해 조를 나누어 진행(개인별 1일 소요)

순환식 체력검사 기준

구분	합격	불합격
기록	5분 10초 이하	5분 10초 초과

※ 순환식 체력검사는 개인별 1회 실시하며 불합격 시 추가기회 부여 없음
※ 경찰대학 입학생들은 졸업(임용) 전 채용기준으로 「순환식 체력검사」를 통과하여야 함
※ 채용기준 : 4.2kg 조끼를 착용하고 신체저항성 기구 32kg으로 중량 강화하여 4분 40초 이하 수행

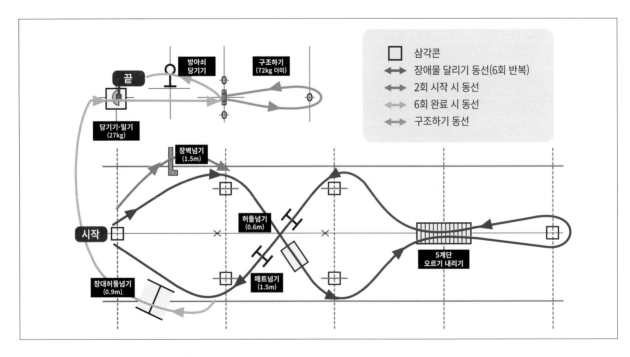

❖ 상기 내용은 2025학년도 모집 요강을 참고하였습니다. 경찰대학 홈페이지에서 최종 확정된 모집 요강을 반드시 확인하시기 바랍니다.

국어영역

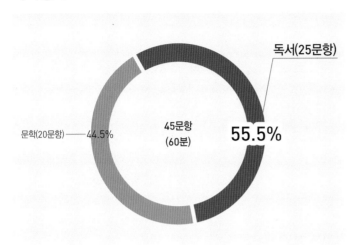

❶ 한줄평

작년과 비슷한 난도로 출제되었으며, 정확한 학습을 한 수험생들이 고득점을 얻었을 것으로 예상됨

❷ 과목 분석

- **문학** : 작품의 의미를 파악하는 데 어려움이 크지 않았을 것으로 예상됨
- **독서** : 독해력을 요구하는 문제들이 출제되어 체감 난도가 높았을 것으로 예상됨

영어영역

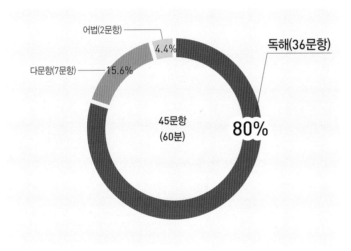

❶ 한줄평

작년과 비슷하거나 약간 낮은 난도로 출제되었으며, 실전연습이 충분한 수험생들은 좋은 점수를 얻었을 것으로 예상됨

❷ 유형 분석

- **어법** : 동사/수동태 출제
- **독해** : 기출문제 위주로 각 문제 유형에 맞는 풀이법을 충분히 연습해야 함
- **다문항** : 작년도보다 다문항의 문항 수가 늘어났으며, 시간 분배에 대한 연습이 필요함

수학영역

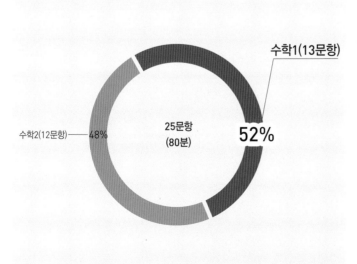

❶ 한줄평

작년보다 높은 난도로 시간 부족으로 어려움을 겪었을 것으로 보임

❷ 과목 분석

- **수학1** : 삼각함수 단원은 평이한 수준이었으나 지수·로그 함수와 수열 단원에서 일부 까다로운 문항이 출제되어 꼼꼼한 개념 정리가 필요할 것으로 보임
- **수학2** : 계산하기에 무난한 수준의 문항들이 출제되었으며 연속함수의 추론이나 정적분의 계산 문제 등을 제외하면 깔끔하게 떨어지는 계산 문제들이 주를 이룸

이 책의 구성과 특징 STRUCTURES

문제편

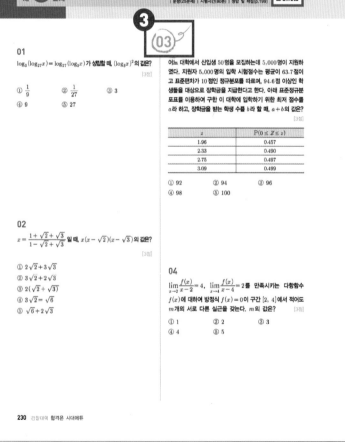

❶ 총 7개년 기출문제 수록

2025~2019학년도 기출문제를 수록하여, 다양한 문제 유형을 파악하고 학습할 수 있습니다. 7개년의 기출문제를 통해 경찰대학 시험의 문제 유형에 적응하고, 실제 시험에서 자신 있게 실력을 발휘해 보세요.

❷ 모바일 OMR을 이용한 채점

QR코드를 스캔하면 모바일 OMR을 이용할 수 있습니다. 시간측정, 점수측정, 자동채점, 점수분석을 통해 효과적으로 문제를 풀어볼 수 있습니다.

❸ 제외되는 문항 표시

2022학년도부터 변경된 출제경향에 따라 제외되는 문항을 표시했습니다. 변경된 출제경향에 맞게 학습하시길 바랍니다.

해설편

---

07 작품의 세부 내용 파악하기   정답 ③

(가)의 화자는 가을날의 쓸쓸하고 황량한 풍경으로 인하여 고독의 정서를 느끼고 있다. 즉, '추일'로 인하여 '서정'을 느끼는 것으로, '서정'은 '추일'에 반발하여 화자가 갖게 된 정서라는 감상은 적절하지 않다.

오답 분석
① 화자는 시각적·공감각적 심상 등 다양한 감각적 이미지를 통하여 '추일'을 경험하고 있다.
② 화자는 '추일' 속에서 쓸쓸함과 고독을 느끼고 있다.
④, ⑤ 화자는 황량한 현실에서 벗어나고자 하는 마음을 '돌팔매'를 던지는 행동을 통해 겉으로 드러내지만, 이는 '반원(半圓)을 긋고 잠기어 간다.'를 통하여 화자는 결국 고독과 쓸쓸함에서 벗어나지 못하고 있음을 알 수 있다.

08 시구의 표현 방식 파악하기   정답 ⑤

⑤ 〈보기〉의 '흔들리는 종소리의 동그라미 속으로'는 '종소리'라는 청각적 심상을 '동그라미'라는 시각적 심상으로 전이하여 표현하였다. '자욱한 풀벌레 소리 발길로 차며' 역시 '풀벌레 소리'라는 청각적 심상을 '자욱하다'라는 시각적 심상으로 전이하여 표현하였다.

오답 분석
① 낙엽을 '폴란드 망명 정부의 지폐'에 비유하고 있다.
② 열차의 증기를 '담배 연기'에 비유하고 있다.
③ 공장의 지붕을 '흰 이빨'에 비유하고 있다.

③ ㉡에는 부정적 현실과 타협하지 않겠다는 화자의 의지가 나타나지만, ㉠은 황량함을 지우지 못하는 화자의 고독함이 나타난다.
④ ㉠과 ㉡ 모두 문제를 해결하는 계기와는 관련이 없다.
⑤ ㉠은 황량한 상황에서 벗어나고자 했지만 벗어날 수 없음을 암시하며 사건의 전후가 상반된 의미를 지니지만, ㉡은 부정적인 현실에 안주하지 않고 자유를 지향하는 태도가 나타나며 상반된 의미를 지니지 않는다.

11~15

김정한, 「모래톱 이야기」
▶ 갈래 : 단편 소설, 농촌 소설, 참여 소설
▶ 성격 : 사실적, 저항적, 현실 고발적
▶ 제재 : 조마이섬을 둘러싼 인간들의 삶과 현실
▶ 주제 : 소외된 인간들의 비참한 삶과 부조리한 현실에 대한 저항
▶ 특징
  – 농촌의 비참한 실상을 사실적으로 묘사함
  – 사투리를 사용하여 현장감, 사실감, 토속성을 부여함
  – 당대 현실의 문제를 사실적으로 다루어 현실을 정확하게 그려 냄
▶ 구성
  이 글은 '나'가 20년 전에 경험한 이야기로 K 중학교

국어 정답 및 해설

문항별 문제 유형과 정답을 바로바로 확인하고, 작품 정보를 적극 활용하세요. 오답 분석으로 정답 및 오답을 판단하는 정확한 근거를 알 수 있어요.

---

24 핵심 파악 – 제목   정답 ①

여섯 번째 문장에서 'Charles Darwin argued that both humans and animals possess a similarity in the expression of emotions(Charles Darwin은 인간과 동물 양쪽 모두 감정 표현에서 유사점을 가지고 있다고 주장했다).'라고 했다. 제시문의 마지막 부분에서 소가 여러분을 사랑하는 것은 개와 거의 동일한 방식이라고 한 다음에, 마지막으로 두 번째 문장에서 '나의 황소 Ricky Bobby는 내 옆에 행복하게 누워 털 달린 머리를 내 무릎에 올려놓는다.'라고 했으므로, 글의 제목으로 적절한 것은 ① 'Cattle Can Be Our New Pets(소가 우리의 새로운 반려동물이 될 수 있다)'이다.

오답 분석
② 반려동물이 감정 변화를 표현한다
③ 야생 동물을 가축화하는 법
④ 소를 안전하게 집으로 데려다주는 법
⑤ 동물의 행동에 대한 Darwin의 발견

□ evolve : 진화하다[시키다]
□ a suite of : 한 묶음의 ~, 한 벌의
□ sensory : 감각의
□ adaptation : 각색, 적응
□ detect : 발견하다[알아내다/감지하다]
□ predator : 포식자, 포식 동물
□ keen : 간절히 …하고 싶은, …을 열망하는
□ herd : 떼
□ mate : 친구

해석 체크체크

소는 민감한 생물이다. 그것들은 장거리에서 포식자를 감지하기 위해 한 세트의 감각적 적응을 진화해 왔다. 그들은 후각이 예민하고 최소한 개나 고양이만큼 청각이 좋다. 사람들은 코끼리가 결코 잊지 않는다고 말하지만 소도 마찬가지다. 소는 그들이 알고 있는 사람들뿐만 아니라 무리의 동료 사진을 인식할 수 있다. Charles Darwin은 인간과 동물 양쪽 모두 감정 표현에서 유사점을 가지고 있다고 주장했다. 물론 우리는 쾌락과 두려움과 같은 기본적인 감정을 구분할 수 있다. 하지만 우리에게 개들을 귀여워하는 것은 우리가 사랑의 버전으로 받아들이는 것, 즉 그들의 눈에 있는 사람들과 함께 있으려는 갈망과 기꺼이 즐겁게 하려는 것에 대한 그들의 명백한 능력 때문이다. 소가 여러분을 사랑한다는 것을 어떻게 알 수 있을까? 개의 경우와 매우 흡사하다. 나의 황소 Ricky Bobby는 내 옆에 행복하게 누워 털 달린 머리를 내 무릎에 올려놓는다. 그는 내가 빗질해주는 것을 좋아하고 심지어 배를 문지르기 위해 몸을 굴리기도 한다.

25 핵심 파악 – 제목   정답 ③

첫 번째 문장에서 '~ it is inevitable that the police are called upon to look after people who cannot or will not properly care for themselves(~ 경찰은 스스로 제대로 돌볼 수 없거나 돌보지 않을 사람들에 대한 돌봄 요청을 받는 것을 불가피한 일이다).'라고 해

영어 정답 및 해설

문항별 문제 유형과 정답과 지문마다 정리된 단어를 확인하세요. 《해석 체크체크》를 통해 문제풀이를 위한 지문해석도 가능합니다.

---

04 로그의 성질과 계산   정답 ①

먼저 식을 정리하면 다음과 같다.

$$-\log_{\sqrt{2}} m + \log_{\frac{1}{2}}(4n+6)^{-1} = -\log_2 m^2 + \log_2(4n+6)$$
$$= \log_2 \frac{4n+6}{m^2} = k \text{라 하자.}$$

k는 자연수이므로 $\frac{4n+6}{m^2} = 2^k$, $m^2 = \frac{2n+3}{2^{k-1}}$이다.

2^{k-1}은 $k=1$이면 1, k가 2 이상일 경우에는 짝수이며, $2n+3$은 홀수이므로 $k=1$이어야 한다.

즉, $2n+3 = m^2$을 만족하는 순서쌍 (m, n)은 $(3, 3)$, $(5, 11)$, $(7, 23)$, $(9, 39)$이며 구하는 모든 순서쌍 (m, n)의 개수는 4이다.

개념 체크체크

로그의 성질과 계산
$a \neq 1$, $a > 0$, $x > 0$, $y > 0$에 대하여
(1) $\log_a xy = \log_a x + \log_a y$
(2) $\log_a \frac{x}{y} = \log_a x - \log_a y$
(3) $\log_a x^r = r \log_a x$
(4) $a^{\log_a x} = x$
(5) $\log_a x = \frac{\log_b x}{\log_b a}$ (단, $b \neq 1$, $b > 0$)

$g(0) = g(1) = g(-2) = 5$를 만족하는 삼차함수 $g(x)$는 최고차항의 계수가 1이므로
$g(x) = x(x-1)(x+2) + 5$이다.
∴ $g(6) = 6 \times 5 \times 8 + 5 = 245$

07 미분의 활용(속도)   정답 ④

점 P의 시각 $t(t \geq 0)$에서의 위치 $x = t^4 - 4t^3 + 2kt$이므로
점 P의 속도를 v라 하면 $v = 4t^3 - 12t^2 + 2k$이다.
점 P가 원점을 출발한 후 운동 방향을 두 번 바꾸도록 하려면 v의 부호가 두 번 바뀌어야 하므로 $4t^3 - 12t^2 + 2k = 0$은 서로 다른 두 실근(> 0)을 가져야 한다.
식을 정리하면 $k = -2t^3 + 6t^2$이므로 $y = -2t^3 + 6t^2$과 $y = k$는 $t > 0$인 구간에서 서로 다른 두 점에서 만나야 한다.
$y' = -6t(t-2)$이므로 그래프의 개형을 그리면 다음과 같다.

수학 정답 및 해설

문항별 문제 유형과 정답을 바로바로 확인할 수 있습니다. 해설을 읽기 전 출제 영역 표시를 통해 문제풀이에 필요한 개념과 과정을 떠올려 보는 데 활용하세요.

이 책의 구성과 특징 STRUCTURES

특별제공편

국어영역 암기 달달 핵심 노트

※ 아직 시험에 출제되지 않은 작품들을 중심으로 수록하였습니다. 여기에 수록되지 않은 작품들은 따로 교과서, 자습서를 통해 보충하세요.

고전시가

01 〈원왕생가〉 광덕
• 갈래: 10구체 향가
• 성격: 기원적, 불교적
• 제재: 극락왕생
• 주제: 극락왕생을 바라는 마음
• 의의: 기원가(新願歌)의 전형적인 모습을 보여 줌
• 해제: 극락왕생하고 싶은 바람을 노래한 10구체 향가이다. 자신의 소망을 초월적 대상에게 기도한 전형적인 기원가로, 불교적인 색채가 두드러진 작품이다. 표면적 청자인 '달'은 기원의 대상이자 현세와 이상 세계를 연결해 주는 매개체의 역할을 하고 있다. 그러나 화자가 자신의 바람을 전하고자 하는 궁극적인 대상은 '무량수불'이다.

02 〈야청도의성(夜聽搗衣聲)〉 양태사
• 갈래: 한시
• 성격: 감상적
• 제재: 다듬이질 소리
• 주제: 고국을 그리워하는 마음
• 해제: '야청도의성'은 '밤에 다듬이질 소리를 듣는다'는 뜻인데, 낯선 이국땅에서 고향을 그리워하는 애절한 감정을 표현하여 감동을 자아내는 작품이다. 작가가 일본에 건너갔을 때 지은 시인데 '다듬이질 소리'라는 청각적 심상을 통해 화자의 정서를 잘 드러내었다. '다듬이질 소리'는 타국에서 고국을 그리워하고 있던 화자에게 위안을 주는 동시에 고국에 대한 그리움을 심화시키는 역할을 하고 있다.

03 〈상사별곡〉 작자 미상
• 갈래: 규방 가사
• 성격: 여성적, 애상적
• 특징: 반복법, 대구법, 은유법
• 주제: 독수공방의 외로움과 이별의 정한
• 해제: 다양한 표현과 제재를 사용하여 임에 대한 그리움과 외로움을 표현하고 있다. 임을 기다리는 마음과 사모하는 마음이 여러 각도로 묘사되어 있으며 시적 화자의 정서를 표현하는 데 자연의 요소를 적절히 활용하였다. 또한 서민층의 언어와 양반층의 언어가 함께 쓰이고 있다.

04 〈황조가〉 유리왕
• 갈래: 고대 가요
• 성격: 애상적
• 제재: 객관적 상관물로서의 꾀꼬리
• 주제: 떠난 임을 향한 그리움
• 해제: 부여의 유리왕이 두 명의 여인을 부인으로 데리고 있었음에도 그중 한 명이 떠나자 이별의 슬픔을 이기지 못하며 꾀꼬리를 감동적이 보면하는 노래 것이이다. 작품 속 꾀꼬리 가 느끼는 외로움을

05 〈부벽루〉 이색
• 갈래: 한시
• 성격: 회고적, 애상
• 제재: 부벽루 주변의
• 주제: 지난 역사의

❶ 암기 달달 핵심 노트

국어 · 영어 · 수학의 핵심적인 내용을 제공하고 있습니다. 꼼꼼하게 학습하여 시험에 대비하세요.

국어영역 오답 다잡기

풀이 날짜 :

오답 문항	오답 과목 및 지문 분류	오답 유형	정 · 오답 분석

다음번에 꼭 확인해야 할 부분

---

❷ 오답 다잡기표

틀린 문제를 한 번 더 확인하고 복습할 수 있습니다. 국어 · 영어 · 수학의 오답 다잡기표를 적절하게 활용하면 실력이 한층 더 향상됩니다.

특별제공편 다운로드 방법

'시대에듀(www.sdedu.co.kr)
➡ 도서 ➡ 도서업데이트'에서 경찰대학 검색, 우측 QR코드 스캔 후 PDF 다운

경찰대학 필기시험 합격 수기 REVIEW

과목별로 특징과 학습 패턴을 잘 고려하여 만든 교재!

과목마다 특징이나 학습 패턴이 다른데 그 부분을 잘 고려하여 만든 것 같다는 생각이 들었다. 최대한 해설을 보지 않고 풀려고 노력했지만 그래도 여러 번 보아도 도저히 모르겠는 문제들은 군더더기 없는 깔끔한 해설 도움을 많이 받았다. 무료 강의는 보통 이동 중에 습관처럼 봤던 것이 큰 도움이 되었던 것 같고, QR코드로 다운받을 수 있는 암기 노트는 시험에 출제된 적 없는 국어 작품 정보를 따로 정리해 주어 좋았던 것 같다. 이미 나온 작품보다는 아무래도 그와 비슷한 주제의 작품이나 동일한 작가의 다른 작품을 공부하는 편이 대비에 훨씬 도움이 될 것 같았다. 수학 공식도 반복해서 암기할 수 있고, 영어 기출 단어도 계속 볼 수 있어서 이 자료를 가장 잘 활용했다.

풀어야 하는 문제만 골라 풀기 쉬운 시험 범위 표시!

수학의 출제 범위가 변경되면서 그간의 기출문제를 푸는 게 너무 복잡할 거 같아서 어떻게 공부해야 할지 막막했는데, 문제집에 문제마다 시험 범위에 해당하는 문제인지 아닌지 알 수 있게 전부 표시가 되어 있어서 내가 풀어야 하는 문제만 골라 푸는 게 정말 쉬웠다. 한 문제씩 제대로 풀어서 완전히 내 것으로 만드는 것에 집중했고, 그게 경찰대학 시험에서도 마찬가지로 고득점을 유지하는 데 유리하게 작용했다고 확신한다.

다양한 구성을 통한 새로운 학습!

기출문제집은 이미 나온 문제들을 모아서 구성했기 때문에 특별한 점이 없을 거라고 생각했는데 이 도서에는 다양한 내용을 제공해주고 있었습니다. 오답 다잡기를 활용하여 문제를 풀고 틀린 부분을 복습하고, 핵심 노트는 틈틈이 시간이 있을 때 보면서 암기할 수 있었으며, 신기하게 모바일 OMR과 QR코드를 활용해서 바로 문제를 풀고 정답을 한 번에 확인할 수 있었습니다. 가끔 채점하는 데 시간이 걸려서 한 번에 확인할 수 있으면 좋겠다고 생각했는데, 이번에 활용해보니까 시간도 절약되고 다회독하는 데도 도움이 되는 것 같습니다.

경찰대학 수험생에게 최적화된 교재!

다른 교재에 비하여 이 책은 크기가 크기 때문에 공부하기 위해서 오랫동안 책을 들여다보는데도 눈에 부담이 많이 느껴지지 않았습니다. 또한 이 교재 안에는 총 7개년 치의 다양한 기출문제가 수록되어 있어, 고난도 문제가 출제되는 것으로 유명한 경찰대학 시험에 대비하는 데 많은 도움을 받았습니다. 그야말로 경찰대학 수험생들에게 최적화된 교재가 아닐까합니다. 마지막으로 해설이 정말 꼼꼼하여 만족스러웠습니다. 해설집이 문제집과 거의 동일한 두께일 정도로 상세한 해설을 담고 있었으며, 혼자서 학습하다가 이해가 안 되는 부분은 유튜브 무료 강의를 통해 쉽게 확인하고 이해할 수 있었습니다.

❖ 본 독자 후기는 실제 (주)시대에듀의 도서를 통해 공부하여 합격한 독자님들께서 보내주신 후기를 재구성한 것입니다.

이 책의 차례 CONTENTS

2026

경찰대학

7개년
기출문제 다잡기

국어·영어·수학

[문제편]

2026

경찰대학

7개년

★ ★

기출문제 다잡기

★ ★

점수 CHECK!	1회독	2회독	3회독
국어영역 공통			
영어영역 공통			
수학영역 공통			

2025학년도

기출문제
다 잡기

경찰대학
글로벌 치안인재와 지식의 산실

※ 점수 표시가 없는 문항은 모두 2점

[01~05] 다음 글을 읽고 물음에 답하시오.

노화는 유전자와 환경이 시간의 흐름과 상호작용하여 세포, 조직, 기관, 개체에 일으키는 구조와 기능의 변화를 의미한다. 노화는 일종의 속도 개념으로 생활 습관 등의 요인에 의해 빨라지거나 느려질 수 있다. 이를 각각 '가속 노화'와 '역노화'라고 한다. 생물학 연구에서는 유전자 또는 환경을 조절하거나 생물학적 기전을 조작하는 방법으로 노화의 속도가 달라질 수 있음을 확인하였다. 예를 들어 식이를 조절하는 방법으로 노화 속도를 빠르게 하여 2년 가까이 사육해야 얻을 수 있는 생쥐를 빠르면 6개월 정도만에 얻을 수도 있는 것이다.

우리 몸에 노화가 쌓이면 개체의 구조와 기능에 변화가 누적되는데, 이 누적 정도를 측정하는 표준화된 방법으로 생물학적 나이가 활용된다. 이러한 생물학적 나이를 알 수 있는 방법으로 노쇠 지수라는 것이 있다. 노쇠 지수는 진찰이나 면담을 통해 측정할 수 있는 항목 30가지 이상을 측정하여 정상은 0, 이상은 1로 계산하여 나온 총점수를 구성 항목의 개수로 나눈 값이다. 대신 한쪽으로 치우치지는 않게 해야 신뢰할 만하다. 만약 측정 항목 100개 가운데 10개가 정상이 아니라고 하면 노쇠 지수는 0.1이 된다.

측정한 항목 개수가 같다면 사람들의 평균 점수는 나이가 많아질수록 지수적으로 올라간다. 0~1의 범위로 나타나는 노쇠 지수도 결과적으로 전체 인구 집단에서 나이에 비례한다. 이런 원리를 이용하면, 개인의 노쇠 지수를 숫자 나이가 같은 동년배의 평균과 비교해 그 사람이 노화가 더 축적되었는지, 덜 진행되었는지를 꽤 정확히 알 수 있다. 이 노쇠 지수가 일정 정도가 되면 생물학적으로는 '노인의 몸'이라고 할 수 있다. 이렇게 노인의 몸을 가지게 되면 질병, 투약, 치료나 스트레스 등 환경 변화에 대해 많은 측면에서 몸의 반응이 이전과는 달라진다.

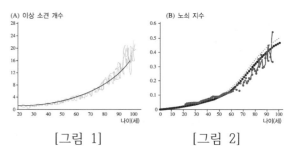

[그림 1]   [그림 2]

실제로 인체의 이상 소견 개수를 대규모 인구 집단에서 평균으로 나타내면, 생활 습관이나 유전자의 차이를 제외한 시간 자체의 영향을 관찰할 수 있다. 즉 [그림 1]에서처럼 노화와 연관성이 있는 이상 소견의 개수는 나이에 따라 증가하고, [그림 2]와 같이 노쇠 지수도 마찬가지로 인구 집단에서 나이를 추종한다. 대략 60대 초반까지는 아주 천천히 오르다가 그 이후가 되면 곡선의 모양이 급격히 증가되는 것을 확인할 수 있다.

노인 인구 집단에서 노화 정도를 평가하는 데 사용할 수 있는 기능적 항목으로는 걷는 속도, 균형 감각, 인지 기능, 일상생활 수행 능력 등 다양하다. 노화 연구자들은 '움직임과 관련된 신체 기능'이 상당히 간단하면서도 정확한 노화 평가 방법이라고 했다. 걷는 속도와 의자에서 일어나는 데 걸리는 시간 등을 조합해 계산한 생물학적 나이는 인터뷰를 통해 계산한 노쇠 지수나 분자생물학적인 방법으로 측정된 생물학적 나이에 필적하는 정확도를 보이기 때문이다. 눈에 보이지 않는 구조와 기능 이상이 쌓이고 쌓여서 실제로 큰 문제가 될 정도이면 그 문제는 신체 기능 변화로 관찰된다는 것인데, 움직이는 능력과 같은 신체 기능의 차이만으로도 그 사람의 노화 축적 정도를 어느 정도 알아낼 수 있다는 것이다.

젊은 성인 시기의 노화 속도는 사람마다 차이를 보이며, 중년기에 접어들 때의 생물학적 나이에 영향을 준다. 가속노화를 경험한 사람은 그렇지 않은 사람에 비해 신체 기능, 인지 기능, 삶의 질 등 모든 면에서 기능이 떨어진다. 현실적으로 질병과 노쇠는 장애를 가져오며, 누군가의 돌봄이 필요한 기간은 계속해서 늘어나지 않을 수 없다. 그 결과 개인적, 사회적으로 지속 가능성이 떨어지고 비용이 많이 들게 된다. 따라서 노인의 몸에 이르기 전부터 노화 속도를 늦추는 노력을 통해 질병과 노쇠로 인한 돌봄 요구 기간을 줄일 수 있도록 미리 대비할 필요가 있다. ㉠ 그렇다면 잘 나이가 드는 것은 어떤 상태를 의미하는 것일까?

01

윗글에 대한 이해로 적절하지 않은 것은?

① 생물학적 나이는 노화가 진행된 정도를 측정하는 표준화된 방법이 될 수 있다.

② 사람마다 나타나는 신체 기능의 차이는 분자생물학적인 측정방법을 통해서 파악할 수 있다.

③ 눈에 보이지 않는 몸의 이상이 누적되어 큰 문제가 발생하면 신체 기능의 변화로는 관찰할 수 없다.

④ 개인의 노쇠 지수를 측정한 후 동년배의 평균과 비교하면 그 사람의 상대적인 노화 정도를 알 수 있다.

⑤ 기능적 항목을 조합해 계산한 결과는 인터뷰를 통해 계산한 노쇠 지수에 필적하는 간단하면서도 정확한 노화 평가 방법일 수 있다.

02

윗글에서 활용한 서술 방식으로 가장 적절한 것은?

① 여러 사례를 제시하여 대상의 종류를 구분하고 있다.

② 근거 자료를 제시하여 개념의 특성을 분석하고 있다.

③ 질문의 방식으로 개념의 정확성에 의문을 드러내고 있다.

④ 항목을 나열하여 각각의 특성을 통시적으로 설명하고 있다.

⑤ 상반된 양상을 제시하여 두 대상의 공통점을 도출하고 있다.

03

노쇠 지수 에 대한 설명으로 가장 적절한 것은?

① 30개의 측정 항목 가운데 정상이 24, 이상이 6이면 노쇠 지수는 0.25이다.

② 여러 질병과 관련된 변수를 적게 고려할수록 노쇠 지수의 신뢰도가 높아진다.

③ 100개 항목을 측정할 때의 노쇠 지수는 구성 항목의 개수를 이상 항목의 개수로 나누면 구할 수 있다.

④ 30개 항목을 측정한 사람들의 나이별 이상 소견 개수는 시간의 영향에 따른 노쇠 지수의 증가와 유사한 패턴을 드러낸다.

⑤ 30개 항목을 측정하여 산출한 개인별 노쇠 지수가 비슷한 나이대의 평균값보다 높으면 노화가 덜 진행된 것으로 볼 수 있다.

04

윗글을 바탕으로 ㉠에 대해 답했을 때 적절하지 않은 것은?

① 건강수명을 늘리기 위해서는 운동과 같은 생활 습관의 변화가 유효한 방법이 될 수 있다.

② 노쇠나 장애로 인한 불필요한 고통을 예방하기 위해 움직임과 관련된 신체 기능을 향상시켜야 한다.

③ 가속노화의 경험이 가져올 결과를 고려하여 생물학적 나이에 미치는 영향 요인을 개선해 나가야 한다.

④ 중년기의 영향을 줄이기 위해 젊은 성인기에서부터 환경 변화에 대한 몸의 반응 속도를 조절하는 대비가 필요하다.

⑤ 건강수명의 손실에 따른 일상생활의 급격한 변화가 오기 전에 돌봄 요구 기간을 앞당겨 지속 가능성을 유지해야 한다.

05

[그림 1]과 [그림 2]에 초점을 두고 윗글을 추론한 내용으로 적절하지 않은 것은? [3점]

① 이상 소견 개수가 많아질수록 노쇠 지수가 커지는 추세가 지속될 것이다.

② 건강수명을 늘려 돌봄 시간을 줄이게 되면 노쇠 지수의 기울기는 이전보다 완만하게 나타날 수 있다.

③ 완만하게 증가하던 노쇠 지수는 60세에서 70세로 넘어갈수록 급격히 증가하는 양상을 드러낼 것이다.

④ 측정한 기능적 항목 개수가 같을 때 이상 소견 개수나 노쇠 지수는 나이대별로 같은 값을 나타내지 않을 것이다.

⑤ 개인의 생활 습관이나 유전자를 포함할 때, 나이와 노쇠 지수의 관계를 나타낸 각 개인별 그래프는 같은 곡선을 형성할 것이다.

(가)

낙엽은 폴란드 망명 정부의 지폐
포화(砲火)에 이지러진
도룬 시의 가을 하늘을 생각게 한다.
길은 한 줄기 구겨진 넥타이처럼 풀어져
일광(日光)의 폭포 속으로 사라지고
조그만 담배 연기를 내뿜으며
새로 두 시의 급행 열차가 들을 달린다.
포플라 나무의 근골(筋骨) 사이로
공장의 지붕은 흰 이빨을 드러내인 채
한 가닥 구부러진 철책(鐵柵)이 바람에 나부끼고
그 위에 셀로판지로 만든 구름이 하나.
자욱한 풀벌레 소리 발길로 차며
호올로 황량(荒凉)한 생각 버릴 곳 없어
허공에 띄우는 돌팔매 하나.
기울어진 풍경의 장막(帳幕) 저쪽에
고독한 반원(半圓)을 긋고 ㉠ 잠기어 간다.

– 김광균, 「추일서정」

(나)

폭포(瀑布)는 곧은 절벽(絶壁)을 무서운 기색도 없이
떨어진다

규정(規定)할 수 없는 물결이
무엇을 향(向)하여 떨어진다는 의미(意味)도 없이
계절(季節)과 주야(晝夜)를 가리지 않고
고매(高邁)한 정신(精神)처럼 쉴 사이 없이 떨어진다

[A] ┌ 금잔화(金盞花)도 인가(人家)도 보이지 않는 밤이 되면
　　└ 폭포(瀑布)는 곧은 소리를 내며 떨어진다

곧은 소리는 소리이다
곧은 소리는 곧은
소리를 부른다

번개와 같이 떨어지는 물방울은
취(醉)할 순간(瞬間)조차 마음에 주지 않고
나타(懶惰)와 안정(安定)을 뒤집어 놓은 듯이
높이도 폭(幅)도 없이
㉡ 떨어진다

– 김수영, 「폭포」

06

(가), (나)에 대한 설명으로 가장 적절한 것은?

① (가)는 구체적 심상을 나열하면서, (나)는 추상적 관념을 반복하면서 시상을 형성한다.
② (가)는 역동적인 장면을 서술하면서, (나)는 정적인 장면을 묘사하면서 분위기를 조성한다.
③ (가), (나) 모두 자연물이 주는 정감을 주제로 형상화하고 있다.
④ (가), (나) 모두 상황의 반전을 통해 작품 속 사건의 의미를 드러내고 있다.
⑤ (가), (나) 모두 비유를 통해 대상의 여러 속성들에 구체성을 부여하고 있다.

07

제목과 관련지어 (가)를 감상한 것으로 적절하지 않은 것은?

① '추일'은 화자가 감각적으로 경험한 대상이다.
② '추일'은 화자에게 경험적 시간보다는 심리적 상황으로 여겨진다.
③ '서정'은 '추일'에 반발하여 화자가 갖게 된 정서이다.
④ '서정'은 화자의 행동을 통해 겉으로 드러난다.
⑤ '추일서정'은 화자가 벗어나지 못하고 있는 심리 상태로 그려진다.

08

(가)에서 〈보기〉와 같은 표현을 사용한 구절은?

┌─ 보 기 ─────────────────────┐
흔들리는 종소리의 동그라미 속으로
└────────────────────────────┘

① 낙엽은 폴란드 망명 정부의 지폐
② 조그만 담배 연기를 내뿜으며 새로 두 시의 급행 열차가 들을 달린다.
③ 공장의 지붕은 흰 이빨을 드러내민 채
④ 그 위에 셀로판지로 만든 구름이 하나.
⑤ 자욱한 풀벌레 소리 발길로 차며

09

[A]를 단서로 (나)의 '폭포'를 이해한 내용으로 가장 적절한 것은? [3점]

① 폭포가 지닌 본질은 이해할 수 없다.
② 폭포의 현상은 밤이 되어야 드러난다.
③ 폭포의 본질은 폭포의 현상에 있지 않다.
④ 폭포는 현상과 모순되는 본질을 나타낸 것이다.
⑤ 밤이 되면 폭포는 낮과는 다른 본질을 갖게 된다.

10

㉠, ㉡에 대한 설명으로 가장 적절한 것은?

① ㉠과 ㉡은 대상의 핵심적인 속성을 드러낸다.
② ㉠과 ㉡은 하강 이미지를 통해 슬픔을 나타낸다.
③ ㉠과 ㉡은 단호한 어조로 화자의 의지를 표현한다.
④ ㉠은 ㉡과 달리, 문제를 해결하는 계기가 된다.
⑤ ㉡은 ㉠과 달리, 사건의 전후가 상반된 의미를 지닌다.

[11~15] 다음 글을 읽고 물음에 답하시오.

두 번째로 **내가 건우란 소년에 대해서 관심을 더욱 가지게 된 것은** 학기 초 가정 방문을 나가기 전에 그가 써낸 작품을 읽고부터였다. (나는 가정 방문을 나가기 전 가끔 학생들에게 자기 자신에 관한 글을 써 오라고 하였다.)

[A] 「섬 얘기」란 제목의 그의 글은 결코 미문은 아니었다. 그러나 내용은 끔찍한 것이라 생각했다. 자기가 사는 고장 — 복숭아꽃도, 살구꽃도, 아기 진달래도 피지 않는 조마이섬은, 몇 백 년, 아니 몇 천 년 갖은 풍상과 홍수를 겪어 오는 동안에 모래가 밀려서 된 나라 땅인데, 일제 때는 억울하게도 일본 사람의 소유가 되어 있다가 해방 후부터는 어떤 국회의원 명의로 둔갑이 되었는가 하면, 그 뒤는 또 그 조마이섬 앞 강의 매립 허가를 얻은 어떤 다른 유력자의 앞으로 넘어가 있다든가 하는 — 말하자면 선조 때부터 거기에 발을 붙이고 살아오던 사람들과는 무관하게 소유자가 도깨비처럼 뒤바뀌고 있다는, 섬의 내력을 적은 글이었다.

그저 그런 정도의 얘기를 솔직히 적었을 따름인데, 어딘지 모르게 무엇인가를 저주하는 듯한, 소년의 ㉠날카롭고 냉랭한 심사가 글 밑바닥에 좍 깔려 있었다. 나는

나 자신이 갑자기 무슨 고발이라도 당한 심정으로 그 글발을 따로 제쳐서 책상 서랍 속에 넣어 두었다. (중략)

"와 빨리 보능기요? 내 안주 술 안 취했음데이. 염려 마아소."

갈밭새 영감은 기름이 절은 수건을 꺼내더니 이마를 한 번 훔치고서

"인자 딴 말은 안 하지요. 언제 또 만날지 모르이칸에 이왕 만낸 짐에 저 송아지 빨갱이나 이 갈밭새가 사는 조마이섬 이바구나 좀 하지요."

그러곤 정신을 가다듬기나 하듯이 앞에 놓인 술잔을 훌쩍 비웠다.

건우 할아버지와 윤춘삼 씨가 들려준 조마이섬 이야기는 언젠가 건우가 써냈던 「섬 얘기」에 몇 가지 기막히는 일화가 붙은 것이었다.

"우리 조마이섬 사람들은 지 땅이 없는 사람들이요. 와 처음부터 없기싸 없었겠소마는 죄다 뺏기고 말았지요. 옛적부터 이 고장 사람들이 젖줄같이 믿어 오던 낙동강 물이 맨들어 준 우리 조마이섬은……."

건우 할아버지는 처음부터 개탄조로 나왔다. 선조로부터 물려받은 땅, 자기들 것이라고 믿어 오던 땅이 자기들이 겨우 철 들락말락할 무렵에 별안간 왜놈의 동척 명의로 둔갑을 했더란 것이었다.

"이완용이란 놈이 '을사보호조약'이란 걸 맨들어 낸 뒤라 카더만!"

윤춘삼 씨의 ㉡퉁방울 같은 눈에도 증오의 빛이 이글거리기 시작했다.

[B] 1905년—을사년 겨울, 일본 군대의 포위 속에서 강제로 맺어진 '을사보호조약'이란 매국 조약을 계기로, 소위 '조선토지사업'이란 것이 전국적으로 실시되던 일, 그리고 이태 후인 정미년에 가서는 '한국 정부는 시정 개선에 관하여 통감의 지도를 수할 사'란 치욕적인 조목으로 시작된 '한일신협약'에 따라, 더욱 그 사업을 강행하고 역둔토(驛屯土)의 대부분과 삼림 원야(森林原野)들을 모조리 국유로 편입시키는 등 교묘한 구실과 방법으로써 농민들로부터 빼앗은 뒤, 다시 불하하는 형식으로 동척과 일인 수중에 옮겨 놓던 그 해괴망측한 처사들이 문득 내 머릿속에서도 떠올랐다.

"쥐일 놈들."

건우 할아버지는 그렇게 해서 다시 국회 의원, 다음은 하천 부지의 매립 허가를 얻은 유력자…… **이런 식으로 소유자가 둔갑되어 간 사연들을 죽 들먹거리더니.**

"이 꼴이 되고 보니 선조 때부터 둑을 맨들고 물과 싸워 가며 살아온 우리들은 대관절 우찌 되는기요?"

그의 ⓒ 껄껄한 목소리에는, 건우가 지각을 하고 꾸중을 듣던 날 '나릿배 통학생임더.' 하던 때의, 그 무엇인가를 ② 저주하듯한 감정이 꿈틀거리고 있는 것 같았다. 얼마나 그들의 땅에 대한 원한이 컸던가를 가히 짐작할 수 있었다.

– 김정한, 「모래톱 이야기」

11

윗글에 대한 이해로 적절하지 <u>않은</u> 것은?

① '건우'는 '조마이섬'에 대해 안타깝게 생각했다.
② '윤춘삼'은 '건우 할아버지'의 생각에 동조하며 분노했다.
③ '건우 할아버지'는 부당한 권력의 횡포에 대해 비판했다.
④ '나'는 '건우'의 글에서 '나'를 고발하려는 의도를 읽고 걱정했다.
⑤ '조마이섬 사람들'은 '유력자'의 행위로 인해 억울하게 살아왔다.

12

윗글에 대한 설명으로 적절하지 <u>않은</u> 것은?

① 대화 장면을 통해 과거에 일어난 사건을 드러내고 있다.
② 지역 방언을 사용하여 이야기에 현장감을 부여하고 있다.
③ 인물이 처한 현재 상황을 과거와 연결지어 보여주고 있다.
④ 역사적 사건을 직접적으로 언급하여 이야기의 사실성을 부각하고 있다.
⑤ 공간적 배경을 상세하게 묘사하여 장소의 외적 특징을 구체화하고 있다.

13

㉠~㉣에 대한 설명으로 가장 적절한 것은?

① ㉠과 ㉡은 외양 묘사에 내포된 인물의 행동을 암시하고 있다.
② ㉠과 ㉢에서 드러나는 상황에 대한 인물의 태도는 상반되어 있다.
③ ㉠은 ㉣과 달리 인물의 심리를 서술하여 주제를 부각하고 있다.
④ ㉡과 ㉢은 인물의 외적 모습과 마음 상태의 괴리를 강조하고 있다.
⑤ ㉢은 ㉣에서 인물이 느낀 것과 같은 감정이 외적으로 발현되고 있다.

14

[A]와 [B]를 비교한 내용으로 가장 적절한 것은?

① (A)는 '나'가 직접적으로 겪은 경험의 기록을, (B)는 '건우'가 간접적으로 경험한 사실의 기억을 전달하고 있다.
② (A)는 특정한 글 속에 적혀 있는 사건에, (B)는 머릿속에 떠오르는 과거의 사건에 초점을 두고 내용을 정리하고 있다.
③ (A)는 (B)와 달리 시대적 배경을 구체적으로 명시하여 이야기의 사실성을 높이고 있다.
④ (B)는 (A)와 달리 비유적인 표현을 활용하여 사건에 대한 독자의 정서적 공감을 유도하고 있다.
⑤ (A)와 (B)는 모두 사건의 내용을 인과적으로 서술하여 이야기의 경과를 일목요연하게 제시하고 있다.

15

〈보기〉를 참고하여 윗글을 감상한 것으로 적절하지 <u>않은</u> 것은?　　　　　　　　　　　　　　　　[3점]

┌─ 보 기 ─────────────────────────┐
│ 　1인칭 소설에서 서술자로서의 '나'는 인물로서 극화된 │
│ 모습으로 드러난다. 이때 '나'는 이야기의 주인공과 일치 │
│ 할 때도 있고 구분될 때도 있다. 후자의 경우 '나'는 이야 │
│ 기 안에 있으면서 사건을 관찰하고 보고하는 목격자 역할 │
│ 을 한다. 그런데 서술자로서의 '나'가 목격자임에도 이야 │
│ 기에 개입을 하여 서사 전개를 이끌어간다고 한다면, 전 │
│ 지적 시점과 유사한 편집자적 논평을 하고 있는 것으로 │
│ 볼 수도 있다. │
└────────────────────────────────┘

① '내가 건우란 소년에 대해서 관심을 더욱 가지게 된 것'에서 주인공의 위치에서 이야기를 이끌어가는 서술자로서의 '나'를 확인할 수 있겠군.

② '갈밭새 영감은 기름이 절은 수건을 꺼내더니 이마를 한번 훔치고서'에서 서술자가 이야기 안에 있으면서 사건을 관찰하고 보고하고 있음을 유추할 수 있겠군.

③ '건우 할아버지와 윤춘삼 씨가 들려준 조마이섬 이야기'에서 서술자는 이야기 안의 극화된 인물임을 짐작할 수 있겠군.

④ '이런 식으로 소유자가 둔갑되어 간 사연들을 죽 늘어먹거리더니'에서 서술자가 대화의 목격자 역할을 하고 있음을 이해할 수 있겠군.

⑤ '얼마나 그들의 땅에 대한 원한이 컸던가를 가히 짐작할 수 있었다'에서 인물로서 극화된 서술자가 편집자적 논평을 하고 있는 것으로 볼 수 있겠군.

[16~20] 다음 글을 읽고 물음에 답하시오.

　사회학자 알박스는 무엇이 사회 집단을 결속시키는가를 연구하다 기억이 중요한 역할을 함을 통찰하였다. 기억은 개인이 사건이나 경험을 간직하거나 회상하는 것을 말한다. 흔히 기억을 개인적 차원의 의식작용으로 간주한다. 알박스가 보기에 기억은 사회적 관계 속에서 형성되며 사회 집단의 성질과 분리될 수 없다. 이에 그는 '집단 기억'이란 개념을 주장하였다.

　㉠알박스가 제안한 집단 기억은 사회적으로 형성된 집단 차원의 기억을 말한다. 집단 기억은 구성원들이 상징적 기호를 공유하고 사회적 상호작용에 참여하여 의미를 획득할 때 형성된다. 이때 사회 집단의 구성원들은 사건을 상징적으로 표현한 기념물, 건축물, 제의 등을 공유한다. 그리고 사건에 대한 기억을 말이나 글로 소통한다. 집단 기억은 어디까지나 개인의 의식 속에 존재하지만, 구성원들은 소속 집단의 관점에서 사건을 이해하고 관련된 기억을 공유한다. 그리고 이를 후속 세대에 전승한다.

　그렇다면 집단 기억은 어떻게 전승되는가? 집단 기억의 전승에는 공간과 시간 그리고 사회 집단과의 연관 등이 관여한다. 사회 집단은 공간을 통해 기억을 의미화하면서 널리 확산시키고 오랫동안 보전한다. 사회 집단이 특정한 사건과 관련된 장소나 건축물을 설정하면 구성원들은 그 공간을 대면하면서 집단 기억을 회상할 수 있다. 공간이 사건을 의미화하지만, 그것이 기억으로 작용하려면 시간과의 접속이 이루어져야 한다. 낮과 밤, 계절 변화 등 자연적 시간은 기억이라는 의식작용에 필수적이다. 그런데 집단 기억의 형성과 전승에서 특히 중요한 것은 사회적 시간이다. 절기, 기념일, 축제일, 정치적·사회적 사건과 관련된 날 등 사회적 시간은 구성원들에게 집단 기억을 환기하고 다시금 널리 확산하는 계기를 마련한다. 이렇듯 공간과 시간에서 형성된 집단 기억은 사회적 상호작용 속에서 상징적 기호를 통해 지속적으로 공유되고 소통된다. 개인의 기억은 그의 죽음과 동시에 소멸되지만, 집단 기억은 소통을 통해 후속 세대에까지 전승된다.

　집단 기억은 구성원들이 소속 집단에 대한 귀속감을 갖고 공동체 집단의 정체성을 형성하는 데 기여한다. 구성원들은 소속 집단의 주요 사건에 대한 집단 기억을 공유하고 그로부터 자신 혹은 그 집단의 정체성이 무엇인가를 깨닫게 된다. 예를 들어 자신의 뿌리가 되는 가문의 집단 기억을 공유함으로써 자신이 어떠한 집단의 구성원인지를 파악하고 가문의 후손으로서 정체성을 정립할 수 있다.

집단 기억은 사회 집단을 둘러싼 여러 요인들에 의해 변화되기도 한다. 문제적인 사건이 발생하면, 사회 집단 구성원들은 그 사건에 대한 기억을 교섭한다. 이 과정에서 기억들 간의 경합이 발생한다. 특정한 기억은 사회적으로 의미를 획득하여 집단 기억으로 자리 잡고, 다른 기억은 개인적 차원에 국한되거나 망각된다. 이러한 과정에 권력 구조나 정치적 여건, 경제적 조건, 지리적 환경 등의 요인들이 영향을 미친다.

[A] 사회 집단의 권력 구조가 집단 기억의 형성 및 전승 과정에 직접적인 영향을 미치기도 한다. 문제적인 사건을 두고 기억이 경합하는 과정에서 권력을 가진 이가 자신에게 유리한 방향으로 집단 기억이 형성되도록 권력을 행사할 수 있다. 동시에 자신에게 불리한 기억은 배제하고 억압한다. 이런 경우, 집단 기억은 해당 사회 집단의 권력적 역학관계에 따라 결정되므로 신뢰성 문제가 있을 수 있다. 하지만 이러한 기억은 집단 구성원들이 형성한 기억들과 충돌하며, 구성원들은 때로 결집하여 권력에 대응하며 권력자의 의도와 다른 집단 기억을 지키고 확산시키기도 한다.

16

윗글의 설명 방식으로 가장 적절한 것은?

① 개념을 정의한 후, 그에 영향을 미치는 요소에 대해 설명하고 있다.

② 여러 개념들 간의 관계를 제시한 후, 그 인과 관계를 분석하고 있다.

③ 개념에 관한 여러 이론들을 제시한 후, 각 이론의 장단점을 비교하고 있다.

④ 개념의 역사적 변천 과정을 살펴본 후, 그 의의 및 한계점을 밝히고 있다.

⑤ 개념의 문제점을 제시한 후, 이를 보완하기 위한 해결 방안을 제시하고 있다.

17

윗글을 읽고 알 수 있는 내용이 아닌 것은?

① 집단 기억의 의미

② 집단 기억의 종류

③ 집단 기억의 형성

④ 집단 기억의 전승

⑤ 집단 기억의 영향

18

[A]를 이해한 것으로 가장 적절한 것은?

① 집단 기억의 안정성은 사회 집단의 권력관계와 독립적으로 유지된다.

② 권력자와 달리 집단 구성원들은 집단 기억이 형성되는 것을 원하지 않는다.

③ 집단 기억은 권력관계에 영향을 받으므로 이를 공유하는 것은 금지해야 한다.

④ 집단 기억이 전승될 때 사회적 조건 중 권력 구조가 작용하므로 신뢰성에 대한 평가가 필요하다.

⑤ 권력자와 집단 구성원 간에 일방적 권력관계가 형성되는 경우, 그 사회의 집단 기억은 형성될 수 없다.

19

〈보기〉의 '아스만'의 관점에서 ㉠을 이해한 내용으로 가장 적절한 것은?

┤ 보 기 ├

아스만은 알박스의 집단 기억 개념을 받아들여 이를 문화적 기억으로 발전시킨다. 그는 문화적 기억이 문화적 재현 형식을 통해 과거에 대한 의미를 구체화한다고 하였다. 그리고 기억이 사회적 상황에 따라 집단의 관념 속에 존재한다고 하더라도 그 관념이 물질적이고 상징적인 문화적 형식으로 보존되고 전승될 때 신념과 인식으로 기능할 수 있다고 강조하였다. 아스만은 집단 기억을 소통적 기억과 문화적 기억으로 구분하고, 소통적 기억이 일상의 상호 행위를 통해 나타나는 비교적 가까운 시대적 지평에 의존하는 데 비해, 문화적 기억은 문화적 상징을 통해 다수의 구성원들 사이에서 오랫동안 소통된다고 하였다.

① 집단 기억은 문화적 기억보다 소통적 기억에 근거할 때 구성원의 집단에 대한 신념을 높일 수 있다.

② 집단 내의 사회적 상호작용을 통해 개인의 의식 속에 형성되는 집단 기억은 문화적 재현 형식이 된다.

③ 개인이 자신의 기억을 문학 작품으로 형상화하면 그 자체로 문화적 재현 형식으로서 집단 기억이 된다.

④ 집단이 함께 기억하는 역사적 사실이 존재한다면 그들의 집단 기억은 신념이나 공동의 인식으로 기능하게 된다.

⑤ 집단 기억이 말을 통해 전달되며 개인의 의식 속에서 공유된다면 시간의 흐름에 따라 달라지거나 잊혀질 수 있다.

20

윗글을 바탕으로 〈보기〉를 이해한 내용으로 적절하지 <u>않은</u> 것은? [3점]

┤ 보기 ├

제2차 세계대전 당시 독일의 나치가 아우슈비츠에서 유태인들을 대량 학살하는 사건이 벌어졌다. 나치의 항복으로 전쟁이 끝난 후, 유태인들은 생존자들의 증언을 기록하고 확산하여 나치의 만행을 규탄하였다. 독일인들은 유태인을 대량 학살한 가해자로서의 기억과 패전 과정에서 폭력을 당한 피해자로서의 기억 사이에서 혼란스러워했다. 독일인 중에는 나치와 관련된 건물을 없애 가해의 증거를 지우려 하는 이들도 있었다. 1979년 유네스코가 아우슈비츠를 세계문화유산으로 등재하면서 아우슈비츠는 인류의 어두운 역사를 성찰하는 공간으로 남게 되었다. 유태인들은 지금까지도 아우슈비츠를 방문해 죽은 이들을 추모하고 민족 절멸의 위기를 기억한다.

---

① 유태인의 집단 기억에서 아우슈비츠는 전쟁과 반인도적 행위를 상징하는 기호로서 공유되었겠군.

② 아우슈비츠라는 상징적 기호는 독일인들과 유태인들의 집단 기억 속에서 동일한 의미를 가지겠군.

③ 유태인이 아우슈비츠에 관한 집단 기억을 전승하는 것은 그들의 공동체 의식 형성에 영향을 주었겠군.

④ 일부 독일인이 나치와 관련된 건물을 없애려 한 것은 불리한 집단 기억을 제거하기 위한 행동으로 볼 수 있겠군.

⑤ 독일인들은 전쟁에 대한 집단 기억을 형성하면서 가해자로서 기억과 피해자로서 기억이 경합하는 혼란을 경험했겠군.

[21~25] 다음 글을 읽고 물음에 답하시오.

실제 상황에서 목격할 일이 많지는 않겠지만, 영화나 드라마를 보면 피의자를 체포한 경찰이 '미란다 원칙의 고지'를 하는 장면이 곧잘 나온다. 이제는 우리가 당연한 것으로 알고 있는 이 '미란다 원칙'은 언제 어떠한 과정을 통해 확립된 것일까? 그리고 그 안에 담긴 의미는 무엇일까?

어네스트 미란다는 어린 시절을 불우한 환경에서 여러 범죄를 저지르며 처벌을 받은 이력이 있는 20대의 히스패닉계 청년이다. 어느 날 아침에 그의 집에 두 명의 경찰관이 찾아온다. 열흘 전쯤 애리조나 주 사막에서는 납치 및 강간 사건이 발생했고, 경찰은 그를 용의자로 지목한 상태였다. 경찰관은 그에게 신분 확인을 요청한 후 경찰서에 나와 진술해 줄 수 있는지를 물었다. 그는 순순히 동의하며 경찰과 동행했다.

미란다와 관련하여 여러 정황이 의심스러웠지만 핵심적인 증거가 될 만한 것은 없었다. 범죄 피해자나 목격자가 진술한 범인과 용의자가 일치하는지를 확인하는 과정인 범인 식별 절차에서 피해자는 범인을 알아보지 못했다. 경찰로서는 곤혹스러운 상황이었다. 절차를 마치고 경찰관이 조사실에 다시 왔을 때, 그곳에서 혼자 기다리던 미란다가 불안해하며 결과가 어떤지를 물었다. 경찰관은 짐짓 그에게 불리한 상황이 생겼음을 암시했다. 미란다는 자신이 범인으로 지목되었을 것으로 짐작하고는 자백하겠다고 밝혔다. 조사실에는 변호사나 목격자가 없었고, 대화 내용은 녹음되지 않았다. 미란다를 신문하면서 경찰관은 일정한 양식의 서류를 내밀었다. 거기에는 자의에 의해 협박이나 강요, 이익의 약속 없이 진술했음을 선서하며, 피의자 자신의 권리를 알고 진술이 불리하게 작용할 수 있음을 이해한다고 써 있었다. 미란다는 거기에 진술 내용을 자세히 적고 자신의 이름과 사인을 했다. 자백한 지 얼마 안 되어 미란다는 다른 강도 및 강간, 강간 미수 사건들을 추가로 자백했다.

애리조나 주 마리코파 구법원에서 재판이 열렸다. 대개 이런 재판은 하루만에 마치고 뻔한 결론에 이르곤 했다. ㉠국선 변호인 무어는 증인으로 나선 경찰관에게서 조사 중 **진술의 임의성**을 확인하기 위한 고지를 하지 않았다는 증언을 이끌어내고 이의를 제기했지만 받아들여지지 않았다. ㉡이 재판의 검사는 최후 변론을 통해 경찰관의 훌륭한 자질에 비추어볼 때 그들이 피고인의 권리를 빼앗은 적이 없고 피고에게 그러한 권리를 고지하는 것이 불필요했다고 주장했다. 변호인은 경찰의 조사 과정에 다시 의문을 제기했지만, 배심원들은 검사의 말에 공감한 것으로 보였다. 평의를 마친 후 그들은 만장일치로 유죄 평결하였으며, 판사는 장기형을 선고했다.

그 후 이 재판은 주 대법원에 상고되었다. 자술서의 임의 진술을 문제 삼은 것이었다. ⓒ 1965년 애리조나 주 대법원은 미란다가 조사 과정에서 권리 고지를 받았고 변호인을 요구하지 않았으며 변호인의 도움받을 권리를 거절당한 사실도 없다는 이유로 그에 대한 유죄 판결을 다시금 확인했다.

1966년까지 연방대법원은 자백의 허용성을 검토할 때 적정절차 조항에 근거를 둔 임의성 기준에 따랐다. '임의성'이 있는지를 '사정의 전체'를 살펴서 판단한다는 것이다. 이 임의성에 대한 주장과 입증은 피의자와 경찰에게 맡겨졌다. 이는 본질적으로 수사 기관에 더 유리하게 작용하는 것이었다. 1965년 11월 연방대법원은 미란다 판결을 심리하기 위한 변론을 열기로 결정했다. ⓔ 1966년 1월 28일 연방대법원 상고심에서 피고를 변호한 존 플린은 구두 변론을 담당하며 다음 두 가지에 초점을 두었다. 첫째, 대부분의 미국 시민이 경찰 조사를 받을 때 변호사의 도움을 제대로 받지 못한다는 사실을 분명히 확인해 두고자 하였다. 둘째, 권리 고지를 하는지 여부가 아니라 언제 권리 고지를 하는지가 중요함을 확실히 밝혀두고자 하였다. 플린은 미란다가 조사를 받으면서 자백을 받기 전에 묵비권과 변호인 선임권, 변호인과 상의할 권리를 고지받지 않았음을 지적했다. 그는 피의자 단계에서부터 정당한 권리를 주장할 수 있기 위해서는 수정헌법 제5조의 권리를 확대하여 당사자 지위를 갖출 수 있게 해야 한다고 변론했다. 이 말은 미란다가 조사를 받았을 때 그가 경찰과 대립하는 당사자 지위에 있었으므로 그 시점에 이미 변호인의 조력을 받을 권리가 보장되었어야 한다는 뜻이었다.

이 주장은 매우 대담한 것이었다. 이전까지 법원은 시민의 권리 보장을 위해 수정헌법 제6조의 보호 아래 재판 전 변호인 선임권을 부여해 왔으며 형편이 안 되는 피고인을 위해 국선 변호인을 두게 하였다. 그런데 플린은 이 권리가 피의자의 체포, 조사 과정에서부터 지켜져야 한다는 것을 수정헌법 제5조에 근거하여 주장했던 것이다.

이때가 역사적인 순간이었다.

ⓜ 1966년 7월 13일 열린 상고 허가심에서 연방대법원은 '미란다 원칙'을 채택하고 헌법적 근거를 찾음에 있어 수정헌법 제6조가 아닌 수정헌법 제5조를 선택했다. 그 요지는 다음과 같았다. "구속된 사람은 반드시 신문 전에 묵비권이 있음과 진술한 내용이 법정에서 불리하게 쓰일 수 있다는 사실을 분명하게 고지해야 한다. 또한 변호인 선임권이 있고, 조사받는 동안 변호인과 상의할 수 있으며, 변호인을 선임할 형편이 안 되면 국가가 변호인을 선임해준다는 사실을 분명히 고지해야 한다. …… 질문하기 전에 묵비권을 행사하겠다는 의사를 표시하면 질문을 중단해야 한다. 피의자가 원한다면 변호인이 참여하기까지 조사를 중단해야 한다. …… 구속된 상태에서는 이러한 특권을 포기하지 않을 수 있음과 변호인 선임권이 있다는 사실을 환기시키고 그 후에 진술하도록 해야 한다." 플린이 그 역사적 순간에 밝혔던 '미란다 원칙의 고지'의 내용이었다.

21

윗글을 이해한 내용으로 적절하지 <u>않은</u> 것은?

① 미란다는 불우한 가정 환경 속에서 성장하며 여러 건의 범죄행위로 처벌을 받았다.

② 경찰이 범죄 피의자로 미란다를 지목해 찾아왔을 때, 그는 자의에 의해 경찰서로 동행하였다.

③ 경찰은 미란다에게 자술서를 쓰게 했으며, 미란다는 자의에 의해 자술한다는 자술서 내용을 확인하고 서명하였다.

④ 애리조나 주 대법원은 재판 과정에서 피고인의 권리 보호가 충분히 이루어지지 않았다는 것을 이유로 변호인의 이의제기를 수용하였다.

⑤ 연방대법원은 기존에 인용해 왔던 수정헌법 제6조 대신 수정헌법 제5조에 근거하여 피의자 진술의 임의성을 재평가하였다.

22

윗글에 따를 때, '미란다 사건'을 다룬 연방대법원 재판의 핵심적인 쟁점으로 가장 적절한 것은?

① 하급심 판사의 형량 산정은 적정했는가

② 피고인은 변호인의 조력을 충분히 받았는가

③ 증인은 범인의 범죄 사실을 명확히 증언했는가

④ 피의자는 당사자로서 법적 권리를 보장받았는가

⑤ 대법원 판결은 수정헌법의 정신을 위배하였는가

23

진술의 임의성 과 관련하여 미란다 사건에 대해 각 주체가 판단한 내용으로 적합하지 <u>않은</u> 것은? [3점]

① ⓐ : 피의자가 자의에 따라 진술할 수 있다는 사실을 미리 알려주지 않았기에 진술의 임의성이 침해되었다.

② ⓑ : 경찰관은 강요하지 않았고 피의자는 자의로 진술했으므로 진술의 임의성이 침해되지 않았다.

③ ⓒ : 피고인이 변호인의 조력을 요구하지 않았고 진술서에 기록된 피의자 권리를 확인한 후 서명했으므로 진술의 임의성이 있다.

④ ⓓ : 경찰은 피의자를 조사하기 전 피의자 권리를 고지했어야 하지만 그렇게 하지 않았으므로 진술의 임의성을 침해했다.

⑤ ⓔ : 경찰은 적정절차 조항을 지켜 피의자를 조사하지 않았고 사정의 전체를 고려했을 때 피의자가 변호인의 조력을 거부한 것이므로 진술의 임의성을 인정하기 어렵다.

24

윗글의 맥락으로 볼 때, 이때가 역사적인 순간이었다 의 의미로 가장 적절한 것은?

① 형사 피고인의 권리가 최초로 법령에 규정된 순간이었다.

② 적법하지 않은 수사에 대해 유죄 판결이 내려진 순간이었다.

③ 법원이 피고측 변호인의 주장을 전폭적으로 수용한 순간이었다.

④ 피의자가 보장받아야 할 법적 권리가 처음으로 법원에서 공론화된 순간이었다.

⑤ 불우한 환경에 있는 사람들에 대한 법적 조력의 중요성을 사람들이 인식하기 시작한 순간이었다.

25

윗글에 따라 〈보기〉를 이해한 내용으로 가장 적절한 것은? [3점]

┤ 보 기 ├

우리 헌법은 묵비권을 보장하고 있다. 하지만 수사 실무 차원에서 보면, 피의자의 묵비권이라는 권리와 이율배반 관계에 있는 것처럼 보이는 피의자의 자백이 의외로 높은 비율을 차지한다.

① 현실이 법을 따르는 경우는 거의 없다.

② 많은 피의자들이 자신의 진술이 가져올 법적 판단의 결과나 파장을 잘 알지 못한다.

③ 범죄를 저지르지 않은 피의자들은 자백이 자신에게 더 유리할 것이라는 착각을 한다.

④ 묵비권은 범죄를 저지르지 않은 사람에게 주어지지만, 피의자의 대부분은 범죄자이다.

⑤ 피의자는 법정에서 재판을 받기 전까지는 변호인의 도움을 받을 수 없다고 생각하기 때문에 자백을 선택한다.

[26~30] 다음 글을 읽고 물음에 답하시오.

극심한 우울증으로 병원에 입원해 있던 환자가 자신의 기분이 훨씬 나아졌고 더 이상 나쁜 생각을 하지 않는다고 주장하며 하룻밤 귀가를 원할 때, 그 환자가 진실을 말하는지 어떻게 알 수 있을까? 그 환자가 병원의 감독을 벗어나기 위해 의도적으로 거짓말을 할 수도 있지 않은가?

메리(가명)는 마흔 살의 여성으로 입원하기 전 세 차례나 자살을 시도했고 거의 성공할 뻔했다. 그 후 그녀는 병원에 입원했고, 나중에 더 이상 우울증에 시달리고 있지 않다고 주장하며 주말 외박을 신청했다. 심리학자 폴 에크먼은 한 직원의 보고 덕분에 그녀가 외박 신청 인터뷰에서 거짓말을 했다고 고백했다는 사실을 알게 되었다. 외박 며칠 전 그녀는 병원을 나가면 자해하려고 한다는 사실을 털어놓았던 것이다. 그녀의 입원 중 인터뷰 영상을 처음 봤을 때, 에크먼은 그녀가 자신의 감정에 대해 거짓말을 하고 있다는 어떠한 증거도 보지 못했다. 그녀는 자주 웃었고 긍정적으로 말했으며 쾌활하게 보였다. 그녀를 담당했던 담당 의사는 실제로 그녀를 믿었다.

에크먼과 그의 공동연구자인 월리 프리센은 다중 고속 모션 프로젝터를 활용하여 그녀의 표정과 몸짓 하나하나를 프레임별로 검토했다. 인터뷰 중 어느 순간, 그녀가 멈칫하면서 얼굴에 엄청난 고통이 섬광처럼 스쳐 지나가는 것이 보였다. 의사가 메리에게 그녀의 장래 계획에 대해 물었을 때였다. 24장의 프레임 중 단 두 장뿐이었고 1/12초 사이에 지나갔으며 금방 웃음으로 덮였다. 그들은 그 장면을 반복해 보았고, 그것이 무엇을 드러내는지는 확인할 수 있었다. 정지된 프레임에서 그녀의 진정한 감정은 매우 분명했지만, 곧 의도적으로 숨겨졌다. 그들은 필름에서 아주 재빨리 지나가는 고뇌의 표정을 두 번 더 찾아냈다. 이처럼 사람들의 진짜 느낌을 비언어적으로 '누설'하는, 아주 잠깐 동안의 얼굴 움직임을 그들은 미표정(微表情)이라고 명명했다.

그 후 20여 년 동안 에크먼과 프리센은 일부러 숨긴 감정과 억압된 감정에 대한 연구를 진행하며 다음과 같은 사실을 더 밝힐 수 있었다. 미표정은 메리의 경우와 같이 의도적인 은폐일 때나, 또는 자신이 어떤 감정을 느끼는지 알지 못할 때, 즉 감정이 억압된 상태일 때 발생할 수 있다. 어떤 미표정이 이 둘 중 하나를 가리키는지는 구분이 안 된다. 어떤 감정의 상태인지에 대한 판정이 가능하려면 미표정이 발생하는 맥락을 분석해야 하고 종종 더 많은 질문도 던져야 한다. 여기서 맥락이란, 대개는 어떤 대화 상황이나 특성을 가리키는지를 뜻하는 대화의 맥락을 뜻하며, 그 외에도 두 대화 당사자 간 관계의 내력, 미표정이 나타나는 순간의 대화 순서, 그리고 미표정에 드러나는 감정과 발화 간의 일치, 이를테면 피평가자가 말하는 내용이나 목소리, 몸짓, 자세 등과 일치 등이 포함된다.

그렇다면 사람들은 왜 미표정을 발견하지 못하고 실제 감정을 알아채지 못하거나 거짓말에 속게 되는 것일까? 이에 대해 에크먼은 대화 도중 미표정이 발생할 때 대부분의 사람들은 그 미표정에 주의를 기울이는 대신, 단어들과 목소리의 톤, 그리고 몸짓에 관심을 쏟기 때문에 아주 잠깐 동안의 얼굴 움직임을 식별하는 데 실패하는 것이라고 설명한다. 또한 대화 중 대개 다음 순간 상대방이 무슨 말을 할지에 대한 생각으로 종종 주의를 빼앗겨서 미표정을 놓치기도 한다고 말한다. 하지만 그는 미표정을 분간하기 위한 반복적 학습과 그 판단의 적절성에 대한 즉각적인 피드백, 그리고 가장 흔히 혼동하는 감정표현, 이를테면 분노와 혐오, 두려움과 놀람 등을 시각적으로 대조하는 훈련을 해 봄으로써 표정 속에 감추어진 감정을

탐지하는 방법을 익힐 수 있다고 판단했다. 만약 미표정을 확인할 수 있다면, 누군가의 억압된 감정도 알 수 있겠거니와 그가 일부러 숨긴 감정과 이를 통해 은폐하려 했던 진실에도 한 걸음 더 다가갈 수 있을 것이다.

"거짓말을 할 때마다 확실한 신호가 나타나는 것은 피노키오밖에 없다." 에크먼은 거짓말을 할 때 나타나는 여러 단서들을 살피면서, 순간적인 느낌에 관한 거짓말은 감정 숨기기와 표정 꾸미기 중 하나로 이루어지며 그 중 표정을 꾸미는 것이 더 쉽다고 말한다. 특히 대부분의 사회적 상황에서 불쾌한 느낌을 은폐하고 긍정적으로 행동하는 것이 요구된다는 점에서 웃음은 가장 흔히 사용되는 가면이라고 주장한다. 하지만 그는 이럴 경우에도 표정 속에 나타나는 자연스럽지 않은 비대칭이나 감정 기반 근육 운동의 부재(예컨대 웃을 때 눈둘레근의 외측 부분이 움직이지 않는 것 같은), 표정의 시점 등을 확인함으로써 꾸며낸 표정을 식별할 수 있다고 말한다.

26

윗글의 주제와 가장 가까운 것은?

① 메리는 왜 거짓말을 했을까
② 거짓말에 담긴 감정은 무엇인가
③ 거짓말은 어떻게 가려낼 수 있는가
④ 거짓말은 인간관계에서 왜 중요한가
⑤ 성공한 거짓말은 어떤 특징이 있는가

27

윗글에 대한 이해로 적절하지 않은 것은?

① 말은 생각과 일치하지 않을 때가 있다.
② 사람은 내면의 모든 감정을 자각하지는 못한다.
③ 꾸며낸 표정은 의도적으로 감정을 숨길 수 있다.
④ 숨기려 하지 않는 한, 감정은 표정을 통해 드러난다.
⑤ 감정을 숨기는 것이 꾸며낸 표정을 보이는 것보다 쉽다.

28

윗글을 읽고 독자가 추론한 내용으로 가장 적절한 것은?

① 정밀한 기계 장치를 사용하지 않으면 미표정을 분간할 수 없겠군.

② 미표정을 보면, 그 사람이 그런 감정을 갖게 된 이유와 배경을 알 수 있겠군.

③ 미표정에 대해 더 깊이 알게 되면 현실의 문제에서 실용적인 도움을 얻을 수 있겠군.

④ 어떤 사람이 보인 미표정을 다른 사람에게서 발견하게 된다면 그들은 같은 생각을 하고 있다는 뜻이겠군.

⑤ 대화 중 상대방의 말이 진실인지 알려면, 매 순간 주의를 집중하여 그 다음에 어떤 말을 할지 예측해야겠군.

29

〈보기〉의 내용과 윗글 간의 논리적 관계를 가장 적절하게 나타낸 것은?

[3점]

┌─ 보 기 ─┐

　모든 거짓말이나 거짓된 행동 단서들이 감정적인 것은 아니다. 단서는 사고와 감정 양쪽에서 발생할 수 있다. 사람들이 자신이 했거나 계획하고 있는 일에 대해 설명할 때, 그 설명이 거짓일 가능성을 알려주는 가장 명백한 인지적 단서는 설명 속에 존재하는 모순이다. 즉각적인 반응이 요구될 때 나타나는 망설임 또한 명백하고 유익한 단서가 된다. 하지만 이런 것들이 속이는 것과는 무관한 무언가를 뜻할 수도 있으므로, 거짓의 판명을 위해서는 추가적인 정보들을 더 검토하는 것이 필요할 것이다.

└────────┘

① 〈보기〉는 윗글과 대립적 관점에서 미표정의 기능이 제한적인 이유를 증명한다.

② 〈보기〉는 윗글에 대한 보완적 관점에서 거짓말을 판단할 수 있게 하는 또 다른 단서를 추가한다.

③ 〈보기〉는 윗글과 동일한 관점에서 사람의 행동 특성이 거짓말을 드러내는 유일한 단서라는 데 동의한다.

④ 〈보기〉는 윗글에 대한 비판적 관점에서 사람의 표정에서 그의 감정 상태를 읽어낼 수 있다는 견해를 반박한다.

⑤ 〈보기〉는 윗글을 포괄하는 관점에서 감정적 단서나 인지적 단서로는 거짓말에 익숙한 사람을 변별할 수 없음을 주장한다.

30

표정 과 미표정(微表情) 의 의미 관계를 보이는 것은?

① 개척 : 미개척　　　② 생물 : 미생물

③ 결정 : 미결정　　　④ 소년 : 미소년

⑤ 완성 : 미완성

[31~35] 다음 글을 읽고 물음에 답하시오.

(가)

엊그제 젊었더니 하마 어이 다 늙거니

소년 행락(小年行樂) 생각하니 일러도 속절없다

늙어서야 서러운 말 하자 하니 목이 멘다

부생모육(父生母育) 신고(辛苦)하여 이내 몸 길러 낼 제

공후 배필(公侯配匹)은 못 바라도 군자호구(君子好逑) 원하더니

삼생의 원업이요 월하의 연분으로

장안 유협(長安遊俠) 경박자(輕薄子)를 꿈같이 만나 있어

당시의 마음 쓰기 살얼음 디디는 듯

삼오 이팔(三五二八) 겨우 지나 천연 여질(天然麗質) 절로 이니

이 얼굴 이 태도로 백 년 기약하였더니

연광(年光)이 훌쩍 지나 조물이 시샘하여

봄바람과 가을 물이 베올에 북 지나듯

설빈 화안(雪鬢花顏) 어디 가고 면목가증(面目可憎) 되었구나

내 얼굴을 내 보거니 어느 임이 날 사랑할까

스스로 참괴(慚愧)하니 누구를 원망하랴

삼삼오오(三三五五) 야유원(冶遊園)의 새 사람이 났단 말인가

꽃 피고 날 저물 제 정처(定處) 없이 나가 있어

백마 금편(白馬金鞭)으로 어디어디 머무는고

원근을 모르거니 소식이야 더욱 알랴

인연을 끊었어도 생각이야 없을쏘냐

얼굴을 못 보거든 그립기나 말았으면

열두 때 길기도 길구나 서른 날 지리하다

옥창(玉窓)에 심은 매화 몇 번이나 피고 졌고

겨울밤 차고 찬 제 자취눈 섞어 치니

여름날 길고 길 제 궂은비는 무슨 일인고

삼춘 화류(三春花柳) 호시절의 경물(景物)이 시름없다

가을 달 방에 들고 실솔(蟋蟀)이 상에 울 제
긴 한숨 지는 눈물 속절없이 생각만 많다
아마도 모진 목숨 죽기도 어렵울사
도로혀 풀쳐 혜니 이리하여 어이하리
청등을 돌라 놓고 녹기금(綠綺琴) 빗겨 안아
벽련화(碧蓮花) 한 곡조를 시름 좇아 섯거 타니
소상야우(瀟湘夜雨)의 댓소리 섯도는 듯
화표천년(華表千年)의 별학이 우니는 듯
옥수(玉手)의 타는 수단 옛 소리 있다마는
부용장(芙蓉帳) 적막하니 뉘 귀에 들리소니
간장(肝腸)이 구곡(九曲)되어 굽이굽이 끊쳤어라
차라리 잠을 들어 꿈에나 보려 하니
바람에 지는 잎과 풀 속에 우는 벌레
무슨 일 원수로서 잠조차 깨우는가
천상의 견우직녀 은하수 막혔어도
칠월 칠석 일 년 일도 실기(失期)치 않거든
우리 임 가신 후는 무슨 약수(弱水) 가렸관대
오거나 가거나 소식조차 그쳤는고
난간에 빗겨 서서 임 가신 데 바라보니
풀 끝에 아침 이슬은 맺혀 있고 저녁 구름 지나갈 제
죽림 푸른 곳에 새소리 더욱 섧다
세상에 서러운 사람 수없다 하려니와
박명(薄命)한 홍안(紅顔)이야 나 같은 이 또 있을까
아마도 이 임의 탓으로 살 동 말 동 하여라
　　　　　　　　　　　- 허난설헌, 「규원가(閨怨歌)」

(나)
임 그리워하는 꿈이 귀뚜라미 의 넋이 되어
기나긴 가을밤에 임의 방에 들어갔다가
날 잊고 깊이 든 잠을 깨워 볼까 하노라
　　　　　　　　　　　- 박효관

(다)
㉠ 연못에 비 뿌리고 버드나무에 안개 끼었는데
사공은 어디 가고 빈 배 만 매어 있는고
석양에 짝 잃은 갈매기는 오락가락 하는구나
　　　　　　　　　　　- 조헌

31
(가)~(다)에 대한 설명으로 가장 적절한 것은?

① (가)는 자신의 감정을 감추고 있고, (나)는 감정을 격하게 드러내고 있다.
② (가)는 과거를 후회하는 마음을, (다)는 임과의 만남에 대한 기대를 표현하고 있다.
③ (나)는 임을 그리워하는 심사를, (다)는 외로운 심사를 표출하고 있다.
④ (나)와 (다)는 현재 상황에 대한 만족감을 드러내고 있다.
⑤ (가)~(다) 모두 임과 이별하는 상황을 회상하며 원망하는 태도를 보이고 있다.

32
(가)의 내용으로 적절하지 <u>않은</u> 것은?

① 화자는 임의 소식을 듣고 안도하고 있다.
② 화자는 꿈에서라도 임을 만나고 싶어 한다.
③ 화자는 서러운 마음으로 거문고를 연주하고 있다.
④ 화자의 부모는 화자가 좋은 배필을 만나기를 원했다.
⑤ 화자는 세월이 흘러 변해버린 자신의 용모를 안타까워한다.

33
귀뚜라미 와 빈 배 의 역할로 가장 적절한 것은?

① 화자의 감정을 간접적으로 드러낸다.
② 시간의 흐름을 가시적으로 나타낸다.
③ 화자가 소망하는 이상향을 상징한다.
④ 공간적 배경을 시각적으로 묘사한다.
⑤ 시상의 전환을 구체적으로 보여준다.

34

〈보기〉를 참고할 때 (가)에서 ㉠과 성격이 <u>다른</u> 것은?

┤ 보 기 ├

　시적 상황은 화자가 처한 문제 상황을 드러내는 역할을 하기도 한다.

① 겨울밤 차고 찬 제 자최눈 섞어 치니
② 여름날 길고 길 제 굳은비는 무슨 일인고
③ 삼춘 화류 호시절의 경물이 시름없다
④ 가을 달 방에 들고 실솔이 상에 울 제
⑤ 죽림 푸른 곳에 새소리 더욱 섧다

35

〈보기〉를 바탕으로 (가)를 이해한 것으로 적절하지 <u>않은</u> 것은?

[3점]

┤ 보 기 ├

　조선은 봉건적 규범 아래 여성에게 가해지는 제약이 많던 시대였다. 당대 여성들은 출가외인(出嫁外人)이라 하여 친정으로부터 격리된 삶을 살아가야 했고, 삼종지도(三從之道)라 하여 평생 아버지, 남편, 아들을 따르며 살아야 했다. 남편이 아내를 내쫓을 수 있는 악행을 칠거지악(七去之惡)이라 하였는데, 아내가 시부모에게 불순하거나 남편의 외도를 시샘하는 것, 심지어 말이 많은 것도 해당되었다. 〈규원가〉는 그러한 시대적 배경 아래 창작된 규방가사로, 화자는 남성 위주의 사회에서 억압받으며 살아가면서도 자신의 처지나 상황을 직접적으로 말하지 못하는 안타까운 심정을 드러낸다.

① '당시의 마음 쓰기 살얼음 디디는 듯'에서 시집 온 후 남편을 모시며 조심스럽게 살았던 화자의 삶을 엿볼 수 있군.
② '내 얼굴을 내 보거니 어느 임이 날 사랑할까'에서 남편이 자신을 찾지 않는 것을 자신의 탓으로 돌리는 화자의 모습을 드러내고 있군.
③ '삼삼오오 야유원의 새 사람이 났단 말인가'에서 남편의 행실이 바르지 못하다고 생각하는 화자의 생각을 엿볼 수 있군.
④ '간장이 구곡되어 굽이굽이 끊쳤어라'에서 봉건적 규범 속에 살아가는 화자의 한이 얼마나 큰지 느낄 수 있군.
⑤ '아마도 이 임의 탓으로 살 동 말 동 하여라'에서 남편이 자신을 찾지 않는 현실을 적극적으로 비판하는 화자의 태도를 엿볼 수 있군.

[36~40] 다음 글을 읽고 물음에 답하시오.

　빅데이터란 크고 복잡해 일반 컴퓨터로는 처리할 수 없는 많은 양의 데이터를 말한다. 데이터는 단순히 수집하는 것뿐만 아니라 분석이 수반돼야 한다. 빅데이터는 큰 용량, 빠른 속도, 다양성을 갖는 정보 자산으로 통찰력, 의사결정, 프로세스 자동화 등 혁신적인 처리 방식이 필요하다.

　빅데이터 활용에는 데이터 마이닝이 필수적이다. 데이터 마이닝이란 빅데이터 안에서 체계적이고 자동적인 규칙이나 패턴을 찾아내는 작업으로, 통계학에서 쓰이는 다양한 기법을 활용한다. 데이터 마이닝이 다루는 데이터베이스는 크게 정형 데이터와 비정형 데이터로 구분할 수 있다. 정형 데이터는 결제 금액, 회계 등과 같이 구조화된 데이터를 일컫는다. 비정형 데이터는 소셜미디어의 텍스트, 이미지, 영상처럼 형태와 구조가 정형화되지 않은 복잡한 데이터를 뜻한다. 대표적인 비정형 데이터로는 온라인 리뷰, 소셜 미디어 포스팅을 꼽을 수 있다. 과거에는 데이터 마이닝이 대부분 정형 데이터 위주였다면, 지금은 비정형 데이터의 비중이 월등히 높다.

　비정형 데이터는 형태와 구조가 다양하여 기존의 통계로는 분석이 쉽지 않다. 최근에는 비정형 데이터를 분석하기 위해 텍스트 마이닝이 부각되고 있다. 텍스트 데이터를 다룰 때 가장 어려운 점은 바로 구조화가 되지 않는다는 것이다. 컴퓨터가 데이터를 분석하려면 그 데이터를 이해할 수 있어야 하는데, 언어에 따라 의미나 문법 규칙이 전부 다르다는 문제가 있다. 따라서 언어를 이해하고 처리하는 기술이 필요하다. 모든 텍스트는 특정 언어로 만들어지는 만큼, 언어의 문장구조를 분석하고 단어의 의미를 이해해야 비로소 데이터에서 가치를 찾아낼 수 있다. 이러한 작업을 가능하게 하는 기술이 텍스트 마이닝이다.

　하루에 생산되는 데이터의 양은 정말 어마어마하다. 특히 페이스북과 인스타그램 같은 소셜 미디어에는 수십억 개 이상의 콘텐츠가 공유되고 있다. 유튜브와 틱톡 등 동영상 기반 서비스는 짧게는 몇 초에서 길게는 수십 시간 분량의 영상이 끊임없이 생겨나고 스트리밍된다. 최근 이러한 데이터는 영상, 음악, 이미지 등 다양한 형태로 그 수가 급격히 늘어났는데, 사용자가 특정한 목적으로 ⓐ<u>처리하지 않은</u> 상태에 있는 것을 ㉠ <u>원시 데이터</u>라 한다. 그리고 이러한 다양한 원시 데이터 세트를 기본 형식으로 저장하는 곳이 데이터 레이크이다.

이렇게 많은 데이터를 분석하려면 컴퓨터의 성능은 물론 많은 시간과 비용이 필요하다. 그 시간과 비용을 줄이거나 좀 더 효율적으로 정보와 지식을 활용하기 위해, 데이터 마이닝은 많은 양의 데이터에서 인간이 찾을 수 없는 패턴까지 추출해 스마트 데이터를 찾아낸다. 빅데이터가 가공 처리 전 원재료라면, 데이터 마이닝은 이를 정제하는 작업이다. 정제 및 가공 처리된 데이터를 ⓛ 스마트 데이터라고 한다. 이렇게 분석과 가공된 스마트 데이터는 개인과 기업의 생산성을 높이는 데 활용된다.

36

윗글에 대한 이해로 적절하지 <u>않은</u> 것은?

① 데이터 마이닝은 데이터에서 가치를 추출하고 결과를 분석하는 기술의 종류이다.

② 형태가 구조화된 데이터보다 형태가 일정하지 않은 데이터가 점점 많아지고 있다.

③ 텍스트 데이터는 언어 규칙에 일정한 패턴이 있어서 정보를 구조화하는 데 용이하다.

④ 원시 데이터는 다양한 데이터가 특정한 목적에 맞게 처리되지 않은 상태의 것을 의미한다.

⑤ 빅데이터를 실제로 활용하기 위해서는 많은 양의 데이터에서 목적에 맞는 규칙이나 패턴을 찾아내는 과정을 거쳐야 한다.

37

㉠, ㉡에 대한 설명으로 가장 적절한 것은?

① ㉠은 효율적인 정보와 지식을 활용하기 위해 패턴을 추출한 결과를 축적한 것이다.

② ㉡은 유튜브와 틱톡 등 동영상 기반 서비스에서 생성된 영상자료를 그대로 보관한다.

③ ㉠은 ㉡과 달리 인공지능 서비스로 생성되는 데이터를 가공 처리한 정보를 기본 형식으로 이루어진다.

④ ㉡은 ㉠과 달리 수십억 개 이상의 콘텐츠를 데이터 마이닝을 통해 처리한 결과를 저장한다.

⑤ ㉠과 ㉡은 모두 영상, 음악, 이미지 등 다양한 형태로 존재하는 빅데이터를 원재료 상태로 구성한 것이다.

38

윗글을 바탕으로 〈보기〉를 이해한 것으로 가장 적절한 것은?

┤ 보 기 ├

(가) 킬로바이트 단위에 불과했던 텍스트 데이터의 양이 이미지와 영상 등이 포함된 데이터로 바뀌며 메가바이트와 기가 바이트 수준이 되었다.

(나) 데이터 수집은 컴퓨터, 네트워크, 스마트폰 등에서 이루어지며 이러한 데이터 흐름은 단절되지 않고 연속적으로 신속히 진행된다.

(다) 환자가 병원에서 검사를 받을 때 컴퓨터에 수치 정보가 입력되며 또한 검사 기기에서 생성된 생체 정보, 유전자 정보, 질병 정보, 영상 정보 등 다양한 데이터가 저장된다.

① (가)는 데이터가 생성되는 속도가 빠르다는 빅데이터 처리 속도의 변화 양상을 분석한 것이다.

② (나)는 정형 데이터를 비롯해 비정형 데이터까지 다양하게 생성되는 빅데이터의 종류를 분류한 것이다.

③ (다)는 데이터 환경의 변화로 정형 데이터를 비롯해 비정형 데이터까지 생성되는 예를 들어 설명한 것이다.

④ (가)와 (나)는 모두 빅데이터를 통해 체계적인 규칙과 방법을 적용하는 분석이 활발하게 이루어지고 있음을 논증한 것이다.

⑤ (나)와 (다)는 모두 데이터 처리 방식이 발전함에 따라 빅데이터의 양이 증가된 상황을 구체화하여 제시한 것이다.

39
〈보기〉의 내용을 윗글에 추가하려고 할 때, 글쓴이가 한 생각으로 적절하지 <u>않은</u> 것은?   [3점]

┌─ 보 기 ─┐

아침에 일어나 스마트폰 알람을 보니 야채, 고기가 문 앞에 배송되었다. '주문하지도 않은 식재료가 왜 왔지?' 하는 생각에 냉장고 문을 열어보니 텅 비어 있었다. 평소 출근 시간보다 늦어 택시를 부르려고 음성 인식 스피커에 말을 걸자 내가 입을 열기도 전에 '택시를 호출할까요?'라고 물었다. 점심식사 시간이 다가오자 주변 식당 정보가 스마트폰 알람으로 전송되어 가장 덜 붐비는 식당에서 식사하고 돌아왔다. 오후 회의에 필요한 자료를 정리하는데 인공지능이 지난 수십 년간의 데이터를 토대로 향후 5년 치 예측 데이터를 이미 내놨다. 지금까지 인공지능이 예측한 데이터는 오차 없이 맞았다. 물론 갑작스러운 사고나 기후 변화로 인한 변수는 아직 완벽히 반영되는 것 같지는 않다. 그래도 빅데이터 분석의 정확도가 워낙 높아져 생산과 재고로 인한 손실은 크게 줄었다.

① 빅데이터가 인간의 실생활에 미치는 영향을 사례를 들어 보여주는 것이 좋겠다.
② 개인에게 제공되는 스마트 데이터가 어떤 도움이 되는지를 일상적 경험을 토대로 제시할 필요가 있겠다.
③ 불확실하거나 예측 불가능한 상황에 대비하는 빅데이터의 한계에 대해 언급하는 것이 좋겠다.
④ 스마트 데이터의 변수에 따른 손실 규모가 과거에 비해 점점 커지는 이유를 상세히 설명할 필요가 있겠다.
⑤ 예측 데이터를 활용한 음성 인식 스피커가 인간의 마음을 어디까지 읽어낼 수 있는지를 구체적으로 보여주면 좋겠다.

40
문맥상 ⓐ의 의미와 가장 가까운 것은?

① 경찰은 그를 무혐의 <u>처리하기</u>로 방침을 세웠다.
② 당신은 이 일을 신속하게 <u>처리해야</u> 할 것입니다.
③ 업무를 제게 맡겨 주시면 완벽하게 <u>처리하겠습니다.</u>
④ 부패 방지를 위해 시신을 알코올로 <u>처리하여</u> 안치했다.
⑤ 이 일을 장난처럼 <u>처리하는</u> 당신의 태도가 못마땅하다.

[41~45] 다음 글을 읽고 물음에 답하시오.

[앞부분 줄거리]
홍모 부부는 선녀가 품에 들어오는 태몽을 꾸고 딸 계월을 낳는다. 계월은 난으로 인해 부모와 헤어진 후 평국으로 개명하고 남장한다. 이후 평국은 장원 급제하고 대원수가 되어 난을 평정한다. 천자는 평국이 여자임을 알고도 신임하여 보국과 혼인시켰으나 보국은 평국을 소홀히 대한다. 그러던 중 반란이 일어난다.

┌─
천자가 깜짝 놀라 조정의 모든 신하를 불러 의논했다. 우승상 정영태가 말했다.
"이 도적은 좌승상 평국을 보내야 막을 수 있을 것입니다. 빨리 평국을 부르십시오."
천자가 듣고 곰곰이 생각하다가 말했다.
"평국이 예전에는 밖에 나와 일을 했기에 불렀지만, 지금은 규중에 머물러 있는 여자인지라 차마 불러낼 [A] 수 없는데, 어찌 전쟁터로 보내겠는가?"
이에 모든 신하가 말했다.
"평국이 비록 아녀자로 집 안에 있으나, 조야에 이름이 있고 작록을 거두지 않았는데, 어찌 아녀자라 하여 거리끼겠습니까?"
천자가 마지못해 급히 평국을 불렀다.
└─

평국은 집 안에서 날마다 시녀들을 데리고 장기와 바둑을 두며 세월을 보내고 있었다. 이때 사관이 와서 천자가 부르는 명령을 전하자, 평국이 깜짝 놀라 곧바로 여자 옷을 벗고 조복으로 갈아입은 뒤 사관을 따라가 천자 앞에 엎드렸다. 천자가 매우 기뻐하며 말했다.
"그대가 집 안에 머문 후로 오랫동안 보지 못해 밤낮으로 보고 싶었는데, 이제 그대를 보니 기쁘기 한이 없도다. 짐이 덕이 없어 지금 오나라와 초나라 양국이 반역하여, 호주 북쪽 지방을 쳐서 항복을 받고 남관을 열어젖히고 황성을 침범하려 한다고 하니, 그대는 나아가 나라와 조정을 편안하게 지키도록 하라."
평국이 엎드려 아뢰었다.
"제가 외람되게 폐하를 속이고 높은 관직에 올라 영화롭게 지내기가 황공했는데, 저의 죄를 용서하시고 이처럼 사랑하시니, 제가 비록 어리석으나 힘을 다해 성은을 만분의 일이나마 갚고자 합니다. 폐하는 근심하지 마옵소서."
천자가 매우 기뻐하며 즉시 천병만마를 뽑아 모으도록 했다. 삼남원에 진을 치고 홍 원수가 친히 붓을 잡아 보국에게 명령을 내렸다.

"적병이 급하니 중군장은 급히 대령하여 군령을 어기지 마라."

보국이 이 명령을 보고 분함을 이기지 못해 부모께 여쭈었다.

"계월이 또 저를 중군장으로 부리려 하니, 이런 일이 어디 있습니까?"

여공이 말했다.

㉠"전날 내가 너에게 뭐라고 이르더냐? 계월을 괄시하다가 이런 일을 당하니, 어찌 그르다 하겠느냐? 나랏일이 매우 중하니, 어떻게 해볼 수가 없다."

여공은 보국에게 나가라고 재촉했다. 보국은 할 수 없이 바삐 갑주를 갖추고 진중에 나아가 홍 원수 앞에 엎드리니, 홍 원수가 분부했다.

"만일 명령을 거역하는 자가 있으면, 군법을 시행할 것이다."

[B] 보국이 두려워하며 처소로 돌아와 명령 내리기를 기다렸다. 홍 원수가 장수들에게 각각의 임무를 정해 주고 가을날 구월 갑자일에 행군을 시작했다. 십일월 초하룻날 남관에 당도해 삼일 동안 군사를 머물게 하고, 즉시 떠나 오일에 천속산을 지나 영경루에 다다랐다. 적병이 평원광야에 진을 치고 철통같이 지키고 있었다.

홍 원수가 적진 가까이 진을 치고 명령했다.

"명령을 어기는 자가 있으면, 세워 두고 벨 것이다."

호령이 서릿발 같아, 모든 장수와 군졸들이 두려워하며 어찌할 줄 몰라 했다. 보국 또한 매우 조심했다.

이튿날 홍 원수가 보국에게 분부했다.

"오늘은 중군장이 나가 싸워라."

보국이 명령에 순종해 말에 올라 삼척장검을 들고, 적진을 향해 외쳤다.

"나는 명나라 중군장 보국이다. 대원수의 명을 받아 너희 머리를 베려 하니, 너희는 빨리 나와 칼을 받아라."

적장 운평이 이 소리를 듣고 크게 화를 내며 말을 몰고 나와 싸웠다.

세 번도 채 겨루지 않아 보국의 칼이 빛나더니, 순간 운평의 머리가 말 아래로 떨어졌다. 적장 운경이 운평의 죽음을 보고 크게 화를 내며 말을 몰아 달려들자, 보국이 승리의 기세가 등등해 창검을 높이 들고 서로 싸웠다. 두어 차례 겨루지도 못해, 보국이 칼을 날려 칼을 들고 있는 운경의 팔을 치니, 운경이 미처 손을 놀리지 못하고, 칼을 든 채 말 아래로 떨어졌다.

보국은 운경의 머리를 베어 본진으로 돌아왔다. 그때 적장 구덕지가 크게 노해 장검을 높이 들고 말을 몰아 큰 소리로 고함치며 달려들고, 난데없이 적병들이 사방에서 달려들었다. 보국이 매우 다급해 피하려 했으나, 한순간에 적들이 함성을 지르며 보국을 천여 겹이나 에워쌌다.

사세가 위급하자 보국이 하늘을 우러러 탄식했다. 이때 홍 원수가 장대에서 북을 치다가 보국의 위급함을 보고 재빨리 말을 몰아, 장검을 높이 들고 좌충우돌하여 적진을 헤치고 들어가, 구덕지의 머리를 베어 들고 보국을 구해 낸 후, 몸을 날려 적진 속을 헤집고 다녔다. 동에 번쩍 하더니 어느새 서쪽에 있는 적장을 베고, 남쪽으로 가는 듯하더니 어느새 북쪽에 있는 장수를 베고, 좌충우돌하여 적장 오십여 명과 군사 천여 명을 한칼로 쓸어버리고 본진으로 돌아왔다.

41

윗글의 내용을 이해한 것으로 가장 적절한 것은?

① 반란이 일어나기 전에 평국은 나랏일을 한 적이 없다.

② 평국이 군령을 몇 번 반복하자 비로소 장수들과 군졸들이 움직이기 시작하였다.

③ 평국의 부하가 된 것에 불만을 가진 보국이 처소에만 머물러 진군이 더디게 이루어졌다.

④ 보국이 평국의 군령을 어기고 적진으로 뛰어들어 상황이 악화되었다.

⑤ 평국이 위기에 빠진 보국을 구하러 적진으로 가서 활약하고 돌아오면서 상황이 일단락되었다.

42

[A]에 대한 설명으로 가장 적절한 것은?

① 대화 당사자는 함께 문제 해결의 방법을 찾아낸다.

② 대화 당사자는 각자의 견해를 상대방에게 강요하고 있다.

③ 대화 당사자는 누구도 대화 상황을 인식하지 못하고 있다.

④ 대화 당사자는 모두 동등한 의사결정 권한을 가지고 있다.

⑤ 대화 당사자는 대상 인물의 능력에 대해 견해 차이를 보인다.

43

[B]에 대한 설명으로 가장 적절한 것은?

① 과거와 현재의 교차를 통해 환상성을 높이고 있다.

② 공간의 이동을 통해 인물의 성장 과정을 그리고 있다.

③ 공간적 배경 묘사를 통해 인물이 처한 상황을 보여주고 있다.

④ 사건의 흐름을 요약적으로 서술하여 이야기를 전개하고 있다.

⑤ 주인공에 대한 일화를 나열하여 주인공의 인물됨을 드러내고 있다.

44

윗글을 감상한 내용으로 적절하지 않은 것은? [3점]

① 주인공은 자신이 여자라 전쟁에서 원수의 직분을 수행하기에는 능력이 부족하다고 여겼겠군.

② 수많은 적군을 한칼에 쓸어버리는 모습에서 주인공은 비범한 능력을 가지고 있다고 볼 수 있군.

③ 주인공이 나라의 위기 상황에서 아내로서의 역할보다 신하로서의 책무를 더 우선시하였음을 알 수 있군.

④ 주인공이 여자라는 이유로 결혼 후 사회적 활동을 제약받긴 하지만 그 능력에 대해서는 인정을 받고 있군.

⑤ 주인공은 더 높은 관직을 얻고 싶어서가 아니라 자신의 잘못을 용서해 준 천자의 성은에 보답하기 위해 전쟁에 나서기로 했군.

45

㉠의 상황에 어울리는 속담으로 가장 적절한 것은?

① 개미 구멍이 둑을 무너뜨린다.

② 남의 눈에 눈물 내면 제 눈에는 피가 난다.

③ 낮말은 새가 듣고 밤말은 쥐가 듣는다.

④ 사공이 많으면 배가 산으로 간다.

⑤ 산이 커야 골이 깊다.

※ 점수 표시가 없는 문항은 모두 2점

[01~05] 밑줄 친 단어의 뜻으로 가장 적절한 것을 고르시오.

01

He has violated one of the profession's most sacred rules.

① holy
② weird
③ demanding
④ practical
⑤ uncommon

02

Ask them to send you information on how to assess the value of your belongings.

① upgrade
② evaluate
③ maximize
④ negotiate
⑤ overestimate

03

She was filled with despair at the conditions under which miners were forced to work.

① anger
② regret
③ hopelessness
④ sympathy
⑤ contentment

04

The fresh tire tracks in the snow were obvious proof that someone had recently driven down this country road.

① abstract
② invisible
③ evident
④ plentiful
⑤ unruly

05

The company provided valid reasons for the delay in delivering the product to customers.

① reasonable
② unsound
③ multiple
④ invaluable
⑤ incredible

[06~07] 다음 대화의 빈칸에 들어갈 말로 가장 적절한 것을 고르시오.

06

A : Hey, have you ever thought about picking up a new hobby?

B : I don't know. I feel like I'm too old to start something new.

A : Not at all! What's something you've always wanted to try?

B : Well, I've always wanted to learn how to play the piano.

A : That's a fantastic idea! There are plenty of resources for adult beginners. You could start with online lessons or find a local class.

B : I guess you're right. I'll think about it.

A : I've seen people of all ages learn new things. It's very inspiring. Remember, _____ _____.

B : Thanks for the encouragement! I'll give it a shot!

① practice makes perfect

② it's never too late to learn

③ two heads are better than one

④ never judge a book by its cover

⑤ there is no royal road to learning

07

A : What are you up to this weekend?

B : Probably just chilling at home. What about you?

A : I'm thinking of going hiking. It's been a while.

B : Where are you headed?

A : I found a great spot in the mountains with awesome views.

B : Nice! Are you going by yourself?

A : Yeah, I need some time to clear my head.

B : Understood. Besides hiking, do you have any other plans?

A : Maybe I'll catch up on some reading. There's a new thriller I've been waiting for.

B : Sounds like a perfect weekend! _____ _____.

A : I will.

① Let's play outside more often

② Hiking is my favorite activity

③ I'll meet you up in the mountains

④ Let me know how the book turns out

⑤ I'll try to make some other plans tomorrow

08

Growing up in India, I would spend summer breaks visiting my grandparents in Kolkata. Each afternoon, my grandmother ① <u>settling down</u> on a floor mat, facing the family's worship room, where stone idols of Hindu gods sat on little wooden thrones. For half an hour, she would sit still, her eyes closed, fingers rolling her prayer beads, chanting Krishna's name in a whisper. It's impossible to know, objectively, ② <u>whether</u> those meditation sessions helped my grandmother achieve some sort of communion with a higher power, but a growing body of scientific evidence suggests she benefited from it in multiple ways. The practice was ③ <u>likely</u> an effective approach for her to manage her stress. It may have also helped slow down aging-related cognitive decline. It also probably enhanced her ability to cope with pain. ④ <u>Defined</u> most broadly as the exercise of focusing one's attention on the current moment, meditation in some form has been practiced for millennia by religious traditions around the world — most rooted in a quest for spiritual enlightenment. Today, the popularity of meditation ⑤ <u>has grown</u> in parallel with awareness about the importance of mental health and stress relief.

* throne 왕좌

09

Anger is clearly related to aggression but they are not one and the same. It is possible to be aggressive without being angry and it is ① <u>equally</u> possible to be angry without becoming aggressive. However, the two (the emotion of anger and the behaviour of aggression) are linked and are biologically based, with obvious survival value. Anger always results in a much increased burst of energy and, ② <u>although</u> biologically based, is seen by some psychologists as largely socially constructed. That is, some people might be temperamentally more prone to anger than others, but the extent ③ <u>to which</u> they express this is probably socially determined. In our culture, for example, boys are encouraged to express their anger more openly than girls and a far greater proportion of men than women are made ④ <u>take</u> anger management courses. These are ⑤ <u>learned</u> differences, not differences of biology. [3점]

[10~11] (A), (B), (C)의 각 네모 안에서 문맥에 맞는 낱말로 가장 적절한 것을 고르시오.

10

As a result of the political and social changes of recent decades, cultural pluralism is now generally recognized as an organizing principle of this society. In (A) addition / contrast to the idea of the melting pot, which promised to erase ethnic and group differences, children now learn that variety is the spice of life. They learn that America has provided a shelter for many different groups and has allowed them to (B) maintain / reform their cultural heritage or to assimilate, or — as is often the case — to do both; the choice is theirs, not the state's. They learn that cultural pluralism is one of the norms of a free society; that differences among groups are a national resource rather than a problem to be solved. Indeed, the unique feature of the United States is that its common culture has been formed by the interaction of its subsidiary cultures. It is a culture that has been influenced over time by immigrants, American Indians, Africans (slave and free), and by their descendants. American music, art, literature, language, food, clothing, sports, holidays, and customs all show the effects of the blending of (C) similar / diverse cultures in one nation. Paradoxical though it may seem, the United States has a common culture that is multicultural.

* subsidiary 부차적인

	(A)	(B)	(C)
①	addition	maintain	similar
②	addition	reform	similar
③	contrast	maintain	similar
④	contrast	maintain	diverse
⑤	contrast	reform	diverse

11

Popular understanding of the interrelationship between knowledge and power is frequently expressed through the phrase "Knowledge is power." Foucault, in his genealogical studies, (A) confirms / reverses the logic of this expression. He contends that it is not the acquisition of knowledge that gives one power. Instead, knowledge is already always deeply invested with power in such a way that it must be said that "power is knowledge." Thus, in Foucault's analysis, knowledge is never separate from power but is instead a specific means for (B) exercising / resisting power. In this way, power is not simply something embodied within an individual or a social structure and expressed by brute coercion or punishment. Power appears in its most potent form when successfully translated into systems of "knowledge" and thus removed from reflection under the veil of obvious truths. The (C) inseparability / separability of power and knowledge is so thoroughgoing, according to Foucault, that he often conjoins the two into the term power/knowledge.

* coercion 강제

	(A)	(B)	(C)
①	confirms	exercising	inseparability
②	confirms	resisting	inseparability
③	reverses	exercising	inseparability
④	reverses	resisting	separability
⑤	reverses	exercising	separability

[12~13] 밑줄 친 부분 중, 문맥상 낱말의 쓰임이 적절하지 않은 것을 고르시오.

12

Every economics textbook will tell you that competition between rival firms leads to innovation in their products and services. But when you look at innovation from the long-zoom perspective, competition turns out to be less ① central to the history of good ideas than we generally think. Analyzing innovation on the scale of individuals and organizations — as the standard textbooks do — ② broadens our view. It creates a picture of innovation that overstates the role of proprietary research and "survival of the fittest" competition. The long-zoom approach lets us see that openness and connectivity may, in the end, be more ③ valuable to innovation than purely competitive mechanisms. Those patterns of innovation deserve recognition — in part because it's intrinsically important to understand why good ideas emerge historically, and in part because by ④ embracing these patterns we can build environments that do a better job of nurturing good ideas, whether those environments are schools, governments, or social movements. We can think more creatively if we open our minds to the many ⑤ connected environments that make creativity possible. [3점]

* proprietary 독점의

13

The great American author Edgar Allan Poe, who needs no ① lengthy introduction, is one of the writers who invented the modern short story. A modern short story is different from earlier forms of tales and fables not only in that it sets the story on a modern realistic background but also in the way its form ② concentrates on a single dramatic event. In Poe's case, this single event very often has to do with some ③ abnormal act typically involving death and murder. It was Poe's innovation to narrate such disturbing event from the viewpoint of the murderer himself, so that the reader of Poe's short story has to hear the vivid voice of the ④ aggressor who takes great care to give a detailed account of how he committed the act. The ⑤ disadvantage of such mode of storytelling is that it allows the writer to explore that mysterious thing, the human mind, in a most intimate and extreme fashion.

14

Virgil에 관한 다음 글의 내용과 일치하지 <u>않는</u> 것은?

Virgil's masterful poetry earned him a legacy as the greatest poet in the Latin language. Throughout the Middle Ages and the Renaissance, his fame only grew. Before the invention of the printing press, when classical texts, transmitted by the hands of scribes, were scarce, Virgil's poetry was available to the literate classes, among whom he was regarded as the most significant writer of the ancient time. He inspired poets across languages, including Dante in Italian, Milton in English, and an anonymous French poet who reworked the *Aeneid* into the medieval romance *Le Roman d'Eneas*. In what became a Christian culture, Virgil was viewed as a pagan prophet because several lines in his works were interpreted as predictions of the coming of Christ. Among writers of the Renaissance, Virgil was appreciated for his vivid portrayals of human emotion. Modern critics, on the other hand, have been less kind. Virgil's poetry is often judged in relation to that of his Greek predecessors, especially the *Iliad* and the *Odyssey*, epics attributed to Homer that also portray the Trojan War. Most contemporary scholars hold that Virgil's poetry pales in comparison to Homer's.

* pagan 이교도의

① His skillful poems in Latin made him a noted poet.
② His reputation fell into a decline during the Renaissance.
③ He influenced the poems of different languages.
④ His poetry clearly expressed human emotion.
⑤ His poetry was valued less than Homer's by modern critics.

15

Alice James에 관한 다음 글의 내용과 일치하는 것은?

Alice James is always classified as some famous person's sister or brother. Both of her brothers, Henry James the novelist and William James the philosopher, are important figures in their fields. Her family itself was a famous and respected household in Cambridge, MA. Yet Alice, the youngest daughter, was something of a problem, ever since she had her first mental breakdown at sixteen. She also suffered from numerous health problems. The brothers, in the meantime, were becoming more and more successful in their public career. Alice James died at the age of forty-four, yet she left behind a most interesting record of her thoughts during the last three years of her life. She was, however, too weak even to write. Her close friend K. P. Loring wrote down her words for her. Loring also printed a copy of her diary for Alice's brothers and herself. The challenge in reading her journal is to appreciate the mixture of anger, self-pity, and, of course, the pain the writer feels. One should also remember that hers was a uniquely feminine experience, as women in those times were very often considered to be a "case" or "problem" to be studied and treated by male doctors.

① She came from a lower-class family in Cambridge.
② She was the oldest child in her family.
③ Her brothers failed to gain a reputation.
④ She left a dictated writing of her thoughts.
⑤ Her journal was full of her pity for other women.

16

다음 글의 내용과 일치하는 것은?

The American transition to analytic philosophy was mediated by several important figures, institutions, and events. One such figure was Morris Cohen (1880-1947). Born in Russia, he was educated at City College of New York. With a 1905 Harvard Ph.D., he taught at City from 1912 to 1938, and at the University of Chicago from 1938 to 1941. Known for his interest in logic and the philosophy of science, he was a committed naturalist who recognized no non-scientific methods capable of attaining knowledge in philosophy. One of his students was the Czechoslovakian-born Ernest Nagel, who, after earning his B.A. at City, got his Ph.D. in 1931 from Columbia University. With the exception of a year at Rockefeller University in the 1960s, he spent his career at Columbia University teaching and writing about the philosophy of science and explaining the centrality of logic to philosophy.

① Cohen was born in Czechoslovakia.
② Cohen taught at City College of New York until 1941.
③ Cohen was known for his interest only in logic.
④ Nagel earned his Ph.D. from Harvard University in 1931.
⑤ Nagel spent most of his career at Columbia University.

[17~21] 다음 글의 빈칸에 들어갈 말로 가장 적절한 것을 고르시오.

17

In terms of education, history has not always received a good press. Advising his son in 1656, Francis Osborne was far from enthusiastic about the subject. His experience of hearing contradictory reports about the Civil Wars of his own time (contemporary history), led him to be doubtful about the _____ of records of less recent events. Such historical records, he concluded, were likely to present a 'false, or at best but a contingent beliefe'; and as such they hardly warranted serious study. Osborne's anxiety about his son potentially wasting his time by studying history that is unreliable, implies an understanding of history as being ideally of a certain kind — the kind that yields certain, 'factual' knowledge about the past. Now, although that model was already under challenge in Osborne's day, it has persisted to some extent up to our own time.

* contingent 부수적인

① continuity
② reliability
③ rediscovery
④ conciseness
⑤ predictability

18

Every intelligence has to _____. A human brain, which is genetically primed to categorize things, still needs to see a dozen examples as a child before it can distinguish between cats and dogs. That's even more true for artificial minds. Even the best-programmed computer has to play at least a thousand games of chess before it gets good. Part of the AI breakthrough lies in the incredible amount of collected data about our world, which provides the schooling that AIs need. Massive databases, self-tracking, web cookies, online footprints, terabytes of storage, decades of search results, and the entire digital universe became the teachers making AI smart. Andrew Ng explains it this way: "AI is akin to building a rocket ship. You need a huge engine and a lot of fuel. The rocket engine is the learning algorithms but the fuel is the huge amounts of data we can feed to these algorithms."

① be taught

② exceed itself

③ think by itself

④ be governed by rules

⑤ calculate all possibilities

19

Etymology is the study of the root or origin of a word: it derives from the Greek root etymos, meaning 'true'. The importance and the implications of etymology are considerable. Generally speaking, there are two contradictory processes at work in the relation between etymology and meaning. The first is a gradual erosion of the original link: words tend to move steadily away from their original meanings. Contrary to this is a desire to revive the link, to get words 'to make sense' with their past. People _____, and even invent them if they do not exist. Some words do indeed have such striking origins. Few of us ever forget (once we are told) that the sandwich derives from the Earl of Sandwich, a compulsive gambler who, in order not to leave the gaming table during a twenty-four-hour bout, sustained himself in part with slices of cold beef between slices of toast. Thus was born the sandwich, first recorded in 1762. [3점]

* erosion 침식

① prefer memorable or logical origins for words

② pay little attention to the implications of etymology

③ consider the original meanings of words unimportant

④ are unaware of the contradictory processes of etymology

⑤ dislike any association between use and meaning of words

20

Our intuition is that in chess experts, the parsing of board games becomes a reflex. Indeed, research proves that a single glance is enough for any grand master to evaluate a chessboard and to remember its configuration in full detail, because he automatically parses it into meaningful chunks. Furthermore, a recent experiment indicates that this segmenting process is truly unconscious: a simplified game can be flashed for 20 milliseconds, sandwiched between masks that make it invisible, and still influence a chess master's decision. The experiment works only on expert chess players, and only if they are solving a meaningful problem, such as determining if the king is under check or not. It implies that the visual system takes into account the identity of the pieces (rook or knight) and their locations, then quickly binds together this information into a meaningful chunk ("black king under check"). These sophisticated operations _____. [3점]

* parsing 분석

① happen only when the master's consciousness is working
② unfold consciously with meaningful awareness
③ occur entirely outside conscious awareness
④ succeed through careful analysis and repetition
⑤ prove that multisensory information can be bound together

21

The industrial (and associated agricultural) revolution which occurred in Europe during the eighteenth and nineteenth centuries not only changed the nature of work, but also dramatically transformed the organization of society, gender and kinship relationships, and _____. In particular, the composition of, and link between, the rural and the urban was completely overturned as a result of the large-scale migration of potential industrial workers from the countryside to the cities where the factories of the emerging manufacturing bourgeoisie were located. The scope of the demographic change that occurred at this time is underlined by research showing that at the beginning of the nineteenth century only 15 British towns had populations of more than 20,000 but by its end there were 185. Indeed, it has been estimated that in 1800 only 2.2 percent of the population of Europe lived in cities of more than 100,000 — today that geopolitical space is predominantly urbanized and highly industrialized.

* kinship 친족
** demographic 인구학의

① the geographical features of some nations
② the system of the manufacturing industry
③ the concept of social justice and equality
④ the dominant form of human settlement
⑤ the definition of the working class

22

다음 글의 빈칸 (A), (B)에 들어갈 말로 가장 적절한 것은?

Are you the type of person who sees the proverbial glass as half full or as half empty? People with more optimistic attitudes — who see the glass as half full — tend to be more resilient than others to the effects of stress, including stress associated with physical disorders.   (A)   , investigators link optimism to lower levels of emotional distress among heart disease and cancer patients and to lower levels of reported pain among cancer patients. Optimism in pregnant women even predicts better birth outcomes, as measured, for instance, by higher infant birth weights. Optimism in coronary artery bypass surgery patients is also associated with fewer serious postoperative complications.   (B)   , people with more pessimistic attitudes tend to report greater emotional distress in the form of depression and social anxiety.

* resilient 탄력 있는

	(A)	(B)
①	For instance	Hence
②	For example	On the other hand
③	In addition	Nevertheless
④	However	Therefore
⑤	In fact	As a result

[23~26] 다음 글의 제목으로 가장 적절한 것을 고르시오.

23

One of the most daring deep-space missions NASA has ever planned is turning out to be one of the least publicized. The target is a large asteroid named 1992KD, which orbits the sun millions of km from Earth. But that destination is almost incidental to the performance of the spacecraft that will make the trip. Though it looks little different from countless other unmanned spaceships NASA has launched, the ship will be navigated by an electronic brain that has been likened to HAL, the independent-minded computer in the film *2001 Space Odyssey*, and will move through space under power of a system that has long been the stuff of technological fantasies: an ion propulsion engine. If all goes as planned, Deep Space 1, scheduled for launch later this month, will be the forerunner of a new generation of spacecraft. While flight planners hope the ship will make some interesting observations about the target asteroid, including its composition and the structure of its surface, DS1's prime assignment is to validate a host of new technologies NASA had always considered too risky to try on a high-profile mission. [3점]

* asteroid 소행성
** propulsion 추진

① A Smart New Kind of Spacecraft
② The Launch of Unmanned Rockets
③ Failure of DS1's Risky Technologies
④ Performance of Computerized Engine System
⑤ New Mission to Navigate a Larger Asteroid

24

Cattle are sensitive creatures. They have evolved a suite of sensory adaptations to detect predators at long distances. They have a keen sense of smell and hearing at least as good as a dog's or cat's. People often say that elephants never forget, but neither do cattle. Cattle can recognize pictures of herd mates as well as humans they know. Charles Darwin argued that both humans and animals possess a similarity in the expression of emotions. We can, of course, discern basic emotions, like pleasure and fear. But what endears dogs to us is their apparent capacity for what we take as their version of love — the longing in their eyes to be with their people and their overall willingness to please. How do you know cattle love you? Pretty much the same way you do with dogs. My bull, Ricky Bobby, happily lies down next to me and puts his horned head in my lap. He loves for me to brush him, and he'll even roll over for a belly rub.

① Cattle Can Be Our New Pets
② Pets Express Emotional Change
③ How to Domesticate Wild Animals
④ Ways to Drive the Cattle Home Safe
⑤ Darwin's Discovery of Animal Behaviors

25

Because of the goals of protecting life and property and maintaining order, and because the police are open for business 24 hours a day in all kinds of weather, it is inevitable that the police are called upon to look after people who cannot or will not properly care for themselves. This includes young children, elderly citizens, the mentally ill, and the homeless. Police assistance to these people can only go so far, of course — police cannot raise other people's children, cure the mentally ill, or build houses for all the homeless people in this country. However, police can and often do provide or arrange for temporary shelter and transportation for those in need. They also make referrals and provide information so that people can take advantage of programs and services available to them. During times when the economy is struggling, when social programs are underfunded, and when many citizens turn a cold shoulder to those less fortunate, police assistance is often the only option for those who cannot properly care for themselves.

① Police Always on the Lookout for Potential Problems
② A Key Objective of the Police: To Prevent Serious Crimes
③ Police Are Here for Those Who Cannot Care for Themselves!
④ Who Is in Charge of Resolving Various Kinds of Conflicts?
⑤ Patrol as the Backbone of the Police Service

26

Although there had been a long tradition of religious and morally enlightening dramas (termed respectively the miracle and morality plays) the first public playhouse in England was built only in 1576. This proved the catalyst for what Gamini Salgado has rightly called 'the greatest efflorescence of dramatic writing England has ever seen'. The conditions of the Elizabethan stage, though difficult to reconstruct with total accuracy now, were generally primitive. To compensate for these inadequacies, a whole new linguistic medium was created. On a bare stage with minimal properties and effects with which to build up a sense of theatrical illusion, the great dramatists, Shakespeare especially, created an extraordinary diversity of experience and range of characters exclusively through the medium of individuated language, worlds of words in which their creations could philosophize, agonize, laugh, suffer and die.

[3점]

* catalyst 촉매
** efflorescence 전성기

① Technological Advancements of Elizabethan Theaters
② The Elizabethan Stage and Its Linguistic Innovation
③ Shakespeare's Effective Use of the Primitive Stage
④ The Decline of Religious Drama in England
⑤ The Rise of Medieval Morality Plays

27

다음 글의 주장으로 가장 적절한 것은?

Behind every anhedonic choice that keeps you stuck is the belief that you (or your life) will fall apart if you challenge the rules. This is a powerful myth! It can keep you absolutely paralyzed! The only way to rid yourself of it is to put your psychological strengths to the test. Few people realize how strong they really are until they stop putting up with the problems in their lives and take some steps toward change. It won't be easy. You may get knocked down a few times, but you won't fall apart. On the contrary, the more you assert your ability to take control over your life, the stronger you'll become. Developing psychological strengths is just like developing physical abilities. The more you exercise, the stronger you become.

* anhedonic 쾌락을 추구하지 않는

① Do not feel you always have to have a realistic plan.
② Identify the conditions that help you become a success.
③ Choose one of your bigger dreams and make it a reality.
④ Set attainable goals and enjoy each small step of progress.
⑤ Stop thinking of yourself as fragile and be mentally strong.

28

다음 글의 주제로 가장 적절한 것은?

No clear-cut category can encompass all jazz. Each performer's idiom is a style unto itself; if it were not so, the music would hardly be jazz. Jazz, like almost all other music, comprises three artistic activities: creating, performing, and listening. In traditional Western European music, these three activities are not always performed by the same individual, although they quite often are. In jazz, however, it is necessary for the performer to combine all three at the same time. Musical creation is an active part of any jazz performance and depends on the performers' understanding of the developing creation, an understanding gained only by their ability to listen well. They must react instantaneously to what they hear from their fellow performers, and their own contribution must be consistent with the unfolding themes and moods. Every act of musical creation in jazz is, therefore, as individual as the performer creating it.

① traits of jazz reflecting performers' individuality
② how to compose jazz for a great performance
③ similarities between jazz and Western music
④ celebrated figures in the modern jazz scene
⑤ influences of traditional music on jazz

[29~30] 다음 글에서 전체 흐름과 관계 없는 문장을 고르시오.

29

Computer-aided instruction is changing the very nature of the educational process at the college level. An increasingly large number of students want a college education, yet they work during the day and may not have a university nearby that offers evening instruction. A solution to this problem is called distance learning, meaning that students can enroll in college courses yet not be physically present at the college. ① Course lectures offered at the college are recorded and made available for viewing by students on their personal computers, at whatever time the students have available. ② Thus a course can be offered without regard to time or space because computer technology delivers the course to the student. ③ Some universities are now offering entire degree programs to students through this technology. ④ Hence, distance learning cannot be a good option for students who keep delaying things or those who aren't able to stick to deadlines. ⑤ A student can earn a degree from a university without ever having physically attended the university.

30

It is common knowledge that Descartes was a Cartesian Dualist. (Perhaps it's nothing more than common sense!) ① As everyone knows, he held that there are two worlds, one of mental objects and one of material things, including animals and human bodies. ② The mental objects are 'states of consciousness' (e.g. pains, visual experiences, beliefs and desires, fear and joy); the material objects are more or less complex bits of 'clockwork'. ③ The items in the 'inner world' are understood through the exercise of a special faculty called 'introspection'; objects in the 'outer world' are perceived by the five senses. ④ Like most items of 'common knowledge', the importance of reading is often taken for granted without critical examination. ⑤ Mental states and states of the body are logically independent but causally interrelated: causal interaction is, as it were, the glue bonding mind to body in each individual person.

[31~33] 글의 흐름으로 보아, 주어진 문장이 들어가기에 가장 적절한 곳을 고르시오.

31

But AI promises to transform all areas of human experience.

Humanity has experienced technological change throughout history. Only rarely, however, has technology fundamentally transformed the social and political structure of our societies. (①) More frequently, the preexisting frameworks through which we order our social world adapt and absorb new technology, evolving and innovating within recognizable categories. (②) The car replaced the horse without forcing a total shift in social structure. (③) The rifle replaced the musket, but the general paradigm of conventional military activity remained largely unaltered. (④) Only very rarely have we encountered a technology that challenged our prevailing modes of explaining and ordering the world. (⑤) And the core of its transformations will ultimately occur at the philosophical level, transforming how humans understand reality and our role within it.

32

Seeking refuge, the pair transformed themselves into fish, tied together for safety, and leapt into the river Euphrates.

The constellation Pisces is most often imagined as a pair of fish that are joined together by a rope. This image has been recorded in ancient Egypt of the 2nd millennium BCE and later Babylonian texts. Why these two fish happen to be tied together is not recorded by these earliest sources but later Greek and Roman myths offer some explanations. (①) When the gods were facing the terrible monster Typhon, it is said that Aphrodite and Eros were far away from the battle. (②) Being gods of love and lust, these two had little they could do in the face of such a world-crushing threat. (③) This is the moment that was captured in the form of this constellation. (④) An alternative version has the two fish of Pisces rescuing the gods who rode away on their backs. (⑤) As a reward for their help the fish were placed in the night sky.

33

A principal vehicle of this enterprise was educational reform and specifically the building of a university system dedicated to the ideals of science, reason, and humanism.

Writing just after the end of World War I, an acute observer of the French philosophical scene judged that "philosophical research had never been more abundant, more serious, and more intense among us than in the last thirty years." (①) This flowering was due to the place of philosophy in the new educational system set up by the Third Republic in the wake of the demoralizing defeat in the Franco-Prussian War. (②) The French had been humiliated by the capture of Napoleon III at Sedan and wasted by the long siege of Paris. (③) They had also been terrified by what most of the bourgeoisie saw as seventy-three days of anarchy under the radical socialism of the Commune. (④) Much of the new Republic's effort at spiritual restoration was driven by a rejection of the traditional values of institutional religion, which it aimed to replace with an enlightened worldview. (⑤) Albert Thibaudet highlighted the importance of this reform when he labeled the Third Republic "the republic of professors." [3점]

* siege 포위
** anarchy 무정부

[34~36] 주어진 글 다음에 이어질 글의 순서로 가장 적절한 것을 고르시오.

34

"National forests need more roads like farmers need more drought." We heard somebody say this who was trying to persuade an audience that more roads would be bad for our national forests.

(A) An argument attempts to prove or support a conclusion. When you attempt to persuade someone, you attempt to win him or her to your point of view; trying to persuade and trying to argue are logically distinct enterprises. True, when you want to persuade somebody of something, you might use an argument.

(B) But not all arguments attempt to persuade, and many attempts to persuade do not involve arguments. In fact, giving an argument is often one of the least effective methods of persuading people — which, of course, is why so few advertisers bother with arguments. People notoriously are persuaded by the weakest of arguments and sometimes are undisturbed by even quite good arguments.

(C) The remark, however, is not an argument; it's just a statement that portrays road building in the forests in a bad light. Now, some writers define an argument as an attempt to persuade somebody of something. This is not correct.

[3점]

① (A) - (C) - (B)
② (B) - (A) - (C)
③ (B) - (C) - (A)
④ (C) - (A) - (B)
⑤ (C) - (B) - (A)

35

Good critical thinking is a cognitive skill. In general, developing a skill requires three conditions — learning the theory, deliberate practice, and adopting the right attitudes.

(A) However, your attitudes make a big difference as to whether your practice is effective and sustainable. If you hate playing the piano, forcing you to practice is not productive in the long run.

(B) However, knowing the theory is not the same as being able to apply it. You might know in theory that you should balance the bike when you are cycling, but it does not mean you can actually do it. This is where practice comes in, because it translates your theoretical knowledge into actual ability.

(C) By theory we mean the rules and facts we have to know in order to possess the skill. For example, one cannot be a good basketball player without knowing the rules of the game — for example, kicking the basketball is not allowed. Likewise, thinking critically requires knowing a certain amount of logic.

① (A) - (C) - (B)
② (B) - (A) - (C)
③ (B) - (C) - (A)
④ (C) - (A) - (B)
⑤ (C) - (B) - (A)

36

In regard to problem solving, imagery can be used to help solve problems that one could not easily solve using verbal reasoning.

(A) She then realizes that after driving to Washington, traveling to Chicago and then to Buffalo before returning to New York City will save her many hours of driving.

(B) For example, a salesperson who lives in New York City has to drive to three cities, Washington, DC; Buffalo; and Chicago. If she plans to travel to the cities in that order and then return to New York City, she might not be traveling the shortest route.

(C) Hence, she might image a map of the United States and make several virtual trips in her mind's eye. She realizes if she travels to Buffalo after visiting Washington and then after visiting Buffalo travels to Chicago and back to New York, she would be partially retracing her path.

① (A)-(C)-(B)
② (B)-(A)-(C)
③ (B)-(C)-(A)
④ (C)-(A)-(B)
⑤ (C)-(B)-(A)

[37~38] 다음 글의 내용을 한 문장으로 요약하고자 한다. 빈칸 (A), (B)에 들어갈 말로 가장 적절한 것은?

37

To be really smart, an online group needs to obey one final rule — and a rather counterintuitive one. The members can't have too much contact with one another. To work best, the members of a collective group ought to be able to think and work independently. This rule came to light in 1958, when social scientists tested different techniques of brainstorming. They posed a thought-provoking question: If humans had an extra thumb on each hand, what benefits and problems would emerge? Then they had two different types of groups brainstorm answers. In one group, the members worked face-to-face; in the other group, the members each worked independently, then pooled their answers at the end. You might expect the people working face-to-face to be more productive, but that wasn't the case. The team with independently working members produced almost twice as many ideas. Traditional brainstorming simply doesn't work as well as thinking alone, then pooling results.

⇩

In brainstorming, group members who have direct contact produce ____(A)____ ideas than those who work physically separately from one another, which is against our ____(B)____.

	(A)	(B)
①	fewer	intuition
②	fewer	benefit
③	more	conclusion
④	more	intuition
⑤	smarter	benefit

38

Soon after the first computers appeared, their blunders became the subjects of jokes. The tiniest errors in programming could wipe out clients' bank accounts, or send out bills for outlandish amounts, or trap the computers in cyclical loops that kept repeating the same mistakes. This maddening lack of common sense led most of their users to conclude that machines could never become intelligent. Today, of course, computers do better. Some programs can beat people at chess. Others can diagnose heart attacks. But no machine yet can make a bed, or read a book, or babysit. What makes our computers unable to do the sorts of things that most people can do? Do they need more memory, speed, or complexity? Do they use the wrong kinds of instruction-sets? Or do machines lack some magical attribute that only a human brain can possess? I will argue that none of those are responsible for the deficiencies of today's machines; instead, all those limitations come from the out-of-date ways in which programmers have chosen to program them.

* blunder 큰 실수

⇩

Although early computers had significant errors, modern machines ___(A)___ at tasks like chess and medical diagnosis but struggle with basic human activities due to outdated programming rather than inherent technological ___(B)___ .

	(A)	(B)
①	fail	problems
②	exce	limitations
③	malfunction	problems
④	succeed	advances
⑤	starel	imitations

Pompeii was destroyed by the catastrophic eruption of Mount Vesuvius in 79 A.D., entombing residents under layers of volcanic ash. But there is more to this story of an ancient Roman city's doom. Research published in the journal *Frontiers in Earth Science* offers proof that Pompeii was simultaneously wrecked by a massive earthquake. The discovery establishes a new timeline for the city's collapse and shows that fresh approaches to research can (a) reveal additional secrets from well-studied archaeological sites. Researchers have always had an idea that seismic activity contributed to the city's destruction. The ancient writer Pliny the Younger reported that the eruption of Vesuvius had been accompanied by violent shaking. But, until now, no evidence had been discovered to (b) support this historical account. A team of researchers led by Domenico Sparice from Italy decided to investigate this (c) gap in the record. Dr. Sparice said that excavations of Pompeii to date had not included experts in the field of archaeoseismology, which deals with the effects of earthquakes on ancient buildings. Contributions from (d) specialists in this area were key to the discovery, he said. "The effects of seismicity have been speculated by past scholars, but no factual evidence has been reported before our study," Dr. Sparice said, adding that the finding was "very exciting." The team focused on the Insula of the Chaste Lovers. This area encompasses several buildings, including a bakery and a house where painters were evidently interrupted by the eruption, leaving their paintings (e) colored. After excavation and careful analysis, the researchers concluded that walls in the insula had collapsed because of an earthquake.

* seismic 지진의
** excavation 발굴

39

윗글의 제목으로 가장 적절한 것은?

① Who Found Pompeii Covered with Volcanic Ashes
② Mt. Vesuvius's Influence on the Scenery of Pompeii
③ The Eruption of Mt. Vesuvius Triggered by Earthquake
④ Seismic Timeline by Archaeological Discovery in Pompeii
⑤ The Eruption of Mt. Vesuvius Wasn't Pompeii's Only Killer

40

밑줄 친 (a)~(e) 중, 문맥상 낱말의 쓰임이 적절하지 <u>않은</u> 것은? [3점]

① (a)   ② (b)
③ (c)   ④ (d)
⑤ (e)

[41~42] 다음 글을 읽고, 물음에 답하시오.

Personality is one of those parts of the human condition that is obvious in everyday life. Each of us is unique and it is the study of personality that stresses this uniqueness, whereas much of the remainder of psychology emphasises similarities between people. Some parts of personality appear to be built in and others appear to be learned. Certainly, personality is also influenced by culture, either through environmental necessity or through beliefs, values, opinions and judgements.

Whichever way that personality is looked at or theorised about, it is clear that it does not exist in a vacuum. A person may be made up of an id, an ego and a superego, or of an actualising self, or of a series of learned social behaviours, or of a set of traits. Whichever of these it might be occurs within a context or a series of situations or experiences, no two of which are the same. So the best way to look at personality in general, or at someone's personality in particular, is through the eyes of _____. People cannot exist without their environment, each influencing the other. It is therefore best to make sense of personality as it exists in its particular environment. Personality cannot exist in isolation.

41

윗글의 제목으로 가장 적절한 것은?

① How Does Personality Develop as One Grows Older?
② Gender Differences in Personality and Social Behaviour
③ Understanding Personality: Uniqueness, Culture, and Context
④ Personality, One Factor That Determines Your Social Behaviours
⑤ What Are the Similarities between Personality and Characteristics?

42

윗글의 빈칸에 들어갈 말로 가장 적절한 것은? [3점]

① emotion   ② creativity
③ usefulness   ④ interaction
⑤ productivity

[43~45] 다음 글을 읽고, 물음에 답하시오.

(A)

Sophia leaned against the brick wall of North High, tracing the graffiti with her fingers. The final bell had rung, and students were leaving quickly. She looked around for her older sister Sara but couldn't find her. With a sigh, (a) she started walking home. Next week was the school talent show, and she had signed up to sing. She loved singing but had never sung in front of a big audience before.

(B)

Sophia's eyes widened. "Really? That'd be amazing!" They spent the next hour planning and practicing. When they finally said goodbye, Sophia felt more confident because Janet helped her a lot. As she walked home, the evening sun made the town look golden. She realized that unexpected moments and new friends could make everything better. The talent show was no longer something to be scared of but a chance for (b) her to shine.

(C)

As Sophia walked, she was lost in thought and didn't notice Janet, the senior class president, until she was right in front of her. Janet and Sara knew each other, but Sophia had never talked to her before. "Hey, Sophia," Janet said with a big smile. "Hi, Janet. What's up?" (c) she replied, feeling surprised. "I heard you signed up for the talent show," Janet said. "What are you going to sing?" Sophia felt nervous. "I'm not sure yet," (d) she said. "I'm still deciding." Janet smiled again. "Want to grab a coffee and talk about it?"

(D)

They walked to a local cafe and talked about school and music. Janet was easy to talk to, and Sophia felt more relaxed with (e) her. "What kind of music do you like?" Janet asked. "I love classic rock," Sophia said. "So, I'm thinking about doing an acoustic version of classic rock." Janet's eyes lit up. "That sounds perfect. I play a bit of guitar; maybe I could play with you?"

43

주어진 글 (A)에 이어질 내용을 순서에 맞게 배열한 것으로 가장 적절한 것은?

① (B) - (D) - (C)　　② (C) - (B) - (D)

③ (C) - (D) - (B)　　④ (D) - (B) - (C)

⑤ (D) - (C) - (B)

44

밑줄 친 (a)~(e) 중, 가리키는 대상이 나머지 넷과 다른 것은?

① (a)　　　　② (b)

③ (c)　　　　④ (d)

⑤ (e)

45

윗글에 관한 내용으로 적절하지 않은 것은?

① Sophia signed up to sing in the school talent show.

② Sophia felt more confident after practicing with Janet.

③ Sophia's sister and Janet knew each other.

④ Sophia was thinking about singing a classic rock song.

⑤ Sophia taught Janet how to play the guitar.

01

$(2^{\sqrt{3}+1})^{2\sqrt{3}-2}$의 값은?　　　　　　　　　　[3점]

① $8\sqrt{2}$ 　　　② 16 　　　③ $16\sqrt{2}$

④ 32 　　　⑤ $32\sqrt{2}$

02

두 자연수 a, b에 대하여, $0 \le x \le 2\pi$에서 정의된 함수 $f(x) = a\sin(bx) + a$의 그래프가 직선 $y = 2$와 서로 다른 네 점에서 만난다. ab의 최솟값은?　　　　[3점]

① 4 　　　② 6 　　　③ 8

④ 10 　　　⑤ 12

03

자연수 n에 대하여 다항식 $(x+1)^n$을 $x(x-1)$로 나누었을 때의 나머지를 $R_n(x)$라 하자. $\displaystyle\sum_{n=1}^{8} R_n(2)$의 값은?

[3점]

① 1008 　　　② 1012 　　　③ 1016

④ 1020 　　　⑤ 1024

04

40 이하의 두 자연수 m, n에 대하여

$$-\log_{\sqrt{2}} m + \log_{\frac{1}{2}} (4n+6)^{-1}$$

의 값이 자연수가 되도록 하는 모든 순서쌍 (m, n)의 개수는?

[3점]

① 4 　　　② 5 　　　③ 6

④ 7 　　　⑤ 8

05

$1^3 - 2^3 + 3^3 - 4^3 + \cdots + 19^3$의 값은? [4점]

① 3300   ② 3400   ③ 3500

④ 3600   ⑤ 3700

06

함수 $f(x)$는

$$f(x) = \begin{cases} 1 - |x| & (x(x-3) \neq 0) \\ 0 & (x(x-3) = 0) \end{cases}$$

이고 함수 $g(x)$는 최고차항의 계수가 1인 삼차함수이다. $g(0) = 5$이고 함수 $(g \circ f)(x)$가 실수 전체의 집합에서 연속일 때, $g(6)$의 값은? [4점]

① 245   ② 247   ③ 249

④ 251   ⑤ 253

07

수직선 위를 움직이는 점 P의 시각 $t(t \geq 0)$에서의 위치 x가

$$x = t^4 - 4t^3 + 2kt$$

이다. 점 P가 원점을 출발한 후 운동 방향을 두 번 바꾸도록 하는 정수 k의 개수는? [4점]

① 1   ② 3   ③ 5

④ 7   ⑤ 9

08

넓이가 $4\sqrt{3}$이고 $\angle A = \dfrac{\pi}{3}$인 삼각형 ABC의 외접원의 반지름의 길이가 4일 때, $\overline{AB} + \overline{BC} + \overline{CA}$의 값은? [4점]

① $4(\sqrt{2} + \sqrt{3})$

② $4(2 + \sqrt{3})$

③ $4(\sqrt{3} + \sqrt{5})$

④ $4(\sqrt{3} + \sqrt{6})$

⑤ $4(\sqrt{3} + \sqrt{7})$

09

함수 $f(x) = x^2 + ax + 1$에 대하여 집합

$$\{x \mid f(f(x)) = f(x), x \text{는 실수}\}$$

의 원소의 개수가 2일 때, 양수 a의 값은? [4점]

① 1   ② 2   ③ 3

④ 4   ⑤ 5

10

실수 θ에 대하여 직선 $y = x$와 곡선

$$y = x^2 + 2x \sin\theta - \cos^2\theta$$

이 만나는 두 점 사이의 거리의 최댓값은? [4점]

① $2\sqrt{2}$ ② $3\sqrt{2}$ ③ $4\sqrt{2}$

④ $5\sqrt{2}$ ⑤ $6\sqrt{2}$

11

첫째항과 공차가 정수인 등차수열 $\{a_n\}$에 대하여 수열 $\{b_n\}$이

$$b_n = n^2 \sin(\pi a_n) + n \cos(\pi a_n) + 1$$
$$\sum_{n=1}^{7} b_n = 3$$

을 만족시킬 때, $b_{48} + b_{49} + b_{50}$의 값은? [4점]

① 48   ② 50   ③ 52

④ 54   ⑤ 56

12

수열 $\{a_n\}$의 첫째항부터 제n항까지의 합을 S_n이라 할 때, 모든 자연수 n에 대하여

$$S_n = 2a_n - pn$$

이다. $\displaystyle\sum_{k=1}^{6} \frac{p + a_k}{a_k a_{k+1}} = 3$일 때, 상수 p의 값은? [4점]

① $\dfrac{36}{127}$ ② $\dfrac{38}{127}$ ③ $\dfrac{40}{127}$

④ $\dfrac{42}{127}$ ⑤ $\dfrac{44}{127}$

13

함수 $f(x) = x^3 + 6x^2 + 13x + 8$의 역함수를 $g(x)$라고 하자. 두 곡선 $y = f(x)$, $y = g(x)$와 $y = -x + 8$로 둘러싸인 도형의 넓이는? [4점]

① 36   ② 40   ③ 44

④ 48   ⑤ 52

14

자연수 n에 대하여 함수 $y = |2^{|x-n|} - 2n|$의 그래프가 직선 $y = 15$와 제1사분면에서 만나는 점의 개수를 a_n이라 할 때, $\sum_{n=1}^{20} a_n$의 값은? [4점]

① 52 ② 55 ③ 58
④ 61 ⑤ 64

15

실수 a, b, c, d에 대하여, 삼차함수 $f(x) = ax^3 + bx^2 + cx + d$가 다음 조건을 만족시킨다.

$$(\text{가}) \int_{-1}^{1} f(x)dx = 0$$

$$(\text{나}) \int_{-1}^{1} xf(x)dx = 0$$

함수 $f(x)$에 대한 설명으로 옳은 것만을 〈보기〉에서 있는 대로 고른 것은? [4점]

┤보 기├
ㄱ. $abcd \geq 0$
ㄴ. $ab < 0$이면 방정식 $f(x) = 0$은 열린구간 $(-1, 0)$에서 적어도 한 개의 실근을 갖는다.
ㄷ. $ab > 0$이면 방정식 $f(x) = 0$은 열린구간 $(0, 1)$에서 오직 한 개의 실근을 갖는다.

① ㄱ ② ㄴ ③ ㄱ, ㄴ
④ ㄴ, ㄷ ⑤ ㄱ, ㄴ, ㄷ

16

다음 그림과 같이 삼차함수 $f(x) = x^3 - x^2 - 2x$의 그래프와 직선 $y = kx$로 둘러싸인 도형의 넓이를 각각 S_1, S_2라 하자. $S_2 - S_1 = 18$일 때, 실수 k의 값은? [4점]

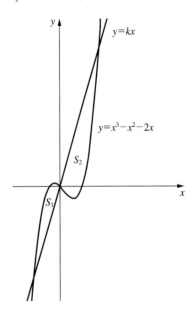

① $\dfrac{21}{4}$ ② $\dfrac{23}{4}$ ③ $\dfrac{25}{4}$
④ $\dfrac{27}{4}$ ⑤ $\dfrac{29}{4}$

17

양수 a에 대하여 함수 $f(x)$를 $f(x) = \begin{cases} x^2 - 1 & (x < 1) \\ a - a|x-2| & (x \geq 1) \end{cases}$

이라 하자. 양수 b에 대하여 함수

$$g(x) = |x(x-2)| \int_b^x f(t)dt$$

가 실수 전체의 집합에서 미분가능할 때, $a+b$의 최댓값은?

[5점]

① $\dfrac{14}{3}$ ② $\dfrac{29}{6}$ ③ 5

④ $\dfrac{31}{6}$ ⑤ $\dfrac{16}{3}$

18

두 삼차함수 $f(x), g(x)$에 대하여 함수

$$h(x) = \begin{cases} \dfrac{f(x)}{g(x)} & (x \neq 2) \\ 3 & (x = 2) \end{cases}$$

가 실수 전체의 집합에서 연속이고 다음 조건을 만족시킨다.

(가) $\displaystyle\lim_{x \to \infty} h(x) = 3$이고 $\displaystyle\lim_{x \to 1} \dfrac{1}{h(x)} = \infty$ 이다.

(나) 방정식 $h(x) = 12$가 오직 하나의 실근을 가진다.

$h(0)$의 값은?

[5점]

① $\dfrac{1}{7}$ ② $\dfrac{2}{7}$ ③ $\dfrac{3}{7}$

④ $\dfrac{4}{7}$ ⑤ $\dfrac{5}{7}$

19

최고차항의 계수가 1인 삼차함수 $f(x)$에 대하여 함수 $g(x)$를

$$g(x) = |f(x)| - f'(x)$$

라 할 때, 두 함수 $f(x), g(x)$는 다음을 만족시킨다.

(가) $g(0) = f(0) = 1$

(나) 방정식 $|f(x)| = 3$의 서로 다른 실근의 개수는 3이다.

(다) 함수 $g(x)$가 $x = k$에서 미분불가능한 실수 k의 개수는 3이다.

$g(1)$의 값은?

[5점]

① -1 ② 0 ③ 1

④ 4 ⑤ 7

20

함수 $f(x)$를 $f(x) = (x+1)^2(x-1)^2$이라 하자.

$-1 \leq x \leq 1$인 모든 실수 x에 대하여

$$f(x) \leq f'(t)(x-t) + f(t)$$

를 만족시키도록 하는 실수 t의 최댓값은?

[5점]

① $\dfrac{1}{2}$ ② $\dfrac{1}{3}$ ③ $\dfrac{1}{4}$

④ $\dfrac{1}{5}$ ⑤ $\dfrac{1}{6}$

21

모든 항이 자연수인 수열 $\{a_n\}$이 다음 조건을 만족시킬 때, 모든 a_1의 값의 합을 구하시오.　　　　　[3점]

(가) 모든 자연수 n에 대하여
$$a_{n+1} = \begin{cases} a_n + 1 & (a_n \text{은 홀수}) \\ \dfrac{a_n}{2} & (a_n \text{은 짝수}) \end{cases}$$
(나) $a_5 = 1$

---

① 31　　② 32　　③ 33　　④ 34　　⑤ 35

22

자연수 n에 대하여 집합

$$\{x \mid x \leq \log_2(x+n), x \text{는 자연수}\}$$

의 원소의 개수를 $f(n)$이라 할 때, $\displaystyle\sum_{n=1}^{20} f(n)$의 값을 구하시오.

[4점]

① 61　　② 64　　③ 67　　④ 70　　⑤ 73

23

다항함수 f, g가 모든 실수 x, y에 대하여

$$f(0) = 5, \quad f(x - g(y)) = (x + 4y^2 - 1)^3 - 3$$

을 만족시킬 때, 함수 $h(x) = f(x) - g(x)$의 극댓값을 구하시오.　　　　　[4점]

① 34　　② 50　　③ 65　　④ 67　　⑤ 74

24

실수 전체의 집합에서 도함수가 연속인 함수 $f(x)$가 다음 조건을 만족시킬 때, $\displaystyle\int_0^4 f(x)dx$의 값을 구하시오.　　[4점]

(가) 모든 실수 x에 대하여
$$(f'(x) + 2)(f'(x) - 2) = x(x - 4) \text{이다.}$$
(나) $f(0) < f(4), \ f(2) = 1$

---

① 2　　② 3　　③ 4　　④ 5　　⑤ 6

25

함수 $f(x) = \dfrac{2^x}{2^x + \sqrt{2}}$에 대하여 수열 $\{a_n\}$의 일반항이

$$a_n = f\left(\frac{1}{n}\right) + f\left(\frac{2}{n}\right) + f\left(\frac{3}{n}\right) + \cdots + f\left(\frac{n-1}{n}\right) + f\left(\frac{n}{n}\right)$$

일 때, $\displaystyle\sum_{n=1}^{20} a_n = p + q\sqrt{2}$이다. 정수 p, q에 대하여 $p + q$의 값을 구하시오.　　　　　[5점]

① 100　　② 105　　③ 110　　④ 115　　⑤ 120

2026

경찰대학

7개년

기출문제 다잡기

★ ★   ★ ★

점수 CHECK!	1회독	2회독	3회독
국어영역 공통			
영어영역 공통			
수학영역 공통			

※ 점수 표시가 없는 문항은 모두 2점

[01~05] 다음 글을 읽고 물음에 답하시오.

19세기 초반부터 의학 분야에서는 실험과학의 방법을 엄격히 적용해야만 의학이 진보할 수 있다는 믿음이 확산되고 있었고, 의학을 실험실에 접목하려는 실험실 의학이 체계적으로 시도되기 시작했다. 병실에서의 우연적이고 소극적인 관찰보다는 통제된 실험실 환경에서 살아 있는 동물을 대상으로 실험하는 것이 더 믿을 만한 정보를 줄 수 있을 것이라는 증거들이 확인되고 있었다.

19세기 초반의 실험실에 기반을 둔 의학 모델은 유스투스 리비히에 의해 개발되었다. 그는 기센 대학의 화학 교수로 일하며 생물학적 기능을 선천적인 생기적 활동의 소산으로 다루기보다 신체 내부의 화학적, 물리적 과정의 결과로서 연구하면서 의학 연구에 화학 연구를 결부시키는 전통을 확립하는 데 핵심적인 역할을 담당했다. 이와 비슷하게 클로드 베르나르도 실험실 과학을 프랑스 의학의 일부분으로 승격하는 데 중요한 역할을 했다. 특히 의학 교육과 연구에서 실험과학이 담당하는 역할을 강력하게 옹호했다. 그는 질병이 진행하는 방식을 알기 위해서는 통제된 실험실 환경에서 살아 있는 동물을 가지고 실험하는 것이 필수적이라고 생각했다.

실험실 연구 덕분에 1830년대 이후로 세포가 핵과 그 외의 여러 구조를 가지고 있다는 사실이 확인되었고 과학자들은 이를 빠르게 받아들였다. 하지만 썩은 고기나 고여 있는 물에서 단순한 생물이 생겨나는 것처럼 보인다는 '자연발생설'에 관한 해묵은 논쟁은 별개의 문제였다. 사람들은 아무것도 덮지 않고 식탁에 고기 조각을 방치하면 며칠 안에 구더기가 생긴다는 사실을 알고 있었다. 당시에는 파리가 낳은 알에서 구더기가 부화한다는 것을 알지 못했다. ㉠ 그렇다면 구더기가 어디에서 왔는지 어떻게 설명할 수 있겠는가? 이 시기 과학자들에게 가장 쉬운 설명은 영양분이 공급되는 환경에서 이 생물들이 일종의 화학적 과정을 통해 만들어졌다는 해석이었다. 이는 ㉡ 당시의 일반적인 견해에 따른 해석이었으며 이치에 맞는 것 같았다.

1850년대 후반부터 자연발생 여부를 두고 벌어진 '파스퇴르-푸셰 논쟁'은 실험 방법의 중요성이 다시금 확인된 사건이었다. 화학자로서 훈련이 되어 있던 파스퇴르는 다양한 화합물의 화학적 특성을 조사하는 데 능했고, 포도에 효모를 섞어 와인을 만들거나 효모를 넣어 빵을 부풀리거나 하는 발효 과정에 대해서도 잘 알고 있었다. 그 이전까지는 발효를 효모가 반응속도만 높이며 그 스스로는 변하지 않는 촉매 역할을 하는 일종의 화학적 반응으로 이해해 왔으나, 파스퇴르는 발효가 포도나 밀가루 반죽의 당분을 먹고 살아가는 효모 때문에 일어나는 생물학적 과정임을 보여주었다. 그는 상한 고기에서 구더기가 생기는 과정에도 다른 미생물이 관여했을 가능성을 생각했고, 엄밀한 실험 도구로 이를 증명할 수 있을 것이라 보았다.

파스퇴르와 유사한 실험을 했던 푸셰의 실험에서는 미생물이 발견되었다. 하지만 여러 차례의 실험을 통해 파스퇴르는 실험기구가 철저히 소독되어 있고 주변 환경이 오염되어 있지 않다면 어떤 상황에서도 유기물이 발생하지 않는다고 주장했다. 이것은 자연발생이 일어났다는 푸셰의 관찰은 외부 미생물에 의해 실험기구가 오염된 결과라는 것이었다. 물론 고온의 가열에도 죽지 않는 균이 존재함을 알고 있는 오늘날의 관점에서 보면, 미생물을 발견한 푸셰의 실험 결과가 틀렸다고 하기는 어렵다. 하지만 이 사실을 알 수 없었던 당시에 파스퇴르가 취했던 과학적 검증 방식은 합리적인 것이었다. 이 논쟁은 파스퇴르의 승리로 끝났다. 여기에는 '모든 세포는 세포에서 나온다.'라는 병리학자 피르호의 중요한 발언이 당시 지지를 얻고 있었다는 배경도 있었을 것이다. 사람들은 파스퇴르의 이론이 과학적으로 큰 발전을 이룬 것이었기 때문에 파스퇴르를 믿고 싶어 했고, 이는 과학적으로도 매우 중요했다. 1860~70년대에 파스퇴르는 미생물 연구를 진척시키는 동안에 질병세균설을 강력하게 옹호하였고, 이후 여러 백신을 개발하는 데 성공하였다.

실험 도구와 장비들의 개선은 당대 과학은 물론 의학 연구에 큰 발전을 가져왔다. 현미경뿐 아니라 렌즈 아래에 놓고 검사할 표본을 준비하는 도구도 크게 개선되었다. 염료처럼 작용하는 특수 화학물질인 착색제는 그냥 지나칠 수도 있는 세포 구조의 특징적인 부분에 색을 입혀 강조할 수 있었기 때문에 특히 중요했다. 염색된 핵에는 '염색체'라는 이름이 붙은, 어둡게 염색된 여러 가닥이 보였다. 세포분열 중에는 염색체가 부풀어 오르는 모습을 실제로 볼 수 있었다. 이러한 발견이나 과학자들이 확인한 세포의 다른 부분은 20세기가 되어서야 주목받기 시작했다. 하지만 이처럼 실험 도구와 방법들이 개선되는 과정에서 실험실 의학은 정당성을 확보할 수 있었다.

01

윗글의 중심 내용으로 가장 적절한 것은?

① 19세기 자연발생설의 양상
② 19세기 실험실 의학의 정립 과정
③ 1850년대 파스퇴르와 푸셰의 논쟁
④ 19세기 중반 생물학의 성과와 한계
⑤ 1860년 이후 파스퇴르의 미생물 연구

02

윗글의 내용과 일치하지 <u>않는</u> 것은?

① 실험을 통해서 파스퇴르와 푸셰는 생물의 자연발생 여부에 관해 논쟁했다.
② 19세기 초반까지 과학자들은 대체로 생물의 발생을 화학적 과정으로 이해했다.
③ 파스퇴르는 효모가 발효 과정에서 촉매 작용만 하지는 않는다는 것을 실험을 통해 확인했다.
④ 파스퇴르는 푸셰가 실험기구를 철저히 관리하지 않아 부정확한 실험 결과를 얻었다고 생각했다.
⑤ 실험실 의학의 중요성은 과학적 실험 방법이 마련된 20세기에 들어와서 비로소 인정되기 시작했다.

03

㉠의 진술 의도를 가장 잘 나타낸 것은? [3점]

① 답이 명확하다면 굳이 질문할 필요는 없다.
② 알 수 없는 것을 아는 것으로 속일 수는 없다.
③ 답은 알고 있으나 어떻게 말해야 할지 알지 못한다.
④ 최선의 답을 모른다면 차선의 답이라도 구해야 한다.
⑤ 답에 대한 시비가 있다면 확실해질 때까지 기다려야 한다.

04

㉡에 해당하지 <u>않는</u> 것은?

① 고온의 가열에도 죽지 않는 균이 존재한다.
② 발효는 효모에 의해 일어나는 화학적 과정이다.
③ 단순한 생물은 자연발생 과정으로 생겨날 수 있다.
④ 외부적 관찰을 통해 생물의 발생 과정을 확인할 수 있다.
⑤ 방치된 고기 조각에서 생긴 구더기는 화학적 변화의 결과이다.

05

윗글을 바탕으로 〈보기〉를 이해한 내용으로 가장 적절한 것은?

┤ 보 기 ├

1879년에 파스퇴르는 우연한 일로 독성이 약해진 닭콜레라 유발 미생물을 닭에게 주사하여 면역 여부를 확인하게 되었는데, 닭이 콜레라에 걸리지 않았을뿐더러 면역이 생기기도 했음을 확인했다. 이를 바탕으로 그는 양이나 소와 같은 가축에 생기는 탄저병에 관한 백신도 만들었고, 많은 사람들 앞에서 행한 공개실험을 통해 그 효과를 증명하기도 하였다. 즉, 백신을 주사한 양과 주사하지 않은 양에게 탄저균을 주입하여, 백신을 맞지 않은 양들은 거의 죽어가고 백신을 맞은 양들은 한 마리도 죽지 않은 것을 사람들에게 보인 것이다.

① 파스퇴르가 닭콜레라를 치료하는 데 백신을 사용한 까닭은 소독이 병균 억제에 중요했기 때문이겠군.

② 파스퇴르가 백신 개발에 성공한 것은 푸셰와의 논쟁에 사용했던 실험 방법을 그대로 따랐기 때문이겠군.

③ 파스퇴르는 발효나 미생물 발생 실험에서 이미 알고 있었기에 동물의 병을 일으키는 원인을 미생물과 관련지어 생각했겠군.

④ 파스퇴르는 같은 실험에서도 다른 결과가 생길 수 있다는 것을 알고 있었기에 백신의 발견에서도 우연에 의존했겠군.

⑤ 파스퇴르가 백신의 효과를 공개실험을 통해 확인하려 한 것은 실험실 연구로는 확실한 성과를 얻을 수 없었기 때문이겠군.

[06~10] 다음 글을 읽고 물음에 답하시오.

변화 없던 사내의 얼굴에 비로소 어떤 심상찮은 표정이 떠오른 것은 그가 그 2백여 미터 남짓한 교도소 길목을 빠져나와 공원 입구께에까지 닿았을 때였다.

—새들은 하늘과 숲이 그립습니다.

공원 입구의 오른쪽으로 한 작은 가겟집이 비켜 앉아 있고, 그 가겟집 부근의 벚나무 가지들에 크고 작은 새장들이 줄줄이 매달려 있었다. 그리고 그 벚나무 가지들 중의 몇 곳에 그런 비슷한 광고 문구가 씌어진 현수막이 이리저리 내걸려 있었다.

—새들에게 날 자유를 베풉시다.

—자비로운 방생은 당신의 자유로 보답받게 됩니다.

새장의 새를 사서 제 보금자리로 날려 보내게 해 주는 이른바 방생의 집이었다.

사내는 비로소 긴 망각의 골목을 벗어져 나온 듯 거기서 문득 발길을 머물러 섰다. 그리고는 ⊙ 어떤 깊은 반가움과 안도감에 젖으며 고개를 두어 번 끄덕여 댔다. 사내의 그 마르고 지친 얼굴 위로는 잠시 어떤 희미한 미소 같은 것이 솟아 번지기까지 하였다.

[가] 사내는 이윽고 다시 고개를 돌려 그가 걸어 나온 교도소 길목을 조심스럽게 한번 건너다보고 나서 그 방생의 집 쪽으로 길을 건너갔다.

마침 그때 그 길 건너 가겟집에서는 공원을 찾아온 중년의 사내 한 사람이 흥정을 한 건 끝내 가던 참이었다.

"이제 선생님께선 이 녀석에게 하늘과 숲을 마음껏 날 날개를 주신 겁니다. 그건 바로 이 녀석의 자유지요. 그리고 선생님께서 이 녀석의 자유를 사신 것은 바로 선생님 자신의 자유를 사신 것입니다……"

[중략 부분 줄거리] '방생의 집' 주인이 방생에 쓰일 새들의 날개에 상처를 입혀 새들이 멀리 날지 못하게 하여, 방생된 새들을 다시 수거하고서 장사에 재사용한다는 사실이 '사내'에 의해 밝혀진다. '사내'는 상처 입은 새를 구하여 고향을 향하는 길에 나선다.

"그래 어쨌거나 우리가 녀석을 떠나온 건 백 번 천 번 잘한 일이었을 게다. 게다가 이제부터 도시엔 겨울 추위가 몰아닥치게 되거든. 너 같은 건 절대로 그 도시의 추위를 견디지 못한다. 작자도 아마 그걸 알았을 게다. 글쎄, 네놈도 그 작자가 암말 못하고 멍청하게 날 바라보고만 있는 꼴을 봐 뒀겠지. 내가 네놈을 데리고 떠나려 할 때…… 아, 그야 나도 물론 작자한테 그만한 값을 치르긴 했지만 말이다."

맞은편 산굽이께로부터 도시를 향해 길을 거꾸로 들어가고 있는 사람들의 한 패가 사내의 곁을 시끌적하게 떠들고 지나갔다.

ⓛ 사내는 잠시 말을 끊고 그 도시로 들어가는 사람들의 일행을 스쳐 보냈다. 그리고 그들의 말소리가 등 뒤로 멀리 사라져 간 다음 다시 말하기 시작했다.

"마지막 반 해분만이라도 내 그 노역의 품삯을 한사코 주머니 속에 깊이 아껴 뒀던 게 천만다행이었지. 널 데려올 수 있었던 건 순전히 그 돈 덕분인 줄이나 알아라. 하기야 그건 내가 정말로 집엘 닿는 날까지 기어코 안 쓰고 지니려던 거였지만…… 하지만 난 후회 않는다. 암 후회 하지 않구말구. 그까짓 돈이야 몇 푼이나 된다구…… 이런 몰골을 하고 빈손으로 고향 길을 찾기는 좀 뭣할지 모르지만, 그런다구 어디 사람까지 변했나…… 아니, 아니 내 아들 녀석도 물론 그런 놈은 아니구."

ⓒ 사내는 제풀에 고개를 한번 세차게 흔들었다.

가슴속 녀석이 응답을 해 오듯 발가락을 몇 차례 꼼지락거렸다. 그 바람에 잠시 발길을 멈추고 녀석 의 발짓을 느끼고 있던 사내의 얼굴에 만족스런 웃음기가 번지고 있었다.

"그래, 어쨌든 잘했지. 떠나온 건 잘했어."

사내는 다시 발길을 떼 옮기며 말하기 시작했다.

"녀석도 아마 잘했다고 할 거야. 글쎄, 이렇게 내가 제 발로 녀석을 찾아 나섰기가 망정이지 하마터면 우리도 거기서 겨울을 지낼 뻔했질 않았나 말이다."

그리고 ⓔ 사내는 뭔가 더욱 은밀하고 소중스런 자신만의 비밀을 즐기듯 몽롱스런 눈길로 중얼거림을 이어갔다.

"너도 곧 알게 될 게다. 우리가 함께 남쪽으로 길을 나서길 얼마나 잘했는가를 말이다. 남쪽은 북쪽하곤 훨씬 다르다. 겨울에도 대숲이 푸른 곳이니까. 넌 아마 대숲이 있는 곳이면 겨울도 그만일 테지. 내 너를 그런 대숲이 있는 곳으로 데려다 줄 테다. 녀석의 집 뒤꼍에도 그런 대숲은 얼마든지 많을 테니까. 암 대숲이야 많구말구…… 넌 그럼 그 대숲으로 가거라. 그리고 거기서 겨울을 나려무나……."

사내의 얼굴은 이제 황홀한 꿈속을 헤매고 있는 사람의 그것처럼 밝고 행복하게 빛나고 있었다.

그는 계속 걸으면서 중얼댔다.

"넌 아마 그래야 할 게다. 가엾게도 작은 것이 날개를 너무 상했으니까. 이 겨울은 그 대숲에서 날개가 다시 길어 나기를 기다려야 할 게야. 내년에 다시 날이 풀리면 네 하늘을 맘껏 날 수 있을 때까진 말이다. 그야 너만 좋다면 녀석의 집에서 이 겨울을 너와 함께 지내줄 수도 있지만, 그건 아무래도 네 맘은 아닐 테니까……"

석양의 햇발이 점점 더 풀기를 잃어 갔다.

ⓜ 구불구불 남쪽으로 뻗어 나가고 있는 하얀 신작로 길도 먼 곳에서부터 차츰 윤곽이 아득히 흐려져 가고 있었다.

하지만 사내에겐 아직도 한줄기 햇볕이 등줄기에 그토록 따스할 수가 없었다. 그리고 그 한줄기 햇살이 꺼지지 않는 한 그의 눈앞에서 남쪽으로 뻗어 나가고 있는 좁은

신작로 길이 그토록 따뜻하고 맑게 빛나고 있을 수가 없었다. 그건 차라리 사내의 가슴속을 끝없이 비춰주는 영혼의 빛줄기와도 같았다.

　　　　　　　　　　　　　　　　 – 이청준, 「잔인한 도시」

06

윗글의 서술상 특징으로 가장 적절한 것은?

① 이야기의 전모를 알고 있는 전지적 서술을 통해 인물의 행위와 심리가 밀도 있게 드러나고 있다.

② 동시에 벌어진 일들을 교차시켜 편집한 장면의 제시를 통해 이야기의 구성이 다각화되고 있다.

③ 이념에 대한 대조적 입장의 병치를 통해 인물들의 생각이 대립적 국면으로 극화되고 있다.

④ 인물로 등장한 서술자의 개입을 통해 주인공이 직면한 문제 상황이 해소되고 있다.

⑤ 인물의 행위에 대한 객관적 서술을 통해 갈등 양상에 대한 판단이 유보되고 있다.

07

[가]의 서사적 기능에 대한 설명으로 가장 적절한 것은?

① 변화된 시간적 배경이 제시되어 사건의 개연성이 부각된다.

② 인물이 처한 상황의 변화가 대비되어 사건의 계기가 형성된다.

③ 일상에 변화를 주는 행위가 묘사되어 사건의 반전이 이루어진다.

④ 인물의 감정이 변화된 정황이 드러나서 사건의 위기감이 고조된다.

⑤ 공간적 배경의 변화된 분위기가 조성되어 사건 해결의 실마리가 생긴다.

08

녀석 에 대한 이해로 적절하지 않은 것은?

① '사내'의 연민을 부르는 대상이다.

② '사내'에게서 특별한 의미를 부여받은 대상이다.

③ '사내'가 몸의 감각을 통해 느낄 수 있는 대상이다.

④ '사내'로 하여금 마음의 위로를 얻게 하는 대상이다.

⑤ '사내'가 재회의 기대를 이루어 반가워하는 대상이다.

09

문맥을 고려할 때, ㉠~㉤에 대한 이해로 적절하지 않은 것은?

① ㉠ : 자신이 바라는 어떤 것을 마주쳤음을 짐작하게 하는 행위가 나타난다.

② ㉡ : 지향하는 가치관이 상반된 이들의 간섭으로 자신의 여정이 방해받고 있는 장면이 연출된다.

③ ㉢ : 자신의 선택에 대해 잠시 들었던 의구심을 떨쳐 내려는 모습이 나타난다.

④ ㉣ : 자신만의 생각에 몰입해 가는 정황이 드러난다.

⑤ ㉤ : 시간의 변화로 대상의 속성이 약화되는 상황에 대한 의미가 부여되는 문맥이 형성된다.

10

〈보기〉를 바탕으로 하여 윗글을 감상한 내용으로 적절하지 않은 것은? [3점]

┤ 보 기 ├

「잔인한 도시」는 도시가 주요 인물처럼 설정된 소설이다. 수감 생활의 억압된 처지를 벗어난 자유로운 새 삶에 대한 염원을 새의 방생을 통해 기원하는 선한 의지가, 방생을 부당한 돈벌이 수단으로 악용하는 '잔인한 인간'에게 배신당하였음을 깨달은 '사내'는 도시를 떠나 고향을 향하는 길에 나선다. 이 길은 '잔인한 도시'에 대적하여 투쟁하는 수행에 수렴되는 것이라 해도 좋다. 다만 그 싸움의 승패를 섣불리 확신하기 어려운 것은, 대적의 상대가 현대 사회의 강력한 구조적 문제의 거점인 '도시'인 까닭이다.

① '교도소 길목'에서 '방생의 집'으로 향하는 '사내'의 심정은 자유로운 삶에 대한 염원을 기원하려는 선한 의지에 맞닿아 있겠군.

② '너 같은 건' '도시의 추위를 견디지 못한다'고 '새'에게 이르는 것을 보면, '방생의 집'으로 대변된 도시의 잔인한 이면에 대한 방증을 상처 입은 '새'의 처지를 보고 짐작할 수 있겠군.

③ '사내'가 자기 판단이 '잘한 일'이라고 말하는 장면에서 도시에 대적한 투쟁의 성공에 대한 확신과 의구심의 혼재가 '새'의 상태에서 비롯한 것임을 확인할 수 있겠군.

④ '겨울에도 대숲이 푸른 곳'은 '새'에게 상처를 준 '잔인한 도시'와는 달리 '새'의 상처를 치유할 수 있는 환경이라고 할 수 있겠군.

⑤ '사내'의 남행 길을 비추는 '한 줄기 햇볕'이 '영혼의 빛줄기'와 같다고 한 것을 보면, 도시를 떠나 고향을 향해 나선 '사내'의 새로운 삶에 대한 염원을 엿볼 수 있겠군.

[11~15] 다음 글을 읽고 물음에 답하시오.

(가)

어느 집에나 ㉠ 문이 있다
우리 집의 문 또한 그렇지만
어느 집의 문이나
문이 크다고 해서 반드시
잘 열리고 닫힌다는 보장이 없듯

문은 열려 있다고 해서
언제나 열려 있지 않고
닫혀 있다고 해서
언제나 닫혀 있지 않다

어느 집에나 문이 있다
어느 집의 문이나 그러나
문이라고 해서 모두 닫히고 열리리라는
확증이 없듯

문이라고 해서 반드시
열리기도 하고 또 닫히기도 하지 않고
또 두드린다고 해서 열리지 않는다

어느 집에나 문이 있다
어느 집이나 문은
담이나 벽을 뚫고 들어가
담이나 벽과는 다른 모양으로
자리 잡는다

담이나 벽을 뚫고 들어가
담이나 벽과 다른 모양으로
자리 잡기는 잡았지만
담이나 벽이 되지 말라는 법이나
담이나 벽보다 더 든든한
문이 되지 말라는 법은 없다

– 오규원, 「문」

(나)

ⓒ 유리에 차고 슬픈 것이 어른거린다.
열없이 붙어 서서 입김을 흐리우니
길들은 양 언 날개를 파닥거린다.
지우고 보고 지우고 보아도
새까만 밤이 밀려 나가고 밀려와 부딪히고,
물 먹은 별이, 반짝, 보석처럼 박힌다.
밤에 홀로 유리를 닦는 것은
외로운 황홀한 심사이어니,
고운 폐혈관이 찢어진 채로
아아 너는 산새처럼 날아갔구나!

　　　　　　　 – 정지용, 「유리창 1」

11

(가), (나)에 대한 설명으로 가장 적절한 것은?

① (가)와 달리 (나)는 화자의 행동과 관련한 감각적 경험 내용이 직접 표현되고 있다.
② (가)는 (나)와 달리 현실과 환상을 함께 경험하는 화자가 모순된 감정을 느끼고 있다.
③ (가), (나) 어디에도 시적 대상에 대한 화자의 태도가 드러나지 않는다.
④ (가), (나)는 각기 상징적 표상을 사용하여 대상에 대한 통념을 비판한다.
⑤ (가), (나) 모두 작품 전반에 걸쳐 구조적인 반복과 병치를 사용함으로써 리듬을 형성한다.

12

(가)에 대한 감상으로 적절하지 않은 것은?　　　　[3점]

① 대상이 '우리 집'에서 '어느 집'으로 확대되어 가면서 시인의 인식도 확장되고 있군.
② 하루하루 살아가는 과정에서 깨닫게 된 삶의 무상함이 상징적 시어들을 통해 표현되고 있어.
③ 각각의 개인이 각각의 '집'이라 생각한다면 '문'이나 '담', '벽' 등은 사람들 사이의 다양한 소통 관계를 뜻한다고 할 수 있겠군.
④ 일상에서는 쉽게 놓칠 수 있는 대상의 여러 특징들을 성찰을 통해 발견하면서 대상의 의미에 대한 새로운 접근을 시도하고 있군.
⑤ 대상과 관련한 다양한 상황들을 제시하면서 그것의 의미들을 단정적으로 말하지 않는 것은 독자들이 직접 생각해 보게 하려는 까닭인 것 같아.

13

(가)의 주제와 가장 유사한 발상을 보여 주는 진술은?

① 우리 모두는 저마다 웃는 표정이 다르다.
② 어린아이의 웃음은 어른의 웃음보다 밝고 깨끗하다.
③ 어제는 모두가 웃고 있었지만, 오늘은 아무도 웃지 않는다.
④ 내가 보이는 웃음은 내 마음이 기쁘다는 것을 나타내는 표현이다.
⑤ 웃음이 선의를 나타낸다고 하지만, 그것은 어색함일 수도, 위선일 수도 있다.

14

(나)에 대한 이해로 적절하지 않은 것은?

① '차고 슬픈 것'에는 화자의 내면 심리가 투영되어 있다.
② '길들은 양 언 날개'는 시적 대상이 화자를 불러내었음을 보여준다.
③ 쉼표 전후에 배치한 '반짝'은 슬픔의 승화를 함축한다.
④ '고운 폐혈관이 찢어진 채'는 작품의 창작 배경을 암시한다.
⑤ '날아갔구나!'는 화자가 새삼 현실을 자각하게 되었음을 드러낸다.

15

㉠, ㉡에 대한 설명으로 가장 적절한 것은?

① 각 시의 화자는 ㉠, ㉡을 통해 외부와 소통하고 있다.
② 각 시의 화자는 ㉠, ㉡에 대해 탐구적인 태도를 취한다.
③ 각 시의 화자는 ㉠, ㉡의 실체가 확인되자 절망하고 만다.
④ 각 시의 화자는 ㉠, ㉡을 가변적 속성을 지닌 것으로 인식한다.
⑤ 각 시의 화자에게 ㉠, ㉡과의 관계 형성은 중요한 과제이다.

(가)

인간이 공간에 존재한다는 것은 어느 사물이 그릇 속에 존재하는 것과는 의미가 다르다. 인간은 사물들 중의 하나가 아니라 주변 세계와 관계를 맺는 주체이며 그런 의미에서 인간은 ⊙ 지향성이라는 특징으로 설명되어야 한다. 사람들은 그저 세상에 던져져 주어진 자리에 머무른 채 살지는 않는다. 어떤 필요에 따라 사물들을 이용하거나 대상에 대해 어떤 감각이나 느낌을 가지고 상호 작용하며 이리저리 생각하면서 어떤 일을 해 나가는데, 이러한 과정에서 필요한 수행의 영역이 인간 삶의 공간에 상응한다. 이 공간은 수행의 진전 여하에 따라 확장되거나 축소될 수 있고 다른 양태로 변경될 수도 있다.

공간은 인간 존재의 지향에 따라 의미를 얻는다. 인간은 공간 속 '어딘가에', 즉 특정한 위치에 존재한다. 인간이 어느 곳에 처해 있는 방식은, 그가 우연히 '어딘가에' 버려졌다고 느끼는지 아니면 바로 그 곳이 자신에게 속해 있고 자신과 한 몸처럼 묶여 있다고 느끼는지에 따라 각기 다를 수 있다. 인간은 공간에 버려진 듯이 느낄 수도 있고 공간에서 안도감을 느낄 수도 있다. 또 공간과 일체감을 느끼기도 하고 공간을 낯설게 여기기도 한다. 이것이 인간이 처한 공간에서 공간과 맺는 관계의 변화 양상이다.

하이데거는 인간 실존이 세계에 던져져 있는 상태에 대해 얘기한다. 던져진 상태는 인간이 그의 의지와 무관하게, 혹은 그의 의지에 반하여 낯선 세계 안에 들어있음을 말한다. 이처럼 생각지도 않은 자리에 있는 인간은 무의미한 존재이기 때문에 그 상태에서 벗어나 삶의 영역에 상응하는 세계의 지평을 넓히려고 도모하는데, 이를 '존재의 기획'이라 한다. 이러한 기획을 성공적으로 수행하지 못할 경우, 인간은 던져진 상태에서 벗어나지 못하는 것이다. 이는 실제로 고향을 잃어 버리고 뿌리가 뽑혀 나간 우리 시대의 인간이 공간과 맺고 있는 관계를 정확하게 본 모습이다. 이 모습은 인간과 공간의 관계에서 무엇인가 중요한 것이 결여된 경우에 나타나는 현대인의 특징이다.

(나)

사람들이 장소를 경험할 때는 보통 긴밀한 애착, 즉 친밀감이 생긴다. 친밀감은 특정 장소에서 '여기'를 알게 되는 과정의 일부이다. 우리가 장소에 내린 뿌리는 바로 이 애착으로 구성된 것이며, 이 애착이 포괄하고 있는 친밀감은 단지 장소에 대해 세부적인 것까지 알고 있는 것만이 아니라 그 장소에 대한 깊은 배려와 관심이다. 장소에 애착을 갖게 되고 그 장소와 깊은 유대를 가진다는 것은 인간의 중요한 욕구이다.

ⓒ 한 장소에 뿌리를 내린다는 것은 세상을 내다보는 안전지대를 가지는 것이며, 사물의 질서 속에서 자신의 입장을 확고하게 파악하는 것이며, 특정한 어딘가에 의미 있는 심리적 애착을 가지는 것이다. 우리가 애착을 가지는 장소들은 그 속에 우리의 복잡다단한 경험이 있으며 복잡한 애정과 반응을 불러일으키는 환경이다. 그러나 장소를 소중히 여긴다는 것은 과거의 어떤 경험과 미래에 대한 기대 때문에 가지는 관심 이상이다. 실제로 어떤 장소에 대한 전적인 관심, 사람이 할 수 있는 어느 것 못지 않은 심오한 관심이 거기에 있다. 소중히 한다는 것은 인간이 세계와 맺는 관계의 기초이기 때문이다.

그런 헌신과 책임에는 하이데거가 '아낌'이라고 부른 것이 포함된다. 즉, 아낌이란 사물, 여기서는 장소를, 그것이 존재하는 방식 그대로 두는 것이다. 예컨대 장소를 무리하게 인간의 의지에 복종시키려 하지 않으면서 건물을 세우거나 농사를 지음으로써 장소를 돌보는 것이 온당한 자세이다.

16

(가)의 내용에 부합하는 것은?

① 공간의 의미를 규정하는 유일한 기준은 인간과 공간의 일체감이다.

② 던져진 자리에 머무르는 행위는 사람들이 존재의 기획을 위한 주요 전략이다.

③ 어떤 곳에 묶여 있다고 느끼는 감각은 인간과 공간의 관계에 대한 올바른 이해를 방해한다.

④ 공간을 고정된 사물로 보는 것은 인간과 공간의 관계에 대한 논의의 전제로 적절하지 않다.

⑤ 인간이 특정한 공간에 부여한 의미에는 상황이나 조건의 변화에도 유지되는 불변의 자질이 있다.

17

(나)의 논지 전개 방식에 대한 설명으로 가장 적절한 것은?

① 기존 논의의 한계를 지적하며 새로운 논점을 제시하고 있다.

② 다른 학자의 견해를 제시하여 여러 해석의 가능성을 보이고 있다.

③ 용어의 개념적 이해를 바탕으로 논의의 논리적 맥락을 형성하고 있다.

④ 개념이 잘못 적용된 사례를 들고 이를 바로잡는 과정을 제시하여 설득력을 높이고 있다.

⑤ 난해한 표현을 대체할 일상적 표현을 제안한 뒤 둘의 공통점과 차이점을 해설하고 있다.

18

㉠에 주목하여 추론한 생각으로 가장 적절한 것은?　[3점]

① 인간이 사물과 관계를 맺는 방식은 ㉠을 배제할 때 가능해진다.

② 인간이 고정불변의 사물로 규정된다는 것은 ㉠을 전제로 할 때 타당하다.

③ 인간이 필요에 따라 사물을 이용할 때 이미 ㉠의 방향은 결정된 상태이다.

④ 인간이 사물과 구별되는 속성은 ㉠과 무관하게 선험적으로 부여받은 것이다.

⑤ 인간의 존재 방식과 사물의 존재 방식의 다른 점은 공간과 연관될 때 ㉠의 자질이 나타나는지 여부이다.

19

㉡에 대한 이해로 적절하지 않은 것은?

① 인간이 세계에서 입지를 확고하게 할 수 있는 행위이다.

② 인간이 장소에 대해 친밀감을 가지려는 적극적인 행위이다.

③ 인간이 복잡다단한 삶을 이어갈 환경을 마련하는 행위이다.

④ 인간이 세계를 경험할 때 자신을 보호해 줄 영역을 확보하는 행위이다.

⑤ 인간이 과거 경험을 통해 미래의 장소에 대해 세부적인 것까지 알게 되는 행위이다.

20

윗글을 바탕으로 〈보기〉를 이해한 내용으로 적절하지 않은 것은?

┤ 보 기 ├

　집은 건축물로서의 의미를 넘어, 생활 공동체의 근거지라는 가치를 함의한다. 가족들에게 집이란 거주의 공간이면서, 가족 구성원들에게 안정성을 보장하는 영역이다. 안정성이란 스스로의 의지에 따라 지속적으로 정착할 수 있는 가능성에서 비롯된다. 정착이 특정한 공간을 점유하는 것을 의미한다는 점을 고려할 때, 정착을 통해 집은 물리적 공간에서 개인적·심리적 가치를 지닌 곳으로 바뀔 수 있다.

　외부 세계의 위협으로부터 보호와 안락을 제공하는 안식처로서의 집은, 가족들에게 자신들만의 고유한 가치를 부여한다. 일상생활을 함께 영위하면서 구성원들은 각자의 방식으로 외부 세계를 고찰하고 해석한다. 이 과정에서 발생하는 구성원들 간의 동질감은 생활 공동체를 유지하는 원동력으로 작용한다. 이때 집은 구성원들의 유대 관계를 형성하는 심리적 터전의 의미를 지닌다. 따라서 가족들이 집에 함께 머무는 것은 결속을 강화하여 외부 세계의 위협에 맞설 수 있는 계기가 된다.

① 집을 단순한 건축물이 아니라 공동체적 의미를 지닌 것이라 한 얘기는, 인간과 공간의 관계에 관한 생각을 드러내는군.

② 특정한 공간을 점유하는 인간과 공간의 관계는 공간을 돌보는 동시에 인간 자신의 의지에 복종시키는 현대인의 이중성을 드러내는군.

③ 정착을 통해 집의 가치가 물리적 차원에서 다른 차원으로 변환될 수 있다는 것은, 공간이 일정한 양태로 환원되지 않는다는 점을 방증하는군.

④ 집이 구성원들을 어우러지게 하는 심리적 터전이라고 보는 것은 인간이 특정한 장소에 심리적 애착을 가지는 성향이 있다는 견해와 부합하는 면이 있군.

⑤ 가족들이 집에 함께 머무는 것이 결속을 강화하여 외부 세계의 위협에 맞설 수 있는 계기가 된다고 하니, 어딘가에 거주하는 것이 안전지대를 얻고 자기 입장을 확고하게 파악하는 계기가 된다는 점을 이해할 수 있군.

서로 영향을 주고받는 상황에서 상대방의 행동을 고려하여 자신의 행동을 결정하는 것을 전략적 행동이라 한다. 게임이론은 이러한 '전략적 행동'을 연구하는데, 경제학에서 상호작용이 중요하게 작용하는 과점기업들의 경쟁을 설명하는 이론으로 활용된다. 현실에서 접하는 여러 경제 문제가 이 게임과 비슷한 구조를 지니고 있기 때문이다. 완전경쟁시장이나 독점시장의 분석에는 게임이론을 적용할 필요가 없다. 완전경쟁시장에서 각 기업의 규모는 시장 전체에 비해 매우 작아서 기업끼리의 상호작용은 중요하지 않으며, 독점시장에서는 기업이 하나뿐이어서 상호작용이라는 것이 가능하지 않기 때문이다. ㉠

게임이론에서 자주 인용되는 죄수의 딜레마 게임을 살펴보자. 명백하게 징역 1년 형 정도의 범죄를 저지른 두 사람이 체포되었다. 이에 더해 이들은 이보다 더 중대한 범죄를 저질렀을 것이라는 혐의를 받고 있었다. 그 혐의를 입증하는 방법의 하나로 두 사람의 자백을 받아 내기 위해 각각 격리된 채 조사를 받게 되었다. 중대 범죄를 시인하고 다른 사람을 주범이라 증언하면 수사에 협조한 대가로 석방되고 그 주범만 징역 20년 형을 받을 것이지만, 둘 다 시인하면 공범으로 8년 형씩 받을 것이라는 제안에 둘은 어떤 전략적 행동을 할까? 두 사람은 각각 자백과 침묵 중 하나를 선택할 수 있으므로 경우의 수는 네 가지로 한정된다. 이들이 받을 형량은 자신의 선택뿐만 아니라 상대방의 선택에도 달려 있다. 둘 다 자백하지 않는 것이 더 좋은 결과를 낳지만, 상대방이 자백할 것을 두려워하여 둘 다 자백하게 된다. ㉡

게임이론의 핵심 개념은 '최적 대응'과 '내쉬균형'이다. 최적 대응은 상대방의 전략에 대응하여 자신에게 더 유리한 결과를 가져올 전략을 말한다. 상대방이 선택한 전략이 무엇이든 상관없이 자신의 입장에서 볼 때 최적의 전략이라면 이를 '우월전략'이라 하고, 둘 다 우월전략을 선택해서 다른 상태로 바뀔 유인이 없는 상황을 '우월전략균형'이라 한다. 죄수의 딜레마 게임에서 자백은 두 사람 모두에게 우월전략이며, 이 전략을 사용한 결과로 나타난 균형, 즉 둘 다 자백한 상태가 우월전략균형 에 해당한다. 그러나 죄수의 딜레마 게임처럼 우월전략균형이 존재하는 조건이 현실에서 완전히 충족되기는 무척 어려우며, 어느 한쪽만 우월전략을 갖는 경우도 그리 흔하지 않다. 게임에서 나타날 수 있는 여러 균형 중에는 우월전략균형 외에도 '내쉬균형'과 같은 다른 종류의 균형이 나타날 수

있다. 상대방의 모든 전략에 대해 최적 대응의 성격을 지니는 우월전략과 달리 내쉬균형 의 전략은 주어진 상대방의 전략에 대해서만 최적 대응이라는 성격을 갖는다. 이는 존 내쉬(John Nash)가 제안한 균형 개념의 핵심으로, 균형이 아닌 상태에서는 적어도 한쪽이 자신의 전략을 바꿀 유인을 가지며, 따라서 그 상태가 유지되지 않기에 균형이 아니다. ㉢

죄수의 딜레마 게임에서 보듯이 과점기업들이 협조 관계를 유지한다면 더 많은 이윤을 얻을 수도 있지만 실제로 그렇게 하기는 어렵다. 정부가 과점기업들의 명시적 담합을 금지하고 있을 뿐만 아니라 기업들이 협조 관계를 유지하는 것이 말처럼 쉽지는 않기 때문이다. 그런데 현실에서는 협조 관계를 유지하는 경우도 발생한다. 만약 죄수의 딜레마 게임이 여러 번 반복된다면 상대방이 어떤 전략을 쓰는지 파악한 다음 자신의 전략을 수정할 수 있다. 예컨대 상대방도 범행을 부인하리라 믿고서 침묵으로 버텼는데 막상 상대방은 자백하는 전략을 선택했다고 하자. 반복되는 다음 게임에서는 자신도 자백하는 전략을 선택함으로써 상대방에게 보복을 가할 수 있다. 마찬가지로 기업 간의 협정을 위반해 일시적으로 이득을 얻을 수 있다고 해도 곧 다른 기업의 보복으로 인해 더 큰 손해를 입을 수 있다. ㉣

그렇다면 과점기업들이 현실적으로 협조 관계를 유지하기 힘들다는 것이 사회적 관점에서는 어떤 의미가 있을까? 공유자원을 사용하는 경우나 불필요한 군비 경쟁 등의 경우에는 협조 관계를 유지하는 것이 사회적으로 이득이 될 수 있다. 그러나 일반적으로는 과점기업들이 협조 관계를 유지하지 못하여 담합에 실패하는 것이 사회적으로 바람직할 수 있다. ㉤

21

윗글을 통해 답할 수 있는 질문으로 적절하지 않은 것은?

① 게임이론에서 핵심을 이루는 것은 무엇일까?

② 게임이론의 연구 대상인 전략적 행동은 무엇일까?

③ 게임이론에서 다루는 게임에는 어떤 것이 있을까?

④ 게임이론이 만들어져 지금까지 발전해 온 과정은 어떠한가?

⑤ 게임이론을 경제 문제의 분석에 적용하게 된 이유는 무엇일까?

22

윗글을 통해 알 수 있는 내용으로 적절하지 <u>않은</u> 것은?

① 인접한 두 나라 간에 벌어지는 국제적인 경제 정책과 그 효과를 분석하는 데에도 게임이론을 적용할 수 있다.

② 시장 전체의 규모에 비해 규모가 작은 다수의 기업이 경쟁하는 완전경쟁시장은 기업들의 상호작용이 중요하지 않다.

③ 담합을 통해 독점 이윤을 얻고자 하는 과점기업들이 협조 관계를 유지하지 못하는 것은 대체로 소비자들에게 유리하다.

④ 특정 재화를 독점 공급하는 기업이 이윤을 극대화하기 위해 가격 정책을 수립하는 것에는 게임이론을 적용할 필요가 없다.

⑤ 과점기업들이 협정을 위반하는 것을 정부가 엄격히 단속하기 때문에 과점기업들은 더 많은 이윤을 얻기가 현실적으로 어렵다.

23

우월전략균형 과 내쉬균형 에 대한 이해로 가장 적절한 것은?

① '우월전략균형'은 '내쉬균형'을 이루기 위한 필수 조건이다.

② '내쉬균형'을 이루기 위한 전략은 상대의 전략과 상관없이 자신에게 최적인 전략이다.

③ '내쉬균형'을 이룬 상태에서 상대가 전략을 바꾸면 자신의 전략이 바뀔 수 있다.

④ 한 대상만 우월전략을 갖더라도 '우월전략균형'이 이루어질 수 있다.

⑤ 현실에서 '우월전략균형'의 조건이 충족되는 것은 불가능하다.

24

윗글의 주요 내용을 구체화하기 위해 〈보기〉의 사례를 추가한다고 할 때, 가장 적절한 곳은?

┤ 보 기 ├

우물이 2개뿐인 마을에서 각각의 소유주 두 사람은 물 공급량 결정을 매주 토요일 만나 결정하기로 한다. 물값은 공급량에 따라 시장에서 결정되며, 편의상 물을 퍼 올리는 비용은 들지 않는다고 하자. 또한 총생산량이 60갤런일 때 물값은 갤런당 60달러로 3,600달러의 최대 수입을 거두지만, 70갤런을 생산하면 물값은 갤런당 50달러로, 80갤런을 생산하면 갤런당 40달러로 점차 하락한다고 할 때 두 소유주의 물 공급량 결정은 어떠할까? 어느 한 소유주가 약속을 위반하고 40갤런을 생산하면 그 후로 둘은 모두 40갤런씩 생산하기로 하는 벌칙 조항을 정할 수 있다. 이런 벌칙만으로도 장래의 이윤을 중요하게 여기는 소유주라면 아무도 한 번의 높은 수입을 위해 약속을 위반하지는 않을 것이다.

① ㉠   ② ㉡

③ ㉢   ④ ㉣

⑤ ㉤

25

윗글을 바탕으로 〈보기〉를 이해할 때 가장 적절한 것은?

[3점]

┌─ 보 기 ┐

어떤 마을에 경쟁 관계에 있는 서핑용품 판매점 A, B 두 곳만 있다. A와 B는 각각의 이득을 극대화하기 위해 광고를 할지 고민하고 있다. A와 B가 벌어들인 수익을 상황별로 제시하면 다음과 같다. 이를 바탕으로 새로운 전략을 세우려고 한다.

		A의 선택	
		광고함	광고 안 함
B의 선택	광고함	400만 원 / 400만 원	300만 원 / 700만 원
	광고 안 함	700만 원 / 300만 원	800만 원 / 800만 원

① A, B 모두 광고를 하지 않은 경우, A는 전략을 바꿀 유인을 가진다.

② A, B 모두 광고를 하지 않은 경우, B는 전략을 바꿀 유인을 가진다.

③ A가 광고를 하고 B가 광고를 하지 않은 경우, B는 전략을 바꿀 유인을 가진다.

④ A가 광고를 하지 않고 B가 광고를 한 경우, A는 전략을 바꿀 유인을 갖지 않는다.

⑤ A, B 모두 광고를 한 경우, B는 전략을 바꿀 유인을 가진다.

[26~30] 다음 글을 읽고 물음에 답하시오.

적정기술이란 한 사회의 환경, 윤리, 문화, 사회, 경제적인 측면을 모두 고려하여 특별히 고안된 기술로, 적은 비용으로 제품을 제작할 수 있고 지역 생태 환경에 적합하며 자주적으로 유지·운영할 수 있는 지속 가능한 기술을 말한다. 이 개념은 1973년 영국의 경제학자 에른스트 슈마허의 저서 『작은 것이 아름답다(Small is Beautiful)』로부터 비롯되었다. 슈마허는 대중에 의한 생산을 강조하면서 지역에서 생산되는 자원을 최대한 활용할 수 있고 저렴하며 전문가가 아니더라도 사용법을 쉽게 익힐 수 있다는 의미에서 중간기술을 제안했다. 이것은 기술혁신이 빠르고 기술 집약도가 높으며 고부가가치 창출을 실현하기 위해 대규모로 자원을 소비하는 특징을 지닌 첨단기술과 구분되고 전래부터 사용해 온 토속기술과도 구분되는 중간적 의미를 지니는 것이었다.

슈마허가 중간기술을 구상했을 때, 그것은 빈곤국의 자원과 필요에 적합하게 소규모이며 간단하고 돈이 적게 드는 기술을 의미했다. 어느 정도 '가난한 사람을 위한 착한 기술'이라는 다소 추상적이고 정신적인 슬로건에 가까웠다. 따라서 주로 저개발국의 빈곤 퇴치나 기술의 자주성에 초점이 맞춰진 단순한 기술, 또는 값싼 기술로 인식되는 것이 일반적이었다. 이는 구매력이 있는 상위의 소비자들만을 대상으로 하는 첨단의 기술이 진정한 의미에서 적정기술이 될 수 있느냐는 문제의식, 곧 기술이 무엇을 위해 존재해야 하는가 하는 목적론적 관점의 문제의식을 반영한 것이었다. ⑦

하지만 그 이후 현지화된 발전, 지속가능한 발전, 환경 친화적 발전 같은 요소들을 공통적으로 포함하는 개념이 정리되어 가면서 얼마 지나지 않아 부유한 선진국에서도 각 나라가 처한 상황에 적합한 새로운 형태의 적정기술이 필요하다는 것이 확인되기 시작했다. 보편적인 관점에서 실제적인 필요와 당위성이 생겼던 것이다. 1973~1974년에 일어난 석유 파동은 사람들이 값싸고 풍족하게 여겼던 석유가 한순간에 고갈될 수 있다는 사실을 깨닫게 하기에 충분했다. 오랫동안 첨단기술에 의존하여 그 속에서 편리를 추구해 왔던 사람들은 첨단기술이 정작 위기상황에 취약하다는 것을 알게 되었다. 첨단기술은 지속 가능성을 염두에 두고 설계된 것이 아니었기에, 지정학적 불안정, 환경 재해, 자원 고갈 같은 문제들은 모두 위기를 야기하는 요인들이었다.

위기는 새로운 상황을 기존 시스템이 수용하지 못할 때 발생하며 그 자체가 위기상황이 된다. 2004년 남아시아 대지진으로 35만 명의 사망자를 냈던 쓰나미 사태라든가 2008년 리만 브라더스 파산과 함께 찾아온 세계적 차원의 금융·경제 위기 등은 첨단기술에 의지하고 있는 사회 시스템이 일순간에 무력해질 수 있다는 사실을 확인시켜 주고 있었다. 이에 따라 사람들은 기존의 고비용 중앙집중식 에너지 공급의 한계, 원자력 발전의 재난 위기 취약성, 성장 위주 경제 발전의 부작용 등의 문제들에 대해 다시 생각하게 되었고, 그와 함께 적정기술의 가치에 대해서도 재발견하게 되었다.

적정기술의 재발견과 관련하여 주목할 만한 사례가 있다. 리만 브라더스 사태 이후 미국에서는 장기 주택 담보 대출로 인한 고통을 피하려는 배경에서 '타이니 하우스'라는 새로운 주택 형태가 유행하였다. 10제곱미터 남짓의 작은 집 형태의 타이니 하우스는 이동이 가능한 데다가 태양광 발전으로 전기를 이용하고 빗물과 샘물을 활용하여 물을 얻는 친환경적 기술을 사용한다. 이 작은 집은 주택담보 대출의 과중한 부담으로부터 벗어나고 싶은 저소득층 청년들의 관심을 받아 인기를 끌었지만, 그 후로는 주거 환경에 대한 새로운 접근으로서 널리 알려졌다. 지속적인 경제 호황을 경험하던 시기에는 찾아보기 힘들었던 이러한 사례는 위기에 대응하면서 지속 가능한 발전을 모색하려는 적정기술의 지향적 가치에 부합하는 것이었다.

오늘날에 와서 적정기술은 경제적 수익을 창출하는 실용적이고 자립적인 기술로까지 개념이 확장되어 사용되고 있다. 미래의 자원을 끌어다 현재의 필요를 채우는 방식으로는 작동하지 않는 기술, 그렇기에 기본적으로 지속 가능한 시스템을 배경으로 작동하는 기술로서의 새로운 모색이다. 이제 적정기술은 단순하고 낮은 수준의 기술뿐 아니라 정보통신기술을 비롯한 첨단기술과의 접목을 통해 적은 비용으로 자원을 고갈시키지 않으면서 저개발 국가와 선진국의 다양한 사회 문제를 해결하는 복지 기술, 공동체 기술, 혹은 사회 문제 해결 기술 등과 같은 새 시대의 대안적 기술과 사업 모델로서 모색될 전망이다.

26

윗글의 서술 방식에 대한 설명으로 가장 적절한 것은?

① 가설과 검증을 통해 이론의 타당성을 마련하고 있다.
② 시간적 흐름에 따른 개념의 발전 과정을 소개하고 있다.
③ 다양한 사례를 통해 상반된 개념의 절충을 시도하고 있다.
④ 항목별로 구체적인 근거를 제시하면서 주장을 강화하고 있다.
⑤ 문제에 대한 서로 다른 관점에서의 분석 내용을 비교하고 있다.

27

윗글의 내용과 일치하는 것은?

① 적정기술은 극빈국 국민의 삶을 구제하기 위한 원조 기술이다.
② 영리를 기술 개발의 목적으로 삼는 것은 적정기술의 취지에 부합하지 않는다.
③ 적정기술은 사회 시스템의 도움을 받기 어렵기 때문에 대규모 위기상황에 취약하다.
④ 오늘날 적정기술은 다수의 시민들에게 경제적이며 실용적인 이득을 제공해 줄 수 있다.
⑤ 선진국이 적정기술에 새롭게 주목하는 까닭은 환경 문제 해결을 위해 첨단기술로부터 적정기술로의 전환이 필요해졌기 때문이다.

28

윗글의 맥락을 고려할 때, '첨단기술'에 대한 설명으로 적절하지 않은 것은?

① 적정기술과의 접목 가능성이 낮다.
② 저비용의 친환경적 기술로 보기 어렵다.
③ 저개발 국가에서는 사용하기 어려운 제약이 있다.
④ 대규모 에너지 공급을 안정적으로 지원받아야 한다.
⑤ 위기상황에 대처하는 유연한 체제를 갖추고 있지 못하다.

29

㉠에 제시할 만한 사례로 적절하지 <u>않은</u> 것은?   [3점]

① 책가방 없이 학교에 오는 아이들이 대부분인 어느 학교에서는 교실에서도 아이들이 공책을 바닥에 놓고 공부하는 경우가 많다. 이 아이들을 위해 가방 기능을 하는 책상인 '헬프데스크'가 제작되었다. 폐지를 모양대로 자른 뒤 접어서 만들 수 있는 이 제품은 적은 비용으로 가방이나 책상을 사용할 수 있게 해 준다.

② 과일이나 채소 작물은 일시적으로 다량 생산된다. 이것들의 수확과 가공에는 주로 여성 노동이 투입되는데, 손으로 딱딱한 껍질을 제거하기에 긴 노동 시간과 부상의 위험이 뒤따른다. 금속과 콘크리트로 만든 '범용 견과 껍질 제거기'는 농촌 마을 여성들의 노동 부담을 줄여주며 판매 수익을 높이는 데 기여한다.

③ 물과 전기가 부족한 어느 시골에서는 '페달 펌프'가 제작되어 사용된다. 페달 펌프는 실린더를 제외하면 현지에서 나는 대나무 재료를 사용하여 만들 수 있고 사람의 힘으로 소규모 농업용수를 확보할 수 있다. 이 펌프를 사용하여 농부들은 지하 6~7미터 깊이에 있는 물을 쉽게 끌어올릴 수 있다.

④ 어느 시골에서는 전기가 안 들어와 대낮에도 움막 형태의 집안은 매우 어둡다. 투명 페트병 안에 물과 표백제를 넣고 지붕의 틈새에 끼워 태양 빛을 투과하게 하면 빛의 산란으로 집안은 상당히 밝아진다. 페트병은 매우 적은 비용을 필요로 할 뿐 아니라 꽤 오랫동안 사용할 수 있는 경제성을 지니고 있다.

⑤ 전기 사정이 안 좋은 어느 나라에서는 기부자나 투자자의 자본 및 기술 지원으로 소규모 친환경 태양광 발전소를 운영하고 있다. 다수의 태양광 패널을 결합하여 사용하면 소형 가전부터 냉장고나 텔레비전 같은 중형 가전의 전력을 공급할 수 있어 전기 문제를 해결할 수 있다.

30

〈보기〉에 언급된 사례가 윗글에서 설명하는 '적정기술'로서 적합하지 <u>않은</u> 가장 주된 이유는?   [3점]

┤ 보 기 ├

플레이펌프(PlayPump)는 전기가 보급되지 않는 오지 지역의 주민들에게 놀이와 전력 공급이라는 두 가지 수단을 동시에 갖게 한 상품이다. 아이들이 회전목마를 돌리면서 놀기만 하면 그것이 동력이 되어 지하수를 끌어올려 탱크에 물을 채우는 장치이다. 이 간단한 아이디어 사업에 미국의 정치가와 기부자들이 동참했고, 수천만 달러의 기부금을 모아 남아프리카 모잠비크에 1,500대가 넘는 플레이펌프를 공급했다. 이로 인해 한때 적정기술의 대표적 사례로 다루어지기도 했다. 하지만 시간이 지난 후 이 제품은 실패한 적정기술의 사례로 회자되고 있다. 이 제품을 설치한 마을에서 아이들이 주민들이 먹을 만큼 지하수를 올리려면 학교도 가지 않고 하루 종일 놀이기구를 돌려야 하는 불편을 감수해야 한다는 사실이 확인되었기 때문이다.

① 다른 지역에 적용하기 어려웠다.
② 지속 가능한 발전을 고려하지 못했다.
③ 환경 친화적인 기술을 적용하지 않았다.
④ 사업에 필요한 자금을 기부를 통해 모았다.
⑤ 기술을 구현하는 데 많은 천연 자원이 필요했다.

[31~35] 다음 글을 읽고 물음에 답하시오.

(가)

추성(楸城) 진호루(鎭胡樓) 밖에 울어 예는 저 시냇물아
무엇을 하려고 주야로 흐르느냐
㉠ 임 향한 내 뜻을 좇아 그칠 때를 모르는도다
〈제3수〉

뫼는 길고 길고 물은 멀고 멀고
어버이 그리워하는 뜻은 많고 많고 크고 크고
어디서 ⓐ <u>외기러기</u>는 울고 울고 가나니
〈제4수〉

어버이 그리워할 줄을 처음부터 알았건마는
임금 향한 뜻도 하늘이 생기게 했으니
㉡ 진실로 임금을 잊으면 불효인가 여기노라
〈제5수〉

– 윤선도, 「견회요(遣懷謠)」

(나)

청천에 떠서 울고 가는 ⓑ <u>외기러기</u> 날지 말고 내 말 들어

한양성 안에 잠깐 들러 부디 내 말 잊지 말고 웨웨쳐 불러 이르기를 ⓒ <u>월황혼 겨워 갈 때 적막한 빈방에 던진 듯 홀로 앉아</u> 임 그려 차마 못 살레라 하고 부디 한 말을 전하여 주렴

우리도 임 보러 바삐 가는 길이오매 전할동 말동 하여라
– 작자 미상

(다)

일조(一朝) 낭군 이별 후에 소식조차 돈절하야
ⓓ <u>자네 일정(一定) 못 오던가 무슨 일로 아니 오더냐</u>
이 아해야 말 듣소
황혼 저문 날에 개가 짖어 못 오는가
이 아해야 말 듣소
춘수(春水)가 만사택(滿四澤)하니 물이 깊어 못 오던가
이 아해야 말 듣소
하운(夏雲)이 다기봉(多奇峰)하니 산이 높아 못 오던가
이 아해야 말 듣소
한 곳을 들어가니 육관 대사 성진이는
석교(石橋)상에서 팔선녀 데리고 희롱한다
지어자 좋을시고
병풍에 그린 황계(黃鷄) 수탉이 두 나래 둥덩 치고
짧은 목을 길게 빼어 긴 목을 에후리어
사경(四更) 일점(一點)에 날 새라고 꼬꾀요 울거든 오려는가
자네 어이 그리하야 아니 오던고
너는 죽어 황하수(黃河水) 되고 나는 죽어 도대선(都大船) 되어
밤이나 낮이나 낮이나 밤이나
바람 불고 물결치는 대로 어하 둥덩실 떠서 노자
저 달아 보느냐
ⓔ <u>임 계신 데 명휘(明輝)를 빌리려문 나도 보게</u>
이 아해야 말 듣소
추월(秋月)이 양명휘(揚明輝)하니 달이 밝아 못 오던가
어데를 가고서 네 아니 오더냐
지어자 좋을시고
– 작자 미상, 「황계사」

31

(가)~(다)의 공통점으로 가장 적절한 것은?

① 대상의 부재를 시적 상황으로 삼고 있다.
② 계절의 변화에 따라 시상을 전개하고 있다.
③ 세태에 대한 비판적인 시선을 기본으로 하고 있다.
④ 자연과 속세를 대비하여 주제의식을 강조하고 있다.
⑤ 규범과 현실의 괴리로 인한 심리 상태를 부각하고 있다.

32

(가)의 표현상 특징으로 가장 적절한 것은?

① 시어의 반복을 통해 소재의 속성을 강조하고 있다.
② 색채 이미지를 활용하여 분위기를 조성하고 있다.
③ 점층법을 사용하여 화자의 감정을 표출하고 있다.
④ 반어적 표현을 통해 시적 긴장감을 형성하고 있다.
⑤ 다양한 의성어를 활용하여 생동감을 자아내고 있다.

33

ⓐ, ⓑ에 대한 이해로 가장 적절한 것은?

① ⓐ는 화자의 소망을 실현해 주는 자연물이고, ⓑ는 화자의 희망을 방해하는 자연물이다.
② ⓐ는 화자의 감정을 이입한 대상이고, ⓑ는 화자의 바람을 실행해 주기를 기대하는 대상이다.
③ ⓐ, ⓑ는 모두 화자의 불만을 유발하는 소재이다.
④ ⓐ와 달리 ⓑ는 화자의 추억을 촉발하는 요소이다.
⑤ ⓑ와 달리 ⓐ는 화자의 고민을 해결해 주는 존재이다.

34

㉠~㉤에 대해 이해한 내용으로 적절하지 <u>않은</u> 것은?

① ㉠ : 어버이와 임금을 향한 뜻이 영원히 변치 않을 것이라는 다짐에서 화자의 강한 의지를 확인할 수 있다.

② ㉡ : 충성과 효도를 동등한 것으로 여기는 것에서 화자의 가치관을 파악할 수 있다.

③ ㉢ : 시간적·공간적 배경과 함께 진술된 외로운 상황에서 화자의 절박한 심정을 느낄 수 있다.

④ ㉣ : 상대방이 못 오는지 안 오는지 묻는 화자의 어조에서 상대방을 그리워하는 화자의 마음을 엿볼 수 있다.

⑤ ㉤ : 밝은 달빛을 빌려 임이 계신 곳을 비추려는 화자의 모습에서 임의 안위에 대한 화자의 걱정을 엿볼 수 있다.

35

〈보기〉를 바탕으로 (다)를 감상한 내용으로 적절하지 <u>않은</u> 것은?

[3점]

┤ 보 기 ├

조선 후기 유행한 십이가사에는 관념적이고 추상적인 조선 전기 사대부 가사와 달리 정제된 형식적 틀에서 벗어나 가창 현장의 자유분방한 분위기가 반영되어 있다. 특정한 어구의 반복, 장황하다고 느낄 정도의 구체적 묘사 등은 가창 현장의 즉흥적이고 흥겨운 유흥적 상황이 반영된 결과들이다. 특히 대중의 통속적 흥미와 관심에 맞추기 위해 널리 알려진 소설, 시조, 한시 등으로 노랫말을 구성하다 보니, 작품 내용과 무관한 어구가 삽입되고 노랫말의 유기성이 떨어지는 특징을 보이기도 한다.

① '이 아해야 말 들소'와 같은 표현을 반복적으로 사용한 것은 가창 현장의 특성을 고려하여 음악적 효과를 형성하기 위한 것이겠군.

② '육관 대사 성진이는 석교상에서 팔선녀 데리고 희롱한다'는 구절을 제시한 것은 대중들에게 잘 알려진 소설의 내용을 활용하여 대중들의 흥미를 불러일으키려고 한 것이겠군.

③ 노랫말의 맥락과는 동떨어진 정서의 '지어자 좋을시고'를 이용한 것은 가창 현장에 모인 대중들의 흥을 돋우기 위한 것이겠군.

④ '춘수가 만사택', '하운이 다기봉', '추월이 양명휘'라는 한시 구절을 인용한 것은 관념적이고 추상적인 사대부 가사에 문제를 제기하기 위한 것이겠군.

⑤ '병풍에 그린 황계 수탉'이 우는 모습을 구체적으로 묘사하여 나타낸 것은 가창 현장의 자유분방한 분위기에 발맞추기 위한 것이겠군.

[36~40] 다음 글을 읽고 물음에 답하시오.

여 부인이 상서를 심하게 꾸짖으니 상서가 아무 말도 못 하고 가만히 생각하다가 여쭙기를,

"누님께서 주관하신 줄 몰랐나이다. 예전에 양왕(梁王)이 구혼하여 허락했는데, 요즘 '선이 부모 모르게 미천한 사람을 얻어 혼례를 치렀다' 하여 조정에 시비가 들끓기에 낙양 수령에게 기별했나이다."

하니 여 부인이 말했다.

㉠"부부의 인연은 하늘이 정한 것이며, 애정에는 천하고 귀한 것이 없는지라. 옛날 송나라 황제도 정궁(正宮)을 폐하고 후궁(後宮)을 맞이하여 죽을 때까지 사랑한 일이 있소. 내가 비록 그대 모르게 주관했으나, 그 낭자는 첩과는 다르오. 또한 선이 급제하여 벼슬이 높아지면 두 부인을 얻는 것이 어렵지 않을 것이니, 그때 상서가 원하는 가문을 골라 며느리를 구해도 될 것이오. 그러니 더 이상 죄 없는 낭자를 죽이려 하지 마시오."

상서는 본래 충효를 겸비한 사람이었다. 속으로는 탐탁지 않았지만, 맏누이의 말씀이라 거역하지 못하고 말하기를,

"그렇게 하오리다."

하고 새로 보낸 낙양 수령을 불러 분부했다.

㉡"그 여자를 반드시 죽이려 했는데, 우리 누님이 하도 말리시니 그럴 수가 없도다. 그 여자를 죽이지 말고 놓아주되, 멀리 보내 그 근처에 얼씬거리지 못하게 하라."

[중략 부분 줄거리] 상서 부인은 아들 이선을 낳을 때 해산을 도운 선녀가 남양 땅 김전의 딸 숙향이 아들의 배필이라고 한 말을 뒤늦게 떠올리고서 숙향을 다시 불러들인다.

"네 집은 어디며, 부모는 누구이고, 나이는 몇이나 되었느냐?"

낭자가 절을 하고 바르게 고쳐 앉으며 여쭈었다.

"다섯 살 때 부모님을 난리 중에 잃고 길거리를 방황했는데 어떤 짐승이 업어다 남군 땅 장 승상 댁에 내려놓았나이다. 마침 그 집에 자식이 없어 저를 친자식처럼 십 년을 기르셨으니, 고향은 물론 부모님의 성명도 모르옵나이다."

상서가 또 묻기를,

"장 승상이라 하면 남군 땅 장송밖에는 없는데, 거기 있다가 어찌하여 이화정 할미의 집으로 왔느냐?"

하니 낭자가 대답했다.

"승상 댁에 있던 사향이란 종이 승상 부인의 봉채를 훔쳐다 첩의 화장 그릇에 넣어 놓고 첩이 훔친 것처럼 모함했나이다. 그 일로 인해 승상 댁에서 쫓겨나 포진물에 빠져 죽으려 했는데, 마침 연꽃을 따는 아이들이 구해 주며 동쪽으로 가라 했나이다. 동쪽으로 가다 또 갈대밭에서 화재를 만나 거의 죽게 되었사온데, 화덕진군이라는 노인이 구하여 살아나게 된 것을 이화정 할미가 지나가다 보고 데려갔나이다."

"장 승상 댁에서 할미 집까지 며칠 만에 왔느냐?"

"장 승상 댁에서 하룻밤 자고, 그 이튿날 바로 왔나이다."

ⓒ"장 승상 댁에서 여기까지는 삼천삼백오십 리나 되니, 비록 천리마를 탔을지라도 쉽게 오기 어려우리라. 그런데 이틀 만에 왔다고 하니, 참으로 이상하도다."

상서와 낭자의 문답이 끝난 뒤에 부인이 물었다.

"네 이름은 무엇이며, 몇 년 몇 월에 태어났느냐?"

"이름은 숙향이옵고, 나이는 열여섯 살이오며, 기축년 4월 초파일 해시(亥時)에 났사옵니다."

"부모님 성명도 모르면서 생월생시는 어찌 그렇게 자세히 아느냐?"

"어렸을 때 부모님께서 제게 ⓐ비단주머니를 채워주셨는데, 자란 후에 보니 생월생시를 적어넣었더이다."

숙향이 주머니를 끌러 부인에게 드렸다. 부인이 비단주머니를 풀어 보니, 붉은 비단조각에 '이름은 숙향이요, 자는 월궁선이며, 기축년 4월 초파일 해시생이라'는 글씨가 금자(金字)로 쓰여 있었다. / 부인이 크게 기뻐하며 말하기를,

"네가 내 아들과 나이가 같고, 이름도 선녀가 일러준 것과 같되, 다만 부모가 누구인지 모른다고 하니, 참으로 답답하구나."

하니 상서가 말하기를,

"이 글을 금자로 썼으니, 틀림없이 성은 김씨인가 하노라."

했다. 낭자가 말하기를,

ⓓ"제가 자란 후에 우연히 듣자오니, 지난번에 낙양 수령으로 계시던 김전이 제 부친이라 하더이다. 그러나 제가 어찌 그것을 자세히 알 수 있사오리까?"

하니 상서가 말했다. / "만일 그렇다면 오죽 좋으랴."

이에 부인이 묻기를, / "그 사람이 어떤 사람이나이까?"

하니 상서가 말했다.

"김전은 이부상서 운수 선생의 아들이라. 가문이 어찌 거룩하지 않으리오."

부인이 말하기를 / ⓔ"시간이 지나면 자연 알게 되리이다."

하고 낭자에게 이선의 처소인 봉황당에 가 있으라고 했다. 낭자가 봉황당으로 내려가니, 낭군이 부리던 시녀 여남은 명이 낭자를 매우 공경하면서 극진하게 모시더라.

– 작자 미상, 「숙향전」

36

윗글의 서술상 특징으로 가장 적절한 것은?

① 배경 묘사를 통해 극적 긴장감이 고조되고 있다.

② 인물들의 대화를 통해 과거 행적이 드러나고 있다.

③ 편집자적 논평을 통해 비극적 분위기가 조성되고 있다.

④ 과거와 현재의 대비를 통해 부당한 현실을 비판하고 있다.

⑤ 구체적인 시대 상황을 통해 사건의 사실성에 주목하고 있다.

37

윗글의 내용으로 적절하지 않은 것은?

① 맏누이는 숙향을 죽이려는 상서를 질타했다.

② 이화정 할미는 숙향을 데려다 친자식처럼 십 년 동안 길렀다.

③ 상서 부부는 숙향의 부모가 누구인지 알고 싶어 한다.

④ 낙양 수령을 지낸 김전은 이부상서를 지낸 가문의 자손이다.

⑤ 낭자는 상서 부인의 말에 따라 낭군의 처소에 머물게 된다.

38

㉠~㉤에 대한 설명으로 적절하지 않은 것은?

① ㉠ : 역사적 사실을 근거로 제시하여 자신의 요구를 관철하려는 태도가 드러나 있다.

② ㉡ : 연장자의 권위를 감히 침범하지 못하는 입장을 내세워 자신의 생각을 마지못해 수정하는 모습이 드러나 있다.

③ ㉢ : 현실적으로 실현되기 어려움을 지적하며 상대방의 말에 의문을 표하는 모습이 나타나 있다.

④ ㉣ : 자신이 알게 된 사실이 전해 들은 것임을 들어 판단에 신중을 기하는 태도가 나타나 있다.

⑤ ㉤ : 자연의 이치를 고려하면서 이후에 펼쳐질 사태에 대해 염려하는 자세가 나타나 있다.

39

ⓐ에 대한 설명으로 가장 적절한 것은?

① 사건이 현실성을 지니게 한다.
② 현재 사건의 원인이 드러나도록 한다.
③ 인물을 대하는 태도가 호의적으로 바뀌게 한다.
④ 권선징악의 주제의식이 표출되도록 한다.
⑤ 인물의 감춰진 재능이 발휘되게 한다.

40

〈보기〉를 참고하여 윗글을 감상한 내용으로 적절하지 <u>않은</u> 것은?　　　　　　　　　　　　　　　　　　[3점]

┤ 보 기 ├

　조선 후기에 창작된 「숙향전」은 남녀 주인공의 결합을 위한 고난의 여정으로 이루어져 있다. 여러 차례의 위기가 두 인물의 결합을 방해하지만, 이들은 다른 존재의 도움으로 고난을 극복하며 하늘의 예정된 운명에 따라 혼인한다. 이 과정에서 애정을 중시하는 두 남녀가 봉건적 신분 질서와 가문을 중시하는 지배층과 갈등을 빚기도 한다. 개인적 차원의 애정이 권위적인 지배 이념과 충돌하는 대목을 통해 신분제가 동요되는 당시의 사회현상을 엿볼 수 있다.

① 불에 타 죽을 위기에 처한 숙향을 화덕진군이 구해주는 것은 다른 존재의 도움으로 고난을 극복한 경우이겠군.
② 부모 몰래 아들이 결혼한 것이 조정의 시빗거리가 되었다는 상서의 말은 권위적인 지배 이념에 따라 나타난 반응이겠군.
③ 숙향의 이름이 선녀가 일러준 것과 같다는 상서 부인의 말은 하늘의 예정된 운명을 받아들이려는 의지의 표현이겠군.
④ 아들이 미천한 여자와 결혼했다는 이유로 상서가 낭자를 죽이려는 것은 개인적 애정보다 가문의 위상을 중시한 결과이겠군.
⑤ 사향의 모함으로 장 승상 댁에서 쫓겨난 숙향이 죽으려 한 것은 남녀 주인공이 결합에 이르는 여정 중 겪는 고난에 해당하겠군.

[41~45] 다음 글을 읽고 물음에 답하시오.

　융에 의하면, 인간에게는 태어날 때부터 마음의 토대를 이루고 있는 무의식의 층이 있다. 그것은 개인의 특수한 생활사에서 나온 무의식의 층과는 달리, 인간이면 누구나 태어날 때부터 갖추어져 있는 인간 고유의 원초적이며 보편적인 무의식의 층이다.

　융은 이를 '집단 무의식'이라고 했다. 융의 이와 같은 가설은 환자뿐만 아니라 많은 건강한 사람의 꿈과 원시 종족의 심성, 신화와 종교, 서양 사상과 인도·중국 등 동양의 사상을 비교하여 고찰한 결과다. 융은 무의식이 개인 생활의 경험 자료만이 아니라 인류의 태곳적부터 끝없이 반복되어 경험되는 일정한 인간적 체험의 조건들을 갖추고 있다고 본다. 이러한 무의식은 수많은 신화적 상징으로 표현되고 경험되며 모든 의식된 마음에 활력을 주고 그 기능을 조절하여 의식과 통일된 '전체 정신'을 실현시킬 수 있는 원동력을 가지고 있다. 한마디로 무의식은 충동의 창고, 의식에서 쓸어 낼 쓰레기장이거나 병적인 유아기 욕구로 가득 찬 웅덩이에 불과한 것이 아니라, 마음을 성숙케 하는 '창조의 샘'이라는 얘기다.

　㉠무의식의 창조적 작용은 자율성과 보상 작용으로 표현된다. 자아 의식이 한 방향으로만 나가면 무의식이 자율적으로 작동하여 의식의 방향과는 다른 방향의 이미지를 보내서 그것을 보상한다. 예컨대, 지나치게 이성적인 사람이 꿈속에서는 매우 불합리한 행동을 하거나 욕망에만 사로잡힌 일을 벌일 수 있는데, 이는 단순한 욕구 충족을 위해서가 아니라, 의식의 일방성을 깨우치고 의식이 소홀히 하고 있는 것이 무엇인지를 알려주기 위한 무의식의 의도를 드러낸 것이다. 무의식이 자율적으로 보상 작용을 발휘하여 의식화할 수 있는 기회가 생긴 셈이다.

　이 맥락에서 융이 말하는 │그림자│ 개념이 주목을 끈다. 그림자는 무의식의 열등한 인격으로, 자아의 어두운 면이다. 그림자는 자아와 비슷하면서도 자아와는 대조되는, 자아가 가장 싫어하는 열등한 성격을 지니고 있다. 자아의식이 한쪽 면을 지나치게 강조하면, 그림자는 그만큼 반대편 극단을 나타낸다. 그래서 일상적으로 자아는 자신이 어떤 그림자를 가지고 있는지 모른다. 그것은 자아에게는 보이지 않는 무의식의 그늘에 속하는 인격이기 때문이다. 자아의식으로서는 결코 있을 수 없는 성격, 가장 싫어하기 때문에 절대로 그렇게 되지 않으려고 노력해 온 바로 그 성격이다. 가령, 친구한테 비난당할 때 심한 분노를 느낀다면, 바로 그 순간 미처 의식하지 못하고 있던 자기 그림자의 일부를 발견할 수 있다.

그림자를 밖으로 투사(projection)할 때 그 투사 대상을 향한 자기의 감정을 살펴볼 수 있다. 투사란 어떤 대상에 대하여 강력한 감정 반응을 일으키고 자아가 그 대상에 집착하게 만든다. 투사는 나쁜 것은 남에게만 있다고 생각함으로써 괴로운 마음을 피하려는 자기 방어의 수단으로서만 아니라 자기의 무의식적인 마음의 일부를 의식화할 수 있는 기회를 갖도록 하는 목적으로도 일어난다. 무의식의 내용이 밖에 있는 어떤 대상에 투사되면 우리는 최소한 우리 안에 있는 것을 투사 대상에게서 경험하게 되고 그런 경험을 통해서 자기 마음속의 무의식적 내용을 깨달을 수 있는 가능성이 생긴다.

그림자의 투사는 집단 차원에서도 벌어진다. 그림자의 집단적 투사는 어떤 집단 성원의 무의식에 같은 성질의 그림자가 형성되어 다른 집단에 투사되는 것을 가리킨다. 이 경우 그림자는 개인적인 특성을 가지기보다 집단적 특성을 지닌다. 그러한 그림자가 생기는 이유는 그 집단의 구성원이 자신을 하나의 집단 의식과 동일시하고 있기 때문이다. 가령 '우리는 하나'로 대변되는 슬로건 밑에 결속을 다짐할 때, 거기에 속하지 않은 집단과의 차별화가 일어나고 이 집단은 쉽게 배타적이 되거나 다른 집단으로부터 배타적이라는 비난을 받게 된다. 그러므로 지향하는 집단적 목표가 일방적이고 뚜렷한 것일수록 이에 어긋나는 요소가 억압되어 공통된 그림자를 집단 성원이 나누어 가지게 된다. 아무리 선의로 뭉친 집단이라도 너무 밝은 목표에 치중한 나머지 자기 집단 성원의 그림자를 보지 못할 때 처음의 좋은 뜻을 펼치는 데 실패할 ⓒ 공산이 크다.

다만, 인간 집단은 집단 행동을 통하여 집단적 그림자를 만들어내고 이를 다른 집단에 투사하여 서로 반목하고 비난하며 싸우기도 하지만, 때로는 그림자를 사회 표면으로 끌어 내어 사람들이 그것을 보고 경험하게 하는, '카니발'과 같은 문화적 장치를 가지고 있다. 한 사람에게 집단적으로 그림자를 투사하여 속죄양을 만들고 자기의 그림자를 보지 않으려는 부정적인 기능을 가진 경우가 아니라, 문화적으로 허용되고 예술적으로 승화된 형태에서 '그림자 놀이'를 통해 각자의 그림자를 살려서 도덕이나 규범 의식과 무의식적 충동 사이의 단절을 지양할 수 있는 것이다.

41

윗글을 통해 알 수 있는 것은?

① 의식과 무의식의 조화를 이루기 위한 시도는 불가능하다.
② 집단 무의식은 특정한 문화권에서만 발견되는 특수한 현상이다.
③ 무의식이 제어 불가능한 충동으로 가득 차 있다는 점에서 집단적 무의식의 발현은 공동체에 위해를 가한다.
④ 속죄양에 관한 개념을 만들어 자아의 부정적인 이미지를 입히는 것은 무의식이 작용하는 결과이다.
⑤ 사회적인 차원에서는 무의식이 자율적인 방식으로 작동하므로 항상 예술적으로 승화된 형태의 결실을 낳는다.

42

㉠에 대한 이해로 가장 적절한 것은?

① 의식이 안정된 상태에서 이루어지는 정신 활동의 일부이다.
② 의식이 무의식과 활발하게 상호 작용한 결과로 주어지는 보상이다.
③ 의식이 한 방향으로만 활성화될 경우 그에 반발하여 표출되는 무의식의 이미지 작용이다.
④ 의식이 작동하지 않는 상태에서 의식이 지향하는 인격을 대신 구현하려는 무의식의 작용이다.
⑤ 의식이 무의식을 억압하는 강도가 커질 때 무의식이 의식 표층에 떠오르는 이상 징후이다.

43

그림자 **에 관한 이해로 적절하지 않은 것은?** [3점]

① 분노의 상황에서는 그림자를 볼 수 없다.
② 그림자는 무의식의 그늘에 속하는 인격이다.
③ 그림자는 집단 차원에서도 나타나는 현상이다.
④ 그림자는 자아가 싫어하여 닮으려고 하지 않는 열등한 성격의 일부이다.
⑤ 사회 표면으로 그림자를 끌어내어 경험할 수 있게 하는 문화적 장치가 있다.

44

윗글을 바탕으로 〈보기〉를 이해한 내용으로 적절하지 <u>않은</u> 것은?

┤보 기├

　카니발은 가톨릭교회가 지배하고 있는 라인강 유역에서 명맥을 유지하고 있다. 해가 바뀌는 연말에는 각지에서 가면무도회가 열리고, 부활절 전의 카니발에서는 기상천외한 분장을 한 사람들이 대규모로 등장한다. 마치 근엄한 가톨릭 수도원 곳간에 유폐되었던 이교(異敎)의 귀신과 악마와 별의별 부도덕한 불한당들이 뚜껑을 열고 나온 듯하다. 신분적 위계나 윤리 규범의 제약 속에서 억압된 욕망을 분출하는 극적 상황이 연출되는 것이다. 이러한 양상은 신분적 위계 질서에서 하층에 속하는 이들이 펼치는 의례나 연희, 놀이 등에서 자주 확인된다. 가령 탈춤판에서 양반 세력을 희화화하고 농락하며 신분적 위계를 해체한 가운데 성원들 서로가 어우러지는 장이 펼쳐지는 것은 카니발을 떠올리게 한다.

① 기성 질서에서 지배층은 '집단적 그림자'가 만든 무의식의 그늘에서 벗어날 특권을 얻는다고 할 수 있겠군.

② '가면'을 쓰거나 기괴한 모습으로 '분장'하는 행위는 투사된 '그림자'를 극적으로 연출한 것이라고 할 수 있겠군.

③ '카니발'은 참여자들의 억눌린 감정을 표출할 수 있는 계기가 되므로, '그림자 놀이'를 설명하는 예로 삼을 수 있겠군.

④ '수도원 곳간'은 현실에서 허용되지 않는 욕망에 연관된 '집단적 그림자'를 가두는 수용소에 상응하는 표상이라 할 수 있겠군.

⑤ '탈춤'은 신분 질서에 억눌린 욕구가 연희를 통해 투사되는 장을 연다고 할 수 있으니 '집단적 그림자'가 승화된 형태라 할 수 있겠군.

45

문맥상 ㉡을 바꿔 쓰기에 가장 적절한 것은?

① 기회(機會)가 많다
② 단서(端緒)가 많다
③ 여지(餘地)가 많다
④ 예외(例外)가 많다
⑤ 정보(情報)가 많다

※ 점수 표시가 없는 문항은 모두 2점

[01~05] 밑줄 친 단어의 뜻으로 가장 적절한 것을 고르시오.

01

No art can conquer the people alone — the people are conquered by an ideal of life <u>advocated</u> by authority.

① opposed　　　② championed

③ disregarded　　④ undermined

⑤ overwhelmed

02

We rarely begin with completely open minds, which would allow us to discuss a topic in a completely <u>impartial</u> way.

① fair　　　　② harmless

③ meaningful　④ timely

⑤ creative

03

We read through the <u>minutes</u> of the last meeting.

① hours　　　② records

③ moment　　④ duration

⑤ melody

04

The youngest police officer's duties were <u>confined</u> to taking statements from the crowd.

① limited　　　② enlarged

③ classified　　④ promoted

⑤ conformed

05

<u>It goes without saying that</u> the difficulties of color photography are multiplied when movement is added to the composition, and when the image is projected.

① Arguably　　② Probably

③ Fortunately　④ Agreeably

⑤ Obviously

06

A : Have you finished your assignment?

B : No, not yet. I plan to do it tonight.

A : Tonight? Aren't you going to the football game?

B : Oh, the game! I completely forgot about it. I've been looking forward to this game.

A : I know. I guess you have a big decision to make.

B : Right. Should I go to the game or just stay home and do the assignment?

A : _____

B : I know. Still, I don't know what to do.

A : Don't worry. I know you'll make the right decision.

① You should've practiced harder.

② I need to stay home tomorrow.

③ Well, it's up to you.

④ I have a profound question.

⑤ We watched the football game yesterday.

07

A : What are you doing?

B : My car doesn't start. I'm trying to find out what's wrong.

A : Oh, no. Do you know about cars? Did you find something?

B : I think the battery is dead. I was out of town for a few weeks, and during that time, nobody had used my car.

A : Did you call your insurance company?

B : For what?

A : Normally, car insurance companies offer battery recharging services. They'll come to you and recharge the battery instantly. It's very convenient.

B : Oh, I didn't know that. _____ I'll call right away.

A : You're welcome.

① This runs great!

② Take your time.

③ What is the registration number?

④ I didn't do anything wrong.

⑤ Thanks for the tip.

08

No one had yet attempted to survey the consequences of the fifteenth-century communications shift from script to print. While recognizing that it would take more than one book to remedy this situation, I also felt that a preliminary effort, however inadequate, was better than none, and began a decade of study — devoted primarily to ① become acquainted with the special literature on early printing and the history of the book. Between 1968 and 1971 some preliminary articles were published to draw reactions from scholars and to take advantage of ② informed criticism. My full-scale work, *The Printing Press as an Agent of Change*, ③ appeared in 1979. It has been abridged for the general reader in the present version. Illustrations have been added, but footnotes ④ have been dropped from this abridgment. The unabridged version should be consulted by any reader ⑤ seeking full identification of all citations and references.

* preliminary 예비의
** abridge 단축하다

09

There is no neutral position from which to evaluate the benefits and burdens of new technologies. ① Consider the mass-produced Ford Model T at the beginning of the twentieth century or self-driving cars in the twenty-first century. With cars, we weigh benefits of autonomous mobility and ② swiftly transport against human congestion and earth-devastating pollution. And so it is with photography. Since its inception, skeptics worried that widespread and uncontrolled photography would destabilize communities and governments by spreading lies and ③ invading privacy. This anxiety arose in the early years of the Kodak camera, ④ when its popularity combined with the spread of yellow journalism to produce invasive and misleading photographs. These concerns persist today with ubiquitous digital camera phones, deep-fake videos, and the viral internet. Then and now, arguments about how cameras work and the power of photographic expression ⑤ concern personal lives, international politics, and public justice. [3점]

* inception 시작

10

Thanks to its broad popularity, sports could be a powerful tool for raising awareness about the climate crisis among people across the world, regardless of their geographical location and social background. Simply put, the industry could (A) restrain / share important messages about the environment to billions of individuals that are involved in sports either as spectators, practitioners, or facilitators. Such strategy of increasing awareness and educating has shown good results in the past. Research found that fans are (B) receptive / resistant to ecological initiatives organised at sporting events, some even to the extent that they are willing to change their lifestyle habits regarding sustainability. This study precisely concluded that "the norms related to sport events have a significant relationship with (C) negative / positive perceptions of the efforts undertaken by sport organisations while also influencing at-home environmental behavioural intentions."

	(A)	(B)	(C)
①	restrain	receptive	negative
②	restrain	resistant	positive
③	share	resistant	positive
④	share	receptive	positive
⑤	share	resistant	negative

11

Whenever a scholar needed a technical term to refer to a concept that English didn't have name for, they would import one from Greek or Latin. If Greek or Latin didn't have name for the concept either — a situation that became increasingly (A) frequent / rare as scientific knowledge rapidly expanded beyond the dreams of the ancients — they would make up a name for the concept out of Latin and/or Greek roots, rather than from English roots. This practice continues to this day. As a result, many (B) abandoned / borrowed Latin terms, and newly formed words from Latin roots as well as affixes that had never been used in Cicero's time, entered English in this period. Many such words fell out of use almost immediately, but many others were (C) picked up / taken out by contemporaries and are still with us today.

	(A)	(B)	(C)
①	frequent	abandoned	picked up
②	frequent	abandoned	taken out
③	frequent	borrowed	picked up
④	rare	abandoned	taken out
⑤	rare	borrowed	picked up

12

The two centuries prior to the time of Plato and Aristotle had been a period of economic liberalization, and with this came an enormous rise in commercial activity including international trade. Moreover, tremendous economic disturbance and social instability accompanied the rapid commercial (A) expansion / reduction, and this greatly influenced Plato and Aristotle's economic thinking. They believed that the instability resulted from the pursuit of financial gain, which, as the fable of Midas made clear, brought with it dreadful consequences. Just as Midas had (B) destroyed / liberated himself in the pursuit of gold, so too had the pursuit of wealth endangered Greek society. It was partly in response tothis threat that Plato and Aristotle undertook to examine what life would look like in the ideal state, and their analysis was built around the question of what, in such a state, would constitute "the good life"? It was clear to them that economic growth had undesirable effects, and they stressed the need for an economic system that generated a relatively (C) dynamic / stationary level of economic activity.

[3점]

	(A)	(B)	(C)
①	expansion	destroyed	dynamic
②	expansion	liberated	dynamic
③	expansion	destroyed	stationary
④	reduction	destroyed	dynamic
⑤	reduction	liberated	stationary

[13~14] 밑줄 친 부분 중, 문맥상 낱말의 쓰임이 적절하지 <u>않</u>은 것을 고르시오.

13

Because all evidence of the past can only be found in the present, creating a story about the past inevitably implies ① <u>interpreting</u> this evidence in terms of processes with a certain history of its own. We do so because we experience both the surrounding environment and our own persons to be such processes. As a result, all historical accounts are reconstructions of some sort, and thus likely to ② <u>change</u> over time. This also means that the study of history cannot offer absolute certainties, but only ③ <u>precision</u> of a reality that once was. In other words, true historical accounts do not exist. This may sound as if there is endless leeway in the ways the past is viewed. In my opinion, that is not the case. Just as in any other field of science, the major test for historical reconstructions is whether, and to what extent, they ④ <u>accommodate</u> the existing data in a concise and precise manner. Yet there can be no way around the fact that all historical reconstructions consist of a ⑤ <u>selected</u> number of existing data placed within a context devised by the historian.

[3점]

* leeway 여지

14

The battle against single-use plastic bags may not be won, but it's definitely under way. Restrictions on their use are in place in almost a dozen US states and in many other countries around the world. And in many cases, these efforts have been ① successful at eliminating new sales of thin plastic bags that float up into trees, block waterways, leech microplastics into soil and water, and harm marine life. But this environmental success story of sorts ② masks another problem. Many of us are ③ drowning in reusable bags that retailers sell cheaply or give away to customers as an apparently greener alternative to single-use plastic. Campaigners say these bag hoards are ④ solving fresh environmental problems, with reusable bags having a much higher carbon footprint than thin plastic bags. According to one eye-popping estimate, a cotton bag should be used at least 7,100 times to make it a truly environmentally friendly alternative to a ⑤ conventional plastic bag. The answer to what's the greenest replacement for a single-use plastic bag isn't straightforward, but the advice boils down to this : Reuse whatever bags you have at home, as many times as you can.

* leech 달라붙어 떨어지지 않다
** hoard 축적

15

다음 글의 내용과 일치하는 것은?

The son of a minister in Basel, Switzerland, JacobBurckhardt originally intended to follow his father's footsteps and become a Protestant minister. However, while studying theology in Basel, he came to the conclusion that Christianity was a myth. Turning insteadto the study of history and art history, he spent four years studying with Leopold Ranke in Berlin. Burckhardt's relationship with Ranke is the subject of contrary points of view among historians. Some argue that Burckhardt retained a high regard for Ranke throughout his life, despite their differences, which were fundamental. While Ranke saw the power of the state as guardian of order and stability, Burckhardt regarded power as tied to evil. Ranke, the Protestant scholar, confidently sought the hand of a generous God in the events of the past; but Burckhardt, skeptical and withdrawn, saw in history an unending struggle between hostile forces. These differences led other historians to argue that we should not be misled by Burckhardt's references to Ranke as 'my great master'. Rather, Burckhardt came to reject both Ranke's personal ambition and his intellectual approach.

* theology 신학

① Jacob Burckhardt never wanted to become a minister.
② Jacob Burckhardt studied art history in Basel.
③ Jacob Burckhardt's relationship with Ranke is uncontroversial.
④ Jacob Burckhardt thought power and evil went hand in hand.
⑤ Jacob Burckhardt embraced Ranke's intellectual approach.

16

During a certain stage of sleep, which can be identified by rapid eye movements and characteristic brain wave patterns, we engage in dreaming. Everybody dreams, but unless we concentrate on remembering what we just dreamed, the images fade almost immediately once we wake up. Dreams are often bizarre because they are formed without outside stimulation and are based instead on our own internal associations, memories, and emotional inputs. Often, we can trace our associations to the symbols and metaphors that occur in dreams. Sometimes we are able to decode what it is that the dream sequence and images were expressing. The existence of "lucid dreams" has been established in research studies. People who can have lucid dreams are able to influence their own dreams, recognize that they are having a dream, and are able to wake themselves up if they wish.

① While people are dreaming, their eyes can move.

② Not everyone remembers what they dreamed.

③ Dreams are related with our mind and thought.

④ Dreams can be figurative and be interpreted.

⑤ People are unable to affect their own dreams.

17

Noise from inland wind farms, part of a growing industry located largely in the central midwestern United States and in the Canadian provinces of Ontario and Quebec, is the subject of scientific controversy. It is believed by many scientists to subject nearby residents to insomnia and headaches as well as the muscle aches, anxiety, and depression that result from sleep loss, from low-frequency noise, and possibly from changes in air pressure caused by operation of the turbines. Whether these symptoms are the result of actual wind turbine activity, of weather sensitivity, or of stress reactions brought on by noise annoyance is not entirely clear. Because the definition of noise annoyance includes emotional reactions as well as physical symptoms, studies are showing conflicting results : each side of the controversy can cite extensive evidence, but neither side is convinced by the other's interpretation of research design or findings.

* insomnia 불면증

① Noise from inland wind farms is a scientifically controversial topic.

② Residents near inland wind farms probably experience both mental and physical illness.

③ Scientists have not successfully identified the major cause of the symptoms that residents near inland wind farms suffer.

④ Noise annoyance is defined only within emotional reactions.

⑤ The results of the research on the noise from inland wind farms are still inconclusive.

18

Different cultural groups think, feel, and act differently. There is no scientific standards for considering one group as essentially superior or inferior to another. Studying differences in culture among groups and societies presupposes a position of cultural relativism. It does not imply normalcy for oneself, nor for one's society. It, however, calls for judgment when dealing with groups or societies different from one's own. Information about the nature of cultural differences between societies, their roots, and their consequences should _____

_____.

Negotiation is more likely to succeed when the parties concerned understand the reasons for the differences in viewpoints.   [3점]

① construct our cultural identity
② precede judgment and action
③ form presupposed goals
④ be reevaluated objectively
⑤ explain the fundamental principles

19

Scientific superstructures resemble historical truths, or theological notions of God. They are provisionally useful as being the best we have for the moment, but they are _____

_____. Our acceptance of them remains provisional, our commitment something less than wholehearted, while we continue to search for something better to displace them. In whatever area of human aspiration, the ultimate goal — the 'truth' or 'god' or 'reality' — remains forever elusive, out of reach, beyond us; but our belief that it's there provides the necessary motivation for our continuing search.

① to become the proof of aspiration
② to transform our lifestyle
③ not to motivate your life
④ to display the absolute truth
⑤ not to be relied upon for ever

20

It is estimated that for every human being alive today, there are as many as two hundred million individual insects. Just the total weight of all the ants in the world, all nine thousand different kinds, is twelve times greater than the weight of all the humans on the planet. Despite their amazing numbers and the fact that they are found virtually everywhere, insects and other arthropods are still very alien to us, as if they were beings from another planet. They move on six or more legs, stare with unblinking eyes, breathe without noses, and have hard skinless bodies made up of rings and plates, yet there is something _____ _____ about them, too. Arthropods have to do all the things people do to survive, such as find food, defend themselves from their enemies, and reproduce. They also rely on their finely tuned senses to see, touch, hear, smell, and taste the world around them.

* arthropod 절지동물

① surprisingly suspicious
② minutely categorized
③ steadily progressive
④ humanly productive
⑤ strangely familiar

21

The fact remains that meditation has been practiced for centuries. Critics agree that, whatever the reason, it does seem to work. It is possible that psychological benefits may exist, even if physiological changes are not well established. Furthermore, studies have not controlled possible differences between persons who choose to practice meditation and those who do not. It is possible that such subject differences exist and that they influence the results of the meditation more than the technique itself. What we can conclude here is that _____.
People will continue to meditate, often with beneficial results. Therapists will continue to use it to treat conditions of hypertension, alcohol abuse, drug abuse, insomnia, and many other psychiatric disorders. Similarly, behavioral scientists will continue to study meditation and its effects until more definitive findings are available. Yet there will always be those who refuse to accept objective, scientific evidence as the standard of acceptance and belief.

[3점]

* meditation 명상
** physiological 생리학의

① the meditation waters are muddy
② its critics should try to practice meditation
③ meditation can relieve various physical pains
④ the definition of meditation is now unclouded
⑤ scientists should examine the methods of meditation

22

Ecological people interact with nature, in contrast with logical people who act upon nature and mythological people who are acted upon by nature. They engage in dialogue with nature. Dikes in Holland are made with layers of mud and rocks and woven willow mats. When the fury of the North Atlantic strikes these dikes they absorb the force with the flexibility of willow branches by moving in tune with the waves. This ecological solution stands in contrast to the logical solution of most European port cities that have built sea walls of steel-reinforced concrete to stop the waves. Acting against nature, these firm walls are eventually smashed apart and need to be rebuilt unlike the Dutch dikes that _____

_____. The mythological solution is to passively accept the edict of nature by neither building firm walls nor flexible dikes. Following the mythological solution, one third of Holland would be under water. [3점]

* dike 제방
** edict 칙령, 명령

① silently remain as objective observers
② constantly change with dramatic shifts
③ flexibly move with the natural rhythms
④ actively respond to the ecological mysteries
⑤ simply disregard the order of natural worlds

[23~24] 다음 글의 제목으로 가장 적절한 것을 고르시오.

23

Claims are *not*, as you might think, the opposite of facts. Nor does a claim 'become' a fact once we know it is true. A claim is always a claim, but the truth of some claims is established. And a claim does not necessarily involve some personal advantage or bias. Although in everyday speech we often use the word 'claim' to try to distinguish between statements whose truth is suspect or that are biased and those statements (called 'facts') whose truth is established and that are unbiased, these distinctions are dangerously misleading. All the statements that we think of as 'facts' are, actually, claims; they are so widely and clearly accepted as true that they seem different from claims that are not accepted. Put simply, claims are those statements that express beliefs or views about the way the world is or the way the world should be. Whether they are true or not is, of course, important, but it does not determine whether or not they are claims.

① Can We Separate Facts from Claims?
② Landmarks of the Truthful Claims
③ Facts, Everlasting Promises!
④ What Is the Opposite of Facts and Claims?
⑤ A Journey from Suspicion to Determination

24

Don't be afraid to try or to fail. It teaches you strength and how to overcome your personal challenges. Life's trials are not unique to you; they happen to everyone in differing degrees and help develop your mental tolerance and a strong character giving you the tools to help others to avoid the dangers. When you do not achieve the conclusion that you aimed for in a project or task, you often look on it as a defeat. This thought process can keep you stuck in a position of stalemate and prevent real progress because you give up. Never look at this experience as something bad, trying and failing is progress in every sense of the word. It can prove to be the vehicle that really launches you forward with renewed energy and a desire to try again.

* stalemate 교착상태

① A Stay at the Bottom of Fate
② Welcome Hardships, Kicks of Life
③ Giving Up Is Part of Life's Trials
④ How to Apply Knowledge to Reality
⑤ Be Open-minded to New Experience

[25~26] 다음 글의 요지로 가장 적절한 것을 고르시오.

25

We are regularly confronted by the need to make choices in our use of language. For most of the time, no doubt, coping with variance does not constitute anything of a problem and may indeed be unconscious : we are dealing with family and friends on everyday affairs; and what is more, we are usually talking to them, not writing. It is in ordinary talk to ordinary people on ordinary matters that we are most at home, linguistically and otherwise. And fortunately, this is the situation that accounts for the overwhelming majority of our needs in the use of English.

① The vast majority of us make careless mistakes in ordinary talk.
② We should not confront family and friends about their everyday affairs.
③ A linguistically diverse group of people must try harder to live in harmony.
④ Making unconscious choices does not constitute using language creatively.
⑤ Our everyday use of English does not usually require coping with variance.

26

As we observe the "objective" world, we view it through our own lenses or filters. Our everyday environment is like water to a fish — it's just there; we don't take note of it. Most of the time, we're not particularly conscious of what we consider normal activities, since we already have a place for them on our mental map; they fall into familiar categories. We have a tendency, as linguists have shown, to generalize from what we know to what we don't know — and either to distort or to delete (edit out) anything that doesn't make sense, given that view. All snow may look alike to Floridians; their experience does not provide a "map" for differentiation, so differences in the type of snow are ignored. Swedes or Aleuts, on the other hand, have the worldview, including the language, to distinguish among many different kinds of snow. Deleting or distorting that information would cause them real inconvenience.

① We should keep the objective filters of our perception.

② We see the world through a lens of subjectivity.

③ Our expectations shape our dream.

④ Our reason should avoid distorted information.

⑤ We must take a neutral position in generalizing what we know.

27

다음 글의 주제로 가장 적절한 것은?

Celtic Studies is a field long connected with the study of mythology. In the western European context the Celtic-speaking peoples have been amongst those most often held up as the recipients of a rich body of 'tradition'. From early descriptions of the Gauls through to modern accounts of Scottish Highland culture we find a reappearing emphasis on oral culture and a concern with the supernatural in daily life. In modern scholarship Celtic languages developed a strong connection to the discipline of comparative Indo-European philology and, in turn, to theories of comparative mythology that are its by-products. Aside from these external perspectives, a primary stimulus of interest for mythologists is the very strong sense of the mythic present within Celtic literature itself; reference to gods, to heroes with supernatural qualities, and to events of the distant past. For these reasons, studies of Celtic religion, folklore and literature have very often been made subject to mythological models of interpretation.

* philology 문헌학

① the repeated theme in describing supernatural qualities in gods

② the importance of Scottish Highland culture in classic literature

③ the characteristics of Celtic Studies and its connection to mythology

④ the novel perspectives on how to understand Celtic-speaking peoples

⑤ the rich body of tradition present in comparative Indo-European philology

28

Camouflage, also known as cryptic coloration, is the one-size-fits-all defense in the world of animals. Animals as small as insects and as large as the boldly patterned giraffe — towering at a height of 18 feet (6m) — depend on their cryptic colorations to help them blend in. ① Colors and patterns may camouflage an animal not only by helping it blend in, but also by breaking up its shape. ② That way, a predator does not recognize it at first. ③ An animal's coloring can hide the roundness of its body, making it look flat. ④ Our planet continues to be damaged as its inhabitants are indifferent to environmental issues. ⑤ Colors and patterns also can help hide an animal's shadow.

* cryptic 숨은, 비밀의

29

The structuring of time can have many functions, some of which are more or less important in different cultures. But everywhere, one of the main functions is to set the schedule of the culture and, thereby, coordinate the activities of individuals in the culture. Other functions may be to relate the group's activities to some natural phenomena or to some supernatural phenomena. ① The structure may be used to order events in the past or in the future, or to measure the duration of events, or to measure how close or far they are from each other or from the present. ② Above all, the structure provides a means of orientation and gives form to the occurrence of events in the lives of individuals, as well as in the culture. ③ It provides a continuous and coherent framework in which to mark periodically repeating events and in which to place special events. ④ Mathematical ideas as fundamental as order, units, and cycles are the very building blocks. ⑤ As such, the structure imposed on time extends well beyond itself, reflecting and affecting much in a culture.

30

Odysseus got most of these aboard again, though he had to abandon his dead and seriously wounded.

According to the Odyssey, a poem that shows Odysseus in a different light, he first sailed for Thrace after leaving Troy. There he attacked and burned the city-port of Ismarus. (①) A priest of Apollo, whose life he undertook to spare, gratefully gave him several jars of sweet wine, half of which his men drank at a picnic on the beach. (②) Some Thracians who lived inland saw flames rising from Ismarus, and charged vengefully down on the drunken sailors. (③) A fierce north-easterly storm then drove his ships across the Aegean Sea towards Cythera, an island at the southernmost point of Greece. (④) Taking advantage of a sudden calm, he made his men use their oars and tried to round Cythera, bearing north-west for Ithaca, but the storm sprang up more fiercely than before, and blew nine days. (⑤) When at last it dropped, Odysseus found himself within sight of Syrinx, the Lotus-eaters' Island off the North African coast. [3점]

* vengeful 복수심에 불타는
** oar 노

31

Of course, grills are but one component of the growing interest in outdoor kitchens.

For consumers who desire more flexibility, an increasing number of companies are offering hybrid gas grills outfitted with pans or pullout drawers to accommodate charcoal and/or wood. (①) In addition, some barbecues can be customized with carts containing refrigeration or even an oven, allowing one to grill and bake at the same time. (②) And those who like their meat smoked on occasion can opt for accessories such as smoking trays and smoker boxes, or simply invest in a separate smoker. (③) In addition, because grilling is a day - and nighttime activity, many of today's barbecues incorporate surface lighting, as well as LEDs on the control panel to ensure temperature settings are visible after dark. (④) However, as these spaces continue to expand in functionality, taking on features that allow for year-round enjoyment, so too will the development of grill technology. (⑤) After all, as Russ Faulk noted, "Everything tastes better off a grill."

* incorporate 포함하다

32

If an epidemic is particularly fierce or prolonged (like the Black Death), a great number of people who were weak will die, leaving the resistant survivors to repopulate their communities.

When an epidemic hits a population, there will be individuals in that population who have genetic mutations that make them more naturally resistant to infection. (①) Upon facing exposure to the pathogen, they will be more likely to survive than their normal, nonmutant counterparts. (②) After many generations of such "weeding out," the new surviving population will have a much higher frequency of individuals with the mutation than did the original, pre-epidemic population. (③) As a result, theywill be more genetically prepared if that epidemic were toever hit again. (④) Therefore, an epidemic can act as a selective pressure that triggers a change in the genetic profile of a population over time. (⑤) In other words, it can promote human evolution. [3점]

* epidemic 전염병
** pathogen 병원균

33

The only reason we know even this bare outline is that the tale was passed on by word of mouth until a visitor from the Mediterranean world wrote it down.

Over two thousand years ago, someone on the cold and windswept shores of the Atlantic Ocean sat down before a blazing fire and told a story. (①) Long ago, this person said, there were two gods who were brothers, twins born together from a great mother goddess of the sea. (②) When these brothers grew up, they left the ocean behind and came to dwell among the people who lived near the sea. (③) There was much more to the story, but that is all that survives. (④) In time, that document found its way to a Greek historian named Timaeus from the island of Sicily, who lived just after the age of Alexander the Great. (⑤) He recorded the story as part of his impressive history of the world from legendary times until his own day.

34

In France, many words of the conquering Frankish Germans were incorporated into the vocabulary.

In the fifth century, Germanic expansion brought about the fall of the Roman Empire. Subsequently, without the Roman army to defend them, many lands passed under the control of Germanic tribes. (①) The movements of the West Germanic tribes are particularly important to the story of English. (②) By the end of the fifth century, West Germanic speakers had taken control of much of France and England. (③) These words included the name of the land itself : called *Gallia* (*Gaul*) under the Romans, it now came to be called *Francia* (*France*) 'land of the Franks'. (④) Still, Latin remained the language of France. (⑤) It is perhaps surprising that the conquerors adopted the language of the conquered people, but the high prestige of Latin as the language of a great empire and civilization may have contributed to its survival.

[35~38] 주어진 글 다음에 이어질 글의 순서로 가장 적절한 것을 고르시오.

35

Petroleum is the "blood" of industry. But as it is buried deep in the earth, how can we find it? Sometimes, considerable labor, materials, and money are spent without exactly identifying the distribution range of petroleum.

(A) Therefore, when explorers detect a great amount of such bacteria in a place, they know there is probably petroleum. On the basis of the quantity of bacteria detected in the sample, they can also predict the quantity of petroleum and gas in reserve.

(B) Here, bacteria can be said to have a mysterious bond with petroleum. Petroleum is composed of various organic compounds, of which the majority is a carbon and hydrogen compound called hydrocarbon.

(C) Although petroleum is buried deep, there are always some hydrocarbons coming up to the earth's surface through the gaps in rock formations. Gas components in petroleum can also leak to the surface. Some bacteria feed on petroleum.

① (A) - (C) - (B)   ② (B) - (A) - (C)
③ (B) - (C) - (A)   ④ (C) - (A) - (B)
⑤ (C) - (B) - (A)

36

Pearl Harbor transformed the nature of Hollywood's social concern, and criticism of government information services in the first half of 1942 led the President to create one unified body, the Office of War Information (OWI), from three existing agencies.

(A) It also encouraged Hollywood to publicise the efforts of the Allies and of resistance groups in Norway, Yugoslavia and elsewhere in occupied Europe. By late 1942 the manual began to have an impact on studio production.

(B) Lowell Mellett, a close friend of and adviser to the President, became head of the Bureau of Motion Pictures, part of the OWI's domestic branch. In the same month, June 1942, the administration issued a *Government Information Manual for the Motion Picture Industry*, a document written by Mellett's appointee Nelson Poynter and his staff.

(C) The manual has been seen as 'the clearest possible statement of New Deal, liberal views on how Hollywood should fight the war'. It stressed that the 'people's war' was not just a fight of self-defense but also a fight for democracy. [3점]

① (A) - (C) - (B) ② (B) - (A) - (C)
③ (B) - (C) - (A) ④ (C) - (A) - (B)
⑤ (C) - (B) - (A)

37

The reproducibility of published results is the backbone of scientific research. Objectivity is crucial for science and requires that observations, experiments and theories be checked independently of their authors before being accepted for publication.

(A) Unfortunately, this is not the case today, as most peer-reviewed journals belong to a few major publishers, who keep scientific articles behind pay-walls. Since all over the world the majority of research programs are supported by public funds financed by taxpayers, not only researchers, but everyone from everywhere should have access to scientific publications.

(B) Consequently, the set of all scientific publications is the common heritage that researchers have collectively built over centuries, and are constantly developing. Given the constructive and universal nature of science, any researcher should have access, as early and easily as possible, to all scientific publications.

(C) Indeed, a result to be recognized as scientific must be presented and explained in an article which has been reviewed and accepted by peers, i.e., researchers able to understand, verify and, if necessary, correct it. It is only after successful peer review that a new result can be published and belongs to scientific knowledge.

① (A) - (C) - (B) ② (B) - (A) - (C)
③ (B) - (C) - (A) ④ (C) - (A) - (B)
⑤ (C) - (B) - (A)

38

The psychological answers to the question of why we should be bothered with history may seem too obvious to labour.

(A) But, if only because they seem so obvious, these answers can easily be taken for granted, and it's only when we are deprived of our pasts that we realise their importance — if not our actual dependence on them. That is why the examples of deprivation and abnormality recorded by Oliver Sacks and others are so instructive.

(B) From them we can see that a malfunctioning memory, or a complete loss of memory, has crucial implications for our sense of personal identity and therefore our ability to live in society with other people. Our personal histories provide support for our selves and our sanity.

(C) After all, it has become a platitude of history's defenders that the subject is needed as an essential part of education to provide a sense of national identity; and, at the personal level, we are all well enough aware that we have memories that have something to do with who we are, and where we are, and even where we hope to go. [3점]

* sanity 제정신
** platitude 상투어

① (A) - (C) - (B)   ② (B) - (A) - (C)
③ (B) - (C) - (A)   ④ (C) - (A) - (B)
⑤ (C) - (B) - (A)

[39~40] 다음 글의 내용을 한 문장으로 요약할 때, 빈칸 (A), (B)에 들어갈 말로 가장 적절한 것을 고르시오.

39

Though it sounds so simple and obvious, people screw this up all the time. When you train, many different factors influence each other and cause the resultant adaptations of the body. The experiences of trainees in gyms around the world for the last century, when combined with research over the last few decades, has enabled us to establish a fairly clear order of importance as to what will and won't give you the most from your training efforts. When you see seemingly conflicting advice — which exercises to do, how heavy to go, how many sets to perform, whether to train to failure, lifting explosively or slowly to 'feel the burn' etc. — you need to decide how important these factors are relative to your goals, and how they will affect the other aspects of your training. By looking at these variables through the lens of a pyramid of importance, you'll save yourself unnecessary confusion. As the classic saying goes, if you want to "fill your cup to the brim" when it comes to your training potential, get your big rocks in place before your pebbles, and your pebbles in place before your sand.

* brim 가장자리
** pebble 자갈

⇩

As considering ___(A)___, factors in training is crucial for maximizing results, a pyramid of importance can help ___(B)___ the key elements over seemingly conflicting advice.

	(A)	(B)
①	various	prioritize
②	limited	prioritize
③	unique	generate
④	diverse	generate
⑤	powerful	characterize

40

Theory and practice are often at odds. Yet there is something particularly strange in the way in which the received theory and the presumed practice of toleration in contemporary societies seem to go their separate ways. Theoretical statements on toleration assume at the same time its necessity in democratic societies, and its impossibility as a coherent ideal. In her introduction to a comprehensive collection on tolerance and intolerance in modern life, Susan Mendus appropriately makes the point that the commitment that liberal societies have to toleration 'may be more difficult and yet more urgent than is usually recognised'. In contrast with the urgency insisted on by the theory, the practice can appear contented : liberal democratic societies seem to have accepted the need for the recognition and accommodation of difference without registering its depth. So much so that 'practical' people often just dismiss such toleration as an excess of permissiveness. The success of 'zero tolerance' as a slogan for a less forgiving society bears witness to the spread of such a mood in public opinion.

* coherent 통일성 있는

⇩

Theoretically, tolerance is regarded ___(A)___ in democratic societies, but in reality, some people frequently overlook it as a(n) ___(B)___ of permissiveness.

	(A)	(B)
①	fundamental	overflow
②	fundamental	lack
③	radical	balance
④	customary	luxury
⑤	customary	shortage

[41~42] 다음 글을 읽고, 물음에 답하시오.

Why do we gesture? Many would say that it brings emphasis, energy and ornamentation to speech (which is assumed to be the core of what is taking place); in short, gesture is an "add-on." However, evidence is against this. The lay view of gesture is that one "talks with one's hands." You can't find a word so you resort to gesture. Marianne Gullberg debunks this ancient idea. As she simply puts it, rather than gesture starting when words stop, gesture stops as well. The reasons we gesture are more profound. Language is _____. While gestures enhance the material carriers of meaning, the core is gesture and speech together. They are bound more tightly than saying the gesture is an "add-on" or "ornament" implies. They are united as a matter of thought itself. Even if, for some reason, the hands are restrained and a gesture is not externalized, the imagery it embodies can still be present, hidden but integrated with speech (it may surface in some other part of the body, the feet for example).

* debunk (정체를) 폭로하다

41

윗글의 제목으로 가장 적절한 것은?

① The Hidden Power of Language
② Dissociation Between Gesture and Thought
③ Essential Principles of Gestures
④ Can We Measure the Depth of Our Thought?
⑤ Gestures : More Than Supplements

42

윗글의 빈칸에 들어갈 말로 가장 적절한 것은? [3점]

① inseparable from imagery
② emphasized by underlying meaning
③ different from superficial embodiment
④ dependent upon linguistic decoration
⑤ constructed by externalization

(A)

"Dad, are you keeping an eye on the time?" Tom asked. He thought they had to go to the gate now, but (a) his dad seemed careless about the time. "Yes, I am, Tom. Don't worry. We're not going to be late," Dad said, but he had been saying that for at least twenty minutes. Dad was trying to find a duty-free shop with one special brand of watches. When they got there, the place was packed with a multitude of people. It seemed as though everyone in the airport wanted something from this duty-free shop.

(B)

However, Dad did not even look at his son. He was talking with a salesman while examining a few watches in front of him. The salesman was very patient and considerate. Finally, Dad chose one, and the salesman said, "I'll wrap this for you then." Dad paid quickly and received the package from (b) him. Finally, the transaction was over. Dad turned to his son and said, "Let's roll." Before even Dad finished his words, Tom was already running.

(C)

They dashed along the passageway like 100-meter racers, and the bag of the package was flying, chasing after them. In the distance, (c) the son saw the gate closing and shouted, "Wait, we are here!" "Wait, please!" the father yelled too, right after his son. The attendant saw them, and they made it by the skin of their teeth. Sitting in his seat, Dad said, "See, I was right!" Tom didn't know what to say, but (d) he simply sighed with relief.

(D)

In the shop, there were many small booths selling different goods, and Dad was again walking around to look for the watch booth. "The plane leaves at four thirty, and the boarding begins thirty minutes earlier, which means we have to be at the gate by four," Tom was calculating in his mind and looked at (e) his watch. It was almost four. They should have been at the gate already. It would take at least ten minutes to reach the gate from where they were. Tom looked at his dad and made a long face.

43

주어진 글 (A)에 이어질 내용을 순서에 맞게 배열한 것으로 가장 적절한 것은? [3점]

① (B) - (D) - (C)　　② (C) - (B) - (D)
③ (C) - (D) - (B)　　④ (D) - (B) - (C)
⑤ (D) - (C) - (B)

44

밑줄 친 (a)~(e) 중에서 가리키는 대상이 나머지 넷과 다른 것은?

① (a)　　② (b)
③ (c)　　④ (d)
⑤ (e)

45

윗글에 관한 내용으로 적절하지 않은 것은?

① Tom was concerned about his dad's attitude toward time.
② The duty-free shop Tom visited was very crowded.
③ The salesperson provided a patient and considerate service.
④ Tom and his dad successfully went on board.
⑤ Tom was delighted with his dad's shopping.

2024

제 3 교시 수학영역

공통

| 문항(25문제) | 시험시간(80분) | 정답 및 해설(p.79)

01

부등식 $\left(\log_{\frac{1}{2}} x - 2\right) \log_{\frac{1}{4}} x < 4$를 만족시키는 자연수 x의

개수는? [3점]

① 1   ② 3   ③ 5

④ 7   ⑤ 9

02

함수 $y = f(x)$의 그래프가 그림과 같다.

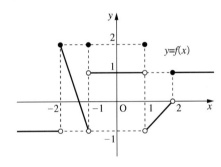

$\lim_{x \to 1^-} (f \circ f)(x) + \lim_{x \to -\infty} f\left(-2 - \dfrac{1}{x+1}\right)$ 의 값은? [3점]

① -4 ② -2 ③ 0

④ 2   ⑤ 4

03

〈보기〉에서 옳은 것만을 있는 대로 고른 것은? [3점]

보 기

ㄱ. 함수 $y = \tan\dfrac{3\pi}{2}x - \sin 2\pi x$의 주기는 2이다.

ㄴ. 함수 $y = 2\pi + \cos 2\pi x \sin \dfrac{4\pi}{3}x$의 주기는 3이다.

ㄷ. 함수 $y = \sin \pi x - \left|\cos \dfrac{3\pi}{2}x\right|$의 주기는 2이다.

① ㄱ   ② ㄷ   ③ ㄱ, ㄴ

④ ㄴ, ㄷ   ⑤ ㄱ, ㄴ, ㄷ

04

두 다항함수 $f(x)$, $g(x)$가 다음 조건을 만족시킨다.

(가) $\displaystyle\int x f'(x) dx = x^3 + 3x^2 + C$ (단, C는 적분상수)

(나) $g(x) = \displaystyle\int_{-1}^{x} t f(t) dt$

$g'(2) = 0$일 때, $f(-2)$의 값은? [3점]

① -30 ② -24 ③ -18

④ -12 ⑤ -6

05

두 실수 a, b가 다음 조건을 만족시킬 때, $a^3 - 2b$의 값은?

[4점]

> (가) b는 $-\sqrt{8}\,a$의 제곱근이다.
>
> (나) $\sqrt[3]{a^2}\,b$는 -16의 세제곱근이다.

① $-2 - 2\sqrt{2}$ ② -2 ③ $4 - 2\sqrt{2}$

④ 2 ⑤ $2 + 2\sqrt{2}$

06

$x \geq 0$에서 정의된 함수 $f(x) = \dfrac{x^2}{12} + \dfrac{x}{2} + a$에 대하여

$f(x)$의 역함수를 $g(x)$라 하자. 방정식 $f(x) = g(x)$의 근이

b, $2b\,(b > 0)$일 때, $\displaystyle\int_{b}^{2b} \{g(x) - f(x)\}dx$ 의 값은?(단, a는

상수이다.)

[4점]

① $\dfrac{2}{9}$ ② $\dfrac{1}{3}$ ③ $\dfrac{4}{9}$

④ $\dfrac{5}{9}$ ⑤ $\dfrac{2}{3}$

07

3θ는 제1사분면의 각이고 4θ는 제2사분면의 각일 때, θ는 제 m사분면 또는 제n사분면의 각이다. $m + n$의 값은?(단, $m \neq n$)

[4점]

① 3 ② 4 ③ 5

④ 6 ⑤ 7

08

모든 항이 음수인 수열 $\{a_n\}$이

$$\frac{1}{2}\left(a_n - \frac{2}{a_n}\right) = \sqrt{n-1} \ (n \geq 1)$$

을 만족시킬 때, $\displaystyle\sum_{n=1}^{99} a_n$의 값은?

[4점]

① -20

② $-10 - 3\sqrt{11}$

③ $-10 - 7\sqrt{2}$

④ $-9 - 3\sqrt{11}$

⑤ $-9 - 7\sqrt{2}$

09

실수 전체의 집합에서 연속인 두 함수 $f(x)$, $g(x)$가 다음 조건을 만족시킨다.

> (가) 모든 실수 x에 대하여 $f(x) + f(-x) = 1$이다.
> (나) $x^2 - x - 2 \neq 0$일 때, $g(x) = \dfrac{2f(x) - 7}{x^2 - x - 2}$이다.

방정식 $f(x) = k$가 반드시 열린구간 $(0, 2)$에서 적어도 2개의 실근을 갖도록 하는 정수 k의 개수는? [4점]

① 3   ② 4   ③ 5
④ 6   ⑤ 7

10

함수

$$f(x) = \begin{cases} 2(x-2) & (x < 2) \\ 4(x-2) & (x \geq 2) \end{cases}$$

와 실수 t에 대하여 함수 $g(t)$를

$$g(t) = \int_{t-1}^{t+2} |f(x)| dx$$

라 하자. $g(t)$가 $t = a$에서 최솟값 b를 가질 때, $a + b$의 값은? [4점]

① 6   ② 7   ③ 8
④ 9   ⑤ 10

11

두 실수 $a(a > 0)$, b에 대하여 수직선 위를 움직이는 점 P의 시각 $t(t \geq 0)$에서의 위치 $x(t)$가

$$x(t) = t^3 - 6at^2 + 9a^2 t + b$$

일 때, $x(t)$는 다음 조건을 만족시킨다.

> (가) 점 P가 출발한 후 점 P의 운동 방향이 바뀌는 순간의 위치의 차는 32이다.
> (나) 점 P가 출발한 후 점 P의 가속도가 0이 되는 순간의 위치는 36이다.

$b - a$의 값은? [4점]

① 18   ② 23   ③ 28
④ 33   ⑤ 38

12

함수

$$f(x) = \begin{cases} \dfrac{x^2 + ax + b}{x - 5} & (x \neq 5) \\ 7 & (x = 5) \end{cases}$$

에 대하여 두 함수 $g(x)$, $h(x)$를

$$g(x) = \begin{cases} \sqrt{4 - f(x)} & (x < 1) \\ f(x) & (x \geq 1) \end{cases},$$

$$h(x) = |\{f(x)\}^2 + \alpha| - 11$$

이라 하자. 함수 $f(x)$가 실수 전체의 집합에서 연속일 때, 함수 $g(x)h(x)$도 실수 전체의 집합에서 연속이 되도록 하는 모든 실수 α의 값의 곱은?(단, a, b는 상수이다.) [4점]

① -34 ② -36 ③ -38
④ -40 ⑤ -42

13

삼각형 ABC가 다음 조건을 만족시킨다.

> (가) $\cos^2 A + \cos^2 B - \cos^2 C = 1$
> (나) $2\sqrt{2}\cos A + 2\cos B + \sqrt{2}\cos C = 2\sqrt{3}$

삼각형 ABC의 외접원의 반지름의 길이가 3일 때, 삼각형 ABC의 넓이는? [4점]

① $4\sqrt{3}$　　　② $5\sqrt{2}$　　　③ $6\sqrt{2}$

④ $5\sqrt{3}$　　　⑤ $6\sqrt{3}$

14

최고차항의 계수가 양수인 다항함수 $f(x)$와 $f(x)$의 한 부정적분 $F(x)$가 다음 조건을 만족시킨다.

> (가) $\displaystyle\lim_{x \to \infty} \frac{\{F(x)-x^2\}\{f(x)-2x\}}{x^5} = 3$
> (나) $\displaystyle\lim_{x \to 0} \frac{f(x)-2}{x} = 2$
> (다) $f(0)F(0) = 4$

곡선 $y = F(x) - f(x)$와 x축으로 둘러싸인 도형의 넓이는? [4점]

① $\dfrac{1}{3}$　　　② $\dfrac{2}{3}$　　　③ 1

④ $\dfrac{4}{3}$　　　⑤ $\dfrac{5}{3}$

15

모든 항이 양수인 수열 $\{a_n\}$이 다음 조건을 만족시킨다.

> (가) $a_2 = \pi$
> (나) $7a_n - 5a_{n+1} > 0 \ (n \geq 1)$
> (다) $2\sin^2\left(\dfrac{a_{n+1}}{a_n}\right) - 5\sin\left(\dfrac{\pi}{2} + \dfrac{a_{n+1}}{a_n}\right) + 1 = 0$
> $(n \geq 1)$

$\dfrac{(a_4)^5}{(a_6)^3}$의 값은? [4점]

① 4　　　② 9　　　③ 16

④ 25　　　⑤ 36

16

$0 \leq x \leq 1$인 모든 실수 x에 대하여 부등식

$$2ax^3 - 3(a+1)x^2 + 6x \leq 1$$

이 성립할 때, 양수 a의 최솟값은? [4점]

① $\dfrac{11+\sqrt{5}}{6}$　　　② $\dfrac{5+\sqrt{5}}{3}$　　　③ $\dfrac{3+\sqrt{5}}{2}$

④ $\dfrac{4+2\sqrt{5}}{3}$　　　⑤ $\dfrac{7+5\sqrt{5}}{6}$

17

두 실수 a, b가 다음 조건을 만족시킬 때, $a+b+c+d$의 값은? [5점]

(가) $\displaystyle\lim_{x\to\infty}\left(\sqrt{(a-b)x^2+ax}-x\right)=c$ (c는 상수)

(나) $\displaystyle\lim_{x\to-\infty}\left(ax-b-\sqrt{-(b+1)x^2-4x}\right)=d$
   (d는 상수)
---

① $-\dfrac{5}{2}$ ② -3 ③ $-\dfrac{7}{2}$

④ -4 ⑤ $-\dfrac{9}{2}$

18

모든 자연수 n에 대하여 세 점 $(n-1,1)$, $(n,0)$, $(n,1)$을 꼭짓점으로 하는 삼각형을 T_n, 직선 $y=\dfrac{x}{n}$가 직선 $y=1$과 만나는 점을 A_n, 점 A_n에서 x축에 내린 수선의 발을 B_n이라 할 때, 삼각형 T_1, T_2, $\cdots$, T_n의 내부와 삼각형 $\mathrm{OA}_n\mathrm{B}_n$의 내부의 공통부분의 넓이를 a_n이라 하자. 예를 들어, 그림과 같이 a_3은 세 삼각형 T_1, T_2, T_3의 내부와 삼각형 $\mathrm{OA}_3\mathrm{B}_3$의 내부의 공통부분의 넓이를 나타내고 $a_3=\dfrac{7}{12}$이다. a_{50}의 값은?(단, O는 원점이다.) [5점]

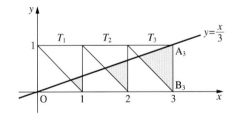

① $\dfrac{49}{6}$ ② $\dfrac{101}{12}$ ③ $\dfrac{26}{3}$

④ $\dfrac{107}{12}$ ⑤ $\dfrac{55}{6}$

19

실수 $t(2<t<8)$에 대하여 이차함수 $f(x)=(x-2)^2$ 위의 점 $\mathrm{P}(t,f(t))$에서의 접선이 x축과 만나는 점을 Q라 하자. 직선 $y=2(t-2)(x-5)$ 위의 한 점 R를 $\overline{\mathrm{PR}}=\overline{\mathrm{QR}}$가 되도록 잡는다. 삼각형 PQR의 넓이를 $S(t)$라 할 때,

$\displaystyle\lim_{t\to2+}\dfrac{S(t)}{(t-2)^2}$의 값은? [5점]

① $\dfrac{3}{2}$ ② 2 ③ $\dfrac{5}{2}$

④ 3 ⑤ $\dfrac{7}{2}$

20

$0 \le x < 2\pi$일 때, 함수

$$f(x)=2\cos^2 x-|1+2\sin x|-2|\sin x|+2$$

에 대하여 집합

$$A=\{x\,|\,f(x)\text{의 값은 }0\text{ 이하의 정수}\}$$

라 하자. 집합 A의 원소의 개수는? [5점]

① 6 ② 7 ③ 8

④ 9 ⑤ 10

21

최고차항의 계수가 1인 삼차함수 $f(x)$에 대하여 함수 $g(x)$를

$$g(x) = \begin{cases} f(x) & (x < 1) \\ -f(x) & (x \geq 1) \end{cases}$$

이라 하자. 함수 $g(x)$가 실수 전체의 집합에서 미분가능하고 $x = -1$에서 극값을 가질 때, 함수 $f(x)$의 극댓값을 구하시오. [3점]

① 0　　　② 2　　　③ 4　　　④ 6　　　⑤ 8

22

다항함수 $f(x)$가 다음 조건을 만족시킬 때, $f(1)$의 값을 구하시오. [4점]

> (가) 모든 실수 x에 대하여
> $2f(x) - (x+2)f'(x) - 8 = 0$ 이다.
> (나) x의 값이 -3에서 0까지 변할 때, 함수 $f(x)$의 평균변화율은 3이다.

① 11　　　② 16　　　③ 21　　　④ 26　　　⑤ 31

23

방정식 $3^x + 3^{-x} - 2(\sqrt{3^x} + \sqrt{3^{-x}}) - |k-2| + 7 = 0$이 실근을 갖지 <u>않도록</u> 하는 정수 k의 개수를 구하시오. [4점]

① 9　　　② 10　　　③ 11　　　④ 12　　　⑤ 13

24

수열 $\{a_n\}$과 공차가 2인 등차수열 $\{b_n\}$이

$$n(n+1)b_n = \sum_{k=1}^{n}(n-k+1)a_k \ (n \geq 1)$$

을 만족시킨다. $a_5 = 58$일 때, a_{10}의 값을 구하시오. [4점]

① 108　　　② 118　　　③ 128　　　④ 138　　　⑤ 148

25

두 함수

$$y = 4^x, \ y = \frac{1}{2^a} \times 4^x - a$$

의 그래프와 두 직선

$$y = -2x - \log b, \ y = -2x + \log c$$

로 둘러싸인 도형의 넓이가 3이 되도록 하는 자연수 a, b, c의 모든 순서쌍 (a, b, c)의 개수를 구하시오. [5점]

① 72　　　② 74　　　③ 76　　　④ 78　　　⑤ 80

아이들이 답이 있는 질문을 하기 시작하면 그들이 성장하고 있음을 알 수 있다.

- 존 J. 플롬프 -

2026

경찰대학

7개년

★ ★ 기출문제 다잡기 ★ ★

점수 CHECK!	1회독	2회독	3회독
국어영역 공통			
영어영역 공통			
수학영역 공통			

2023학년도

기출문제
다 잡기

글로벌 치안인재와 지식의 산실

경찰대학
글로벌 치안인재와 지식의 산실

※ 점수 표시가 없는 문항은 모두 2점

[01~05] 다음 글을 읽고 물음에 답하시오.

현대 사회와 문명의 발전을 대표하는 요인으로 과학과 민주주의를 들 수 있다. 그러나 이 요인들이 위기에 봉착하지 않는 것은 아니다. 과학은 환경 위기의 재앙을 낳았고 민주주의는 전체주의로 퇴행할 위험이 상존한다. 칼 포퍼는 '반증주의'로 이러한 위기에 대응하고자 한다.

우선 그는 과학 이론이 논리적으로 모순이 없다고 해도 반드시 경험적 적용을 통해 타당성을 검증해야 한다고 본다. 이론들은 자연에 대해 이런저런 설명을 시도하지만 항상 오류 가능성을 포함하고 있다. 이때 경험적 적용은 이론의 예외가 되는 반증 사실이 있는지에 대해 검증하는 것으로서 만약 반증이 성립하면 그 이론은 수정되거나 폐기될 수밖에 없다. 반증은 과학 이론에 대해 지속적인 비판이 이루어진다는 것을 의미한다. 그러기에 모든 과학 이론은 완전하지 않으며 반증 가능성을 통해 개선되거나 폐기된다.

그러나 모든 이론의 가설이 동일한 정도로 반증 가능성이 있는 것은 아니다. 예컨대 "검은 백조는 없다."라는 가설은 "여기 검은 백조가 있다."라는 경험적 적용을 통해 반증되지만, "모든 백조는 희다."라는 가설은 여러 색깔의 백조가 있을 가능성까지 배제하기 때문에 더 많은 반증이 필요하다. 이런 관점에서 좋은 이론은 반증 가능성이 큰 대담한 내용을 내포함에도 쉽게 무너지지 않는 이론으로 볼 수 있다. 포퍼는 자연의 진화처럼 과학 이론 역시 끊임없는 반증과 오류 제거를 통해 점진적으로 발전한다고 본다.

포퍼는 정치 역시 반증 가능성이 발전의 조건이 된다고 본다. 그는 현대 사회가 민주주의 사회로 발전했지만 다수결에 의해 폭군과 독재자가 통치하도록 결정될 수 있다는 역설을 배제할 수 없다고 본다. 민주주의 사회는 '열린 사회'지만 그렇다고 해서 '닫힌 사회'로 퇴보할 가능성이 없어진 것은 아니라는 것이다. 그가 보기에 닫힌 사회는 주술적이다. 통치자가 어떤 반박도 허용하지 않는 ㉠ 주술적 가치를 통해 지배하기 때문이다. 열린 사회를 구성하는 합리주의는 자신의 한계를 인식하고, 범할 수 있는 오류를 인정하기에 다른 의견을 경청하는 지적 겸손의 태도를 지니는 반면, 닫힌 사회의 독단주의는 소수의 폐쇄된 집단만 사태를 정확히 인식한다고 전제하는 지적 오만을 ⓐ 드러낸다.

그리하여 포퍼는 역사가 어떤 일반적 법칙에 따라 정해진 목적을 향해 발전해 간다는 역사주의를 비판한다. 그에게 역사주의란 전체론, 역사적 법칙론, 그리고 유토피아주의를 합쳐놓은 사상이다. 먼저 그는 전체 자체를 인식할 수 있다는 전체론이 오류라고 지적한다. 예컨대 국가를 구성원들 간의 단순한 집합 이상의 것이라고 한다면, 구성원 개개인을 넘어서는 국가 전체의 정신이나 논리를 전제할 수밖에 없다. 이런 관점에서는 국민이 희생되어도 국가 전체에 대한 지식을 소유한 소수 집단에게 국가 운영을 맡겨야 한다는 전체주의가 ⓐ 싹트게 된다. 그래서 그는 단편적 지식만 아는 다수가 자신이 아는 지식을 자유롭게 교환하면서 국가의 미래를 논의하는 것이 전체주의보다 낫다고 본다.

다음으로 그는 역사적 법칙이 미래를 확실히 예측하는 수단인 것 같지만 실제로 이러한 예측은 불가능하며 오히려 그 법칙이 독단이 되어 국민을 억압하게 된다고 역사적 법칙론을 비판한다.

예를 들어 공산주의는 유물론의 법칙에 따라 국가가 모순이 완전히 해결된 공산사회로 나아갈 것이라고 보았지만, 그것은 닫힌 사회로의 퇴행일 뿐이다. 포퍼는 인간의 역사를 독단적인 법칙에 따라 예언할 수 없으며, 자연의 진화처럼 사회도 시행착오와 오류 제거를 통해 변화한다고 본다.

마지막으로 유토피아주의는 불변적이고 절대적인 이상 사회에 대한 믿음을 뜻하는데, 이는 독단의 법칙에 의해 뒷받침된다. 미래에 실현될 최종 유토피아가 완전하면 할수록 현재의 세계는 더욱 극복해야 할 부정적 대상이 된다. 포퍼는 열린 사회에서는 유토피아처럼 궁극적인 최종 목적이 아니라 현재 문제를 점진적으로 해결하려는 합리적 과정을 통해 설정된 단기적 목적을 이루는 것이 더 중요하다고 본다. 미래가 어떨지는 누구도 알 수 없고, 그것을 주장하는 사람은 마법사일 뿐이라는 것이다. 이런 관점에서 그는 '누가 통치해야 하는가' 대신, ⓒ '사악하거나 무능한 지배자들이 심한 해악을 끼치지 않도록 어떻게 정치 제도를 만들 것인가'를 질문해야 한다고 역설한다.

01

윗글에 따를 때, '과학 이론'에 대한 설명으로 적절하지 않은 것은?

① 반증 가능성의 정도가 각기 다를 수 있다.
② 오류 제거를 통해 점진적으로 발전할 수 있다.
③ 가치 있는 이론은 반증을 잘 견디는 성질이 있다.
④ 경험적 적용은 이론을 이상적으로 만드는 방안이다.
⑤ 이론에 논리적 모순이 없더라도 타당성이 없을 수 있다.

02

㉠에 대한 설명으로 적절하지 않은 것은?

① 비판과 검증을 허용하지 않는 가치이다.
② 열린 사회에서는 배척되어야 하는 가치이다.
③ 사회를 무오류의 상태로 바꾸려는 가치이다.
④ 미래가 어떻게 될지 확신할 수 있는 가치이다.
⑤ 다수결에 따를 때는 나타날 수 없는 가치이다.

03

㉡에 대한 답변으로 적절하지 않은 것은?

① 단편적인 지식을 가진 개인들의 의견을 모으게 하는 제도가 필요하다.
② 소수 집단이라 해도 자신의 의견을 자유롭게 개진하게 하는 제도가 필요하다.
③ 치열한 토론과 자유로운 의사 결정이 침해되지 않게 하는 제도가 필요하다.
④ 단기적 목적을 세워 문제를 합리적으로 해결하게 하는 제도가 필요하다.
⑤ 시행착오로 인한 희생이 있어도 이상적 미래를 구현하게 하는 제도가 필요하다.

04

ⓐ와 의미가 통하는 한자어로 가장 적절한 것은?

① 태동(胎動)
② 준동(蠢動)
③ 활동(活動)
④ 가동(可動)
⑤ 약동(躍動)

05

〈보기〉의 견해에 대해 [칼 포퍼]가 제기할 만한 반론으로 가장 적절한 것은? [3점]

┤ 보 기 ├

어떤 시각 장애인이 코끼리 다리를 만지고 "코끼리는 원기둥 모양이다."라는 가설을 세웠다고 하자. 이후 많은 시각 장애인이 똑같이 그렇게 하여 같은 결론을 내린다면, 그 가설은 반증이 소용없다는 것을 뜻하는 것이 아닌가? 오히려 "우리가 만진 것은 코끼리 전체가 아닌 일부분이 아닐까?"라고 생각의 틀 자체를 바꾸는 발상이 필요하다. 과학의 발전은 한 이론적 틀에서 다른 틀로 급격히 전환되는 과정을 거쳐야만 이루어진다. 정치 역시 마찬가지다. 당면한 문제에 대한 방안은 치열한 토론으로 마련할 수도 있지만, 그것으로는 작은 과제들만 겨우 해결할 수 있다. 현대 정치가 부딪친 문제들은 작은 과제들이 아닌 전반적인 사회 구조에 의해 생기며, 따라서 정치는 사회구조가 혁명적 과정을 통해 변해야만 발전할 수 있다.

① 과학의 이론적 틀은 하나여서 결코 바뀌지 않으며, 모든 정치적 문제는 작은 문제부터 해결하는 것이 출발점이 되어야 한다.
② 많은 반증이 제시된다고 해서 과학의 이론적 틀이 무너지는 것은 아니며, 사회 구조가 급격히 바뀐다고 해서 정치가 발전하는 것도 아니다.
③ 이전의 과학적 틀에 따른 가설들이 새로운 가설로 바뀌는 과정은 급격하며, 정치적 문제를 해결하는 방안들도 혁명 후에는 급격하게 바뀔 것이다.
④ 과학의 이론적 틀이 바뀌어도 반증을 통한 검증은 여전히 필요하며, 혁명적 과정에서 나타날 수 있는 정치적 독단은 문제 해결을 오히려 저해할 수 있다.
⑤ 과학의 이론적 틀은 여럿이기 때문에 어떤 틀을 택하는지가 중요하며, 정치적 문제의 해결책도 여럿이기 때문에 어떤 해결책을 택하는지가 중요하다.

[06~10] 다음 글을 읽고 물음에 답하시오.

(가)

알룩조개에 입맞추며 자랐나
눈이 바다처럼 푸를 뿐더러 까무스레한 네 얼굴
가시내야
나는 발을 얼구며
무쇠다리를 건너온 함경도 사내

바람소리도 호개*도 인전 무섭지 않다만
어두운 등불 밑 안개처럼 자욱한 시름을 달게 마시련
다만
어디서 흉참한 기별이 뛰어들 것만 같애
두터운 벽도 이웃도 못 미더운 북간도 술막

온갖 방자의 말을 품고 왔다
눈포래를 뚫고 왔다
가시내야
너의 가슴 그늘진 숲속을 기어간 오솔길을 나는 ㉠ 헤
매이자
술을 부어 남실남실 술을 따르어
가난한 이야기에 고히 잠거다오

네 두만강을 건너왔다는 석 달 전이면
단풍이 물들어 천리 천리 또 천리 산마다 불탔을 겐데
그래두 외로워서 슬퍼서 초마폭으로 얼굴을 가렸더냐
두 낮 두 밤을 두리미처럼 울어 울어
불술기* 구름 속을 달리는 양 유리창이 흐리더냐

차알싹 부서지는 파도소리에 취한 듯
때로 싸늘한 웃음이 소리 없이 새기는 보조개
가시내야
울 듯 울 듯 울지 않는 전라도 가시내야
두어 마디 너의 사투리로 때아닌 봄을 불러 줄게
손때 수집은 분홍 댕기 휘 휘 날리며
잠깐 너의 나라로 돌아가거라

이윽고 얼음길이 밝으면
나는 눈포래 휘감아치는 벌판에 우줄우줄 나설 게다
노래도 없이 사라질 게다
자욱도 없이 사라질 게다

– 이용악, 「전라도 가시내」

* 호개 : '승냥이'의 방언
* 불술기 : '기차'의 방언

(나)

조국(祖國)을 언제 떠났노,
파초(芭蕉)의 꿈은 가련하다.
남국(南國)을 향한 불타는 향수(鄕愁),
너의 넋은 수녀(修女)보다도 더욱 외롭구나.
소낙비를 그리는 너는 정열(情熱)의 여인(女人),
나는 샘물을 길어 네 발등에 붓는다.
이제 밤이 차다,
나는 또 너를 내 머리맡에 있게 하마.
나는 즐겨 너를 위해 종이 되리니,
네의 그 드리운 치마자락으로 우리의 겨울을 ㉡ 가리
우자.

– 김동명, 「파초」

06

(가), (나)의 공통점으로 가장 적절한 것은?

① 대상을 의인화하여 동적인 이미지를 구현한다.
② 독백적 어조로 자신의 상황을 반성적으로 성찰한다.
③ 장면을 시간순으로 배열하여 서사적 맥락을 형성한다.
④ 반어의 수사적 표현으로 대상의 부정적 면모를 부각한다.
⑤ 대상의 과거 상황을 상상하여 대상의 현재 처지를 이해
한다.

07

(가), (나)의 화자가 시적 대상에 대해 가지고 있는 태도로 가
장 적절한 것은?

① (가), (나) : 관조적 태도
② (가), (나) : 공감적 태도
③ (가), (나) : 반성적 태도
④ (가) : 풍자적 태도, (나) : 숭배적 태도
⑤ (가) : 비관적 태도, (나) : 낙관적 태도

08

가시내 에 대한 이해로 적절하지 <u>않은</u> 것은?

① 고향을 그리워하고 있다.
② 가을 무렵 두만강을 건넜다.
③ 봄이 오면 술막을 떠날 예정이다.
④ 자신의 처지에 냉소적이기도 하다.
⑤ 먼 길을 떠나 현재의 장소에 오게 되었다.

09

맥락에 따라 시어 불타는 을 읽은 내용으로 적절하지 않은
것은?   [3점]

① '불타는'과 '정열(情熱)'은 모두 뜨거움의 의미를 갖는데 이
는 '남국'의 특성이므로, '너'가 '남국'을 그리워하는 까닭
을 알 수 있군.
② 뜨거움을 뜻하는 '불타는'이 '밤이 차다', '우리의 겨울'과
대립적이므로, '너'는 '밤'과 '겨울'에 저항하는 능동적인
존재임을 알 수 있군.
③ '향수(鄕愁)'를 '불타는' 것으로 설정한 데서 갈증이 연상되
는데 '샘물'은 이를 해소해 줄 수 있으니, '너'가 '나'를 필요
로 하는 까닭을 알 수 있군.
④ '불타는'은 '향수(鄕愁)'를 낮게 하기 위한 수단이 '소낙비'
임을 암시하므로, '샘물'을 발등에 붓는 '나'의 행동이 '너'
에 대한 배려를 뜻함을 알 수 있군.
⑤ '불타는'의 '불'은 '정열(情熱)'과 함께 상승적 이미지를 갖
는데 이는 긍정적 가치로 볼 수 있으므로, '너'라는 시적
대상이 긍정적인 가치를 갖는 존재임을 알 수 있군.

10

㉠, ㉡에 대한 설명으로 가장 적절한 것은?

① ㉠의 행위 주체는 화자이지만, ㉡의 행위 주체는 청자이다.
② 화자와 청자의 심리적 거리는 ㉠의 행위로는 멀어지지만,
㉡의 행위로는 가까워진다.
③ ㉠, ㉡ 모두 청자에게 행위의 동참을 요구하고 있다.
④ ㉠, ㉡ 모두 불확실한 미래에 대한 걱정을 바탕으로 한다.
⑤ ㉠, ㉡ 모두 행위가 실현되면 현실의 고난에서 벗어날 수
있다는 믿음이 담겨 있다.

[11~15] 다음 글을 읽고 물음에 답하시오.

여기에는 여러 가지 이유가 있는 것이다. 그러나 ㉠ <u>이
러한 사실도 그중의 중요한 원인들이 되었을 것이다.</u> —
조선 사람은 외국인에게 대해서 아무것도 보여 준 것은
없으나, 다만 날만 새면 자릿속에서부터 담배를 피워 문
다는 것, 아침부터 술집이 번창한다는 것, 부모를 쳐들어
서 내가 네 애비니 네가 내 손자니 하며 농지거리로 세월
을 보낸다는 것, 겨우 입을 떼어 놓은 어린애가 엇먹는
말부터 배운다는 것, 주먹 없는 입씨름에 밤을 새고 이틀
날에는 대낮에야 일어난다는 것…… 그 대신에 과학지식
이라고는 소댕 뚜껑이 무거워야 밥이 잘 무른다는 것조차
모른다는 것을, ㉡ <u>외국 사람에게 실물로 교육을 하였다
는 것이다.</u> 하기 때문에 그들이 조선에 오래 있다는 것은
그들이 우리를 경멸할 수 있는 사실을 골고루 보고 많이
안다는 의미밖에 아니 되는 것이다.

"담바구야 담바구야…… 노이구곤 오데기루네……."

입을 이상하게 뾰족이 내밀었다 오므렸다 하고, 젓가락
으로 화롯전을 두들겨 가며 장단을 맞춰서 콧노래를 하다
가 뚝 그치더니,

"얘가 제일 잘해요. 우리는 온 지가 삼사 년밖에 아니
되었지만……."

하며 벙벙히 앉았는 화롯불 가져온 아이 를 가리킨다.

"응! 그래? 너는 얼마나 있었길래?"

말담도 별로 없이 조용히 앉았는 것이 어디로 보아도
건너온 지 얼마 안 되는 숫보기로만 생각하였던 것이, 조
선 소리를 잘 한다니 조선애가 아닌가도 싶다.

"예서 아주 자라났답니다. 제 어머니가 조선 사람인데
요."

하며 담바고타령을 하던 계집애가 이때까지 하고 싶던 이
야기를 겨우 하게 되었다는 듯이 입이 재게 즉시 대답하
고 나서,

"그렇지!"

하며 당자에게 얼굴을 들이댄다. 그 소리가 너무도 커닿
기 때문에 조소하는 것같이 들리었다. 일인 애비와 조선
인 에미를 가졌다는 계집애는 히스테리컬하게 얼굴이 주
홍빛이 되고 눈초리가 샐룩하여졌다. 어쩐지 조선 사람
어머니를 가진 것이 앞이 굽는다는 모양이다.

"정말 그래? 그럼 어머니는 어디 있기에?"

나는 호기심이 생겨서 물었다.

"대구에 있에요."

고개를 숙이고 앉았다가 간신히 쳐들면서 대답을 한다.

"그래 어째 여기 와서 있니? 소식은 듣니?"

왜 여기까지 와서 있느냐고 묻는 것은 우스운 수작이지만 나는 정색으로 이렇게 물었다.

그 계집애는 생글생글하며 나를 쳐다보더니,

"글쎄 그러지 않아두 누가 대구 가시는 이나 있으면 좀 부탁을 해서 알아보고 싶어두 그것도 안 되구…… 천생 언문으로 편지를 쓸 줄 알아야죠."

하며 이번에는 자기 신세를 조소하듯이 마음 놓고 커닿게 웃는다.

"그럼 아버지하군 지금 헤져서 사는 모양이구나?"

"그야 벌써 헤졌죠. 내가 열 살 적인가, 아홉 살 적에 장기(長崎)로 갔답니다."

"그래 그 후에는 소식은 있니?"

"한참 동안은 있었는데 지금은 어떻게 되었는지……? 하지만이 설이나 쇠고 나건 찾아가 볼 테에요."

하며 흑흑 느끼듯이 또 한 번 어색하게 웃는다. 그 웃음은 어느 때든지 자기의 기이한 운명을 스스로 조소하면서도 하는 수 없다는 단념에서 나오는, 말하자면 큰일을 저지르고 하도 깃구멍이 막혀서 나오는 웃음 같았다.

"아무리 조선 사람이라두 길러낸 어머니가 정다울 테지? 너의 아버지란 사람이 어떤 사람인지는 모르겠다마는, 지금 찾아간대야 그리 반가워는 아니 할걸?"

조선 사람 어머니에게 길리어 자라면서도 조선말보다는 일본말을 하고, 조선옷보다는 일본옷을 입고, 딸자식으로 태어났으면서도 조선 사람인 어머니보다는 일본 사람인 아버지를 찾아가겠다는 것은, 부모에 대한 자식의 정리를 지나서 ⓒ 어떠한 이해관계나 일종의 추세라는 타산이 앞을 서기 때문에 이별한 지가 벌써 칠팔 년이나 된다는 애비를 정처도 없이 찾아간다는 것이라고 생각할 제, 이 계집애의 팔자가 가엾은 것보다도 ② 그 에미가 한층 더 가엾다고 생각지 않을 수 없었다.

(중략)

젊은 사람들의 얼굴까지 시든 배춧잎 같고 주눅이 들어서 멀거니 앉았거나, 그렇지 않으면 빌붙는 듯한 천한 웃음이나 '헤에' 하고 싱겁게 웃는 그 표정을 보면 가엾기도 하고, 분이 치밀어 올라와서 소리라도 버럭 질렀으면 시원할 것 같다.

┌ '이게 산다는 꼴인가? 모두 뒈져 버려라!'

(가) 찻간 안으로 들어오며 나는 혼자 속으로 외쳤다.

└ '무덤이다! 구더기가 끓는 무덤이다!'

나는 모자를 벗어서 앉았던 자리 위에 던지고 난로 앞으로 가서 몸을 녹이며 섰었다. 난로는 꽤 달았다. 뱀의 혀 같은 빨간 불길이 난로 문틈으로 날름날름 내다보인다. 찻간 안의 공기는 담배 연기와 석탄재의 먼지로 흐릿하면서도 쌀쌀하다. ⓜ 우중충한 남폿불은 웅크리고 자는 사람들의 머리 위를 지키는 것 같으나 묵직하고도 고요한 압력으로 지그시 내리누르는 것 같다.

– 염상섭, 「만세전」

11

윗글의 서술 방식으로 가장 적절한 것은?

① 인과 관계가 약한 사건들을 병치하여 우연성을 강조하고 있다.

② 서술자는 이야기 속 이야기를 통해 인물의 과거를 소개하고 있다.

③ 상징적 소재를 통해 중심 갈등이 해소되는 과정을 서술하고 있다.

④ 인물의 내적 독백을 통해 인물들의 긍정적인 면모를 부각하고 있다.

⑤ 등장인물인 서술자가 다른 인물들을 관찰하며 논평하고 있다.

12

(가)에 드러난 태도로 가장 적절한 것은? [3점]

① 실의에 빠진 대상을 포용하면서도 절망적인 상황에 좌절하는 태도

② 어떤 기대도 더 이상 할 수 없는 대상을 일방적으로 저주하는 태도

③ 한심한 모습의 대상에 대한 안타까움과 분노를 같이 드러내는 태도

④ 큰 소리로 말하고 싶지만 대상이 잘 받아들이지 않을 것을 염려하는 태도

⑤ 무기력한 대상을 구원하려던 시도가 좌절되었을 때의 실망한 태도

13

화롯불 가져온 아이 에 대한 이해로 적절하지 <u>않은</u> 것은?

① 조선에서 태어나고 자랐다.

② 자신이 혼혈인 것이 드러나는 것을 꺼린다.

③ 자신을 얕보는 동료에게 무례한 행위를 한다.

④ 어머니와 헤어진 상태이다.

⑤ 한글로 편지를 쓸 줄 모른다.

14

㉠~㉤의 문맥적 의미를 해석한 것으로 적절하지 <u>않은</u> 것은?

① ㉠ : 조선인들이 일본인에게 천대를 받는 것은 조선인들에게 원인이 있다는 사실

② ㉡ : 외국 사람에게 조선인들이 실제 물건들을 사용하여 교육하는 것

③ ㉢ : 일본인 아버지에게 기대어 사는 것이 더 이롭다는 계산

④ ㉣ : 그 어머니는 남편과 딸에게 모두 버림받았기 때문에 더 가엾다고 생각함

⑤ ㉤ : 무덤 같은 찻간의 분위기를 더욱 무겁게 만드는 흐리고 침침한 램프 불빛

15

〈보기〉를 참조하여 윗글에 드러난 '나'의 생각을 비판한 것으로 가장 적절한 것은?

┤ 보 기 ├

「만세전」의 제목에 쓰인 '만세'는 3·1운동을 가리킨다. 이 작품은 3·1운동 직전인 1918년 12월 일본 동경에서 식민지 수도 서울로의 여행을 통해 일본에서 유학하던 주인공이 본 당시 식민지 조선의 상황을 그려내고 있다. 그 다음 해에 일어난 3·1운동은 일제강점기가 시작된 이후 펼쳐진 조선총독부의 억압적인 무단통치에 온 민족이 들고일어나 독립 만세를 외친 역사적 사건이다. 이 운동을 통해 우리 민족은 일제가 아니라 우리가 우리의 운명을 결정한다는 자주성을 높이 드러내었다.

① '나'는 무덤 같은 환경에 지배받았던 당시 조선인들의 삶을 그들이 자주적으로 선택한 삶이라 보고 있어.

② 일제 총독부의 무단통치가 낳은 폐해를 목격하면서도 '나'는 일본에 기대어야 한다는 생각을 벗어나지 못한 거야.

③ '나'는 구습에 젖은 당시 조선인들에게서도 희망을 발견하려는 자신이 우월하다는 생각에 갇혀 있어.

④ 당시 조선인들을 무덤 속 구더기로 보는 '나'의 관점으로는 조선에서 왜 자주적인 만세 운동이 일어났는지 이해할 수 없을 거야.

⑤ 시대에 뒤떨어졌다고 해서 조선인들을 경멸하는 것은 일본인들의 잘못이기에 '나'는 일본인들이 잘못을 깨달으면 상황이 나아질 것이라고만 보고 있어.

생물학에서 유전 물질 간의 전이는 DNA가 전사를 통해 RNA가 되며 이 RNA가 번역을 통해 단백질을 형성하는 과정을 거친다. 이 과정의 마지막 단계에서 형성된 단백질은 세포나 조직의 구조를 이루거나, 기능상 혹은 조절상 중요한 역할을 한다. 그 때문에 적절한 시점에 정상적으로 단백질이 발현되지 않으면 질병으로 이어지게 된다. 근본적인 유전 물질인 DNA의 변이가 질병의 원인일 경우 RNA와 단백질에도 문제가 생기게 되므로 유전자의 변이를 고칠 수 있다면 단백질 이상 발현이 생길 가능성이 현저히 줄어들 것이다. 이처럼 근본적인 원인이 되는 비정상 유전자를 고치는 것을 유전자 치료라고 하는데, 그중 현재 가장 발전한 것이 ㉠ 3세대 유전자 가위, 크리스퍼 시스템이다.

세균과 고세균에서만 발견되는 특이한 반복서열을 사용하였다고 하여 이름 붙여진 크리스퍼 시스템은 면역 반응을 이용하여 바이러스 유전체의 염기서열을 조작하는 유전자 치료 방법으로, 2012년 엠마뉴엘 샤펜티어 교수와 제니퍼 다우드나 교수 연구팀에 의해 제안되었다. 이 시스템은 기술적으로 비교적 다루기 쉽고 비용이 적게 든다는 장점이 있어 〈사이언스〉에서 가장 혁신적인 기술로 선정되기도 했다. 앞서 2000년대 초반 징크핑거 뉴클레아제가 1세대 유전자 가위로 등장했고 이후 2세대 유전자 가위로 탈렌이 등장한 바 있었으나, 기술적으로 다루기 어렵고 비용이 많이 든다는 단점이 있었다.

자연계에는 세균의 후천성 면역 작동 기제의 한 종류로 크리스퍼 시스템이 존재한다. 1987년 일본에서 박테리아의 유전체 분석 과정 중에 특이하게 반복되는 서열이 발견되었다. 이 서열은 일정한 간격(스페이서)을 두고 반복되었는데, 당시로는 그것이 갖는 중요성이 충분히 인지되지 못했다. 2000년대 초반에 염기서열 분석 기술이 비약적으로 발전하자 저렴한 가격으로 더 빠르게 유전체 분석을 할 수 있게 되었고, 지난 10여 년 동안 잊혔던 반복서열이 주목받기에 이르렀다. 2002년에 세균과 고세균에서만 발견되던 이 반복서열은 크리스퍼(CRISPR)라고 명명되었다. 크리스퍼 근처에 자리잡고 있으면서 그 기능에 중요한 역할을 할 것이라고 예상되는 유전자도 발견되었으며, 이 유전자는 카스(Cas : CRISPR associated protein)라고 이름 붙여졌다.

이렇게 세균에서 구조적인 특징이 발견되자, 연구자들은 이 시스템의 기능 연구에 몰두하게 되었는데 2005년에 스페이서 서열이 세균을 숙주로 하는 바이러스의 유전체와 일부 동일하다는 여러 논문이 나왔다. 이 사실을 바탕으로 크리스퍼 시스템은 적응 면역과 관련 있을 가능성이 제시되었으며, 2007년 실험적으로 증명되어 〈사이언스〉에 발표되었다. 이 연구에서 크리스퍼 시스템은 다음과 같이 정리되었다. 우선 세균 내에서 크리스퍼의 반복서열을 인식하는 트랜스활성화RNA와, 스페이서 서열과 반복서열을 포함한 크리스퍼RNA를 만든다. 만약 이전에 감염된 적이 있는 바이러스의 유전체 서열 정보가 스페이서 서열에 포함되어 있다면, 다시 그 바이러스가 침입한 경우 이를 크리스퍼RNA가 인식하고, 이 반응에 맞춰 트랜스활성화RNA와 카스 단백질은 바이러스의 유전체를 공격해 절단한다. 또한 2012년에는 앞에서 언급한 엠마뉴엘 샤펜티어 교수와 제니퍼 다우드나 교수의 연구를 통해 세균 내에 따로 존재하는 트랜스활성화RNA와 크리스퍼RNA를 하나로 이어 만든 가이드RNA에 카스 단백질을 넣으면 세균의 크리스퍼 시스템의 모사가 가능하다는 사실이 밝혀지기도 했다. 또한 세균 내 스페이서 서열이 바이러스를 인식하는 것과 비슷하게 스페이서 서열 대신 우리가 원하는 표적의 서열을 넣으면 원하는 유전체를 자를 수 있다는 것도 증명되었다. 이듬해에는 인간을 포함한 고등생물에서도 이 크리스퍼 시스템이 사용될 수 있다는 것이 증명되기도 했다.

크리스퍼 시스템은 생명과학 분야에서 유전자 교정을 통해 동식물의 생산량과 안정성을 조절하는 데 기여할 수 있을 것으로 예상된다. 또한 유전자 드라이브, 곧 인간이 아닌 생물의 유전자를 변형시켜 유전자 구성을 바꾸는 과정을 통해 바이러스 매개체인 야생 모기 등을 멸종시키는 것도 가능할 것이다. 그리고 생명 윤리의 문제를 해결한다면 유전자 치료를 통해 유전질환을 치료하는 데에도 활용될 수 있을 것으로 기대된다. 하지만 크리스퍼 시스템은 아직까지는 기술적 정확성 면에서 한계가 있고 유전자 변이를 완벽히 통제하지 못하고 있다는 제약을 가지고 있다. 나아가 미래 생명 과학이 우생학적 편견 같은 잘못된 가치관과 만났을 때의 문제를 보여 준 영화 〈가타카〉(1997)에서 알 수 있듯이 유전자 편집의 경계 기준이 단지 기술적인 차원에서뿐 아니라 생명 윤리의 차원에서 다루어질 필요도 있다는 점을 간과해서는 안 된다.

16

윗글의 서술 방식으로 가장 적절한 것은?

① 대상의 속성들을 나열한 후, 그것을 통일된 구조로 종합하고 있다.

② 대상을 정의한 후, 그와 관련된 사항들을 구체적으로 설명하고 있다.

③ 권위 있는 의견을 제시한 후, 대상이 그것에 부합함을 설득하고 있다.

④ 대상의 세부적인 요소를 분석한 후, 그 전체적인 외양을 묘사하고 있다.

⑤ 대상에 관한 다양한 사례를 제시한 후, 그것을 하나의 개념으로 요약하고 있다.

17

윗글에서 밝힌 사건의 순서를 바르게 파악한 것은?

┤ 보 기 ├

ⓐ 세균의 유전자에 존재하는 특정한 반복 염기서열을 크리스퍼로 명명

ⓑ 크리스퍼 시스템과 적응 면역의 관련 가능성을 실험적으로 증명

ⓒ 박테리아 유전체에서 일정한 스페이서를 둔 서열 발견

ⓓ 인간의 유전자에 크리스퍼 시스템을 사용할 수 있음을 확인

① ⓐ - ⓑ - ⓒ - ⓓ

② ⓐ - ⓒ - ⓓ - ⓑ

③ ⓒ - ⓐ - ⓓ - ⓑ

④ ⓒ - ⓐ - ⓑ - ⓓ

⑤ ⓓ - ⓐ - ⓑ - ⓒ

18

윗글에 따를 때, '크리스퍼 시스템'의 핵심적인 작동 기제는?

[3점]

① 크리스퍼RNA와 트랜스활성화RNA의 결합

② 가이드RNA에 의한 스페이서 서열의 절단

③ 트랜스활성화RNA에 의한 크리스퍼RNA의 복제

④ 가이드RNA와 카스에 의한 표적 염기서열 절단

⑤ 트랜스활성화RNA와 크리스퍼RNA에 의한 표적 염기서열의 복제

19

㉠의 의의를 진술한 것으로 적절하지 않은 것은?

① 비용이 비교적 적게 드는 처리 방법이다.

② 고등생물을 대상으로 사용할 수 있다고 증명된 방법이다.

③ 생명 윤리 차원에서 우생학적 편견을 안고 있는 방법이다.

④ 식량 증산을 위한 산업적 활용의 가능성이 있는 방법이다.

⑤ 현재까지는 기술적으로 가장 발전한 유전자 치료 방법이다.

[20~23] 다음 글을 읽고 물음에 답하시오.

국어사전에 따르면, '구독'은 '책이나 신문, 잡지 따위를 구입하여 읽음'으로 풀이되어 있다. 몇 년 전까지만 해도 무엇인가 '구독'한다고 할 때에는 주로 이 뜻을 떠올렸다. 하지만 요즈음 사전에서는 '정기적으로 내는 기부금, 가입, 모금, (서비스) 사용'으로도 정의한다. 영어로는 서브스크립션(subscription)이라고 하는데, 여기에는 '이용'한다는 의미가 담겨 있다. 실제로 구독 서비스는 소유보다는 이용에 초점을 두고 있으며, 이 때문에 구독 경제가 소유에서 이용으로 경제 패러다임을 전환시켰다는 평가를 받기도 한다. ㉠

1913년 자동차 대량생산을 위해 '포드 시스템'이 도입된 이래, 지난 백여 년간 우리의 주된 소비 방식은 구매하고 소유하는 것이었다. 소비자들에게는 선택권이 많지 않았고 기업과 소비자 사이에서 이루어지는 거래는 단순했다. 기업은 소비자의 수요를 고려하여 싸고 질 좋은 제품을 판매하고 소비자는 합당한 가격을 지불하고 구매하여 소유하는 것이 당연한 일이었다. 경제 성장으로 노동자들의 수입이 증가하고 가처분 소득이 늘면서 소유가 주는 의미는 각별해졌다. 큰 집, 고급 승용차, 고가의 보석, 그리고 더 많은 물건을 내 것으로 만들어 자신이 거둔 성공을 과시하는 것이 소비의 목적 중 하나가 되었다. 지금도 소유는 어느 정도 그런 의미를 내포한다. 하지만 소유는 소비의 유일한 목적이 아니다. ㉡

책을 예로 들면, 소장 자체를 목적으로 책을 사는 소비자들도 있지만, 대개는 책을 읽으면서 지식을 넓히고 정서적 풍요를 누리며 무료한 시간을 즐겁게 보내려고 한다. 이 때문에 굳이 비싼 비용과 긴 시간의 기다림과 추가적인 보관 공간의 부담 없이도 이용할 수 있는 전자책 구독 서비스가 활성화되는 바탕이 마련된다. 소유를 하지

않더라도 구독을 통해 책을 읽는 각자의 목적이 충족될뿐더러 새로운 서비스로 인해 책과 관련된 경험이 여전히 풍부하고 즐거울 수 있는 것이다. 구독 서비스는 이렇게 소비자의 다양한 소비 목적 달성과 그 과정에서 얻게 되는 경험에 주목하는 경제 모델이다. 판매자와 소비자의 관계에서도 판매는 판매자가 상품을 소비자에게 건네주고 소비자가 그에 맞는 비용을 지불함으로써 그 관계가 일단 완성되는 반면, 구독은 소비자가 비용을 지불한 이후에도 계약 기간 동안 그 관계가 지속된다. ⓒ

오늘날 구독 경제가 하나의 주요한 경제 모델로서 확산된 데에는 판매자와 소비자가 직접 연결될 수 있게 한 기술적 발전의 기여가 크다. 판매에서는 판매자와 소비자 사이에 계층화된 영업소와 영업사원이 있다. 이 전통적인 유통 채널은 일방향성이라는 소통적 특성과 시간적 지연으로 인해 소비자의 욕구와 불만을 후속 판매에 반영하는 데 제약이 있다. 소유를 전제로 한 이러한 경제 모델은 미래에도 존재할 것이다. 하지만 모바일 기술이나 콜드체인 기술같은 발전된 기술로 인해 판매자와 소비자가 직접 연결될 수 있게 되었고, 구독 서비스의 등장을 통해 기업이나 판매자가 소비자와 쌍방향적으로 직접 소통하며 소비자의 요구에 따라 특화되거나 개별화된 상품을 신속하게 제공하는 것이 가능하게 되었다. 기술적 발전 외에도 1인 세대가 증가한 것이 주요 원인이 되기도 했으며, 이른바 가성비를 중시하는, 혹은 이와는 달리 가격과 관계없이 높은 만족감을 주는 상품을 중시하는 가치 소비 세대로서 밀레니얼 세대가 새로운 소비 주체로 등장하게 된 것도 구독 경제의 규모를 키우는 주요한 요인이 되었다고 평가된다. ⓓ

구독 경제는 소비 주체가 충성 고객이 될 수 있는지 여부에 항상 촉각을 곤두세운다. 충성 고객을 많이 확보할수록 판매자는 발전할 수 있고 구독 경제 또한 성장한다. 그렇기에 판매자인 유통 회사들은 자신들의 정체성을 판매업에서 서비스업으로 변화시키는 혁신에 나선다. 구독 경제에서 충성 고객이 되는 소비자들은 흔히 '최우수 고객'으로 불린다. 그들에게는 여느 고객이 누리는 혜택에 더하여 배타적이고 고객 특화적인 추가 혜택이 주어지며 무료 혜택이 함께 부여되기도 한다. 그런 만큼 이러한 자격을 갖게 된 소비자는 구독료가 비싸더라도 구독 서비스에 충성한다. 판매자 또한 충성도 높은 소비자를 확보하기 위해 구독료에 비해 훨씬 비싼 구독 서비스를 제공하는 비용 지출을 감수할 수 있다. 그것은 소비자의 반복된

구독에 의해 생산되는 구독 정보를 구독 서비스의 비용 절감을 위한 평가 및 예측 정보로 활용할 수 있고 나아가 상품이나 서비스와 직접 관련이 없는 소비자 정보까지도 빅데이터로 활용하여 새로운 사업 진출에 중요한 판단 근거로 활용할 수 있기 때문이다. ⓔ

20

윗글의 내용과 일치하지 <u>않는</u> 것은?

① 구독 서비스는 비용을 지불한 서비스의 계약 기간을 조건으로 한다.
② 구독 경제에서는 상품을 위한 비용 지불 이후에도 판매자와 소비자의 관계가 지속된다.
③ 모바일 기술 발전으로 판매자와 소비자가 직접 연결됨으로써 판매자는 특정 소비자에 특화 상품 및 서비스를 제공할 수 있게 된다.
④ 밀레니얼 세대의 가치 소비 경향은 구독 경제를 지탱하는 주요한 요인 중 하나이다.
⑤ 충성도 높은 소비자를 유지하기 위해 구독 서비스가 선택하는 일반적인 전략은 값싼 구독료를 유지하는 것이다.

21

윗글에 따를 때, 판매와 비교하여 구독 서비스가 갖는 특징으로 가장 적절한 것은?

① 상품의 독점적 사용
② 상품의 저렴한 가격
③ 상품의 높은 품질과 명성
④ 유통 채널의 직접성과 쌍방향성
⑤ 소비 수요를 고려한 상품 생산과 제공

22

윗글의 맥락을 고려하여 이해한 내용으로 적절하지 <u>않은</u> 것은?

① 미래에는 소유를 목적으로 한 소비는 사라질 것이다.

② 구독 경제는 오늘날 경제에서 규모를 키워가고 있다.

③ 구독 서비스의 활성화는 세대 구성의 변화와 밀접한 관련이 있다.

④ 구독 서비스에서는 소비자가 상품 생산에 직접적인 영향을 끼치기도 한다.

⑤ 소비자의 구독 정보는 해당 구독 서비스 외의 목적을 위해서도 활용될 수 있다.

23

윗글의 주요 내용을 구체화하기 위해 〈보기〉의 사례를 추가한다고 할 때, 가장 적절한 위치는? [3점]

┌─ 보 기 ├─

　○○는 꽃 구독 서비스이다. 2주 단위로 그 시기에 가장 아름다운 꽃을 주제로 꽃다발이나 꽃바구니를 꾸며 제공한다. 가격대별로 여러 방식으로 제공되는 서비스가 있으며 여기에는 꽃꽂이 강좌 구독 같은 병행 서비스도 포함된다. 기존의 꽃 배달 서비스가 상품인 꽃을 일회적으로 판매하는 것인 데 반해, 꽃 구독 서비스는 꽃의 선별과 장식, 그리고 정보 제공 등을 서비스의 대상으로 삼아 자기 자신을 위해 주문하는 소비자에게 주기적으로 제공한다. 꽃 구독 서비스는 자주 꽃을 사서 직접 장식하기에는 시간과 노력의 부담이 있지만 집을 아름답고 생기 있게 꾸미고자 하는 젊은 가치 소비 세대에게 특히 호응을 얻고 있다.

① ㉠　　　　　　　　② ㉡
③ ㉢　　　　　　　　④ ㉣
⑤ ㉤

[24~27] 다음 글을 읽고 물음에 답하시오.

　'가스라이팅'은 1944년 조지 쿠커가 감독한 영화 〈가스등(Gaslight)〉에서 유래한 용어이다. 이 영화에서 남편 그레고리는 계속 상황을 조작하여 아내 폴라의 판단과 기억력에 영향을 줌으로써 그녀가 왜곡된 현실 감각으로 자신을 미쳤다고 의심하도록 정신적으로 조종한다. 영화에서처럼 현실의 인간관계에서도 정서적 학대를 동반하는 심리적 지배나 억압의 사례들이 많이 발견되는데, 이에 착안하여 가스라이팅이라는 용어가 생겼다. 이 용어는 이제 널리 퍼져서, 반복적인 강요나 압박, 두려움에 의한 복종 같은 것들과 혼동되기도 한다. 하지만 이런 것들과 달리 가스라이팅은 지속적인 심리 조작으로 피해자가 자기 불신과 가해자에 대한 자발적 순종 또는 의존을 하게 만드는 심리적 억압 기제를 갖는다. 여기에 반드시 범죄적 의도나 폭력적 강제가 동반되는 것은 아니다.

　흔히 가스라이팅은 불평등한 남녀 관계와 관련하여 많이 주목되지만, 개인과 집단의 관계, 더 나아가 사회 제도와의 관계에서도 구조적으로 발생한다. 이 때문에 가스라이팅은 사회적 불평등에 뿌리를 둔 사회학적 현상이라고 주장되기도 한다. ㉠ 집단 내 가스라이팅은 특히 억압적 질서와 과잉된 친밀함을 제도화하고 있는 집단에서 강한 권력관계에 의한 불평등한 위계질서를 바탕으로 나타나며, 편견과 차별을 강화하는 방향으로 심화된다. 이러한 집단 내에서 구성원들에게 친밀감이나 정서적인 일체감을 강요하는 것은 일상적이다. 이때 발생하는 정서적 억압은 집단 내에 있지 않을 때 자신을 미약하고 무의미한 존재일 뿐이라고 여기게 하고 집단 내에 있어야 자신이 보호받을 수 있다고 생각하게 만듦으로써 자발적 복종에 이르게 한다.

　집단 내의 가스라이팅은 강한 권력 관계를 바탕으로 주로 서열상 말단이나 하위에 있는 사람들을 피해자로 만든다. 권력 관계는 집단 구성원들이 불평등을 받아들이는 정도인 '권력 거리(power distance)'를 만드는데, 권력 관계가 강할수록 서열의 경계가 뚜렷해지고 상급자와 하급자가 분리되는 가운데 권력 거리도 커지는 공고한 위계질서가 생기게 된다. 권력 거리가 커질수록 피지배적 지위에 있는 하급자가 권력을 가진 상급자에게 자신의 의견을 나타낸다거나 저항, 도전, 항거 따위를 하기는 어렵다. 그리고 집단의 권력 관계가 강해지면, 더 커지는 권력 거리를 은폐하기 위해 집단 내 친밀성은 더 강하게 요구된다. 하지만 더 커진 권력 거리로 인해 피해자가 가스라이터의 거짓된 친밀함을 자각할 가능성도 커진다. ⓛ 아이러니한 것은, 가해자와의 더 큰 권력 거리로 인해 피해자는 더 큰 무력감을 느끼게 되고 자신이 겪는 고통도 해결할 수 없기에 심지어 가스라이팅을 자신의 무지와 무능 때문에 받는 처벌처럼 받아들여 가해자에게 의존할 가능성도 더 커진다는 것이다. 권력을 가진 상급자는 이러한 조직 특성을 악용하여 하급자에 대한 가스라이팅을 일상화한다.

집단 내 가스라이팅은 상급자에 의해 저질러지는 위계에 의한 성폭력 즉, 권력형 성범죄를 포함하여 조직 내 괴롭힘의 형태인 폭력, 갑질, 업무 과중, 따돌림 등의 다양한 형태로 표현된다. 그래서 가스라이팅을 자각하는 경우라 하더라도 피해자는 여전히 가해자에 의한 과다한 업무 부여나 업무 배제로 인해 압박감을 느끼고, 승진 배제나 징계 등으로 좌절감을 느끼며, 집단 내 따돌림으로 인해 고립감을 겪게 될 수 있다. 피해자의 동료들이 도움이 될 수 도 있지만, 이들이 만약 피해자와 비슷한 처지에 있다면 서로에게 느끼는 연민과 공감의 감정에도 불구하고 가해자에게 저항하기란 쉽지 않다. 개인 간 가스라이팅에 비해 집단 내 가스라이팅은 훨씬 공공연하고, 피해자와 동료 모두가 가해자가 지닌 권력의 통제권 내에 있기 때문이다. 집단 내 가스라이팅이 그 집단의 조직 문화인 것처럼 치부될 수 있는 것은, 피해자의 동료들이 침묵으로 가스라이팅의 방관자가 되고 무력감으로 인해 피해자와 동료들 모두가 순응하게 됨으로써 집단에 속한 다수나 전체, 더 나아가 집단 자체가 가학적이든 자학적이든 가스라이팅에 참여하게 되기 때문이다.

집단 내 가스라이팅은 사회적이며 구조적인 사태이기 때문에, 한 개인의 용기나 저항으로 해결되기는 쉽지 않다. 가스라이터는 자기 주관이 약하고 의존적인 심리를 갖는 사람을 표적으로 삼는다. 가스라이팅을 당하지 않거나 거기서 벗어나기 위해서 집단의 구성원은 자신의 목소리를 낼 수 있어야 할 뿐 아니라 그 목소리를 키우기 위해 같은 처지의 구성원들과 연대해야 한다. 가스라이팅은 권력에 의해 지배받지 않으려는 자유의지를 가진 구성원에게는 작동하지 않기 때문이다.

24

윗글을 통해 답할 수 있는 질문으로 적절하지 <u>않은</u> 것은?

① 가스라이팅이라는 용어는 어디서 비롯되었는가?
② 개인적 차원의 가스라이팅이 일어나는 까닭은 무엇인가?
③ 가스라이팅이 일어나는 집단은 어떤 특징을 지니는가?
④ 집단 내 가스라이팅은 어떤 방식으로 이루어지는가?
⑤ 가스라이팅을 극복하기 위한 방법은 무엇인가?

25

윗글의 중심 내용을 뒷받침할 사례로 가장 적절한 것은?

[3점]

① 조금만 실수를 해도 "내가 없어서 그래."라고 하면서 자신의 중요성을 강조하는 친구
② TV 토론에 나와 사회의 급격한 인구 감소 원인이 시민들이 자신의 삶만을 중시하는 이기적인 태도 때문이라고 주장하는 토론자
③ 전투에 앞서 부대원들에게 조국이 있어야 내가 있고 조국과 나는 한몸이라며 목숨을 내던져서라도 조국을 지켜야 한다고 연설하는 부대장
④ 학교의 유구한 전통과 진학 성과를 강조하면서 학생들에게 자랑스러운 학교의 구성원으로서 명문대에 합격해 줄 것을 믿는다고 매주 훈시하는 교장
⑤ 심판의 날이 다가왔다면서 신도들로 하여금 지옥에 떨어지지 않기 위해 모든 재산을 헌납하고 종교활동에만 몰두하도록 지속적으로 세뇌하는 신흥 종교의 교주

26

㉠에 대한 설명으로 적절하지 <u>않은</u> 것은?

① 자기 주관이 강한 사람이 주로 가스라이팅의 표적이 된다.
② 피해자는 자신의 무지와 무능력 때문에 가스라이팅을 당한다고 자책한다.
③ 강한 권력 관계로 인해 불평등한 위계질서가 뚜렷한 조직에서 주로 나타난다.
④ 가해자는 친밀함으로 위장된 권력 관계를 이용하여 하급자에 대한 가스라이팅을 시도한다.
⑤ 피해자의 동료들이 침묵의 방관자가 되거나, 심지어는 가스라이팅의 동조자가 되기도 한다.

27

ⓛ의 문맥적 의미에 대한 이해로 가장 적절한 것은?

① 친밀감이 커지면서 권력 거리도 커지는 것
② 가스라이팅이 지속될수록 가스라이팅의 정체가 드러나는 것
③ 가스라이팅의 고통에서 벗어나려고 가스라이터에게 더 의존하는 것
④ 문제 상황에 대한 인식이 분명해질수록 문제 해결의 의지가 커지는 것
⑤ 피해자와의 서열의 경계가 뚜렷해져서 가스라이팅을 하기가 더 어려워지는 것

[28~32] 다음 글을 읽고 물음에 답하시오.

(가)

　㉠ 뎨 가는 뎌 각시 본 듯도 ᄒᆞ뎌이고
텬샹(天上) 빅옥경(白玉京)을 엇디ᄒᆞ야 니별(離別)ᄒᆞ고
　히 다 뎌 져믄 날의 눌을 보라 가시ᄂᆞᆫ고
어와 네여이고 이내 ᄉᆞ셜 드러 보오
내 얼굴 이 거동이 님 괴얌즉 ᄒᆞ가마ᄂᆞᆫ
엇던디 날 보시고 네로다 녀기실ᄉᆡ
나도 님을 미더 군ᄠᅳᆮ디 젼혀 업서
　ⓐ 이릭야 교틱야 어ᄌᆞ러이 ᄒᆞ돗썬디
반기시ᄂᆞᆫ 눗비치 녜와 엇디 다ᄅᆞ신고
누어 싱각ᄒᆞ고 니러 안자 혜여ᄒᆞ니
내 몸의 지은 죄 뫼ᄀᆞ티 ᄡᅡ혀시니
하ᄂᆞᆯ히라 원망ᄒᆞ며 사ᄅᆞᆷ이라 허믈ᄒᆞ랴
셜워 플텨 혜니 조믈(造物)의 타시로다
글란 싱각 마오 믹친 일이 이셔이다
　ⓑ 님을 뫼셔 이셔 님의 일을 내 알거니
믈 ᄀᆞ튼 얼굴이 편ᄒᆞ실 적 몃 날일고
츈한 고열(春寒苦熱)은 엇디ᄒᆞ야 디내시며
츄일동텬(秋日冬天)은 뉘라셔 뫼셧ᄂᆞᆫ고
쥭조반(粥早飯) 죠셕(朝夕) 뫼 녜와 ᄀᆞᆺ티 셰시ᄂᆞᆫ가
기나긴 밤의 ᄌᆞᆷ은 엇디 자시ᄂᆞᆫ고

– 정철, 「속미인곡」

(나)

어화 긔 뉘신고 염치(廉恥) 업산 ᄂᆡ옵노라
초경(初更)도 거읜듸 긔 엇지 와 겨신고
연년(年年)에 이러ᄒᆞ기 구차(苟且)ᄒᆞᆫ 줄 알건만ᄂᆞᆫ
쇼 업손 궁가(窮家)애 혜염 만하 왓삽노라
공ᄒᆞ니나 갑시나 주엄즉도 ᄒᆞ다마ᄂᆞᆫ
다만 어제 밤의 거넨 집 뎌 사람이
목 불근 수기치(雉)을 옥지(玉脂) 읍(泣)게 ᄭᅮ어 ᄂᆡ고
간 이근 삼해주(三亥酒)을 취(醉)토록 권(勸) ᄒᆞ거든
이러한 은혜(恩惠)을 어이 아니 갑흘넌고
내일(來日)로 주마 ᄒᆞ고 큰 언약(言約) ᄒᆞ야거든
ⓒ 실약(失約)이 미편(未便)ᄒᆞ니 사셜이 어려왜라
실위(實爲) 그러ᄒᆞ면 혈마 어이할고

– 박인로, 「누항사」

(다)

형님 온다 형님 온다 분고개로 형님 온다
형님 마중 누가 갈까 형님 동생 내가 가지
ⓛ 형님 형님 사촌 형님 시집살이 엇떱뎁까
이애 이애 그 말 마라 시집살이 개집살이
앞밭에는 당추 심고 뒷밭에는 고추 심어
고추 당추 맵다 해도 시집살이 더 맵더라
둥글둥글 수박 식기(食器) 밥 담기도 어렵더라
도리도리 도리소반 수저 놓기 더 어렵더라
오 리(五里) 물을 길어다가 십 리(十里) 방아 찧어다가
아홉 솥에 불을 때고 열두 방에 자리 걷고
외나무다리 어렵대야 시아버니같이 어려우랴
ⓓ 나뭇잎이 푸르대야 시어머니보다 더 푸르랴
시아버니 호랑새요 시어머니 꾸중새요
동세 하나 할림새요 시누 하나 뾰족새요
시아지비 뾰중새요 남편 하나 미련새요
ⓔ 자식 하난 우는 새요 나 하나만 썩는 샐세

– 작자 미상, 「시집살이 노래」

28

(가), (나), (다)에 대한 설명으로 적절하지 <u>않은</u> 것은?

① (가), (나), (다) 모두 대화체를 통해 주제를 표현하고 있다.
② (가)와 (나)는 억울한 일을 당한 원통함의 정서가 공통된다.
③ (가)와 (다)는 여성 화자를 등장시켜 주제를 선명히 하고 있다.
④ (가)에 비해 (나)는 화자의 경제적 궁핍이 구체적으로 그려져 있다.
⑤ (가)에 비해 (다)는 화자가 일상에서 겪는 실제적인 어려움이 나타나 있다.

29

〈보기〉와 (가)를 비교한 내용으로 가장 적절한 것은?

┌─ 보 기 ─┐

엇그제 님을 뫼셔 광한뎐(廣寒殿)의 올낫더니
그 더딕 엇디ᄒ야 하계(下界)예 ᄂ려오니
올 적의 비슨 머리 얼킈연 디 삼 년(三年)이라
연지분(臙脂粉) 잇ᄂ마ᄂ 눌 위ᄒ야 고이 ᄒ고
ᄆ음의 ᄆ친 실음 텹텹(疊疊)이 ᄡᅡ혀 이셔
짓ᄂ니 한숨이오 디ᄂ니 눈믈이라

　　　　　　　　　　　　　　　－ 정철, 「사미인곡」

└──────────┘

① (가)는 '님'과의 이별을, 〈보기〉는 '님'과의 재회를 그려낸다.
② (가)는 '님'에 대한 걱정을, 〈보기〉는 화자의 현재 처지를 나타낸다.
③ (가)는 슬픔과 자책의 감정을, 〈보기〉는 분노와 절망의 감정을 드러낸다.
④ (가)는 정중하고 우아한 태도를, 〈보기〉는 경박하고 소심한 태도를 보인다.
⑤ (가)는 고유어와 고사성어를, 〈보기〉는 한자어와 한시구를 주로 사용한다.

30

(나), (다)에 대해 비교하여 설명한 것으로 가장 적절한 것은?

① (나)는 낭만적인 분위기가, (다)는 고상한 취향이 나타나 있다.
② (나)는 시간의 역전을 통해, (다)는 공간의 배치를 통해 시상을 전개하였다.
③ (나)는 당시의 음식이 소재로 쓰였고, (다)는 가사노동의 양상이 반영되어 있다.
④ (나)는 상징적, 역설적인 표현을, (다)는 감각적, 직설적인 표현을 주로 사용하였다.
⑤ (나)는 대상을 풍자하기 위해, (다)는 주제를 드러내기 위해 서사적인 상황을 설정하였다.

31

㉠, ㉡의 기능에 대한 설명으로 가장 적절한 것은?　　　[3점]

① 화자의 내면적 욕망을 드러내는 기능을 한다.
② 상대의 생각과 태도를 비판하는 기능을 한다.
③ 상대와의 친밀한 관계를 깨뜨리는 기능을 한다.
④ 시적인 상황에 대해 자세히 묘사하는 기능을 한다.
⑤ 상대의 발화를 이끌어내어 주제가 드러나게 하는 기능을 한다.

32

ⓐ~ⓔ에 대한 이해로 적절하지 <u>않은</u> 것은?

① ⓐ : 자기의 행동에 대한 자부심과 만족감이 드러나 있다.
② ⓑ : 화자가 예전에 '님'을 모신 적이 있음이 나타나 있다.
③ ⓒ : 부탁을 들어주기 어렵다는 거절의 뜻을 완곡하게 전달하고 있다.
④ ⓓ : 화자를 힘들게 하는 시어머니에 대해 말하고 있다.
⑤ ⓔ : 자녀 양육과 시집살이로 인한 마음의 고통을 나타내고 있다.

(가)

초란이 말했다.

"들자 하니 특재라는 자객이 사람 죽이는 것을 주머니 속에서 물건 꺼내듯 한다고 하옵니다. 그에게 많은 돈을 주어 밤에 들어가 길동을 해하게 하면, 상공이 아신다 하더라도 어찌할 수 없사오리니 부인은 다시 생각하소서."

부인과 좌랑이 눈물을 흘리며 말했다.

"이는 차마 못 할 바이나, 첫째는 나라를 위함이요, 둘째는 상공을 위함이요, 셋째는 가문을 보존하기 위함이라. 너의 계교대로 행하라."

초란이 크게 기뻐하며 다시 특재를 불러 이 말을 자세히 이르고 오늘 밤으로 급히 행하라 하니, 특재가 응낙하고 밤이 깊어지기만을 기다렸다.

한편, 길동은 그 원통한 일을 생각하면 잠시도 머물지 못할 일이지만 상공의 엄명이 중하므로 어찌할 길이 없어 밤마다 잠을 이루지 못했다. 그날 밤 촛불을 밝히고 『주역』을 보며 깊이 생각하다가 문득 들으니 까마귀가 세 번 울고 가는 것이었다. 길동이 괴이하게 여겨 혼자 말하기를,

"이 짐승은 본디 밤을 꺼리거늘 지금 울고 가니 심히 불길하도다." 하고, 잠깐 팔괘를 벌여 점을 쳐 보고는 크게 놀라 책상을 물리고 둔갑법을 행하여 동정을 살피고 있었다. 사경쯤 되자 한 사람이 비수를 들고 천천히 방문을 열고 들어왔다. 길동이 급히 몸을 감추고 진언을 외우니, 홀연 한바탕 음산한 바람이 일어나며 집은 간데없고 ⓐ 첩첩산중(疊疊山中)에 풍경이 거룩했다. 특재가 크게 놀라 길동의 조화가 신기함을 알고 비수를 감추고 피하고자 하니, 갑자기 길이 끊어지고 층암절벽이 앞을 가리니 ⓑ 진퇴유곡(進退維谷)이었다. 사방으로 방황하고 있을 때 문득 피리 소리가 들렸다. 정신을 차려 살펴보니 한 소년이 나귀를 타고 오며 피리 불기를 그치고 꾸짖었다.

"네 무슨 일로 나를 죽이려 하느냐? 죄 없는 사람을 해하면 어찌 하늘의 재앙이 없으리오?"

소년이 진언을 외우니 홀연 한바탕 검은 구름이 일어나며 큰비가 퍼붓듯이 쏟아지고 모래와 돌이 날렸다. 특재가 정신을 수습하고 살펴보니 길동이었다. 비록 그 재주를 신기하게 여기나 '어찌 나를 대적하리오?' 하고 달려들며 큰소리로 말했다.

㉠ "너는 죽어도 나를 원망하지 말라. 초란이가 무녀, 관상녀와 함께 상공과 의논하고 너를 죽이려 한 것이니 어찌 나를 원망하리오?"

특재가 칼을 들고 달려드니 길동이 분한 마음을 참지 못해 요술로 특재의 칼을 빼앗아 들고 크게 꾸짖었다.

"네 재물을 탐하여 사람 죽이는 것을 좋아하니 너같이 무도한 놈을 죽여 후환을 없애리라."

길동이 한번 칼을 드니 특재의 머리가 방 가운데로 떨어졌다. 길동이 분한 마음을 이기지 못해 그날 밤 바로 관상녀를 잡아 특재가 죽은 방에 들이밀고 꾸짖기를,

"네 나와 무슨 원수를 졌기에 초란과 더불어 나를 죽이려 했느냐?"

하고 칼로 베니, 어찌 가련하지 않으리오.

– 허균, 「홍길동전」

(나)

일귀 왈,

"적실히 그러하면 유심의 집을 함몰하여 후환이 없게 함이 옳을까 하노라."

한담이 옳다 하고, 그 날 삼경에 가만히 승상부에 나와 나졸 십여 명을 차출하여 유심의 집을 둘러싸고 화약 염초를 갖추어 그 집 사방에 묻어 놓고 화심에 불붙여 일시에 불을 놓으라고 약속을 정하니라.

이때에 장 부인이 유 주부를 이별하고 충렬을 데리고 한숨으로 세월을 보내더니, 이날 밤 삼경에 홀연히 곤하여 침석에 졸더니 어떠한 한 노인이 홍선(紅扇) 일 병을 가지고 와서 부인을 주며 왈,

"이날 밤 삼경에 대변이 있을 것이니 이 부채를 가졌다가 화광이 일어나거든 부채를 흔들면서 후원 담장 밑에 은신하였다가 충렬만 데리고 인적이 그친 후에 남천(南天)을 바라보고 가없이 도망하라. 만일 그렇지 아니하면 옥황께서 주신 아들이 화광 중에 고혼이 되리라." 하고 문득 간데없거늘 놀라 깨어 보니 ⓒ 남가일몽(南柯一夢)이라.

충렬이 잠이 깊이 들어 있고 과연 홍선 한 자루 금침 위에 놓였거늘 부채를 손에 들고 충렬을 깨워 앉히고 안절부절하며 잠도 못 자던 차에, 삼경이 당하매 ⓓ 일진광풍(一陣狂風)이 일어나며 난데없는 천불이 사면으로 일어나니 웅장한 고루거각이 일시에 무너지고 전후에 쌓인 세간 ⓔ 추풍낙엽(秋風落葉) 되었도다. 부인이 창황 중

에 충렬의 손을 잡고 홍선을 흔들면서 담장 밑에 은신하니, 화광이 충천하고 재만 땅에 가득하니 구산(丘山)같이 쌓인 기물 화광에 소멸하였으니 어찌 아니 망극하랴.

사경이 당하매 인적이 고요하고 다만 중문 밖에 두 군사가 지키거늘 문으로 못 가고 담장 밑에 배회하더니, 어슴푸레한 달빛 속으로 두루 살펴보니 중중(重重)한 담장 안에 나갈 길이 없었다. 다만 물 가는 수챗구멍이 보이거늘 충렬의 옷을 잡고 그 구멍에 머리를 넣고 복지(伏地)하여 나올 제, ⓛ 겹겹이 싸인 담장 수채로 다 지나 중문 밖에 나서니 충렬이며 부인의 몸이 모진 돌에 긁히어서 백옥 같은 몸에 유혈이 낭자하고 월색같이 고운 얼굴 진흙빛이 되었으니, 불쌍하고 가련함은 천지도 슬퍼하고 강산도 비감한다.

― 작자 미상, 「유충렬전」

33

(가), (나)를 비교하여 설명한 것으로 가장 적절한 것은?

① (가)와 (나)는 모두 적대자 측이 주인공의 부모 상봉을 방해한다.
② (가)와 (나)는 모두 주인공 측이 위기에 빠졌을 때 구원자가 나타난다.
③ (가)와 (나)는 모두 주인공 측과 적대자 측의 갈등이 심각한 양상으로 나타난다.
④ (가)는 주인공의 내면적 고뇌, (나)는 주인공의 행동과 태도가 중점적으로 드러난다.
⑤ (가)는 적대자 측의 주인공 측에 대한 공격, (나)는 주인공 측의 적대자 측에 대한 포용이 나타난다.

34

〈보기〉를 참조하여 (가), (나)의 사건에 대해 설명한 것으로 가장 적절한 것은? [3점]

┤ 보 기 ├

영웅 소설은 영웅의 일대기 구조로 이루어진 소설들을 말한다. '고귀한 혈통 ― 비정상적인 출생 ― 비범한 능력 ― 어릴 때 버려짐 ― 구출 및 양육자의 도움 ― 성장 후의 위기 ― 승리와 성공'의 서사적 구조로 짜여 있다.

① 영웅이 애초에 고귀한 혈통으로 이 세상에 태어났다는 점을 강조하는 내용이다.
② 영웅이 당하는 고난의 동기가 비정상적인 출생에 있음을 보여 주는 내용이다.
③ 비범한 능력의 영웅이 고난 중에 그 능력을 전혀 발휘하지 못 하는 과정이다.
④ 영웅과 협력 관계를 맺고 있는 보조 인물들에 의해 도움을 받는 과정이다.
⑤ 최종의 성공에 이르기 위해 영웅이 역경에 처하여 고난을 겪는 과정이다.

35

㉠에 대해 이해한 것으로 적절하지 않은 것은?

① 길동이 특재의 재물 욕심을 꾸짖는 이유가 되었다.
② 특재는 자신에게 잘못이 없다는 이유를 댄 것이다.
③ 특재가 이전의 상황에 거짓을 덧붙여 말한 것이다.
④ 특재와 길동이 날카롭게 대립하는 중에 나온 말이다.
⑤ 이후에 길동이 하는 행동을 촉발하는 계기로 작용하였다.

36

ⓛ에 대한 설명으로 적절하지 않은 것은?

① 인물이 당하는 고난의 과정을 강조하여 그리고 있다.
② 사건 전개상 이후의 사건을 암시하는 복선이 들어 있다.
③ 인물과 사건에 대한 서술자의 직접적인 개입이 나타나 있다.
④ 평상시의 모습에 대조하여 인물의 현재 모습을 부각하고 있다.
⑤ 독자의 동정심을 유발하기 위해 감정을 자극하는 표현을 쓰고 있다.

37

ⓐ~ⓔ의 뜻풀이로 적절하지 <u>않은</u> 것은?

① ⓐ : 여러 산이 겹치고 겹친 산속
② ⓑ : 이러지도 저러지도 못하고 꼼짝할 수 없는 궁지
③ ⓒ : 꿈속에서 꿈 이야기를 하듯이 종잡을 수 없는 말
④ ⓓ : 한바탕 몰아치는 사나운 바람
⑤ ⓔ : 가을바람에 떨어지는 낙엽

[38~41] 다음 글을 읽고 물음에 답하시오.

장애가 오로지 의료나 복지의 문제로만 취급되는 것에 반대하면서, 이를 사회적 억압의 한 형태로 재공식화하는 작업은 1970년대 영국에서 시작되었다. 장애인과 장애 단체들은 여러 문제 중에서도 특히 거주 시설로의 수용, 노동 시장에서의 배제, 강요된 빈곤 등에 저항하기 위해 조직화하여 운동하였다. 이러한 ⓐ 장애인 운동은 다시 장애에 대한 급진적이고 새로운 개념을 낳았다. 장애는 손상을 지닌 사람들을 고려하지 않고 사회 활동의 주류로부터 배제하는, 당대의 사회 조직에 의한 불이익이나 활동의 제한이라는 것이다. 이러한 재정의로 인해 장애인이 경험하는 활동의 제한과 수많은 불리함이 손상 자체에서 야기된 것보다는 손상을 지닌 사람들과 그렇지 않은 사람들 간의 사회적 관계의 결과로 간주되어 사회의 책임으로 돌려질 가능성이 열렸다. 의료적, 복지주의적 담론들 내의 장애 개념에 대해 ㉠ 반박할 수 있게 된 것이다.

장애가 사회 제도의 결과라는 ⓑ 사회적 모델론의 개념은 장애학의 중심 사상이 되었다. 사회적 모델은 장애인 운동에 공감하는 장애 단체들을 불러 모으는 호각(號角)이었다. 장애인들이 사회적 모델을 접했을 때 그 효과는 계시적이고 해방적이었으며, 그들이 겪는 대부분의 어려움이 사회적으로 초래된 것임을 인식할 수 있게 해 주었다. 주거, 교육, 고용, 교통, 문화·여가 활동, 보건·복지 서비스, 시민적·정치적 권리 등 사회생활의 모든 영역에서 장애를 만들어 내는 장벽들이 시야에 들어와 장애인 운동이 다면화되었다.

당대의 사회 구조와 관행에 의해 부과된 활동의 제한으로서 장애는 어떻게 발생했는가? 그 답은 산업 자본주의의 등장에 있다. 영국에서 18세기 말부터 임노동 관계가 점점 더 대규모 산업과 연결되면서, 손상을 지닌 사람들은 경제 활동으로부터 체계적으로 배제되기 시작했다. 공장의 장시간 노동에 표준화된 숙련도·속도·강도가 요구되는 상황에서 그들 중 다수는 노동력을 팔 수 없었다. 그들은 사회적으로 점점 더 의존적인 존재로 자리매김되고 일반화된 상품 생산 경제에서 배제되었다. 19세기 동안 대규모 산업이 소규모 매뉴팩처와 소상품 생산을 잠식함에 따라 그들의 의존성은 공고화되었다. 20세기에 장애인들이 경험했던 배제와 의존성은 자본주의의 초기에 손상을 지닌 사람들이 '비생산적'이고 의존적인 존재로 강등되었던 사실에서 기원을 찾을 수 있다.

사회적 모델론은 장애가 초역사적이고 어디에나 존재하는 사회 현상이 아니며, 특정한 역사적 시점의 사회적 관계들과 밀접히 관련되어 있음을 주장한다. 장애란 언제나 어떤 유형의 '제한된 활동'을 발생시킨다는 개념을 넘어서 공간적, 시간적, 경제적으로 의미가 다르게 자리매김된다. 이러한 의의에도 불구하고 사회적 모델론은 자본주의 경제 체제 내에서 일어나고 있는 현대의 변화된 양상들을 다룰 수 있도록 이론적 분석을 새롭게 할 필요성이 있다. 지구적 자본주의 또는 초자본주의로 특징지어지는 현재의 경제 제도들이 손상을 지닌 사람들의 사회적 위상을 어떻게 변화시키고 있는지를 검토해야 한다.

근래에 들어 사회적 모델론은 그 자신이 비판의 대상이 되었다. 코커는 사회적 모델이 견지하는 유물론에서는 인간의 행위 주체성이 누락되고, 담론은 사회 구조의 부수적 효과로 간주되기 때문에, 행위 주체성도 담론도 사회 변화를 위한 초점이 될 수 없다고 비판한다. 그보다 ㉡ 손상을 지닌 사람들에 관한 부정적인 사회문화적 인식들이 장애를 구성하는 역할을 하고 있다는 것을 강조한다. 이러한 인식들은 혐오스러운 것으로 속성화된 신체적·행동적 차이를 지닌 사람들을 제약하고, 무력하고 의존적인 상태에 위치시키며, 그들의 자존감과 정체성을 심각하게 훼손한다.

사회적 모델론자들은 손상을 지닌 삶에 대한 개인적 경험은 장애학의 관심사가 아니며, 지적이고 정치적인 에너지는 장애의 좀 더 넓은 사회적 원인들을 다루는 데 집중되어야 한다고 주장한다. 그러나 손상 자체에 주의를 기울여야 한다는 주장도 제기된다. 첫째, 사회적 모델이 손상을 '사적이고 개인적인 것'의 영역으로 격하한 것은, 공적·사회적인 것과 개인적·사적인 것을 분할한 것이라고 주장한다. 손상의 경험은 장애의 정치와 장애학 내에

서 논의되고 공유되어야 한다는 것이다. 둘째, 장애와 손상 간의 구별이 본질주의적·이원론적 사고의 산물이라는 주장이다. 이러한 관점에서는 손상과 장애는 모두 담론적으로 구성된 사회적 범주이고, 그중 손상은 생물학적 실재와 아무런 관련성을 갖지 않는 그 자체로 또 하나의 구성 개념이다. 셋째, 몸을 자체적 동력이 없는 물질적인 대상, 자아와 분리된 것으로 다룸으로써 손상을 생물학적 영역으로 격하해서는 안 된다는 주장이다. 손상에 대한 체험의 중요성을 강조하는 손상의 사회학, 몸의 사회학을 추구한다.

38

윗글에 대한 이해로 적절하지 <u>않은</u> 것은?

① 1970년대 이전에는 장애를 의료와 복지의 문제로 취급하였다.
② 사회적 모델론은 손상의 체험이 지닌 중요성이 간과되었다고 비판받았다.
③ 사회적 모델론은 인간의 행위 주체성이 누락되었다는 이유에서 비판받았다.
④ 사회적 모델론은 초기 자본주의가 장애에 끼친 영향을 다루지 못한 한계를 지닌다.
⑤ 지구적 자본주의 경제 제도에서 손상을 지닌 사람들의 사회적 위상에 대한 이론적 분석의 필요성이 제기된다.

39

〈보기〉의 관점에 대한 ㉠의 내용으로 적절하지 <u>않은</u> 것은?

┤ 보 기 ├

의료적 모델의 관점은 장애를 손상과 동일한 것으로 본다. 그래서 손상을 치료하거나 개선하여 정상적인 기능을 회복하도록 하는 것을 과제로 삼는다. 장애는 개인적 문제로 간주되고, 장애인이 사회 제도에 적응할 수 있도록 하는 것이 목표가 된다. 지식과 기술을 지닌 전문가에게 권한과 영향력이 부여된다.

① 장애는 손상과 구분되는 개념이다.
② 장애는 사회 제도에 의한 제약이다.
③ 장애는 손상 자체로부터 야기된 것이다.
④ 장애는 사회적 관계로부터 나타난 결과이다.
⑤ 장애에 대한 해결책을 전문가에게만 맡길 일은 아니다.

40

〈보기〉를 ㉡과 관련지어 이해한 것으로 적절하지 <u>않은</u> 것은?

[3점]

┤ 보 기 ├

장애 보조 기술이나 보조 장치에는 장애를 두드러져 보이게 하는 것들이 많다. 시각 장애는 흰 지팡이를 사용할 때 더 드러난다. 발달장애 혹은 자폐가 있는 사람이 사진이나 그림, 스마트폰 앱을 이용한 '보완 대체 의사소통'을 쓴다면 장애는 더 드러날 것이다. 이처럼 기술이나 장치의 사용으로 숨겨져 있던 장애를 드러내고, 이를 통해 장애의 낙인 효과를 발생시키는 것을 '보조 기술 낙인'이라고 한다. 이 때문에 장애인들이 보조 기술 사용을 꺼리거나 아예 거부하기도 한다.

① 장애를 구성하는 데 사회 문화적 인식들이 역할을 하고 있다.
② 신체적·행동적 차이가 드러나기에 사회적 제약을 받을 수 있다.
③ 기술의 발달은 장애인을 사회적 의존 상태에서 벗어나게 한다.
④ 보조 기술 낙인은 장애에 대한 일종의 사회 문화적 인식이라 할 수 있다.
⑤ 보조 기술 낙인으로 인해 장애인의 자존감과 정체성이 훼손될 수 있다.

41

ⓐ와 ⓑ의 관계로 가장 적절한 것은?

① 서로 영향을 주고받는 상호 계기적 관계이다.
② 양쪽의 논리가 충돌하는 상호 모순적 관계이다.
③ 지향하는 목적이 상반되는 상호 대척적 관계이다.
④ 각각의 결점을 서로 채워주는 상호 보완적 관계이다.
⑤ 서로의 개념과 활동을 한정하는 상호 규정적 관계이다.

[42~45] 다음 글을 읽고 물음에 답하시오.

동굴 입구가 무너져 두 사람이 갇혔는데 산소가 모자란다. 당신이라면 어떻게 하겠는가? 가능한 방안은 1) 다른 사람을 희생시키거나, 2) 그냥 있거나, 3) 다른 사람을 위해 당신이 기꺼이 희생하는 것이다. 이 세 방안은 다른 윤리적 입장을 드러낸다. 2)는 피동적으로 운명에 맡기는 운명주의의 입장이지만, 사람들은 대개 적극적으로 1)이나 3)을 시도할 것이다. 이때 1)은 ㉠ 윤리적 이기주의로, 3)은 ㉡ 윤리적 이타주의로 부른다.

윤리적 이타주의는 타인의 이익을 위해 행동해야 한다는 입장이다. 몸으로 수류탄을 덮어 부하를 구한 경우가 전형적 사례이다. 이는 성인(聖人)의 경지라고 하겠지만, 가족을 위할 때나 익명으로 기부할 때처럼 평범한 이들도 이러한 행위를 할 수 있다. 그러나 윤리적 이타주의를 모두가 행할 수는 없으며, 설혹 타인을 위하려 해도 어려운 점이 있다. 무엇이 타인을 위한 행위가 되는지 모를 수 있고, 적절한 행위가 떠오른다고 해도 그것을 실제로 행할 능력이 없을 수도 있다. 실현성에서 윤리적 이타주의는 큰 난점이 있는 것이다.

반면에 윤리적 이기주의는 인간이 본능적인 이기심을 가진다는 사실과 부합한다. 인간은 무엇이 자신에게 이익이 될까 생각하고 실제로 그렇게 행동하기 때문이다. 이처럼 인간은 '오로지' 자기 이익을 위해서만 행동하도록 동기 부여된 존재이며 타인을 위한 동기를 갖지 않는다고 보는 것을 ㉢ 심리적 이기주의라고 한다. 윤리적 이기주의자들은 자신의 입장이 심리적 이기주의를 기반으로 성립한다고 주장한다. 심리적 이기주의가 타당하다면 인간은 자기 이익을 위해 행동하는 것이 마땅하다는 윤리 규범도 성립한다는 것이다.

(가)
'이기심'이라는 용어에 대해 인간의 심리적 동기를 기준으로 살펴보면, 일반적으로 인간의 모든 심리적 동기는 여섯 유형으로 구분된다. 이는 1) 타인에게 해를 끼치는 악의적 동기, 2) 오로지 자신의 이익만 추구하는 이기적 동기, 3) 자신과 타인의 이익을 같이 고려하는 합리적 동기, 4) 타인의 이익만을 고려하는 이타적 동기, 5) 자신과 타인의 이익 대신 오로지 도덕적으로 옳은 것만을 고려하는 의무적 동기, 6) 마음의 유덕한 성품에서 저절로 우러나오는 유덕한 동기이다.

심리적 이기주의는 이 가운데 2)만 인정할 수밖에 없다. 그래서 일단 1)과 3)은 2)의 변형이며, 특히 3)에 대해서는 자신의 이익이 우선일 것으로 본다. 여기에 4), 5), 6)까지 불가능해야 심리적 이기주의가 타당하게 될 것인데, 5)와 6)에 대해서는 그 이면에 자기 이익이라는 동기가 반드시 숨어 있을 것이므로 2)와 같다고 보며, 4)에 대해서는 이에 따른 행위가 불가능하다고 본다. 그러나 4)에 따른 행위가 실제로 있다는 반박에 대해 또 다른 해명을 시도한다. 4)는 겉으로는 이타적일지 몰라도 속으로는 심리적 자기만족이라는 동기가 숨어 있기에 결국 2)가 된다는 것이다. 그러나 이에 대해 또 다른 반박이 가능하다. 그러한 해명은 타인을 속이거나 무시하여 정당한 몫 이상의 이익을 추구한다는 이기적이라는 말의 뜻을 '고상한 욕구 만족'이라는 뜻으로 슬쩍 대체하여 4)를 2)인 것처럼 보이게 한 궤변이라는 것이다.

이로 볼 때 심리적 이기주의를 기반으로 윤리적 이기주의가 성립한다는 주장은 근거가 빈약하게 된다. 그러나 윤리적 이타주의로 되돌아가도 인간의 모든 행위를 포괄할 수 없다면, 실현성 있는 윤리적 이기주의를 좀 더 가다듬을 필요가 있다.

'죄수의 딜레마'로 불리는 실험이 있다. 이는 공범 관계의 두 혐의자에게 범죄를 먼저 자백한 사람은 바로 석방하지만 남은 사람에게는 5년의 형량을 부과하며, 모두 자백하지 않으면 3년을 부과한다고 제안하는 사고 실험이다. 이때 두 사람 각각에게 가장 이익이 되는 것은 동료를 배신하고 먼저 자백하는 것인데, 이는 부도덕하다는 비난을 받기 쉽겠지만 윤리적 이기주의의 입장에서는 타당한 것이 된다. 그러나 배신의 선택이 가장 나을까? 플러드와 드레셔는 이 같은 유형의 실험을 반복하는 연구를 수행한 결과, 배신하지 않을 확률이 높아진다고 보고하였다. 이는 이기심이 맹목적으로 지금 당장 자신만 위하게끔 하는 경향 외에 무엇이 자신에게 장기적으로 더 이익이 될 것인지 고려하면서 타인과 협력하거나 상호부조를 하게끔 하는 합리적인 경향으로도 나타날 수 있음을 시사한다.

이에 따라 윤리적 이기주의는 좀 더 큰 안목의 합리적인 경향으로 이기심을 드러내어야 한다는 규범을 마련할 수 있다. 이를 ㉣ '합리적인 윤리적 이기주의'라고 한다면, 이는 이기심을 긍정하는 윤리의 출발점이 될 것이다.

42

윗글에 대한 이해로 적절하지 <u>않은</u> 것은?

① 윤리 규범은 인간의 심리적 사실을 기반으로 성립한다.
② 인간은 이기심을 통하여 타인과 상호부조를 할 수 있다.
③ 이기심으로 인간의 모든 행위를 포괄하여 설명하기 어렵다.
④ 어떤 행위를 해야 타인의 이익이 될 것인지 모를 때가 있다.
⑤ 성인이 아닌 평범한 사람은 타인을 위한 행위를 할 수 없다.

43

〈보기〉의 관점에서 ㉠이 ㉡을 평가하는 말로 가장 적절한 것은?

[3점]

┤ 보 기 ├

　칸트는 윤리 규범이 성립하기 위하여 요구되는 원칙으로 '당위가능 원칙'을 들었다. 이 원칙에서 '당위'는 마땅히 해야 할 것을 뜻하며, '가능'은 실천에 옮길 수 있다는 것을 뜻한다. 곧 마땅히 해야 할 것이라 해도 실천할 수 있어야 규범이 될 수 있다는 것이다.

① 이타적인 행위를 정확히 정의할 수 없다면 ㉡은 규범으로 성립할 수 없다.
② 이타적인 행위가 아무리 옳다고 해도 실천할 수 없기에 ㉡은 규범으로 성립할 수 없다.
③ 이기적인 행위에도 이타적인 동기가 개입될 수 있으므로 ㉡은 규범으로 성립할 수 없다.
④ 이기적인 행위든 이타적인 행위든 모두 인간의 자연스러운 행위이기에 ㉡처럼 규범으로 정할 필요가 없다.
⑤ 이타적인 행위는 이기적인 행위와 관계없이 인간이 당연히 행해야 할 덕목이므로 ㉡처럼 규범으로 정할 필요가 없다.

44

〈보기〉는 (가)에 제시된 동기들의 사례를 든 것이다. 이에 대한 ㉢의 해석으로 적절하지 <u>않은</u> 것은?

┤ 보 기 ├

ⓐ 악의적 동기 : 재판에서 피고인을 곤경에 빠뜨리려고 거짓 증언을 함
ⓑ 합리적 동기 : 친구와 즐거운 시간을 보내려고 놀이공원에 가고자 함
ⓒ 이타적 동기 : 연인과 헤어진 동료에게 위로차 식사를 대접하고자 함
ⓓ 의무적 동기 : 말기 암 환자에게 암에 걸린 사실을 알려주고자 함
ⓔ 유덕한 동기 : 길거리에 쓰러진 할머니를 측은하게 여기는 마음으로 돕고자 함

① ⓐ : 피고인을 곤경에 빠뜨림으로써 얻는 유형무형의 이익이 반드시 있을 것이다.
② ⓑ : 자신의 즐거움이라는 이익을 보려 한 것이 우선일 것이며, 친구의 즐거움은 부수적일 것이다.
③ ⓒ : 동료에게 자신이 인간적임을 드러내는 만족감을 느끼려 했을 것이다.
④ ⓓ : 진실을 알려줌으로써 환자에게 죽음에 대비할 시간을 주려고 했을 것이다.
⑤ ⓔ : 할머니를 돕는 데 드는 노력과 시간보다 할머니를 외면함으로써 받을 도덕적 비난을 받지 않는 것이 더 낫다고 보았을 것이다.

45

ⓔ의 입장에서 〈보기〉의 '그'에게 할 수 있는 말로 가장 적절한 것은?

┤ 보 기 ├

　그는 고속도로로 차를 운전하며, 다른 사람들도 차를 운전한다. 그는 운전 중에 다른 운전자들을 의식하지 않고, 안전하게 교통 규칙을 지키면서도 목적지에 빠르게 도착하는 데에 관심을 쏟으면서 운전한다. 결국 그는 목적지에 빠르고 안전하게 도착한다.

① '그'를 포함한 모든 운전자들이 교통 규칙을 지키는 것이 더 이익이 된다고 믿었으니까 목적지에 빠르고 안전하게 도착하게 된 거야.

② 원래부터 목적지에 빠르고 안전하게 도착하게끔 예정된 운명이었으니까 '그'가 다른 운전자들을 의식하지 않아도 괜찮았던 거야.

③ '그'가 목적지에 빠르고 안전하게 도착하기만 하면 된다고 생각하면서 운전한 것이 의도치 않게 다른 운전자들에게도 이익이 된 거야.

④ 다른 운전자들을 의식하더라도 사정이 그다지 바뀌는 것은 없기에 '그'만 조심해서 안전하게 운전하는 것이 가장 큰 이익이야.

⑤ '그'는 다른 운전자들에게 폐가 될까 걱정해서 안전하게 운전했으니까 사고가 난 것보다 빠르게 목적지에 도착하는 이익을 거둔 거야.

※ 점수 표시가 없는 문항은 모두 2점

[01~05] 밑줄 친 단어의 뜻으로 가장 적절한 것을 고르시오.

01

When I was a trainee doctor, one of my first patients was an old man with a <u>persistent</u> cough.

① fatal   ② occasional

③ irregular   ④ chronic

⑤ infectious

02

During the televised court case, the witness statements <u>contradicted</u> each other.

① agreed   ② opposed

③ confirmed   ④ duplicated

⑤ appreciated

03

As many as two billion people might not exist now if it hadn't been for the <u>advent</u> of agribusiness.

① emergence   ② transformation

③ collapse   ④ manipulation

⑤ supplement

04

Promotion in the first year is only given in <u>exceptional</u> circumstances.

① adverse   ② suspicious

③ customary   ④ profitable

⑤ unusual

05

When a nurse holds a bias toward her patients, she may provide <u>substandard</u> care.

① sophisticated   ② considerate

③ temporary   ④ conventional

⑤ insufficient

06

A : Hey, Mom. Do you know where my favorite red shirt is?

B : Did you check the top drawer in your room?

A : Yes. But it wasn't there.

B : Take a look inside the dryer, then.

A : Oh, here it is. But it's still wet.

B : _____.

A : Oh, no! The school bus is going to be here any minute.

B : Well, you're just going to have to wear a different shirt then.

① You can buy a new shirt instead

② Then you can wear it right away

③ Just put it in the washing machine

④ I hope you find your favorite shirt soon

⑤ It's going to take at least twenty more minutes

07

A : Congratulations on getting the Medal of Honor, Sergeant Park.

B : I don't know if I deserve it, Commissioner.

A : Of course you do. What you did to save that young man's life was very brave.

B : _____.

A : That's very modest of you. It's people like you that make our department proud.

B : Thank you. I'm just glad the young man is doing well.

A : Thanks to you, our city's streets are a little safer and warmer.

B : I will cherish this moment forever.

① I've never been afraid of anything

② I've always considered myself to be a hero

③ I'm sure anyone else would have done the same

④ I'm not sure if you're the right person for this medal

⑤ I think arresting criminals should come before everything

08

The most common theory points to the fact that men are stronger than women, and that they have used their greater physical power to force women into submission. A more subtle version of this claim argues that their strength allows men to monopolise tasks that demand hard manual labour, such as ploughing and harvesting. This gives them control of food production, which in turn ① translate into political power. However, the statement that 'men are stronger than women' is true only on average, and only with regard to certain types of strength. Women are generally more resistant to hunger, disease and fatigue than men. There are also many women who can run faster and ② lift heavier weights than many men. Furthermore, and most problematically for this theory, women have, throughout history, ③ been excluded mainly from jobs that require little physical effort such as the priesthood, law and politics, while ④ engaging in hard manual labour in the fields, in crafts and in the household. If social power ⑤ were divided in direct relation to physical strength, women should have got far more of it.

[3점]

09

Hugs play a role in physical intimacy and health. Researchers examined the interplay between exposure to illness, social support, and daily hugs. In the name of science (and possibly a hundred bucks), 404 healthy adults agreed to inhale nasal drops that exposed ① them to the common cold. First, the researchers drew blood samples to confirm ② that the volunteers were not immune. Then they surveyed the participants over fourteen consecutive days, ③ asked about hugs received. Finally, they exposed volunteers to the cold virus and ④ monitored symptoms, such as mucus production, in quarantine for five days. Those who got daily hugs ⑤ were 32 percent less likely to get sick. Hugs don't make you impervious to a cold, it turns out. But the huggers who did get sick didn't get as sick. They had less severe symptoms and got better faster.

10

Are hybrid cars really environmentally friendly? It depends on how they're used. They're great for city drivers, when a hybrid can rely almost fully on its electric motor, which is quiet, doesn't create any emissions, will turn off completely when the car is stationary and, crucially, gives (A) poor / superb fuel economy. Drive out onto the highway, though, and the hybrid will have to fall back on its petrol engine because the electric motor simply doesn't have the power to drive the car at (B) higher / lower speeds, nor the energy to run for long distances. In such cases the hybrid will act just like a comparable conventional petrol-powered car, offering similar fuel economy and the same emissions. You should also take into account that the manufacturing of batteries for a hybrid car requires a lot of energy. Then, after they have reached the end of their life — which may be after just a few years — more energy is required to decommission and recycle them. This and the development impact actually make hybrid cars (C) less / more environmentally friendly than the manufacturers would like you to believe.

	(A)	(B)	(C)
①	poor	lower	less
②	poor	lower	more
③	poor	higher	less
④	superb	higher	more
⑤	superb	higher	less

11

Given the diversity of American society, it has been impossible to insulate the schools from pressures that result from differences and tensions among groups. When people differ about basic values, sooner or later those (A) agreements / disagreements turn up in battles about how schools are organized or what the schools should teach. Sometimes these battles remove a terrible injustice, like racial segregation. Sometimes, however, interest groups (B) retain / politicize the curriculum and attempt to impose their views on teachers, school officials, and textbook publishers. Across the country, even now, interest groups are pressuring local school boards to remove myths and fables and other imaginative literature from children's readers and to inject the teaching of creationism in biology. When groups cross the line into extremism, advancing their own agenda without regard to reason or to others, they threaten public education itself, making it difficult to teach any issues honestly and making the entire curriculum (C) invulnerable / vulnerable to political campaigns.

	(A)	(B)	(C)
①	agreements	retain	invulnerable
②	agreements	politicize	vulnerable
③	disagreements	retain	invulnerable
④	disagreements	politicize	vulnerable
⑤	disagreements	retain	vulnerable

12

As the largest predatory fish on Earth, great white sharks are already impressive, armed with up to 300 sharp teeth and weighing up to 5,000 pounds. Now, new research adds more intrigue to the oceanic beasts, suggesting that the animals can change color — perhaps as a (A) camouflage / cluster strategy to sneak up on prey. In new experiments of South Africa, researchers dragged a seal decoy behind a boat to (B) dispel / entice several sharks to leap out of the water near a specially designed color board with white, gray, and black panels. The team photographed the sharks each time they jumped, repeating the experiment throughout the day. One shark, easily (C) concealable / identifiable because of a mark on its jaw, appeared as both dark gray and much lighter gray at different times of day. The scientists verified this using computer software to correct for variables such as weather, light levels, and camera settings.

(A)	(B)	(C)
① camouflage	dispel	identifiable
② camouflage	entice	identifiable
③ camouflage	entice	concealable
④ cluster	entice	concealable
⑤ cluster	dispel	identifiable

[13~14] 밑줄 친 부분 중, 문맥상 낱말의 쓰임이 적절하지 않은 것을 고르시오.

13

Left to their own devices, most children won't hesitate to, say, lick a doorknob or wipe snot with their sleeve. But is there any truth to the idea that their ① distaste for getting dirty can be beneficial to their health? That theory dates to the 1800s, when European doctors realized that farmers suffered fewer allergies than city slickers. However, it didn't gain widespread attention until 1989, when British epidemiologist David Strachan discovered that youngsters with older siblings were less susceptible than other kids to hay fever and eczema. Strachan suggested that early childhood infections "transmitted by unhygienic contact" helped ② foster a robust immune system. His theory, called the hygiene hypothesis, provides a ③ convenient explanation for why allergies and asthma, as well as autoimmune disorders like multiple sclerosis and Crohn's disease, have increased 300 percent or more in the U.S. since the 1950s. Maybe Western societies have become too clean for their own good, and parents too ④ fearful of a little dirt. "Whatever it is that's happening in the modern world, it's causing the immune system to be ⑤ active when it doesn't need to be," says microbiologist Graham Rook of University College London.

[3점]

14

Age is much more than the number of birthdays you've ① clocked. Stress, sleep, and diet all influence how our organs cope with the wear and tear of everyday life. Factors like these might make you age faster or slower than people born on the same day. That means your biological age could be quite different from your chronological age — the number of years you've been alive. Your biological age is likely a better ② reflection of your physical health and even your own mortality than your chronological age. But calculating it isn't nearly as ③ straightforward. Scientists have spent the last decade developing tools called aging clocks that assess markers in your body to ④ veil your biological age. The big idea behind aging clocks is that they'll essentially indicate how much your organs have ⑤ degraded, and thus predict how many healthy years you have left.

15

Porcelain Tower에 관한 다음 글의 내용과 일치하는 것은?

In early 15th-century China, the Yongle Emperor of the Ming dynasty ordered the construction of a towering monument to honor his mother. The Porcelain Tower was a grand pagoda built in the city of Nanjing — the imperial capital at the time — as part of the grand Bao'en Buddhist Temple complex. The tower was constructed from white porcelain bricks, which would have glistened in the sunlight, and adorned with vibrant glazed designs of animals, flowers and landscapes in greens, yellows and browns. Historians studying the remnants suggest that the glazed porcelain bricks were made by highly skilled workers, but sadly the methods used to make them have been lost to history. Some of the largest bricks were more than 50 centimeters thick and weighed as much as 150 kilograms each, with the colored glazes staying bright for centuries. Nowadays, workers trying to replicate these porcelain slabs struggle to make anything larger than five centimeters thick and their colors fade after just a decade.

① Its bricks were all the same size.
② It stood in a temple of a rural area.
③ It was built to honor the Emperor's mother.
④ It was decorated with the shapes of the sun.
⑤ Its porcelain slabs have been successfully replicated today.

16

Nadine Gordimer에 관한 다음 글의 내용과 일치하는 것은?

The South African novelist Nadine Gordimer was awarded the Nobel Prize for Literature in 1991 not only for her excellent literary skills but also for her consistent and courageous criticism of apartheid, which was a system of strictly segregating the blacks from the whites in all spheres of life. Her attack on apartheid was not primarily a political gesture. As a novelist, she was more interested in the human aspect of apartheid and racism. She knew, for one thing, that she herself, as a white middle-class intellectual living in South Africa, benefited from the system. She also knew that the whites responsible for keeping up the racist system suffered in their own ways from it. Her novels and short stories, therefore, concentrate on the moral dilemmas imposed on the individuals by the social relations of South Africa. Although as an intellectual she is capable of making unambiguous political statements on delicate social issues, as a novelist she is more interested in the less clear aspects of humans living in a society based on inequality and injustice.

① Her novels neglected the ethical problems faced by the whites.
② Her fight against apartheid was mainly driven by political ambition.
③ Her growth as a writer was attributed to her middle-class black parents.
④ She was acknowledged for her strong stance against racial discrimination.
⑤ She was praised for her ability to avoid delicate issues on South African politics.

[17~23] 다음 글의 빈칸에 들어갈 말로 가장 적절한 것을 고르시오.

17

Imagine you jump into a river to save a drowning child. This would probably seem to most people a good thing to do. For Kant, however, it is only a good thing to do if you jumped into the river to save the drowning child because you knew it was your moral duty to do so. If you jumped into the river to save the child because you thought it might make you look good, would impress your friends and get you on television or even because you cared for the child, then, from a Kantian perspective, it is no longer a moral act. For Kant, it is not essential that you actually save the drowning child. What counts is the will or intention to save them. Where the consequentialist, obviously, would be primarily focused on the outcome, Kant is concerned with choice and _____. [3점]

① repression
② decision
③ intuition
④ satisfaction
⑤ motivation

18

The ability to record information is one of the lines of demarcation between primitive and advanced societies. Basic counting and measurement of length and weight were among the oldest conceptual tools of early civilizations. By the third millennium B.C. the idea of recorded information had advanced significantly in the Indus Valley, Egypt, and Mesopotamia. Accuracy increased, as did the use of measurement in everyday life. The evolution of script in Mesopotamia provided a precise method of keeping track of production and business transactions. Written language enabled early civilizations to measure reality, record it, and retrieve it later. Together, measuring and recording _____ the creation of data. They are the earliest foundations of datafication.

① complicated

② reversed

③ imitated

④ hindered

⑤ facilitated

19

The news is not what it used to be. These days most consumers get most of their bulletins online. Since online publishing is cheap, a profusion of new sources have sprung up. Websites run by established newspapers compete with newer, online-only outlets and professional (or amateur) blogs, not to mention the mix of articles, digital chain-letters and comments curated by the algorithms of social-media sites such as Facebook and Twitter. Established media have struggled. Much of the advertising that used to pay journalists' salaries has gone to Facebook and Google, the two big technology firms that dominate the market for online advertising. Print circulation has collapsed. Local papers have been particularly hard hit, with many going bust. Social-media algorithms prioritise attention-grabbing clickbait over _____, which helps propel nonsense around the world. Collins, a dictionary-publisher, declared "fake news" its 2017 neologism of the year.

① subjective opinion

② racy headlines

③ boring truth

④ online etiquette

⑤ exaggerated ads

20

Since the 1990s, businesses and police have teamed up to pump classical music onto crime-ridden streets, parking lots, and malls. Why? Because there's evidence that a little bit of Bach may deter crime. In 2005, the London Underground started piping classical music at certain Tube stations, and within a year, robberies and vandalism were sliced by a third. Light-rail stations in Portland, Oregon — and other transit hubs like New York's Port Authority bus terminal — have also reported drops in vagrancy thanks to the crime-stopping powers of Baroque maestros like Vivaldi. The logic? For one, classical music can be calming. But more importantly, the people who loiter and vandalize — often teenagers — usually don't enjoy orchestral music. And if an environment's soundscape annoys you, then chances are you won't _____. Apparently, this works on animals too. At Gloucestershire Airport in Staverton, England, airport chiefs learned the best way to scare away birds was to drive a van blaring Tina Turner's biggest hits. [3점]

* vagrancy 방랑, 부랑죄

① get emotionally stable
② want to loaf around there
③ be in the mood for classical music
④ commit a serious crime on the spot
⑤ pay attention to the music any more

21

African American psychologists Kenneth and Mamie Phipps Clark used sets of toy babies — some with white skin, some with brown — to understand how black children living under segregation in the 1940s developed their sense of self. Black kids presented with both options preferred the pale doll; some even cried when asked which looked like them. The Clarks took this as evidence that youths

_____:

They saw themselves as inferior because of their skin color. The tests impressed attorneys in the famous *Brown v. Board of Education* lawsuit, where Kenneth testified that segregation led to self-hatred. The Supreme Court's 1954 ruling on that case finally integrated schools and spurred a growing movement for civil rights.

① felt the need to free themselves to succeed
② were burdened with expectations from their elders
③ internalized the social values of their environment
④ learned how to avoid oppressive norms and conventions
⑤ had the desire to develop and realize their own potential

Astrology contends that which constellation the planets are in at the moment of your birth profoundly influences your future. A few thousand years ago, the idea developed that the motions of the planets determined the fates of kings, dynasties, and empires. Astrologers studied the motions of the planets and asked themselves what had happened the last time that, say, Venus was rising in the Constellation of the Goat; perhaps something similar would happen this time as well. It was a subtle and risky business. Astrologers came to be employed only by the State. In many countries it was a capital offense for anyone but the official astrologer to read the signs in the skies : a good way to overthrow a regime was to predict its downfall. Chinese court astrologers who made inaccurate predictions were executed. Others simply doctored the records so that afterward _____

_____. Astrology developed into a strange combination of observations, mathematics and careful record-keeping with fuzzy thinking and fraud.   [3점]

① a more cautious position would be adopted

② they were in perfect conformity with events

③ people would pay close attention to the stars

④ descendants could learn from their ancestors

⑤ observations of the planets could be encouraged

Why don't teens talk to their parents? "Basically, they don't think their parents will understand," says a noted psychologist. "When they are constantly reprimanded or instructed, they may feel that a parent doesn't care how they feel." Silence for a teenager is a weapon. It's their way of saying, "You can't control me anymore." But that doesn't mean you need to spend the next few years in suspended animation. It does mean you have to establish an atmosphere of trust, understanding and flexibility. Here is how: _____. If your daughter tells you her best friend said her new outfit was awful, refrain from saying, "Why should you care what Jennifer says?" Teenagers care very much what their peers think, and the wise parent accepts that as normal. Try instead, "That must have made you feel terrible. It hurts when people we care about say mean things."

① Resist the temptation to control and keep silent

② Acknowledge and legitimize a teenager's feelings

③ Encourage teens to accept criticism from others

④ Maintain family rituals as a way of staying in touch

⑤ Take adolescent mood swings and silences personally

24

It wasn't unusual in Victorian London to see children digging through junkyards, looking for anything they could resell: scraps of metal, rags, bones — which could be used to make buttons and soap — and even dead cats, which they sold to furriers. But the most prized find? Coal dust. Brickmakers, who mixed it with clay to make blocks, paid a pretty penny for it. It's not that coal dust was scarce. In fact, because of open-hearth fires, ash was everywhere, and would have clogged the city's streets were it not for the dustmen who lugged it from dustbins to the city's outskirts. The scene resembled a regular Dickensian recycling operation: women, men, and children working thigh-deep in dust. Their bosses got filthy rich, but as London's dust supply outstripped demand, profits declined. By the late 19th century, prospects had already tarnished for these once "Golden Dustmen."

① When Victorians Got Rich on Dust
② A Foolproof Recipe for Brickmaking
③ How Bad Is Working in a Coal Mine?
④ Child Labor During the Industrial Revolution
⑤ Air Pollution : Why London Struggled to Breathe

25

The company formerly known as Facebook is so convinced that the metaverse is the future of the internet that last year it changed its name to Meta. Meta and its boss Mark Zuckerberg think that eventually many of us will work, play, and shop in the metaverse. Or at least our avatars will. While for many people this all sounds fanciful, a growing number of companies are buying up space in the metaverse so that they can set up shop there. These firms include the likes of Adidas, Burberry, Gucci, Tommy Hilfiger, Nike, Samsung, Louis Vuitton, and even banks HSBC and JP Morgan. The question for such businesses, though, is what location they pick. There are now some 50 or so different providers of worlds within the metaverse, with the most popular ones including The Sandbox, Decentraland, Voxels, and Somnium Space, plus Meta's own Horizon Worlds. Retailers and other investors are having to gamble on which of these will go on to become the dominant force in the metaverse, gaining the most visits from our avatars. And which other worlds may fade away into obscurity. Further, within the winning ecosystems, firms have to try to pick what will be the most popular areas.

① Setting up Shop in the Metaverse
② Opening Electronic Bank Branches
③ Building Virtual Eco-friendly Environments
④ Climbing the Social Ladder in the Metaverse
⑤ Dominating the Shopping Space with Avatars

26

A new study tests the common belief that the angrier people appear after a service failure, the more compensation they'll get — and shows that often the reverse is true. The effect of intense anger on service reps, the researchers found, varies according to a cultural trait known as power distance, or PD: a person's level of acceptance of power differences and hierarchy. Across four experiments involving simulated service interactions, participants with high PD — those who accepted power differences as natural or inevitable — gave more compensation to mildly angry customers than to intensely angry ones, while participants with low PD did just the opposite. Why? The high-PD subjects saw displays of intense anger as inappropriate and punished them, while the low-PD subjects saw the displays as threatening and rewarded them. But when the perception of threat was mitigated (participants were told that customers couldn't harm them), low-PD people, too, gave more compensation to mildly angry customers.

① Does Time Really Fly When You're Having Fun?
② Does the Squeaky Wheel Get the Most Oil?
③ Can a Rolling Stone Gather Any Moss?
④ Can Too Many Chefs Spoil the Broth?
⑤ Can a Stitch in Time Save Nine?

[27~28] 다음 글의 주제로 가장 적절한 것을 고르시오.

27

After the go-go 1990s and 2000s, the pace of economic integration stalled in the 2010s, as firms struggled with the aftershocks of a financial crisis, a populist revolt against open borders and President Donald Trump's trade war. The flow of goods and capital stagnated. Many bosses postponed big decisions on investing abroad: just-in-time gave way to wait-and-see. No one knew if globalisation faced a blip or extinction. Now the waiting is over, as the pandemic and war in Ukraine have triggered a once-in-a-generation reimagining of global capitalism in boardrooms and governments. Everywhere you look, supply chains are being transformed, from the $9 trillion in inventories, stockpiled as insurance against shortages and inflation, to the fight for workers as global firms shift from China into Vietnam. This new kind of globalisation prioritises doing business with people you can rely on, in countries your government is friendly with. It could descend into protectionism, big government and worsening inflation.

① the era of globalisation ushered in by new businesses
② the promotion of globalisation through cost efficiency
③ the switch to a security-first model of globalisation
④ the disruption of globalisation caused by war
⑤ the threat of globalisation to workers' rights

28

Members of the Lost Generation viewed the idea of the "American Dream" as a grand deception. This becomes a prominent theme in F. S. Fitzgerald's The *Great Gatsby* as the story's narrator Nick Carraway comes to realize that Gatsby's vast fortune had been paid for with great misery. To Fitzgerald, the traditional vision of the American Dream — that hard work led to success — had become corrupted. To the Lost Generation, "living the dream" was no longer about simply building a self-sufficient life, but about getting stunningly rich by any means necessary. The term "American Dream" refers to the belief that everyone has the right and freedom to seek prosperity and happiness, regardless of where or into what social class they were born. A key element of the American Dream is the assumption that through hard work, perseverance, and risk-taking, anyone can rise "from rags to riches," to attain their own version of success in becoming financially prosperous and socially upwardly mobile. Since the 1920s, the American Dream has been questioned and often criticized by researchers and social scientists as being a misplaced belief that contradicts reality in the modern United States.

① the repentance of self-reliance through hard work
② the fallacy of the great American Dream
③ the revision of the American Dream
④ the criticism of material success in America
⑤ the realization of the Lost Generation's ideals

[29~30] 다음 글의 요지로 가장 적절한 것을 고르시오.

29

Caitlin Mooney is 24 years old and passionate about technology that dates to the age of Sputnik. Mooney, a recent New Jersey Institute of Technology graduate in computer science, is a fan of technologies that were hot a half-century ago, including computer mainframes and software called COBOL that powers them. That stuff won't win any cool points in Silicon Valley, but it is essential technology at big banks, insurance companies, government agencies and other large institutions. During Mooney's job hunt, potential employers saw her expertise and wanted to talk about more senior positions than she was seeking. "They would get really excited," Mooney said. She's now trying to decide between multiple job offers. The resilience of decades-old computing technologies and the people who specialize in them shows that new technologies are often built on lots of old tech.

① Old technology can still be of great use.
② Keep up with the changing times in the tech world.
③ The best job is one that makes full use of your abilities.
④ Silicon Valley is always in the market for new technology.
⑤ The future of digital technology lies within academic institutions.

30

It's tempting to assume that past successes are a sign of good judgment, and in some cases they may be. The multigenerational success of some German midsize companies and the sheer longevity of Warren Buffett's investment performance are frequently cited examples. But success can have other parents. Luck, the characteristic that Napoleon famously required of his generals, is often the unacknowledged architect of success. Those in sports can attest to the importance of luck as well as skill. Grant Simmer, navigator and designer in four America's Cup yachting victories, has acknowledged the help of luck in the form of mistakes made by his competitors. Sometimes, what looks like sustained success may conceal trickery. Before the Enron scandal broke, in 2001, CEO Jeff Skilling was hailed as a highly successful leader. Toshiba's well-regarded boss, Hisao Tanaka, resigned in disgrace in 2015 after a $1.2 billion profit overstatement covering seven years was unearthed.

[3점]

① A watched pot never boils.

② All that glitters is not gold.

③ Time and tide wait for no man.

④ Birds of a feather flock together.

⑤ Don't put all your eggs in one basket.

31

For centuries, natives of the New Hebrides islands considered a head full of lice a sign of good health. "Observation over the centuries had taught them that people in good health usually had lice and sick people very often did not. The observation itself was accurate and sound," writes Darrell Huff in *How to Lie with Statistics*. ① But the correlation didn't mean lice are the key to good health — it's the other way around. ② Healthy people had lice because their body was just the right temperature, a perfect home for bugs. ③ Thus the proliferation of lice was a key determinant in promoting health in the human body. ④ But when people ran a high fever, their flesh became hot, sending the lice scattering. ⑤ Lice didn't cause good health — they preyed on it.

32

Cryptocurrencies have been around since 2009, and in all this time they have never come to play a major role in real-world transactions — El Salvador's much-hyped attempt to make bitcoin its national currency has become a disaster. ① Suppose, for example, that you use a digital payments app like Venmo, which has amply demonstrated its usefulness for real-world transactions. ② So how did cryptocurrencies come to be worth almost $3 trillion at their peak? ③ Why was nothing done to rein in "stablecoins," which were supposedly pegged to the U.S. dollar but were clearly subject to all the risks of unregulated banking, and are now experiencing a cascading series of collapses reminiscent of the wave of bank failures that helped make the Great Depression great? ④ My answer is that while the crypto industry has never managed to come up with products that are of much use in the real economy, it has been spectacularly successful at marketing itself, creating an image of being both cutting edge and respectable. ⑤ It has done so, in particular, by cultivating prominent people and institutions.   [3점]

* cryptocurrency 암호화폐

[33~34] 글의 흐름으로 보아, 주어진 문장이 들어가기에 가장 적절한 곳을 고르시오.

33

But newly analyzed fossils including wing bones, presented today in the journal *Royal Society Open Science*, have changed the story.

In ancient Flores, an island in eastern Indonesia, "hobbit"-size humans shared the landscape with an immense bird. (①) At more than five feet tall, the Ice Age stork *Leptoptilos robustus* would have towered over the three-foot-tall *Homo floresiensis*, who lived more than 60,000 years ago. (②) Paleontologists previously thought the big bird was a flightless species that had adapted to live in an isolated island ecosystem. (③) Despite the stork's size, its 12-foot wingspan likely would have allowed it to soar overhead. (④) This new realization prompted paleontologists to revise what they previously thought about the anatomy and behavior of *L. robustus*. (⑤) Rather than a hunter of small prey, the new study suggests the bird was probably a scavenger like other prehistoric, flying storks that are known to have relied on dead animals for their meals.

* paleontologist 고생물학자

34

Lead ions — while still toxic in other ways — also helped produce nitric oxide, a free radical that killed bacteria before they could infect the eyes.

Egyptians famously rimmed their eyes with black makeup. The makeover wasn't just for humans — cows led into ritual slaughter also got the face paint, as shown in art from 2500 B.C.E. (①) Manuscripts from the era claimed that the eyeliner protected wearers from eye infections, but modern-day scientists were skeptical. (②) After all, the most common formula contained lead. (③) But in 2009, a team of chemists led by a researcher from the University of Pierre and Marie Curie in Paris analyzed samples scraped from tombs and found the ancients were onto something. (④) Further, some of the compounds in the eyeliner aren't native to Egypt, leading researchers to believe that the makeup wasn't just used because it was on hand — it was deliberately manufactured. (⑤) The study's authors dubbed the eyeliner the first large-scale chemical manufacturing process known to us.

35

다음 글의 내용을 한 문장으로 요약할 때, 빈칸 (A), (B)에 들어갈 말로 가장 적절한 것은?

Ancient Greek democracy allowed the public to participate directly in the affairs of government, choosing policies and making governing decisions. In this sense, the people were the state. In contrast, the Roman Empire laid out the concept of republicanism, which emphasized the separation of powers within a state and the representation of the public through elected officials. Thus, while Greece gives us the idea of popular sovereignty, it is from Rome that we derive the notion of legislative bodies like a senate. In their earliest forms, neither Greek democracy nor Roman republicanism would be defined as liberal democracies by today's standards. Both emphasized certain democratic elements but restricted them in fundamental ways. As political rights and institutions have expanded over the centuries, republicanism and democracy have become intertwined to produce the modern liberal democratic regime we know today.

⇩

Although the forms of government in ancient Greece and Rome were ___(A)___, together they provided the ___(B)___ for modern democracy.

	(A)	(B)
①	primitive	deficiencies
②	interchangeable	inspiration
③	ideal	riddles
④	dissimilar	foundation
⑤	groundbreaking	groundwork

36

다음 글의 빈칸 (A), (B)에 들어갈 말로 가장 적절한 것은?

How we look at purpose is often connected to perceived importance. __(A)__ , we say that the purpose of the bee is to pollinate the flower if we see the flower as the object of primary concern; but if we are, say, beekeepers, we would be more likely to say that the purpose of the bee is to produce honey to feed the hive. Here purpose can be seen to be relative to a larger context — carrying seeds for flowers, or producing honey for the hive — and is connected with exploiting or using something for certain ends. __(B)__ , in nature it is often not quite clear who is using who. Is the small bird that eats ticks from the hide of the rhinoceros using the rhino as a large all-you-can-eat buffet, or is the rhino using the bird as a means of ridding itself of annoying ticks? They both need each other. So purpose is relative, then, and relates to something's or someone's relative importance.

	(A)	(B)
①	For instance	Otherwise
②	In contrast	Moreover
③	For instance	Yet
④	In contrast	Thus
⑤	Furthermore	However

[37~38] 주어진 글 다음에 이어질 글의 순서로 가장 적절한 것을 고르시오.

37

The women's movement since the sixties has developed in a way that exactly mirrors traditional male attitudes. It is as if we have a pattern burned into our brains and we can't move outside it. I've been thinking recently about why on the whole the women's movement has not fulfilled its potential.

(A) In today's Japan there are very few women in public life, much fewer than anywhere in the West, and when they are, it's nearly always in cultural things. So, all the great explosion of energy has ended up with a very narrow section of the female population doing better than it did before.

(B) They have good jobs, usually in cultural things like television and radio, newspapers, and so on. This is also true in countries where women have an extremely bad time, like Japan.

(C) It burst on the scene with enormous energy all over Europe and in America. Yet the energy dissipated, and what has actually been achieved is this : that in all the European countries and America and Canada middle-class women who were probably young in the sixties and are now middle-aged have done rather well.

① (A) - (C) - (B)
② (B) - (A) - (C)
③ (B) - (C) - (A)
④ (C) - (A) - (B)
⑤ (C) - (B) - (A)

Ever more scholars see cultures as a kind of mental infection or parasite, with humans as its unwitting host. Organic parasites, such as viruses, live inside the body of their hosts.

(A) The human dies, but the idea spreads. According to this approach, cultures are not conspiracies made up by some people in order to take advantage of others. Rather, cultures are mental parasites that emerge accidentally, and thereafter take advantage of all people infected by them.

(B) In just this fashion, cultural ideas live inside the minds of humans. They multiply and spread from one host to another, occasionally weakening the hosts and sometimes even killing them. A cultural idea can compel a human to dedicate his or her life to spreading that idea, even at the price of death.

(C) These parasites multiply and spread from one host to the other, feeding off their hosts, weakening them, and sometimes even killing them. As long as the hosts live long enough to pass along the parasite, it cares little about the conditions of its host. [3점]

① (A) - (C) - (B)
② (B) - (A) - (C)
③ (B) - (C) - (A)
④ (C) - (A) - (B)
⑤ (C) - (B) - (A)

[39~40] 다음 글을 읽고, 물음에 답하시오.

To many Americans, Cinco de Mayo is a day for eating Mexican food and drinking liberally. But the real history is far more _____.

It started in the 1860s. France wanted to expand its empire into Mexico, and Napoleon III ordered his troops to head toward Mexico City to overthrow Mexico's democratically elected President Benito Juarez, while Abraham Lincoln was preoccupied with the Civil War. The hyperorganized French forces were widely expected to triumph, leading to a new Mexican monarchy that would side with the Confederacy. But then, on May 5, 1862, the Mexican forces defeated the French in the Battle of Puebla. That surprise victory brought together Latinos who had come north during the gold rush, leading to spontaneous celebrations, says David E. Hayes-Bautista, author of *El Cinco de Mayo : An American Tradition*. (The first took place in Tuolumne County in California.) Soon they started a network of organizations to support the fight against slavery both in Mexico and the U.S. But in the 1930s, though, as the Civil War became a more distant memory, Cinco de Mayo's significance as a civil rights holiday started to fall by the wayside. By the 1980s and 1990s the number of Hispanic consumers had risen dramatically, and marketers — especially within the spirits industry — seized the moment. They made the holiday ubiquitous by turning it into a general celebration of Mexican-American culture, and the parties rage on today.

39

윗글의 빈칸에 들어갈 말로 가장 적절한 것은? [3점]

① geographically driven
② politically charged
③ conspiracy ridden
④ culturally distorted
⑤ economically balanced

40

윗글의 제목으로 가장 적절한 것은?

① The Surprising Evolution of Cinco de Mayo
② The Political Significance of Mexican Cuisine
③ Revisiting the History of Mexican Immigration
④ All Against Slavery : Struggles of the Confederacy
⑤ The Restoration of Civil Rights Through Cinco de Mayo

[41~42] 다음 글을 읽고, 물음에 답하시오.

Have you ever looked at the nighttime horizon and gasped at the sight of a spectacularly large moonrise? Typically, if you glance up at the sky hours later, the moon will seem to have shrunk. Dubbed the moon illusion, this phenomenon has been witnessed for thousands of years, a visual trickery that takes place all in the mind. And, even after so long, scientists still disagree on what exactly is happening in our brains. To test it, you can snap a picture of the rising moon on the horizon and compare it to an image taken later that night. The size will remain consistent, even if your eyes deceive in the moment.   (A)   , during a supermoon, when the date of the full moon coincides with the point closest to Earth in the lunar orbit and the moon appears roughly 7 percent bigger, the naked eye can barely see the increase — even if you convince yourself otherwise.

One common explanation for the illusion is that when the moon is near the horizon, trees or buildings juxtaposed against the sky fool your brain into perceiving the moon as closer to Earth, and therefore extra big.   (B)   , astronauts in orbit also witness the moon illusion without foreground objects, so this doesn't quite solve the problem.

While other hypotheses abound, the moon illusion still holds some intrigue for scientists — and anyone who takes the time to sit back and savor this lunar mystery.

* juxtapose 나란히 놓다

41

윗글의 제목으로 가장 적절한 것은?

① Traveling to the Moon Made Easy
② Lunar Eclipse During Supermoons
③ The Breathtaking View from Outer Space
④ The Optical Illusion of the Size of the Moon
⑤ The Shrinking Universe : A Cause for Worry?

42

윗글의 빈칸 (A), (B)에 들어갈 말로 가장 적절한 것은?

	(A)	(B)
①	Similarly	Moreover
②	For example	On one hand
③	Similarly	However
④	For example	Likewise
⑤	On the contrary	Therefore

[43~45] 다음 글을 읽고, 물음에 답하시오.

(A)

It was 1948, and Eleanor Abbott was bored. The retired schoolteacher was stuck in a San Diego hospital surrounded by young children who, like her, were suffering from polio. The kids were lonely and sad, and Abbott, with nothing else to do, decided that a cheerful board game could be the perfect antidote. So she supposedly grabbed a piece of butcher paper and started sketching plans.

(B)

While Milton Bradley kept that origin story under wraps for decades, the game's connection to the disease didn't stop there. It's possible that polio helped make *Candy Land* famous. In the early 1950s, a polio epidemic swept the country. The best way to stay healthy was to avoid people. Public swimming pools, playgrounds, and bowling alleys were shuttered. Moviegoers were encouraged to sit far from each other at the theater. Wary parents wouldn't even let their kids outside to play. Healthy or sick, everybody needed entertainment to help pass the time. That, coupled with the fact that postwar Americans had more money and leisure time than ever, provided ideal conditions for making a child's board game popular. Plus, it was about candy!

(C)

Today, polio has practically been eradicated from the globe. *Candy Land*, however, keeps on giving. It's sold more than 40 million copies and was inducted into the National Toy Hall of Fame in 2005. But Abbott kept a humble low profile for the rest of her life. According to Nicolas Ricketts of The Strong — a museum in Rochester, New York, devoted to the history and exploration of play — when Abbott received her first royalty check, she gave much of the money right back to the children she met in the ward. How sweet!

(D)

The end result was perfect for young children. No counting. No reading. Players simply needed to grasp colors and follow instructions on the cards to travel around the board, stopping at various delicious-sounding locations along the way. She shared it with the children in the polio ward, and they loved it. One year later, Milton Bradley bought the game — and it became a surprise hit: *Candy Land*.

43

주어진 글 (A)에 이어질 내용을 순서에 맞게 배열한 것으로 가장 적절한 것은?   [3점]

① (B) - (D) - (C)
② (C) - (B) - (D)
③ (C) - (D) - (B)
④ (D) - (B) - (C)
⑤ (D) - (C) - (B)

44

윗글의 제목으로 가장 적절한 것은?

① How to Play *Candy Land* with Kids
② The Bittersweet History of *Candy Land*
③ Using *Candy Land* as an Educational Tool
④ *Candy Land* : Boosting Children's Confidence
⑤ The Decline of the Popularity of *Candy Land*

45

윗글의 내용과 일치하지 <u>않는</u> 것은?

① *Candy Land* requires basic arithmetic skills.
② America was struck with an epidemic in the 1950s.
③ Eleanor Abbott made *Candy Land* while hospitalized.
④ Eleanor Abbott shared her first royalty check with others.
⑤ At first, Milton Bradley did not reveal the origin story of *Candy Land*.

01

넓이가 $5\sqrt{2}$인 예각삼각형 ABC에 대하여 $\overline{\mathrm{AB}}=3$, $\overline{\mathrm{AC}}=5$일 때, 삼각형 ABC의 외접원의 반지름의 길이는? [3점]

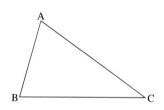

① $\dfrac{3\sqrt{3}}{2}$ ② $\dfrac{7\sqrt{3}}{4}$ ③ $2\sqrt{3}$

④ $\dfrac{9\sqrt{3}}{4}$ ⑤ $\dfrac{5\sqrt{3}}{2}$

02

시각 $t=0$일 때 동시에 원점을 출발하여 수직선 위를 움직이는 두 점 P, Q의 시각 $t(t\geq 0)$에서의 속도가 각각 $v_{\mathrm{P}}(t)=3t^2+2t-4$, $v_{\mathrm{Q}}(t)=6t^2-6t$이다. 출발한 후 두 점 P, Q가 처음으로 만나는 위치는? [3점]

① 1   ② 2   ③ 3

④ 4   ⑤ 5

03

직선 $x=a$와 세 함수

$f(x)=4^x$, $g(x)=2^x$, $h(x)=-\left(\dfrac{1}{2}\right)^{x-1}$의 그래프가 만

나는 점을 각각 P, Q, R라 하자. $\overline{\mathrm{PQ}}:\overline{\mathrm{QR}}=8:3$일 때, 상수 a의 값은? [3점]

① 1   ② $\dfrac{3}{2}$ ③ 2

④ $\dfrac{5}{2}$ ⑤ 3

04

자연수 $k(k\geq 2)$에 대하여 집합 $A=\{(a,\ b)\,|\,a,\ b$는 자연수, $2\leq a\leq k, \log_a b\leq 2\}$의 원소의 개수가 54일 때, 집합 A의 원소 $(a,\ b)$에 대하여 $a+b+k$의 최댓값은? [3점]

① 27   ② 29   ③ 31

④ 33   ⑤ 35

05

사차함수 $f(x)$는 $x=1$에서 극값 2를 갖고 $f(x)$가 x^3으로 나누어떨어질 때, $\displaystyle\int_0^2 f(x-1)dx$의 값은? [4점]

① $-\dfrac{12}{5}$ ② $-\dfrac{7}{5}$ ③ $-\dfrac{2}{5}$

④ $\dfrac{3}{5}$ ⑤ $\dfrac{8}{5}$

06

두 정수 a, b에 대하여 $a^2+b^2\leq 13$, $\cos\dfrac{(a-b)\pi}{2}=0$을 만족시키는 모든 순서쌍 $(a,\ b)$의 개수는? [4점]

① 16   ② 20   ③ 24
④ 28   ⑤ 32

07

최고차항의 계수가 1인 삼차함수 $f(x)$는 $x=1$과 $x=-1$에서 극값을 갖는다. $\{x|f(x)\leq 9x+9\}=(-\infty,\ a]$를 만족시키는 양수 a의 최솟값은? [4점]

① 1   ② 2   ③ 3
④ 4   ⑤ 5

08

원 $x^2+y^2=r^2$ 위의 점 $(a,\ b)$에 대하여 $\log_r|ab|$의 최댓값을 $f(r)$라 할 때, $f(64)$의 값은?(단, r는 1보다 큰 실수이고, $ab\neq 0$이다) [4점]

① $\dfrac{7}{6}$ ② $\dfrac{4}{3}$ ③ $\dfrac{3}{2}$

④ $\dfrac{5}{3}$ ⑤ $\dfrac{11}{6}$

09

집합 $A = \{1,\ 2,\ 3,\ 4,\ 5\}$에서 A로의 함수 중에서 다음 조건을 만족시키는 함수 $f(x)$의 개수는? [4점]

(가) $\log f(x)$는 일대일함수가 <u>아니다</u>.
(나) $\log\{f(1)+f(2)+f(3)\}= 2\log 2 + \log 3$
(다) $\log f(4)+\log f(5) \leq 1$

① 134   ② 140   ③ 146
④ 152   ⑤ 158

10

함수 $f(x)=\begin{cases}(x+2)^2 & (x \leq 0) \\ -(x-2)^2+8 & (x>0)\end{cases}$ 이 있다. 실수 m $(m<4)$에 대하여 곡선 $y=f(x)$ 직선 $y=mx+4$로 둘러싸인 부분의 넓이를 $h(m)$이라 할 때, $h(-2)+h(1)$의 값은? [4점]

① 75   ② 78   ③ 81
④ 84   ⑤ 87

11

수열 $\{a_n\}$의 일반항이 $a_n = \dfrac{\sqrt{9n^2-3n-2}+6n-1}{\sqrt{3n+1}+\sqrt{3n-2}}$ 일 때, $\displaystyle\sum_{n=1}^{16} a_n$의 값은? [4점]

① 110   ② 114   ③ 118
④ 122   ⑤ 126

12

좌표평면에서 점 $(18,\ -1)$을 지나는 원 C가 곡선 $y=x^2-1$과 만나도록 하는 원 C의 반지름의 길이의 최솟값은? [4점]

① $\dfrac{\sqrt{17}}{2}$ ② $\sqrt{17}$ ③ $\dfrac{3\sqrt{17}}{2}$
④ $2\sqrt{17}$ ⑤ $\dfrac{5\sqrt{17}}{2}$

13

좌표평면 위의 점 $(a,\ b)$에서 곡선 $y=x^2$에 그은 두 접선이 서로 수직이고 $a^2+b^2 \le \dfrac{37}{16}$일 때, $a+b$의 최댓값을 p, 최솟값을 q라 하자. pq의 값은? [4점]

① $-\dfrac{33}{16}$ ② $-\dfrac{35}{16}$ ③ $-\dfrac{37}{16}$

④ $-\dfrac{39}{16}$ ⑤ $-\dfrac{41}{16}$

14

두 다항함수 $f(x)$, $g(x)$에 대하여 $f(1)=2$, $g(1)=0$, $f'(1)=3$, $g'(1)=2$일 때,

$$\lim_{x \to \infty} \sum_{k=1}^{4} \left\{ xf\left(1+\dfrac{3^k}{x}\right) g\left(1+\dfrac{3^k}{x}\right) \right\}$$의 값은? [4점]

① 400   ② 440   ③ 480

④ 520   ⑤ 560

15

좌표평면에서 정삼각형 ABC에 내접하는 반지름의 길이가 1인 원 S가 있다. 실수 $t(0 \le t \le 1)$에 대하여 삼각형 ABC 위의 점 P와 원 S의 거리가 t인 점 P의 개수를 $f(t)$라 하자. 함수 $f(t)$가 $t=k$에서 불연속인 k의 개수를 a, $\lim_{t \to 1-} f(t) = b$라 할 때, $a+b$의 값은?(여기서, 점 P와 원 S의 거리는 점 P와 원 S 위의 점 X에 대하여 선분 PX의 길이의 최솟값이다) [4점]

① 6   ② 7   ③ 8

④ 9   ⑤ 10

16

좌표평면에 네 점 $A(0,\ 0)$, $B(1,\ 0)$, $C(1,\ 1)$, $D(0,\ 1)$이 있다. 자연수 n에 대하여 집합 X_n은 다음 조건을 만족시키는 모든 점 $(a,\ b)$를 원소로 하는 집합이다.

(가) 점 $(a,\ b)$는 정사각형 $ABCD$의 내부에 있다.

(나) 정사각형 $ABCD$의 변 위를 움직이는 점 P와 점 $(a,\ b)$ 사이의 거리의 최솟값은 $\dfrac{1}{2^n}$이다.

(다) $a=\dfrac{1}{2^k}$이고, $b=\dfrac{1}{2^m}$인 자연수 k, m이 존재한다.

집합 X_n의 원소의 개수를 a_n이라 할 때, $\displaystyle\sum_{n=1}^{10} a_n$의 값은? [4점]

① 100   ② 120   ③ 140

④ 160   ⑤ 180

17

두 자연수 a, b에 대하여
함수 $f(x) = \sin(a\pi x) + 2b \,(0 \le x \le 1)$ 이 있다. 집합 $\{x | \log_2 f(x)$ 는 정수$\}$의 원소의 개수가 8이 되도록 하는 서로 다른 모든 a의 값의 합은?   [5점]

① 12   ② 15   ③ 18

④ 21   ⑤ 24

18

함수 $f(x) = \begin{cases} 1+x & (-1 \le x < 0) \\ 1-x & (0 \le x \le 1) \\ 0 & (|x| > 1) \end{cases}$ 에 대하여 함수 $g(x)$

를 $g(x) = \displaystyle\int_{-1}^{x} f(t)\{2x - f(t)\}dt$ 라 할 때, 함수 $g(x)$의 최솟값은?   [5점]

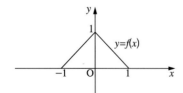

① $-\dfrac{1}{4}$ ② $-\dfrac{1}{3}$ ③ $-\dfrac{5}{12}$

④ $-\dfrac{1}{2}$ ⑤ $-\dfrac{7}{12}$

19

최고차항의 계수가 양수인 다항함수 $f(x)$와 함수 $y = f(x)$의 그래프를 y축에 대하여 대칭이동한 그래프를 나타내는 함수 $g(x)$가 다음 조건을 만족시킨다.

(가) $\displaystyle\lim_{x \to 1} \dfrac{f(x)}{x-1}$ 의 값이 존재한다.

(나) $\displaystyle\lim_{x \to 3} \dfrac{f(x)}{(x-3)g(x)} = k \,(k$는 0이 아닌 상수$)$

(다) $\displaystyle\lim_{x \to -3+} \dfrac{1}{g'(x)} = \infty$

$f(x)$의 차수의 최솟값이 m이다. $f(x)$의 차수가 최소일 때, $m+k$의 값은?   [5점]

① $\dfrac{10}{3}$ ② $\dfrac{43}{12}$ ③ $\dfrac{23}{6}$

④ $\dfrac{49}{12}$ ⑤ $\dfrac{13}{3}$

20

곡선 $y = x^3 - x^2$ 위의 제1사분면에 있는 점 A에서의 접선의 기울기가 8이다. 점 $(0, 2)$를 중심으로 하는 원 S가 있다. 두 점 $\mathrm{B}(0, 4)$와 원 S 위의 점 X에 대하여 두 직선 OA와 BX가 이루는 예각의 크기를 θ라 할 때, $\overline{\mathrm{BX}}\sin\theta$의 최댓값이 $\dfrac{6\sqrt{5}}{5}$ 가 되도록 하는 원 S의 반지름의 길이는?(단, O는 원점이다)   [5점]

① $\dfrac{3\sqrt{5}}{4}$ ② $\dfrac{4\sqrt{5}}{5}$ ③ $\dfrac{17\sqrt{5}}{20}$

④ $\dfrac{9\sqrt{5}}{10}$ ⑤ $\dfrac{19\sqrt{5}}{20}$

21

수열 $\{a_n\}$이 모든 자연수 n에 대하여 $\sum\limits_{k=1}^{n} \dfrac{a_k}{2k-1} = 2^n$ 을

만족시킬 때, $a_1 + a_5$의 값을 구하시오. [3점]

① 140　　② 142　　③ 144　　④ 146　　⑤ 148

22

실수 a, b, c가 $\log\dfrac{ab}{2} = (\log a)(\log b)$,

$\log\dfrac{bc}{2} = (\log b)(\log c)$, $\log(ca) = (\log c)(\log a)$를 만족

시킬 때, $a+b+c$의 값을 구하시오(단, a, b, c는 모두 10

보다 크다). [4점]

① 250　　② 260　　③ 270　　④ 280　　⑤ 290

23

최고차항의 계수가 1인 이차함수 $f(x)$에 대하여 함수 $g(x)$

를 $g(x) = \begin{cases} -x^2 + 2x + 2 & (x < 1) \\ f(x) & (x \geq 1) \end{cases}$ 이라 하자. 함수 $g(x)$

가 $x=1$에서 연속이고 실수 전체의 집합에서 증가하도록 하

는 모든 함수 $f(x)$에 대하여 $f(3)$의 최솟값을 구하시오.

[4점]

① 5　　② 6　　③ 7　　④ 8　　⑤ 9

24

모든 실수 x에 대하여 부등식 $(a\sin^2 x - 4)\cos x + 4 \geq 0$

을 만족시키는 실수 a의 최댓값과 최솟값의 합을 구하시오.

[4점]

① 10　　② 14　　③ 18　　④ 20　　⑤ 24

25

세 집합 A, B, C는

$A = \left\{ (2+2\cos\theta,\ 2+2\sin\theta) \middle| -\dfrac{\pi}{3} \leq \theta \leq \dfrac{\pi}{3} \right\}$,

$B = \left\{ (-2+2\cos\theta,\ 2+2\sin\theta) \middle| \dfrac{2\pi}{3} \leq \theta \leq \dfrac{4\pi}{3} \right\}$,

$C = \left\{ (a,\ b) \middle| -3 \leq a \leq 3,\ b = 2 \pm \sqrt{3} \right\}$ 이다. 좌표평면

에서 집합 $A \cup B \cup C$의 모든 원소가 나타내는 도형을 X라

하고, 도형 X와 곡선 $y = -\sqrt{3}\,x^2 + 2$가 만나는 점의 y좌

표를 c라 하자. 집합 X로 둘러싸인 부분의 넓이를 α, 곡선

$y = -\sqrt{3}\,x^2 + 2$와 직선 $y = c$로 둘러싸인 부분의 넓이를

β라 하자. $\alpha - \beta = \dfrac{p\pi + q\sqrt{3}}{3}$ 일 때, $p+q$의 값을 구하시

오(단, p, q는 정수이다). [5점]

① 32　　② 33　　③ 34　　④ 35　　⑤ 36

2026

경찰대학

7개년

★ ★

기출문제 다잡기

★ ★

점수 CHECK!	1회독	2회독	3회독
국어영역 공통			
영어영역 공통			
수학영역 공통			

2022학년도

기출문제
다 잡 기

경찰대학
글로벌 치안인재와 지식의 산실

※ 점수 표시가 없는 문항은 모두 2점

[01~05] 다음 글을 읽고 물음에 답하시오.

한국에 사는 외국인들의 한국어 구사 능력은 적응 정도에 따라 차이가 나지만, 그들이 구사하는 한국어는 한국어를 모국어로 배운 사람들의 한국어와는 꽤 다르다. 그들의 모국어가 새로 익힌 한국어에 간섭하고 있기 때문이다. 이것은 한국인이 외국어를 배울 때도 생기는 일이다.

한국어는 음운 구조나 통사 구조가 주류 언어들과 크게 달라서, 외국인들이 쓰는 한국어에는 이들의 모국어가 행사하는 간섭의 흔적이 짙어 보일 수밖에 없다. 많은 외국어에서 조음부가 같은 자음들을 성대 울림 유무(유성/무성)로 변별하는 데 견주어, 한국어는 조음부가 공기의 흐름을 어떻게 ㉠ 방해하는지에 따라 이 자음들을 변별한다. 그래서 한국인들에게는 너무 쉬운 /ㄱ/ /ㅋ/ /ㄲ/, /ㄷ/ /ㅌ/ /ㄸ/, /ㅂ/ /ㅍ/ /ㅃ/의 구별이 어떤 외국인들에게는 ㉡ 넘지 못할 산이다.

한국어에서 유성 자음은 /ㄴ/ /ㄹ/ /ㅁ/ /ㅇ/ 소리 말고는 유성음(이들 네 자음과 모음) 사이의 동화로만 실현된다. 예컨대 '가구'의 첫 음절과 둘째 음절은 둘 다 'ㄱ'으로 시작하지만, 음성 수준에선 각각 [k]와 [g]로 실현된다. 그래서 '가구'는 [kaːgu]로 발음된다. 둘째 음절의 무성 평자음 'ㄱ'이 그것을 둘러싼 두 모음의 영향을 받아 유성음으로 변하는 것이다. 한국인들은 어려서부터 이런 규칙을 깊이 내면화하고 있어서 그걸 깨닫지도 못한 채 실현하지만, 자신들의 모국어에 이런 규칙이 없는 외국인들에게는 이것이 쉽지 않다.

[A]
무성 평자음이 두 유성음 사이에서 유성 자음으로 변한다는 규칙을 비롯해 한국어는 복잡한 음운 규칙들을 많이 지니고 있다. 예컨대 '독립문'을 글자 그대로 [독립문]으로 읽지 않고 [동님문]으로 읽어야 하고, '실내'를 [실내]로 읽지 않고 [실래]로 읽어야 한다. 또 '낯을', '낮을', '낫을'을 발음할 땐 첫 음절 마지막 음운이 글자대로 [ㅊ], [ㅈ], [ㅅ]으로 실현되는 데 비해, 앞의 명사들이 홀로 남아 '낯', '낮', '낫'이 되면 그 마지막 소리가 왜 하나 같이 [ㄷ]으로 실현되는지 한국어를 배우기 시작한 외국인들은 알 도리가 없다.

사실 그 정확한 이유는 대다수 한국인들도 모른다. 그들은 다만 그 규칙을 내면화하고 있을 뿐이다. 그런데 그 내면화가 자신들의 모국어에 이런 규칙이 없는 외국인들에겐 매우 어려운 일이다. 예컨대 /ㅡ/나 /ㅢ/ 같은 모음을 지닌 언어는 매우 드물어서, 외국인들이 이 소리를 제대로 익히는 일도 쉽지 않다.

통사 수준의 어려움은 이보다 훨씬 더하다. 통사 구조가 한국어와 꽤 엇비슷한 일본어 화자가 아닌 경우에, 한국어 초보자 외국인들은 단어들을 똑바른 순서로 배열하는 데 적잖은 어려움을 느낀다. 또한 주격 조사 '이', '가'와 보조사 '은', '는'의 구별은 이들에게 ㉢ 악몽이다. 구별은커녕 많은 외국인들이 자신들의 모국어에 없는 조사라는 ㉣ 괴물을 아예 생략해 버린다. 통사 구조를 익히는 것으로 마무리될 일도 아니다. 한국인들도 더러 헷갈려할 만큼 복잡한 경어 체계가 그 뒤에 기다리고 있다. 방송 프로그램에 나와서 유창하게 한국어를 구사하는 외국인들은 이 모든 ㉤ 어려움을 이겨낸 예외적인 사람들이다.

01

윗글의 내용과 일치하는 것은?

① 한국어와 일본어는 어순이 비슷하다.

② 한국어를 배우려는 외국인이 늘고 있다.

③ 한국어의 음운 구조는 통사 구조와 달리 체계적이다.

④ 한국어 음운 규칙의 이유를 한국인들은 잘 이해하고 있다.

⑤ 한국어의 조음부가 같은 자음은 성대 울림 유무로 변별된다.

02

[A]에 대한 이해로 적절하지 <u>않은</u> 것은?

① 무성 평자음이 두 유성음 사이에서 유성 자음으로 변한 사례로는 '논리[놀리]'가 있다.

② '독립문[동님문]'의 음운 규칙에 해당하는 사례로는 '섭리[섬니]'가 있다.

③ '실내[실래]'의 음운 규칙에 해당하는 사례로는 '칼날[칼랄]'이 있다.

④ '낫을', '낮을'의 음운 규칙에 해당하는 사례로는 '옷이', '옻이'가 있다.

⑤ '낫', '낮'의 음운 규칙에 해당하는 사례로는 '갓', '갖'이 있다.

03

윗글을 읽고 추론한 내용으로 적절하지 <u>않은</u> 것은?

① 어떤 외국인들은 '의사'를 정확하게 발음하기가 어렵겠군.

② 복잡한 음운 규칙을 내면화한 한국인이 외국어를 발음하기는 어렵지 않겠군.

③ 외국인들이 가끔 실수로 반말하는 것은 한국어의 경어 체계에 익숙하지 못하기 때문이겠군.

④ 외국인들이 "아이 학교 가요."라고 불분명하게 말하는 것은 조사 선택에 어려움을 느꼈기 때문이겠군.

⑤ 영어 초보자 한국인이 "Marry me."라고 하지 않고 "Marry with me."라고 실수하는 것은 모국어인 한국어가 영어에 간섭한 것이겠군.

04

〈보기〉를 참고해 윗글을 이해한 내용으로 적절하지 <u>않은</u> 것은?

[3점]

┤ 보 기 ├

음성은 사람의 입을 통해 나오는 소리 가운데 말할 때에 사용되는 소리를 가리킨다. 머릿속에서 추상적으로 인식하는 소리인 음운과 달리 음성은 물리적으로 귀에 들리는 구체적인 소리로, 의미 변별의 기준이 되지 못한다. 반면에 음운은 의미 변별에 관여하는 최소의 말소리이다.

① 외국인에게는 '가구'의 'ㄱ'들이 서로 다르게 들릴 수 있겠군.

② '가구[ka:gu]'의 'k'와 'g'는 한국어에서 음운이 아닌 음성이겠군.

③ '가구'에서 둘째 음절의 'ㄱ'이 유성음이 됨으로써 의미 변별이 되는군.

④ 한국어에서는 성대 울림 유무만으로 단어의 뜻이 변별되는 경우는 없겠군.

⑤ 한국어에서는 음운으로서의 자격을 가지는 자음과 모음만 다른 글자로 표기하는군.

05

㉠~㉤ 중 문맥상 의미가 <u>다른</u> 하나는?

① ㉠   ② ㉡

③ ㉢   ④ ㉣

⑤ ㉤

빌렘 플루서는 디지털 시대에 들어서서 글쓰기에 중요한 변화가 나타났다고 주장한다. 특히 그는 디지털이라는 형식이 긍정적이든 부정적이든 인간 행동, 의식, 지각에 커다란 영향을 끼친다는 점을 눈여겨보았다. 따라서 그는 ㉠패러다임 변화에 발맞추어 새로운 글쓰기 방식을 실험하고 구성해야 한다고 주장한다. 디지털 글쓰기 장(場)에서는 저자로부터 독자로 향하는 일방적 의미 전달 관계가 저자와 독자의 상호 대화적 관계로 변화할 수 있다. 이러한 소통 방식은 글쓰기에 있어서 새로운 도전 영역이다. 우리는 이러한 방식을 어떻게 활용할 것인가에 대해 따져 보아야 한다.

[A] 디지털 시대는 글쓰기 조건, 지식 전달 방식, 지식 분배 방식을 변화시킨다. 디지털 글쓰기는 대화 구조에서 사용되는 양방향적 채널을 통해 지식을 확대·재생산한다. 이뿐만 아니라 과거 일방적 전달 방식이 구조화한 지식의 특징까지 비판적으로 수용할 수 있다.

디지털 시대 이전의 저자는 머릿속에 떠오른 이미지를 문자와 개념으로 바꿔 독자에게 의미를 전달하는 사람이었다. 하지만 ㉡디지털 시대의 저자는 문자와 개념을 디지털 이미지로 만들어 수용자와 주고받는 사람이다. 여기서 한 걸음 더 나아가면 만들어진 이미지를 개념으로 재구조화해 새로운 의미를 생산할 수도 있다.

플루서는 기술적 발전과 대중 매체 확산에 따른 대중문화 현상들이 인간과 세계를 의미화하는 강력한 방식으로 대두되었으므로 이에 대한 깊이 있는 인식이 절실하다고 강조한다. 그가 디지털 시대의 주도적 소통 방식으로 명명한 ㉢기술적 형상은 이전 시대의 주도적 소통 방식이었던 문자의 개념적 의미를 이미지로 펼쳐 보여준다. 하지만 쉽고 빠르게 수용자에게 전달되는 디지털 이미지는 그 안에 담긴 상징적 의미를 은폐하거나 왜곡할 가능성을 갖고 있다.

플루서는 디지털 이미지가 갖는 현실 은폐와 기만의 작용을 간파해야 한다고 강조한다. 그에 따르면 우리는 아직 기술적 형상이라는 새로운 소통 방식에 어울리는 의식을 갖추지 못한 채 쉽고 간단한 이미지에 만족해 메시지를 주고받는 것에만 집중한다. 대중이 비판의 필요성을 간과하거나 무시할 때 권력과 자본은 기술적 형상을 장악하고 대중 매체를 이용해 정보 수용자들을 탈정치화, 탈윤리화, 탈가치화할 수 있다. 이에 저항하려면 기술적 형

상을 이해하고 기술을 이용해 상상과 개념을 종합하는 새로운 능력이 절실하다. 플루서는 이를 ㉣기술적 상상력이라고 이름 짓는다. 또한 기술적 상상력을 갖춘 사람을 기술적 상상가라고 부른다. 디지털 시대의 기술적 상상가, ㉤정보 유희자가 되려면 만인을 위한 커뮤니케이션 매체가 기만의 도구로 오용될 위험을 간파해야 한다.

06

문맥상 ㉠~㉤의 의미로 가장 적절한 것은?

① ㉠ : 글쓰기의 조건과 방식, 도구, 정보 전달 방향 등을 포함한 일체의 변화
② ㉡ : 이미지와 상징을 문자로 표현하는 사람
③ ㉢ : 디지털 도구나 기계를 이용해 만든 대화 구조
④ ㉣ : 문자가 개념화한 의미를 선형적으로 배열하는 능력
⑤ ㉤ : 디지털 이미지가 갖는 정보를 일방향적으로 전달하는 사람

07

[A]에 해당하는 사례로 적절하지 않은 것은?

① 바둑, 장기, 체스 경기 이해에 필요한 기본 규칙
② 폐쇄 회로 카메라와 얼굴 인식 기능의 영상 접속 프로그램
③ 누구나 글을 올리고 수정할 수 있는 소프트웨어 미디어 위키
④ 이용자 정보를 활용해 새로운 정보를 추천하는 SNS 알고리즘
⑤ 모든 것이 검색되고 저장되는 스마트 기기, 트위터, 구글, 페이스북

08

윗글의 논지를 지지하는 근거로 적절하지 <u>않은</u> 것은? [3점]

① 대중 매체와 대중문화 현상은 디지털 사회와 깊은 연관성을 갖고 있다.

② 기술적 발전은 의미의 해독과 생산을 방해해 수용자들을 탈정치화한다.

③ 상호 작용성, 지식 개방과 공유, 참여와 협력 등 디지털 글쓰기의 가능성을 개발해야 한다.

④ 디지털 글쓰기 주체들은 협력적으로 지식을 생산, 공유해 탈정치화에 저항할 수 있다.

⑤ 디지털 사회의 통제 위험성에서 벗어나기 위해 새로운 소통방식에 어울리는 의식을 갖추어야 한다.

[09~13] 다음 글을 읽고 물음에 답하시오.

(가)

바다는 뿔뿔이
달아나려고 했다.

푸른 도마뱀 떼같이
재재발렀다.

꼬리가 이루
잡히지 않았다.

흰 발톱에 찢긴
산호(珊瑚)보다 붉고 슬픈 생채기!

가까스로 몰아다 부치고
변죽을 둘러 손질하여 물기를 씻었다.

이 애쓴 해도(海圖)에
손을 씻고 떼었다.

찰찰 넘치도록
돌돌 구르도록

휘동그란히 받쳐 들었다!
지구(地球)는 연(蓮)잎인 양 오므라들고…… 펴고…….

– 정지용, 「바다 2」

(나)

막차는 좀처럼 오지 않았다
대합실 밖에는 밤새 송이 눈이 쌓이고
흰 보라 수수꽃 눈 시린 유리창마다
톱밥 난로가 지펴지고 있었다
그믐처럼 몇은 졸고
몇은 감기에 쿨럭이고
그리웠던 순간들을 생각하며 나는
한 줌의 톱밥을 불빛 속에 던져 주었다
내면 깊숙이 할 말들은 가득해도
청색의 손바닥을 불빛 속에 적셔 두고
모두들 아무 말도 하지 않았다
산다는 것이 때론 술에 취한 듯
한 두름의 굴비 한 광주리의 사과를
만지작거리며 귀향하는 기분으로
침묵해야 한다는 것을
모두들 알고 있었다
오래 앓은 기침 소리와
쓴 약 같은 입술 담배 연기 속에서
싸륵싸륵 눈꽃은 쌓이고
그래 지금은 모두들
눈꽃의 화음에 귀를 적신다
자정 넘으면
낯설음도 뼈아픔도 다 설원인데
ⓐ <u>단풍잎 같은 몇 잎의 차창을 달고</u>
밤 열차는 또 어디로 흘러가는지
그리웠던 순간들을 호명하며 나는
한 줌의 눈물을 불빛 속에 던져 주었다

– 곽재구, 「사평역에서」

(다)

마른 잎사귀에 도토리 알 얼굴 부비는 소리 후두둑 뛰어내려 저마다 멍드는 소리 멍석 위에 나란히 잠든 반들거리는 몸 위로 살짝살짝 늦가을 햇볕 발 디디는 소리 먼길 날아 온 늙은 잠자리채머리 떠는 소리 맷돌 속에서 껍질 타지며 가슴 둥당거리는 소리 사그락사그락 고운 뼛가루 저희끼리 소근대며 어루만져 주는 소리 보드랍고 찰진 것들 물속에 가라앉으며 안녕 안녕 가벼운 것들에게 이별 인사 하는 소리 아궁이 불 위에서 가슴이 확 열리며 저희끼리 다시 엉기는 소리 식어 가며 단단해지며 서로 핥아주는 소리

도마 위에 다갈빛 도토리묵 한 모

모든 소리들이 흘러 들어간 뒤에 비로소 생겨난 저 고요
저토록 시끄러운, 저토록 단단한,

　　　　　　　　　　　　　- 김선우, 「단단한 고요」

09

(가)~(다)에 대한 설명으로 가장 적절한 것은?

① (가)와 (나)는 이국적인 소재를 시어로 활용해 신선한 느낌을 주었다.

② (가)와 (다)는 대상을 살아 있는 것으로 비유하여 생동감을 드러내고 있다.

③ (나)와 (다)의 지배적 정서는 삶에 대한 슬픔과 회한이다.

④ (가)~(다)는 시제 변화를 통해 화자와 독자 사이 거리를 조절한다.

⑤ (가)~(다)는 화자의 시선 이동에 따른 공간 변화를 활용해 정서의 변화를 이루었다.

10

(가)의 표현상 특징으로 적절하지 않은 것은?

① 다양한 비유와 선명한 이미지를 사용했다.

② 색채 대비를 통해 파도치는 해변을 형상화했다.

③ 음성 상징어를 사용해 바다의 움직임을 제시했다.

④ 반어적 표현을 활용해 파도의 흔적을 구체화했다.

⑤ 전반부는 관찰을, 후반부는 상상을 중심으로 시상을 전개했다.

11

〈보기〉를 참고해 (나)를 감상한 내용으로 적절하지 않은 것은?

┤ 보 기 ├

　「사평역에서」는 소박하고 일상적인 소재, 냉온 감각 등을 도입해 막차를 기다리는 사람들의 풍경을 그리고 있다. 고단한 삶을 사는 사람들에 대한 화자의 연민과 애정 어린 시선이 따뜻한 공감을 불러일으킨다.

① '대합실'은 다양한 서민 군상들이 모여 있어 애환이 느껴지는 공간이군.

② '톱밥 난로'는 막차를 기다리는 사람들을 위로해 주는 소재로 사용되었군.

③ '그믐처럼 몇은 졸고'는 사람들의 지친 모습을 나타내고 있군.

④ '모두들 아무 말도 하지 않았다'는 서로를 믿지 않는다는 점을 암시하는군.

⑤ '한 줌의 눈물을 불빛 속에 던져 주었다'는 고달픈 삶에 대한 화자의 연민을 보여 주는군.

12

〈보기〉를 참고할 때, 원관념과 보조 관념의 관계가 ⓐ와 유사한 것은? [3점]

┤ 보 기 ├

　비유는 원관념과 보조 관념 각각의 구상성과 추상성에 따라 의미와 효과가 달라진다. ⓐ의 경우 원관념과 보조 관념이 모두 구상성을 지니고 있다.

① 사랑은 숭고한 정념

② 내 마음같이 푸른 모래밭

③ 추억인 양 내리는 물안개

④ 푸른 건반인 듯 주름진 계단

⑤ 해바라기처럼 타오르는 기도

13

(다)에 대한 설명으로 적절하지 않은 것은?

① 유사한 시구를 반복하여 리듬감을 조성했다.

② 역설법과 도치법을 통해 대상의 이미지를 강조했다.

③ 정서를 배제하고 대상의 회화적 이미지를 만들었다.

④ 다양한 감각을 활용해 대상의 변화 과정을 나타냈다.

⑤ 시적 대상이 만들어지는 단계에 따라 시상을 전개했다.

[14~17] 다음 글을 읽고 물음에 답하시오.

플라톤의 사유는 가짜 정치가들로부터 진짜 정치가를, 소피스트들로부터 진짜 철학자를 가려내기 위한 '진품 가려내기'의 철학이라고 할 수 있다. 그래서 플라톤의 철학은 일반적으로 가짜들 속에서 진짜를 가려내기 위한 철학이라고 본다.

플라톤에게 '진짜'와 '가짜'의 구분은 대단히 중요한 주제이다. 기만적 현실에 대한 의구심과 환멸에서 출발했기 때문에 그의 사유에는 가짜, 허상, 이미지 등에 대한 강한 저항 의식이 배어 있다. 이러한 측면에서 그에게 진짜와 가짜의 구분은 본질적 문제였다. 여기에서 그의 사유 전체를 관류하는 기본적인 주제들 중 하나가 성립한다. 만일 진짜가 존재하고 우리가 그것을 알 수 있다면, 다른 모든 것들은 진짜에 대한 모방의 성공 정도에 입각해 존재론적으로 파악할 수 있다는 것이다. 물론 그의 이런 생각에는 현실 세계가 제작된 것으로 보는 관점이 맞물려 있으며, 이는 곧 현실 세계가 이데아 세계를 모방하도록 창조되었다는 의미이기도 하다.

이데아 모방론을 전제할 때 자연스럽게 따라 나오는 결론 중 하나는 인공물에 대한 자연물의 존재론적 우위에 관한 것이다. 자연은 이데아를 모방한 산물이지만 인공물은 자연물을 다시 모방한 산물이기 때문이다. 나아가 인공물 중에서도 실물과 그것을 그린 회화 사이에는 다시 존재론적 위계가 설정된다. 가령, '인공물로서의 의자' 그리고 '의자를 그린 그림'은 존재론적 위계에서 차이가 난다. 현실 세계의 의자는 의자의 이데아를 모방한 인공물이다. 의자를 그린 그림은 이 현실 세계의 의자를 다시 모방한 것으로 이데아로부터 두 단계나 떨어져 있다. 플라톤에게 있어 이데아의 세계와 현실 세계의 관계에서 후자의 폄하는 현실 세계와 인위적 세계의 관계에서 후자에 대한 폄하이다. 이러한 존재론적 위계는 플라톤의 사유 전체를 떠받치고 있다.

플라톤의 가치관이 압축적으로 담겨 있는 저서로 『소피스트』를 들 수 있다. 여기에서 플라톤은 '모상술(模像術)'을 '사상술(寫像術)'과 '허상술(虛像術)'로 위계화한다. 『소피스트』에서 플라톤은 이데아의 세계와 현실 세계를 구분하는 것 못지않게, 아니 그 이상으로 이데아와 유사한 것, 이데아로부터 아예 멀어진 것을 구분하는 것이 중요하다고 역설한다.

존재론을 우선시하는 일반적 해석과 달리, 플라톤이 이데아론을 체계화한 목적이 사실은 현실 세계 사물들 사이의 위계를 세우기 위함이었음을 추측해 볼 수 있다. 이데아는 바로 이 구분과 위계를 설명하는 기준이 된다. 즉, 이데아는 허상으로부터 직선을 긋고 그 선을 계속 연장할 때 도달하게 되는 가장 진실한 극점이다. 역으로 이데아라는 극점에서 직선을 긋고 그 직선을 계속 연장했을 때 도달하는 반대 극점은 허상이다. 이렇게 생각해 보면 이데아론은 애초부터 순수 존재론적 맥락에서가 아니라 오히려 가치론적 맥락에서 착상되지 않았을까 하고 추측해 볼 수 있다.

14

윗글에 대한 설명으로 가장 적절한 것은?

① 특정 이론의 견해를 구성하는 핵심 개념을 정의한 후 주장의 특징을 열거하고 있다.

② 특정 이론의 견해에 대한 통념을 제시하고 통념과는 다른 해석 관점을 설명하고 있다.

③ 특정 이론의 견해가 지닌 한계점을 지적한 후 이를 보완할 수 있는 새로운 견해를 주장하고 있다.

④ 특정 이론의 일반적 견해에 대한 상반된 평가 내용을 비교한 후 그 이론의 의의를 소개하고 있다.

⑤ 특정 이론의 견해가 등장한 역사적 배경을 설명하고 시대적 흐름에 따른 수용 양상을 제시하고 있다.

15

윗글의 내용과 일치하지 <u>않는</u> 것은?

① 일상생활에서 사용하는 의자는 실물과 유사하게 그린 의자 그림보다 이데아에 더 가깝다.

② 이데아론은 진짜와 가짜를 구분할 뿐 아니라 모방물 사이의 가치를 구분하는 기준이 된다.

③ 이데아 모방론에서는 자연물의 존재론적 가치와 인공물의 존재론적 가치를 다르게 평가한다.

④ 현실 세계의 존재들은 이데아로부터 얼마나 가까운가 떨어져 있는가를 기준으로 위계를 갖는다.

⑤ 현실 세계는 이데아의 세계보다 존재론적으로 가치가 있지만, 인위적 세계의 가치는 이데아에 대한 모방의 성공 정도에 따라 다르다.

16

윗글을 읽은 학생의 반응으로 적절하지 <u>않은</u> 것은?

① 아름 : 실제의 남자 철수와 실제의 여자 순이는 현실 세계에 존재하지만 남자의 이데아와 여자의 이데아는 현실 세계에 존재하지 않아.

② 다운 : 비슷한 맥락으로 볼 때 인간은 신을 모방한 창조물이라는 주장으로 나아갈 수 있겠네.

③ 우리 : 성공한 케이팝 아이돌의 이미지가 팬에게 힘을 발휘하기만 한다면 그 아이돌의 이미지는 이데아인 거야.

④ 강산 : 그림 그릴 때 활용하는 원근법, 명암, 투시법은 가짜를 진짜처럼 보이게 하는 방법이지.

⑤ 만세 : 여러 개의 의자 그림에 대해 가치를 매기려면 우선 의자의 이데아가 어떤 건지 알아야 하겠군.

17

윗글을 참고해 〈보기〉의 내용을 이해한 것으로 가장 적절한 것은? [3점]

┌─ 보 기 ─────────────────────┐
아리스토텔레스는 '서사시가 역사보다 위대하다.'고 보았다. 모방 대상의 본질을 꿰뚫은 허구는 이데아에 가깝기 때문이다. 이러한 진실을 '시적 진실'이라고 한다.
└──────────────────────────┘

① '시적 진실'은 현실을 모방한 가짜의 극점이다.

② '시적 진실'은 '역사'보다 이데아로부터 떨어져 있다.

③ 모방 대상의 본질을 꿰뚫은 '서사시'는 '역사'보다 가치론적으로 우위에 있다.

④ '서사시'의 허구적 가치는 허상들의 위계를 명확히 구분하는가에 달려 있다.

⑤ '서사시가 역사보다 위대하다.'는 견해는 현실 세계에 대한 폄하가 반영되어 있다.

[18~20] 다음 글을 읽고 물음에 답하시오.

우리는 잠자리에서 몸을 보호하거나 장식하던 옷을 벗어 놓고 보다 편안한 상태가 되려 한다. 이어서 잠이 들 때는 마치 옷을 벗어 놓는 행위처럼 의식도 벗어서 한쪽 구석에 치워 둔다. 정신적 측면에서 볼 때 잠드는 일은 판단과 책임으로부터 자유로운 태아상태로 돌아가는 것과 비슷하다. 정신 분석학에서는 자궁 속 태아, 말 배우기 이전의 유아처럼 스스로의 행동을 책임지지 않아도 되는 상태로 되돌아가 자아를 보호하려는 방어 기제를 ⓐ'퇴행'이라고 부른다. 실제로 많은 사람들은 잠을 잘 때 자궁 속 태아와 같은 자세를 취한다. 그리고 잠자는 사람의 정신 상태는 의식의 세계에서 거의 완전히 물러나 있으며, 외부에 대한 관심도 정지되는 것처럼 보인다.

하지만 잠자는 동안 꿈을 통해 정신 활동은 계속 이루어지고 있다. 꿈을 자세히 관찰하면 수면 중 인간의 정신적 상태에 대해 많은 내용을 알 수 있다. 그동안 이루어진 여러 연구들은 꿈이 철저하게 자기중심적이라는 점, 꿈에서 주도적인 역할을 하는 주체는 항상 꿈꾸는 사람 자신이라는 점 등을 밝혀 주었다. 꿈의 이러한 특징을 '수면 상태의 나르시시즘'이라고 부르는데, 이는 정신의 작용 방향이 외부 세계에서 자기 자신으로 바뀌면서 나타나는 현상이다.

또한 꿈속에서는 모든 감각이 크게 과장되어 있어 깨어 있을 때보다 더 빨리, 더 분명하게 정신적, 신체적 이상 증상을 감지할 수 있다. 이러한 감각의 과장을 '꿈의 과장성'이라 부르는데 이 역시 수면 상태의 나르시시즘처럼 꿈꾸는 사람이 외부 세계로 향하던 정신적 에너지를 자아로 되돌려 집중하기 때문에 가능하다.

꿈이 중요한 또 다른 이유로 꿈꾸는 사람 자신이 깨닫지 못하는 무의식의 세계를 구체적 형태로 바꾸어서 보여 준다는 점을 들 수 있다. 꿈은 꿈을 꾼 사람이 미처 인식하지 못하지만 마음에 방해가 되는 어떤 사건을 암시해 주고 그 사건에 어떻게 대처하면 좋을지도 암시해 준다. 꿈속에서는 정신적 에너지를 외부 세계가 아닌 내면세계로 집중하므로 평소에 억누르고 있던 내적 욕구나 콤플렉스를 민감하게 느낄 수 있다. 정신 분석학에서는 무의식의 세계를 외적 형태로 구체화하는 꿈의 역할을 '투사'로 설명하기도 한다. 예를 들어 전쟁터에서 살아 돌아온 사람이 몇 달 동안 계속해서 죽은 동료의 꿈을 꾸는 경우,

이는 꿈 꾸는 사람 내면에 잠재한, 그러나 깨어 있을 때는 인정하고 싶지 않은 죄책감이 구체화되어 나타난 투사로 볼 수 있다.

깨어 있을 때는 꿈이 알려 주는 문제를 쉽사리 알아내기가 어렵다. 따뜻하고 화려한 옷이 상처나 결점을 가려 주는 것처럼 깨어 있는 의식은 내면세계를 가리거나 보호해 내면의 관찰을 방해하기 때문이다. 우리는 정신이 옷을 벗기를 기다려 비로소 한 사람의 내면세계로 들어갈 수 있다.

18

윗글을 이해한 내용으로 적절하지 <u>않은</u> 것은?

① 꿈은 인간의 내면세계를 들여다볼 수 있게 해 주는 기제이다.
② 수면 상태에서는 외부로 향하는 정신 에너지가 더욱 강해진다.
③ 꿈을 꿀 때 정신의 작용은 외부 세계가 아니라 꿈꾸는 사람의 내면으로 집중된다.
④ 깨어 있는 사람의 정신 상태는 꿈이 알려 주는 문제를 가리거나 발견을 어렵게 한다.
⑤ 깨어 있을 때보다 꿈을 통해서 신체적 이상 징후를 더 신속하고 정확하게 알 수 있다.

19

ⓐ에 해당하는 사례로 가장 적절한 것은?

① 알코올 중독 치료 후 금주 강연을 다니는 사람
② 엄격한 부친을 두려워하지만 닮고자 하는 남자
③ 외모 콤플렉스로 인해 자신을 비하하는 청소년
④ 외과 수술에 거부 반응이나 두려움이 없는 의료진
⑤ 동생이 태어난 후 대소변을 제대로 못 가리는 아이

20

〈보기〉를 참고해 윗글을 이해한 내용으로 가장 적절한 것은?

[3점]

┤ 보 기 ├

정신 분석학자 프로이트가 제시한 정신의 세 가지 영역은 꿈에도 영향을 준다.
• 이드(id) : 즉각적인 쾌락을 추구하는 무의식. 쾌락 원칙을 따른다.
• 자아(ego) : 현실을 고려하여 욕구를 억제하는 의식. 현실 원칙을 따른다.
• 초자아(superego) : 성장 과정에서 규범과 가치를 내면화한 의식. 도덕 원칙을 따른다.

① 꿈은 '이드'를 의식 세계와 연결하는 역할을 한다.
② 꿈은 '자아'의 표현이므로 쾌락 원칙으로 해석해야 한다.
③ '꿈의 과장성'은 '초자아'가 무의식에 관여하기 때문이다.
④ 꿈에서 '이드'는 정신 작용의 방향을 외부 세계로 돌린다.
⑤ 꿈은 외부 세계에 대한 관심이므로 도덕 원칙으로 해석해야 한다.

[21～25] 다음 글을 읽고 물음에 답하시오.

내가 지금까지 상상한 바로는, 도시란 결코 그처럼 가까운 곳에 있는 것이 아니었다. ㉠ 도시란 보다 더 멀고 아득한 곳에 있어야만 했다. 그래서 그곳에 닿기 위해서는 철로 위를 바람처럼 내달리는 급행열차로도 하루 낮 하루 밤은 꼬박 걸려야만 했다. 그런데 우리가 타고 온 것은 털털거리는 짐차였다. 그것으로도 고작 두세 시간밖에 걸리지 않다니…… 그처럼 가까운 곳에 있다는 사실이 무슨 결함처럼 내게는 느껴졌다.

녀석들은 지금도 그 교실에 앉아 있을 것이었다. 사철나무가 병사들처럼 늘어서 있는 남향 창으로는 풋풋한 햇살이 온종일 들이치고, 방아깨비 선생의 낮고 부드러운 목소리가 간단없이 흘러나오는 그 4학년 우리 반 교실에 말이다. 유일하게 나의 자리는 비어 있을 게다. 창 쪽으로 둘째 줄 여섯 번째 책상…… 거기 내가 남긴 흠집과 낙서를 누군가 눈여겨보고 있을지도 모른다. 그리고는 도회지로 전학 간 나를 조금은 부러워할 게다. 하지만 작정만 한다면 누구나 쉽게 우리 뒤를 쫓아올 수 있으리라고 나는 생각했다. 도시란 생각보다 훨씬 가까운 곳에 있기 때문이었다. 그래서 ㉡ 나는 조금 자존심이 상했다.

아버지는 물 대신 나에게 돈을 주셨다. 그것은 단풍잎처럼 작고 빨간 1원짜리 종이돈이었다. 나는 곧장 한길가로 뛰어나갔다. 딸딸이 위에다 어항보다 큰 유리 항아리를 올려놓은 물장수가 거기 있었다. 항아리 속엔 온갖 과일 조각들이 얼음 덩어리와 함께 채워져 있었다.

나는 꼭 쥐고 있던 돈을 한 잔의 물과 맞바꾸었다. 유리컵 속에 든 물은 짙은 오렌지 빛이었다. 손바닥에 닿는 냉기가 갈증을 더 자극했다. 그러나 ⓒ 나는 마시지 않았다. 이 도시와 그 생활이 주는 어떤 경이와 흥분 때문에 실상은 목구멍보다도 가슴이 더 타고 있었다. 나는 유리컵을 조심스럽게 받쳐 든 채 천천히 돌아섰다. 그러고는 두어 걸음을 떼어 놓았다. 물론 나의 그 어리석은 짓은 용납되지 않았다. 나는 금세 제지를 받았던 것이다.

"이봐, 너 어디로 가져가는 거냐?"

나를 불러 세운 물장수가 그렇게 물었다. 나는 금방 얼굴을 붉히었다. 무언가 잘못을 저지르고 있다고 판단되었기 때문이다.

ⓓ 나는 아무런 대답도 하지 못했다. 그러자 물장수가 다시 말했다.

"잔은 두고 가야지, 너, 시골서 온 모양이로구나. 그렇지?"

나는 단숨에 잔을 비웠다. 숨이 찼다. ⓔ 콧날이 찡해지고 가슴이 꽉 막혔다. 그러나 ⓐ 그 자리에 더 어정거리고 있을 수는 없었다. 내던지듯 잔을 돌려준 나는 숨을 헐떡거리면서 가족이 있는 곳으로 되돌아왔다.

우리 세간살이들이 골목에 잔뜩 쌓여 있었다. 시골집 안방 윗목을 언제나 차지하고 있던 옛날식 옷장, 사랑채 시렁 위에 올려두던 낡은 고리짝, 나무로 만든 쌀 뒤주와 조롱박, 크고 작은 질그릇 등. 판잣집들이 촘촘히 들어서 있는 그 골목길 위에 아무렇게나 부려 놓은 세간살이들은 왠지 이물스런 느낌을 주었다.

그것들은 지금까지 흔히 보고 느껴 오던 바와는 사뭇 다른 모양이요, 빛깔이었다. 아마도 이웃인 듯한, 낯선 사람 몇이 아버지와 어머니의 바쁜 일손을 거들고 있었다.

나는 판자벽을 기대고 웅크려 앉았다. 물맛이 어떠했던가를 생각해 보려 했지만 도무지 기억에 남아 있지 않았다. 가슴이 답답하고 머리가 어지러웠다. 속이 메스껍기도 했다. 눈앞의 사물들이 자꾸만 이물스레 출렁거렸다. 이사를 왔다, 하고 나는 막연한 기분으로 중얼댔다. 그래, 도시로 이사를 왔다. 아주 맥 풀린 하품을 토해 내며 새삼 주위를 두리번거렸다. 촘촘히 들어앉은 판잣집들, 깡통

조각과 루핑이 덮인 나지막한 지붕들, 이마를 비비대며 길 쪽으로 늘어서 있는 추녀들, 좁고 어둡고 질척한 그 많은 골목들, 타고 남은 코크스 덩어리와 검은 탄가루가 낭자하게 흩어져 있는 길바닥들, 온갖 말씨와 형형색색의 입성을 어지러이 드러내고 있는 주민들, 얼굴도 손도 발도 죄다 까맣게 탄 아이들…… ⓑ 나는 자꾸만 어지럼증을 탔고, 급기야는 속엣것을 울컥 토해 놓고 말았다. 딱 한 잔 분량의, 오렌지 빛 토사물이었다.

세간살이들을 대충 들여놓은 다음에 우리 가족은 이른 저녁을 먹었다. 아니 그것은 때늦은 점심이기도 했다. 어쨌거나 우리 가족이 도시에서 가진 첫 식사였다.

밥은 오렌지 물을 들이기라도 한 것처럼 노란 빛깔이었다. 물이 나쁜 탓일 거라고 아버지가 말했다. 공동 펌프장에서 길어 온 그 물은 역할 정도로 악취가 심했다.

"시궁창 바닥에다가 한 자 깊이도 안 되게 박아 놓은 펌프 물이니 오죽할라구요……."

어머니는 아예 숟갈을 잡을 생각조차 없는 듯 조그만 목소리로 중얼대기만 했다.

"내다 버린 구정물을 다시 퍼마시는 거나 다름없지 뭐예요."

하지만 나는 심한 허기에 시달리고 있던 판이었다. 게다가 어쨌든 귀한 이밥이었다. 식구들 중에서 제일 먼저 한 술을 떠 넣었다. 그러고는 생전 처음 입에 넣어 보는 음식처럼 조심스레 씹었다. 쇳내 같은, 아니 쇠의 녹 냄새 같은 게 혀끝에서 달착지근하게 느껴졌다. 다시 한 숟갈을 퍼 넣었다. 그러자 저 오렌지 빛의 물을 마시고 났을 때처럼 속이 다시 출렁거리기 시작했다.

– 이동하, 「장난감 도시」

21

윗글의 서술 방식에 대한 설명으로 가장 적절한 것은?

① 언어유희를 통해 당시의 세태를 희화화하고 있다.
② 인물이 서술자가 되어 자신의 경험을 서술하고 있다.
③ 요약적 서술을 통해 사건을 긴박감 있게 전개하고 있다.
④ 동시에 벌어지는 사건을 병치하여 주제를 강화하고 있다.
⑤ 공간적 배경의 변화를 통해 인물의 갈등이 해소되는 과정을 보여주고 있다.

22

⊙~◎에 대해 이해한 내용으로 적절하지 <u>않은</u> 것은?

① ⊙ : '나'에게 도시는 아무나 쉽게 갈 수 없는 곳으로 막연한 이상과 동경이 투영된 곳이었다.

② ⓒ : 도시가 '나'의 상상보다 실제로는 가까이 있었음을 그 동안 미처 알지 못한 것이 스스로 부끄럽게 생각되었다.

③ ⓒ : '나'는 도시에서의 경이로운 체험이 주는 즐거운 흥분을 오래도록 느끼고자 한다.

④ ⓔ : '나'는 뭔가 잘못하였지만 그것이 구체적으로 무엇인지 알지 못해 당혹해 한다.

⑤ ⓜ : 도시의 낯선 생활에 대한 '나'의 실수로 인해 시골 출신이라고 무안당한 '나'의 심리가 나타난다.

23

ⓐ에서의 '나'의 상황에 어울리는 말로 가장 적절한 것은?

① 간에 기별도 안 간다.

② 도랑 치고 가재 잡는다.

③ 바늘 도둑이 소도둑 된다.

④ 쥐구멍에라도 들어가고 싶다.

⑤ 여우를 피하려다 호랑이를 만난다.

24

ⓑ의 이유로 가장 적절한 것은?

① 가족 간 갈등의 조짐이 보이기 시작했기 때문이다.

② 낯선 도시 생활에 대한 적응이 어려웠기 때문이다.

③ 도시의 물과 주변 환경이 비위생적이었기 때문이다.

④ 도시의 위치를 제대로 몰랐던 것을 알게 되었기 때문이다.

⑤ 도시를 두려워해 피하기만 한 자신이 부끄러웠기 때문이다.

25

〈보기〉를 참고해 윗글을 이해한 내용으로 적절하지 <u>않은</u> 것은?

[3점]

┤ 보 기 ├

「장난감 도시」는 시골에서 도시로 이사 온 소년의 이야기이다. 이 작품에는 이주 초기에 소년 '나'가 여러 가지 사건을 겪으면서 도시에 대해 갖는 인상과 감정이 시골에서의 추억과 대비되거나, 어떤 사건을 경험하기 전과 후의 심리 변화가 다채롭게 표현되어 있다.

① 시골집에서는 아무렇지도 않게 생각되던 세간살이들이 이사 와서 보니 촌스럽고 보잘것없게 느껴졌다.

② 도시에 와서 첫 끼니로 시골에서는 귀했던 이밥을 지었으나 시골과 달리 나쁜 물 때문에 밥은 노란색을 띠고 녹 냄새가 났다.

③ 물장수로부터 핀잔을 듣기 전에는 새로운 도시 생활에 신기해 했지만, 핀잔을 들은 후에는 가슴이 답답하고 머리가 어지럽고 속이 메스껍게 되었다.

④ 도시는 급행열차로 하루 낮과 하루 밤이 걸려 닿을 수 있을 것으로 예상했던 것과 달리 털털거리는 짐차로 두세 시간 만에 도착한 사실에 실망했다.

⑤ 시골 교실은 풋풋한 햇살이 비치고 선생님의 낮고 부드러운 목소리가 들리는 곳인 반면, 도시의 판잣집들 주변은 좁고 어둡고 질척한 곳으로 묘사된다.

계약을 이행하는 데 드는 비용이 계약 이행으로 당사자들이 얻는 편익보다 더 큰 경우에는 계약을 이행하지 않는 쪽이 더 효율적이다. 다시 말해 계약을 이행하지 않음으로써 사회적 순편익을 더 크게 만드는 경우가 있는데, 이를 '효율적 계약불이행'이라고 한다.

먼저 (가) 사례를 보자. 큰 레스토랑을 개업하려는 A는 한빛조명이란 회사에 2천만 원짜리 샹들리에를 주문하고 한 달 안에 공급받기로 계약을 체결했다. 그는 이 샹들리에에 대해 2천 5백만 원의 가치를 부여하고 있으며, 한빛조명이 이를 생산하는 데 드는 비용은 1천 7백만 원이다. 단, 이 사례에 등장하는 모든 경제 주체는 위험 부담에 대해 중립적이라고 가정한다.

A는 계약 이행을 믿고 개업 전단지를 돌렸다. 이 광고에 2백만 원의 비용이 들었는데, 이 비용은 한빛조명이 계약을 이행하지 않아 A가 정한 날에 개업하지 못하면 전혀 쓸모없는 지출이 되고 만다. 그 광고비는 계약이 이행될 것을 믿고 행한 투자라는 의미에서 ㉠ 신뢰투자라고 부른다.

만약 한빛조명이 계약을 지켜 정해진 날짜까지 샹들리에를 갖다주면 A는 이 계약으로부터 3백만 원에 해당하는 순편익을 얻게 된다. 한편 한빛조명은 이 거래로부터 3백만 원의 이윤을 얻을 것이므로, 계약이 이행되었을 경우의 사회적 순편익은 이 둘을 합친 6백만 원이 된다.

그런데 이 둘 사이의 계약 관계에 건축업자 B라는 인물이 끼어들었다. 그는 샹들리에를 급하게 구하고 있어, 최고 2천 8백만 원까지 지불해도 좋으니 구하기만 하면 다행이라고 생각했다. 그는 A에게 배달될 예정인 샹들리에를 발견하고 2천 4백만 원을 줄 테니 그것을 자신에게 팔라고 한빛조명에 제의했다. 만약 한빛조명이 이 제의를 받아들이면 그 회사의 이윤은 7백만 원으로 늘게 된다. 문제는 계약을 위반할 때 A에게 어느 정도의 손해배상을 해 주어야 하느냐에 있다. 그 회사는 계약 위반에서 생기는 추가적인 이윤이 손해 배상액보다 더 크다고 판단되는 경우에만 계약을 위반하려 할 것이기 때문이다.

(가) 사례의 경우, 사회적인 관점에서 볼 때는 원래의 계약이 파기되는 것이 더 효율적이라고 말할 수 있다. A가 아닌 B가 그 샹들리에를 공급받을 때 사회적 순편익이 더 크기 때문이다. 이를 표로 정리하면 다음과 같다.

	구입자의 순편익	한빛조명의 이윤	사회적 순편익
계약 이행 시	A : 300만 원	300만 원	600만 원
계약 불이행 시	A : - 200만 원 (신뢰 투자분) B : 400만 원	700만 원	900만 원

그렇다면 계약법에 손해 배상의 규칙을 어떻게 정해 놓을 때 이와 같은 효율적 계약불이행이 나타날 수 있을까? 다시 말해 효율적 계약불이행을 가져오기 위해서는 계약 위반 시의 구제방법을 어떻게 만들어 놓아야 할까? 일반적으로 계약 위반이 일어났을 때 다음 두 가지 원칙 중 하나의 구제 방법이 채택되는 것이 보통이다.

ⓐ 기대손실의 원칙은 계약을 위반한 측이 이로 인해 손해를 본 측에게 만일 계약이 이행되었더라면 누렸을 효용 수준과 동일한 수준의 효용을 보장하는 금액을 배상할 것을 요구한다. 이때 신뢰투자로 지출한 것은 계약이 이행되어야만 의미를 갖기 때문에 이 부분도 보상을 해 주어야 한다는 점에 유의해야 한다. 반면에 ⓑ 신뢰손실의 원칙은 계약을 위반한 측이 이로 인해 손해를 본 측에게 애당초 그 계약이 맺어지지 않았더라면 누렸을 효용 수준과 똑같은 수준의 효용을 보장할 수 있는 금액을 보상해 줄 것을 요구한다.

계약을 위반하는 측인 한빛조명은 요구되는 손해 배상액이 계약불이행으로 말미암아 회사가 얻게 된 추가적 이윤보다 작으면 계약을 파기할 가능성이 크다. (가) 사례에서 계약을 위반함으로써 한빛조명의 이윤은 4백만 원만큼 증가하게 된다. 만약 요구되는 손해 배상액이 이보다 작으면 한빛조명은 계약을 이행하지 않는 선택을 하게 될 것이다. 따라서 (가) 사례의 경우는 신뢰손실의 원칙이 효율적 계약불이행을 유발한다고 볼 수 있는 반면에, 기대손실의 원칙하에서는 계약이 이행되는 비효율적 결과가 나타난다.

하지만 이 사례만 보고 신뢰손실의 원칙이 언제나 효율적인 계약불이행을 가져다주고, 기대손실의 원칙은 언제나 비효율적인 결과를 유발한다고 속단해서는 안 된다. (가) 사례의 내용 중 약간만 달리하여 (나) 사례를 상정해 보자. 즉 B가 그 샹들리에의 가치를 2천 4백만 원으로 평가하고 있으며, 한빛조명에게 2천 3백만 원을 제의한 것으로 바꾸면, 이번에는 신뢰손실의 원칙이 비효율적인 결과를 가져오게 된다.

(나) 사례에서는 한빛조명이 그 샹들리에를 B에게 팔면 6백만 원의 이윤을 얻는데 이는 계약을 이행했을 때 얻을 수 있는 이윤 보다 3백만 원이 증가한 금액이다. 이 경우의 사회적 순편익은 B의 순편익 1백만 원에 한빛조명의 이윤 6백만 원을 더한 것에서 A의 신뢰투자 지출액 2백만 원을 빼어 구한 5백만 원이 된다. 그런데 계약 이행 시의 사회적 순편익은 (가)와 마찬가지로 6백만 원이 된다. 따라서 이와 같은 상황에서는 계약을 이행하는 것이 더 효율적이다.

그런데 한빛조명은 기대손실의 원칙하에서 손해 배상액이 계약파기로 증가하는 이익보다 크므로 계약을 그대로 이행하기로 결정한다. 그러나 신뢰손실의 원칙하에서는 손해 배상액이 계약파기로 증가하는 이익보다 작으므로 계약을 이행하지 않는 비효율적 결과가 나타난다. 즉 이제는 기대손실의 원칙이 효율적인 결과를 가져오는 상황으로 반전된 것이다.

26
윗글의 내용 전개 방식으로 가장 적절한 것은?

① 통계 자료를 활용하여 논지의 신뢰성을 강화하고 있다.
② 다양한 추론과 해석을 통해 문제의 원인을 규명하고 있다.
③ 가설 검증을 통해 기존의 권위 있는 학설을 비판하고 있다.
④ 서로 다른 주장과 사례를 비교해 근거의 타당성을 평가하고 있다.
⑤ 개념 정의와 예시를 통해 이해를 돕고 질문을 통해 설명의 범위를 확장하고 있다.

27
㉠에 해당하는 사례로 가장 적절한 것은?

① 백혈병 환우 돕기 캠페인에 참여하여 헌혈하는 경우
② 유동 인구가 많은 곳에 편의점을 임대하고 점포세를 받는 경우
③ 땅값이 오르고 있다는 지인의 조언을 듣고 부동산을 매입하는 경우
④ 조카에게 게임기를 사 주겠다며 친구와 사이좋게 지내라고 당부하는 경우
⑤ 방학 동안 해외에 있는 친구의 집을 빌려 쓰기로 하고 비행기표를 미리 구입하는 경우

28
윗글에서 계약 위반 시의 구제 방법으로 ⓐ와 ⓑ를 채택했을 때, '한빛조명'이 'A'에게 보상해 주어야 할 금액은? [3점]

	ⓐ	ⓑ
①	5백만 원	2백만 원
②	5백만 원	3백만 원
③	7백만 원	2백만 원
④	7백만 원	3백만 원
⑤	7백만 원	5백만 원

29
(가) 사례에 대한 이해로 적절하지 않은 것은?

① 효율적 계약불이행이 일어날 수 있는 사례가 된다.
② 계약불이행 시의 사회적 순편익은 B의 순편익과 한빛조명의 이윤을 더한 값이다.
③ 계약이 이행되었을 때의 사회적 순편익인 6백만 원보다 계약불이행 시의 사회적 순편익이 더 크다.
④ 계약불이행 시의 한빛조명의 이윤은 B가 제안한 2천 4백만 원에서 샹들리에 제작비 1천 7백만 원을 뺀 것이다.
⑤ 계약불이행 시 B의 순편익은 샹들리에 구입에 지불할 용의가 있었던 2천 8백만 원에 샹들리에 구입을 제안한 금액인 2천 4백만 원을 뺀 것이다.

30
윗글을 읽고 추론한 내용으로 적절하지 않은 것은?

① 두 손해 배상 원칙 모두 과다한 신뢰투자를 유발할 수 있다는 문제점이 있다.
② 기대손실의 원칙하에서는 계약의 불이행이 효율적인데도 이행하게 되는 경향이 있다.
③ 어떤 손해 배상의 원칙이 효율적인 결과를 가져오는지는 주변 여건에 따라 달라지지 않는다.
④ 신뢰손실의 원칙하에서는 과다한 계약 파기 혹은 과소한 계약 이행의 문제가 발생할 수 있다.
⑤ 계약의 모든 당사자들은 위험 부담에 대해 선호하거나 기피하지 않고 화폐액의 기대치만을 기준으로 계약을 진행하고 있다.

[31~35] 다음 글을 읽고 물음에 답하시오.

(가)

어름 우희 댓닙 자리 보와 님과 나와 어러 주글만뎡
어름 우희 댓닙 자리 보와 님과 나와 어러 주글만뎡
정(情)둔 오눐 밤 더듸 새오시라 더듸 새오시라

경경(耿耿) 고침샹(孤枕上)애 어느 즈미 오리오
셔창(西窓)을 여러ᄒᆞ니 도화(桃花)ㅣ 발(發)ᄒᆞ두다
도화ᄂᆞᆫ 시름업서 쇼춘풍(笑春風)ᄒᆞᄂ다 쇼춘풍ᄒᆞᄂ다

넉시라도 님을 ᄒᆞᆫᄃᆡ 녀닛 경(景) 너기더니
넉시라도 님을 ᄒᆞᆫᄃᆡ 녀닛 경(景) 너기더니
벼기더시니 뉘러시니잇가 뉘러시니잇가

올하 올하 아련 비올하
여흘란 어듸 두고 소해 자라 온다
소콧 얼면 여흘도 됴ᄒᆞ니 여흘도 됴ᄒᆞ니

남산(南山)애 자리 보와 옥산(玉山)을 벼여 누어
금슈산(錦繡山) 니블 안해 샤향(麝香) 각시를 아나 누어
남산애 자리 보와 옥산을 벼여 누어
금슈산 니블 안해 샤향 각시를 아나 누어
약(藥)든 ᄀᆞ슴 을 맛초ᇝ사이다 맛초ᇝ사이다

아소 님하 원ᄃᆡ평ᄉᆡᆼ(遠代平生)에 여흴ᄉᆞᆯ 모ᄅᆞᇝ새
　　　　　　　　　　　　　　　 – 작자 미상, 「만전춘별사」

(나)

[A]
┌ 이화우(梨花雨) 흩날릴 제 울며 잡고 이별한 님
│ 추풍낙엽(秋風落葉)에 저도 나를 생각는가
└ 천 리(千里)에 외로운 꿈만 오락가락 하괘라
　　　　　　　　　　　　　　　 – 매창

[B]
┌ 뫼ㅅ버들 가려 꺾어 보내노라 님의손대
│ 자시는 창 밖에 심어두고 보소서
└ 밤비에 새 잎 곧 나거든 나인가도 여기소서
　　　　　　　　　　　　　　　 – 홍랑

(다)

인간 이별 만사 중에 독수공방(獨守空房)이 더욱 섧다
ⓐ 상사불견(相思不見) 이내 진정(眞情)을 제 뉘라서 알리
매친 시름 이렁저렁이라 흐트러진 근심 다 후리쳐 던져 두고
자나 깨나 깨나 자나 임을 못 보니 가슴이 답답

어린 양자(樣姿)* 고운 소리 눈에 암암(黯黯) 귀에 쟁쟁(錚錚)
보고지고 임의 얼굴 듣고지고 임의 소리
비나이다 하느님께 임 생기라 비나이다
전생차생(前生此生) 무슨 죄로 우리 둘이 생겨나서
죽지 마자 하고 백년기약
만첩청산을 들어간들 어느 우리 낭군이 날 찾으리
ⓑ 산은 첩첩하여 고개 되고 물은 충충 흘러 소(沼)가 된다
오동추야(梧桐秋夜) 밝은 달에 임 생각이 새로 난다
한번 이별하고 돌아가면 다시 오기 어려워라
ⓒ 천금주옥(千金珠玉) 귀 밖이요 세사(世事) 일부(一富) 관계하랴

　　　　　　　　　　　(중략)

일조(一朝) 낭군 이별 후에 소식조차 돈절(頓絶)하니
오늘이나 들어올까 내일이나 기별 올까
일월무정(日月無情) 절로 가니 옥안운빈공로(玉顔雲鬢空老)*로다.
이내 상사(相思) 알으시면 임도 나를 그리리라
ⓓ 적적(寂寂) 심야(深夜) 혼자 앉아 다만 한숨 내 벗이라
일촌간장(一寸肝腸) 구비 썩어 피어나니 가슴 답답
ⓔ 우는 눈물 받아내면 배도 타고 아니 가랴
피는 불이 일러나면 임의 옷에 당기리라
사랑겨워 울던 울음 생각하면 목이 멘다
　　　　　　　　　　　　　　　 – 작자 미상, 「상사별곡」

* 양자 : 앳된 얼굴
* 옥안운빈공로 : 고운 얼굴과 머리숱 풍성하던 젊은 여인이 헛되이 늙음

31

(가)~(다)의 공통점으로 적절하지 않은 것은?

① 임과의 이별 상황에서 임을 향한 애절한 목소리가 담겨 있다.

② 화자와 임 사이의 정서적 또는 물리적 거리감이 드러나 있다.

③ 임 소식이 없어 답답해 하는 화자의 일방향적인 감정이 드러나 있다.

④ 상심에서 벗어나 사태를 객관적으로 파악하려는 화자의 태도가 나타나 있다.

⑤ 임에 대한 추억 또는 원망의 감정이 가장 고조되는 시간을 '밤'으로 설정하고 있다.

32

(가)~(다)의 표현상 특징으로 가장 적절한 것은?

① (가)의 '어러 주글만뎡'과 (나)의 '천 리(千里)'에는 과장적 표현을 반복하여 화자의 심정을 고조하고 있다.

② (가)의 '아련 비올하'와 (다)의 '피는 불이 일러나면'은 풍자적 기법을 활용하여 교훈의 효과를 높이고 있다.

③ (나)의 '보내노라 님의손대'와 (다)의 '듣고지고 임의 소리'는 어순 도치를 통해 화자의 가치관을 강조하고 있다.

④ (나)의 '추풍낙엽'과 (다)의 '오동추야'는 시간과 자연물을 활용하여 화자의 심정을 드러내고 있다.

⑤ (나)의 '새 잎 곧 나거든'과 (다)의 '일촌간장 구비 썩어'는 과거와 현재를 대비하여 화자의 처지를 부각하고 있다.

33

(가)와 (나)를 이해한 것으로 적절하지 않은 것은?

① (가)의 2연에서 '도화'는 화자와 대비되어 화자의 마음을 아프게 하는 객관적 상관물이다.

② (가)의 3연에서 '넉시라도 님을 흔대'는 이별 전에 임과 화자가 함께 약속한 것이다.

③ (가)의 5연에서 '옥산'과 '금슈산'은 임과의 만남을 기대하며 상상해 낸 공간이다.

④ (나)의 [A]에서 '외로운 꿈'과 '오락가락'은 임과의 재회가 어려울 것이라는 화자의 심리를 드러내고 있다.

⑤ (나)의 [B]에서 '뫼ㅅ버들 가려 꺾어'는 임에 대한 화자의 원망을 행동으로 보여 주고 있다.

34

(다)의 ㉠~㉤을 이해한 것으로 적절하지 않은 것은? [3점]

① ㉠ : 작품 전체의 내용과 주제를 압축적으로 제시해 놓고 있다.

② ㉡ : 산과 물의 속성을 활용해 화자의 고립감을 부각하고 있다.

③ ㉢ : 화자가 임과 이별하게 된 이유를 간접적으로 드러내고 있다.

④ ㉣ : '적적', '혼자'는 '한숨'의 의미와 이유를 강조하고 있다.

⑤ ㉤ : 임을 향한 화자의 연정을 과장되게 나타내고 있다.

35

〈보기〉를 참고해 (가)의 형식상 특징을 설명한 것으로 적절하지 않은 것은?

┌─ 보 기 ┐

「만전춘별사」는 신라와 고려 시대 시가 갈래의 형식에 영향을 받아 만들어졌다고 보기도 한다. 기존 시가 갈래로는 분연체이면서 '위~경(景) 긔 엇더ᄒᆞ니잇고'가 반복되는 경기체가, 감탄사나 3단 구성이 보이는 10구체 향가, 시조, 향가계 고려 속요, 그리고 분연체와 후렴구가 두드러진 고려 속요 등이 있다. 향가계 고려 속요에는 「정과정」과 「도이장가」 2편이 있는데, 이중 '넉시라도 님은 흔대 녀겨라 아으' 표현으로 대표되는 「정과정」은 충신연주지사의 시초이다.

└─────────────┘

① 제2연과 제5연에는 시조의 4음보 율격이 드러나 있다.

② 제2연과, 반복되는 부분을 뺀 제5연은 시조의 3단 구성과 유사하다.

③ 제3연의 '넉시라도 님을 흔대'는 향가계 고려 속요에도 등장한다.

④ 제3연에서 '녀닛 경(景) 너기더니'는 경기체가의 양식적 특징과 유사하다.

⑤ 제6연의 '아소 님하'는 고려 속요에서 연과 연 사이에 발견되는 후렴구이다.

[36~40] 다음 글을 읽고 물음에 답하시오.

21세기에 인간은 자연 선택의 법칙을 깨면서 스스로의 한계를 초월하는 중이다. 40억 년에 걸쳐 이어져 온 자연 선택이라는 구(舊) 체제가 오늘날 완전히 다른 종류의 도전에 직면하고 있다. 전 세계의 실험실에서 과학자들은 살아 있는 개체의 유전자를 조작해 원래 해당 종에게 없던 특성을 제공하는 ㉠ 생명 공학을 통해 자연 선택의 법칙을 위반하는 중이다. 이외에도 자연 선택을 지적 설계로 대체하는 기술로는 사이보그 공학, 비유기물 공학 등이 있다.

사이보그 공학에서 말하는 사이보그는 생물과 무생물을 부분적으로 합친 존재로, 생체 공학적 의수(義手)를 지닌 인간이 그 하나의 예이다. 어떤 의미에서 우리는 거의 모두가 생체 공학적 존재이다. 타고난 감각과 기능을 안경, 심장 박동기, 의료 보장구, 그리고 ⓛ 컴퓨터와 스마트폰으로 보완하고 있기 때문이다. 우리는 지금 진정한 사이보그가 되려는 경계선에 아슬아슬하게 발을 걸치고 있다. 이 선을 넘으면 우리는 신체에서 이러한 보완기를 떼어낼 수 없으며 우리의 능력, 욕구, 성격, 정체성이 달라지게 하는 비유기물적 속성을 갖게 될 것이다.

인간 역시 사이보그로 변하는 중이다. '망막 임플란트'라는 회사는 시각 장애인이 부분적으로라도 볼 수 있도록 망막에 삽입하는 장치를 개발 중이다. 환자의 눈에 작은 마이크로칩을 삽입하는 게 핵심이다. 마이크로칩을 활용해 광세포의 역할을 보완할 수 있기 때문이다. 광세포는 감각 수용체로서, 눈에 비치는 빛을 흡수해 이를 전기 신호로 바꾸는 역할을 한다. 이 전기 신호는 망막의 손상되지 않은 신경 세포로 전달되고, 이 신호는 뇌로 전송된다. 뇌는 이 전기 신호를 번역해 무엇이 보이는지를 파악한다. 현재 이 기술은 환자들이 방향을 정하고 문자를 식별하며 심지어 얼굴을 인식하게 해 줄 정도로 발전했다.

한편, 현재 진행되는 프로젝트 중에 가장 혁명적인 것은 뇌와 컴퓨터를 직접 연결하는 방법을 고안하려는 시도다. 컴퓨터가 인간 뇌의 전기 신호를 읽어내는 동시에 뇌가 읽을 수 있는 신호를 내보내는 것이 목표다. 이런 인터페이스가 뇌와 컴퓨터를 직접 연결한다면, 혹은 여러 개의 뇌를 직접 연결한다면 어떻게 될까? 그렇게 해서 일종의 뇌 인터넷을 만들어 낸다면? 만일 뇌가 집단적인 기억 은행에 직접 접속할 수 있게 된다면 인간의 기억, 의식, 정체성에는 어떤 일이 일어날까? 그런 상황이 되면 가령 한 사이보그가 다른 사이보그의 기억을 검색할 수 있을 것이다. 그러면 마치 자신의 것인 양 기억하게 된다. 뇌가 집단으로 연결되면 자아나 성 정체성 같은 개념은 어떻게 될까? 어떻게 스스로를 알고 자신의 꿈을 좇을까? 그 꿈이 자신의 기억 속이 아니라 모종의 집단 기억 저장소에 존재한다면 말이다.

그리고 자연 선택의 법칙을 바꾸는 또 다른 방법은 완전히 무생물적 존재를 제작하는 것이다. 유전적 프로그래밍은 컴퓨터 과학에서 가장 흥미로운 분야인데, 유전자의 진화를 모방하려 노력하고 있다. 많은 프로그래머가 창조자에게서 완전히 독립한 상태로 학습, 진화할 능력을 갖춘 프로그램을 창조하는 꿈을 꾼다. 이 경우 프로그래머는 원동력이자 최초로 움직인 자가 되겠지만, 그 피조물의 진화는 아무 방향으로나 자유롭게 이뤄질 것이다. 프로그램 작성자를 포함해 어느 누가 마음속에 그렸던 방향과도 전혀 상관없이 말이다.

이런 프로그램의 원형은 이미 존재한다. 바로 컴퓨터 바이러스다. 컴퓨터 바이러스는 포식자인 백신 프로그램에 쫓기는 한편, 사이버 공간 내의 자리를 놓고 다른 바이러스들과 경쟁하면서 스스로를 수없이 복제하며 인터넷을 통해 퍼져 나간다. 그 복제 과정에서 어느 날 실수가 일어나면, 컴퓨터화한 돌연변이가 된다. 어쩌면 애초에 인간 엔지니어가 무작위적 복제 실수가 일어나도록 프로그램을 ⓐ 짰기 때문일 수도 있고, 아니면 무작위적 오류 탓일 수도 있다. 우연히 이 변종 바이러스가 다른 컴퓨터에 침범하는 능력을 잃지 않으면서 백신 프로그램까지 피하는 능력이 더 우수하다면, 그것은 더 잘 살아남고 번식하게 될 것이다.

미래에 사이버 공간은 새 바이러스들로 가득 찰 것이다. 그렇다면 아무도 일부러 설계하지 않았지만, 무기물로서 스스로 진화를 거친 개체들은 과연 살아 있는 피조물일까? 그 답은 '살아 있는 피조물'을 어떻게 정의하느냐에 달렸다. 이 바이러스가 유기체 진화의 법칙과 한계와는 전혀 무관한 새로운 진화 과정에 의해 만들어진 것임은 분명한 사실이다.

36

윗글의 내용과 일치하는 것은? [3점]

① 컴퓨터 바이러스는 백신 프로그램을 무력화할 수 있도록 만들어 졌다.

② 인간은 성격과 정체성을 바꾸는 비유기물적 속성을 선천적으로 갖고 있다.

③ 컴퓨터는 뇌의 전기 신호를 읽어낼 뿐, 스스로 복제할 수 있는 능력이 없다.

④ 망막의 신경 세포는 외부의 빛을 전기 신호로 바꾸어 뇌에 전기 신호를 보낸다.

⑤ 자연 선택을 지적 설계로 대체한 결과, 인간의 뇌와 컴퓨터를 직접 연결하는 방법이 시도되고 있다.

37

윗글로 미루어 볼 때, ㉠의 예로 적절하지 <u>않은</u> 것은?

① 곰팡이 유전자를 변형해 인슐린을 생성한다.

② 대장균 유전자를 조작해 바이오 연료를 생산한다.

③ 뇌의 신경망을 모방한 컴퓨터 전기 회로를 컴퓨터 안에 심는다.

④ 메머드에서 복원한 DNA를 코끼리 DNA를 제거한 코끼리 수정란에 삽입해 자궁에 넣는다.

⑤ 벌레에서 추출한 유전 물질을 돼지에 삽입해 해로운 지방산을 건강에 이로운 지방산으로 바꿔 준다.

38

윗글로 미루어 볼 때, ㉡을 사이보그 공학의 일부로 보는 이유로 가장 적절한 것은?

① 인간의 생리 기능과 면역계, 수명에 영향을 미치기 때문이다.

② 인간이 자연 선택의 결과로 갖게 된 물리적 힘을 보여 주기 때문이다.

③ 인간의 뇌가 담당해야 하는 자료 저장, 처리의 부담을 덜어 주기 때문이다.

④ 전기적 명령을 해석할 수 있는 생체 공학용 팔의 원시적 형태물이기 때문이다.

⑤ 인간의 뇌가 일상생활에서 데이터를 처리하는 능력의 한계를 알 수 있기 때문이다.

39

윗글을 참고할 때, 〈보기〉의 ㉮에 들어갈 말로 가장 적절한 것은?

┤ 보 기 ├

완전히 무생물적 존재를 만들어 내는 비유기물 공학에서 주요하게 연구하는 대상은 독립적인 진화가 가능한 (㉮)이다.

① 전기 신호
② 신경 세포
③ 뇌 인터넷
④ 컴퓨터 프로그램
⑤ 컴퓨터 전자 회로

40

문맥상 ⓐ와 바꿔 쓸 수 있는 말로 적절하지 <u>않은</u> 것은?

① 제작(製作)했기
② 구성(構成)했기
③ 조직(組織)했기
④ 개발(開發)했기
⑤ 활용(活用)했기

[41~45] 다음 글을 읽고 물음에 답하시오.

[앞부분 줄거리]

전라도 남원에 양생이라는 노총각은 일찍이 부모를 여의고 만복사에서 외롭게 지냈다. 젊은 남녀가 절에 와서 소원을 비는 날, 양생은 법당에서 자신에게 좋은 배필을 달라고 소원을 빌며 부처와 저포 놀이 시합을 하여 이긴다. 양생은 외로운 신세를 한탄하며 배필을 얻게 해 달라는 내용의 축원문을 읽던 아름다운 처녀를 만나 절에서 하룻밤을 보낸다.

이때 달이 서산에 걸리며 인적 드문 마을에 닭 울음소리가 들렸다. 절에서 종소리가 울리기 시작하며 새벽빛이 밝아 왔다. 여인이 말했다.

"애야, 자리를 거둬 돌아가려무나."

여종은 "네." 하고 대답하자마자 자취 없이 사라졌다.

여인이 말했다.

"인연이 이미 정해졌으니 제 손을 잡고 함께 가셔요."

양생이 여인의 손을 잡고 마을을 지나갔다. ㉠ 울타리에서 개들이 짖어 댔고 길에는 사람들이 다니고 있었다. 그런데 지나가던 이들은 양생이 여인과 함께 가는 것을 알지 못한 채 다만 이렇게 묻는 것이었다.

"이렇게 일찍 어딜 가시나?"

양생이 대답했다.

"술에 취해 만복사에 누워 있다가 친구 집에 가는 길입니다."

아침이 되었다. 여인이 이끄는 대로 풀숲까지 따라와 보니, 이슬이 흥건한 것이 사람들 다니는 길이 아니었다. 양생이 물었다.

"어찌 이런 곳에 사시오?"

여인이 대답했다.

"혼자 사는 여자가 사는 곳이 본래 이렇지요, 뭐."

여인은 이렇게 우스갯소리를 건넸다.

[A]
　　이슬 젖은 길 / 아침저녁으로 다니고 싶건만
　　옷자락 적실까 나설 수 없네.

　　양생 역시 장난으로 이런 한시(漢詩)를 읊었다.

　　여우가 짝을 찾아 어슬렁거리니
　　저 기수(淇水)의 돌다리에 짝이 있도다.
　　노(魯)나라 길 확 트여 / 문강(文姜)이 쏜살같이 달려가네.

　한시를 읊조리고 나서 껄껄 웃었다. 두 사람은 마침내 개녕동에 도착했다. ⓛ 쑥이 들판을 뒤덮었고, 가시나무가 하늘을 가렸다. 그 속에 집 한 채가 있는데, 크기는 작지만 매우 화려했다. …(중략)… 술자리가 끝나고 헤어질 때가 되었다. ㉢ 여인이 양생에게 은그릇을 하나 내주며 이렇게 말했다.

　"내일 저희 부모님이 보련사에서 제게 밥을 주실 거예요. 길가에서 기다리고 계시다가 함께 절에 가서 부모님께 인사를 드렸으면 하는데, 괜찮으시겠어요?"

　양생은 그렇게 하겠다고 대답했다.

　이튿날 양생은 여인의 말대로 은그릇을 들고 길가에서 기다리고 있었다. 잠시 후, 과연 명문가 여인의 대상(大祥)*을 위한 행차가 보였다. 이들 일행의 수레와 말이 길을 가득 메운 채 보련사에 올라가다가 선비 하나가 그릇을 들고 서 있는 것을 보고는 하인 하나가 이렇게 말했다.

　"㉣ 아씨와 함께 묻은 물건을 누가 훔쳐서 갖고 있사옵니다."

　주인이 말했다.

　"뭐라고?"

　하인이 말했다.

　"이 선비가 아씨의 그릇을 가지고 있사옵니다."

　주인이 말을 멈추고 사정을 묻자, 양생은 앞서 여인과 약속했던 일을 그대로 말했다. 여인의 부모가 놀라 한참을 어리둥절해 하더니 이렇게 말했다.

　"우리 외동딸이 노략질하던 왜구의 손에 죽었는데 아직 장례를 치르지 못하고 임시로 개녕사 골짜기에 매장했구려. 차일피일 하다 지금껏 장사를 지내지 못한 채 오늘에 이르게 되었소이다. 오늘이 벌써 세상을 뜬 지 두 돌이 되는 날이라 절에서 재(齋)를 베풀어 저승 가는 길을 배웅하려는 참이라오. 청컨대 딸아이와 약속했던 대로 여기서 기다렸다가 함께 절로 와 주셨으면 하오. 부디 놀라지 말아 주었으면 하오."

　그렇게 말하고는 먼저 절로 갔다.

　양생은 우두커니 서서 여인을 기다렸다. 약속 시간이 되자 ㉤ 여자 한 사람이 여종과 함께 사뿐히 걸어오고 있었다. 과연 기다리던 그 여인이었다. 양생과 여인은 기쁘게 손을 잡고 절로 향했다.

　여인은 절에 들어가 부처님께 절하고 하얀 장막 안으로 들어갔다. 여인의 친척들과 절의 승려들은 모두 여인의 존재를 믿지 않았다. 오직 양생의 눈에만 여인이 보였기 때문이다. 여인이 양생에게 말했다.

　"음식을 함께 드시지요."

　양생이 여인의 부모에게 그 말을 전하자, 부모는 시험해 볼 생각으로 그렇게 해 보라고 했다. 수저 소리만 들릴 따름이었지만, 그 소리는 사람들이 밥 먹을 때와 똑같았다. 부모는 깜짝 놀라 마침내 양생더러 장막에서 함께 자라고 권유했다.

　한밤중에 말소리가 낭랑하게 들렸는데, 다른 사람들이 자세히 엿들어 보려 하면 그때마다 말소리가 뚝 그쳤다. 여인의 말은 다음과 같았다.

[B]
　"제가 규범을 어겼다는 건 저 역시 잘 알지요. 어려서 『시경』과 『서경』을 읽어 예의범절을 조금은 알고 있사오니, 「건상(褰裳)」*과 「상서(相鼠)」*가 부끄러워할 만한 것인 줄 모르지 않아요. 하오나 오랜 세월 쑥대밭 너른 들판에 버려진 채 살다 보니 마음속에 있던 정이 한번 일어나자 끝내 다잡을 수 없었어요. 며칠 전 절에서 소원을 빌고 불전(佛殿)에 향을 사르며 제 기구한 일생을 한탄하던 중에 문득 삼세의 인연을 이루게 되었지요. 서방님의 아내가 되어 나무 비녀를 꽂고 백 년 동안 시부모님을 모시며 음식 시중에 옷 시중으로 평생 아내의 도리를 다하고 싶었어요. 하지만 한스럽게도 정해진 운명은 피할 수 없고, 이승과 저승의 경계는 넘을 수 없군요. 기쁨이 아직 다하지 않았는데 슬픈 이별이 눈앞에 이르렀어요. 지금 이별하고 나면 다시 만나긴 어렵겠지요. 이별할 때가 되니 너무도 서글퍼 무슨 말을 해야 할지 모르겠어요."

　이윽고 여인의 영혼을 떠나보내는데 여인의 울음소리가 끊이지 않았다.

－ 김시습, 「만복사저포기」

* 대상 : 2년 상을 마치고 탈상(脫喪)하는 제사
* 「건상」: 『시경』에 실린, 자유분방한 여인의 마음을 읊은 노래
* 「상서」: 『시경』에 실린, 예의를 모르는 사람을 풍자한 노래

41

윗글에 대한 이해로 가장 적절한 것은?

① 여인은 양생의 아내가 되어 함께 살다가 죽음을 맞이했다.

② 여인은 양생에게 자신의 거처를 소개하는 것이 부끄러웠다.

③ 부모는 양생을 만나기 위해 일행을 이끌고 보련사로 향했다.

④ 양생은 아침 일찍 지나가는 이들의 질문에 마지못해 대답했다.

⑤ 양생은 이별의 날에야 여인이 장례 후 저승으로 간다는 사실을 알았다.

42

〈보기〉를 참고해 [A]의 역할을 이해한 것으로 가장 적절한 것은?

┌─ 보 기 ┐

애정 전기(傳奇) 소설은 서사와 서정의 교직(交織)이 다른 갈래보다 더 두드러진다. 작품에 한시(漢詩)가 다수 등장하는데, 이때 한시는 여러 서사적 기능을 담당한다. 분위기 조성, 감정 전달, 사상 전달, 대상 묘사는 물론, 등장인물 간 대화를 대신하거나 남녀 간 만남의 매개 역할을 한다.

└─────────────┘

① 등장인물 간 대화를 대신하고 있다.

② 남녀 주인공의 감정을 위로하고 있다.

③ 남녀 주인공의 첫 만남을 매개하고 있다.

④ 경물을 묘사하여 사건의 결말을 암시하고 있다.

⑤ 이별의 슬픔을 표현하여 주제 의식을 드러내고 있다.

43

윗글의 등장인물에 대한 이해로 적절하지 <u>않은</u> 것은?

① 양생이 혼자 살며 부처와 저포 놀이까지 한 것으로 보아 양생의 외로움은 여인과 만나기 위한 필요조건이다.

② 여인의 부모가 양생이 딸과 함께 절로 와 주기를 청한 것으로 보아 그들은 딸이 살아 돌아오기를 소망하고 있다.

③ 여인의 부모는 수저 소리를 듣고 양생을 믿게 되어 그에게 장막에 머물 것을 권했다.

④ 여인이 어릴 적부터 『시경』과 『서경』을 읽었다는 것으로 보아 여인은 명문가 규수로서 소양을 갖춘 인물이다.

⑤ 이승과 저승의 경계를 넘을 수 없어 저승으로 가야 한다는 것으로 보아 여인은 운명론적 세계관을 지니고 있다.

44

㉠~㉤에 대해 설명한 내용으로 가장 적절한 것은?

① ㉠은 사건을 이해하는 데 필요한 대상의 특징을 묘사하고 있다.

② ㉡은 공간 묘사를 통해 여인이 처하게 되는 위기 상황을 나타내고 있다.

③ ㉢은 소재를 활용하여 이어지는 사건 전개의 필연성을 강화하고 있다.

④ ㉣은 하인의 말을 통해 양생의 비범한 능력을 부각하고 있다.

⑤ ㉤은 등장인물이 이승의 존재가 아님을 직설적으로 드러내고 있다.

45

[B]를 참고해 윗글을 이해한 것으로 적절하지 <u>않은</u> 것은?

[3점]

① 명혼(冥婚) 이야기를 통해 결핍 상태인 현실 세계에서 벗어나고픈 남녀 주인공의 욕망을 형상화하고 있다.

② 양생이 간절히 바라던 배필이 귀신이었다는 사실은 양생의 고독이 이 세상에서 해소될 수 없음을 의미한다.

③ 인간적 욕망으로 원통한 죽음을 넘어서고자 하나 실현하지 못하는 데에서 비극적 아이러니를 드러내고 있다.

④ 여인이 규범을 어기면서까지 양생과의 결연을 시도한 것은 현실 세계에서의 고달픈 삶을 긍정하는 민중 의식을 보여 준다.

⑤ 양생과 죽은 여인 간에 삼세의 인연이 맺어진 것은 배필을 원했던 여인의 발원이 부처의 도움으로 이루어졌음을 의미한다.

※ 점수 표시가 없는 문항은 모두 2점

[01~05] 밑줄 친 단어의 뜻으로 가장 적절한 것을 고르시오.

01

Tracking stray dogs may soon be easier thanks to the ubiquitous microchip.

① vociferous
② equivocal
③ omnipresent
④ inexorable
⑤ complimentary

02

Through public education, political advocacy, and protests, we also sought to protect open spaces and forests from unscrupulous developers.

① prudent
② abnormal
③ industrious
④ indifferent
⑤ dishonest

03

Individuals who took such action risked being ostracized by their fellow workers.

① bewildered
② rectified
③ inundated
④ permeated
⑤ excluded

04

Stuttering was an embarrassing nemesis that Timothy struggled with throughout his childhood.

① adversary
② catalyst
③ convention
④ prodigy
⑤ zenith

05

As I exchanged banal congratulations with the climbers filing past, inwardly I was frantic with worry.

① affectionate
② aversive
③ ordinary
④ apprehensive
⑤ exaggerated

[06~07] 다음 대화의 빈칸에 들어갈 말로 가장 적절한 것을 고르시오.

06

> A : Hey, you know what? Last night, I saw the International Space Station with my own eyes!
>
> B : Really? That's amazing! Is it really possible to see the ISS from Earth?
>
> A : Yes. It looked like a bright star moving across the sky.
>
> B : _____?
>
> A : It moved very quickly, so I could easily tell the difference between it and the stars around it. You can check the location of the ISS on the NASA website if you want to see it.
>
> B : That sounds really neat. I'll try that.

① Would you explain the difference between the ISS and the NASA

② Can you see the star in the center of the clouds

③ What was the purpose of watching the ISS

④ How did you know that it was the ISS

⑤ How far is it from Earth

07

> A : What are you doing?
>
> B : I'm looking through a blog about some interesting things.
>
> A : What is so interesting?
>
> B : According to this blog, a monster called Nessie lives in a lake in Scotland.
>
> A : Oh, that's quite interesting, but you'd better not believe it. These kinds of things are not proven.
>
> B : _____.
>
> A : The photos could have been modified. I think it is important to approach things with reasonable suspicion rather than just believing everything that you see.
>
> B : Okay, I'll try to keep that in mind.

① Scientists believed its existence, really

② However, that seems to be my mistake

③ The monster disturbs the order of nature

④ There are lots of photos of Nessie, though

⑤ Yes, they are completely proven to be authentic

08

밑줄 친 부분 중, 어법상 틀린 것은?

Mental illness in many ways remains a mystery to us. Some scientists think that it is hereditary. Others think it is caused by a chemical imbalance in the body. Other factors ① considering are a person's environment or perhaps an injury to the brain. Experts have differing opinions as to ② what causes mental illness and different ideas on how to treat it. One method is to place mentally ill people in hospitals and even prisons ③ to separate them from society. Another method is to give medications under the supervision of a psychiatrist to modify behavior. Mentally ill persons under medication often ④ live in supervised housing. Another method of treatment pioneered by Sigmund Freud is psychoanalysis, ⑤ whereby the patient receives many hours of counseling and talk therapy at a psychiatrist's office. The above treatments are often combined.

[09~11] (A), (B), (C)의 각 네모 안에서 문맥에 맞는 낱말로 가장 적절한 것을 고르시오.

09

Some people get (A) nervous / relaxed living placidly and safely. They run as surely toward danger as most people run away from it. They bungee jump, or skid down gravel roads on mountain bikes, or hang by their fingertips from minuscule cracks in the face of cliff, or even quit secure jobs in order to take a chance on some risky venture. They are risk-takers, and scientists have long wondered why they deliberately (B) court / evade loss, injury, or even death. Answers to that question involve a complex interplay of psychological and physiological factors. The key ingredient in the body's physiological response to danger is adrenaline. The body produces this chemical in the center of the adrenal glands atop the kidneys. When a physically or mentally stressful situation (C) arises / disappears, a flood of adrenaline into the blood stream prepares the body to act swiftly and forcefully to protect itself.

	(A)	(B)	(C)
①	nervous	court	arises
②	nervous	evade	disappears
③	relaxed	court	arises
④	relaxed	court	disappears
⑤	relaxed	evade	arises

10

(A) Fleeing / Hunting has been perfected to a fine art, inspiring mythic levels of speed, endurance, and agility in prey species. Plain animals, such as antelopes, gazelles, and zebras, have also learned to measure their attackers' talents against their own. Knowing that lions, leopards, and cheetahs are capable of only short bursts of speed, the hoofed residents rarely (B) idle / panic at the sight of a cat as long as they have running room and a head start. The important thing is to keep an eye out so the predator doesn't "steal the bases" and get close enough for a deadly sprint. Against hunting dogs and wolves, however, prey animals know they can't depend on their endurance alone. Canines are not as fast as cats, but they can run for a long time, long enough to (C) exhaust / invigorate weak, old, or sick prey.

	(A)	(B)	(C)
①	Fleeing	idle	exhaust
②	Fleeing	panic	invigorate
③	Fleeing	panic	exhaust
④	Hunting	panic	invigorate
⑤	Hunting	idle	invigorate

11

If you're thinking your way through a melodic and harmonic combination and you're struggling a little, often the best combinations of these two elements work in (A) contrary / parallel motion. In other words, as your melody rises up, try to make the bass note of the chord progression you're accompanying it with fall. Equally, when your melody line falls, bring the bass notes (and their chords) upwards. This doesn't have to be true for every single melody note and every single chord but, as a rule, (B) implanting / separating the movement between these two parts and imagining a mirror between them — so that movement in one direction prompts movement the other way in the other part — often works well. The reason for this is that the listener likes to hear one part as a melody and the other part as (C) discord / harmony , so that a single line can be identified as carrying 'the tune'. Somehow, this is often easier for the brain if the supporting line is as different as possible from the part playing the melody. [3점]

	(A)	(B)	(C)
①	contrary	separating	harmony
②	contrary	implanting	discord
③	contrary	implanting	harmony
④	parallel	implanting	discord
⑤	parallel	separating	harmony

12

Running a farm in the Middle West today is likely to be a very expensive operation. This is particularly true in the Corn Belt, where the corn that ① <u>fattens</u> the bulk of the country's livestock is grown. The heart of the Corn Belt is in Iowa, Illinois, and Indiana. The soil is extremely ② <u>futile</u>, the rainfall is abundant, and there is a long, warm growing season. All this makes the land extremely valuable. When one adds to the cost of the land the cost of livestock, seed, machinery, fuel, and fertilizer, farming becomes a very expensive operation. Therefore many farmers are ③ <u>tenants</u> and much of the land is owned by banks, insurance companies, or wealthy business people. These owners rent the land out to farmers, who generally provide machinery and labor. Some farms operate on contract to milling companies. The companies buy up farms, put in managers to run them, provide the machinery to farm them, and take the ④ <u>produce</u> for their own use. Machinery is often equipped with electric lighting to ⑤ <u>permit</u> round-the-clock operation.

13

Digital information plays a part in the increasing uncertainty of knowledge. First, the infinitude of information now accessible through the Internet ① <u>dwarfs</u> any attempt to master a subject — it is simply no longer possible to know what is to be known in any area. The response is to focus on ever narrower or more esoteric disciplines or interests, or to admit that all that can be done is to ② <u>sample</u> the field. Second, the stature of knowledge is challenged, because the quality of what can be accessed is often ③ <u>unknown</u>. In the printed book, the signs of quality — publisher, author affiliation, and so on — are usually clearly marked. But the quality of information on the Internet is not always so obvious, sometimes deliberately ④ <u>unveiled</u>, some-times simplistic but loud. Even the encyclopedic is not guaranteed : Wikipedia bills itself as 'the free encyclopedia that anyone can edit'. Despite the theory that correct material will usually overcome incorrect, there is nevertheless a caveat that knowledge is always ⑤ <u>relative</u>.

14

Songbird House에 관한 다음 글의 내용과 일치하는 것은?

Songbird House opened July 23, 2012 and is located in an historic house built in 1904. While our focus is coffee and tea, you will love our house-made pastries and breakfast sandwiches. We are proud to have a low staff turn-over so that we all personally get to know our customers and in turn, our customers are assured of consistent quality. Sixty percent of the faces we welcome are our regulars, but we have fun meeting a beautiful variety of people from all walks of life every day. No matter who you are, who you love, or where you are in life. Come on in! Business people, students, creatives, nursing mothers — I want you to feel comfortable. Songbird is an extension of your living room.

① Songbird House was a well-known historical site in 1904.

② Breakfast is not offered in Songbird House.

③ New staff members are frequently employed.

④ More than half of the customers visit this cafe regularly.

⑤ Songbird House is a company which renovates living rooms.

15

cobra lily에 관한 다음 글의 내용과 일치하지 <u>않는</u> 것은?

The cobra lily is a unique and eye-catching plant thanks to its dramatic leaves that resemble the heads of cobra snakes. Its curling leaves rise from the base of the plant and round out into hooded foliage. Along with its almost startling appearance, these carnivorous plants feed on insects as well as small vertebrates. Native to North America, the cobra lily is often found growing in distinct groupings in boggy areas that are devoid of nutrition. Their hooded leaves secrete an aroma that attracts insects and then allows the plant to gather fuel from trapping and digesting their prey. Once inside, it's difficult for insects to escape, and the plant will also secrete digestive enzymes to help break down the animal matter. Unlike many other pitcher plants, however, cobra lily plants are not able to collect rainwater to trap prey.

① Its leaves take after the heads of cobra snakes.

② It is eaten by small animals with a backbone.

③ It is often found in marshlands.

④ It attracts insects by secreting a pleasant smell.

⑤ It does not trap prey by gathering rainwater.

16

Its unmistakable smell permeates Seoul subway carriages during the rush hour, and admirers claim it is the healthiest food on the planet. Once valued as a source of vitamin C before the arrival of refrigerators, kimchi now crops up on menus far from its birthplace on the Korean peninsula. The spicy, garlicky cabbage dish is to be found as a pizza topping and taco filling in the UK, Australia and the US. Kimjang, the traditionally communal act of making kimchi, was recently awarded world cultural heritage status by UNESCO. But despite its growing popularity in restaurants from Los Angeles to London, Korea's national dish is in crisis in its country of origin. To kimchi's basic ingredients of napa cabbage, garlic, seasoning and copious amounts of chilli power, we can now add a trade war with China and fears of lasting damage to Korean cultural identity.

① Kimchi : Soaring in Popularity
② How does Kimchi Impact Health?
③ Korea Wins a Trade War Against China
④ Kimjang : Put Forward for UNESCO Award
⑤ Popularity and Crisis of Korea's National Dish

17

Innovative solutions — to prevent, monitor and clean (PMC) marine litter — are necessary to restore healthy oceans and maintain their well-being over time. And again, little is known about how many of these solutions have been developed and implemented, and to what extent they have been effective as information is scattered across platforms and not easily accessible. In a global analysis by Bellou and colleagues, also in Nature Sustainability, the researchers identify 177 PMC solutions and find that 106 of them address monitoring; 33 address prevention (mostly via wastewater treatment); only 30 address cleaning. They also find an inconsistent use of litter size terms across the various developers, which required a harmonization effort to assess the type of litter addressed — results show that 137 of the solutions targeted macrolitter. Overall, only few solutions reached technical readiness and no solution was validated for efficiency and environmental impacts.

[3점]

① Saving Marine Animals : Target the Microlitter
② A Passive Journey to the Marine Discovery
③ Oceanic Threats to Human Race
④ Want to Heal the Ocean? More Work Needed
⑤ Questioning the Utility of Sea Wastes Recycling

18

After observing the "care" given the aged in the United States, I can only conclude that personalization in that culture involves not only the acquisition of certain symbols and statuses, but also the achievement of a series of successes. By that token, an individual who fails or who has lost the capacity to succeed is considered less a person, because he or she has withdrawn from the success mechanism. Old people in the United States, because they have withdrawn or have been displaced from the occupational system, are deprived of the ability to succeed or fail; they are seen as scarcely persons at all — unless they can still symbolize their past success by continued consumption capability. In this way an individual's retention of consumption capability, even after he or she has withdrawn from the success machinery, is taken as an adequate substitute for success, because, through this consumption, an indispensable service is rendered to the economy.

① various strategies of personalization

② a typical misconception about old people

③ problems of aged care in the United States

④ one aspect of personalization in the United States

⑤ contribution of consumption to the United States economy

19

It is simply unclear just how technologies can be inevitable, at least from an ethical perspective, and how they can be autonomous. Some individuals elect to use a given technology; others do not. For any technology, it could be the case that all individuals elect not to use it. A competitor could arise, or moral argument may appear and convince a critical number of people no longer to use a technology. That technology then ceases to be implemented because of individuals' decisions. The technology, or at least its implementation, is thus not inevitable. Insofar as it depends upon individuals' electing to maintain it, it is not autonomous. An effort to fashion an ethics of technology based upon technologies' inevitability and autonomy would not reflect the way that people make choices, much less ethical decisions, nor reflect the entire relationship between individuals and technologies.

① technical critiques against autonomy

② the impact of ethics on the innovative technology

③ how to understand and utilize an ethical technology

④ reasons why people have to publicize their favorite technology

⑤ the destiny of a technology determined by individual choices

20

The flood of people — foreign-born and native-born, white and black — fit no single profile. A minority were professionals: businessmen and teachers, doctors and lawyers, priests, ministers, and rabbis. Most were working people who filled the factories, built the homes, scrubbed the floors, and nursed the babies of the well-to-do. These new residents brought more than brawn to the cities, though. They brought their religions, their politics, their institutions, and their art. They jammed the streets on the feast days of their village saints and they emptied them on the Day of Atonement. They opened tiny storefront churches and substantial fraternal lodges. They rushed to vaudeville theaters, where Jewish entertainers honed their craft, and to the ghetto dancehalls, where ragtime bands pushed the boundaries of American music. And they elbowed their way into the cities' public life.

① American frontiers overcame unexpected troubles.

② The perilous damage was begot by the new people.

③ Diverse immigrants engendered the political renaissance.

④ Minor cultures are transformed so as to fit into American public life.

⑤ The immigrants released their own cultures into the American mainstream.

21

The power of apologies as a display of caring lies at the heart of the veritable avalanche of them that we are now seeing in the public sphere. Government, for instance, can demonstrate that they care about a group that was wronged, such as when the United States apologized in 1997 to African-American men who were denied treatment for syphilis as part of a medical experiment. Offering an apology to another country is an effective way to lay the ground work for future cooperation. In the late 1990s, the Czech Republic remained the only European nation with which Germany had not reached a settlement providing restitution for Nazi persecution during World War II. Germany refused to pay Czech victims until the Czechs formally apologized for their postwar expulsion of ethnic Germans from the Sudetenland. In the interest of receiving both reparations and Germany's support for inclusion in NATO, the Czech government offered the apology in 1997. Germany responded by setting up a philanthropic fund for the benefit of the Czechs, and both NATO and the European Union have invited the Czech republic to join their ranks.

[3점]

① Germany did not pay Czech victims until the Czechs expressed apologies for their postwar behavior.

② Apologies help people repair schisms between the rich and the poor countries.

③ Apologies restore equilibrium in domestic and international relations.

④ Apologies are often manipulated to suggest that people let bygones be bygones.

⑤ The United States apologized to African-American men who were denied treatment for syphilis.

22

Nothing is more jarring to the nervous system than repeated interruptions when you're in the midst of concentrating on an important problem. One of the worst mistakes is to get into the habit of taking every phone call no matter what you're doing. A good way to handle the telephone is to concentrate your calls in one time segment, say between nine and ten in the morning or four and five in the afternoon. During that time you take all calls, and call people back who called you. You aren't being rude to refuse a call because you are busy. You are being wise. If you are a victim of the telephone, telephone screening can change your work life.

① Consciously project ease and enjoyment.
② Beware of any lingering fears of success.
③ Become aware of your natural optimum work cycles.
④ Think of success as a process, not a final destination.
⑤ Insulate yourself as much as possible from interruption.

[23~30] 다음 글의 빈칸에 들어갈 말로 가장 적절한 것을 고르시오.

23

You can buy a television at the store so you can watch television at home, but the television you buy isn't the television you watch, and the television you watch isn't the television you buy. Expressed that way, it seems confusing, but in daily life it isn't confusing at all, because we never have to think too hard about what television is, and we use the word *television* to talk about all the various different parts of the bundle: industry, content, and appliance. Language lets us work at the right level of _____; if we had to think about every detail of every system in our lives all the time, we'd faint from overexposure. This bundling of object and industry, of product and service and business model, isn't unique to television. People who collect and preserve rare first editions of books, and people who buy mass-market romance novels, wreck the spines, and give them away the next week, can all legitimately lay claim to the label book lover.

① consistency
② literacy
③ ambiguity
④ discretion
⑤ popularity

24

The situations into which the product of mechanical reproduction can be brought may not touch the actual work of art, yet the quality of its presence is always depreciated. This holds not only for the art work but also, for instance, for a landscape which passes in review before the spectator in a movie. In the case of the art object, a most sensitive nucleus — namely, its authenticity — is interfered with whereas no natural object is vulnerable on that score. The authenticity of a thing is the essence of all that is transmissible from its beginning, ranging from its substantive duration to its testimony to the history which it has experienced. Since the historical testimony rests on the authenticity, the former, too, is jeopardized by reproduction when substantive duration ceases to matter. And what is really jeopardized when the historical testimony is affected is the _____ of the object. [3점]

① authority
② negativity
③ promotion
④ performance
⑤ limitation

25

Remember those electrons that are orbiting the nucleus of an atom. Well those electrons contain energy; however, this energy is not always stable. The stability depends on the number of electrons that are within an atom. Atoms are more stable when their electrons orbit in pairs. An atom with an odd number of electrons must have an unpaired electron. When oxygen has one unpaired electron it is known as superoxide. Atoms and molecules such as superoxide that have unpaired electrons are called free radicals. The unpaired electron in free radicals makes the atom or molecule unstable. Electrons in atoms "hate" not existing in pairs. An atom with an unpaired electron wants to become stable again, so it quickly seeks out _____ to "steal" from another atom or molecule. The instability of free radicals is what poses a threat to macromolecules such as DNA, RNA, proteins, and fatty acids.

① other cells
② powerful energy
③ a stable nucleus
④ another electron
⑤ nutritious proteins

26

Underlying the issues about the role of self-esteem in language learning are the fundamental concepts of attribution and self-efficacy. Attribution theory focuses on how people explain the causes of their own success and failures. Bernard Weiner describes attribution theory in terms of four explanations for success and/or failure in achieving a personal objective: ability, effort, perceived difficulty of a task, and luck. Two of those four factors are internal to the learner: ability and effort; and two are attributable to external circumstances outside of the learners: task difficulty and luck. According to Weiner, learners tend to explain, that is, to attribute, their success on a task on these four dimensions. Depending on the individual, a number of causal determinants might be cited. Thus, failure to get a high grade on a final exam in a language class might for some be judged to be a consequence of their poor ability or effort, and by others to difficulty of exam, and perhaps others to _____.

① just plain old bad luck
② previous learning experiences
③ excessive self-esteem in language learning
④ using inappropriate teaching methods
⑤ the lack of self-efficacy

27

Black and Hispanic New Yorkers represent 51% of the city's population, yet account for 62% of Covid-19 deaths. They have twice the rate of death compared with whites, when adjusted for age. This disparity likely is the result of several factors. Co-morbid conditions, such as hypertension and diabetes, are strongly associated with death from Covid-19 and are more common in black and Hispanic communities. But what causes high rates of poorly controlled hypertension and diabetes? Lack of appropriate health care. People who cannot easily find good health care for reasons of money, time, location, or trust may be more likely to stay at home undiagnosed and spread the virus — as well as experience potentially fatal delays in diagnosis and treatment. The explanation is the same for New York City as for Italy, New Orleans and probably Iran: _____ in health and health care.

① doctors are reluctant to carry out their roles
② minorities develop an appropriate policy
③ the virus exploits weaknesses
④ we have understood the urgency
⑤ treatments for the variants of Covid-19 require education

28

The sociocultural approach begins by attacking the heart of the problem: What is creativity? To explain creativity, we _____, and this turns out to be surprisingly difficult. All of the social sciences face the task of defining concepts that seem everyday and familiar. Psychologists argue over the definitions of intelligence, emotion, and memory; sociologists argue over the definitions of group, social movement, and institution. But defining creativity may be one of the most difficult tasks facing the social sciences, because everybody wants to believe he's creative. People typically use "creativity" as a complimentary term of praise. It turns out that what gets called creative has varied according to the historical and cultural period. Psychologists have sometimes wondered if we'll ever reach a consensus about creativity, and even whether it is a useful subject for scientific study at all. [3점]

① should establish a set of rules
② first need to agree on what it is
③ must do an extensive research on the word
④ examine the psychological implication of the term
⑤ mostly concentrate on the essence of its meaning

29

Every new tool shapes the way we think, as well as what we think about. The printed word helped make our cognition linear and abstract, along with vastly enlarging our stores of knowledge. Newspapers shrank the world; then the telegraph shrank it even more dramatically. With every innovation, cultural prophets bickered over whether we were facing a technological apocalypse or a utopia. Depending on which Victorian-age pundit you asked, the telegraph was either going usher in an era of world peace or drown us in a Sargasso of idiotic trivia. Neither prediction was quite right, of course, yet neither was quite wrong. The one thing that both apocalyptics and utopians understand and agree upon is that every new technology pushes us toward new forms of behavior while nudging us away from older, familiar ones. Living with new technologies means understanding _____. [3점]

① why they were ignored in the past
② how the telegraph functions properly
③ what innovations should be made in the future
④ what causes technological innovations
⑤ how they bias everyday life

30

A moral argument is often stopped in its tracks when someone refuses to consider a position by saying that '_____'. The implication is that anybody's judgement is as goo d as anyone else's, and that no one has a right to tell others what to do. The fact that I do not like bananas may be a fact about me, but it has no bearing on what you may enjoy. Similarly, it is implied, if I disapprove of something, that may tell you about me, but it has no relevance to what you should do. The confusion in all this is displayed by the idea that we have no 'right' to tell others what to do. We seem at the same moment to be denying that moral claims can tie everyone down, and asserting that there is at least one moral claim that we should all respect, namely that we ought not to impose our views on others. [3점]

① action speaks louder than words
② I can't agree with you more
③ that is just your opinion
④ we are on the same boat
⑤ never judge a book by its cover

31

다음 글의 빈칸 (A), (B)에 들어갈 말로 가장 적절한 것은?

The nature of the initial attachments we make in life is crucial to our later development and social and emotional experiences. These attachments have a strong influence on any later attachments that we might make. So, (A) , if an initial attachment has been ambivalent, flicking about between feeling secure and feeling insecure, then such might also be a person's commitment to a group. A person might join an interest group reluctantly, become enthusiastic for a time but constantly be on the alert for social slights or loss of status perceived as brought about by other members of the group. This would lead to a tendency to withdraw. (B) , a person whose initial attachments were secure might well be attracted in a straightforward way to joining groups and to be reasonably steadfast in membership.

	(A)	(B)
①	for example	In comparison
②	for example	Hence
③	in fact	Nevertheless
④	in addition	Therefore
⑤	in addition	On the other hand

32

It is time for a deeper probe in a different setting, entered at a different angle, to a greater depth, and exploring a deeper causation. Why have the creative arts so dominated the human mind, everywhere and throughout history? We will not find the answer in the finest art galleries and symphony halls. ① The innovations of jazz and rock, arising more directly from human experience, will probably give us a better idea of where to excavate. ② Nevertheless, Hollywood composers began experimenting in the vocabularies of jazz and the structuring model of rock. ③ Because the creative arts entail a universal, genetic trait, the answer to the question lies in evolutionary biology. ④ Bear in mind that *Homo sapiens* has been around about 100,000 years but literate culture has existed for less than a tenth of that time. ⑤ So the mystery of why there are universal creative arts comes down to the question of what human beings were doing during the first nine-tenths of their existence. [3점]

33

To keep from breaking glass, all movement near and on the glass must be parallel (don't put any pressure on the glass when scraping), and always use a pull-type scraper. ① That way if you slip, all the force is away from the glass and it won't break. ② To remove glazing points, hook the sharp edge of the pull-type scraper into their soft metal points and pull them out along with the putty. ③ The glass manufacture corporations have begun to move their factories to some of East Asian countries to reduce the production cost. ④ Double-check to make sure all of the glazing points are removed, and that old putty beside and under the edge of the glass is loose. ⑤ If not, you need another round of heat.

34

Psychologists and behaviour ecologists think that the ability to learn should be favoured over the genetic transmission of fixed trait when the environment in which an animal lives changes often, but not too often.

(A) In such a case, the environment is stable enough to favour learning, but not so stable as to favour genetic transmission. David Stephens, while agreeing with the above, has challenged the assumptions about environmental stability saying that various types of stability need to be separated.

(B) Information is best passed on by genetic transmission when the environment rarely changes, because such a means of transmission avoids the cost of learning and the environment the offspring encounters is similar to that of their parents. However, if the environment is constantly changing, there is nothing worth learning as what is learnt is completely irrelevant in the next situation.

(C) Past experience, thus, is of no predictive value. Therefore, genetic transmission of a fixed response, rather than a learned response, is favoured. Somewhere, in between an environment that never changes and one that always does, learning is favoured over genetic transmission of a fixed response as it is worth paying the cost of learning. [3점]

① (A) - (C) - (B)
② (B) - (A) - (C)
③ (B) - (C) - (A)
④ (C) - (A) - (B)
⑤ (C) - (B) - (A)

35

One of the more recent theories of creativity is *psychoeconomics*. This may not sound like it applies directly to education, but actually it does help to clarify what needs to be done in the classroom and why there are problems designing education that supports creativity.

(A) Consider, for example, the idea of educational objectives. Educators have only so much time in the school day, and just so many resources, and there is a great deal of accountability in today's schools, at least in the United States.

(B) Additionally, creative thinking is original, so by definition an educator will not know what the result will be if he or she presents an open-ended task that in fact does allow creative thinking. The problem, then, is that the benefits are uncertain and it is difficult to justify the costs(i.e., the investment of time).

(C) This all means that the curriculum must have a clear payoff. Creativity does not. It is often dependent on a student's intrinsic motivation and the self-expression of an individual student.

① (A) - (C) - (B)
② (B) - (A) - (C)
③ (B) - (C) - (A)
④ (C) - (A) - (B)
⑤ (C) - (B) - (A)

36

글의 흐름으로 보아, 주어진 문장이 들어가기에 가장 적절한 곳은?

However, some businesses (for example, small retailers) do not usually find it practical to match each sale to a particular cost of sales figure as the accounting period progresses.

The cost of sales (or cost of goods sold) figure for a period can be identified in different ways. (①) In some businesses, the cost of sales is identified at the time a sale has been made. (②) Sales are closely matched with the cost of those sales and so identifying the cost of sales figure for inclusion in the income statement is not a problem. (③) Many large retailers (for example, supermarkets) have point-of-sale (checkout) devices that not only record each sale but also simultaneously pick up the cost of the goods that are the subject of the particular sale. (④) Other businesses that sell a relatively small number of high-value items also tend to match sales revenue with the cost of the goods sold at the time of the sale. (⑤) They find it easier to identify the cost of sales figure at the end of the accounting period.

On June 23, 1970, I had just been mustered out of the Army after completing my one-year tour of duty in Vietnam. I was a 23-year-old Army veteran on a plane from Oakland, Calif., returning home to Dallas, Texas.

I had been warned about the hostility many of our fellow countrymen felt toward returning 'Nam vets at that time. There were no hometown parades for us when we came home from that unpopular war. Like tens of thousands of others, I was just trying to get home without incident.

I sat, in uniform, in a window seat, chain-smoking and avoiding eye contact with my fellow passengers. No one was sitting in the seat next to me, which added to my isolation. A young girl, not more than 10 years old, suddenly appeared in the aisle. She smiled and, without a word, timidly handed me a magazine. I accepted her offering, her quiet "welcome home." All I could say was, "Thank you." I do not know where she sat down or who she was with because right after accepting the magazine from her, I turned to the window and wept. Her small gesture of compassion was the first I had experienced in a long time.

That young girl undoubtedly has no memory of what happened years ago. I like to think of her as having grown up, continuing to touch others and teaching her children to do the same. I know she might have been told to give me the "gift" by her mother. Her father might still have been in Vietnam at that point or maybe he had not survived the war. It doesn't matter why she gave me the magazine. The important thing is she did.

Since then, I have followed her example and tried, in different ways for different people, to do the same for them. Like me on that long ago plane ride, they will never know why a stranger took the time to extend a hand. But I know that my attempts since then are all because of that little girl. Her offer of a magazine to a tired, scared and lonely soldier has echoed throughout my life.

37

윗글의 제목으로 가장 적절한 것은?

① Can We Beat the Combat?
② A Small Act of Kindness Matters
③ The Triumph of a Courageous Soldier
④ Pain in the Mind of War Veterans
⑤ In Search of the Little Girl

38

윗글의 내용과 일치하는 것은?

① The narrator has to return to Vietnam in a month.
② The narrator had been one of the military personnel.
③ The narrator was emotionally hurt by the young girl.
④ The young girl had been a good friend of the narrator.
⑤ The young girl followed the narrator's footsteps in her life.

The twentysomething age group is often referred to as the period of emerging adulthood. Some say that being 30 is now equivalent to being age 21 a generation ago. The term *quarterlife crisis* was coined to describe the problems and issues facing twentysomethings. According to recent college graduates, the quarterlife crisis is a "response to overwhelming instability, constant change, too many choices, and a panicked sense of helplessness." Indecision and apprehension are common companions during this period. On leaving the protective spheres of family and college, twentysomethings encounter disorientation and confusion regarding identity, career choices, living arrangements, establishing independence, discovering and harnessing a life passion, and creating new social networks. Having little experience at making major life decisions and accepting responsibility for them places twentysome-things in a transition zone of trying to find guideposts on what to do, where to go, and who to be. It is a time of _____, making premature resolutions, and sometimes paralysis due to indecision.

39

윗글의 제목으로 가장 적절한 것은?

① Twentysomethings in Their Heyday
② The Hot-blooded Youth of the Twenties
③ Challenges : What the Emerging Adult Faces
④ Infinite Possibilities of Twentysomethings
⑤ A Mind of Steel in the Twenties

40

윗글의 빈칸에 들어갈 말로 가장 적절한 것은?

① body and soul   ② cause and effect
③ pride and joy   ④ pros and cons
⑤ trial and error

The response to mother figure is called filial imprinting. The range of objects which can elicit approach and attachment in young birds (a) are very large. Stimuli for imprinting may be visual, auditory or olfactory. There seems to be no limit to the range of visual stimuli. Movements help to catch attention like flashing lights. A stationary object will attract young birds (b) provided it is contrasting with its background.

Auditory stimuli are found to be attractive to many young birds. For example, in mallard ducklings, sound is very important to induce following the mother figure. Wood-ducks nest in holes in trees. The call of the mother from the water outside the nest hole induces the young ones (c) to approach the mother in spite of the fact that they have not seen her properly.

An example of odor stimuli is provided by the 5 to 14 day old baby shrews. These baby shrews become imprinted on the odor of the individual mother that is nursing them. Young shrews form a caravan early in life, having learned the odor of their mother, (d) which they will follow. When 5 or 6 day old shrews are provided with a substitute mother of another species, the odor of this caretaker mother becomes imprinted upon them.

Later, when the shrews are 15 days old, they are returned back to their real mother. It was seen that these siblings do not follow her and do not form the caravan like chain on any siblings that (e) were left with the real mother. However, they followed a piece of cloth impregnated with the odor of their caretaker mother, a response that demonstrates that young shrews become imprinted with the _____.

41

밑줄 친 (a)~(e) 중에서 어법상 틀린 것은?

① (a)   ② (b)

③ (c)   ④ (d)

⑤ (e)

42

윗글의 빈칸에 들어갈 말로 가장 적절한 것은?   [3점]

① time spent in following their caretaker mother

② odor of whoever nurses them when they are young

③ call of their caretaker mother before they leave their nest

④ amount of visual attention paid to their real mother

⑤ care of their real mother when they grow up

[43~45] 다음 글을 읽고, 물음에 답하시오.

(A) "Are you carrying any fruit or handguns?"
"Sure, I've got three kilos of kiwis in the trunk, and she has a .44 magnum in her purse."
No, that's not what I say to the border guard. It's best not to joke with these guys. They don't have much of a sense of humor, and they like to tear cars apart. Border guards make me nervous. I feel better as soon as I'm beyond those expressionless eyes and frozen faces.

(B) The rain slashes sideways, driving me back inside under an awning I try to use for cover. The ferry is starting to sway. Margaret tells a story of a ferry ride she once took from Sicily to Malta when she got seasick from diesel fumes and waves. Some kids are running toy cars up and down the plastic seats. Through rain mottle windows the mountaintops are obscured in mist. Soon we're pulling into the dock on the far side. Cars file off the ferry, and we heard the last nine miles to the hot springs. Admission is $4.00 Canadian.

(C) It winds along Kootenai Lake for fifty miles with only about three spots for cars to pass the whole way. We're the last car to board. Nautical looking workers in navy blue direct us to a parking space on the lower deck. We climb steep stairs to the passenger level. The wind and rain gain intensity as the ferry pulls away from the dock and heads across the lake. I step outside on the deck, but only for a minute.

(D) But a trip to Ainsworth is worth facing a hundred border guards. Ainsworth Hot Springs. I've been wanting to go for years now. Everyone I know has been there. It's gotten to the point where I feel deprived whenever anyone starts talking about Ainsworth. So off my friend Margaret and I go on a cold, rainy November Tuesday — not a bad day for hot spring. A few miles into Canada the road changes.

(E) There aren't any locker; each of us gets a plastic bag to put our clothes in, which we check with a clerk who gives out velcro wristbands with claim numbers on them. Mine is 38. Rain dots my body as I head out to the pool. The big pool is warm — a good place to get psyched-up for the hotter pool above and the caves. The caves! That's what makes Ainsworth so unique. We paddle back into the mountainside following the hot water to its source. Dim lights reveal an incredible scene.

43

주어진 글 (A)에 이어질 내용을 순서에 맞게 배열한 것으로 가장 적절한 것은?

① (B) - (D) - (C) - (E)

② (B) - (D) - (E) - (C)

③ (D) - (C) - (B) - (E)

④ (D) - (C) - (E) - (B)

⑤ (E) - (C) - (D) - (B)

44

윗글에 나타난 Ainsworth에 대한 화자의 심경 변화로 가장 적절한 것은?

① relieved → tensed

② determined → excited

③ frightened → amazed

④ regretful → committed

⑤ dejected → uninterested

45

윗글의 내용과 일치하지 <u>않는</u> 것은?

① The narrator did not have a casual talk with the border guard.

② Ainsworth was nine miles away from the Canadian border.

③ The travelers faced heavy rain and wind on the ferry.

④ Margaret went to the trip with the narrator.

⑤ The cave was the point that made Ainsworth distinctive from other hot springs.

01

두 양수 a, b가 $\log_b a + \log_a b = \dfrac{26}{5}$, $ab = 27$을 만족시킬

때, $a^2 + b^2$의 값은?(단, $a \neq 1$, $b \neq 1$)　　　[3점]

① 240　　　　② 242　　　　③ 244

④ 246　　　　⑤ 248

02

삼각형 ABC에서 선분 BC의 길이가 3이고

$4\cos^2 A - 5\sin A + 2 = 0$일 때, 삼각형 ABC의 외접원의

반지름의 길이는?　　　[3점]

① $\dfrac{3}{2}$　　　　② 2　　　　③ $\dfrac{5}{2}$

④ 3　　　　⑤ $\dfrac{7}{2}$

03

수직선 위를 움직이는 점 P의 시각 $t(t \geq 0)$에서의 속도

$v(t)$가 $v(t) = at^2 + bt$ (a, b는 상수)이다. 시각 $t = 1$,

$t = 2$일 때, 점 P의 속도가 각각 15, 20이다. 시각 $t = 1$에

서 $t = 5$까지 점 P가 움직인 거리는?　　　[3점]

① $\dfrac{166}{3}$　　　　② 56　　　　③ $\dfrac{170}{3}$

④ $\dfrac{172}{3}$　　　　⑤ 58

04

다항함수 $f(x)$가 다음 조건을 만족시킬 때, $f(2)$의 값은?

(단, a는 0이 아닌 상수이다)　　　[3점]

> (가) $\displaystyle \lim_{x \to \infty} \frac{f(x) - ax^2}{2x^2 + 1} = \frac{1}{2}$
>
> (나) $\displaystyle \lim_{x \to 0} \frac{f(x)}{x^2 - ax} = 2$

① 1　　　　② 2　　　　③ 3

④ 4　　　　⑤ 5

05

두 양수 a, b에 대하여 $0 \le \log_2 a \le 2$, $0 \le \log_2 b \le 2$이고 $\log_2(a+b)$가 정수일 때, 두 점 $(4, 2)$와 (a, b) 사이의 거리의 최솟값을 m, 최댓값을 M이라 하자. $m^2 + M^2$의 값은? [4점]

① 12   ② 14   ③ 16

④ 18   ⑤ 20

06

모든 항이 양수인 등비수열 $\{a_n\}$에 대하여 $a_1 = 2a_4$, $a_3^{\log_2 3} = 27$일 때, 집합 $\left\{ n \,\middle|\, \log_4 a_n - \log_2 \dfrac{1}{a_n} \text{ 은 자연수} \right\}$ 의 모든 원소의 개수는? [4점]

① 4   ② 5   ③ 6

④ 7   ⑤ 8

07

실수 k에 대하여 함수 $f(x) = x^3 + kx^2 + (2k-1)x + k + 3$의 그래프가 k의 값에 관계없이 항상 점 P를 지난다. 곡선 $y = f(x)$ 위의 점 P에서의 접선이 곡선 $y = f(x)$와 오직 한 점에서 만난다고 할 때, k의 값은? [4점]

① 1   ② 2   ③ 3

④ 4   ⑤ 5

08

자연수 n과 $\displaystyle\lim_{x \to \infty} \dfrac{f(x) - x^3}{x^2} = 2$인 다항함수 $f(x)$에 대하여 함수 $g(x)$가 $g(x) = \begin{cases} \dfrac{x-1}{f(x)} & (f(x) \ne 0) \\ \dfrac{1}{n} & (f(x) = 0) \end{cases}$ 이다.

$g(x)$가 실수 전체의 집합에서 연속이 되도록 하는 n의 최솟값은? [4점]

① 7   ② 8   ③ 9

④ 10   ⑤ 11

삼차함수 $f(x) = x^3 + x^2$의 그래프 위의 두 점 $(t,\ f(t))$와 $(t+1,\ f(t+1))$에서의 접선의 y절편을 각각 $g_1(t)$와 $g_2(t)$라 하자. 함수 $h(t) = |g_1(t) - g_2(t)|$의 최솟값은?

[4점]

① $\dfrac{1}{3}$　　　② $\dfrac{2}{3}$　　　③ 1

④ $\dfrac{4}{3}$　　　⑤ $\dfrac{5}{3}$

그림과 같이 원에 내접하는 삼각형 ABC가 있다. 호 AB, 호 BC, 호 CA의 길이가 각각 3, 4, 5이고 삼각형 ABC의 넓이가 S일 때, $\dfrac{\pi^2 S}{9}$의 값은?

[4점]

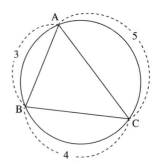

① $2 - \sqrt{3}$　　　② $\sqrt{3}$　　　③ $1 + \sqrt{3}$

④ $2 + \sqrt{3}$　　　⑤ $3 + \sqrt{3}$

두 수열 $\{a_n\}$, $\{b_n\}$이 $a_n = \displaystyle\sum_{k=1}^{n} k$, $b_1 = 1$,

$b_n = b_{n-1} \times \dfrac{a_n}{a_n - 1}$ $(n \geq 2)$를 만족시킬 때, b_{100}의 값은?

[4점]

① $\dfrac{44}{17}$　　　② $\dfrac{46}{17}$　　　③ $\dfrac{48}{17}$

④ $\dfrac{50}{17}$　　　⑤ $\dfrac{52}{17}$

다항함수 $f(x)$가 다음 조건을 만족시킬 때, 상수 a의 값은?

[4점]

(가) 모든 실수 x에 대하여

$$\frac{d}{dx}\left\{ \int_1^x (f(t) + t^2 + 2at - 3)\,dt \right\}$$
$$= \int_1^x \left\{ \frac{d}{dt}(2f(t) - 3t + 7) \right\} dt$$

(나) $\displaystyle\lim_{h \to 0} \frac{f(3+h) - f(3-h)}{h} = 6$

① -1　　　② -2　　　③ -3

④ -4　　　⑤ -5

13

실수 $r = \dfrac{3}{\sqrt[3]{4} - \sqrt[3]{2} + 1}$ 에 대하여

$r + r^2 + r^3 = a\sqrt[3]{4} + b\sqrt[3]{2} + c$ 일 때, $a+b+c$의 값은? (단, a, b, c는 유리수이다) [4점]

① 7   ② 9   ③ 11

④ 13   ⑤ 15

14

삼각형 ABC에서 $\angle A = \dfrac{2\pi}{3}$ 이고 $\overline{AB} = 6$이다. $\overline{AC}$와 $\overline{BC}$의 합이 24일 때, $\cos B$의 값은? [4점]

① $\dfrac{19}{28}$ ② $\dfrac{5}{7}$ ③ $\dfrac{21}{28}$

④ $\dfrac{11}{14}$ ⑤ $\dfrac{23}{28}$

15

실수 p에 대하여 곡선 $y = x^3 - x^2$과 직선 $y = px - 1$의 교점의 x좌표 중 가장 작은 값을 m이라 하자. $m < a < b$인 모든 실수 a, b에 대하여 $\displaystyle\int_a^b (x^3 - x^2 - px + 1)dx > 0$이 되도록 하는 m의 최솟값은? [4점]

① $-\dfrac{1}{2}$ ② -1 ③ $-\dfrac{3}{2}$

④ -2 ⑤ $-\dfrac{5}{2}$

16

자연수 n에 대하여 곡선 $y = n\sin(n\pi x)\,(0 \le x \le 1)$ 위의 점 중 y좌표가 자연수인 점의 개수를 a_n이라 할 때, $\displaystyle\sum_{n=1}^{10} a_n$의 값은? [4점]

① 340   ② 350   ③ 360

④ 370   ⑤ 380

17

자연수 n에 대하여 함수 $f(x) = |x^2 - 4|(x^2 + n)$이 $x = a$에서 극값을 갖는 a의 개수가 4 이상일 때, $f(x)$의 모든 극값의 합이 최대가 되도록 하는 n의 값은? [5점]

① 1   ② 2   ③ 3

④ 4   ⑤ 5

18

실수 $t(0 < t < 3)$에 대하여

삼차함수 $f(x) = 2x^3 - (t + 3)x^2 + 2tx$가 $x = a$에서 극댓값을 가질 때, 세 점 $(0, 0)$, $(a, 0)$, $(a, f(a))$를 꼭짓점으로 하는 삼각형의 넓이를 $g(t)$라 하자.

$\lim\limits_{t \to 0} \dfrac{1}{g(t)} \displaystyle\int_0^a f(x)dx$의 값은? [5점]

① 1   ② $\dfrac{13}{12}$ ③ $\dfrac{7}{6}$

④ $\dfrac{5}{4}$ ⑤ $\dfrac{4}{3}$

19

두 함수 $f(x)$와 $g(x)$가 $f(x) = \begin{cases} \cos x \ (\cos x \geq \sin x) \\ \sin x \ (\cos x < \sin x) \end{cases}$,

$g(x) = \cos ax \ (a > 0$인 상수$)$이다. 닫힌구간 $\left[0, \dfrac{\pi}{4}\right]$에서 두 곡선 $y = f(x)$와 $y = g(x)$의 교점의 개수가 3이 되도록 하는 a의 최솟값을 p라 하자. 닫힌구간 $\left[0, \dfrac{11}{12}\pi\right]$에서 두 곡선 $y = f(x)$와 $y = \cos px$의 교점의 개수를 q라 할 때, $p + q$의 값은? [5점]

① 16   ② 17   ③ 18

④ 19   ⑤ 20

20

최고차항의 계수가 1인 두 이차다항식 $P(x)$, $Q(x)$에 대하여 두 함수 $f(x) = (x + 4)P(x)$, $g(x) = (x - 4)Q(x)$가 다음 조건을 만족시킨다.

> (가) $f'(-4) \neq 0$, $f(4) \neq 0$, $g(-4) \neq 0$
>
> (나) 방정식 $f(x)g(x) = 0$의 서로 다른 모든 해를 크기 순으로 나열한 -4, a_1, a_2, a_3, 4는 등차수열을 이룬다.
>
> (다) $f'(a_i) = 0$인 $i \in \{1, 2, 3\}$은 하나만 존재하고 모든 $i \in \{1, 2, 3\}$에 대하여 $g'(a_i) \neq 0$이다.

두 곡선 $y = f(x)$와 $y = g(x)$가 서로 다른 두 점에서 만날 때, 두 교점의 x좌표의 합은? [5점]

① $-\dfrac{1}{2}$ ② $-\dfrac{1}{4}$ ③ 0

④ $\dfrac{1}{4}$ ⑤ $\dfrac{1}{2}$

21

방정식 $\log_2(x+4)+\log_{\frac{1}{2}}(x-4)=1$을 만족시키는 실수 x의 값을 구하시오. [3점]

① 12 ② 22 ③ 15 ④ 38 ⑤ 4

22

이차방정식 $x^2-x-1=0$의 두 근을 α, β라 하자. 수열 $\{a_n\}$이 모든 자연수 n에 대하여 $a_n=\dfrac{1}{2}(\alpha^n+\beta^n)$을 만족시킬 때, $\displaystyle\sum_{k=1}^{3} a_{3k}$의 값을 구하시오. [4점]

① 61 ② 49 ③ 70 ④ 55 ⑤ 39

23

최고차항의 계수가 1인 이차함수 $f(x)$에 대하여 함수 $g(x)$는 $g(x)=\displaystyle\int_{-1}^{x} f(t)dt$이다. $\displaystyle\lim_{x\to 1}\frac{g(x)}{x-1}=2$일 때, $f(4)$의 값을 구하시오. [4점]

① 28 ② 36 ③ 25 ④ 21 ⑤ 18

24

좌표평면 위에 원점을 중심으로 하고 반지름의 길이가 1인 원 C와 두 점 $\mathrm{A}(3,3)$, $\mathrm{B}(0,-1)$이 있다. 실수 $t\,(0<t\le 4)$에 대하여 $f(t)$를 집합 $\{\mathrm{X}\,|\,\mathrm{X}$는 원 C 위의 점이고, 삼각형 ABX의 넓이는 $t\}$의 원소의 개수라 하자. 함수 $f(t)$가 연속하지 <u>않은</u> 모든 t의 값의 합을 구하시오. [4점]

① 10 ② 5 ③ 16 ④ 18 ⑤ 20

25

두 집합 X, Y를
$X=\{\{a_n\}\,|\,\{a_n\}$은 모든 항이 자연수인 수열이고,
$\log a_n + \log a_{n+1} = 2n\}$, $Y=\{a_4\,|\,\{a_n\}\in X\}$라 하자.

집합 Y의 모든 원소의 합이 $p\times 100$일 때, p의 값을 구하시오. [5점]

① 220 ② 242 ③ 217 ④ 180 ⑤ 248

2026

경찰대학

7개년
기출문제 다잡기

★ ★   ★ ★

점수 CHECK!	1회독	2회독	3회독
국어영역 공통			
영어영역 공통			
수학영역 공통			

※ 점수 표시가 없는 문항은 모두 2점

밑줄 친 ㉠, ㉡의 사례가 올바르게 짝 지어진 것은?

> 한글 맞춤법의 기본 원리로는 소리대로 적는 ㉠ 표음주의와 어법에 맞도록 적는 ㉡ 표의주의가 있다. 표음주의는 표기가 소리를 그대로 반영하도록 적는 원리이다. 반면 표의주의는 형태를 밝혀 적는 것으로서, 간단히 말하면 동일한 형태소를 고정해서 적는 원리를 말한다.

	㉠	㉡
①	쇠붙이	무르팍
②	쓰레기	달맞이
③	달맞이	쇠붙이
④	코끼리	쓰레기
⑤	무르팍	코끼리

〈보기〉를 참고하여 탐구한 내용으로 적절하지 않은 것은?

> **┤ 보 기 ├**
> **'의'의 표준 발음**
> – 'ㅢ'는 이중 모음으로 발음한다.
> – 다만(1), 자음을 첫소리로 가진 'ㅢ'는 [ㅣ]로 발음한다. (예) 희망[히망]
> – 다만(2), 단어의 첫 음절 이외의 '의'는 [ㅣ], 조사 '의'는 [ㅔ]로 발음하는 것도 허용한다. (예) 주의[주의/주이], 협의[혀븨/혀비], 우리의[우리의/우리에]

① '의식'을 [의식]으로 발음하면 표준 발음이군.
② '너희'를 [너희]로 발음하면 표준 발음이 아니군.
③ '논의'를 [노늬]로 발음하면 표준 발음이 아니군.
④ '의의'를 [으이]로 발음하면 표준 발음이 아니군.
⑤ '너의 (집)'를 [너에]로 발음하면 표준 발음이군.

밑줄 친 ㉠의 사례로 적절하지 않은 것은?

> 모음과 모음이 결합할 때에는 여러 가지 음운 변동이 일어날 수 있다. ㉠ 모음 중 하나가 탈락할 수도 있고, 두 모음이 합쳐져 하나의 이중 모음으로 바뀔 수도 있다. 둘 중 어느 변동이 일어나든 모음과 모음이 직접 결합하는 것을 막아 준다.

① 비+어서 → [벼:서]
② 펴+어서 → [펴서]
③ 서+어서 → [서서]
④ 쓰+어서 → [써서]
⑤ 크+어서 → [커서]

다음 문장들의 공통점에 대한 설명으로 적절하지 않은 것은?

> • 나는 정성껏 만든 선물을 몰래 엄마에게 드렸다.
> • 나는 예전에 존경하던 선생님께 편지를 보냈다.

① 세 자리 서술어가 쓰였다.
② 부사가 부사어로 나타난다.
③ 객체를 높이는 형태소가 쓰였다.
④ 관형어로 기능하는 안긴문장이 있다.
⑤ 문법적 관계를 나타내는 품사가 나타난다.

05

㉠에 속하는 예로 적절한 것은?

어근과 어근으로 이루어진 복합어를 합성어라고 한다. 그런데 접사가 포함되어 있는데도 합성어로 분석되는 특이한 경우도 있다. '금목걸이'가 대표적이다. 이 단어에는 접사 '-이'가 결합되어 있지만 '금목걸이'는 파생어가 아닌 합성어이다. '금목걸이'를 둘로 쪼개면 '금'과 '목걸이'가 되는데, 이 둘은 모두 어근 또는 어근의 자격을 지니므로 '금목걸이'에 접사가 포함되어 있지만 파생어가 될 수는 없다. 이처럼 ㉠ <u>접사가 포함되어 있어도 합성어로 분석되는 경우</u>는 더 존재한다.

① 나뭇가지   ② 병따개

③ 손가락질   ④ 아침밥

⑤ 비웃음

06

〈보기〉에서 설명하는 사례에 속하지 않는 것은?

─┤ 보 기 ├─

한글 맞춤법 제18항. 다음과 같은 용언들은 어미가 바뀔 경우, 그 어간이나 어미가 원칙에 벗어나면 벗어나는 대로 적는다.

1. 어간의 끝 'ㄹ'이 줄어질 적

  (예) 갈다 : 가니 간 갑니다 가시다 가오

2. 어간의 끝 'ㅅ'이 줄어질 적

  (예) 긋다 : 그어 그으니 그었다

3. 어간의 끝 'ㅎ'이 줄어질 적

  (예) 그렇다 : 그러니 그럴 그러면 그러오

① (가방에) 넣다

② (울음을) 울다

③ (젓가락을) 젓다

④ (색깔이) 벌겋다

⑤ (사이를) 잇다

07

밑줄 친 ㉠의 예로 가장 적절한 것은?   [3점]

동사 중에 목적어를 필요로 하는 것을 타동사, 그렇지 않은 것을 자동사라고 한다. 하나의 동사는 타동사 또는 자동사로만 쓰이는 것이 일반적이다. 그런데 때로는 ㉠ <u>동일한 동사가 타동사와 자동사로 모두 쓰이기도 한다.</u> 예컨대 '움직이다'의 경우 '환자가 팔을 움직였다.'에서는 타동사, '환자의 팔이 움직였다.'에서는 자동사로 쓰이고 있다.

① ┌ 그는 사람들에게 천사로 <u>불렸다</u>.
   └ 그는 갖은 방법으로 재산을 <u>불렸다</u>.

② ┌ 그는 수배 중에 경찰에게 <u>잡혔다</u>.
   └ 그는 자기 집도 저당으로 <u>잡혔다</u>.

③ ┌ 그가 접은 배가 물에 잘 <u>떴다</u>.
   └ 그는 집에 가기 위해 자리를 <u>떴다</u>.

④ ┌ 그가 부르던 노랫소리가 <u>그쳤다</u>.
   └ 그는 하던 일을 갑자기 <u>그쳤다</u>.

⑤ ┌ 그는 품행이 매우 <u>발랐다</u>.
   └ 그는 손에 연고만 <u>발랐다</u>.

빈칸 ㉠에 들어갈 예문으로 적절한 것은?

타다² [타다]
활용 타[타], 타니[타니]
「동사」

1. 【…에】 【…을】
    탈것이나 짐승의 등 따위에 몸을 얹다. (예문) 비행기
    에 타다.

2. 【…을】
    「1」 도로, 줄, 산, 나무, 바위 따위를 밟고 오르거나
        그것을 따라 지나가다. (예문) 원숭이는 나무를
        잘 탄다.
    「2」 어떤 조건이나 시간, 기회 등을 이용하다. (예문)
        [㉠]

① 썰매를 <u>타려면</u> 장갑을 꼭 끼어야 한다.
② 그는 따뜻한 차를 <u>타서</u> 천천히 마셨다.
③ 사람들은 틈을 <u>타서</u> 도주하려고 했다.
④ 아이들이 놀이 기구를 <u>타러</u> 가고 있다.
⑤ 연이 바람을 <u>타고</u> 하늘로 올라간다.

다음 설명을 참고하여 탐구한 결과로 적절하지 <u>않은</u> 것은?

한글 자모 24자 중 모음을 나타내는 글자는 10개(ㅏ,
ㅑ, ㅓ, ㅕ, ㅗ, ㅛ, ㅜ, ㅠ, ㅡ, ㅣ)이다. 이것은 훈민정음
의 중성자 11자 중 'ㆍ'가 없어진 결과이다. 이 글자들을
제외한 나머지는 10개의 글자들이 합쳐져서 만들어진 복
합적인 글자이다. 가령 'ㅐ'는 'ㅏ'와 'ㅣ'의 두 글자가 합쳐
진 것이고 'ㅞ'는 'ㅜ, ㅓ, ㅣ'의 세 글자가 합쳐진 것이다.

① 'ㅟ'는 'ㅜ'와 'ㅣ'의 두 글자가 합쳐진 글자이다.
② 'ㅒ'은 'ㅣ'와 'ㅕ'의 두 글자가 합쳐진 글자이다.
③ 'ㅘ'는 'ㅗ'와 'ㅏ'의 두 글자가 합쳐진 글자이다.
④ 'ㅝ'는 'ㅜ'와 'ㅓ'의 두 글자가 합쳐진 글자이다.
⑤ 'ㅙ'는 'ㅗ, ㅏ, ㅣ'의 세 글자가 합쳐진 글자이다.

㉠~㉤ 중 '선혜'를 높이는 말이 <u>아닌</u> 것은? [3점]

善慧(선혜) 精誠(정성)이 ㉠ <u>至極</u>(지극)ᄒᆞᆫ 실씨 고지
소사나거늘 조차 블러 사아지라 ㉡ <u>ᄒᆞ신대</u> 俱夷(구이) 니
ᄅᆞ 샤ᄃᆡ 大闕(대궐)에 ㉢ <u>보내ᅀᆞᇦ바</u> 부텻긔 받ᄌᆞᇦᇙ 고지라
몯ᄒᆞ리라 善慧(선혜) 니ᄅᆞ샤ᄃᆡ 五百(오백) 銀(은) 도ᄂᆞ로
다ᄉᆞᆺ 줄기를 사아지라 俱夷(구이) ㉣ <u>묻ᄌᆞᇦᇦ 샤ᄃᆡ</u> 므스게
㉤ <u>쓰시리</u>

[현대역] 선혜가 정성이 지극하시므로 꽃이 솟아나거늘
좇아서 불러 사고 싶다고 하시니, 구이가 이르시되 대궐
에 보내어 부처께 바칠 꽃이라 못하리라. 선혜가 이르시
되 오백은 돈으로 다섯 줄기를 사고 싶다. 구이가 물으시
되 무엇에 쓰시리?

① ㉠   ② ㉡
③ ㉢   ④ ㉣
⑤ ㉤

[11~14] 다음 글을 읽고 물음에 답하시오.

2018년 미국 크리스티 경매에서 인공 지능 화가 '오비
어스'가 그린 「에드몽 드 벨라미(Edmond de Belamy)」라
는 초상화가 43만 2천 달러(약 5억 원)에 낙찰되었다. 이
사건은 해묵은 논쟁을 다시 불러일으켰다. 인공 지능이
그린 그림을 예술품이라고 할 수 있을까? 적어도 누군가
돈을 주고 샀으니 예술품인 걸까? 우선 인공 지능이 그린
그림이 팔렸다는 사실 자체는 예술품인지 여부를 판단하
는 중요한 근거가 아니라는 것을 말해 두고 싶다. 5억 원
이라는 엄청난 액수조차 문제의 핵심은 아니다.
예술의 가치를 돈으로 평가하는 것 자체에 거부감이 있
는 사람도 있으리라. 예술에 특별한 의미를 부여하는 사
람들에게는 특히 그럴 것이다. 하지만 예술품이 일단 시
장에 나오면 그것의 가치는 예술이 아니라 시장이 결정한
다. 따라서 인공지능의 그림이 경매에서 5억 원에 팔렸다
는 사실 자체는 뉴스가 아니다. 누군가 이 그림이 앞으로
더 비싼 값에 팔릴 가능성이 있다고 믿었다는 것에 불과
하다. 거래에 있어 그림이 진짜 예술품인지 여부는 중요
하지 않다. 인공 지능이 만든 작품이 예술품인지 여부는
다른 관점에서 생각해야 한다.

E. H.곰브리치의 「서양미술사」는 이런 문장으로 시작된다. "미술(art)이라는 것은 사실상 존재하지 않는다. 다만 미술가들이 있을 뿐이다." 미술가가 하는 일이 미술이라는 말인데, 그렇다면 미술가는 누구인가? 미술 하는 사람이 미술가니까 결국 자기 참조의 오류에 빠진 것이 아닌가? 곰브리치의 말에는 심오한 의미가 있다고 생각한다. 어떤 결과물이 미술품인지 판단하는 근거는 결과물이 아니라 그 결과물을 만든 주체에 있다는 것이다.

미술가는 반드시 인간이어야 할까? 2005년 '콩고'라는 침팬지가 그린 그림들이 약 2,500달러 (약 250만 원)에 팔렸다. 콩고는 1964년에 죽었는데, 살아 있는 동안 수백여 점의 그림을 그렸다고 한다. 앞서 이야기했듯이 콩고가 그린 것이 예술품이냐는 문제에 있어 그림이 팔렸다는 것은 중요하지 않다. 인간이 만든 것만이 예술품이라면, 콩고의 작품은 예술품이 아니다. 하지만 작품은 언제나 작가에 의해 만들어질까?

앤디 워홀은 그의 작품을 직접 제작하지 않았다. 앤디 워홀의 작품이 예술품이라면 기획이나 지시만으로도 예술품이 되는 것은 가능하다. 인간이 주체라면 의도만으로 예술품을 만들 수 있지만, 동물은 자신이 기획하고 직접 제작하더라도 예술품을 만들 수 없다. 동물은 자신이 그린 그림의 지적 재산권도 가질 수 없다. 동물은 인간이 아니기 때문이다. 결과물에 대한 법적 권리가 예술품인지 여부를 판단하는데 중요한 기준이 될까? 법인(法人)은 인간이 아니지만 인간의 법적 권리를 가질 수 있다. 재단 법인은 소송, 소유, 계약에서 재물(財物)이 인간의 권리를 갖는 것인데, 인간의 모든 권리를 갖는 것은 아니다. 적어도 재단 법인이 그린 미술품은 없다. 하지만 인간은 필요하다면 자신의 권리 일부를 법인이라는 비인간에게 줄 수 있다.

미술가를 인간으로 국한하더라도 인공 지능이 그린 그림은 예술품이 될 수 있다. 인간이 의도를 가지고 인공 지능을 이용하여 작품을 만들면 된다. 아니면 작품이 만들어지는 과정에 인간이 조금이라도 개입하면 된다. 인공 지능은 침팬지와는 비교도 안 되는 수준으로 인간을 흉내 낼 수 있다. 아니, 기술적으로는 웬만한 인간의 수준을 뛰어넘는다. 인공 지능의 작품이 예술품이 되지 못하도록 막는 것은 어쩌면 예술은 인간만이 할 수 있다는 근거 없는 믿음뿐이다. 결국 인공 지능이 그린 그림이 예술품이냐는 질문은 논리나 예술이 아니라 정치적인 문제인지도 모르겠다. 법인과 같이 인간이 자신이 가진 예술적 권리의 일부를 인공 지능에 양도하기로 결정한다면, 그때부터 인공 지능은 예술가가 될 것이다.

11

윗글의 설명 방식으로 가장 적절한 것은?

① 다양한 질문을 제시하여 쟁점 사항을 구체화하는 방식으로 전개하고 있다.
② 대상의 개념을 구체적으로 설명하여 논쟁의 이유를 분명하게 밝히고 있다.
③ 인과 관계를 논리적으로 서술하여 사회적 쟁점에 대한 해결책을 찾아가고 있다.
④ 다양한 가설을 명시적으로 드러냄으로써 충돌되는 견해의 유사점을 강조하고 있다.
⑤ 적절한 예시를 활용하여 서로 다른 주장에 내포된 공통점을 부각하여 설명하고 있다.

12

윗글에 대한 이해로 가장 적절한 것은?

① 침팬지의 그림이 팔렸다는 데서 침팬지도 그림의 지적 재산권을 가진다는 것을 알 수 있다.
② 인간만이 예술품을 창작할 수 있다는 믿음은 인공 지능이 예술 작품을 창작하는 근본 바탕이 된다.
③ 예술품 여부에 대한 판단 기준에 의거하여 인공 지능의 그림이 경매에서 거래되었다고 할 수 있다.
④ 재단 법인은 인간에게 소송, 소유, 계약의 권리를 부여받더라도 예술품에 대한 법적 권리를 가질 수 없다.
⑤ 예술을 특별한 것으로 여기는 사람 가운데 그림의 가치가 시장에서 결정되는 것에 거부감이 있는 사람도 있다.

13

하는과 문맥적 의미가 가장 가까운 것은?

① 엄마가 갑자기 무서운 얼굴을 했다.
② 내 친구는 건강한 삶을 목표로 했다.
③ 오늘은 가족들이 점심으로 냉면을 했다.
④ 범인은 그 사건을 자신이 저질렀다고 했다.
⑤ 그는 대학에 다니면서 여러 가지 전공을 했다.

14

〈보기〉를 참고하여 윗글을 이해한 것으로 가장 적절한 것은?

[3점]

┤ 보 기 ├

2009년 소더비 경매에서 앤디 워홀의 작품 「200개의 1달러 지폐」는 4,380만 달러(약 500억 원)에 팔렸다. 인공 지능 화가 오비어스가 그린 그림의 100배 가격이다. 앤디 워홀의 작품은 제목 그대로 1달러 지폐 200장이 가로 열 개, 세로 스무개로 열을 맞춰 늘어서 있다. 1달러 지폐는 전문 판화가가 제작한 것이다. 앤디 워홀이 직접 한 일은 판화를 200번 찍은 것뿐이 아닐까 생각되지만, 그마저도 다른 사람이 했을지 모른다. 이런 작품이 500억 원에 팔렸다는 것은 놀라운 일이다.

① 앤디 워홀은 오비어스보다 그림을 창작하는 데 있어서 더 많은 공력을 들였다.

② 앤디 워홀은 미술품을 직접 제작했지만 오비어스는 작품 제작을 직접 하지 않았다.

③ 앤디 워홀의 기획과 지시는 인간의 의도가 반영된 인공지능의 창작과 크게 다를 바 없다.

④ 콩고가 그린 그림이 매매되었다는 것과 오비어스가 그린 그림이 매매되었다는 것은 전혀 다른 문제이다.

⑤ 오비어스가 그린 그림보다 콩고가 그린 그림이 앤디 워홀의 그림 수준에 더욱 가까이 다가갔다고 할 수 있다.

[15~19] 다음 글을 읽고 물음에 답하시오.

(가)

거울속에는소리가없소
저렇게까지조용한세상은참없을것이오

거울속에도내게귀가있소
내말을못알아듣는딱한귀가두개나있소

거울속의나는왼손잡이오
내악수를받을줄모르는─악수를모르는왼손잡이오

거울때문에나는거울속의나를만져보지를못하는구려
마는
거울이아니었던들내가어찌거울속의나를만나보기만이라도했겠소

나는지금거울을안가졌소마는거울속에는늘거울속의내가있소
잘은모르지만외로된사업에골몰할게요

거울속의나는참나와는반대요마는
또꽤닮았소
나는거울속의나를근심하고진찰할수없으니퍽섭섭하오

- 이상, 「거울」

(나)

[A]
산모퉁이를 돌아 논 가 외딴 **우물**을 홀로 찾아가선 가만히 들여다봅니다.

우물 속에는 달이 밝고 구름이 흐르고 하늘이 펼치고 파아란 바람이 불고 가을이 있습니다.

[B]
그리고 한 사나이가 있습니다.
어쩐지 그 사나이가 미워져 돌아갑니다.

[C]
돌아가다 생각하니 그 사나이가 가엾어집니다.
도로 가 들여다보니 사나이는 그대로 있습니다.

[D]
다시 그 사나이가 미워져 돌아갑니다.
돌아가다 생각하니 그 사나이가 그리워집니다.

[E]
우물 속에는 달이 밝고 구름이 흐르고 하늘이 펼치고 파아란 바람이 불고 가을이 있고 추억처럼 사나이가 있습니다.

- 윤동주, 「자화상」

(다)

새벽 시내버스는
차창에 웬 ㉠ 찬란한 치장을 하고 달린다
㉡ 엄동 혹한일수록
선연히 피는 성에꽃
어제 이 버스를 탔던
처녀 총각 아이 어른
미용사 외판원 파출부 실업자의
입김과 숨결이
간밤에 은밀히 만나 피워 낸
㉢ 번뜩이는 기막힌 아름다움
나는 무슨 전람회에 온 듯
자리를 옮겨 다니며 보고

다시 꽃 이파리 하나, 섬세하고도
차가운 아름다움에 취한다
어느 누구의 ② 막막한 한숨이던가
어떤 더운 가슴이 토해 낸 ⑩ 정열의 숨결이던가
일없이 정성스레 입김으로 손가락으로
성에꽃 한 잎 지우고
이마를 대고 본다
덜컹거리는 창에 어리는 푸석한 얼굴
오랫동안 함께 길을 걸었으나
지금은 면회마저 금지된 친구여.

— 최두석, 「성에꽃」

15
(가)~(다)에 대한 설명으로 적절하지 <u>않은</u> 것은?

① (가)는 시의 표현 기법과 상식적 질서를 거부하는 방식으로 자의식의 세계를 표출하고 있다.
② (나)는 병렬적 표현을 사용하여 화자의 현실적 상황과 대비되는 세계를 표현하고 있다.
③ (다)는 은유적 표현을 활용하여 시적 대상의 아름다움을 감각적으로 형상화하고 있다.
④ (가)와 (나)는 현실적 자아와 이상적 자아의 대립과 갈등을 직접적으로 표면화하고 있다.
⑤ (나)와 (다)는 시적 대상에 대한 연민의 정서를 드러내고 있다.

16
(가)의 ⎡나⎤ 에 대한 이해로 적절하지 <u>않은</u> 것은?

① 거울 속에도 세상이 있지만, 아무 소리도 들리지 않는다고 느낀다.
② 거울 속의 자신과 악수를 시도하지만, 거울 속의 자신은 악수를 받을 수 없다고 여긴다.
③ 거울 속의 자신에게 대화를 시도하지만, 거울 속의 자신은 귀가 있으면서도 듣지 못한다고 생각한다.
④ 거울 속의 자신과 단절되었다고 생각하면서도, 거울이 있기에 거울 속의 자신을 만날 수 있다고 생각한다.
⑤ 거울을 안 쳐다볼 때도 거울 속에 자신의 모습이 있다고 생각하면서, 거울 속의 자신과 늘 함께 행동하고 있다고 판단한다.

17
[A]~[E]를 이해한 것으로 가장 적절한 것은?

① [A] : 화자는 우물 속의 평화로운 풍경을 보면서 현실에 비판적인 자신에 대한 부끄러움을 드러낸다.
② [B] : 화자는 현실 초월적인 자신의 모습에 슬픔을 느끼고 정서적으로 공감하는 태도를 드러낸다.
③ [C] : 화자는 현재 상황과 비판적 거리를 둠으로써 미래에 대한 동경의 자세를 드러낸다.
④ [D] : 화자는 자신에 대한 애증을 반복함으로써 현실에 대한 타협적 태도를 드러낸다.
⑤ [E] : 화자는 아름답고 평화로운 자연의 모습을 통해 과거의 자신을 추억하는 그리움의 정서를 드러낸다.

18
㉠~㉤에서 의미하는 시적 대상이 <u>다른</u> 것은?

① ㉠   ② ㉡
③ ㉢   ④ ㉣
⑤ ㉤

19
'거울', '우물', '차창'에 대한 이해로 가장 적절한 것은?

[3점]

① '거울'은 사회를 반영하는 대상으로 현실 비판의 매개체로 작용한다.
② '우물'은 바라봄과 드러남의 양면성을 통해 현대인의 불안 의식을 강조하는 기능을 한다.
③ '차창'은 시적 대상을 감각적으로 느끼게 함으로써 세상을 이해하고 바라보는 통로가 된다.
④ '거울'과 '차창'은 밖과 안의 대비를 통해 단절된 자아의 모습을 상징적으로 부각한다.
⑤ '우물'과 '차창'은 자기 자신을 긍정의 대상으로 심화할 수 있는 물건이라는 점에서 동질적인 의미를 내포한다.

저작권은 표현에 미치고, 표현의 바탕이 되는 아이디어에는 미치지 않는다. 저작물의 보호 요건인 창작성의 판단 역시 표현에만 적용된다. 비록 아이디어가 진부하다 할지라도 그 표현이 ⊙ 어떤 것을 모방하지 않은 독자적 성격을 띤다면 문제 될 것이 없다. 이러한 기준을 '아이디어/표현의 이분법'이라 한다. 저작권법에서 이렇게 표현과 아이디어를 구별하여 표현만 보호하는 이유는 ⓒ 어떤 아이디어를 특정 사회 구성원의 소유로 하는 것이 문화와 사회의 발전을 위해 바람직하지 않기 때문이다. 아이디어는 제한 없이 공유되고 소통되어야 한다. 누군가가 먼저 착안했다는 이유만으로 그에게 아이디어를 독점할 수 있는 권리를 부여하면, 자칫 헌법적 권리인 사상과 표현의 자유가 제약되고 민주주의의 토대가 되는 자유로운 토론이 제약되는 결과로 이어질 수 있다. 여기에 '아이디어/표현의 이분법'의 의의가 있다. 기술과 산업 분야에서 착상(conception)이 특허법 등 다른 법률에 의해 보호되는 것과 대비되는 대목이다.

하지만 실제 저작물에서 아이디어와 표현을 분리하는 것은 그리 쉽지 않다. 소설을 예로 들자면, 개별적 사건에 관한 서술은 표현에 가깝겠지만 그 사건을 구성하는 등장인물의 성격이나 작품의 전체적인 줄거리 등은 표현과 아이디어의 성격을 모두 지닌다. 즉, 그것이 얼마나 구체적인가에 따라 표현에 가까워졌다가 다시 아이디어에 가까워지고는 한다. 저작권 침해 사건을 심리할 때 이 문제가 종종 심각하게 거론되는 이유가 여기에 있다. 이 같은 경우에는 현재의 창작자와 미래의 창작자 양쪽의 이익을 균형 있게 보호하는 선에서 판단이 이루어져야 한다. 즉, 표현으로 보호하는 범위를 너무 좁게 함으로써 현재의 창작자의 창작 의욕을 꺾는다거나, 반대로 그 범위를 너무 넓게 인정함으로써 미래의 창작자가 창작 활동에 제한을 받는 일이 없어야 한다는 것이다. 한편, 저작권법으로 보호될 수 있는 요건을 갖춘 표현이라 할지라도 특정한 아이디어를 효과적으로 표현할 수 있는 방법이 논리적으로든 사실적으로든 매우 제한된 경우에는 저작권 보호가 부인되기도 한다. 크게 다음의 세 가지 기준을 적용하는데, 이들 중 ⓒ 어떤 기준을 적용하여 판단하느냐는 사안에 따라 다르다.

먼저 '합체의 원칙'이다. 특정 아이디어를 표현하는 방법이 당초 지극히 제한되어 있어 오직 그 방법을 통하지 않고서는 달리 효과적으로 표현할 수 없는 경우에는 해당 표현에 대하여는 저작권 보호가 부인된다. 만일 그러한 표현마저 저작권으로 보호하면 그와 합체되어 있는 아이디어까지 보호하는 결과로 이어져 필연적으로 아이디어에 대해 독점권내지 배타적 이용권을 부여하게 되기 때문이다.

다음으로 '사실상의 표준'이다. 처음 창작을 할 당시에는 아이디어를 표현하는 방법이 많이 있었으나, 시간이 흐르면서 ⓔ 어떤 표현 방법이 업계의 표준으로 굳어져 통용되는 경우가 있다. 이런 경우 그와 같은 표현을 저작권으로 보호하면 후발 업자는 경쟁에서 매우 불리한 입장에 놓이게 되어 경쟁이 제한되는 부작용을 초래하게 된다. 사실상의 표준은 사후적인 합체에 해당하므로 최초 창작자의 권리가 충분히 보호받지 못하는 일이 발생하지 않도록 그 판단에 신중을 기해야 한다.

끝으로 '필수 장면'이다. 합체의 원칙이 주로 기능적인 저작물에 적용된다면, 필수 장면은 예술적 저작물에 주로 적용된다. ⓜ 어떤 아이디어를 표현하기 위해 당연히 도입해야만 하는 사건 또는 장면이나 전형적으로 등장하는 인물의 유형과 같은 요소들은 설사 그것이 창작적 표현에 해당하더라도 저작권으로 보호하지 않는다. 이러한 경우에까지 저작권을 적용한다면, 장래의 다른 창작자가 창작을 할 수 있는 기회를 박탈함으로써 문화의 향상 및 발전을 추구하는 저작권법의 목적을 오히려 저해할 수 있기 때문이다.

20

윗글의 서술상 특징에 대한 설명으로 가장 적절한 것은?

① 저작권에 대한 이론의 변천 과정을 서술하고 있다.
② 저작권의 개념과 그 유래를 비교하여 제시하고 있다.
③ 저작권에 대한 상반된 견해를 자세히 정리하고 있다.
④ 저작권에 관한 심화 내용을 구체화하여 설명하고 있다.
⑤ 저작권에 관해 쟁점이 된 사건을 유형별로 검토하고 있다.

21

윗글을 읽고 추론한 내용으로 적절하지 않은 것은?

① 아이디어와 착상은 법적으로 서로 다르다.
② 저작권으로 보호받을 수 있는 표현이 보호받지 못하는 경우도 있다.
③ 아이디어와 표현을 구별하는 것은 판단하는 이에 따라 다를 수 있다.
④ 최초 창작자의 이익 보호는 특허법의 소관 사항이어서 저작권과는 무관하다.
⑤ 사상과 표현의 자유는 저작권의 보호 범위를 판단할 때 중요한 고려 대상이 된다.

22

윗글을 바탕으로 판단한 내용으로 적절하지 않은 것은?

[3점]

① 유명 작가의 그림을 베껴 그리면 저작권 침해이지만 미대생의 습작을 베껴서 판매하면 저작권 침해가 되지 않는데, 이는 가치가 인정된 표현에만 저작권이 적용되기 때문이다.
② 요리책을 복사해서 판매하면 저작권 침해이지만 책에 소개된 요리 방법을 따라서 요리하면 저작권 침해가 되지 않는데, 이는 요리 방법이 아이디어에 해당하기 때문이다.
③ 가위바위보의 승패 규칙을 설명하는 출판물을 제작할 때 그 설명 방식이 기존 출판물의 것과 같더라도 저작권 침해가 되지 않는데, 이는 '합체의 원칙'이 적용되기 때문이다.
④ 시판되고 있는 것과 동일한 배열로 컴퓨터 자판을 제작하여 판매하더라도 저작권 침해가 되지 않는데, 이는 '사실상의 표준'이 적용되기 때문이다.
⑤ 황량한 들판에서 이루어지는 두 총잡이의 결투 장면을 새로 제작하는 서부 영화에 삽입하더라도 저작권 침해가 되지 않는데, 이는 '필수 장면'이 적용되기 때문이다.

23

㉠~㉤ 중 문맥적 의미가 다른 하나는?

① ㉠
② ㉡
③ ㉢
④ ㉣
⑤ ㉤

[24~28] 다음 글을 읽고 물음에 답하시오.

> **[앞부분 줄거리]**
>
> 왜군이 조선을 침범하여 의주로 피란을 간 상(上)은 명나라에 원군(援軍)을 청한다. 이에 제독 이여송이 원군을 이끌고 조선에 들어온다.

차설. 제독이 의주에 사람을 보내어 상을 청하거늘, 상이 즉시 의주를 떠나 경성에 이르러 이여송을 보사 공로를 치사하시고 설연관대하실새, 천자가 사자를 보내어 왕상을 위로하시고, 용포(龍袍) 일령을 사송(賜送)하시며 제독에게 식물(食物)을 사급(賜給)하사, '호군(犒軍)하라.' 하시니, 상과제독이 북향사배한 후 다시 술을 나누어 서로 권하시더니, 계수나무 버러지 삼십 개를 내어 놓으며 왈,

"이것을 서촉 해조국에서 제공하나니, 하나의 값이 삼천냥이라. 사람이 먹으면 더디 늙기로 이제 조선왕을 대접하사 보내시나이다."

하고, 저를 들어 버러지 허리를 집으니 발을 허위며 괴이한 소리를 지르니, 부리 검고 빛은 오색을 겸하였으니 보기 가장 황홀한지라. 상이 처음으로 보시매 차마 진어치 못하사 주저하시니, 제독이 소왈,

"세상에 희귀한 진미를 어찌 진어치 아니하시나뇨?"

하며, 그것을 집어먹으니 보는 자 눈썹을 찡그리더라. 상이 무료하사 안색을 변하시니, 이항복이 생낙지 칠 개를 담아드리거늘, 상이 저로 진어하실새 낙지 발이 저에 감기며 수염에 부딪치는지라. 상이 제독에게 권하신대, 제독이 낙지 거동을 보고 눈썹을 찡그리며 능히 먹지 못하니, 상이 소왈,

㉠ "대국 계충(桂蟲)과 소국 낙지를 서로 비하매 어떠하뇨?"

㉡ 제독이 웃고 다른 말 하더라.

(중략)

[A] 남원이 이미 함몰하매 전주로부터 망풍와해(望風瓦解)하니, 이로 인하여 양원호 북주(北走)하니라. 이때, 적이 승승장구하여 각읍 수령이 다 도망하되, 오직 의병장 곽재우만이 화왕산성에 올라 굳게 지키더니, 적이 이르러 본즉 산세가 험한지라. 감히 치지 못하고 물러가거늘, 재우가 군사를 몰아 도적의 뒤를 엄살하니 적이 패주하다가 황석산성을 치거늘, 김해부사 백사림과 안의 현감 곽준과 함양 군수 조종도가 성중에 있다가 불의지변을 만나매, 인심이 소동하여 사산분주하니 곽준이 싸우다가 죽으니라.

곽준의 여자가 그 지아비 유문호로 더불어 한가지로 아비를 좇아 성중에 피란하였더니, 그 아비와 오라비 이미 죽고 그 지아비 또한 도적에게 잡힘을 듣고 탄식 왈,

"이제 아비와 지아비를 잃었으니 내 홀로 살아 무엇 하리오?"

하고, 목매어 죽으니라.

각설. 순신이 전선 수십 척을 거느려 진도 벽파정 아래 결진하였더니, 적장 마득시가 전선 이백여 척을 거느려 오거늘, 순신이 배에 대포를 싣고 순풍을 좇아 나오며 어지러이 놓으니 적장이 당치 못하여 달아나거늘, 순신이 뒤를 따라 일진을 짓치고 적장 마안둔을 베어다가 군정에 대진한지라. 드디어 고금도에 결진하니 군사가 이미 팔천여 인이요, 남녘 백성이 피란하여 오는 자가 수만이라.

무술 칠월에 천주 수군 도독 진인이 경성에서 장차 고금도에 나아가 순신으로 더불어 적을 치려 하여 발행할새, 상이 강두(江頭)에서 전송한지라. 진인의 천성이 본디 강포하매 두려워하는 자가 많은 고로, 진인의 군사가 수령을 욕매(辱罵)하여 조금도 기탄함이 없고, 찰방 이상 규를 무수 난타하여 유혈이 낭자한지라. 상이 근심하사 순신에게 전지(傳旨)하여,

"진인을 후례(厚禮)로 대접하여 촉노(觸怒)함이 없게 하라."

하시다. 이순신이 진인의 일을 듣고 주육을 준비하여 진인을 맞아 예필하고, 일변 잔치를 배설하여 진인을 관대하고, 일변 천병을 공궤(供饋)하니, 군사가 서로 일러 왈,

"과연 양장(良將)이라." 하고, 진인이 또한 기꺼하더라.

일일은 도적 수백 척이 나오거늘, 순신과 진인이 각각 수군을 거느려 녹도에 이르니 적이 아군을 바라보고 짐짓 뒤로 물러가며 아군을 유인하니, 순신이 따르지 아니하고 돌아올새, 진인이 수십여 척을 머물러 싸움을 돕게 하니라. 진인이 순신으로 술을 먹더니 진인의 휘하 천총(千摠)이 전라도로부터 돌아와 가로되,

"오늘 아침에 도적을 만나 조선 군사는 도적 백여 명을 죽이되, 천병은 풍세가 불리하여 하나도 잡지 못하였다."

하니, 진인이 대로하여 천총을 등 밀어 내치고 잡았던 술잔을 땅에 던지니, 순신이 그 뜻을 알고 가로되,

"ⓒ 노야(老爺)는 천조 대야(大爺)로 이곳에 이르렀으니 우리 승첩은 곧 노야의 승첩이라. 진중에 이른 지 불구에 첩서를 천조(天朝)에 보하니 어찌 아름답지 아니하리오?"

진인이 대희하여 순신의 손을 잡고 왈,

"내 일찍 그대의 성명을 우레같이 들었더니 과연이로다."

하고, 다시 술을 내와 즐기니라. 이로부터 진인이 순신의 진에 있어 그 호령이 엄정함을 탄복할 뿐 아니라, 저의 전선이 도적 막기에 불편하매, 매양 진을 임하여 아국 판옥선(板屋船)을 타고 순신의 지휘를 좇으며 ⓔ 반드시 '이야(李爺)'라 일컫고, 인하여 천조에 주문(奏聞)하되,

"통제사 이순신이 경천위지지재(經天緯地之才)를 품었고 보천욕일지공(補天浴日之功)이 있다." 하더라.

천병이 비록 순신의 위엄을 기탄(忌憚)하나 민간의 작폐가 가장 많으니, 일일은 순신이 하령하여 도중의 대소 여사(旅舍)를 불 지르고 자기 의금(衣衾)을 수습하여 배에 내리치더니, 진인이 이 소식을 듣고 급히 가정을 보내어 연고를 물은대, 순신 왈,

"소국 군민이 천병 믿기를 저의 부모같이 하거늘, 천병이 노략함을 힘쓰니 사람이 괴로움을 견디지 못하는지라. 내 이제 대장이 되어 무슨 낯으로 이곳에 머물리오? 이러므로 다른 곳으로 가고자 하노라."

하니, 가정이 돌아가 그대로 고하니, 진인이 대경하여 전도에 이르러 순신의 손을 잡고 만류하며 ⓜ 사람을 성중에 보내어 그 의금을 수운하여 드리고 간청하니,

순신 왈, "대인이 내 말을 들으면 어찌 서로 떠나리오?"

진인 왈, "내 어찌 공의 말을 듣지 아니하리오?"

순신 왈, "천병이 아국으로써 배신이라 하여 조금도 기탄함이 없으니, 만일 대인이 나로 하여금 제어케 하면 다른 염려가 없을까 하나이다."

진인 왈, "이 일이 무엇이 어려우리오? 만일 죄를 범하는 자가 있거든 공이 임의로 처치하라."

하니, 순신이 허락받은 후에 천병 중의 위령자(違令者)를 용서함이 없으니 천병이 두려워하기를 진인에게 지나더라.

– 작자 미상, 「임진록」

24

윗글의 서술상 특징에 대한 설명으로 가장 적절한 것은?

① 여러 삽화들을 제시하여 전체 사건의 여러 면모를 보여주고 있다.

② 우의적 수법을 동원하여 현실의 문제를 비판적으로 형상화하고 있다.

③ 서술자의 개입을 통한 주관적 논평을 중심으로 서술의 밀도를 높이고 있다.

④ 인물들의 성격이 변화하는 과정을 추적하여 다양한 주제를 이끌어 내고 있다.

⑤ 이원적 세계를 설정하여 천상계의 갈등이 지상계로 이어진다는 점을 보여 주고 있다.

25

윗글의 내용에 대한 이해로 가장 적절한 것은?

① '이항복'이 '생낙지 칠 개'를 담아 올린 것은 '이여송'이 '생낙지'를 좋아하리라 예상했기 때문이다.

② '진인'의 군사가 조선의 관리를 거리낌 없이 모욕하고 구타한 것은 '진인'의 위세를 빙자하였기 때문이다.

③ '진인'이 전선 '수십여 척'을 머물러 지키게 한 것은 왜군과의 싸움에서 공을 세울 의향이 없었기 때문이다.

④ '진인'이 '천총'을 내친 것은 '천총'이 자신에게 실제 상황과는 다르게 전황을 보고하였기 때문이다.

⑤ '이순신'이 '여사'에 불을 지르고 '의금'을 수습한 것은 당장은 승산이 없다고 여겨 장차 진을 옮기려 하였기 때문이다.

26

㉠~㉤에 대한 설명으로 적절하지 않은 것은?

① ㉠ : 상대방의 무례한 행위를 넌지시 일깨우려는 뜻이 담긴 발화이다.

② ㉡ : 상대방의 질책에 반응하여 잘못을 멋쩍게 인정하는 뜻이 담긴 행동이다.

③ ㉢ : 상대방의 능력을 칭송하며 그에 대해 감탄하는 뜻이 담긴 발화이다.

④ ㉣ : 상대방을 특별히 공경하고 우대하는 뜻이 담긴 행동이다.

⑤ ㉤ : 상대방의 결정이 번복되기를 바라는 뜻이 담긴 조치이다.

27

[A]를 통해 작품 속 상황을 추론한 내용으로 적절하지 않은 것은?

① 전세의 변화에 따라 적의 행로나 목적지가 바뀌기도 하였다.

② 적의 세력이 강하다는 풍문 때문에 싸우지도 않고 도망을 치기도 하였다.

③ 집안 남성들의 상황에 따라 여성이 취할 수 있는 선택이 영향을 받았다.

④ 전란 중에 많은 수령들이 싸움을 회피했지만 끝까지 항전한 수령도 있었다.

⑤ 산성을 지키면서 적의 공격에 대비하는 것은 의병장과 일부 수령의 공통된 전략이었다.

28

〈보기〉를 참고하여 윗글을 감상한 내용으로 적절하지 않은 것은? [3점]

> ┤ 보 기 ├
>
> 「임진록」에는 민족적 자긍심과 울분을 부각하려는 의도가 담겨 있다. 이는 조선에 뛰어난 인물이 존재한다는 점을 강조하거나 외세에 대한 반감을 표출하는 방식으로 흔히 구현되는데, 특히 외세에 대한 반감은 왜군뿐 아니라 원군으로 조선에 온 명군에 대해서도 나타나고 있다. 또한 작품에는 민중의 생각과 정서가 깊숙이 반영되어 있다. 작품 속 인물들이 백성을 위하는 행동을 취하는 것은 그와 같은 이유 때문이다.

① '이여송'과 '진인'이 부정적인 모습으로 등장하는 것을 보면 왜군뿐 아니라 명군에 대해서도 반감이 나타난다는 점을 알 수 있겠군.

② '상'이 '천자'의 위로를 받고 '용포'를 하사받는 내용은 백성을 위하는 뛰어난 인물이 조선을 다스린다는 점을 강조하기 위해 삽입한 것이겠군.

③ '곽준'의 가족들이 죽는 장면이 제시된 것은 왜군에 대한 분노가 반영된 결과이겠군.

④ '진인'이 '이순신'의 역량을 인정하여 그 사실을 명나라 조정에까지 보고한 대목은 조선에 뛰어난 인물이 존재한다는 점을 드러내려는 의도와 연관되겠군.

⑤ 명군의 노략질을 막지 못한 책임을 통감하는 '이순신'의 모습을 통해 백성을 위하는 인물의 형상을 확인할 수 있겠군.

[29~32] 다음 글을 읽고 물음에 답하시오.

유럽이나 북미의 서구인들은 발달된 산업 사회에서 많은 과학적 성과의 혜택을 누리고 있다. 반면 아프리카나 오세아니아 지역의 원주민들은 21세기에도 여전히 수백 년 전의 전통적 방식에서 벗어나지 못하고 있다. 이러한 불평등은 인류 역사의 발달에 크나큰 영향을 미쳤다. 약탈과 정복의 역사는 바로 여기에서 비롯되었던 것이다.

언뜻 생각하기에 이러한 불평등은 지역마다 서로 다른 역사가 진행되었기 때문이라고 할 수도 있다. 이것은 너무나 당연한 말이기는 한데, 우리에게 새로운 것을 알려 주는 바가 거의 없다. 지역마다 다른 역사가 왜 나타나게 되었는지에 대한 구체적인 사실들을 해명할 필요가 있다.

이에 대한 유력한 주장 중 하나는 발전된 과학 기술이나 사회 제도의 출현 여부와 결부 짓는 것이다. 발달된 문명을 가진 지역의 경우에는 과학이 발달해 있고, 정치 체제를 비롯한 사회 구조도 체계적으로 갖추어져 있다. 반면 낮은 수준의 문명을 가진 지역은 그렇지 못하다. 이것은 확실히 틀린 주장은 아니다. 그런데 이것만으로는 여전히 근본적인 의문에 대한 해답을 주지 못한다. 과연 지역에 따라 과학 기술이나 사회 제도의 발달이 차이를 보이게 된 이유는 무엇일까

이 질문에 대한 해답으로 다소 관점이 다른 두 가지 견해가 존재한다. 하나는 ㉠ 생물학적 관점이라고 부를 수 있는 견해로, 각 지역별 인종의 능력 차이가 문명 발달의 차이를 일으켰다고 보는 것이다. 즉, 각 지역에 거주하는 사람들의 선천적 능력 때문에 어떤 지역은 높은 문명을 발달시키고 어떤 지역은 그렇지 못하다는 것이다. 그러나 이것은 공식적으로 금기시하는 인종주의를 추구하는 견해에 다름 아니다. 사실 낮은 문명을 가지고 있는 사람들이라고 하더라도 교육에 의해 얼마든지 과학 기술을 숙지하고 사회 제도도 갖출 수 있다. 특히 그들이 거주하는 지역에서의 삶을 기준으로 하면 오히려 낮은 문명의 사람들이 높은 문명의 사람들보다 훨씬 뛰어난 정신적, 신체적 능력을 보여 준다. 그런 점에서 생물학적 관점은 타당한 견해로 수용할 수 없다.

다른 하나는 ㉡ 환경적 관점으로, 각각의 지역이 처한 생태 환경적 요인으로 인하여 문명 발달의 차이가 나타났다고 설명한다. 특히 농업의 발달과 이로 인한 잉여 생산물의 축적이 가능한 자연환경이 중요하다. 이러한 조건이 갖추어진 지역은 사람들의 역할 분담을 통한 전문인의 배출이 가능하고, 유산자와 무산자의 구분과 이에 동반되는

사회 구조의 정립 등이 뒤따르면서 결국 현재와 같은 문명이 발달할 수 있었다. 반면 농업 발달이 어려운 척박한 환경에 처한 사람들은 문명 발달도 지연되었고 그러한 상태가 오늘날까지 이어지게 되었다. 예전에는 이러한 견해가 환경 결정론의 일환으로 간주되어 그 중요성이 무시되기도 하였다. 그러나 최근 자연 과학, 유전학, 분자 생물학, 생태 지리학, 고고학 등의 여러 분야에서 성과들이 쏟아져 나오면서 지금은 생물학적 관점의 단점을 극복할 수 있는 대안으로서 새로운 평가를 받고 있다.

29

윗글의 내용과 일치하지 <u>않는</u> 것은?

① 문명의 발달은 지역에 따라 차등적으로 이루어졌다.
② 문명 발달의 차이는 정복이나 약탈로 이어지기도 했다.
③ 문명이 발달하기 위해서는 환경적 제약의 극복이 중요하다.
④ 문명의 발달을 인종 사이의 능력 차이와 결부 짓기는 어렵다.
⑤ 문명이 발달한 지역은 과학 기술이나 사회 제도가 발달해 있다.

30

윗글의 서술상 특징으로 가장 적절한 것은?

① 의문을 해소하기 위해 특정한 구절을 인용하고 있다.
② 통계 자료를 인용하여 주장에 대한 근거로 삼고 있다.
③ 같은 질문에 대한 이견을 소개하며 판단을 유도하고 있다.
④ 다양한 사례를 들어 견해의 공통점과 차이점을 설명하고 있다.
⑤ 쟁점에 대한 근본적 원인을 분석하여 일관된 해결책을 정립하고 있다.

31

(a)와 (b)의 활용 방안으로 가장 적절한 것은?

> (a) 폴리네시아의 여러 섬 중에서 자연환경이 좋고 토지가 비옥한 지역이 그렇지 않은 지역보다 경제 규모도 더 크고 계급 분화 등의 사회적 복잡성도 더 다양하게 나타났다.
>
> (b) 가뭄이 빈번하고 토양이 척박한 오스트레일리아의 토레스 해협 인근 지역과 영구적인 큰 강이 많고 화산 활동 등으로 토양이 비옥한 뉴기니는 거리상으로 멀지 않지만 문화적으로는 적지 않은 차이를 보이고 있다.

① (a)는 ㉠의 사례로, (b)는 ㉡의 사례로 활용한다.
② (a)는 ㉠의 사례로, (b)는 ㉡의 반례로 활용한다.
③ (a)와 (b)를 모두 ㉠의 사례로 활용한다.
④ (a)와 (b)를 모두 ㉡의 반례로 활용한다.
⑤ (a)와 (b)를 모두 ㉡의 사례로 활용한다.

32

윗글의 관점에서 〈보기〉의 상황을 비판한 내용으로 가장 적절한 것은?　[3점]

┌─ 보 기 ─┐

세계사의 서술 범위는 대체로 문자가 쓰이고 이를 통한 역사 서술이 이루어진 약 5,000년 동안의 시기에 집중되며, 서술의 대상은 이집트나 중국 등 발전된 문명을 가진 경우가 중심이 되는 경향이 있다.

① 세계사의 서술 범위가 좁아져서 모든 문명의 발달 과정을 다루지 못한다.
② 문명 발달 자체가 불평등하게 일어나게 된 근본적인 이유를 설명하지 못한다.
③ 문명 발달의 요인을 비윤리적인 측면에서 찾음으로써 도덕적 문제를 야기한다.
④ 특정 지역의 문명에만 가치를 두게 되어 문명들 사이의 우열을 가리기 어렵다.
⑤ 미시적이고 주변적인 측면을 강조하게 되어 문제 해결의 핵심에서 벗어나게 된다.

[33~37] 다음 글을 읽고 물음에 답하시오.

ⓐ 인간 세상 사람들 아 이내 말씀 들어 보소
인간 만물 생긴 후에 금수 초목 짝이 있다
인간에 생긴 남자 부귀 자손 같건마는
이내 팔자 험궂을손 날 같은 이 또 있든가
백 년을 다 살아야 삼만 육천 날이로다
㉠ 혼자 살면 천년 살며 정녀(貞女) 되면 만년 살까
답답한 우리 부모 가난한 좀 양반이
㉡ 양반인 체 도를 차려 처사가 불민(不敏)하여
괴망을 일삼으며 다만 한 딸 늙어 간다
적막한 빈방 안에 적료하게 홀로 앉아
전전반측 잠 못 이뤄 혼자 사설 들어 보소
노망한 우리 부모 날 길러 무엇 하리
죽도록 날 길러서 잡아 쓸까 구워 쓸까
인황씨 적 생긴 남녀 복희씨 적 지은 가취(嫁娶)
인간 배필 혼취(婚娶)함은 예로부터 있건마는
ⓑ 어떤 처녀 팔자 좋아 이십 전에 시집간다
남녀 자손 시집 장가 떳떳한 일이건만
이내 팔자 기험(奇險)하야 사십까지 처녀로다
이런 줄을 알았으면 처음 아니 나올 것을
월명 사창 긴긴 밤에 침불안석 잠 못 들어
적막한 빈방 안에 오락가락 다니면서
장래사 생각하니 더욱 답답 민망하다
㉢ 부친 하나 반편(半偏)이요 모친 하나 숙맥불변(菽麥不辨)
날이 새면 내일이요 세가 쇠면 내년이라
혼인 사설 전폐하고 가난 사설뿐이로다
어디서 손님 오면 행여나 중매신가
아이 불러 힐문한 즉 ㉣ 풍헌(風憲) 약정(約正) 환자(還子) 재촉
어디서 편지 왔네 행여나 청혼선가
아이더러 물어보니 외삼촌의 부음이라
애고애고 설운지고 이내 간장 어이할꼬
앞집에 아모 아기 벌써 자손 보단 말가
ⓒ 동편 집 용골녀는 금명간에 시집가네
그동안에 무정 세월 시집가서 풀련마는
친구 없고 혈족 없어 위로할 이 전혀 없고
우리 부모 무정하여 내 생각 전혀 없다
㉤ 부귀빈천 생각 말고 인물 풍채 마땅커든
처녀 사십 나이 적소 혼인 거동 차려 주오

ⓓ 김동(金童)이 도 상처(喪妻)하고 이동(李童)이도
기처(棄妻)로다
중매 할미 전혀 없네 날 찾을 이 어이 없노

[A]
감정 암소 살쪄 있고 봉사 전답 같건마는
사족 가문 가리면서 이대도록 늙히노니
연지분도 있건마는 성적 단장(成赤丹粧) 전폐하고
감정 치마 흰 저고리 화경 거울 앞에 놓고
원산 같은 푸른 눈썹 세류 같은 가는 허리
아름답다 나의 자태 묘하도다 나의 거동
흐르는 이 세월에 아까울손 나의 거동
거울더러 하는 말이 어화 답답 내 팔자여
갈데없다 나도 나도 쓸데없다 너도 너도

우리 부친 병조 판서 할아버지 호조 판서
우리 문벌 이러하니 풍속 좇기 어려워라
아연듯 춘절 되니 초목 군생 다 즐기네
두견화 만발하고 잔디 잎 속잎 난다
삭은 바자 쟁쟁하고 종달새 도루 뜬다
춘풍 야월 세우 시에 독수공방 어이할꼬
ⓔ 원수의 아이들 아 그런 말 하지 마라
앞집에는 신랑 오고 뒷집에는 신부 가네
내 귀에 듣는 바는 느낄 일도 하도 많다
녹양방초 저문 날에 해는 어이 수이 가노
초로 같은 우리 인생 표연히 늙어 가니
머리채는 옆에 끼고 다만 한숨뿐이로다
긴 밤에 짝이 없고 긴 날에 벗이 없다
앉았다가 누웠다가 다시금 생각하니
아마도 모진 목숨 죽지 못해 원수로다

– 작자 미상, 「노처녀가」

33

윗글에 대한 설명으로 가장 적절한 것은?

① 화자가 겪고 있는 문제적 상황을 반복적으로 제시하면서
한탄하고 있다.
② 시간의 흐름에 따라 달라지는 화자의 정서를 순차적으로
드러내고 있다.
③ 의지적 어조를 통해 미래의 상황에 대한 긍정적 전망을 강
조하고 있다.
④ 상징적 시어를 활용하여 화자의 내면 심리를 추상적 대상
으로 제시하고 있다.
⑤ 과거와 현재를 대비하면서 화자가 겪어 온 갈등의 양상을
상세화하고 있다.

34

ⓐ~ⓔ를 이해한 내용으로 가장 적절한 것은?

① ⓐ : 화자의 사연을 듣도록 설정된 청자로서 화자의 고민
을 해결해 주는 존재이다.
② ⓑ : 화자가 선망하는 대상으로서 화자는 행복한 삶을 살
게 된 그의 앞날을 축복하고 있다.
③ ⓒ : 화자와 아픔을 공유해 왔던 친구로서 화자는 자신을
버리고 떠난 친구를 비난하고 있다.
④ ⓓ : 화자가 자신의 배필이 될 수도 있다고 여기는 대상으
로서 화자는 그를 긍정적으로 인식하고 있다.
⑤ ⓔ : 화자가 듣고 싶어 하지 않는 소식들을 전해 주는 존재
로서 화자는 그들과의 화해를 시도하고 있다.

35

[A]에 대한 이해로 적절하지 않은 것은?

① 화자는 시간의 흐름을 안타까워하는 표현을 하고 있다.
② 화자는 시집을 가고 싶지만 상황이 여의치 않다고 판단하
고 있다.
③ 화자는 단장할 도구는 지니고 있지만 시름에 싸여 있어서
단장을 하지는 않는다.
④ 화자는 '거울'에 비친 자신의 모습을 대구로 표현하면서 자
부심을 느끼고 있다.
⑤ 화자는 사물에 인격을 부여하여 대화를 주고받음으로써
다소간 위안을 얻고 있다.

36

〈보기〉를 참고할 때, ㉠~㉤에 대한 설명으로 적절하지 <u>않은</u> 것은?

┤ 보 기 ├

　「노처녀가」에 나타나는 갈등은 개인적 차원을 넘어 사회적 차원으로 확대될 수 있다. 「노처녀가」에는 부모의 절대적 권위에 대한 반발, 양반 계층의 허위의식에 대한 비판, 본성의 억제를 당연시하는 재래적 관념에 대한 거부, 개인의 행복보다 집단의 안위를 중시하는 폭압에 대한 저항 등이 발견된다.

① ㉠ : 본성이 억제된 삶의 모습에 대한 부정적인 시각을 표출하고 있다.

② ㉡ : 양반이라는 지위에 집착하여 상황을 제대로 파악하지 못하는 허위의식을 폭로하고 있다.

③ ㉢ : 부친과 모친의 어리석음을 직접적인 어휘로 표출함으로써 부모의 절대적 권위에 반발하고 있다.

④ ㉣ : 끊임없는 수탈을 고발함으로써 개인의 행복보다 집단의 안위를 앞세우는 폭압에 저항하고 있다.

⑤ ㉤ : 집단의 요구를 따르는 것보다 개인의 행복을 추구하는 것이 더 중요하다는 가치 판단을 드러내고 있다.

37

〈보기〉의 설명을 바탕으로 [B]를 감상한 내용으로 적절하지 <u>않은</u> 것은?　　　　　　　　　　　　　[3점]

　「노처녀가」의 이본은 단형과 장형의 두 계열로 나뉘는데, 윗글은 단형 계열의 작품이다. 장형은 전반적인 내용은 단형과 유사하지만 묘사가 더 자세하고 해학적인 측면이 강화되어 있다. 또한 인물의 적극적인 행동이 부각되며 화자의 처지에 대한 동정적 시선이 발견된다. 장형 계열의 종결부에서는 '노처녀'가 평소 연모해 왔던 '김 도령'과 가상으로 혼례를 치르는 장면 등이 다음과 같이 제시된다.

[B]

남이 알까 부끄러우나 안 슬픈 일 하여 보자
홍두깨에 자를 매어 갓 씌우고 옷 입히니
사람 모양 거의 같다 쓰다듬어 세워 놓고
새 저고리 긴 치마를 호기 있게 떨쳐 입고
머리 위에 팔을 들어 제법으로 절을 하니
눈물이 종행하여 입은 치마 다 적시고
한숨이 복발(復發)하여 곡성이 날 듯하다
마음을 강잉(強仍)하여 가만히 헤아려 보니
가련하고 불쌍하다 이런 모양 이 거동을
신령은 알 것이니 지성이면 감천이라
부모들도 의논하고 동생들도 의논하여
김 도령과 의혼(議婚)하니 첫마디에 되는구나
혼인 택일 가까우니 엉덩춤이 절로 난다

① [B]에서 화자가 가상으로 혼례를 치른 것은 자신의 적극적 행동을 스스로 자랑스럽게 여겼기 때문이겠군.

② [B]에서 '김 도령'과의 혼사가 결정된 결말을 설정한 것으로 보아 화자의 처지에 대한 동정적 시선을 확인할 수 있겠군.

③ [B]에서 '홍두깨'를 '김 도령'처럼 꾸미는 장면을 설정한 것은 해학적인 측면이 강화된 장형 계열의 특성과 연관되겠군.

④ [B]에 윗글에는 없는 장면이 포함된 것을 보면 작품이 장형화된 이유 중 하나로 새로운 내용의 삽입을 들 수 있겠군.

⑤ [B]에서 혼례를 치르기 위해 준비한 의복과 혼례의 상황까지 제시된 것은 장형 계열에 나타나는 구체적 묘사를 보여 주는 사례이겠군.

원자들은 서로 다른 방식으로 결합되어 생명의 분자를 구성한다. 그러려면 기본 뼈대가 있어야 한다. 생명의 원소 뼈대는 '…탄소-탄소-탄소-…'이다. 뼈대를 담당하는 원소는 오로지 탄소 하나뿐이다. 탄소에게는 꼬리에 꼬리를 물고 기다랗게 연결되는 능력이 있다. 도대체 이 능력은 어디에서 온 것일까?

생명의 분자를 이루는 원자들이 결합되는 데는 조건이 있다. 바로 전자를 공유하는 것이다. 서로 결합하려면 먼저 함께 나눌 전자를 내놓아야 한다. 물론 아무 전자나 공유할 수 있는 것은 아니다. 전자는 핵을 둘러싼 여러 껍질에 나누어 분포하는데 가장 바깥 껍질에 있는 전자만 공유할 수 있다. 하긴 안쪽 껍질에 있는 전자는 보이지도 않는데 어떻게 결합하겠는가 수소는 한 개의 전자를 내놓을 수 있다. H· 또는 ·H라고 표현한다. 잡을 수 있는 손이 하나이다. 산소는 전자를 두 개 내놓아 ·O·가 된다. 잡을 수 있는 양손이 있는 셈이다. 결합이란 손과 손이 맞잡는 것이다. 이를 '공유 결합'이라 한다. 수소는 손이 하나뿐이니 결합을 하나만 할 수 있지만 산소는 손이 둘이니 두 개의 수소와 결합할 수 있다. H:O:H처럼 말이다. 이걸 우리는 간단하게 'H_2O'라고 쓰고 '물'이라 읽는다.

수소처럼 손이 하나 있거나 산소처럼 손이 두 개만 있어 가지고는 뼈대를 이룰 수 없다. 손이 앞뒤 좌우에 네 개는 있어야 한다. 그래야 위와 아래에 있는 손으로는 뼈대를 이루고 양쪽에 있는 손으로 다른 원자와 결합할 수 있다. 탄소는 손이 네 개다. 덕분에 생명의 뼈대를 이룰 수 있다. 그런데 비밀이 하나 있다. 사실 탄소보다 산소가 바깥 껍질에 더 많은 전자를 가지고 있다는 것이다. 탄소는 네 개뿐이지만 산소는 여섯 개나 된다. 손이 여섯 개가 있는 셈이다. 그런데 양쪽 손을 제외한 네 개의 손은 다른 원자에게 손을 내미는 게 아니라 자기 안에서 두 개씩 손을 잡고 있다. 그래서 뼈대를 이루지 못한다.

산소가 공유하는 정신이 부족해서 그런 게 아니다. 산소의 바깥 껍질에는 전자들이 들어가는 방이 각각 네 개씩 있다. 산소는 네 개의 방을 여섯 개의 전자가 나눠서 써야 한다. 어떻게 나눠 쓸 수 있을까? 일단 앞뒤 좌우 네 개의 방에 전자가 하나씩 들어간다. 전자가 아직 두 개 남았는데 이젠 빈방이 없다. 어쩔 수 없다. 앞방과 뒷방에 전자가 하나씩 더 들어가야 한다. 같은 방에 둘이 있으니 손을 꼭 잡고 잘 수밖에. 앞쪽 방 전자들만 다른 원자의 전자들에게 손을 내밀 수 있다.

탄소 역시 가장 바깥 껍질에는 방이 네 개 있다. 탄소는 네 개의 전자들이 방을 하나씩 쓰면 된다. 앞뒤 좌우 방 네 개를 차지한 전자들은 외롭다. 누군가에게는 손을 내밀어야 한다. 덕분에 탄소는 뼈대를 이룰 수 있는 것이다.

만약 탄소의 전자들이 각방을 쓰지 않고 한 방에 두 개씩 들어가면 어떻게 될까? 그런 행위는 원자 호텔에서는 금지되어 있다. 원자 호텔은 일단 각자 방을 하나씩 배정하고 빈방이 없을 때만 한 방에 전자 하나씩 더 들어가게 해 놓았다. 그것도 같은 성질의 전자여서는 안 된다. 하나는 위쪽에 베개를 두고 자는 전자라면 다른 하나는 아래쪽에 베개를 두고 자는 전자여야 한다.

원자의 호텔방을 과학자들은 '오비탈'이라고 한다. 그리고 먼저 각방을 채운 다음에 합방을 시키되 결코 같은 성질의 전자가 같은 방을 써서는 안 되는 규칙을 '파울리의 배타 원리'라고 한다. 파울리는 그 규칙을 발견한 사람의 이름이다. 배타 원리는 인간 사회에도 적용된다. 자기 사람으로 방을 채우면 결합은 이뤄지지 않는다. 방을 비워 놓고 생각이 다른 사람과 공유해야 무너지지 않는 세상의 뼈대가 생긴다.

38

윗글의 내용과 일치하는 것은?

① 산소는 여섯 개의 전자와 결합하여야만 생명의 뼈대를 이룰 수 있다.

② 산소와 수소가 각각 두 개의 공유 결합을 하여 이루어진 것이 '물'이다.

③ 원자들은 안쪽 껍질의 전자를 공유하는 방식으로 생명의 분자를 구성한다.

④ 탄소의 전자들은 같은 성질을 가진 네 개의 전자들이 두 개씩 어우러져 한 개의 오비탈을 구성하고 있다.

⑤ 오비탈은 각각의 전자로 모든 방을 완전히 채운 다음에 다른 성질의 전자를 각각의 방에 들어가는 것을 허용한다.

39

윗글의 설명 방식으로 적절하지 않은 것은?

① 설명하려는 내용과 관련된 용어를 제시하고 있다.
② 의인화와 같은 비유를 동원하여 설명의 효과를 높이고 있다.
③ 유추의 방식을 통해 새로운 이론을 정립하여 그 의의를 설명하고 있다.
④ 설명하려는 내용을 물음의 형식으로 제시한 후 그에 대한 답을 하고 있다.
⑤ 과학적 현상을 구체적 사례를 들어 설명하여 독자들의 이해를 돕고 있다.

40

윗글에 근거하여 〈보기〉의 A, B에 대해 추론한 것으로 적절하지 않은 것은? [3점]

┌─ 보 기 ─────────────────────┐
│ 가상의 원자 A와 B가 존재한다. A는 가장 바깥 껍질에 │
│ 5개의 전자가 있고 방이 5개 있다. B는 가장 바깥 껍질에 │
│ 7개의 전자가 있고 방이 4개 있다. A와 B는 전자를 공유 │
│ 할 수 있다. │
└────────────────────────────┘

① A의 바깥 껍질에 있는 전자들은 모두 각방을 사용한다.
② A가 다른 원자와 공유할 수 있는 전자의 수는 5개이다.
③ B가 다른 원자와 공유할 수 있는 전자의 수는 1개이다.
④ B의 바깥 껍질에 있는 전자 중 각방을 사용하는 것은 1개이다.
⑤ A와 B가 결합하여 A_5B와 같은 분자가 만들어질 수 있다.

[41~45] 다음 글을 읽고 물음에 답하시오.

태연스럽게 그러한 얘기들을 나누던 유생들도, 오봉 선생의 관이 땅속으로 들어가자, 상가 가족들 못지않게 비통한 표정들을 하였다. 오봉 선생의 옥중 동지였던 한 선비는 일부러 가야 부인을 찾아와서 흐느끼는 부인의 어깨를 두드리며 위로까지 하였다. ⓐ(그는 재판정에서 그녀의 얼굴을 기억했던 것이다.)

㉠"오, 효부였더군! 내 까막소에서 오봉으로부터 잘 들었소. 친정이 김해라 했지요? 나는 창원이요. 창원 김 진사라면 다 아요."

이러고는 다시,

"억울하지! 만약 우리 오봉과 가야 부인 같은 이들만이 땅에 살았더람……."

이렇게 혼잣말처럼 중얼거리면서 선비들이 모여 앉은 잔디밭께로 돌아갔다. 위엄이 있는 말씨라든가, 자가 넘게 자란 흰 수염을 바람에 날리며 돌아가는 모습이 과연 기백이 대단한 어른같이 보였다. 결국 이 창원 김 진사란 선비가 그냥 있지를 않았다. 평토제가 끝나고 해반과 아울러 으레 있는 식사와 주찬이 나돌 무렵이었다. 술도 얼마 돌지 않았을 땐데, 별안간 선비들이 모여 앉은 자리에서 호통 소리가 일어났다.

"이놈, 개 같은 놈!"

소리의 주인공은 아까 그 창원 김 진사란 늙은 선비였다. 그는 계속 수염을 부들부들 떨며,

㉡"오봉은 바로 네 자식이 쥑였단 말여! 알겠나, 이 개 같은 놈아? 알았음 썩 물러가거라! 뻔뻔스럽게……."

"이놈이 무슨 소릴 대에놓고 ⓑ(함부로) 하노?"

상대방은 역시 이와모도 참봉이었다. 이와모도도 같이 수염을 떨어 댔다. 얼굴이 넓적해 그런지 꼭 삽살개가 으르대는 것 같았다. ㉢아무래도 그는 처음부터 자릴 잘못 잡았던 것이다. 애당초 그런 데 온 것부터가 그렇고…….

그러나 그도 지기는 싫었다. 지다니!

"이놈아, 안 가라 캐도 갈 끼닷! 버릇없는 니놈과 자리를 같이하다니……."

이와모도 참봉은 벌써 자리에서 일어서 있었다. 상주들이 달려가 말리었으나, 이와모도 참봉은 들을 리 만무했다. 그는 화를 머리끝까지 올려 가지고 어기적어기적 산을 내려갔다.

"저런!"

상가측에서 백관 한 사람이 급히 그를 뒤따라갔다.

(중략)

　죽은 이와모도 참봉의 아들 이와모도 경부보 같은 위인들이 목에 핏대를 올려 가며 그들의 '제국'이 단박 이길 듯 떠들어 대던 소위 대동아 전쟁이 얼른 끝장이 나긴커녕, 해가 갈수록 무슨 공출이다, 보국대다, 징용이다 해서 온갖 영장들만 내려, 식민지 백성들을 도리어 들볶기만 했다. 그리고 그것은 '제국'의 빛나는 승리를 위해서 불가피한 일이라고 들 했다.

　몰강스런 식량 공출을 위시하여 유기 제기의 강제 공출, 송탄유와 조선(造船) 목재 헌납을 위한 각종 부역과 근로 징용은 그래도 좋았다. 조상 때부터 길러 오던 안산 바깥산들의 소나무들까지 마구 찍혀 쓰러진 다음엔 사람 공출이 시작되었다. '전력 증강'이란 이유로 영장 받은 남정들은 탄광과 전장으로, 처녀들은 공장과 위안부로 사정없이 끌려 나갔다. 그러한 오봉산 발치 열두 부락의 가난한 집 처녀 총각과 젊은 사내들은 이마를 히노마루 ⓒ (일본 국기)에 동여매인 채, 울고불고하는 가족들의 손에서 떨어져, 태고나루에서 짐덩이처럼 떼를 지어 짐배에 실렸다. ⓓ (물금까지 나가면 기차편도 있었지만 차는 위데에서 오는 그러한 사람들로 항상 만원이었다.) ⓔ 손자녀를, 자식을, 남편을, 딸을 그렇게 빼앗긴 할머니, 어머니, 아버지, 안내 들은 태고나루에서 눈물을 짓다 가까운 미륵당을 찾기가 일쑤였다. "명천 하느님요!" 하고 땅을 치던 그들은 말 없는 미륵불 앞에 엎드리어 떠난 아들딸들이 무사히 살아 돌아오기를 빌고 또 비는 것이었다.

　"시줏돈을랑 그만두이소! 내가 대신 다 내놓았임데 이…….."

　ⓜ 돌아간 시할아버지와 시아버지, 그리고 만세통에 총 맞아 죽은 시숙과 딸의 영가를 거기에 모셔 둔 가야 부인은 오면가면 그러한 분들을 위로하기에 바빴다.

　"억울한 말이싸 우째 다 하겠능기요. 나도 이렇게 안 살아 있능기요."

　흐느끼는 아낙네들의 손을 잡아 주며 조용히 '관세음보살'을 염하는 것이었다. 먼데서 온 분은 기어이 재워 보내기도 했다. 그것은 가야 부인 자신에게도 필요한 공덕이었다.

　　　　　　　　　　　　　　　－ 김정한, 「수라도」

41

윗글의 서술 방식에 대한 진술로 가장 적절한 것은?

① 서술자가 인물의 말과 행동에 내재된 심리를 서술하고 있다.
② 인물의 내적 독백을 사용하여 사건을 요약적으로 제시하고 있다.
③ 작가가 외부 관찰자의 입장에서 사건을 객관적으로 서술하고 있다.
④ 특정 인물의 반어적 어조를 통해 인물 간의 대립과 갈등을 강조하고 있다.
⑤ 공간의 이동과 변화를 중심으로 인물이 처한 현실적 상황을 상징적으로 부각하고 있다.

42

윗글의 등장인물에 대해 추론한 것으로 적절하지 않은 것은?

① '가야 부인'은 시대의 아픔과 상처를 짊어지고 살아가는 사람들의 마음을 위무하는 삶을 살아가고자 했던 것으로 보인다.
② '김 진사'는 기개와 위엄을 갖춘 꼿꼿한 선비로 시대와 현실에 비판적인 태도를 지녔을 것으로 여겨진다.
③ '이와모도 참봉'은 자식의 잘못을 지적하며 자신을 비난하는 것에 대해 불편한 심정을 가진 것으로 판단된다.
④ '오봉 선생'과 '가야 부인'은 유교를 신봉해 유생들로부터 존경받는 위인이었던 것으로 짐작된다.
⑤ '오봉 선생'과 '김 진사'는 나라를 걱정하는 유생으로 함께 옥살이를 한 경험이 있는 것으로 생각된다.

43

㉠~㉤에 대한 설명으로 적절하지 않은 것은?

① ㉠ : 시아버지와의 인연과 가까운 지역 사람임을 구체적으로 언급함으로써 '가야 부인'과의 친밀감을 표출하고 있다.

② ㉡ : '오봉 선생'의 죽음에 대한 원인을 직접적으로 부각함으로써 인물 간의 대립과 갈등을 강화하고 있다.

③ ㉢ : '이와모도 참봉'이 상가에 오면 안 되는 이유가 있음을 짐작하게 함으로써 '김 진사'와 '이와모도 참봉'의 갈등에 개연성을 더하고 있다.

④ ㉣ : 가족을 잃은 슬픔을 종교에 의탁해 해소하려는 사람들을 통해 현실을 벗어난 초월의식에 기대는 세태를 비판하고 있다.

⑤ ㉤ : 여러 대에 걸쳐 힘든 삶을 이어온 집안의 내력을 설명함으로써 '가야 부인'의 이웃들에 대한 동병상련의 마음을 보여 주고 있다.

44

ⓐ~ⓓ에 대한 설명으로 가장 적절한 것은?

① ⓐ와 ⓑ는 인물의 말과 행동에 담긴 의도를 명시하여 독자의 궁금증을 유발하고 있다.

② ⓑ와 ⓒ는 방언과 표준어를 병렬하여 독자에게 어휘의 의미를 분명하게 전달하고 있다.

③ ⓒ와 ⓓ는 낱말과 문장의 내포적 의미를 상세하게 풀이하여 독자의 의문을 해소하고 있다.

④ ⓐ와 ⓓ는 인물의 행위나 사건에 관한 이유를 덧붙여 설명하여 서사의 개연성을 보충하고 있다.

⑤ ⓑ와 ⓓ는 인물의 행동과 사건의 진행을 직접적으로 지시하여 이야기의 심층을 표면화하고 있다.

45

〈보기〉를 바탕으로 윗글을 감상한 것으로 적절하지 않은 것은? [3점]

┤보 기├

「수라도」는 일제 말 낙동강 변의 한 마을을 배경으로 일본의 태평양 전쟁에 동원된 조선인의 현실을 증언한 작품이다. 항일 독립운동 내력을 가진 오봉 선생 집안과 친일 협력으로 권세를 얻은 이와모도 집안의 선명한 대비를 통해, 일본 경찰로 탈바꿈하여 일본인보다 더욱 악랄하게 조선인을 탄압하는 또 다른 우리 민족의 모습을 극명하게 대조했다. 특히 일제말 창씨개명과 내선일체에 동조하고 대동아 전쟁에 적극 협력했던 이와모도의 큰아들이, 일제 치하에서는 도경 고등계 경부보로 있다가 해방 이후에는 국회의원이 되었다는 데서, 해방 이후에도 식민지 권력이 처단되기는커녕 오히려 그 권력이 유지되었던 국가적 모순을 비판하고자 했다.

① "억울하지! 만약 우리 오봉과 가야 부인 같은 이들만 이 땅에 살았더람……."이라는 데서, '일본인보다 더욱 악랄하게 조선인을 탄압하는 또 다른 우리 민족의 모습'에 대해 한탄하고 있음을 알겠군.

② "죽은 이와모도 참봉의 아들 이와모도 경부보 같은 위인들"을 제시한 데서, '해방 이후에도 식민지 권력이 처단되기는커녕 오히려 그 권력이 유지되었던 국가적 모순'의 근거로 삼고자 했음을 알겠군.

③ '보국대'와 '징용'이 "'제국'의 빛나는 승리를 위해 불가피한 일"이라고 말한 데서, '내선일체에 동조하고 대동아 전쟁에 적극 협력했던 이와모도의 큰아들'을 비판하고 있음을 알겠군.

④ "'전력 증강'이란 이유로 영장 받은 남정들은 탄광과 전장으로, 처녀들은 공장과 위안부로 사정없이 끌려 나갔다."라는 데서, '일본의 태평양 전쟁에 동원된 조선인의 현실을 증언'하고자 했음을 알겠군.

⑤ "그들은 말없는 미륵불 앞에 엎드리어 떠난 아들딸들이 무사히 살아 돌아오기를 빌고 또 비는 것이었다."라는 데서, '항일 독립운동 내력을 가진 오봉 선생 집안'의 모습을 보여 주고 있음을 알겠군.

※ 점수 표시가 없는 문항은 모두 2점

[01~05] 밑줄 친 단어의 뜻으로 가장 적절한 것을 고르시오.

01

The news of the rock star's <u>tawdry</u> affair sent shockwaves across his fans all over the world.

① legal ② immoral
③ passionate ④ unexpected
⑤ weird

02

Joanne moved to a house in the suburbs because she was easily <u>irked</u> by her apartment neighbors.

① ousted ② tricked
③ annoyed ④ disappointed
⑤ persuaded

03

After the philanthropist passed away, close relatives revealed that he was <u>parsimonious</u> when it came to his own lifestyle.

① apathetic ② stingy
③ distant ④ objective
⑤ considerate

04

Mr. Brown's favorite pastime was to sit on his porch on <u>languid</u> summer afternoons.

① tardy ② humid
③ peaceful ④ capricious
⑤ charming

05

Marley's cheesecakes are very popular among New Yorkers, and their recipe has been <u>arcane</u> for generations.

① identical ② improved
③ inherited ④ secretive
⑤ diversified

[06~07] 다음 대화의 빈칸에 들어갈 말로 가장 적절한 것을 고르시오.

06

A : Excuse me. Do you know the way to Dan's Department Store?
B : Sure. But it's a good half-hour walk from here.
A : That's pretty far. Is there another way besides walking?
B : You can also take the M11 Bus two blocks from here.
A : _____
B : The Houston Street Stop. Dan's isn't far from there.
A : I'll ask someone for directions when I get off. Thanks a lot.
B : No problem. Good luck.

① How long will it take by bus?
② What if I decided to walk?
③ Where do I get off?
④ Can you lead the way to Dan's?
⑤ Do you know what time they open?

07

A : Congratulations, Cadet Lee.

B : Thank you, Sergeant Louis.

A : After the graduation ceremony today, you will officially be a police officer in the Tonawanda Police Department.

B : Yeah. I can't believe it myself.

A : You deserve it. You've worked really hard.

B : Thank you. Do you have any parting words of wisdom?

A : _____

B : I won't. I will always work for the citizens of our city.

A : I'm sure you will make us proud.

① Take advantage of the perks of being an officer of the law.

② If you work hard, you will make a great police officer.

③ Always be suspicious since anyone can be a criminal.

④ Just let me know if this line of work isn't for you.

⑤ Never forget our motto, "to serve and to protect."

[08~09] 밑줄 친 부분 중, 어법상 틀린 것을 고르시오.

08

Doctors are known for using complicated words that make them sound either extremely intelligent or really out of touch with ① which most people can understand. The medical word for hiccups, singultus, is a perfect example of ② when physicians sound ridiculous. Hiccups are caused when the diaphragm becomes irritated and pushes air rapidly up in such a way that it makes an irregular sound. Some things that irritate the diaphragm and cause hiccups ③ are distension of the stomach from food, alcohol, or air, sudden changes in gastric temperature, or use of alcohol and/or tobacco in excess. Hiccups also can be caused by excitement or stress. While most cases of the hiccups last only ④ a few minutes, some cases of the hiccups can last for days or weeks. This is very unusual, though, and it's usually a sign of ⑤ another medical problem.

09

Tim Richardson's mom, Doris Bohannon, says he's been riding bikes since he ① had been three years old and wrenching since not long after that. And she should know. She's ② the one who taught him how to fix bikes — by bringing home trashed bikes from the dump for her kids ③ to tinker with. "Mom's the mechanic in the family," says Richardson, who grew up in Odd, West Virginia, population 832. "④ Being in a rural area, you either learned how to fix your bike yourself, or you didn't ride." That ethos has carried over to his bike shop, Shenandoah Bicycle Company, in Harrisonburg, Virginia, ⑤ where customers are encouraged to figure out their own bike dilemmas.

10

Anyone who's crossed a parking lot in August knows that blacktop soaks up a lot of (A) heat / moisture. It turns out, rethinking the color of the surfaces around us could help cool the planet. Roofs and pavements cover 60 percent of urban areas. Scientists calculate that lightening their color worldwide could have the same effect on global warming as keeping 48.5 billion tons of CO_2 out of the atmosphere. That's roughly the equivalent of taking every car in the world off the road for 18 years. This elegantly simple solution works because of increased albedo — the degree to which (B) abrasive / reflective surfaces bounce back the sun's energy. Closer to home, color-consciousness does more than fight climate change. Choosing roofing material that (C) absorbs / repels less heat can mean substantial energy savings. Studies show a "cool roof" can cut air-conditioning bills by 20 percent or more.

	(A)	(B)	(C)
①	moisture	reflective	absorbs
②	moisture	abrasive	repels
③	heat	reflective	absorbs
④	heat	reflective	repels
⑤	heat	abrasive	absorbs

11

Seven billion people have seven billion agendas, and thinking about the big picture is a relatively rare (A) frugality / luxury. A single mother struggling to raise two children in a Mumbai slum is focused on the next meal; (B) refugees / vacationers in a boat in the middle of the Mediterranean scan the horizon for any sign of land; and a dying man in an overcrowded London hospital gathers all his remaining strength to take in one more breath. They all have far more (C) trivial / urgent problems than global warming or the crisis of liberal democracy.

	(A)	(B)	(C)
①	frugality	refugees	trivial
②	frugality	vacationers	trivial
③	luxury	refugees	trivial
④	luxury	vacationers	urgent
⑤	luxury	refugees	urgent

[12~13] 밑줄 친 부분 중, 문맥상 낱말의 쓰임이 적절하지 않은 것을 고르시오.

12

Ocean plastic is estimated to kill millions of marine animals every year. Nearly 700 species, including ① endangered ones, are known to have been affected by it. Some are harmed ② visibly — strangled by abandoned fishing nets or discarded six-pack rings. Many more are probably harmed invisibly. Marine species of all ③ sizes, from zooplankton to whales, now eat microplastics, the bits smaller than one-fifth of an inch across. On Hawaii's Big Island, on a beach that seemingly should have been ④ tainted — no paved road leads to it — I walked ankle-deep through microplastics. They crunched like Rice Krispies under my feet. After that, I could understand why some people see ocean plastic as a looming ⑤ catastrophe, worth mentioning in the same breath as climate change.

13

A factor that's important in coping with a crisis, and that differs from person to person, is something that psychologists call "ego strength." That includes self-confidence, but it's much ① broader. Ego strength means having a sense of yourself, having a sense of purpose, and ② accepting yourself for who you are, as a proud independent person not dependent on other people for ③ approval or for your survival. Ego strength includes being able to ④ tolerate strong emotions, to keep focused under stress, to express yourself freely, to perceive reality accurately, and to make sound decisions. Those linked qualities are essential for exploring new solutions and ⑤ reinforcing the paralyzing fear that often arises in a crisis. [3점]

14

San Marcos Cafe에 관한 다음 글의 내용과 일치하는 것은?

Expect quite a greeting when you visit San Marcos Cafe. A mismatched flock of peacocks and peahens, wild turkeys and roosters all cavort around the front and back of the restaurant. The poultry are not allowed in the dining area, but there was one very famous leghorn rooster named Buddy about 15 years ago who served long tenure as unofficial maitre d' of the restaurant. Dressed in black tie, Buddy cheerfully greeted guests at the door and crowed through the breakfast hour. Wandering chickens notwithstanding, San Marcos Cafe is a real find. A cozy, charming ranchhouse decorated in country-kitchen style, it serves one of the best cinnamon rolls.

① Various poultry can be spotted around the cafe.
② A few roosters are allowed to enter the dining area.
③ A rooster served as waiter starting 10 years ago.
④ Buddy's costume consisted of a red tie.
⑤ They no longer serve cinnamon rolls.

15

Thomas Eisner에 관한 다음 글의 내용과 일치하지 <u>않는</u> 것은?

Thomas Eisner, an ecologist and evolutionary biologist at Cornell University, died last week at age 81 of complications from Parkinson's disease. In hundreds of journal articles on topics ranging from spider webs to bombardier beetles, Eisner explored how insects and arthropods defend themselves, capture prey, and attract mates in sometimes complex ways. With Cornell collaborator Jerrold Meinwald, he helped found the field of chemical ecology — the study of how animals and plants use chemicals to communicate. An outspoken conservationist, Eisner promoted the idea of allowing companies to "bioprospect" in the rainforest for useful chemicals in order to raise money to protect biodiversity. Eisner was also a pianist, a popular science writer, and — with his wife, Maria — a nature photographer whose images of larval hooks, beetle hairs, and other minute wonders graced many pages and covers of *Science*.

① He died at age 81 from Parkinson's disease complications.

② He was interested in how insects catch their prey.

③ His wife founded the field of chemical ecology.

④ His agendas included protecting rainforest biodiversity.

⑤ His works of photography appeared in Science.

[16~17] 다음 글의 제목으로 가장 적절한 것을 고르시오.

16

Since 1967, median household income in the United States, adjusted for inflation, has stagnated for the bottom 60 percent of the population, even as wealth and income for the richest Americans have soared. Changes in Europe, although less stark, point in the same direction. Corporate rofits are at their highest levels since the 1960s, yet corporations are increasingly choosing to save those profits rather than invest them, further hurting productivity and wages. And recently, these changes have been accompanied by a hollowing out of democracy and its replacement with technocratic rule by globalized elites. [3점]

① Inflation : A Huge Hurdle for the Economy

② Public Demand for Corporate Transparency

③ If a Technocrat Sneezes, Do Banks Catch a Cold?

④ The Butterfly Effect of a Faltering European Economy

⑤ Economic Outlook for the Average Joe : Cloudy with Rain

17

I am lying here in my private sick bay on the east side of town between Second and Third avenues, watching starlings from the vantage point of bed. Three Democrats are in bed with me: Harry Truman (in a stale copy of the *Times*), Adlai Stevenson (in *Harper's*), and Dean Acheson (in a book called *A Democrat Looks at His Party*). I take Democrats to bed with me for lack of a dachshund, although as a matter of fact on occasions like this I am almost certain to be visited by the ghost of Fred, my dash-hound everlasting, dead these many years. In life, Fred always attended the sick, climbing right into bed with the patient like some lecherous old physician, and making a bad situation worse. All this dark morning, I have reluctantly entertained him upon the rumpled blanket, felt his oppressive weight, and heard his fraudulent report. He was an uncomfortable bedmate when alive; death has worked little improvement — I still feel crowded, still wonder why I put up with his natural rudeness and his pretensions.

① Books Versus Pets : Who Makes a Better Companion?
② Reminiscing About a Bedfellow on a Dark Morning
③ A Message of Hope from My Beloved Dash-hound
④ Unexpected Arrival of a Dog : A New Beginning
⑤ The Truth Behind the Politics of Medical Care

[18~19] 다음 글의 주제로 가장 적절한 것을 고르시오.

18

The inherent fragility of the economic system does not mean that it cannot be made safer. A lot can be done, has been done, and can still be done. But in designing reforms, it's important to choose the objective carefully. The goal should not be to eliminate the risk of the failure of individual banks or large institutions. Failure has its merits. It's important for creating the right incentives, spurring innovation, and promoting efficiency. Rather, policymakers should strive to enhance the resilience of the broader financial system. Even when the system is under extreme stress, it needs to remain able to perform its basic functions of providing payment, clearing, and settlement services; offering credit; and transferring risk. In other words, policymakers should try to build a system in which an idiosyncratic event does not turn into a systemic crisis. This means seeking not only to reduce the probability of financial distress but also to increase the probability that the real economy remains insulated from it. [3점]

① drafting economic policies based on statistics
② building an economy based on idiosyncratic events
③ putting the needs of people ahead of corporations
④ predicting potential problems in the economic system
⑤ reforming an economic system to withstand distress

19

After language had evolved as the principal communication system of modern humans, people were left with the question of who to communicate with through music. Music is, after all, a derivative of 'Hmmmmm,' which itself evolved as a means of communication, so the communicative function could not easily be dropped; there remained a compulsion among modern humans to communicate with music, as there still is today. How could this be fulfilled? Communication with other humans was now far better achieved by language than by music, other than for prelinguistic infants. But in the minds of modern humans there was now another type of entity with whom they could and should communicate: supernatural beings. So the human propensity to communicate through music came to focus on the supernatural — whether by beating the shaman's drum or through the compositions of Bach.

① effects of music on our views on the supernatural
② functional diversity of music compared to language
③ music as a means to communicate with the supernatural
④ advantages of language as a medium of communication
⑤ influence of music on the development of language

[20~22] 다음 글의 요지로 가장 적절한 것을 고르시오.

20

The EU, with its 512 million citizens, has, until recently, led the charge into a zero-emission green economy. The People's Republic of China, with its nearly 1.4 billion people, has roared onto the field in recent years with its plan to transition into a postcarbon era. And now the United States, with its 325 million citizens, is poised to join the herd. Without all three elephants marching in sync, sharing best practices, establishing common codes, regulations, standards, and incentives, and reaching out together to bring the rest of humanity into the fold, the race to a zero-carbon civilization in less than twenty years will be lost.

① Population problems need to be addressed before racing to a postcarbon era.
② With all three elephants marching in sync, no competitor will win the race.
③ China's participation is an optimistic sign for the zero-emission economy.
④ Cooperation among the key members is essential for a zero-carbon world.
⑤ A zero-carbon civilization is destined to backfire within twenty years.

21

Traditionally, research has treated goal pursuit as a solitary endeavor. But everyday experiences show that our relationships can either foster or impede our progress. If you want to wake up earlier each morning, you're better off with a spouse who shuts off his bedside lamp at 10p.m. If you want to become a vegetarian, your spouse's feelings on tofu versus steak will probably have an impact.

Now researchers are examining that influence. A Washington University study found that being married to a spouse who is highly conscientious — that is, organized and reliable — predicts future job satisfaction and higher income. Research by Wilhelm Hofmann at the University of Cologne in Germany indicates that high relationship satisfaction positively affects feelings of control over goal pursuit. Hofmann posits that the stability of happy relationships makes it easier to focus. According to Hofmann, "When people's everyday life feels stable and predictable, they feel more in control of their ability to pursue their goals."

① The chances of achieving your goals hinge on your spouse.

② Psychological stability is the main indicator of your wellbeing.

③ Setting a realistic goal is heavily influenced by your partner.

④ Personal feelings are directly related to pursuing your goals.

⑤ The conscientiousness of your spouse leads to a successful marriage.

22

In the U.S., windmills have been estimated to kill at least 45,000 birds and bats each year. That sounds like a lot of birds and bats. To place that number in perspective, consider that pet cats that are allowed to wander in and out of their owners' houses have been measured to kill an average of more than 300 birds per year per cat. If the U.S. population of outdoor cats is estimated at about 100 million, then cats can be calculated to kill at least 30 billion birds per year in the U.S., compared to the mere 45,000 birds and bats killed per year by windmills. That windmill toll is equivalent to the work of just 150 cats.

① Policies on birds and bats should be based on statistics.

② Cat owners are advised not to let their cats roam free outdoors.

③ Windmills need to be regulated to meet environmental standards.

④ Windmills do not threaten avian wildlife as much as outdoor cats.

⑤ The outdoor cat population must be curbed for ecological balance.

23

We tend to think of statistical sampling as some sort of _____ bedrock, like the principles of geometry or the laws of gravity. But the concept is less than a century old, and it was developed to solve a particular problem at a particular moment in time under specific technological constraints. Those constraints no longer exist to the same extent. Reaching for a random sample in the age of big data is like clutching at a horse whip in the era of the motor car. We can still use sampling in certain contexts, but it need not — and will not — be the predominant way we analyze large datasets. Increasingly, we will aim to go for it all.

① impertinent

② immutable

③ immature

④ imminent

⑤ impartial

24

The human fetus, until recently, was a largely invisible and voiceless member of society. Technological innovations over the past few decades have given the fetus greater physical reality and new claims to legal rights while at the same time offering women more grounds for preventing, redefining, and even terminating pregnancy. Conflicts associated with expanded technological options for contraception and abortion offer one vantage point on these issues. Another set of disputes concerns the gradual uncoupling of biological reproduction from social parenting through technological means such as artificial insemination, in vitro fertilization, and embryo implantation. Intersecting with the reconfigurations of the family through adoption and divorce, these unconventional reproductive pathways have begun to _____ the accepted meanings of "mother," "father," "child," and "family."　　　[3점]

① undermine

② duplicate

③ summarize

④ consolidate

⑤ simplify

25

When we look in the mirror, we see some of the "instruments" necessary for choice. Our eyes, nose, ears, and mouth gather information from our environment, while our arms and legs enable us to act on it. We depend on these capabilities to effectively negotiate between hunger and satiation, safety and vulnerability, even between life and death. Yet our ability to choose involves more than simply _____. Your knee may twitch if hit in the right place by a doctor's rubber mallet, but no one would consider this reflex to be a choice. To be able to truly choose, we must evaluate all available options and select the best one, making the mind as vital to choice as the body.

① reacting to sensory information
② giving into your utmost desires
③ selecting what is most beneficial
④ searching for instant gratification
⑤ suppressing your natural instincts

26

There is no question that starting a business is easier when you are younger. The fewer nonwork responsibilities you have, the more likely you are to pour your blood, sweat and tears into a new venture. But that does not mean you should leave school or your job to start a company just because you are young. Venture capitalists often favor fresh meat. Michael Moritz of Sequoia Capital, one of Silicon Valley's biggest VC firms, has gushed about how entrepreneurs in their mid to late 20s "see no boundaries, see no limits, see no obstacle that they cannot hurdle." Still, start-ups in some industries, such as biotech and business software, gain an edge from the experience that comes with a founder's age. According to research by a tech entrepreneur, the average age of successful start-up founders in these and other high growth industries was 40. It goes to show that if you have the financial resources, the right network and, most important, a great idea, _____. [3점]

① inner success is the reward
② age is nothing but a number
③ it all comes down to who you know
④ the last piece of the puzzle is capital
⑤ youth will always find a way to prevail

27

Professor Wilhelm Roentgen of the Bavarian University of Wurzburg first made the discovery of x-rays public in December 1895. The notion of a new kind of ray, unrefractable and indifferent to electromagnetic fields, befuddled the scientific world and precipitated feverish research into their nature and implications for the long-standing theories of light and matter. _____. The notion of a "dark light" that could penetrate flesh as easily as glass and produce photographic images of the skeleton was intoxicating. Overnight, the mysterious rays became popular icons constantly encountered in advertisements, prose, songs, and cartoons. More than one thousand articles and fifty books were published on the subject in 1896 alone.

① Popular culture was equally mesmerized
② Advertisers and politicians followed suit
③ This discovery was challenged by many
④ The financial sector was taken aback
⑤ Rarely did it reflect the public craze

28

For a threat to be effectual, its utterer must have the means to carry it out and want the addressee to act otherwise than would be the case without the prompting of the utterance. Then, once a speaker is seen by the target to be in such a position of power, any utterance forecasting _____, even if not framed explicitly as involving the utterer's own behavior, can be reasonably understood as a threat. This is how we make sense of remarks that contain no overtly threatening material. For example, when a Mafia boss in a movie says, "Tonight you sleep with the fishes," it is not taken as an invitation to sleep over at the speaker's house in the room with the aquarium, but as a chilling message of imminent doom. [3점]

① a cordial invitation to an aquarium
② explicit withdrawal of a future action
③ the maintenance of the present status
④ an unspoken agreement of cooperation
⑤ negative consequences to the addressee

29

The volume of Neanderthal brains ranged from 1,200 to 1,750 cc, about the same (1,200 to 1,700 cc) range as that of early and present specimens of modern Homo sapiens. This doesn't mean that they were as clever as modern human beings, since brain size. _____. People who live in colder climates tend to have larger brains, and Neanderthals lived in Eurasia during a cold period. Neanderthal skeletal bones also show that they were massive. They had short, stocky bodies; males probably weighed about 145 pounds and stood less than five feet seven inches tall. Brain volume also is correlated with heavier massive muscles and body weight in closely related species. Heinz Stephan, a German neuroanatomist, has been studying the sizes of the brains and their various parts in many species over the past forty years. His detailed measurements show that bigger muscles require bigger brains, independent of intelligence.

[3점]

① inevitably determines intelligence and body weight
② is a compensation for muscle loss and malnutrition
③ is also related to muscularity and climatic conditions
④ indicates the habitat and the surrounding environment
⑤ has long been noted as a vessel of intellect for mankind

30

The world of business is one area in which _____. Many people now work alone at home. With access to a large central computer, employees such as secretaries, insurance agents, and accountants do their jobs at display terminals in their own homes. They no longer have to actually see the people they're dealing with. In addition, employees are often paid in an impersonal way. Workers' salaries are automatically credited to their bank accounts, eliminating the need for paychecks. Fewer people stand in line with their coworkers to receive their pay or cash their checks. Finally, personal banking is becoming a detached process. Customers interact with machines rather than people to deposit or withdraw money from their accounts. Even some bank loans are approved or rejected, not in an interview with a loan officer, but by a computer program.

① technology is isolating us
② employees are being overworked
③ artificial intelligence benefits humans
④ managing finances is the top priority
⑤ human resources are evenly allocated

다음 글의 빈칸 (A), (B)에 들어갈 말로 가장 적절한 것은?

Many people, including many scientists, tend to confuse the mind with the brain, but they are really very different things. The brain is a material network of neurons, synapses, and biochemicals. The mind is a flow of subjective experiences, such as pain, pleasure, anger and love. Biologists assume that the brain somehow produces the mind, and that biochemical reactions in billions of neurons somehow produce experiences such as pain and love. (A) , so far we have absolutely no explanation for how the mind emerges from the brain. How come when billions of neurons are firing electrical signals in a particular pattern, I feel pain, and when the neurons fire in a different pattern, I feel love? We haven't got a clue. (B) , even if the mind indeed emerges from the brain, at least for now studying the mind is a different undertaking than studying the brain.

	(A)	(B)
①	In addition	For example
②	However	Hence
③	In addition	Hence
④	However	Nevertheless
⑤	Therefore	For example

[32~33] 다음 글에서 전체 흐름과 <u>관계없는</u> 문장을 고르시오.

32

The Internet of Things (IoT) can revolutionize the business and consumer landscape by bridging digital and material worlds. ① Any industry reliant on making, moving or selling objects that were previously not connected to the internet stands to benefit. ② Many industries, however, do not have the infrastructure with 5G broadband connection that can mobilize their IoT. ③ The specific benefits IoT can bring to a business depend on how the technology is used. ④ For example, sensors can be used to reduce waste by optimizing lighting or heating based on occupancy levels, or reduce spoilage of products in transit by monitoring temperatures. ⑤ IoT can also generate revenue and increase productivity, such as acoustic offshore oilfield sensors that analyze activity through pipelines to maximize output and help identify new resource pools.

33

Students of criminology, as well as the average citizen, are often unaware that criminalization of drugs is a twentieth-century American creation. Earlier, what we now construe as "drugs" were not dealt with differently than the vast array of other substances that arguably hold some potential for damaging (or enhancing) health. ① What we now think of as "hard drugs" were once readily available as medicines and even food additives. ② Coca-Cola once lived up to the advertisement jingle dubbing it the "real thing" by including cocaine as a stimulating ingredient, later replaced by caffeine. ③ The past 40 years have witnessed a "drug war" based on the idea that law enforcement should aggressively seek to eliminate specified drugs. ④ Our contemporary view of drugs was launched when Congress passed the Harrison Act in 1914, effectively criminalizing the sale and possession of opiates. ⑤ Legislation criminalizing marijuana was in place in 16 states by 1930, and in all states by 1937.

[3점]

34

글의 흐름으로 보아, 주어진 문장이 들어가기에 가장 적절한 곳은?

When the researchers opened the boxes, they found that nearly all the caterpillars, with or without vision, had changed their body colors to match the sticks in their box.

Peppered moths are masters of camouflage. (①) In the larval stage, they can change the color of their skin to blend into their settings — even without seeing those surroundings, a new study found. (②) After raising more than 300 peppered moth larvae, U.K. researchers obscured the vision of some with black paint. (③) The larvae were placed in boxes containing white, green, brown, or black sticks, and given time to adapt. (④) The researchers then moved the caterpillars into new boxes containing sticks of two different colors, and about 80 percent of the insects chose to rest on sticks that matched their body color. (⑤) The researchers say their findings provide strong evidence that peppered moth larvae are capable of dermal photoreception — seeing with their skin.

35

Urban America was electrified between 1900 and the onset of the Great Depression in 1929, and rural America followed suit between 1936 and 1949. The electrification of factories made way for the era of mass-produced goods, with the automobile as the kingpin.

(A) Without electricity, Henry Ford would not have had available electric power tools to bring the work to the workers and manufacture an affordable automobile for millions of Americans. The mass production of the gasoline-powered Model T car altered the temporal and spatial orientation of society.

(B) Concrete highways were laid out over vast stretches of America, culminating in the US Interstate Highway System — the largest public works project in world history — creating a seamless coast-to-coast road system. The interstate highways were the impetus for a mass exodus of millions of families from urban areas to the newly emerging suburbs popping up off the highway exits.

(C) Millions of people began to trade in their horses and buggies for automobiles. To meet the increased demand for fuel, the nascent oil industry revved up exploration and drilling, built oil pipelines across the country, and set up thousands of gasoline stations to power the millions of automobiles coming off the assembly lines. [3점]

① (A) - (C) - (B)
② (B) - (A) - (C)
③ (B) - (C) - (A)
④ (C) - (A) - (B)
⑤ (C) - (B) - (A)

36

Not everyone is aware of the way their emotions impact others in their lives. Even when emotions are appropriate, their intensity may lead to problems. Some feelings, of course, are inappropriate.

(A) Such messages tend to confuse the recipient of that emotion and can lead to problems. When people express emotions, they may facilitate relationships or derail them. Understanding the impact of emotional expression is the core of psychotherapy.

(B) When they are congruent, the emotion fits with the message that is being sent. Some people may indicate one emotion with their words and another with their tone of voice. Sometimes this is referred to as the difference between verbal and nonverbal behavior.

(C) Whether or not an emotion is considered appropriate is related to the context in which it is displayed as well as the people involved. Emotions may also be either congruent or incongruent.

① (A) - (C) - (B)
② (B) - (A) - (C)
③ (B) - (C) - (A)
④ (C) - (A) - (B)
⑤ (C) - (B) - (A)

One morning, when I awoke, the temperature was barely five degrees and the wind was blowing fiercely. Daddy and the other cowboys went about their chores regardless, but my mama held me back. "Why don't you and I make a chocolate cake today?" she said.

Mama told me the ingredients I needed to find and began spooning flour and sugar into a bowl. "How do you know how much to use?" I asked. I'd never seen her look at a recipe to cook anything.

"It's about finding the right balance. You'll make mistakes at first, but that's how you learn," she said.

Soon the house was filled with the sweet aroma of rich, velvety chocolate. The heat from the oven was warm and welcoming.

"You know what comes next?" Mama asked me.

"Eating!" I said.

Mama laughed. "First comes cleaning up," she said, filling the sink with hot soapy water. Hmm, even fun jobs required hard work. "The joy of cooking isn't about the eating. It's about seeing the smiles on people's faces."

I didn't quite see how a smile could beat a piece of chocolate cake until I was a few years older. I was 15, and Daddy, my brother and I were pitching in at a friend's ranch, an annual custom called neighboring up. Around midday, I heard an old man, sweat running down his face, say, "We better get paid well today." Wow, we're getting cash money, I thought. Then I looked up to see car after car coming down the driveway, people bringing platters of fried chicken, breaded pork chops, salads of all kinds, cakes and pies. The cowboys were grinning from ear to ear. To this day, I remember how good that food tasted after a morning of hard work. That afternoon, the cowboys worked twice as hard, laughing and cutting up. I thought about what Mama had said about why she liked to cook. To be able to give folks that much pleasure, well, that seemed pretty special.

37

윗글의 제목으로 가장 적절한 것은?

① Old Habits Die Hard

② You Are What You Eat

③ Are You a Good Neighbor?

④ Wide Variety of Cowboy Cuisine

⑤ A Lesson on the Joy of Cooking

38

윗글의 내용과 일치하는 것은?

① When Mama cooked, she followed the recipe faithfully.

② Mama said the most important thing about cooking was the taste.

③ The neighboring up custom was practiced every month.

④ What the old man meant by payment was the food.

⑤ The cowboys were not happy about working in the afternoon.

It is sometimes proposed that direct brain-computer interfaces, particularly implants, could enable humans to exploit the fortes of digital computing — perfect recall, speedy and accurate arithmetic calculation, and high-bandwidth data transmission — enabling the resulting hybrid system to radically outperform the unaugmented brain. But although the possibility of direct connections between human brains and computers has been demonstrated, it seems unlikely that such interfaces will be widely used as enhancements any time soon.

To begin with, there are significant risks of medical complications — including infections, electrode displacement, hemorrhage, and cognitive decline — when implanting electrodes in the brain. Perhaps the most vivid illustration to date of the benefits that can be obtained through brain stimulation is the treatment of patients with Parkinson's disease. The Parkinson's implant is relatively simple : it does not really communicate with the brain but simply supplies a stimulating electric current to the subthalamic nucleus. A demonstration video shows a subject slumped in a chair, completely immobilized by the disease, then suddenly springing to life when the current is switched on : the subject now moves his arms, stands up and walks across the room, turns around and performs a pirouette. Yet even behind this especially simple and almost miraculously successful procedure, there lurk negatives. One study of Parkinson patients who had received deep brain implants showed reductions in verbal fluency, selective attention, color naming, and verbal memory compared with controls. Treated subjects also reported more cognitive complaints. Such risks and side effects might be tolerable if the procedure is used to alleviate severe disability. But in order for healthy subjects to volunteer themselves for neurosurgery, there would have to be some very _____ of normal functionality to be gained.

39
윗글의 제목으로 가장 적절한 것은?

① Full Functionality Gained Via Brain-Computer Interface
② A Breakthrough in Parkinson's Disease Treatment
③ How Best to Augment Brain Power with Implants
④ Direct Brain-Computer Interfaces : Pros and Cons
⑤ Hopes for Success Dwindle Away in Neuroscience

40
윗글의 빈칸에 들어갈 말로 가장 적절한 것은?

① substantial enhancement
② universal application
③ complicated achievements
④ complete deprivation
⑤ authoritative establishments

For centuries, it was believed that disabled people like me were living under a curse that was inflicted by God. Well, I suppose it's possible that I've (A) upset / pleased someone up there, but I prefer to think that everything can be explained another way; by the laws of nature. If you believe in science, like I do, you believe that there are certain laws that are always obeyed. If you like, you can say the laws are the work of God, but that is more a definition of God than a proof of his existence. In about 300 BCE, a philosopher called Aristarchus was fascinated by eclipses, especially eclipses of the Moon. He was (B) brave / obedient enough to question whether they really were caused by gods. Aristarchus was a true scientific pioneer. He studied the heavens carefully and reached a bold conclusion : he realised the eclipse was really the shadow of the Earth passing over the Moon, and not a (C) natural / divine event. Liberated by this discovery, he was able to work out what was really going on above his head, and draw diagrams that showed the true relationship of the Sun, the Earth and the Moon. From there he reached even more remarkable conclusions. He deduced that the Earth was not the centre of the universe, as everyone had thought, but that it instead orbits the Sun. In fact, understanding this arrangement explains all eclipses. When the Moon casts its shadow on the Earth, that's a solar eclipse. And when the Earth shades the Moon, that's a lunar eclipse. But Aristarchus took it even further. He suggested that stars were not chinks in the floor of heaven, as his contemporaries believed, but that stars were other suns, like ours, only a very long way away. What a stunning realisation it must have been. The universe is a machine governed by principles or laws — laws that _____.

41

(A), (B), (C)의 각 네모 안에서 문맥에 맞는 낱말로 가장 적절한 것은?

	(A)	(B)	(C)
①	upset	obedient	natural
②	upset	obedient	divine
③	upset	brave	divine
④	pleased	obedient	natural
⑤	pleased	brave	divine

42

윗글의 빈칸에 들어갈 말로 가장 적절한 것은? [3점]

① decipher God's secret codes

② reveal the existence of God

③ transcend human scientific capacity

④ can be understood by the human mind

⑤ strengthen the bond between God and nature

[43~45] 다음 글을 읽고, 물음에 답하시오.

I actually knew about Stravinsky very early on in my life. I was about twelve. I was taking piano lessons from Denise, a nice, frizzy-haired, thirty-something bachelorette who would come to our apartment to teach me Für Elise, Bach's variations, and, to keep me interested, the theme from Star Wars. Despite the minor point that I showed no musical talent whatsoever, I somehow decided I needed to take it to the next level. I needed to become a composer.

So one week, I spent hours every afternoon plonking around on the piano in our foyer, scribbling down notes, erasing, scribbling some more. Finally, on Friday, Denise came, and I played my opus for her. It sounded like a combination of a traffic jam on Madison Avenue, a fax machine, and weasels in heat.

"Good for you, A.J.," she said. "You're experimenting in atonal compositions."

"Yes, I'm very interested in atonal compositions." Of course, I had no idea what atonal compositions were; in fact, I was trying desperately to write tonal compositions. It's just that (A) my ear was 100 percent tin.

"It reminds me of Stravinsky," she said.

"Ah, yes, Stravinsky," I replied, nodding my head. Denise was being exceedingly nice. She didn't want to discourage me, but the only way it could have reminded her of Stravinsky is if Stravinsky had accidentally sat on the keyboard.

That's how I first learned of the Russian master. Then, in college, I expanded my knowledge of Stravinsky by four words : The Rites of Spring. An atonal composer who wrote The Rites of Spring. So that's about where I stood.

From the Britannica, I learned two important things. First, it's The Rite of Spring. Only one rite. So I'd been sounding like a jackass all these years when I made the occasional allusion to Stravinsky.

Second, The Rite of Spring was enough to cause an "opening-night riot" when it debuted at the Théâtre de Champs Elysées on May 29, 1913.

Stravinsky's score — with its "scandalous dissonances and rhythmic brutality" — caused an uproar among the chic Paris audience. The commotion was so loud, the ballet dancers couldn't hear the orchestra in the nearby pit. But the dancers kept dancing anyway, urged on by the choreographer, who stood on a chair in the wings, shouting and miming the rhythm.

I love this. I can't believe that less than a century ago, a ballet with some discordant notes could cause an actual riot. Nowadays, audience members at the ballet rarely riot. They are often too busy falling asleep. Or if they are really upset, they leave after the first act to get a nice pasta dinner somewhere.

43

윗글에 나타난 필자의 태도로 가장 적절한 것은?

① optimistic and jubilant
② objective and impartial
③ amusing and candid
④ annoyed and critical
⑤ calm and reserved

44

밑줄 친 (A)가 의미하는 바로 가장 적절한 것은?

① I lacked the keyboard dexterity expected of a composer.
② I suffered from a strong blow to my ear by Denise.
③ I had a knack for composing atonal and tonal music.
④ I could not hear the differences between musical notes.
⑤ My composition skills were overshadowed by my playing.

45

'I'에 관한 윗글의 내용과 일치하지 <u>않는</u> 것은?

① My piano teacher was unmarried and in her thirties.

② I once learned the Star Wars theme on the piano.

③ I gained a comprehensive understanding of Stravinsky in college.

④ The Britannica helped me realize my misunderstanding about Stravinsky.

⑤ I was surprised that discordant notes caused a riot.

01

$\log_3(\log_{27}x) = \log_{27}(\log_3 x)$ 가 성립할 때, $(\log_3 x)^2$ 의 값은?

[3점]

① $\dfrac{1}{9}$　　　　② $\dfrac{1}{27}$　　　　③ 3

④ 9　　　　⑤ 27

02

$x = \dfrac{1+\sqrt{2}+\sqrt{3}}{1-\sqrt{2}+\sqrt{3}}$ 일 때, $x(x-\sqrt{2})(x-\sqrt{3})$ 의 값은?

[3점]

① $2\sqrt{2}+3\sqrt{3}$

② $3\sqrt{2}+2\sqrt{3}$

③ $2(\sqrt{2}+\sqrt{3})$

④ $3\sqrt{2}=\sqrt{6}$

⑤ $\sqrt{6}+2\sqrt{3}$

03

어느 대학에서 신입생 50명을 모집하는데 5,000명이 지원하였다. 지원자 5,000명의 입학 시험점수는 평균이 63.7점이고 표준편차가 10점인 정규분포를 따르며, 94.6점 이상인 학생들을 대상으로 장학금을 지급한다고 한다. 아래 표준정규분포표를 이용하여 구한 이 대학에 입학하기 위한 최저 점수를 a라 하고, 장학금을 받는 학생 수를 b라 할 때, $a+b$의 값은?

[3점]

z	$\mathrm{P}(0 \leq Z \leq z)$
1.96	0.457
2.33	0.490
2.75	0.497
3.09	0.499

① 92　　　　② 94　　　　③ 96

④ 98　　　　⑤ 100

04

$\lim\limits_{x \to 2} \dfrac{f(x)}{x-2} = 4$, $\lim\limits_{x \to 4} \dfrac{f(x)}{x-4} = 2$를 만족시키는 다항함수 $f(x)$에 대하여 방정식 $f(x) = 0$이 구간 $[2, 4]$에서 적어도 m개의 서로 다른 실근을 갖는다. m의 값은?　　[3점]

① 1　　　　② 2　　　　③ 3

④ 4　　　　⑤ 5

05

곡선 $y = x^2 - 1$ 위의 점 $(t, t^2 - 1)$에서의 접선을 l이라 하자. 곡선 $y = x^2 - 1$과 직선 l 및 두 직선 $x = 0$, $x = 1$로 둘러싸인 도형의 넓이의 최솟값은?(단, $0 < t < 1$) [4점]

① $\dfrac{1}{21}$　　　② $\dfrac{1}{18}$　　　③ $\dfrac{1}{15}$

④ $\dfrac{1}{12}$　　　⑤ $\dfrac{1}{9}$

06

어느 대학은 방문자가 있을 때 코로나19 발열 검사를 실시하고 그 결과가 정상이면 그날 지정된 색의 종이 밴드를 손목에 채워 들여보낸다. 종이 밴드는 빨간색 밴드, 주황색 밴드, 노란색 밴드, 초록색 밴드, 파란색 밴드가 있고, 그날 사용할 밴드는 전날 사용한 밴드의 색과 다른 한 색을 임의로 선택하여 그 색의 밴드를 사용한다. 첫날 파란색 밴드를 사용하였을 때, 다섯째 날 파란색 밴드를 사용할 확률은?(단, 각각의 밴드의 개수는 충분히 많다) [4점]

① $\dfrac{13}{64}$　　　② $\dfrac{17}{64}$　　　③ $\dfrac{21}{64}$

④ $\dfrac{25}{64}$　　　⑤ $\dfrac{29}{64}$

07

모든 항이 양수이고 공비가 서로 같은 두 등비수열 $\{b_n\}$이 모든 자연수 n에 대하여 $a_n b_n = \dfrac{(a_{n+1})^2 + 4(b_{n+1})^2}{5}$를 만족시킬 때, 공비의 최댓값은? [4점]

① $\dfrac{5\sqrt{5}}{2}$　　　② $\dfrac{5}{2}$　　　③ $\dfrac{\sqrt{5}}{2}$

④ $\sqrt{5}$　　　⑤ 1

08

모든 자리의 수의 합이 10인 다섯 자리 자연수 중 숫자 1, 2, 3을 각각 한 번 이상 사용하는 자연수의 개수는? [4점]

① 120　　　② 132　　　③ 146

④ 158　　　⑤ 170

09

$a_1 = 1$인 수열 $\{a_n\}$이 모든 자연수 n에 대하여

$(4-a_{n+1})(2+a_n)=8$을 만족시킬 때, $\displaystyle\sum_{k=1}^{9} \frac{8}{a_k}$의 정수 부분은? [4점]

① 43   ② 44   ③ 45

④ 46   ⑤ 47

⑩

n쌍의 부부로 구성된 어느 모임의 모든 사람에게 1, 2, 3 중의 한 숫자가 적힌 카드를 한 장씩 임의로 나누어준 후, 카드를 받은 사람들이 1, 2, 3 중의 한 숫자를 임의로 적도록 한다. 남편이 적은 수가 아내가 받은 카드에 적힌 수와 일치하고, 아내가 적은 수가 남편이 받은 카드에 적힌 수와 일치하는 부부에게만 상품을 주기로 한다. 상품을 받는 부부가 2쌍 이하일 확률이 $\dfrac{57}{32}\left(\dfrac{8}{9}\right)^n$일 때, 자연수 n의 값은? [4점]

① 4   ② 5   ③ 6

④ 7   ⑤ 8

11

함수 $g(x)$와 수열 $\{a_n\}$이 음이 아닌 모든 정수 k와 모든 자연수 m에 대하여

$a_1 = 1$, $a_2 = 3$, $a_{2k+1} + 2a_m = g(m+k)$를 만족시킬 때, $\displaystyle\sum_{k=1}^{10} g(k)$의 값은? [4점]

① 170   ② 180   ③ 190

④ 200   ⑤ 210

12

$a > 1$인 실수 a에 대하여 함수 $f(x) = a^{2x} + 4a^x - 2$가 구간 $[-1, 1]$에서 최댓값 10을 갖는다. 구간 $[-1, 1]$에서 함수 $f(x)$의 최솟값은? [4점]

① $\dfrac{1}{4}$ ② $-\dfrac{1}{4}$ ③ $\dfrac{1}{2}$

④ $-\dfrac{1}{2}$ ⑤ 1

13

곡선 $y = x^3 + 1$ 위의 점 $(1, 2)$에서의 접선을 l이라 하자. 중심이 y축 위에 있는 원이 점 $(1, 2)$에서 직선 l에 접할 때, 이 원의 넓이는? [4점]

① $\dfrac{5}{9}\pi$ ② $\dfrac{8}{9}\pi$ ③ π

④ $\dfrac{10}{9}\pi$ ⑤ $\dfrac{13}{9}\pi$

(14)

$(x - y + 1)^{n+2}$ 전개식에서 $x^2 y^2$ 계수를 $f(n)$라 할 때, $\dfrac{1}{f(1)} + \dfrac{1}{f(2)} + \dfrac{1}{f(3)} + \cdots + \dfrac{1}{f(2020)} = \dfrac{a}{b}$ 이다. $a + b$ 의 값은?(단, a, b는 서로소인 자연수이다) [4점]

① 2019 ② 2020 ③ 2021

④ 2022 ⑤ 2023

15

함수 $y = 2^x - \sqrt{2}$ 의 그래프 위의 점 P를 지나고 기울기가 -1인 직선이 x축과 만나는 점을 Q라 하자. 자연수 n에 대하여 $\overline{\mathrm{PQ}} = n$일 때, 점 P의 x좌표를 a_n이라 하자. $\displaystyle\sum_{n=1}^{6} a_n$ 의 정수 부분은?(단, 점 P는 제1사분면에 있다) [4점]

① 10 ② 11 ③ 12

④ 13 ⑤ 14

16

점 $\mathrm{A}(1, 0)$과 곡선 $y = 2 - x^2$ 위의 점 P에 대하여 선분 AP의 길이를 k라 하자. k^2의 최솟값은? [4점]

① $\dfrac{5 - 3\sqrt{3}}{2}$ ② $\dfrac{6 + \sqrt{3}}{2}$ ③ $\dfrac{11 - 6\sqrt{3}}{4}$

④ $\dfrac{5 + 3\sqrt{3}}{4}$ ⑤ $\dfrac{12 - 5\sqrt{3}}{4}$

17

$n \geq 2$인 자연수 n에 대하여 직선 $x = n$이 함수 $y = \log_{\frac{1}{2}}(2x - m)$의 그래프와 한 점에서 만나고, 직선 $y = n$이 함수 $y = |2^{-x} - m|$의 그래프와 두 점에서 만나도록 하는 모든 자연수 m의 값의 합을 a_n이라 하자. $\sum\limits_{n=5}^{10} \dfrac{1}{a_n}$의 값은? [5점]

① $\dfrac{1}{10}$　　　　② $\dfrac{1}{20}$　　　　③ $\dfrac{1}{30}$

④ $\dfrac{1}{40}$　　　　⑤ $\dfrac{1}{50}$

18

두 함수 $f(x) = x^4(x-a)$, $g(x) = k(x-1)(x-b)$의 그래프가 직선 $y = x - 1$에 접한다. 함수 $f(x)$의 그래프와 x축으로 둘러싸인 부분의 넓이가 함수 $g(x)$의 그래프와 x축으로 둘러싸인 부분의 넓이와 같을 때, 세 상수 a, b, k에 대하여 abk의 값은?(단, $b > 1$) [5점]

① $-2 - \sqrt{5}$　　② $-1 - \sqrt{5}$　　③ $-\sqrt{5}$

④ $1 - \sqrt{5}$　　　⑤ $2 - \sqrt{5}$

19

최고차항의 계수가 1인 삼차함수 $f(x)$의 도함수 $f'(x)$는 $x = -1$에서 최솟값을 갖는다. 방정식 $|f(x) - f(-3)| = k$가 서로 다른 네 실근을 갖도록 하는 실수 k의 값의 범위는 $0 < k < m$이다. 실수 m의 최댓값은? [5점]

① 8　　　　② 16　　　　③ 24

④ 32　　　　⑤ 40

20

$\overline{AB} = 5$, $\overline{BC} = 7$, $\overline{AC} = 6$인 삼각형 ABC가 있다. 두 선분 AB, AC 위에 삼각형 ADE의 외접원이 선분 BC에 접하도록 점 D, E를 각각 잡을 때, 선분 DE의 길이의 최솟값은? [5점]

① $\dfrac{64}{15}$　　　　② $\dfrac{81}{20}$　　　　③ 4

④ $\dfrac{121}{30}$　　　　⑤ $\dfrac{144}{35}$

21

자연수 n에 대하여 $0 \leq x \leq 2\pi$에서 방정식 $|\sin nx| = \dfrac{2}{3}$ 의 서로 다른 실근의 개수를 a_n, 서로 다른 모든 실근의 합을 b_n이라 할 때, $a_5 b_6 = k\pi$다. 자연수 k의 값을 구하시오.

[3점]

① 480   ② 490   ③ 500   ④ 510   ⑤ 520

22

두 함수 $f(x) = -x^2 + 4x$, $g(x) = 2x - a$에 대하여 함수 $h(x) = \dfrac{1}{2}\{f(x) + g(x) + |f(x) - g(x)|\}$가 극솟값 3을 가질 때, $\displaystyle\int_0^4 h(x)dx$의 값을 구하시오.(단, a는 상수이다)

[4점]

① 11   ② 12   ③ 13   ④ 14   ⑤ 15

23

$\log_a b = \dfrac{3}{2}$, $\log_c d = \dfrac{3}{4}$을 만족시키는 자연수 a, b, c, d에 대하여 $a - c = 19$일 때, $b - d$의 값을 구하시오. [4점]

① 873   ② 973   ③ 773   ④ 673   ⑤ 573

 24

다음 조건을 만족시키는 자연수 a, b, c, d, e의 모든 순서쌍 (a, b, c, d, e)의 개수를 구하시오. [4점]

(가) $ab(c + d + e) = 12$
(나) a, b, c, d, e 중에서 적어도 2개는 짝수이다.

① 30   ② 31   ③ 32   ④ 33   ⑤ 34

25

좌표평면 위에 5개의 점 $P_1(-2, 1)$, $P_2(-1, 2)$, $P_3(0, 3)$, $P_4(1, 2)$, $P_5(2, 4)$가 있다.
점 $P_i(i = 1, 2, 3, 4, 5)$의 x좌표를 x_i, y좌표를 y_i라 할 때, $\displaystyle\sum_{i=1}^{5}(ax_i + b - y_i)^2$의 값이 최소가 되도록 하는 두 실수 a, b에 대하여 $a + b$의 값을 구하시오. [4점]

① 6   ② 5   ③ 4   ④ 3   ⑤ 2

2026

경찰대학

7개년

★ ★ 기출문제 다잡기 ★ ★

점수 CHECK!	1회독	2회독	3회독
국어영역 공통			
영어영역 공통			
수학영역 공통			

2020학년도

기출문제
다 잡 기

경찰대학
글로벌 치안인재와 지식의 산실

※ 점수 표시가 없는 문항은 모두 2점

01

〈보기〉의 문장을 어법에 맞게 고쳐쓸 때 공통적으로 고려해야 할 내용으로 가장 적절한 것은?

┤ 보 기 ├

- 인간은 자연의 위대한 힘과 맞설 때도 있었지만 대개는 굴복하면서 살아왔다.
- 대도시의 수도관이 낡고 녹슬어서 녹이 섞이거나, 물이 새는 일이 적지 않다.

① 생략된 조사를 적절하게 보충한다.
② 잘못 쓰인 관형어를 적절하게 수정한다.
③ 연결 어미가 의미에 맞도록 적절하게 수정한다.
④ 불필요하게 쓰인 피동 표현을 적절하게 수정한다.
⑤ 서술어가 필요로 하는 부사어를 적절하게 보충한다.

02

밑줄 친 부분이 어문 규범에 맞지 않는 것은? [3점]

① 이 나무는 밤나무가 <u>아니에요</u>.
② 위조품은 진품을 <u>본따서</u> 만든다.
③ 마당에 핀 장미꽃이 정말 <u>빨갛네</u>.
④ 가을이 오자 들판의 곡식이 <u>누레졌다</u>.
⑤ 하산길은 경사가 <u>가팔라서</u> 무척 위험하다.

03

〈보기〉의 음운 변동에 대한 이해로 적절한 것은?

┤ 보 기 ├

- 열여섯　→　열녀섣　→　[열려섣]
　　　　　　　㉠　　　　　㉡

① ㉠ : 첨가와 교체가 일어난다.
② ㉠ : 교체와 축약이 일어난다.
③ ㉠ : 교체가 두 번 일어난다.

④ ㉡ : 첨가가 일어난다.
⑤ ㉡ : 축약이 일어난다.

04

㉠~㉤의 로마자 표기로 적절하지 <u>않은</u> 것은?

┤ 보 기 ├

1. 자음 사이에서 동화 작용이 일어나는 경우
   (보기) 백마 Baengma　　　　㉠ 신라 _____
2. 'ㄴ, ㄹ'이 덧나는 경우
   (보기) 학여울 Hangnyeoul　　㉡ 알약 _____
3. 구개음화가 되는 경우
   (보기) 해돋이 haedoji　　　　㉢ 같이 _____
4. 'ㄱ, ㄷ, ㅂ, ㅈ'이 'ㅎ'과 합하여 거센소리로 소리 나는 경우
   (보기) 좋고 joko　　　　　　㉣ 놓다 _____
   다만, 체언에서 'ㄱ, ㄷ, ㅂ' 뒤에 'ㅎ'이 따를 때에는 'ㅎ'을 밝혀 적는다.
   (보기) 묵호 Mukho　　　　　㉤ 집현전 _____

① ㉠ : Silla
② ㉡ : allyak
③ ㉢ : gachi
④ ㉣ : nota
⑤ ㉤ : Jipyeonjeon

05

㉠~㉢의 형태소 분석으로 적절한 것은?

┤ 보 기 ├

용언의 활용형 '가는'은 다음 세 가지 의미로 쓰인다.
㉠ 학교에 <u>가는</u> 학생　　(등교하는)
㉡ 칼을 <u>가는</u> 사람　　　(연마하는)
㉢ 손목이 <u>가는</u> 사람　　(얇은)

① ㉠ : 갈-+-는
② ㉡ : 가늘-+-는
③ ㉡ : 갈-+-는
④ ㉢ : 가-+-는
⑤ ㉢ : 갈-+-는

06

㉠의 예로 적절한 것은?

┤ 보 기 ├

국어에서 접미사 '-적(的)'이 결합한 말은 명사와 관형사로 쓰이는 것이 보통이지만 부사로 쓰이는 경우도 있다.

• 명사 : 백화점은 **일반적**으로 시장보다 값이 비싸다.
• 관형사 : **일방적** 의견만 제시하는 것은 토론이 아니다.
• 부사 : ㉠ _____

① 이번 일은 <u>비교적</u> 쉽다.
② 이런 태도는 <u>비상식적</u>이다.
③ 이 제품은 <u>기술적</u> 결함이 있다.
④ 오늘은 <u>전국적</u>으로 비가 내린다.
⑤ 갈등을 <u>평화적</u> 방법으로 해결하자.

07

밑줄 친 말이 ㉠의 예로 적절한 것은?

┤ 보 기 ├

국어의 조사나 어미 가운데에는 하나의 형태소가 음운론적 환경에 따라 둘 이상의 모습으로 나타나는 경우가 있다. 예를 들어 목적격 조사는 환경에 따라 '을'과 '를'로 나타나는데, 이때 '을'과 '를'을 ㉠ <u>이형태 관계</u>에 있다고 한다.

①
┌ 학교 앞 공원<u>에서</u> 내일 만나자.
└ 봄이 오니 거리<u>에</u> 꽃이 가득하다.

②
┌ 친구<u>로서</u> 간곡하게 부탁한다.
└ 이것<u>으로써</u> 결혼식을 마치겠습니다.

③
┌ 젊은이여, 내일의 희망을 간직<u>하라</u>.
└ 젊은이여, 내일의 희망을 간직<u>해라</u>.

④
┌ 심심한데 어디<u>라도</u> 나가 볼까?
└ 작은 관심<u>이라도</u> 큰 도움이 됩니다.

⑤
┌ 소풍<u>을</u> 어디로 가니?
└ 밥을 먹<u>으니</u> 배가 부르다.

08

〈보기〉는 국어사전의 문형 정보와 용례이다. ㉠~㉤의 예로 적절하지 <u>않은</u> 것은?

┤ 보 기 ├

설득-하다(說得--)「동사」상대편이 이쪽 편의 이야기를 따르도록 여러 가지로 깨우쳐 말하다.

【 …을 】   ㉠ _____
【 …에게 …을 】   ㉡ _____
【 …에게 -기를 】   ㉢ _____
【 …에게 -도록 】   ㉣ _____
【 …에게 -고 】   ㉤ _____

① ㉠ : 경찰은 용의자를 <u>설득하여</u> 자수하게 했다.
② ㉡ : 선생님은 학생들에게 용기를 낼 것을 <u>설득하였다</u>.
③ ㉢ : 경찰은 범인에게 투항하기를 <u>설득하였다</u>.
④ ㉣ : 나는 동생에게 누나를 <u>설득하도록</u> 했지만 소용없었다.
⑤ ㉤ : 나는 두 사람에게 그만 화해하라고 <u>설득하였다</u>.

09

밑줄 친 관용 표현의 의미를 나타낸 것으로 적절하지 <u>않은</u> 것은?

① 그는 사업에서 <u>손을 뗀</u> 지 이미 오래다. (→ 그만두다)
② 그런 이상한 말은 <u>머리에 털 나고</u> 처음 들어본다. (→ 어른이 되다)
③ 내 월급으로는 <u>입에 풀칠하기</u>도 어렵다. (→ 근근이 살아가다)
④ 내 <u>눈에 흙이 들어가기</u> 전에는 어림없다. (→ 죽어 땅에 묻히다)
⑤ 선생은 '독립' 두 글자를 <u>가슴에 새기고</u> 살았다고 한다. (→ 잊지 않고 기억하다)

10 ㉠~㉢의 예로 적절하지 <u>않은</u> 것은?

┤보 기├

문장에서 청유형 어미가 쓰이면 화자와 청자가 어떤 행동을 함께 수행한다는 의미가 나타나는 것이 보통이지만 경우에 따라 화자나 청자 단독으로 행동을 수행한다는 의미가 나타나기도 한다.

행동 수행 주체 청유형 어미	화자, 청자	화자 단독	청자 단독
-자	㉠		㉡
-ㅂ시다		㉢	㉣
-세		㉤	

① ㉠ : (회의를 끝내며) 이 문제는 내일 다시 논의하자.
② ㉡ : (아기에게 밥을 먹이며) 아기야, 밥 먹자.
③ ㉢ : (도서관에서 떠드는 사람에게) 거, 조용히 좀 합시다.
④ ㉣ : (길을 막고 있는 사람에게) 길 좀 비킵시다.
⑤ ㉤ : (책을 읽고 있는 사람에게) 나, 그 책 좀 보세.

11 〈보기〉의 대화문에 대한 이해로 적절하지 <u>않은</u> 것은? [3점]

┤보 기├

㉠ 須達이* 닐오딕 니ᄅᆞ샨 양ᄋᆞ로 호리이다
㉡ 太子ㅣ 닐오딕 내 롱담ᄒᆞ다라
㉢ 須達이 닐오딕 太子ㅅ 法은 거즛마를 아니 ᄒᆞ시ᄂᆞ 거시니
* 須達(수달) : 사람 이름

① ㉠ : '호리이다'에는 선어말 어미 '-오-'가 들어 있겠군.
② ㉡ : '내 롱담ᄒᆞ다라'를 보니 화자가 청자보다 상위자로군.
③ ㉡ : '太子ㅣ'가 주어인 걸 보니 'ㅣ'는 주격 조사이겠군.
④ ㉢ : '太子ㅅ 法'은 '法'이 무정물이므로 관형격 조사 'ㅅ'이 쓰였군.
⑤ ㉢ : '아니'가 부사로 쓰이고 있군.

12 ㉠이 적용된 사례로 적절하지 <u>않은</u> 것은? [3점]

┤보 기├

국어에서 ㉠ 동일 모음 탈락은 '가-+-아 → 가', '만나-+-아 → 만나', '건너-+-어 → 건너'와 같이 어간의 모음과 어미의 모음이 동일할 때 나타난다.

① 많이 자도 졸리다.
② 집에 가다가 친구를 만났다.
③ 이제는 정말로 떠나야 한다.
④ 여기 서서 잠시 기다리고 있으렴.
⑤ 얘들아, 밤이 너무 늦었으니 어서 자.

[13~17] 다음 글을 읽고 물음에 답하시오.

우리는 일상적인 대화에서 종종 다른 사람이 웃으면 자신도 따라 웃게 되는 경험을 한다. TV 시트콤에서 재미있을 만한 장면에 녹음된 웃음소리를 삽입하는 것도 이를 통해 시청자들의 웃음을 유도하기 위해서다.

이와 관련해 신경과학자들은 타인이 웃으면 따라 웃게 되는 것은 우리의 뇌에 웃음소리에만 반응하는 웃음 감지 영역(laughter detector)이 있기 때문이라고 주장한다. 그들은 청각 신호를 담당하는 뇌 영역 어딘가에 이러한 부분이 있을 것으로 추정하면서, 다른 사람이 하품할 때 덩달아 하품하게 되는 것도 뇌의 시각 영역 어딘가에 하품하는 모습에 반응하는 부분이 존재하기 때문이라고 주장한다. 그들의 가설에 따르면, 다른 사람의 웃음소리를 들으면 웃음 감지 영역이 흥분하게 되고, 이 신호가 웃음 발생 영역(laughter generator)으로 전달돼 결국 따라서 웃게 된다는 것이다.

실제로 이츠하크 프리드(Itzhak Fried) 박사와 그의 동료 신경외과 의사들은 ⓐ 인간의 웃음을 유발하는 뇌의 영역이 존재하며, 그 곳에 자극을 가하면 웃음을 유발한다는 사실을 『네이처』지에 발표했다. 또 로체스터 의대 신경방사선과에 있던 딘 시바타(Dean K. Shibata) 교수 연구팀은 2000년 학회에서 핵자기공명영상(MRI)을 이용해 뇌의 어떤 부분이 웃음에 관여하는지 촬영했다. 연구팀은 13명의 피실험자들에게 우스운 만화를 보여주었을

때, 그리고 다른 사람의 웃음소리를 녹음한 테이프를 들려주었을 때 뇌가 어떤 반응을 보이는지 촬영했다. 그 결과 웃을 때 오른쪽 이마 뒤쪽에 있는 뇌의 '전두엽 하단'이 활발하게 활동한다는 사실이 밝혀졌다. 실제로 뇌출혈 등으로 이 영역이 손상된 사람들은 유머를 이해하고 웃는 능력을 잃어버렸다고 한다.

그들의 연구에서 공통적으로 웃음 유발 영역으로 지목된 '전두엽(Frontal lobe)'은 사회적 행동이나 감정적 판단, 의사소통 등을 관장하는 영역이다. 고등동물일수록 이 영역이 발달된다. 시바타 박사에 따르면, 우울증 환자들은 전두엽 하단이 정상적으로 반응하지 않는다고 한다.

그렇지만 메릴랜드 주립대학교 심리학과 및 신경과학과 로버트 프로빈(Robert R. Provine) 교수는 『웃음, 그에 관한 과학적 탐구』라는 책에서 웃음은 그저 유머에 대한 생리적인 반응이 아니라, 인간관계를 돈독하게 해 주는 사회적 신호 중 하나라고 주장했다.

그는 메릴랜드 주립대학교 광장과 근처의 거리에서 웃고 떠드는 사람들 1,200명의 대화 내용을 분석해 몇 가지 흥미로운 사실을 발견했다. 사람들이 대화 도중 농담이나 재미있는 이야기 때문에 웃는 경우는 10~20퍼센트에 불과했다. 대부분은 '그동안 어디 있었니?' 혹은 '만나서 반가워요.' 같은 일상적인 대화를 나눌 때 가장 많이 웃는다는 것이다. 게다가 농담을 듣는 사람보다 농담을 하는 사람이 1.5배 이상 더 많이 웃는다는 사실도 발견했다. 결국 대화 상대에게 친밀감이나 호감을 느끼기 때문에 대화를 나누는 것 자체가 즐거워 웃는 것이지, 농담을 주고받아야만 웃음이 넘치는 건 아니라는 얘기다.

웃음이 인간관계를 위한 사회적 신호라는 사실은 웃음의 성격이나 빈도가 이성과 함께 있느냐, 혹은 동성 친구와 함께 있느냐에 따라 현격히 달라진다는 데서도 확인할 수 있다. 프로빈 교수는 남성과 여성이 대화를 나눌 때, 여성이 남성보다 1.3배 더 많이 웃는다는 사실을 발견했다. 그는 이것을 "이성과 대화할 때 남성은 여성을 웃기려는 경향이 있으며, 따라서 여성이 더 많이 웃게 되는 것 같다."라고 해석했다.

[A] 웃음이 남녀 인간관계에 어떤 영향을 미치는지 조사한 조-앤 바호로프스키(Jo-Anne Bachorowski) 교수는 더 자세한 실험을 했다. 피실험자들을 이성이나 동성 친구, 혹은 낯선 사람과 한방에 들어가게 한 다음 로맨틱 코미디의 클라이맥스 장면을 보여주었다. 이 실험에서 여자들은 같은 여자와 함께 영화를 볼 때보다 남자와 함께 볼 때 더 많이 웃었다. 재미있는 것은 여성들은 전혀 알지 못하는 남성과 함께 영화를 볼 때 더 크게 웃는다는 것이었다. 반면 여자가 혼자 영화를 보거나 여자들과 영화를 볼 때는 웃음소리가 점점 잦아들었다. 남자들은 여자들과 많이 달랐다. 남자들은 남자 동료들과 함께 있을 때 가장 크게 웃었으며, 여성과 함께 있거나 낯선 사람과 있을 때 웃음소리가 더 작았다.

13

윗글의 제목으로 가장 적절한 것은?

① 대화 속 웃음의 증상
② 웃음에 관한 다양한 이해
③ 남녀 간 웃음 반응의 차이
④ 웃음 유발과 웃음 감지의 상관성
⑤ 웃음을 통한 우울증 치료의 현주소

14

윗글에서 사용한 설명 방식으로 가장 적절한 것은?

① 녹음된 웃음소리의 효과를 유형별로 나눠 설명하고 있다.
② 뇌의 웃음 발생 영역을 개념 정의의 방법으로 설명하고 있다.
③ 전문가의 견해를 통해 웃음에 대한 과학적 논의를 설명하고 있다.
④ 웃음이 남녀 인간관계에 미치는 영향을 정반합의 논리로 설명하고 있다.
⑤ 가설을 설정하여 대화 상대에 따라 웃는 정도가 다름을 설명하고 있다.

15

윗글과 〈보기〉를 참고해 이해한 것으로 가장 적절한 것은?

─┤ 보 기 ├─

미국 캘리포니아 의대에 있는 폴 에크먼(Paul Ekman) 박사는 입 꼬리를 위로 올리고 억지로라도 웃는 시늉을 하면 기분이 좋아질 수 있다는 것을 실험적으로 보여 주었다. 그가 주장하는 대로라면, 인위적으로 특정한 감정을 만들어 내면 몸도 거기에 따른 생리적 변화를 보인다. 일례로, 슬픈 역할을 오랫동안 맡은 배우는 실제로도 우울증에 걸릴 위험이 높다. 니체가 "세상에서 가장 심하게 고통 받는 동물이 웃음을 발명했다."라고 말한 것과도 일맥상통한다.

① 웃음은 타인에 대한 동정심을 유발하는 효과가 있다.
② 웃음소리는 상대방에 대한 호감도에 영향을 미친다.
③ 재미없는 농담이라도 옆 사람이 웃으면 따라 웃는 것이 좋다.
④ 인간은 행복해서 웃기도 하지만 웃는 행위를 통해서 행복해질 수도 있다.
⑤ 사회적 유대감을 높이기 위해서는 무의식적으로 웃는 것이 필요하다.

16

[A]에 나타난 실험 결과를 바탕으로 추론한 내용으로 적절하지 않은 것은? [3점]

① 혼자 개그 프로그램을 시청하는 여성은 남성과 함께 볼 때보다 크게 웃겠군.
② 여성이 여성들과 개그 프로그램을 본다면 남성과 볼 때보다 조용히 시청하겠군.
③ 남성이 낯선 여성과 개그 프로그램을 시청한다면 남성 동료와 시청할 때보다 조용하겠군.
④ 여성이 낯선 남성과 개그 프로그램을 시청한다면 아는 남성과 시청할 때보다 크게 웃겠군.
⑤ 남성들은 동료 남성과 개그 프로그램을 시청할 때 낯선 남성과 시청할 때보다 더 크게 웃겠군.

17

윗글을 읽고 ⓐ에 관해 이해한 것으로 적절하지 않은 것은?

① 인간의 뇌는 다른 동물에 비해 감정적 판단과 의사소통을 관장하는 영역이 발달했다.
② 우울증 환자들은 웃음을 유발하는 뇌의 특정 부분이 정상적으로 반응하지 않을 수 있다.
③ 웃음소리를 들으면 뇌의 웃음 발생 영역이 자극을 받아 웃음 감지 영역으로 신호가 전달된다.
④ 웃음소리를 들려주고 핵자기공명영상(MRI)을 이용해 뇌를 촬영하면 뇌의 웃음 유발 부분을 알아낼 수 있다.
⑤ 대화할 때 재미있는 이야기나 농담을 말하는 사람이 그것을 듣는 사람보다 뇌의 전두엽 하단이 더 활성화된다.

[18~21] 다음 글을 읽고 물음에 답하시오.

잭 케루악(Jack Kerouac)은 미국 문학사조 면에서 대체로 '비트 세대(beat generation)' 작가 군으로 분류된다. 비트 세대 작가들은 제2차 세계대전 이후 1950~60년대 미국의 지배적인 정치, 경제, 문화 상황에 저항하면서 소위 반문화(counter culture)를 형성한 작가들이다.

얼핏 풍요롭고 평온하게 보이던 이 당시 미국 사회에서 케루악을 비롯한 비트 세대 작가들은 당대의 미국 사회가 순응, 일치, 동질화, 물질주의, 검열, 규범, 획일성 등에 의해 지배되고 있다고 판단했다. 풍요와 평온 밑에 은닉된 이러한 속성들은 정치적, 심리적 억압에서 비롯한 것이었다.

미국 시인 로버트 로웰(Robert Lowell)은 이 시기의 미국 사회를 '진정제 맞은 1950년대'라고 규정했다. 로웰의 지적처럼 이 당시 미국 사회는 순응과 획일성을 강요받아 마치 진정제를 맞은 환자처럼 그저 평온한 사회였다. 로웰과 비트 세대 작가들은 문학사조 면에서는 공통점이 없지만, 그들이 진단한 미국 사회의 모습은 비슷했다.

이들은 위에서 언급한 미국 사회의 속성들을 미국적 가치로 신봉하던 중산층 계급의 허위 의식을 비판하였다. 즉 청교도라는 전통적 배경과 냉전 시대의 이데올로기가 함께 작용하여 사회 구성원들에게 자아 검열을 강요하고 개인들의 의식과 무의식을 통제한 결과, 개인성과 자율성이 억압되었다는 것이다.

비트 세대 작가들은 그 당시 미국이 풍요와 평온을 가장한 공포의 사회이고, 사회 구성원들은 서로 단절되고 분열되었으며, 개인은 소외되었다는 생각을 공유하였다. 거의 모든 미국 시민들이 무의식적으로 사회에 순응하고 적응할 때, 그들은 자본주의의 물질주의와 국가 권력이 조절하는 규범화된 삶을 거부하고 저항적인 반문화를 형성하였다.

개인의 자율성과 개인성을 강조하는 미국의 개인주의는 제2차 세계대전 후 냉전 시기에 소위 '미국주의'의 대두로 그 존립 근거를 상실하기 시작했다. 자본주의적 경제와 통치의 효율성을 위하여 개인의 사적인 경험, 자율적인 판단, 자유는 억압되거나 유보되었고 개인은 소비로 불안감을 대신하고 대중문화나 매체에 의하여 쉽게 선동되어 스스로 결정을 하지 못하는 소위 일차원적 인간이 되어 버렸다. 당시에 미국은 일차원적 인간으로 이루어진 전체 국가로 나아가고 있었다. 비트 세대 작가들은 전체 국가와 일차원적 인간을 형성하는 보이지 않는 중심과 그것이 작동하는 메커니즘을 폭로하고 이에 정면으로 저항하였다.

비트 세대 작가들의 저항과 대안 추구는 다양한 방식으로 나타났다. 앨런 긴즈버그(Allen Ginsberg)의 대표작 「절규」는 미국의 지배적 주류 문화에 대한 '울부짖음'이었다. 이처럼 절망과 분노를 직접 표출하는 것 외에도 이들은 다양한 방식으로 기존의 가치 체계에 저항하면서 새로운 대안을 제시하였다. 이러한 방식들은 당시 대다수 미국인들에게 생소하거나 비도덕적 행위로 비난받았지만 기존의 가치 체계를 넘어서서 미국 사회에 새로운 시각을 제공하였다.

비트 세대 작가들에게 가장 많이 나타나는 개인의 모습은 방랑자이다. 보통 여행의 이미지에서 가장 많이 연상되는 덕목은 자유의 추구이다. 이처럼 미국 대륙을 여행하는 방랑자로서 이들 작가들은 그들의 여행을 통하여 모든 억압으로부터 해방이라는 자유를 추구하고 만끽한다. 하지만 이들의 여행은 기차에 몰래 타거나 지나가는 자동차를 얻어 타기도 하고 마치 불교의 수도승처럼 남루한 모습으로 아무 곳에서나 잠을 자는 등 탈규범적인 행위였다. 비트 작가인 윌리엄 버로스(William Burroughs)에 따르면 케루악의 방랑은 '정신적 소외, 불안감, 불만'에서 시작된 것이었고, 비트 세대 작가들 중 대표적인 방랑자였던 게리 스나이더(Gary Snyder)는 방랑의 시작이 '1950년대 미국의 정신적, 정치적 외로움'이었다고 ㉠ <u>밝혔다</u>.

대부분의 비트 세대 작가들은 선불교 사상 수용, 새로운 생태 의식, 비윤리적 행위, 탈규범적 행동을 공유하였고 이를 바탕으로 자신들의 반문화를 형성하여 주류 문화에 저항하였다. 이들이 여기에서 추구한 가치는 비순응성, 자율성, 직접성, 단순성 등이었다.

이러한 가치들은 위에 언급한 주류 사회가 강요한 가치들과는 극명하게 대조된다. 또한 이러한 비트 세대 작가들의 행위는 수동적인 삶에서 벗어난 각 개인들의 직접적이고 구체적인 행동이었다. 이는 다시 말하면 억압된 개인성의 회복이며 닫힌 세계가 강요하는 자아 억제에서 벗어나 자아 표현으로 나아가고자 한 것이다.

18

윗글의 논지 전개 방식으로 적절하지 <u>않은</u> 것은?

① 대상의 개념을 밝혀 정확한 이해를 돕고 있다.
② 적절한 예를 제시하여 중심 내용을 구체화하고 있다.
③ 다양한 가설을 세워 서로 다른 논리들을 비교하고 있다.
④ 여러 사람의 견해를 인용하여 설명을 뒷받침하고 있다.
⑤ 원인과 결과를 밝혀 사회적인 현상에 대해 설명하고 있다.

19

윗글을 이해한 내용으로 가장 적절한 것은?

① 1950년대 미국 사회는 진정제가 필요한 정신적 질병을 앓는 환자가 많았다.
② 제2차 세계대전 이후 미국 사회는 개인주의와 반문화주의의 조화를 추구했다.
③ 케루악의 정신적 소외나 스나이더의 외로움은 그들의 방랑의 원천이었다.
④ 비트 세대 작가들은 선불교 사상을 수용하여 주류 문화를 강화하고자 했다.
⑤ 비트 세대 작가들은 내면적으로는 미국의 주류 문화에 대한 긍정을 추구했다.

20

일차원적 인간 에 대한 설명으로 가장 적절한 것은?

① 자신의 주체적 판단에 따라 행동한다.
② 공익보다 자신의 자유를 먼저 중시한다.
③ 자신의 존재적 불안을 사회적 기여로 극복하고자 한다.
④ 사회적 현안에 대해 자신의 관점을 갖지 못하는 경향이 있다.
⑤ 타인과 구별되는 생활 방식을 유지하는 데 관심을 기울인다.

21

㉠과 문맥적 의미가 가장 가까운 것은?

① 조명이 경기장을 환하게 밝혔다.
② 회사에서 새로운 사업 계획을 밝혔다.
③ 옛날에는 등잔불을 밝히고 책을 읽었다.
④ 인생에서 돈만 밝혀서는 행복하기 어렵다.
⑤ 자식 걱정에 어머니는 뜬눈으로 밤을 밝히셨다.

[22~27] 다음 글을 읽고 물음에 답하시오.

아파트 는 그 내부의 면적이 어떠하거나 같은 높이의 단일한 평면을 나누어 사용하게 되어 있다. 보통 집, 아니 다시 내 아내의 표현을 빌면 땅집 은 아무리 그 면적이 적더라도 단일한 평면을 분할하게 되어 있지 않다. 다락방이나 지하실은 거실이나 안방과 같은 높이의 평면 위에 있지 않다. 그것들은 거실이나 안방보다 ㉠ 높거나 낮다. 그런데 아파트는 모든 방의 높이가 같다. 다만 분할된 곳의 크기가 다를 뿐이다. 그렇기 때문에 아파트에서의 삶은 입체감을 갖고 있지 않다. 아파트에서는 부엌이나 안방이나 화장실이나 거실이 다 같은 높이의 평면 위에 있다. 그것보다 밑에 또는 위에 있는 것은 다른 사람의 아파트이다. 좀 심한 표현을 쓴다면 아파트에서는 모든 것이 평면적이다. 깊이가 없는 것이다. 사물은 아파트에서 그 부피를 잃고 평면 위에 선으로 존재하는 그림과 같이 되어 버린다. 모든 것은 한 평면 위에 나열되어 있다. 그래서 한눈에 들어오게 되어 있다. 아파트에는 사람이나 물건이나 다 같이 자신을 숨길 데가 없다. 모든 것이 열려 있다. 그러나 그 열림은 깊이 있는 열림이 아니라 표피적인 열림이다. 한눈에 드러난다는 것, 또는 한눈에 드러난 것으로 여겨지는 것은, 깊이를 가진 인간에게는 상당한 형벌이다. 요즈음에 읽은 한 소설가의 소설 속에는, 아파트 단지에서 몸을 숨길 곳을 찾지 못한 아이들이 옥상 위의 물탱크 속에 들어가 숨음으로써 자신들을 죽음으로 이끌고 간 끔찍한 사건이 기술되어 있었다. 물탱크는 밖에서는 열 수 있으나 안에서는 열 수가 없게 되어 있었던 것이다. 같은 평면 위에서 대번에 그 정체를 드러내는 사물과 인간은 두께나 깊이를 가질 수 없다. 두께나 깊이는 차원이 다른 것이 겹쳐서 생기기 때문이다.

땅집에서는 사정이 전혀 딴판이다. 땅집에서는 모든 것이 자기 나름의 두께와 깊이를 가지고 있다. 같은 물건이라도 그것이 다락방에 있을 때와 안방에 있을 때와 부엌에 있을 때는 거의 다르다. 아니 집 자체가 인간과 마찬가지의 두께와 깊이를 갖고 있다. 내가 좋아한 한 철학자는 집이 아름다운 것은 그것이 인간을 닮았기 때문이라고 말했다. 다락방은 의식이며, 지하실은 무의식이다. 땅집의 지하실이나 다락방은 우리를 얼마나 즐겁게 해 주는 것인지. 그곳은 자연과는 또 다른 매력을 갖고 있다. 다락방과 지하실에서는 하찮은 것들이라도 굉장한 신비를 간직한 것으로 나타난다. 그것들은 쓸모가 없는, 또는 쓰임새가 줄어든 것들이어서, 쓰임새 있는 것에만 둘러싸여 살던 우리를 쓰임새의 세계에서 안 쓰임새의 세계로 인도해 간다. 화가 나서, 주위의 사람들이 미워서, 어렸을 때에 다락방이나 지하실에 혼자 들어가, 낯설지만 흥미로운 것들을 한두 시간 매만지면서 나 혼자만의 세계에 잠겨 있었을 때에 정말로 내가 얼마나 행복했던고! 화는 어느새 풀리고, 주위 사람들에 대한 증오도 사라져, 이윽고 밖으로 나와 때로는 이미 전기가 들어와 바깥은 컴컴하나 안은 눈처럼 밝은 것을 볼 때에, 때로는 황혼이 느리게 내려 모든 것이 있음과 없음의 그 미묘한 중간에 있는 것을 보고 느낄 때에 세계는 언제나 팔을 활짝 열고 나를 자기 속으로 깊숙이 이끌어 들이는 것이었다. 그래서 다 자란 뒤에도 다락방이나 지하실을 쓸데없는 것들이 잔뜩 들어 있는 쓰레기 창고로서가 아니라 내가 끝내 간직해야 될 신비를 담고 있는 신비로운 사물함으로 자꾸만 인식하게 된다. 나도 내가 사랑한, 그리고 지금도 사랑하고 있는 그 철학자처럼 다락방과 지하실 때문에 땅집을 사랑하는 것인지 모른다. 그 지하실과 다락방 말고도 내가 좋아하는 것은 한식집의 부엌이다. 내가 태어난 시골의 내 외갓집 부엌은, 그 집이 제법 부유했기 때문에 꽤 넓었다. 그 부엌에는 언제나 내가 좋아하는 아낙네들이 가득 차 있었고 그 부엌을 건너 질러가면, 외할아버지가 친손자들에게만 주려고 외손자들에겐 접근을 막은 단감나무, 대추나무들이 있었다. 사람이 없을 때에 그 부엌에 들어가 보면, 부엌 바닥은 한없이 깊고 컴컴했고, 누룽지를 넣어 둔 찬장은 한없이 높고 높았다. 그 부엌을 나는 한 한 달 전에 두 사람의 시인과 함께 놀러 간 어떤 절에서 다시 보았다. 그때의 그 즐거움!

땅집이 아름다운 것은 그것이 많은 것을 숨기고 있기 때문이다. 어린 왕자에 대한 아름다운 산문을 남긴 생텍쥐페리는 사막이 아름다운 것은 어디엔가 우물이 있기 때문이라고 말한 적이 있다.

과연 그렇다. 땅집이 아름다운 것은 곳곳에 우물과 같은 비밀스러운 것들이 있기 때문이다. 아파트에는 그 비밀이 있을 수 없다. 5분 안에 찾아낼 수 없는 것은 아파트에는 없다. 거기에는 모든 것이 노출되어 있다. 스물두 평 서른두 평의 평면 위에 무엇을 숨길 수가 있을 것인가.

– 김현, 「두꺼운 삶과 얇은 삶」

22

윗글의 서술상의 특징으로 적절하지 <u>않은</u> 것은?

① 원인과 결과를 밝혀 서술하고 있다.
② 대상을 하위 유형으로 나누어 시술하고 있다.
③ 다른 사람의 견해로 자신의 견해를 뒷받침하고 있다.
④ 사물의 속성을 비유적 표현을 사용하여 드러내고 있다.
⑤ 허구적인 상황을 설정하여 서술의 초점을 이동하고 있다.

23

윗글에서 아파트 와 땅집 에 관해 설명한 것으로 적절하지 <u>않은</u> 것은?

① '나'는 아파트가 삶을 효율적으로 만들기 때문에 비밀을 가질 수 없다고 생각한다.
② 아파트에서는 삶이 입체적이지 않은 반면, 땅집에서는 삶이 입체적이다.
③ 아파트는 한 눈에 모든 것이 드러나는 곳이지만, 땅집은 많은 것을 숨길 수 있는 곳이다.
④ 땅집이 아파트에 비해 아름다운 것은 두께와 깊이를 가지고 있기 때문이다.
⑤ '나'는 땅집의 매력을 직접 경험한 과거의 기억을 가지고 있다.

24

글쓴이가 느끼는 '땅집의 삶'의 매력으로 적절하지 <u>않은</u> 것은?

① 낯설지만 흥미로운 것을 매만지며 시간을 보낼 수 있다.
② 익숙한 쓰임새의 세상에서 벗어나는 체험을 할 수 있다.
③ 해질 녘에 있음과 없음의 중간에 있는 것을 보고 느낄 수 있다.
④ 하찮은 것들 가운데 쓸모 있는 것과 쓸데없는 것을 구분하게 해 준다.
⑤ 컴컴한 바깥의 어둠과 전깃불로 눈처럼 환한 안쪽을 모두 체험할 수 있다.

25

〈보기〉를 참조할 때 단어의 구조가 땅집 과 <u>다른</u> 것은?

┌─┤ 보 기 ├──────────────────────
'땅집'은 '장소+대상'의 의미 구조를 지닌다. 따라서 '땅에 지은 집'이라는 뜻이다.
└──────────────────────────────

① 은수저   ② 산돼지
③ 가로등   ④ 북극곰
⑤ 섬마을

26

윗글의 글쓴이가 〈보기〉의 글에 대해 보일 수 있는 반응으로 가장 적절한 것은?

┤ 보 기 ├

1970년대에 접어들면서 한국의 주거 문화는 큰 변화를 겪었다. 마당이 있는 집이 있고 그 집들 옆에 골목길이 있는 단독주택들을 대신해서 복도와 계단이 있는 아파트 단지들이 우후죽순 생겨난 것이다. 이와 함께 골목길의 공간적 성격도 달라졌다. 자동차 대수가 엄청나게 증가하면서 자동차들이 사람들이 느리게 사용하던 골목길을 점령하기 시작했다. 사람들의 추억이 깃들어 있던 골목길은 삶 속에서 점차 사라져 갔다.

① 빠른 자동차 세상에도 출구 없는 골목길은 어디엔가 있기 마련이야.

② 외국의 큰길들에 비해 한국의 골목길은 너무 좁아. 이제는 우리 길도 더 넓어져야 할 때가 왔어.

③ 골목길도 사라지고 주거 문화도 변하고 있군. 우리는 과거에 대한 그리움을 품고 미래로 나아갈 수 있어야 해.

④ 비좁은 골목길은 자동차 시대를 가로막는 장애물 중의 하나야. 단독주택들과 골목길은 한시바삐 사라져야 해.

⑤ 동네 주민들이 일하고 이야기 나누던 골목길은 자동차들이 다니기에는 너무 좁았지만 각별한 의미가 있는 곳이야.

27

〈보기〉를 참조할 때 반의어의 유형이 ⊙과 다른 것은?

┤ 보 기 ├

국어의 등급 반의어는 중간 상태가 있기 때문에 두 단어를 동시에 부정할 수 있다. 예를 들어 '운동장이 넓지도 좁지도 않다.'가 가능하다. 이에 비해 상보 반의어는 동시에 부정하는 것이 불가능하다.

① 살다–죽다
② 춥다–덥다
③ 좋다–싫다
④ 크다–작다
⑤ 빠르다–느리다

[28～32] 다음 글을 읽고 물음에 답하시오.

[앞부분 줄거리]

수성궁 옛터에서 풍류를 즐기려던 유영은 술을 마시고 잠이 들었는데 우연히 운영과 김 진사를 만나 그들의 비극적인 사랑 이야기를 듣게 된다. 수성궁에서 안평 대군과 궁녀들이 시를 짓고 있을 때 김 진사가 찾아오는데, 궁녀인 운영은 김 진사의 재주와 용모에 마음이 끌려 그를 사랑하게 되고, 김 진사 역시 운영을 마음에 품게 된다. 그러나 두 사람의 관계를 눈치챈 안평 대군이 진노하여 운영을 죽이려 하지만, 다른 궁녀들이 이를 만류한다.

자란이 초사(招辭)*를 올려 말했습니다.

"오늘의 일은 죄가 헤아릴 수 없을 정도로 크니, 마음속에 품은 생각을 어떻게 차마 속이겠습니까? 저희들은 모두 항간(巷間)의 천한 여자로 아버지가 순(舜)임금도 아니며 어머니는 아황(娥皇)과 여영(女英)도 아닙니다. 그러니 남녀의 정욕이 어찌 유독 저희들에게만 없겠습니까? 천자인 목왕도 매번 요대의 즐거움을 생각했고, 영웅인 항우도 휘장 속에서 눈물을 금하지 못했는데, 주군께서는 어찌 운영만이 유독 운우지정(雲雨之情)이 없다 하십니까? 김생은 곧 우리 세대에서 가장 단아한 선비입니다. ⓐ 그를 내당(內堂)으로 끌어들인 것은 주군의 일이었으며, 운영에게 벼루를 받들라 한 것은 주군의 명이었습니다. 운영은 오래도록 깊은 궁궐에 갇히어 가을달과 봄꽃에 매번 성정(性情)을 잃었고, 오동잎에 떨어지는 밤비에는 애가 끊는 듯 고통스러웠습니다. 그러다가 호남(豪男)을 한 번 보고서 심성(心性)을 잃어버렸으며, 마침내 병이 골수에 사무쳐 비록 불사약이나 월인(越人) 명의(名醫)의 재주라 할지라도 효험을 보기 어렵게 되었습니다. 운영이 하루 저녁에 아침 이슬처럼 스러진다면, 주군께서 비록 측은한 마음을 두시더라도 돌이켜 보건대 어떤 이익이 있겠습니까? 저의 어리석은 생각으로는, 김생으로 하여금 운영을 만나게 하여 두 사람에게 맺힌 원한을 풀어주신다면, 주군의 적선(積善)이 이보다 큰 것이 없을 것입니다. 지난날 운영이 훼절(毀節)한 것은 죄가 저에게 있지 운영에게 있지 않습니다. 저의 이 한마디 말은 위로는 주군을 속이지 않고 아래로는 동료를 저버리지 않았으니, 오늘의 제 죽음 또한 영광스러울 것입니다. 엎드려 바라건대, 주군께서는 운영의 목숨을 잇게 해 주십시오."

옥녀가 초사를 올려 말했습니다.

"서궁(西宮)의 영광을 제가 이미 함께 했는데, 서궁의 재난을 저만 홀로 면하겠습니까? 곤강(崑崗)에 불이 나서 옥석구분(玉石俱焚)**하였으니, 오늘의 죽음은 제가 마땅히 죽을 곳을 얻은 것입니다."

제가 초사를 올려 말했습니다.

"주군의 은혜는 산과 같고 바다와 같습니다. 그런데도 능히 정절을 고수하지 못한 것이 저의 첫 번째 죄입니다. 지난날 제가 지은 시가 주군께 의심을 받게 되었는데도 끝내 사실대로 아뢰지 못한 것이 저의 두 번째 죄입니다. 죄 없는 서궁 사람들이 저 때문에 함께 죄를 입게 된 것이 저의 세 번째 죄입니다. 이처럼 세 가지 큰 죄를 짓고서 무슨 면목으로 살겠습니까? 만약 죽음을 늦춰 주실지라도 저는 마땅히 자결할 것입니다. 처분만 기다립니다."

대군은 우리들의 초사를 다 보고 나서, 또다시 자란의 초사를 펼쳐놓고 보더니 점차 노기(怒氣)가 풀리었습니다.

이때 소옥이 무릎을 꿇고 울면서 아뢰었습니다.

"지난날 중추절에 빨래하기를 성내(城內)에서 하지 말자고 한 것은 제 의견이었습니다. 자란이 밤에 남궁에 와서 매우 간절하게 요청하기에, 제가 그 마음을 불쌍히 여겨 여러 사람의 의견을 배척하고 따랐던 것입니다. 그러니 운영의 훼절은 죄가 제 몸에 있지 운영에게 있지 않습니다. 엎드려 바라건대, 주군께서는 제 몸으로써 운영의 목숨을 이어 주십시오."

대군의 분노가 점차 풀어져서 저를 별당에 가두고, 그 나머지 사람은 모두 풀어주었습니다. 그날 밤 저는 비단 수건에 목을 매어 자결하였습니다.

[A]
> 진사가 붓을 들고 운영이 옛일을 술회한 대로 기록하니, 그 내용이 매우 상세하였다. 두 사람은 서로 마주 보면서 슬픔을 억제하지 못하였다. 한참 후 운영이 진사에게 말했다.
>
> "이 이하는 낭군께서 말씀하십시오."

이에 진사가 운영의 뒤를 이어서 이야기를 시작했다.

운영이 자결한 이후 궁중 사람들 가운데 어머니를 잃은 것처럼 통곡하지 않은 사람이 없었습니다. 통곡 소리가 궁문 밖까지 들렸으며, 저 역시 그 소리를 듣고 오랫동안 기절하고 말았습니다.

(중략)

ⓑ 김 진사는 쓰기를 마치고 붓을 던졌다. 그러고 나서 두 사람은 서로 마주 보고 슬픈 울음을 억제하지 못하였다. 이에 유영이 위로하여 말했다.

"두 분이 다시 만나서 바라던 뜻이 이루어졌고, 원수인 노비 특도 이미 제거되어 분통함을 씻었습니다. 그런데 어찌하여 이렇게 비통함을 그치지 아니하십니까? 인간 세상에 다시 태어나지 못함을 한탄하는 것입니까?"

김 진사는 눈물을 흘리며 사례하여 말했다.

"ⓒ 우리 두 사람 다 원한을 품고 죽었습니다. 저승의 관리는 죄 없이 죽은 우리를 불쌍히 여겨 인간 세상에 다시 태어나게 하려 했습니다. 그러나 지하의 즐거움도 인간 세상보다 덜하지 않는데, 하물며 천상의 즐거움이야 어떻겠습니까? 그래서 세상에 나가는 것을 원하지 않습니다. 다만 오늘 저녁에 우리가 슬퍼하는 것은 대군이 한 번 패배한 이후로 고궁(古宮)에는 주인이 없으며, 까마귀와 참새가 슬피 울고 인적이 이르지 않아 슬픔이 극에 달한 때문입니다. 게다가 새로 병화(兵火)를 겪은 뒤에 화려했던 집들은 재가 되고 회칠한 담장은 모두 무너졌는데, 오로지 섬돌의 꽃은 향기롭고 뜰의 풀들만 무성합니다. 이렇듯 봄빛은 옛날의 정경을 바꾸지 않았으나 인사(人事)는 변하여 이처럼 바뀌었습니다. 다시 이곳에 와서 옛일을 회상하니, 어찌 슬프지 아니하겠습니까?"

유영이 말했다.

"그렇다면 당신들은 모두 천상의 사람이 되었습니까?"

김 진사가 말했다.

"우리 두 사람은 본래 천상의 선인(仙人)으로 오래도록 옥황상제를 모시고 있었습니다. 그러던 어느 날 옥황께서 태청궁(太淸宮)에 납시어 저에게 옥원(玉園)의 과실을 따오라고 명하셨습니다. 저는 ⓓ 반도와 보배를 취해 사사로이 운영에게 주었다가 발각되었습니다. 그래서 옥황께서 속세에 적강시켜 인간 세상의 괴로움을 두루 겪게 했던 것입니다. 이제는 옥황께서 이미 전날의 잘못을 용서하고 삼청궁에 올라 다시 향안전(香案前)을 모시도록 하셨는데, 잠시 틈을 내어 폭풍 수레를 타고 옛날에 노닐던 속세를 다시 찾은 것뿐입니다."

(중략)

ⓔ 유영이 취하여 깜빡 잠이 들었다. 잠시 뒤 산새 울음 소리에 깨어 보니, 안개가 땅에 가득하고 새벽빛이 어둑어둑하며 사방에는 아무도 보이지 않는데 다만 김 진사가 기록한 책 한 권이 남아 있을 뿐이었다. 유영은 서글프고 하릴없어 책을 소매에 넣고 집으로 돌아왔다. 상자 속에 간직해 두고 때때로 열어 보며 망연자실하더니 침식을 모두 폐하기에 이르렀다. 그 후 명산을 두루 유람하였는데, 그 뒤로 어찌 되었는지 알 수 없다.

– 작자 미상, 「운영전」

* 초사 : 조선 시대에 죄인이 범죄 사실을 진술하던 말 또는 글
** 옥석구분 : 옥과 돌이 모두 불에 탄다는 뜻으로, 선악 구별 없이 함께 화를 당함을 의미한다.

28

윗글에 나타난 인물들의 태도로 적절하지 <u>않은</u> 것은?

① 자란은 본성을 근거로 운영의 사랑을 옹호하고 있다.
② 운영은 모든 잘못을 자기 탓으로 돌리며 자책하고 있다.
③ 옥녀는 뚜렷한 자기 소신을 갖고 의리를 지키고자 한다.
④ 유영은 세속적 삶의 의욕을 잃고 다른 곳으로 떠나간다.
⑤ 대군은 김 진사와의 의리 때문에 궁녀들을 용서하고 있다.

29

[A]와 〈보기〉를 참고하여 윗글의 내용을 이해한 것으로 적절하지 <u>않은</u> 것은? [3점]

┌─ 보 기 ─┐

이 작품은 일명 '수성궁몽유록'으로 불린다. 몽유록은 흔히 '입몽-토론-각몽'이라는 정형화된 서술 구조를 가지고 있다. 주인공이 우연히 꿈을 꾸게 되고, 꿈속에서 여러 가지 체험을 한 후 현실로 돌아오는 것으로 끝난다. 운영과 김 진사가 들려주는 사랑 이야기는 몽유록 서술 구조에서 '토론'에 해당한다. 이 작품은 복잡한 방식으로 이야기가 전개되는바, 여러 이야기 장면으로 나눌 수 있다.

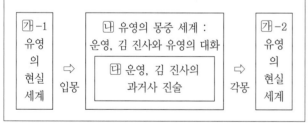

① ㉮-2로 돌아온 유영은 꿈꾸기 전과는 삶의 태도가 달라졌다.
② ㉯에서 언급된 안평 대군은 ㉰의 운영, 김 진사와 마찬가지로 현실에서 좌절한 인물이다.
③ ㉰의 과거사에서 김 진사와 노비 특은 갈등을 겪었을 것이다.
④ ㉰의 이야기는 운영과 김 진사라는 일인칭 서술자의 입을 통해 진술된 것이다.
⑤ ㉰에 운영과 김 진사가 안평 대군이 몰락한 일로 비통해하는 이유가 나타나 있다.

30

윗글을 감상한 내용으로 적절하지 <u>않은</u> 것은?

① 운영은 고민과 갈등 끝에 결론을 내리고 행동으로 옮기는 여성이군.
② 궁녀들은 대군에게 자신들의 죽음이 초래할 결과에 대해 일깨워 주고 있군.
③ 자란은 역사적 인물들의 고사를 제시하여 자신의 주장에 설득력을 더하고 있군.
④ 평생을 궁에 갇혀 지내는 궁녀라는 설정은 운영과 김 진사의 사랑에 비극성을 부여하고 있군.
⑤ 죽은 뒤 천상에서 복을 누리게 된 운영과 김 진사는 인간 세상에 다시 태어나는 것을 원치 않는군.

31

ⓐ~ⓔ 중 사건 전개상 가장 앞서 일어난 것은?

① ⓐ
② ⓑ
③ ⓒ
④ ⓓ
⑤ ⓔ

32

윗글에 나타난 유영의 정서와 가장 가까운 것은? [3점]

① 얼굴 씻으매 눈물이 물을 이루고 / 거문고 타매 한스러움 현(絃)을 울리네 / 가슴속 원망 끝이 없어서 / 고개 들고 하늘에 하소연하네
② 가느다란 푸른 연기 멀리 바라보다 / 미인은 깁 짜는 걸 그만 두누나 / 바람 맞으며 홀로 설워하나니 / 날아가 무산(巫山)에 떨어지누나
③ 옛 궁궐의 버드나무와 꽃은 새봄을 띠었고 / 천 년의 호사 자주 꿈에 보이네 / 오늘 밤 놀러 와 옛 자취 찾으니 / 눈물이 수건 적심 금치 못하네
④ 서리 가득한 외로운 성에 군대 머무니 / 지는 달빛 아래 뿔피리 소리 군막에 울리네 / 등불 앞에서 괴로이 강남의 밤 생각하노라니 / 기러기는 울며 초나라로 돌아가누나
⑤ 베개 베도 호접몽(胡蝶夢) 이루지 못하고 / 눈 빠지게 기다리나 소식이 없네 / 그대 얼굴 눈앞에 어른거리건만 왜 말이 없는지? / 수풀에 꾀꼬리 우니 눈물이 옷을 적시네

[33～37] 다음 글을 읽고 물음에 답하시오.

(가)

내 님을 그리ᄉ와 우니다니
ⓐ 산(山) 졉동새 난 이슷ᄒ요이다
아니시며 거츠르신 ᄃᆞᆯ 아으
잔월효성(殘月曉星)이 아ᄅᆞ시리이다
넉시라도 님은 ᄒᆞᆫᄃᆡ 녀져라 아으
벼기더시니 뉘러시니잇가
과(過)도 허믈도 천만(千萬) 업소이다
ᄆᆞᆯ힛 마리신뎌*
ᄉᆞᆯ읏븐뎌** 아으
니미 나ᄅᆞᆯ ᄒᆞ마 니ᄌᆞ시니잇가
아소 님하 도람 드르샤 괴오쇼셔

― 정서, 「정과정」

* ᄆᆞᆯ힛 마리신뎌 : 뭇 사람들의 참소하는 말입니다
** ᄉᆞᆯ읏븐뎌 : 슬프구나

(나)

천상(天上) 백옥경(白玉京) 십이루(十二樓) 어듸매오/
오색운 깁픈 곳의 자청전(紫淸殿)이 ᄀᆞ려시니/ 천문(天
門) 구만(九萬) 리(里)를 꿈이라도 갈동말동/ 추라리 싀여
지여 억만 번 변화ᄒᆞ여/ 남산 늦즌 봄의 두견(杜鵑)의 넉
시 되어/ 이화(梨花) 가디 우희 밤낫즐 못 울거든/ 삼청
동리(三淸洞裏)의 졈은 한널 구름 되어/ ᄇᆞ람의 흘리 ᄂᆞ라
자미궁(紫微宮)의 ᄂᆞ라 올라/ 옥황 향안전(香案前)의 지
쳑의 나아 안자/ 흉중의 ᄡᅡ힌 말ᄉᆞᆷ 쓸ᄏᆞ시 ᄉᆞ로리라/ 어와
이내 몸이 천지간의 느저 나니/ ⓑ 황하수(黃河水) 몱다만
ᄂᆞᆫ 초객(楚客)*의 후신(後身)인가/ 상심(傷心)도 ᄀᆞ이 업
고/ 가태부(賈太傅)**의 넉시런가 한숨은 무스 일고

― 조위, 「만분가」

* 초객 : 중국 전국 시대 초나라의 시인 굴원. 가신들의 모함으로
누명을 쓰고 귀양을 가 멱라수에 몸을 던졌다.
** 가태부 : 중국 전한(前漢) 시대의 문인 가의(賈誼). 모함을 받아
좌천되자 자신을 굴원(초객)에 비유한 시를 써 억울함을 드러냈다.

(다)

님다히 쇼식(消息)을 아므려나 아쟈 ᄒᆞ니/ 오늘도 거의
로다 ᄂᆡ일이나 사ᄅᆞᆷ 올가/ 내 ᄆᆞᄋᆞᆷ 둘 ᄃᆡ 업다 어드러로
가쟛 말고/ 잡거니 밀거니 높픈 뫼희 올라가니/ 구롬은카
니와 안개ᄂᆞᆫ 므사 일고/ 산쳔(山川)이 어둡거니 일월(日
月)을 엇디 보며/ 지쳑(咫尺)을 모ᄅᆞ거든 쳔리(千里)랄
ᄇᆞ라보랴/ 출하리 믈ᄀᆞ의 가 ᄇᆡ 길히나 보랴 ᄒᆞ니/ ᄇᆞ람이

야 믈결이야 어둥졍 된뎌이고/ 샤공은 어ᄃᆡ 가고 ⓒ 빈
ᄇᆡ만 걸렷ᄂᆞᆫ고/ 강텬(江川)의 혼쟈 셔셔 디ᄂᆞᆫ 히ᄅᆞᆯ 구버보
니/ 님다히 쇼식이 더옥 아득ᄒᆞᆫ 뎌이고/ ⓓ 모쳠(茅簷)
춘 자리의 밤듕만 도라오니/ ⓔ 반벽쳥등(半壁靑燈)은 눌
위ᄒᆞ야 불갓ᄂᆞᆫ고/ 오ᄅᆞ며 ᄂᆞ리며 헤ᄯᅳ며 바니니/ 져근덧
녁진(力盡)ᄒᆞ야 픗ᄌᆞᆷ을 잠간 드니/ 졍셩(精誠)이 지극ᄒᆞ
야 ᄭᅮᆷ의 님을 보니/ 옥 ᄀᆞᆮᄐᆞᆫ 얼구리 반(半)이나마 늘거셰라
/ ᄆᆞᄋᆞᆷ의 머근 말ᄉᆞᆷ 슬ᄏᆞ장 ᄉᆞᆲ쟈 ᄒᆞ니/ 눈믈이 바라 나니
말ᄉᆞᆷ인들 어이ᄒᆞ며/ 졍(情)을 못다 ᄒᆞ야 목이조차 몌여ᄒᆞ
니/ 오뎐된 계셩(鷄聲)의 ᄌᆞᆷ은 엇디 ᄭᆡ돗던고/ 어와 허ᄉᆞ
로다 이 님이 어ᄃᆡ 간고/ 결의 니러 안자 창을 열고 ᄇᆞ라보
니/ 어엿븐 그림재 날 조ᄎᆞᆯ ᄲᅮᆫ이로다/ ㉠ 출하리 싀여디여
낙월(落月)이나 되야이셔/ 님 겨신 창(窓) 안ᄒᆡ 번드시 비
최리라/ 각시님 ᄃᆞᆯ이야ᄏᆞ니와 구즌비나 되쇼셔

― 정철, 「속미인곡」

33
(가)~(다)에 나타난 공통점으로 적절한 것은? [3점]

① 4음보의 율격으로 화자의 정서를 표출하고 있다.
② 감탄사를 활용하여 시상을 집약하며 마무리하고 있다.
③ 결핍 상태의 현실에서 벗어나고픈 화자의 욕망을 노래하고 있다.
④ 화자가 현재 상황에 처하게 된 원인이 구체적으로 제시되어 있다.
⑤ 화자는 대상(임)과 같은 공간에 놓여 있지만, 가까이하지 못해 안타까워하고 있다.

34
(가)~(다)의 시어에 대한 설명으로 적절하지 않은 것은?

① (가)의 '산(山) 졉동새'와 (나)의 '가태부(賈太傅)의 넉'은 화자 자신을 비유한다.
② (가)의 '괴오쇼셔'와 (다)의 'ᄭᅮᆷ'은 소망의 간절함을 담고 있다.
③ (나)의 '천상(天上) 백옥경(白玉京)'과 (다)의 '높픈 뫼'는 탈속적 공간을 의미한다.
④ (나)의 '구름'과 (다)의 'ᄇᆡ 길'은 화자의 소망을 성취할 수 있는 통로이다.
⑤ (다)의 '구롬'과 'ᄇᆞ람'과 '믈결'은 화자의 소망을 방해하는 장애물이다.

35

〈보기〉를 참고해 (가)를 이해한 것으로 적절하지 <u>않은</u> 것은?

┤ 보 기 ├

　작자인 정서(鄭敍)가 역모에 가담했다는 죄명으로 귀양을 가게 되자, 의종(毅宗)은 "오늘은 어쩔 수 없으나, 가 있으면 다시 부르겠다."라고 하였다. 그러나 아무리 기다려도 왕의 소식이 없자, 정서는 왕에게 자신의 결백을 드러내고 자신에게 한 약속을 상기시키고자 이 작품을 지었다. 이 작품은 왕에 대한 원망과 그리움을 사랑하는 이와 헤어진 여성 화자의 마음에 빗대어 표현한 '충신연주지사(忠臣戀主之詞)'의 시초다.

① 1, 2행에서 접동새의 울음은 님에 대한 그리움과 억울함을 표상한다.
② 4행에서 잔월효성(殘月曉星)은 화자의 결백을 알고 있는 초월적 존재에 해당한다.
③ 5행에서 화자는 자신의 소망을 직접적 진술로 드러내고 있다.
④ 7행은 왕을 모시고 싶다는 화자의 충정을 드러내고 있다.
⑤ 10, 11행에는 원망과 그리움이라는 두 가지 정서가 교차되어 있다.

36

〈보기〉를 참고해 (다)의 ㉠을 이해한 것으로 적절하지 <u>않은</u> 것은?

┤ 보 기 ├

　정철의 「속미인곡」은 전체적으로 대화체로 구성되어 있는데, 본사는 주로 주 화자의 진술로 이루어져 있다. 서사에서 등장했던 보조 화자는 결사 부분에서 다시 나온다. 「속미인곡」에서 보조 화자가 말하는 부분은 얼마 되지 않지만 그 역할이 적지 않다.

① 보조 화자의 발화는 작품을 종결짓는 역할을 한다.
② 주 화자는 죽음을 감수할 정도로 절박한 심경에 놓여 있다.
③ 주 화자와 보조 화자는 작가의 목소리를 대변하는 역할을 한다.
④ 보조 화자는 임을 그리워하는 주 화자의 마음에 공감하고 있다.
⑤ 보조 화자는 주 화자에게 사랑의 표현을 좀 더 완곡하게 할 것을 조언하고 있다.

37

ⓐ~ⓔ 중 화자의 외로움을 심화시키는 대상으로 적절하지 <u>않은</u> 것은?

① ⓐ
② ⓑ
③ ⓒ
④ ⓓ
⑤ ⓔ

[38~41] 다음 글을 읽고 물음에 답하시오.

(가)
사랑한다는 것은

열매가 맺지 않는 과목은 뿌리째 뽑고
그 뿌리를 썩힌 흙 속의 해충은 모조리 잡고
그리고 새 묘목을 심기 위해서
깊이 파헤쳐 내 두 손의 땀을 섞은 흙
그 흙을 깨끗하게 실하게 하는 일이다.

그리고
아무리 모진 비바람이 삼킨 어둠이어도
바위 속보다 어두운 밤이어도
그 어둠 그 밤을 새워서 지키는 일이다.
훤한 새벽 햇살이 퍼질 때까지
그 햇살을 뚫고 마침내 새 과목이
샘물 같은 그런 빛 뿌리면서 솟을 때까지
지키는 일이다. 지켜보는 일이다.

사랑한다는 것은.
　　　　　　　　　　－ 전봉건, 「사랑」

(나)
㉠ 푸른 하늘에 닿을 듯이
세월에 불타고 우뚝 남아 서서
차라리 봄도 꽃 피진 말아라

㉡ 낡은 거미집 휘두르고
㉢ 끝없는 꿈길에 혼자 설레이는
마음은 아예 뉘우침 아니라

ⓔ 검은 그림자 쓸쓸하면
마침내 호수 속 깊이 거꾸러져
차마 ⓜ 바람도 흔들진 못해라

- 이육사, 「교목」

(다)

내 가슴에 □독□을 찬 지 오래로다
아직 아무도 해한 일 없는 새로 뽑은 독
벗은 그 무서운 독 그만 흩어 버리라 한다
나는 그 독이 선뜻 벗도 해할지 모른다 위협하고

독 안 차고 살아도 머지않아 너 나 마저 가 버리면
억만(億萬) 세대가 그 뒤로 잠자코 흘러가고
나중에 땅덩이 모지라져 모래알이 될 것임을
"허무한듸!" 독은 차서 무엇 하느냐고?

아! 내 세상에 태어났음을 원망 않고 보낸
어느 하루가 있었던가 "허무한듸!" 허나
앞뒤로 덤비는 이리 승냥이 바야흐로 내 마음을 노리매
내 산 채 짐승의 밥이 되어 찢기우고 할퀴우라 내맡긴
신세임을

나는 독을 품고 선선히 가리라
막음 날 내 외로운 혼(魂) 건지기 위하여

- 김영랑, 「독을 차고」

38

(가)~(다)의 화자의 공통점에 대한 설명으로 가장 적절한 것은?

① 자신의 마음속에 소중한 가치를 간직하고 있다.
② 자신의 주장을 논리적으로 설득하고자 한다.
③ 윤리적 고민을 딛고 새로운 삶을 창조하고자 한다.
④ 개인적 차원의 사랑이 인생에서 가장 중요하다고 믿는다.
⑤ 자신의 정서와 감정을 직접적으로 호소하는 양상을 보인다.

39

(가)의 표현상 특징에 대한 설명으로 가장 적절한 것은?

① 화자의 정서를 애상적 어조로 드러내고 있다.
② 상반된 함축적 의미를 가진 시어들을 활용하고 있다.
③ 공감각적 표현으로 생생한 느낌을 자아내고 있다.
④ 계절의 변화를 드러내는 시어들을 적극 활용하고 있다.
⑤ 점층적 표현을 통하여 주제를 효과적으로 강조하고 있다.

40

(나)의 ⓐ~ⓜ에 관한 설명으로 적절하지 않은 것은? [3점]

① ⓐ은 '이상적인 세계'를 뜻한다.
② ⓑ은 '바람직하지 않은 현실'을 가리킨다.
③ ⓒ은 '마음속의 이상'을 가리킨다.
④ ⓔ은 '부정적인 자아'를 가리킨다.
⑤ ⓜ은 '시련'의 의미를 갖는다.

41

(다)에서 □독□에 대한 이해로 적절하지 않은 것은?

① 누구라도 해칠 수 있는 '내' 안의 부정적 성향을 가리킨다.
② '나'로 하여금 부끄럽지 않은 삶을 살아갈 수 있게 해 준다.
③ 부정적 현실로 인해 '내'가 간직해야 했던 삶의 태도를 가리킨다.
④ 부정적 현실 속에서 '나를 지킬 수 있는 힘의 원천을 의미한다.
⑤ '나'로 하여금 허무주의적인 삶의 태도를 가진 사람들과 갈등을 겪게 한다.

악몽과 같은 전쟁이 끝났다.

진영 은 아들 문수의 손을 잡고 황폐한 서울로 돌아왔다. 집터는 쑥대밭이 되어 축대조차 찾아볼 수 없었다. 진영은 무심한 아이의 눈동자를 멍하니 언제까지나 바라보고 있었다.

문수가 자라서 아홉 살이 된 초여름, 진영은 내장이 터져서 파리가 엉겨 붙은 소년병을 꿈에 보았다. 마치 죽음의 예고처럼 다음 날 문수는 죽어버린 것이다. 비가 내리는 밤이었다.

일찍부터 홀로 되어 외동딸인 진영에게 의지하며 살아온 어머니는 '내가 죽을 거로.' 하며 문지방에 머리를 부딪치는 것이었으나 진영은 허공만 바라보고 있었다.

아이는 앓다가 죽은 것이 아니었다. 길에서 넘어지고 병원에서 죽은 것이다. 그러나 그것뿐이라면 진영으로서는 전쟁이 빚어낸 하나의 악몽처럼 차차 잊어버릴 수 있는 일이었는지도 모른다. 그러나 그것이 아니었다. 의사의 무관심이 아이를 거의 생죽음을 시킨 것이다. 의사는 중대한 뇌수술을 엑스레이를 찍어보지 않고, 심지어는 약 준비도 없이 시작했던 것이다. ㉠마취도 안한 아이는 도수장(屠獸場)* 속의 망아지처럼 죽어간 것이다. 그렇게 해서 아이를 갖다 버린 진영이었다.

바깥 거리 위에는 쏴아 하며 밤비가 내리고 있었다.

누워서 멀거니 천장을 바라보고 있는 진영의 눈동자가 이따금 불빛에 번득인다. 창백한 볼이 불그스름해진다. 폐결핵에서 오는 발열이다.

바깥의 빗소리가 줄기차온다.

아이가 죽은 지 겨우 한 달, 그러나 천 년이나 된 듯한 긴 나날들이었다. ㉡눈을 감은 진영의 귀에 조수(潮水)처럼 밀려오는 것은 수술실 속의 아이의 울음소리였다.

(중략)

아주머니가 가버린 뒤 진영은 자리에 쓰러졌다. 솜처럼 몸이 풀어진다.

진영은 방속에 피운 구멍탄 스토브에서 가스가 분명히 지금 방에 새고 있는 것이라고 생각한다. 방 안에 가득히 가스가 차면 나는 죽어버리는 것이라고 생각한다.

어느새 진영은 괴로운 잠이 드는 것이었다.

㉢내장이 터진 소년병이 꿈에 나타났다. 진영은 꿈을 깨려고 무척 애를 썼다.

"모레가 명절인데 절에도 돈 천 환이나 보내야겠는데……"

어렴풋이 들려오는 어머니의 말소리다. 진영은 몸을 들치며 눈을 떴다.

"귀신이나 사람이나 매한가진데…… 남들은 다 제 몫을 먹는데 우리 문수는 손가락을 물고 에미를 기다릴 거다."

잠이 완전히 깬 진영은 벌떡 자리에서 일어났다. 진영은 외투와 목도리를 안고 마루에 나와 그것을 몸에 감았다.

진영은 부엌에서 성냥 한 갑을 외투 주머니에 넣고 집을 나갔다.

오랫동안 마음속에서만 벼르던 일을 오늘이야말로 해치울 작정인 것이다.

진영은 눈이 사박사박 밟히는 비탈길을 걸어 올라간다. ㉣진영은 고슴도치처럼 바싹 털이 솟은 자신을 느낀다. 목도리와 외투자락이 바람에 나부낀다. 그러면은 잡나무 가지 위에 앉은 눈이 외투 깃에 날아 내리는 것이었다.

진영은 절로 가는 것이다.

진영이 절 마당에 들어갔을 때 "당신네들 같으면 중이 먹고살갔수." 하던 늙은 중이 막 승방에서 나오는 도중이었다. 절은 괴괴하니 다른 인기척은 없었다.

진영은 얼굴의 근육이 경련하는 것을 의식하며 중 옆으로 다가선다.

"저 말이지요. 저희들이 이번에 시골로 가는데 아이 사진과 위패를 가지고 가고 싶어요."

고개를 푹 숙인 채 진영은 나지막하게 말한다. 허옇게 풀어진 눈으로 진영을 쳐다보던 중이 겨우 생각이 난 모양으로,

"이사를 하신다고요? 그럼 어떠우. 그냥 두구려. 명절에 우편으로라도 잊어버리지 않으면 되지."

진영은 숙인 고개를 발딱 세우더니 옆으로 홱 돌리며,

"참견할 것 없어요. 사진이나 빨리 주세요!"

쏘아붙인다. 중은 좀 어리둥절하더니 무엇인지 모르게 중얼중얼 씨부렁거리며 법당으로 간다.

이윽고 중이 문수의 사진과 위패를 가지고 나오자 진영은 그것을 빼앗듯이 받아 들고 인사말 한마디 없이 절 문 밖으로 걸어 나간다.

화가 난 중은 진영의 뒷모습을 겨누어보다가 중얼중얼 씨부렁거리며 뒷간으로 간다.

진영은 중에게 화를 낸 것은 아니었다. 다만 진영으로서는 빨리 사진을 받아 가지고 절 문 밖으로 나가고 싶었던 것이다. 그래서 초조했던 것이다.

진영은 비탈길을 돌아 산으로 올라간다. 올라가면서 진영은 이리저리 기웃거린다. 어느 커다란 바위 뒤에 눈이 없는 마른 잔디 옆에 이르자 진영은 그 자리에 주저앉는다. 그리하여 문수의 사진과 위패를 놓고 물끄러미 한동안 내려다본다.

ⓜ 한참 만에 그는 호주머니 속에서 성냥을 꺼내어 사진에다 불을 그어댄다. 위패는 이내 살라졌다. 그러나 사진은 타다 말고 불꽃이 잦아진다. 진영은 호주머니 속에서 휴지를 꺼내어 타다 마는 사진 위에 찢어서 놓는다. 다시 불이 붙기 시작한다. 사진이 말끔히 타버렸다. 노르스름한 연기가 차차 가늘어진다.

[A]
┌ 진영은 연기가 바람에 날려 없어지는 것을 언제까지나 쳐다보고 있었다.
│ "내게는 다만 쓰라린 추억이 남아 있을 뿐이다. 무참히 죽어버린 추억이 남아 있을 뿐이다!"
│ 진영의 깎은 듯 고요한 얼굴 위에 두 줄기 눈물이 흘러내리고 있었다.
│ 겨울하늘은 매몰스럽게도 맑다. 잡목 가지에 얹힌 눈이 바람을 타고 진영의 외투 깃에 날아 내리고 있었다.
│ "그렇지. 내게는 아직 생명이 남아 있었다. 항거할 수 있는 생명이!"
│ 진영은 중얼거리며 잡나무를 휘어잡고 눈 쌓인 언덕을 내려오는 것이다.
└

* 도수장 : 도살장

– 박경리, 「불신시대」

42

윗글의 서술상의 특징으로 가장 적절한 것은? [3점]

① 사건의 전개 과정이 우화적인 의미를 갖도록 서술하고 있다.
② 사건의 인과 관계가 느슨한 여러 개의 삽화를 연결하여 서술하고 있다.
③ 특정 인물의 시각을 중심으로 사건을 제시하는 방식으로 서술하고 있다.
④ 사건의 실제적 전개보다 인물의 의식의 흐름을 중심으로 서술하고 있다.
⑤ 여러 인물들의 회상을 통하여 사건의 의미가 입체적으로 드러날 수 있도록 서술하고 있다.

43

진영 에 대한 이해로 적절한 것은?

① 전쟁 중에 의사의 실수로 아들을 잃고 만다.
② 어머니와 어려서부터 사이가 좋지 않다.
③ 건강을 위협하는 병에 걸려 있다.
④ 연탄가스가 새는 집을 떠나고 싶어 한다.
⑤ 절의 늙은 중을 정성껏 응대하고 있다.

44

㉠~㉤에 대한 설명으로 적절하지 않은 것은? [3점]

① ㉠ : '도수장(屠獸場) 속의 망아지'는 죽어간 아들의 끔찍한 모습을 실감나게 느낄 수 있게 한다.
② ㉡ : '밀려오는' '조수'는 인물이 아이의 죽음을 잊지 못하고 있음을 알려준다.
③ ㉢ : 꿈에 나타난 '내장이 터진 소년병'은 인물이 겪고 있는 심리적 고통을 효과적으로 드러낸다.
④ ㉣ : '고슴도치처럼 바싹' '솟은' '털'은 인물이 앞으로 있을 싸움을 앞두고 몹시 화가 나 있음을 의미한다.
⑤ ㉤ : '사진'을 태우는 행위에는 아들의 죽음을 딛고 새로운 삶을 살아가고자 하는 인물의 의지가 담겨 있다.

45

[A]를 중심으로 윗글을 감상한 것으로 적절하지 않은 것은?

① 주인공은 자신에게는 근본적인 생명력이 있다고 믿고 있는 것 같아.
② 주인공은 자신이 처한 사회적 현실을 부정적으로 생각하고 있음에 틀림없어.
③ 주인공의 경우처럼 전쟁을 겪고 살아남은 사람들도 시련을 겪게 되는 것 같아.
④ 주인공처럼 사람은 아무리 어려운 상황에 처하더라도 살아가고자 하는 의지를 버리면 안 되겠어.
⑤ 주인공이 고통스러운 상황에 빠진 데에는 종교적 믿음이 부족한 것도 한몫을 했다고 할 수 있어.

※ 점수 표시가 없는 문항은 모두 2점

[01~06] 밑줄 친 단어의 뜻으로 가장 적절한 것을 고르시오.

01

Procrastination becomes a major problem in your work life when important tasks or responsibilities are left undone or are completed in a slipshod manner because inadequate time was left to complete the task properly.

① hastiness

② postponement

③ spontaneity

④ concern

⑤ exaggeration

02

A worldwide financial crisis began in the last half of 1997, when the currencies of several Asian economies plummeted in value.

① boomed suddenly

② bounced back

③ got stuck

④ made a difference

⑤ dropped sharply

03

If you can't weave quotations deftly into the fabric of your prose, abjure them altogether and paraphrase instead.

① abandon   ② compose

③ revise   ④ brainstorm

⑤ elaborate

04

The increasing power of the personal computer is making it possible to develop applications that are smarter and more responsive to the user. Anyone who has used a spelling or a grammar checker has experienced this type of application at a very rudimentary level.

① basic   ② deep

③ optimal   ④ conscious

⑤ abstract

05

One reason to think that written languages will look more or less like they do now is the fact that so far they have proved extremely <u>tenacious</u>. The Chinese system has changed little in more than 3,000 years, and Modern Greek is written with an alphabet that has been used for almost as long.

① arbitrary   ② reliable

③ useful   ④ graphic

⑤ persistent

06

Lacking a clear formula for making decisions, we get reactive and fall back on familiar, comfortable ways to decide what to do. As a result, we <u>haphazardly</u> select approaches that don't support our goals.

① covertly   ② invariably

③ explicitly   ④ randomly

⑤ precisely

07

As with the question of the date ① <u>at which</u> European antiquarianism was superseded by archaeology, it is not easy to suggest a specific date when the writings of 'early travellers' and the collecting of Egyptian antiquities ② <u>became transformed</u> into something approaching the modern discipline of Egyptology. Most histories of Egyptian archaeology, however, see the Napoleonic expedition at the beginning of the 19th century as the first systematic attempt to record and describe the standing remains of pharaonic Egypt. The importance of the *Description del'Egyptek,* which was the multi-volume publication that ③ <u>resulted from</u> the expedition, lay not only in its high standards of accuracy but also in the fact that ④ <u>they</u> constituted a continuous and internally consistent appraisal by a group of scholars, thus ⑤ <u>providing</u> the first real assessment of ancient Egypt in its entirety.

* antiquarianism 골동품 연구

08

Fire destroys about 350 ① <u>million</u> ha (1,350 mi^2) of forest every year. Some fires are set by humans to cover up illegal logging or land clearing. Others are started by natural causes. The greatest fire hazard in the world is in sub-Saharan Africa, which accounts for about ② <u>half</u> the global total. Uncontrolled fires tend to be ③ <u>worst</u> in countries with corrupt or ineffective governments and high levels of poverty, civil unrest, and internal refugees. ④ <u>As</u> global climate change brings drought and insect infestations to many parts of the world, there's a worry ⑤ <u>which</u> forest fires may increase catastrophically.

09

If contemporary experience ① <u>has taught</u> us anything, surely it is the need for a president to hit the ground running. The difference between Reagan's quick start and Clinton's stumble put one on the path toward ② <u>a succession of</u> legislative triumphs and the other on the road to a debacle in health care and a loss of Congress. Had Clinton not been as agile as he was in recovering in late 1993 and then again in 1995, he ③ <u>would be</u> a one-term president. As it was, he never became the transformational figure he had hoped. In most institutions, the power of a leader grows over time. A CEO, a university president, the head of a union, acquire stature through the quality of their long-term performance. The presidency is ④ <u>just the opposite</u> : power tends to evaporate quickly. It's not that a president must rival Franklin Roosevelt in his First Hundred Days, but his first months in office are usually the widest window of opportunity he will have, ⑤ <u>even if</u> he serves two full terms. That's why he has to move fast.

10

The book, "Superforecasting : Arts and Science of Prediction," opens with a discussion of Archie Cochrane, a Scottish doctor born in 1909, who did more than perhaps anyone else to transform medicine from a black art into a ① <u>fully fledged</u> science. His insight — deeply controversial half a century ago — was that a doctor's qualifications, eminence and confidence are ② <u>irrelevant</u> and that the only test of a treatment's effectiveness was whether it could be shown, statistically and rigorously, to work. Mr. Tetlock, the author of the book, hopes to bring about a similar rigor to how people ③ <u>analyze</u> forecasts of the future. That will be an ④ <u>easy</u> struggle. Prediction, like medicine in the early 20th century, is still mostly based on ⑤ <u>eminence</u> rather than evidence.

[3점]

11

Polling is like Internet dating. There is a little wiggle room in the ① <u>veracity</u> of information provided. We know that people ② <u>shade</u> the truth, particularly when the question asked are embarrassing or sensitive. Respondents may overstate their income. They may not ③ <u>deny</u> that they do not vote. They may hesitate to express views that are unpopular or socially unacceptable. For all these reasons, even the most carefully designed poll is dependent on the ④ <u>integrity</u> of the respondents' answers. Election polls depend crucially on ⑤ <u>sorting</u> those who will vote on Election Day from those who will not. Individuals often say they are going to vote because they think that is what pollsters want to hear. Studies that have compared self-reported voting behavior to election records consistently find that one-quarter to one-third of respondents say they voted when in fact they did not.

12

Biologists classify organisms into species. Animals are said to belong to the same species if they tend to mate with each other, giving birth to (A) fertile / sterile offspring. Horses and donkeys have a recent common ancestor and share many physical traits. But they show little sexual interest in one another. They will mate if induced to do so — but their offspring are (B) fertile / sterile . Mutations in donkey DNA can therefore never cross over to horses, or vice versa. The two types of animals are consequently considered two distinct species, moving along (C) separate / similar evolutionary paths. By contrast, a bulldog and a spaniel may look very different, but they are members of the same species, sharing the same DNA pool. They will happily mate and their puppies will grow up to pair off with other dogs and produce more puppies.

	(A)	(B)	(C)
①	fertile	sterile	similar
②	fertile	fertile	similar
③	fertile	sterile	separate
④	sterile	fertile	separate
⑤	sterile	fertile	similar

13

Big data has its drawbacks. The flood of information — some of it useful, some not — can (A) overwhelm / maximize one's ability to quickly and efficiently process data and take appropriate action. If we fail to create and utilize methodologies and tools for effectively using big data, we may continue to (B) evolve / drown in it. In the context of national security, lacking adequate big data tools could have profound, even deadly, consequences. However, there are steps that we can take now — steps that are already being taken in many cases — to ensure that we successfully (C) harness / renounce the power of big data. [3점]

	(A)	(B)	(C)
①	overwhelm	drown	harness
②	overwhelm	evolve	renounce
③	overwhelm	drown	renounce
④	maximize	evolve	harness
⑤	maximize	drown	renounce

14

America is not actually a "melting pot" in the sense that people from different backgrounds somehow all become the same. America has always included a great diversity of ideas, attitudes, and behaviors. ① For example, the constitutional separation of church and state, a fundamental principle present since early days in the United States, guarantees that people of all religion have the same freedoms and rights for worship and religious behavior. ② People of diverse religious backgrounds are not expected to "melt" together into one religion. ③ Conflicts simply occur among people, whether of the same or different background. ④ Other laws guarantee the equal rights of all people regardless of skin color, gender, and age. ⑤ The United States does not even have an official national language — and many government and other publications in various geographical areas are offered in a variety of languages as well. In short, America as a nation has always recognized the realities and benefits of diversity.

15

No one questions that machines displace individual workers from certain jobs and that in the short run this often creates difficult problems. ① For example, the use of diesel engines and electric power by railroads has made obsolete the position of fireman — the employee who shoveled coal into the locomotive boiler that produced the steam for the train's steam engine — but because of union support, railroads had to fill this position for many years after steam power ceased being used by trains. ② However, such problems are temporary. ③ Ultimately, advances in machine technology tend to reduce costs and prices or to hold them down, and by enabling people to buy more goods, they create new employment opportunities. ④ Machines reduce the need for human skills. ⑤ If some industries employ fewer workers, others employ more. At the same time, new products are introduced and new industries are established.

[3점]

16

It is a principle in many legal systems that a competent adult has a right to refuse any, even lifesaving, treatment. This principle applies to the treatment of physical illness. It does not apply however in many countries to those with mental illness. Take the case of England, where it is the Mental Health Act that governs the _____ treatment of patients with mental disorder.

① alternative   ② compulsory

③ adjunctive   ④ incremental

⑤ preventive

17

A social-conflict analysis begins by pointing out that sports are closely linked to social inequality. Some sports — including tennis, swimming, golf, and skiing — are expensive, so participation is largely limited to the well-to-do. Football, baseball, and basketball, however, are accessible to people of all income levels. In short, the games people play are not simply a matter of choice but also reflect social _____.

① bonds   ② needs

③ trends   ④ standing

⑤ preference

18

What should the effect of success on motivation be? Should it necessarily increase motivation? The argument earlier suggests that if learners realize that successful performance in some activity leads toward their goal, then expectancies are likely to rise. This would appear to say that success will tend to increase motivation, but matters are not that simple. This argument considers potential motivation and ignores motivational arousal. Motivational arousal is based on a person's assumption of how much effort is needed to perform an activity correctly. Studies indicate that motivational arousal is greatest for tasks that are assumed to be of moderate difficulty. If success rate is considered very high or very low, motivational arousal is _____. In other words, we try hardest for things we consider challenging but not nearly impossible.

① weakened

② mobilized

③ fluctuated

④ stabilized

⑤ alternated

19

For historians of Africa identity can be a tricky intellectual issue. Africans are, like people everywhere, compilations of numerous identities, some of which are personally or collectively claimed, others of which are imposed by outsiders. If people are asked who the most famous living African is, the usual answer is 'Nelson Mandela.' But as we write this in the aftermath of the 2006 World Cup, there is a good case for saying that the most famous living African is Zinédene Zidane. Let's consider this one individual. Who, or what, is Zidane? He's a Frenchman, born and raised in Marseilles. But he's also a North African, whose parents emigrated from Algeria; and a Berber, with family roots in the Kabyle mountains and reportedly fiercely proud of his ancestral village. He also describes himself as a Muslim. And he is, of course, a footballer. Whichever of these labels Zidane himself chooses to use would depend both on where he is and how he's thinking at the time. Identity, in other words, is as _____ as it is multifaceted.

[3점]

① unique
② ethnic
③ political
④ indigenous
⑤ fluid

20

Picasso's oeuvre includes more than 1,800 paintings, 1,200 sculptures, 2,800 ceramics, and 12,000 drawings, not to mention prints, rugs, and tapestries — only a fraction of which have garnered acclaim. In poetry, when we recite Maya Angelou's classic poem "Still I Rise," we tend to forget that she wrote 165 others; we remember her moving memoir *I Know Why the Caged Bird Sings* and pay less attention to her other 6 autobiographies. In science, Einstein wrote papers on general and special relativity that transformed physics, but many of his 248 publications had minimal impact. If you want to be original, "the most important possible thing you could do," says Ira Glass, the producer of *This American Life* and the podcast *Serial*, "is _____."

* oeuvre 일생의 작품

① do a lot of work
② reject the default
③ take radical risks
④ gain new insights
⑤ explore better options

21

Lightner Witmer received his doctorate in psychology in 1892 in Germany under Wilhelm Wundt, who many view as the founder of experimental psychology. He also studied under James McKeen Cattell, another pioneer of experimental psychology. At the time Witmer received his doctorate, psychology was essentially an academic discipline, a field of research. It had almost none of the applied functions that characterize the field today. In short, in the late 1800s, _____.

① the field of experimental psychology was not popular

② psychologists didn't practice psychology, but studied it

③ Lightner Witmer was a leading psychologist in Germany

④ it took much effort to receive a doctoral degree in psychology

⑤ Wilhelm Wundt set the stage for the birth of clinical psychology

22

When Adam Smith lectured at the University of Glasgow in the 1760s, he introduced the study of demand by posing a puzzle. Common sense, he said, suggests that the price of a commodity must somehow depend on what that good is worth to consumers — on the amount of *utility* that the commodity offers. Yet, Smith pointed out, some cases suggest that _____.
Smith cited diamonds and water as examples. He noted that water has enormous value to most consumers; indeed, its availability can be a matter of life and death. Yet water generally either is free or sells at a very low price, whereas diamonds sell for very high prices even though few people would consider them necessities.

① a good's price may depend on its availability

② a good's price may be intertwined with its value

③ a good's utility may have little influence on its price

④ a good's utility may depend on its supply and demand

⑤ a good's quantity demanded may not depend on its price

23

While to-do lists serve as a useful collection of our best intentions, they also tyrannize us with trivial, unimportant stuff that we feel obligated to get done — because it's on our list. Which is why most of us have a love-hate relationship with our to-do lists. If allowed, they set our priorities the same way an inbox can dictate our day. Most inboxes overflow with unimportant e-mails masquerading as priorities. Tackling these tasks in the order we receive them is behaving as if the squeaky wheel immediately deserves the grease. But, as Australian prime minister Bob Hawke duly noted, "The things which are most important _____." [3점]

① can easily lead you astray

② don't always scream the loudest

③ sometimes undermine our success

④ are just first things we thought of

⑤ must be at the mercy of things which matter least

24

다음 글의 빈칸에 공통으로 들어갈 말로 가장 적절한 것은?

A blockchain is used in bitcoin to prevent the double-spend problem. Before bitcoin, the issue with a digital currency was that someone could spend the same unit of digital currency in multiple places at the same time. A blockchain solves this problem by providing a shared ledger, which ensures that everyone knows and agrees on how much of the digital currency has transacted among users at any point in time. It is thought that blockchains might provide an effective tool in detecting and preventing corrupt or fraudulent activities. This thinking is premised on the _____ of a blockchain. The _____ prevents any one party from altering past entries, as one might be able to do with paper or digital records.

① availability

② innovation

③ multiplicity

④ flexibility

⑤ immutability

25

다음 글의 빈칸 (A), (B)에 들어갈 말로 가장 적절한 것은?

Former Congresswoman Patricia Schroeder pinpointed one of the most important reasons for women to enter the workforce when she argued that the primary reason they do so in such unprecedented numbers is that they have to maintain their families. Many family women work because they must work. For others, although families have become smaller, wants have become larger.   (A)   , for these family women, work is not an actual necessity but it is a social need : It is the only way the family can meet its desires.   (B)   , for black and other minority females, work has been a necessity for much longer than for white females. Women in the workforce as a percentage of total women of working age rose from 32 percent in 1972 to over 70 percent in the early 2000s. Analysts who study such trends say that the percentage of working women with children is expected to continue to grow even through some very high-income women may choose to stop working and stay home with their children.   [3점]

	(A)	(B)
①	Therefore	However
②	Otherwise	In addition
③	Thus	Nevertheless
④	Moreover	Therefore
⑤	For example	On the other hand

[26~27] 다음 글을 읽고 물음에 답하시오.

Convinced that human actions derived their emotional energy from the 'heart', which could only be addressed and activated by judiciously selected symbols, Gandhi evolved a powerful cluster of culturally (1) evocative symbols including the spinning wheel, the cow, and the 'Gandhi cap' (a white cotton cap popularized by him). The spinning wheel, for example, which Gandhi asked everyone to ply, served several symbolic purposes. It was a way of gently (2) rebelling against modern technological civilization and (3) denouncing the dignity of India's rural way of life. (a) It united the cities and the villages and the Westernized elite and the masses, and was an 'emblem of their fellowship.' The spinning wheel also established the dignity of manual labor and those engaged in (b) it and (4) challenged the traditional Indian culture which despised both. (c) It symbolized social compassion, for those who did not need the proceeds of (d) its products were urged to give away those products to the needy, an infinitely superior moral act to the (5) patronizing donation of money. And (e) it also forced the individual to be alone with himself and observe silence for at least some time. Gandhi not only evolved countless symbols of this kind but also became one himself.

* ply 연장을 부지런히 쓰다
** proceeds 수입, 매상

26

밑줄 친 (1)~(5) 중에서 문맥상 낱말의 쓰임이 가장 적절하지 않은 것은?   [3점]

① (1)　　　　　　　② (2)
③ (3)　　　　　　　④ (4)
⑤ (5)

27

밑줄 친 (a)~(e) 중에서 의미하는 바가 나머지 넷과 <u>다른</u> 것은?

① (a)　　　　　　　② (b)
③ (c)　　　　　　　④ (d)
⑤ (e)

28

다음 글에 나타난 Annemarie의 심경 변화로 가장 적절한 것은?

The train started again. The door at the end of their car opened and two German soldiers appeared. Annemarie tensed. Not here, on the train, too? They were everywhere. Together the soldiers strolled through the car, glancing at passengers, stopping here and there to ask a question. One of them had something stuck in his teeth; he probed with his tongue and distorted his own face. Annemarie watched with a kind of frightened fascination as the pair approached. One of the soldiers looked down with a bored expression on his face. "Where are you going?" he asked. "Gilleleje," Mama replied calmly. "My brother lives there. We are going to visit him." The soldier turned away and Annemarie relaxed. Then, without warning, he turned back. "Are you visiting your brother for the New Year?" he asked suddenly. Mama stared at him with a puzzled look. "New Year?" she asked "It is only October." "And guess what!" Kirsti exclaimed suddenly, in a loud voice, looking at the soldier. Annemarie's heart sank and she looked at her mother. Mama's eyes were frightened. "Shhh, Kirsti," Mama said. "Don't chatter so." But Kirsti paid no attention to Mama, as usual. She looked cheerfully at the soldier, and Annemarie knew what she was about to say : This is our friend Ellen and it's her New Year! But she didn't. Instead, Kirsti pointed at her feet. "I'm going to visit my Uncle Henrik," she chirped, "and I'm wearing my brand-new shiny black shoes!" The soldier chuckled and moved on. Annemarie gazed through the window again. The trees, the Baltic Sea, and the cloudy October sky passed in a blur as they continued north along the coast.

① hopeful → disappointed
② terrified → relieved
③ excited → offended
④ surprised → upset
⑤ miserable → ashamed

2020학년도 기출문제 다잡기

29

다음 글의 내용과 일치하지 <u>않는</u> 것은?

Millions of years ago, a dozen or so genetic changes took place in the ancestor of all of today's felids, which have locked them into eating meat ever since. All cats require a large amount of animal protein in their diet — protein from plants lacks certain amino acids such as taurine that cats need but other mammals (including ourselves) do not. Cats can't make their own prostaglandins — hormones essential to reproduction — and so need to get these from meat. Compared to other mammals, all cats need large amounts of several vitamins, such as niacin, thiamine and retinol, which are more easily extracted from meat than from plants. And because they don't need to tell the difference between ripe and unripe fruit, they've lost the ability to taste sugars. They have adapted their 'sweet' taste buds for distinguishing between different flavors in meat — which is why pet cats sometimes walk away from food that seems fine to their owners. This knowledge has only come to light in the past 40 years, benefiting not only pet cats but also the captive breeding of endangered felids such as the clouded leopard.

* felids 고양이과 동물

① 고양이의 조상은 수백만 년 전에 유전적 변이를 겪었다.
② 고양이는 많은 양의 동물성 단백질을 필요로 한다.
③ 고양이는 번식에 필수적인 호르몬을 만들 수 없다.
④ 고양이는 설탕 맛을 느끼지 못한다.
⑤ 고양이는 고기의 다른 맛을 구별하지 못한다.

30

Philip에 관한 다음 글의 내용과 일치하지 <u>않는</u> 것은?

As soon as he came to the throne, Philip began transforming the Macedonian military into a more successful image of what he had seen at Thebes. Philip further lengthened the already longer spears used by the Thebans, creating the Macedonian sarissa, a spear of about eighteen feet in length, double that of the traditional Greek hoplite spear. He retained the Theban wedge formation but also added heavy cavalry to the line, thus incorporating the Macedonians' strongest element into the phalanx. The results spoke for themselves, as over the next twenty years, Philip systematically conquered all of mainland Greece, with the exception of Sparta, which he chose to leave alone. Philip's final great victory was at the Battle of Chaeronea (338 B.C.), in which the Macedonian armies defeated the combined forces of Athens and Thebes. Philip's conquest of the entire mainland was the end of an era, as for the first time, the entire territory was united under the rule of a king.

* phalanx (고대 그리스의) 방진(方陣)

① 창의 길이를 약 18피트로 늘렸다.
② 기병을 전선에 추가했다.
③ Sparta를 정복했다.
④ Athens와 Thebes의 연합군을 격퇴했다.
⑤ 그리스 본토를 통합했다.

31

The Code of Hammurabi에 관한 다음 글의 내용과 일치하지 않는 것은?

The Babylonian emperor Hammurabi, who ruled Mesopotamia from about 1792 to about 1750 B.C., is best known for the code of laws that bears his name, one of the earliest law codes yet discovered. His main concern was to maintain order in his empire through authority, which answered the needs of his people. To that effect, he gave his subjects a complex law code. Its 282 decrees, collectively termed the Code of Hammurabi, were inscribed on stone stelae or columns and erected in many places. One was discovered in Persian Susa in the nineteenth century and is now in the Louvre in Paris.

The code dealt primarily civil affairs such as marriage and inheritance, family relations, property rights, and business practices. Criminal offenses were punished with varying degrees of severity, depending on the social status of the offender and the victim. There were clear distinctions between the rights of the upper classes and those of commoners. Payments are generally allowed as restitution for damage done to commoners by nobles. A commoner who causes damage to a noble, however, might have to pay with his head. Trial by ordeal, retribution by retaliatory action, and capital punishment were common practices. But judges distinguished between intentional and unintentional injuries, and monetary fines were normally used as punishment where no malicious intent was manifested. The "eye for an eye" morality often associated with Hammurabi's code was relatively restricted in application and applied only to crimes committed by and against social equals.

① 법전이 새겨진 비석이 19세기에 발견됐다.
② 법전은 형법을 주로 다뤘다.
③ 신분에 따라 동일 범죄에 대한 처벌이 달랐다.
④ 사형제도가 포함됐다.
⑤ 재판관들은 상해의 고의성 여부를 구별했다.

32

다음 글의 제목으로 가장 적절한 것은?

People can actually do two or more things at once, such as walk and talk, or chew gum and read a map; but, like computers, what we can't do is focus on two things at once. Our attention bounces back and forth. This is fine for computers, but it has serious repercussions in humans. Two airliners are cleared to land on the same runway. A patient is given the wrong medicine. A toddler is left unattended in the bathtub. What all these potential tragedies share is that people are trying to do too many things at once and forget to do something they should do. When you try to do two things at once, you either can't or won't do either well. If you think multitasking is an effective way to get more done, you've got it backward. It's an effective way to get less done.

① Fallacy of Multitasking
② The ABCs of Multitasking
③ Multitasking : Why and How
④ Coping Strategies for Multitasking Demands
⑤ Simple Truth behind Great Results : Multitasking

33

다음 글의 주제로 가장 적절한 것은?

Divorce statistics are often used as a measure of family disorganization, and the present high divorce rate is cited as proof that the U.S. family is in serious trouble. However, higher divorce rates today than in the past are not entirely the result of more family unhappiness. In earlier generations, many couples avoided divorce even though their married life was unhappy. They avoided it because it meant social ostracism or, in the case of women, poverty because there were few opportunities for them to earn a good living. As the possibilities for divorced people increased and it became easier to get divorces, more unhappy couples have chosen this route.

① uses of divorce statistics

② collection of divorce statistics

③ reasons why people get divorced

④ cautious interpretation of divorce statistics

⑤ coping with divorce and family breakdown

34

다음 글의 요지로 가장 적절한 것은?

When infant mortality rates are high, as they are in much of the developing world, parents tend to have high numbers of children to ensure that some will survive to adulthood. There has never been a sustained drop in birth rates that was not first preceded by a sustained drop in infant mortality. One of the most important distinctions in our demographically divided world is the high infant mortality rates in the less-developed countries. Better nutrition, improved health care, simple oral rehydration therapy, and immunization against infectious diseases have brought about dramatic reductions in infant mortality rates, which have been accompanied in most regions by falling birth rates. It has been estimated that saving 5 million children each year from easily preventable communicable diseases would avoid 20 or 30 million extra births.

① Infant mortality rates affect birth rates.

② Infant mortality around the world is declining very rapidly.

③ Disparities of wealth are reflected in infant mortality rates.

④ A primary cause of infant mortality is poor quality of water.

⑤ Good prenatal care has been linked to reduced infant mortality.

35

Yet, despite its ubiquity, astronomers have no real idea what constitutes dark matter.

Dark matter is measurable; it is just not visible. (①) It is invisible because it is 'dark.' (②) Astronomers infer the presence of dark matter because it explains how galaxies manage to hold themselves together, how gravitational lenses work and the observed temperature distribution of hot gas seen in galaxy clusters. (③) The conclusion is that over 80 per cent of the mass of the Universe is in a form we simply can't see. (④) It may include subatomic particles such as heavy neutrinos or other hypothetical particles like axions. (⑤) Some of it may be locked up in objects that simply elude detection. Currently, astronomers believe most dark matter consists of new elementary particles called weakly interacting massive particles (WIMPs), which apparently do not interact with electromagnetic radiation or atoms. They are therefore invisible to conventional means of detection.   [3점]

36

Burned-out workers sometimes depersonalize the people they need to help, thinking about them as objects or things rather than as feeling human beings.

Burnout is a special kind of psychological consequence of stress that afflicts some employees who experience high levels of work stress day in and day out for an extended period of time. It is especially likely to occur when employees are responsible for helping, protecting, or taking care of other people. Nurses, doctors, social workers, teachers, lawyers, and police officers are at risk for developing burnout due to the nature of their jobs. (①) Three key signs of burnout are feelings of low personal accomplishment, emotional exhaustion, and depersonalization. (②) Burned-out workers often feel that they are not helping others or accomplishing as much as they should be. (③) Emotionally they are worn out from the constant stress of dealing with people who are sometimes in desperate need of assistance. (④) A burned-out social worker, for example, may think about a foster child in need of a new one as a case number rather than as a very scared 12-year-old. (⑤) This psychological consequence may lead to a behavioral consequence when the burned-out social worker treats the child in a cold and distant manner.

37

Historically, rational analytic approaches are often seen as providing superior outcomes compared with intuition, although this decision-making process is much slower.

(A) These types of tasks are common in human resource management, strategic, aesthetic, and investment decisions. In short, intuition is most effective when experts are performing judgmental and holistic tasks.

(B) Hence, some talk about a speed versus effectiveness trade-off in decision making. Intuitions, however, can yield better outcomes than rational models depending on the level of the experience of the decision maker and the nature of the task at hand.

(C) Put simply, individuals who have a lot of experience (i.e., experts) in a particular area are primed to be more effective with intuition than rational decision making depending on the type of task they face. Experts, in general, are most effective in their use of intuitive decision making when the task at hand is one where there is more than one right answer or where the task cannot easily be subdivided into smaller chunks.

① (A) - (B) - (C)
② (B) - (A) - (C)
③ (B) - (C) - (A)
④ (C) - (B) - (A)
⑤ (C) - (A) - (B)

38

Today, we are all aware that the ability of airline cabin crew, pilots, flight attendants, and so on to communicate effectively with each other and with passengers is vital to prevent crises.

(A) Because of this, and other dangerous incidents that resulted from poor communication, Federal Aviation Administration made assertiveness and sensitivity training for all airline crew members mandatory to ensure they have the ability to communicate effectively.

(B) Federal Aviation Administration investigators determined that the crash resulted in part because the copilot failed to tell the pilot about problems with engine power readings that were caused by ice on the engine sensors.

(C) A tragic example that demonstrated the way effective communication is so important on an airliner occurred when an Air Florida 737 plane crashed into a bridge over the Potomac River after taking off from National Airport in Washington, D.C.

① (A) - (C) - (B)
② (B) - (C) - (A)
③ (B) - (A) - (C)
④ (C) - (A) - (B)
⑤ (C) - (B) - (A)

From childhood on, social interactions, whether within the family or with other groups, provide the context within which the majority of food experiences occur, and hence by which learning of food likes is (a) facilitated. The pleasure associated with such interactions — the festivity of a meal shared with friends, for example — may represent just as positive a conditioning stimulus for a new food flavor as sweetness. Thus, it may be that our estimation of the food at a restaurant has as much to do with the (b) social environment as it does with the chef's skills. In children, pairing foods with the presence of friends, a liked celebrity, or attention by adults all increase liking for those foods, no doubt reflecting the positive value of each of these groups to the child. This process is strongly evident in the (c) relative impact of different social interactions on the food preferences of children. Surprisingly, despite the enormous opportunities in a family for exposing children to the foods eaten by the parents, parental preferences are (d) strong predictors of child food preferences; in fact, they are no better predictors than the preferences of other adults. This suggests that the extent to which these sets of preferences are related has more to do with the wider culture than with any specific food habits within the family. A child's food likes and dislikes are much more likely to be associated with those of peers, especially specific friends, than those of its parents. The ultimate impact of social facilitation of food choice is that the liking eventually becomes (e) internalized. That is, foods chosen because others do so become liked for their own sensory properties.

39

윗글의 제목으로 가장 적절한 것은?

① Cravings for Sweets
② Yum! : Innate Reponses to Food
③ Conditioning Stimulus for New Flavors
④ Judicious Food Choice for Child Rearing
⑤ How is Food Preference Socially Constructed?

40

밑줄 친 (a)~(e) 중에서 문맥상 낱말의 쓰임이 가장 적절하지 않은 것은? [3점]

① (a)　　　　　　② (b)
③ (c)　　　　　　④ (d)
⑤ (e)

[41~42] 다음 글을 읽고 물음에 답하시오.

(A) Meerkats might not be the biggest animals on the African plains, nor appear to boast any particularly formidable weapons, like the rhino's horn, or impressive skills, like the cheetah's speed.

(B) Some of these subterranean networks can play host to up to 50 or so individuals, though an average colony is about half this size, with two or three families living together communally. A type of mongoose, they are equipped with sharp, curved claws used for digging and self-defence, as well as acute vision, which comes in very handy for spotting danger. In fact, when they do venture out of their burrows to search for food, there will always be at least one meerkat that stands sentry — often on a rock or in a bush — primarily looking to the skies for their number-one enemy : birds of prey.

(C) As soon as any threat is detected, the lookout will give a shrill warning bark and the others will immediately make a dash for a nearby bolthole or other cover. It's thought that meerkats have dozens of different calls to signify a range of threats. As well as hunting together over a territorial range, meerkats also share childcare duties. Typically, only the colony's alpha pair will mate, but all the others pitch in to babysit, rooming and feeding the pups, as well as demonstrating valuable life skills, like where to find food, play-fighting and which parts of a scorpion to eat.

(D) Nevertheless, through a combination of hardy biology, smart tricks and a unique community spirit, these mammals have adapted perfectly to their harsh environment. They escape the most extreme temperatures of southern Africa — as well as the vast majority of predators who'd like to make a meal of them — by living in underground burrows.

* sentry 보초, 감시자

41

주어진 글 (A)에 이어질 내용을 순서에 맞게 배열한 것으로 가장 적절한 것은?

① (B) - (C) - (D)
② (C) - (D) - (B)
③ (C) - (B) - (D)
④ (D) - (C) - (B)
⑤ (D) - (B) - (C)

42

윗글의 내용과 일치하지 <u>않는</u> 것은?

① 미어캣은 몽구스의 한 종류이다.
② 미어캣은 일반적으로 독립적인 생활을 한다.
③ 미어캣은 땅을 파거나 자기방어를 위한 뾰족한 발톱이 있다.
④ 미어캣은 우두머리만 짝짓기를 한다.
⑤ 미어캣은 위협이 있을 경우 보초가 즉시 동료에게 알린다.

[가] Two researchers reported that after college students listened to a Mozart piano sonata they scored higher on a spacial reasoning test. Soon after this observation made the news, doting parents were playing Mozart for their babies around the clock. Obviously, they hoped that, like the college students, their babies would become smarter. However, parents should be suspicious of any practice that claims to offer such magical benefits.

[나] What does the evidence suggest? A few studies have found small increases in spatial intelligence following exposure to Mozart's music. However, most researchers have been unable to ___(A)___ the effect.

[다] A major ___(B)___ with the "Mozart effect" is that the original experiment was done with adults; it tells us nothing about infants. Also, the study didn't test other styles of music. Why not use the music of Bach or Schubert for that matter? An even more important question is, Does the Mozart effect actually exist?

[라] Why do some studies support the effect and others disconfirm it? Most studies have compared students who heard music to students who rested in silence. However, two psychologists found that listening to a narrated story also improves test scores. This is especially true for students who like listening to stories. Thus, students who scored higher after listening to Mozart were just more alert or in a better mood.

43

주어진 글 [가]에 이어질 내용을 순서에 맞게 배열한 것으로 가장 적절한 것은? [3점]

① [나] - [라] - [다]
② [다] - [나] - [라]
③ [다] - [라] - [나]
④ [라] - [나] - [다]
⑤ [라] - [다] - [나]

44

윗글의 제목으로 가장 적절한 것은?

① Mozart Effect : Nothing Magical
② Mozart : The Making of a Prodigy
③ Why is Classical Music Good for Babies?
④ Mozart's Sonatas : The Highest Musical Fidelity
⑤ Mozart's Music and Its Pedagogical Implications

45

윗글의 빈칸 (A), (B)에 들어갈 말로 가장 적절한 것은?

	(A)	(B)
①	support	concern
②	duplicate	benefit
③	duplicate	problem
④	disconfirm	benefit
⑤	disconfirm	problem

CHECK

확인 ☑ 문제는 고1 과정인 「수학」 과목 영역에 속하는 문제이지만, 과목 및 단원 간 연계 문제로 출제될 수 있는 문제입니다. 반드시 풀어 보고, 관련 개념을 한 번 더 확인하세요!

01

실수 x에 대하여 $2^{3x} = 9$일 때, $3^{\frac{2}{x}}$의 값은?　[3점]

① 4　　　　② 8　　　　③ 16

④ 32　　　　⑤ 64

02

$x > 1$일 때, $\log_x 1000 + \log_{100} x^4$이 $x = a$에서 최솟값 m을 갖는다. $\log_{10} a^m$의 값은?　[3점]

① 6　　　　② 7　　　　③ 8

④ 9　　　　⑤ 10

03

실수 x에 대하여 $f(x) = \lim\limits_{n \to \infty} \dfrac{x^{2n+1} - 2x^{2n} + 1}{x^{2n+2} + x^{2n} + 1}$일 때,

$\lim\limits_{x \to -1-} f(x) = a$, $\lim\limits_{x \to 1-} f(x) = b$라 하자. $\dfrac{b}{a+2}$의 값은?　[3점]

① $-\dfrac{1}{4}$　　　② $-\dfrac{1}{2}$　　　③ $\dfrac{1}{2}$

④ 2　　　　⑤ 4

 04

$\sum\limits_{k=308}^{400} {}_{400}C_k \left(\dfrac{4}{5}\right)^k \left(\dfrac{1}{5}\right)^{400-k}$의 값을 아래 표준정규분포표를 이용하여 구한 것은?　[3점]

z	$P(0 \le Z \le z)$
0.5	0.1915
1.0	0.3413
1.5	0.4332
2.0	0.4772

① 0.6826　　　② 0.7745　　　③ 0.8664

④ 0.9332　　　⑤ 0.9772

05

자연수 k에 대하여 $a_k = \lim\limits_{n \to \infty} \dfrac{5^{n+1}}{5^n k + 4k^{n+1}}$ 이라 할 때,

$\sum\limits_{k=1}^{10} ka_k$의 값은? [4점]

① 16　　　② 20　　　③ 21

④ 25　　　⑤ 50

06 확인 ☑

집합 $A = \{1,\ 2,\ 3,\ 4,\ 5\}$에서 A로의 함수 중에서 $f(1) - 1 = f(2) - 2 = f(3) - 3$을 만족하는 함수 f의 개수는? [4점]

① 25　　　② 50　　　③ 75

④ 100　　　⑤ 125

07

실수 t에 대하여 $f(x) = x + t$라 할 때, 직선 $y = f(x)$가 곡선 $y = |x^2 - 4|$와 만나는 점의 개수를 $g(t)$라 하자. 함수 $y = g(x)$의 그래프와 직선 $y = \dfrac{x}{2} + 2$가 만나는 점의 개수는? [4점]

① 1　　　② 2　　　③ 3

④ 4　　　⑤ 5

08

전체집합 $U = \{1,\ 2,\ 3,\ 4,\ 5\}$의 두 부분집합 A, B에 대하여 $A - B = \{1\}$을 만족하는 모든 순서쌍 $(A,\ B)$의 개수는? [4점]

① 81　　　② 87　　　③ 93

④ 99　　　⑤ 105

09

다항함수 $f(x)$가 모든 실수 x에 대하여

$$\int_0^x (x-t)^2 f'(t)dt = \frac{3}{4}x^4 - 2x^3$$

을 만족한다. $f(0)=1$일 때, $\int_0^1 f(x)dx$의 값은? [4점]

① 1　　　　　② 2　　　　　③ 3

④ $-\frac{1}{2}$　　　　⑤ $-\frac{1}{3}$

네 정수 a, b, c, d에 대하여 $a^2 + b^2 + c^2 + d^2 = 17$을 만족하는 a, b, c, d의 모든 순서쌍 (a, b, c, d)의 개수는?

[4점]

① 124　　　　② 144　　　　③ 164

④ 184　　　　⑤ 204

11

삼차함수 $P(x) = ax^3 + bx^2 + cx + d$가 $0 \le x \le 1$인 모든 실수 x에 대하여 $|P'(x)| \le 1$을 만족할 때, a의 최댓값은?(단, a, b, c, d는 실수이다) [4점]

① $\frac{4}{3}$　　　　② $\frac{5}{3}$　　　　③ 2

④ $\frac{7}{3}$　　　　⑤ $\frac{8}{3}$

12

두 실수 a, b와 최고차항의 계수가 1인 삼차함수 $f(x)$에 대하여 함수 $g(x)$를

$$g(x) = \begin{cases} a & (x < -1) \\ |f(x)| & (-1 \le x \le 5) \\ b & (x > 5) \end{cases}$$

라 하자. $g(x)$가 $x = -1$, $x = 5$에서 미분가능할 때, 〈보기〉에서 옳은 것만을 있는 대로 고른 것은? [4점]

┤ 보 기 ├

ㄱ. $f(x)$는 $x = -1$에서 극댓값을 갖는다.

ㄴ. $f(9) = 0$이면 $a > b$이다.

ㄷ. $a = b$이면 $f(0) = 46$이다.

① ㄱ　　　　② ㄴ　　　　③ ㄱ, ㄷ

④ ㄴ, ㄷ　　　⑤ ㄱ, ㄴ, ㄷ

13

한 개의 주사위를 세 번 던질 때, 나온 눈의 수를 차례로 a, b, c라 하고, 함수 $f(x)$를

$f(x) = (a-3)(x^2 + 2bx + c)$로 정의하자.

함수 $g(x) = \begin{cases} 1 & (x > 0) \\ 0 & (x \le 0) \end{cases}$ 에 대하여 합성함수 $(g \circ f)(x)$

가 실수 전체의 집합에서 연속일 확률은? [4점]

① $\dfrac{17}{72}$ 　　② $\dfrac{7}{24}$ 　　③ $\dfrac{25}{72}$

④ $\dfrac{29}{72}$ 　　⑤ $\dfrac{11}{24}$

14

최고차항의 계수가 1인 삼차함수 $f(x)$와 양수 a가 다음 조건을 만족할 때, a의 값은? [4점]

(가) 모든 실수 t에 대하여 $\displaystyle\int_{a-t}^{a+t} f(x)dx = 0$이다.

(나) $f(a) = f(0)$

(다) $\displaystyle\int_0^a f(x)dx = 144$

---

① $2\sqrt{6}$ 　　② $3\sqrt{6}$ 　　③ $4\sqrt{6}$

④ $5\sqrt{6}$ 　　⑤ $6\sqrt{6}$

15

두 곡선 $y = x^3 + 4x^2 - 6x + 5$, $y = x^3 + 5x^2 - 9x + 6$이 만나는 점의 x좌표를 α, $\beta(\alpha < \beta)$라 할 때, 곡선 $y = 6x^5 + 4x^3 + 1$과 두 직선 $x = \alpha$, $x = \beta$와 x축으로 둘러싸인 부분의 넓이는 $a\sqrt{5}$이다. 자연수 a의 값은? [4점]

① 160 　　② 162 　　③ 164

④ 166 　　⑤ 168

16

사차함수

$f(x) = k(x-1)(x-a)(x-a+1)(x-a+2)\,(k > 0)$

이 다음 조건을 만족시킨다.

(가) 사차방정식 $f(x) = 0$은 서로 다른 세 실근을 갖는다.

(나) 함수 $f(x)$의 두 극솟값의 곱은 25이다.

두 상수 a, k에 대하여 ak의 값은? [4점]

① 30 　　② 40 　　③ 45

④ 50 　　⑤ 60

17

임의의 두 실수 x, y에 대하여
$f(x-y)=f(x)-f(y)+3xy(x-y)$를 만족시키는 다항함수 $f(x)$가 $x=2$에서 극댓값 a를 갖는다. $f'(0)=b$일 때, $a-b$의 값은? [5점]

① 2   ② 4   ③ 6

④ 8   ⑤ 10

18

1부터 12까지의 모든 자연수를 임의로 나열하여 a_1, a_2, a_3, $\cdots$, a_{12}라 할 때, $|a_1-a_2|+|a_2-a_3|+|a_3-a_4|+\cdots+|a_{11}-a_{12}|$의 최댓값은? [5점]

① 67   ② 68   ③ 69

④ 70   ⑤ 71

19

두 실수 x, y가
$$\log_2(x+\sqrt{2}\,y)+\log_2(x-\sqrt{2}\,y)=2$$
를 만족할 때, $|x|-|y|$의 최솟값은? [5점]

① $\dfrac{\sqrt{2}}{4}$ ② $\dfrac{1}{2}$ ③ $\dfrac{\sqrt{2}}{2}$

④ 1   ⑤ $\sqrt{2}$

20 확인 ☑

두 양수 a, b가 $\dfrac{1}{a}+\dfrac{1}{b}\leq 4$, $(a-b)^2=16(ab)^3$을 만족할 때, $a+b$의 값은? [5점]

① 1   ② $\sqrt{2}$ ③ 2

④ $2\sqrt{2}$ ⑤ 4

㉑

삼차방정식 $x^3 + ax - 1 = 0 \, (a > 0)$의 실근을 r라 하자. $\displaystyle\sum_{n=1}^{\infty} r^{3n-2} = \frac{1}{2}$일 때, 양수 a의 값을 구하시오. [3점]

① 6   ② 5   ③ 2   ④ 3   ⑤ 4

㉒

상자 A에 검은 공 2개와 흰 공 2개가 들어 있고, 상자 B에 검은 공 1개와 흰 공 3개가 들어 있다. 두 상자 A, B 중 임의로 선택한 하나의 상자에서 공을 1개 꺼냈더니 검은 공이 나왔을 때, 그 상자에 남은 공이 모두 흰 공일 확률을 $\dfrac{q}{p}$라 하자. $p+q$의 값을 구하시오(단, 모든 공의 크기와 모양은 같고, p와 q는 서로소인 자연수이다). [4점]

① 9   ② 8   ③ 5   ④ 3   ⑤ 4

23

자연수 n에 대하여 $\left| n - \sqrt{m - \dfrac{1}{2}} \right| < 1$을 만족하는 자연수 m의 개수를 a_n이라 하자. $\dfrac{1}{100}\displaystyle\sum_{n=1}^{100} a_n$의 값을 구하시오. [4점]

① 102   ② 103   ③ 201   ④ 202   ⑤ 203

24

자연수 n에 대하여 $S_n = \displaystyle\sum_{k=1}^{n} \dfrac{1}{\sqrt{2k+1}}$이라 할 때, S_{180}의 정수 부분을 구하시오. [4점]

① 13   ② 14   ③ 15   ④ 16   ⑤ 17

㉕

함수 $f(x)$를
$$f(x) = \begin{cases} \dfrac{[x]^2 + x}{[x]} & (1 \le x < 3) \\ \dfrac{7}{2} & (x \ge 3) \end{cases}$$
이라 하자. 함수 $f(x)$와 $a \ge 3$인 실수 a에 대하여
$$g(a) = \lim_{n \to \infty} \frac{f(a) + f\left(a - \dfrac{2}{n}\right) + f\left(a - \dfrac{4}{n}\right) + \cdots + f\left(a - \dfrac{2(n-1)}{n}\right)}{n}$$
이라 할 때, $8 \times g(3)$의 값을 구하시오(단, $[x]$는 x보다 크지 않은 최대 정수이다). [5점]

① 33   ② 43   ③ 53   ④ 23   ⑤ 13

2026

경찰대학

7개년

★ ★
★ ★

기출문제 다잡기

점수 CHECK!	1회독	2회독	3회독
국어영역 공통			
영어영역 공통			
수학영역 공통			

2019학년도

기출문제
다 잡 기

※ 점수 표시가 없는 문항은 모두 2점

01

다음 중 어법에 맞고 가장 자연스러운 것은?

① 영수는 웃으면서 다가오는 다희의 손을 잡았다.

② 이 샴푸는 두피 건강과 비듬에 좋은 제품입니다.

③ 동일 하자로 고장 발생 시 3회까지는 무료로 수리해 드립니다.

④ 체중 관리를 위해 주중에는 헬스를, 주말에는 북한산에 오른다.

⑤ 서울을 떠나 대전을 경유한 열차가 곧 우리 역에 도착되겠습니다.

02

구어체를 문어체로 수정한 것으로 가장 적절한 것은?

① 가족과 함께 지낼 수 있었단 게 가장 큰 기쁨이었다.

→ 가족과 함께 지낼 수 있었다는 게 가장 큰 기쁨이었다.

② 수많은 군중들이 뭘 해야 할지 몰라 우왕좌왕하고 있다.

→ 수많은 군중들이 무얼 해야 할지 몰라 우왕좌왕하고 있다.

③ 대통령하고 사무총장이랑 만나서 비밀리에 의제를 상정했다.

→ 대통령하고 사무총장이 만나서 비밀리에 의제를 상정했다.

④ 끼니때가 되면 식탐이 많은 그는 늘 자기가 먼저 먹을라고 했다.

→ 끼니때가 되면 식탐이 많은 그는 늘 자기가 먼저 먹을려고 했다.

⑤ 김 과장은 최 대리보고 점심시간 전까지 보고서를 내라고 지시했다.

→ 김 과장은 최 대리에게 점심시간 전까지 보고서를 내라고 지시했다.

03

〈보기〉를 바탕으로 모음 변동을 이해한 내용으로 적절한 것은?

┤ 보 기 ├

[국어의 단모음 분류표]

구분	전설 모음		후설 모음	
	평순 모음	원순 모음	평순 모음	원순 모음
고모음	ㅣ	ㅟ	ㅡ	ㅜ
중모음	ㅔ	ㅚ	ㅓ	ㅗ
저모음	ㅐ		ㅏ	

① '그리고 > 그리구'에서의 모음 변동은 입술 모양만 달라지는 변동이군.

② '지팡이 > 지팽이'에서의 모음 변동은 혀의 전후 위치만 달라지는 변동이군.

③ '블 > 불'에서의 모음 변동은 혀의 전후 위치와 입술 모양이 달라지는 변동이군.

④ '거죽 > 가죽'에서의 모음 변동은 혀의 높낮이와 입술 모양이 달라지는 변동이군.

⑤ '윗어른 > 웃어른'에서의 모음 변동은 혀의 전후 위치와 입술 모양이 달라지는 변동이군.

04

〈보기〉의 ⓐ∼ⓕ에 대한 설명으로 적절한 것은? [3점]

┤ 보 기 ├

제2절 구개음화

제6항 'ㄷ, ㅌ' 받침 뒤에 ⓐ 종속적 관계를 가진 '(-)이
(-)'나 '-히-'가 올 적에는 그 'ㄷ, ㅌ'이 'ㅈ, ㅊ'으
로 소리 나더라도 'ㄷ, ㅌ'으로 적는다(ㄱ을 취하
고, ㄴ을 버림).

ㄱ	ㄴ	ㄱ	ㄴ
ⓑ 맏이	마지	ⓒ	할치다
해돋이	해도지	걷히다	거치다
굳이	구지	닫히다	다치다
ⓓ 같이	가치	묻히다	무치다
ⓔ 끝이	끄치	ⓕ	훌치다

① ⓐ는 모두 단어가 될 수 없는 형태소에 해당하는군.
② ⓑ와 ⓒ는 어근이 ⓐ와 결합하여 모두 새로운 품사로 바뀐 것이군.
③ ⓒ에 들어갈 어형은 접미사 '-이-'가 결합해 생긴 것이군.
④ ⓓ, ⓔ를 보니 선행 음절의 받침이 같아도 구개음은 다르게 실현되는군.
⑤ ⓕ에 들어갈 어형으로는 '훑히다'가 있군.

05

〈보기〉의 ㉠∼㉢에 해당하는 것으로 적절한 것은?

┤ 보 기 ├

어떤 형태소가 그 주위 환경에 따라 음상(音相)이 달라지는 현상을 교체(交替)라고 하며, 교체를 통해 원래의 모습과 다르게 나타나는 형식들 각각을 그 형태소의 이형태(異形態)라고 한다. 가령, '믿다'의 '믿-'의 경우, '믿고, 믿어'에서는 [믿-]으로 나타나나 '믿는다'에서는 [민-]으로 나타난다. 즉, '믿-'은 {믿-}과 {민-}을 그 이형태로 갖는 것이다. 마찬가지로, '값이, 값도, 값만'과 같은 경우의 '값'은 각각 {㉠}, {㉡}, {㉢}의 이형태를 갖는다.

	㉠	㉡	㉢		㉠	㉡	㉢
①	갑	갑	갑	②	갑	값	감
③	갑	값	감	④	값	갑	감
⑤	값	감	감				

06

〈보기〉의 ㉠∼㉢에 대한 설명으로 적절하지 <u>않은</u> 것은?

[3점]

┤ 보 기 ├

㉠ 빨랫줄[빨래쭐/빨랟쭐]
㉡ 빨래집게[빨래집께]
㉢ 빨래터[빨래터]

※ [　]는 표준 발음법에 따른 발음임

① ㉠, ㉡, ㉢은 모두 복합어에 속한다.
② ㉠, ㉡, ㉢은 모두 직접 구성 요소 중 앞의 요소가 뒤의 요소를 꾸민다.
③ ㉠, ㉡에는 사잇소리 현상으로 인한 경음화가 존재한다.
④ ㉠, ㉢을 이루는 각각의 직접 구성 요소들은 모두 어근이다.
⑤ ㉡을 이루는 구성 요소의 총수는 세 개다.

07

〈보기〉의 ㉠에 해당하는 단어가 쓰인 문장이 <u>아닌</u> 것은?

┤ 보 기 ├

우리말의 명사형 어미 '-ㅁ/음'과 '-기'는 용언 어간에 붙어 그 용언이 문장에서 명사와 같은 역할을 하게 만든다. 그런데 파생 접미사 중에도 '-ㅁ/음'과 '-기'가 있어서 ㉠ 용언의 명사형과 파생명사가 같은 모양이 되어 그 둘을 혼동하기 쉽다.

① 자신을 <u>믿음</u>으로써만이 흔들리지 않고 나아갈 수 있다.
② 중임을 맡기기에는 아직 그가 <u>젊음</u>도 고려해야만 한다.
③ 영수는 선하게 <u>웃음</u>으로써 자신을 비난하는 이들을 멋쩍게 했다.
④ 과묵한 그는 상대의 약점을 잘 <u>앎</u>에도 불구하고 절대 내색하지 않았다.
⑤ 남에게 진 신세에 대하여 적절한 <u>갚음</u>을 하는 것은 매우 어려운 일이다.

08

〈보기〉의 특성을 가진 단어가 사용된 문장만으로 짝 지은 것은?

┤보 기├

가. 선행 용언과 연결되어 그 뜻을 보충한다.
나. 선행 용언의 어미는 대체로 '-아/어, -게, -지, -고'로 한정되나 '-ㄴ/은가, -ㄹ/을까, -(으)면' 등이 오기도 한다.

① ┌ 밖의 날씨가 매우 더운가 보다.
   └ 이 부분을 소리 내어 읽어 보렴.

② ┌ 공을 차다 장독을 깨 먹었다.
   └ 여름철에는 음식물을 잘 익혀 먹자.

③ ┌ 막내 동생이 참 예쁘게 생겼다.
   └ 한겨울에 길바닥에 나앉게 생겼구나.

④ ┌ 이것 말고 저것을 주시오.
   └ 최선을 다해서 좋은 성적을 얻고 말겠다.

⑤ ┌ 이것 좀 너희 아버지께 가져다 드리렴.
   └ 나는 주말마다 어머니 일을 거들어 드린다.

09

〈보기〉의 설명을 바탕으로, ㉠과 ㉡에 해당하는 〈자료〉의 용례들을 바르게 짝 지은 것은?

┤보 기├

우리는 어떤 대상을, 그것의 속성과 밀접한 관계가 있는 다른 말을 빌려서 표현하기도 한다. 가령, '손이 모자라다.'의 '손'은 ㉠ 대상의 일부로 그 전체를 나타낸 것이며, 우리 민족을 '흰옷'으로 표현한 것은 ㉡ 대상과 관련된 속성으로 그 대상 자체를 나타낸 것이다.

┤자 료├

가. 주전자가 끓는다.
나. 그 친구를 전화번호부 속에서 찾아냈다.
다. 그 대학에는 훌륭한 두뇌들이 모여 있다.
라. 이번 전국 대회에서는 우리 학교가 우승했다.
마. 당시 청년들은 군홧발에 짓밟히면서도 자유를 외쳤다.

    ㉠   ㉡
① 가, 나   다, 라
② 나, 다   마
③ 다   마
④ 다, 마   가
⑤ 라   나, 마

10

〈보기〉를 참고할 때 ㉠과 같은 것으로 적절하지 <u>않은</u> 것은?

┤보 기├

무더운 여름날 선생님께서 창문이 닫혀 있는 교실에 들어오셔서 학생들에게 "덥구나."라고 하셨다. 이때 발화된 문장은 실제로 '방이 덥다'는 평서문의 의미뿐만 아니라 '창문을 열라'는 '명령'의 의미로도 해석된다. 따라서 이 발화를 들은 누군가가 창문을 열 수도 있다. 이렇듯 ㉠ <u>담화 상황에서는 발화된 문장의 유형과 그 발화의 의도가 일치하지 않는 경우가 있다.</u>

① ┌ 상황 : 실수를 저지른 신입 사원에게 상사가
   └ 발화 : 다음번에는 잘 해.

② ┌ 상황 : 친구와 놀다가 늦게 들어온 아이에게 어머니가
   └ 발화 : 도대체 지금 몇 시니?

③ ┌ 상황 : 비 오는 날 어머니께서 현관문에 둔 우산을 가리키며
   └ 발화 : 비가 많이 오는구나.

④ ┌ 상황 : 계산대 앞에서 주머니를 뒤적이며 친구에게
   └ 발화 : 어, 지갑을 까먹고 안 가지고 왔네.

⑤ ┌ 상황 : 밤늦게 음악을 크게 틀어 놓고 있는 룸메이트에게
   └ 발화 : 잠 좀 자자.

〈보기〉의 ㉠~㉤에 나타난 중세 국어의 특징을 파악한 내용으로 적절한 것은?

┤ 보 기 ├
• ㉠곳 ㉡됴코 여름 하ᄂᆞ니 (제2장)
• 내히 이러 ㉢바ᄅᆞ래 가ᄂᆞ니 (제2장)
• ㉣狄人ㅅ서리예 ㉤가샤 (제4장)
— 「용비어천가(龍飛御天歌)」

① ㉠은 팔종성법이 철저하게 지켜진 예이다.
② ㉡은 축약을 통한 음절 수 감소가 발생한 예이다.
③ ㉢은 분철 표기가 준수된 예이다.
④ ㉣은 주격 조사로 'ㅅ'이 실현된 예이다.
⑤ ㉤은 동사 어간에 주체 높임 선어말어미 '-시-'가 결합한 것이다.

[12~14] 다음 글을 읽고 물음에 답하시오.

내가 좋아하는 사람의 취향이 어느 순간 나의 취향이 되어서 그가 좋아하는 물건을 좋아하거나 즐겨 부르는 노래를 따라 부르는 자신을 발견할 때가 있다. 중요한 물건을 살 때 인터넷에서 타인의 경험담을 참조하거나 그 분야에 능통한 주변인을 곁눈질하는 경우도 많다. 이처럼 우리의 모든 행동에는 눈에 보이지는 않지만 항상 타인이 개입되어 있다. 다시 말해 우리는 늘 타인을 모방함으로써 자신의 욕망을 채운다.

이렇듯 타인의 욕망에 대한 모방에서 우리의 욕망이 생겨난다는 점을 주목한 이가 르네 지라르(René Girard)이다. 그는 ㉠인간이 갖는 욕구와 욕망을 철저하게 분리하였는데, 그에게 욕구는 본능적으로 실제 대상을 향하는 실질적인 것인 반면, 욕망은 실제 대상 그 자체보다는 그 대상과 관련된 것을 향하는 관념적인 것이다. 이러한 구분에 입각하여 지라르가 전개한 모방 이론은 욕망의 구조에 대한 새로운 시각을 열어 줌으로써 인간 내면에 대한 새로운 지평을 개척했다. 특히 이 이론은 인간 내면을 탐구하는 심리학에도 지대한 영향을 끼쳤는데, 강력한 영향력을 행사해 온 프로이트의 심리학과는 전혀 다른 시각을 보인다. 즉 욕망이 주체의 타고난 본능에서 나온다거나, 욕망을 대상에서 나오는 자연 발생적인 것으로 보는 프로이트의 시각이 주된 비판의 대상이 된다.

무엇보다 중요한 차이는 프로이트가 욕망의 주체 내부에서 나오는 리비도를 중시했던 반면, 지라르는 욕망하는 이의 모방 행위 그 자체를 중시한다는 것이다. 이러한 차이에 입각하여 지라르는 어떤 이가 주체적으로 특정 대상을 욕망한다고 믿는, 즉 '자발적 욕망'이라는 환상을 믿는 것은 바로 프로이트의 '낭만적 거짓'에 현혹되었기 때문이라고 보았다. 지라르는 대상을 소유하거나 밀접하게 관련을 맺는 ㉡중개자를 통해서만이 욕망의 주체가 대상을 욕망할 수 있다고 보는 '비자발적 욕망'을 강조한 것이다.

또한 지라르는 프로이트 심리학에서 벗어나 '모방'을 중심으로 인간 내면을 분석하는 '새로운 심리학'의 필요성을 역설한다. 이러한 주장은 자연스럽게 '개인'과 '자아'의 개념을 수정하는 데에 이른다. 즉, "심층적으로 보면 나의 비밀과 타인의 비밀 사이의 차이는 없다. 한 사람의 심층적 자아는 보편적 자아라고 할 수 있다."라고 언급한다.

이러한 지라르의 모방 이론을 임상에 적용해 큰 효과를 입증한 정신의학자 장-미셸 우구를리엥(Jean-Michel Oughourlian)은 고정된 것으로 간주되던 과거의 '자아' 개념을 수정한다. 그는 "진정한 심리학적 사실은 한 개인에게 있는 것이 아니라 두 사람 사이의 관계에 있으며, 주변 사람들과의 대칭적 교환과 만남의 한가운데에서 일어나는 지속적 창조 행위의 결과가 우리의 자아"라고 주장한다.

그가 생각하는 인간은 타인과의 만남에 영향을 받는 존재다. 이 영향을 구체적으로 말하면 바로 '모방'이다. 심리를 변화시키는 움직임을 욕망이라고 보는 그는, 타인과의 관계에서 발생하는 모방적 욕망의 집결체가 바로 우리의 '자아'라고 인식한 것이다. 그런데 알다시피 인간 욕망은 새롭게 갱신되는 가변체이다. 그러므로 욕망에 의해 만들어지는 존재인 자아도 고정된 것이 아니다. 자아는 궁극적으로 유동적이고 가변적인 운동 상태에 있다. 자아는 출생 시부터 결정된 것이 아니다. 기존 심리학과 갈라서게 되는 결정적 지점이 바로 이곳이다.

자아가 더 이상 고정 불변의 존재가 아니라는 생각은 한 사람에게 하나의 자아만이 존재한다는 통념도 수정하게 한다. 다시 말해 우리의 욕망과 마찬가지로 욕망의 산물인 자아도 타인과의 관계에서 매번 새롭게 주조되기에 인간에게는 여러 개의 자아가 있다고 볼 수도 있다. 아울러 우리가 어쩌면 통념적으로 '자아'라 칭하는 것은 습관적으로 그렇게 느끼는 것일 뿐 '실체가 없는 것'이라고도 생각할 수 있다.

12

윗글을 이해한 내용으로 적절하지 <u>않은</u> 것은?

① 지라르는 개인의 자아가 심층적 차원에서는 보편성을 띨 수 있다고 주장했다.

② 우구클리엥은 사회적 관계를 통해서 인간이 자아를 형성할 수 있다고 주장했다.

③ 주체적으로 특정 대상을 욕망한다고 믿는 것은 프로이트의 이론에 기댄 것이다.

④ 지라르는 주체와 욕망하는 대상의 직접 상호작용을 통해 욕망이 발생한다고 주장했다.

⑤ 우구클리엥은 자아가 모방을 통해 고정불변의 것이 아닌 유동적인 것이 된다고 보았다.

13

㉠을 사례를 통해 이해한 것으로 가장 적절한 것은?

① 갈증을 해소하기 위해 물을 찾는 것은 욕망에 기인한 것이다.

② 식사 시간에 메뉴를 꼼꼼히 선택하는 행위는 욕구에 기인한 것이다.

③ 칸트를 흠모하는 철학도가 매일 규칙적으로 생활하는 것은 욕망에 기인한 것이다.

④ 유년 시절의 농촌 생활을 추억하기 위해 전원주택에 살고자 하는 것은 욕구에 기인한 것이다.

⑤ 텔레비전에서 좋아하는 연예인이 입은 옷을 보고 그것을 구매하려는 것은 욕구에 기인한 것이다.

14

〈보기〉를 바탕으로 ㉡에 대해 추론한 것으로 가장 적절한 것은? [3점]

┤ 보 기 ├

욕망의 중개자는 영화의 주인공일 수도 있고 예술이거나 가치와 종교 혹은 정치적 신념 같은 것일 수도 있다. 중개자를 스승이나 영감을 주는 멘토로 인정할 때 우리는 중개자에 대해 존경하는 마음을 갖는다. 그런데 욕망의 중개자와 주체와의 거리가 가까워짐에 따라 중개자가 주체의 일상 안에 들어온 경우에는 존경의 마음이 약화된다. 특히 중개자를 통해 욕망하던 대상이 제한적일 경우, 주체는 중개자를 존경의 대상이 아닌 경쟁자나 적으로 인식하기도 한다.

① 주체가 ㉡의 절대적인 권위를 인정할 때 자신의 모방 행위를 중단하겠군.

② 욕망하는 주체와 ㉡의 심리적 거리감은 둘의 관계에 영향을 미치지 않겠군.

③ ㉡이 주체의 일상 안에 들어온 경우 욕망의 주체는 대상이 희소성을 띨수록 ㉡과 갈등 관계에 놓일 가능성이 높겠군.

④ ㉡과의 거리가 가까워질수록 욕망하던 대상에 대해 주체가 갖는 욕망은 점점 감소하겠군.

⑤ 주체가 ㉡을 자신에게 영감을 주는 대상으로 인식하면 ㉡과 경쟁 관계를 형성하겠군.

[15~19] 다음 글을 읽고 물음에 답하시오.

(가)

노주인(老主人)의 장벽(腸壁)에
무시(無時)로 ⊙ 인동(忍冬) 삼긴 물이 나린다.

ⓛ 자작나무 덩그럭 불이
도로 피어 붉고,

구석에 그늘 지어
ⓒ 무가 순 돋아 파릇하고,

ⓔ 흙냄새 훈훈히 김도 사리다가
바깥 풍설(風雪) 소리에 잠착하다.

산중(山中)에 책력(册曆)도 없이
⑩ 삼동(三冬)이 하이얗다.

　　　　　　　　　－ 정지용, 「인동차(忍冬茶)」

(나)

누룩 한 덩이가
뜨는 까닭을 알겠느냐
지 혼자 무력(無力)함에 부대끼고 부대끼다가
어디 한군데로 나자빠져 있다가
알맞은 바람 만나
살며시 더운 가슴
그 사랑을 알겠느냐

오가는 발길들 여기 멈추어
밤새도록 우는 울음을 들었느냐
지 혼자서 찾는 길이
여럿이서도 찾는 길임을
엄동설한 칼별은 알고 있나니
무르팍 으깨져도 꽃피는 가슴
그 가슴 울림 들었느냐

속 깊이 쌓이는 기다림
삭고 삭아 부서지는 일 보았느냐
지가 죽어 썩어 문드러져
우리 고향 좋은 물 만나면
덩달아서 함께 끓는 마음을 알겠느냐
춤도 되고 기쁨도 되고
해 솟는 얼굴도 되는 죽음을 알겠느냐

아 지금 감춰 둔 누룩 뜨나니
냄새 퍼지나니

　　　　　　　　　－ 이성부, 「누룩」

(다)

소나무에 호박넝쿨이 올랐다
씨앗 묻은 일도 모종한 일도 없는 호박이다

장정 셋의 하루 품을 빌려 이른 봄에 옮겨온 소나무,
뜬금없이 올라온 호박넝쿨이 솔가지를 덮쳐갔다
일개 호박넝쿨에게 소나무를 내줄 수는 없는 일
줄기를 걷어내려다 보니 애호박 하나가 곧 익겠다

싶어, 애호박 하나만 따고 걷어내기로 맘먹었다.
마침맞은 애호박 따려다 보니 넝쿨은 또 애호박을 낳고
고놈만 따내고 걷으려니 애호박은 또 애호박을 내놓는다
소나무조차 솔잎 대신 호박잎을 내다는가, 싶더니 애호

호박넝쿨은 기어이 소나무를 잡아먹고 호박나무가 되
었다

　　　　　　　　　－ 박성우, 「애호」

15

(가)~(다)에 대한 설명으로 적절하지 _않은_ 것은?

① (가)는 초연한 자세로 현실을 견뎌 내고자 하는 삶의 모습을 보여 주고 있다.

② (나)는 자기희생과 타자와의 연대를 통해, 힘든 현실을 이겨 나가려는 삶의 태도를 드러내고 있다.

③ (다)는 이질적인 대상 사이의 관계를 통해, 경계에 길들여진 인간의 의식을 반성하게 하고 있다.

④ (가)와 (나)는 자연의 생명력에 빗대어, 시련과 고통에 대응하는 삶의 자세를 상징적으로 보여 주고 있다.

⑤ (가)와 (다)는 자연의 변화가 눈앞의 현실과 지향하는 현실 사이의 대립을 초래하고 있음을 비판하고 있다.

16

시적 맥락을 고려할 때, ⊙~⑩ 중 의미가 가장 _이질적인_ 것은?

① ⊙　　　　　　　　　② ⓛ

③ ⓒ　　　　　　　　　④ ⓔ

⑤ ⑩

17

(나), (다)에 대한 설명으로 가장 적절한 것은?

① (나)와 (다)는 계절의 변화에 따른 자연의 의미를 담아내고 있다.

② (나)와 (다)는 두 개의 대상 사이의 대립을 통해 시상을 전개하고 있다.

③ (나)와 (다)는 대상의 외적 모습에서 화자의 내적 변화를 이끌어 내고 있다.

④ (나)와 달리 (다)는 반복적인 구조를 통해 주제 의식을 심화하고 있다.

⑤ (다)와 달리 (나)는 대상의 변화를 비판하는 화자의 태도를 드러내고 있다.

18

(나)의 표현상 특징으로 적절하지 <u>않은</u> 것은?

① 의문형 진술을 통하여 제재의 특징과 의미를 환기하고 있다.

② 다가올 상황을 가정하여 제재의 부정적 속성을 강조하고 있다.

③ 역설적 표현을 사용하여 주제 의식을 상징적으로 부각하고 있다.

④ 유사한 통사 구조를 반복적으로 사용하여 운율감을 형성하고 있다.

⑤ 대상을 의인화하여 현실에 대한 알레고리적 기능을 드러내고 있다.

19

〈보기〉를 바탕으로 (다)를 감상한 것으로 적절하지 <u>않은</u> 것은?

[3점]

┤ 보 기 ├

　박성우의 시는 자연과 생명의 공동체적 가치에 깊은 애착을 드러낸다. 이러한 공동체에 대한 탐구는 자본과 문명에 순응하는 인간 중심의 문화를 근본적으로 성찰하는 문제의식으로 심화된다. 즉 자연과 우주의 섭리 앞에서 모든 인간적 시점을 뒤로한 채 자연 그 자체를 주체로 세움으로써 인간과 자연의 경계를 넘어선 본연의 생명성을 보여 주고자 하는 것이다.

① "뜬금없이 올라온 호박넝쿨이 솔가지를 덮쳐갔다"는 데서, 자연 그 자체를 주체로 세움으로써 인간적 시점을 성찰하려는 화자의 태도를 보여 주는군.

② "일개 호박넝쿨에게 소나무를 내줄 수는 없는 일"이라고 생각하는 데서, 인간 중심의 문화에 대한 화자의 초월적 태도를 보여 주는군.

③ "애호박 하나만 따고 걷어내기로 맘먹"어 보지만, "애호박은 또 애호박을 내놓는다"에서, 인간의 마음으로는 거스르기 힘든 것이 자연의 섭리라는 화자의 생각을 보여 주는군.

④ "소나무조차 솔잎 대신 호박잎을 내다는가, 싶더니"에서, 자연이 공동체의 가치를 지향한다는 화자의 생각을 보여 주는군.

⑤ "호박넝쿨은 기어이 소나무를 잡아먹고 호박나무가 되었다"는 데서, 화자는 자연 본연의 생명성이 경계와 대립을 넘어선다는 사실을 보여 주고 있군.

법과 도덕은 인간의 올바른 행위를 위한 규범이다. 양자는 개념상 구별이 가능하지만 서로 합치되는 부분이 많으며 상호 밀접한 관련이 있다. 도덕은 법의 타당성의 근거인 동시에 목적으로 작용한다. 이처럼 법질서는 도덕적 가치와 불가분의 관계를 맺는데, 이 문제에 대해서는 이미 몇 가지 이론이 제시된 바 있다.

우선 법과 도덕은 상호 보완 관계를 지녀야만 바람직하다는 견해가 있다. 실제로 법적 가치와 도덕적 가치는 일치하는 경우가 많으며 그 공통된 부분을 우리는 흔히 '윤리'나 '예(禮)'라고 지칭하곤 한다. "도덕이 결여된 법은 공허하다."라는 말이 있듯이 법은 도덕을 바탕으로 할 때 강력한 규범성을 갖는다. 반대로 도덕적 ⓐ 지지를 받지 못하는 법은 법으로서의 가치와 타당성이 적어 그 존립의 기초 또한 약해진다. 사회가 일반적으로 인정하는 도덕에 저촉되는 법이 제정될 때 갈등이 일어나는 이유가 여기에 있다. 그러나 모든 도덕이 법제화될 수는 없고, 모든 도덕을 법으로 강제하는 것 역시 온당하지 않다.

그래서 ㉠ 옐리네크(G. Jellinek)는 법과 도덕을 포함 관계로 설정하였다. 그는 법은 도덕 가운데에서 특별히 그 실현을 강제할 필요가 있는 경우에 한하여 성립한다고 보아, 법은 '도덕의 최소한(ethisches Minimum)'이라는 말을 남겼다. 이와 달리 ㉡ 슈몰러(G. Schmoller)는 법의 효력을 중시하여, 법에는 강제력이 있으므로 도덕보다는 실효성이 확고하다고 보았다. 따라서 도덕적 가치의 실현이 법을 통해 가능하다는 의미에서 법은 '도덕의 최대한(ethisches Maximum)'이라 하였다. 법과 도덕의 관계를 바라보는 측면에 따라 이렇듯 상이한 견해가 나온 것이다.

그러나 슈몰러의 견해와 같이 법을 통해 도덕이 실현될 가능성이 있다고 하더라도 모든 경우에 그러한 것은 아니다. 오히려 법 ⓑ 자체가 도덕을 해칠 경우도 있기 때문이다. 예를 들어 "이웃을 사랑하라."라는 도덕적 요구를 법으로 시행하여 그 목적을 달성할 수 있을지라도 이는 자발적인 행위가 아니므로 참된 이웃 사랑이 실현되었다고 보기는 어렵다. 때로는 그 법 때문에 이웃 간에 위선과 역겨움이 야기될 수도 있다. 1794년에 제정된 프로이센의 '일반란트법(Allgemeines Landrecht)' 제179조에서는 부부가 서로를 존중해야 한다는 점까지 법제화하였으나 강제규범으로 효력이 있는지는 의문시된다. 이렇듯 도덕적 영역에 속하는 사항을 법제화한다고 해서 그 법이 모두 본래의

목적을 달성하기는 어려운 것이다. 그러므로 ㉢ 라드브루흐(G. Radbruch)는 "법은 도덕을 실현할 가능성과 동시에 부도덕을 실현할 가능성도 지닌다."라고 지적하였다. 1919년에 제정된 미국의 '금주법(Prohibition Act)'은 도덕적 ⓒ 차원의 문제를 법의 강제력으로 실현하려 하였으나 법으로서의 규범적 기능을 상실하여 사문화된 대표적 사례이다. 물론, 그렇다고 하여 위법이 아니기 때문에 그것이 반드시 도덕적 ⓓ 허용 대상이 된다고 할 수도 없다.

결국 법과 도덕은 각각 고유의 영역이 있기 때문에 완전히 동일시할 수는 없다는 결론에 이르게 된다. 다만, 라드브루흐가 지적했듯이 "법의 도덕적 세계로의 귀화"를 추진하는 동시에 "도덕규범의 법의 세계로의 귀화"를 동시에 지향하여 법과 도덕이 서로 보완 관계를 지닐 수 있도록 모색함으로써 강력한 규범성을 확보할 수는 있다. 도덕은 법의 목적이 되는 동시에 법에 의무를 주는 효력의 ⓔ 기초가 되는 까닭이다. 다시 말하면, 법의 효력은 국가의 강제력에 의해 보장되는 것이지만, 법은 도덕적으로 승인될 때 더욱 강력한 규범이 될 수 있다. 법과 도덕의 개념은 각각 구별되더라도 양자는 사회 규범으로서 공공질서와 선량한 풍속을 유지한다는 공통의 목적과 사명을 갖고 있으므로, 상호 의존하고 보완하여 올바른 사회적 가치와 법규범의 실현에 이바지하여야 할 필요성이 있는 것이다.

20

윗글의 논지 전개 방식으로 가장 적절한 것은?

① 이론들을 제시하고 각각의 이론이 지닌 장단점을 비교하고 있다.

② 이론들을 설명하면서 각각의 이론에 관련된 사례들을 소개하고 있다.

③ 각각의 이론이 등장한 시대적 배경과 연관 지어 이론들을 개관하고 있다.

④ 이론들을 검토한 후 특정 이론을 바탕으로 필자 자신의 입장을 정리하고 있다.

⑤ 이론들 사이의 관계를 분석하여 이전 이론이 후대 이론으로 대치되는 경과를 서술하고 있다.

21

㉠~㉢의 견해에 대한 이해로 적절하지 않은 것은?

① ㉠은 ㉡에 비해 법 규범의 제정에 보다 신중한 자세를 취할 것이다.

② ㉡은 ㉢에 비해 법 규범의 효과에 대해 확신하는 태도를 보일 것이다.

③ ㉢은 ㉠과 달리 법과 도덕의 영역을 포함 관계로만 생각하지는 않는다.

④ ㉠은 ㉡과 달리 법이 도덕에 비해 강제성과 실효성이 높다는 데에 회의적이다.

⑤ ㉠, ㉡, ㉢은 모두 법과 도덕이 적절한 관계를 유지해야 한다는 데에 동의한다.

22

윗글을 바탕으로 〈보기〉를 이해한 내용으로 적절하지 않은 것은?   [3점]

┤ 보 기 ├

㉮ 프랑스 형법 제63조는 "자기가 위험에 빠지지 아니함에도 위험에 처해 있는 자를 구조하지 아니한 자는 징역형 또는 벌금형에 처한다."라고 규정하고 있다. 강도를 만나 죽을 위기에 처한 낯선 사람을 한 사마리아인이 돌보아 주었던 일화에 착안하여 이 법을 '착한 사마리아인의 법'이라 부르기도 한다. 한편 우리 헌법 재판소는 2015. 2. 26. ㉯ 간통죄 위헌 결정에서 "배우자가 있는 자가 간통한 때에는 2년 이하의 징역에 처한다."라고 규정한 형법 제241조를 위헌이라 결정한 바 있다. 헌법 재판소는 부부 간의 정조 의무를 위반한 행위가 비도덕적이기는 하나 법으로 처벌할 사항은 아니라고 판시하였다.

① ㉮는 도덕적 가치의 실현이 법을 통해 가능하다는 전제를 바탕으로 하는군.

② ㉮는 프로이센 '일반란트법'의 제179조나 미국의 '금주법'과 그 취지가 상통하는군.

③ ㉯는 도덕의 영역이 법의 영역보다 기본적으로 더 크다는 전제를 바탕으로 하는군.

④ ㉯는 도덕적으로 허용되지 않는 행위는 반드시 위법한 행위가 된다고 보는 취지이군.

⑤ ㉮와 ㉯는 모두 도덕과 법이 공통의 목적과 사명을 띠고 있다는 전제를 바탕으로 하는군.

23

ⓐ~ⓔ의 문맥적 의미와 일치하는 것은?

① ⓐ : 붕괴 위험에 처한 건물의 <u>지지</u>를 위해서 인부들이 철골 콘크리트로 구조물을 구축하고 있다.

② ⓑ : 그 <u>자체</u>는 특이한 것이었지만 현실성이 없었다.

③ ⓒ : 기하학에서는 3차원인 입체 도형을 넘어서는 무한 <u>차원</u>까지가 고려된다.

④ ⓓ : 우리 팀은 선제골의 <u>허용</u>에도 굴하지 않고 전열을 정비해 반격에 나섰다.

⑤ ⓔ : 헌법의 <u>기초</u>는 제헌 국회의 가장 중요한 첫 임무였다.

[24~28] 다음 글을 읽고 물음에 답하시오.

〈아니리〉

한 군사 나서며,

〈중모리〉

"여봐라, 군사들아, 이내 설움을 들어라. 너 내 이 설움을 들어 봐라. 나는 남의 오대 독신으로 어려서 장가들어 근 오십이 장근(將近)토록 슬하에 일점혈육이 없어 매월 부부 한탄 어따 우리 집 마누라가 온갖 공을 다 들일 제, 명산대찰 성황신당, 고묘총사, 석불보살 미륵 노구맞이 집짓기와 칠성 불공, 나한 불공, 백일산제, 신중맞이, 가사시주, 연등시주, 다리 권선 길닦기며, 집에 들어 있는 날은 성조조왕, 당산천룡, 중천군웅 지신제를 지극 정성 드리니, 공든 탑이 무너지며 심든 남기가 꺾어지랴. 그달부터 태기(胎氣)가 있어 석부정부좌(席不正不坐)하고 할부정불식(割不正不食)하고 이불청음성(耳不聽淫聲) 목불시악색(目不視惡色), 십 삭(十朔)이 절절 찬 연후에 하루는 해복 기미가 있던가 보더라. 아이고, 배야. 아이고, [A] 허리야. 아이고, 다리야. 혼미(昏迷) 중 탄생하니 딸이라도 반가울데 아들을 낳았구나. 열 손에다 떠받들어 땅에 누일 날 전혀 없어 삼칠일(三七日)이 지나고 오륙 삭이 넘어 발바닥에 살이 올라 터덕터덕 노는 모양, 방긋방긋 웃는 모양, 엄마 아빠 도리도리, 쥐암잘강 섬마둥둥, 내 아들 옷고름에 돈을 채여 감을사 껍질 벗겨 손에 주며 주야 사랑 애정한 게 자식밖에 또

있느냐. 뜻밖에 이 한 난리, '위국땅 백성들아, 적벽으로 싸움 가자. 나오너라.' 외는 소리, 아니 올 수 없더구나. 사당 문 열어 놓고 통곡재배 하즉한 후 간간한 어린 자식 유정한 가족 얼굴 안고 누워 등치며, 부디 이 자식을 잘 길러 나의 후사(後嗣)를 전해 주오. 생이별 하직하고 전장에를 나왔으나 언제 내가 다시 돌아가 그립던 자식을 품에 안고 '아가 응아' 업어 볼거나. 아이고, 내 일이야."

〈아니리〉

이렇듯이 실리 우니 여러 군사 꾸짖어 왈, "어라, ㉠ 이놈 자식 두고 생각는 정 졸장부의 말이로다. 전장에 너 죽어도 후사는 전하겠으니 네 설움은 가소롭다." 또 한 군사 가 나서면서,

〈중모리〉

"이내 설움 들어 봐라. 나는 부모 일찍 조실(早失)하고 일가친척 바이 없어 혈혈단신(孑孑單身) 이내 몸이, 이성지합(二姓之合) 우리 아내 얼굴도 어여쁘고 행실도 조촐하야 종가대사(宗家大事) 탁신안정(托身安定) 떠날 뜻이 바이 없어 철 가는 줄 모를 적에, 불화병 외는 소리 '위국 땅 백성들아, 적벽으로 싸움 가자.' 웨는 소리 나를 끌어내니 아니 올 수 있든가. 군복 입고 전립 쓰고 창을 끌고 나올 적에, ㉡ 우리 아내 내 거동을 보더니 버선발로 우루루루 달려들어 나를 안고 엎더지며, '날 죽이고 가오, 살려 두고는 못 가리다. 이팔홍안 젊은 년을 나 혼자만 떼어 놓고 전장을 가랴시오.' 내 마음이 어찌 되것느냐. 우리 마누라를 달래랼제, '허허 마누라 우지 마오. 장부가 세상을 태어나서 전장출세(戰場出世)를 못하고 죽으면 장부 절개가 아니라고 하니 우지 말라면 우지 마오.' 달래어도 아니 듣고 화를 내도 아니 듣더구나. ㉢ 잡았던 손길을 에후리쳐 떨치고 전장을 나왔으나, 일부지전장 불식이라. 살아가기 꾀를 낸들 동서남북으로 수직(守直)을 허니, 함정에 든 범이 되고 그물에 걸린 내가 고기로구나. 어느 때나 고국을 갈지, 무주공산 해골이 될지, 생사(生死)가 조석(朝夕)이라. 어서 수이 고향을 가서 그립던 마누라 손길을 부여잡고 만단정회(萬端情懷) 풀어 볼거나. 아이고, 아이고, 내 일이야."

(중략)

〈아니리〉

창황분주 도망을 갈 제 새만 푸루루루 날아나도 복병인가 의심하고, 낙엽만 퍼뜩 떨어져도 추병(追兵)인가 의심하여, ㉣ 엎어지고 자빠지며 오림산 험한 산을 반생반사 도망을 간다. 조조 가다 목을 움쑥움쑥하니 정욱 이 여짜오되,

"승상님 무게 많은 중에, 말 허리에 목을 어찌 그리 움치시나이까?"

"야야, 화살이 귀에서 앵앵하며 칼날이 눈에서 번뜻번뜻하는구나."

"이제는 아무것도 없사오니 목을 늘여 사면을 살펴보옵소서."

"야야, 진정으로 조용하냐?"

[B] 조조가 목을 막 늘여 좌우 산천을 살펴보려 할 제, 의외에 말 굽통 머리에서 메추리 표루루루 하고 날아나니 조조 깜짝 놀라,

"아이고 정욱아. 내 목 떨어졌다. 목 있나 봐라."

"눈치 밝소. 조그만한 메추리를 보고 놀랄진대 큰 장끼를 보았으면 기절할 뻔하였소그려."

조조 속없이,

"야 그게 메추리냐? 그놈 비록 자그마한 놈이지만 냄비에다 물 붓고 갖은 양념하여 보글보글 볶아 놓으면 술안주 몇 점 참 맛있느니라만."

㉤ "입맛은 이 통에라도 안 변하였소그려."

– 작자 미상, 「적벽가」

24

[A]의 표현상 특징에 대한 설명으로 적절하지 않은 것은?

① 설의적 표현을 통해 발화자의 판단을 강조하고 있다.
② 고사를 활용하여 발화자의 행위를 구체적으로 묘사하고 있다.
③ 의태어를 활용하여 인물의 행동에 대한 애정을 드러내고 있다.
④ 청자들을 호명하여 주의를 끌면서 발화의 내용을 예고하고 있다.
⑤ 발화 속에 등장하는 인물들의 말을 직접 인용하여 생동감을 높이고 있다.

25

윗글의 인물에 대한 이해로 가장 적절한 것은?

① '한 군사'는 자신의 처지가 다른 군사들에 비해 낫다고 생각한다.

② '또 한 군사'는 전장에서 공을 세울 수 있다는 확신을 지니고 있다.

③ '아내'는 국가에 대한 책무보다 자신과 가족의 소중함을 앞세우고 있다.

④ '조조'는 전쟁에서의 일시적인 패배를 만회할 수 있다는 기대를 품고 있다.

⑤ '정욱'은 '조조'에 대한 적대감을 직설적으로 표출하여 '조조'와 갈등을 빚고 있다.

26

〈보기〉를 바탕으로 윗글에 나타난 시대상을 추론한 내용으로 적절하지 않은 것은?

┤ 보 기 ├

공연 예술로 연행되는 「적벽가」는 조선 후기 청중들의 선호에 민감할 수밖에 없었다. 따라서 청중들이 쉽게 공감할 수 있는 내용을 포함시키기 마련이었으며, 이 과정에서 작품 속 인물과 사건이 조선 후기의 시대적 상황과 밀접하게 연관되는 결과가 나타났다.

① 자식을 얻기 위해 정성을 다하는 모습이 열거된 것을 보니, 다양한 기자(祈子) 풍속이 존재했겠군.

② 자식을 길러 후사를 잇도록 해 달라고 부탁하는 모습을 보니, 가문의 대를 잇는 일이 중요하게 여겨졌겠군.

③ 백성들을 갑자기 싸움터로 징발해 가는 것을 보니, 백성들을 국가적 사업에 동원하는 일이 수시로 있었겠군.

④ 징발되어 가는 백성들이 적국에 대한 적개심을 드러내는 것을 보니, 외세에 대한 비판 의식이 팽배해 있었겠군.

⑤ 군사들은 걱정하지 않고 자신의 안위만을 생각하는 '승상'의 행태가 묘사된 것을 보니, 위정자에 대한 백성들의 반감이 높았겠군.

27

㉠~㉤에 대한 설명으로 가장 적절한 것은?

① ㉠ : 개인의 일에 얽매어 공동의 목표를 등한시하는 상대의 태도에 동조하고 있다.

② ㉡ : 인물의 행동을 과장되게 묘사하여 행동에 포함된 허위를 드러내고 있다.

③ ㉢ : 과거의 일을 떠올리며 현재의 부정적 상황에 대한 한탄을 표출하고 있다.

④ ㉣ : 인물이 처한 급박한 상황을 객관적으로 묘사하여 사건 전개에 개연성을 부여하고 있다.

⑤ ㉤ : 상황에 대해 집약적으로 논평하여 상대의 처지에 공감하는 뜻을 나타내고 있다.

28

[B]와 〈보기〉에 대한 감상으로 적절하지 않은 것은? [3점]

┤ 보 기 ├

ᄆᆞ음이 어린 후(後)니 ᄒᆞ는 일이 다 어리다
만중(萬重) 운산(雲山)에 어ᄂᆡ 님 오리마ᄂᆞᆫ
지ᄂᆞᆫ 닙 부는 ᄇᆞ람에 힝혀 긘가 ᄒᆞ노라
- 서경덕

① [B]와 〈보기〉에서는 모두 감각적 자극이 인물의 반응을 일으키는군.

② [B]와 〈보기〉에서는 모두 자신이 착각했다는 사실을 깨닫게 되는군.

③ [B]에는 두려움의 정서가, 〈보기〉에는 그리움의 정서가 바탕에 깔려 있군.

④ [B]에서는 상황의 유발 원인이, 〈보기〉에서는 상황에 대한 해석이 먼저 제시되는군.

⑤ [B]에는 상황을 수습하려는 태도가, 〈보기〉에는 상황의 책임을 전가하는 태도가 나타나는군.

고려 시대 문학사에서 하나의 지평을 열었다는 이규보가 만약 조선 시대에 다시 태어나 조선백자를 보았다면 뭐라고 했을까? 아마도 무엇이든 하고 싶은 대로 해도 법도에 어긋나지 않는다는 '종심소욕 불유구(從心所欲 不踰矩)'란 말을 떠올리지 않았을까. 그는 고려청자의 아름다움을 하늘의 조화를 빌려 빚은 '천공술(天工術)'이라고 극찬한 바 있다.

사실 동아시아의 도자 문화사를 들여다보면 ㉠ 고려청자의 위치는 '월드 챔피언' 급에 해당된다. 고려청자는 명성만큼이나 화려하다. 융성했던 고려의 귀족 문화를 그대로 반영한 듯 모양이나 상감된 문양에는 섬세함과 유려함, 거기에 기기묘묘함까지 깃들어 있다.

그런데 알고 보면 ㉡ 조선백자도 고려청자에 전혀 밀리지 않을 만큼 아름답고 가치가 높다. 단지, 청자처럼 화려함이 덜해 단번에 눈길을 끌지 못할 뿐이다. 기실, 나뿐만 아니라 조선백자를 고려청자보다 훨씬 높게 평가하는 사람은 주변에 많다. 고미술품의 가격이란 것이 미적 가치와 항상 정비례하는 것은 아니나 역대 크리스티 경매에서 세계의 모든 도자기를 제치고 가장 비싸게 팔린 도자기는 다름 아닌 조선백자였다.

기술력도 고려청자에 필적할 만큼 뛰어나다. 안으로 착 가라앉은 듯 순하고 부드러운 빛깔은 아무나 흉내 낼 수 있는 성질의 기술이 아니다. 또한 조선백자가 품고 있는 내용, 즉 예술성은 어떤 의미에선 고려청자보다 훨씬 높은 경지에 있다고 할 수 있겠다. 단지 내용이 너무 깊다 보니 아름다움을 이해하기가 조금 어렵다는 점이 흠 아닌 흠이다.

조선 도자기는 보고 있지 않아도 말없이 옆에서 조용히 기다린다. 성품이 조용하고 점잖기 때문에 부담 없이 같이 옆에서 지낼 수 있어서 좋다. 조선 도자기는 왜 그토록 수수한 맛이 날까? 물론 이유야 많겠으나 그중에 가장 두드러지는 것은 평범하게 느껴지는 모양 때문이 아닌가 한다. 그것에는 어떤 정교함도, 치밀함도 없다. 복잡하고 화려한 형태의 회화적인 요소가 전혀 없다. 형태는 단순하고 빛깔은 소박하고 그림은 간단하다. 간단하면서도 짜임새가 있는 경지에 이른 것이 조선 도자기가 지닌 특성 중의 특성이라 할 만하다. 말하자면 군더더기가 하나도 없는데, 그 아름다움을 '단순미'로 정의한다면 아마도 살아 있는 설명이 될 것이다.

그러나 우리가 그 단순미를 이해하기 위해서는 꼭 알아두어야 할 것이 있다. 조선은 아름다움을 표현하는 데 있어 남들이 가 본 적이 없는 길을 걸었다. 즉 단순미를 지향하는 방식이 의외로 특별하다. 평범함이란 무엇인가. 꾸밈이나 거짓이 없고 단순하고 쉬워서 보는 이가 전혀 부담감을 느끼지 않는 것이 아닌가. 이 개념에 따르면 조선 도자기는 평범함 그 자체가 훌륭한 아름다움이다. 세상에는 나라도 많고 민족도 많으나 이 같은 표현은 다른 데서는 찾아보기 어렵다. 다른 것을 모방하지 않고, 또 다른 것의 추종을 허락하지 않는 독보적인 세계가 거기에 펼쳐져 있다.

나는 그런 조선 예술을 생각할 때마다 항상 가슴 한 켠이 답답해진다. 우리 중에는 조선 예술에 대해 명확한 개념을 가지고 보는 이가 적지 않다는 사실 때문이다. 우리는 어찌 된 일인지, 오히려 그 평범한 점을 들어 미적 요소가 부족한 것으로 스스로 인식한다. 아예 거기에는 아무것도 없는 것으로 생각하고 경멸하는 듯한 제스처를 취하기까지 한다. 이런 경멸의 태도는 정교하고 섬세한 아름다움을 숭배하는 사람들 사이에서 일반화되어 있다. 이는 실로 유감스러운 일이 아닐 수 없다. 그런 생각은 참으로 독단에 지나지 않는, 아름다움에 대한 이해가 부족한 사람의 그릇된 견해에 불과하다. 오랜 세월의 담금질 속에 숙성된 미적 직관을 내면화한 선조들이 빚은 도자기에 어째서 인정할 만한 아름다움이 없다고 생각하는가.

29

윗글에 대한 설명으로 적절하지 <u>않은</u> 것은?

① 제재를 유형별로 세분화하여 종류와 특징을 구체적으로 나열하고 있다.

② 스스로 묻고 답하는 형식을 활용하여 제재의 특성에 대하여 설명하고 있다.

③ 다른 대상과의 비교, 대조의 방식으로 제재가 지닌 미학적 특성을 서술하고 있다.

④ 글쓴이의 감상과 주관적 논평을 통해 제재에 대한 일반화된 통념을 비판하고 있다.

⑤ 특정한 인물의 생각을 추측하는 방식으로 제재에 대한 독자의 관심을 유도하고 있다.

30

㉠과 ㉡을 비교하여 설명한 것으로 적절하지 <u>않은</u> 것은?

① ㉠은 기기묘묘하고 유려하여 하늘의 조화를 빌려 빚은 '천공술'로 불리었다.

② ㉡은 단순미와 평범함을 미학적 자질로 삼는 개성적인 아름다움의 세계를 담고 있다.

③ ㉠은 ㉡과 달리 귀족 문화를 반영한 섬세함과 화려함이 있어 기술력의 차이가 두드러지게 드러난다.

④ ㉡은 ㉠과 달리 순하고 부드러운 빛깔을 지니고 있고, 예술성의 측면에서 훨씬 높은 경지에 있다고도 볼 수 있다.

⑤ ㉠과 ㉡은 모두 동아시아 도자 문화사에서 기술력이 아주 뛰어난 예술로 손꼽힌다.

31

〈보기〉는 글쓴이의 글 일부분이다. 〈보기〉를 바탕으로 윗글에 나타난 예술관을 추론한 것으로 가장 적절한 것은?

[3점]

┤ 보 기 ├

나는 조선의 정치와 예술이 서로 간에 어떤 관계에 놓여 있었는지에 대해서는 알지 못한다. 그러나 조선의 도자기는 그 기술이 본능으로까지 성숙해 있다는 것은 알고 있다. 그것에 재현된 평범함은 생래적인 아름다움이다. 인류가 지향하는 기초적 본질을 거기에서도 찾을 수 있다는 것이 정말 신기하다. 거기에 내가 무슨 말을 더 보탤까. 평범한 사람이 평범하게 그릇을 빚었고 평범한 사람이 평범하게 그릇을 보고 평범하게 사용하는 방법을 알고 있는데, 여기에 내가 무슨 말을 더 보탤까. 내가 여기에 말을 보탠다면 자연으로 다시 돌아온 듯한 단순한 미적 가치는 오히려 퇴색하고 만다.

① 아무나 흉내 낼 수 없는 성질의 기술력을 발휘하여 단순한 미적 가치를 지양해야 한다.

② 사람들의 일상을 담은 평범함의 미학은 다른 것을 모방하는 데에서 실현될 수 있어야 한다.

③ 복잡하고 화려한 형태의 회화적 요소와 단순한 빛깔이 조화를 이루는 미학적 요인을 지니고 있어야 한다.

④ 소박한 그림에 담긴 내용의 깊이가 정치와 예술의 직접적인 연관에서 비롯된 표현 방식이라는 사실을 밝혀내야 한다.

⑤ 오랜 세월을 거쳐 온 미적 직관의 세계가 보여 주는 단순함에 가장 뛰어난 미적 가치가 내재되어 있음을 이해해야 한다.

[32~36] 다음 글을 읽고 물음에 답하시오.

(가)

인간(人間)을 써나와도 내 몸이 겨를 업다
니것도 보려 ᄒ고 져것도 드르려코
ᄇᄅ람도 혀려 ᄒ고 ᄃᆞᆯ도 마즈려코
봄으란 언제 줍고 고기란 언제 낙고
시비(柴扉)란 뉘 다드며 딘 곳츠란 뉘 쓸려뇨
아ᄎ흠이 낫브거니 나조ᄒ희라 슬흘소냐
오ᄂᆞᆯ리 부족(不足)거니 내일(來日)이라 유여(有餘)ᄒ랴
이 뫼ᄒᆡ 안ᄌᆞ 보고 져 뫼ᄒᆡ 거러 보니
번로(煩勞)ᄒᆫ ᄆᆞ음의 ᄇᆞ릴 일리 아조 업다
쉴 ᄉᆞ이 업거든 길히나 젼ᄒ리야
다만 ᄒᆫ 청려장(靑藜杖)이 다 뫼되여 가노믹라
술리 닉어거니 **벗**지라 업슬소냐
블ᄂᆡ며 ᄐᆞ이며 혀이며 이아며
온가짓 소ᄅᆡ로 취흥(醉興)을 ᄇᆡ야거니
근심이라 이시며 **시름**이라 브터시랴
누으락 안즈락 구부락 져츠락
을프락 ᄑᆞ람ᄒᆞ락 노혜로 노거니
천지(天地)도 넙고 넙고 일월(日月)도 ᄒᆞᆫ가ᄒ다
희황(羲皇)을 모ᄅᆞᆯ너니 니적이야 긔로고야
신선(神仙)이 엇더턴지 이 몸이야 긔로고야
강산풍월(江山風月) 거ᄂᆞ리고 내 백 년(百年)을 다 누리면
악양루(岳陽樓) 상(上)의 이태백(李太白)이 사라 오다
호탕(浩蕩) 정회(情懷)야 이예셔 더홀소냐
이 몸이 이렁 굼도 역군은(亦君恩)이샷다

— 송순, 「면앙정가」

(나)

산중의 **벗**이 업서 한기(漢紀)를 싸하 두고
만고 인물을 거스리 혜여ᄒᆞ니
성현도 만커니와 호걸도 하도 할샤
엇디흔 시운(時運)이 **일락 배락** ᄒᆞ얏ᄂᆞᆫ고
모를 일도 하거니와 ⊙ 애둘옴도 그지업다
기산(箕山)의 늘근 고불 귀ᄂᆞᆫ 엇디 싯돗던고
일표(一瓢)를 썰틴 후의 ⓒ 조장이 ᄀᆞ장 놉다
인심이 ᄂᆞᆾ ᄀᆞᆺ틔야 보도록 새롭거늘
ⓒ 세사(世事)ᄂᆞᆫ 구롬이라 머흐도 머흘시고
엇그제 비즌 **술**이 어도록 니건ᄂᆞ니
잡거니 밀거니 슬ᄏᆞ장 거후로니
ᄆᆞ음의 미친 **시름** 져그나 ᄒᆞ리ᄂᆞᆫ다
거믄고 시욹 언저 풍입송(風入松) 이야고야
손인동 주인인동 ② 다 니저 브려셔라
장공(長空)의 썻ᄂᆞᆫ 학이 이 골의 **진선(眞仙)**이라
요대(瑤臺) 월하(月下)의 ⑩ 힝혀 아니 만나신가
손이셔 주인ᄃᆞ려 닐오디 그디 긘가 ᄒᆞ노라

　　　　　　　　　　　　　　　– 정철, 「성산별곡」

(다)

백사장(白沙場) 홍료변(紅蓼邊)에 굽니러 먹는 져 빅
노(白鷺)야
흔 닙에 두셋 물고 무엇 낫쌔 굽니ᄂᆞ냐
우리도 구복(口腹)이 웬슈라 굽니러 먹네

　　　　　　　　　　　　　　　　　– 작자 미상

32

(가)~(다)의 표현상 특징으로 적절하지 않은 것은?

① (가)에서는 옛 인물을 떠올려 화자 자신과 견주고 있다.

② (나)에서는 동일한 어미와 대구를 활용하여 운율감을 조성하고 있다.

③ (가)와 (나)에서는 계절감을 지닌 소재들을 활용하여 계절의 변화를 묘사하고 있다.

④ (가)와 (다)에서는 자연물에 감정을 이입하여 화자의 정서를 드러내고 있다.

⑤ (나)와 (다)에서는 청자를 명시적으로 나타내어 청자에게 말을 건네고 있다.

33

(가), (나)의 시어를 대비한 내용으로 가장 적절한 것은?

① (가)에서는 '술'을 통해 기쁨을 누리는 반면, (나)에서는 '술'을 통해 근심이 심화된다.

② (가)에서는 '벗'의 존재를 번거롭게 여기는 반면, (나)에서는 '벗'의 부재를 아쉬워한다.

③ (가)의 '시름'은 그 원인이 제시된 반면, (나)의 '시름'은 그 원인이 나타나지 않는다.

④ (가)의 '누으락 안즈락'에는 화자의 흥취가 투영된 반면, (나)의 '일락 배락'에는 세상사의 흥망성쇠에 대한 화자의 인식이 투영되어 있다.

⑤ (가)의 '신선'은 화자가 일체감을 느끼는 대상인 반면, (나)의 '진선'은 화자의 불우한 처지를 더욱 부각하는 대상이다.

34

(가)와 〈보기〉의 화자를 비교한 것으로 적절하지 않은 것은?

┤ 보 기 ├
빈천(貧賤)을 풀랴 ᄒᆞ고 권문(權門)에 드러가니
침 업슨 흥졍을 뉘 몬져 ᄒᆞ쟈 ᄒᆞ리
강산(江山)과 풍월(風月)을 달나 ᄒᆞ니 그는 그리 못ᄒᆞ리
　　　　　　　　　　　　　　　– 조찬한

① (가)와 달리 〈보기〉는 자신의 세계관을 타인과 공유하고자 한다.

② 〈보기〉와 달리 (가)는 삶의 공간에서 누리는 즐거움을 구체적으로 나열하고 있다.

③ 〈보기〉와 달리 (가)는 자신의 만족스러운 삶이 임금의 은혜 덕분이라 진술하고 있다.

④ (가)와 〈보기〉는 모두 자연에 대한 선호를 표출하고 있다.

⑤ (가)와 〈보기〉는 모두 자신의 삶에 대한 자부심을 지니고 있다.

35

㉠~㉤에 대한 설명으로 적절하지 <u>않은</u> 것은?

① ㉠ : 역사적 인물과 사건들에 대한 회한을 표출하고 있다.

② ㉡ : 대상의 행위에 대한 긍정적 평가를 보이고 있다.

③ ㉢ : 세상의 일에 대한 회의적 시선을 내비치고 있다.

④ ㉣ : 상대방과 어우러져 일체화된 심경을 드러내고 있다.

⑤ ㉤ : 대상과 재회하고자 하는 기대감을 나타내고 있다.

36

〈보기〉를 바탕으로 (다)를 감상한 내용으로 적절하지 <u>않은</u> 것은?

[3점]

┤ 보 기 ├

　조선 후기에 들어 시조의 향유층이 확대되면서 작품의 분위기나 표현이 양반 작자층 위주의 조선 전기와는 많은 차이를 보이게 되었다. 일상생활을 담은 표현이 빈번히 쓰였고, 관습적인 의미를 띠었던 소재에 새로운 의미가 부여되기도 하였다. 또한 작품의 내용이 삶의 체험을 다루는 쪽으로 조절되는 양상이 두드러지게 나타났다. 조선 후기 가집에 수록된 (다)와 같은 작품을 그 대표적인 사례로 제시할 수 있다.

① '백사장 홍료변'은 고결하고 청정한 공간이기보다는 일상 생활 공간으로서의 의미를 지니는군.

② '굽니러 먹는 져 빅노'는 하루하루를 살아가기 위해 분투 하는 생활인의 모습을 띠고 있군.

③ '흔 닙에 두셋 물고'는 일상적으로 자행되던 탐욕에 대한 묘사이며 당시 세태를 비판하기 위한 표현이군.

④ '우리도'는 대상과 자신의 처지를 동일시함으로써 일상적 삶에 대한 화자의 성찰을 집약하는 표현이군.

⑤ '구복이 웬슈'는 일상생활에서 통용되던 말로 당시 삶의 고달픔을 강조하기 위한 표현이군.

[37~40] 다음 글을 읽고 물음에 답하시오.

　빙하는 여러 형태로 존재하는데, 가령 남극 지방과 그린란드에는 얼음층인 빙상이 있고 알프스 산맥에는 빙하 계곡이 있다. 빙하의 99퍼센트는 남극 지방과 그린란드에 모여 있으며 빙하에 저장되어 있는 담수는 지구 전체 민물의 4분의 3을 차지할 정도이다. 이러한 빙하를 구성하는 기본적인 물질은 쌓인 눈이다. 본래 눈에는 다량의 기포가 들어 있는데 눈이 계속해서 쌓이면서 기포가 줄어들고 쌓인 눈 내부의 압력은 증가한다. 이때 주변 기온이 영하로 내려가면 눈은 완전한 얼음으로 변한다. 이러한 변화를 눈의 재결정 작용이라 ⓐ <u>이른다.</u> 눈을 구성하고 있던 물 분자가 압력을 받으면서 협소해진 공간 안에 있던 물의 분자 구조가 재배치되고 그렇게 재결정을 이룬 얼음 입자들이 모여 거대한 얼음층을 형성하면 빙하가 만들어지는 것이다. 흐르는 물에서는 물의 분자 구조가 재배치되기 어려워 빙하가 잘 만들어지지 않으며, 더욱이 유속이 빠를수록 빙하가 생성될 가능성은 더 낮아진다.

　빙하는 한 번 생기면 영원히 그 모습이 유지될 것 같지만 실제로는 그렇지 않다. 빙하는 끊임없이 변화하는데, 눈이 얼음 결정을 이루면서 새 빙하가 생성되는 시기를 집적대, 얼음 결정이 기화 또는 액화되면서 빙하의 규모가 줄어드는 시기를 소모대라 한다. 보통 기후 조건에 따라 빙하의 변동 폭에 차이가 생기며 소모대에 비해 집적대가 확장될 경우 빙하는 성장한다. 반대로 소모대가 더 확장되면 빙하의 규모는 자연히 줄어든다. 오늘날 지구 표면을 덮고 있는 빙하는 전체 대륙의 10퍼센트를 차지하고 있지만, 150만 년 전에는 그 비율이 지금보다 2배 이상 높았다고 한다. 이후 확장과 축소를 20번 넘게 반복하였으나, 빙하의 전체적인 규모는 점차 줄어들었다.

　빙하의 변화를 촉진하는 또 다른 요인은 빙하의 이동이다. 빙하의 무게로 발생하는 압력이 높아지면 빙하의 표면과 지면 사이에 충돌이 격화되고 그 결과 빙하가 이동하게 된다. 빙하는 평균적으로는 1년에 약 10미터씩 서서히 이동하지만 빙하 밑면과 지면 사이의 마찰력에 따라 그 이동 속도가 달라진다. 물을 가득 채운 물병을 냉동실에 넣으면 곧 터질 것처럼 부풀어 오른다. 마찬가지로 얼음 결정으로 부피가 커진 빙하는 내부에 강한 압력을 받게 되고 압력을 버티지 못해 다시 액화되는 부분이 생기기 마련인데 빙하 하단에서 이러한 현상이 빈번하게 일어난다. 그 같은 액화 현상이 빙하와 지면 사이의 마찰을 줄이면서 빙하의 이동을 가속화하는 결정적인 원인이 된다. 아울러 빙하뿐만 아니라 지면에서도 마찰력을 줄이는 원인이 제공될 수 있다. 가령 빙하 하단에 습기가 많은 연암 퇴적층이 발달해 있다면 빙하의 이동 속도는 빨라진다.

이렇듯이 빙하가 이동하는 과정에서 빙하가 갈라져 내부에 깊고 좁은 틈이 생기는데, 그러한 균열을 '크레바스(crevasse)'라고 한다. 또 빙하가 붕괴하는 동안 형성되는 탑처럼 생긴 얼음 덩어리를 '빙탑'이라고 부른다. 빙하 내부의 긴장 상태가 최고치에 달하면 빙하는 더 큰 붕괴를 일으키게 된다. 한편 빙하의 이동은 빙하 외부에도 흔적을 남기는데, 빙하는 이동하는 동안 주변 환경을 바꾸는 침식 작용을 한다. 빙하에 의한 침식은 다시 두 가지 형태로 나누어 볼 수 있다. 먼저 빙하가 이동하면서 기반암을 밀어낸다. 그때 이 거대한 암석 덩어리에 분열이 일어나면서 암석 파편들이 빙하와 합쳐지고 암석 퇴적물이 차곡차곡 쌓이는 퇴석이 일어나는데 가끔 집채만 한 퇴석이 발견되는 경우도 있다. 또 빙하가 운반하는 크고 작은 암석 퇴적물이 빙하 아래의 기반암을 사포로 긁어내듯 갈아 내는 마식 작용을 한다. 마식 작용을 활발하게 일으키는 빙하는 기반암 위를 이동하는 동안 기반암 표면에 입자가 고른 모래, 즉 석분을 만들며 얼음이 녹아 물이 된 빙하가 이 석분을 먼 곳까지 운반한다. 빙하가 녹은 물이 보통 우유처럼 뿌옇게 흐린 것은 바로 이 석분이 함유되어 있기 때문이다.

37
윗글의 서술상 특징으로 적절하지 <u>않은</u> 것은?

① 용어의 개념을 소개하여 이해를 돕고 있다.
② 특정 현상의 세부적 내용을 구분하여 소개하고 있다.
③ 현상이 발생하는 원인을 유추의 방식으로 설명하고 있다.
④ 동일한 현상을 설명하는 상반된 이론의 특징을 대비하고 있다.
⑤ 구체적 수치를 제시하여 현상을 설명하기 위한 자료로 활용하고 있다.

38
윗글의 내용과 일치하지 <u>않는</u> 것은?

① 지난 150만 년 동안 집적대보다 소모대가 항상 우세하였다.
② 기후 조건에 의해 빙하의 규모가 커지기도 하고 작아지기도 한다.
③ 빙하의 무게가 커져서 압력이 증가하면 빙하가 이동할 확률이 더 높아진다.
④ 빙하의 액화 현상은 마찰력에 변화를 주어 빙하의 이동 속도에 영향을 미친다.
⑤ 빙하의 침식 작용은 암석 덩어리를 파편화시키는 것과 기반암을 갈아 내는 것이 있다.

39
윗글과 〈보기〉를 바탕으로 추론한 내용으로 적절하지 <u>않은</u> 것은? [3점]

┤ 보 기 ├
바닷물이 얼어서 빙하가 만들어지는 경우도 있지만 이 경우에는 육지에서 눈으로 빙하가 만들어질 때보다 생성 조건이 좀 더 까다롭다. 무엇보다도 바닷물은 그 속에 포함된 염분 때문에 민물에 비해 어는점이 낮다. 같은 바닷물이라도 염분이 높을수록 어는점은 더 낮아진다. 또한 수온이 내려가면 밀도가 높아져 물이 아래로 움직이는 대류 현상이 일어나는데, 대류의 규모는 수위와 비례한다.

① 다른 조건들이 모두 같다면 수위가 낮은 바닷물보다는 높은 바닷물에서 빙하가 생성되기가 좀 더 쉽겠군.
② 얼음 입자들이 생겨야만 빙하가 생성되는데, 바닷물은 어는점이 낮아서 얼음 입자들이 생기는 데 불리하겠군.
③ 다른 조건들이 모두 같다면 염분이 높은 바닷물보다는 낮은 바닷물에서 빙하가 생성되기가 좀 더 쉽겠군.
④ 눈으로 빙하가 생성될 때에는 눈의 무게가 유리한 조건으로 작용하는데, 바다에서는 그러한 눈의 무게가 없어 빙하의 생성이 어렵겠군.
⑤ 물 분자가 압력을 받아 분자 구조가 재배치되어야만 빙하가 생성되는데, 바다에서는 대류 현상 때문에 물 분자가 압력을 받는 데 불리하겠군.

40

윗글의 ⓐ와 문맥적 의미가 같은 것은?

① 한때 도루묵을 달리 <u>이르게</u> 된 사연이 있었다.
② 형은 동생의 잘못을 <u>이르겠다고</u> 엄포를 놓았다.
③ 길산은 전생이에게 같이 떠날 것을 <u>이르고</u> 있었다.
④ 따끔하게 <u>이르면</u> 다시는 그런 짓을 반복하지 않겠지.
⑤ 옛말에 <u>이르기를</u> 부자는 망해도 삼 년은 간다고 했다.

[41~45] 다음 글을 읽고 물음에 답하시오.

타작마당 돌가루 바닥같이 딱딱하게 말라붙은 뜰 한가운데, 어디서 기어들었는지 난데없는 ☐지렁이☐가 한 마리 만신에 흙고물 칠을 해 가지고 바둥바둥 굴고 있다. 새까만 ☐개미떼☐가 물어 뗄 때마다 지렁이는 한층 더 모질게 발버둥질을 한다. 또 어디선지 죽다 남은 듯한 쥐 한 마리가 튀어나오더니 종종걸음으로 마당 복판을 질러서 돌담 구멍으로 쏙 들어가 버린다.

군데군데 좀구멍이 나서 썩어 가는 기둥이 비뚤어지고, 중풍 든 사람의 입처럼 문조차 돌아가서 — ㉠북쪽으로 사정없이 넘어가는 오막살이 앞에는, 다행히 키는 낮아도 해묵은 감나무가 한 주 서 있다. 그러나 그게라야, 모를 낸 이후 비 같은 비 한 방울 구경 못한 무서운 가물에 시달려 그렇지 않아도 쪼그라졌던 ㉡고목 잎이 볼모양 없이 배배 틀려서 잘못하면 돌배나무로 알려질 판이다. 그래도 그것이 구십 도가 넘게 쩌 내리는 팔월의 태양을 가리어, 누더기 같으나마 밑둥치에는 제법 넓은 그늘을 지었다. 그걸 다행으로 깔아 둔 낡은 삿자리 위에는 발가벗은 어린애가 파리똥 앉은 얼굴에 땟물을 조르르 흘리며 울어 댄다.

(중략)

노인은 물 불은 콩껍질같이 쪼그라진 눈에 괸 눈물을 뼈다귀 손으로 썩 씻었다. 곁에 누운 손자 놈은 땀국에 쪽 젖어 있다. 노인은 손자 놈의 입이며 콧구멍에 벌떼처럼 모여드는 파리떼를 쫓아 버리면서, 말라붙은 고추를 어루만진다.

"응, 그래, 울지 말아. 자장 자장 우리 애기 …… 네 에미는 왜 여태 오잖을까? 입안이 이렇게 바싹 말랐고나. 그놈의 집에서는 무슨 일을 끼니때도 모르고 시킬꼬 온! 에헴, 에헴……"

노인은 억지힘을 내 가지고, 어린 걸 움켜 안고는 게다리처럼 엉거주춤 벋디디고 일어섰다. 그럴 때, 마침 아들이 볕살에 얼굴을 벌겋게 구어 가지고 들어왔다. 들어서면서부터 통명스럽게,

"다들 어딜 갔어요?"
"일 나갔지."
"무슨 일요?"
"진수네 무명밭 매러 간다고 했지, 아마."

들깨는 잠자코 윗통을 훨쩍 벗어서 감나무 가지에 걸쳐 놓고는 늙은 아버지로부터 어린것을 받아 안았다. 치삼 노인은 뽕나무 잎이 반이나 넘게 섞인 담배를 장죽에 한 대 피워 물면서 아들을 위로하듯이 — 그러나 ㉢대답을 두려워하며 물었다.

"논은 어떻게 돼 가니?"
"어떻게라니요. **인젠 다 틀렸어요.** 풀래야 풀물도 없고, 병아리 오줌만한 봇물도 중들이 죄다 가로막아 넣고, 제에기 ……."
"꼭 기사년 모양 나겠군 그래."
"**기사년은 그래도 냇물은 조금 안 있었나요.**"
"그랬지. ㉣지금은 그놈의 수돗바람에 ……."
"**그것도 원래 약속을 할 때는 농사철에는 냇물은 아니막아 가기로 했다는데,** 제에기, 면장 녀석은 색주가 갈보 놀릴 줄이나 알았지, 어디 백성 죽는 건 알아야죠."

들깨는 열을 바짝 더 냈다.

"할 수 없이 이곳엔 인제 사람 못 살 거여."
"참 아니꼽지요. **더군다나 전과 달라 중놈들까지 덤비는 꼴을 보면 …….**"

아들의 불퉁스러운 어조에는, 거칠 대로 거칠어진 농민의 성미가 뚜렷이 엿보였다. 가물은 그들의 신경을 더욱 날카롭게 하였던 것이다.

치삼 노인은 '중놈'이란 바람에 가슴이 섬뜩하였다. — 그것은, 자기들이 부치고 있는 절논 중에서 제일 물길 좋은 두 마지기가, 자기가 젊었을 때, ㉤자손 대대로 복 많이 받고 또 극락 가리라는 중의 꾐에 속아서 그만 불전에 아니 보광사(普光寺)에 시주한 것이기 때문이다. **멀쩡한 자기 논을 괜히 중에게 주어 놓고 꿍꿍 소작을 하게 되고 보니,** 싱겁기도 짝이 없거니와, 딱한 살림에 아들 보기에 여간 미안스러운 일이 아니었다.

– 김정한, 「사하촌」

41

윗글의 서술 방식에 대한 설명으로 적절하지 <u>않은</u> 것은?

① 현실에 대한 불평을 토로하는 장면에서 간접적으로 인물의 성격이 드러나고 있다.

② 서술자가 인물의 말과 행동에 내재된 심리적 상태를 논평하여 서술하고 있다.

③ 인물 간의 대화를 통해 대립과 갈등의 현실적 상황을 직접적으로 제시하고 있다.

④ 공간적 배경을 세밀하게 묘사함으로써 인물이 처한 상황을 상징적으로 드러내고 있다.

⑤ 서술자가 현실의 문제를 객관적으로 관찰하고 보고하는 형식으로 상황을 설명하고 있다.

42

윗글의 등장인물에 대한 이해로 가장 적절한 것은?

① 치삼 노인은 일터로 나가 끼니때가 되어도 돌아오지 않는 며느리의 행동을 이해하지 못하고 있다.

② 치삼 노인은 자신의 과거 행동으로 인해 지금의 상황을 초래한 데 대한 미안함을 가지고 있다.

③ 들깨는 농사를 짓기 어려운 현실적 상황에 담담히 순응하려는 긍정적인 태도를 지니고 있다.

④ 들깨는 치삼 노인의 물음에 퉁명스럽게 답을 하면서 아버지에 대한 불만을 우회적으로 드러내고 있다.

⑤ 치삼 노인과 들깨는 면장이나 중을 현실의 위기를 타개해 나가는 조력자로 보고 도움을 요청하려 하고 있다.

43

㉠~㉤에 대한 설명으로 적절하지 <u>않은</u> 것은?

① ㉠ : 치삼 노인의 가계가 몹시 궁핍한 생활로 기울어져 가고 있음을 간접적으로 보여 주고 있다.

② ㉡ : 극심한 가뭄으로 고통 받고 있는 현실적 상황을 자연의 모습에 빗대어 표현하고 있다.

③ ㉢ : 아들에 대한 두려움으로 쉽게 말을 꺼내지 못하는 아버지의 심리를 직접적으로 설명하고 있다.

④ ㉣ : 가뭄이라는 자연적 재해 이외의 또 다른 갈등 요인이 있음을 암시하고 있다.

⑤ ㉤ : 자손들이 평안하게 살기를 소원하는 인물의 심리를 악용한 행태를 비판적으로 제시하고 있다.

44

<u>지렁이</u>와 <u>개미떼</u>의 상징성을 인물에 적용한 것으로 가장 적절한 것은?

	지렁이	개미떼
①	들깨	보광사 중
②	보광사 중	면장
③	면장	치삼 노인
④	보광사 중	들깨
⑤	치삼 노인	들깨

45

<보기>를 바탕으로 윗글을 감상한 것으로 적절하지 <u>않은</u> 것은? [3점]

┌─ 보 기 ─┐

「사하촌」은 지독한 가뭄에 농사지을 물길이 막혀 버린 성동리 농민들의 애타는 심정과 그런 사정을 알면서도 저수지 물길을 막아 제 살 길만을 찾는 보광리 사람들의 대립을 쟁점화한 작품이다. 친일 계급을 등에 업은 사찰과 이를 비호하며 마을 사람들의 어려움을 외면하는 면장과 같은 관리의 행태를 통해, 민중들의 삶의 터전인 농토의 소유와 경작에 대한 갈등이 첨예화된 식민지 현실을 비판적으로 서사화한 것이다.

└─────┘

① "인젠 다 틀렸어요. 풀래야 풀물도 없고"에서 지독한 가뭄에 농사지을 물길이 막혀 버린 농민들의 애타는 심정이 잘 드러나고 있군.

② "기사년은 그래도 냇물은 조금 안 있었나요."에서 농민들 간의 대립이 첨예화된 현재의 원인과 당시의 상황이 발생한 원인이 같다고 생각하고 있군.

③ "원래 약속을 할 때는 농사철에는 냇물은 아니 막아 가기로 했다는데"서 민중들의 삶터와 생활을 근본적으로 위협하는 대립이 발생하고 있음을 알 수 있군.

④ "더군다나 전과 달라 중놈들까지 덤비는 꼴을 보면 ……"에서 친일 계급을 등에 업은 사찰의 횡포를 짐작할 수 있군.

⑤ "멀쩡한 자기 논을 괜히 중에게 주어 놓고 꿍꿍 소작을 하게 되고 보니"에서 농토의 소유와 경작에 대한 갈등이 초래된 현실을 안타까워하고 있군.

※ 점수 표시가 없는 문항은 모두 2점

[01～03] 밑줄 친 단어의 뜻으로 가장 적절한 것을 고르시오.

01

Nothing could be firmer than the tone of this letter, in spite of its <u>pensive</u> gentleness.

① overt
② excessive
③ pervasive
④ thoughtful
⑤ optimistic

02

The doctor asserted that his lifelong research on the human genome was by no means <u>exhaustive</u>.

① rewarding
② revolutionary
③ lenient
④ independent
⑤ thorough

03

This <u>conundrum</u> was like no other that the police officers had faced before.

① instrument
② robbery
③ criminal
④ puzzle
⑤ demonstration

[04～05] 다음 대화의 빈칸에 들어갈 말로 가장 적절한 것을 고르시오.

04

A : How did the meeting go yesterday?
B : It couldn't have been worse.
A : What happened?
B : I said something I shouldn't have and now Jack won't talk to me.
A : _____.
B : Now I need to gather every ounce of courage to do so.

① It's never too late to apologize
② You can't please everyone all the time
③ Sometimes a quarrel is good for the team
④ Just like everything else, time heals all wounds
⑤ That's why you have to think before you speak

05

A : Detective Mills, I think this is the guy we are looking for.

B : Do his prints match the ones from the scene of the crime, Officer Flaherty?

A : The results haven't come in yet, but two witnesses say they saw someone with his descriptions.

B : That won't be enough for an arrest warrant.

A : But, I'm sure this is the perpetrator.

B : _____.

A : Okay. Then we'll just have to wait for the results from the lab.

① I'll ask for a warrant right away

② We move on evidence, not feelings

③ I think we already have all the proof we need

④ Let's concentrate on the statements of the witnesses

⑤ Our main duty is to ensure the safety of the civilians

[06~07] 밑줄 친 부분 중, 어법상 틀린 것을 고르시오.

06

A recurrent issue for courts is whose viewpoint to adopt in deciding how much should be disclosed to patients about ① their medical treatment. The majority of states favor the experts, holding that physicians are responsible for disclosing only as much as ② would be considered reasonable by a "reasonable medical practitioner" in the same community and the same specialty. This approach is grounded in the so-called therapeutic privilege, ③ which recognizes the physician's preeminent right to withhold any information that might harm the patient. The less deferential minority rule holds that the adequacy of disclosure should be judged from the standpoint of the "reasonable patient," not from ④ those of the "reasonable physician." Although these general rules are well settled, questions about the adequacy of disclosure still ⑤ arise.

07

Raku is a popular low-temperature, fast-firing process that yields exciting, ① chance surface effects on ceramic ware. From a simple white crackle glaze to a surprising spectrum of color, from humble tea bowls to sculptural forms abstract or figurative, the range of possibility and innovation ② that resides in raku practice keeps it always young and vibrant. The modern Western practice of this ancient process, as well as ③ its purpose, differs from its Eastern roots, but the results of raku are still infinite in their variety, energy, and beauty. Japanese and Western raku offer the ceramist the possibility ④ of experiencing the final results of the firing in a relatively short time, and it is this very quality that makes the practice of raku ⑤ so satisfied. [3점]

08

Crabs, birds, and manta rays regularly try to crush sea horses for dinner, but a sea horse has some unusual protective armor. Its tail can be (A) [compressed / expanded] to half its normal size without lasting damage, researchers at the University of California, San Diego, recently found. The tail's (B) [resilience / rigidity] comes from its structure : approximately 36 square segments, each made of four bony plates. The plates connect to the spinal column's vertebrae with collagen and can glide past one another, keeping the spine (C) [safe / vulnerable]. Ultimately, the researchers would like to build a robotic arm out of 3-D-printed plates that mimic the seahorse's flexible and tough tail and use it for underwater excursions or to detonate bombs.

	(A)	(B)	(C)
①	compressed	resilience	vulnerable
②	compressed	rigidity	safe
③	compressed	resilience	safe
④	expanded	rigidity	safe
⑤	expanded	resilience	vulnerable

09

Studies of priming effects have yielded discoveries that (A) [confirm / threaten] our self-image as conscious and autonomous authors of our judgments and our choices. For instance, most of us think of voting as a deliberate act that reflects our values and our assessments of policies and is not influenced by (B) [consensus / irrelevancies]. Our vote should not be affected by the location of the polling station, for example, but it is. A study of voting patterns in precincts of Arizona in 2000 showed that the support for propositions to increase the funding of schools was significantly greater when the polling station was in a school than when it was in a nearby location. A separate experiment showed that exposing people to images of classrooms and school lockers also (C) [increased / minimized] the tendency of participants to support a school initiative. The effect of the images was larger than the difference between parents and other voters. [3점]

	(A)	(B)	(C)
①	confirm	consensus	minimized
②	confirm	consensus	increased
③	confirm	irrelevancies	minimized
④	threaten	irrelevancies	increased
⑤	threaten	irrelevancies	minimized

10

Think of a "discovery" as an act that moves the arrival of information from a later point in time to an earlier time. The discovery's value does not ① equal the value of the information discovered but rather the value of having the information available earlier than it otherwise would have been. A scientist or a mathematician may show great skill by being the first to find a solution that has ② eluded many others; yet if the problem would soon have been solved anyway, then the work probably has not much ③ benefited the world. There *are* cases in which having a solution even slightly sooner is immensely valuable, but this is most plausible when the solution is immediately put to use, either being ④ deployed for some practical end or serving as a foundation to further theoretical work. And in the latter case, where a solution is immediately used only in the sense of serving as a building block for further theorizing, there is great value in obtaining a solution slightly ⑤ later only if the further work it enables is itself both important and urgent.

11

We are committed to reason. If we are asking a question, evaluating possible answers, and trying to persuade others of the value of those answers, then we are reasoning, and therefore have tacitly signed on to the ① validity of reason. We are also committed to whatever conclusions follow from the careful application of reason, such as the theorems of mathematics and logic. Though we cannot logically ② prove anything about the physical world, we are entitled to have confidence in certain beliefs about it. The application of reason and observation to discover ③ steadfast generalizations about the world is what we call science. The progress of science, with its dazzling success at explaining and manipulating the world, shows that knowledge of the universe is ④ possible, albeit always probabilistic and subject to revision. Science is thus a paradigm for how we ought to gain knowledge — not the particular methods or institutions of science but its value system, namely to seek to explain the world, to evaluate candidate explanations ⑤ objectively, and to be cognizant of the tentativeness and uncertainty of our understanding at any time.

12

On a boat off Costa Rica, a biologist uses pliers from a Swiss army knife to try to extract a plastic straw from a sea turtle's nostril. The turtle ① writhes in agony, bleeding profusely. For eight painful minutes the YouTube video ticks on; it has ② logged more than 20 million views, even though it's so hard to watch. At the end the increasingly desperate biologists finally manage to ③ dislodge a four-inch -long straw from the creature's nose. Raw scenes like this, which lay ④ bare the toll of plastic on wildlife, have become familiar : The dead albatross, its stomach bursting with refuse. The turtle stuck in a six-pack ring, its shell ⑤ unscathed from years of straining against the tough plastic. The seal snared in a discarded fishing net. Who is to blame? Take a good look in the mirror. [3점]

13

다음 글의 제목으로 가장 적절한 것은?

Do we live on a rare earth? One so exceptional that it is pretty much alone in hosting a rich diversity of life, with almost all other planets being home to simple microbes at best? Or are we in a universe teeming with living things as complex as those here, meaning that we exist as part of a vast, cosmic zoo? Debate on this rages on, but we say it is time to accept that the latter is very likely. To date we know of at least 3,700 exoplanets and there are likely to be trillions of other potentially habitable exoplanets and exomoons in our galaxy and beyond. We do not know how commonly life arises on them, but many scientists think that it may well emerge from the chemical and physical properties of any suitable planet.

① Earth, the Extraordinary Home
② The Intergalactic Superhighway
③ Are Microbes Our True Ancestors?
④ The Cosmic Zoo : The Big Hoax
⑤ Is Anybody Out There?

14

Frank O'Connor에 관한 다음 글의 내용과 일치하는 것은?

Frank O'Connor was born in Cork, Ireland, of a family too poor to give him a university education. During Ireland's struggle for independence he was briefly a member of the Irish Republican Army. Then he worked as a librarian in Cork and Dublin and for a time was director of the Abbey Theatre before he was established as a writer of short stories. From 1931 on he published regularly in American magazines and taught for some years at Harvard and Northwestern Universities. His declared objective was to find the natural rhythms and stresses of the storyteller's voice in shaping his material. He was indeed a prolific historian of Irish manners and the Irish character.

① He is an Irish playwright holding a Harvard degree.
② He was a member of the stage crew at the Abbey Theatre.
③ His writing career in the US took off in the early 1930s.
④ He tried to blur the rhythms of the storyteller's voice.
⑤ His stories are concerned with early American manners.

15

baiji에 관한 다음 글의 내용과 일치하지 <u>않는</u> 것은?

The baiji is a functionally extinct species of freshwater dolphin formerly found only in the Yangtze River in China. It is also called the Chinese river dolphin. It is not to be confused with the Chinese white dolphin. The baiji population declined drastically in decades as China industrialized and made heavy use of the river for fishing, transportation, and hydroelectricity. The baiji could be the first dolphin species in history that humans have driven to extinction. Efforts were made to conserve the species, but a late 2006 expedition failed to find any baiji in the river. In August 2007, a Chinese man reportedly videotaped a large white animal swimming in the Yangtze, believed to be a baiji. The World Wildlife Fund is calling for the preservation of any possible baiji habitat, in case the species is located and can be revived.

① Its sole habitat was the Yangtze River.
② It should not be mistaken for the Chinese white dolphin.
③ Industrialization played a role in its decline in population.
④ It did not turn up during the 2006 expedition.
⑤ The World Wildlife Fund has given up all hope in reviving the species.

16
다음 글의 목적으로 가장 적절한 것은?

Please let me take this opportunity to introduce myself and to welcome you to the neighborhood. My wife, Monica, and I live at #19, just up the road from your new home. We have lived on Meadow Street for the past twenty years. Most likely because I'm older than everyone else around here, I am often addressed as the unofficial "mayor" of the neighborhood.

I have been asked by several of our neighbors to communicate their wishes about a problem that has arisen since you moved in. We all love music, and most of us have had, or will have, teenagers. We would, though, appreciate it if you would ask your teens to turn down the volume.

We all look forward to meeting and greeting you properly after you have the chance to settle in.

① to solicit donations for needy neighbors
② to invite a neighbor to a block party
③ to offer best wishes to a leaving family
④ to request an exchange for a better stereo
⑤ to complain about a neighbor's loud music

17
다음 글의 요지로 가장 적절한 것은?

Laughter is one clue to compatibility. It tells you how much you will enjoy each other's company over the long term. If your laughter together is good and healthy, and not at the expense of others, then you have a healthy relationship to the world. Laughter is the child of surprise. If you can make each other laugh, you can always surprise each other. If you can always surprise each other, you can always keep the world around you new. Beware of a relationship in which there is no laughter. Even the most intimate relationships based only on seriousness have a tendency to turn dour. Over time, sharing a common serious viewpoint on the world tends to turn you against those who do not share the same viewpoint, and your relationship can become based on being critical together.

① A key to a healthy relationship is laughing together.
② "No action, talk only" is the seed of relationship failures.
③ Serious talk leads to endless criticism of one another.
④ The element of surprise brings laughter into your relationship.
⑤ Laugh a lot, and you will end up with new relationships.

18

Good reductionism consists not of replacing one field of knowledge with another but of connecting or unifying them. The building blocks used by one field are put under a microscope by another. A geographer might explain why the coastline of Africa fits into the coastline of the Americas by saying that the landmasses were once adjacent but sat on different plates, which drifted apart. The question of why the plates move gets passed on to the geologists, who appeal to an upwelling of magma that pushes them apart. As for how the magma got so hot, they call in the physicists to explain the reactions in the Earth's core and mantle. None of the scientists is _____.

① innocent
② dispensable
③ meticulous
④ qualified
⑤ connected

19

Even small differences in annual economic growth rates, if sustained for decades or centuries, eventually lead to huge differences in the levels of economic well-being. The per capita gross national product of the United States, for example, grew at an annual rate of around 1.7 percent per year during the period 1820 to 1998. This led to a twenty-five-fold increase in living standards, with per capita incomes rising from around $1,200 per person in 1820 to around $30,000 today (in 1990 dollars). The key for the United States to become the world's richest major economy was not spectacularly fast growth, such as China's recent achievement of 8 percent growth per year. The key was _____, the fact that the United States maintained that income growth rate for almost two centuries.

① velocity
② originality
③ transparency
④ liquidity
⑤ consistency

20

Believing-for-a-reason _____.
I may believe that my neighbor has few friends because no one ever visits him. I may never have made this reasoning explicit, either to myself or to anyone else. Still, if asked the question "Why do you think he has few friends?" I can reply, without any introspection or self-observation : "Because no one ever visits him." That a subject is in the relevant state does not necessarily manifest itself in conscious review of the reasoning but does necessarily include the ability to express it both in the form of a demonstration and an expressive self-explanation, i.e., a rational explanation of one's own belief that one can just give. [3점]

① often results from the state of mutual contradictions
② need not be the result of any conscious process at all
③ may lie in the subject's ability to review a conclusion
④ seldom denies the existence of premise and conclusion
⑤ ought to be constantly mediated by connecting principles

21

We know that blind evolutionary processes can produce human-level general intelligence, since they have already done so at least once. Evolutionary processes with foresight — that is, genetic programs designed and guided by an intelligent human programmer — should be able to achieve a similar outcome with far greater efficiency. This observation has been used by some philosophers and scientists to argue that human-level AI is not only theoretically possible but feasible within this century. The idea is that we can estimate the relative capabilities of evolution and human engineering to produce intelligence, and find that human engineering is already vastly superior to evolution in some areas and is likely to become superior in the remaining areas before too long. The fact that evolution produced intelligence therefore indicates that human engineering will _____.

① compete against superintelligence
② lag far behind evolutionary processes
③ disguise itself as human-level AI
④ soon be able to do the same
⑤ repeat similar mistakes

22

The number of electric cars in the world passed the 2 million mark last year and the International Energy Agency estimates there will be 140 million electric cars globally by 2030 if countries meet Paris climate agreement targets. This electric vehicle boom could leave 11 million tons of spent lithium-ion batteries in need of recycling between now and 2030. However, in the EU as few as 5% of lithium-ion batteries are recycled. _____ _____. Not only do the batteries carry a risk of giving off toxic gases if damaged, but core ingredients such as lithium and cobalt are finite and extraction can lead to water pollution and depletion among other environmental consequences.

① This has an environmental cost
② It is prohibited to take further steps
③ It has identified the cause
④ This ratifies the Paris climate agreement
⑤ This supports current energy policies

23

The electromagnetic field is everywhere, and every single electron that exists in the universe not only belongs to it, but also is exactly identical to any other electron, anywhere and anywhen. Interchange two of them, and the universe won't notice. Because of that, because of the quantum field they are an expression of, electrons cannot be described as one would describe a macroscopic object. They belong to the field. They are part of it, like a drop of water in the vast ocean, or a gust of wind in the night air, a drop or a gust you cannot localize. As long as one does not look, drops and gusts are just like the ocean itself, like the wind. Mingled into an entity much vaster than themselves, _____. [3점]

① they provide vectors to the core of the universe
② they create a ripple effect in the quantum field
③ they have no identity of their own
④ they fail to achieve their full potential
⑤ they serve as catalysts for many reactions

24

Cost of production concepts are not very useful to the understanding of the economics of agriculture, just as cost of production of pizza is not very useful to understanding the pizza industry. A more appropriate comparison, given the nature of joint production in agriculture, is the relation of cost of production of pizza to the structural understanding of the restaurant industry. Too great a reliance on cost of production is a danger because of the inherent weaknesses of analyses that follow, the resources devoted to cost of production which would be better used elsewhere, and the limited focus of issues which can result from its emphasis. Cost of production seems, on the surface, to be a useful and basic element to economic analysis. Further, noneconomists relate well to the concept of cost of production, while supply functions, input demand functions, length-of-run and other important issues are less obvious concepts. As a result, cost of production often becomes considered as _____.

① an instrumental source of agricultural investment decision

② an end rather than a tool with limited analytic capability

③ one of the weakest indices of long-term market growth

④ a test of inter-industry collaboration assessment

⑤ an obscure measurement of market assets

[25~26] 다음 글의 주제로 가장 적절한 것을 고르시오.

25

In the U.S. the proportion of infants who were nursed at all by their mothers, and the age at which those nursed infants were weaned, decreased through much of the 20th century. For example, by the 1970s only 5% of American children were being nursed at the age of six months. In contrast, among hunter-gatherers not in contact with farmers and without access to farmed foods, infants are nursed far beyond six months, because the only suitable infant food available to them is mother's milk : they have no access to cow's milk, baby formula, or soft food replacements. The age of weaning averaged over seven hunter-gatherer groups is about three years old, an age at which children finally become capable of fully nourishing themselves by chewing enough firm food.

① relationship between the age of weaning and available food

② necessity of early weaning in hunter-gatherer societies

③ controversy over the role of weaning in children's health

④ agricultural motivations for early weaning in children

⑤ demographic contrasts between farmers and hunter-gatherers

26

Never has China's bond market had such a stormy spring. It has already set a record for defaults in the second quarter. The cost of credit for firms has shot up. Even the state-owned companies that invest in infrastructure, previously sacrosanct, are seen as risks. What has gone wrong? The answer is nothing at all. Defaults are progress for China, which needs to clear a backlog of accumulated debt. This year's casualties amount to a mere 0.1% of the bond market. But that is still an improvement on the recent past, when investors assumed that the government would rescue any big firm in trouble. [3점]

① the hidden pitfalls of China's economy
② the risky investments on China's infrastructure
③ the critical need for governmental intervention in China
④ the unwarranted concern about China's bond market
⑤ the doomed future of China's accumulating debt

[27~28] 다음 글의 빈칸 (A), (B)에 들어갈 말로 가장 적절한 것을 고르시오.

27

Deficiencies of innate ability may be compensated for through persistent hard work and concentration. One might say that work substitutes for talent, or better yet that it _____(A)_____ talent. He who firmly determines to improve his capacity will do so, provided that education does not begin too late, during a period when the plasticity of nerve cells is greatly reduced. Do not forget that reading and thinking about masterpieces allows one to assimilate much of the skill that created them, providing of course that one extends beyond conclusions to the author's insights, guiding principles, and even style. What we refer to as a great and special talent usually implies superiority that is expeditious rather than qualitative. In scientific undertakings, however, the slow prove to be as useful as the fast because scientists like artists are judged by the quality of what they produce, not by the _____(B)_____ of production.

	(A)	(B)
①	creates	power
②	creates	speed
③	suppresses	quantity
④	suppresses	speed
⑤	encourages	power

28

Professions embody expertise, prestige, autonomy, dignity, and formal learning, values that often are incompatible with politics. The historic struggles of public professions to purge themselves of politics — for example, the city manager *versus* party hacks; the librarian *versus* ignorant censors; the environmental scientist *versus* political ideologues — all reflect this ____(A)____. Nor do professionals like bureaucracy, which they often view as an impediment to the free exercise of their specializations. Certain kinds of specialized professionals, such as scientists and engineers, working for the federal government express much less satisfaction with their work than federal executives. Put bluntly, professionals who choose the public service often must overcome their ____(B)____ for its two major features : politics and bureaucracy.

[3점]

	(A)	(B)
①	resistance	antipathy
②	congruence	affinity
③	resistance	affinity
④	congruence	antipathy
⑤	incompatibility	aspiration

[29~30] 주어진 글 다음에 이어질 글의 순서로 가장 적절한 것을 고르시오.

29

For most of Western history, curiosity has been regarded as at best a distraction, at worst a poison, corrosive to the soul and to society. There's a reason for this. Curiosity is unruly.

(A) In short, curiosity is deviant. Pursuing it is liable to bring you into conflict with authority at some point, as everyone from Galileo to Charles Darwin to Steve Jobs could have attested. A society that values order above all else will seek to suppress curiosity.

(B) It doesn't like rules, or, at least, it assumes that all rules are provisional, subject to the laceration of a smart question nobody has yet thought to ask. It disdains the approved pathways, preferring diversions, unplanned excursions, impulsive left turns.

(C) But a society that believes in progress, innovation, and creativity will cultivate it, recognizing that the inquiring minds of its people constitute its most valuable asset. By the time of the Enlightenment, European societies started to see that their future lay with the curious and encouraged probing questions rather than stamping on them.

① (A) - (C) - (B)
② (B) - (A) - (C)
③ (B) - (C) - (A)
④ (C) - (A) - (B)
⑤ (C) - (B) - (A)

30

Most existing drones need to be flown by an experienced operator. Indeed, the law often requires this. Drones also need technical support and maintenance.

(A) The drone may fly autonomously, according to a preprogrammed schedule, find its way automatically to a point it is ordered to visit, or be piloted remotely by an operative of the company that supplies the system, from a control centre anywhere on the planet.

(B) This is a term being applied to the offerings of several firms that aspire to sell the advantages of drones without the associated worries. The box in question is a base station that houses the drone, recharges it and transfers the data it has collected to the customer.

(C) And the people operating them would be well advised to have an understanding of the legal and safety implications of what they are up to. Hence the appeal of the "drone-in-a-box."

① (A) - (C) - (B)
② (B) - (A) - (C)
③ (B) - (C) - (A)
④ (C) - (A) - (B)
⑤ (C) - (B) - (A)

31

다음 글에서 전체 흐름과 관계없는 문장은?

Many animals cooperate effectively, and a few even give loans. The most famous lenders in nature are vampire bats. These bats congregate in their thousands inside caves and every night fly out to look for prey. When they find a sleeping bird or careless mammal, they make a small incision in its skin, and suck its blood. ① But not all vampire bats find a victim every night. ② In order to cope with the uncertainty of their life, the vampires loan blood to each other. ③ Vampires, however, don't give loans in order to alleviate their evolutionary pressure. ④ A vampire that fails to find prey will come home and ask a more fortunate friend to regurgitate some stolen blood. ⑤ Vampires remember very well to whom they loaned blood, so at a later date if the friend returns home hungry, he will approach his debtor, who will reciprocate the favour.

32

글의 흐름으로 보아 주어진 문장이 들어가기에 가장 적절한 곳은? [3점]

When you see grass as *green*, the green is no more a property of grass than rustish is a property of water.

Imagine that you are a piece of iron. So there you are, sitting around doing nothing, as usual, when along comes a drop of water. What will be your perception of the water? Yes, of course, a bar of iron doesn't have a brain, and it wouldn't have any perception at all. But let's ignore that inconvenient fact and imagine what it would be like if a bar of iron could perceive the water. From the standpoint of a piece of iron, water is above all *rustish*. (①) Now return to your perspective as a human. (②) You know that rustishness is not really a property of water itself but of how it reacts with iron. (③) The same is true of human perception. (④) Green is the experience that results when the light bouncing off grass reacts with the neurons in your brain. (⑤) Greenness is in us — just as rust is in the piece of iron.

33

다음 글에 나타난 "I"의 심경 변화로 가장 적절한 것은?

I left for Brussels by train in April 1939. Leaving my parents behind when I was only nine years old was deeply distressing. As I reached the border between Germany and Belgium, the train stopped for a brief time and German customs officials came on board. They demanded to see any jewelry or other valuables I might have. I had been forewarned of this request by a young woman who was traveling with me. I had therefore hidden in my pocket a small gold ring with my initials on it, which I had been given as a present on my seventh birthday. My anxiety in the presence of Nazi officers reached almost unbearable heights as they boarded the train, and I feared that they would discover the ring. Fortunately, they paid little attention to me and allowed me to go undisturbed. As their footsteps grew fainter, a quiet sigh escaped my lips.

① nervous → relieved
② joyous → discouraged
③ indifferent → outraged
④ irritated → terrified
⑤ surprised → disappointed

People who learn to extract the key ideas from new material and organize them into a mental model and connect that model to _____ show an advantage in learning complex mastery. A mental model is a mental representation of some external reality. Think of a baseball batter waiting for a pitch. He has less than an instant to decipher whether it's a curveball, a changeup, or something else. How does he do it? There are a few subtle signals that help : the way the pitcher winds up, the way he throws, the spin of the ball's seams. A great batter winnows out all the extraneous perceptual distractions, seeing only these variations in pitches, and through practice he forms distinct mental models based on a different set of cues for each kind of pitch. He connects these models to what he knows about batting stance, strike zone, and swinging so as to stay on top of the ball. These he connects to mental models of player positions : if he's got guys on first and second, maybe he'll sacrifice to move the runners ahead. Because he has culled out all but the most important elements for identifying and responding to each kind of pitch, constructed mental models out of that learning, and connected those models to his mastery of the other essential elements of this complex game, an expert player has a better chance of scoring runs than a less experienced one who cannot make sense of the vast and changeable information he faces every time he steps up to the plate.

34
윗글의 제목으로 가장 적절한 것은?

① Split-Second Decisions Made Easy
② When Baseball Players Go Wild
③ Baseball 101 : Choose the Right Bat
④ The Anatomy of a Baseball Pitcher
⑤ How Far Can a Batter Hit the Ball?

35
윗글의 빈칸에 들어갈 말로 가장 적절한 것은?　　　　[3점]

① future course of events
② athletic endowment
③ prior knowledge
④ de facto principles
⑤ controlled motivation

In the region of western New York State in which I was brought up, as indeed in a huge part of the English-speaking regions of the world, the form *doesn't* (a) <u>scarcely</u> exists in vernacular speech. Where I come from, almost everyone says *It don't matter* and *He don't need that.*

Naturally, my high school English teacher, Mrs. Breck, took strong exception to this usage, and she relentlessly (b) <u>waged</u> her own little war upon it. I well remember sitting in class one day when her campaign was in full swing. Having heard my classmate Norman say, for the seven hundredth time that day, something like "He don't know that," she decided to strike : "He *doesn't* know that, Norman." "Yeah, that's right," replied Norman, "he *don't*." "Not *don't*, Norman," reiterated Mrs. Breck, her face turning an interesting colour, "say 'He DOESN'T know that.'" "But... but..." A look of (c) <u>contentment</u> appeared on Norman's face. "But it don't *sound* right!"

This little episode encapsulates very neatly the (d) <u>contrast</u> between the very special position of one particular form of English, which we call standard English, and all the other varieties of English that there are, which we may collectively term non-standard English. The great majority of English-speakers grow up learning and speaking the (e) <u>local</u> vernacular form of English, which is almost always significantly different from standard English, and is sometimes spectacularly different.

36
윗글의 제목으로 가장 적절한 것은?

① Good Old Days : Reflections on My English Teacher
② Avoid Dialect Extinction for Diversity's Sake
③ Sounding Right : A Dilemma for Policy-Makers
④ Standard vs. Non-standard English : *Don't* It Matter?
⑤ Vernacular vs. Prestige English : End the War

37
윗글의 밑줄 친 부분 중, 문맥상 낱말의 쓰임이 적절하지 <u>않은</u> 것은?

① (a)   ② (b)
③ (c)   ④ (d)
⑤ (e)

That music can increase cooperation and helpfulness by inducing good moods has been demonstrated experimentally. Rona Fried and Leonard Berkowitz undertook a study with their students at the University of Wisconsin. They divided them into four groups and induced different moods in three of them by playing them different pieces of music. Two selections from Mendelssohn's 'Songs Without Words' were chosen to instill a soothing mood in one group; Duke Ellington's 'One O'Clock Jump' was played to create feelings of excitement in another; and John Coltrane's 'Meditations' was used to instill negative emotions, of sadness and despondency, in the third group. The fourth, control group simply sat in silence for the seven-minute duration of the musical recordings. The students had to complete a mood questionnaire both before and after listening to the music, and this confirmed that the music had made a significant difference to their feelings.

Just before they were dismissed, the experimenter asked for volunteers to help with another, quite unrelated experiment which would require anywhere between fifteen minutes and two hours of their time. They were requested to complete a form to specify whether they were prepared to help, and if so for what amount of time. This, of course, was the test of helpfulness — the experimenter wanted to discover whether the four groups varied in their willingness to help according to the type of music to which they had been listening.

This _____. Those who had listened to the Mendelssohn pieces turned out to be the most helpful, as measured by their willingness to help with the second experiment and the length of time they were prepared to offer. On both measures, the students who had listened to Coltrane's music, leading to adverse moods, were the least willing to be helpful.

38

윗글의 요지로 가장 적절한 것은?

① Cooperative groups tended to prefer Mendelssohn's music.
② Classical music instilled soothing moods in people.
③ Cooperation and helpfulness were affected by musical talents.
④ Types of music influenced people's willingness to help.
⑤ Excited moods led people to offer more assistance.

39

윗글의 빈칸에 들어갈 말로 가장 적절한 것은?

① had been tested before
② proved to be the case
③ was challenged by many
④ contradicted earlier findings
⑤ needed further support

According to most definitions of intelligence, a million years ago humans were already the most intelligent animals around, as well as the world's champion toolmakers, yet they remained insignificant creatures with little impact on the surrounding ecosystem. They were obviously lacking some key feature other than intelligence and toolmaking.

Perhaps humankind eventually came to dominate the planet not because of some elusive third key ingredient, but due simply to the evolution of even higher intelligence and even better toolmaking abilities? It doesn't seem so, because when we examine the historical record, we don't see a direct correlation between the intelligence and toolmaking abilities of individual humans and the power of our species as a whole. Twenty thousand years ago, the average Sapiens probably had higher intelligence and better toolmaking skills than the average Sapiens of today. Modern schools and employers may test our aptitudes from time to time but, no matter how badly we do, the welfare state always guarantees our basic needs. In the Stone Age natural selection tested you every single moment of every single day, and if you flunked any of its numerous tests you (A) <u>were pushing up the daisies in no time</u>. Yet despite the superior toolmaking abilities of our Stone Age ancestors, and despite their sharper minds and far more acute senses, 20,000 years ago humankind was much weaker than it is today.

Over those 20,000 years humankind moved from hunting mammoth with stone-tipped spears to exploring the solar system with spaceships not thanks to the evolution of more dexterous hands or bigger brains. Instead, the crucial factor in our conquest of the world was our ability to connect many humans to one another. Humans nowadays completely dominate the planet not because the individual human is far smarter and more nimble-fingered than the individual chimp or wolf, but because *Homo sapiens* is the only species on earth capable of cooperating flexibly in large numbers. Intelligence and toolmaking were obviously very important as well. But if humans had not learned to cooperate flexibly in large numbers, our crafty brains and deft hands would still be _____(B)_____.

40

윗글의 밑줄 친 (A)가 의미하는 바로 가장 적절한 것은?

① might prosper eternally
② would die soon
③ sharpened tools slowly
④ could pick flowers quickly
⑤ became a farmer eventually

41

윗글의 빈칸 (B)에 들어갈 말로 가장 적절한 것은? [3점]

① developing far more acute senses
② significantly impacting the ecosystem
③ overcoming numerous hurdles in the wild
④ searching for easy prey in groups
⑤ splitting flint stones rather than uranium atoms

42

윗글의 내용을 한 문장으로 나타낼 때, 빈칸 (C)와 (D)에 들어갈 말로 가장 적절한 것은?

It is not higher intelligence or better ___(C)___, but large-scale, flexible cooperation abilities which played a key role in Homo sapiens' ___(D)___ of the world.

	(C)	(D)
①	dexterity	domination
②	dexterity	exploration
③	evolution	cultivation
④	welfare	domination
⑤	welfare	exploration

(A) Do you know a childlike view of the world can frequently put adult life in perspective? The innocent view of children can help adults to not be so weighed down by their problems. Nancy Craver, director of a day-care center, relates the following story of how a child's perspective helped (a) her turn a big problem into a small one. It was the center's annual multicultural dinner, created as a chance for parents, children, and staff to celebrate both their diversity and their ability to work well together.

(B) As (b) she instinctively reached out her arms, she not only caught the little one but also caught her laughter and excitement. Immediately, those first terrible images melted away. Swinging (c) her around, Nancy was reminded by the child's enthusiasm that this was a celebration. Her laughter and play did not fix things, but it did change Nancy's perspective. And the evening continued better for her and for those around her.

(C) The previous year's celebration had been quite challenging for Nancy, as she had just been hired as the new director. This year (d) she planned things out early so that she could relax and participate in the dinner — or so she thought. At first just minor things went wrong. Then, someone dropped the slide projector that was to be used for an after-dinner presentation. When the dinner itself was over, the woman who had been hired to take the children to another place to play did not show up. The kids became restless and began running about.

(D) In the midst of all this commotion, an elderly man insisted on someone moving the car that was blocking his in the parking lot. With her tension — and temperature — rising, Nancy went to help him get out of the lot. Just as (e) she started back into the building, one of the young children came charging down the stairs and threw herself at her. The images that flashed across Nancy's mind as the child was flying through the air included an injured child, shocked parents, and people saying, "You see, she cannot control or even protect our children!"

43

주어진 글 (A)에 이어질 내용을 순서에 맞게 배열한 것으로 가장 적절한 것은?

① (B) - (D) - (C)
② (C) - (B) - (D)
③ (C) - (D) - (B)
④ (D) - (B) - (C)
⑤ (D) - (C) - (B)

44

밑줄 친 (a)~(e) 중에서 가리키는 대상이 나머지와 다른 것은?

① (a)   ② (b)
③ (c)   ④ (d)
⑤ (e)

45

윗글의 Nancy에 관한 내용과 일치하지 않는 것은?

① She was in charge of a day-care center.
② She caught a child in mid-air.
③ She became the director three years ago.
④ She planned for this year's dinner in advance.
⑤ She helped out with a parking problem.

CHECK

확인 ✓ 문제는 고1 과정인 「수학」 과목 영역에 속하는 문제이지만, 과목 및 단원 간 연계 문제로 출제될 수 있는 문제입니다. 반드시 풀어 보고, 관련 개념을 한 번 더 확인하세요!

01

등차수열 $\{a_n\}$에 대하여 $a_1 + a_3 = 10$, $a_6 + a_8 = 40$일 때, $a_{10} + a_{12} + a_{14} + a_{16}$의 값은? [3점]

① 149   ② 152   ③ 155

④ 158   ⑤ 161

세 정수 a, b, c에 대하여
$$1 \le a \le |b| \le |c| \le 7$$
을 만족시키는 모든 순서쌍 (a, b, c)의 개수는? [3점]

① 300   ② 312   ③ 324

④ 336   ⑤ 348

03 확인 ✓

명제 '$x^2 - x - 6 \le 0$인 어떤 실수 x에 대하여 $x^2 - 2x + k \le 0$이다.'가 거짓일 때, 정수 k의 최솟값은? [3점]

① -2 ② -1 ③ 0

④ 1   ⑤ 2

04 확인 ✓

양의 실수 x, y가 $\dfrac{x^2}{4} + \dfrac{y^2}{9} = 1$을 만족시킬 때, $(3x + 2y)^2$의 최댓값은? [3점]

① 36   ② 48   ③ 60

④ 72   ⑤ 84

05 확인 ✔

전체집합 $U = \{1,\ 2,\ 3,\ 4,\ 5\}$의 두 부분집합 A, B에 대하여 $A = \{1,\ 2,\ 3\}$일 때, $n(A \cap B) \le 2$를 만족시키는 집합 B의 개수는? [4점]

① 22   ② 24   ③ 26

④ 28   ⑤ 30

06

세 양수 a, b, c에 대하여

$$\begin{cases} \log_{ab}3 + \log_{bc}9 = 4 \\ \log_{bc}3 + \log_{ca}9 = 5 \\ \log_{ca}3 + \log_{ab}9 = 6 \end{cases}$$

이 성립할 때, abc의 값은? [4점]

① 1   ② $\sqrt{3}$ ③ 3

④ $3\sqrt{3}$ ⑤ 9

07

이차함수 $f(x) = x^2 - 4x + 7$의 그래프 위에 두 점 $A(1,\ 4)$, $B(6,\ 19)$가 있다. 직선 AB와 평행하고 포물선 $y = f(x)$에 접하는 직선이 두 직선 $x = 1$, $x = 6$과 만나는 점을 각각 D, C라 할 때, 평행사변형 $ABCD$의 넓이는? [4점]

① 30   ② $\dfrac{125}{4}$ ③ $\dfrac{65}{2}$

④ $\dfrac{135}{4}$ ⑤ 35

08

주머니 A에는 1, 2, 3, 4의 숫자가 각각 하나씩 적힌 4장의 카드가 들어 있고, 주머니 B에는 1, 2, 3, 4, 5의 숫자가 각각 하나씩 적힌 5개의 공이 들어 있다. 주머니 A에서 임의로 한 장의 카드를 꺼내고 주머니 B에서 임의로 하나의 공을 꺼낼 때 나오는 두 자연수 중 작지 않은 수를 확률변수 X라 하자. 이때, $E(X)$의 값은? [4점]

① $\dfrac{13}{4}$ ② $\dfrac{7}{2}$ ③ $\dfrac{15}{4}$

④ 4   ⑤ $\dfrac{17}{4}$

09

함수 $f(x) = (x-1)^3 + (x-1)$의 역함수를 $g(x)$라 할 때, $\int_2^{10} g(x)dx$의 값은? [4점]

① $\dfrac{51}{4}$ ② $\dfrac{59}{4}$ ③ $\dfrac{67}{4}$

④ $\dfrac{75}{4}$ ⑤ $\dfrac{83}{4}$

10

곡선 $y = x^2 - 8x + 17$ 위의 점 $\mathrm{P}(t, \ t^2 - 8t + 17)$에서의 접선이 y축과 만나는 점을 Q, 점 P를 지나고 x축에 평행한 직선이 y축과 만나는 점을 R라 하고 삼각형 PQR의 넓이를 $S(t)$라 하자. $1 \le t \le 3$일 때, $S(t)$가 최대가 되는 t의 값은? [4점]

① $\dfrac{4}{3}$ ② $\dfrac{5}{3}$ ③ 2

④ $\dfrac{7}{3}$ ⑤ $\dfrac{8}{3}$

11

백인 80%, 흑인 10%, 동양인 10%의 세 인종의 주민으로 구성된 지역에서 범죄 사건이 일어났다. 목격자는 '범인은 동양인'이라고 진술하였지만 가까이서 정확히 범인의 얼굴을 본 것은 아니고 CCTV도 없었다. 어두워지기 시작하는 저녁 무렵에 벌어진 사건임을 감안하여 수사관은 목격자 진술의 신빙성을 알아볼 필요가 있다고 판단하여 비슷한 조건에서 많은 테스트를 해 보았다. 그 결과 목격자가 인종을 옳게 판단할 확률은 모든 인종에 대해 동일하게 0.9였고, 인종을 잘못 판단하는 경우에는 백인을 동양인으로, 흑인을 동양인으로 판단하였다고 한다. 목격자가 동양인이라고 진술한 범인이 실제로 동양인일 확률은? [4점]

① $\dfrac{1}{2}$ ② $\dfrac{2}{3}$ ③ $\dfrac{3}{4}$

④ $\dfrac{4}{5}$ ⑤ $\dfrac{5}{6}$

12 확인 ☑

함수 $f(x) = \dfrac{ax+b}{x+c}$ $(b - ac \ne 0, \ c < 0)$의 그래프와 직선 $y = x+1$의 두 교점이 $\mathrm{P}(0, \ 1)$, $\mathrm{Q}(3, \ 4)$이다. 두 점 P, Q와 곡선 $y = f(x)$ 위의 다른 두 점 R, S를 꼭짓점으로 하는 직사각형 PQRS의 넓이가 30일 때, $f(-2)$의 값은? [4점]

① $\dfrac{1}{6}$ ② $\dfrac{1}{3}$ ③ $\dfrac{1}{2}$

④ $\dfrac{2}{3}$ ⑤ $\dfrac{5}{6}$

13

자연수 p에 대하여 수열 $\{a_n\}$의 일반항이 $a_n = \dfrac{(n!)^4}{(pn)!}$ 이다.

$\lim\limits_{n \to \infty} \dfrac{a_n}{a_{n+1}} = \alpha$ (α는 0이 아닌 상수)일 때, $\log_2 \alpha$의 값은?

[4점]

① 0 ② 2 ③ 4

④ 6 ⑤ 8

원 위에 일정한 간격으로 8개의 점이 놓여있다. 이 중 세 개의 점을 연결하여 삼각형을 만들 때, 이 삼각형이 둔각삼각형일 확률은?

[4점]

① $\dfrac{2}{7}$ ② $\dfrac{5}{14}$ ③ $\dfrac{3}{7}$

④ $\dfrac{1}{2}$ ⑤ $\dfrac{4}{7}$

1부터 9까지의 자연수가 각각 하나씩 적힌 9개의 공이 들어 있는 주머니가 있다. 이 주머니에서 임의로 4개의 공을 동시에 꺼낼 때, 꺼낸 공에 적혀 있는 수 a, b, c, d가 다음 조건을 만족시킬 확률은?

[4점]

> (가) $a+b+c+d$는 홀수이다.
> (나) $a \times b \times c \times d$는 15의 배수이다.

① $\dfrac{4}{21}$ ② $\dfrac{3}{14}$ ③ $\dfrac{5}{21}$

④ $\dfrac{11}{42}$ ⑤ $\dfrac{2}{7}$

양의 실수 t에 대하여 한 변의 길이가 1인 정사각형 ABCD 위의 점 $P_0, P_1, P_2, P_3, \cdots$은 다음과 같은 규칙을 따라 정해진다.

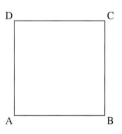

> (규칙1) $P_0 = A$
> (규칙2) 자연수 n에 대해 점 P_{n-1}에서 점 P_n까지 정사각형 ABCD의 변을 반시계방향으로 따라 가는 경로의 길이는 t^{n-1}이다.

다음을 만족시키는 실수 k의 최솟값은? [4점]

> $k < t < \dfrac{39}{40}$인 t에 의해 정해지는 $P_0, P_1, P_2, P_3, \cdots$ 중에서 무수히 많은 점들이 변 DA 위에 있다.

① $\dfrac{30}{31}$ ② $\dfrac{32}{33}$ ③ $\dfrac{34}{35}$

④ $\dfrac{36}{37}$ ⑤ $\dfrac{38}{39}$

17

곡선 $y = x^3 + 1$에 대하여 곡선 밖의 점 (a, b)에서 곡선에 그은 접선의 개수가 3일 때, 점 (a, b)가 나타내는 영역의 넓이는?(단, $0 \le a \le 1$) [5점]

① $\dfrac{1}{4}$ ② $\dfrac{1}{3}$ ③ $\dfrac{1}{2}$

④ $\dfrac{2}{3}$ ⑤ $\dfrac{3}{4}$

18

함수 $f(x) = [4x] - [6x] + \left[\dfrac{x}{2}\right] - \left[\dfrac{x}{4}\right]$ 가 $x = a$에서 불연속이 되는 실수 $a\,(0 < a < 5)$의 개수는?(단, $[x]$는 x보다 크지 않은 최대의 정수이다) [5점]

① 30 ② 31 ③ 32

④ 33 ⑤ 34

19

함수

$$f(x) = \begin{cases} \displaystyle\lim_{n \to \infty} \dfrac{x(x^{2n} - x^{-2n})}{x^{2n} + x^{-2n}} & (x \ne 0) \\ 0 & (x = 0) \end{cases}$$

에 대하여 방정식 $f(x) = (x - k)^2$의 서로 다른 실근의 개수가 3인 실수 k의 범위는 $a < k < b$이다. 상수 a, b에 대하여 $a + b$의 값은? [5점]

① $\dfrac{1}{4}$ ② $\dfrac{1}{3}$ ③ $\dfrac{1}{2}$

④ $\dfrac{2}{3}$ ⑤ $\dfrac{3}{4}$

20 확인 ☑

집합 $X = \{1, 2, 3, 4, 5\}$에 대하여 X에서 X로의 함수 중에서 다음 조건을 만족시키는 함수 f의 개수는? [5점]

$$\{(f \circ f)(x) | x \in X\} \cup \{4, 5\} = X$$

① 402 ② 424 ③ 438

④ 456 ⑤ 480

21

$\displaystyle\lim_{n \to \infty} \frac{1}{n^3}\{(n+3)^2 + (n+6)^2 + \cdots + (n+3n)^2\}$의 값을 구하시오. [3점]

① 4   ② 5   ③ 8   ④ 7   ⑤ 6

22

각 항이 양수인 수열 $\{a_n\}$의 첫째항부터 제n항까지의 합을 S_n이라 할 때 $S_n + S_{n+1} = (a_{n+1})^2$이 성립한다. $a_1 = 10$일 때, a_{10}의 값을 구하시오. [4점]

① 13   ② 14   ③ 15   ④ 17   ⑤ 19

23

부등식 $10^{10} \le 2^x 5^y$을 만족시키는 양의 실수 x, y에 대하여 $x^2 + y^2$의 최솟값을 m이라 할 때, m의 정수 부분을 구하시오(단, $\log 2 = 0.3$, $\log 5 = 0.7$로 계산한다). [4점]

① 173   ② 172   ③ 171   ④ 170   ⑤ 169

24

다항함수 $g(x)$와 자연수 k에 대하여 함수 $f(x)$가 다음과 같다.

$$f(x) = \begin{cases} x+1 & (x \le 0) \\ g(x) & (0 < x < 2) \\ k(x-2)+1 & (x \ge 2) \end{cases}$$

함수 $f(x)$가 모든 실수 x에 대하여 미분가능하도록 하는 가장 낮은 차수의 다항함수 $g(x)$에 대하여 $\dfrac{1}{4} < g(1) < \dfrac{3}{4}$일 때, k의 값을 구하시오. [4점]

① 5   ② 4   ③ 3   ④ 2   ⑤ 1

25

그림과 같이 인접한 교차로 사이의 거리가 모두 1인 바둑판 모양의 도로가 있다. A 지점에서 B 지점까지의 최단 경로 중에서 가로 또는 세로의 길이가 3 이상인 직선 구간을 포함하는 경로의 개수를 구하시오. [5점]

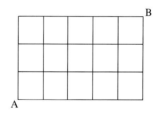

① 32   ② 40   ③ 45   ④ 64   ⑤ 70

"오늘 당신의 노력은 아름다운 꽃의 물이 될 것입니다."

그러나, 이 꽃을 볼 때 사람들은 이 꽃의 아름다움과 향기만을 사랑하고 칭찬하였지, 이 꽃을 그렇게 아름답게 어여쁘게 만들어 주는 병 속의 물은 조금도 생각지 않는 것이 보통입니다.

아무리 아름답고 어여쁜 꽃이기로서니 단 한 송이의 꽃을 피울 수 있으며, 단 한 번이라도 꽃 향기를 날릴 수 있겠는가? 우리는 여기서 아무리 본바탕이 좋고 아름다운 꽃이라도 보이지 않는 물의 숨은 힘이 없으면 도저히 그 빛과 향기를 자랑할 수 없는 것을 알았습니다.

- 방정환의 우리 뒤에 숨은 힘 중

많이 보고 많이 겪고 많이 공부하는 것은 배움의 세 기둥이다.

- 벤자민 디즈라엘리 -

나는 이렇게 합격했다

자격명: 위험물산업기사
구분: 합격수기
작성자: 배*상

나는 할수있다

69년생 50중반 직장인 입니다. 요즘 자격증을 2개정도는 가지고 입사하는 젊은 친구들에게 일을 시키고 지시하는 역할이지만 정작 제자신에게 부족한점 이 많다는것을 느꼈기 때문에 자격증을 따야겠다고 결심했습니다. 처음 시작할때는 과연되겠냐?하는 의문과 걱정 이 한가득이었지만 시대에듀 인강이 되었고 잘차려 진 밥상과 같은 커리큘럼은 뒤늦게 시 작한 늦깎이 수험 생이었던 저를

합격은 시대에듀

합격의 길로 인도해주었습니다. 직장생활을 하면서 취득했기에 더욱 기뻤습니다.

감사합니다!

당신의 합격 스토리를 들려주세요.
추첨을 통해 선물을 드립니다.

경찰대학

7개년
기출문제 다잡기

국어·영어·수학

사관학교 · 경찰대학
★ ★ ★
기출문제집 부문 **1위**

YES 24 기출문제집 부문

14년 7,8,10월 / 15년 3,4,5,6,7,8,9월 / 16년 1,12월 / 17년 1,2,8,10,11,12월 / 18년 2,3,4,5,8,9,10,12월 /
19년 3,4,5,6,7,10,11,12월 / 20년 1,6,7,8,11,12월 / 21년 4,5,6,7월 / 22년 7,9월 / 23년 8,12월 / 24년 1,2월

시대에듀

발행일 2025년 2월 10일 | **발행인** 박영일 | **책임편집** 이해욱

편저 시대특수대학연구소 | **발행처** (주)시대고시기획

등록번호 제10-1521호 | **대표전화** 1600-3600 | **팩스** (02)701-8823

주소 서울시 마포구 큰우물로 75 [도화동 538 성지B/D] 9F

학습문의 www.sdedu.co.kr

국군전문교육기업

합격에듀 시대에듀

2026

경찰대학

7개년 기출문제 다잡기

편저 시대특수대학연구소

국어·영어·수학

사관학교·경찰대학
기출문제집 부문
11년 누적 1위

합격의 모든 것

해설편

- 모바일 OMR 제공
- 교육과정에 꼭 맞춘 문항 표기
- 암기 달달 핵심 노트&오답 다잡기표 제공
- 2023~2017학년도 기출문제 무료 해설강의 제공 (sdedu.co.kr/plus)

2026학년도 경찰대학 시험대비

시대에듀

시대에듀에서 만든 도서는 책, 그 이상의 감동입니다.

▶ 경찰대학 2023~2017학년도 기출문제 무료 해설강의 경로 안내

① 유튜브에 '시대에듀'를 검색합니다.
② '경찰대학'을 검색하고 공개된 기출문제 해설강의를 수강합니다.

※ 시대플러스(sdedu.co.kr/plus)에서도 수강이 가능합니다.
① 로그인 후 '무료강의 → 검정고시 / 독학사 / 학습 → 대입 → 경찰대학'을 클릭합니다.
② 강의목록을 클릭하여 무료 해설강의를 수강합니다.

▶ 경찰대학 입학처 홈페이지

- www.police.ac.kr

KOREAN NATIONAL POLICE UNIVERSITY

시대
에듀

끝까지 책임진다! 시대에듀!
QR코드를 통해 도서 출간 이후 발견된 오류나 개정법령, 변경된 시험 정보, 최신기출문제, 도서 업데이트 자료 등이 있는지 확인해
보세요! **시대에듀 합격 스마트 앱**을 통해서도 알려 드리고 있으니 구글 플레이나 앱 스토어에서 다운받아 사용하세요.
또한, 파본 도서인 경우에는 구입하신 곳에서 교환해 드립니다.

편집진행 박종옥 · 김희현 | **표지디자인** 김지수 | **본문디자인** 김기화 · 임창규

2026

경찰대학

7개년
★ ★   **기출문제 다잡기**   ★ ★

국어·영어·수학

2025~2019학년도 경찰대학 기출문제 다잡기

정답 및 해설

제1교시 국어영역
문제 ▶ p. 4

01 ③	02 ②	03 ④	04 ⑤	05 ⑤
06 ①	07 ③	08 ⑤	09 ③	10 ①
11 ④	12 ⑤	13 ⑤	14 ②	15 ①
16 ①	17 ②	18 ④	19 ⑤	20 ②
21 ④	22 ④	23 ⑤	24 ④	25 ②
26 ③	27 ⑤	28 ③	29 ②	30 ②
31 ③	32 ①	33 ①	34 ③	35 ⑤
36 ③	37 ②	38 ③	39 ④	40 ④
41 ⑤	42 ①	43 ④	44 ①	45 ②

01~05

▶ 갈래 : 설명문
▶ 제재 : 노화와 노쇠 지수
▶ 주제 : 노화의 개념 노화 속도 조절의 필요성
▶ 내용 요약

노화	유전자와 환경이 시간의 흐름과 상호작용하여 세포, 조직, 기관, 개체에 일으키는 구조와 기능의 변화
노쇠 지수	– 노화의 누적 정도를 측정하는 생물학적 나이를 알 수 있는 방법 – 노쇠 지수가 일정 정도가 되면 생물학적으로 '노인의 몸'임 – 인체의 이상 소견 개수를 평균으로 나타내면 시간 자체의 영향을 관찰할 수 있음
노화 평가 항목	– '움직임과 관련된 신체 기능'은 간단하면서도 정확한 노화 평가 방법임 – 움직이는 능력과 같은 신체 기능의 차이만으로도 노화 축적 정도를 어느 정도 알아낼 수 있음
노화 속도	– 젊은 성인 시기 노화 속도는 사람마다 차이를 보이며, 중년기에 접어들 때의 생물학적 나이에 영향을 줌 – 가속노화를 경험한 사람은 개인적, 사회적으로 지속 가능성이 떨어지고 비용이 많이 듦 – 노인의 몸에 이르기 전부터 노화 속도를 늦추는 노력이 필요

01 글의 세부 내용 파악하기
정답 ③

③ 5문단에서 눈에 보이지 않는 구조와 기능 이상이 쌓이고 쌓여서 실제로 큰 문제가 될 정도이면 그 문제는 신체 기능 변화로 관찰되며, 움직이는 능력과 같은 신체 기능의 차이만으로도 그 사람의 노화 축적 정도를 어느 정도 알아낼 수 있다고 하였다.

오답 분석

① 2문단에서 우리 몸에 쌓인 노화의 누적 정도를 측정하는 표준화된 방법으로 생물학적 나이가 활용된다고 하였다.

② 5문단에서 분자생물학적인 방법으로 신체 기능의 차이를 계산한 생물학적 나이를 측정할 수 있다고 하였다.

④ 3문단에서 개인의 노쇠 지수를 숫자 나이가 같은 동년배의 평균과 비교하여 그 사람이 노화가 더 축적되었는지, 덜 진행되었는지 알 수 있다고 하였다.

⑤ 5문단에서 기능적 항목을 조합해 계산한 생물학적 나이는 인터뷰를 통해 계산한 노쇠 지수에 필적하는 정확도를 보인다고 하였다.

02 글의 서술 방식 파악하기
정답 ②

② 제시된 글은 이상 소견 개수와 노쇠 지수 그래프 등을 근거 자료로 제시하며 '노화'의 특성을 분석하고 있다.

오답 분석

① 제시된 글은 '노화'의 종류를 구분하고 있지 않다.

③ '그렇다면 잘 나이가 드는 것은 어떤 상태를 의미하는 것일까?'라는 질문 형식으로 노화의 개념을 추론하도록 유도하고 있지만, 개념의 정확성에 대한 의문은 나타나지 않는다.

④ 항목의 나열과 각각의 특성을 통시적으로 설명하는 부분은 나타나지 않는다.

⑤ 제시된 글의 주요 제재는 '노화'로, 이에 대한 상반된 양상은 제시되지 않는다.

03 글의 세부 내용 파악하기
정답 ④

④ 노쇠 지수는 측정한 항목 개수가 같다면 사람들의 평균 점수는 나이가 많아질수록 지수적으로 올라가고 노쇠 지수도 결과적으로 전체 인구 집단에서 나이에 비례한다. 즉, 이상 소견의 개수는 나이에 따라 증가하고, 노쇠 지수도 인구 집단에서 나이를 추종한다. 이를 볼 때 30개 항목을 측정한 사람들의 나이별 이상 소견 개수는 시간의 영향에 따른 노쇠 지수의 증가와 유사한 패턴을 드러낼 것이다.

오답 분석

① 노쇠 지수는 정상은 0, 이상은 1로 계산하여 나온 총점수를 구성 항목의 개수로 나눈 값이라고 하였으므로, 30개의 측정 항목 가운데 정상이 24, 이상이 6이면 노쇠 지수는 0.2이다.

② 노쇠 지수는 진찰이나 면담을 통해 측정할 수 있는 항목 30가지 이상을 측정해야 한다고 하였으므로, 여러 질병과 관련된 변수를 적게 고려할수록 신뢰도가 높아진다는 내용은 적절하지 않다.

③ 노쇠 지수는 항목 30가지 이상을 측정하여 정상은 0, 이상은 1로 계산하여 나온 총점수를 구성 항목의 개수로 나눈 값이다. 이상 항목의 개수를 구성 항목의 개수로 나누어야 한다.

⑤ 산출한 개인별 노쇠 지수가 비슷한 나이대의 평균값보다 높으면 노화가 더 축적된 것으로 볼 수 있다.

04 글의 세부 내용 유추하기 　　　정답 ⑤

⑤ 6문단에서 노인의 몸에 이르기 전부터 노화 속도를 늦추는 노력을 통해 질병과 노쇠로 인한 돌봄 요구 기간을 줄일 수 있도록 미리 대비할 필요가 있다고 하였다. 이를 볼 때 건강수명의 손실에 따른 일상생활의 급격한 변화가 오기 전에 돌봄 요구 기간을 앞당겨 지속 가능성을 유지해야 한다는 내용은 적절하지 않다.

05 글의 세부 내용 유추하기 　　　정답 ⑤

⑤ 1문단에서 생물학 연구에서는 유전자 또는 환경을 조절하거나 생물학적 기전을 조작하는 방법으로 노화의 속도가 달라질 수 있음을 확인하였다고 하였고, 4문단에서 인체의 이상 소견 개수를 대규모 인구 집단에서 평균으로 나타내면 생활 습관이나 유전자의 차이를 제외한 시간 자체의 영향을 관찰할 수 있다고 하였다. 이를 볼 때 개인의 생활 습관이나 유전자를 포함하면 나이와 노쇠 지수의 관계를 나타낸 그래프는 개인마다 다르게 형성될 것이다.

오답 분석

① 노쇠 지수는 정상은 0, 이상은 1로 계산하여 나온 총점수를 구성 항목의 개수로 나눈 값이므로, 이상 소견 개수가 많아질수록 노쇠 지수가 커지는 추세는 지속될 것이다.

② 우리 몸에 노화가 쌓이면 노쇠 지수의 기울기는 급격해진다. 건강수명을 늘려 돌봄 시간을 줄이면 노쇠 지수의 기울기는 이전보다 완만해질 것이다.

③ [그림 2]에 따르면 60대 초반까지 완만하던 노쇠 지수는 그 이후가 될수록 급격히 증가한다.

④ [그림 1]을 볼 때 이상 소견의 개수는 나이에 따라 증가하고, [그림 2]를 볼 때 노쇠 지수 역시 나이를 추종한다. 따라서 이상 소견의 개수나 노쇠 지수는 나이가 많아질수록 값이 커질 것이다.

김광균, 「추일서정」
▶ 갈래 : 자유시, 시정시
▶ 성격 : 회화적, 감각적, 주지적
▶ 제재 : 가을의 풍경
▶ 주제 : 황량한 가을날의 고독감과 쓸쓸함
▶ 특징
－ 감각적 이미지를 통한 독특한 비유로 황량한 가을 분위기를 표현함
－ 선경후정(先景後情)의 구성으로 시상을 전개함
－ 가을에 느끼는 고독과 애수를 도시적 감각으로 표현함
▶ 구성

1~3행	쓸쓸한 낙엽의 모습
4~7행	가을 햇살 속 길과 들판의 모습
8~11행	나무, 공장, 구름의 쓸쓸한 풍경
12~16행	황량한 풍경 속에서 느끼는 고독감

김수영, 「폭포」
▶ 갈래 : 자유시, 서정시
▶ 성격 : 주지적, 관념적, 상징적, 참여적, 산문적
▶ 제재 : 폭포
▶ 주제 : 부정적 현실과 타협하지 않는 의지적 삶의 추구
▶ 특징
－ '떨어진다'를 반복하여 운율을 형성함
－ 구체적인 자연 현상을 통하여 인간의 관념적 내면세계를 형상화함
－ 역동적인 이미지를 활용하여 주제를 강조함
－ 시각적 이미지와 청각적 이미지를 활용하여 의미를 선명하게 제시함
▶ 구성

1연	두려움 없이 떨어지는 폭포의 모습
2연	고매한 정신을 지닌 폭포의 속성
3연	곧은 소리를 내는 폭포의 모습
4연	곧은 소리를 이끌어 내는 폭포의 선구자적 속성
5연	나태와 안정을 거부하는 폭포의 모습

06 작품의 표현 방식 파악하기 　　　정답 ①

① (가)는 가을의 황량함을 다양한 대상을 통하여 묘사한 뒤 이러한 가을 풍경 속에서 고독하고 무기력한 화자의 모습을 그려낸 작품으로, 황량한 가을 풍경을 보여주는 시각적 심상을 나열하면서 시상을 형성하고 있다. (나)는 '규정할 수 없는 물결', '고매한 정신', '곧은 소리', '나태와 안정' 등 추상적 관념을 반복하며 '폭포'라는 구체적 자연 현상을 통해 일체의 억압으로부터 벗어나 고매한 정신을 지키며 살아가고자 하는 의지를 드러내고 있다.

② (가)는 쓸쓸하고 적막한 가을 풍경을 묘사하면서 분위기를 조성하고 있고, (나)는 떨어지는 폭포의 역동적 모습을 나타내며 분위기를 조성하고 있다.

③ (가)와 (나) 모두 자연물이 주는 정감은 드러나지 않는다.

④ (가)와 (나) 모두 상황의 반전은 나타나지 않는다.

⑤ (가)는 비유적인 표현을 통하여 대상을 감각적으로 나타내고 있고, (나)는 구체적인 자연 현상을 통하여 추상적인 인간의 내면을 형상화하고 있다.

07 작품의 세부 내용 파악하기 　　　　　　　정답 ③

(가)의 화자는 가을날의 쓸쓸하고 황량한 풍경으로 인하여 고독의 정서를 느끼고 있다. 즉, '추일'로 인하여 '서정'을 느끼는 것으로, '서정'은 '추일'에 반발하여 화자가 갖게 된 정서라는 감상은 적절하지 않다.

① 화자는 시각적·공감각적 심상 등 다양한 감각적 이미지를 통하여 '추일'을 경험하고 있다.

② 화자는 '추일' 속에서 쓸쓸함과 고독을 느끼고 있다.

④, ⑤ 화자는 황량한 현실에서 벗어나고자 하는 마음을 '돌팔매'를 던지는 행동을 통해 겉으로 드러내지만, 이는 '반원(半圓)'을 긋고 잠기어 간다.'를 통하여 화자는 결국 고독과 쓸쓸함에서 벗어나지 못하고 있음을 알 수 있다.

08 시구의 표현 방식 파악하기 　　　　　　　정답 ⑤

⑤ 〈보기〉의 '흔들리는 종소리의 동그라미 속으로'는 '종소리'라는 청각적 심상을 '동그라미'라는 시각적 심상으로 전이하여 표현하였다. '자욱한 풀벌레 소리 발길로 차며' 역시 '풀벌레 소리'라는 청각적 심상을 '자욱하다'라는 시각적 심상으로 전이하여 표현하였다.

① 낙엽을 '폴란드 망명 정부의 지폐'에 비유하고 있다.

② 열차의 증기를 '담배 연기'에 비유하고 있다.

③ 공장의 지붕을 '흰 이빨'에 비유하고 있다.

④ 구름을 '셀로판지'에 비유하고 있다.

09 작품의 세부 내용 파악하기 　　　　　　　정답 ③

③ '밤'이라는 부정적 현실에도 '곧은 소리'를 내며 떨어지는 '폭포'는 자유와 정의를 향해 망설이지 않고 나아가는 모습을 형상화한 것이다. (A)의 '떨어진다'는 부정적 현실에 대한 비판과 저항을 나타내며 이를 통하여 부정적 현실 상황에도 곧은 소리, 즉 정의와 양심의 소리를 내는 폭포의 본질은 밤이 되면 떨어지는 폭포의 현상에 있지 않다는 것을 알 수 있다.

10 작품의 세부 내용 파악하기 　　　　　　　정답 ①

① ㉠은 '돌팔매'가 반원을 긋고 '잠기어' 가는 모습을 통하여 벗어날 수 없는 고독감을 그려 내고 있다. ㉡은 높이도 폭도 없이 '떨어지는' 폭포를 통하여 어떠한 두려움이나 망설임 없이 절대적인 자유를 지향하는 정신을 강조한다. 즉, ㉠과 ㉡은 모두 대상의 핵심적인 속성을 드러내고 있다.

② ㉠은 하강의 이미지를 통하여 벗어날 수 없는 고독감을 나타내고, ㉡은 높이도 폭도 없이 떨어진다는 역설적인 표현을 통하여 절대적 자유를 나타낸다.

③ ㉡에는 부정적 현실과 타협하지 않겠다는 화자의 의지가 나타나지만, ㉠은 황량함을 지우지 못하는 화자의 고독함이 나타난다.

④ ㉠과 ㉡ 모두 문제를 해결하는 계기와는 관련이 없다.

⑤ ㉠은 황량한 상황에서 벗어나고자 했지만 벗어날 수 없음을 암시하며 사건의 전후가 상반된 의미를 지니지만, ㉡은 부정적인 현실에 안주하지 않고 자유를 지향하는 태도가 나타나며 상반된 의미를 지니지 않는다.

11~15

김정한, 「모래톱 이야기」
▶ 갈래 : 단편 소설, 농촌 소설, 참여 소설
▶ 성격 : 사실적, 저항적, 현실 고발적
▶ 제재 : 조마이섬을 둘러싼 인간들의 삶과 현실
▶ 주제 : 소외된 인간들의 비참한 삶과 부조리한 현실에 대한 저항
▶ 특징
　- 농촌의 비참한 실상을 사실적으로 묘사함
　- 사투리를 사용하여 현장감, 사실감, 토속성을 부여함
　- 당대 현실의 문제를 사실적으로 다루고 현실을 정확하게 그려 냄
▶ 구성

발단	이 글은 '나'가 20년 전에 경험한 이야기로, K 중학교 교사였던 '나'는 건우네 집에 가정 방문을 감
전개	'나'는 윤춘삼을 만나 갈밭새 영감을 소개받고, 그들로부터 조마이섬의 내력을 들음
위기	그해 처서 무렵, 홍수로 조마이섬이 큰 위기를 맞음
절정	갈밭새 영감을 비롯한 마을 사람들은 섬을 위험하게 만드는 둑을 무너뜨리고, 유력자의 하수인이 이를 방해하자 갈밭새 영감이 그중 한 명을 물에 집어던져 감옥에 감
결말	폭풍우가 끝난 뒤, 황폐해진 조마이섬에 군대가 정지한다는 소문이 들림

11 작품의 세부 내용 파악하기   정답 ④

④ '나'가 '건우'의 글을 읽고 글에 나타난 날카롭고 냉랭한 심사 때문에 고발이라도 당한 심정을 느낀 것이지 '건우'의 글에서 '나'를 고발하려는 의도를 읽은 것은 아니다.

오답 분석

① '건우'는 원주민과는 무관하게 소유자가 바뀌는 '조마이섬'에 대한 안타까움에 「섬 얘기」란 제목의 글을 썼다.
② '윤춘삼'은 선조로부터 물려받은 땅을 빼앗긴 것에 대해 개탄하는 '건우 할아버지'의 생각에 동조하며 '눈에 증오의 빛'을 이글거리며 분노한다.
③ '건우 할아버지'는 선조 때부터 둑을 만들고 물과 싸워 가며 살아온 땅을 빼앗은 부당한 권력의 횡포에 대하여 '쥑일 놈들'이라고 비판하고 있다.
⑤ '조마이섬 사람들'은 옛적부터 조마이섬에 살며 선조로부터 물려받은 땅이 자기들 것이라 믿어 왔지만 일본인, 국회의원, 유력자 등에게 소유권을 빼앗겨 억울하게 살아왔다.

12 작품의 서술 방식 파악하기   정답 ⑤

⑤ 제시된 작품에서는 '조마이섬'에 대한 일화가 인물의 글과 대화 장면을 통하여 요약적으로 제시된다. 공간적 배경을 상세하게 묘사하거나 장소의 외적 특징을 구체화한 부분은 나타나지 않는다.

오답 분석

① '건우 할아버지'의 대화 장면을 통하여 '조마이섬'에서 과거에 일어난 사건이 드러나고 있다.
② '와 뻔히 보능기요? 내 안주 술 안 취했음데이. 염려 마아소.'와 같이 지역 방언을 사용하여 이야기에 현장감을 부여하고 있다.
③ '조마이섬' 사람들이 살던 곳의 소유권을 빼앗긴 상황을 과거와 연결하여 보여주고 있다.
④ '을사보호조약', '동척' 등 역사적 사건을 직접적으로 언급하여 이야기의 사실성을 부여하고 있다.

13 작품의 세부 내용 파악하기   정답 ⑤

⑤ ㉣에는 지배층의 횡포로 삶의 터전을 빼앗긴 것에 대한 원한이 드러나고 있다. ㉢ 역시 부당한 권력에 대한 분노와 비판이 '꺽꺽한 목소리'로 발현되고 있다.

오답 분석

① ㉡은 외양 묘사를 통하여 부당한 권력에 대한 강한 적개심이 나타나지만, ㉠은 글에 담긴 감정을 의미하며 외양 묘사는 나타나지 않는다.
② ㉠과 ㉢ 모두 부당한 권력에 의해 땅을 빼앗긴 것에 대한 원한과 분노가 나타난다.
③ ㉠과 ㉣ 모두 인물의 심리를 서술하여 소외된 인간들의 비참한 삶과 부조리한 현실에 대한 비판이라는 주제를 부각하고 있다.
④ ㉡에는 땅을 빼앗은 일제에 대한 강한 적개심이 외적 모습으로 나타나고, ㉢ 역시 부당한 권력에 대한 분노와 비판이 목소리로 나타난다. 괴리를 강조한다는 설명은 적절하지 않다.

14 작품의 세부 내용 파악하기   정답 ②

② (A)는 '건우'의 글 속에 적혀 있는 섬의 내력에 초점을 두고 내용을 정리하고 있다. (B)는 "이완용이란 놈이 '을사보호조약'이란 걸 맨들어 낸 뒤라 카더만!"이라는 말을 듣고 이와 관련하여 머릿속에 떠오른 과거의 사건에 초점을 두고 내용을 정리하고 있다.

오답 분석

① (A)는 '건우'가 직접적으로 겪은 경험의 기록을 전달하고 있고, (B)는 '나'가 간접적으로 경험한 사실의 기억을 전달하고 있다.
③ (A)는 '일제 강점기', '해방 후' 등 시대적 배경을 구체적으로 명시하고 있고, (B) 역시 '1905년 – 을사년 겨울', '정미년' 등 시대 상황을 구체적으로 명시하여 이야기의 사실성을 높이고 있다.
④ (A)는 '소유자가 도깨비처럼 뒤바뀌고 있다'처럼 비유적인 표현을 활용하여 독자의 정서적 공감을 유도하고 있지만, (B)는 '나'의 머릿속에 떠올린 과거의 사실을 정리한 것으로 비유적 표현은 나타나지 않는다.
⑤ (A)와 (B) 모두 사건 내용의 인과적인 서술은 나타나지 않는다.

15 외적 준거를 바탕으로 작품 감상하기   정답 ①

① '나'는 이야기 안에서 사건을 관찰하는 일인칭 서술자이다. '내가 건우란 소년에 대해서 관심을 더욱 가지게 된 것'은 '나'가 관찰자로서 조마이섬에서 발생한 사건을 전달하려는 것이다. 주인공의 위치에서 이야기를 이끌어간다는 감상은 적절하지 않다.

16~20

▶ 갈래 : 설명문
▶ 제재 : 집단 기억
▶ 주제 : 집단 기억과 그에 영향을 미치는 요소
▶ 내용 요약

집단 기억	– 사회적으로 형성된 집단 차원의 기억 – 구성원들이 상징적 기호를 공유하고 사회적 상호작용에 참여하여 의미를 획득할 때 형성
집단 기억의 전승	– 공간, 시간, 사회 집단과의 연관 등이 집단 기억의 전승에 관여 – 공간과 시간에서 형성된 집단 기억은 사회적 상호작용 속에서 상징적 기호를 통해 지속적으로 공유되고 소통 – 집단 기억은 소통을 통해 후속 세대에까지 전승됨
집단 기억의 영향	집단 기억은 구성원들이 소속 집단에 대한 귀속감을 갖고 공동체 집단의 정체성을 형성하는 데 기여

집단 기억의 변화	- 집단 기억은 사회 집단을 둘러싼 여러 요인에 의해 변화됨 - 문제적 사건 발생 시 사회 집단 구성원들은 그 사건에 대한 기억을 교섭하고, 이 과정에서 기억들 간의 경합이 발생함 - 특정한 기억은 사회적으로 의미를 획득하여 집단 기억으로 자리 잡고, 다른 기억은 개인적 차원에 국한되거나 망각됨
권력 구조의 영향	- 사회 집단의 권력 구조가 집단 기억의 형성 및 전승 과정에 직접적으로 영향을 미치기도 함 - 권력자가 자신에게 유리한 방향으로 집단 기억이 형성되도록 권력을 행사하거나, 자신에게 불리한 기억은 배제하고 억압함 - 집단 구성원이 형성한 기억과 충돌하며 구성원들은 권력에 대응하며 권력자의 의도와 다른 집단 기억을 지키고 확신시키기도 함

16 글의 내용 전개 방식 파악하기 정답 ①

① 제시된 글은 집단 기억의 개념을 정의하고, '집단 기억의 형성', '집단 기억의 전승', '집단 기억의 영향', '집단 기억의 변화 요인' 등 집단 기억에 영향을 미치는 여러 요소에 대하여 설명하고 있다.

오답 분석
② 제시된 글에 여러 개념 간의 관계나 그 인과 관계는 나타나지 않는다.
③ 제시된 글에 여러 이론의 장단점을 제시되지 않는다.
④ 제시된 글에 집단 기억의 역사적 변천 과정이나 의의 및 한계점은 나타나지 않는다.
⑤ 제시된 글에 집단 기억의 문제점이나 이를 보완하기 위한 해결 방안은 나타나지 않는다.

17 글의 세부 내용 파악하기 정답 ②

② 제시된 글에 집단 기억이 어떤 종류로 나뉘는지는 나타나지 않는다.

오답 분석
① 2문단에서 '알박스가 제안한 집단 기억은 사회적으로 형성된 집단 차원의 기억을 말한다.'며 집단 기억의 의미를 제시하고 있다.
③ 2문단에서 '집단 기억은 구성원들이 상징적 기호를 공유하고 사회적 상호작용에 참여하여 의미를 획득할 때 형성된다.'며 집단 기억의 형성을 언급하고 있다.
④ 3문단에서 '집단 기억의 전승에는 공간과 시간 그리고 사회 집단과의 연관 등이 관여하다.'며 집단 기억의 전승에 대하여 언급하고 있다.
⑤ 4문단에서 '집단 기억은 구성원들이 소속 집단에 대한 귀속감을 갖고 공동체 집단의 정체성을 형성하는 데 기여한다.'며 집단 기억의 영향에 대하여 언급하고 있다.

18 글의 세부 내용 파악하기 정답 ④

④ (A)에서는 권력을 가진 이가 자신에게 유리한 방향으로 집단 기억이 형성되도록 권력을 행사할 수 있고 동시에 자신에게 불리한 기억은 배제하고 억압한다고 언급하며 집단 기억은 해당 사회 집단의 권력적 역학관계에 따라 결정되므로 신뢰성 문제가 있을 수 있다고 하였다. 이를 볼 때 집단 기억이 전승될 때 사회적 조건 중 권력 구조가 작용하므로 신뢰성에 대한 평가가 필요하다고 이해한 것은 적절하다.

오답 분석
① 사회 집단의 권력 구조가 집단 기억의 형성 및 전승 과정에 직접적인 영향을 미치기도 한다고 했으므로 집단 기억의 안정성은 사회 집단의 권력관계와 독립적으로 유지된다고 이해한 것은 적절하지 않다.
② 집단 구성원들은 집단 기억이 형성되는 것을 원하지 않는다는 내용은 드러나지 않는다.
③ 사회 집단의 권력 구조가 집단 기억의 형성 및 전승에 영향을 미치긴 하지만 이를 공유하는 것은 금지해야 한다는 내용은 드러나지 않는다.
⑤ 권력을 가진 이가 자신에게 유리한 방향으로 집단 기억이 형성되도록 권력을 행사할 수 있고 불리한 기억은 배제하고 억압한다고 하였다. 또한 구성원들은 권력에 대응하며 권력자의 의도와 다른 집단 기억을 지키고 확산시키기도 한다고 하였다. 따라서 일방적 권력관계가 형성되는 경우 집단 기억은 형성될 수 없다고 이해한 것은 적절하지 않다.

19 외적 준거를 바탕으로 글의 세부 내용 파악하기 정답 ⑤

⑤ 아스만은 기억이 집단의 관념 속에 존재한다 하더라도 그 관념이 물질적이고 상징적인 문화적 형식으로 보존되고 전승될 때 신념과 인식으로 기능할 수 있다고 하였다. 또한 집단 기억을 소통적 기억과 문화적 기억으로 구분하고 소통적 기억은 비교적 가까운 시대적 지평에 의존하고, 문화적 기억은 문화적 상징을 통해 다수 구성원 사이에서 오랫동안 소통된다고 하였다. 이를 보았을 때 아스만은 물질적이고 상징적인 형식이 있어야 집단 기억이 오래 보존된다고 여김을 알 수 있다. 따라서 집단 기억이 말을 통해 전달되며 개인의 의식 속에서 공유된다면 시간의 흐름에 따라 달라지거나 잊혀질 수 있다고 이해한 것은 적절하다.

20 글의 세부 내용을 외적 준거에 적용하기 정답 ②

제시된 글에 따르면 집단 기억은 구성원들이 상징적 기호를 공유하고 사회적 상호작용에 참여하여 의미를 획득할 때 형성된다. 〈보기〉에서 독일인들은 아우슈비츠라는 상징적 기호에 대하여 유태인을 대량 학살한 가해자로서의 기억과 패전 과정에서 폭력을 당한 피해자로서의 기억 사이에서 혼란스러워했다. 반면 유태인들은 학살의 피해자로서 지금까지도 아우슈비츠를 방문해 죽은 이들을 추모하고 민족 절멸의 위기를 기억한다. 이를 볼 때 아우슈비츠라는 상징적 기호는 독일인들과 유태인들의 집단 기억 속에서 동일한 의미를 가지겠다고 이해한 것은 적절하지 않다.

▶ 갈래 : 설명문
▶ 제재 : 미란다 원칙
▶ 주제 : 미란다 원칙이 확립된 과정
▶ 내용 요약
① 미란다 사건
– 어네스트 미란다가 납치 및 강간 사건의 용의자로 지목됨
– 경찰관의 신분 확인과 진술 요청에 미란다가 순순히 동의하며 경찰과 동행함
– 미란다는 자신이 범인으로 지목되었을 것으로 짐작하고 자백하겠다고 밝힘
– 경찰관은 자의에 의해 협박이나 강요, 이익의 약속 없이 진술했음을 선서하며, 피의자 자신의 권리를 알고 진술이 불리하게 작용할 수 있음을 이해한다고 써 있는 진술서를 내밀고, 미란다는 자신의 이름과 사인을 함
② 애리조나 주 마리포카 구법원 재판
– 국선 변호인 무어 : 증인으로 나선 경찰관에게서 조사 중 진술의 임의성을 확인하기 위한 고지를 하지 않았다는 증언을 이끌어내고 이의를 제기함
– 검사 : 경찰관의 훌륭한 자질에 비추어볼 때 그들이 피고인의 권리를 빼앗은 적이 없고 피고에게 그러한 권리를 고지하는 것은 불필요함
– 배심원은 검사의 말에 공감하며 만장일치로 유죄 평결하였고, 판사는 장기형을 선고
③ 애리조나 주 대법원 재판
– 변호인은 자술서의 임의 진술을 문제 삼아 상고함
– 대법원은 미란다가 조사 과정에서 권리 고지를 받았고 변호인을 요구하지 않았으며, 변호인의 도움받을 권리를 거절당한 사실이 없다는 이유로 유죄 판결을 확인함
④ 연방대법원 재판

존 플린의 주장	– 대부분의 미국 시민이 경찰 조사를 받을 때 변호사의 도움을 제대로 받지 못하는 사실을 확인 – 권리 고지를 하는지 여부가 아니라 언제 권리 고지를 하는지가 중요함 – 피의자 단계에서부터 정당한 권리를 주장할 수 있기 위해서는 수정헌법 제5조의 권리를 확대하여 당사자 지위를 갖출 수 있게 해야 함

⇩

연방대법원 판결	수정헌법 제5조를 헌법적 근거로 하여 '미란다 원칙'을 채택함

미란다 원칙	– 구속된 사람은 반드시 신문 전에 묵비권이 있음과 진술한 내용이 법정에서 불리하게 쓰일 수 있다는 사실을 분명하게 고지해야 함 – 변호사 선임권이 있고, 조사받는 동안 변호인과 상의할 수 있으며, 형편이 안 되면 국가가 변호인을 선임해준다는 사실을 분명하게 고지해야 함 – 질문하기 전에 묵비권을 행사하겠다는 의사를 표시하면 질문을 중단해야 함 – 구속된 상태에서는 특권을 포기하지 않을 수 있음과 변호인 선임권이 있다는 사실을 환기시키고 진술하도록 해야 함

21 글의 세부 내용 파악하기 　　　정답 ④

④ 5문단에 따르면 애리조나 주 대법원은 미란다가 조사 과정에서 권리 고지를 받았고 변호인을 요구하지 않았으며 변호인의 도움받을 권리를 거절당한 사실도 없다는 이유로 그에 대한 유죄 판결을 다시금 확인했다.

오답 분석

① 2문단에서 어네스트 미란다는 어린 시절 불우한 환경에서 여러 범죄를 저지르며 처벌을 받은 이력이 있다고 언급하였다.
② 2문단에서 경찰관이 미란다에게 경찰서에 나와 진술해 줄 수 있는지를 물었고, 그는 순순히 동의하며 경찰과 동행했다고 언급하였다.
③ 3문단에서 경찰은 미란다에게 자술서를 내밀었고 미란다는 거기에 진술 내용을 자세히 적고 자신의 이름과 사인을 했다고 언급하였다.
⑤ 8문단에서 연방대법원은 '미란다 원칙'을 채택하고 헌법적 근거를 찾음에 있어 수정헌법 제6조가 아닌 수정헌법 제5조를 선택했다고 언급하였다.

22 글의 세부 내용 파악하기 　　　정답 ④

④ 연방대법원 상고심에서 미란다를 변호한 존 플린은 피고인이 피의자 단계에서부터 정당한 권리를 주장할 수 있기 위해서는 수정헌법 제5조의 권리를 확대하여 당사자 지위를 갖출 수 있게 해야 한다고 주장하였다. 이에 연방대법원은 수정헌법 제5조를 근거로 하여 '미란다 원칙'을 채택하였다. 이를 통하여 '미란다 사건'을 다룬 연방대법원의 핵심적인 쟁점은 '피의자는 당사자로서 법적 권리를 보장받았는가'임을 알 수 있다.

23 글의 세부 내용 파악하기 　　　　　　　　정답 ⑤

⑤ 연방대법원은 수정헌법 제5조를 근거로 하여 '미란다 원칙'을 채택하였다. 이는 연방대법원이 구속된 사람은 반드시 신문 전에 묵비권이 있음과 진술한 내용이 법정에서 불리하게 쓰일 수 있다는 사실을 고지받아야 하고, 변호인 선임권과 조사받는 동안 변호인과 상의할 수 있으며 형편이 안 되면 국가가 변호인을 선임해준다는 사실을 분명히 고지받아야 함을 인정하는 것이다. 이를 통해 연방대법원은 미란다 사건에 대하여 경찰은 적정절차 조항을 지켜 피의자를 조사하지 않았고, 피의자는 변호인의 조력을 받을 수 있다는 내용을 고지받지 않았다고 판단하였음을 알 수 있으며 피의자가 변호인의 조력을 거부하였다고 판단했다는 내용은 적절하지 않다.

오답 분석

① 무어는 증인으로 나선 경찰관에게서 진술의 임의성을 확인하기 위한 고지를 하지 않았다는 증언을 이끌어내고 이의를 제기하였다. 이를 통해 그는 미란다 사건에서 피의자가 자의에 따라 진술할 수 있다는 사실을 미리 알려주지 않았기에 진술의 임의성이 침해되었다고 판단하고 있음을 알 수 있다.

② 애리조나 주 마리포카 구법원 재판의 검사는 경찰관들이 피고인의 권리를 빼앗은 적이 없고 피고인에게 진술의 임의성을 확인하기 위해 고지하는 것은 불필요하다고 주장하였다. 이를 통해 그는 미란다 사건에서 경찰관은 강요하지 않았고 피의자는 자의로 진술했으므로 진술의 임의성이 침해되지 않았다고 판단하고 있음을 알 수 있다.

③ 애리조나 주 대법원은 미란다가 조사 과정에서 권리 고지를 받았고 변호인을 요구하지 않았으며 변호인의 도움받을 권리를 거절당하지 않았다며 유죄 판결을 확인하였다. 이를 통해 대법원은 피고인이 변호인의 조력을 요구하지 않았고 피의자의 권리를 확인한 후 서명했으므로 진술의 임의성이 있다고 판단하고 있음을 알 수 있다.

④ 존 플린은 미란다가 조사를 받으면서 자백을 받기 전에 묵비권과 변호인 선임권, 변호인과 상의할 권리를 고지받지 않았음을 지적하였다. 이를 통하여 존 플린은 경찰은 피의자를 조사하기 전 피의자 권리를 고지했어야 하지만 그렇게 하지 않았으므로 진술의 임의성을 침해했다고 판단하고 있음을 알 수 있다.

24 글의 세부 내용 파악하기 　　　　　　　　정답 ④

④ 연방대법원의 상고 허가심 이전까지의 법원은 시민의 권리 보장을 위해 수정헌법 제6조의 보호 아래 재판 전 변호인 선임권을 부여해 왔으며 형편이 안 되는 피고인을 위해 국선 변호사를 두게 하였다. 그런데 1966년 7월 13일 열린 상고 허가심에서 연방대법원은 수정헌법 제5조를 근거로 '미란다 원칙'을 채택하며 피의자 단계에서부터 정당한 권리를 보장받을 수 있음을 확정하였다. 이를 볼 때 '이때가 역사적인 순간이었다'의 의미로 가장 적절한 것은 '피의자가 보장받아야 할 법적 권리가 처음으로 법원에서 공론화된 순간이었다.'이다.

25 글의 세부 내용을 외적 준거에 적용하기 　　　　정답 ②

② 8문단을 통하여 '미란다 원칙'의 요지는 구속된 사람에게 묵비권이 있음과 진술한 내용이 법정에서 불리하게 쓰일 수 있다는 사실을 분명하게 고지해야 하는 것임을 알 수 있다. 〈보기〉에서 헌법은 묵비권을 보장하고 있지만 수사 실무 차원에서 보면 피의자의 자백이 의외로 높은 비율을 차지한다고 하였다. 이를 통하여 피의자들이 자신의 진술이 가져올 결과를 잘 알지 못하기 때문에 자백이 높은 비율을 차지한다는 것을 추론할 수 있다.

오답 분석

① 피의자들은 자신이 진술한 내용이 법정에서 불리하게 쓰일 수 있다는 사실을 모르기 때문에 자백하는 비율이 높은 것이다. 현실이 법을 따르는 경우는 거의 없다고 이해하는 것은 적절하지 않다.

③ 제시된 글과 〈보기〉에서 범죄를 저지르지 않은 피의자에 대한 언급은 나타나지 않는다.

④ 묵비권은 피의자가 보장받아야 할 법적 권리로, 범죄를 저지르지 않은 사람에게 주어진다는 내용은 적절하지 않다.

⑤ 피의자는 묵비권과 자신의 진술이 불리하게 쓰일 수 있음을 인지하지 못해서 자백하는 비율이 높은 것이다. 변호인의 도움을 받을 수 없다고 생각하기 때문에 자백을 선택한다는 내용은 적절하지 않다.

26~30

▶ 갈래 : 설명문
▶ 제재 : 거짓말
▶ 주제 : 거짓말은 어떻게 가려낼 수 있는가
▶ 내용 요약
　① 우울증으로 병원에 입원해 있던 메리의 거짓말
　② 에크먼과 프리센의 연구
　　- 미표정 : 사람들의 진짜 느낌을 비언어적으로 '누설'하는, 아주 잠깐 동안의 얼굴 움직임
　　- 미표정은 의도적인 은폐일 때나, 감정이 억압된 상태일 때 발생함
　　- 어떤 감정의 상태인지에 대한 판정이 가능하려면 미표정이 발생하는 맥락을 분석해야 하고 더 많은 질문을 던져야 함
　③ 사람들이 거짓말에 속는 이유
　　- 미표정에 주의를 기울이는 대신 단어들과 목소리 톤, 몸짓에 관심을 쏟기 때문
　　- 대화 중 다음 순간 상대방이 무슨 말을 할지에 대한 생각으로 주의를 빼앗김
　　- 미표정을 분간하기 위한 반복적 학습, 즉각적인 피드백, 훈련 등으로 표정 속에 감추어진 감정을 탐지하는 방법을 익힐 수 있음

④ 거짓말을 할 때 나타나는 단서
  - 거짓말은 감정 숨기기와 표정 꾸미기로 이루어지며 표정 꾸미기가 더 쉬움
  - 표정 속에 나타나는 자연스럽지 않은 비대칭이나 감정 기반 근육 운동의 부재, 표정의 시점 등을 확인함으로써 꾸며낸 표정을 식별할 수 있음

26 글의 중심 내용 파악하기 　　　　　　정답 ③

③ 제시된 글은 에크먼이 연구한 '미표정'을 소개하고, 사람들이 거짓말을 할 때 표정 속에 나타나는 자연스럽지 않은 비대칭이나 감정 기반 근육 운동의 부재, 표정의 시점 등을 확인함으로써 꾸며낸 표정을 식별할 수 있음을 설명하고 있다. 이를 볼 때 제시된 글의 주제와 가장 가까운 것은 '거짓말은 어떻게 가려낼 수 있는가'이다.

오답 분석
① 메리의 거짓말은 제시된 글의 전체 내용을 포괄하지 못하며, 메리가 왜 거짓말을 했는지는 나타나지 않는다. 따라서 '메리는 왜 거짓말을 했을까'는 제시된 글의 주제로 적절하지 않다.
② 거짓말은 감정 숨기기와 표정 꾸미기 중 하나로 이루어진다고 언급하고 있지만 제시된 글에 거짓말에 담긴 감정이 무엇인지는 나타나지 않는다. 따라서 '거짓말에 담긴 감정은 무엇인가'는 제시된 글의 주제로 적절하지 않다.
④ 제시된 글에 거짓말에 인간관계에서 왜 중요한지는 나타나지 않는다. 따라서 '거짓말은 인간관계에서 왜 중요한가'는 제시된 글의 주제로 적절하지 않다.
⑤ 사람들이 대화할 때 미표정 대신 단어와 목소리 톤, 몸짓에 관심을 쏟기 때문에 거짓말에 속는다고 언급하고 있긴 하지만 제시된 글의 전체 내용을 포괄하지 못한다. 따라서 '성공한 거짓말은 어떤 특징이 있는가'는 제시된 글의 주제로 적절하지 않다.

27 글의 세부 내용 파악하기 　　　　　　정답 ⑤

⑤ 6문단에서 에크먼은 순간적인 느낌에 관한 거짓말은 감정 숨기기와 표정 꾸미기 중 하나로 이루어지며 그중 표정을 꾸미는 것이 더 쉽다고 말했다고 언급하고 있다. 이를 볼 때 감정을 숨기는 것이 꾸며낸 표정을 보이는 것보다 쉽다고 이해한 것은 적절하지 않다.

오답 분석
① 2문단에서 메리는 더 이상 우울증에 시달리지 않는다고 주장했지만 실제로는 그렇지 않았다. 이를 볼 때 말은 생각과 일치하지 않을 때가 있다고 이해한 것은 적절하다.
② 4문단에서 미표정은 의도적인 은폐일 때나 자신이 어떤 감정을 느끼는지 알지 못할 때 발생할 수 있다고 하였다. 이를 통하여 사람은 내면의 모든 감정을 자각하지는 못한다고 이해한 것은 적절하다.

③ 2문단에서 메리는 거짓말을 할 때 의도적으로 자주 웃었고 긍정적으로 말했으며 쾌활하게 보였으며, 그녀를 담당했던 의사는 실제로 그녀를 믿었다고 하였다. 이를 볼 때 꾸며낸 표정은 의도적으로 감정을 숨길 수 있다고 이해한 것은 적절하다.
④ 제시된 글을 통하여 사람들은 감정을 숨기려고 할 때 표정을 꾸며내는 것을 알 수 있다. 이를 반대로 추론하면 숨기려 하지 않는 한 감정은 표정을 통해 드러날 것이다.

28 글의 세부 내용 추론하기 　　　　　　정답 ③

③ 5문단에서 만약 미표정을 확인할 수 있다면, 누군가의 억압된 감정도 알 수 있겠거니와 그가 일부러 숨긴 감정과 이를 통해 은폐하려 했던 진실에도 한 걸음 더 다가갈 수 있을 것이라고 하였다. 이를 통하여 미표정에 대해 더 깊이 알게 되면 현실의 문제에서 실용적인 도움을 얻을 수 있겠다고 추론하는 것은 적절하다.

오답 분석
① 에크먼은 미표정을 분간하기 위한 반복적 학습과 그 판단의 적절성에 대한 즉각 피드백, 시각적 훈련 등으로 표정 속에 감추어진 감정을 탐지하는 방법을 익힐 수 있다고 판단했다고 하였다. 이를 볼 때 정밀한 기계 장치를 사용하지 않으면 미표정을 분간할 수 없겠다고 추론하는 것은 적절하지 않다.
② 미표정을 통하여 일부러 숨긴 감정과 이를 통해 은폐하려 했던 진실에 다가갈 수 있다고 하였다. 그 사람이 그런 감정을 갖게 된 이유와 배경을 알 수 있다는 언급은 없다.
④ 미표정은 의도적인 은폐일 때나 자신이 어떤 감정을 느끼는지 알지 못할 때 발생할 수 있다. 어떤 미표정이 이 둘 중 하나를 가리키는지는 구분이 안 되므로, 어떤 사람이 보인 미표정을 다른 사람에게서 발견하게 된다면 그들은 같은 생각을 하고 있다는 뜻이라고 추론하는 것은 적절하지 않다.
⑤ 사람들은 대화 중 대개 다음 순간 상대방이 무슨 말을 할지에 대한 생각으로 주의를 빼앗겨 미표정을 놓치기도 한다고 하였다. 따라서 대화 중 상대방의 말이 진실인지 알려면, 매 순간 주의를 집중하여 그 다음에 어떤 말을 할지 예측해야 한다고 추론하는 것은 적절하지 않다.

29 글의 세부 내용을 외적 준거에 적용하기 　　정답 ②

② 제시된 글은 미표정 즉 표정 속에 나타나는 자연스럽지 않은 비대칭이나 감정 기반 근육 운동의 부재, 표정의 시점 등을 통하여 꾸며낸 표정을 식별함으로써 거짓말을 가려낼 수 있다고 말하고 있다. 〈보기〉는 모든 거짓말이나 거짓된 행동 단서들이 감정적인 것은 아니라고 하면서 설명 속에 존재하는 모순이나 즉각적인 반응이 요구될 때 나타나는 망설임 또한 거짓말의 명백하고 유익한 단서가 된다고 설명하고 거짓의 판명을 위해서는 추가적인 정보들을 더 검토해야 한다고 말한다. 즉, 〈보기〉는 제시된 글을 보완하여 거짓말을 판단할 수 있게 하는 또 다른 단서로 설명 속에 존재하는 모순이나 망설임을 추가하고 있다.

30 어휘 간의 관계 파악하기

정답 ②

② '표정'은 '마음속에 품은 감정이나 정서 따위의 심리 상태가 겉으로 드러남'을 의미하고, '미표정'은 문맥상 '사람들의 진짜 느낌을 비언어적으로 누설하는 아주 잠깐 동안의 얼굴 움직임'을 의미한다. 이를 볼 때 '미표정'은 '표정'의 개념에 포함되는 하의어이며 '표정'과 '미표정'은 상하 관계에 해당한다. '생물'은 '생명을 가지고 스스로 생활 현상을 유지하여 나가는 물체'를 의미하고, '미생물'은 '눈으로는 볼 수 없는 아주 작은 생물'을 의미하므로 '생물'과 '미생물' 역시 상하 관계에 해당한다.

오답 분석

① '개척'은 '거친 땅을 일구어 논이나 밭과 같이 쓸모 있는 땅으로 만듦'을 의미하고, '미개척'은 '아직 개척하지 못하거나 아니함'을 의미하므로 '개척'과 '미개척'은 반의 관계에 해당한다.

③ '결정'은 '행동이나 태도를 분명하게 정함'을 의미하고, '미결정'은 '아직 결정하지 아니함'을 의미하므로 '결정'과 '미결정'은 반의 관계에 해당한다.

④ '소년'은 '아직 완전히 성숙하지 아니한 어린 사내아이'를 의미하고, '미소년'은 '용모가 아름다운 소년'을 의미한다. '소년'이 '미소년'을 포함하지 못하므로 상하 관계에 해당하지 않는다.

⑤ '완성'은 '완전히 다 이룸'을 의미하고, '미완성'은 '아직 덜 됨'을 의미하므로 '완성'과 '미완성'은 반의 관계에 해당한다.

31~35

(가) 허난설헌, 「규원가」

▸ 갈래 : 규방 가사, 내방 가사
▸ 성격 : 원망적, 체념적, 절망적, 한탄적
▸ 제재 : 규방 부인의 삶
▸ 주제 : 규방 부인의 외로움과 한(恨)
▸ 특징
 – 직유법, 대유법, 설의법, 문답법, 미화법 등이 사용
 – 한탄적인 성격이 강해 원부사(怨夫詞)라고도 함
 – 현전하는 최고(最古)의 내방 가사(규방 가사의 선구적 작품)
 – 여러 다양한 대상에 작자 자신의 심정을 투영
▸ 구성
 – 서사 : 서러운 회포를 적는 감회
 – 본사

본사 1	젊은 시절과 결혼에 대한 환상
본사 2	늙고 외로운 신세에 대한 한탄
본사 3	남편에 대한 원망
본사 4	계절 변화에 따른 남편에 대한 그리움
본사 5	거문고를 타면서 느끼는 외로움과 한

 – 결사 : 임을 기다리며 기구한 운명을 한탄함

(나) 박효관, 「임 그리워하는 꿈이~」

▸ 갈래 : 평시조, 서정시
▸ 성격 : 연정가, 애상적
▸ 제재 : 귀뚜라미
▸ 주제 : 임을 향한 간절한 그리움, 홀로 지내는 외로움
▸ 특징
 – 추상적 개념을 구체화하여 임에 대한 화자의 심정을 드러냄
 – 감정 이입을 통해 화자의 간절함을 부각함
 – 자연물에 화자의 감정을 이입하여 정서를 표현함
▸ 구성

초장	시적 화자의 상황과 처지를 귀뚜라미에 이입
중장	깊은 가을밤에 임의 방에 들어감
종장	무심한 임을 깨우려 하지만 깨울 수 없음

(다) 조헌, 「연못에 비 뿌리고~」

▸ 갈래 : 평시조, 서정시
▸ 성격 : 전원적, 애상적
▸ 제재 : 연못 주변의 봄 경치
▸ 주제 : 봄의 정취와 외로운 심정
▸ 특징
 – 비 내리는 전원 풍경을 묘사하여 쓸쓸하고 외로운 심정을 드러냄
 – 객관적 상관물을 통해 화자의 정서를 간접적으로 표현함
▸ 구성

초장	비 내리고 안개 낀 연못의 경치
중장	연못에 덩그러니 남은 빈 배
종장	외로이 홀로 연못 위를 나는 갈매기

---

31 작품의 전체 내용 파악하기

정답 ③

③ (나)의 화자는 가을밤의 외로움과 임을 그리워하는 마음을 '귀뚜라미'에 이입하여 표현하고 있고, (다)의 화자는 비 내리는 전원 풍경을 묘사하며 쓸쓸하고 외로운 심정을 표출하고 있다.

오답 분석

① (가)의 화자는 규방에 갇혀 지내는 서러움과 자신을 버린 임(남편)에 대한 원망과 그리움을 드러내고 있다. (나)의 화자는 임에 대한 그리움을 귀뚜라미에 이입하여 표현하고 있으며 감정을 격하게 드러내고 있지 않다.

② (가)의 화자는 흐르는 세월에 대한 한탄을 드러내고 있지 과거를 후회하고 있지 않다. (다)의 화자는 쓸쓸하고 외로운 처지를 표현하고 있지 임과의 만남에 대한 기대를 표현하고 있지 않다.

④ (나)는 임에 대한 그리움을 나타내고 있고, (다)는 외로운 처지를 드러내고 있다. (나)와 (다) 모두 현재 상황에 대한 만족감은 나타나지 않는다.

⑤ (가)에는 자신을 찾지 않는 임에 대한 원망이 나타나지만 (나)와 (다)에는 임과 이별하는 상황이나 원망하는 태도는 나타나지 않는다.

32 작품의 세부 내용 파악하기　　정답 ①

① 화자는 '원근을 모르거니 소식이야 더욱 알랴'라며 임의 소식을 알 수 없어 답답해하고 있다.

오답 분석

② 화자는 '차라리 잠을 들어 꿈에나 보려 하니'라며 꿈에서라도 임을 만나고 싶어 한다.

③ 화자는 서러운 마음에 '녹기금(綠綺琴) 빗겨 안아' '벽련화(碧蓮花) 한 곡조'를 타고 있다.

④ 화자의 부모는 '신고(辛苦)하여' 화자를 기르며 화자가 '군자호구(君子好逑)', 즉 군자의 좋은 짝이 되기를 원하였다.

⑤ 화자는 세월이 흘러 '설빈화안(雪鬢花顔)'에서 '면목가증(面目可憎)'으로 변해버린 자신의 용모를 안타까워하고 있다.

33 작품의 세부 내용 파악하기　　정답 ①

① (가)의 화자는 '귀뚜라미'의 넋이 되어 잠든 임을 깨워 볼까 한다며 임을 그리워하는 마음을 '귀뚜라미'에 이입하여 간접적으로 드러내고 있다. (나)의 화자는 자신의 감정을 직설적으로 표현하지 않고 '빈 배'와 '짝 잃은 갈매기' 등 객관적 상관물을 통해 외롭고 쓸쓸한 감정을 나타내고 있다. 이 중 '빈 배'는 외로운 분위기를 조성하는 역할을 한다.

34 작품의 세부 내용 파악하기　　정답 ③

③ ㉠은 연못에 비가 내리고 버드나무에 안개 낀 상황을 제시하여 외롭고 쓸쓸한 화자의 처지를 간접적으로 드러내고 있다. '삼춘 화류(三春花柳) 호시절의 경물(景物)이 시름없다'는 꽃이 피고 버들잎 돋아나는 좋은 시절에 아름다운 경치를 보아도 아무런 생각이 없다는 의미로, 화자의 상황과 대조되는 상황을 제시하여 화자의 애달픈 처지를 더욱 심화하고 있다. 따라서 화자가 처한 상황을 드러내는 ㉠과 성격이 다르다.

오답 분석

① '겨울밤 차고 찬 제 자취눈 섞어 치니'는 겨울밤 차고 찬 때 눈이 섞어 친다는 의미로, 추운 겨울밤이라는 상황을 통하여 화자의 외로운 처지를 나타내고 있다.

② '여름날 길고 긴 제 궂은비는 무슨 일인고'는 여름날 내리는 궂은비를 통하여 화자의 쓸쓸하고 답답한 감정을 드러내고 있다.

④ '가을 달 방에 들고 실솔이 상에 울 제'는 가을 달이 방에 비치고 귀뚜라미가 침상에서 울 때라는 의미로, 화자의 외로움을 '귀뚜라미'에 이입하여 표현한 것이다.

⑤ '죽림 푸른 곳에 새소리 더욱 섧다'는 대나무 수풀 우거진 곳에 새소리가 더욱 서럽다는 의미로, 돌아오지 않는 임을 기다리는 화자의 외롭고 서글픈 감정을 '새소리'에 이입하여 표현한 것이다.

35 외적 준거를 바탕으로 작품 감상하기　　정답 ⑤

⑤ 〈보기〉를 통하여 작품의 화자는 남성 위주의 사회에서 억압받으며 살아가면서도 자신의 처지나 상황을 직접적으로 말하지 못함을 알 수 있다. '아마도 이 임의 탓으로 살 동 말 동 하여라'는 임의 탓으로 살 듯 말 듯 한다는 의미로, 화자는 돌아오지 않는 임의 소식을 기다리며 자신의 처지를 비관하고 있다. 남편이 자신을 찾지 않는 현실을 적극적으로 비판하는 화자의 태도를 엿볼 수 있다는 내용은 적절하지 않다.

오답 분석

① '당시의 마음 쓰기 살얼음 디디는 듯'은 그때 마음 쓰기가 살얼음 디디는 것처럼 조심스러웠다는 의미로, 시집 온 후 남편을 대하기 조심스러웠던 화자의 삶이 드러난다.

② '내 얼굴 내 보거니 어느 임이 날 사랑할까'는 내 모습 내가 보고 아는데 어느 임이 나를 사랑하겠느냐라는 의미로, 남편이 자신을 찾지 않는 것을 자신의 용모 탓으로 돌리는 화자의 모습이 나타난다.

③ '삼삼오오 야유원의 새 사람이 났단 말인가'는 몇몇 사람이 몰려다니는 기생집에 새로운 기생이 나타났냐는 의미로, 기생집을 드나드는 남편의 행실이 바르지 못하다고 여기는 화자의 생각이 드러난다.

④ '간장이 구곡되어 굽이굽이 끊쳤어라'는 간장이 아홉 구비가 되어 굽이굽이 끊어졌다라는 의미로, 봉건적 규범에 따라 살아가는 화자의 깊은 한이 드러난다.

36~40

▶ 갈래 : 설명문
▶ 제재 : 빅데이터와 데이터 마이닝
▶ 주제 : 데이터 마이닝을 통한 빅데이터 처리
▶ 내용 요약

빅데이터	크고 복잡해 일반 컴퓨터로는 처리할 수 없는 많은 양의 데이터	
데이터 마이닝	– 빅데이터 안에서 체계적이고 자동적인 규칙이나 패턴을 찾아내는 작업 – 데이터 마이닝이 다루는 데이터베이스	
	정형 데이터	**비정형 데이터**
	결제 금액, 회계 등 구조화된 데이터	소셜 미디어의 텍스트, 이미지, 영상 등 형태와 구조가 정형화되지 않은 복잡한 데이터
	– 현재 데이터 마이닝에서 비정형 데이터의 비중이 월등히 높음	
텍스트 마이닝	– 텍스트 데이터는 구조화가 되지 않아 다루기 어려움 – 텍스트 마이닝은 텍스트 데이터의 언어를 이해하고 처리하는 기술	

원시 데이터	- 생산된 데이터 중 사용자가 특정한 목적으로 처리하지 않은 상태의 데이터 - 데이터 레이크 : 다양한 원시 데이터 세트를 기본 형식으로 저장하는 곳
데이터 마이닝의 의의	- 데이터 마이닝은 많은 양의 데이터에서 인간이 찾을 수 없는 패턴까지 추출해 스마트 데이터를 찾아냄 - 데이터 마이닝으로 정제 및 가공 처리된 스마트 데이터는 개인과 기업의 생산성을 높이는 데 활용됨

36 글의 세부 내용 파악하기 　　　　　정답 ③

③ 3문단의 '텍스트 데이터를 다룰 때 가장 어려운 점은 바로 구조화가 되지 않는다는 것이다.'를 통하여 텍스트 데이터는 구조화가 되지 않는다는 것을 알 수 있다. 따라서 텍스트 데이터는 언어 규칙에 일정한 패턴이 있어서 정보를 구조화하는 데 용이하다는 내용은 적절하지 않다.

오답 분석

① 5문단의 '그 시간과 비용을 줄이거나 좀 더 효율적으로 정보와 지식을 활용하기 위해, 데이터 마이닝은 많은 양의 데이터에서 인간이 찾을 수 없는 패턴까지 추출해 스마트 데이터를 찾아낸다.'를 통하여 데이터 마이닝은 데이터에서 가치를 추출하고 결과를 분석하는 기술의 종류임을 알 수 있다.

② 2문단의 '과거에는 데이터 마이닝이 대부분 정형 데이터 위주였다면, 지금은 비정형 데이터의 비중이 월등히 높다.'를 통하여 형태가 구조화된 데이터보다 형태가 일정하지 않은 데이터가 점점 많아지고 있음을 알 수 있다.

④ 4문단의 '사용자가 특정한 목적으로 처리하지 않은 상태에 있는 것을 원시 데이터라 한다.'를 통하여 원시 데이터는 다양한 데이터가 특정한 목적에 맞게 처리되지 않은 상태의 것을 의미함을 알 수 있다.

⑤ 2문단의 '빅데이터 활용에는 데이터 마이닝이 필수적이다. 데이터 마이닝이란 빅데이터 안에서 체계적이고 자동적인 규칙이나 패턴을 찾아내는 작업으로, 통계학에서 쓰이는 다양한 기법을 활용한다.'를 통하여 빅데이터를 실제로 활용하기 위해서는 많은 양의 데이터에서 목적에 맞는 규칙이나 패턴을 찾아내야 하는 과정을 거쳐야 함을 알 수 있다.

37 글의 세부 내용 파악하기 　　　　　정답 ④

④ ㉠ '원시 데이터'는 사용자가 특정한 목적으로 처리하지 않은 상태에 있는 것이고, ㉡ '스마트 데이터'는 데이터 마이닝을 거쳐 정제 및 가공 처리되어 개인과 기업의 생산성을 높이는 데 활용되는 데이터이다. 따라서 ㉡은 ㉠과 달리 수십억 개 이상의 콘텐츠를 데이터 마이닝을 통해 처리한 결과를 저장한다는 설명은 적절하다.

오답 분석

① ㉠은 처리하지 않은 상태에 있는 것으로, 효율적인 정보와 지식을 활용하기 위해 패턴을 추출한 결과를 축적한 것이라는 설명은 적절하지 않다.

② ㉡은 방대한 데이터를 데이터 마이닝을 거쳐 정제 및 가공 처리한 것이다. 따라서 유튜브와 틱톡 등 동영상 기반 서비스에서 생성된 영상 자료를 그대로 보관한다는 설명은 적절하지 않다.

③ ㉠은 다양한 형태의 데이터가 처리되지 않은 상태에 있는 것이며, ㉡은 빅데이터를 분석 가공한 것이다. 이를 볼 때 인공지능 서비스로 생성되는 데이터를 가공 처리한 정보를 기본 형식으로 이루어지는 것은 ㉠이 아닌 ㉡이다.

⑤ ㉠은 다양한 형태로 존재하는 빅데이터를 원재료 상태로 구성한 것이지만 ㉡은 데이터를 정제 및 가공 처리한 것이다.

38 글의 세부 내용을 외적 준거에 적용하기 　　정답 ③

③ (다)는 데이터 환경의 변화로 환자가 병원에서 검사를 받을 시 수치 정보와 같은 정형 데이터뿐 아니라 생체 정보, 유전자 정보, 질병 정보, 영상 정보 등 다양한 비정형 데이터까지 생성되는 예를 설명한 것이다.

오답 분석

① (가)는 데이터가 생성되는 양을 분석한 것이다. 빅데이터 처리 속도의 변화 양상을 분석한 것이라는 이해는 적절하지 않다.

② (나)는 데이터 수집에 관하여 설명한 것이다. 빅데이터의 종류를 분류한 것이라는 내용은 적절하지 않다.

④ (가)와 (나) 모두 빅데이터를 통해 체계적인 규칙과 방법을 적용하는 분석이 활발하게 이루어지고 있음을 논증하는 것과는 관련이 없다.

⑤ (다)는 데이터 환경의 변화에 따라 다양한 데이터가 저장되는 상황을 구체적으로 제시하고 있지만 (나)는 각 매체에서 이루어지는 데이터 수집에 관련된 것으로 빅데이터 양이 증가하는 것과는 관련이 없다.

39 글의 세부 내용을 외적 준거에 적용하기 　　정답 ④

④ 〈보기〉에서는 인공지능이 예측한 데이터에 대하여 갑작스러운 변수는 아직 완벽히 반영되지는 않았지만 빅데이터 분석의 정확도가 높아져 생산과 재고로 인한 손실은 크게 줄었다고 하였다. 이를 볼 때 스마트 데이터 변수에 따른 손실 규모가 과거에 비해 점점 커지는 이유를 상세히 설명할 필요가 있겠다는 내용은 적절하지 않다.

오답 분석

①, ② 〈보기〉는 식재료 주문, 택시 호출, 주변 식당 알림 등 빅데이터가 인간의 실생활에 미치는 영향을 사례를 보여주며 개인에게 제공되는 스마트 데이터가 일상에 어떠한 도움이 되는지 제시하고 있다.

③ 〈보기〉는 인공지능이 예측한 데이터는 갑작스러운 사고나 기후 변화로 인한 변수는 아직 완벽히 반영되는 것 같지는 않다며 불확실하거나 예측 불가능한 상황에 대비하는 빅데이터의 한계를 언급하고 있다.

⑤ 〈보기〉는 택시를 부르려고 음성 인식 스피커에 말을 걸고 음성 인식 스피커가 원하는 바를 읽어 내어 '택시를 호출할까요?'라고 묻는 상황을 제시하며 예측 데이터를 활용한 음성 인식 스피커가 인간의 마음을 어디까지 읽어낼 수 있는지를 구체적으로 보여주고 있다.

40 어휘의 문맥적 의미 파악하기 　　　　　 정답 ④

④ ⓐ의 '처리하다'는 사용자가 특정한 목적으로 데이터를 물리적 작용을 일으킨다는 의미이다. '부패 방지를 위해 시신을 알코올로 처리하여 안치했다.'의 '처리하다' 역시 '일정한 결과를 얻기 위하여 화학적 또는 물리적 작용을 일으키다.'라는 의미로 쓰였다.

오답 분석
①, ②, ③, ⑤ '처리하다'는 모두 '사무나 사건 따위를 절차에 따라 정리하여 치르거나 마무리를 짓다.'라는 의미로 쓰였다.

41~45

작자 미상, 「홍계월전」
▶ 갈래 : 여성 영웅 소설, 군담 소설
▶ 성격 : 전기적, 우연적, 영웅적
▶ 제재 : 홍계월의 영웅적 활약
▶ 주제 : 홍계월의 영웅적인 행적과 활약, 남성 중심 사회에 대한 비판
▶ 특징
　– 영웅 소설의 서사 구조를 지님
　– 남성보다 우월한 능력을 지닌 여성이 영웅으로 등장함
　– 신분을 감추기 위한 남장 모티프가 사용됨
　– 여성의 봉건적 역할을 거부하는 근대적 가치관이 드러남
▶ 구성

발단	천상의 선녀였던 계월이 형주 홍 시랑과 부인 양씨 사이에서 무남독녀로 탄생함
전개	반란으로 부모와 이별한 계월은 여공의 도움으로 목숨을 건지고 평국이라는 이름으로 그 집에서 살게 됨
위기	평국(계월)과 여공의 아들 보국은 함께 공부하고 과거를 치르고, 둘 다 과거에 급제함. 천자는 평국(계월)을 대원수로, 보국을 중군으로 삼고 평국(계월)은 반란을 평정함
절정	전쟁 후 평국(계월)이 여자임이 밝혀지고, 천자의 명으로 보국과 결혼함. 보국은 남편으로서의 권위를 내세우고 계월과 갈등함
결말	다시 반란이 일어나고 천자는 다시 평국(계월)을 불러 대원수로 삼음. 평국(계월)은 난을 평정하고 천자를 구하는 공을 세우며 보국도 계월의 능력을 인정하고 두 사람은 행복하게 삶

41 작품의 세부 내용 파악하기 　　　　　 정답 ⑤

⑤ 적병들이 보국을 향해 달려들어 에워싸자 보국이 하늘을 우러러 탄식했다. 이때 평국이 위기에 빠진 보국을 구하러 적진을 헤치고 들어가 적장 오십여 명과 군사 천여 명을 쓸어버리고 본진으로 돌아왔다.

오답 분석
① 반란이 일어나기 전에 평국은 대원수로 반란을 평정하였다.
② 평국은 '만일 명령을 거역하는 자가 있으면, 군법을 시행할 것이다.', '명령을 어기는 자가 있으면, 세워두고 벨 것이다.'라며 호령했고 모든 장수와 군졸들은 두려워하였다.
③ 보국은 평국의 부하가 된 것에 불만을 품긴 했지만 여공의 재촉으로 갑주를 갖추고 진중에 나갔다.
④ 보국은 '오늘은 중군장이 나가 싸워라.'라는 평국의 명령에 따라 적장과 겨루었다.

42 작품의 세부 내용 파악하기 　　　　　 정답 ①

① (A)에서 '천자'와 '신하들'은 반란이 일어나자 이를 해결할 방법을 논의하고 '평국'을 부르기로 하며 반란을 해결할 방법을 찾아낸다.

오답 분석
② (A)에서 '천자'와 '신하들'이 자신의 견해를 상대방에게 강요하는 부분은 나타나지 않는다.
③ (A)에서 '천자'와 '신하들'은 반란이 일어난 상황을 인식하고 이에 대한 해결책을 논의하고 있다.
④ (A)에서 대화를 나누는 인물은 '천자'와 '신하들'로 의사결정 권한은 '천자'에게 있다.
⑤ (A)에서 '천자'와 '신하들'은 '평국'을 보내야 반란을 막을 수 있다고 여기고 '평국'의 능력을 인정하고 있다.

43 작품의 표현 방식 파악하기 　　　　　 정답 ④

④ (B)는 '구월 갑자일'부터 '십일월 오일'까지 '홍 원수(평국)'와 군사들이 반란군을 평정하기 위해 나서는 상황을 요약적으로 서술하여 이야기를 전개하고 있다.

오답 분석
① 제시된 부분에 과거와 현재의 교차는 드러나지 않는다.
② 제시된 부분에 공간의 이동은 나타나지만, 이를 통한 인물의 성장 과정은 드러나지 않는다.
③ 제시된 부분에 공간적 배경 묘사는 드러나지 않는다.
⑤ 제시된 부분에 주인공에 대한 일화는 드러나지 않는다.

44 작품의 세부 내용 파악하기 정답 ①

① 천자의 부름에 나간 '평국'은 천자 앞에서 '제가 비록 어리석으나 힘을 다해 성은을 만분의 일이나마 갚고자 합니다. 폐하는 근심하지 마옵소서.'라고 말하며 전쟁에서 원수의 직분을 수행할 의지를 다진다. 이를 볼 때 주인공은 자신이 여자라 전쟁에서 원수의 직분을 수행하기에는 능력이 부족하다고 여겼다는 내용은 적절하지 않다.

오답 분석

② '홍 원수(평국)'은 위기에 빠진 '보국'을 구하기 위하여 적진으로 들어가 적장 오십여 명과 군사 천여 명을 한칼로 쓸어버리고 본진으로 돌아온다. 이를 볼 때 수많은 적군을 한칼에 쓸어버리는 모습에서 주인공은 비범한 능력을 가지고 있다고 볼 수 있다는 내용은 적절하다.

③ 천자가 부르는 명령을 전하자 '평국'은 곧바로 여자 옷을 벗고 조복으로 갈아입은 뒤 전쟁에 나선다. 이를 볼 때 주인공이 나라의 위기 상황에서 아내로서의 역할보다 신하로서의 책무를 더 우선시하였음을 알 수 있다는 내용은 적절하다.

④ '평국'이 결혼한 후 집 안에서 세월을 보내고 있었으나 반란이 일어나자 조정의 신하들과 천자는 '평국'을 부르기로 합의하고, 천자는 '평국'에게 나라와 조정을 지키라고 한다. 이를 볼 때 주인공이 여자라는 이후로 결혼 후 사회적 활동을 제약받긴 하지만 그 능력에 대해서는 인정을 받고 있다는 내용은 적절하다.

⑤ '제가 외람되게 폐하를 속이고 높은 관직에 올라 영화롭게 지내기가 황공했는데, 저의 죄를 용서하시고 이처럼 사랑하시니, 제가 비록 어리석으나 힘을 다해 성은을 만분의 일이나마 갚고자 합니다.'라는 평국의 말을 볼 때 주인공은 더 높은 관직을 얻고 싶어서가 아니라 자신의 잘못을 용서해 준 천자의 성은에 보답하기 위해 전쟁에 나서기로 했다는 내용은 적절하다.

45 작품 속 상황을 속담에 적용하기 정답 ②

② 혼인 후 '보국'은 '평국'을 소홀히 대하고 괄시였으나, 전쟁이 일어나자 '평국'은 대원수가 되었고 '보국'은 중군장이 되어 '평국'의 명을 받는 처지가 되었다. 이러한 상황과 잘 어울리는 속담은 '남에게 모질고 악한 짓을 하면 반드시 저는 그보다 더한 고통을 당하게 된다.'라는 뜻의 '남의 눈에 눈물 내면 제 눈에는 피가 난다.'이다.

오답 분석

① 개미 구멍이 둑을 무너뜨린다 : 작은 결점이라 하여 등한히 하면 그것이 점점 더 커져서 나중에는 큰 결함을 가져오게 됨을 비유적으로 이르는 말이다.

③ 낮말은 새가 듣고 밤말은 쥐가 듣는다 : 아무도 안 듣는 데서라도 말조심해야 한다는 말이다.

④ 사공이 많으면 배가 산으로 간다 : 주관하는 사람 없이 여러 사람이 자기주장만 내세우면 일이 제대로 되기 어려움을 비유적으로 이르는 말이다.

⑤ 산이 커야 골이 깊다 : 산이 높고 커야 골짜기가 깊다는 뜻으로, 품은 뜻이 높고 커야 품은 포부나 생각도 크고 깊음을 비유적으로 이르는 말이다.

01	①	02	②	03	③	04	③	05	①
06	②	07	④	08	①	09	④	10	④
11	③	12	②	13	⑤	14	②	15	④
16	⑤	17	②	18	①	19	①	20	③
21	④	22	②	23	①	24	①	25	③
26	②	27	⑤	28	①	29	④	30	④
31	⑤	32	③	33	⑤	34	④	35	⑤
36	③	37	①	38	②	39	⑤	40	⑤
41	③	42	④	43	③	44	⑤	45	⑤

01 논리 추론 – 동의어 　　　　정답 ①

sacred는 '신성한, 성스러운'의 뜻이므로, 밑줄 친 부분의 뜻으로 적절한 것은 ① 'holy(성스러운, 신성한)'이다.

오답 분석

② 이상한 ③ 요구가 많은 ④ 실용적인 ⑤ 보기 드문

☐ violate : 위반하다[어기다]
☐ profession : 직업[직종]

◀ 해석 체크체크 ▶

그는 직업에서 가장 신성한 규칙 중 하나를 위반했다.

02 논리 추론 – 동의어 　　　　정답 ②

assess는 '평가[사정]하다'의 뜻이므로, 밑줄 친 부분의 뜻으로 적절한 것은 ② 'evaluate(평가하다[감정하다])'이다.

오답 분석

① 승진[승급]시키다 ③ 최대화하다 ④ 협상하다 ⑤ 과대평가하다

☐ belongings : 소유물, 재산, 소지품

◀ 해석 체크체크 ▶

소유물의 가치를 평가하는 법에 대한 정보를 보내달라고 요청하세요.

03 논리 추론 – 동의어 　　　　정답 ③

despair는 '절망, 좌절'의 뜻이므로, 밑줄 친 부분의 뜻으로 적절한 것은 ③ 'hopelessness(절망적인 상태, 가망 없음)'이다.

오답 분석

① 분노 ② 후회 ④ 동정 ⑤ 만족

☐ be filled with : ~로 가득차다
☐ condition : 환경, 상황
☐ miner : 광부
☐ be forced to : ~하도록 강요 당하다

◀ 해석 체크체크 ▶

그녀는 광부들이 강제로 일해야 하는 상황에 절망으로 가득차 있었다.

04 논리 추론 – 동의어 　　　　정답 ③

obvious는 '분명한[명백한]'의 뜻이므로, 밑줄 친 부분의 뜻으로 적절한 것은 ③ 'evident(분명한)'이다.

오답 분석

① 추상적인 ② 눈에 보이지 않는 ④ 풍부한 ⑤ 다루기 힘든

☐ fresh : 새로운, 신선한
☐ tire track : 타이어 자국
☐ proof : 증거

◀ 해석 체크체크 ▶

눈 속의 새로운 타이어 자국은 최근 누군가 이 시골길을 운전했다는 명백한 증거였다.

05 논리 추론 – 동의어 　　　　정답 ①

valid는 '유효한[정당한]'의 뜻이므로, 밑줄 친 부분의 뜻으로 적절한 것은 ① 'reasonable(정당한, 타당한)'이다.

오답 분석

② 부적절한 ③ 다수의 ④ 매우 귀중한 ⑤ 믿을 수 없는

◀ 해석 체크체크 ▶

그 회사는 고객들에게 제품의 배송 지연에 대한 정당한 이유를 제시했다.

06 빈칸 추론 – 구/절 　　　　정답 ②

대화에서 A와 B는 새로운 취미를 배우는 것에 대해 이야기하고 있다. 빈칸 앞에서 A가 'I've seen people of all ages learn new things. It's very inspiring. Remember ~(모든 연령대의 사람들이 새로운 것을 배우는 것을 보았어요. 매우 고무적이에요. ~을 기억하세요).'라고 했고, 빈칸 다음에서 B가 'Thanks for the encouragement! I'll give it a shot(격려해 주셔서 감사합니다! 한번 해볼게요)!'이라고 대답했으므로, 흐름상 대화의 빈칸에 들어갈 말로 적절한 것은 ② 'it's never too late to learn(배우기엔 너무 늦다는 말은 없다).'이다.

① 연습이 완벽을 만든다
③ 백지장도 맞들면 낫다
④ 겉모습만 보고 판단하지 마라
⑤ 학문에는 왕도가 없다

☐ pick up : 배우다
☐ fantastic : 기막히게 좋은, 환상적인
☐ resource : 자료, 재료[자산]
☐ inspiring : 고무[격려/자극]하는
☐ encouragement : 격려[고무](가 되는 것)

A : 새로운 취미를 배우는 것을 생각해 본 적이 있나요?
B : 모르겠어요. 새로운 일을 시작하기에는 내가 너무 나이가 많은 것 같아요.
A : 전혀요! 항상 해보고 싶었던 것이 무엇인가요?
B : 나는 항상 피아노를 배우고 싶었어요.
A : 환상적인 아이디어예요! 성인 초보자를 위한 자료가 많이 있어요. 온라인 수업부터 시작하거나 지역 수업을 찾을 수 있어요.
B : 맞는 말인 것 같아요. 생각해 볼게요.
A : 모든 연령대의 사람들이 새로운 것을 배우는 것을 보았어요. 매우 고무적이에요. 배우기엔 너무 늦다는 말은 없다는 것을 기억하세요.
B : 격려해 주셔서 감사합니다! 한 번 해볼게요!

07　빈칸 추론 - 구/절　　　　　정답 ④

대화에서 A와 B는 서로 주말 계획에 대해 이야기하고 있는데, A가 주말에 머리를 식히기 위해 혼자 하이킹을 갈 예정이라고 했다. 빈칸 앞에서 B가 A에게 하이킹 외에 다른 계획이 있는지 묻자 A가 기다리고 있었던 새로운 스릴러물을 읽을 예정이라고 했고, B가 이에 대한 대답으로 완벽한 주말이 될 것 같다고 하자 A가 그렇게 하겠다고 했으므로 대화의 흐름상 빈칸에 들어갈 적절한 것은 ④ 'Let me know how the book turns out(책이 어땠는지 알려줘).'이다.

① 밖에서 더 자주 놀자
② 하이킹은 내가 가장 좋아하는 활동이야
③ 산에서 만나
⑤ 내일 다른 계획을 세워볼게

☐ be chilling at home : 집에서 느긋하게 쉬다
☐ It's been a while. : 오랜만이네요.
☐ spot : (특정한) 곳[장소/자리]
☐ by oneself : 혼자, 다른 사람 없이
☐ clear one's head : ~의 머리를 식히다
☐ catch up on : 뒤처진 일을 보충하다

A : 이번 주말에 뭐 할 거니?
B : 아마 집에서 그냥 쉬고 있을 거야. 너는?
A : 하이킹을 갈까 생각 중이야. 오랜만이야.
B : 어디로 가니?
A : 산에서 멋진 경치를 볼 수 있는 멋진 장소를 찾았어.
B : 멋지다! 혼자 가니?
A : 응, 머리를 맑게 할 시간이 필요해.
B : 이해해. 하이킹 외에 다른 계획이 있니?
A : 책을 좀 읽을까 해. 내가 기다리고 있었던 새로운 스릴러물이 있어.
B : 완벽한 주말이 될 거 같구나! 책이 어땠는지 알려줘.
A : 그럴게.

08　어법 - 동사　　　　　　정답 ①

밑줄 친 settling down은 문장의 주어(my grandmother)에 대한 동사이므로, 과거시제를 써야 한다. 앞문장에서 'I would spend summer breaks visiting ~'이라고 했으므로, ① 'settling down → settled down'이 되어야 한다.

☐ prayer bead : 묵주, 염주
☐ chant : 기도문을 읊조리다
☐ in a whisper : 낮은 목소리로, 소곤소곤
☐ objectively : 객관적으로
☐ communion : 영적 교감
☐ benefit : 도움이 되다
☐ manage : 관리하다, 잘 해내다
☐ slow down : 늦추다, 서행하다, 감속하다
☐ cognitive : 인식의, 인지의
☐ decline : 쇠퇴, 감소
☐ cope with : ~에 대처하다, 극복하다
☐ meditation : 명상, 묵상
☐ quest : 탐색, 탐구, 추구
☐ spiritual : 정신의, 정신적인
☐ enlightenment : 계발, 계몽, 교화
☐ in parallel with : ~와 평행해서
☐ awareness : 인식, 의식

　인도에서 성장한 나는 여름 방학에 Kolkata에 있는 조부모님을 방문하곤 했다. 매일 오후, 할머니는 힌두교 신들의 돌 우상들이 작은 나무 왕좌에 앉아 있는 가족 예배실을 마주 보고 마루매트 위에 자리를 잡았다. 30분 동안 할머니는 가만히 앉아서 눈을 감고 손가락으로 묵주를 굴리면서 Krishna의 이름을 속삭이듯 낮은 목소리로 읊조렸다. 이러한 명상 시간이 할머니가 더 높은 힘(신)과 일종의 영적 교감을 하는 데 도움이 되었는지는 객관적으로 알 수 없지만, 늘어나는 과학적 증거는 할머니가 여러 가지 방식으로 그것으로부터 도움을 받았다는 것을

시사한다. 그 습관은 할머니가 스트레스를 관리하는 데 효과적인 접근 방식이었을 가능성이 높다. 또한 노화와 관련된 인지 기능 저하를 늦추는 데 도움이 되었을 수도 있다. 또한 아마도 통증 대처 능력도 향상시켰을 것이다. 현재의 순간에 집중하는 운동으로 가장 광범위하게 정의되는 명상은 영적 깨달음을 추구하는 데 뿌리를 둔 전 세계 종교 전통에 의해 수천 년 동안 어떤 형태로든 수행되어 왔다. 오늘날 명상의 인기는 정신 건강과 스트레스 완화의 중요성에 대한 인식과 함께 증가했다.

09 어법 – 수동태   정답 ④

「사역동사(let, make, have) + 목적어 + 동사원형」은 '목적어가 동사하게 만들다[하다/허락하다]'의 뜻인데, 수동태가 되면 「be + pp + to 부정사」가 되어 '~하게 되었다'의 뜻이 된다. 이때 주의할 점은 have와 let은 수동태로 쓰지 않고 make만 수동태로 사용할 수 있다. 따라서 밑줄 친 take는 사역동사(make)의 수동태이므로, ④ 'are made take → are made to take'가 되어야 한다.

- □ anger : 화, 분노
- □ aggression : 공격성
- □ aggressive : 공격적인
- □ link : 관련되다, 관련짓다
- □ biologically : 생물학적으로
- □ survival value : 생존가
- □ result in : 그 결과 ~가 되다
- □ temperamentally : 기질적으로
- □ prone to : ~을 잘 하는, ~의 경향이 있는

◀ 해석 체크체크 ▶

분노는 분명히 공격성과 관련이 있지만, 그것들은 하나가 아니고 동일하지도 않다. 화내지 않고 공격적인 것은 가능하며, 공격적이지 않고 화내는 것도 똑같이 가능하다. 그러나 두 가지(분노의 감정과 공격적인 행동)는 연결되어 있으며 명백한 생존가를 지닌 생물학적으로 기반을 두고 있다. 분노는 항상 훨씬 더 많은 에너지를 폭발시키는 결과를 초래하며, 생물학적으로 기반을 두고 있음에도 불구하고, 일부 심리학자들은 주로 사회적으로 구성된 것으로 간주한다. 즉, 어떤 사람들은 다른 사람들보다 기질적으로 화를 잘 내는 경향이 있지만, 그들이 이를 표현하는 정도는 아마 사회적으로 결정된다는 것이다. 예를 들어, 우리 문화에서는 남학생이 여학생보다 더 공개적으로 분노를 표출하도록 권장되며, 여성들보다 훨씬 더 많은 비율의 남성들이 분노 관리 과정을 수강하도록 만들어진다. 이는 생물학의 차이가 아니라, 학습된 차이이다.

10 논리 추론 – 어휘   정답 ④

(A) 다음에서 'the idea of the melting pot, which promised to erase ethnic and group differences(인종과 집단의 차이를 없앨 것을 약속했던 용광로 개념)'라고 했고, 이어진 문장에서 'children now learn that variety is the spice of life(이제 아이들은 다채로운 경험이 삶을 즐겁게 한다는 것을 배운다).'라고 서로 상반되는 내용이 있으므로, 문맥상 (A)에는 'contrast(대조적으로)'가 적절하다.

(B) 앞부분에서 'They learn that America has provided a shelter for many different groups and has allowed them to ~ their cultural heritage or to assimilate(그들은 미국이 다수의 다른 집단들에게 피난처를 제공하고 문화유산을 ~하거나 동화할 수 있도록 허용했으며)'라고 했고, 다음 문장에서 그들은 'that differences among groups are a national resource rather than a problem to be solved(집단 간 차이는 해결해야 할 문제라기보다 국가적인 자원)'이라는 사실을 배운다고 했으므로, 문맥상 (B)에는 'maintain(유지하다)'이 적절하다.

(C) 앞부분에서 'American music, art, literature, language, food, clothing, sports, holidays, and customs all show the effects of the blending of ~ cultures in one nation(미국의 음악, 예술, 문학, 언어, 음식, 의복, 스포츠, 휴일, 관습은 모두 한 국가에서 ~ 문화의 혼합 효과를 보여준다).'라고 했고, 마지막 문장에서 'Paradoxical though it may seem, the United States has a common culture that is multicultural(역설적으로 보일 수 있지만, 미국에는 여러 문화가 공존하는 공통의 문화가 있다).'이라고 했으므로, 문맥상 (C)에는 'diverse(다양한)'가 적절하다.

- □ cultural pluralism : 문화적 다원성
- □ in contrast to : …와 대조를 이루어
- □ melting pot : 용광로, 도가니
- □ erase : 지우다[없애다]
- □ ethnic : 민족[종족]의
- □ Variety is the spice of life. : 다채로운 경험이 삶을 즐겁게 한다. (속담)
- □ unique : 독특한
- □ interaction : 상호작용, 상호의 영향
- □ subsidiary : 부수적인
- □ descendant : 자손, 후손
- □ blending : 혼합, 융합, 조합
- □ paradoxical : 역설의, 모순적인
- □ multicultural : 여러 문화가 공존하는

최근 수십 년간의 정치적, 사회적 변화의 결과, 문화적 다원주의는 이제 일반적으로 이 사회의 조직 원리로 인식되고 있다. 인종과 집단의 차이를 없앨 것을 약속했던 용광로 개념과는 (A) 대조적으로, 이제 아이들은 다채로운 경험이 삶을 즐겁게 한다는 것을 배운다. 그들은 미국이 다수의 다른 집단들에게 피난처를 제공하고 자신들의 문화유산을 (B) 유지하거나 동화할 수 있도록 허용하거나, 종종 그렇듯이 두 가지를 모두 하도록 했다는 것을 배운다. 선택은 국가가 아닌 그들의 몫이다. 그들은 문화적 다원주의가 자유 사회의 규범 중 하나이며, 집단 간 차이는 해결해야 할 문제라기보다 국가적인 자원이라고 배운다. 사실상, 미국의 독특한 특성은 미국의 공통 문화는 부차적인 문화의 상호작용에 의해 형성되었다는 점이다. 이것은 이민자들, 아메리카 인디언들, 아프리카인(노예와 자유인), 그리고 그 후손들에 의해 시간이 지남에 따라 영향을 받은 문화이다. 미국의 음악, 예술, 문학, 언어, 음식, 의복, 스포츠, 휴일, 관습은 모두 한 국가 내에서 (C) 다양한 문화의 혼합 효과를 보여준다. 역설적으로 보일 수 있지만, 미국에는 여러 문화가 공존하는 공통의 문화가 있다.

11 논리 추론 – 어휘   정답 ③

(A) 첫 문장에서 '지식과 권력의 상호 관계에 대한 대중적인 이해는 종종 '지식은 권력이다.'라는 구절을 통해 표현된다.'고 했고, 세 번째 문장에서 Foucault는 사람에게 권력을 주는 것은 지식의 습득이 아니라고 주장했다고 했으므로, 문맥상 (A)에는 '역전시키다'라는 뜻의 'reverses'가 적절하다.

(B) 앞 문장에서 지식은 '권력은 지식이다.'라고 말해야 할 정도로 이미 항상 권력을 크게 부여받았다고 했고, (B)가 있는 문장에서 'Foucault의 분석에서 지식은 결코 권력과 별개의 것이 아니라, 권력을 ~하는 구체적인 수단이다.'라고 했으므로, 문맥상 (B)에는 '행사하는'이라는 뜻의 'exercising'이 적절하다.

(C) 앞 문장에서 '권력은 '지식'의 시스템으로 성공적으로 번역되어 명백한 진실을 빙자하여 반영으로부터 제거될 때 가장 강력한 형태로 나타난다고 했고, (C)가 있는 문장에서 'Foucault에 따르면, 권력과 지식의 ~은 너무 철저해서 그는 종종 두 가지를 권력/지식이라는 용어로 결합한다.'라고 했으므로, 문맥상 (C)에는 '불가분성'이라는 뜻의 'inseparability'가 적절하다.

☐ interrelationship : 연관성
☐ genealogical : 계도의, 자손의, 족보의
☐ contend : 주장하다
☐ acquisition : 습득
☐ embody : 상징[구현]하다, 포함하다, 담다
☐ brute : 신체적인 힘[폭력]에만 의존하는
☐ punishment : 벌, 처벌, 형벌
☐ potent : 강한[강력한]
☐ under the veil of : …라는 구실 아래, …을 빙자하여
☐ thoroughgoing : 아주 철저한, 전면적인
☐ conjoin : 결합하다[시키다]

지식과 권력의 상호 관계에 대한 대중적인 이해는 종종 '지식은 권력이다.'라는 구절을 통해 표현된다. Foucault는 자신의 계보학 연구에서 이 표현의 논리를 (A) 역전시킨다. 그는 주장하기를, 사람에게 권력을 주는 것은 지식의 습득이 아니라고 한다. 대신에, 지식은 '권력은 지식이다.'라고 말해야 할 정도로 이미 항상 권력을 크게 부여받았다. 따라서 Foucault의 분석에서 지식은 결코 권력과 별개의 것이 아니라, 권력을 (B) 행사하기 위한 구체적인 수단이다. 이러한 방식으로, 권력은 단순히 한 개인이나 사회 구조 안에서 구현되고 잔인한 강제나 처벌에 의해 표현되는 것이 아니다. 권력은 '지식'의 시스템으로 성공적으로 번역되어 명백한 진실을 빙자하여 반영으로부터 제거될 때 가장 강력한 형태로 나타난다. Foucault에 따르면, 권력과 지식의 (C) 불가분성은 너무 철저해서 그는 종종 두 가지를 권력/지식이라는 용어로 결합한다.

12 논리 추론 – 어휘   정답 ②

첫 번째 문장에서 'Every economics textbook will tell you that competition between rival firms leads to innovation in their products and services(모든 경제학 교과서는 경쟁 기업 간의 경쟁이 제품과 서비스의 혁신으로 이어진다고 말한다).'라고 했고, 다음 문장에서 'But when you look at innovation from the long-zoom perspective, competition turns out to be less central to the history of good ideas than we generally think(하지만 장기적 관점에서 혁신을 살펴보면 경쟁은 우리가 일반적으로 생각하는 것보다 좋은 아이디어의 역사에서 중심이 덜 되는 것으로 밝혀졌다).'라고 했다. 따라서 세 번째 문장에서 'as the standard textbooks do(표준 교과서가 하는 것처럼)'로 미루어 문맥상 'Analyzing innovation on the scale of individuals and organizations(개인과 조직 규모에 대한 혁신을 분석하는 것)'는 우리의 관점을 '넓게 하는(broadens) 것이 아니라 '축소하는(diminishes)' 것이 되어야 한다.

☐ lead to : ~로 이어지다
☐ broaden : 넓어지다[넓히다]
☐ overstate : 과장하다
☐ proprietary : 등록[전매] 상표가 붙은, 소유주(자)의
☐ survival of the fittest : 적자생존, 약육강식
☐ openness : 솔직함, 마음이 열려 있음
☐ connectivity : 연결(성)
☐ mechanism : (목적을 달성하기 위한) 방법, 메커니즘
☐ deserve : …을 받을 만하다[누릴 자격이 있다]
☐ intrinsically : 본질적으로
☐ emerge : 나오다[모습을 드러내다]
☐ embracing : 포용하는, 영입하는
☐ nurture : 육성[양성]하다

모든 경제학 교과서는 경쟁 기업 간의 경쟁이 제품과 서비스의 혁신으로 이어진다고 말한다. 하지만 장기적 관점에서 혁신을 살펴보면 경쟁은 우리가 일반적으로 생각하는 것보다 좋은 아이디어의 역사에서 중심이 덜 되는 것으로 밝혀졌다. 표준 교과서가 하는 것처럼, 개인과 조직 규모에 대한 혁신을 분석하는 것은 우리의 관점을 넓힌다(→ 축소한다). 그것은 독점적인 연구와 '적자생존' 경쟁의 역할을 과장하는 혁신의 그림을 만들어낸다. 장기적인 접근 방식은 개방성과 연결성이, 결국, 순수 경쟁 메커니즘보다 혁신에 더 가치가 있을 수 있음을 알게 한다. 이러한 혁신 패턴은 부분적으로는 역사적으로 좋은 아이디어가 등장하는 이유를 이해하는 것이 본질적으로 중요하며, 부분적으로는 이러한 패턴을 수용함으로써, 이러한 환경이 학교, 정부, 사회 운동이든지 간에, 좋은 아이디어를 더 잘 육성할 수 있는 환경을 구축할 수 있기 때문에 인정받을 만하다. 창의성을 가능하게 하는 다수의 연결된 환경에 마음을 열면 더 창의적으로 생각할 수 있다.

13 논리 추론 – 어휘   정답 ⑤

밑줄 친 ⑤ 앞 문장 후반부에서 '~ the reader of Poe's short story has to hear the vivid voice of the aggressor who takes great care to give a detailed account of how he committed the act(~ Poe의 단편 소설의 독자는 그가 범행을 저지른 방법을 자세히 설명하기 위해 세심한 주의를 기울이는 공격자의 생생한 목소리를 들어야 했다).'라고 했고, 마지막 문장에서 그러한 스토리텔링 방식이 작가에게 가장 친밀하면서 극단적인 방식으로 인간의 마음을 탐구할 수 있게 한다고 했으므로, Poe의 스토리텔링의 장점에 해당한다. 따라서 문맥상 ⑤ 'disadvantage(단점) → advantage(장점)'가 되어야 한다.

☐ lengthy : 너무 긴, 장황한
☐ concentrate : 집중하다[집중시키다], 전념하다
☐ abnormal : 비정상적인
☐ typically : 보통, 일반적으로
☐ narrate : 이야기를 하다[들려주다]
☐ disturbing : 충격적인, 불안감을 주는
☐ vivid : 선명한, 강렬한
☐ aggressor : 정당한 이유가 없는 공격자
☐ mode : 방식[방법/유형]
☐ explore : 답사[탐사/탐험]하다
☐ intimate : 친(밀)한
☐ extreme : 극단적인

장황한 소개가 필요치 않은 미국의 위대한 작가 Edgar Allan Poe는 현대적인 단편 소설을 만들어낸 작가 중 한 사람이다. 현대 단편 소설은 현대의 사실적인 배경뿐만 아니라 단일한 극적 사건에 집중하는 방식에서 초기 형태의 이야기와 우화와 다르다. Poe의 경우, 이 단일 사건은 일반적으로 죽음과 살인과 관련된 비정상적인 행위와 매우 자주 관련 있다. Poe의 혁신은 그러한 충격적인 사건을 살인자의 관점에서 이야기하는 것이었으므로, Poe의 단편 소설의 독자는 그가 범행을 저지른 방법을 자세히 설명하기 위해 세심한 주의를 기울이는 공격자의 생생한 목소리를 들어야 했다. 이러한 스토리텔링 방식의 단점(→ 장점)은 작가에게 가장 친밀하면서 극단적인 방식으로 신비로운 것, 즉 인간의 마음을 탐구할 수 있게 한다는 것이다.

14 정보 파악 – 세부 정보   정답 ②

② 두 번째 문장에서 'Throughout the Middle Ages and the Renaissance, his fame only grew(중세와 르네상스 시대에 걸쳐 그의 명성은 더욱 높아졌다).'라고 했으므로, 글의 내용과 일치하지 않는 것은 ② 'His reputation fell into a decline during the Renaissance(르네상스 시대 동안 그의 명성은 쇠퇴했다).'이다.

오답 분석

① 라틴어로 된 그의 숙련된 시는 그를 유명한 시인으로 만들었다. → 첫 번째 문장에서 'Virgil's masterful poetry earned him a legacy as the greatest poet in the Latin language(Virgil의 훌륭한 시는 그에게 가장 위대한 라틴어 시인이라는 유산을 얻게 했다).'라고 했으므로, 글의 내용과 일치한다.
③ 그는 다양한 언어의 시에 영향을 미쳤다. → 네 번째 문장에서 'He inspired poets across languages, ~(그는 다양한 언어의 시인들에게 영감을 주었는데 ~)'라고 했으므로, 글의 내용과 일치한다.
④ 그의 시는 인간의 감정을 명확하게 표현했다. → 여섯 번째 문장에서 '~ Virgil was appreciated for his vivid portrayals of human emotion(~ Virgil은 인간 감정의 생생한 묘사로 높이 평가받았다).'이라고 했으므로, 글의 내용과 일치한다.
⑤ 그의 시는 현대 비평가들로부터 호머의 시보다 가치가 낮게 평가되었다. → 마지막 문장에서 'Most contemporary scholars hold that Virgil's poetry pales in comparison to Homer's(대부분의 현대 학자들은 Virgil의 시가 Homer의 시에 비해 미약하다고 생각한다).'라고 했으므로, 글의 내용과 일치한다.

☐ masterful : 명인 솜씨의, 대가의, 훌륭한
☐ legacy : 유산
☐ printing press : 인쇄기
☐ transmit : 전송[송신/방송]하다
☐ scribe : 필경사
☐ scarce : 부족한, 드문
☐ inspire : 고무[격려]하다
☐ anonymous : 익명인

《 해석 체크체크 》

　　Virgil의 훌륭한 시는 그에게 가장 위대한 라틴어 시인이라는 유산을 얻게 했다. 중세와 르네상스 시대에 걸쳐 그의 명성은 더욱 높아졌다. 인쇄기가 발명되기 전, 필경사들의 손으로 전달되는 고전 텍스트가 드물었던 시기에 Virgil의 시는 교양 있는 계층에게 제공되었으며, 그는 그들 중에서도 고대의 가장 중요한 작가로 여겨졌다. 그는 다양한 언어의 시인들에게 영감을 주었는데, Dante에게 이탈리아어로, Milton에게 영어로, Aeneid를 중세 로망스 Le Roman d'Eneas로 재작업한 무명의 프랑스 시인들이 있었다. 기독교 문화가 된 시대에서 Virgil은 이교도 예언자로 여겨졌는데, 그의 작품의 몇몇 시구가 그리스도의 도래를 예언하는 것으로 해석되었기 때문이었다. 르네상스 시대 작가들 사이에서 Virgil은 인간 감정의 생생한 묘사를 높이 평가받았다. 반면, 현대의 비평가들은 덜 친절했다. Virgil의 시는 종종 트로이 전쟁을 묘사한 Homer의 서사시인 Iliad와 Odyssey와 관련하여 평가된다. 대부분의 현대 학자들은 Virgil의 시가 Homer의 시에 비해 미약하다고 생각한다.

15 정보 파악 - 세부 정보　　　　　　　정답 ④

④ 일곱 번째 문장의 후반부에서 '~ yet she left behind a most interesting record of her thoughts during the last three years of her life(~ 그녀는 마지막 3년 동안 자신의 생각에 대한 가장 흥미로운 기록을 남겼다).'라고 했고, 아홉 번째 문장에서 'Her close friend K. P. Loring wrote down her words for her(그녀의 절친한 친구인 K. P. Loring은 Alice를 위해 그녀의 말을 적어주었다).'이라고 했으므로 글의 내용과 일치하는 것은 ④ 'She left a dictated writing of her thoughts(그녀는 자신의 생각에 대한 구술된 글을 남겼다).'이다.

오답 분석

① 그녀는 케임브리지의 하층민 가정 출신이다. → 세 번째 문장에서 'Her family itself was a famous and respected household in Cambridge, MA(그녀의 가족은 매사추세츠 주 케임브리지에서 존경받는 유명한 가정이었다).'라고 했으므로 글의 내용과 일치하지 않는다.

② 그녀는 가족 중 가장 나이가 많은 아이였다. → 네 번째 문장에서 'Yet Alice, the youngest daughter ~(하지만 막내딸 Alice는 ~)'라고 했으므로, 글의 내용과 일치하지 않는다.

③ 그녀의 남자 형제들은 명성을 얻지 못했다. → 여섯 번째 문장에서 'The brothers, in the meantime, were becoming more and more successful in their public career(그동안 두 형제는 공적인 경력에서 점점 더 성공적으로 성장하고 있었다).'라고 했으므로 글의 내용과 일치하지 않는다.

⑤ 그녀의 일기는 다른 여성들에 대한 연민으로 가득 차 있었다. → 마지막에서 두 번째 문장에서 'The challenge in reading her journal is to appreciate the mixture of anger, self-pity, and, of course, the pain the writer feels(그녀의 일기를 읽는 데 있어 어려움은 분노, 자기 연민, 그리고, 물론, 작가가 느끼는 고통의 혼합을 이해하는 것이다).'라고 했으므로, 글의 내용과 일치하지 않는다.

《 해석 체크체크 》

　　Alice James는 항상 유명한 사람의 여동생 또는 동생으로 분류된다. 그녀의 두 명의 오빠들인 소설가 Henry James와 철학자 William James는 모두 그들의 분야에서 중요한 인물이다. 그녀의 가족은 매사추세츠 주 케임브리지에서 존경받는 유명한 가정이었다. 하지만 막내딸인 Alice는 열여섯 살에 처음으로 신경쇠약을 겪은 이래로 문제가 있었다. 또한 그녀는 수많은 건강 문제를 겪었다. 그동안 두 형제는 공적인 경력에서 점점 더 성공적으로 성장하고 있었다. Alice James는 마흔네 살에 세상을 떠났지만, 마지막 3년 동안 자신의 생각에 대한 가장 흥미로운 기록을 남겼다. 하지만 그녀는 글을 쓰기에도 너무 약했다. 그녀의 절친한 친구인 K. P. Loring은 Alice를 위해 그녀의 말을 적어주었다. Loring은 또한 Alice의 오빠들과 그녀 자신을 위해 일기를 인쇄했다. 그녀의 일기를 읽는 데 있어 어려움은 분노, 자기 연민, 그리고, 물론, 작가가 느끼는 고통의 혼합을 이해하는 것이다. 또한 당시 여성들은 남성 의사들이 연구하고 치료해야 할 '사건' 또는 '문제'로 간주되는 경우가 많았기 때문에 그녀의 경험은 독특한 여성의 경험이었다는 점도 기억해야 한다.

16 정보 파악 - 세부 정보　　　　　　　정답 ⑤

마지막 문장에서 '~ he spent his career at Columbia University teaching and writing about the philosophy of science and explaining the centrality of logic to philosophy(~ Nagel은 컬럼비아 대학교에서 가르치고 과학철학에 대한 글을 쓰고 철학에 논리의 중심성을 설명하는 데 경력을 보냈다).'라고 했으므로 글의 내용과 일치하는 것은 ⑤ 'Nagel spent most of his career at Columbia University(Nagel은 경력 대부분을 컬럼비아 대학교에서 보냈다).'이다.

① Cohen은 체코슬로바키아에서 태어났다. → 세 번째 문장에서 'Born in Russia, ∼(러시아에서 태어난 그는 ∼)'라고 했으므로, 글의 내용과 일치하지 않는다.

② Cohen은 1941년까지 뉴욕의 City College에서 가르쳤다. → 네 번째 문장에서 'With a 1905 Harvard Ph.D., he taught at City from 1912 to 1938, and at the University of Chicago from 1938 to 1941(1905년 하버드에서 박사 학위를 받은 그는 1912년부터 1938년까지 City College에서, 1938년부터 1941년까지 시카고 대학교에서 가르쳤다).'이라고 했으므로, 글의 내용과 일치하지 않는다.

③ Cohen은 논리에만 관심이 있는 것으로 유명했다. → 다섯 번째 문장에서 'Known for his interest in logic and the philosophy of science, ∼(논리학과 과학철학에 대한 관심으로 유명한 그는 ∼)'라고 했으므로 글의 내용과 일치하지 않는다.

④ Nagel은 1931년 하버드 대학교에서 박사 학위를 취득했다. → 여섯 번째 문장에서 'One of his students was the Czechoslovakian-born Ernest Nagel, ∼ got his Ph.D. in 1931 from Columbia University(그의 제자 중 하나인 체코슬로바키아 태생의 Ernest Nagel은 ∼ 1931년 컬럼비아 대학교에서 박사 학위를 받았다).'라고 했으므로 글의 내용과 일치하지 않는다.

☐ transition : 이행[과도]
☐ analytic philosophy : 분석철학
☐ mediate : 중재[조정]하다
☐ committed : 헌신적인, 열성적인
☐ naturalist : 동식물 연구가, 박물학자
☐ non-scientific : 비과학적인
☐ attain : 이루다[획득하다]
☐ centrality : 중심 위치, 중심적인 역할

◁ 해석 체크체크 ▷

분석 철학으로의 미국의 전환은 여러 중요한 인물, 기관, 사건에 의해 중재되었다. 그러한 인물들 중 한 사람은 Morris Cohen(1880-1947)이었다. 러시아에서 태어난 그는 뉴욕 City College에서 교육받았다. 1905년 하버드에서 박사 학위를 받은 그는 1912년부터 1938년까지 City College에서, 1938년부터 1941년까지 시카고 대학교에서 가르쳤다. 논리학과 과학 철학에 대한 관심으로 유명한 그는 철학에서 지식을 얻을 수 있는 비과학적 방법을 인정하지 않는 헌신적인 자연주의자였다. 그의 제자 중 한 사람인 체코슬로바키아 태생의 Ernest Nagel은 City College에서 학사 학위를 취득한 후 1931년 컬럼비아 대학교에서 박사 학위를 받았다. 1960년대 록펠러 대학교에서 1년간 근무한 것을 제외하고는, 그는 컬럼비아 대학교에서 가르치고, 과학 철학에 대한 글을 쓰고 철학에 논리의 중심성을 설명하는 데 경력을 보냈다.

---

17 빈칸 추론 - 구/절   정답 ②

빈칸 문장에서 'His experience of hearing contradictory reports about the Civil Wars of his own time (contemporary history), led him to be doubtful about the ∼ of records of less recent events(자신의 시대(현대사) 남북전쟁에 대한 모순된 보도를 접한 경험으로 인해 그는 덜 최근의 사건에 대한 기록의 ∼에 대해 의구심을 품게 되었다).'라고 했고, 다음 문장에서 그는 결론짓기를 이러한 역사 기록이 '거짓, 즉 기껏해야 부수적인 믿음'을 제시할 가능성이 높으며, 따라서 진지한 연구를 보장하지 않았다고 했다. 따라서 문맥상 빈칸에 들어갈 적절한 것은 ② 'reliability(신빙성)'이다.

① 연속성 ③ 재발견 ④ 간결함 ⑤ 예측 가능성

☐ receive a good press : 신문 지상에서 호평을 받다
☐ contradictory : 모순되는
☐ warrant : 보장[장담]하다
☐ unreliable : 믿을[신뢰할] 수 없는
☐ imply : 반드시 수반하다, ∼을 암시하다
☐ yield : 내다[산출/생산하다]
☐ factual knowledge : 사실적 지식
☐ persist : 계속[지속]되다
☐ to some extent : 얼마간, 다소

◁ 해석 체크체크 ▷

교육 측면에서 역사가 항상 언론에서 호평을 받는 것은 아니다. 1656년 아들에게 조언을 건넨 Francis Osborne은 이 주제에 대해 열광적이지 않았다. 자신의 시대(현대사) 남북전쟁에 대한 모순된 보도를 접한 경험으로 인해 그는 덜 최근의 사건에 대한 기록의 신빙성에 대해 의구심을 품게 되었다. 그는 결론짓기를, 이러한 역사 기록이 '거짓, 즉 기껏해야 부수적인 믿음'을 제시할 가능성이 높으며, 따라서 진지한 연구를 보장하지 않았다고 했다. 자신의 아들이 신뢰할 수 없는 역사를 연구함으로써 어쩌면 시간을 낭비할지 모른다는 Osborne의 불안이 역사를 과거에 대한 확실한 '사실적' 지식을 산출하는 이상적인 종류의 존재로서의 이해를 반드시 수반한다. 그 모델은 Osborne 시대에 이미 도전을 받고 있었지만, 지금 우리 시대까지 어느 정도 지속되어 왔다.

빈칸 다음 문장에서 'A human brain, which is genetically primed to categorize things, still needs to see a dozen examples as a child before it can distinguish between cats and dogs(인간의 뇌는 유전적으로 사물을 분류할 준비가 되어 있는데, 어린아이일 때 고양이와 개를 구분하기 전에 12개의 예시를 봐야 한다).'라고 했고, 다음 문장에서 인공지능은 더 그렇다고 했다. 다섯 번째 문장 후반부에서 '~ which provides the schooling that AIs need(~ 그것이 AI가 필요한 교육을 제공한다).'라고 했고, 다음 문장에서 방대한 데이터베이스, 자체 추적, 웹 쿠키, 온라인 발자국, 테라바이트의 저장 공간, 수십 년의 검색 결과, 그리고 전체 디지털 세계가 AI를 스마트하게 만드는 교사가 되었다고 했으므로, 문맥상 빈칸에 들어갈 적절한 것은 ① 'be taught(가르침을 받다)'이다.

오답 분석
② 스스로를 능가하다
③ 혼자서 생각하기
④ 규칙에 의해 지배받다
⑤ 모든 가능성을 계산하다

□ intelligence : 지능
□ genetically : 유전적으로
□ prime : 준비시키다
□ categorize : 분류하다
□ artificial : 인공[인조]의, 인위적인
□ breakthrough : 혁신, 돌파구
□ incredible : 놀라운, 엄청난, 믿을 수 없는
□ massive : 거대한, 엄청나게 큰[심각한]
□ self-tracking : 자가 추적의
□ akin to : …에 유사한
□ feed : 공급하다

◁ 해석 체크체크 ▷

　모든 지능은 <u>가르침을 받아야</u> 한다. 인간의 뇌는 유전적으로 사물을 분류할 준비가 되어 있는데, 어린아이일 때 고양이와 개를 구분하기 전에 12개의 예시가 필요하다. 인공 지능은 더욱 그렇다. 심지어 가장 잘 프로그램화된 컴퓨터도 좋은 결과를 얻기 전에 최소한 천 번의 체스 게임을 해야 한다. AI 혁신의 일부는 우리 세상에 대한 엄청난 양의 수집 데이터에 있는데, 그것이 AI가 필요한 교육을 제공한다. 방대한 데이터베이스, 자체 추적, 웹 쿠키, 온라인 발자국, 테라바이트의 저장 공간, 수십 년의 검색 결과, 그리고 전체 디지털 세계가 AI를 스마트하게 만드는 교사가 되었다. Andrew Ng은 그것을 다음과 같이 설명한다. "AI는 로켓선을 만드는 것과 비슷합니다. 거대한 엔진과 많은 연료가 필요합니다. 로켓 엔진이 알고리즘에 대한 학습이지만 연료는 이러한 알고리즘에 공급할 수 있는 엄청난 양의 데이터입니다."

세 번째 문장에서 어원과 의미 사이에는 두 가지 모순되는 과정이 작용하고 있다고 했고, 다음에서 원래의 연결 고리가 점진적으로 침식되어 원래 의미에서 꾸준히 멀어지는 경우와 반대로, 연결 고리를 되살리고 단어가 그들의 과거로 '이해'되기를 바라는 욕구가 있다고 했다. 빈칸 문장의 후반부에서 '~ and even invent them if they do not exist(~ 심지어 단어가 존재하지 않을 때는 그것들을 발명하기도 한다).'라고 한 다음에 '샌드위치'라는 단어의 어원을 설명하고 있으므로, 문맥상 빈칸에 들어갈 적절한 것은 ① 'prefer memorable or logical origins for words(기억할 만하거나 논리적인 어원의 단어를 선호하다)'이다.

오답 분석
② 어원의 의미에 거의 주의를 기울이지 않는다
③ 단어의 원래 의미를 중요하지 않게 여기다
④ 어원의 모순된 과정을 알지 못하다
⑤ 단어의 사용과 의미 사이의 연관성을 싫어하다

□ etymology : 어원학, 어원 연구
□ derive from : ~에서 유래하다, 파생하다
□ implication : 함축, 암시
□ gradual : 점진적인, 서서히 일어나는
□ erosion : 부식, 침식
□ revive : 회복[소생]하다[시키다]
□ make sense : 타당하다[말이 되다]
□ memorable : 기억할 만한
□ striking : 눈에 띄는, 두드러진
□ compulsive : 강박적인, 조절이 힘든
□ gambler : 도박꾼[도박 중독자]
□ bout : 한바탕, 한차례

◁ 해석 체크체크 ▷

　어원학은 단어의 뿌리 또는 기원을 연구하는 학문으로, '사실'이라는 뜻의 그리스어 어근 'etymo'에서 유래했다. 어원의 중요성과 의미는 무시할 수 없다. 일반적으로 말해서, 어원과 의미 사이의 관계에는 두 가지 모순되는 과정이 작용하고 있다. 첫 번째는 원래의 연결 고리가 점진적으로 침식되는 것으로, 단어가 원래의 의미에서 꾸준히 멀어지는 경향이 있다. 이와 반대로, 연결 고리를 되살리고 단어가 그들의 과거로 '이해'되기를 바라는 욕구가 있다. 사람들은 <u>기억할 만하거나 논리적인 어원의 단어를 선호하며</u>, 심지어 단어가 존재하지 않을 때는 그것들을 발명하기도 한다. 어떤 단어들은 실제로 대단히 두드러진 기원을 갖고 있다. 샌드위치라는 단어가 샌드위치 백작에게서 유래했으며, 강박적 도박꾼이었던 그가 24시간 동안 게임 테이블을 떠나지 않고 허기를 채우려고 토스트 조각 사이에 차가운 소고기 조각을 넣었다는 데서 유래했다는 사실을 (한 번 들으면) 잊어버리는 사람은 거의 없을 것이다. 따라서 샌드위치는 1762년에 처음 탄생했다.

첫 번째 문장에서 'Our intuition is that in chess experts, the parsing of board games becomes a reflex(체스 전문가들에서 보드게임의 분석이 반사 작용이 되었다는 것이 우리의 직관이다).'라고 했고, 세 번째 문장에서 'a recent experiment indicates that this segmenting process is truly unconscious ~(최근 실험에 따르면 이러한 세분화 과정은 진실로 무의식적인 것으로 나타났는데 ~)'라고 했다. 빈칸 앞 문장에서 '이는 시각적인 시스템이 (체스의) 말(루크 또는 기사)의 신원과 그 위치를 고려하여 이 정보를 의미 있는 덩어리('견제받는 블랙 킹')로 빠르게 결합한다는 것을 뜻한다.'라고 했으므로, 빈칸에 들어갈 말로 적절한 것은 ③ 'occur entirely outside conscious awareness(완전히 의식 외부에서 일어난다)'이다.

오답 분석
① 마스터의 의식이 작동할 때만 발생한다
② 의미 있는 인식으로 의식적으로 전개한다
④ 신중한 분석과 반복을 통해 성공한다
⑤ 다감각 정보가 서로 결합될 수 있다는 것을 증명한다

▢ intuition : 직관력, 직감
▢ parse : (문장을 문법적으로) 분석하다
▢ reflex : 반사 작용[운동], 반사적인 반응[동작]
▢ single glance : 한눈에, 즉시
▢ evaluate : 평가하다[감정하다]
▢ configuration : 배열, 배치, 환경 설정
▢ chunk : 덩어리, 청크
▢ indicate : 나타내다[보여 주다], 내비치다[시사하다]
▢ unconscious : 무의식적인, 부지불간의, 무심결의
▢ flash : 비치다[번쩍이다], 비추다
▢ sandwich : ~을 (두 개 사이에) 끼우다
▢ take into account : ~을 고려하다, 참작하다
▢ identity : 정체성, 독자성
▢ bind together : 협력[단결]하다, …을 묶다
▢ sophisticated : 세련된, 교양 있는

해석 체크체크

체스 전문가들에서 보드게임의 분석이 반사 작용이 되었다는 것이 우리의 직관이다. 실제로 연구에 따르면, 최고 수준의 체스 선수는 자동적으로 체스판을 의미 있는 덩어리로 분석하기 때문에 한눈에 체스판을 평가하고 그 구성을 자세히 기억하기에 충분하다는 것이 입증되었다. 또한 최근 실험에 따르면 이러한 세분화 과정은 진실로 무의식적인 것으로 나타났는데, 단순화된 게임을 20밀리초 동안 비추고 보이지 않게 마스크 사이에 끼워도 여전히 체스 마스터의 결정에 영향을 미칠 수 있다. 이 실험은 전문적인 체스 플레이어에게만 적용되며, 그들이 왕이 견제를 받고 있는지 아닌지 결정하는 것과 같은 의미 있는 문제를 해결할 때만 해당된다. 이는 시각적인 시스템이 (체스의) 말(루크 또는 기사)의 신원과 그들의 위치를 고려하여 이 정보를 의미 있는 덩어리('견제 받는 블랙 킹')로 빠르게 결합한다는 것을 뜻한다. 이러한 정교한 작업은 완전히 의식 외부에서 일어난다.

빈칸 문장에서 '18세기와 19세기 유럽의 산업 혁명은 업무의 성격을 변화시켰을 뿐만 아니라 사회의 조직, 성별 및 친족 관계, ~를 극적으로 변형시켰다.'라고 했고, 다음 문장에서 잠재적 산업 노동자들이 시골에서 신흥 제조 부르주아의 공장이 있는 도시로 대규모로 이주하면서 특히 'the composition of, and link between, the rural and the urban was completely overturned(농촌과 도시의 구성과 연결 고리가 완전히 뒤집혔다).'라고 했다. 마지막 문장에서 '~ today that geopolitical space is predominantly urbanized and highly industrialized(~ 오늘날 그 지정학적 공간이 대부분 도시화되고 고도로 산업화된 것으로 추정되었다).'라고 했으므로, 빈칸에 들어갈 말로 적절한 것은 ④ 'the dominant form of human settlement(인간 정착지의 지배적인 형태)'이다.

오답 분석
① 일부 국가의 지리적 특징
② 제조업 시스템
③ 사회 정의와 평등의 개념
⑤ 노동자 계급의 정의

▢ transform : 변형시키다
▢ gender : 성, 성별
▢ dominant : 우세한, 지배적인
▢ overturn : 뒤집히다, 뒤집다
▢ large-scale : 대규모의, 광범한
▢ migration : 이주[이동]
▢ potential : 가능성이 있는, 잠재적인
▢ manufacturing : 제조업, 제조[생산]하다
▢ bourgeoisie : 중산층, 부르주아
▢ scope : 범위
▢ underline : 강조하다, 분명히 보여주다
▢ predominantly : 대개, 대부분
▢ urbanized : 도시화된

해석 체크체크

18세기와 19세기에 유럽에서 일어난 산업 (및 관련 농업) 혁명은 업무의 성격을 변화시켰을 뿐만 아니라 사회의 조직, 성별 및 친족 관계, 인간 정착지의 지배적인 형태를 극적으로 변형시켰다. 특히 잠재적 산업 노동자들이 시골에서 신흥 제조 부르주아의 공장이 있는 도시로 대규모로 이주하면서 농촌과 도시의 구성과 연결 고리가 완전히 뒤집혔다. 이 시기에 발생한 인구 통계학적 변화의 범위는 19세기 초에는 인구가 2만 명 이상인 영국 마을이 15개에 불과했지만 19세기 말 무렵에는 185개에 달하는 것을 보여주는 연구에 의해 강조된다. 실제로, 1800년 당시 유럽 인구의 2.2%만이 10만 명 이상의 도시에 거주했는데, 오늘날 그 지정학적 공간이 대부분 도시화되고 고도로 산업화된 것으로 추정되었다.

제시문은 물이 반쯤 담긴 컵에 대하는 상반된 태도인 낙관주의와 비관주의가 스트레스와 건강에 미치는 영향에 대한 내용이다. 빈칸 (A) 앞 문장에서 더 낙관적인 태도를 지닌 사람들은 신체적 장애와 관련된 스트레스를 포함한 스트레스의 영향에 대해 다른 사람들보다 더 탄력 있는 경향이 있다고 한 다음에, (A) 다음에서 낙관주의가 심장병 환자와 암 환자, 임산부, 관상동맥 우회 수술 환자에게 미치는 영향을 예로 들고 있으므로, 빈칸 (A)에 들어갈 말로 적절한 것은 'For example(예를 들어)'이다.

빈칸 (B) 앞 문장에서 낙관주의가 관상동맥 우회 수술 환자의 심각한 수술 후 합병증 감소와도 관련 있다고 했는데, 빈칸 (B) 다음에서 더 비관적인 태도를 가진 사람들은 우울증과 사회적 불안의 형태로 더 큰 정서적 고통을 보고하는 경향이 있다고 했으므로, 빈칸 (B)에 들어갈 말로 적절한 것은 상반되는 내용을 이어주는 'On the other hand(반면에)'이다.

- □ proverbial : 속담에도 나오는
- □ optimistic : 낙관적인, 낙관하는
- □ resilient : 회복력 있는, 탄력 있는
- □ associated with : ~와 관련된
- □ physical disorder : 신체적 장애
- □ link : 관련짓다, 결부하다[하여 생각하다]
- □ lower : ~을 내리다[낮추다]
- □ emotional distress : 정서적 고통
- □ heart disease : 심장병
- □ pregnant : 임신[수태]한
- □ coronary : 관상 동맥 (혈전)
- □ artery : 동맥
- □ bypass : 혈관 우회 수술, 관상동맥 바이패스 수술
- □ postoperative complication : 수술 후 합병증
- □ depression : 우울증
- □ social anxiety : 사회 불안

《 해석 체크체크 》

　여러분은 속담에 나오는 유리잔을 물이 반이나 가득 찬 것으로 보는 사람인가요, 아니면 반밖에 없는 것으로 보는 사람인가요? 더 낙관적인 태도를 지닌 사람들, 즉 유리잔에 물이 반이나 가득 찬 것으로 보는 사람들은 신체적 장애와 관련된 스트레스를 포함한 스트레스의 영향에 대해 다른 사람들보다 더 탄력 있는 경향이 있다. (A) 예를 들어, 연구자들은 낙관주의를 심장병과 암 환자들의 정서적 고통 수준을 낮추고 암 환자들의 보고된 통증 수준을 낮추는 것과 연결시킨다. 임산부의 낙관주의는 심지어 더 나은 출산 결과, 예를 들면, 출생 시 더 높게 측정된 영아 체중을 예측한다. 관상동맥 우회 수술 환자의 낙관주의는 심각한 수술 후 합병증의 감소와도 관련 있다. (B) 반면에, 비관적인 태도를 가진 사람들은 우울증과 사회적 불안의 형태로 더 큰 정서적 고통을 보고하는 경향이 있다.

주어진 글은 NASA가 계획한 심우주 임무 수행을 위한 새로운 우주선에 대한 내용으로, 네 번째 문장에서 이 우주선은 영화 2001 Space Odyssey의 독립적인 컴퓨터인 HAL에 비유된 전자두뇌로 항해하며 오랫동안 기술적 환상의 대상이었던 시스템, 즉 이온 추진 엔진의 힘으로 우주를 통과할 것이라고 했다. 다섯 번째 문장에서 Deep Space 1이라는 이 새로운 우주선이 차세대 우주선의 전신이 될 것이라고 했고, 마지막 문장에서 이것의 주요 임무는 너무 위험해서 세간의 이목을 끄는 임무를 수행하기 어렵다고 생각했던 다수의 신기술을 검증하는 것이라고 했으므로, 글의 제목으로 적절한 것은 ① 'A Smart New Kind of Spacecraft(스마트한 새로운 종류의 우주선)'이다.

오답 분석
② 무인 로켓의 발사
③ DS1의 위험한 기술의 실패
④ 컴퓨터 엔진 시스템의 성능
⑤ 더 큰 소행성을 탐색하는 새로운 임무

- □ daring : 대담한, 위험한
- □ deep-space : 먼 우주 공간, 심(深)우주
- □ orbit : 궤도(를 돌다)
- □ destination : 목적지, (물품의) 도착지
- □ incidental : 부수적인
- □ spacecraft : 우주선
- □ unmanned : 무인의
- □ navigate : 항해[항행, 비행]하다
- □ liken : 비유하다, 비교하다
- □ ion propulsion : (우주선 등의) 이온 추진
- □ forerunner : 선구자, 전신
- □ validate : 입증하다
- □ a host of : 다수의
- □ high-profile : 세간의 이목을 끄는, 눈에 띄는

《 해석 체크체크 》

　NASA가 계획한 가장 대담한 먼 우주공간 임무 중 하나가 가장 덜 공개된 임무 중 하나로 밝혀졌다. 목표물은 지구에서 수백만 킬로미터 떨어진 태양 주위를 공전하는 1992KD라는 이름의 거대한 소행성이다. 하지만 이 목적지는 여행을 떠날 우주선의 성능에 거의 부수적인 것이다. NASA가 발사한 수많은 무인 우주선과 거의 다르지 않은 것처럼 보이지만, 이 우주선은 영화 2001 Space Odyssey의 독립적인 컴퓨터인 HAL에 비유된 전자두뇌로 항해하며 오랫동안 기술적 환상의 대상이었던 시스템, 즉 이온 추진 엔진의 힘으로 우주를 통과할 것이다. 모든 것이 계획대로 진행된다면 이달 말 발사 예정인 Deep Space 1이 차세대 우주선의 전신이 될 것이다. 비행 계획자들은 이 우주선이 목표 소행성의 구성과 표면 구조를 포함하여 흥미로운 관찰을 할 수 있기를 희망하지만, DS1의 주요 임무는 NASA가 항상 너무 위험해서 세간의 이목을 끄는 임무를 수행하기 어렵다고 생각했던 다수의 신기술을 검증하는 것이다.

24 핵심 파악 – 제목　　　　　　정답 ①

여섯 번째 문장에서 'Charles Darwin argued that both humans and animals possess a similarity in the expression of emotions(Charles Darwin은 인간과 동물 양쪽 모두 감정 표현에서 유사점을 가지고 있다고 주장했다).'라고 했다. 제시문의 마지막 부분에서 소가 여러분을 사랑하는 것은 개와 거의 동일한 방식이라고 한 다음에, 마지막에서 두 번째 문장에서 '나의 황소 Ricky Bobby는 내 옆에 행복하게 누워 뿔 달린 머리를 내 무릎에 올려놓는다.'라고 했으므로, 글의 제목으로 적절한 것은 ① 'Cattle Can Be Our New Pets (소는 우리의 새로운 반려동물이 될 수 있다)'이다.

오답 분석
② 반려동물이 감정 변화를 표현한다
③ 야생 동물을 가축화하는 법
④ 소를 안전하게 집으로 데려다주는 법
⑤ 동물의 행동에 대한 Darwin의 발견

□ evolve : 진화하다[시키다]
□ a suite of : 한 묶음의 ~, 한 벌의
□ sensory : 감각의
□ adaptation : 각색, 적응
□ detect : 발견하다[알아내다/감지하다]
□ predator : 포식자, 포식 동물
□ keen : 간절히 …하고 싶은, …을 열망하는
□ herd : 떼
□ mate : 친구
□ discern : 알아차리다[파악하다/포착하다]
□ endear : 사랑[귀염]받게 하다, 사모하게 하다
□ apparent : 분명한, 누가 봐도 알 수 있는
□ capacity : 용량, 수용력
□ overall : 종합[전반]적인, 전체의
□ willingness : 쾌히[자진하여] 하기, 기꺼이 하는 마음
□ horned : 뿔이 있는
□ roll over : 나가떨어지다
□ belly : 배
□ rub : 문지르다[비비다]

〈 해석 체크체크 〉

　　소는 민감한 생물이다. 그것들은 장거리에서 포식자를 감지하기 위해 한 세트의 감각적 적응을 진화해 왔다. 그들은 후각이 예민하고 최소한 개나 고양이만큼 청각이 좋다. 사람들은 코끼리가 결코 잊지 않는다고 말하지만 소도 마찬가지다. 소는 그들이 알고 있는 사람들뿐만 아니라 무리의 동료 사진을 인식할 수 있다. Charles Darwin은 인간과 동물 양쪽 모두 감정 표현에서 유사점을 가지고 있다고 주장했다. 물론 우리는 쾌락과 두려움과 같은 기본적인 감정을 구분할 수 있다. 하지만 우리에게 개들을 귀여워하는 것은 우리가 사랑의 버전으로 받아들이는 것, 즉 그들의 눈에 있는 사람들과 함께 있으려는 갈망과 기꺼이 즐겁게 하려는 것에 대한 그들의 명백한 능력 때문이다. 소가 여러분을 사랑한다는 것을 어떻게 알 수 있을까? 개의 경우와 매우 흡사하다. 나의 황소 Ricky Bobby는 내 옆에 행복하게 누워 뿔 달린 머리를 내 무릎에 올려놓는다. 그는 내가 빗질해주는 것을 좋아하고 심지어 배를 문지르기 위해 몸을 굴리기도 한다.

25 핵심 파악 – 제목　　　　　　정답 ③

첫 번째 문장에서 '~ it is inevitable that the police are called upon to look after people who cannot or will not properly care for themselves(~ 경찰은 스스로 제대로 돌볼 수 없거나 돌보지 않을 사람들에 대한 돌봄 요청을 받는 것은 불가피한 일이다).'라고 했고, 다섯 번째 문장에서 경찰은 또한 사람들이 이용 가능한 프로그램과 서비스를 이용할 수 있도록 추천하고 정보를 제공한다고 했다. 마지막 문장에서 '경제가 어려울 때, 사회 프로그램의 자금이 부족할 때, 많은 시민이 불우이웃에게 냉담한 태도를 보일 때 경찰 지원은 자신을 제대로 돌볼 수 없는 사람들을 위한 유일한 선택인 경우가 많다.'라고 했으므로, 글의 제목으로 적절한 것은 ③ 'Police Are Here for Those Who Cannot Care for Themselves(스스로 돌볼 수 없는 사람들을 위해 경찰이 여기에 오다)!'이다.

오답 분석
① 경찰은 항상 잠재적인 문제를 주시한다
② 경찰의 본질적인 목표: 심각한 범죄 예방
④ 다양한 종류의 분쟁 해결을 담당하는 사람은 누구인가?
⑤ 경찰청의 중추로서 순찰하기

□ inevitable : 불가피한, 필연적인
□ call upon : ~에게 부탁하다
□ raise : 기르다, 양육하다
□ arrange for : 준비하다, 계획을 짜다
□ temporary : 일시적인, 임시의
□ shelter : 보호, 대피소, 수용소
□ referral : 위탁, 부탁, 소개, 추천
□ struggling : 고군분투하는, 애쓰는
□ underfunded : 예산 부족의
□ turn a cold shoulder to : ~에게 냉대하다

경찰은 생명과 재산을 보호하고 질서를 유지하는 목표와 모든 날씨에 24시간 근무하기 때문에, 스스로 제대로 돌볼 수 없거나 돌보지 않을 사람들에 대한 돌봄 요청을 받는 것은 불가피한 일이다. 이것은 아이들, 노인, 정신질환자, 노숙자들을 포함한다. 이 사람들에 대한 경찰 지원은 오직 여기까지이다. 물론, 경찰은 다른 사람의 자녀를 키우고, 정신 질환자를 치료하거나, 이 나라의 모든 노숙자들을 위해 집을 지을 수는 없다. 그러나 경찰은 종종 도움이 필요한 사람들을 위해 임시 쉼터와 교통편을 제공하거나 마련할 수 있다. 그들은 또한 사람들이 이용 가능한 프로그램과 서비스를 이용할 수 있도록 추천하고 정보를 제공한다. 경제가 어려울 때, 사회 프로그램의 자금이 부족할 때, 많은 시민이 불우이웃에게 냉담한 태도를 보일 때 경찰 지원은 자신을 제대로 돌볼 수 없는 사람들을 위한 유일한 선택인 경우가 많다.

종교 드라마와 도덕적으로 계몽적인 드라마들(각각 기적극과 도덕극이라고도 함)의 오랜 전통이 있었지만, 영국 최초의 공공 극장은 1576년에야 지어졌다. 이것은 Gamini Salgado가 '영국이 경험한 극적인 글쓰기의 가장 위대한 전성기'라고 부르는 촉매가 되었다는 것을 증명했다. 엘리자베스 시대 무대의 조건은, 지금은 완전히 정확하게 재구성하기는 어렵지만, 대체로 원시적이었다. 이러한 부적당함을 보상하기 위해 완전히 새로운 언어 매체가 만들어졌다. 최소한의 속성과 효과가 있는 무대 위에서 연극적 환상을 형성하기 위해, 특히 위대한 극작가 셰익스피어는 다양한 독특한 경험과 캐릭터의 범위를 개별화된 언어 매체를 통해 독점적으로 창조했는데, 언어의 세계 안에서 그들의 창작물들은 철학적으로 사색하고, 고뇌하고, 웃고, 고통받고, 죽을 수 있었다.

26 핵심 파악 - 제목　　　　정답 ②

세 번째 문장에서 엘리자베스 시대 무대의 조건은 지금은 완전히 정확하게 재구성하기는 어렵지만 대체로 원시적이었다고 한 다음에, 네 번째 문장에서 'To compensate for these inadequacies, a whole new linguistic medium was created(이러한 부적당함을 보상하기 위해 완전히 새로운 언어 매체가 만들어졌다).'라고 했다. 마지막 문장에서 위대한 극작가 셰익스피어는 다양한 독특한 경험과 캐릭터의 범위를 개별화된 언어 매체를 통해 독점적으로 창조했는데, 언어의 세계 안에서 그들의 창작물들은 철학적으로 사색하고, 고뇌하고, 웃고, 고통받고, 죽을 수 있었다고 했으므로, 글의 제목으로 적절한 것은 ② 'The Elizabethan Stage and Its Linguistic Innovation(엘리자베스 시대 무대와 그 언어적 혁신)'이다.

오답 분석
① 엘리자베스 시대 극장의 기술적인 발전
③ 원시적인 무대에 대한 셰익스피어의 효과적인 사용
④ 영국의 종교적 드라마의 쇠퇴
⑤ 중세 도덕극의 부상

☐ morally : 도덕[도의]적으로
☐ enlightening : 계몽적인
☐ reconstruct : 재건[복원]하다
☐ accuracy : 정확, 정확도
☐ compensate : 보상하다
☐ inadequacy : 불충분함, 부적당함
☐ linguistic : 언어(학)의
☐ illusion : 환상, 환각
☐ diversity : 다양성, 포괄성
☐ exclusively : 배타[독점]적으로
☐ individuated : 개별화된
☐ philosophize : 철학적으로 사색하다, 논리를 세우다
☐ agonize : 몹시 괴로워하다, 몸부림치다

27 핵심 파악 - 주장　　　　정답 ⑤

네 번째 문장에서 'The only way to rid yourself of it is to put your psychological strengths to the test(여러분에게서 그것을 제거할 수 있는 유일한 방법은 여러분의 심리적 강점을 시험대에 올리는 것이다).'라고 한 다음에, 마지막에서 두 번째 문장에서 'Developing psychological strengths is just like developing physical abilities(심리적 강점을 개발하는 것은 신체적 능력을 개발하는 것과 같다).'라고 했다. 마지막 문장에서 결론적으로 'The more you exercise, the stronger you become(운동을 많이 하면 할수록 여러분은 더 강해진다).'이라고 했으므로, 글의 주장으로 가장 적절한 것은 ⑤ 'Stop thinking of yourself as fragile and be mentally strong(자신을 연약하다고 생각하지 말고 정신적으로 강해지라).'이다.

오답 분석
① 항상 현실적인 계획이 있어야 한다고 생각하지 말라.
② 성공에 도움이 되는 조건을 파악하라.
③ 더 큰 꿈 중 한 가지를 선택해서 실현하라.
④ 달성 가능한 목표를 설정하고 각각의 작은 진전 단계를 즐겨라.

☐ fall apart : 산산이 부서지다, 무너지다
☐ paralyzed : 마비된
☐ rid oneself of : 자신의 ~을 없애다/제거하다
☐ put ~ to the test : ~을 시험대에 올리다
☐ put up with : 참다, 참고 견디다
☐ assert : 주장하다

여러분을 고착화시키는 쾌락을 추구하지 않는 모든 선택의 이면에는 만약 여러분이 규칙에 이의를 제기한다면 여러분 (또는 여러분의 삶)이 무너질 것이라는 믿음이 있다. 이것은 강력한 신화이다! 그것은 여러분을 완전히 마비시킬 수 있다! 여러분에게서 그것을 제거할 수 있는 유일한 방법은 여러분의 심리적 강점을 시험대에 올리는 것이다. 자신들의 삶의 문제를 견디는 것을 멈추고 변화를 향한 몇 걸음을 내딛기 전까지는 그들

이 얼마나 강한 존재인지 깨닫는 사람은 거의 없다. 쉽지 않을 것이다. 몇 번 넘어질 수도 있지만 무너지지는 않을 것이다. 반대로, 여러분의 삶을 통제할 수 있는 능력을 더 많이 주장하면 할수록 여러분은 더 강해질 것이다. 심리적 강점을 개발하는 것은 신체적 능력을 개발하는 것과 같다. 운동을 많이 하면 할수록 여러분은 더 강해진다.

28 핵심 파악 - 주제 정답 ①

두 번째 문장에서 'Each performer's idiom is a style unto itself; if it were not so, the music would hardly be jazz(각 연주자의 표현 양식은 그 자체로 하나의 스타일이며, 그렇지 않다면 그 음악은 재즈가 아닐 것이다).'라고 했고, 다섯 번째 문장에서 재즈에서는 연주자가 동시에 창작, 공연, 경청의 세 가지 예술 활동을 모두 결합하는 것이 필요하다고 했다. 마지막 문장에서 'Every act of musical creation in jazz is, therefore, as individual as the performer creating it(따라서 재즈에서 모든 음악 창작 행위는 연주자가 재즈를 창작하는 것만큼이나 개인적인 것이다).'이라고 했으므로, 글의 주제로 가장 적절한 것은 ① 'traits of jazz reflecting performers' individuality(연주자의 개성을 반영하는 재즈의 특성)'이다.

오답 분석
② 훌륭한 공연을 위한 재즈 작곡법
③ 재즈와 서양 음악의 유사점
④ 현대 재즈계의 유명 인사들
⑤ 재즈에 대한 전통 음악의 영향

☐ clear-cut : 명백한
☐ category : 범주
☐ encompass : 포함[망라]하다, 아우르다
☐ idiom : 표현 양식
☐ comprise : 구성하다, 차지하다
☐ creation : 창조, 창작, 창출
☐ react : 반응하다, 반응을 보이다
☐ instantaneously : 순간적으로, 즉석으로
☐ be consistent with : ~와 일관되다

해석 체크체크

명확한 범주가 모든 재즈를 포괄할 수는 없다. 각 연주자의 표현 양식은 그 자체로 하나의 스타일이며, 그렇지 않다면 그 음악은 재즈가 아닐 것이다. 재즈는 거의 모든 다른 음악과 마찬가지로 창작, 공연, 경청의 세 가지 예술 활동으로 구성된다. 서유럽 전통 음악에서 이 세 가지 활동이 항상 동일한 개인에 의해 수행되는 것은 아니지만, 꽤 자주 그렇다. 그러나 재즈에서는 연주자가 동시에 세 가지를 모두 결합하는 것이 필요하다. 음악 창작은 재즈 공연의 활동적인 부분이며, 창작품에 대한 연주자의 이해에 달려있는데, 이해는 잘 들을 수 있는 능력에 의해서만 습득된다. 그들은 동료 연주자로부터 들은 것에 즉시 반응해야 하며, 그들의 기여는 펼쳐지는 주제와 분위기에 일관되어야 한다. 따라서 재즈에서 모든 음악 창작 행위는 연주자가 재즈를 창작하는 것만큼이나 개인적인 것이다.

29 논리 추론 - 무관한 문장 정답 ④

주어진 글은 컴퓨터 지원 교육을 소개하는 내용으로, 원격 학습의 장점에 대해 설명하고 있다. ④ 앞 문장에서는 일부 대학에서는 현재 이 기술을 통해 학생들에게 전체 학위 프로그램을 제공하고 있다고 했고, ④ 다음 문장에서는 학생은 대학에 직접 진학하지 않고도 대학에서 학위를 취득할 수 있다는 내용이므로, 전체 흐름과 관계없는 문장은 ④ 'Hence, distance learning cannot be a good option for students who keep delaying things or those who aren't able to stick to deadlines(따라서 원격 학습은 일을 계속 미루는 학생이나 마감 시간을 지키지 못하는 학생들에게 좋은 선택이 될 수 없다).'이다.

☐ computer-aided : 컴퓨터 지원에 의한
☐ instruction : 설명, 지시
☐ distance learning : 원격 교육
☐ enroll : 등록하다
☐ deliver : 배달하다
☐ stick to deadlines : 마감 시간을 고수하다

해석 체크체크

컴퓨터 지원 교육은 대학 수준 교육 과정의 본질을 바꾸고 있다. 점점 더 많은 학생들이 대학 교육을 원하지만 낮에는 일하고 저녁 교육을 제공하는 대학이 근처에 없을 수도 있다. 이 문제에 대한 해결책을 원격 학습이라고 하는데, 이는 학생들이 대학 과정에 등록할 수 있지만 물리적으로 대학에 출석하지 않을 수도 있다는 것을 의미한다. 대학에서 제공되는 강의는 녹화되어 학생들이 언제든 개인 컴퓨터로 시청할 수 있도록 제공된다. 따라서 컴퓨터 기술이 학생에게 과정을 제공하기 때문에 시간이나 공간에 구애받지 않고 과정을 제공할 수 있다. 일부 대학에서는 현재 이 기술을 통해 학생들에게 전체 학위 프로그램을 제공하고 있다. (따라서 원격 학습은 일을 계속 미루는 학생이나 마감 시간을 지키지 못하는 학생들에게 좋은 선택이 될 수 없다.) 학생은 대학에 직접 진학하지 않고도 대학에서 학위를 취득할 수 있다.

30 논리 추론 - 무관한 문장 정답 ④

제시문은 데카르트의 이원론에 대한 내용으로, 세상에는 정신적 대상의 세계와 물질적 대상의 세계인 두 개의 세계가 있다고 했다. ④ 앞 문장에서 '내부 세계'의 항목은 '자기 성찰'이라는 특별한 기능의 훈련을 통해 이해되며, '외부 세계'의 대상은 오감에 의해 인식된다고 했고, ④ 다음 문장에서 정신 상태와 신체 상태는 논리적으로 독립적이지만 인과적으로 상호 연관되어 있다고 했으므로, 전체 흐름과 관계없는 문장은 ④ 'Like most items of 'common knowledge', the importance of reading is often taken for granted without critical examination.(대부분 '상식' 항목과 마찬가지로, 독서의 중요성은 비판적인 검토 없이 당연시되는 경우가 많다).'이다.

☐ Cartesian Dualist : 데카르트의 이원론자
☐ nothing more than : ~에 불과한, ~에 지나지 않는

□ held that : ~라고 생각하다[주장하다]
□ clockwork : 시계[태엽] 장치
□ introspection : 내성, 자기 성찰
□ causally : 원인이 되어
□ interrelated : 밀접하게 연관된
□ causal interaction : 인과적 상호 작용
□ glue : 접착제

　데카르트가 데카르트 사상의 이원론자였다는 것은 상식이다. (아마 상식에 불과할 것이다!) 모두가 알다시피 그는 두 개의 세계, 즉 정신적 대상에 대한 것과 동물과 인간의 신체를 포함한 물질적 대상에 대한 것이 있다고 생각했다. 정신적 대상은 '의식의 상태(예를 들어 통증, 시각적 경험, 신념과 욕망, 두려움과 기쁨)'이며, 물질적 대상은 다소 복잡한 '시계 장치'이다. '내부 세계'의 항목은 '자기 성찰'이라는 특별한 기능의 훈련을 통해 이해되며, '외부 세계'의 대상은 오감에 의해 인식된다. (대부분 '상식' 항목과 마찬가지로, 독서의 중요성은 비판적인 검토 없이 당연시되는 경우가 많다.) 정신 상태와 신체 상태는 논리적으로 독립적이지만 인과적으로 상호 연관되어 있다. 인과적 상호 작용은, 말하자면, 각 개인의 신체와 마음을 결합하는 접착제이다.

31 　논리 추론 – 문장 삽입　　　　　정답 ⑤

주어진 문장이 역접 접속사인 'But(그러나)'으로 시작하고 있으므로, 주어진 문장의 앞에는 상반되는 내용이 들어가야 한다. ⑤ 앞 문장에서 'Only very rarely have we encountered a technology ~(우리는 ~ 하는 기술을 거의 만나지 못했다)'라고 했다. 주어진 문장에서 '하지만 AI는 인간 경험의 모든 영역을 변화시킬 것이라고 약속한다.'라고 했고, ⑤ 다음 문장에서 'And the core of its transformations will ultimately occur ~(그리고 그 변화의 핵심은 궁극적으로 ~을 발생할 것이고 ~)'라고 주어진 글의 '변화(to transform)'를 첨가하여 설명하고 있다. 따라서 글의 흐름으로 보아, 주어진 문장이 들어가기에 적절한 곳은 ⑤이다.

□ humanity : 인류, 인간
□ preexisting : 이전부터 존재하는
□ framework : 체제, 뼈대, 골격
□ adapt : 적응[순응]시키다, 개작[각색, 번안]하다
□ absorb : 흡수하다
□ replace : 대체하다
□ rifle : 소총
□ musket : 머스킷 총
□ unaltered : 불변의, 변하지 않은
□ prevailing : 지배적인, 일반적인
□ core : 중요한, 근원, 핵

　인류는 역사 전반에 걸쳐 기술 변화를 경험해 왔다. 그러나 기술이 우리 사회의 사회적, 정치적 구조를 근본적으로 변화시킨 사례는 거의 없다. 더 자주, 우리가 우리의 사회 세계를 지시하는 것을 통하여 기존 체제는 새로운 기술을 적응·흡수하여 인식 가능한 범주 내에서 진화하고 혁신한다. 자동차는 사회 구조에서 전면적인 변화를 강요하지 않고 말을 대체했다. 소총이 머스킷 총을 대체했지만, 전통적인 군사 활동의 일반적인 패러다임은 크게 변하지 않고 여전히 남아 있었다. 우리는 세계를 설명하고 명령하는 유력한 방식에 도전하는 기술을 거의 만나지 못했다. 하지만 AI는 인간 경험의 모든 영역을 변화시킬 것이라고 약속한다. 그리고 그 변화의 핵심은 궁극적으로 철학적 수준에서 발생하여 인간이 현실을 이해하는 방식과 그 안에서 우리의 역할을 변화시킬 것이다.

32 　논리 추론 – 문장 삽입　　　　　정답 ③

주어진 문장은 피난처를 찾기 위해 스스로 물고기로 변신한 그 한 쌍의 남녀는 안전을 위해 함께 묶여서 유프라테스 강으로 뛰어들었다는 내용이다. ③ 앞 문장에서 그 둘이 물고기가 되어야 했던 이유를 설명하고, ③ 다음 문장에서 '이 순간이 바로 이 별자리의 모습으로 포착된 순간이다.'라고 그 둘이 유프라테스 강에 뛰어든 결과를 묘사하고 있다. 따라서 글의 흐름상 주어진 문장이 들어가기에 적절한 곳은 ③이다.

□ constellation : 별자리, 성좌
□ Pisces : 물고기자리, 쌍어궁(황도 십이궁의 열두째 자리)
□ Babylonian : 바빌로니아[바빌론]의
□ tie together : ~을 묶다
□ explanation : 해명, 설명
□ lust : 성욕[욕정]
□ in the face of : ~에도 불구하고[~에 직면하여]
□ threat : 협박, 위협
□ leap : 뛰다, 뛰어오르다[넘다]
□ alternative : 대체 가능한, 대안이 되는
□ ride away : 말을 타고 가버리다
□ as a reward for : ~에 대한 보상으로

　물고기자리는 밧줄로 서로 연결된 물고기 한 쌍으로 가장 빈번하게 마음에 그려진다. 이 모습은 기원전 2천 년 고대 이집트와 후기 바빌로니아 문헌에 기록되어 있다. 이 두 물고기가 왜 함께 묶여 있는지는 이 초기 문헌들에는 기록되어 있지 않지만, 그 후 그리스 신화와 로마 신화는 몇 가지 설명을 제공한다. 신들이 끔찍한 괴물인 Typhon과 맞붙었을 때 Aphrodite와 Eros는 전투에서 멀리 떨어져 있었다고 한다. 그 둘은 사랑의 신과 욕망의 신이었기 때문에, 세상을 뒤흔드는 위협에 직면했을 때 할 수 있는 일이 거의 없었다. 피난처를 찾기 위해 스스로 물고기로 변신한 그 한 쌍의 남녀는 안전을 위해 함께 묶여서 유프라테스 강으로 뛰어들었다. 이 순간이 바로 이 별자리의 모습으

로 포착된 순간이다. 다른 버전에서는 물고기자리의 두 마리 물고기가 그들의 등에 올라타고 가버린 신들을 구출하고 있다. 그들의 도움에 대한 보상으로 그 물고기들이 밤하늘에 올려지게 되었다.

33 논리 추론 - 문장 삽입   정답 ⑤

주어진 문장에서 '이 기업의 주요 수단은 교육 개혁이었고, 특히 과학, 이성, 인문주의의 이념에 헌신하는 대학 시스템을 구축하는 것이었다.'라고 했으므로, 주어진 문장은 '이 기업(this enterprise)'이 가리키는 것 다음에 위치해야 한다. ⑤ 앞 문장에서 'Much of the new Republic's effort ~(새 공화국의 대부분 노력은 ~)'이라고 했고, ⑤ 다음 문장에서 Albert Thibaudet는 제3공화국을 '교수 공화국'이라고 칭하면서 이 개혁의 중요성을 강조했다고 했으므로, 주어진 문장의 '이 기업(this enterprise)'이 가리키는 것은 '새로운 공화국(the new Republic)'이며, 주어진 문장에서 말한 'educational reform and specifically the building of a university system'을 마지막 문장에서 'the republic of professors'로 받고 있음을 유추할 수 있다. 따라서 글의 흐름상 주어진 문장이 들어가기에 적절한 곳은 ⑤이다.

☐ acute : 예민한, 잘 발달된
☐ observer : 목격자, 관측자
☐ abundant : 풍부한
☐ flowering : 개화기, ~의 전성기
☐ in the wake of : …에 뒤이어, …의 결과로서
☐ demoralize : 사기를 꺾다, 의기소침하게 만들다
☐ defeat : 패배시키다[물리치다/이기다], 패배
☐ Franco-Prussian War : 프로이센-프랑스 전쟁
☐ humiliate : 창피를 주다, 모욕하다
☐ anarchy : 무정부 상태, 무질서
☐ radical : 급진적인, 근본적인
☐ socialism : 사회주의 (운동)
☐ Commune : 파리 혁명 정부
☐ spiritual : 정신의, 정신적인
☐ restoration : 부활, 회복
☐ institutional religion : 제도종교
☐ enlightened : 깨우친, 계몽된, 개화된
☐ humanism : 인문주의, 인본주의
☐ label : ~을 (…이라고) 부르다

프랑스 철학계의 한 예리한 관찰자는 제1차 세계대전이 끝난 직후에 쓴 글에서 판단하기를 "지난 30년 동안 우리 사이에서 철학 연구가 그 어느 때보다 더 풍부하고 더 진지하며 더 강렬했다."라고 했다. 이러한 전성기는 프로이센-프랑스 전쟁에서 패배하여 사기가 꺾인 제3공화국에 의해 설립된 새로운 교육 시스템에서 철학의 역할 때문이었다. 프랑스는 Sedan에서 나폴레옹 3세가 포로로 잡히면서 굴욕을 당했으며, 장기간 파리가 포위되면서 황폐해졌다. 그들은 또한 대부분 부르주아지가 파리 혁명 정부의 급진적 사회주의 아래에서 73일 간 무정부 상태를 겪은 것에 의해 공포를 느꼈다. 정신적 회복을 위한 새 공화국의 대부분 노력은 제도종교의 전통적 가치에 대한 거부에 의해 이끌린 것으로, 이는 계몽된 세계관으로의 대체를 목표로 했다. 이 기업의 주요 수단은 교육 개혁이었고, 특히 과학, 이성, 인문주의의 이념에 헌신하는 대학 시스템을 구축하는 것이었다. Albert Thibaudet는 제3공화국을 '교수 공화국'이라고 칭하면서 이 개혁의 중요성을 강조했다.

34 논리 추론 - 글의 순서   정답 ④

주어진 문장에서 농부들에게 더 많은 가뭄이 필요한 것처럼 국유림에는 더 많은 도로가 필요하다고 했으므로, 주어진 글 다음에는 '그 발언(the remark)'의 의미를 설명하는 내용이 와야 하므로 주어진 글 다음에는 '그러나 이 발언은 주장이 아니라 숲에서의 도로 건설을 나쁜 시각으로 묘사한 발언일 뿐이다.'라는 (C)가 와야 한다. (C)의 마지막에서 '주장(argument)'은 누군가를 설득하기 위한 시도라고 정의한 일부 작가들의 견해가 정확하지 않다고 했으므로, (C) 다음에는 '주장은 결론을 증명하거나 뒷받침하려고 시도한다.'라고 주장을 설명하는 (A)가 와야 한다. (A)의 마지막에서 누군가에게 무엇인가를 설득하기를 원할 때, 주장을 사용할 수도 있다고 했으므로, (A) 다음에는 '하지만 모든 주장이 설득하려고 시도하는 것은 아니며, 설득하려는 많은 시도들이 주장을 포함하는 것은 아니다.'라고 한 (B)가 와야 한다. 따라서 따라서 주어진 글 다음에 이어질 글의 순서로 적절한 것은 ④ '(C)-(A)-(B)'이다.

☐ national forest : 국유림
☐ drought : 가뭄
☐ persuade : 설득하다
☐ enterprise : (목적을 가진) 활동
☐ argument : 논쟁, 주장
☐ notoriously : 악명높게
☐ quite good : 그럴싸한
☐ undisturbed : 방해받지 않은, 평온한
☐ remark : 발언, 말
☐ portray : 묘사하다, 그리다

"농부들에게 더 많은 가뭄이 필요한 것처럼 국유림에는 더 많은 도로가 필요합니다." 우리는 누군가 더 많은 도로가 우리 국유림에 해로울 것이라고 청중을 설득하기 위해 이렇게 말하는 것을 들었다.

(C) 그러나, 이 발언은 주장이 아니라 숲에서의 도로 건설을 나쁜 시각으로 묘사한 발언일 뿐이다. 이제, 일부 작가들은 주장은 누군가를 설득하기 위한 시도라고 정의한다. 이는 정확하지 않다.

(A) 주장은 결론을 증명하거나 뒷받침하려고 시도한다. 여러분이 누군가를 설득하려고 할 때 여러분은 그 또는 그녀를 여러분의 관점으로 설득하려고 시도하는데, 설득하려는 시도하는 것과 주장하려고 시도하는 것은 논리적으로 별개의 활동이다. 사실, 누군가에게 무엇인가를 설득하기를 원할 때, 주장을 사용할 수도 있다.

(B) 하지만 모든 주장이 설득하려고 시도하는 것은 아니며, 설득하려는 많은 시도들이 주장을 포함하는 것은 아니다. 사실, 주장한다는 것은 사람들을 설득하는 가장 비효과적인 방법들 중 하나인데, 물론 그것이 주장에 신경 쓰는 광고주가 거의 없는 이유이기도 하다. 사람들은 악명높게도 가장 약한 주장에 의해 설득당하며, 때로는 그럴싸한 주장에 의해서도 방해받지 않는다.

35 논리 추론 – 글의 순서 정답 ⑤

주어진 글의 마지막에서 인지 기술을 개발하려면 이론(theory) 학습, 신중한 연습(practice), 올바른 태도(attitudes)의 세 가지 조건이 필요하다고 했으므로, 주어진 글 다음에는 먼저 이론(theory)을 배우는 것에 대해서 말하고 있는 (C)가 와야 한다. (C)의 마지막에서 'thinking critically requires knowing a certain amount of logic(비판적 사고를 하려면 어느 정도의 논리를 알아야 한다).'이라고 했으므로, (C) 다음에는 'However, knowing the theory is not the same as being able to apply it(그러나 이론을 아는 것은 그것을 적용할 수 있는 것과 다르다).'이라고 한 (B)가 와야 한다. (B)의 마지막에서 이론적 지식을 실제 능력으로 변환하기 때문에 연습(practice)이 필요하다고 했으므로, (B) 다음에는 '그러나 연습(practice)이 효과적이고 지속 가능할지 여부는 여러분의 태도(attitudes)가 큰 차이를 만든다.'라고 한 (A)가 이어져야 한다. 따라서 주어진 글 다음에 이어질 글의 순서로 적절한 것은 ⑤ '(C)-(B)-(A)'이다.

□ cognitive skill : 인지 기술
□ deliberate : 의도[계획]적인, 신중한
□ sustainable : 지속 가능한
□ productive : 결실 있는, 생산적인
□ apply : 적용하다
□ balance : 균형을 유지하다[잡다], 반듯이[넘어지지 않게] 놓다
□ theoretical : 이론의[에 관한], 이론상의
□ possess : 소유하다, 점유하다
□ logic : 논리, 타당성

좋은 비판적 사고는 인지 기술이다. 일반적으로, 기술 개발은 세 가지 조건, 즉 이론 학습, 신중한 연습, 올바른 태도가 필요하다.

(C) 이론상 우리는 기술을 보유하기 위해 알아야 할 규칙과 사실을 뜻한다. 예를 들어, 게임의 규칙을 알지 못하면 좋은 농구 선수가 될 수 없는데, 예를 들어 농구공을 차는 것은 허용되지 않는다. 마찬가지로 비판적 사고를 하려면 어느 정도의 논리를 알아야 한다.

(B) 그러나 이론을 아는 것은 그것을 적용할 수 있는 것과 다르다. 자전거를 탈 때 자전거의 균형을 맞춰야 한다는 것은 이론적으로는 알고 있지만, 그것이 여러분이 실제로 자전거를 탈 수 있다는 의미는 아니다. 이론적 지식을 실제 능력으로 변환하기 때문에 연습이 필요한 부분이다.

(A) 그러나 연습이 효과적이고 지속 가능할지 여부는 여러분의 태도가 큰 차이를 만든다. 피아노 연주를 싫어한다면 연습을 강요하는 것은 장기적으로 생산적이지 않다.

36 논리 추론 – 글의 순서 정답 ③

주어진 글에서 언어적 추론으로 해결하기 어려운 문제 해결에 관해서 이미지화를 사용할 수 있다고 했으므로, 주어진 글 다음에는 뉴욕에 사는 판매원이 세 도시(워싱턴, 버팔로, 시카고)를 여행하는 경우를 예로 들어보자고 한 (B)가 와야 한다. (B)의 마지막에서 워싱턴, 버팔로, 시카고의 순서대로 여행하는 것이 최단 경로가 아닐 수도 있다고 했으므로, (B) 다음에는 미국 지도를 이미지화하고 마음속으로 여러 번 가상 여행을 할 수 있다고 한 (C)가 와야 한다. (C)의 마지막에서 앞에서 말한 순서인 워싱턴, 버팔로, 시카고를 여행하고 뉴욕으로 돌아온다면 부분적으로 되돌리고 있을 것이라는 사실을 깨닫게 된다고 했으므로, (C) 다음에는 결론적으로 워싱턴, 시카고, 버팔로를 간 다음에 뉴욕으로 돌아오는 것이 최단 경로라는 사실을 알게 됐다는 (A)가 와야 한다. 따라서 주어진 글 다음에 이어질 글의 순서로 적절한 것은 ③ '(B)-(C)-(A)'이다.

□ in regard to : …에 관해서는
□ imagery : 형상화[이미지]
□ verbal reasoning : 언어(적) 추리
□ salesperson : 판매원[외판원]
□ virtual : 가상의
□ retrace : 되짚어 가다
□ path : 길[방향]

문제 해결에 관해서, 이미지화는 언어적 추론을 사용하여 쉽게 해결할 수 없는 문제를 해결하는 데 사용할 수 있다.

(B) 예를 들어, 뉴욕에 거주하는 영업사원이 워싱턴 DC, 버팔로, 시카고 세 도시를 운전해야 한다고 하자. 이 순서대로 도시를 여행한 후 뉴욕으로 돌아갈 계획이라면 최단 경로를 여행하는 것이 아닐 수도 있다.

(C) 따라서 그녀는 미국 지도를 이미지화하고 마음속으로 여러 번 가상 여행을 할 수 있다. 워싱턴을 방문한 후 버팔로로 간 다음에 버팔로에서 시카고로 갔다가 다시 뉴욕으로 돌아온다면 자신의 길을 부분적으로 되돌리고 있을 것이라는 사실을 깨닫는다.

(A) 그녀는 그러고 나서 워싱턴으로 운전한 후 시카고로 이동하고 그런 다음에 뉴욕으로 돌아오기 전에 버팔로로 가면 운전 시간을 절약할 수 있다는 사실을 깨닫는다.

37 빈칸 추론 - 어휘　　　정답 ①

마지막에서 두 번째 문장에서 'The team with independently working members produced almost twice as many ideas(독립적으로 작업한 구성원들의 팀이 거의 두 배나 많은 아이디어를 도출했다).'라고 했으므로, 빈칸 (A)에 들어갈 말로 적절한 것은 'fewer(더 적은 수)'이다. 주어진 글의 첫 번째 문장에서 'To be really smart, an online group needs to obey one final rule—and a rather counterintuitive one(정말 현명해지려면 온라인 그룹은 하나의 최종 규칙과 차라리 반직관적인 규칙을 준수해야 한다).'이라고 했고, 마지막에서 세 번째 문장에서 'You might expect the people working face-to-face to be more productive, but that wasn't the case(대면으로 작업한 사람들의 생산성이 더 높아질 것으로 예상할 수 있지만 실제로는 그렇지 않았다).'라고 했으므로, 빈칸 (B)에 들어갈 말로 적절한 것은 'intuition(직관)'이다.

☐ obey : 따르다[지키다]

☐ counterintuitive : 반직관적인, 직관에 반하는

☐ collective : 집단의, 공동의

☐ come to light : 알려지다[밝혀지다]

☐ brainstorming : 창조적 집단 사고, 브레인스토밍

☐ pose : 질문을 제기하다

☐ thought-provoking : 생각하게 하는, 시사하는 바가 많은

☐ emerge : 드러나다, 알려지다

☐ face-to-face : 마주보는, 대면하는

☐ pool : (공동으로 이용할 자금·정보 등을) 모으다

☐ separately : 따로따로, 각기

정말 현명해지려면 온라인 그룹은 하나의 최종 규칙과 차라리 반직관적인 규칙을 준수해야 한다. 구성원들은 서로 너무 많이 접촉할 수 없다. 가장 효과적으로 일하려면 집단 구성원들은 독립적으로 생각하고 일할 수 있어야 한다. 이 규칙은 1958년 사회과학자들이 다양한 브레인스토밍 기법을 테스트하면서 알려졌다. 그들은 시사하는 바가 많은 질문을 제기했다. 인간이 양손에 엄지손가락을 하나씩 더 가지고 있다면 어떤 이점과 문제점이 나타날까? 그러고 나서 두 가지 유형의 브레인스토밍 답변을 내놓았다. 한 그룹에서는 구성원들이 대면으로 작업했고, 다른 그룹에서는 구성원들이 각자 독립적으로 작업한 다음 마지막에 답변을 모았다. 대면으로 작업한 사람들의 생산성이 더 높아질 것으로 예상할 수 있지만 실제로는 그렇지 않았다. 독립적으로 작업한 구성원들의 팀이 거의 두 배나 많은 아이디어를 도출했다. 전통적인 브레인스토밍이 단순하게 혼자 생각하고 결과를 모으는 것만큼 효과가 있지 않다.

↓

브레인스토밍에서 직접 접촉하는 그룹 구성원들이 신체적으로 서로 따로따로 일하는 그룹 구성원들보다 (A) 더 적은 아이디어를 생산하는데, 그것은 우리의 (B) 직관에 반하는 것이다.

38 빈칸 추론 - 어휘　　　정답 ②

네 번째 문장에서 'Today, of course, computers do better(물론 오늘날 컴퓨터는 더 나은 기능을 한다).'라고 했고, 다음 문장에서 'Some programs can beat people at chess. Others can diagnose heart attacks(일부 프로그램은 체스에서 사람들을 이길 수 있다. 다른 프로그램은 심장마비를 진단할 수 있다).'라고 했으므로, 빈칸 (A)에 들어갈 말로 적절한 것은 'excel(뛰어나다)'이다. 일곱 번째 문장에서 'But no machine yet can make a bed, or read a book, or babysit(하지만 아직 어떤 기계도 이불을 깔거나 독서를 하거나 아기를 돌볼 수 없다).'라고 했고, 마지막 문장의 후반부에서 '~ all those limitations come from the out-of-date ways in which programmers have chosen to program them(~ 이러한 모든 제한 사항은 프로그래머가 프로그래밍하는 방식이 시대에 뒤떨어진 데서 비롯되었다)'이라고 했으므로, 빈칸 (B)에 들어갈 말로 적절한 것은 'limitations(제한사항)'이다.

☐ joke : 농담

☐ wipe out : ~을 완전히 파괴하다[없애 버리다]

☐ outlandish : 이상한, 기이한

☐ amount : 총액, 액수

☐ trap : (위험한 장소·궁지에) 가두다

☐ cyclical : 순환하는, 주기적인

☐ loop : 순환(특정한 조건이 충족될 때까지 계속 반복되게 되어 있는 일련의 지시)

☐ maddening : 미치게 하는, 맹렬한

☐ beat : 이기다

☐ diagnose : 진단하다

□ magical : 마술적인, 신기한, 불가사의한
□ attribute : 자질, 속성
□ deficiency : 결점, 결함
□ outdated : 구식의, 시대에 뒤떨어진
□ inherent : 내재하는

  컴퓨터가 처음 등장한 직후, 그것들의 큰 실수는 농담의 대상이 되었다. 프로그래밍의 사소한 오류로 인해 고객의 은행 계좌가 사라지거나 희한한 액수의 청구서가 발송되거나 동일한 실수를 반복하는 주기적인 순환 고리에 컴퓨터를 가둘 수 있었다. 미칠 듯한 이러한 상식 부족으로 인해 대부분 사용자는 기계는 결코 판단력이 있을 수 없다고 결론내렸다. 물론 오늘날 컴퓨터는 더 나은 기능을 한다. 일부 프로그램은 체스에서 사람들을 이길 수 있다. 다른 프로그램은 심장마비를 진단할 수 있다. 하지만 아직 어떤 기계도 이불을 깔거나 독서를 하거나 아기를 돌볼 수 없다. 대부분 사람들이 할 수 있는 일을 컴퓨터가 할 수 없는 이유는 무엇일까? 더 많은 메모리, 속도 또는 복잡성이 필요한 것일까? 잘못된 종류의 명령어 세트를 사용하는 것일까? 아니면 기계에는 인간의 뇌만이 가질 수 있는 마술적인 속성이 부족한 것일까? 그것들 중 어느 것도 오늘날의 기계의 결함에 대해서 책임이 없으며, 대신에 이러한 모든 제한사항은 프로그래머가 프로그래밍하는 방식이 시대에 뒤떨어진 데서 비롯되었다고 주장할 것이다.

↓

초기 컴퓨터에는 중대한 오류가 있었을지라도, 최신 컴퓨터는 체스와 의학적인 진단과 같은 작업에는 (A) 뛰어나지만 내재된 기술적인 (B) 제한사항이라기 보다 시대에 뒤떨어진 프로그래밍으로 인해 기본적인 인간 활동에 어려움을 겪고 있다.

39~40

□ catastrophic : 비참한, 대재해의
□ eruption : (화산의) 폭발, 분화
□ entomb : 매장하다, 무덤이 되다
□ resident : 주민, 거주민
□ simultaneously : 동시에, 일제히
□ wreck : 망가뜨리다, 파괴하다
□ timeline : 역사 연표
□ archaeological : 고고학의, 고고학적인
□ archaeoseismology : 고고지진학
□ seismicity : 지진 활동도
□ speculate : 추측하다, 예상하다
□ encompass : ~을 둘러싸다, ~을 포함하다
□ insula : 거리의 한 구획, 집단 주택

  Pompeii는 서기 79년 Vesuvius 산의 재앙적인 폭발로 인해 파괴되었으며, 화산재 층 아래 주민들이 묻혔다. 하지만 고대 로마 도시의 비운에 대한 이 이야기에는 더 많은 것이 있다. 지구과학 프론티어 저널에 실린 연구는 Pompeii가 대규모 지진에 의해 동시에 파괴되었다는 증거를 제공한다. 그 발견은 도시의 붕괴에 대한 새로운 역사 연표를 확립하고, 연구에 대한 신선한 접근이 제대로 연구된 고고학 유적지로부터 추가적인 비밀을 드러낼 수 있다는 것을 보여준다. 연구자들은 항상 지진 활동이 도시 파괴에 작용했다는 생각이었다. 고대 작가 Pliny the Younger는 Vesuvius 화산 폭발이 격렬한 흔들림을 동반했다고 보고했다. 그러나 지금까지 이 역사적 기록을 뒷받침하는 증거는 발견되지 않았다. 이탈리아의 Domenico Sparice가 이끄는 연구팀은 이 기록의 공백을 조사하기로 결정했다. Sparice 박사는 지금까지 Pompeii 발굴에는 고대 건축물에 대한 지진 영향을 다루는 고고학 분야의 전문가가 포함되지 않았다고 말했다. 그는 이 분야 전문가들의 기여가 이번 발견의 핵심이라고 말했다. Sparice 박사는 "지진의 영향은 과거 학자들에 의해 추측되었지만 우리 연구 이전에는 사실적 증거가 보고되지 않았습니다."라고 말하며 이번 발견이 "매우 흥미롭다."라고 덧붙였다. 연구팀은 Chaste Lovers의 집단 주택에 초점을 맞췄다. 이 지역은 빵집을 포함한 여러 건물들을 둘러싸고 있었는데, 화가들이 화산 폭발에 의해서 중단한 것이 명백한 색깔을 칠한 (→ 채색하지 않은) 상태로 남겨진 집이 한 채 있었다. 발굴 후에 신중하게 분석한 연구진은 지진으로 인해 집단 주택의 벽이 무너졌다고 결론내렸다.

39 다문항1 – 제목   정답 ⑤

첫 번째 문장에서 'Pompeii was destroyed by the catastrophic eruption of Mount Vesuvius in 79 A.D., entombing residents under layers of volcanic ash(Pompeii는 서기 79년 Vesuvius 산의 재앙적인 폭발로 인해 파괴되었으며 화산재 층 아래 주민들이 묻혔다).'라고 했고, 여섯 번째 문장에서 'The ancient writer Pliny the Younger reported that the eruption of Vesuvius had been accompanied by violent shaking(고대 작가 Pliny the Younger는 Vesuvius 화산 폭발이 격렬한 흔들림을 동반했다고 보고했다).'라고 했다. 마지막 문장에서 Dr. Sparice 연구팀의 신중한 분석에 따르면 고대 로마의 집단 주택의 벽이 지진으로 인해 붕괴되었다는 결론에 이르렀다고 했으므로, 윗글의 제목으로 가장 적절한 것은 ⑤ 'The Eruption of Mt. Vesuvius Wasn't Pompeii's Only Killer(Vesuvius 화산 폭발이 Pompeii의 유일한 살인자는 아니었다)'이다.

오답 분석
① 누가 화산재로 뒤덮인 Pompeii를 발견했는가
② Pompeii의 풍경에 대한 Vesuvius 산의 영향
③ 지진으로 촉발된 Vesuvius 화산 폭발
④ Pompeii의 고고학적 발견에 의한 지진의 역사 연표

40 다문항1 - 어휘   정답 ⑤

세 번째 문장에서 'Research published in the journal Frontiers in Earth Science offers proof that Pompeii was simultaneously wrecked by a massive earthquake(지구과학 프론티어 저널에 실린 연구는 Pompeii가 대규모 지진에 의해 동시에 파괴되었다는 증거를 제공한다).'라고 했고, 밑줄 친 (e) 앞부분에서 '~ a house where painters were evidently interrupted by the eruption, leaving their paintings ~(~ 화가들이 화산 폭발에 의해서 중단한 것이 명백한 ~ 상태로 남겨진 집이 한 채 있었다)'라고 했으므로, 문맥상 (e) colored(색깔을 칠한)이 아닌 uncolored(채색하지 않은)가 되어야 한다.

41~42

- personality : 성격, 인격
- stress : 강조하다
- uniqueness : 독특성
- whereas : …임에 비하여[반하여]; …인데도, …이지만
- remainder : 나머지
- emphasis : 강조, 강한 어조, 강조법
- similarity : 유사성, 닮음
- theorize : 이론을 제시하다[세우다]
- in a vacuum : 외부와 단절된 상태에서
- id : 이드(인간의 원시적·본능적 요소가 존재하는 무의식 부분)
- ego : 자아, 에고
- exist : 존재[실재/현존]하다
- isolation : 고립, 분리, 격리

> **해석 체크체크**
>
> 성격은 일상생활에서 분명한 인간 상태의 부분들 중 하나이다. 우리 각자는 독특하며 이러한 독특함을 강조하는 것이 성격 연구임에 반하여, 나머지 심리학의 대부분은 사람들 간의 유사성을 강조한다. 성격의 일부는 내장된 것처럼 보이고 다른 부분은 학습된 것처럼 보인다. 확실히 성격은 환경적 필요성을 통해서 또는 신념, 가치, 의견 및 판단을 통해서 문화에 의해 영향을 받기도 한다. 성격이 보여지거나 이론화되는 방식이 무엇이든지 간에 분명한 것은 성격이 외부와 단절된 상태에서 존재하지 않는다는 것이다. 사람은 이드, 자아, 초자아, 즉 실현되는 자아, 일련의 학습된 사회적 행동이나 일련의 특성으로 구성될 수 있다. 이들 중 어느 것이든 맥락이나 일련의 상황이나 경험 내에서 발생할 수 있지만, 둘 다 동일하지 않다. 따라서 일반적으로 성격을 바라보는 최선의 방식은 <u>상호 작용</u>의 눈을 통해서이다. 사람들은 각각 환경 없이 존재할 수 없으며, 각자 서로에게 영향을 미친다. 따라서 특정 환경에 존재하는 대로 성격을 이해하는 것이 최선이다. 성격은 고립된 상태로 존재할 수 없다.

41 다문항2 - 제목   정답 ③

두 번째 문장에서 'Each of us is unique and it is the study of personality that stresses this uniqueness ~(우리 각자는 독특하며 이러한 독특함을 강조하는 것이 성격 연구 ~)'라고 했고, 네 번째 문장에서 'Certainly, personality is also influenced by culture ~(확실히 성격은 ~ 문화에 의해 영향을 받기도 한다)'라고 했다. 일곱 번째 문장에서 'Whichever of these it might be occurs within a context or a series of situations or experiences, no two of which are the same(이 중 어느 것이든 맥락이나 일련의 상황이나 경험 내에서 발생할 수 있지만, 둘 다 동일하지 않다).'이라고 했으므로, 윗글의 제목으로 가장 적절한 것은 ③ 'Understanding Personality: Uniqueness, Culture, and Context(성격 이해하기: 독특함, 문화, 맥락)'이다.

> **오답 분석**
> ① 나이가 들면서 성격은 어떻게 발달하나?
> ② 성격과 사회적 행동에서 성별의 차이
> ④ 사회적 행동을 결정하는 한 가지 요소인 성격
> ⑤ 성격과 특성의 유사점은 무엇인가?

42 다문항2 - 어휘   정답 ④

빈칸 앞 문장에서 'Whichever of these it might be occurs within a context or a series of situations or experiences, no two of which are the same(이들 중 어느 것이든 맥락이나 일련의 상황이나 경험 내에서 발생할 수 있지만, 둘 다 동일하지 않다).'라고 했고, 빈칸 문장의 앞부분에서 'So the best way to look at personality in general, or at someone's personality in particular, is through the eyes of ~(따라서 일반적으로 성격을 바라보는 최선의 방식은 ~의 눈을 통해서이다).'라고 했다. 빈칸 다음 문장에서 'People cannot exist without their environment, each influencing the other(사람들은 각각 환경 없이는 존재할 수 없으며, 각자 서로에게 영향을 미친다).'라고 했으므로 빈칸에 들어갈 말로 적절한 것은 ④ 'interaction(상호 작용)'이다.

> **오답 분석**
> ① 감정 ② 창의력 ③ 유용성 ⑤ 생산성

43~45

- lean against : ~에 기대다
- trace : 그리다[긋다]
- graffiti : 낙서, 그래피티
- look around for : …을 찾다
- sigh : 한숨을 쉬다, 한숨짓다
- talent show : 장기자랑
- sign up : 신청하다
- widen : 둥그레지다

□ confident : 확신하는, 자신 있는
□ unexpected : 예기치 않은, 뜻밖의
□ be scared of : ~을 두려워하다
□ shine : 빛나다, 반짝이다
□ be lost in thought : 사색에 잠기다, 골똘히 생각하다
□ notice : …을 의식하다[(보거나 듣고) 알다]
□ grab a coffee : 커피 한 잔 마시다
□ relaxed : 느긋한, 여유 있는
□ acoustic : 전자 장치를 쓰지 않는
□ lit up : 환해지다[빛이 나다], 환해지게[빛나게] 만들다

◀ 해석 체크체크 ▶

(A) Sophia는 North High의 벽돌 벽에 기대어 손가락으로 낙서를 따라갔다. 마지막 종소리가 울렸고 학생들은 재빨리 자리를 떠나고 있었다. Sophia는 언니 Sara를 찾기 위해 주위를 둘러보았지만 찾을 수 없었다. 한숨을 내쉬며 <u>그녀</u>는 집으로 걸어가기 시작했다. 다음 주에는 학교 장기자랑이 있었고, 그녀는 노래를 부르기로 신청했다. 그녀는 노래를 좋아했지만 많은 청중 앞에서 노래를 부른 적은 없었다.

(C) Sophia가 생각에 잠겨 걷고 있었기 때문에 수석 학급 회장인 Janet이 바로 눈앞에 올 때까지 알아채지 못했다. Janet과 Sara는 서로 알고 있었지만, Sophia는 그녀와 대화를 나눈 적이 없었다. "안녕, Sophia."라고 Janet이 활짝 미소를 띠고 물었다. "안녕, Janet. 무슨 일이야?"라고 그녀가 깜짝 놀라며 대답했다. "네가 장기자랑 프로그램에 신청했다고 들었어."라고 Janet이 말했다. "무슨 노래를 부를 거야?" Sophia는 긴장했다. "아직 확실하지 않아." 그녀가 말했다."아직 결정 중이야." Janet이 다시 미소를 지었다. "커피 한 잔 마시고 이야기할까?"

(D) 그들은 동네 카페로 걸어가 학교와 음악에 대해 이야기했다. Janet은 말하기 편했고, Sophia는 <u>그녀</u>와 함께 더 편안함을 느꼈다. "어떤 음악을 좋아하니?" Janet이 물었다. "클래식 록을 좋아해."라고 Sophia가 말했다. "그래서 클래식 록의 어쿠스틱 버전을 할까 생각 중이야." Janet의 눈이 밝아졌다. "완벽하게 들리네. 기타를 조금 연주하는데 함께 연주해도 될까?"

(B) Sophia의 눈이 휘둥그레졌다. "정말? 굉장해요!" 그들은 다음 한 시간 동안 계획하고 연습했다. 마침내 작별 인사를 했을 때 Sophia는 자신감이 더 커졌는데, Janet이 그녀를 많이 도와주었기 때문이었다. 그녀가 집으로 걸어갈 때, 저녁 햇살이 마을을 황금빛으로 보이게 만들었다. 그녀는 예상치 못한 순간과 새로운 친구들이 모든 것을 더 좋게 만들 수 있다는 것을 깨달았다. 장기자랑은 더 이상 겁먹을 것이 아니라 <u>그녀</u>를 빛나게 하는 기회였다.

---

43 다문항3 - 글의 순서　　　　　　정답 ③

주어진 (A)에서 Sophia가 학교 장기자랑에서 노래를 부르기로 신청했는데, 대중 앞에서 노래해 본 적이 없어서 고민하고 있다고 했으므로, 글의 흐름상 (A) 다음에는 장기자랑에 대한 부담감으로 고민하는 Sophia와 Janet이 우연히 만나는 (C)로 이어지는 것이 자연스럽다. (C)의 마지막에서 Janet이 커피를 마시면서 그것에 대해 이야기해 보자고 제안하고 있으므로, (C) 다음에는 카페에 가서 이야기하는 장면으로 시작하는 (D)가 와야 한다. (D)의 마지막에서 Sophia의 노래에 Janet이 기타 연주를 하면 어떨지 묻고 있으므로, (D) 다음에는 "Really? That'd be amazing!"라는 Sophia의 대답으로 시작하는 (B)가 오는 것이 자연스럽다. 따라서 주어진 글 (A)에 이어질 내용을 순서에 맞게 배열한 것으로 가장 적절한 것은 ③ '(C)-(D)-(B)'이다.

44 다문항3 - 지칭대상　　　　　　정답 ⑤

(e)는 Janet이고, 나머지는 모두 Sophia를 가리킨다.

45 다문항3 - 세부 정보　　　　　　정답 ⑤

(D)의 마지막 문장에서 Janet이 'I play a bit of guitar; maybe I could play with you(기타를 조금 연주하는데 함께 연주해도 될까)?'라고 했으므로, 윗글에 관한 내용으로 적절하지 않은 것은 ⑤ 'Sophia taught Janet how to play the guitar(Sophia는 Janet에게 기타 치는 법을 가르쳤다).'이다.

오답 분석

① Sophia는 학교 장기자랑에 노래를 부르기로 신청했다. → (A)의 다섯 번째 문장에서 'Next week was the school talent show, and she had signed up to sing(다음 주에는 학교 장기자랑이 있었고, 그녀는 노래를 부르기로 신청했다).'이라고 했으므로, 윗글의 내용과 일치한다.

② Sophia는 Janet과 함께 연습한 후 더 자신감을 느꼈다. → (B)의 세 번째, 네 번째 문장에서 'They spent the next hour planning and practicing. ~ Sophia felt more confident because Janet helped her a lot(그들은 다음 한 시간 동안 계획하고 연습했다. ~ Sophia는 자신감이 더 커졌는데, Janet이 그녀를 많이 도와주었기 때문이었다).'이라고 했으므로, 글의 내용과 일치한다.

③ Sophia의 언니와 Janet은 서로 알고 있었다. → (C)의 두 번째 문장에서 'Janet and Sara knew each other, but Sophia had never talked to her before(Janet과 Sara는 서로 알고 있었지만, Sophia는 그녀와 대화를 나눈 적이 없었다).'라고 했으므로, 글의 내용과 일치한다.

④ Sophia는 클래식 록 노래를 부를까 생각 중이었다. → (D)의 다섯 번째 문장에서 "So, I'm thinking about doing an acoustic version of classic rock(그래서, 클래식 록의 어쿠스틱 버전을 할까 생각 중이야)."이라고 Sophia가 대답했으므로, 글의 내용과 일치한다.

01	②	02	①	03	②	04	①	05	⑤
06	①	07	④	08	④	09	③	10	②
11	③	12	④	13	②	14	④	15	⑤
16	④	17	⑤	18	③	19	④	20	②
21	34	22	64	23	74	24	4	25	115

01 지수법칙 　　　　　　　　　　　　　　　　정답 ②

$$(2^{\sqrt{3}+1})^{2\sqrt{3}-2} = 2^{(\sqrt{3}+1)(2\sqrt{3}-2)} = 2^{(6-2\sqrt{3}+2\sqrt{3}-2)} = 2^4 = 16$$

02 삼각함수의 그래프와 직선의 교점 추론 　　　정답 ①

함수 $f(x) = a\sin(bx) + a$ 이고 $-1 \le \sin bx \le 1$ 이므로 함수 $f(x)$ 의 최솟값은 $-a+a=0$ 이고 최댓값은 $a+a=2a$ 이다. 주기는 $\dfrac{2\pi}{b}$ $(\because b>0)$이다.

(ⅰ) $b=1$ 일 때

$f(x) = a\sin x + a$ 이므로 함수 $f(x)$ 의 주기는 2π 이다.

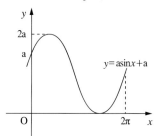

$0 \le x \le 2\pi$ 에서 함수 $y=f(x)$ 와 직선 $y=2$ 는 서로 다른 네 점에서 만나지 않는다.

(ⅱ) $b=2$ 일 때

$f(x) = a\sin 2x + a$ 이고 $f(x)$ 의 주기는 π 이다.

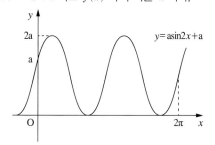

$0 \le x \le 2\pi$ 에서 함수 $y=f(x)$ 와 직선 $y=2$ 가 서로 다른 네 점에서 만나려면

$a \ne 2$, $0 < 2 < 2a$ 이어야 한다.

즉, 자연수 a 의 최솟값은 3 이므로 ab 의 최솟값은 $3 \times 2 = 6$ 이다.

(ⅲ) $b=3$ 일 때

$f(x) = a\sin 3x + a$ 이고 $f(x)$ 의 주기는 $\dfrac{2}{3}\pi$ 이다.

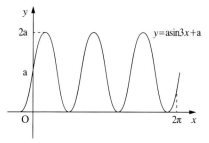

$0 \le x \le 2\pi$ 에서 함수 $y=f(x)$ 와 직선 $y=2$ 는 서로 다른 네 점에서 만나지 않는다.

(ⅳ) $b=4$ 일 때

$f(x) = a\sin 4x + a$ 이고 함수 $f(x)$ 의 주기는 $\dfrac{1}{2}\pi$ 이다.

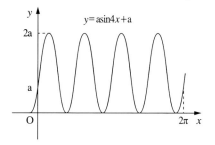

$0 \le x \le 2\pi$ 에서 함수 $y=f(x)$ 와 직선 $y=2$ 가 서로 다른 네 점에서 만나려면

$2a = 2$, $a = 1$ 이어야 한다.

즉, 자연수 a 의 최솟값은 1 이므로 ab 의 최솟값은 $1 \times 4 = 4$ 이다.

(ⅴ) $b \ge 5$ 일 때

$0 \le x \le 2\pi$ 일 때 함수 $y=f(x)$ 의 그래프와 직선 $y=2$ 는 서로 다른 네 점에서 만나지 않는다.

(ⅰ)~(ⅴ)를 종합하면 ab의 최솟값은 4이다.

03 다항식의 나눗셈과 나머지정리 　　　　　　정답 ②

자연수 n 에 대하여 다항식 $(x+1)^n$ 을 $x(x-1)$ 로 나누었을 때의 몫을 $Q(x)$, 나머지를 $R_n(x) = ax + b$ (a, b 는 상수)라 하면

$(x+1)^n = x(x-1)Q(x) + R_n(x) = x(x-1)Q(x) + ax + b$

$x=0$을 대입하면 $1 = b$,

$x=1$을 대입하면 $2^n = a+b = a+1$, $a = 2^n - 1$이다.

그러므로 $R_n(x) = (2^n - 1)x + 1$이므로

$R_n(2) = (2^n - 1)2 + 1 = 2^{n+1} - 1$이다.

$$\therefore \sum_{n=1}^{8} R_n(2) = \sum_{n=1}^{8}(2^{n+1} - 1) = \frac{4(2^8 - 1)}{2-1} - 8 = 1012$$

◁ 개념 체크체크 ▷

나머지정리

(1) x 에 대한 다항식 $f(x)$를 일차식 $x-\alpha$ 로 나누었을 때의 나머지를 R 라 하면 $R = f(\alpha)$이다.

(2) x 에 대한 다항식 $f(x)$를 일차식 $ax+b$ 로 나누었을 때의 나머지를 R 라 하면 $R = f\left(-\dfrac{b}{a}\right)$이다.

2025학년도　기출문제 다잡기

04 로그의 성질과 계산   정답 ①

먼저 식을 정리하면 다음과 같다.

$$-\log_{\sqrt{2}} m + \log_{\frac{1}{2}}(4n+6)^{-1} = -\log_2 m^2 + \log_2 (4n+6)$$

$$= \log_2 \frac{4n+6}{m^2} = k \text{라고 하자.}$$

k는 자연수이므로 $\frac{4n+6}{m^2} = 2^k$, $m^2 = \frac{2n+3}{2^{k-1}}$ 이다.

2^{k-1}은 $k=1$이면 1, k가 2 이상일 경우에는 짝수이며, $2n+3$은 홀수이므로 $k=1$이어야 한다.

즉, $2n+3 = m^2$을 만족하는 순서쌍 (m, n)은 $(3, 3)$, $(5, 11)$, $(7, 23)$, $(9, 39)$이며 구하는 모든 순서쌍 (m, n)의 개수는 4이다.

05 수열의 합   정답 ⑤

$$1^3 - 2^3 + 3^3 - 4^3 + \cdots + 19^3$$

$$= (1^3 + 2^3 + 3^3 + 4^3 + \cdots + 18^3 + 19^3) - (2 \times 2^3 + 2 \times 4^3 + \cdots + 2 \times 18^3)$$

$$= \sum_{k=1}^{19} k^3 - \sum_{k=1}^{9} 2 \times (2k)^3 = \sum_{k=1}^{19} k^3 - 16 \sum_{k=1}^{9} k^3$$

$$= \left(\frac{19 \times 20}{2}\right)^2 - 16\left(\frac{9 \times 10}{2}\right)^2 = 190^2 - 2^2 \times 90^2$$

$$= (190 + 180)(190 - 180) = 3700$$

06 다항함수의 결정과 연속   정답 ①

함수 $f(x)$는 $x = 0, 3$에서 불연속이고 함수 $g(x)$는 삼차함수이므로 연속함수이다. 함수 $(g \circ f)(x)$가 실수 전체의 집합에서 연속이려면 $x = 0, 3$에서 연속이어야 한다.

(i) $x = 0$일 때

$$g(f(0)) = g(0) = 5, \lim_{x \to 0} g(f(x)) = g(1)$$

즉, $g(0) = g(1) = 5$

(ii) $x = 3$일 때

$$g(f(3)) = g(0) = 5, \lim_{x \to 0} g(f(x)) = g(-2)$$

즉, $g(0) = g(-2) = 5$

$g(0) = g(1) = g(-2) = 5$를 만족하는 삼차함수 $g(x)$는 최고차항의 계수가 1이므로

$g(x) = x(x-1)(x+2) + 5$이다.

$$\therefore g(6) = 6 \times 5 \times 8 + 5 = 245$$

07 미분의 활용(속도)   정답 ④

점 P의 시각 $t(t \geq 0)$에서의 위치 $x = t^4 - 4t^3 + 2kt$이므로 점 P의 속도를 v라 하면 $v = 4t^3 - 12t^2 + 2k$이다.

점 P가 원점을 출발한 후 운동 방향을 두 번 바꾸도록 하려면 v의 부호가 두 번 바뀌어야 하므로 방정식 $4t^3 - 12t^2 + 2k = 0$는 서로 다른 두 실근(> 0)을 가져야 한다.

식을 정리하면 $k = -2t^3 + 6t^2$이므로 $y = -2t^3 + 6t^2$과 $y = k$는 $t > 0$인 구간에서 서로 다른 두 점에서 만나야 한다.

$y' = -6t(t-2)$이므로 그래프의 개형을 그리면 다음과 같다.

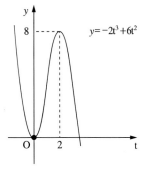

즉, $0 < k < 8$이어야 하므로 정수 k의 개수는 1, 2, 3, 4, 5, 6, 7의 7개이다.

08 사인법칙과 코사인법칙   정답 ④

삼각형 ABC에서 사인법칙에 의하여

$$\frac{\overline{\mathrm{BC}}}{\sin \frac{\pi}{3}} = \frac{\overline{\mathrm{BC}}}{\frac{\sqrt{3}}{2}} = 8 \quad \therefore \overline{\mathrm{BC}} = 4\sqrt{3}$$

삼각형 ABC의 넓이가 $4\sqrt{3}$이므로

$$\triangle ABC = \frac{1}{2} \times \overline{\mathrm{CA}} \times \overline{\mathrm{AB}} \times \sin \frac{\pi}{3} = 4\sqrt{3} \quad \therefore \overline{\mathrm{CA}} \times \overline{\mathrm{AB}} = 16$$

코사인법칙에 의하여

$$48 = \overline{\mathrm{AB}}^2 + \overline{\mathrm{CA}}^2 - 2 \times \overline{\mathrm{AB}} \times \overline{\mathrm{CA}} \times \cos \frac{\pi}{3}$$

$$= (\overline{\mathrm{AB}} + \overline{\mathrm{CA}})^2 - 3 \overline{\mathrm{AB}} \times \overline{\mathrm{CA}} = (\overline{\mathrm{AB}} + \overline{\mathrm{CA}})^2 - 3 \times 16$$

$$\therefore \overline{\mathrm{CA}} + \overline{\mathrm{AB}} = 4\sqrt{6}$$

$$\therefore \overline{\mathrm{AB}} + \overline{\mathrm{BC}} + \overline{\mathrm{CA}} = 4\sqrt{3} + 4\sqrt{6} = 4(\sqrt{3} + \sqrt{6})$$

개념 체크체크

1. 사인법칙

삼각형 ABC에서 ∠A, ∠B, ∠C의 대변의 길이를 각각 a, b, c라 하고 삼각형 ABC의 외접원의 반지름의 길이를 R라 하면 다음이 성립한다.

$$\frac{a}{\sin A} = \frac{b}{\sin B} = \frac{c}{\sin C} = 2R$$

2. 코사인법칙

삼각형 ABC에서 ∠A, ∠B, ∠C의 대변의 길이를 각각 a, b, c라 하자.

(1) 제일코사인법칙

$a = b\cos C + c\cos B$

$b = c\cos A + a\cos C$

$c = a\cos B + b\cos A$

(2) 제이코사인법칙

$a^2 = b^2 + c^2 - 2bc\cos A$

$b^2 = a^2 + c^2 - 2ac\cos B$

$c^2 = a^2 + b^2 - 2ab\cos C$

---

09 합성함수의 추론   정답 ③

함수 $f(x) = x^2 + ax + 1$에서 집합 $\{x | f(f(x)) = f(x), x$ 는 실수$\}$의 원소의 개수가 2이고,

이차방정식 $f(x) = x$의 서로 다른 실근의 개수는 최소 0개부터 최대 2개이므로 개수에 따라 경우를 나누어 구한다.

(i) 실근의 개수가 0일 때는 이차방정식 $f(x) = x$의 실근이 존재하지 않으므로 주어진 조건을 만족하지 않는다.

(ii) 서로 다른 실근의 개수가 1일 때는 함수 $y = f(x)$의 그래프와 직선 $y = x$가 서로 접하는 경우이다.

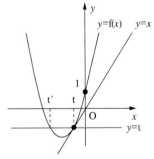

접점의 좌표를 (t, t)라 하면, 직선 $y = t$는 함수 $y = f(x)$와 두 점에서 만난다. 다른 한 접점을 (t', t)라 하면 $f(f(t)) = f(t) = t$, $f(f(t')) = f(t) = t$이므로 집합의 원소의 개수는 2이다.

방정식 $x^2 + ax + 1 = x$의 판별식을 D라 하면 $D = 0$이어야 하므로

$$D = (a-1)^2 - 4 = (a - 1 + 2)(a - 1 - 2)$$
$$= (a-3)(a+1) = 0$$

$\therefore a = 3$ ($\because a$는 양수)

(iii) 서로 다른 실근의 개수가 2일 때는 방정식 $f(x) = x$를 만족하는 서로 다른 두 근을 k, k'이라 하면 $f(x) = p$, $f(x) = q$에서 두 이차방정식의 서로 다른 실근의 개수의 합이 3이나 4이므로 조건을 만족시키지 못한다.

(i)~(iii)에서 조건을 만족하는 양수 a의 값은 3이다.

개념 체크체크

이차방정식의 근의 판별

이차방정식 $ax^2 + bx + c = 0$ (a, b, c는 실수)에서 판별식 D를 $D = b^2 - 4ac$라 할 때

(1) $D > 0$이면 서로 다른 두 실근을 갖는다.

(2) $D = 0$이면 중근을 갖는다.

(3) $D < 0$이면 서로 다른 두 허근을 갖는다.

---

10 삼각함수의 최대와 최소   정답 ②

두 식이 만나는 두 점 사이의 거리를 구하기 위해 방정식을 만들면 다음과 같다.

$$x^2 + 2x\sin\theta - \cos^2\theta = x$$

$x^2 + (2\sin\theta - 1)x - \cos^2\theta = 0$의 서로 다른 두 실근을 α, β라 하면 이차방정식의 근과 계수의 관계에 의해 $\alpha + \beta = 1 - 2\sin\theta$, $\alpha\beta = -\cos^2\theta$이다.

직선 $y = x$와 곡선 $y = x^2 + 2x\sin\theta - \cos^2\theta$이 만나는 두 점 사이의 거리를 구하면

$$\sqrt{(\alpha - \beta)^2 + (\alpha - \beta)^2} = \sqrt{2\{(\alpha + \beta)^2 - 4\alpha\beta\}}$$
$$= \sqrt{2\{(1 - 2\sin\theta)^2 - 4 \times (-\cos^2\theta)\}}$$
$$= \sqrt{2(1 - 4\sin\theta + 4\sin^2\theta + 4\cos^2\theta)}$$
$$= \sqrt{2(5 - 4\sin\theta)}$$

실수 θ에 대하여 $-1 \le \sin\theta \le 1$이므로 최댓값은 $\sin\theta = -1$일 때이므로 $\sqrt{2(5+4)} = 3\sqrt{2}$이다.

---

11 삼각함수와 수열의 합   정답 ③

첫째항과 공차가 정수인 등차수열 $\{a_n\}$은 모든 항이 정수이므로 $\sin(\pi a_n) = 0$이다.

$\cos(\pi a_n)$은 a_n이 홀수일 때 -1, 짝수일 때 1이므로

$$b_n = \begin{cases} -n+1 & (n\text{이 홀수}) \\ n+1 & (n\text{이 짝수}) \end{cases}$$ 이다.

$\sum_{n=1}^{7} b_n = 3$이므로 식을 만족하는 수열 $\{a_n\}$은 첫째항과 공차가 모두 홀수일 때

$\sum_{n=1}^{7} b_n = 0 + 3 - 2 + 5 - 4 + 7 - 6 = 3$을 만족한다.

b_{48}, b_{50}은 짝수, b_{49}는 홀수이므로

$b_{48} + b_{49} + b_{50} = 49 - 48 + 51 = 52$이다.

12 수열의 합과 일반항 사이의 관계   정답 ④

$S_n = 2a_n - pn$에서

$S_1 = a_1 = 2a_1 - p$ $\therefore a_1 = p$

$S_{n+1} = 2a_{n+1} - p(n+1)$, $S_n = 2a_n - pn$이므로

$S_n - S_{n-1} = 2(a_n - a_{n-1}) - pn + p(n-1)$ $(n \geq 2)$

$\therefore a_n = 2a_{n-1} + p$ $(n \geq 2)$

$n = 1$을 대입하면 $S_1 = a_1$이므로

$a_n = p(2^n - 1)$ $(n \geq 1)$ 이다.

$$\sum_{k=1}^{6} \frac{p + a_k}{a_k a_{k+1}} = \sum_{k=1}^{6} \frac{p + a_k}{a_k(2a_k + p)}$$

$$= \sum_{k=1}^{6} \left(\frac{1}{a_k} - \frac{1}{2a_k + p} \right)$$

$$= \sum_{k=1}^{6} \left(\frac{1}{a_k} - \frac{1}{a_{k+1}} \right)$$

$$= \left(\frac{1}{a_1} - \frac{1}{a_2} \right) + \left(\frac{1}{a_2} - \frac{1}{a_3} \right) + \cdots + \left(\frac{1}{a_6} - \frac{1}{a_7} \right)$$

$$= \frac{1}{a_1} - \frac{1}{a_7}$$

$$= \frac{1}{p} - \frac{1}{127p} = \frac{126}{127p}$$

$$p = \frac{1}{3} \times \frac{126}{127} = \frac{42}{127}$$

13 곡선과 좌표축 사이의 넓이   정답 ②

함수 $f(x) = x^3 + 6x^2 + 13x + 8$이 직선 $y = x$와 만나는 점을 구하기 위해 방정식을 풀이하면 다음과 같다.

$x^3 + 6x^2 + 13x + 8 = x$

$x^3 + 6x^2 + 12x + 8 = 0$

$(x+2)^3 = 0$, $x = -2$이므로 함수 $f(x) = x^3 + 6x^2 + 13x + 8$와 직선 $y = x$는 $x = -2$에서 만난다.

그래프를 그리면 다음과 같다.

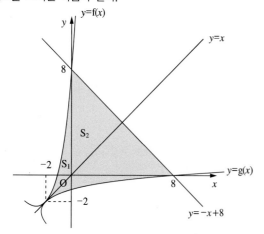

곡선 $y = f(x)$와 직선 $y = x$, y축으로 둘러싸인 넓이를 S_1, x축과 y축, 직선 $y = -x + 8$으로 둘러싸인 넓이를 S_2라 하자.

$$S_1 = \int_{-2}^{0} (x^3 + 6x^2 + 13x + 8 - x) dx$$

$$= \left[\frac{1}{4}x^4 + 2x^3 + 6x^2 + 8x \right]_{-2}^{0}$$

$$= -(4 - 16 + 24 - 16) = 4$$

$$S_2 = \frac{1}{2} \times 8 \times 8 = 32$$

$$\therefore 2S_1 + S_2 = 2 \times 4 + 32 = 40$$

> **개념 체크체크**
>
> **역함수의 그래프**
>
> 함수 $y = f(x)$의 그래프와 그 역함수 $y = f^{-1}(x)$의 그래프는 직선 $y = x$에 대하여 대칭이다.

14 지수함수의 그래프와 절댓값   정답 ④

자연수 n에 대하여 함수 $y = f(x) = |2^{|x-n|} - 2n|$이라고 정의하면,

$f(2n-x) = |2^{|n-x|} - 2n| = |2^{|x-n|} - 2n| = f(x)$이므로

함수 $y = f(x)$의 그래프는 직선 $x = n$에 대하여 대칭이다.

$f(0) = 2^n - 2n$, $f(n) = 2n - 1$이므로 함수 $f(x)$의 그래프를 그리면 다음과 같다.

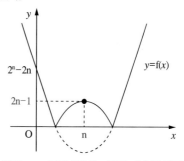

함수 $f(x)$와 직선 $y = 15$가 만나는 점의 개수를 구해야 하므로, 먼저 그래프들의 관계를 파악한다.

$f(0)$과 $f(n)$을 보면, $n \leq 3$에서는 $f(n) = 2n - 1$값이 더 크나 $n \geq 4$에서는 $f(0) = 2^n - 2n$값이 더 크다.

직선 $y = 15$는 $n \leq 4$에서는 $f(0)$과 $f(n)$보다 큰 값을 가지나 $5 \leq n \leq 7$에서는 $f(0)$과 $f(n)$ 사이의 값을 가진다. $n = 8$에서는 $f(n)$과 같은 값을 가지며, $n \geq 9$에서는 $f(n)$보다 작은 값을 가진다. 또한 $n = 1, 2$일 때 $f(0) = 0$이다.

(i) $n = 1, 2$

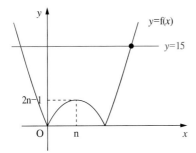

제1사분면에서 만나는 점은 1개이다.

(ii) $n = 3$

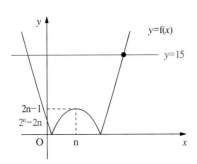

제1사분면에서 만나는 점은 1개이다.

(iii) $n = 4$

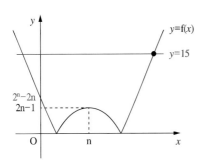

제1사분면에서 만나는 점은 1개이다.

(iv) $5 \leq n \leq 7$

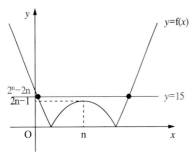

제1사분면에서 만나는 점은 2개이다.

(v) $n = 8$

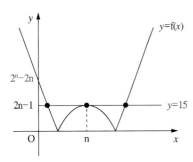

제1사분면에서 만나는 점은 3개이다.

(vi) $n \geq 9$

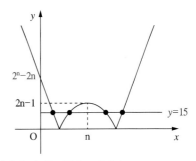

제1사분면에서 만나는 점은 4개이다.

$$\therefore \sum_{n=1}^{20} a_n = 1 \times 4 + 2 \times 3 + 3 \times 1 + 4 \times 12 = 61$$

15 함수의 정적분과 사잇값의 정리   정답 ⑤

삼차함수 $f(x) = ax^3 + bx^2 + cx + d(a \neq 0)$는 주어진 조건 (가),
(나)를 만족하므로 대입하여 정리하면 다음과 같다.

$$\int_{-1}^{1} f(x)\,dx = \int_{-1}^{1} (ax^3 + bx^2 + cx + d)\,dx$$
$$= 2\int_{0}^{1} (bx^2 + d)\,dx = 2\left[\frac{b}{3}x^3 + dx \right]_0^1$$
$$= \frac{2b}{3} + 2d = 0$$

$$\therefore \ d = -\frac{b}{3}$$

$$\int_{-1}^{1} xf(x)\,dx = \int_{-1}^{1} (ax^4 + bx^3 + cx^2 + dx)\,dx$$
$$= 2\int_{0}^{1} (ax^4 + cx^2)\,dx = 2\left[\frac{a}{5}x^5 + \frac{c}{3}x^3 \right]_0^1$$
$$= \frac{2a}{5} + \frac{2c}{3} = 0$$

$$\therefore \ c = -\frac{3}{5}a$$

ㄱ. $abcd = ab\left(-\frac{3}{5}a\right)\left(-\frac{b}{3}\right) = \frac{1}{5}a^2b^2 \geq 0$

ㄴ. $f(-1) = -a + b - c + d = -\frac{2}{5}a + \frac{2}{3}b$

$f(0) = d = -\frac{b}{3}$

$ab < 0$ 이면

$$f(-1)f(0) = \left(-\frac{2}{5}a + \frac{2}{3}b\right)\left(-\frac{b}{3}\right) = \frac{2}{15}ab - \frac{2}{9}b^2 < 0$$

함수 $f(x)$는 닫힌구간 $[0, 1]$에서 연속이고 $f(-1)$과 $f(0)$의
부호가 서로 다르므로 사잇값 정리에 의하여 방정식 $f(x) = 0$
은 열린구간 $(-1, 0)$에서 적어도 한 개의 실근을 갖는다.

ㄷ. $f(1) = a + b + c + d = \frac{2}{5}a + \frac{2}{3}b$

$f(0) = d = -\frac{b}{3}$

$ab > 0$ 이면

$$f(0)f(1) = \left(-\frac{b}{3}\right)\left(\frac{2}{5}a + \frac{2}{3}b\right) = -\frac{2}{15}ab - \frac{2}{9}b^2 < 0$$

사잇값 정리에 의하여 방정식 $f(x) = 0$은 열린구간 $(0, 1)$에서 적어도 한 개의 실근을 갖는다.

함수 $f(x)$의 세 근을 각각 α, β, γ라고 하면 세 근의 합과 곱은 다음과 같다.

$$\alpha + \beta + \gamma = -\frac{b}{a} < 0, \ \alpha\beta\gamma = -\frac{d}{a} = \frac{b}{3a} > 0$$

$\alpha > 0$이라고 가정하면 두 식에 의해 $\beta + \gamma < 0$, $\beta\gamma > 0$이다. 이 식을 만족하려면 β와 γ는 둘다 0보다 작거나 허근이어야 한다.

즉, 방정식 $f(x) = 0$은 열린구간 $(-1, 0)$에서 오직 한 개의 실근을 갖는다.

◁ 개념 체크체크 ▷

사잇값의 정리

함수 $f(x)$가 닫힌 구간 $[a, b]$에서 연속이고 $f(a) \neq f(b)$일 때, $f(a)$와 $f(b)$ 사이의 임의의 실수 k에 대하여 $f(c) = k$인 c가 a, b사이에 적어도 하나 존재한다.

---

16 정적분의 계산 정답 ④

삼차함수 $f(x) = x^3 - x^2 - 2x$의 그래프와 직선 $y = kx$는 서로 다른 세 점에서 만나므로 원점이 아닌 두 교점의 x좌표를 각각 α, β ($\alpha < \beta$)라고 하자.

$$x^3 - x^2 - 2x = kx$$
$$x\{x^2 - x - (k+2)\} = 0$$

$x = 0$ 또는 $x^2 - x - (k+2) = 0$이다.

근과 계수의 관계에 의하여 $\alpha + \beta = 1$, $\alpha\beta = -k-2$이다.

$S_2 - S_1 = 18$이므로 $S_1 - S_2 = -18$이고, 삼차함수와 접선으로 둘러싸인 도형의 넓이를 구하는 공식을 이용하면 다음과 같다.

$$\int_{\alpha}^{\beta} x(x-\alpha)(x-\beta)dx$$
$$= \int_{\alpha}^{\beta} \{(x-\alpha) + \alpha\}(x-\alpha)(x-\beta)dx$$
$$= \int_{\alpha}^{\beta} (x-\alpha)^2(x-\beta)dx + \alpha \int_{\alpha}^{\beta} (x-\alpha)(x-\beta)dx$$
$$= -\frac{(\beta-\alpha)^4}{12} - \frac{\alpha(\beta-\alpha)^3}{6} = -\frac{(\beta-\alpha)^3(\beta+\alpha)}{12}$$
$$= -\frac{(\beta-\alpha)^3}{12} = -18 \ (\because \alpha + \beta = 1)$$

즉, $(\beta-\alpha)^3 = 6^3$이므로 $\beta - \alpha = 6$이고

$(\beta-\alpha)^2 = (\alpha+\beta)^2 - 4\alpha\beta$이므로

$(\beta-\alpha)^2 = 4k+9$, $\beta - \alpha = \sqrt{4k+9}$ 이다.

$\sqrt{4k+9} = 6 \Leftrightarrow 4k = 27$

$$\therefore k = \frac{27}{4}$$

---

17 정적분으로 정의된 함수 + 함수의 미분 정답 ⑤

먼저, 함수 $f(x)$가 실수 전체의 집합에서 연속인지 먼저 확인해보면 다음과 같다.

$$\lim_{x \to 1-} f(x) = \lim_{x \to 1-} (x^2 - 1) = 0$$
$$\lim_{x \to 1+} f(x) = \lim_{x \to 1+} (a - a|x-2|) = 0$$

즉, 함수 $f(x)$는 실수 전체의 집합에서 연속이므로 $\int_b^x f(t)dt$는 미분가능한 함수이다.

$\int_b^x f(t)dt = F(x)$라 하고 함수 $g(x)$를 구간에 따라 정리하면 다음과 같다.

$$g(x) = \begin{cases} x(x-2)F(x) & (x < 0) \\ x(2-x)F(x) & (0 \leq x < 2) \\ x(x-2)F(x) & (x \geq 2) \end{cases}$$

함수 $g(x)$가 실수 전체의 집합에서 연속이려면 $x = 0$, 2에서도 미분가능해야 한다.

(i) $x = 0$

$$\lim_{x \to 0-} \frac{g(x) - g(0)}{x} = \lim_{x \to 0-} \frac{x(x-2)F(x)}{x} = -2F(0)$$
$$\lim_{x \to 0+} \frac{g(x) - g(0)}{x} = \lim_{x \to 0+} \frac{x(2-x)F(x)}{x} = 2F(0)$$
$$\therefore -2F(0) = 2F(0), \ F(0) = 0$$
$$\Rightarrow \int_b^0 f(t)\,dt = 0 \Rightarrow \int_0^b f(t)\,dt = 0$$

(ii) $x = 2$

$$\lim_{x \to 2-} \frac{g(x) - g(2)}{x-2} = \lim_{x \to 2-} \frac{x(2-x)F(x)}{x-2} = -2F(2)$$
$$\lim_{x \to 2+} \frac{g(x) - g(2)}{x-2} = \lim_{x \to 2+} \frac{x(x-2)F(x)}{x-2} = 2F(2)$$
$$\therefore -2F(2) = 2F(2), \ F(2) = 0$$
$$\Rightarrow \int_b^2 f(t)\,dt = 0 \Rightarrow \int_2^b f(t)\,dt = 0$$

(i)과 (ii)에 의하여

$$\int_0^2 f(t)\,dt = \int_0^b f(t)\,d + \int_b^2 f(t)\,dt = 0$$

이다.

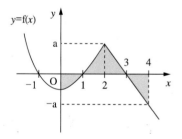

위 그래프에서 색칠한 삼각형들의 넓이는 $-\frac{1}{2}a$로 모두 같고 $\int_2^b f(t)\,dt = 0$이므로 b는 2와 4의 값을 가질 수 있다.

또한, $\int_0^2 f(t)\,dt$이므로

$$\int_0^1 (x^2-1)dx = \left[\frac{1}{3}x^3 - x\right]_0^1 = -\frac{2}{3} = -\left(\frac{1}{2}a\right) \quad \therefore \ a = \frac{4}{3}$$

즉, $a+b$의 최댓값은 $\frac{4}{3}+4 = \frac{16}{3}$ 이다.

18 함수의 극한과 연속

(i) 함수 $h(x)$가 실수 전체의 집합에서 연속이므로
$$\lim_{x\to 2} h(x) = \lim_{x\to 2} \frac{f(x)}{g(x)} = 3$$이고, $x \neq 2$인 모든 실수에 대하여 $g(x) \neq 0$이다. 즉, 삼차함수 $y = g(x)$의 그래프는 x축과 적어도 한 점에서 만나므로 $g(x) = 0$의 실근은 $x = 2$뿐이며 $g(2) = 0$이다. 종합하면 $x \to 2$일 때 분모가 0으로 수렴하고 극한값이 존재하므로 분자도 0으로 수렴한다. 즉, $f(2) = 0$이다.

(ii) $\lim_{x\to\infty} h(x) = \lim_{x\to\infty} \frac{f(x)}{g(x)} = 3$에서 함수 $f(x)$와 $g(x)$는 삼차함수로 동차이므로 두 최고차항의 계수는 각각 $3k$, k로 정의할 수 있다.

(iii) $\lim_{x\to 1} \frac{1}{h(x)} = \lim_{x\to 1} \frac{g(x)}{f(x)} = \infty$이므로 $f(x)$는 $(x-1)$을 인수로 가지며 $f(1) = 0$이라는 것을 알 수 있다. 또한, $g(1) \neq 0$에서 함수 $g(x)$가 $x = 1$의 좌우에서 부호 변화가 없다는 것을 알 수 있으므로 함수 $f(x)$도 $x = 1$의 좌우에서 부호의 변화가 없다고 정의할 수 있다. 즉, $f'(1) = 0$이며 함수 $f(x)$의 개형은 최고차항의 계수의 부호를 모르므로 다음과 같은 두 가지 개형으로 설명될 수 있다.

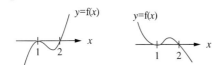

$$\therefore \ f(x) = 3k(x-1)^2(x-2),$$
$$g(x) = k(x-2)(x^2+ax+b)$$

(i)~(iii)을 종합하여 식을 정리하면 다음과 같다.
$$\lim_{x\to 2} h(x) = \lim_{x\to 2} \frac{f(x)}{g(x)} = \frac{3}{4+2a+b} = 3 \quad \therefore \ b = -2a-3$$

(나)에서 방정식 $h(x) = 12$가 오직 하나의 실근을 가진다고 하였으므로,
$$\frac{3(x-1)^2}{x^2+ax-2a-3} = 12, \ 3x^2+2(2a+1)x-8a-13 = 0$$은 중근을 가진다.

판별식을 D라 하면, $4(2a+1)^2 - 4\times 3\times(-8a-13) = 0$, $a = -5 \ \text{or} \ a = -2$이다.

함수 $g(x)$는 $x \neq 2$인 모든 실수에 대하여 $g(x) \neq 0$이므로 $x^2+ax+b = x^2+ax-2a-3 \neq 0$의 판별식을 D'이라 하면,
$D' = a^2 - 4(-2a-3) = (a+2)(a+6) < 0$이므로 $-6 < a < -2$이다. 두 값을 종합하면 $a = -5$, $b = 7$이므로 $h(0)$는 다음과 같이 구할 수 있다.
$$\therefore \ h(0) = \frac{3(0-1)^2}{0^2 - 5\times 0 + 7} = \frac{3}{7}$$

19 삼차함수의 미분과 추론

최고차항의 계수가 1인 삼차함수 $f(x)$에 대하여 함수 $g(x)$가 $g(x) = |f(x)| - f'(x)$라고 주어져 있으므로, $x = 0$을 대입하면 $g(0) = |f(0)| - f'(0)$이다. 조건 (가)에 의하여 $g(0) = f(0) = 1$이므로 $f'(0) = 0$이다.

함수 $f'(x)$는 미분가능한 함수이고, 함수 $y = g(x)$의 그래프는 조건 (다)에 의하여 세 점에서 미분가능하지 않으므로 함수 $y = |f(x)|$의 그래프도 세 점에서 미분가능하지 않다. 함수 $|f(x)|$가 $x = k$에서 미분가능하지 않다고 하면, $f(k) = 0$, $f'(k) \neq 0$이므로 함수 $f(x)$는 x축과 세 점에서 만난다. 또한 조건 (나)에서 방정식 $|f(x)| = 3$의 서로 다른 실근의 개수는 3이라고 하였으므로 함수 $f(x)$의 그래프를 그리면 다음과 같다.

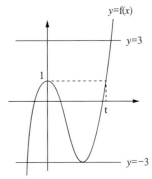

삼차함수 $f(x)$의 식을 정의하기 위해 $y = 1$과 $f(x)$의 교점 중 $(0, 1)$이 아닌 점을 $(t, 1)$이라 하면
$$f(x) = x^2(x-t)+1$$
$$f'(x) = 3x^2 - 2xt$$

$f'(x) = 0$이라 하면 $x = 0$ 또는 $x = \frac{2t}{3}$이다.

$f\left(\frac{2t}{3}\right) = -3$이므로

$$f\left(\frac{2t}{3}\right) = \left(\frac{2t}{3}\right)^2\left(\frac{2t}{3}-t\right)+1 = -3, \ \text{즉,} \ t = 3$$이다.

$$\therefore \ f(x) = x^2(x-3)+1, \ f'(x) = 3x(x-2)$$
$$\therefore \ g(1) = |f(1)| - f'(1) = 4$$

> ◁ 개념 체크체크 ▷
>
> **미분가능과 연속**
> (1) 미분가능
> 함수 $y = f(x)$의 $x = a$에서의 미분계수 $f'(a)$가 존재하면 함수 $y = f(x)$는 $x = a$에서 미분가능하다고 한다.
> (2) 미분가능성과 연속
> 함수 $y = f(x)$가 $x = a$에서 미분가능하면 함수 $y = f(x)$는 $x = a$에서 연속이다. 그러나 일반적으로 그 역은 성립하지 않는다. 즉 연속이지만 미분가능하지 않은 경우도 있다.
> ※ 함수 $y = f(x)$는 $x = a$에서 미분가능하지 않은 경우
>   ① $x = a$에서 불연속인 경우
>   ② $x = a$에서 뾰족점인 경우

20 접선의 방정식   정답 ②

직선 $y = f'(t)(x-t) + f(t)$는 함수 $f(x) = (x+1)^2(x-1)^2$에서 점 $(t, f(t))$에 접하는 직선이다. $-1 \le x \le 1$인 모든 실수 x에 대하여 $f(x) \le f'(t)(x-t) + f(t)$를 만족해야 하므로 그래프를 그려보면 다음과 같다.

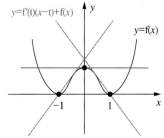

부등식을 만족하는 t의 최댓값은 직선 $y = f'(t)(x-t) + f(t)$가 함수 $f(x)$에 접하고 점 $(1, 0)$을 지날 때이다. 직선의 기울기는 $\dfrac{f(t)}{t-1}$이고, $f'(t)$와 같아야 하므로 계산하면 다음과 같다.

$f(t) = (t-1)f'(t)$

$t^4 - 2t^2 + 1 = (t-1)\{4t(t+1)(t-1)\}$

$(t-1)^2(t+1)(3t-1) = 0$

$t = 1$ 또는 $t = -1$ 또는 $t = \dfrac{1}{3}$

점 $(t, f(t))$는 함수 $f(x)$에 접하면서 열린구간 $(-1, 1)$에 있으므로 $t = \dfrac{1}{3}$이다.

21 수열의 귀납적 정의   정답 34

(나)에서 $a_5 = 1$이라고 주어져 있으므로 순서대로 구해보면, $a_4 = 2$, $a_3 = 1$ or $a_3 = 4$이다.

(i) $a_3 = 1$일 때
    수열 $\{a_n\}$은 모든 항이 자연수이므로 $a_2 = 2a_3 = 2$, $a_1 = 1$ or $a_1 = 4$

(ii) $a_3 = 4$일 때
    $a_2 = 4 - 1 = 3$ or $a_2 = 2 \times 4 = 8$이다.

다시 경우를 나누어 구하면

(ㄱ) $a_2 = 3$이므로 $a_1 = 2 \times 3 = 6$,

(ㄴ) $a_2 = 8$이므로 $a_1 = 8 - 1 = 7$ or $a_1 = 2 \times 8 = 16$이다.

그러므로 모든 a_1의 합은 $1 + 4 + 6 + 7 + 16 = 34$이다.

$\therefore 34$

22 지수함수와 로그함수의 추론   정답 64

$x \le \log_2(x+n) \Leftrightarrow 2^x \le x+n$

$\therefore 2^x - x \le n$

$n = 1$이면 $2^x - x \le 1$이므로 $x = 1$

$n = 2$이면 $2^x - x \le 2$이므로 $x = 1, 2$

$n = 5$이면 $2^x - x \le 5$이므로 $x = 1, 2, 3$

$n = 12$이면 $2^x - x \le 12$이므로 $x = 1, 2, 3, 4$

$n = 27$이면 $2^x - x \le 27$이므로 $x = 1, 2, 3, 4, 5$

즉, n이 2~4일 때는 $f(n) = 2$, 5~11일 때는 $f(n) = 3$, 12~20일 때는 $f(n) = 4$이다.

$\therefore 1 + 2 \times 3 + 3 \times 7 + 4 \times 9 = 64$

23 다항함수의 결정 + 함수의 극값   정답 74

주어진 식 $f(x - g(y)) = (x + 4y^2 - 1)^3 - 3$의 양변에 $y = 0$을 대입하면

$f(x - g(0)) = (x-1)^3 - 3$이다.

$f(0) = 5$를 만족시키기 위하여 양변에 $x = 3$을 대입하면

$f(3 - g(0)) = 2^3 - 3 = 5$, $g(0) = 3$이다.

따라서 $f(x - 3) = (x-1)^3 - 3$이므로 정리하면

$f(x) = (x+2)^3 - 3$이다.

주어진 식 $f(x - g(y)) = (x + 4y^2 - 1)^3 - 3$의 양변에 $x = g(y)$를 대입하면

$f(0) = (g(y) + 4y^2 - 1)^3 - 3 = 5$이다. 식을 정리하면

$(g(y) + 4y^2 - 1)^3 = 2$, $g(y) = -4y^2 + 3$, $g(x) = -4x^2 + 3$이다.

$h(x) = f(x) - g(x) = x^3 + 10x^2 + 12x + 2$

$h'(x) = (3x+2)(x+6)$

함수 $h(x)$는 최고차항이 양수인 삼차함수이므로 극댓값은 $x = -6$에서 가진다.

$\therefore h(-6) = 74$

24 함수의 부정적분과 정적분   정답 4

주어진 조건 (가)에서

$(f'(x) + 2)(f'(x) - 2) = x(x-4)$

$\{f'(x)\}^2 = x^2 - 4x + 4 = (x-2)^2$

$\{f'(x) - (x-2)\}\{f'(x) - (-x+2)\} = 0$

$\therefore f'(x) = x - 2$ 또는 $f'(x) = -x + 2$

주어진 조건 (나)에서

$f(0) < f(4)$이므로 $f(4) - f(0) = \displaystyle\int_0^4 f'(x)dx > 0$이고 해당 조건을 만족하는 도함수 $y = f'(x)$의 그래프를 그리면 다음과 같다.

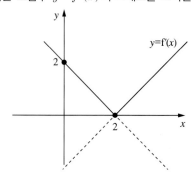

도함수 $f'(x)$를 적분하여 함수 $f(x)$를 구하면 다음과 같다.

$$f(x) = \begin{cases} -\dfrac{1}{2}x^2 + 2x + C_1 & (x < 2) \\ \dfrac{1}{2}x^2 - 2x + C_2 & (x \geq 2) \end{cases}$$

조건 (나)에서 $f(2) = 1$이므로 값을 대입하면 $C_1 = -1$, $C_2 = 3$이다.

$$f(x) = \begin{cases} -\dfrac{1}{2}x^2 + 2x - 1 & (x < 2) \\ \dfrac{1}{2}x^2 - 2x + 3 & (x \geq 2) \end{cases}$$

$$\int_0^4 f(x)\,dx = \int_0^2 f(x)\,dx + \int_2^4 f(x)\,dx$$
$$= \int_0^2 \left(-\frac{1}{2}x^2 + 2x - 1\right)dx + \int_2^4 \left(\frac{1}{2}x^2 - 2x + 3\right)dx$$
$$= \frac{2}{3} + \frac{10}{3} = 4$$

$$\therefore\ 4$$

25 지수함수와 수열의 합 정답 115

$f(x) = \dfrac{2^x}{2^x + \sqrt{2}}$ 에서

$f(1-x) = \dfrac{2^{1-x}}{2^{1-x} + \sqrt{2}} = \dfrac{\sqrt{2}}{2^x + \sqrt{2}}$ 이므로

$f(x) + f(1-x) = 1$이다.

$a_n = f\left(\dfrac{1}{n}\right) + f\left(\dfrac{2}{n}\right) + f\left(\dfrac{3}{n}\right) + \cdots + f\left(\dfrac{n-1}{n}\right) + f\left(\dfrac{n}{n}\right)$ 에서

$f\left(\dfrac{1}{n}\right) + f\left(\dfrac{n-1}{n}\right) = 1$, $f\left(\dfrac{2}{n}\right) + f\left(\dfrac{n-2}{n}\right) = 1$이 성립하므로 다음과 같이 정리할 수 있다.

$a_n = (n-1) \times \dfrac{1}{2} + f(1)$

$\quad = \dfrac{n-1}{2} + \dfrac{2}{2+\sqrt{2}} = \dfrac{n-1}{2} + 2 - \sqrt{2}$

$\therefore \displaystyle\sum_{n=1}^{20} a_n = \dfrac{19 \times 20}{2} \times \dfrac{1}{2} + 20(2 - \sqrt{2}) = 135 - 20\sqrt{2}$

$\therefore\ p + q = 135 - 20 = 115$

제 1 교시 **국어영역**   문제 ▶ p. 50

01 ②	02 ⑤	03 ④	04 ①	05 ③
06 ①	07 ②	08 ⑤	09 ②	10 ③
11 ①	12 ②	13 ⑤	14 ②	15 ④
16 ④	17 ③	18 ⑤	19 ⑤	20 ②
21 ④	22 ⑤	23 ③	24 ④	25 ③
26 ②	27 ④	28 ①	29 ⑤	30 ②
31 ①	32 ①	33 ②	34 ⑤	35 ④
36 ②	37 ②	38 ⑤	39 ③	40 ③
41 ④	42 ③	43 ①	44 ①	45 ③

01~05

▶ 갈래 : 설명문
▶ 제제 : 실험실 의학
▶ 주제 : 19세기 실험실 의학의 정립 과정
▶ 내용 요약 :

19세기 초 (1800년대 초)	실험과학의 방법을 엄격히 적용해야 의학이 진보한다는 믿음이 확산되었고, 실험실 의학이 체계적으로 시도되기 시작함 유스투스 리비히 : – 실험실에 기반을 둔 의학 모델을 개발함 – 생물학적 기능을 신체 내부의 화학적, 물리적 과정의 결과로 연구함 클로드 베르나르도 : – 실험실 과학을 프랑스 의학의 일부분으로 승격하는 데 중요한 역할을 함 – 의학 교육과 연구에서 실험 과학이 담당하는 역할을 강력하게 옹호함 – 통제된 실험실 환경에서의 동물 실험이 필수적이라 생각함
1830년대	세포의 구조를 확인하였고 '자연발생설'이 일반적인 견해였음
1850년대	파스퇴르 : – 효모가 당분을 먹어 발효가 일어남을 밝힘 – 상한 고기의 구더기 역시 다른 미생물이 관여했을 가능성을 생각함 – 소독된 실험기구와 오염되지 않은 환경에서는 유기물이 발생하지 않는다고 주장함
	푸셰 : – 파스퇴르와 유사한 실험을 함 – 미생물을 발견함 이 둘을 통해 실험 방법의 중요성을 다시 확인하게 됨
1860~ 70년대	파스퇴르가 질병세균설 옹호. 백신을 개발함
이후	실험 도구와 장비 개선하여 당대 과학은 물론 의학 연구에도 큰 발전을 야기하여 현미경, 표본준비도구를 개선하고 착색제를 사용하게 되었고 이러한 개선들을 통해 실험실 의학이 정당성을 확보함

01 글의 중심 내용 파악하기   정답 ②

② 이 글은 19세기 초반부터 20세기로 넘어오기까지 실험실 의학이 어떻게 정립되어 왔는지 그 과정을 시대 순으로 정리하여 보여주고 있다. 특히 중요한 역할을 한 과학자들을 시대 순으로 소개하면서 글의 이해를 돕고 있다. 따라서 선지의 설명은 적절하다.

오답 분석

① 1850년대 '파스퇴르–푸셰 논쟁'으로 자연발생설에 대한 사건이 있었지만 이는 일부 내용으로 전체 내용을 대표한다고 볼 수는 없다.
③ 선지 ①에서 언급한 대로 해당 논쟁은 일부에 해당할 뿐 글 전체 내용을 대표한다고 볼 수는 없다.
④ 시대 순으로 나열하며 1850년대 파스퇴르 대에 성과를 언급하고 있지만, 한계를 지적하지 않으며 이 내용이 중심 내용도 아니다.
⑤ 19세기 중반 이후 파스퇴르가 크게 언급되고 있으나 전체 내용을 대표하는 것은 아니므로 선지의 설명은 적절하지 않다.

02 글의 세부 내용 파악하기   정답 ⑤

⑤ 실험실 의학의 중요성은 1문단에서 언급하듯 이미 19세기 초반부터 인식이 확산되고 있었고, 이런 실험실 의학의 정비 이후 여러 성과들을 거쳐 20세기 이후에는 실험실 의학이 정당성을 확보하게 되었음을 설명하고 있다. 따라서 선지의 설명은 적절하지 않다.

오답 분석

① 4, 5문단에서 이와 관련된 내용을 자세히 설명하고 있다. 이 논쟁은 파스퇴르의 승리로 끝났다.
② 3문단에서 이에 관한 내용을 확인할 수 있다.
③ 4문단에서 효모가 포도나 밀가루 반죽의 당분을 먹고 일련의 생물학적 과정을 거쳐 발효가 일어남을 확인했다고 언급하고 있다.

④ 5문단에서 파스퇴르는 실험기구의 소독, 오염되지 않은 환경이
중요하다는 것을 주장하였고, 푸셰의 관찰은 실험기구의 오염으
로 일어난 결과라고 하였다.

03 문맥적 의미 파악하기   정답 ④

④ 1830년대 이후에도 과학자들은 '자연발생설'에 대해 논쟁을 벌여
왔는데, 이 시기 과학자들의 일반적인 견해는 영양분이 공급되는
환경에서 이 구더기들이 일종의 화학적 과정을 통해 만들어졌다
는 것이었다. 정확한 이유는 모르기 때문에 차선책으로 일반적인
견해에 따라 해석한 것이다.

오답 분석

① 그 당시 과학자들은 구더기가 어디서 왔는지 정확하게 설명할 수
없었기 때문에 선지의 설명은 적절하지 않다.

② 구더기의 발생을 정확히 알 수 없었기 때문에 아는 것도 없었고,
속일 것도 없었다.

③ 정확한 답을 알 수 없는 상황이었으므로 선지의 설명은 적절하지
않다.

⑤ 구더기의 자연발생설에 관한 논쟁을 벌이긴 했지만, 확실한 이유
는 없었기에 그저 그 당시의 일반적인 견해를 따라 해석했다고 했
으므로 선지의 설명은 적절하지 않다.

04 문맥적 의미 파악하기   정답 ①

① ⓛ은 1830년대 이후부터 1850년대 후반까지 파스퇴르-푸셰 논
쟁이 일어나기 전까지의 시대를 의미한다. '고온의 가열에도 죽지
않는 균이 존재한다.'라는 내용을 알고 있는 시대는 오늘날이므로
적절한 답이 아니다.

오답 분석

② 4문단에서 파스퇴르가 발효에 대해 알아내기 전까지만 해도 발효
는 효모에 의해 반응 속도가 높아진 일종의 화학적 반응으로 이해
했다고 언급하고 있다.

③ 3문단에서 '자연발생설'에 대해 언급하고 있다.

④ 3문단에서 아무것도 덮지 않고 식탁에 고기 조각을 방치하면 며
칠 안에 구더기가 생긴다는 사실을 알고 있다고 언급하고 있으므
로 외부적 관찰을 통해 구더기가 발생함을 확인하고 있다.

⑤ 3문단에서 구더기가 생기는 것에 대해 과학자들은 영양분이 공급
되는 환경에서 이 생물들이 일종의 화학적 과정을 통해 만들어졌
다고 해석하였다고 언급하고 있다.

05 외적 준거에 적용하기   정답 ③

③ 〈보기〉에서 파스퇴르는 면역과 관련된 미생물의 존재를 확인하고
백신을 만들어 면역이 생기는 과정을 사람들 앞에서 증명했다. 이
는 병을 일으키는 원인이 미생물과 관련이 있다는 생각에서 비롯
된 실험 결과라고 볼 수 있으므로 선지의 설명은 적절하다.

오답 분석

① 파스퇴르가 닭콜레라를 치료하는 데 백신을 사용한 까닭은 백신
속의 미생물이 병균 억제에 중요했기 때문이므로 선지의 해설은
적절하지 않다.

② 파스퇴르가 푸셰와의 논쟁에서 증명한 것은 철저히 소독된 실험
기구와 오염되지 않은 환경에서는 어떤 유기물도 발생하지 않는
다는 것이다. 따라서 〈보기〉의 내용과는 관련이 없다.

④ 파스퇴르는 결과를 우연에 맡기지 않고 실험하여 그 효과를 증명
하였으므로 선지의 설명은 적절하지 않다.

⑤ 파스퇴르가 공개실험을 한 이유는 백신의 효과를 증명하기 위함
이라고 〈보기〉에서 언급하고 있으므로 선지의 내용은 적절하지
않다.

06~10

이청준, 「잔인한 도시」

▶ 갈래 : 현대소설

▶ 성격 : 현실 비판적

▶ 제재 : 교도소에서 출소한 늙은 사내와 속날개가 제거된 새

▶ 시점 : 3인칭 전지적 작가 시점

▶ 주제 :
  - 도시 속 현대인의 소외와 인간 상실의 문명 비판
  - 도시의 비정함에 대한 비판과 자유에 대한 열망

▶ 정서 및 태도
  연민과 동질감 : 속날개가 제거된 새에게 동병상련을 느끼며
  도시를 떠나 남쪽으로 함께 떠남

▶ 특징
  - '새'를 통해 자유를 상징적으로 보여주면서 주제 의식을 드
    러냄
  - '새'를 통해 폭력적이고 억압적이며 인간을 소외시키는 현
    대 사회의 비정함을 드러내고 있음
  - 불행을 간직하고 사는 사내와 새의 이미지를 연결함
  - '방생'을 파는 비정한 새 장수의 모습을 통해 마음껏 자유를
    누리고 싶어도 다시 현대 사회의 구조에 얽혀 빠져나갈 수
    없는 거짓된 자유의 모습을 보여줌
  - 도시와 대비되는 남쪽은 진실의 공간이자 자유의 공간임

06 글의 시점 파악하기   정답 ①

이 소설은 작가가 모든 것을 알고 조율하는 전지적 작가 시점이다.
따라서 등장인물의 세세한 심리와 행동, 말을 통해 좀 더 명확하게
독자에게 주제 의식을 전달할 수 있다. 따라서 '이야기의 전모를 알고
있는 전지적 서술을 통해 인물의 행위와 심리가 밀도 있게 드러난다.'
라는 선지의 설명은 적절하다고 볼 수 있다.

07 문맥적 의미 파악하기
정답 ②

② (가)의 교도소와 방생의 집은 상반되는 의미를 지니는 공간들이다. 교도소는 삶을 억압하는 장소이고 방생의 집은 자유를 위해 새를 놓아주는 공간이다. 사내는 교도소에서 석방되어 출소한 사람으로, 세상에 방생된 것과 같은 처지이다. 따라서 억압에서 자유로 처지가 바뀌었으므로 이와 관련한 새로운 사건이 일어나게 될 것임을 예고하는 것이라 할 수 있으므로 선지의 설명은 적절하다.

오답 분석
① 이 소설에서는 공간이 큰 의미를 차지하고 있기 때문에 시간적 배경은 상대적으로 덜 중요하므로 선지의 설명은 적절하지 않다.
③ 일상에 변화를 주는 행위가 아니라 일상 자체가 억압에서 자유로 바뀐 것이므로 선지의 설명은 적절하지 않다.
④ 사내는 출소 후 조심스러워하고 있다. 따라서 위기감이 고조된다는 선지의 설명은 적절하지 않다.
⑤ 공간적 배경의 변화된 분위기가 조성된 것은 맞지만 사건 해결의 실마리가 생긴 것은 아니다.

08 단어의 문맥적 의미 파악하기
정답 ⑤

본문에서 '녀석'은 새 장수에게 쫓기던 '새'로 사내가 전에 방생한 새이다. 사내는 그 새에게 특별한 의미를 부여하며 동병상련을 느끼며, 남쪽으로 가는 길에 품에 넣어 데리고 간다. 발을 꼼지락거릴 때 사내가 만족스러운 웃음을 짓는 것을 통해 '새'에게 위로받고 있음을 짐작할 수 있다. 하지만 '사내'는 '새'와 재회를 기대하지 않았고 중략 부분 줄거리를 통해 우연히 상처 입은 새를 구해준 것임을 알 수 있다.

09 문맥적 의미 파악하기
정답 ②

'도시'는 사내에게 폭력과 억압의 세계였다. 또, 소외 의식을 느낄 수밖에 없는 곳으로 사내에게는 부정적인 공간이라고 볼 수 있다. 그런 사내를 스쳐 지나 도시로 들어가는 사람들은 사내와 지향하는 가치관이 상반될지는 몰라도 사내에게 그 어떤 간섭도 하지 않았으며 사내 스스로 그들이 지나갈 때까지 말을 끊었다. 따라서 선지의 설명은 적절하지 않다.

10 외적 준거로 작품 감상하기
정답 ③

〈보기〉에서 사내가 도시를 떠나는 것이 '잔인한 도시'에 대적하여 투쟁하는 수행에 수렴되는 것이라 하였지만 싸움의 승패는 섣불리 확신하기 어렵다고 하였다. 하지만 선지에서는 '사내'가 도시에 대적한 투쟁의 성공에 대한 확신과 의구심이 혼재하고 있다고 설명하였으므로 적절한 설명이 아니다. 또, '새'는 사내에게 동병상련의 존재이자 위로의 존재이므로 사내의 내적 갈등을 불러일으키는 존재는 아니다. 따라서 선지의 설명은 적절하지 않다.

11~15

오규원, 「문」
▶ 갈래 : 자유시, 서정시
▶ 성격 : 역설적, 개성적
▶ 제재 : 문
▶ 주제 : 문에 대한 일반적인 인식 비틀기
▶ 특징
　– 문에 대한 일반적인 인식을 비틀며 통념을 부정하고 새로운 인식을 부여함
　– 통사 구조를 반복하여 운율을 만들고 있음
　– 대비되는 시어를 활용하여 주제 의식을 강조함(열림 ↔ 닫힘, 문 ↔ 담이나 벽)
　– 동일 구절을 반복하여 문이 있는 일상적 상황을 제시하고 있다.
▶ 구성

1연	문의 크기와 열리고 닫힘의 무관함
2연	열림과 닫힘이 달라질 수 있는 가능성
3연	문의 닫힘과 열림에 대한 확증이 없음
4연	문의 일반적 속성과 열림에 대한 가능성 변화
5연	문의 기능과 모양
6연	문이 담이나 벽이 될 수 있는 가능성

정지용, 「유리창 1」
▶ 갈래 : 자유시, 서정시
▶ 성격 : 상징적, 감각적, 회화적
▶ 제재 : 유리창, 자식의 죽음
▶ 주제 : 자식을 잃은 슬픔과 죽은 이에 대한 그리움
▶ 정서 및 태도 : 유리창을 닦는 행위를 통해 아이가 곁에 없는 외로움과 아이의 영혼과 교감하는 황홀함이 교차하는 순간을 역설적으로 표현하고 있다.
▶ 특징
　– 화자의 감정을 절제하여 표현함
　– 선명하고 감각적인 이미지를 사용함
　– 역설적 표현을 통해 시의 함축성을 높임
▶ 구성

1~3행	유리창에 비친 부재하는 대상(죽은 아이)의 모습
4~6행	유리창에 비친 밤 경관의 모습
7~8행	밤에 홀로 유리를 닦는 화자의 고독한 심정
9~10행	산새처럼 날아간 아이에 대한 상실감

11 세부 내용 파악하기   정답 ①

① (가)는 '문'에 대한 일반적인 속성을 무너뜨리고 낯설게 하기를 사용하여 새로운 시각과 가능성을 제시하고 있으므로 감각적인 표현을 사용했다고 보기는 어렵다. (나)는 유리창을 닦는 행위를 통해 아이의 부재로 인한 외로움, 아이의 영혼과 교감하는 황홀감을 모두 느끼고 있으므로 선지의 설명은 적절하다고 볼 수 있다.

오답 분석

② 선지의 설명은 (나)에 해당한다고 볼 수 있다. 유리창을 닦는 행위를 통해 아이가 없는 현실과 아이의 영혼과의 교감(환상)을 경험하며 외로움과 황홀감이라는 모순된 감정을 느끼고 있다.

③ (가)의 화자는 시적 대상인 '문'에 대해 기존과는 다른 문의 가능성을 제시하고 있으므로 긍정적 태도를 지니고 있다고 볼 수 있고, (나)의 화자는 시적 대상에 대해 그리움을 가지고 시적 대상의 영혼이라도 느껴보고자 유리창을 닦고 있다. 따라서 시적 화자에 대한 태도가 드러나지 않는다는 설명은 적절하지 않다.

④ (가)에서는 '문', (나)에서는 '유리창'이라는 상징적 표상을 사용하였으나 이것이 대상에 대한 통념을 비판하는 것은 아니므로 선지의 설명은 적절하지 않다.

⑤ 반복과 병치를 사용하는 것은 (가)에만 해당하므로 선지의 설명은 적절하지 않다.

12 세부 내용 파악하기   정답 ②

② (가)는 일상적인 소재인 '문'에 낯설게 하기를 사용하여 문이 '담'이 될 수도, '벽'이 될 수도 있다는 새로운 가능성을 제시하고 있다. 따라서 '삶의 무상함을 표현한다.'라는 선지의 설명은 적절하지 않다.

오답 분석

① 문이 '우리 집'에서 '어느 집'으로 확대되며 문이 다른 것이 될 수도 있다는 인식으로 확장되고 있으므로 선지의 설명은 적절하다.

③ '문'은 어느 집에나 있는 것이지만, 언제나 열려 있는 것도 아니고 언제나 닫혀 있는 것도 아니다. 선지의 설명처럼 '집'을 '개인'으로 보자면 '문'은 다른 사람들에게 자신을 열어 보일 것인가 말 것인가를 결정하는 도구로 볼 수 있다. 따라서 남들에게 세우는 '벽'이나 '담' 같은 것이다. 이런 의미에서 보았을 때 '문', '담', '벽'은 다른 사람과의 다양한 소통 관계라고 볼 수 있다.

④ '문'이라는 일상적 소재에 대한 새로운 성찰로 새로운 의미를 만드는 시도를 하고 있으므로 선지의 설명은 적절하다.

⑤ 선지 ③에서 언급한 것처럼 '집'을 개인으로 볼 수도 있고 또 다른 어떤 것으로 설정할 수도 있을 것이다. 그에 따라 '문', '담', '벽' 역시 의미가 달라질 것이고 읽는 독자에 따라 그것은 무엇이든 될 수 있는 것이다. 따라서 선지의 설명은 적절하다.

13 중심 내용 파악하기   정답 ⑤

⑤ (가) 시는 '문'에 대한 통념을 낯설게 하기로 비틀어 버린 작품이다. 따라서 선지에서 우리가 아는 통념을 비틀어 낯설게 만든 예시를 찾으면 된다. 선지의 '웃음'은 일반적으로 '선의'를 나타내지만, 이것이 '어색함', '위선'이라는 낯선 다른 것을 의미할 수도 있으므로 이것이 '낯설게 하기'를 사용한 비틀기의 예시라고 할 수 있다.

오답 분석

① 우리 모두는 개성적인 인물이라는 해석이므로 '낯설게 하기'와는 거리가 멀다.

② '어린아이의 웃음'은 '밝고 깨끗하다'고 하였으므로 이 역시 '낯설게 하기'와는 거리가 멀다.

③ 선지에는 구조를 비슷하게 전개하는 대구법과 앞뒤가 상반되는 내용이 나오는 대조법이 쓰였으므로 적절하지 않다.

④ 선지의 '웃음'은 '기쁨'을 나타내는 일반적인 표현이므로 '낯설게 하기'와는 거리가 멀다.

14 세부 내용 파악하기   정답 ②

② '길들은 양 언 날개'는 화자가 그리워하는 시적 대상을 의미한다. 이는 화자가 시적 대상을 그리워한 나머지, 환상적으로 보고 있는 착각일 수 있다. 즉, 화자는 유리에 어른거리는 '차고 슬픈 것'을 시적 대상인 '죽은 아이의 영혼'으로 간주하고 '얼어버린 날개'를 가진 새처럼 표현하고 있다. 따라서 이는 시적 대상이 화자를 불러낸 것이 아니라 반대로 화자가 시적 대상을 상상하고 있는 것이므로 선지의 설명은 적절하지 않다.

오답 분석

① '차고 슬픈 것'은 시적 대상을 의미한다. 화자는 시적 대상의 부재에 외로워하고 그리워하고 있고, 시의 내용으로 보아(고운 폐혈관이 찢어진 채로) 폐병(폐렴)에 걸려 죽었음을 짐작할 수 있다. 따라서 차고 슬픈 것은 '죽어서 차가워진 몸', '지금은 같이 할 수 없는 슬픈 존재'로 해석할 수 있으므로 화자의 내면 심리가 투영된 것이라 볼 수 있다.

③ 밤이라는 시간은 시적 대상(아이의 영혼)을 만날 수 있는 소중한 시간이지만 유리창을 통해 교감할 수 있으면서도 만질 수는 없는 시간이다. 여기서 물 먹은 별은 눈물이 어린 화자의 눈에 유리창 밖에서 아이의 영혼이 환상처럼, 반짝 빛나는 보석처럼 보이는 것이다. 따라서 만질 수는 없지만 아이의 영혼을 볼 수 있으므로 슬픔을 황홀의 감정으로 승화시킬 수 있는 시간이다.

④ '고운 폐혈관이 찢어진 채'라는 구절에서 아이가 죽은 원인을 짐작할 수 있다(실제 시인의 아이가 폐렴으로 죽었다). 따라서 아이의 죽음이 시 창작의 배경이었음을 짐작할 수 있다는 선지의 설명은 적절하다.

⑤ '날아갔구나'라는 탄식의 어조는 화자의 곁에 잠시 머물다 산새처럼 떠나버린 아이에 대한 상실감을 표현한 것으로, 화자의 상실감을 시각적으로 표현한 것이라 볼 수 있다. 또한 이러한 어조를 통해 산새처럼 잠시 머물다 날아간 아이를 다시는 볼 수 없다는 현실 인식이 드러나고 있다.

15 단어의 문맥적 의미 파악하기   정답 ④

(가)의 '문'은 일반적으로 열고 닫히는 것, 어느 집에나 있는 것을 의미한다. 하지만 이 시에서 '문'은 단순히 이런 일반적인 의미 외에 '담'이 될 수도, '벽'이 될 수도 있는 가능성을 가진 것으로 표현하고 있다. (나)의 유리 역시 일반적인 의미로는 '투명하고 단단하며 잘 깨지는' 성질을 가진 어떤 물질이다. 하지만 이 시에서는 삶과 죽음의 경계라는 이미지로 쓰이고 있으며 죽은 아이를 만질 수는 없지만 볼 수는 있게 하는 매개체의 역할을 한다. 따라서 두 가지 시어 모두 기존의 뜻과는 다른 속성을 갖는 해석이라 볼 수 있으므로 '문'과 '유리창' 모두 가변적 속성을 지닌 것으로 파악할 수 있다.

16~20

▶ 갈래 : 설명문
▶ 제제 : 인간과 공간
▶ 주제 : 인간이 공간에 가지는 의미
▶ 내용 요약 :

(가)
- 인간의 공간에 대한 지향성 : 사람이 세상에서 필요에 따라 사물을 이용하거나 상호 작용하며 일을 수행하는 이 영역이 인간 삶의 공간이다. 이는 확장, 축소, 다른 양태로 변경될 수 있다.
- 인간이 공간과 맺는 관계 : 인간은 공간 속 '어딘가에' 특정한 위치에 존재한다. 이때 버려졌다고 느낄 수도, 안정감을 느낄 수도 있으며 일체감을 느끼거나 낯설게 여길 수도 있다.
- 하이데거가 주장하는 현대인의 특징 : '던져진 상태'는 인간의 의지와는 무관하거나 혹은 인간의 의지와 반하여 낯선 세계 안에 들어가 있을 때를 의미한다. 이 상태에서 인간은 세계의 지평을 넓히려는 '존재의 기획'을 시도한다. 이것이 실패하면 인간은 던져진 상태에서 벗어나지 못하는데, 이는 현대인의 특징이라 할 수 있다.

(나)
- 장소에 대한 친밀감 : 장소를 경험할 때 생기는 애착이며, 그 장소에 대한 깊은 배려와 관심을 의미한다. 장소에 애착을 갖고 깊은 유대를 가진다는 것은 인간의 중요한 욕구이다.
- 한 장소에 뿌리 내린다는 것을 의미 :
  ① 세상을 내다보는 안전지대를 가지는 것
  ② 사물의 질서 속에서 자신의 입장을 확고하게 파악하는 것
  ③ 특정한 어딘가에 심리적 애착을 가지는 것
  ④ 복잡다단한 경험이 있고, 복잡한 애정과 반응을 불러일으키는 것
- 하이데거의 '아낌' : 사물(장소)을 존재하는 방식 그대로 두고, 무리하게 인간의 의지에 복종시키지 않고 장소를 돌보는 것을 의미한다.

16 세부 내용 파악하기   정답 ④

④ (가)에서 인간은 주변 세계와 관계를 맺는 주체이며 지향성을 가진 존재이다. 공간은 이러한 인간에게 삶의 공간을 제공하며 확장, 축소되거나 다른 양태로 변경될 수 있다고 하였다. 따라서 공간은 고정된 어떤 사물이 아니라 가변적인 것이므로 선지의 설명은 적절하다.

오답 분석

① 1문단에서 공간은 인간이 지향성을 가지고 사물을 이용하거나 대상과 상호 작용하면서 일을 수행하는 삶의 공간이라 하였다. 따라서 공간의 의미는 인간의 지향성에 따라 의미가 있는 것이라 볼 수 있다.
② 3문단에서 던져진 자리에 머무르는 행위는 낯선 세계 안에 들어 있음을 의미한다고 하였다. 하지만 이 던져진 상태는 인간이 그의 의지와는 무관하게 혹은 그의 의지에 반하여 어떤 공간에 들어가 있음을 의미하는 것이기 때문에 존재의 기획을 위한 전략으로서 기능하는 상태는 아니다.
③ 2문단에서 인간은 어딘가에 속해 있고 자신과 한 몸처럼 묶여 있다고 느낄 때 공간에서 안도감을 느낀다고 하였으므로 선지의 설명은 적절하지 않다.
⑤ 2문단에서 인간이 어떤 특정한 위치에 존재할 때는 버려졌다고 느낄 수도 있고, 안도감을 느낄 수도 있으며 낯설게 여기거나 일체감을 느낄 수도 있는 등 다양하게 변화할 수 있다. 따라서 선지에서 불변의 자질을 가지고 있다고 한 설명은 적절하지 않다.

17 내용 전개 방법 파악하기   정답 ③

③ (나)에서는 하이데거의 '아낌'을 설명하기 위해 특정 장소에 대한 인간의 애착과 유대감을 예로 들며 '한 장소에 뿌리 내린다는 것'의 의미에 대해 자세히 설명하고 있다. 또 3문단에서 '아낌'의 정의에 대해 자세히 설명함으로써 공간에 대한 인간의 친밀감을 설명하고 있다. 따라서 선지의 설명은 적절하다.

오답 분석

① 기존 논의의 한계 지적이나 새로운 논점은 제시되지 않고 있다.
② 다른 학자의 견해는 드러나지 않으며 하이데거의 견해만 제시되고 있다.
④ 개념이 잘못 적용된 사례나 바로잡는 과정은 드러나지 않는다.
⑤ 난해한 표현은 나오지 않으며 어떤 개념에 대해 자세히 설명하면서 독자의 이해를 돕고 있다.

18 단어의 문맥적 의미 파악하기   정답 ⑤

1문단에서 인간은 주변 세계와 관계를 맺는 주체이고, 주어진 자리에 머무르지 않고 사물을 이용하거나 상호 작용하며 이리저리 생각하면서 어떤 일을 수행한다고 했다. 이 과정에서 필요한 수행의 영역이 인간의 삶의 공간이고 이는 확장, 축소, 다른 양태로 변경될 수 있으므로 지향성이란 인간의 삶의 공간에서 존재하기 위한 특징을 말한다. 따라서 선지의 설명은 적절하다.

19 구절의 문맥적 의미 파악하기　　　정답 ⑤

⑤ (나)의 2문단에서 '한 장소에 뿌리를 내린다는 것'의 의미에 대해 자세히 나열하고 있지만 해당 내용은 본문에서 언급한 적이 없다.

오답 분석

① 사물의 질서 속에서 자신의 입장을 확고하게 파악하는 것은 인간이 세계에서 입지를 확고하게 할 수 있는 행위로 볼 수 있다.

② 특정 장소에 심리적 애착을 가지는 것은 인간이 장소에 친밀감을 가지려는 적극적인 행위로 볼 수 있다.

③ 애착을 가지는 장소들은 복잡다단한 경험을 가지고 애정과 반응을 불러일으키는 환경을 마련한다고 볼 수 있다.

④ 세상을 내다보는 안전지대를 갖는다는 것은 자신을 보호해줄 영역을 확보하는 것으로 볼 수 있다.

20 외적 준거에 적용하기　　　정답 ②

〈보기〉의 '집'은 하이데거가 주장하는 공간과 특정 장소의 입장과 일맥상통하는 의미를 가진 것으로 파악할 수 있다. 따라서 선지 ②에서 언급한 것처럼 '공간을 인간 자신의 의지에 복종시킨다'라는 표현은 적절하지 않으며, (가)의 1문단에서 언급한 것처럼 공간은 인간이 어떤 일을 해 나갈 때 상호 작용해 나가는 곳이라고 할 수 있다.

21~25

▶ 갈래 : 설명문

▶ 제재 : 게임이론

▶ 주제 : 게임이론과 죄수의 딜레마 게임을 통해 살펴본 기업 간의 협조 관계

▶ 내용 요약 :

전략적 행동	서로 영향을 주고받는 상황에서 상대방의 행동을 고려하여 자신의 행동을 결정함		
게임이론	'전략적 행동'을 연구하는 것을 의미하며, 과점기업들의 경쟁을 설명하는 이론으로 활용됨		
죄수의 딜레마 게임		범죄자 A	
		자백	침묵
	범죄자 B 자백	8년 형	B는 석방 A는 20년 형
	범죄자 B 침묵	A는 석방 B는 20년 형	징역 1년 형 정도

- 범죄자들이 받을 형량은 자신의 선택과 상대방의 선택에 달려있음
- 둘 다 자백하지 않는 것이 더 좋은 결과를 낳지만, 상대방이 자백할 것을 두려워해 결국 둘 다 자백하게 됨
- 이 경우 자백을 '우월전략'이라고 하며, 둘 다 자백한 상태는 '우월전략균형'에 해당함

▶ 게임이론의 핵심 개념

	상대방의 전략에 대응하여 자신에게 더 유리한 결과를 가져올 전략	우월 전략	상대방이 선택한 전략이 무엇이든 상관없이 자신의 입장에서 볼 때 최적의 전략인 경우를 뜻함
최적 대응		우월 전략 균형	우월전략을 선택해서 다른 상태로 바뀔 유인이 없는 상황
내쉬균형	- 주어진 상대방의 전략에 대해서만 최적 대응을 하는 것을 의미하며, 존 내쉬의 균형 개념의 핵심임 - 균형이 아닌 상태에서는 적어도 한쪽이 자신의 전략을 바꿀 유인을 가지며, 그 상태가 유지되지 않으므로 균형이 아님		

- 과점기업과 죄수의 딜레마 게임 : 과점기업들이 협조 관계를 유지하면 더 많은 이윤을 가질 수 있으나 정부가 명시적 담합을 금지하고 있고 기업들이 협조 관계를 유지하는 것은 어렵기 때문에 실제로 이어지기는 어려움
- 만약 '죄수의 딜레마 게임'이 여러 번 반복된다면 상대방의 전략에 맞춰 내 전략을 수정할 수 있음
- 상대방이 자백하여 나에게 보복한다면 다음 게임에서 나 역시 자백하여 상대방에게 보복을 가할 수 있는데, 기업도 이와 마찬가지여서 다른 기업의 보복으로 더 큰 손해를 입을 수도 있음

▶ 과점기업의 협조 관계

협조 유지	공유자원을 사용하는 경우나 불필요한 군비 경쟁 등의 경우 유리하며, 사회적으로 이득이 될 수 있음
협조 실패	기업들이 협조 관계를 유지하지 못하면 오히려 사회적으로 바람직할 수 있음

▶ 시장의 종류

완전경쟁시장	- 시장에서 판매되는 상품이 동일하고 거래자의 수가 매우 많아, 개별 소비자와 생산자가 시장가격에 영향을 미치지 못하는 시장 - 이론상, 시장 중에서 가장 효율적임
독점시장	- 시장 내에 생산자가 오직 하나만 존재하여, 다른 생산자가 진입하기 어려움 - 이익의 극대화를 위해 한계 수익보다 더 높은 가격에 제품을 팔 수도 있음
과점시장	- 소수의 생산자들에 의해 재화와 서비스 생산이 좌우되는 시장 - 소수의 생산자들이 상호의존적인 전략을 펼쳐 독점기업처럼 가격과 생산량을 조절할 수 있는 시장의 형태 - 우리나라의 경우 대표적으로 통신 사업(SK, KT, LG)이 과점시장에 해당함

21 세부 내용 파악하기 정답 ④

④ 이 지문에서 게임이론이 만들어져 지금까지 발전해 온 과정은 나오지 않았으며, 게임이론이 경제학에서 하는 역할에 대해 설명하고 있다. 따라서 선지는 적절한 질문이 아니다.

오답 분석
① 3단원에서 게임 이론의 핵심 개념은 '최적 대응'과 '내쉬균형'이라고 언급하고 있다. 따라서 적절한 질문이다.
② 1문단 처음 부분에서 전략적 행동에 대한 정의를 언급하고 있으므로 적절한 질문이다.
③ 2문단에서 게임이론에서 자주 인용되는 '죄수의 딜레마 게임'을 예로 들고 있으므로 적절한 질문이다.
⑤ 1문단에서 '현실에서 접하는 여러 경제문제가 이 게임과 비슷한 구조를 가지고 있기 때문'이라고 설명하고 있으므로 적절한 질문이다.

22 글의 세부 내용 유추하기 정답 ⑤

⑤ 4문단을 살펴보면 과점기업들의 명시적 담합을 금지하고 있다고는 했지만, 정부가 엄격히 단속하는지 아닌지는 이 글에서는 알 수가 없으므로 선지의 해설은 적절하지 않다.

오답 분석
① 게임이론은 완전경쟁시장이나 독점시장의 분석에는 적용할 필요가 없다고 하였다. 따라서 1~3개 정도의 소수 기업 등에 대해 분석할 때 적절한 이론이다. 따라서 두 나라 간에 벌어지는 국제적인 경제 정책과 그 효과를 분석하는 데도 게임이론은 유용할 것이라고 추측할 수 있다.
② 1문단을 보면 완전경쟁시장에서 각 기업의 규모는 시장 전체에 비해 매우 작아서 기업 간의 상호 작용은 중요하지 않다고 언급하고 있다.
③·④ 과점기업들이 담합을 하는 것은 독점시장과 유사하다고 볼 수 있다. 1문단에서 독점시장은 기업이 하나뿐이어서 상호 작용이 불가능하므로 게임이론을 적용할 수 없다고 하였는데, 독점시장에서는 한계 이익보다 더 높은 가격을 책정하여 물건을 팔 수 있기 때문이다(물건을 파는 사람이 한 명뿐이므로 얼마에 팔던 필요한 사람은 살 수밖에 없는 것이다). 하지만 과점기업들이 담합을 하지 못한다면 물건의 가격을 높일 수 없으므로 소비자들에게 상대적으로 유리하다고 할 수 있다.

23 단어의 문맥상 의미 파악하기 정답 ③

'우월전략균형'은 상대방과 나 둘 다 자신의 입장에서 볼 때 최선의 전략이라 생각한 '우월전략'을 선택해서 다른 상태로 바뀔 유인이 없는 상황을 의미하지만, '내쉬균형'은 주어진 상대방의 전략에 대해서만 최적 대응하는 성격을 지닌 전략을 말한다. '우월전략균형'에서는 균형이 존재하며 죄수의 딜레마 게임 예시에서 둘 다 '자백'한 것이 이에 해당한다. 반면, '내쉬균형' 전략은 상대방의 전략에 따라 가장 최적의 대응을 하는 것이다. 따라서 상대방의 전략이 바뀐다면 이에 맞대응하여 나의 전략도 바뀌게 되므로 균형을 유지하는 것이 아니라 수시로 바뀌는 것이다. 따라서 선지의 설명은 적절하다.

24 외적 준거에 적용하기 정답 ④

〈보기〉는 우물 2개의 소유주 두 사람이 물 공급량을 결정하는 예시이다. 총생산량 60갤런일 때 우물 주인들은 각각 30갤런씩 생산을 하고 물값은 3,600달러로 최대 수입을 거두지만 그 이상 생산하면 10갤런당 10달러씩 점차 하락한다. 이때 어느 한 소유주가 40갤런을 생산하면 그 후 둘 다 40갤런씩 생산하는 벌책을 받기로 했다. 80갤런은 40달러이기 때문에 3,200달러의 소득을 얻을 수 있다. 60갤런일 때에 비해 전체 소득은 400달러가 줄고, 최대 수입에 비해 각 생산자가 200달러씩 손해를 보게 되는 것이다. 즉, 〈보기〉의 사례는 과점기업이 협조 관계를 유지하지 않고 위반하여 상대방에게 손해를 입히는 예시로, 곧 다른 기업의 보복으로 인해 더 큰 손해를 입을 수도 있는 상황이다. 따라서 4문단의 내용 바로 뒤에 오는 것이 가장 자연스럽고 적절하다.

25 외적 준거에 적용하기 정답 ③

③ 〈보기〉는 죄수의 딜레마 게임을 응용한 광고 전략이다. '둘 다 광고함'이 죄수의 딜레마 게임에서 '자백'에 해당하며, 이것은 '우월전략균형'이다. '둘 다 광고 안 함'은 죄수의 딜레마 게임에서 '침묵'에 해당한다. A가 광고를 하고 B가 광고를 하지 않는다면 A는 700만 원의 수익을 벌어들이고 B는 300만 원밖에 벌지 못한다. 따라서 B는 광고를 하는 쪽으로 전략을 바꿀 유인을 가진다.

오답 분석
①·② A, B 모두 광고를 하지 않은 경우, 광고할 때보다도 훨씬 많은 수익을 올린다. 따라서 A와 B는 전략을 바꿀 필요가 없다고 느낄 것이므로 선지의 설명은 적절하지 않다.
④ A가 광고를 하지 않고 B가 광고를 한 경우, A는 수익이 줄어들기 때문에 전략을 바꿀 유인을 가질 것이므로 선지의 설명은 적절하지 않다.
⑤ A, B 모두 광고를 한 경우 둘 다 수입이 같으므로 전략을 바꾸려 하지 않을 것이므로 선지의 설명은 적절하지 않다.

▶ 갈래 : 설명문
▶ 제제 : 적정기술
▶ 주제 : 적정기술에 대한 인식의 변화와 재발견
▶ 내용 요약 :

적정기술	- 한 사회의 환경, 윤리, 문화, 사회, 경제적인 측면을 모두 고려하여 특별히 고안된 기술을 말함 - 적은 비용으로 제품을 제작할 수 있음 - 지역 생태 환경에 적합하며 자주적으로 유지·운영할 수 있는 지속 가능한 기술을 말함
중간기술	- 에른스트 슈마허의 저서로부터 비롯됨. 대중에 의한 생산 강조 - 지역에서 생산되는 자원의 최대 활용 - 저렴함 - 전문가가 아니더라도 사용법을 쉽게 익힐 수 있음 - 첨단기술과 토속기술의 중간적 의미를 지님 - 슈마허는 빈곤국의 자원과 필요에 적합하게 소규모이면서 간단하고 돈이 적게 드는 기술을 중간기술이라 하였음 - 주로 저개발국의 빈곤 퇴치나 기술의 자주성에 초점이 맞춰진 단순한 기술, 값싼 기술로 인식됨 - 기술이 무엇을 위해 존재해야 하는가 하는 목적론적 관점의 문제의식을 반영함
오늘날의 적정기술	- 경제적 수익을 창출하는 실용적이고 사람적인 기술로 개념이 확장 - 지속 가능한 시스템을 배경으로 작동하는 기술 - 정보통신 기술 및 첨단기술과의 접목을 통해 적은 비용으로 자원을 고갈시키지 않으면서 저개발 국가와 선진국의 다양한 사회 문제를 해결하는 복지 기술, 공동체 기술, 사회 문제 해결 기술 등 새 시대의 대안적 기술과 사업 모델로서 모색될 전망임
석유 파동	- 첨단 기술은 편리하긴 하지만 위기 상황에 취약하다는 것을 알게 됨 - 첨단 기술은 지속 가능성을 염두에 두고 설계된 것이 아님 - 지정학적 불안정, 환경 재해, 자원 고갈 같은 문제가 야기됨
쓰나미 사태 / 리만 브라더스 파산	- 고비용 중앙집중식 에너지 공급의 한계를 보여줌 - 원자력 발전의 재난 위기 취약성, 성장 위주 경제 발전의 부작용 등 다양한 문제들이 발생하며 적정기술의 가치에 대해서 재발견하게 됨
타이니 하우스	위기에 대응하면서 지속 가능한 발전을 모색하는 적정기술의 지향적 가치에 부합하는 사례

26 글의 서술 방식 파악하기 　　　정답 ②

② 이 글은 적정기술의 초기 모델부터 오늘날에 이르기까지의 과정을 시간 순으로 나열한 글이다. 처음에 '에른스트 슈마허'가 중간기술이라 명명한 이래 오늘날에 이르기까지 적정기술은 초반에 쓰던 의미대로 쓰지 않고 '적은 비용으로 자원을 고갈시키지 않으면서 저개발 국가와 선진국의 다양한 사회 문제를 해결하는 기술로 새 시대의 대안적 기술과 사업 모델'로서 의미가 확장되어 왔다. 따라서 시간적 흐름에 따른 개념의 발전 과정을 소개한다는 선지는 적절하다.

오답 분석
① 가설과 검증을 통한 이론의 타당성은 나오지 않는다.
③ 다양한 사례가 나온 것은 맞으나 상반된 개념의 절충을 시도한다는 설명은 적절하지 않다. 단지 시대가 흐르면서 적정기술의 의미가 바뀌고 있는 것이다.
④ 예시를 들어 개념 변화에 대한 이해를 돕고 있으므로 선지의 설명은 적절하지 않다.
⑤ 문제가 아닌 적정기술에 대한 인식 변화 과정을 시대별로 나열하고 있다.

27 글의 세부 내용 파악하기 　　　정답 ④

④ 마지막 문단에서 오늘날의 적정기술은 '적은 비용으로 자원을 고갈시키지 않으면서 새 시대의 대안적 기술과 사업 모델'로서 주목받고 있다 언급하였다. 따라서 다수의 시민들에게 경제적이면서 실용적인 이득을 제공해 줄 수 있다는 선지의 설명은 적절하다.

오답 분석
① 적정기술은 지역에서 생산되는 자원을 최대한 활용하여 저렴하며 사용법을 쉽게 익힐 수 있는 중간기술이므로 설명이 적절하지 않다.
② 선지의 내용을 본문에서 언급하지는 않는다.
③ 2문단과 3문단 끝부분에서 첨단 기술이 지속 가능성을 염두에 두고 설계된 것이 아니므로 대규모 위기 상황에 취약함을 경고하고 있다.
⑤ 4문단의 예시로 보아 선진국이 적정기술에 새롭게 주목하는 까닭은 위기에 대응하면서 지속 가능한 발전을 모색할 수 있기 때문이라고 할 수 있다.

28 단어의 문맥적 의미 파악하기 　　　정답 ①

2문단과 3문단의 끝부분에서 첨단 기술의 한계점을 설명하다가, 이것이 마지막 문단에 가서 적정기술과 결합시키는 것으로 이야기가 진행된다. 따라서 선지에서 '적정기술과의 접목 가능성이 낮다'라는 설명은 적절하지 않다.

29 글의 세부 내용 적용하기 정답 ⑤

㉠의 바로 앞에서 기술이 무엇을 위해 존재하는가 하는 목적론적 관점의 문제의식을 반영해야 한다고 언급하고 있다. 따라서 슈마허가 구상한 중간기술은 빈곤국의 자원과 필요에 적합하게 소규모이며 간단하고 돈이 적게 드는 기술이었다. 이를 기준으로 보았을 때 선지 ⑤는 기부를 받아 첨단 기술을 사용하는 예시이므로 적절하지 않다.

30 외적 준거에 적용하기 정답 ②

② 〈보기〉의 예시는 적정기술을 구상할 때 아이들이 학교에 가는 상황을 간과하여 발생한 실패이다. 따라서 이 부분에서 고려하지 못한 부분에 대한 지적이 나와야 하며 선지에서 '지속 가능한 발전을 고려하지 못했다'라는 표현이 적절하다.

오답 분석
① 적정기술은 그 지역에 잘 어울리고 잘 맞는 기술을 적용하는 것이다. 간단하고 소규모이며 돈이 적게 드는 기술이었으므로 다른 지역에 적용하기도 쉽다고 볼 수 있다.
③ 주변에서 구할 수 있는 소재들로 만드는 경우가 대부분이었으므로 환경 친화적인 기술을 적용했다고 볼 수 있다.
④ 적정기술의 핵심 구상 중 하나는 돈이 적게 들거나 안 드는 것이다. 〈보기〉에서는 비용을 기부로 모았지만, 이는 적정기술에 부합하는 것은 아니다.
⑤ 소규모로 작게 만드는 것이 대부분이었기 때문에 천연 자원은 필요할 수도 필요하지 않을 수도 있다.

31~35

윤선도, 「견회요(遣懷謠)」
▶ 갈래 : 정형시, 평시조, 연시조
▶ 성격 : 연군적, 우국적, 유교적(충효사상이 드러남)
▶ 제재 : 임금을 향한 충성심과 부모님에 대한 그리움과 효심
▶ 주제 : 임에 대한 그리움과 임금님에 대한 충의
▶ 정서 및 태도
  - 연군지정이 드러남
  - 부모님에 대한 그리움의 감정이 드러남
▶ 특징
  - 대구와 반복이 나타남
  - 설의적 표현과 의문형 문장으로 의미를 강조하고 있음
  - 감정 이입을 통해 화자의 정서를 효과적으로 드러냄
▶ 구성

1수	신념대로 행동하는 강직함
2수	자신의 결백함에 대한 주장과 현실과의 충돌을 알고 있으면서도 신념대로 행하는 모습에서 비장미를 느낄 수 있음
3수	임(임금)에 대한 변함없는 충성심과 연군지정
4수	부모님에 대한 그리움
5수	효도와 충성이 하나라는 인식

▶ 창작 배경
광해군 때인 1616년 작자가 30살 때 이이첨의 횡포를 상소하였다가 함경도 경원으로 귀양을 가서 지은 5수의 연시조이다. 자신의 억울함과 나라와 임금에 대한 근심, 부모님에 대한 그리움이 잘 드러나 있다. '견회'는 '시름을 달래다'라는 뜻이다.

작자미상, 「청천에 떠서 울고 가는 외기러기~」
▶ 갈래 : 사설시조
▶ 성격 : 소망적, 연모적
▶ 제재 : 외기러기
▶ 주제 : 임에 대한 그리움
▶ 정서 및 태도
  - 임에 대한 애절한 그리움
  - 임을 만나지 못하는 것에 대한 안타까움
▶ 특징
  - 대화 형식을 사용함 : 외기러기를 의인화하고 청자로 설정하여, 화자가 말을 건네면 외기러기가 대답하는 형태
  - 기러기는 임을 만나러 가는 길이지만, 화자는 임을 만나지 못하는 상황이 서로 대비되어 나타남
  - 외기러기는 화자의 외로움을 심화시키는 소재이며 소식 전달의 매개체임
▶ 구성

초장	하늘을 나는 외기러기에게 말을 건넴
중장	한양성에 있는 임에게 자신에 대한 소식을 임에게 전해달라고 부탁함
종장	임을 보러 바삐 가는 길이어서 화자의 부탁을 들어줄 수 있을지 모르겠다는 기러기의 대답

작자미상, 「황계사」
▶ 갈래 : 조선 시대 십이가사 중 하나, 잡가
▶ 성격 : 소망적, 한탄적
▶ 제재 : 오지 않는 임
▶ 주제 : 오지 않는 임에 대한 원망과 임에 대한 그리움
▶ 정서 및 태도
  - 임에 대한 기다림
  - 오지 않는 임에 대한 원망
  - 임과 만나 즐겁게 지내고자 하는 소망
▶ 특징
  - 노래로 불리는 가창가사임
  - 3(4) · 4조의 음수율, 4음보의 율격이 드러남
  - 고전 소설(구운몽)이나 유명 시인(도연명)의 시구를 인용함
  - 청자에게 말을 건네는 방식 사용
  - 장애물(개, 물, 산, 달)을 나열하여 화자의 정서를 나타냄
  - 후렴구를 사용하여 운율을 더함
▶ 구성

1~3행	오지 않는 임에 대한 원망
4~9행	임이 오지 못하는 이유에 대한 추측
10~16행	임이 오지 못하는 상황에 대한 인식
17~22행	임을 향한 간절한 그리움
23~25행	오지 않는 임에 대한 원망

31 글의 전체 내용 파악하기　정답 ①

① (가)의 화자는 제3수에서 '임'을, 제4수에서 '어버이'를 그리워하고 있다. 이때 '임'은 제5수에서 '임금'으로 구체화되고 있다. (나)의 화자는 떠나가는 외기러기에게 자신의 소식을 '임'에게 전해달라고 부탁하고 있다. (다)의 화자는 '낭군'과 이별한 후 소식이 끊긴 상황을 걱정하고 있다. 따라서 (가)~(다)는 모두 대상과 부재한 상황에 있다.

오답 분석
② (가)에서 '추성'은 '가을철에 온갖 곡식이 익음'을 뜻하는 말로, 계절감을 드러내는 표현이다. (나)에서 '기러기'는 겨울 철새이며, 겨울에 우리나라로 왔다가 이듬해 봄이 되면 다시 북쪽으로 떠나는 새이다. (다)에서만 계절의 변화에 따른 시상전개가 드러나는데 '춘수'는 봄에 흐르는 물, '하운'은 여름 구름, '추월'은 가을 구름을 의미하는데, 이를 통해 계절이 지나고 있지만 임은 소식이 끊겨 화자의 답답함을 드러내고 있다. 하지만 (가)와 (나)는 계절의 변화에 따라 시상을 전개하고 있다고 보기는 어렵다.
③ 세태에 대한 비판은 세 시 모두에서 드러나지 않는다.
④ 세 시 모두 임에 대한 그리움이 드러나므로 자연과 속세를 대비하여 주제의식을 강조하고 있다고 보기는 어렵다.
⑤ 규범과 현실의 괴리로 인한 심리상태 역시 드러나지 않는다.

32 글의 표현 방식 파악하기　정답 ①

① (가) 시조의 〈제4수〉에서 '길고 길고', '멀고 멀고', '많고 많고', '크고 크고', '울고 울고' 등의 시어를 반복하여 산, 물, 어버이에 대한 속성을 강조하고 있다.

오답 분석
② 색채 이미지는 드러나지 않는다.
③ 반복법을 사용하여 화자의 감정을 드러내고 있다.
④ 반어적 표현은 본인이 가진 의도와 반대로 표현하는 방법인데, 이 시조에서는 드러나지 않는다.
⑤ 의성어는 소리를 흉내 낸 말인데, 이 시에서는 드러나지 않는다.

33 글의 세부 내용 파악하기　정답 ②

ⓐ의 '외기러기' 다음에 나오는 시어가 '울고 울고'이다. 여기서는 외기러기가 진짜 운다기보다는, 화자가 울고 싶은 마음을 외기러기에 이입한 표현이라 볼 수 있다. ⓑ의 '외기러기'는 임이 사는 한양성을 지나갈지도 모르는 존재이다. 따라서 가는 길에 자신의 소식을 임에게 전해주었으면 하는 화자의 바람이 투영된 소재라고 할 수 있다.

34 글의 세부 내용 파악하기　정답 ⑤

ⓓ의 '명휘'는 '밝게 빛남'을 뜻하는 한자어이다. 따라서 '밝은 달빛을 빌려 임 계신 데를 비추는 것이라면 나도 임 계신 곳을 같이 보고 싶다'라고 해석이 가능하다. 이는 임의 안위에 대한 화자의 걱정이라기보다는 오지 않는 임에 대한 그리움을 표현한 것이라고 볼 수 있으므로 선지의 설명은 적절하지 않다.

35 외적 준거로 작품 감상하기　정답 ④

〈보기〉의 내용은 조선 후기에 유행한 십이가사에 대한 특징을 정리한 것이다. 이 당시의 가사는 조선 전기와 달리 가창 현장의 자유분방한 분위기가 반영되어 있다. 따라서 즉흥적이고 흥겨운 유흥적 분위기가 드러나는데, 대중들의 통속적 흥미와 관심을 맞추기 위해 유명한 작품들의 말들로 노랫말을 구성하다보니 작품 내용과 무관한 어구가 삽입되어 노랫말의 유기성이 떨어지기도 한다. 따라서 선지에서 '관념적이고 추상적인' 사대부 가사에 문제를 제기하기 위해 이런 시구들을 선택했다기보다는 도연명의 시 중 유명한 구절인 '춘수만사택', '하운다기봉', '추월양명휘'를 인용해서 청자의 흥미를 돋우려 했음을 알 수 있다.

36~40

작자미상, 「숙향전」
▶ 갈래 : 고전 소설, 국문 소설, 애정 소설, 영웅 소설, 적강 소설
▶ 성격 : 전기적, 비현실적, 영웅적, 우연적
▶ 제재 : 숙향의 고난
▶ 주제 : 온갖 어려움을 극복한 사랑의 성취
▶ 정서 및 태도
　- 숙향은 선계에서 인간계로 내려와 다양한 고난을 겪으며 때로는 좌절하지만 결국 자신의 사랑을 성취하게 된다.
▶ 특징
　- 다양한 설화적 요소가 섞여 있음(동물보은 설화, 혼사 장애 설화, 선약 탐색 설화 등)
　- 천상계와 지상계의 이원적 구조를 보임 : 천상의 인연이 지상에서 다시 반복하며, 인물을 위기에서 벗어나도록 구해주거나 사건의 실마리를 제공함. 천상과 지상을 구분하지 않고 하나의 연결된 세계로 인식하고 있음

천상	능허선 부부	소아	태을진군	설중매
죄의 내용	상제에게 꿀을 늦게 진상함	용을 수놓다가 실수로 태움	소아의 반지를 주워 오해받음	태을진군이 소아를 사랑한다고 생각해 질투함
지상	김전 부부	숙향	이선	매향

▶ 여성 수난 모티프 :
  - 주인공 숙향은 이선과 만나기 전까지 계속해서 고난을 겪고 힘들게 살아감
  - 나중에 이선을 만나 행복하게 살아가는 것은 여성 독자층의 기호를 반영한 것이라 볼 수 있음
▶ 구성 : 영웅 일대기적 구조

고귀한 혈통과 출생	명문가 혈통인 김전의 외동딸로 태어남
어려서 버려짐	5세 때 적병 침입으로 부모와 이별함
위기	- 사향의 모함으로 쫓겨남 - 감옥에 갇혀 죽을 위기에 처함 - 마고 할미가 죽은 후 자살하려 함
조력자의 도움	장승상 댁, 용녀, 선녀, 화덕진군, 마고 할미의 도움을 받음
위업 성취	- 신이한 이적으로 죽음을 모면하고 이선과 결혼함 - 다시 선계로 돌아감

36 글의 서술 방식 파악하기   정답 ②

② 지문의 중략 줄거리 앞부분에서 이선의 아버지와 맏누이(여 부인)의 대화를 통해 부모 모르게 이선과 숙향이 혼례를 치르려 한 것과 중략 줄거리 이후 이선의 부모와 숙향의 대화를 통해 숙향이 어렸을 적 경험과 자신의 본관(뿌리)이 아버지가 김전임을 알려주는 것 등으로 보아 '대화를 통해 과거 행적이 드러나고 있다'라는 선지의 설명은 적절하다고 볼 수 있다.

오답 분석

① 배경 묘사를 통한 긴장감 고조는 드러나지 않는다.
③ 편집자적 논평은 드러나지 않는다.
④ 고전소설은 보통 운명론적 세계관을 가지고 있는데, 이것은 어떤 일을 당하고 어떤 상황에 처하더라도 모두 자신의 타고난 운명이라 생각하고 원망 없이 받아들이는 것을 말한다. 숙향 역시 모진 고난을 여러 번 겪지만, 그러한 현실에 대해 비판하거나 거부하는 것이 아닌 순응하는 태도를 보이고 있으므로 선지는 적절한 설명이 아니다.
⑤ 구체적인 시대 상황은 드러나지 않고, 사실성보다는 비현실성을 더 강조하는 소설이므로 선지의 설명은 적절하지 않다.

37 세부 내용 파악하기   정답 ②

중략 부분 줄거리 이후 상서와 상서 부인이 숙향과 하는 대화를 살펴보면, 다섯 살 때 난리 중에 부모님을 잃은 숙향을 데려다 친자식처럼 십 년 동안 길러 준 사람은 남군 땅의 장송(장 승상)이었지 이화정 할미가 아니었으므로 선지의 설명은 적절하지 않다.

38 글의 세부 내용 파악하기   정답 ⑤

⑤ '시간이 지나면 자연 알게 되리이다.'라는 말은 일이 순리대로 진행될 것이란 말이지 자연의 이치를 고려하면서 이후에 펼쳐질 사태에 대해 염려하는 것이 아니다. 따라서 선지의 설명은 적절하지 않다.

오답 분석

① 여 부인은 옛날 송나라 황제를 예시로 들며 상서의 허락 없이 선과 숙향을 결혼시킨 자신의 의견을 관철하려 하고 숙향을 죽이지 말 것을 요구하고 있다.
② 상서는 맏누이의 말을 거역하지 못하고 들어주며 대신 멀리 떨어져 있게 하도록 낙양 수령에게 분부를 내리고 있다.
③ 비현실적인 부분을 지적하며 상대방의 말에 의문을 제기하고 있다.
④ 자신이 들은 내용을 전달하며 그것이 사실인지 판단하는 데 신중한 태도를 보이고 있다.

39 단어의 문맥적 의미 파악하기   정답 ③

③ 중략 부분 줄거리를 보면 상서 부인이 아들 이선을 낳을 때 해산을 도운 선녀가 김전의 딸 숙향이 아들의 배필이라고 했던 말을 떠올리며 숙향에게 생월생시에 대해 묻는다. 그러자 숙향은 어릴 때 부모님께 받은 '비단주머니'를 상서 부인에게 주었고 그 안에는 이름과 자, 생년월일시가 적혀 있는 붉은 비단 조각이 있었는데 상서 부인은 이를 받고 크게 기뻐한다. 따라서 상서 부인은 숙향을 의심하다가 비단주머니를 받고 호의적인 태도로 바뀌었다고 볼 수 있다.

오답 분석

① 사건의 현실성이 아닌 사건의 당위성을 뒷받침하는 소재로 쓰이고 있다.
② 상서와 숙향의 갈등을 해소하는 역할을 하고 있다.
④ 권선징악은 선은 권하고 악을 징벌한다는 내용이므로 이 부분과 관련 없다.
⑤ 숙향의 감춰진 재능이 발휘되는 것이 아닌 숙향의 출신과 관련된 의문을 해소하는 역할을 한다.

40 외적 준거를 활용하여 내용 파악하기   정답 ③

〈보기〉의 내용에서 애정을 중시하는 두 남녀가 봉건적 신분 질서와 가문을 중시하는 지배층과 갈등을 빚기도 한다고 했는데, 지문을 살펴보면 '비단주머니'라는 소재를 통해 이를 일부 해소하고 있음을 알 수 있다. 따라서 선지에서 상서 부인이 하늘의 예정된 운명을 받아들이려는 의지를 표현했다는 말은 적절하지 않으며, '비단주머니'의 내용물을 보고서도 숙향이 김전의 딸이라고 바로 결정을 내리는 것이 아니라 결정을 보류하는 신중한 태도를 보이고 있으므로 선지의 설명은 적절하지 않다.

▶ 갈래 : 설명문
▶ 제제 : 융의 무의식과 그림자 개념
▶ 주제 : 융의 무의식의 작용과 그림자의 투사
▶ 내용 요약 :

① 융의 가설이 말하는 '집단 무의식'
  – 마음의 토대를 이루는 무의식의 층
  – 인간 고유의 원초적이며 보편적인 무의식의 층
  – 마음을 성숙하게 하는 '창조의 샘'

② 무의식의 창조적 작용
  – 자아의식이 한 방향으로만 나갈 때 무의식이 자율적으로 보상 작용을 발휘하여, 의식의 방향과는 다른 방향의 이미지를 보내서 의식의 일방성을 깨우치게 함
  – 의식이 소홀히 하고 있는 것이 무엇인지 알려주며, 의식화할 수 있는 기회가 생기게 함

③ 융의 그림자 개념

그림자의 특징	– 무의식의 열등한 인격 – 자아의 어두운 면 – 자아와 비슷하면서도 자아와 대조되는, 자아가 가장 싫어하는 열등한 성격을 지님 – 자아의식의 반대편 극단 – 일상적 자아의 보이지 않는 무의식의 그늘에 속하는 인격 – 자아의식으로서는 결코 있을 수 없는 성격 – 분노를 느낄 때 의식하지 못하다가 발견할 수 있는 성격
그림자의 투사 (Projection)	– 투사 : 어떤 대상에 대하여 강력한 감정 반응을 일으키고 자아가 그 대상에 집착하게 만드는 것 – 투사 대상을 향한 자기의 감정을 살펴볼 수 있음 – 자기 방어의 수단 – 자기의 무의식적인 마음의 일부를 의식화할 수 있는 기회 – 투사 경험을 통해 자기 마음속 무의식적 내용을 깨달을 수도 있음
집단 차원의 그림자 투사	– 어떤 집단 성원의 무의식에 그림자가 형성되어 다른 집단에 투사되는 것 – 집단의 구성원이 자신을 하나의 집단의식과 동일시할 때 생김 – 다른 집단과의 차별화가 일어나고 배타적이게 됨 – 지향하는 집단적 목표가 일방적이고 뚜렷할수록 어긋나는 요소가 억압되어 공통된 그림자를 집단 성원이 나누어 가지게 됨 – 단점 : 집단 행동을 통해 형성된 집단적 그림자를 다른 집단에 투사하여 서로 반목하고 비난하며 싸울 수 있음 – 장점 : 그림자를 사회 표면으로 끌어내어 사람들이 그것을 보고 경험하게 할 수 있음. 문화적으로 허용되고 예술적으로 승화된 형태의 '그림자 놀이'를 통해 도덕이나 규범 의식과 무의식적 충동 사이의 단절을 지양할 수 있음

41 글의 세부 내용 파악하기   정답 ④

④ 마지막 문단의 설명에 따르면 속죄양은 인간 집단에서 자신의 그림자를 보지 않으려고 한 사람에게 집단적으로 그림자를 투사하는 무의식적 충동이라고 하였으므로 선지의 설명은 적절하다.

오답 분석

① 2문단에서 무의식은 수많은 신화적 상징으로 표현되고 경험되면서 모든 의식된 마음에 활력을 주고 그 기능을 조절하여 의식과 통일된 '전체 정신'을 실현시킬 수 있는 원동력을 가지고 있다고 하였으므로 의식과 무의식은 따로 떼어 설명해야 하는 것이 아님을 알 수 있다.

② 2문단에서 집단 무의식은 환자/건강한 사람의 꿈, 원시 종족의 심성, 신화와 종교, 서양 사상과 동양 사상을 비교하여 고찰한 결과라고 하였다. 따라서 이는 특정한 문화권에서만 발견되는 특수한 현상이라고 볼 수는 없다.

③ 2문단 마지막을 보면 무의식은 마음을 성숙케 하는 '창조의 샘'이라고 설명하고 있으므로 선지의 설명은 적절하지 않다.

⑤ 마지막 문단에서 인간 집단은 집단 행동을 통하여 집단적 그림자를 만들어내고 이를 다른 집단에 투사하여 서로 반목하고 비난하며 싸우기도 한다고 표현했으므로 항상 예술적으로 승화된 형태의 결실을 낳는 것은 아니다.

42 구절의 문맥적 의미 파악하기   정답 ③

'무의식의 창조적 작용'은 자율성과 보상 작용으로 표현되는데, 자아의식이 한 방향으로 나갈 때 무의식이 자율적으로 작동하여 의식의 방향과는 다른 방향의 이미지를 보내서 그것을 보상하는 것이다. 예를 들어 이성적인 사람이 꿈속에서 불합리한 행동이나 욕망에 사로잡힌 일을 할 경우, 의식의 일방성을 깨우치고 의식이 소홀히 하고 있는 것이 무엇인지 알려주기 위해 무의식의 의도를 드러낸다는 것이다.

43 단어의 문맥적 의미 파악하기   정답 ①

그림자는 무의식의 열등한 인격으로 자아의 어두운 면이라고 하였으며, 자아와 반대편에 위치하고 무의식의 그늘에 속하는 인격이다. 자아의식으로서는 결코 있을 수 없는 성격이고 가장 싫어하기 때문에 절대로 그렇게 되지 않으려고 노력해 온 성격이다. 가령 친구에게 비난당할 때 심한 분노를 느낀다면, 그 순간 의식하지 못하고 있던 그림자의 일부를 발견할 수도 있다. 따라서 분노의 상황에서는 그림자를 볼 수 없는 것이 아니라, 분노의 순간에 그림자를 발견할 수 있으므로 선지의 설명은 적절하지 않다.

44 내용 파악 후 외적 준거 이해하기   정답 ①

지문의 마지막 문단을 보면 '카니발'과 같은 문화적 장치를 통해 오히려 그림자를 사회 표면으로 끌어내어 사람들이 그것을 보고 경험하게 함을 보여주고 있다. 이렇게 그림자를 문화적으로 허용되고 예술적으로 승화된 형태에서 겪게 하면 도덕이나 규범 의식과 무의식적 충동 사이의 단절을 지양할 수 있으므로 '카니발'은 인간 집단에서 긍정적인 역할을 하게 된다. 이는 〈보기〉에 따르면 신분적 위계나 윤리 규범의 제약 속에서 억압된 욕망을 분출하는 극적 상황이 연출되는 것이라 하였으므로, 선지에서처럼 지배층이 무의식의 그늘에서 벗어날 특권을 얻는다고는 할 수 없고, 오히려 억눌린 신분적 위계 질서의 하층에 속하는 이들이 이러한 특권을 얻게 되는 것이라고 볼 수 있다.

45 단어의 문맥적 의미 파악하기   정답 ③

③ 실패할 '공산이 크다'는 말은 확실성의 정도 혹은 확률이 크다는 의미이고, 문맥상 실패할 가능성, 여지, 확률이 크다는 말이다. 따라서 선지 ③과 문맥적 의미가 가깝다. 여지(餘地)는 어떤 일이 일어날 가능성이나 전망이라는 의미이다.

오답 분석

① 기회(機會)는 어떠한 일이나 행동을 하기에 알맞거나 효과적인 때를 의미한다.
② 단서(端緒)는 문제를 해결하는 방향의 첫 부분이라는 의미이다.
④ 예외(例外)는 일반 규칙이나 통례에서 벗어남, 또는 그러한 것을 의미한다.
⑤ 정보(情報)는 사정이나 정황에 관한 자료를 의미한다.

01 ②	02 ①	03 ②	04 ①	05 ⑤
06 ③	07 ⑤	08 ①	09 ②	10 ④
11 ②	12 ③	13 ③	14 ④	15 ④
16 ⑤	17 ④	18 ②	19 ⑤	20 ⑤
21 ①	22 ③	23 ①	24 ②	25 ⑤
26 ②	27 ③	28 ④	29 ④	30 ③
31 ④	32 ②	33 ④	34 ③	35 ③
36 ③	37 ⑤	38 ④	39 ①	40 ①
41 ⑤	42 ①	43 ④	44 ②	45 ⑤

01 논리 추론 – 동의어   정답 ②

advocated는 advocate의 과거분사로 '옹호되는, 지지되는'의 뜻이므로, 밑줄 친 부분의 뜻으로 적절한 것은 ② 'championed(옹호되는)'이다.

오답 분석

① 반대되는
③ 무시되는
④ 약화된
⑤ 압도된

□ conquer : 정복하다
□ ideal : 전형, 규범, 관념
□ authority : 권한, 지휘권, 당국(주로 복수)

〈 해석 체크체크 〉

어떤 예술도 단독으로 그 사람들을 정복할 수는 없다. ─ 그 사람들은 권력으로 옹호되는 삶의 규범에 의해 정복된다.

02 논리 추론 – 동의어   정답 ①

impartial은 '공평한, 편견 없는'의 뜻이므로, 밑줄 친 부분의 뜻으로 적절한 것은 ① 'fair(공정한, 공평한)'이다.

오답 분석

② 무해한
③ 의미 있는
④ 시기적절한
⑤ 창의적인

□ rarely : 드물게, 좀처럼 ~하지 않는
□ begin with : ~으로 시작하다
□ completely : 완전히, 전적으로
□ allow : 허락하다, 용납하다

〈 해석 체크체크 〉

우리는 완전히 열린 마음으로 시작하는 경우가 거의 없는데, 이것은 우리에게 한 주제를 완전히 공정한 방식으로 논의할 수 있도록 용납할 것이다.

03 논리 추론 – 동의어   정답 ②

minutes는 '회의록'이라는 뜻이므로, 밑줄 친 부분의 뜻으로 적절한 것은 ② 'records(기록)'이다.

오답 분석

① 근무 시간
③ 순간
④ (지속되는) 기간
⑤ 멜로디

□ read through : ~을 끝까지 읽다

〈 해석 체크체크 〉

우리는 지난 회의록을 끝까지 읽었다.

04 논리 추론 – 동의어   정답 ①

confined는 confine의 과거분사로 '국한된, 제한된'의 뜻이므로, 밑줄 친 부분의 뜻으로 적절한 것은 ① 'limited(제한된, 한정된)'이다.

오답 분석

② 확대된
③ 분류된
④ 승진된
⑤ (규칙 등을) 따르는

〈 해석 체크체크 〉

가장 어린 경찰관의 임무는 군중으로부터 진술서를 받는 것으로 제한되었다.

05 논리 추론 – 동의어   정답 ⑤

It goes without saying that은 '~은 말할 필요도 없다'의 뜻이므로, 밑줄 친 부분의 뜻으로 적절한 것은 ⑤ 'Obviously(명백히)'이다.

오답 분석

① 주장하건대, 거의 틀림없이
② 아마도
③ 다행히도
④ 기꺼이

□ multiply : ~을 증대[증가]시키다, 늘리다
□ composition : (그림·사진의) 구도
□ project : (빛·영상 등을) 비추다[투사/투영하다]

구도에 움직임이 더해질 때와 영상이 투사될 때 컬러 촬영의 어려움이 가중되는 것은 두말할 필요도 없다.

06 빈칸 추론 - 구/절 　　　　　　　　정답 ③

대화에서 A와 B는 오늘 밤에 있을 축구 경기와 과제에 대해서 이야기하고 있다. B가 빈칸 앞에서 '경기 보러 가야 할까, 아니면 그냥 집에서 과제를 해야 할까?'라고 물었고, 빈칸 다음에서 'I know. Still, I don't know what to do(알아. 그런데도 어떻게 해야 할지 모르겠어).'라고 했으므로, 흐름상 대화의 빈칸에 들어갈 말로 적절한 것은 ③ 'Well, it's up to you(음, 그건 너에게 달렸지).'이다.

오답 분석
① 너는 더 열심히 연습했어야 했어.
② 나는 내일 집에 있어야 해.
④ 난해한 질문이 있어.
⑤ 우리는 어제 축구 경기를 봤어.

☐ assignment : 과제, 임무
☐ look forward to : ~을 기대하다
☐ guess : 추측[짐작]하다
☐ still : 그런데도, 그럼에도 불구하고
☐ make the right decision : 올바른 결정을 하다

해석 체크체크

A : 과제는 다 했니?
B : 아니, 아직. 오늘 밤에 할 예정이야.
A : 오늘 밤? 축구 경기에 안 갈 거니?
B : 아, 경기! 그것에 대해 완전히 잊어버렸네. 나는 이 경기를 (보기를) 고대하고 있었어.
A : 알고 있어. 큰 결정을 내려야 할 것 같네.
B : 그렇지. 경기 보러 가야 할까, 아니면 그냥 집에서 과제를 해야 할까?
A : 음, 그건 너에게 달렸지.
B : 알아. 그런데도 어떻게 해야 할지 모르겠어.
A : 걱정하지 마. 올바른 결정을 내릴 거라는 걸 알아.

07 빈칸 추론 - 구/절 　　　　　　　　정답 ⑤

빈칸 앞부분의 대화에서 B가 자동차가 시동이 걸리지 않는데 배터리가 방전된 거 같다고 하자, A가 보험회사에 전화해서 배터리 충전 서비스를 받으라고 했다. B가 빈칸 앞에서 'Oh, I didn't know that(그건 몰랐어요).'이라고 한 다음에, 빈칸 다음에서 'I'll call right away(바로 전화할게요).'라고 하자, A가 'You're welcome(천만에요.)'라고 답했으므로, 흐름상 대화의 빈칸에 들어갈 말로 적절한 것은 ⑤ 'Thanks for the tip(조언 고마워요).'이다.

오답 분석
① 이거 잘 돼요!
② 천천히 하세요.
③ 등록번호가 무엇인가요?
④ 나는 잘못한 게 없어요.

☐ start : 시동을 걸다
☐ find out : 알아내다[알게 되다]
☐ dead : 작동을 안 하는
☐ insurance company : 보험 회사
☐ normally : 보통(은)
☐ offer : 내놓다[제공하다]
☐ recharge : 충전하다[되다]
☐ instantly : 즉각, 즉시
☐ convenient : 편리한, 간편한

해석 체크체크

A : 뭐 하고 있어요?
B : 내 차가 시동이 안 걸려요. 뭐가 잘못됐는지 확인하는 중이에요.
A : 오, 이런. 혹시 자동차에 대해 아시나요? 뭔가 찾았어요?
B : 배터리가 다 된 것 같아요. 내가 몇 주 동안 시외에 있었는데, 그 기간에 아무도 내 차를 사용하지 않았어요.
A : 보험 회사에 전화했어요?
B : 왜요?
A : 보통 자동차 보험 회사에서 배터리 충전 서비스를 제공해요. 바로 와서 충전해 줄 거예요. 매우 편리해요.
B : 오, 그건 몰랐어요. 조언 고마워요. 바로 전화할게요.
A : 천만에요.

08 어법 - 숙어 　　　　　　　　　　정답 ①

밑줄 친 become 앞의 devoted primarily to에서 'be devoted to(~에 전념하다)' 다음에는 명사 상당 어구가 와야 하므로 ① 'become → becoming'이 되어야 한다.

☐ attempt : 시도하다, 애써 해보다
☐ survey : 살피다, 점검하다
☐ consequence : 결과, 중요함
☐ shift : (위치·입장·방향의) 변화
☐ script : 문자
☐ print : (인쇄된) 활자[활자체]
☐ recognize : 인정[인식]하다
☐ remedy : 바로잡다, 개선[교정]하다
☐ inadequate : 불충분한, 부적당한
☐ devote to : …에 전념하다
☐ primarily : 주로
☐ become acquainted with : ~에 정통해지다

- article : 기사
- draw reactions : 반응을 끌어내다
- informed : 잘[많이] 아는, 정보통인
- criticism : 비평, 평론 (활동)
- full-scale : 전면적인, 총력을 기울인
- drop from : ~에서 떨어지다
- abridgment : 축약판
- unabridged version : (축약하지 않은) 무삭제판, 완본
- consult : 찾아보다[참고하다]
- citation : 인용문

해석 체크체크

아직 아무도 15세기 통신이 문자에서 인쇄된 활자로 변화한 결과를 조사하려고 시도하지 않았다. 이러한 상황을 해결하기 위해서는 한 권 이상의 책이 필요하다는 것을 인식하는 동안, 나도 역시 부족하더라도 예비적인 노력이 없는 것보다는 낫다는 것을 느꼈고, 10년간의 연구를 시작했으며, 주로 초기 인쇄술과 책의 역사에 대한 특별한 문헌에 정통해지는 데 전념했다. 1968년과 1971년 사이에, 학자들로부터 반응을 끌어내고 정보에 입각한 비판을 이용하기 위해 몇몇 예비적인 기사들이 출판되었다. 나의 본격적인 연구인 *The Printing Press as a Agent of Change*는 1979년에 나왔다. 그것은 현재의 판본에서 일반 독자들을 위해 축약된 것이었다. 삽화들은 추가되었지만, 각주는 이 축약판에서 빠졌다. 모든 인용문과 참고 문헌을 완전히 식별하려고 하는 독자는 축약하지 않은 무삭제판을 참고해야 한다.

09 어법 – 형용사　　　정답 ②

「weigh A against B」는 'A를 B에 견주어서 무게를 따져보다[견주어 보다]'의 뜻으로, 동사(weigh)의 목적어는 'benefits of autonomous mobility and swiftly transport'이다. 밑줄 친 swiftly가 명사(transport)를 수식하고 있으므로, ② 'swiftly(부사) → swift(형용사)'가 되어야 한다.

- neutral : 중립적인
- evaluate : 평가하다
- burden : 부담, 짐
- mass-produced : 대량 생산의
- self-driving : 자율 주행의
- weigh A against B : A를 B에 견주어서 무게를 따져보다[견주어 보다]
- autonomous : 자율적인
- mobility : 유동성, 이동성
- congestion : 혼잡
- earth-devastating : 지구에 엄청난 손상을 가하는
- inception : 시작[개시]
- widespread : 광범위한, 널리 퍼진
- uncontrolled : 규제[단속]를 받지 않는
- destabilize : 불안정하게 만들다
- arise : 생기다, 발생하다

- yellow journalism : 황색 저널리즘, 선정적 언론
- invasive : 급속히 퍼지는, 침습성의
- misleading : 호도[오도]하는, 오해의 소지가 있는
- persist : 계속[지속]되다
- concern : 영향을 미치다[관련되다]

해석 체크체크

새로운 기술의 혜택과 부담을 평가할 수 있는 중립적인 입장은 없다. 20세기 초 대량 생산된 Ford Model T 또는 21세기의 자율 주행 자동차를 생각해 보라. 자동차를 이용하면, 우리는 인간의 혼잡과 지구를 파괴하는 오염에 견주어서 자율적인 이동과 신속한 운송의 이점을 따져 본다. 그리고 그것은 사진도 마찬가지이다. 그것의 시초부터, 회의론자들은 광범위한 통제되지 않은 사진이 거짓말을 퍼뜨리고 사생활을 침해함으로써 공동체와 정부를 불안정하게 할 것이라고 우려했다. 이 불안은 코닥 카메라의 초기에 생겼는데, 당시 그것의 인기는 급속히 퍼지는 오해를 불러일으키는 사진을 생산하는 황색 저널리즘의 확산과 결합했다. 이러한 우려는 오늘날에도 유비쿼터스 디지털 카메라폰, (진위 여부를 구별하기 어려운) 딥페이크 비디오, (급속도로 확산되는) 바이러스성 인터넷으로 지속되고 있다. 그때나 지금이나 카메라가 작동하는 방식과 사진적 표현의 힘에 대한 논쟁들은 개인의 삶과 국제 정치, 공공의 정의에 영향을 미친다.

10 논리 추론 – 어휘　　　정답 ④

(A) 첫 번째 문장에서 'sports could be a powerful tool for raising awareness about the climate crisis among people across the world, ~ (스포츠는 ~ 전 세계 사람들 사이에서 기후 위기에 대한 인식을 고양시키는 강력한 도구가 될 수 있다)'라고 했고 'Simply put(간단히 말해서)'로 시작하는 다음 문장에서 (A) 다음의 'important messages about the environment to billions of individuals ~ (수십억 명의 개인들에게 환경에 대한 중요한 메시지)'로 미루어 (A)에는 앞문장의 '~ 인식을 고양하는 강력한 도구(powerful tool for raising awareness ~)'를 부연 설명하고 'important messages about the environment to billions of individuals'를 목적어로 취하는 타동사가 와야 함을 유추할 수 있다. 따라서 문맥상 (A)에는 수십억 명의 개인들에게 환경에 대한 중요한 메시지를 공유할 수 있다는 의미의 'share(공유하다)'가 적절하다.

(B) 앞부분에서 인식을 높이고 교육하는 그러한 전략은 과거에 좋은 결과를 보여주었다고 했고 (B) 문장의 후반부의 '~ some even to the extent that they are willing to change their lifestyle habits regarding sustainability(심지어 일부 팬들은 지속가능성과 관련하여 그들의 생활 습관을 기꺼이 바꿀 정도라는 ~).'로 미루어 빈칸 (B)에는 스포츠팬들이 환경 친화적인 조치를 '받아들이는' 태도를 의미하는 단어가 와야 함을 유추할 수 있다. 따라서 (B)에는 '수용하는'이라는 의미의 receptive가 적절하다.

(C) 앞부분에서 연구 결과 '심지어 일부 스포츠팬들은 지속가능성과 관련하여 그들의 생활 습관을 기꺼이 바꿀 정도라는 사실을 알았다.'라고 했고, (C) 다음에서 'perceptions of the efforts undertaken by sport organisations while also influencing at-home environmental behavioural intentions(가정 내 환경 행동 의도에도 영향을 미치면서, 스포츠 조직들에 의해 수행되는 노력에 대한 ~한 인식)'라고 했으므로, 문맥상 (C)에는 'positive (긍정적인)'가 적절하다.

□ raise : 들어올리다[올리다/들다]
□ awareness : 의식[관심]
□ regardless : 개의치[상관하지] 않고
□ simply put : 간단히 말해서
□ spectator : 관중
□ practitioner : (전문직·기술 등의) 개업자
□ facilitator : 조력자
□ receptive : 수용하는, 잘 받아들이는
□ ecological : 환경친화적인
□ initiative : 조치, 새로운 계획
□ to the extent : …할 정도까지
□ regarding : …와 관련하여
□ sustainability : 유지[지속]가능성
□ norms : 규준[규범]
□ significant : 중요한[의미 있는/커다란]
□ perception : 인식(하여 갖게 된 생각)
□ undertake : 착수하다[하다]
□ at-home : 집에 있는, 직장에 안 나가는
□ environmental : 환경의
□ behavioural : 행동 방식, 작용
□ intention : 의사, 의도; 목적

◁ 해석 체크체크 ▷

　그것의 광범위한 인기 덕분에, 스포츠는 그들의 지리적인 위치와 사회적인 배경에 상관없이 전 세계 사람들 사이에서 기후 위기에 대한 인식을 고양시키는 강력한 도구가 될 수 있다. 간단히 말해서, 그 산업은 관중, 종사자 또는 조력자로서 스포츠에 관련된 수십억 명의 개인들에게 환경에 대한 중요한 메시지를 (A) 공유할 수 있다. 인식을 높이고 교육하는 그러한 전략은 과거에 좋은 결과를 보여주었다. 연구는 팬들이 스포츠 행사에서 조직된 환경 친화적인 주도권을 (B) 수용하고, 심지어 일부 팬들은 지속가능성과 관련하여 그들의 생활 습관을 기꺼이 바꿀 정도라는 사실을 알았다. 이 연구는 "스포츠 행사와 관련된 규범들은, 가정 내 환경 행동 의도에도 영향을 미치면서, 스포츠 조직들에 의해 수행되는 노력에 대한 (C) 긍정적인 인식과 중요한 관계가 있습니다."라고 정확히 결론 내렸다.

11 논리 추론 - 어휘　　　　정답 ③

(A) 첫 문장에서 '학자들은 영어가 이름을 갖고 있지 않다는 개념을 언급하기 위해 전문 용어가 필요할 때마다, 그들은 그리스어 또는 라틴어에서 하나를 가져왔다.'라고 했고, (A) 바로 앞의 increasingly와 (A) 다음의 'as scientific knowledge rapidly expanded ~'로 미루어 문맥상 (A)에는 'frequent(빈번한)'가 적절하다.

(B)의 앞부분에서 그 개념의 이름을 영어 뿌리로부터가 아닌 라틴어와 또는 그리스어 뿌리로부터 만들 것이며 이러한 관행은 오늘날까지 계속된다고 했고, (B) 문장의 끝부분에서 'entered English in this period'라고 했으므로, 문맥상 (B)에는 'borrowed(차용된)'가 적절하다.

(C) 문장의 앞부분에서 'Many such words fell out of use almost immediately but many others were ~'라고 했으므로 문맥상 (C)에는 앞부분의 'fell out of use(쓰이지 않게 되다)'와 반대되는 의미의 'picked up(선택했다)'이 적절하다.

□ technical term : 전문 용어
□ refer to : 언급[지칭]하다
□ concept : 개념
□ name for　~의 이름을 따서 붙이다[명명하다]
□ import from : …로부터 수입하다
□ make up : ~을 만들다[구성하다]
□ practice : 관행, 관례
□ borrow : 차용하다
□ affix : 접사(접두사, 접미사 등)
□ fell out of use : 쓰이지 않게 되다, 필요 없게 되다

◁ 해석 체크체크 ▷

　영어가 그것에 대한 이름을 갖고 있지 않다는 개념을 언급하기 위해 전문 용어가 필요할 때마다, 학자들은 그리스어 또는 라틴어에서 그것을 수입하곤 했다. 만약 그리스어 또는 라틴어도 그 개념에 대한 이름을 갖고 있지 않거나 과학적 지식이 고대인들의 꿈을 넘어 급속히 확장되면서 점점 더 (A) 빈번해진 상황이 되면 그들은 그 개념의 이름을 영어 뿌리가 아닌 라틴어와 또는 그리스어 뿌리로부터 만들 것이다. 이 관행은 오늘날까지 계속된다. 그 결과, 라틴어로부터 (B) 차용된 대다수 라틴어 용어들과 키케로의 시대에는 전혀 사용되지 않았던 접사들뿐만 아니라 라틴어로부터 새롭게 형성된 단어들이 이 시기에 영어로 들어왔다. 다수의 그러한 단어들이 거의 즉시 사용되지 않게 되었지만, 다른 많은 단어들은 현대인들에 의해 (C) 선택되었으며 오늘날에도 여전히 우리와 함께 있다.

12 논리 추론 - 어휘　　　　정답 ③

(A) 첫 문장에서 경제적 자유화의 시기와 함께 국제무역을 포함한 상업 활동에서 엄청난 증가가 왔다고 했고, (A)가 포함된 문장의 앞에서 'tremendous economic disturbance and social instability accompanied the rapid commercial ~'이라고 했으므로 엄청난 경제적 혼란과 사회적 불안정이 '급속한 상업적인 ~'을 동반한다는 것을 유추할 수 있다. 따라서 문맥상 (A)에는 'expansion(팽창)'이 적절하다.

(B) 앞의 'Just as Midas had'와 (B) 다음의 'himself in the pursuit of gold, so too had the pursuit of wealth endangered Greek society.'로 미루어 문맥상 (B)에는 신화에서 Midas가 금을 찾다가 자신을 파괴했던 것과 동일한 의미의 단어가 들어가야 함을 유추할 수 있다. 따라서 (B)에는 '파괴했다(destroyed)'가 적절하다.
(C)가 포함된 문장의 앞부분에서 'It was clear to them that economic growth had undesirable effects(경제 성장이 바람직하지 않은 영향을 미친다는 것은 그들에게 분명했고)'라고 했으므로, (C)에는 '성장'과 반대되는 의미의 'stationary(변하지 않는)'이 적절하다.

□ prior to : …에 앞서, 먼저
□ liberalization : 자유화
□ enormous : 막대한, 거대한
□ commercial : 상업적인
□ tremendous : 엄청난, 대단한
□ disturbance : (사회의) 소란
□ instability : 불안정
□ accompany : (일·현상 등이) 동반되다[딸리다]
□ expansion : 확대, 확장, 팽창
□ pursuit : 추구, (원하는 것을) 좇음[찾음]
□ financial : 금융[재정]의
□ dreadful : 끔찍한, 지독한
□ consequence : (발생한 일의) 결과, 중요함
□ endanger : 위험에 빠뜨리다, 위태롭게 만들다
□ in response to : …에 응하여[답하여]
□ constitute : …이 되는 것으로 여겨지다, …이 되다
□ undesirable : 바람직하지 않은
□ stress : 강조하다
□ generate : 발생시키다, 만들어 내다
□ relatively : 비교적
□ stationary : 움직이지 않는, 정지된

◁ 해석 체크체크 ▷

플라톤과 아리스토텔레스 시대의 이전 두 세기는 경제적 자유화의 시기로, 이와 함께 국제무역을 포함한 상업 활동에서 엄청난 증가가 왔다. 게다가, 엄청난 경제적인 혼란과 사회적인 불안정은 급속한 상업인 (A) 팽창을 동반했는데, 이것은 플라톤과 아리스토텔레스의 경제적인 사고에 큰 영향을 미쳤다. 그들은 그 불안정은 금전적인 이득을 추구하는 것으로부터 비롯되었다고 믿었는데, 그것은, Midas의 우화가 분명히 밝혔듯이, 끔찍한 결과를 가져왔다. Midas가 금을 추구하기 위해 자기 자신을 (B) 파괴했던 것처럼, 부의 추구 역시 그리스 사회를 위태롭게 했다. 플라톤과 아리스토텔레스가 이상적인 국가에서 삶이 어떤 모습일지를 검토하기 위해 착수했던 것은 부분적으로 이러한 위협에 대한 반응이었고, 그들의 분석은 그러한 국가에서 "무엇이 '좋은 삶'을 구성할 것인가?"에 대한 질문을 중심으로 만들어졌다. 그들에게는 경제 성장이 바람직하지 않은 영향을 미친다는 것이 분명했고, 비교적 (C) 변하지 않는 수준의 경제 활동을 창출하는 경제 시스템의 필요성을 강조했다.

13 논리 추론 – 어휘

정답 ③

밑줄 친 ③ 앞 문장에서 'all historical accounts are reconstructions of some sort, and thus likely to change over time.'이라고 했고, ③이 포함된 문장에서 'This also means that the study of history cannot offer absolute certainties, but only ~(이것은 또한 역사 연구는 완벽한 확실성을 제공할 수 없지만 단지 ~을 제공할 뿐이라는 것을 의미한다)'라고 했으므로, 문맥상 ③ 'precision(정확성) → resemblance(유사함)' 정도가 되어야 한다.

□ imply : 넌지시 나타내다[비치다]
□ process : 과정[절차]
□ historical account : 역사적 기록
□ reconstruction : 재현[복원]
□ absolute : 완전한, 완벽한
□ certainty : 확실한 것, 확실성
□ precision : 정확(성), 정밀(성)
□ exist : 존재[실재]하다
□ case : 사실, 실정
□ accommodate : 수용하다[담다]
□ existing data : 기존 자료
□ in a concise manner : 간결하게
□ consist of : ~로 구성되다
□ within a context : …의 문맥 안에서, 문맥에 맞게
□ devise : 창안[고안]하다

◁ 해석 체크체크 ▷

과거에 대한 모든 증거는 오직 현재에서만 발견될 수 있기 때문에, 과거에 대한 이야기를 만드는 것은 필연적으로 나름의 어떤 역사가 있는 과정의 관점에서 이 증거를 해석하는 것을 의미한다. 우리는 그렇게 하는데, 그 이유는 주변 환경과 우리 각자가 모두 그러한 과정에 있는 것을 우리가 경험하기 때문이다. 결과적으로, 모든 역사적 서술은 어느 정도 재구성이므로, 시간이 지남에 따라 변경될 가능성이 있다. 이것은 또한 역사 연구가 완벽한 확실성을 제공할 수 없지만, 단지 한때 있었던 실제의 정확함(→ 유사함)을 제공할 뿐이라는 의미한다. 다시 말해서, 진정한 역사적 기록은 존재하지 않는다. 이것은 마치 과거가 보이는 방식에 끝없는 여지가 있는 것처럼 들릴지도 모른다. 내 의견에는 사실은 그렇지 않다. 다른 과학 분야에서와 마찬가지로, 역사적 복원을 위한 주요한 시험은 그것들이 기존 자료를 간결하고 정확하게 수용하는지 여부와 어느 정도까지 수용하는지이다. 그러나 모든 역사적 복원이 역사가에 의해 고안된 맥락에 맞게 배치된 선택된 수의 기존 자료로 구성된다는 사실을 피할 수는 없다.

14 논리 추론 - 어휘

정답 ④

네 번째 문장에서 'But this environmental success story of sorts masks another problem(그러나 이런 환경적인 성공 이야기는 또 다른 문제를 감춘다).'이라고 했고, 다음 문장에서 'Many of us are drowning in reusable bags that ~(우리 중 많은 사람들이 ~ 재사용 가능 가방들에서 허우적대고 있다).'라고 했으므로, 문맥상 이들 재사용 가능 가방들이 새로운 환경 문제를 '해결하지' 못하고 새로운 환경 문제를 '발생시킨다' 정도의 의미가 되어야 한다. 따라서 ④ 'solving(해결하는) → generate(발생시키다) 또는 cause(야기하다)'가 되어야 한다.

- single-use plastic bag : 1회용 비닐봉지
- definitely : 분명히[틀림없이], 절대(로)
- under way : 이미 시작된[진행 중인]
- restriction : (법률 · 규칙을 통한) 제한[규제]
- in place : 가동 중인, 가동할 준비가 되어 있는
- eliminate : 없애다, 제거[삭제]하다
- float up into : ~로 떠오르다
- block : 막다, 차단하다
- waterway : 수로
- mask : 가리다[감추다]
- drown in : …에 압도당하다, …에 싸이다[덮이다]
- green : 환경 보호의[친화적인]
- alternative : 대안, 선택 가능한 것
- campaigner : (정치 · 사회 문제) 운동가[활동가]
- carbon footprint : 탄소 발자국(온실 효과를 유발하는 이산화탄소의 배출량)
- eye-popping : 눈이 튀어나올 정도인, 깜짝 놀랄 정도인
- estimate : 추정(치), 추산
- replacement : 교체, 대체
- straightforward : 간단한, 쉬운, 복잡하지 않은
- boil down : (특히 정보를) (~이 되도록) 압축[단축]시키다

◀ 해석 체크체크 ▶

1회용 비닐봉지와의 전쟁에서 승리하지 못할 수도 있지만, 분명한 것은 진행 중이라는 것이다. 그것들에 대한 사용 제한이 미국의 거의 12개 주와 세계의 많은 다른 국가에서 시행 중이다. 그리고 많은 경우, 이러한 노력들은 얇은 비닐봉지의 새로운 판매를 없애는 데 성공적이었는데, 그 비닐봉지들은 나무들로 떠다니며, 수로를 막고, 토양과 물에 미세플라스틱을 달라붙게 하고, 해양 생물에게 해를 끼친다. 그러나 이런 환경적인 성공 이야기는 또 다른 문제를 감춘다. 우리 중 많은 사람들이 1회용 비닐에 대한 더 확실한 친환경적인 대안으로 소매업자들이 싸게 팔거나 고객들에게 나눠주는 재사용 가능한 가방들에서 허우적대고 있다. (환경) 활동가들은 말하기를 얇은 비닐봉지들보다 훨씬 더 높은 탄소 발자국을 가지고 있는 이 재사용 가능한 가방들의 축적이 새로운 환경 문제를 해결하고(→ 발생시키고[야기하고]) 있다고 한다. 깜짝 놀랄 만한 추정치에 따르면, 면 가방이 전통적인 비닐봉지에 대한 진정한 환경 친화적 대안이 되기 위해서는 적어도 7,100회 사용되어야 한다. 1회용 비닐봉지의 가장 친환경적인 대체물이 무엇인지에 대한 해답은 간단하지 않지만, 조언은 다음과 같이 압축된다. : 집에 있는 어떤 가방이든 가능한 한 많이 재사용하세요.

15 정보 파악 - 세부 정보
정답 ④

여섯 번째 문장의 후반부에서 '~ Burckhardt regarded power as tied to evil(~ Burckhardt는 권력을 악과 연결된 것이라고 간주했다).'이라고 했으므로 글의 내용과 일치하는 것은 ④ 'Jacob Burckhardt thought power and evil went hand in hand(Jacob Burckhardt는 권력과 악이 관련되었다고 생각했다).'이다.

오답 분석

① Jacob Burckhardt는 목사가 되고 싶지 않았다. → 첫 번째 문장에서 '~ Jacob Burckhardt originally intended to follow his father's footsteps and become a Protestant minister.'라고 했으므로, 글의 내용과 일치하지 않는다.
② Jacob Burckhardt는 바젤에서 미술사를 공부했다. → 두 번째 문장에서 'while studying theology in Basel, ~'라고 했으므로, 글의 내용과 일치하지 않는다.
③ Jacob Burckhardt와 Ranke의 관계는 논란의 여지가 없다. → 네 번째 문장에서 'Burckhardt's relationship with Ranke is the subject of contrary points of view among historians.'라고 했으므로, 글의 내용과 일치하지 않는다.
⑤ Jacob Burckhardt는 Ranke의 지적 접근법을 받아들였다. → 마지막 문장에서 'Rather, Burckhardt came to reject both Ranke's personal ambition and his intellectual approach.'라고 했으므로 글의 내용과 일치하지 않는다.

- footstep : 발소리, 발자국
- Protestant minister : 개신교 목사
- come to the conclusion that : …이라는 결론에 도달하다
- subject : 주제[대상/화제], (다뤄지고 있는) 문제[사안]
- retain : ~을 유지하다
- regard : 존경, 경의
- fundamental : 근본적인, 중요한, 기본이 되는
- guardian : 보호자, 후견인
- stability : 안정성
- tied to : ~와 관련 있는
- withdrawn : 고립한, 내향적인, 소극적인
- unending : 끝없이 계속되는, 끊임없는
- hostile : 적의를 가진, 적대성의
- reject : 거부하다, 거절하다, 받아들이지 않다
- ambition : 야망, 포부, 야심
- approach : 접근, 연구법

스위스 바젤의 목사의 아들인 Jacob Burckhardt는 원래 그의 아버지의 발자취를 따라 개신교 목사가 될 작정이었다. 그러나, 바젤에서 신학을 공부하는 동안, 그는 기독교가 하나의 신화라는 결론에 도달했다. 그 대신에 역사와 예술사 연구로 눈을 돌려, 그는 베를린에서 Leopold Ranke와 함께 공부하며 4년을 보냈다. Burckhardt와 Ranke의 관계는 역사학자들 사이에서 서로 상반된 관점의 주제이다. 일부 사람들은 근본적으로 달랐던 그들의 차이에도 불구하고, Burckhardt가 일생 동안 Ranke에게 경의를 유지했다고 주장한다. Ranke가 국가의 권력을 질서와 안정의 수호자로 이해했던 반면, Burckhardt는 권력을 악과 연결된 것이라고 간주했다. 개신교 학자인 Ranke는 과거의 사건에서 확신을 갖고 관대한 신의 손길을 추구했지만, 회의적이고 내성적이었던 Burckhardt는 역사에서 적대 세력들 사이의 끝없이 계속되는 투쟁을 보았다. 이러한 차이들로 인해 다른 역사학자들은 우리에게 Ranke를 '나의 위대한 스승님'이라고 언급한 Burckhardt의 말에 현혹되어서는 안 된다고 주장하게 되었다. 오히려, Burckhardt는 Ranke의 개인적인 야망뿐만 아니라 그의 지적인 접근법을 모두 부정하게 되었다.

16 정보 파악 – 세부 정보　　　정답 ⑤

마지막 문장에서 'People who can have lucid dreams are able to influence their own dreams ~(자각몽을 가질 수 있는 사람들은 그들 자신의 꿈에 영향을 미칠 수 있고 ~)' 라고 했으므로 글의 내용과 일치하지 않는 것은 ⑤ 'People are unable to affect their own dreams(사람들은 자신의 꿈에 영향을 미칠 수 없다).'이다.

오답 분석

① 사람들이 꿈을 꾸는 동안, 그들의 눈은 움직일 수 있다. → 첫 번째 문장에서 'During a certain stage of sleep, which can be identified by rapid eye movements ~ we engage in dreaming.' 라고 했으므로, 글의 내용과 일치한다.

② 모든 사람들이 그들이 꿈꾸었던 것을 기억하는 것은 아니다. → 두 번째 문장에서 '~ unless we concentrate on remembering what we just dreamed, the images fade almost immediately once we wake up.'이라고 했으므로, 글의 내용과 일치한다.

③ 꿈은 우리의 마음과 생각과 관련이 있다. → 세 번째 문장에서 'Dreams are often bizarre because ~ are based instead on our own internal associations, memories, and emotional inputs.'라고 했으므로 글의 내용과 일치한다.

④ 꿈은 비유적이며 해석될 수 있다. → 네 번째, 다섯 번째 문장에서 '~ we can trace our associations to the symbols and metaphors that occur in dreams. Sometimes we are able to decode ~'라고 했으므로 글의 내용과 일치한다.

□ identify : 확인하다, 식별하다
□ characteristic : 특유의
□ brain wave : 뇌파
□ engage in : ~에 관여[참여]하다
□ fade : 서서히 사라지다, 점점 희미해지다
□ bizarre : 기이한, 특이한
□ trace : 추적하다, (추적하여) 찾아내다
□ metaphor : 은유, 비유
□ occur : 일어나다, 발생하다
□ decode : 해독하다
□ sequence : (사건·행동 등의) 순서[차례]
□ lucid dream : 명석몽(明晳夢), 자각몽(自覺夢) (꿈꾸고 있음을 자각하면서 꾸는 꿈)

눈의 빠른 움직임과 특유의 뇌파 패턴에 의해 식별될 수 있는 수면의 특정한 단계 동안, 우리는 꿈에 참여한다. 모두가 꿈을 꾸지만, 우리가 방금 꿈을 꾸었던 것을 기억하는 데 집중하지 않는 한, 그 이미지는 우리가 깨자마자 대부분 바로 사라진다. 꿈은 종종 기이한데, 그것들이 외부의 자극 없이 형성되고 대신에 우리 자신의 내적인 연상, 기억, 그리고 감정적인 투입을 기초로 하기 때문이다. 종종, 우리는 꿈에서 일어나는 상징과 은유로 우리의 연상을 추적할 수 있다. 때때로 우리는 꿈의 순서와 이미지가 표현하고 있었던 것이 무엇인지 해독할 수 있다. (꿈꾸고 있음을 자각하면서 꾸는) '자각몽'의 존재는 연구에서 확립되었다. 자각몽을 가질 수 있는 사람들은 그들 자신의 꿈에 영향을 미칠 수 있고, 그들이 꿈을 가지고 있다는 것을 인식할 수 있고, 그들이 원한다면 스스로 깨어날 수 있다.

17 정보 파악 – 세부 정보　　　정답 ④

네 번째 문장에서 'Because the definition of noise annoyance includes emotional reactions as well as physical symptoms, ~ (소음 괴로움의 정의는 신체적 증상뿐만 아니라 감정적 반응을 포함하기 때문에, ~)'라고 했으므로, 글의 내용과 일치하지 않는 것은 ④ 'Noise annoyance is defined only within emotional reactions (소음 괴로움은 감정적인 반응 안에서만 정의된다).'이다.

오답 분석

① 내륙 풍력 발전소에서 나오는 소음은 과학적으로 논란이 많은 주제이다. → 첫 번째 문장에서 'Noise from inland wind farms ~ is the subject of scientific controversy.'라고 했으므로, 글의 내용과 일치한다.

② 내륙 풍력 발전소 근처의 주민들은 아마도 정신적인 병과 신체적인 병을 모두 경험할 것이다. → 두 번째 문장에서 '~ nearby residents to insomnia and headaches as well as the muscle aches, anxiety, and depression ~'라고 했으므로, 글의 내용과 일치한다.

③ 과학자들은 내륙 풍력 발전소 근처의 주민들이 겪고 있는 증상의 주요 원인을 성공적으로 밝혀내지 못했다. → 세 번째 문장에서 'Whether these symptoms are the result of actual wind turbine activity, ~ is not entirely clear.'이라고 했으므로, 글의 내용과 일치한다.

⑤ 내륙 풍력 발전소의 소음에 대한 연구 결과는 아직 결론에 이르지 못했다. → 네 번째 문장의 후반부에서 'studies are showing conflicting results ~'라고 했으므로, 글의 내용과 일치한다.

□ wind farm : 풍력 발전 지역
□ controversy : 논란
□ muscle ache : 근육통
□ anxiety : 불안(감), 염려
□ depression : 우울증
□ low-frequency : 저주파
□ symptom : 증상
□ sensitivity : 예민함[민감함]
□ stress reaction : 스트레스 반응
□ bring on : …을 야기하다, 초래하다
□ noise annoyance : 소음 괴로움
□ emotional reaction : 감정 반응
□ conflicting : 상충[상반]되는
□ cite : (이유・예를) 들다[끌어 대다]
□ extensive : 아주 넓은[많은], 대규모의

〈 **해석** 체크체크 〉

주로 미국 중서부와 캐나다 온타리오 주, 퀘벡 주에 위치한 성장 산업의 일부인 내륙 풍력 발전소에서 발생하는 소음은 과학적 논란의 대상이다. 많은 과학자들은 그것(소음)이 인근 주민들에게 수면 손실과 저주파 소음, 그리고 아마도 터빈 작동으로 인한 기압 변화에 기인한 근육통과 불안, 우울증뿐만 아니라 불면증과 두통에 시달리게 한다고 믿는다. 이런 증상들이 실제 풍력 터빈 활동으로 인한 결과인지, 날씨에 대한 민감성으로 인한 결과인지, 아니면 소음 괴로움으로 인한 스트레스 반응의 결과인지는 완전히 명확하지는 않다. 소음 괴로움의 정의는 신체적 증상뿐만 아니라 감정적 반응을 포함하기 때문에, 연구들은 상반된 결과를 보여주고 있다. : 논란의 양측은 광범위한 증거를 들 수 있지만, 어느 쪽도 연구 설계나 발견에 대한 상대방의 해석을 확신하지 못한다.

18 빈칸 추론 - 구/절
정답 ②

빈칸 앞 문장에서 'It, however, calls for judgment when dealing with groups or societies different from one's own(그러나 그것은 그 자신과 다른 집단이나 사회를 다룰 때 판단을 요구한다).'이라고 했고, 빈칸 다음의 마지막 문장에서 'Negotiation is more likely to succeed when the parties concerned understand the reasons for the differences in viewpoints(협상은 관련 당사자들이 관점의 차이에 대한 이유를 이해할 때 더 성공할 가능성이 있다).'라고 했다. 따라서 문맥상 빈칸 문장인 'Information about the nature of cultural differences between societies, their roots, and their consequences should ~(사회들 간의 문화 차이와 그것들의 근원, 그리고 그것들의 결과의 본질에 대한 정보는 ~ 해야 한다)'에서 빈칸에 들어갈 적절한 것은 ② 'precede judgment and action(판단과 행동을 앞서다)'이다.

오답 분석
① 우리의 문화적 정체성을 구축하다
③ 전제된 목표를 형성하다
④ 객관적으로 재평가되다
⑤ 기본적인 원리를 설명하다

□ superior : (…보다 더) 우수한
□ inferior : (…보다) 못한
□ presuppose : 예상하다, 상정[추정]하다
□ cultural relativism : 문화상대주의
□ normalcy : 정상임, 상태
□ call for : ~을 필요로 하다
□ negotiation : 협상, 교섭
□ viewpoint : 관점[시각]

〈 **해석** 체크체크 〉

다른 문화 집단은 다르게 생각하고, 느끼고, 행동한다. 한 집단을 다른 집단보다 본질적으로 우월하거나 열등하다고 간주하는 과학적 기준은 없다. 집단과 사회 간의 문화 차이를 연구하는 것은 문화상대주의의 입장을 전제로 한다. 그것은 그 자신을 위한 정상인 상태를 의미하는 것도, 그의 사회를 위한 정상인 상태를 의미하는 것도 아니다. 그러나 그것은 그 자신과 다른 집단이나 사회를 다룰 때 판단을 요구한다. 사회들 간의 문화 차이와 그것들의 근원, 그리고 그것들의 결과의 본질에 대한 정보는 판단과 행동을 앞서야 한다. 협상은 관련 당사자들이 관점의 차이에 대한 이유를 이해할 때 더 성공할 가능성이 있다.

19 빈칸 추론 - 구/절　　　　정답 ⑤

빈칸 문장의 앞부분에서 'They are provisionally useful as being the best we have for the moment, but they are ~(그것들은 우리가 현재 가지고 있는 최상의 것으로서 임시적으로 유용하지만, 그것들은 ~이다).'라고 했다. 빈칸 다음 문장에서 'Our acceptance of them remains provisional ~ while we continue to search for something better to displace them(우리가 그것들을 대체할 더 나은 것을 계속 찾는 동안, 그것들에 대한 우리의 수용은 임시적인 것으로, ~).'라고 했으므로, 문맥상 빈칸에 들어갈 적절한 것은 ⑤ 'not to be relied upon for ever(영원히 의존될 수 없다)'이다.

오답 분석
① 열망의 증거가 되다
② 우리의 생활방식을 변화시키다
③ 여러분의 삶에 동기부여를 하지 않다
④ 절대적인 진리를 드러내다

□ superstructure : 상부구조
□ resemble : 닮다, 비슷[유사]하다
□ theological notion : 신학적 관념
□ provisionally : 임시로, 잠정적으로
□ acceptance : 받아들임[수락]
□ provisional : 임시의, 일시적인
□ commitment : 약속, 전념
□ wholehearted : 전폭적인, 전적인
□ displace : 대신[대체]하다
□ aspiration : 열망, 포부, 염원
□ ultimate : 궁극[최종]적인, 최후의
□ elusive : 찾기[규정하기/달성하기] 힘든
□ out of reach : 손이 닿지 않는 곳에
□ motivation : 동기

◀ 해석 체크체크 ▶

　과학적인 상부구조는 역사적인 진리, 즉 신에 대한 신학적인 개념들과 유사하다. 그것들은 우리가 현재 가지고 있는 최상의 것으로서 임시로 유용하지만, 그것들은 <u>영원히 의존될 수는 없</u>다. 그것들에 대한 우리의 수용은 임시적인 것으로, 그것들을 대체할 더 나은 것을 계속 찾는 동안에, 우리의 헌신은 전폭적이라고 하기에는 뭔가 부족하다. 인간의 열망의 어떤 영역에서든, 궁극적인 목표, 즉 '진리' 또는 '신' 또는 '현실'은 영원히 찾기 힘든 상태로 남아 있으며, 우리의 손길이 닿지 않는 곳인 우리를 초월하는 곳에 있다. 그러나 그것이 그곳에 있다는 우리의 믿음은 우리의 지속적인 탐구를 위해 필요한 동기를 제공한다.

20 빈칸 추론 - 구/절　　　　정답 ⑤

빈칸 앞 문장에서 '~ insects and other arthropods are still very alien to us, as if they were beings from another planet(~ 곤충들과 다른 절지동물들은 마치 다른 행성에서 온 존재처럼 우리에게 여전히 매우 생경하다)'라고 했고, 빈칸 문장의 앞부분에서 곤충과 절지동물들의 인간과 다른 점을 나열한 다음에, '~ yet there is something ~ about them, too(하지만 그들에게도 ~한 무언가가 있다)'라고 했으므로, 문맥상 빈칸에는 곤충과 인간이 '익숙한' 또는 '유사한' 정도의 수식어가 들어가야 한다. 따라서 빈칸에 들어갈 말로 적절한 것은 ⑤ 'strangely familiar(이상하게 친밀한)'이다.

오답 분석
① 놀랍도록 의심스러운
② 세밀하게 분류된
③ 꾸준히 진보하는
④ 인간적으로 생산적인

□ weight : 무게, 체중
□ virtually : 사실상, 거의
□ alien : 생경한
□ stare : 빤히 쳐다보다, 응시하다
□ unblinking : 눈을 (한 번도) 깜박이지 않는
□ breathe : 호흡하다, 숨쉬다
□ skinless : 껍질 없는[벗긴]
□ defend : 방어[수비]하다
□ reproduce : 번식하다
□ rely on : ~에 의지[의존]하다, ~을 필요로 하다
□ finely : 섬세[정교]하게

◀ 해석 체크체크 ▶

　오늘날 살아있는 모든 인간에 대하여 2억 마리나 되는 곤충들이 있다고 추정된다. 세상에 있는 모든 개미들의 총 무게, 즉 모두 9천 종에 달하는 개미들의 무게는 지구상의 모든 인간의 무게보다 12배나 무겁다. 그것들의 놀라운 숫자와 사실상 어디에서나 발견된다는 사실에도 불구하고, 곤충들과 다른 절지동물들은 마치 다른 행성에서 온 생명체인 것처럼 우리에게는 여전히 매우 생경하다. 그것들은 여섯 개 이상의 다리로 움직이고, 눈을 깜빡거리지 않고 응시하고, 코 없이 호흡하고, 고리와 등딱지로 구성된 껍질 없는 딱딱한 몸체를 가지고 있지만, 그것들에게도 <u>이상하게 친밀한</u> 무언가가 있다. 절지동물은 먹이를 찾고, 적으로부터 자신을 방어하고, 번식하기와 같이 인간이 생존을 위해 하는 모든 일들을 해야 한다. 그것들은 또한 그들 주변의 세상을 보고, 만지고, 듣고, 냄새를 맡고, 맛보기 위해 정교하게 조정된 감각에 의존한다.

21 빈칸 추론 - 구/절 정답 ①

빈칸 다음 문장에서 'People will continue to meditate, often with beneficial results(사람들은 종종 유익한 결과를 가지고 명상을 계속할 것이다.)'라고 한 다음에, 치료사들은 신체적인 증상과 정신적인 질환들을 치료하기 위해 명상을 사용할 것이고 행동과학자들 역시 명확한 발견이 있을 때까지 명상의 효과에 대해 연구할 것이라고 부연 설명했다. 그러나 마지막 문장에서 'Yet there will always be those who refuse to accept objective, scientific evidence as the standard of acceptance and belief(그러나 객관적이고 과학적인 증거를 수용과 믿음의 기준으로 받아들이기를 거부하는 사람들이 항상 있을 것이다.)'라고 했으므로, 문맥상 빈칸에는 명상과 그 효과에 대하여 논란이 많은 상황을 묘사하는 단어가 들어가야 한다. 따라서 빈칸에 들어갈 말로 적절한 것은 ① 'the meditation waters are muddy(명상의 영역은 애매하다[논쟁적이다])'이다.

오답 분석

② 그것의 비평가들은 명상을 훈련하기 위해 노력해야 한다
③ 명상은 다양한 신체적 고통을 완화시킬 수 있다
④ 명상의 정의는 이제 활짝 개었다[명확하다]
⑤ 과학자들은 명상의 방법을 조사해야 한다

☐ meditation : 명상, 묵상
☐ psychological : 정신[심리]의, 정신[심리]적인
☐ waters : 비밀스러운, 미지의, 험악한, 위험한 영역[상황] 등
☐ muddy : 애매한, 분명치 않은
☐ meditate : 명상[묵상]하다
☐ therapist : 치료 전문가, 치료사
☐ treat : 치료하다, 처치하다
☐ hypertension : 고혈압(증)
☐ alcohol abuse : 알코올 남용
☐ drug abuse : 마약 남용, 약물 남용
☐ insomnia : 불면증
☐ psychiatric disorder : 정신 질환
☐ similarly : 마찬가지로
☐ behavioral scientist : 행동과학자
☐ definitive : 최종적인, 확정적인
☐ refuse : 거절[거부]하다
☐ objective : 객관적인

◁ 해석 체크체크 ▷

명상이 수 세기 동안 행해졌다는 사실은 여전히 남아 있다. 비평가들은 그 이유가 무엇이든 간에, 그것이 효과가 있는 것처럼 보인다는 것에 동의한다. 비록 생리학적인 변화가 잘 확립되어 있지 않더라도, 심리적인 이익이 존재할 수 있다. 게다가, 연구들은 명상을 수행하기로 선택한 사람들과 그렇지 않은 사람들 사이의 가능한 차이를 통제하지 않았다. 기술 그 자체보다는 그 실험 대상자 간의 차이가 존재하고 그것들이 명상 결과에 더 영향을 미칠 가능성이 있다. 우리가 여기서 결론을 내릴 수 있는 것은 명상의 영역은 <u>애매하다[논쟁적이다]</u>는 것이다. 사람들은 종종 유익한 결과를 가지고 명상을 계속할 것이다. 치료사들은 고혈압, 알코올 남용, 약물 남용, 불면증, 그리고 많은 다른 정신 질환들을 치료하기 위해 그것을 계속 사용할 것이다. 마찬가지로, 행동과학자들은 더 명확한 연구 결과가 나올 때까지 명상과 그 효과를 계속 연구할 것이다. 그러나 객관적이고 과학적인 증거를 수용과 믿음의 기준으로 받아들이기를 거부하는 사람들이 항상 있을 것이다.

22 빈칸 추론 - 구/절 정답 ③

첫 번째 문장에서 'Ecological people interact with nature ~(~ 환경 친화적인 사람들은 자연과 상호 작용한다)'라고 했고, 다섯 번째 문장에서 'This ecological solution stands in contrast to the logical solution of most European port cities that ~(이 환경 친화적인 해결책은 ~ 대부분의 유럽 항구 도시들의 논리적 해결책과 대조된다)'이라고 했다. 빈칸 문장의 앞부분에서 '자연에 반하는 행동을 하는 이 단단한 벽들은 결국 산산조각이 나고 ~'라고 한 다음에 'and need to be rebuilt unlike the Dutch dikes that ~'이라고 했으므로, 빈칸에는 네덜란드식 제방의 특징을 설명하는 내용이 들어가야 한다. 따라서 빈칸에 들어갈 말로 적절한 것은 ③ 'flexibly move with the natural rhythms(자연스러운 리듬에 맞춰 융통성 있게 움직이다)'이다.

오답 분석

① 조용하게 객관적 관찰자로 남아 있다
② 극적인 변화와 함께 끊임없이 바뀌다
④ 생태학적 신비에 적극적으로 대응하다
⑤ 단지 자연계 질서를 무시하다

☐ ecological : 생태학적인, 환경 친화적인
☐ in contrast to[with] : ~와는 현저히 다르게
☐ act upon : …에 작용하다, 영향을 주다
☐ mythological : 신화의
☐ layer : 층[단계]
☐ fury : 분노, 격분
☐ absorb : 흡수하다[빨아들이다]
☐ flexibility : 유연성, 융통성
☐ willow branch : 버드나무 가지
☐ in tune with : 장단이 맞아서, 조화되어
☐ stand : (~에 대해 특정한) 입장에 있다[의견을 가지고 있다]
☐ sea wall : 방파제, 방조제
☐ steel-reinforced concrete : 철근 콘크리트로 된
☐ smash : 박살내다, 박살나다
☐ passively : 수동적으로, 소극적으로.
☐ edict : 포고령, 칙령

자연에 영향을 주는 논리적인 사람들, 자연에 의해 영향을 받는 신화적인 사람들과는 대조적으로, 환경 친화적인 사람들은 자연과 상호 작용한다. 그들은 자연과의 대화에 참여한다. 네덜란드의 제방은 진흙과 바위의 층, 버드나무 매트를 엮어서 만들어졌다. 맹렬한 기세로 몰아치는 북대서양의 파도가 이 제방들을 강타하면 파도에 맞춰 움직임으로써 버드나무 가지의 유연성으로 그 세력을 흡수한다. 이 생태학적 해결책은 파도를 막기 위해 철근 콘크리트로 된 방파제를 건설한 대부분의 유럽 항구 도시들의 논리적 해결책과 대조된다. <u>자연스러운 리듬에 맞춰 융통성 있게 움직이는</u> 네덜란드식 제방과는 달리, 자연에 반하여 행동하는 이 단단한 벽들은 결국 산산조각이 났고 다시 세워져야 한다. 신화적 해결책은 단단한 벽도 유연한 제방도 건설하지 않음으로써 자연의 칙령을 수동적으로 받아들이는 것이다. 신화적 해결책을 따르면 네덜란드의 3분의 1이 물에 잠기게 된다.

주장은 여러분이 생각하는 것처럼 사실의 반대가 아니다. 또한 그것이 사실이라는 것을 알게 된다고 주장이 사실이 '되는' 것도 아니다. 주장은 언제나 주장이지만, 어떤 주장의 진실은 규명된다. 그리고 주장은 반드시 개인적인 이점이나 편견을 포함하지는 않는다. 비록 일상의 담화에서 우리는 진실이 의심스럽거나 편향된 진술과 진실이 규명되고 편견이 없는 ('사실'이라고 불리는) 진술을 구별하기 위해 종종 '주장'이라는 단어를 사용하고 있지만, 이러한 차이는 위험할 정도로 오해의 소지가 있다. 우리가 '사실'이라고 생각하는 모든 진술은 실제로 주장들이다. 그것들은 매우 광범위하고 명확하게 진실로 받아들여지기 때문에 받아들여지지 않는 주장들과는 다른 것처럼 보인다. 간단히 말해서, 주장은 세계가 존재하는 방식이나 되어야만 할 방식에 대한 신념이나 관점을 표현하는 진술이다. 물론, 그것들이 사실 여부가 중요하지만, 그것이 주장인지 아닌지를 결정하지는 않는다.

23 핵심 파악 – 제목   정답 ①

주어진 글은 주장(claim)과 사실(fact)의 차이점을 설명하는 내용으로, 첫 문장에서 'Claims are not, as you might think, the opposite of facts(주장은 여러분이 생각하는 것처럼 사실의 반대가 아니다).'라고 했고, 글의 중반에서 우리가 '사실'이라고 생각하는 모든 진술이 실제로는 주장이라고 했다. 마지막에서 두 번째 문장에서 'claims are those statements that express beliefs or views about the way the world is or the way the world should be(주장은 세계가 존재하는 방식이나 되어야만 할 방식에 대한 신념이나 관점을 표현하는 진술이다)'라고 했으므로, 글의 제목으로 적절한 것은 ① 'Can We Separate Facts from Claims(우리는 사실과 주장을 구분할 수 있나)?'이다.

오답 분석
② 진실한 주장의 랜드마크
③ 사실, 영원한 약속!
④ 사실과 주장의 반대는 무엇인가?
⑤ 의심으로부터 결단으로의 여정

□ claim : 주장
□ establish : 규명하다[밝히다]
□ necessarily : 어쩔 수 없이, 필연적으로
□ bias : 편견, 편향
□ distinguish : 구별 짓다, 차이를 보이다
□ statement : 성명, 진술, 서술
□ unbiased : 선입견[편견] 없는, 편파적이지 않은
□ distinction : 차이[대조]
□ misleading : 호도[오도]하는, 오해의 소지가 있는
□ put simply : 간단히 말해서
□ determine : 결정하다

24 핵심 파악 – 제목   정답 ②

첫 번째 문장에서 'Don't be afraid to try or to fail.'이라고 한 다음에, 두 번째 문장에서 '그것이 여러분에게 힘과 여러분의 개인적인 도전을 극복하는 방법을 가르쳐준다.'라고 했다. 마지막에서 두 번째 문장 후반부에서 '~ trying and failing is progress in every sense of the word(~ 노력하고 실패하는 것이 그 단어에 대한 모든 의미에서 발전이다).'라고 했고, 마지막 문장에서 'It can prove to be the vehicle that really launches you forward with renewed energy and a desire to try again(그것은 새로운 에너지와 다시 시도하려는 열망으로 여러분을 실제로 앞으로 나가게 하는 수단임을 증명할 수 있다).'이라고 했으므로, 글의 제목으로 적절한 것은 ② 'Welcome Hardships, Kicks of Life(고난, 인생의 자극제를 기꺼이 받아들여라)'이다.

오답 분석
① 운명의 밑바닥에서 머무름
③ 포기하는 것은 인생의 시련의 일부이다
④ 지식을 현실에 적용하는 법
⑤ 새로운 경험에 열린 마음을 가져라

□ strength : 힘, 기운
□ overcome : 극복하다
□ trial : 시련; 골칫거리
□ unique : 특별한
□ happen to : (어떤 일이) ~에게 일어나다[생기다]
□ in differing degrees : 정도를 달리하여
□ tolerance : 인내, 관용
□ achieve : ~을 이루다, 성취하다
□ look on ~ as : ~을 ~하게[~하다고] 보다[여기다]
□ in every sense of the word : 그 단어의 모든 의미에 있어서
□ vehicle : 수단[매개체]
□ launch : 시작[개시/착수]하다

시도하거나 실패하는 것을 두려워하지 마라. 그것은 여러분에게 힘과 여러분의 개인적인 도전을 극복하는 방법을 가르쳐 준다. 인생의 시련은 여러분만의 특별한 것이 아니다. 그것들은 모든 사람에게 정도를 달리하여 발생하고 여러분의 정신적 인내심과 위험을 피하기 위해 다른 사람들을 도울 수 있는 도구를 제공하는 강인한 성격을 개발하도록 돕는다. 여러분이 프로젝트나 과제에서 목표로 했던 결론을 이루지 못할 때, 여러분은 그것을 종종 패배로 여긴다. 이러한 사고 과정은 여러분을 교착 상태에 빠지게 하고 진정한 발전을 막을 수 있는데, 그것은 여러분이 포기하기 때문이다. 이 경험을 결코 좋지 않은 것으로 보지 마라. 노력하고 실패하는 것은 그 단어의 모든 의미에 있어서 발전이다. 그것은 새로운 에너지와 다시 시도하려는 열망으로 여러분을 실제로 앞으로 나가게 하는 수단임을 증명할 수 있다.

25 핵심 파악 – 요지　　　　　　　　정답 ⑤

두 번째 문장에서 'For most of the time, no doubt, coping with variance does not constitute anything of a problem and may indeed be unconscious(대부분의 경우, 의심할 여지없이, 변화를 처리하는 것이 어떤 문제를 구성하지 않으며, 실제로 무의식적일 수 있다.)'라고 했으므로, 글의 요지로 적절한 것은 ⑤ 'Our everyday use of English does not usually require coping with variance(우리의 일상적인 영어 사용은 보통 변화를 처리하는 것을 요구하지 않는다).'이다.

오답 분석
① 우리들 중 대다수가 일상적인 대화에서 부주의한 실수를 한다.
② 우리는 그들의 일상적인 일에 대해 가족과 친구들과 맞서지 말아야 한다.
③ 언어적으로 다양한 집단의 사람들은 조화롭게 살기 위해 더 열심히 노력해야 한다.
④ 무의식적인 선택을 하는 것은 언어를 창조적으로 사용하는 것이 아니다.

□ confront : 직면하다
□ cope with : ~을 처리하다, ~에 대처[대응]하다
□ variance : 변화
□ constitute : ~을 구성하다[이루다]
□ unconscious : (~을) 의식하지[깨닫지] 못하는
□ affair : 일[문제]
□ what is more : 더욱이[게다가]
□ linguistically : 언어상, 언어학적으로.
□ account for : ~을 설명하다
□ overwhelming : 압도적인, 너무도 강력한[엄청난]
□ majority of : 다수의

우리는 언어 사용에서 선택을 해야 할 필요에 정기적으로 직면한다. 대부분의 경우, 의심할 여지없이, 변화를 처리하는 것이 어떤 문제를 구성하지 않으며, 실제로 무의식적일 수 있다. 우리는 일상적인 일에서 가족과 친구들을 상대하고 있다. 더 나아가서, 우리는 글로 쓰지 않고, 보통 그들에게 말로 한다. 우리가 가장 편안해 하는 것은 일상의 대화에서 언어학적으로나 다른 방법으로 보통의 문제에 대해 보통 사람들과 이야기하는 것이다. 다행히도, 이것이 영어 사용에 있어서 우리의 필요의 압도적인 다수의 경우를 설명하는 상황이다.

26 핵심 파악 – 요지　　　　　　　　정답 ②

첫 번째 문장에서 'As we observe the "objective" world, we view it through our own lenses or filters(우리가 "객관적인" 세계를 관찰할 때, 우리는 우리 자신의 렌즈나 필터를 통해 그것을 본다).'라고 한 다음에, 플로리다 사람들과 스웨덴 사람들의 눈(snow)에 대한 세계관과 언어의 차이를 설명하고 있으므로, 글의 요지로 적절한 것은 ② 'We see the world through a lens of subjectivity(우리는 주관성의 렌즈를 통해 세상을 본다).'이다.

오답 분석
① 우리는 우리의 인식에 대한 객관적인 필터를 유지해야 한다.
③ 우리의 기대는 우리의 꿈을 형성한다.
④ 우리의 이성은 왜곡된 정보를 피해야 한다.
⑤ 우리는 우리가 알고 있는 것을 일반화하는 데 중립적인 입장을 취해야 한다.

□ observe : 관찰하다, 보다
□ view : 보다
□ take note of : …에 주목[주의]하다
□ fall into : ~으로 나뉘다
□ generalize : 일반화하다, 보편화하다
□ distort : 왜곡하다
□ delete : 삭제하다
□ edit out : ~을 잘라 내다[삭제하다]
□ make sense : 의미가 통하다[이해가 되다]
□ given that : ~을 고려하면
□ differentiation : 차별(의 인정), 구별
□ worldview : 세계관

우리가 "객관적인" 세계를 관찰할 때, 우리는 우리 자신의 렌즈나 필터를 통해 그것을 본다. 우리의 일상적인 환경은 물고기에게 대한 물과 같다. 그것은 단지 그곳에 있을 뿐이며, 우리는 그것에 주목하지 않는다. 우리는 대부분 우리가 평범한 활동이라고 생각하는 것을 특별히 의식하지 않는데, 그것은 우리의 마음의 지도에 그것들을 위한 자리가 이미 있기 때문이다. 그것들은 친밀한 범주로 나뉜다. 언어학자들이 제시했듯이, 우리는 우리가 알고 있는 것부터 우리가 모르는 것으로 일반화하고, 그러한 관점을 고려할 때, 이해되지 않는 것은 무엇이든지 간에 왜

곡하거나 삭제하는 경향이 있다. 플로리다 사람들에게는 눈이 모두 비슷하게 보일지도 모른다. 그들의 경험은 차별화를 위한 "지도"를 제공하지 않으므로, 눈의 종류에 대한 차이는 무시된다. 반면에, 스웨덴 사람들이나 알류트족들은 서로 다른 많은 종류의 눈을 구별할 수 있는 언어를 포함한 세계관을 가지고 있다. 그 정보를 삭제하거나 왜곡하는 것은 그들을 매우 불편하게 할 것이다.

27 핵심 파악 - 주제   정답 ③

첫 번째 문장에서 'Celtic Studies is a field long connected with the study of mythology(켈트학은 오랫동안 신화학과 관련된 분야이다).'라고 했으며, 세 번째 문장 후반부에서 '~ we find a reappearing emphasis on oral culture and a concern with the supernatural in daily life(~ 우리는 반복적으로 나타나는 구술문화에 대한 강조와 일상생활에서 초자연적인 것에 대한 관심을 발견한다).'라고 부연해서 설명했다. 마지막 문장에서 결론적으로 '~ studies of Celtic religion, folklore and literature have very often been made subject to mythological models of interpretation(켈트족의 종교, 민속, 문학에 대한 연구는 종종 신화적 모델에 대한 해석 대상이 되어 왔다)'이라고 했으므로, 글의 주제로 적절한 것은 ③ 'the characteristics of Celtic Studies and its connection to mythology(켈트학의 특징과 신화학과의 연관성)'이다.

오답 분석
① 신들의 초자연적인 특질을 설명하는 데 있어 되풀이되는 주제
② 고전문학에서 스코틀랜드의 하이랜드 문화의 중요성
④ 켈트어를 사용하는 사람들을 이해하는 법에 대한 새로운 관점
⑤ 비교 인도-유럽어족 언어학에 존재하는 풍부한 전통

☐ field : 분야
☐ Celtic-speaking : 켈트어를 쓰는
☐ amongst : …간에, …중에서
☐ hold up as : …으로 보여주다
☐ recipient : 수령[수취]인
☐ reappear : 다시 나타나다
☐ emphasis : 강조, 역점
☐ oral culture : 구술문화, 구전문화
☐ supernatural : 자연적인
☐ discipline : 지식 분야, 학과목
☐ by-product : 부산물
☐ external : 외부의[외부적인]
☐ perspective : 관점, 시각
☐ stimulus : 자극제, 자극
☐ mythologist : 신화학자[작가]

《 해석 체크체크 》
켈트족 연구는 오랫동안 신화학 연구와 연결된 분야이다. 서유럽의 맥락에서 켈트어를 사용하는 민족은 풍부한 '전통'의 수령자들로 가장 자주 보여주었던 사람들이다. 갈리아인에 대한 초기의 설명으로부터 스코틀랜드의 하이랜드 문화에 대한

현대의 설명에 이르기까지 우리는 다시 나타나는 구술문화에 대한 강조와 일상생활에서 초자연적인 것에 대한 관심을 발견한다. 현대 학문에서 켈트족의 언어들은 비교 인도-유럽어족 언어학과 강력한 연관성을 발전시켰고, 결과적으로 그것의 부산물인 비교 신화학 이론들과도 강한 연관성을 발전시켰다. 이러한 외부적인 관점을 제외하고, 신화학자들에게 흥미를 유발하는 주요한 자극제는 켈트 문학 자체 내에 존재하는 신화적인 존재에 대한 매우 강력한 감각으로, 신, 초자연적인 자질의 영웅, 먼 과거의 사건에 대한 언급이다. 이러한 이유로 켈트족의 종교, 민속, 문학에 대한 연구는 종종 신화적 모델에 대한 해석 대상이 되어 왔다.

28 논리 추론 - 무관한 문장   정답 ④

주어진 글은 동물의 은폐색이 위장으로써 그들을 포식자로부터 숨기고 방어한다는 내용인데, ④는 거주자들이 환경 문제에 무관심해서 지구가 계속 훼손되고 있다는 내용이므로, 전체 흐름과 관계없는 문장은 ④ 'Our planet continues to be damaged as its inhabitants are indifferent to environmental issues(주민들이 환경 문제에 무관심해지자 우리의 행성은 계속 훼손된다).'이다.

☐ camouflage : 위장
☐ cryptic coloration : 보호색
☐ one-size-fits-all : 여러 상황에 광범위하게 적용되는; 일률적인
☐ towering : 우뚝 솟은, 높이 치솟은
☐ blend in : (주위 환경에) 섞여들다
☐ predator : 포식자, 포식 동물
☐ roundness : 둥글둥글함
☐ flat : 평평한, 편평한
☐ damaged : 손해[피해]를 입은, 하자가 생긴
☐ inhabitant : 주민[서식 동물]

《 해석 체크체크 》
보호색이라고도 알려진 위장은 동물 세계에서 여러 상황에 광범위하게 적용되는 방어이다. 곤충만큼 작은 동물들과 대담한 무늬가 있고 키가 18피트(6미터)에 이르는 기린만큼 큰 동물들은 그들이 (무리에) 섞이는 것을 돕도록 그들의 보호색에 의존한다. 색과 무늬는 동물이 (무리와) 섞이도록 도울 뿐만 아니라 그들의 형태를 해체함으로써 그들을 위장할 수도 있다. 그런 식으로, 포식자는 처음에 그것을 인식하지 못한다. 동물의 색은 그 몸체의 둥글둥글한 형체를 가리고 평평하게 보이게 만들 수 있다. (주민들이 환경 문제에 무관심해지자 우리의 행성은 계속해서 훼손된다.) 색과 무늬는 또한 동물의 그림자를 숨기는 것을 도울 수 있다.

29 논리 추론 – 무관한 문장 정답 ④

주어진 글은 시간의 구조화에 대한 기능에 대한 내용인데, ④는 수학적 개념의 기본 구성 요소를 말하고 있으므로 전체 흐름과 관계없는 문장은 ④ 'Mathematical ideas as fundamental as order, units, and cycles are the very building blocks(순서, 단위 및 순환과 같은 기본적인 수학적 개념들이 바로 그 구성 요소들이다).'이다.

- structuring : 구조화
- set the schedule : 일정을 정하다
- coordinate : 조직화[편성]하다
- relate : 관련[결부]시키다
- phenomena : phenomenon(현상)의 복수형
- order : 배열하다, 관리하다
- duration : 지속, (지속되는) 기간
- orientation : 방향, 지향
- occurrence : 발생, 존재, 나타남
- continuous : 계속되는, 지속적인
- coherent : 일관성 있는, 논리[조리] 정연한
- framework : 체제, 체계
- periodically : 주기적으로
- place : 두다[처하게 하다]
- building block : 구성 요소
- impose : 부과하다[지우다]
- extend : 연장하다

◁ 해석 체크체크 ▷

시간의 구조화는 많은 기능을 가질 수 있는데, 그것들 중 어떤 것들은 다른 문화에서는 어느 정도 중요하다. 그러나 어디에서나 주요 기능 중 하나는 문화의 일정을 설정하고 그에 따라 문화에서 개인의 활동을 조정하는 것이다. 다른 기능은 그룹의 활동을 어떤 자연 현상들이나 어떤 초자연 현상들과 연관시키는 것일 수 있다. 구조는 과거 또는 미래에서 사건을 배열하거나, 사건의 지속 시간을 측정하거나, 그것들이 서로 또는 현재로부터 얼마나 가깝거나 멀리 있는지 측정하는 데 사용될 수 있다. 무엇보다도, 그 구조는 직무 예비 교육의 수단을 제공하고 문화뿐만 아니라 개인의 삶에 있어서 사건의 발생에 형태를 부여한다. 주기적으로 반복되는 사건들을 표시하고 특별한 사건들을 배치하는 지속적이고 일관된 체계를 제공한다. (순서, 단위 및 순환과 같은 기본적인 수학적 개념들이 바로 그 구성 요소들이다.) 이처럼, 시간에 부과되는 구조는 그 자체를 훨씬 넘어서서 한 문화에 많은 것을 반영하고 영향을 미친다.

30 논리 추론 – 문장 삽입 정답 ③

주어진 문장에서 Odysseus가 죽은 자들과 심각한 부상을 입은 병사들 대부분을 다시 배에 실었다고 했으므로, 주어진 문장은 병사들이 죽고 부상당한 이유 다음에 들어가야 한다. ③ 앞 문장에서 'Some Thracians who lived inland ~ charged vengefully down on the drunken sailors(내륙에 살던 일부 트라키아인들이 ~ 복수심에 불타서 술에 취한 선원들에게 돌격했다).'라고 했으므로, 글의 흐름상 주어진 문장이 들어가기에 적절한 곳은 ③이다.

- abandon : 버리다[떠나다/유기하다]
- undertake : 동의[약속]하다
- charge : ~에 돌격[돌진]하다
- Aegean : 에게 해의
- round : (모퉁이[커브 등을) 돌다
- bearing : 방향[방위]
- spring up : 휙 나타나다[갑자기 생겨나다]
- drop : 약해[낮아/떨어]지다; 낮추다[떨어뜨리다]
- within sight of : ~이 보이는 곳에(서)

◁ 해석 체크체크 ▷

Odysseus를 다른 관점에서 보여주는 시 Odyssey에 따르면, 그는 Troy를 떠난 후 처음에 Thrace로 항해했다. 그곳에서 그는 도시 항구인 Ismarus를 공격하고 불태웠다. 그가 목숨을 살려준 아폴로의 한 사제가 감사의 표시로 그에게 달콤한 와인을 몇 병 주었고, 그의 부하들이 그중 절반을 해변에서 소풍갈 때 마셨다. 내륙에 살던 몇몇 트라키아인들이 Ismarus에서 불길이 치솟는 것을 보았고, 복수심에 불타서 술에 취한 선원들에게 돌격했다. Odysseus는 죽은 자들과 심각한 부상을 입은 병사들을 포기해야만 했지만, 이들 대부분을 다시 배에 실었다. 그리고 나서 사나운 북동풍의 폭풍이 그의 배들을 에게 해를 가로질러 그리스의 최남단 섬 Cythera로 향하게 했다. 그는 갑자기 잠잠해진 틈을 타 부하들에게 노를 사용하게 했으며, Cythera를 돌아 북서쪽의 Ithaca 방향으로 향하려고 했지만, 폭풍은 전보다 더 격렬해졌고, 9일 동안 거센 바람이 불었다. 마침내 폭풍우가 약해졌을 때, Odysseus는 북아프리카 해안에서 떨어진 Lotus-eaters 섬인 Syrinx가 보이는 곳에 자신이 있는 것을 알았다.

31 논리 추론 – 문장 삽입 　　　　　정답 ④

주어진 문장에서 그릴은 야외주방에 대한 늘어나는 관심의 한 요소일 뿐이라고 했는데, ④ 다음 문장에서 'However, as these spaces continue to expand in functionality, taking on features that allow for year-round enjoyment, so too will the development of grill technology(그러나 이러한 공간들이 계속 기능적으로 확장됨에 따라, 연중 내내 즐길 수 있는 특징들을 갖추게 되면서 그릴 기술의 발전도 함께 이루어질 것이다).'라고 했으므로, 주어진 문장의 'outdoor kitchens(야외 주방)'을 'these spaces(이러한 공간들)'로 받아서 설명하고 있다. 따라서 글의 흐름상 주어진 문장이 들어가기에 적절한 곳은 ④이다.

- flexibility : 융통성, 신축성
- be outfitted with : ~이 갖춰져 있다
- accommodate : 공간을 제공하다, 수용하다
- charcoal : 숯, 목탄
- customize : 주인이 원하는 대로 만들다[바꾸다], 주문 제작하다
- contain : …이 들어[함유되어] 있다
- refrigeration : 냉장
- opt for : ~을 선택하다
- day-and nighttime : 주야간에
- ensure : 반드시 …하게[이게] 하다, 보장하다
- component : (구성) 요소, 부품
- functionality : (상품 등의) 목적[기능]
- take on : 떠맡다, 고용하다
- year-round : 연중 계속되는

< 해석 체크체크 >

　더 많은 융통성을 원하는 소비자들을 위해 점점 더 많은 회사들이 숯과 또는 나무를 담을 수 있는 팬 또는 서랍이 갖춰진 하이브리드 가스 그릴을 제공하고 있다. 게다가, 일부 바비큐는 냉장 또는 심지어 오븐을 포함한 카트로 주문 제작이 가능하며, 동시에 석쇠로 굽거나 오븐으로 구울 수도 있다. 그리고 가끔 고기를 훈연하고 싶은 사람들은 훈연용 쟁반과 훈연용 상자 같은 액세서리를 선택하거나 단순히 별도의 훈연기에 투자할 수 있다. 뿐만 아니라, 그릴링 작업은 주야간 활동이기 때문에, 오늘날 바비큐 중 대다수가 온도 설정이 보이도록 제어판의 LED뿐만 아니라 표면 조명을 포함한다. 물론, 그릴은 단지 야외주방에 대한 늘어나는 관심의 한 요소일 뿐이다. 그러나 이러한 공간들이 계속 기능적으로 확장됨에 따라, 연중 내내 즐길 수 있는 특징들을 갖추게 되면서 그릴 기술의 발전도 함께 이루어질 것이다. 결국, Russ Faulk가 언급한 것처럼, "그릴로 구운 것은 모두 더 맛있다."

32 논리 추론 – 문장 삽입 　　　　　정답 ②

주어진 문장은 흑사병처럼 극심한 전염병이 장기화되면 약한 사람들이 죽고 전염병에 면역력이 있는 생존자들로 공동체가 다시 채워질 것이라는 내용이다. ② 앞 문장에서 전염병이 특정한 수준에 도달하면 감염에 강한 유전적 돌연변이를 가진 개체들이 생기며 그들은 정상적인 다른 사람들보다 전염병에서 살아남을 가능성이 높다고 했고, ② 다음 문장에서 여러 세대에 걸친 이러한 '도태(weeding out)' 후에 생존자들은 전염병 이전의 원래 인구보다 돌연변이를 가진 개체의 빈도가 훨씬 높을 것이라고 했다. 따라서 글의 흐름상 주어진 문장이 들어가기에 적절한 곳은 ②이다.

- hit : (특정한 수준에) 이르다[달하다]
- genetic : 유전의, 유전학의
- mutation : 돌연변이 (과정)
- resistant : 저항력 있는, …에 잘 견디는[강한]
- infection : 감염
- exposure to : …에의 노출
- counterpart : 상대, 대응 관계에 있는 사람[것]
- prolonged : 오래 계속되는, 장기적인
- Black Death : 흑사병
- repopulate : …에 다시 사람을 살게 하다
- weeding out : 도태
- act as : …으로서의 역할을 하다[맡다]
- trigger : 촉발시키다
- profile : 개요
- promote : 촉진[고취]하다

< 해석 체크체크 >

　전염병이 인구의 특정 수준에 도달하면, 해당 인구에는 감염에 더 자연스럽게 저항하도록 만드는 유전적 돌연변이를 가진 개체가 있을 것이다. 병원체에 노출되면, 그들은 돌연변이가 없는 정상적인 상대들보다 살아남을 가능성이 더 높아질 것이다. (흑사병과 같이) 전염병이 특히 극심하거나 장기화되면 다수의 약한 사람들이 사망할 것이고 면역력이 있는 생존자들이 그들의 공동체를 다시 채우게 될 것이다. 여러 세대에 걸친 그러한 '도태' 후에 새로운 생존 개체군은 전염병 이전의 원래 인구보다 훨씬 높은 돌연변이를 가진 개체의 빈도를 가질 것이다. 결과적으로, 그들은, 만약 전염병이 다시 발생한다면, 유전적으로 더 준비될 것이다. 그러므로, 전염병은 시간이 지남에 따라 인구에 대한 유전자 프로파일에 변화를 촉발하는 선택적 압력으로서의 역할을 할 수 있다. 즉, 전염병은 인간의 진화를 촉진할 수 있다.

33 논리 추론 – 문장 삽입
정답 ④

주어진 문장에서 그 이야기에서 우리가 겨우 대략적인 윤곽뿐인 이런 줄거리를 아는 유일한 이유는 지중해의 세계로부터 온 한 방문객이 그것을 기록할 때까지 그 이야기가 입소문으로 전해졌기 때문이라고 했다. ④ 앞 문장에서 'There was much more to the story, but that is all that survives(그 이야기에 더 많은 것이 있었지만, 그것이 남아 있는 전부이다).'라고 했고, ④ 다음에서 당시 그 문서(that document)가 우연히 그리스의 역사학자인 Timaeus에게 전해져 그가 역사의 일부로 기록했다고 했으므로, 주어진 글의 'this bare outline(기본적인 윤곽)'을 'that document(그 문서)'로 받아서 설명하고 있음을 알 수 있다. 따라서 글의 흐름상 주어진 문장이 들어가기에 적절한 곳은 ④이다.

☐ bare : 가까스로의, 겨우 …뿐인(mere)
☐ outline : 윤곽
☐ pass on : (~에게) 넘겨 주다[전달하다]
☐ blazing : 타는 듯한, 불타는
☐ leave ~ behind : (사람·장소·상태를) 영원히 떠나다[뒤로 하다]
☐ dwell : 살다, 머무르다
☐ find one's way to : (우연히) (…)에 이르게 되다

◁ 해석 체크체크 ▷

2천 년 이상 전에, 누군가 대서양의 바람 부는 차가운 해안가에서 활활 타오르는 불 앞에 앉아서 이야기를 하나 말했다. 이 사람이 말하기를, 오래 전 옛날, 바다의 위대한 어머니 여신에게서 쌍둥이가 태어났다고 했다. 이들 형제는 자라서 바다를 떠나서 바닷가 근처에 살고 있던 사람들 사이에 살게 되었다. 그 이야기에 더 많은 것이 있었지만, 그것이 남아 있는 전부이다. 우리가 겨우 대략적인 윤곽뿐인 이런 줄거리를 아는 유일한 이유는 지중해의 세계로부터 온 한 방문객이 기록할 때까지 그 이야기가 입소문으로 전해졌기 때문이다. 당시, 그 문서가 우연히 Sicily 섬에서 온 Timaeus라는 그리스 역사학자에게 전해졌는데, 그는 알렉산더 대왕 시대 직후에 Sicily 섬에 살았다. 그는 이 이야기를 전설적인 시대부터 자신의 시대에 이르기까지 세계에 대한 자신의 인상적인 역사의 일부로 기록했다.

34 논리 추론 – 문장 삽입
정답 ③

주어진 문장에서 프랑스에서는, 정복한 프랑크족 게르만인들의 많은 단어들이 그 어휘에 포함되었다고 했다. ③ 앞 문장에서 5세기 말까지 서게르만어 사용자들이 프랑스와 영국의 많은 부분을 장악했다고 했고, ③ 다음 문장에서 이 단어들(These words)은 그 땅의 이름 자체를 포함해서 로마인의 지배하에서는 *Gallia (Gaul)*라고 불렸고, 그것은 이제 *Francia (France)*, 즉 '프랑크의 땅'이라고 불리게 되었다고 했으므로 주어진 문장의 '그 어휘(the vocabulary)'를 '이 단어들(These words)'로 받아서 설명하고 있다. 따라서 글의 흐름상 주어진 문장이 들어가기에 적절한 곳은 ③이다.

☐ Germanic : 게르만의, 게르만어족의
☐ expansion : 확대, 확장

☐ bring about : ~을 유발[초래]하다
☐ subsequently : 그 뒤에, 나중에
☐ land : 땅[국토/지역]
☐ pass : (지위·권한·재산 등이) 넘어가다
☐ take control of : ~을 장악[지배]하다
☐ conquering : 정복[극복]하는
☐ incorporate : 포함하다, 결합하다
☐ adopt : 채택하다
☐ prestige : 명성, 품격
☐ contribute to : 기여하다, 공헌하다
☐ survival : 생존, 존속

◁ 해석 체크체크 ▷

5세기에 게르만족의 팽창은 로마제국의 몰락을 가져왔다. 그 후 로마군이 그들을 방어하지 못하고, 영토의 많은 부분이 게르만 부족들의 통제하에 넘어갔다. 서게르만 부족들의 이동은 영어의 이야기에 특히 중요하다. 5세기 말까지, 서게르만어 사용자들이 프랑스와 영국의 많은 부분을 장악했다. 프랑스에서는, 정복한 프랑크족 게르만인들의 많은 단어들이 그 어휘에 포함되었다. 이 단어들은 그 땅의 이름 그 자체를 포함했는데, 로마인들 아래에서는 *Gallia (Gaul)*라고 불렸고, 그것은 이제 *Francia (France)*, 즉 '프랑크의 땅'이라고 불리게 되었다. 그럼에도 불구하고, 라틴어는 프랑스의 언어로 남아 있었다. 정복자들이 정복된 사람들의 언어를 채택한 것은 아마도 놀랍지만, 위대한 제국과 문명의 언어로서 라틴어의 높은 명성이 그것의 생존에 기여했을지도 모른다.

35 논리 추론 – 글의 순서
정답 ③

주어진 글에서 산업의 혈액인 석유는 땅속 깊이 묻혀 있으며, 때론 정확한 위치를 파악하지 못해서 막대한 노동력과 재료, 자금이 소비된다고 했으므로, 주어진 글 다음에는 석유를 찾는 작업에 대한 내용이 와야 한다. (B)와 (C) 중에서 하나가 이어져야 하는데, 문맥상 (B)의 마지막에서 '~ of which the majority is a carbon and hydrogen compound called hydrocarbon'이라고 했고 (C)의 첫 문장에서 '~ there are always some hydrocarbons coming up to the earth's surface ~'라고 했으므로, 문맥상 (B) 다음에 (C)가 와야 함을 알 수 있다. (C)의 마지막에서 'Some bacteria feed on petroleum.'이라고 했으므로, (C) 다음에는 어떤 장소에서 측정된 박테리아의 양으로 석유가 묻혀 있다는 것을 알 수 있다는 내용의 (A)로 이어지는 게 자연스럽다. 따라서 주어진 글 다음에 이어질 글의 순서로 적절한 것은 ③ '(B)-(C)-(A)'이다.

☐ petroleum : 석유
☐ considerable : 상당한, 많은
☐ distribution : 분배 (방식); 분포
☐ mysterious : 불가사의한
☐ organic compound : 유기 화합물
☐ carbon : 탄소
☐ hydrogen : 수소

□ hydrocarbon : 탄화수소
□ rock formation : 암반층
□ gas component : 가스 성분
□ leak : 새다
□ feed on : ~을 먹고 살다
□ detect : 발견하다[알아내다/감지하다]
□ predict : 예측[예견]하다
□ in reserve : 비축되어 있는

◁해석 체크체크▷

　석유는 산업의 '혈액'이다. 하지만 그것은 땅속 깊은 곳에 묻혀 있기 때문에, 그것을 어떻게 찾을 수 있을까? 때때로, 석유의 분포 범위를 정확히 파악하지 못한 채 상당한 노동력, 재료, 자금이 소비된다.
(B) 여기서 박테리아는 석유와 신비하게 결합되어 있다고 말할 수 있다. 석유는 다양한 유기 화합물로 구성되어 있는데, 그중 대부분이 탄소와 수소 화합물인 탄화수소이다.
(C) 비록 석유가 깊숙이 묻혀 있지만, 항상 일부 탄화수소가 암석 형성의 틈을 통해 지구 표면으로 올라온다. 석유의 가스 성분도 표면으로 누출될 수 있다. 일부 박테리아는 석유를 먹고 산다.
(A) 그러므로, 탐험가들이 어떤 장소에서 다량의 그런 박테리아를 탐지하면, 그들은 아마도 석유가 있다는 것을 안다. 표본에서 탐지된 박테리아의 양에 기초하여, 그들은 또한 비축된 석유와 가스의 양을 예측할 수 있다.

□ publicise : (일반 사람들에게) 알리다, 광고[홍보]하다
□ Allies : (제1·2차 대전시의) 연합국[군], NATO 가맹국
□ have an impact on : ~에 영향을 주다
□ studio production : 스튜디오 제작

◁해석 체크체크▷

　진주만은 할리우드의 사회적 관심사에 대한 본질을 변형시켰고, 1942년 상반기에 정부의 정보 서비스에 대한 비판으로 대통령은 기존의 세 기관을 하나의 기관으로 통합한 조직인 Office of War Information(OWI)을 만들게 되었다.
(B) 대통령의 가까운 친구이자 고문인 Lowell Mellett이 OWI의 국내 지부의 일부인 Bureau of Motion Pictures의 책임자가 되었다. 같은 달인 1942년 6월, 행정부는 Mellett이 임명한 Nelson Poynter와 그의 직원들에 의해 쓰여진 문서인 Government Information Manual for the Motion Picture Industry를 발행했다.
(C) 그 매뉴얼은 '할리우드가 전쟁에 맞서 싸우는 법에 대한 진보주의적 시각인 New Deal의 가장 명확하고 가능한 성명서'로 평가받아 왔다. 그것은 '국민의 전쟁'은 단순히 자기 방어의 싸움이 아니라 민주주의를 위한 싸움이라는 것을 강조했다.
(A) 그것은 또한 할리우드가 노르웨이, 유고슬라비아 및 점령된 유럽의 다른 지역에서 연합국과 저항 단체의 노력을 홍보하도록 장려했다. 1942년 말까지 그 매뉴얼은 스튜디오 제작에 영향을 미치기 시작했다.

36 논리 추론 – 글의 순서　　　　　　　정답 ③

주어진 글은 진주만이 할리우드의 사회적 관심사에 대한 본질을 변형시켰고, 정부의 정보 서비스에 대한 비판으로 대통령이 기존의 세 개 기관을 통합하여 Office of War Information(OWI)을 만들게 했다는 내용이므로, 문맥상 주어진 글 다음에는 'Lowell Mellett이 OWI의 국내 지부의 일부인 Bureau of Motion Pictures의 책임자가 되었다.'라는 문장으로 시작하는 (B)가 오는 게 자연스럽다. (B)의 마지막에 나오는 '~ the administration issued a Government Information Manual for the Motion Picture Industry ~'는 (C)의 'The manual'로 이어져야 한다. (C)의 마지막에서 그 매뉴얼이 전쟁을 자기방어를 위한 싸움이 아니라 민주주의를 위한 싸움이라고 강조했다고 했으므로, 할리우드가 동맹국들로 하여금 유럽의 다른 곳에서 연합국과 저항 단체의 노력을 홍보하도록 장려했다는 내용의 (A)가 와야 있다. 따라서 주어진 글 다음에 이어질 글의 순서로 적절한 것은 ③ '(B)-(C)-(A)'이다.

□ Pearl Harbor : 진주만
□ transform : 변형시키다
□ issue : 발표[공표]하다
□ appointee : 지정[임명]된 사람, 피지정인
□ liberal : 진보적인, 진보주의의
□ stress : 강조하다
□ self-defense : 자기방어, 자위

37 논리 추론 – 글의 순서　　　　　　　정답 ⑤

주어진 글은 출판된 결과물의 재현 가능성이 과학적 연구의 중추이며, 과학 연구에서 중요한 객관성을 위해 출판되기 전에 독립적으로 확인되어야 한다는 내용이다. 주어진 글 후반부의 '~ be checked independently of their authors(~이 저자들과는 독립적으로 확인되어야 한다)'는 (C)의 'a result to be recognized as scientific must be presented and explained in an article which has been reviewed and accepted by peers ~(과학적으로 인정된 결과물은 동료들에 의해 검토되고 수용된 논문, ~에서 제시되고 설명되어야 한다)'로 이어지는 게 자연스럽다. (C)의 후반부에서 '동료 과학자의 평가가 성공적으로 끝난 후에야(only after successful peer review)' 새로운 결과물이 출판될 수 있고 과학적 지식에 속한다고 했으므로, (B)의 결과적으로 모든 과학 출판물은 오랜 시간 연구자들에 의해 축적되고 계속 개발하고 있는 '공동의 유산(common heritage)'이라는 내용으로 이어져야 한다. (B) 후반부의 '~ any researcher should have access, ~ to all scientific publications.'는 'Unfortunately, this is not the case today(불행하게도, 오늘날은 그렇지 못한데 ~)'라고 시작하는 (A)로 이어지는 게 자연스럽다. 따라서 주어진 글 다음에 이어질 글의 순서로 적절한 것은 ⑤ '(C)-(B)-(A)'이다.

□ reproducibility : 재현 가능성; 복사[복제] 가능성
□ objectivity : 객관성
□ crucial : 중대한, 결정적인

□ require : 필요[요구]하다, 필요로 하다

□ observation : 관찰, 관측

□ verify : 확인하다, 입증하다

□ article : (학술지·책의) (소)논문

□ peer review : 동료 평가[심사]

□ heritage : 유산

□ constructive : 건설적인

□ access : 입장[접근], 접근권, 접촉 기회

□ taxpayer : 납세자

□ have access to : …에게 접근[출입]할 수 있다,

◀ 해석 체크체크 ▶

　출판된 결과물의 재현 가능성은 과학적 연구의 중추이다. 객관성은 과학에 결정적이며, 출판을 위해 승인되기 전에 관찰, 실험, 이론이 저자들과는 독립적으로 확인되어야 한다.

(C) 실제로, 과학적으로 인정된 결과물은 동료들에 의해 검토되고 수용된 논문, 즉 연구자들이 이해하고 검증할 수 있으며, 필요하다면, 수정할 수 있는 논문에서 제시되고 설명되어야 한다. 동료 평가가 성공적으로 끝난 후에야 새로운 결과물로 출판될 수 있으며 과학적 지식에 속한다.

(B) 결과적으로, 모든 과학 출판물의 세트는 연구자들이 수세기에 걸쳐 집단적으로 쌓아왔으며, 끊임없이 개발하고 있는 공동의 유산이다. 건설적이고 보편적인 과학의 특성을 고려하면, 연구자들은 누구나 모든 과학적 출판물들에 가능한 한 빨리 그리고 쉽게 접근할 수 있어야 한다.

(A) 불행하게도, 오늘날은 그렇지 못한데, 그것은 동료 평가를 받은 대부분의 저널들이 몇몇 주요 출판사들에 소속되어 있으며, 이 출판사들이 과학적 논문들을 유료화의 벽 뒤에 보관하고 있기 때문이다. 전 세계적으로 대다수 연구 프로그램들은 납세자들의 세금으로 조성된 공적 자금에 의해 지원받고 있기 때문에, 연구자들뿐만 아니라 전세계 모든 곳에서 누구나 과학적 출판물들에 접근할 수 있어야 한다.

---

38 논리 추론 – 글의 순서　　　정답 ④

주어진 글에서 우리가 역사에 신경 써야만 하는 이유에 대한 심리학적인 대답은 '너무나 분명해서 수고스럽게 설명할 필요가 없는 것처럼 보일지도 모른다(may seem too obvious to labour)'라고 했으므로, (C)의 그 주제가 국가 정체성 제공을 위한 필수 교육이라는 것은 '역사의 옹호자의 상투적인 말(a platitude of history's defenders)'이 되었다는 내용이 오는 게 자연스럽다. (C)의 후반부에서 개인적인 차원에서 우리는 우리가 누구이며, 어디에 있으며, 어디로 가고 싶은지에 대한 추억을 충분히 알고 있다고 했는데, '추억(memories)'을 (A)에서 '이 대답들(these answers)'로 받아서 설명하고 있다. (A)의 후반부에서 'That is why the examples of deprivation and abnormality ~(그것이 ~ 박탈과 비정상에 대한 예시들이 대단히 교훈적인 이유이다).'라고 했는데, '예시들(the examples)'을 (B)에서 'From them(그것들로부터)'으로 받았으므로, 주어진 글 다음에 이어질 글의 순서로 적절한 것은 ④ '(C)-(A)-(B)'이다.

□ bother : 신경 쓰이게 하다, 괴롭히다

□ labour : …을 상세히 설명하다[논하다]

□ defender : 옹호자

□ national identity : 민족 주체성

□ aware : 알고[의식/자각하고] 있는

□ it is only when A that B : A ~할 때에야 비로소 B ~하게 된다, A할 때만이 B한다

□ be deprived of : …을 빼앗기다

□ deprivation : (필수적인 것의) 박탈[부족]

□ abnormality : 기형, 이상

□ instructive : 유익한

□ malfunctioning : 제 기능을 발휘하지 않는

□ implication : 영향[결과], 함축, 암시

◀ 해석 체크체크 ▶

　'왜 우리가 역사에 신경 써야만 하는가'라는 질문에 대한 심리학적인 대답은 설명하기에는 너무나 분명해서 수고스럽게 설명할 필요가 없는 것처럼 보일지도 모른다.

(C) 결국, 그것은 그 주제가 국가 정체성 의식을 제공하기 위해 교육의 필수적인 부분으로 필요하다는 것은 역사의 옹호자들의 상투적인 말이 되었다. 그리고, 개인적인 차원에서, 우리는 모두 우리가 누구인지, 우리가 어디에 있는지, 심지어 우리가 어디에 가고 싶은지와 관련된 추억들을 가지고 있다는 것을 충분히 알고 있다.

(A) 하지만, 단지 그것들이 너무 명백한 것처럼 보이기 때문이라면 이 대답들은 쉽게 당연하게 여겨질 수 있고, 과거를 박탈당했을 때만이 비로소 우리는, 그것들에 대한 실제적인 의존까지는 아니라 하더라도, 그것들의 중요성을 깨닫게 된다. 그것이 Oliver Sacks와 다른 사람들에 의해 기록된 박탈과 비정상에 대한 예시들이 대단히 교훈적인 이유이다.

(B) 그것들로부터 우리는 제 기능을 발휘하지 않는 기억, 즉 완전한 기억 상실이 개인적 정체성에 대한 우리의 감각에 결정적인 영향을 주므로 다른 사람들과 함께 사회에서 살 수 있는 우리의 능력에 중대한 영향을 미친다는 것을 알 수 있다. 우리의 개인적인 역사는 우리 자신들과 (기억을 상실하기 전의) 우리들의 제정신에 대한 지지를 제공한다.

39 빈칸 추론 – 어휘   정답 ①

주어진 글은 훈련 결과를 극대화하려면 여러분의 목표와 관련된 다양한 요인들의 중요도 순서를 정해야 한다는 내용이다. 네 번째 문장의 후반부에서 '~ you need to decide how important these factors are relative to your goals, and how they will affect the other aspects of your training.'이라고 했고, 다섯 번째 문장에서 'By looking at these variables through the lens of a pyramid of importance, you'll save yourself unnecessary confusion(중요도의 피라미드 렌즈를 통해 이 변수들을 봄으로써, 여러분 자신들에게 불필요한 혼란을 덜어줄 것이다.)'라고 했으므로, 빈칸 (A)에는 '다양한'의 의미를 가진 various와 diverse가 적절한데, 빈칸 (B) 다음의 'the key elements over seemingly conflicting advice'로 미루어 빈칸 (B)에는 「prioritize A over B(B보다 A를 우선시하다)」의 prioritize가 적절하다.

- ☐ screw up : 망치다[엉망으로 만들다]
- ☐ factor : 요인, 인자
- ☐ resultant : (앞에 언급한) 그 결과로 생긴[그에 따른]
- ☐ adaptation : 각색, 적응
- ☐ trainee : 교육을 받는 사람, 수습 (직원)
- ☐ seemingly : 외견상으로, 겉보기에는
- ☐ conflicting : 모순되는, 상충[상반]되는
- ☐ explosively : 폭발적으로
- ☐ be relative to : 관계가 있다
- ☐ variable : 변수
- ☐ lens : 렌즈, 시점
- ☐ fill : 채우다, 가득하다
- ☐ when it comes to : ..에 관한 한, …라면
- ☐ potential : 잠재적인, 가능성 있는
- ☐ maximize : 최대로 하다, 극한까지 증대하다
- ☐ prioiritize A over B : B보다 A를 우선시하다

◀ 해석 체크체크 ▶

  아주 단순하고 분명하게 들리지만, 사람들은 내내 이것을 망친다. 여러분이 훈련할 때, 많은 다른 요소들이 서로 영향을 미치며 결과적으로 신체의 적응을 야기한다. 지난 세기 동안 전 세계의 체육관에서 훈련한 훈련생들의 경험은, 지난 수십 년간의 연구와 결합될 때, 우리들로 하여금 여러분의 훈련 노력으로부터 여러분에게 가장 많이 줄 것과 주지 않을 것에 관한 중요도의 꽤 확실한 순서를 세우는 것을 가능하게 했다. 여러분이 외관상 모순되는 조언, 즉 어떤 운동을 할지, 얼마나 무겁게 할지, 얼마나 많은 세트를 수행할지, 실패할 때까지 훈련할 것인지 말지, 폭발적으로 들 것인지 또는 '칼로리가 타는 것을 느낄 때까지' 천천히 들 것인지 등을 볼 때 여러분은 이러한 요인들이 여러분의 목표와 비교하여 얼마나 중요한지와 그것들이 여러분의 훈련의 다른 측면에 얼마나 영향을 미칠지를 결정해야 한다. 중요도의 피라미드 렌즈를 통해 이 변수들을 봄으로써, 여러분 자신들에게 불필요한 혼란을 덜어줄 것이다. 고전적인

격언이 말하는 것처럼, 여러분의 훈련 잠재력에 있어서, 여러분의 '컵을 끝까지 채우고 싶다면,' 작은 조약돌 앞에 큰 돌을 놓고 모래 앞에 작은 조약돌을 두세요[중요한 것부터 먼저 하라].

⬇

훈련에서 (A) 다양한 요인들을 고려하는 것이 결과를 극대화하는 데 필수적이기 때문에, 중요도의 피라미드가 겉보기에 상충되는 조언보다 핵심 요소를 (B) 우선시하는 것을 도울 수 있다.

40 빈칸 추론 – 어휘   정답 ①

주어진 글은 이론과 실제는 종종 조화를 이루지 못하며, 이론적인 관용과 실제 사회에서 통용되는 관용이 다를 수 있다는 내용이다. 세 번째 문장에서 'Theoretical statements on toleration assume at the same time its necessity in democratic societies, and its impossibility as a coherent ideal(관용에 관한 이론적 진술은 민주주의 사회에서의 그 필요성과 통일성 있는 이상형으로서의 그 불가능성을 동시에 추정한다.)'이라고 했으므로, 빈칸 (A)에 들어갈 말로 적절한 것은 'fundamental(기본적인)'이다. 마지막에서 두 번째 문장에서 실용주의자들은 그러한 관용을 '관대함의 초과(an excess of permissiveness)'로 일축하는 경우가 많다고 했으므로, 빈칸 (B)에 들어갈 말로 적절한 것은 'overflow(넘쳐흐름)'이다.

- ☐ at odds : 불화하여; (…와) 조화하지 못하는
- ☐ presumed : 당연한 것으로 여겨지는
- ☐ toleration : 용인, 관용
- ☐ go one's separate ways : 헤어지다, 갈라서다
- ☐ assume : 추정[상정]하다
- ☐ comprehensive : 포괄적인, 종합적인
- ☐ tolerance : 용인, 관용, 아량
- ☐ intolerance : 편협성
- ☐ appropriately : 적당하게, 알맞게
- ☐ make the point that : ~이라고 주장[강조]하다
- ☐ commitment : 약속, 전념
- ☐ contented : 만족[자족]해 하는
- ☐ accommodation : 거처, 숙소, 시설
- ☐ register : 등록[기재]하다, (견해를) 표명하다
- ☐ dismiss : 묵살[일축]하다
- ☐ permissiveness : 허용됨; 관대함
- ☐ bear witness to : ~라는 증거를 제시하다, ~을 입증[증명]하다

이론과 실제는 종종 조화를 이루지 못한다. 그러나 현대 사회에서 수용된 이론과 당연시되는 관용의 관행이 각자의 길을 가는 것처럼 보이는 방식에는 특별히 이상한 무언가가 있다. 관용에 관한 이론적 진술은 민주주의 사회에서의 그 필요성과 통일성 있는 이상형으로서의 그 불가능성을 동시에 추정한다. Susan Mendus는, 현대 생활의 관용과 불관용에 관한 종합적인 모음집에 대한 서문에서, 자유주의 사회가 갖고 있는 관용에 대한 헌신이 '일반적으로 인정되는 것보다 더 난해하고 더 긴급할지도 모른다.'라고 적절하게 주장하고 있다. 이론에 의해 주장된 긴급함과는 대조적으로, 그 관행은 만족스러운 것처럼 보일 수 있다. 즉, 자유 민주주의 사회는 그 깊이에 대한 기록 없이 인식의 필요성과 차이의 조정을 수용했던 것처럼 보인다. 그만큼 '실용주의자'들은 이런 관용을 그저 관대함의 초과로 일축하는 경우가 많다. 덜 용서하는 사회를 위한 구호로서의 '무관용 법칙'의 성공은 이런 여론의 확산을 입증한다.

이론적으로, 관용은 민주주의 사회에서 (A) 기본적인 것으로 간주되지만, 현실에서는, 일부 사람들이 자주 그것을 관대함의 (B) 넘쳐흐름으로 간과한다.

41~42

□ gesture : 손짓[몸짓]을 하다
□ bring : 야기하다, 가져오다
□ ornamentation : 장식
□ assume : 추정[상정]하다
□ add-on : 추가[부가]물
□ evidence : 증거, 흔적
□ lay : 전문 지식이 없는[문외한의]
□ resort to : ~에 의지하다
□ debunk : (생각·믿음 등이) 틀렸음을 드러내다[밝히다]
□ inseparable : 불가분한
□ imagery : 화상, 사진
□ enhance : 향상하다, 높이다, 늘리다
□ carrier : 나르는[운반하는] 사람[것]
□ bind : 결속시키다, 묶다
□ imply : 암시[시사]하다
□ restrain : 저지[제지]하다
□ externalize : 표면화하다
□ embody : 포함하다, 담다
□ integrate with : …와 통합하다

왜 우리는 제스처를 할까? 많은 사람들은, 제스처가 (일어나고 있는 일의 핵심이라고 추측되는) 담화에 강조, 에너지, 장식을 가져온다고 말하곤 한다. 간단히 말해서, 제스처는 "추가물"이다. 그러나 증거는 이것에 반대한다. 제스처에 대한 문외한의 관점은 사람이 "손으로 말하는 것"이다. 여러분은 마땅한 단어를 찾을 수 없어서 제스처에 의지한다. Marianne Gullberg는 이 고대의 생각이 틀렸다는 것을 밝혀낸다. 그녀가 간단히 말했듯이, 단어가 중단됐을 때 제스처를 시작하는 것이라기보다 제스처도 역시 중단된다. 우리가 제스처를 하는 이유는 더 심오하다. 언어는 이미지와 분리될 수 없다. 제스처가 의미의 유형적인 운반을 강화하지만, 그 핵심은 제스처와 담화가 함께 한다는 것이다. 그것들은 제스처가 "추가물" 또는 "장식"이라는 말이 암시하는 것보다 더 단단하게 결속되어 있다. 그것들은 생각 그 자체의 문제로 연합되었다. 심지어 어떤 이유 때문에 손이 구속되고 제스처가 외부로 드러나지 않더라도, 그것이 구현하는 이미지는 여전히 존재할 수 있고, 숨겨져 있지만 말과 통합될 수 있다. (예를 들면, 발과 같은 몸의 다른 부분에서 나타날지도 모른다.)

41 다문항1 – 제목 정답 ⑤

두 번째 문장에서 'Many would say that it brings emphasis, energy and ornamentation to speech.'라고 한 다음에 간단히 말해서 제스처는 '첨가물'이라고 했다. 그러나 Marianne Gullberg는 우리가 제스처를 하는 이유는 더 심오하다고 했고, 빈칸 다음 문장에서 '~ the core is gesture and speech together(그 핵심은 제스처와 담화가 함께 한다는 것이다).'라고 했다. 마지막에서 세 번째 문장에서 'They are bound more tightly than saying the gesture is an "add-on" or "ornament" implies(그것들은 제스처가 "추가물" 또는 "장식"이라는 말이 암시하는 것보다 더 단단하게 결속되어 있다).'라고 했으므로, 윗글의 제목으로 적절한 것은 ⑤ 'Gestures : More Than Supplements(제스처 : 추가 이상의 기능)'이다.

오답 분석
① 언어의 숨겨진 힘
② 제스처와 생각의 분리
③ 제스처의 필수적인 원칙
④ 우리의 생각의 깊이를 측정할 수 있을까?

42 다문항1 - 빈칸 구/절   정답 ①

빈칸 앞 문장에서 'The reasons we gesture are more profound(우리가 제스처를 하는 이유는 더 심오하다).'라고 했고, 빈칸 다음 문장의 후반부와 이어지는 문장에서 '~ the core is gesture and speech together. They are bound more tightly than ~ (~ 그 핵심은 제스처와 담화가 함께 한다는 것이다. 그것들은 ~ 보다 더 단단하게 결속되어 있다).'이라고 했으므로 빈칸에 들어갈 말로 적절한 것은 ① 'inseparable from imagery(이미지와 분리할 수 없는)'이다.

오답 분석
② 근본적인 의미에 의해 강조되는
③ 표면적인 전형과는 다른
④ 언어적인 장식에 의존하는
⑤ 객관화에 의해 구성된

43~45

□ keep an eye on : 눈을 떼지 않다
□ be packed with : ~으로 꽉 차다
□ multitude : 아주 많은 수, 다수
□ considerate : 사려 깊은
□ wrap : 싸다, 포장하다
□ transaction : 거래, 매매
□ Let's roll. : 시작합시다[출발해 봅시다]
□ dash along : ~을 따라 질주하다
□ passageway : 복도, 통로
□ chase after : ~을 쫓다
□ attendant : 승무원
□ by the skin of their teeth : 겨우, 간신히, 가까스로
□ sigh : 한숨을 쉬다
□ with relief : 안도하여
□ make a long face : 인상 쓰다, 슬픈 표정을 짓다

〈 해석 체크체크 〉

(A) "아빠, 시간 잘 보고 있어요?"라고 Tom이 물었다. 그는 그들이 지금 게이트로 가야 한다고 생각했지만, (a) 그의 아빠는 시간에 대해 부주의한 것처럼 보였다. "응, 보고 있단다. Tom, 걱정하지 마라. 우리는 늦지 않을 거야."라고 아빠가 말했지만, 그는 적어도 20분 동안 그렇게 말하고 있었다. 아빠는 특정 브랜드의 시계를 갖고 있는 면세점을 찾으려고 하고 있었다. 그들이 그곳에 도착했을 때, 그 장소는 수많은 사람들로 꽉 차 있었다. 마치 공항에 있는 모든 사람들이 이 면세점에서 무엇인가를 원하는 것처럼 보였다.

(D) 가게에는, 서로 다른 상품들을 팔고 있는 작은 부스들이 많이 있었고, 아빠는 시계 부스를 찾기 위해 다시 돌아다니고 있었다. "비행기는 4시 30분에 출발하고, 30분 전에 탑승을 시작하니까, 이것은 우리가 4시까지는 게이트에 도착해

야 한다는 뜻이야." Tom은 마음속으로 계산하고 있었고 (e) 그의 시계를 보았다. 거의 4시였다. 그들은 이미 게이트에 도착했어야 했다. 그들이 있는 곳에서 게이트에 도착하려면 최소한 10분은 걸릴 것이다. Tom은 아빠를 바라보고 얼굴을 찌푸렸다.

(B) 하지만, 아빠는 심지어 아들을 쳐다보지도 않았다. 그는 앞에 있는 몇 개의 시계를 살펴보면서 판매원과 이야기를 나누고 있었다. 판매원은 매우 인내심이 있고 사려 깊었다. 마침내, 아빠가 시계 하나를 골랐고, 판매원은 "그럼 이것을 포장해드릴게요."라고 말했다. 아빠는 재빨리 대금을 지불했고, (b) 그에게서 그 꾸러미를 받았다. 마침내, 거래가 끝났다. 아빠가 아들을 향해 몸을 돌려 "출발하자."라고 말했다. 아빠가 그의 말을 끝내기도 전에, Tom은 이미 뛰어가고 있었다.

(C) 그들은 마치 100미터 달리기 선수들처럼 통로를 따라 질주했고, 가방 꾸러미가 그들을 뒤쫓아 가면서 날고 있었다. (c) 아들은 멀리서 문이 닫히고 있는 것을 보고 "잠깐만요, 우리 왔어요!"라고 소리쳤고, 아버지도 아들 바로 뒤에서 "잠깐만요!"이라고 소리쳤다. 승무원이 그들을 보았고, 그들은 가까스로 해냈다. 좌석에 앉자, 아빠는 "봤지, 내 말이 맞지!"라고 말했다. Tom은 무슨 말을 할지 몰랐지만, (d) 그는 그저 안도의 한숨을 내쉴 뿐이었다.

43 다문항2 - 글의 순서   정답 ④

주어진 글인 (A)는 Tom과 아빠는 사람들로 꽉 찬 공항에서 비행기 출발 시간이 얼마 남지 않았는데, 아빠가 원하는 브랜드의 시계를 사기 위해 면세점에 가는 상황이다. (A)의 마지막에 있는 'from this duty-free shop'은 (D)의 'In the shop'으로 이어진다. (D)의 마지막에서 'Tom looked at his dad and made a long face(Tom은 아빠를 바라보고 얼굴을 찌푸렸다).'라고 했으므로, 흐름상 (B)의 'However, Dad did not even look at his son(하지만, 아빠는 심지어 아들을 쳐다보지도 않았다).'으로 이어지는 게 자연스럽다. (B)의 마지막에서 아빠의 말이 끝나기도 전에 Tom이 이미 뛰고 있었다고 했으므로, (C)의 'They dashed along the passageway like 100-meter racers ~(그들은 마치 100미터 달리기 선수들처럼 통로를 따라 질주했고 ~)'가 와야 하며, (C)의 마지막에서 결국 아슬아슬하게 비행기에 타는 것으로 마무리된다. 따라서 주어진 글 (A)에 이어질 내용을 순서에 맞게 배열한 것은 ④ '(D)-(B)-(C)'이다.

44 다문항2 - 지칭 대상   정답 ②

(a), (c), (d), (e)는 모두 Tom을 가리키는데, (b) him은 'salesman (판매원)'을 가리키고 있으므로, (a)~(e) 중에서 가리키는 대상이 나머지 넷과 다른 것은 ② '(b)'이다.

45 다문항2 - 세부 정보   정답 ⑤

(A)의 두 번째 문장에서 'He thought they had to go to the gate now, but his dad seemed careless about the time(그는 그들이 지금 게이트로 가야 한다고 생각했지만, 그의 아빠는 시간에 대해 부주의한 것처럼 보였다).'이라고 했고, (D)의 마지막 문장에서 'Tom looked at his dad and made a long face(Tom은 아빠를 바라보고 얼굴을 찌푸렸다).'라고 했으므로 Tom은 아빠가 쇼핑하는 것을 달갑게 생각하지 않는다는 것을 짐작할 수 있다. 따라서 윗글의 내용으로 적절하지 않은 것은 ⑤ 'Tom was delighted with his dad's shopping(Tom은 아빠의 쇼핑을 기뻐했다).'이다.

오답 분석

① Tom은 시간에 대한 아빠의 태도를 걱정했다. → (A)의 두 번째 문장에서 'He thought they had to go to the gate now, but his dad seemed careless about the time.'이라고 했으므로, 윗글의 내용과 일치한다.

② Tom이 방문한 면세점은 매우 붐볐다. → (A)의 마지막에서 두 번째 문장에서 'When they got there, the place was packed with a multitude of people.'이라고 했으므로, 글의 내용과 일치한다.

③ 그 판매원은 인내심 있고 사려 깊은 서비스를 제공했다. → (B)의 세 번째 문장에서 'The salesman was very patient and considerate.'라고 했으므로, 글의 내용과 일치한다.

④ Tom과 그의 아빠는 성공적으로 비행기에 탔다. → (C)의 마지막에서 세 번째 문장의 후반부에서 '~ they made it by the skin of their teeth.'라고 했으므로, 글의 내용과 일치한다.

01	②	02	⑤	03	⑤	04	②	05	③
06	①	07	①	08	④	09	①	10	②
11	①	12	④	13	③	14	④	15	②
16	③	17	③	18	②	19	①	20	⑤
21	4	22	31	23	9	24	118	25	78

01 로그 정답 ②

$\left(\log_{\frac{1}{2}}x - 2\right)\log_{\frac{1}{4}}x < 4$ 에서

$(-\log_2 x - 2) \times \left(-\frac{1}{2}\log_2 x\right) < 4$, $(\log_2 x + 2) \times \frac{1}{2}\log_2 x < 4$

$\log_2 x = X$ 라 하면

$(X+2) \times \frac{1}{2}X < 4$, $X^2 + 2X - 8 < 0$, $(X+4)(X-2) < 0$

$\therefore -4 < X < 2$

즉, $-4 < \log_2 x < 2$ 이므로 $\frac{1}{16} < x < 4$

따라서 자연수 x의 개수는 1, 2, 3의 3이다.

02 함수의 극한 정답 ⑤

$\lim_{x \to 1-}(f \circ f)(x) = \lim_{x \to 1-}f(f(x)) = f(1) = 2$

한편, $x \to -\infty$ 일 때, $-\dfrac{1}{x+1} \to 0+$ 이므로

$\lim_{x \to -\infty}f\left(-2 - \dfrac{1}{x+1}\right) = \lim_{x \to -2+}f(x) = 2$

$\therefore \lim_{x \to 1-}(f \circ f)(x) + \lim_{x \to -\infty}f\left(-2 - \dfrac{1}{x+1}\right) = 2 + 2 = 4$

03 삼각함수 정답 ⑤

ㄱ. 함수 $y = \tan\dfrac{3\pi}{2}x$ 의 주기는 $\dfrac{\pi}{\frac{3\pi}{2}} = \dfrac{2}{3}$ 이므로

$x = \dfrac{2}{3}, \dfrac{4}{3}, 2, \dfrac{8}{3}, \cdots$

함수 $y = \sin 2\pi x$ 의 주기는 $\dfrac{2\pi}{2\pi} = 1$ 이므로

$x = 1, 2, 3, 4, \cdots$

즉, 함수 $y = \tan\dfrac{3\pi}{2}x - \sin 2\pi x$ 의 주기는 2이다. (참)

ㄴ. 함수 $y = \cos 2\pi x$ 의 주기는 $\dfrac{2\pi}{2\pi} = 1$ 이므로

$x = 1, 2, 3, 4, \cdots$

함수 $y = \sin\dfrac{4\pi}{3}x$ 의 주기는 $\dfrac{2\pi}{\frac{4\pi}{3}} = \dfrac{3}{2}$ 이므로

$x = \dfrac{3}{2}, 3, \dfrac{9}{2}, 6, \cdots$

즉, 함수 $y = 2\pi + \cos 2\pi x \sin\dfrac{4\pi}{3}x$ 의 주기는 3이다. (참)

ㄷ. 함수 $y = \sin\pi x$ 의 주기는 $\dfrac{2\pi}{\pi} = 2$ 이므로

$x = 2, 4, 6, 8, \cdots$

함수 $y = \cos\dfrac{3\pi}{2}x$ 의 주기는 $\dfrac{2\pi}{\frac{3\pi}{2}} = \dfrac{4}{3}$ 이므로

함수 $y = \left|\cos\dfrac{3\pi}{2}x\right|$ 의 주기는 $\dfrac{2}{3}$ 이다.

$\therefore x = \dfrac{2}{3}, \dfrac{4}{3}, 2, \dfrac{8}{3}, \cdots$

즉, 함수 $y = \sin\pi x - \left|\cos\dfrac{3\pi}{2}x\right|$ 의 주기는 2이다. (참)

따라서 옳은 것은 ㄱ, ㄴ, ㄷ이다.

04 미분 정답 ②

조건 (가)에서 $\displaystyle\int xf'(x)dx = x^3 + 3x^2 + C$ 의 양변을 x에 대하여 미분하면

$xf'(x) = 3x^2 + 6x$ $\therefore f'(x) = 3x + 6$

$\therefore f(x) = \displaystyle\int (3x+6)dx = \dfrac{3}{2}x^2 + 6x + C'$ (단, C'은 적분상수)

$\cdots\cdots$ ㉠

조건 (나)에서 $g(x) = \displaystyle\int_{-1}^{x}tf(t)dt$ 이므로

양변에 $x = -1$을 대입하면 $g(-1) = 0$

양변을 x에 대하여 미분하면 $g'(x) = xf(x)$

이때 $g'(2) = 0$이므로 $2f(2) = 0$ $\therefore f(2) = 0$

즉, ㉠에서 $f(2) = 6 + 12 + C' = 0$이므로 $C' = -18$

따라서 $f(x) = \dfrac{3}{2}x^2 + 6x - 18$이므로

$f(-2) = 6 - 12 - 18 = -24$

2024학년도 기출문제 다잡기

05 거듭제곱근 정답 ③

조건 (가)에 의하여

$b^2 = -\sqrt{8}\,a$ ∴ $b^4 = 8a^2$ ...... ㉠

또한, $-\sqrt{8}\,a \geq 0$이므로 $a \leq 0$ ...... ㉡

조건 (나)에 의하여

$(\sqrt[3]{a^2}\,b)^3 = -16$, $a^2 b^3 = -16$, $\dfrac{1}{8}b^4 \times b^3 = -16$ (∵ ㉠)

$b^7 = (-2)^7$ ∴ $b = -2$

$b = -2$를 ㉠에 대입하여 정리하면

$a = -\sqrt{2}$ (∵ ㉡)

∴ $a^3 - 2b = -2\sqrt{2} + 4$

┤ 개념 체크체크 ├

거듭제곱근의 계산

$a > 0$, $b > 0$이고 m, n은 2 이상의 정수일 때

(1) $\sqrt[n]{a}\,\sqrt[n]{b} = \sqrt[n]{ab}$

(2) $\sqrt[n]{a^m} = (\sqrt[n]{a})^m$

(3) $\dfrac{\sqrt[n]{a}}{\sqrt[n]{b}} = \sqrt[n]{\dfrac{a}{b}}$

06 곡선과 좌표축 사이의 넓이 정답 ①

$x \geq 0$에서 함수 $f(x)$의 역함수 $g(x)$에 대하여 방정식 $f(x) = g(x)$의 근이 b, $2b$ $(b > 0)$이므로 두 함수 $y = f(x)$, $y = g(x)$의 그래프의 개형은 다음 그림과 같다.

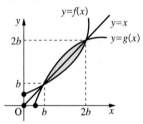

두 함수 $y = f(x)$, $y = g(x)$의 그래프로 둘러싸인 부분의 넓이는 함수 $y = f(x)$의 그래프와 직선 $y = x$가 둘러싸인 부분의 넓이의 2배와 같으므로

$\displaystyle \int_b^{2b} \{g(x) - f(x)\}\,dx = 2\int_b^{2b} |x - f(x)|\,dx$ ...... ㉠

이때 $f(x) - x = \dfrac{1}{12}(x-b)(x-2b)$이므로

$f(x) = \dfrac{1}{12}(x-b)(x-2b) + x = \dfrac{x^2}{12} + \left(-\dfrac{b}{4}+1\right)x + \dfrac{b^2}{6}$ ...... ㉡

㉡이 $f(x) = \dfrac{x^2}{12} + \dfrac{x}{2} + a$와 같아야 하므로

$-\dfrac{b}{4}+1 = \dfrac{1}{2}$, $\dfrac{b^2}{6} = a$ ∴ $b = 2$, $a = \dfrac{2}{3}$

따라서 ㉠에서

$\displaystyle \int_b^{2b} \{g(x) - f(x)\}\,dx = 2\int_2^4 \{x - f(x)\}\,dx$

$\displaystyle = 2\int_2^4 \left\{-\dfrac{1}{12}(x-2)(x-4)\right\}dx$

$\displaystyle = -\dfrac{1}{6}\int_2^4 (x^2 - 6x + 8)\,dx$

$= -\dfrac{1}{6}\left[\dfrac{1}{3}x^3 - 3x^2 + 8x\right]_2^4 = \dfrac{2}{9}$

07 삼각함수 정답 ①

3θ가 제1사분면의 각이므로

$0 < 3\theta < \dfrac{\pi}{2}$ 또는 $2\pi < 3\theta < \dfrac{5}{2}\pi$ 또는 $4\pi < 3\theta < \dfrac{9}{2}\pi$ 또는 ...

즉, $0 < 4\theta < \dfrac{2}{3}\pi$ 또는 $\dfrac{8}{3}\pi < 4\theta < \dfrac{10}{3}\pi$ 또는 $\dfrac{16}{3}\pi < 4\theta < 6\pi$ 또는 ...

이때 4θ가 제2사분면의 각이므로

$0 < 4\theta < \dfrac{2}{3}\pi$ 또는 $\dfrac{8}{3}\pi < 4\theta < \dfrac{10}{3}\pi$

따라서 $0 < \theta < \dfrac{\pi}{6}$ 또는 $\dfrac{2}{3}\pi < \theta < \dfrac{5}{6}\pi$이므로 θ는 제1사분면 또는 제2사분면의 각이다.

∴ $m + n = 1 + 2 = 3$

┤ 개념 체크체크 ├

호도법과 부채꼴

(1) 1라디안 $= \dfrac{180°}{\pi}$, $1° = \dfrac{\pi}{180}$ 라디안

(2) 반지름의 길이가 r, 중심각이 θ인 부채꼴의 호의 길이 l과 넓이 S는

$l = r\theta$, $S = \dfrac{1}{2}rl = \dfrac{1}{2}r^2\theta$

08 수열의 합 정답 ④

$\dfrac{1}{2}\left(a_n - \dfrac{2}{a_n}\right) = \sqrt{n-1}$에서 $a_n^2 - 2\sqrt{n-1}\,a_n - 2 = 0$

∴ $a_n = \sqrt{n-1} \pm \sqrt{n-1-(-2)} = \sqrt{n-1} - \sqrt{n+1}$

(∵ 모든 항이 음수)

∴ $\displaystyle \sum_{n=1}^{99} a_n = \sum_{n=1}^{99} (\sqrt{n-1} - \sqrt{n+1})$

$= (0 - \sqrt{2}) + (1 - \sqrt{3}) + (\sqrt{2} - \sqrt{4}) +$

$\cdots + (\sqrt{98} - \sqrt{100})$

$= 0 + 1 - \sqrt{99} - \sqrt{100}$

$= 1 - 3\sqrt{11} - 10 = -9 - 3\sqrt{11}$

09 함수의 극한과 연속   정답 ①

조건 (가)의 $f(x)+f(-x)=1$에
$x=0$을 대입하면

$2f(0)=1$ $\therefore$ $f(0)=\dfrac{1}{2}$

$x=1$을 대입하면
$f(1)+f(-1)=1$ $\cdots\cdots$ ㉠
조건 (나)의 $x^2-x-2\neq 0$에서
$(x+1)(x-2)\neq 0$ $\therefore$ $x\neq -1,\ x\neq 2$

$g(x)=\dfrac{2f(x)-7}{x^2-x-2}=\dfrac{2f(x)-7}{(x+1)(x-2)}$에서

$\displaystyle\lim_{x\to -1}g(x)=\lim_{x\to -1}\dfrac{2f(x)-7}{(x+1)(x-2)}$ $\cdots\cdots$ ㉡

㉡에서 $x\to -1$일 때, (분모)$\to 0$이고 극한값이 존재하므로
(분자)$\to 0$이다.

$\displaystyle\lim_{x\to -1}\{2f(x)-7\}=0$이므로

$2f(-1)=7$ $\therefore$ $f(-1)=\dfrac{7}{2}$

이와 같은 방법으로

$2f(2)=7$ $\therefore$ $f(2)=\dfrac{7}{2}$

㉠에서

$f(1)+\dfrac{7}{2}=1$ $\therefore$ $f(1)=-\dfrac{5}{2}$

즉, 함수 $y=f(x)$의 그래프의 개형은 오른
쪽 그림과 같으므로 정수 k에 대하여 방정식
$f(x)=k$가 반드시 열린구간 $(0,\ 2)$에서
적어도 2개의 실근을 가지려면
$k=-2$ 또는 $k=-1$ 또는 $k=0$
따라서 정수 k의 개수는 3이다.

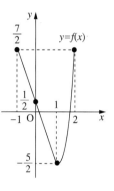

개념 체크체크

사잇값의 정리

함수 $f(x)$가 닫힌 구간 $[a,\ b]$에서 연속이고
$f(a)\neq f(b)$일 때, $f(a)$와 $f(b)$ 사이의 임의의 실수 k에 대
하여 $f(c)=k$인 c가 $a,\ b$사이에 적어도 하나 존재한다.

---

10 정적분으로 정의된 함수 + 함수의 미분   정답 ②

함수 $f(x)=\begin{cases}2(x-2) & (x<2) \\ 4(x-2) & (x\geq 2)\end{cases}$에 대하여 함
수 $y=|f(x)|$의 그래프는 오른쪽 그림과 같다.

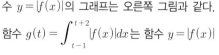

함수 $g(t)=\displaystyle\int_{t-1}^{t+2}|f(x)|dx$는 함수 $y=|f(x)|$
의 그래프와 x축 및 두 직선 $x=t-1$,
$x=t+2$와 둘러싸인 부분의 넓이이므로 함수 $g(t)$는 $t=1$일 때
최솟값을 갖는다.

$\therefore\ b=g(1)=\displaystyle\int_0^3|f(x)|dx=\dfrac{1}{2}\times 2\times 4+\dfrac{1}{2}\times(3-2)\times 4=6$

$\therefore\ a+b=1+6=7$

---

11 정적분의 활용(속도와 거리)   정답 ①

점 P의 시각 t $(t\geq 0)$에서의 속도를 $v(t)$라 하면
$v(t)=3t^2-12at+9a^2=3(t-a)(t-3a)$
$v(t)=0$에서 $t=a$ 또는 $t=3a$
함수 $v(t)$의 그래프는 오른쪽 그림과 같으므
로 점 P는 시각 $t=a$, $t=3a$에서 각각 운동
방향이 바뀐다.
점 P의 시각 $t=0$에서의 위치는 $x(0)=b$이
므로 조건 (가)에 의하여 점 P의 시각 $t=a$에서의 위치는
$x(a)=a^3-6a^3+9a^3+b=b+32$
즉, $4a^3=32$이므로
$a^3=8$ $\therefore$ $a=2$
한편, 점 P의 시각 t $(t\geq 0)$에서의 가속도를 $a(t)$라 하면
$a(t)=6t-24$
$a(t)=0$에서 $t=4$
조건 (나)에 의하여
$x(4)=64-192+144+b=36$ $\therefore$ $b=20$
$\therefore\ b-a=20-2=18$

---

12 함수의 연속   정답 ④

함수 $f(x)$가 실수 전체의 집합에서 연속이므로
$\displaystyle\lim_{x\to 5}\dfrac{x^2+ax+b}{x-5}=7$ $\cdots\cdots$ ㉠
㉠에서 $x\to 5$일 때, (분모)$\to 0$이고 극한값이 존재하므로 (분자)$\to 0$
이다.
즉, $\displaystyle\lim_{x\to 5}(x^2+ax+b)=0$이므로 $b=-5a-25$
$b=-5a-25$를 ㉠에 대입하면
$\displaystyle\lim_{x\to 5}\dfrac{x^2+ax-5(a+5)}{x-5}=\lim_{x\to 5}\dfrac{(x-5)(x+a+5)}{x-5}$

$\qquad\qquad\qquad\qquad\qquad =\lim_{x\to 5}(x+a+5)$

$\qquad\qquad\qquad\qquad\qquad =10+a=7$

$\therefore\ a=-3$

$\therefore\ f(x)=\begin{cases}x+2 & (x\neq 5) \\ 7 & (x=5)\end{cases}$

따라서

$g(x)=\begin{cases}\sqrt{4-(x+2)} & (x<1) \\ x+2 & (x\geq 1)\end{cases}=\begin{cases}\sqrt{-x+2} & (x<1) \\ x+2 & (x\geq 1)\end{cases}$,

$h(x)=|(x+2)^2+\alpha|-11$이므로 함수 $g(x)h(x)$가 실수 전체의
집합에서 연속이 되려면 $x=1$에서 연속이어야 한다.

$\lim\limits_{x\to 1+} g(x)h(x)=\lim\limits_{x\to 1-} g(x)h(x)=g(1)h(1)$ 이어야 하므로

$\lim\limits_{x\to 1+} g(x)h(x)=\lim\limits_{x\to 1+}(x+2)(|9+\alpha|-11)=3(|9+\alpha|-11)$,

$\lim\limits_{x\to 1-} g(x)h(x)=\lim\limits_{x\to 1+}\sqrt{-x+2}\,(|9+\alpha|-11)=|9+\alpha|-11$,

$g(1)h(1)=3(|9+\alpha|-11)$ 에서

$3(|9+\alpha|-11)=|9+\alpha|-11$

$|9+\alpha|-11=0$, $|9+\alpha|=11$

$\therefore \alpha=-20$ 또는 $\alpha=2$

따라서 모든 실수 α의 값의 곱은

$-20\times 2=-40$

13 삼각함수   정답 ③

조건 (가)의 $\cos^2 A+\cos^2 B-\cos^2 C=1$ 에서

$(1-\sin^2 A)+(1-\sin^2 B)-(1-\sin^2 C)=1$

$\sin^2 C=\sin^2 A+\sin^2 B$, $\left(\dfrac{c}{2R}\right)^2=\left(\dfrac{a}{2R}\right)^2+\left(\dfrac{b}{2R}\right)^2$

$\therefore c^2=a^2+b^2 \quad\cdots\cdots \bigcirc$

즉, 삼각형 ABC는 $C=\dfrac{\pi}{2}$ 인 직각삼각형

이므로 오른쪽 그림과 같다.

조건 (나)의

$2\sqrt{2}\cos A+2\cos B+\sqrt{2}\cos C=2\sqrt{3}$

에서

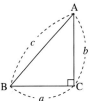

$2\sqrt{2}\times\dfrac{b}{c}+2\times\dfrac{a}{c}=2\sqrt{3}\ (\because \cos C=0)$

$\sqrt{2}\,b+a=\sqrt{3}\,c$, $2b^2+2\sqrt{2}\,ab+a^2=3c^2$

$2b^2+2\sqrt{2}\,ab+a^2=3(a^2+b^2)\ (\because \bigcirc)$

$2a^2-2\sqrt{2}\,ab+b^2=0$, $(\sqrt{2}\,a-b)^2=0$

$\therefore b=\sqrt{2}\,a$

한편, 삼각형 ABC의 외접원의 반지름 길이가 3이고, 삼각형 ABC 의 외접원의 지름 길이는 c이므로

$c=6$

$c=6$, $b=\sqrt{2}\,a$를 $\bigcirc$에 대입하면

$36=a^2+2a^2$, $a^2=12 \quad \therefore a=2\sqrt{3}\ (\because a>0)$

따라서 $b=2\sqrt{6}$ 이므로 삼각형 ABC의 넓이는

$\dfrac{1}{2}\times 2\sqrt{3}\times 2\sqrt{6}=6\sqrt{2}$

◁ 개념 체크체크 ▷

사인법칙

삼각형 ABC에서 $\angle A$, $\angle B$, $\angle C$의 대변의 길이를 각각 a, b, c라고 하면 다음이 성립한다.

$$\dfrac{a}{\sin A}=\dfrac{b}{\sin B}=\dfrac{c}{\sin C}=2R$$

(이때, R는 삼각형 ABC의 외접원의 반지름 길이이다.)

14 다항함수의 미분법·적분법   정답 ④

다항함수 $f(x)$와 $f(x)$의 한 부정적분 $F(x)$에 대하여 $f(x)$의 차수를 n이라 하면 $F(x)$의 차수는 $n+1$이다.

조건 (가)의 $\lim\limits_{x\to\infty}\dfrac{\{F(x)-x^2\}\{f(x)-2x\}}{x^5}=3$에서 극한값이 존재하므로 함수 $f(x)$는 2차, 함수 $F(x)$는 3차이어야 한다.

$f(x)=ax^2+\cdots\ (a>0)$이라 하면 $F(x)=\dfrac{a}{3}x^3+\cdots$ 이므로

$\lim\limits_{x\to\infty}\dfrac{\{F(x)-x^2\}\{f(x)-2x\}}{x^5}=3$에서

$\lim\limits_{x\to\infty}\dfrac{\dfrac{a^2}{3}x^5+\cdots}{x^5}=\dfrac{a^2}{3}=3 \quad \therefore a=3\ (\because a>0)$

$\therefore f(x)=3x^2+\cdots$, $F(x)=x^3+\cdots$

조건 (나)의 $\lim\limits_{x\to 0}\dfrac{f(x)-2}{x}=2$에서 $x\to 0$일 때, (분모)$\to 0$이고 극한값이 존재하므로 (분자)$\to 0$이다.

$\lim\limits_{x\to 0}\{f(x)-2\}=0$이므로 $f(0)=2$

또한, $\lim\limits_{x\to 0}\dfrac{f(x)-2}{x}=\lim\limits_{x\to 0}\dfrac{f(x)-f(0)}{x-0}=f'(0)=2$

$\therefore f(x)=3x^2+2x+2$, $F(x)=x^3+x^2+2x+C$

(단, C는 적분상수)

조건 (다)의 $f(0)F(0)=4$에서

$2C=4 \quad \therefore C=2$

즉, $F(x)=x^3+x^2+2x+2$이므로

$F(x)-f(x)=x^3+x^2+2x+2-(3x^2+2x+2)$

$\qquad\qquad\quad\ =x^3-2x^2=x^2(x-2)$

$F(x)-f(x)=0$에서 $x=0$ 또는 $x=2$

따라서 곡선 $y=F(x)-f(x)$와 x축 으로 둘러싸인 도형의 넓이는

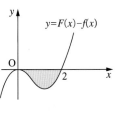

$\displaystyle\int_0^2 |F(x)-f(x)|dx$

$=\displaystyle\int_0^2 (-x^3+2x^2)dx$

$=\left[-\dfrac{1}{4}x^4+\dfrac{2}{3}x^3\right]_0^2=\dfrac{4}{3}$

15 삼각 방정식＋등비수열   정답 ②

조건 (나)의 $7a_n-5a_{n+1}>0$에서 $\dfrac{a_{n+1}}{a_n}<\dfrac{7}{5}$이므로 $\dfrac{a_{n+1}}{a_n}=A$라 하면 $A<\dfrac{7}{5}$

조건 (다)의 $2\sin^2\left(\dfrac{a_{n+1}}{a_n}\right)-5\sin\left(\dfrac{\pi}{2}+\dfrac{a_{n+1}}{a_n}\right)+1=0$에서

$2\sin^2 A-5\sin\left(\dfrac{\pi}{2}+A\right)+1=0$, $2\sin^2 A-5\cos A+1=0$

$2(1-\cos^2 A)-5\cos A+1=0$, $2\cos^2 A+5\cos A-3=0$

$(\cos A + 3)(2\cos A - 1) = 0$

$\therefore \cos A = \dfrac{1}{2}$ $(\because -1 \le \cos A \le 1)$

$\therefore A = \dfrac{\pi}{3}$ $(\because A < \dfrac{7}{5})$

즉, $\dfrac{a_{n+1}}{a_n} = \dfrac{\pi}{3}$ 이므로 $a_{n+1} = \dfrac{\pi}{3} a_n$

조건 (가)에서 $a_2 = \pi$ 이므로

$a_3 = \dfrac{\pi}{3} a_2 = \dfrac{\pi^2}{3}$

$a_4 = \dfrac{\pi}{3} a_3 = \dfrac{\pi^3}{3^2}$

$a_5 = \dfrac{\pi}{3} a_4 = \dfrac{\pi^4}{3^3}$

$a_6 = \dfrac{\pi}{3} a_5 = \dfrac{\pi^5}{3^4}$

$\therefore \dfrac{(a_4)^5}{(a_6)^3} = \dfrac{\left(\dfrac{\pi^3}{3^2}\right)^5}{\left(\dfrac{\pi^5}{3^4}\right)^3} = \dfrac{\dfrac{\pi^{15}}{3^{10}}}{\dfrac{\pi^{15}}{3^{12}}} = 3^2 = 9$

16 함수의 최대·최소 　　정답 ③

$f(x) = 2ax^3 - 3(a+1)x^2 + 6x$ 라 하면

$f'(x) = 6ax^2 - 6(a+1)x + 6 = 6(ax-1)(x-1)$

$f'(x) = 0$에서 $x = \dfrac{1}{a}$ 또는 $x = 1$

(ⅰ) $a > 1$일 때

함수 $y = f'(x)$의 그래프의 개형에 따른 함수 $y = f(x)$의 그래프의 개형은 오른쪽 그림과 같으므로 $0 \le x \le 1$인 모든 실수 x에 대하여 부등식 $f(x) \le 1$이 성립하려면

$f\left(\dfrac{1}{a}\right) \le 1$,

$\dfrac{2}{a^2} - 3\left(\dfrac{1}{a} + \dfrac{1}{a^2}\right) + \dfrac{6}{a} \le 1$,

$-\dfrac{1}{a^2} + \dfrac{3}{a} \le 1$

$a^2 - 3a + 1 \ge 0$

$\therefore a \le \dfrac{3 - \sqrt{5}}{2}$ 또는 $a \ge \dfrac{3 + \sqrt{5}}{2}$

그런데 $a > 1$이므로 $a \ge \dfrac{3 + \sqrt{5}}{2}$

(ⅱ) $a < 1$일 때

함수 $y = f'(x)$의 그래프의 개형에 따른 함수 $y = f(x)$의 그래프의 개형은 오른쪽 그림과 같으므로 $0 \le x \le 1$인 모든 실수 x에 대하여 부등식 $f(x) \le 1$이 성립하려면

$f(1) \le 1$, $2a - 3(a+1) + 6 \le 1$

$\therefore a \ge 2$

그런데 $a < 1$이므로 이 경우는 조건을 만족시키지 않는다.

(ⅲ) $a = 1$일 때

함수 $y = f'(x)$의 그래프의 개형에 따른 함수 $y = f(x)$의 그래프의 개형은 오른쪽 그림과 같으므로 $0 \le x \le 1$인 모든 실수 x에 대하여 부등식 $f(x) \le 1$이 성립하려면

$f(1) \le 1$, $2a - 3(a+1) + 6 \le 1$

$\therefore a \ge 2$

그런데 $a = 1$이므로 이 경우는 조건을 만족시키지 않는다.

(ⅰ), (ⅱ), (ⅲ)에서 $a \ge \dfrac{3 + \sqrt{5}}{2}$ 이므로 양수 a의 최솟값은 $\dfrac{3 + \sqrt{5}}{2}$ 이다.

17 함수의 극한 　　정답 ③

조건 (가)에서

$\lim\limits_{x \to \infty} (\sqrt{(a-b)x^2 + ax} - x)$

$= \lim\limits_{x \to \infty} \dfrac{(\sqrt{(a-b)x^2 + ax} - x)(\sqrt{(a-b)x^2 + ax} + x)}{\sqrt{(a-b)x^2 + ax} + x}$

$= \lim\limits_{x \to \infty} \dfrac{(a - b - 1)x^2 + ax}{\sqrt{(a-b)x^2 + ax} + x}$ 　　……㉠

㉠의 극한값이 존재하므로

$a - b - 1 = 0$　$\therefore a - b = 1$

즉, $\lim\limits_{x \to \infty} \dfrac{ax}{\sqrt{x^2 + ax} + x} = c$이므로

$\lim\limits_{x \to \infty} \dfrac{a}{\sqrt{1 + \dfrac{a}{x}} + 1} = \dfrac{a}{\sqrt{1} + 1} = \dfrac{a}{2} = c$　$\therefore a = 2c$

조건 (나)에서

$\lim\limits_{x \to -\infty} (ax - b - \sqrt{-(b+1)x^2 - 4x})$

$= \lim\limits_{x \to -\infty} \dfrac{(ax - b - \sqrt{-(b+1)x^2 - 4x})(ax - b + \sqrt{-(b+1)x^2 - 4x})}{ax - b + \sqrt{-(b+1)x^2 - 4x}}$

$= \lim\limits_{x \to -\infty} \dfrac{(ax - b)^2 - \{-(b+1)x^2 - 4x\}}{ax - b + \sqrt{-(b+1)x^2 - 4x}}$

$= \lim\limits_{x \to -\infty} \dfrac{(a^2 + b + 1)x^2 + (-2ab + 4)x + b^2}{ax - b + \sqrt{-(b+1)x^2 - 4x}}$ 　　……㉡

ⓛ의 극한값이 존재하므로

$a^2+b+1=0$ $\therefore$ $a^2+b=-1$

즉, $\displaystyle\lim_{x\to-\infty}\dfrac{(-2ab+4)x+b^2}{ax-b+\sqrt{-(b+1)x^2-4x}}=d$이고, $-x=t$라 하면

$x\to-\infty$일 때 $t\to\infty$이므로

$\displaystyle\lim_{t\to\infty}\dfrac{(2ab-4)t+b^2}{-at-b+\sqrt{-(b+1)t^2+4t}}$

$=\displaystyle\lim_{t\to\infty}\dfrac{2ab-4+\dfrac{b^2}{t}}{-a-\dfrac{b}{t}+\sqrt{-(b+1)+\dfrac{4}{t}}}$

$=\dfrac{2ab-4}{-a+\sqrt{-b-1}}=\dfrac{2ab-4}{-a+|a|}$ ($\because$ $a^2=-b-1$)

이때 $-a+|a|\neq0$이어야 하므로 $a<0$

$\therefore$ $\dfrac{2ab-4}{-2a}=d$

$a-b=1$, $a^2+b=-1$을 연립하면

$a-1=-a^2-1$, $a^2+a=0$, $a(a+1)=0$

$\therefore$ $a=-1$ ($\because$ $a<0$)

즉, $b=-2$이므로 $c=-\dfrac{1}{2}$, $d=0$

$\therefore$ $a+b+c+d=-1+(-2)+\left(-\dfrac{1}{2}\right)+0=-\dfrac{7}{2}$

18 수열의 합   정답 ②

a_{50}은 삼각형 T_1, T_2, T_3, $\cdots$, T_{50}의 내부와 삼각형 $OA_{50}B_{50}$의 내부의 공통부분 넓이이므로 직선 $y=\dfrac{x}{50}$와 직선 $y=1$에 대한 그림은 다음과 같다.

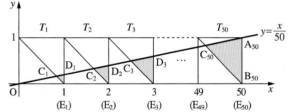

위의 그림과 같이 직선 $y=\dfrac{x}{50}$와 직선 $y=-x+n$이 만나는 점을 C_n, 직선 $y=\dfrac{x}{50}$와 직선 $x=n$이 만나는 점을 D_n, 점 $(n,\,0)$을 E_n이라 하자.

점 C_1의 x좌표는 $-x+1=\dfrac{x}{50}$에서

$\dfrac{51}{50}x=1$ $\therefore$ $x=\dfrac{50}{51}$

즉, 삼각형 $C_1E_1D_1$의 높이는 $1-\dfrac{50}{51}=\dfrac{1}{51}$이고, 밑변의 길이는

$\overline{D_1E_1}=\dfrac{1}{50}$이다.

이와 같은 방법으로 하면 삼각형 $C_nE_nD_n$의 높이는 $\dfrac{n}{51}$이고, 밑변의 길이는 $\overline{D_nE_n}=\dfrac{n}{50}$이므로 삼각형 $C_nE_nD_n$의 넓이는

$\dfrac{1}{2}\times\dfrac{n}{50}\times\dfrac{n}{51}$

$\therefore$ $a_{50}=\dfrac{1}{2\times50\times51}\displaystyle\sum_{k=1}^{50}k^2$

$=\dfrac{1}{2\times50\times51}\times\dfrac{50\times51\times101}{6}=\dfrac{101}{12}$

19 함수의 극한 + 함수의 미분   정답 ①

$f(x)=(x-2)^2$에서 $f'(x)=2(x-2)$이므로 이차함수 $f(x)=(x-2)^2$ 위의 점 $P(t,\,f(t))$에서의 접선의 기울기는 $f'(t)=2(t-2)$

즉, 점 $P(t,\,(t-2)^2)$에서의 접선의 방정식은

$y-(t-2)^2=2(t-2)(x-t)$

$\therefore$ $y=2(t-2)(x-t)+(t-2)^2$ $\cdots\cdots$ ㉠

접선이 x축과 만나는 점 Q의 x좌표는

$0=2(t-2)(x-t)+(t-2)^2$에서

$0=2(x-t)+(t-2)$ ($\because$ $2<t<8$) $\therefore$ $x=\dfrac{t+2}{2}$

$\therefore$ $Q\left(\dfrac{t+2}{2},\,0\right)$

한편, 직선 $y=2(t-2)(x-5)$는 기울기가 $2(t-2)$이므로 접선 ㉠과 평행하다.

또한, 점 $(5,\,0)$을 지나므로 오른쪽 그림과 같다.

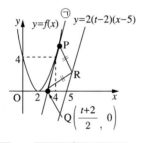

직선 $y=2(t-2)(x-5)$ 위의 한 점 R를 $\overline{PR}=\overline{QR}$가 되도록 잡으면

$\overline{PQ}=\sqrt{\left(t-\dfrac{t+2}{2}\right)^2+\{(t-2)^2-0\}^2}=\sqrt{\left(\dfrac{t-2}{2}\right)^2+(t-2)^4}$

접선 ㉠, 즉 $2(t-2)x-y-t^2+4=0$과 점 $(5,\,0)$ 사이의 거리는

$\dfrac{|10(t-2)-t^2+4|}{\sqrt{4(t-2)^2+1}}=\dfrac{|-t^2+10t-16|}{\sqrt{4(t-2)^2+1}}=\dfrac{|-(t-2)(t-8)|}{\sqrt{4(t-2)^2+1}}$

따라서 삼각형 PQR의 넓이 $S(t)$는

$S(t)=\dfrac{1}{2}\times\overline{PQ}\times\dfrac{|-(t-2)(t-8)|}{\sqrt{4(t-2)^2+1}}$

$=\dfrac{1}{2}\times\sqrt{\left(\dfrac{t-2}{2}\right)^2+(t-2)^4}\times\dfrac{|-(t-2)(t-8)|}{\sqrt{4(t-2)^2+1}}$

이므로

$\displaystyle\lim_{t\to2+}\dfrac{S(t)}{(t-2)^2}=\lim_{t\to2+}\left\{\dfrac{1}{2}\times\sqrt{\dfrac{1}{4}+(t-2)^2}\times\dfrac{-(t-8)}{\sqrt{4(t-2)^2+1}}\right\}$

$=\dfrac{1}{2}\times\dfrac{1}{2}\times6=\dfrac{3}{2}$

20 삼각함수 + 합성함수   정답 ⑤

$f(x) = 2\cos^2 x - |1 + 2\sin x| - 2|\sin x| + 2$
$\qquad = 2(1 - \sin^2 x) - |1 + 2\sin x| - 2|\sin x| + 2$

이므로 $\sin x = t \;(-1 \le t \le 1)$이라 하면

$y = 2(1 - t^2) - |1 + 2t| - 2|t| + 2$

(i) $-1 \le t < -\dfrac{1}{2}$ 일 때

$\qquad y = 2(1 - t^2) + 1 + 2t + 2t + 2 = -2t^2 + 4t + 5$
$\qquad\quad = -2(t - 1)^2 + 7$

(ii) $-\dfrac{1}{2} \le t < 0$ 일 때

$\qquad y = 2(1 - t^2) - (1 + 2t) + 2t + 2 = -2t^2 + 3$

(iii) $0 \le t \le 1$ 일 때

$\qquad y = 2(1 - t^2) - (1 + 2t) - 2t + 2 = -2t^2 - 4t + 3$
$\qquad\quad = -2(t + 1)^2 + 5$

(i), (ii), (iii)에 의하여 함수의 그래프는 오른쪽 그림과 같다.

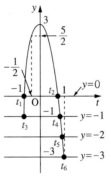

함수의 그래프와 직선 $y = 0$, $y = -1$, $y = -2$, $y = -3$이 만나는 점의 t좌표를 각각 t_1, t_2, t_3, t_4, t_5, t_6이라 하면 집합 A에 대하여 $f(x)$의 값이 0 이하의 정수인 x는 다음 그림과 같이 $0 \le x < 2\pi$일 때, 함수 $y = \sin x$의 그래프와 직선 $y = t_1$, $y = t_2$, $y = t_3$, $y = t_4$, $y = t_5$, $y = t_6$이 만나는 점의 x좌표와 같다.

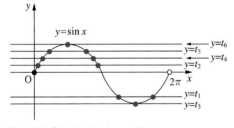

따라서 집합 A의 원소의 개수는 10이다.

21 미분가능과 연속   정답 4

함수 $g(x)$가 실수 전체의 집합에서 미분가능하므로 $x = 1$에서 연속이다.

$\displaystyle\lim_{x \to 1+} g(x) = \lim_{x \to 1-} g(x) = g(1)$이므로

$\displaystyle\lim_{x \to 1+} g(x) = \lim_{x \to 1+} \{-f(x)\} = -f(1)$,

$\displaystyle\lim_{x \to 1-} g(x) = \lim_{x \to 1-} f(x) = f(1)$,

$g(1) = -f(1)$

에서 $-f(1) = f(1)$ $\quad \therefore \; f(1) = 0$

함수 $g(x)$가 실수 전체의 집합에서 미분가능하므로 $x = 1$에서 미분가능하다.

$\displaystyle\lim_{x \to 1+} g'(x) = \lim_{x \to 1-} g'(x)$이고, $g'(x) = \begin{cases} f'(x) & (x < 1) \\ -f'(x) & (x > 1) \end{cases}$이므로

$\displaystyle\lim_{x \to 1+} g'(x) = \lim_{x \to 1+} \{-f'(x)\} = -f'(1)$,

$\displaystyle\lim_{x \to 1-} g'(x) = \lim_{x \to 1-} f'(x) = f'(1)$에서

$-f'(1) = f'(1) \quad \therefore \; f'(1) = 0$

또한, 함수 $g(x)$가 $x = -1$에서 극값을 가지므로

$g'(-1) = 0 \quad \therefore \; f'(-1) = 0$

최고차항의 계수가 1인 삼차함수 $f(x)$에 대하여 도함수 $f'(x)$는 최고차항의 계수가 3인 이차함수이므로 $f'(1) = 0$, $f'(-1) = 0$에 의하여

$f'(x) = 3(x + 1)(x - 1) = 3x^2 - 3$

$\therefore \; f(x) = \displaystyle\int f'(x)\,dx = \int (3x^2 - 3)\,dx = x^3 - 3x + C$

(단, C는 적분상수)

이때 $f(1) = 0$이므로

$1 - 3 + C = 0 \quad \therefore \; C = 2$

따라서 $f(x) = x^3 - 3x + 2$이고, 함수 $f(x)$는 $x = -1$에서 극댓값을 가지므로 극댓값은

$f(-1) = -1 + 3 + 2 = 4$

22 미분계수의 정의 + 평균변화율   정답 31

0이 아닌 상수 a와 자연수 n에 대하여

$f(x) = ax^n + \cdots$이라 하면 $f'(x) = anx^{n-1} + \cdots$

조건 (가)에서 모든 실수 x에 대하여

$2f(x) - (x + 2)f'(x) - 8 = 0$이므로

$2f(x) = (x + 2)f'(x) + 8$

$2f(x)$의 최고차항은 $2ax^n$, $(x + 2)f'(x) + 8$의 최고차항은 anx^n이므로

$2a = an \quad \therefore \; n = 2 \;(\because \; a \ne 0)$

즉, $f(x) = ax^2 + bx + c \;(b, \; c$는 상수$)$, $f'(x) = 2ax + b$라 할 수 있다.

$2f(x) - (x + 2)f'(x) - 8 = 0$에 대입하면

$2(ax^2 + bx + c) - (x + 2)(2ax + b) - 8 = 0$

$(-4a + b)x - 2b + 2c - 8 = 0$

위의 등식은 x에 대한 항등식이므로

$-4a + b = 0$, $-2b + 2c - 8 = 0 \quad \therefore \; a = \dfrac{1}{4}b$, $c = b + 4$

$\therefore \; f(x) = \dfrac{1}{4}bx^2 + bx + b + 4$

조건 (나)에 의하여 $\dfrac{f(0) - f(-3)}{0 - (-3)} = 3$이므로

$\dfrac{(b + 4) - \left(\dfrac{9}{4}b - 3b + b + 4\right)}{3} = \dfrac{-\dfrac{9}{4}b + 3b}{3} = 3$에서

$\dfrac{3}{4}b = 9 \quad \therefore \; b = 12$

따라서 $f(x) = 3x^2 + 12x + 16$이므로

$f(1) = 3 + 12 + 16 = 31$

23 산술평균과 기하평균의 관계 정답 9

$\sqrt{3^x}+\sqrt{3^{-x}}=t$라 하면 산술평균과 기하평균의 관계에 의하여

$$t=\sqrt{3^x}+\sqrt{3^{-x}}\geq 2\sqrt{\sqrt{3^x}\times\sqrt{3^{-x}}}=2$$

$$\therefore \ t\geq 2$$

또한, $\sqrt{3^x}+\sqrt{3^{-x}}=t$의 양변을 제곱하면 $3^x+3^{-x}+2=t^2$이므로

$$3^x+3^{-x}=t^2-2$$

즉, $3^x+3^{-x}-2(\sqrt{3^x}+\sqrt{3^{-x}})-|k-2|+7=0$에서

$(t^2-2)-2t-|k-2|+7=0$

$\therefore \ t^2-2t=|k-2|-5 \quad \cdots\cdots \ \bigcirc$

$t\geq 2$일 때 함수 $y=t^2-2t$의 그래프는 오른쪽 그림과 같고, $\bigcirc$이 실근을 갖지 않으려면

$|k-2|-5<0,\ -5<k-2<5$

$\therefore \ -3<k<7$

따라서 정수 k의 개수는 $-2,\ -1,\ 0,\ \cdots,\ 6$의 9이다.

24 수열의 합 + 등차수열 정답 118

$$n(n+1)b_n=\sum_{k=1}^{n}(n-k+1)a_k \ (n\geq 1) \quad \cdots\cdots \ \bigcirc$$

$\bigcirc$의 양변에 $n=1$을 대입하면

$2b_1=a_1$

$\bigcirc$의 양변에 n 대신 $n-1$을 대입하면

$$(n-1)nb_{n-1}=\sum_{k=1}^{n-1}(n-k)a_k \ (n\geq 2) \quad \cdots\cdots \ \bigcirc\!\!\!\bigcirc$$

$\bigcirc-\bigcirc\!\!\!\bigcirc$을 하면

$$n(n+1)b_n-(n-1)nb_{n-1}=\sum_{k=1}^{n}(n-k+1)a_k-\sum_{k=1}^{n-1}(n-k)a_k$$

$(n\geq 2)$

$$n^2b_n+nb_n-n^2b_{n-1}+nb_{n-1}=\sum_{k=1}^{n}(n-k+1)a_k-\sum_{k=1}^{n}(n-k)a_k$$

$$n^2(b_n-b_{n-1})+n(b_n+b_{n-1})=\sum_{k=1}^{n}a_k$$

이때 등차수열 $\{b_n\}$의 공차가 2이므로 $b_n-b_{n-1}=2$이고,

$b_n+b_{n-1}=(2n+\cdots)+(2n+\cdots)=4n+\cdots$

또한, 등차수열 $\{a_n\}$의 공차를 d라 하면

$$2n^2+4n^2+\cdots=\frac{n\{2a_1+(n-1)d\}}{2} \quad \cdots\cdots \ \bigcirc\!\!\!\bigcirc\!\!\!\bigcirc$$

$\bigcirc\!\!\!\bigcirc\!\!\!\bigcirc$의 좌변의 최고차항은 $6n^2$, 우변의 최고차항은 $\dfrac{d}{2}n^2$이므로

$6=\dfrac{d}{2} \quad \therefore \ d=12$

$\therefore \ a_{10}=a_5+5d=58+5\times 12=118$

25 지수함수의 그래프 정답 78

$$y=\frac{1}{2^a}\times 4^x-a=2^{-a}\times 4^x-a=4^{-\frac{1}{2}a}\times 4^x-a=4^{x-\frac{1}{2}a}-a$$

이므로 함수 $y=\dfrac{1}{2^a}\times 4^x-a$의 그래프는 함수 $y=4^x$의 그래프를 x축의 방향으로 $\dfrac{1}{2}a$만큼, y축의 방향으로 $-a$만큼 평행이동한 것이다. 또한, 두 직선 $y=-2x-\log b$, $y=-2x+\log c$의 기울기가 같으므로 두 함수의 그래프와 두 직선은 아래 그림과 같고, 구하는 도형의 넓이는 그림에서 초록색 평행사변형의 넓이와 같다.

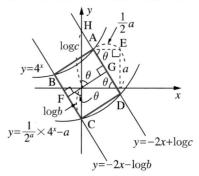

평행사변형의 각 꼭짓점을 A, B, C, D라 하자.

점 A를 지나고 x축에 평행한 직선과 점 D를 지나고 y축에 평행한 직선이 만나는 점을 E라 하면

$\overline{\text{AE}}=\dfrac{1}{2}a$, $\overline{\text{DE}}=a$이므로 직각삼각형 ADE에서

$$\overline{\text{AD}}=\sqrt{\overline{\text{AE}}^2+\overline{\text{DE}}^2}=\sqrt{\left(\frac{1}{2}a\right)^2+a^2}=\frac{\sqrt{5}}{2}a$$

이때 $\angle\text{DAE}=\theta$라 하면 $\cos\theta=\dfrac{\overline{\text{AE}}}{\overline{\text{AD}}}=\dfrac{\dfrac{1}{2}a}{\dfrac{\sqrt{5}}{2}a}=\dfrac{1}{\sqrt{5}}$

두 직선 $y=-2x-\log b$, $y=-2x+\log c$에 모두 수직이고 원점을 지나는 직선을 FG라 하고, 직선 $y=-2x+\log c$가 y축과 만나는 점을 H라 하면 $\angle\text{COF}=\angle\text{HOG}=\theta$이므로

$\overline{\text{OG}}=\overline{\text{OH}}\cos\theta=\dfrac{\log c}{\sqrt{5}}$, $\overline{\text{OF}}=\overline{\text{OC}}\cos\theta=\dfrac{\log b}{\sqrt{5}}$

$\therefore \ \overline{\text{FG}}=\overline{\text{OG}}+\overline{\text{OF}}=\dfrac{\log c}{\sqrt{5}}+\dfrac{\log b}{\sqrt{5}}=\dfrac{1}{\sqrt{5}}\log bc$

즉, 초록색 평행사변형의 넓이는

$\overline{\text{AD}}\times\overline{\text{FG}}=\dfrac{\sqrt{5}}{2}a\times\dfrac{1}{\sqrt{5}}\log bc=\dfrac{1}{2}a\log bc=3$

$\therefore \ a\log bc=6$

$a,\ b,\ c$가 자연수이므로

(i) $a=1$일 때

$\log bc=6$이므로 $bc=10^6=2^6\times 5^6$

순서쌍 $(b,\ c)$의 개수는 10^6의 양의 약수의 개수와 같으므로

$(6+1)\times(6+1)=49$

(ii) $a=2$일 때

$\log bc=3$이므로 $bc=10^3=2^3\times 5^3$

순서쌍 $(b,\ c)$의 개수는 10^3의 양의 약수의 개수와 같으므로

$(3+1)\times(3+1)=16$

(iii) $a = 3$일 때

$\log bc = 2$이므로 $bc = 10^2 = 2^2 \times 5^2$

순서쌍 $(b,\ c)$의 개수는 10^2의 양의 약수의 개수와 같으므로

$(2+1) \times (2+1) = 9$

(iv) $a = 6$일 때

$\log bc = 1$이므로 $bc = 10 = 2 \times 5$

순서쌍 $(b,\ c)$의 개수는 10의 양의 약수의 개수와 같으므로

$(1+1) \times (1+1) = 4$

(i)~(iv)에서 자연수 $a,\ b,\ c$의 모든 순서쌍 $(a,\ b,\ c)$의 개수는

$49 + 16 + 9 + 4 = 78$

◁ **개념 체크체크** ▷

지수함수의 그래프

$f(x) = a^x\,(a > 0,\ a \neq 1)$의 성질

(1) 정의역: 실수 전체, 치역: $\{y|y > 0\}$

(2) 점 $(0,\ 1)$, $(1,\ a)$를 지나고 점근선은 x축이다.

(3) $a > 1$일 때, 증가함수이므로

$m < n$이면 $a^m < a^n$

(4) $0 < a < 1$일 때, 감소함수이므로

$m < n$이면 $a^m > a^n$

제 1 교시 국어영역

문제 ▶ p. 98

01 ④	02 ⑤	03 ⑤	04 ①	05 ④
06 ⑤	07 ②	08 ③	09 ②	10 ①
11 ⑤	12 ③	13 ③	14 ②	15 ④
16 ②	17 ④	18 ④	19 ③	20 ⑤
21 ④	22 ①	23 ④	24 ②	25 ⑤
26 ①	27 ③	28 ②	29 ②	30 ③
31 ⑤	32 ①	33 ③	34 ⑤	35 ①
36 ②	37 ③	38 ④	39 ④	40 ③
41 ①	42 ⑤	43 ②	44 ④	45 ①

01~05

▶ 갈래 : 설명문
▶ 제재 : 과학과 민주주의
▶ 주제 : 경험적 반증과 오류 제거를 통해 발전하는 과학과 민주주의
▶ 내용 요약 : 현대 사회와 문명은 과학과 민주주의를 바탕으로 발전했다. 칼 포퍼는 반증주의로 과학과 민주주의의 위기에 대응하고자 한다. 과학 이론은 반드시 경험적 적용을 통해 타당성을 검증해야 하며, 과학에 대한 지속적인 비판이 이루어지는 반증 사실이 있는지 검증함으로써 수정되거나 폐기된다. 모든 과학 이론은 완전하지 않으며 반증 가능성을 통해 개선되거나 폐기되고, 포퍼는 과학 이론 역시 끊임없는 반증과 오류 제거를 통해 점진적으로 발전한다고 본다. 정치 역시 반증 가능성이 발전의 조건이 된다고 보고, 민주주의 역시 열린 사회에서 닫힌 사회로 퇴보할 가능성이 있다고 본다. 포퍼는 역사가 어떤 일반적 법칙에 따라 정해진 목적을 향해 발전해 간다는 역사주의를 비판하는데, 그가 말하는 역사주의는 전체론, 역사적 법칙론, 유토피아주의를 합쳐놓은 사상이다. 전체론은 전체 자체를 인식할 수 있다는 점이 오류이고, 역사적 법칙이 미래를 예측하는 수단이 될 수 없음을 지적하며 역사적 법칙론을 비판한다. 마지막으로 유토피아주의는 미래의 유토피아가 완전할수록 현재의 세계는 부정적인 대상이 된다고 말하며 현재 문제를 점진적으로 해결하는 과정을 통해 단기적 목적을 이루는 것이 중요하다고 본다.

01 글의 세부 내용 추론하기   정답 ④

경험적이라는 말은 이미 겪어본 것을 의미하는 것으로 이상적이라는 말과는 다르다. 그는 반증주의를 통해 점진적으로 발전을 이룩하는 것이 올바르다고 보고 있으며, 완전히 이상적인 이론은 오류라고 본다.

오답 분석

① 3문단 첫 번째 줄에서 동일한 반증 가능성이 있는 것은 아니라고 언급하고 있다.
② 포퍼는 과학과 민주주의를 반증주의로 대응하고자 하였으며, 3문단과 마지막 문단의 내용을 통해 반증과 오류 제거를 통해 점진적으로 발전할 수 있다고 생각함을 알 수 있다.
③ 3문단에서 좋은 이론은 반증 가능성이 큰 대담한 내용을 내포해도 쉽게 무너지지 않는다고 언급하고 있다.
⑤ 2문단에서 논리적으로 모순이 없다 해도 반드시 타당성을 검증해야 하며 이론들은 항상 오류 가능성을 포함하고 있기 때문에 경험적 적용을 통해 이를 파악할 수 있다고 언급하고 있다.

02 글의 세부 내용 파악하기   정답 ⑤

4문단에서 포퍼는 다수결에 의해 폭군과 독재자가 통치하도록 결정될 수 있다는 역설을 배제할 수 없다고 언급하고 있으므로 설명은 틀렸다.

오답 분석

① 4문단에서 통치자가 어떤 반박도 허용하지 않는다고 언급하고 있다.
② 4문단에서 열린 사회는 민주주의 사회를 의미하는 것이고 닫힌 사회가 주술적이라고 언급하고 있다. 닫힌 사회는 통치자가 어떤 반박도 허용하지 않는 사회이므로 열린 사회의 가치와는 거리가 멀다.
③ 반증주의는 모든 이론은 항상 오류 가능성을 포함하므로 반증 사실을 검증해 수정하거나 폐기하는 것이다. 통치자가 어떤 반박도 허용하지 않는다는 것은 무오류의 상태로 만들겠다는 것으로 볼 수 있다.
④ 닫힌 사회의 독단주의는 어떤 반박도 허용하지 않으므로 반증과 오류를 제거할 수 없고 발전할 수 없다. 따라서 주술적 가치를 지닌 사회는 발전 없이 정체되거나 퇴보할 가능성이 있다.

03 글의 세부 내용 파악하기 정답 ⑤

현대 사회는 반증주의적 입장에서 꾸준히 이론을 검증하고 비판하고 수정하는 과정을 통해 발달하게 된다. 사회가 퇴보할 가능성이 있는 경우는 독재자가 주술적 가치를 통해 지배할 때이다. 따라서 ㄴ에서 언급한 '사악하거나 무능한 지배자들'이란 이런 닫힌 사회의 폭군이나 독재자를 언급하는 것이라 할 수 있고, 합리주의를 바탕으로 오류를 인정하고 다른 의견을 경청하는 태도를 가진 열린 사회라면 언제든 반증과 오류 제거를 통해 점진적으로 발달할 수 있다.

04 어휘 파악하기 정답 ①

문맥상 '싹튼다'의 의미는 기존에 없던 새로운 개념이 새로이 생겨날 조짐을 보인다는 의미이기 때문에 '어떤 일이 생기려는 기운이 싹틈'을 의미하는 '태동'이 가장 적절하다.

오답 분석

② '준동'은 불순한 세력이나 보잘 것 없는 무리가 법석을 부림을 이르는 말이다.
③ '활동'은 어떤 일의 성과를 거두기 위하여 힘쓴다는 의미이다.
④ '가동'은 움직일 수 있음을 나타내는 말이다.
⑤ '약동'은 생기 있고 활발한 움직임을 나타내는 말이다.

05 외적 준거를 활용하여 세부 내용 이해하기 정답 ④

칼 포퍼의 이론은 과학의 이론적 틀이 전환되는 것을 경계하거나 사회 전반적인 구조의 변화를 부정하는 것이 아니라 그 어떤 순간에도 항상 타당성을 검증하고 오류를 수정해야 발전을 이룰 수 있음을 말하고 있다. 또 사회 역시 자연의 진화처럼 시행착오와 오류 제거를 통해 변화한다고 보고 있다. 따라서 〈보기〉에서 제시한 생각의 틀을 바꾸는 발상이나 혁명적인 사회구조의 변화는 칼 포퍼의 반증주의에 전혀 영향을 미치지 않고, 오히려 그러한 급진적 변화를 좀 더 완화하고 점진적으로 발전하게 만드는 역할을 할 수 있다.

오답 분석

① 칼 포퍼의 이론의 전제는 이론적 틀은 언제든 오류 수정 및 폐기, 검증을 통해 변할 수 있다고 말하고 있고, 작은 정치적 문제부터 해결해야 한다고 언급한 적은 없다.
② 칼 포퍼는 반증 가능성이 큰 좋은 이론도 끊임없이 반증과 오류 제거를 통해 점진적으로 발전한다고 했고, 정치는 정체되어 있는 것이 아니라 시행착오와 오류 제거를 통해 변화한다고 보고 있다.
③ 칼 포퍼는 점진적으로 바뀐다고 했지 급격하게 바뀐다고 언급한 적은 없다.
⑤ 문제 해결을 위해 경험적 적용을 통해 반증 가능성을 제기하며 이것을 검증하는 과정을 통해 개선되거나 폐기되므로, 하나의 틀을 선택하는 것은 아니다.

06~10

이용악, 「전라도 가시내」
▶ 갈래 : 자유시, 서정시
▶ 성격 : 애상적, 사실적, 토속적, 서사적
▶ 제재 : 일제 강점하의 고통받는 우리 민족
▶ 주제 : 일제 강점기 유이민들의 고통스러운 삶과 애환
▶ 정서 및 태도
  - 연민과 동질감 : 전혀 연관성이 없는 지역 출신의 두 사람이 만남을 통해 민족적인 처지가 같았음을 암시하고 있다.
  - 토속적 : 향토적인 시어와 사투리를 사용해서 토속적 정서를 불러 일으키고 있다.
  - 비통함 : 북간도에 팔려와 술집 작부가 된 가시내와 고향을 잃고 유랑하는 밤을 얼구던 함경도 사내의 만남을 통해 민족적 동질감을 느끼면서도 비통해한다.
▶ 특징
  - 향토적 시어(전라도, 함경도 사투리)를 사용해 친밀감과 동질감을 표현함
  - 만남과 이별의 구성을 취하며 민족적 수난사를 형상화함
  - 유이민의 비참한 삶을 사실적으로 묘사하며 민족적 아픔과 애환을 드러냄
  - '얼음길', '눈포래 휘감치는 벌판' 등을 통해 냉혹한 일제 강점기의 현실을 비유함
  - 대화체를 사용하여 시상을 전개함
▶ 구성
  - 1연 : 전라도 가시내와 함경도 사내에 대한 외양 묘사
  - 2연 : 흉흉하고 삼엄한 국경의 북간도 술막에서의 만남
  - 3연 : 함경도 사내의 고된 유랑과 전라도 가시내와의 술자리
  - 4연 : 북간도로 팔려오던 슬픈 전라도 가시내의 처지
  - 5연 : 동병상련의 상황에서 서로 연민을 느끼며 하루밤을 지샘
  - 6연 : 냉혹한 현실로 다시 떠나는 함경도 사내의 비참한 처지와 결연한 의지 표현

김동명, 「파초」
▶ 갈래 : 자유시, 서정시
▶ 성격 : 의지적, 상징적, 우의적
▶ 제재 : 파초
▶ 주제 : 잃어버린 조국에 대한 향수와 현실 극복 의지
▶ 특징
  - 남국을 떠난 파초에 조국을 잃어버린 자신을 대입하며 동일시하고 있다.
  - 파초 → 너 → 우리로 호칭을 변화하며 정서적 거리감을 좁히고 있다.
  - '샘물을 발등에 붓는다'는 표현으로 파초에 대한 정성을 우회적으로 드러내고 있다.
  - '겨울'은 나와 파초가 이겨내야 하는 냉혹한 현실을 상징한다.

06 글의 세부 내용 파악하기　　　　　　　정답 ⑤

(가)의 전라도 가시내와 함경도 사내가 술집에서 만나 하룻밤을 보내는 과정에서 전라도 가시내는 팔려왔음을, 함경도 사내는 힘든 유랑 생활을 했음을 유추할 수 있으며, 현재 고통스러운 시간을 보내고 있음을 알 수 있다. (나)의 파초 역시 따뜻한 남국을 떠나 '나'가 있는 공간에 있으며 버티기 힘든 '겨울'을 나고 있음을 알 수 있다.

오답 분석
① 대상을 의인화하는 것은 (나) 시에 해당하며 동적인 이미지는 나타나지 않는다.
② 독백은 혼잣말을 의미하는 것이다. (가)에서는 함경도 사내인 '나'가 전라도 가시내와 함께 술을 마시며 말을 건네는 형식을 취하고 있지만, 전라도 가시내가 때로 보조개를 보이고 울 듯한 모습을 보이는 것으로 보아 함경도 사내가 혼자서만 말하고 있다고 보기는 어렵다. (나) 시에서는 파초에게 말을 건네는 형식을 취하고 있지만 파초는 식물이라 대답할 수 없고 혼자 말을 하며 의지를 다지고 있기 때문에 독백적 어조를 취한다고 볼 수 있다. 하지만, 자신의 상황을 반성적으로 성찰하는 모습은 둘 다 드러나지 않는다.
③ (가)는 전라도 가시내와 함경도 사내가 만나 하룻밤을 보내는 과정이 시간 순으로 배열되어 서사적 맥락을 형성한다고 볼 수 있지만, (나)에서 시간의 흐름은 파악할 수 없다.
④ 반어적 표현은 둘 다 드러나지 않는다.

07 글의 세부 내용 파악하기　　　　　　　정답 ②

(가)의 화자가 바라보는 시적 대상은 '전라도 가시내'이다. 화자인 함경도 사내는 이국땅의 술집에서 만난 그녀에게 연민을 느끼고 동질감을 느끼고 있다. (나)의 화자인 '나'가 바라보는 시적 대상은 '파초'이며, 남국을 떠난 파초에게 자신의 처지를 이입하고 있으므로 두 시 모두 시적 대상에 자신의 처지를 이입하는 공감적 태도를 보인다고 할 수 있다.

오답 분석
① 관조적 태도는 어항의 물고기를 바라보거나 텔레비전을 보듯 그 상황에 개입하지 않고 그저 바라만 보는 태도이므로 적절하지 않다.
③ 반성하거나 성찰하는 태도는 두 시 모두 보이지 않는다.
④ 풍자적 태도는 보통 마당극이나 판소리에서 나타나며 대상을 우스꽝스럽게 묘사할 때 자주 드러나므로 적절하지 않다. 숭배적 태도는 대상을 신격화 할 때 나타나는데, (나) 시에서 파초에 대한 동질감은 드러나지만 신처럼 우상화하고 있지는 않다.

08 시어 파악하기　　　　　　　정답 ③

(가) 시의 화자의 말을 통해 유추할 수 있는 전라도 가시내는 석 달 전 가을에 기차를 타고 먼 거리를 이동해 두만강을 건넜으며 현재 북간도의 술막에서 일하고 있고, 5연 마지막 행의 '잠깐 너의 나라로 돌아가거라'라는 시구를 통해 고향을 그리워하고 있음을 유추할 수 있다. 현재 외롭고 슬퍼하는 처지이나 봄에 술막을 떠날 예정이라는 표현은 찾을 수 없다.

09 시의 맥락 파악하기　　　　　　　정답 ②

파초는 키가 크게 자라고 잎이 넓은 따뜻한 지역에서 자라는 나무이다. 정황상 화자는 파초를 기르고 있고, '밤이 차다'라는 표현을 통해 추운 계절임을 유추할 수 있다. 파초에 대한 묘사 중 '꿈', '향수', '외로움' 등은 파초에 이입된 화자의 심리적 표현일 뿐 파초 자체가 가진 생각이라고 볼 수 없다. 따라서 저항하거나 능동적인 존재라고 할 수 없다.

10 시의 내용 파악하기　　　　　　　정답 ①

㉠은 화자인 '나'가 헤매는 것이므로 행위의 주체는 화자라고 볼 수 있다. ㉡의 앞쪽에서 '치마자락'은 파초의 넓은 잎을 묘사하는 것으로 '나'가 '너(파초)'에게 '~하자'의 청유문 형태를 띠고 있으므로, 행동의 주체는 그 말을 듣는 파초가 된다.

염상섭, 「만세전」

▶ 갈래 : 현대 소설
▶ 성격 : 사실적, 현실 비판적
▶ 시점 : 1인칭 주인공 시점
▶ 제재 : 3·1운동 직전(만세전) 일제 식민지 상황의 현실
▶ 주제 : 일제 강점하에서 억압받는 우리 민족의 비참한 생활상, 지식인의 눈으로 바라본 식민지 조선의 암담한 현실
▶ 특징
  – 일제 강점하의 식민지 현실에 대해 자포자기적인 허무주의가 '나'를 통해 드러남
  – 암담한 현실에 대한 자조적인 태도를 보임
  – 가난하고 궁핍한 조선인의 삶의 모습을 보며 현실을 무덤으로 인식함
  – 여로형 구성으로 동경 → 김천 → 서울 → 동경의 회귀 구조
  – 동경을 현실 도피의 탈출구로 이용하고 있음
  – '무덤(묘지)'의 의미 : 조선의 암담하고 절망적인 현실을 비유하는 말. 조선이 암담한 이유는 일제의 수탈, 민중의 무지함, 봉건적 인습에 얽매인 사고방식, 현실 극복 의지가 결여된 젊은이들의 무기력한 모습 때문이다.
▶ 구성(여로형 구성을 중심으로)
  – 1장 : 동경에서 유학 중 아내가 위독하다는 전보를 받음
  – 2장 : 동경의 신호에 가서 음악학교 선생인 을라를 만남
  – 3장 : 하관에서 배를 탐
  – 4장 : 연락선을 타고 부산 도착
  – 5장 : 부산에서 술을 마심
  – 6장 : 부산에서 김천(금천)을 거쳐 서울에 도착
  – 7장 : 서울 집에서 아내의 임종을 지키고, 시즈꼬와의 애인 관계도 청산함
  – 8장 : 서울에서 배회함
  – 9장 : 아내가 죽고 동경으로 돌아감

11 소설의 서술 방식 파악하기   정답 ⑤

이 소설은 1인칭 주인공 시점으로 서술자인 '나'가 주변 인물들과 상황을 관찰하며 그에 대한 자신의 생각을 서술하는 방식으로 전개되고 있다.

오답 분석

① 독립적인 이야기를 나란히 배치한 것이 아닌 여로형 구조로 공간의 이동에 따라 서술자가 맞닥뜨리는 상황과 대화를 보여주고 있다. 우연성이 강조되는 것은 고전소설의 특징이다.
② 이야기 속 이야기는 액자식 구성을 의미하는데, 보통 현재–과거–현재, 현실–꿈–현실의 구조를 띠는 경우가 많다. 이 소설은 동경에서 출발해서 다시 동경으로 돌아오기까지의 과정을 순서대로 보여주고 있다.
③ '무덤'이라는 상징적 소재는 있지만, 이것이 갈등을 해소하는 역할을 하지는 못한다.

④ 이 소설의 서술자는 현실에 대해 비판적 태도를 가지고 있고, 무기력하고 암담한 상황을 탈출하고자 한다.

12 글의 세부 내용 파악하기   정답 ③

(중략)과 (가) 사이의 문단을 보면, '나'는 식민지 현실을 타개하려는 노력이 결여된 젊은이들의 무기력한 모습에 대해 가여움과 분노를 느끼고 있다. 의지가 결여된 그들의 모습을 보며 그렇게 살 바에는 차라리 뒈져 버리라고 생각하고, 현실에서 아무런 시도를 하지 않는 그들이 마치 시체처럼 느껴져 현실이 무덤이라고 속으로 외치고 있다.

오답 분석

① 포용하는 태도는 드러나지 않는다.
② 저주를 하는 것이 아니라, 무기력한 그들의 모습을 안타까워하고 노력하지 않음에 대해 분노하는 모습을 보인다.
④ 자신이 소리쳐 외친다 하더라도 현실은 변하지 않을 것이고, 본인도 현실을 도피하고 싶기 때문에 속으로 말을 삼키고 있고, 그들을 염려해서 말을 하지 않는 것은 아니다.
⑤ 서술자 역시 현실을 도피하려고 할 뿐 젊은이들을 위해 구원하려는 시도는 하지 않는다.

13 글의 세부 내용 파악하기   정답 ③

화롯불을 가져온 아이는 일본인 아버지와 조선인 어머니를 가진 여자아이인데, 혼혈이라는 것 때문에 주눅들어있다. 조선에서 태어났지만, 일본말을 하고 일본 옷을 입고, 일본 사람인 아버지를 찾아가려 한다. 엄마는 대구에 살고 계시며 한글을 쓸 줄 몰라 소식을 전하지 못하는 상태이다. 아이를 얕보는 동료는 없고, 눈초리가 샐룩하여진 이유는 엄마가 조선 사람이기 때문이지 상대에게 무례하게 대하기 위함은 아니다.

14 문맥적 의미 파악하기   정답 ②

ⓒ은 조선인들의 무지함과 인습에 얽매어 사는 모습을 외국 사람들에게 민낯 그대로 보여주었다는 것을 반어적으로 비꼬면서 표현한 것이다. 따라서 외국 사람들에게 조선인들이 실물로 교육하였다는 표현은 잘못되었다.

오답 분석

① ㉠과 ⓒ 사이에 나오는 조선인들은 존중을 받을 만한 모습을 보이지 않고 무지하고 게으른 모습을 보이고 있다. 그러므로 조선인이 천대받는 이유는 결국 조선인들이 자초한 것이라고 서술자는 생각하고 있다.
③ 화롯불을 가져 온 아이는 아버지는 일본인이고 어머니는 조선 사람인데, 식민지 시대를 살아가기에는 일본인 아버지에게 가서 사는 것이 훨씬 유리하다고 생각해 헤어진 지 몇 년 되었음에도 아버지를 찾으려 하는 것으로 파악할 수 있다.

④ 일본인 남편은 아이가 아홉 살 즈음에 장기로 떠났는데, 아이 역시 아버지를 찾아 나서겠다고 하는 것을 보고 서술자는 남편과 자식 둘 다에게 외면당하는 조선인 아내가 불쌍하다는 생각을 했다.

⑤ 찻간 안의 무기력하고 의욕이 없는 젊은이들의 모습을 보고 무덤 같다고 생각했는데, 남폿불도 우중충해서 서술자의 암울한 기분을 더 가라앉게 만들고 있다.

15 외적 준거를 활용하여 내용 유추하기   정답 ④

소설 속 서술자인 '나'는 조선을 암담하고 절망적인 현실을 가지고 도저히 헤어 나올 수 없는 무덤과 같은 곳이라 생각하며 현실을 외면하고 도피하려는 모습을 보인다. 하지만 〈보기〉에서 설명하는 3·1 운동은 일제에 저항하며 온 민족이 들고 일어난 사건으로 자주성을 드러낸 우리 민족의 의지적 행동이었다. 따라서 '나'는 적극적으로 만세 운동에 가담했던 그 당시 조선 사람들을 이해할 수 없었을 것이다.

오답 분석

① '나'가 조선인들이 모여 있는 찻간에 들어가 구더기가 끓는 무덤이라고 표현을 했던 것으로 보아, 조선인들은 현실 극복 의지가 결여되었다고 판단하고 있기 때문에 자주적으로 선택한 삶이라는 것은 생각하지 못했을 것이다.

② 지문 수록 부분에서 파악할 수 있는 세 가지 모습은 외국 사람들이 조선을 경멸할만한 모습을 보였다는 것, 화롯불 가져온 아이가 일본인 아버지를 찾아 나서겠다는 것, 찻간의 젊은 사람들이 무기력하고 의지가 없었다는 것이다. 따라서 무단통치가 낳은 폐해와 직접적으로 관련된 모습은 찻간의 풍경이고 나는 일본에 기대어 현재 상황을 타개하기 보다는 일본으로 도피하려고 하는 모습을 보이고 있다.

③ 나는 조선인들의 모습을 보면서 가엾음과 안타까움, 그리고 분노를 느끼고 있지 우월하다는 생각에 갇혀 있지는 않다.

⑤ 나는 무기력한 조선을 벗어나려고 하지 일본인들에게 각성을 촉구한다거나 기대하고 있지는 않다.

16~19

▶ 갈래 : 설명문
▶ 제제 : 크리스퍼 유전자 가위
▶ 주제 : 크리스퍼 시스템의 발전과정, 정의, 의의와 한계점
▶ 내용 요약
 - 1문단 : 유전 물질은 DNA의 전사를 통해 RNA가 되고, 이 RNA의 번역을 통해 단백질을 형성하는 과정을 거친다. 마지막 단계에서 형성된 단백질은 제대로 발현되지 않으면 질병으로 이어지는데, 이때 유전 물질인 DNA의 변이가 질병의 원인일 경우 RNA와 단백질에도 문제가 생긴다. 이를 해결할 유전자 치료법으로 현재 가장 발전된 것이 3세대 유전자 가위 크리스퍼 시스템이다.

 - 2문단 : 크리스퍼 시스템은 2023년 제안되었고, 〈사이언스〉에서 가장 혁신적 기술로 선정되었으며 1세대, 2세대 유전자 가위의 단점을 극복한 시스템이다.

 - 3문단 : 1987년 일본에서 박테리아의 유전체 분석 과정 중 일정한 간격을 두고 반복되는 염기서열을 발견하였고, 2000년대에 들어와 크리스퍼라고 명명하였다. 크리스퍼 근처에서 중요한 기능을 할 것으로 예상되는 유전자는 카스라고 이름 붙여졌다.

 - 4문단 : 세균의 구조적 특징이 발견되자 여러 연구를 통해 크리스퍼 시스템이 적응 면역과 관련 있음이 증명되었고 정리되었다. 2012년에는 가이드RNA에 카스 단백질을 넣으면 세균의 크리스퍼 시스템의 모사가 가능하다는 사실이 밝혀졌고 표적 유전체를 자를 수 있음과 인간에도 적용이 가능함이 증명되었다.

 - 5문단 : 크리스퍼 시스템은 동식물의 생산량과 안전성 조절에 기여할 것으로 예상되며 유해 곤충의 박멸이나 유전질환 치료 등에 활용될 것으로 기대된다. 하지만, 아직 기술적 한계가 있고 유전자 변이의 완벽한 통제가 이루어지지 않기 때문에 제약이 있다. 또, 기술적 차원 뿐만 아니라 생명 윤리 차원에서 다뤄질 필요가 있음을 간과해서는 안된다.

---

16 글의 서술 방식 파악하기   정답 ②

이 글은 크리스퍼 시스템에 대한 발전과정, 정의, 의의와 한계점 등을 설명하고 있는 글로, 설명문에 해당하는 글이다.

오답 분석

① 크리스퍼 시스템의 속성에 대한 나열은 없다.

③ 크리스퍼 시스템을 발명한 과학자들에 대한 언급은 되어 있으나, 그 이외의 권위자는 찾아볼 수 없다.

④ 크리스퍼 시스템의 세부적인 요소를 분석하거나 외양 묘사를 다룬 부분은 없다.

⑤ 다양한 사례는 제시되지 않고, 크리스퍼 시스템에 대한 내용을 정리하고 있다.

---

17 글의 세부 내용 파악하기   정답 ④

1987년에 일본에서 박테리아 유전체 분석 과정에서 일정한 간격(스페이서)을 두고 반복되는 서열을 발견함(ⓒ) - 2002년 이 반복서열을 크리스퍼라고 명명함(ⓐ) - 2007년 크리스퍼 시스템이 적응 면역과 관련있을 가능성이 실험적으로 증명되어 〈사이언스〉에 발표됨(ⓑ) - 이듬해(2008년)에 인간을 포함한 고등생물에도 크리스퍼 시스템이 사용될 수 있다는 것이 증명됨(ⓓ)

18 글의 세부 내용 요약하기   정답 ④

1문단 끝부분에서 크리스퍼 시스템은 3세대 유전자 가위라고 언급하고 있다. 가위의 기능이 절단에 있다는 것과 크리스퍼 시스템이 면역 반응을 이용하여 바이러스 유전체의 염기서열을 조작하는 유전자 치료 방법이라는 점을 고려해 볼 때, 가장 핵심적인 작동 기제는 유전체를 절단해 내는 것이라 유추할 수 있다. 이를 바탕으로 4문단의 내용을 살펴보았을 때, 가이드DNA에 카스 단백질을 넣어 세균의 크리스퍼 시스템을 모사(copy)하는 것과 스페이스 서열 대신 표적 서열을 넣어 원하는 유전체를 자르는 것이 핵심적인 작동 기제임을 알 수 있다.

오답 분석

① 크리스퍼RNA와 트랜스활성화RNA를 하나로 이어 만든 것은 가이드RNA이다.
② 가이드RNA에 카스 단백질을 넣을 경우 크리스퍼 시스템의 모사가 가능한 것이지 스페이서 서열을 절단할 수 있는 것은 아니다.
③ 크리스퍼RNA를 만드는 법에 대해서는 언급하고 있지만 크리스퍼 RNA의 복제와 관련된 내용은 언급하지 않는다.
⑤ 표적 염기서열의 복제에 대한 내용은 언급하지 않는다.

19 글의 세부 내용 유추하기   정답 ③

3세대 크리스퍼 가위는 1, 2세대의 단점을 극복한 혁신적인 유전자 치료법이다. 하지만 이 말이 유전자에 대한 우열이 있다는 말은 아니며, 생명 윤리적 차원에서도 유전자를 개량하기 위한 목적으로 이것이 사용되는 것이 아니다. 따라서 우생학적 편견을 안고 있다는 말은 부적절하다(우생학 : 인류의 유전자를 개량할 것을 목적으로 하여 여러 가지 조건과 인자 등을 연구하는 학문으로, 다양성을 무시하고 어느 한쪽은 열등하고 다른 쪽은 우월하다고 본다).

오답 분석

① 2문단에서 기존 유전자 가위보다 비용이 적게 들고 기술적으로도 비교적 다루기 쉽다고 언급하고 있다.
② 4문단의 마지막 문장에서 인간을 포함한 고등생물에서도 사용될 수 있음이 증명되었다고 언급하고 있다.
④ 마지막 문단의 첫 문장에서 식물의 생산량과 안정성을 조절하는 데 기여할 수 있을 것으로 예상하고 있다.
⑤ 첫 문단 마지막 문장에서 현재 가장 발전된 유전자 치료 방법임을 언급하고 있다.

20~23

▶ 갈래 : 설명문
▶ 제제 : 구독 경제
▶ 주제 : 구독 경제의 발달 과정
▶ 내용 요약
- 1문단 : 구독은 구입하여 읽음의 뜻으로 보통 쓰였지만, 요즘은 '정기적으로 내는 기부금, 가입, 모금, (서비스)사용'으로도 정의하며, 영어역시 '이용'한다는 의미가 내포되어 있다. 구독 경제는 경제 패러다임을 소유에서 이용으로 전환시켰다.
- 2문단 : 지난 백여 년간 주된 소비 방식은 구매하고 소유하는 것이었고, 기업의 입장에서도 이것이 당연해졌다. 하지만, 경제가 성장할수록 자신의 소비를 과시하며 소유하는 것으로 그 의미는 각별해졌다.
- 3문단 : 소유를 하지 않더라도 구독을 통해 각자의 목적이 충족되고, 구독 서비스만으로도 충분히 소유할 때의 경험을 누릴 수 있게 되었다. 따라서 구독 서비스는 다양한 소비 목적의 달성과 경험에 주목하는 경제 모델이라고 할 수 있으며, 계약 기간을 통해 그 관계가 지속된다.
- 4문단 : 구독 경제의 경우 모바일 기술이나 콜드 체인 기술이 발달하면서 판매자와 소비자가 직접 연결되었고, 쌍방향 소통을 통해 소비자의 요구를 신속하게 제공하는 것이 가능하게 되었다. 또, 가성비를 중시하는 가치 소비 세대로서 밀레니얼 세대가 새로운 소비 주체로 등장하게 된 것도 구독 경제의 규모가 커지는 한 요인이 되었다.
- 5문단 : 구독 경제는 충성 고객을 많이 확보할수록 판매자가 발전하고 구독 경제 또한 성장하므로, 유통 회사들은 판매업에서 서비스업으로 정체성을 변화시켰다. 충성 고객을 '최우수 고객'으로 부르며 배타적이고 특화적인 추가 혜택과 무료 혜택을 함께 부여하고 비싼 구독 서비스를 제공하며 비용 지출을 감수한다. 이런 서비스를 제공함으로서 구독 정보를 얻어 평가 및 예측 정보로 활용하고, 소비자 정보까지도 빅데이터로 활용해 새로운 사업 진출에 정요한 판단 근거로 활용할 수도 있다.

20 글의 세부 내용 파악하기   정답 ⑤

5문단에서 충성 고객을 '최우수 고객'으로 분류하여 그들에게 '여느 고객이 누리는 혜택 + 배타적이고 고객 특화적인 특수 혜택 + 무료 혜택'을 제공한다고 말하고 있으며, 이런 자격을 갖게 된 소비자는 구독료가 비싸더라도 구독 서비스에 충성한다고 언급하고 있다.

오답 분석

① 3문단 마지막 문장에서 소비자가 비용을 지불하고 계약 기간 동안 서비스를 제공받음을 알 수 있다.
② 3문단 마지막 문장에서 기존에는 판매자가 상품을 소비자에게 건네주고 소비자가 비용을 지불함으로써 그 관계가 완성이 되지만 구독은 계약 기간 동안 계속 관계가 지속된다고 언급하고 있다.

③ 4문단에서 전통적인 유통 채널은 일방향성, 시간적 지연 등으로 소비자의 욕구와 불만을 후속 판매에 반영하는 데 제약이 있다고 하는 반면, 모바일 기술과 콜드 체인기술 같은 발전된 기술로 인해 기업이나 판매자가 소비자와 쌍방향적으로 연결되어 특화 서비스나 상품을 제공하는 것이 가능해졌다고 언급하고 있다.

④ 밀레니얼 세대는 소유보다는 가격과 관계 없이 높은 만족감을 주는 상품을 중시하는 가치 소비 세대로 새로운 소비의 주체이고 구독 경제를 지탱하는 주요한 요인이 되었다.

21 글의 세부 내용 비교하기   정답 ④

판매는 판매자의 상품을 소비자가 비용을 지불해 소유를 하는 것이고, 구독 서비스는 소유보다는 자신이 원하고 가치 있다고 생각하는 것을 소비하는 데 중점을 두고 있다. 이것이 가능해진 이유는 판매자와 소비자 사이에 영업소나 영업 사원 없이 발전된 기술로 판매자와 소비자가 직접 연결되어 소비자의 요구에 보다 특화되거나 개별화된 상품을 제공할 수 있게 되었기 때문이다.

22 글의 세부 내용 유추하기   정답 ①

4문단에서 미래에도 소유를 전제로 한 경제 모델은 미래에도 존재할 것이라고 언급하고 있다. 또 2문단에서 지금도 소유는 어느 정도 자신이 거둔 성공을 과시하는 것으로 소비의 목적을 내포하고 있다고 언급하고 있다.

오답 분석
② 가치 소비 세대인 밀레니얼 세대가 새로운 소비 주체로 등장하게 되면서 점차 규모가 커지고 있다.
③ 5문단에서 기술적 발전 외에도 1인 세대가 증가한 것이 주요 원인이 되기도 하였다고 언급하고 있다.
④ 5문단에서 소비자의 요구에 따라 특화되거나 개별화된 상품을 신속히 제공하는 것이 가능해졌다고 언급하고 있으므로, 상품 생산에 영향을 끼쳤다고 볼 수 있다.
⑤ 마지막 문단에서 소비자의 구독 정보는 새로운 사업을 진출할 때 중요한 판단 근거로 활용될 수도 있다고 언급하고 있다.

23 외적 준거를 활용하여 내용 이해하기   정답 ④

〈보기〉의 내용은 소비자의 요구에 따라 특화되거나 개별화된 상품을 신속하게 제공하여 높은 만족감을 주는 상품을 중시하는 가치 소비에 대한 예시이다. 이는 젊은 밀레니얼 세대에 대한 예시이므로, 4문단의 뒷부분에 이 내용을 추가적으로 삽입했을 때 보다 이해를 도울 수 있다.

24~27

▶ 갈래 : 설명문
▶ 제재 : 가스라이팅
▶ 주제 : 가스라이팅의 정의·발생과정과 양상 및 극복 방법
▶ 내용 요약
- 1문단 : 가스라이팅은 가스등에서 유래한 용어로 지속적인 심리 조작으로 피해자가 자기 불신과 가해자에 대한 자발적 순종, 또는 의존을 하게 만드는 심리적 억압 기제를 가지게 한다.
- 2문단 : 가스라이팅은 남녀 관계 및 개인과 집단, 사회 제도와의 관계에서도 구조적으로 발생하며, 불평등한 관계에 뿌리를 둔다. 특히 집단 내 가스라이팅은 강한 권력 관계에 의한 불평등한 위계질서를 바탕으로 나타나며 구성원들에게 정서적인 부분을 강요하는 것이 일반적이고, 집단 내에 있지 않을 때 자기 불신이 일어나 자발적 복종에 이르게 한다.
- 3문단 : 집단 내 가스라이팅은 서열 말단이나 하위의 사람들을 피해자로 만드는데, 집단 구성원들이 불평등을 받아들이는 정도를 나타내는 '권력 거리'가 클수록 공고한 위계질서가 생긴다. 집단의 권력 관계가 강해지면 권력 거리의 격차를 은폐하기 위해 친밀성을 키우지만, 더 커진 권력 거리로 인해 피해자는 거짓된 친밀함을 자각할 가능성도 커진다. 이 때, 피해자는 더 무력감을 느끼며 가스라이팅을 처벌처럼 받아들이고, 상급자는 조직의 특성을 이용해 가스라이팅을 일상화한다.
- 4문단 : 가스라이팅은 권력형 성범죄를 포함한 조직 내 괴롭힘의 형태로 표현되는데, 피해자는 가스라이팅을 자각하더라도 여전히 압박감, 좌절감, 고립감을 겪으며, 비슷한 처지의 동료들에게 연민을 느끼면서도 가해자에게 저항하지 못한다. 조직 문화처럼 치부되는 가스라이팅은 침묵함으로 서로 방관자가 되고 무력감으로 인해 모두가 순응하게 됨으로써 집단에 속한 다수나 전체, 집단 자체가 가스라이팅에 참여하게 된다.
- 5문단 : 집단 내 가스라이팅은 사회적이며 구조적인 사태이다. 가스라이터는 주로 자기 주관이 약하고 의존적인 사람을 표적으로 삼으므로, 이를 벗어나기 위해서는 개개인이 자신의 목소리를 내고 같은 처지의 구성원들과 연대하여 자유의지를 키워서 저항해야 한다.

24 글의 세부 내용 이해하기 　　　　　　　정답 ②

이 글은 가스라이팅이 집단 내에서 어떤 식으로 발생하고 작동하는지에 대해 설명하고 있다. 개인적 차원의 가스라이팅이 일어나는 까닭에 대해서는 설명하고 있지 않다.

오답 분석

① 1문단에서 가스라이팅이 영화 가스등(Gaslight)에서 유래한 용어임을 설명하고 있다.
③ 2문단과 3문단에서 가스라이팅이 일어나는 집단은 억압된 질서와 과잉된 친밀함을 제도화하고 있는 집단에서 불평등한 위계질서를 바탕으로 나타나고 편견과 차별을 강화하는 방향으로 심화됨을 언급하고 있다.
④ 3문단에서 집단 내 가스라이팅이 말단이나 하위에 있는 사람들을 피해자로 만들고, '권력 거리'를 만들어 위계 질서를 강화하기도 하며, 거짓된 친밀성을 통해 피해자로 하여금 더 큰 무력감을 느끼게 하여 자발적으로 의존하게 할 수 있음을 언급하고 있다. 또 4문단의 내용으로 볼 때, 권력을 가진 가해자가 피해자에게 다양한 형태로 괴롭힘을 가하지만 피해자나 동료들은 제대로 된 저항을 하지 못하며 조직에 순응하게 되고 집단적으로 가스라이팅에 참여하게 된다고 설명하고 있다.
⑤ 5문단에서 가스라이팅은 사회적이고 구조적인 사태이기 때문에 피해자들이 서로 연대하여 자유의지를 키워 저항해야 한다고 설명하고 있다.

25 글의 세부 내용 유추하기 　　　　　　　정답 ⑤

권력을 가진 상급자 집단이 '권력 거리'를 만들어 권력을 키우고 이를 은폐하기 위해 집단 내 친밀성을 더 강화시킨다고 3문단에서 언급하고 있다. 이를 바탕으로 유추해 볼 때, 피해자인 신도들을 협박하여 재산을 갈취하고 함께 종교활동을 하도록 세뇌하는 신흥 종교의 교주가 이 글의 사례를 뒷받침하는 데 적절하다.

26 글의 세부 내용 이해하기 　　　　　　　정답 ①

㉠은 집단 내 가스라이팅을 의미한다. 마지막 문단에서 가스라이터는 자기 주관이 약하고 의존적인 심리를 갖는 사람을 표적으로 삼는다고 하였기 때문에 ①의 설명은 부적절하다.

오답 분석

② 3문단에서 피해자는 가해자와 권력 거리를 느끼고 자신의 고통을 해결할 수 없기 때문에 자신의 무지와 무능 때문이라고 탓하며 가스라이팅을 처벌처럼 받아들인다고 언급하고 있다.
③ 3문단에서 집단 내 가스라이팅은 강한 권력 관계를 바탕으로 나타나며, 권력 관계가 강할수록 서열의 경계가 뚜렷하고 권력 거리도 커지는 공고한 위계질서가 나타남을 언급하고 있다.

④ 3문단에서 더 커지는 권력 거리를 은폐하기 위해 거짓된 친밀성을 이용함을 언급하고 있다.
⑤ 4문단에서 집단 내 가해자가 지닌 권력의 통제권 내에서 가스라이팅이 이루어지기 때문에 피해자들은 서로에게 연민을 느끼면서도 침묵하게 되거나 가스라이팅에 참여하게 된다고 언급하고 있다.

27 글의 문맥적 의미 파악하기 　　　　　　　정답 ③

이 글에서 아이러니하다는 것은 모순된다는 의미로 쓰였다. 피해자가 가스라이팅을 인식하고 권력 거리를 은폐하기 위해 사용된 거짓된 친밀감을 자각한다 하더라도, 더 큰 무력감을 느끼고 자신의 고통을 해결할 수 없기 때문에, 벗어나려고 노력하지 않고 가스라이팅을 처벌처럼 받아들여 오히려 가해자에게 의존할 가능성이 커진다는 것을 의미한다.

28~32

정철, 「속미인곡」
▸ 갈래 : 양반 가사, 서정 가사
▸ 성격 : 서정적, 충신연주지사(충신이 임금님을 그리워하는 글)
▸ 제재 : 임에 대한 그리움
▸ 주제 : 임에 대한 그리움과 임금님에 대한 충의
▸ 정서 및 태도
　 – 임에 대한 일편단심을 여성적 어조를 통해 애절하게 표현하고 있음
　 – 대화체를 사용하여 임에 대한 그리움과 걱정을 효과적으로 드러내고 있음
▸ 특징
　 – 대화체 사용 : 주제를 효과적으로 드러내는 역할을 함
　 – 섬세한 우리말 표현 : 사미인곡 때 보다 세련된 표현방식을 사용해 가사 문학 중 문학성이 가장 뛰어난 작품으로 평가받고 있음
　 – 3 · 4조, 4음보의 대체로 규칙적인 율격을 사용하고 있음
　 – 임금의 총애와 부름을 기다리는 수동적인 신하의 입장을 봉건 사회에서의 여성의 위치에 대입시켜 자신의 정서를 잘 드러내고 있음
▸ 구성
　 – 1~3행 : 갑녀가 을녀에게 백옥경(대궐)을 떠난 이유를 물음
　 – 4~13행 : 을녀가 실연당한 원인이 자신에게 있음을 밝히며 자책과 체념에 빠져 있음
　 – 14행 : '글란 싱각 마오' 부분만 갑녀의 말이고, '미친 일이이셔이다'부터 다시 을녀의 말이 이어짐
　 – 15~20행 : 임의 사계절 생활을 염려하는 을녀의 말

▶ 전문 현대어 풀이

저기 가는 저 각시(어디서) 본 듯 하구나,

임이 계시는 궁궐을 어찌하여 이별하고,

해 다 져서 저문 날에 누구를 만나러 가시는가?

아아, 너로구나, 내 이야기 좀 들어 보오

내 모습과 이 행동이 임에게 사랑을 받음직한가마는

어찌된 일인지 나를 보시고 너로구나 하며

특별히 여겨 주시기에

나도 임을 믿어 딴생각이 전혀 없어

아양도 부리고 교태도 떨며 어지럽게 굴었던지

반기시는 얼굴빛이 옛날과 어찌 달라졌는가?

누워 생각하고 일어나 앉아 생각해 보니

내 몸의 지은 죄가 산처럼 쌓였으니

하늘을 원망하며 사람을 탓할 수 있으랴.

서러워 여러 가지를 풀어 내어 생각해 보니

조물주의 탓이로구나.

그렇게 생각하지 마오. 내 마음속에 맺힌 일이 있습니다.

예전에 임을 모시어서 임의 일을 내가 잘 알거니

물같이 연약한 몸이 편하실 때가 몇 날일꼬?

이른 봄날의 추위와 여름철의 무더위는 어떻게 지내시며

가을날과 겨울날은 누가 모셨는가?

자릿조반과 아침 저녁 진지는 예전과 같이 잡수시는가?

기나긴 밤에 잠은 어찌 주무시는가? (지문 수록 부분)

임 계신 곳의 소식을 어떻게라도 알리고 하니

오늘도 날이 거의 저물었구나, 내일이나 되어야(임의 소식을 전해 줄) 사람이 올까?

내 마음 둘 곳이 없다, 어디로 가잔 말인가?

(나무와 바위 등을) 잡기도 하고 밀기도 하면서 높은 산에 올라가니

구름은 물론이거니와 안개는 또 무슨 일로 끼어 있는가?

산천이 어두운데 일월을 어찌 바라보며

바로 앞도 분간할 수 없는데 천 리나 되는 먼 곳을 바라볼 수 있으랴.

차라리 물가에 가서 뱃길이나 보려고 하니

바람과 물결 때문에 어수선하게 되었구나.

뱃사공은 어디 가고 빈 배만 걸려 있는가?

강가에 혼자 서서 지는 해를 굽어보니

임 계신 곳 소식이 더욱 아득하기만 하구나.

초가집 찬 잠자리에 한밤중에 돌아오니

벽 가운데 걸려 있는 청사초롱은 누구를 위하여 밝혀 놓았는가?

(산을)오르며 (강가를)헤매며 방황하니

잠깐 사이에 힘이 다해 풋잠을 잠깐 드니

정성이 자극했던지 꿈에 임을 보니

옥같이 곱던 얼굴이 반도 넘게 늙어 있구나.

마음속에 품은 생각을 실컷 사뢰려 하니

눈물이 계속 쏟아져 말도 하지 못하고

정회도 못 다 풀어 목조차 메니

방정맞은 닭 울음소리에 잠은 왜 깼단 말인가?

아아, 헛된 일이로다. 이 임이 어디 갔는가?

잠결에 일어나 앉아 창을 열고 바라보니

불쌍한 그림자만이 나를 따를 뿐이로다.

차라리 죽어서 지는 달이나 되어

임 계신 창 안에 환하게 비치리라

각시님, 달은 그만두고 궂은비나 되십시오.

박인로, 「누항사」

▶ 갈래 : 가사, 은일 가사, 강호한정가

▶ 성격 : 고백적, 사실적, 전원적, 사색적

▶ 제재 : 가난한 양반의 삶과 안빈낙도의 삶

▶ 주제 : 누항에 묻혀 사는 선비의 곤궁한 삶과 안빈낙도의 추구

▶ 정서 및 태도

- 가난하고 곤궁한 현실의 어려움 속에서 좌절감과 비애를 느끼지만 빈이무원(가난하지만 원망하지 않음)의 태도를 보임

- 임진왜란 직후 몰락 양반의 궁핍한 삶을 사실적으로 보여줌

- 유교적 이상을 버리지 않고 안빈낙도의 태도를 가지고 있음

- 운명론적 가치관이 드러남

▶ 특징

- 농촌의 일상과 관련된 어휘들이 많이 쓰임

- 대화체를 사용하여 사실적인 모습을 드러냄

- 한자어를 많이 사용하는 양반 가사의 특징이 드러남

- 가난한 삶 가운데서도 학문을 닦으며 도를 추구하는 모습을 보임

- 빈이무원의 태도를 가지고 안빈낙도의 사상을 따름

▶ 구성

- 서사 : 길흉화복을 하늘에 맡기고 안빈일념으로 살아가고자 함

- 본사 : ① 충성심으로 고군분투했던 임진왜란을 회상함

② 전란 후 돌아와 몸소 농사를 지으려 하나 서툴음

---

③ 소가 없어 밭을 갈지 못해 해 진 저녁에 이웃집에 소를 빌리러 감

④ 소를 빌리지 못하고 실망하며 돌아옴 (지문 수록 부분)

---

⑤ 밤을 지새우며 벽에 걸린 농기구를 보며 탄식하다가 밭갈기를 포기함

- 결사 : ① 자연을 벗 삼아 살기를 소망함

② 빈이무원하면서 충효·화형제·신붕우에 힘쓰기로 다짐함

작자미상, 「시집살이 노래」

▶ 갈래 : 서사 민요, 부요(4음보 연속체 형식. 후렴구 없음), 길쌈노동요, 적층문학(구전되다가 기록된 문학. 구비 문학 혹은 유동 문학이라고도 함)

▶ 성격 : 서민적, 여성적, 해학적, 풍자적
▶ 제재 : 시집살이
▶ 주제 : 시집살이의 어려움, 시집살이의 한과 체념
▶ 정서 및 태도
  – 자신이 겪은 시집살이의 감정을 직접적으로 솔직하게 표현함
  – 섬세한 여성의 심리를 간결하고 소박한 언어로 표현하고 있음
  – 체념적 정서가 드러나 있으며, 어려운 생활 속에서도 위안을 얻고자 하는 태도가 드러남
▶ 특징
  – 다양한 표현법 사용 : 대구, 열거, 대조, 반복 등을 사용함
  – 과장되고 익살스러운 표현으로 시집살이의 어려움을 해학적이고 풍자적으로 표현함
  – 언어유희(발음의 유사성을 이용한 언어유희, 반복 회피를 통한 언어유희)를 사용함
  – 대화체를 사용하여 시집살이의 어려움을 토로하는 데 그치지 않고, 민중 공유의 감정을 표출하고 있음
  – 부녀자의 고단한 삶에 대한 고발과 항거 의식이 밑바닥에 깔려 있음
▶ 구성
  – 1~3행 : 형님의 친정 방문과 시집살이에 대한 사촌 동생의 호기심
  – 4~6행 : 시집살이의 어려움 토로
  – 7~16행 : 시집살이의 육체적 정신적 고통 (지문 수록 부분)
  – 17~23행 : 고생 끝에 초라해진 자신의 모습에 대한 탄식
  – 24~26행 : 고통스러운 시집살이 중에서도 자식들을 보며 위안을 얻음

28 글의 세부 내용 이해하기　　정답 ②

(가)에서 화자인 을녀는 이별의 원인을 자신에게서 찾고 있고, (나)의 화자 역시 자신의 곤궁함과 소를 못 빌리는 상황을 어쩔 수 없는 일이라고 받아들이고 있으므로 원통함은 찾아볼 수 없다.

오답 분석
① (가)의 속미인곡은 정철의 대표적인 작품으로 사미인곡의 후속편으로 쓰인 가사이다. 갑녀와 을녀라는 두 여인의 대화를 통해 주제를 부각시키고 있다.
③ (가)는 임과 이별한 여인을 화자로, (다)는 시집살이로 힘든 형님을 화자로 내세워 주제를 형상화 하고 있다.
④ (가)에서는 임과 함께 할 때 백옥경에 머물며 임을 모셨던 과거에 대해 이야기하고 현재는 헤어졌다는 말을 하고 있지만, 궁핍하다는 말은 언급하지 않는다. 하지만, (나)의 경우 '소 없는 궁가(소 없는 가난하고 궁색한 집)'라는 표현과 공으로(공짜로) 소를 빌리려는 화자의 태도를 통해 경제적으로 궁핍한 상황임을 알 수 있다.
⑤ (가)에서 임과 헤어져서 힘든 화자의 모습은 드러나고 있지만, 일상적 어려움은 찾을 수 없고, (다)에서는 시집살이를 하며 겪는 다양한 어려움을 여러 상황을 나열하여 토로하고 있다.

29 외적 준거를 활용하여 내용 비교하기　　정답 ②

(가)에서는 임과 이별한 원인을 자신에게서 찾으며 자기와 헤어진 후 임이 잘 지내시는지, 누가 챙겨주고 있는지 걱정하고 있으나 〈보기〉의 화자는 임과 헤어진 삼 년 전부터 지금까지 그리움과 외로움으로 눈물지으며 살아왔음을 말하고 있다.

오답 분석
① 〈보기〉에서 그리움과 외로움의 정서는 드러내고 있지만, 재회를 그리고 있지는 않다.
③ (가)에서 화자 없이 지내는 임에 대한 걱정을 드러내고, 〈보기〉에서 분노나 절망의 감정은 드러나지 않는다.
④ 태도적으로 봤을 때, (가)와 〈보기〉 모두 임에 대한 그리움을 드러내고 있다고 할 수 있다.
⑤ (가)는 순수한 고유어가 주로 사용된 한글 가사이고 〈보기〉는 속미인곡에 비해서는 한자어 사용이 많지만 한글 가사이다.

30 글의 세부 내용 비교하기　　정답 ③

(나) 작품은 임진왜란 후 몰락한 가난한 양반의 일상이 솔직한 언어로 표현되고 있고, (다)의 경우 시집살이의 어려움을 대화 형식과 다양한 표현 방법을 통해 드러내고 있다.

오답 분석
① (나)는 몰락 양반의 모습을 사실적으로 드러내고 있고, (다)는 시집살이의 어려움을 드러내고 있다.
② (나)는 시간의 순서대로 서술하고 있고(순행적 구성, 추보식 구성), (다)는 다양한 표현 방법과 대화를 통해 내용을 전개하고 있다.
④ (나)는 사실적인 표현을, (다)는 비유, 대조, 과장, 언어유희의 다양한 표현을 사용하고 있다.
⑤ (나)는 누항에 묻혀 사는 선비의 곤궁한 삶과 안빈낙도의 추구를, (다)는 시집살이의 고통과 애환을 드러내고 있고, 서사적(시간 순서에 따른 내용의 흐름)을 보여주는 것은 (나)이다.

31 글의 세부 내용 파악하기　　정답 ⑤

㉠은 임 없이 홀로 걸어가는 화자의 모습에 의아해하며 말을 걸며 발화를 유도하고 있고, ㉡ 역시 사촌 동생이 질문을 함으로써 시집살이에 대한 형님의 이야기를 유도하고 있다. 둘 다 주제와 관련된 발화를 이끌어내는 역할을 하고 있다고 볼 수 있다.

32 글의 세부 내용 파악하기　　정답 ①

ⓐ는 '응석과 아양을 부리며 지나치게 굴었던지'로 해석할 수 있고, 임에게 어여쁘게 보이려는 화자의 행동을 의미한다. 자신의 행동에 대한 자부심이나 만족감은 드러나지 않는다. 오히려 이 행위가 지나쳐 임과 헤어졌다고 생각하기 때문에, 화자를 기준으로 이별의 원인에 해당하는 부분이라 할 수 있다.

오답 분석

② ⓑ는 백옥경에 있을 때 사계절 내내 가까이에서 임을 모시며 식사와 잠자리를 봐 드렸던 경험을 말하는 것이다.

③ ⓒ는 '약속을 어기기가 불편하여 소를 빌려드린다고 말씀드리기가 어렵습니다.'라고 해석할 수 있으며, 이미 건너 집 사람에게 소를 빌려주기로 약속하였음을 언급하며 부탁을 들어주기 어렵다는 뜻을 완곡하게 전하고 있다.

④ ⓓ는 시어머니의 엄격함을 대구법으로 표현한 것이다. '서슬이 퍼렇다'는 의미를 '푸르다'로 표현하여 시어머니의 기세가 대단함을 나타내고 있다.

⑤ ⓔ는 자식 양육의 어려움에 대해 토로하며 결국 속이 타들어가며 힘든 것은 자신뿐임을 '썩는 내'에 비유하며 자조적 태도를 보이고 있다.

33-37

허균, 「홍길동전」

▶ 갈래 : 국문 소설, 사회 소설, 영웅 소설

▶ 성격 : 전기적, 비현실적, 영웅적, 우연적

▶ 제재 : 홍길동의 일생

▶ 주제 : 모순된 사회 제도의 개혁과 이상국의 건설

▶ 정서 및 태도 : 당대 적서 차별 제도의 문제와 지배층의 무능을 비판하고 있음

▶ 특징
 - 전지적 작가 시점으로 신분 차별·효도·우애·입신양명 등에 대한 메시지를 효과적으로 전달함
 - 홍길동의 활약상을 전기적 요소를 활용해 흥미진진하게 표현함
 - 우리나라 최초의 한글소설이라는 국문학사적 의의를 가짐

▶ 구성
 - 발단 : 홍 판서의 서자로 태어나 천대를 받으며 자라는 길동
 - 전개 : 적서 차별 제도에 반항하며 자신의 뜻을 이루기 위해 집을 떠남 (지문 수록 부분)
 - 위기 : 활빈당의 우두머리가 되어 빈민을 구제하는 활약을 함
 - 절정 : 길동을 잡으려는 조정의 노력과 이를 따돌리고 율도국으로 떠남
 - 결말 : 율도국에서 이상적인 정치를 행하며 행복하게 사는 길동

작자미상, 「유충렬전」

▶ 갈래 : 국문 소설, 적강 소설, 군담소설, 영웅 소설

▶ 성격 : 전기적, 비현실적, 영웅적, 우연적, 유교적

▶ 제재 : 유충렬의 일대기

▶ 주제 : 충성과 효도의 윤리관(표면적), 당쟁에서 패배한 몰락 양반 계층의 회복의식(이면적)

▶ 정서 및 태도
 - 전란(병자호란)의 피해와 민족 자존심의 훼손을 상상력으로 회복하고자 하는 당대 민중의 의지가 드러나고 있음
 - 병자호란 전후 조선의 현실에 대한 문제의식을 드러내고 있다.

▶ 특징
 - 영웅 일대기적 구조를 보여주고 있음
 - 현실적 패배에 대한 보상 심리가 드러남 : 유충렬이 단신으로 호국을 정벌하고 설욕을 하는 모습을 통해 병자호란 때 당한 고통과 패배 의식을 소설을 통해 복수하고자 하는 심리가 드러남. 「임경업전」이나 「박씨전」과 맥락이 동일함
 - 이원적 세계 구조 및 적강 모티프 : 천상계와 지상계라는 이원적 공간을 설정하고 인물들이 잘못을 저질러 천상계에서 지상계로 쫓겨나는 적강(하강) 모티프를 보여줌

천상계	자미원 대장성(선) ↔ 익성(악)

⬇ 천상계에서 지상계로 쫓겨남(적강)

지상계	유충렬(선) ↔ 정한담(악)

▶ 영웅 일대기적 구조

고귀한 혈통	고위 관리인 유심의 외아들
기이한 출생	신에게 정성껏 기도하여 신기한 태몽을 꾼 후 유충렬이 태어남
비범한 능력	적강한 인물로 비범한 무술 능력을 지님
어려서 버려지거나 죽을 뻔 함	정한담 일파의 모함으로 유심이 귀양 가고, 유충렬 모자는 피신하다 어머니는 도적들에게 끌려가고 유충렬은 물에 던져짐 (지문 수록 부분)
구출자, 양육자, 조력자를 만남	뱃사람들의 도움으로 살아나고, 강희주를 만나 사위가 되고, 도승을 만나 도술을 배우게 됨
다시 위기에 처함	강희주가 유배 당하고, 정한담의 반역으로 나라와 천자가 위기에 처하게 됨
위기 극복 및 행복한 결말	정한담 무리를 물리치고 가족과 재회하며 높은 지위에 올라 부귀영화를 누리게 됨

33 글의 세부 내용 비교하기   정답 ③

(가)는 홍길동을 경계하며 첩인 초란이 홍판서와 부인을 설득하여 점을 보고, 특재라는 살수를 고용해 홍길동을 죽이려고 시도하는 부분이다. 홍길동은 이 사실을 미리 알고 진언을 외워 특재를 죽여 화를 피하고, 홍길동을 죽이라는 점괘를 뽑아낸 관상녀 역시 칼로 베어버리는 부분이다. (나)는 정한담 일파가 유심의 가족을 몰살하기 위해 계략을 꾸미는 부분으로 유심의 부인인 장 부인이 꿈에 한 노인의 도움을 얻어 집에서 탈출하는 부분이다. 두 부분 모두 주인공을 죽이려는 적과 대립하는 장면이 묘사되고 있다.

① (가)와 (나) 모두 부모와 헤어지게 되는 부분에 대한 내용을 다루고 있다.

② (가)는 홍길동이 기지를 발휘해 위기를 탈출하는 부분이고, (나)에서는 꿈에 나타난 노인이 조력자로 등장하고 있다.

④ (가)에서는 초란과 홍길동이 외적 갈등을 일으키는 부분이 중점적으로 드러나고 있고, (나)에서는 주인공이 어린 시절, 적대자의 함정에 빠져 죽을 뻔한 것을 어머니의 기지로 빠져나가게 됨을 나타내고 있다.

⑤ (가)와 (나) 모두 적대자의 공격을 뿌리치고 빠져나가는 부분을 나타내고 있다.

34 외적 준거를 활용하여 내용 비교하기   정답 ⑤

〈보기〉는 영웅 소설의 일대기를 보여주는 것이다. (가)와 (나) 모두 어릴 때 버려지는 부분에 대한 장면을 보여주고 있다. (가)의 홍길동은 자력으로 위기를 탈출하여 실력을 쌓은 후 우여곡절 끝에 율도국을 세워 행복하게 살게 되고, (나)의 유충렬은 어머니와 꿈에 나타난 노인의 도움으로 위기를 탈출하여 우여곡절 끝에 가족가 재회하고 부귀영화를 누리게 되었다. 따라서 둘 모두에 해당하는 설명은 ⑤번이 적절하다.

① 고귀한 혈통과 관련된 부분은 이 글에서는 언급하고 있지 않다.

② 비정상적인 출생과 관련된 부분도 이 글에서는 알 수가 없다.

③ (가)에서는 홍길동이 자신의 능력으로 위기를 탈출하는 부분이 나오고 있다. (나)의 유충렬은 아직 어렸기 때문에 그 능력을 발휘하지 못한다.

④ (가)의 홍길동은 자력으로 탈출하므로 해당하지 않는다.

35 글의 세부 내용 파악하기   정답 ①

㉠은 홍길동을 죽이기 위해 잠입한 특재가 홍길동을 향하여 외친 말로, 특재는 초란에게 고용된 살수이다. 특재가 홍길동을 암살하려 했던 것은 홍길동이 가진 재물과는 전혀 상관이 없고, 홍길동이 재물이 있는지 없는지 역시 이 글에서는 알 수가 없다.

② 특재는 개인적인 원한은 없음을 말하며 자신을 원망하지 말라고 말하고 있다.

③ 살수를 통해 홍길동을 죽이자고 음모를 꾸미는 것을 허락한 것은 홍 판서의 부인과 맏아들인 좌랑(길현)이다. 하지만 특재는 상공과 의논하였다고 거짓말을 하고 있다.

④ 특재의 잠입을 미리 눈치 챈 홍길동이 진언을 외워 특재와 대립하는 부분이다.

⑤ 이후 홍길동은 특재를 죽인 후 관상녀 역시 칼로 베어버린다.

36 글의 세부 내용 파악하기   정답 ②

정한담의 흉계를 뚫고 나온 유충렬과 장 부인의 험한 모습을 묘사하는 부분이다. 이후 이어질 일에 대한 복선은 찾을 수 없다.

① 모진 돌에 긁혀 유혈이 낭자한 모습을 묘사하며 심한 고난을 겪음을 보여주고 있다.

③ '불쌍하고 가련함은 천지도 슬퍼하고 강산도 비감(슬픈 감정)한다.'라고 하며 서술자가 개입하여 감정을 묘사하고 있다.

④ 수챗구멍을 나오기 전의 모습과 이후의 모습을 대조하여 험난한 고난을 겪음을 보여주고 있다.

⑤ '강산도 비감한다'는 표현을 통해 사람뿐만 아니라 무생물인 자연 역시 슬퍼한다고 과장하며 독자가 안타까운 상황에 동조하도록 만들고 있다.

37 어휘의 사전적 의미 파악하기   정답 ③

ⓒ는 '남쪽 가지에서의 꿈'이라는 뜻으로 덧없는 꿈이나 헛된 부귀영화를 이르는 말이다. 유래는 다음과 같다. 당나라 9대 황제 때 광릉에 순우분이라는 사람이 술에 취해 집 앞 큰 홰나무 밑에서 잠이 들었다가 사신의 초빙으로 괴안국에 가 부귀영화를 누렸으나, 단라국의 침입을 받아 참패하고 아내마저 죽게 된다. 괴안국의 황제가 천도(수도를 옮김)를 해야겠다며 순우분을 고향으로 돌려보내며 잠이 깼는데, 홰나무 아래에 보니 두 부분에 개미굴이 있었다. 그 날 밤에 큰 비가 내리고 다음 날 살펴보니 개미가 흔적도 없이 사라졌고, 천도를 옮긴다는 것이 무슨 말인지 깨닫게 된다. 이 이야기에서 유래된 고사성어이다.

▶ 갈래 : 설명문
▶ 제제 : 사회적 모델론
▶ 주제 : 장애의 사회적 모델론의 정의 및 변천 과정과 발전 방향
▶ 내용 요약
 - 1문단 : 1970년대 영국에서부터 장애에 대한 재공식화가 일어나 점차 새로운 개념으로 변화하였다. 손상을 지닌 사람들을 고려하지 않고 사회 활동의 주류로부터 배제하는 장애가 당대 사회 조직에 의한 불이익이나 활동의 제한으로 정의되기 시작하면서 장애인의 활동 제한과 불리함은 사회적 책임으로 돌려질 가능성이 생겨났다.
 - 2문단 : 장애가 사회 제도의 결과라는 '사회적 모델론'이 생겨났고, 장애인들에게 그들이 겪는 어려움이 사회적으로 초래된 것임을 인식하게 하였으며, 사회생활의 모든 영역에서 장애인 운동이 다면화되었다.
 - 3문단 : 사회 구조와 관행에 의해 활동이 제한된 장애는 산업 자본주의의 등장과 관련이 있다. 영국에서 18세기에 대규모 산업이 진행되면서 숙련도, 속도, 강도가 요구되는 상황이 장애인들을 점차 배제하기 시작했고, 사회적으로 의존적인 존재가 될 수밖에 없도록 만들었다. 19세기에 들어서 대규모 산업이 커지며 그 의존성은 공고화되었고, 20세기에 장애인들이 경험한 배제와 의존성은 이 사실에서 기원을 찾을 수 있다.
 - 4문단 : 사회적 모델론은 장애가 특정 역사적 시점의 사회적 관계들과 밀접히 관련되어 있음을 주장한다. 하지만 사회적 모델론은 자본주의 경제 체제 내 현대의 변화된 양상들을 다룰 수 있도록 이론적 분석을 새롭게 할 필요성이 있으며, 현재의 경제 제도들이 손상을 지닌 사람들의 사회적 위상을 어떻게 변화시키고 있는지 검토할 필요가 있다.
 - 5문단 : 근래에 들어 사회적 모델론은 행위 주체성도 담론도 사회 변화를 위한 초점이 될 수 없다고 코커에 의해 비판받는다. 중요한 것은 부정적인 사회문화적 인식들이 장애를 구성하는 역할을 하고 있다는 것이고, 이런 인식들이 혐오스러운 것으로 장애인을 제약하고, 무력하고 의존적인 상태에 위치시키며 그들의 자존감과 정체성을 훼손한다는 것이다.
 - 6문단 : 사회적 모델론자들은 개인적 손상에 대한 경험이 아닌 장애의 더 넓은 사회적 원인들을 다루는데 에너지가 집중되어야 한다고 주장하지만, 한편으로는 손상 자체에 주의를 기울여야 한다는 주장도 제기되고 있다.

38 글의 세부 내용 이해하기　　　정답 ④

초기 자본주의 시절에 대규모 산업이 확대되며 장시간 노동에 표준화된 숙련도·속도·강도가 요구되는 상황에서 손상을 지닌 사람들이 경제 활동에서 점차 배제되어 20세기가 될 때까지 '비생산적'이고 의존적인 존재로 강등되었던 사실에서 장애는 기원하였다. '사회적 모델론'은 이러한 장애를 사회적 억압의 한 형태로 보고 사회 제도의 결과라고 재공식화 하고 있다. 장애와 관련된 개념이 정의된 것은 초기 자본주의 시절의 대규모 산업 때문이므로, 장애를 끼친 영향을 다루지 못한 한계를 지녔다는 설명은 틀렸다.

오답 분석
① 1문단에서 장애가 1970년대 이전에는 의료나 복지의 문제로만 취급되고 있었고, 이를 사회적 억압의 한 형태로 재공식화하는 작업에 1970년대에 영국에서부터 시작되었음을 언급하고 있다.
② 6문단에서 사회적 모델론자들은 손상을 지닌 삶에 대한 개인적 경험은 장애학의 관심사가 아니라고 언급하고 있다. 이에 따라 손상 자체에 주의를 기울여야 한다는 주장이 제기되며 비판받게 되었다.
③ 5문단에서 코커는 근래에 들어 사회적 모델론은 인간의 행위 주체성이 누락되고, 담론은 사회 구조의 부수적 효과로 간주되기 때문에 둘 다 사회 변화를 위한 초점이 될 수 없다고 비판하고 있다.
⑤ 4문단에서 장애의 개념은 공간적, 시간적, 경제적으로 의미가 다르게 자리매김 된다고 언급하고 있다. 따라서 지구적 자본주의, 초자본주의로 특징지어지는 현재의 경제 제도에서 사회적 모델론은 현대의 변화된 양상들을 다룰 수 있도록 이론적 분석을 새롭게 할 필요성을 지닌다.

39 외적 준거를 활용하여 내용 파악하기　　　정답 ③

〈보기〉의 내용은 장애를 의료적인 문제로 취급하여 손상과 동일한 것으로 보며, 개인적인 문제로 간주하고 사회 제도에 적응할 수 있도록 하는 것을 목표로 삼는다. 이는 1970년대 이전에 취급하던 장애에 대한 인식인데, 1970년대 이후 장애인 운동이 일어나며 장애에 대한 재정의가 일어난다. 장애가 사회 활동의 주류로부터 배제당하고 당대의 사회 조직에 의한 불이익이나 활동의 제한이라는, 손상을 지닌 사람들과 그렇지 않은 사람들 간의 사회적 관계의 결과로 간주되어 사회적 책임이 있다고 반박할 수 있게 되었다는 것이다. 따라서 장애가 손상 자체로부터 야기되었다고 말하는 것은 개인적인 문제로 치부하는 것이기 때문에 틀린 설명이다.

40 외적 준거를 활용하여 내용 파악하기　　　정답 ③

ⓒ의 내용과 〈보기〉의 내용은 손상을 지닌 사람들에 대한 부정적인 사회 문화적 인식을 강화하는 것으로 장애에 대한 기존의 개념을 더욱 두드러지게 나타나도록 만든다. 따라서 기술의 발달이 장애인을 사회적 의존 상태에서 벗어나게 한다는 말은 적절하지 않으며, 오히려 보조 기술 낙인으로 인해 낙인 효과만 강조하는 것이라 적절하게 이해한 것으로 볼 수 없다.

41 글의 세부 내용 비교하기 정답 ①

ⓐ는 장애인 운동이고 ⓑ는 사회적 모델론이다. 기존에 장애를 의료나 복지의 문제로만 취급하여 손상을 지닌 사람들에 관한 부정적인 사회 문화적 인식을 가지게 되었고, 장애인과 장애 단체들은 이로 인해 발생하는 여러 불합리한 상황에 저항하기 위해 장애인 운동을 펼쳐 장애에 대한 재정의를 할 수 있게 되었다. 이러한 재정의로 장애가 손상을 지닌 사람들과 그렇지 않은 사람들 간의 사회적 관계의 결과로 간주되었고, 장애가 사회 제도의 결과라는 '사회적 모델론'은 장애학의 중심사상이 될 수 있었으므로 서로 영향을 주고받는 상호 계기적 관계라고 볼 수 있다.

42~45

▶ 갈래 : 설명문
▶ 제재 : 이기주의의 유형
▶ 주제 : 이기주의의 유형으로 살펴 본 합리적인 윤리적 이기주의의 가능성
▶ 내용 요약
 - 1문단 : 윤리적 이기주의와 윤리적 이타주의의 개념
 - 2문단 : 타인의 이익을 위해 행동해야 한다는 입장인 윤리적 이타주의는 모두가 행할 수는 없으며 타인을 위한 적절한 행위의 실현성에서 큰 난점을 가진다.
 - 3문단 : 인간은 본능적으로 이기심을 가진다는 윤리적 이기주의는 자신의 이익을 위해서만 행동하도록 동기 부여된 존재이며 타인을 위한 동기를 갖지 않는다고 보는 심리적 이기주의를 가진다고 주장한다. 이때 자기 이익을 위해 행동하는 것이 마땅하다는 윤리 규범도 성립한다.
 - 4문단 : 이기심의 6가지 유형 - 1) 타인에게 해를 끼치는 악의적 동기, 2) 오로지 자신의 이익만 추구하는 이기적 동기, 3) 자신과 타인의 이익을 같이 고려하는 합리적 동기, 4) 타인의 이익만을 고려하는 이타적 동기, 5) 자신과 타인의 이익 대신 오로지 도덕적으로 옳은 것만을 고려하는 의무적 동기, 6) 마음의 유덕한 성품에서 저절로 우러나오는 유덕한 동기
 - 5문단 : 심리적 이기주의는 자신의 이익만 추구하는 이기적 동기만 인정하며 나머지 것은 인정하지 않는다.
 - 6~8문단 : 심리적 이기주의를 기반으로 윤리적 이기주의가 성립한다는 주장은 근거가 빈약하지만, 윤리적 이타주의가 인간의 모든 행위를 포괄할 수 없다. '죄수의 딜레마'라는 실험을 근거로 볼 때 이기심은 장기적 이익을 고려하며 합리적인 경향으로 나타날 수도 있다. 따라서 '합리적인 윤리적 이기주의'가 가능하다면 이는 이기심을 긍정하는 윤리의 출발점이 될 수 있다.

---

42 글의 세부 내용 이해하기 정답 ⑤

7문단에서 '죄수의 딜레마' 예시를 통해 이기심이 자신에게 장기적으로 더 이익이 될지 고려될 때 타인과 협력하거나 상부상조를 하게끔 하는 합리적인 경향으로 나타날 수 있음을 언급하고 있다. 따라서 장기적으로 자신에게 이익이 된다고 판단되면 타인을 위한 행위도 나타날 수 있다.

오답 분석
① 윤리적 이기주의나 윤리적 이타주의 모두 타인에 대한 사람들의 심리적 결정을 통해 나타나는 결과적 행위라고 볼 수 있다. 이타주의는 다른 사람을 위해 나를 기꺼이 희생하겠다는 마음에서 나온 행동이고 이기주의는 자신에게 이익이 될까 생각하여 나온 행동이다.
② 장기적으로 자신에게 더 이익이 된다면 타인과 협력하거나 상부상조를 하는 합리적인 경향이 나타날 수 있다.
③ 심리적 이기주의는 오로지 자신의 이익만 추구하는 이기적인 동기를 기반으로 하기 때문에 윤리적 이기주의가 성립한다는 근거가 빈약하다고 언급하고 있다. 또, 윤리적 이타주의 역시 인간의 모든 행위를 포괄한다고 볼 수 없다고 하고 있다.
④ 윤리적 이타주의는 타인의 이익을 위해 행동한다는 입장이지만, 모두가 이를 행할 수 없으며, 무엇이 타인을 위한 행위가 될지 모르고, 그것을 실제로 행할 능력이 없을 수도 있으므로, 실현성에서 큰 난점을 가지고 있다고 언급하고 있다.

---

43 외적 준거를 활용하여 세부 내용 평가하기 정답 ②

㉠은 윤리적 이기주의이고 ㉡은 윤리적 이타주의이다. 〈보기〉의 내용에 따르면 2문단에서 언급한 윤리적 이타주의는 이론적인 면에서 아무리 옳다 하더라도 실현성에서 큰 난점을 보이기 때문에 규범이 될 수 없다고 볼 수 있다.

오답 분석
① 〈보기〉에서 칸트는 이론을 실천으로 옮길 수 있어야 규범이 성립한다고 하였으므로 정의를 내리는 것만으로는 규범으로 부족하다.
③ 이기적인 행위는 '당위가능 원칙'에 위배되므로 규범이 성립할 수가 없다.
④ 규범으로 정할 필요가 없다는 말은 언급한 적이 없다.
⑤ 이타적 행위가 '당위'성을 가진다 하더라도, 실천력이 없다면 규범이 될 수 없다.

44 외적 준거를 활용하여 세부 내용 유추하기 정답 ④

ⓒ은 심리적 이기주의를 의미한다. 심리적 이기주의는 인간은 오로지 자기 이익만을 위해서 행동하도록 동기 부여된 존재이고 타인을 위한 동기는 갖지 않는다고 보는 입장이다. 〈보기〉는 이기적 동기를 제외한 나머지 다섯 가지에 대한 예시라고 볼 수 있다. ⓓ는 자신과 타인의 이익 대신 오로지 도덕적으로 옳은 것만을 고려하는 동기이다. 하지만 ⓓ에서 언급한대로 말기 암 환자에게 암에 걸린 사실을 알려주고자 할 때, 그 의도가 ④에서 언급한 것처럼 선의에서 비롯한 도덕적인 것이라 할지라도, 환자가 죽음에 대비할 시간을 주었기 때문에 감사할지, 아니면 곧 죽을 수 있다는 공포감을 받게 될 것인지 판단할 수가 없으므로, 진실을 알려주는 것이 무조건 옳다고 할 수는 없다.

오답 분석
① 심리적 이기심은 오로지 자기의 이익을 위해 행동하는 것이다. 따라서 악의적 동기를 가지고 피고인을 곤경에 빠뜨리고자 하는 거짓 증언은 분명 자신에게 이익이 있기 때문에 행한 것이라 할 수 있다.
② 타인의 이익과 자신의 이익을 같이 고려하였다 하더라도 자신의 즐거움이 없다면 함께 놀이공원에 가지 않았을 것이다.
③ 동료에게 위로차 식사를 대접하였다 하더라도 그 동기는 자신은 연인과 헤어지지 않았다는 안도감이거나 동료를 배려했다는 만족감이었을 것이다.
⑤ 할머니를 도움으로써 자신은 덕이 있는 사람이라는 마음을 가졌을 것이다.

45 세부 내용 외적 준거에 적용하기 정답 ①

ⓔ은 합리적인 윤리적 이기주의를 의미한다. 이는 좀 더 큰 안목에서 장기적으로 고려하여 합리적인 경향으로 이기심을 드러내야 한다는 것으로 이기심을 긍정하는 윤리이다. 따라서 〈보기〉의 '그'가 목적지까지 안전하게 교통 규칙을 지키며 운전했다면 이것이 지키지 않았을 때 일어날 손해보다 훨씬 더 큰 이익이 된다고 믿었기 때문이었을 것이다.

오답 분석
② 합리적인 윤리적 이기주의는 운명이 내 편이라는 인식에서 발생한 것이 아니라, 장기적인 측면에서 고려하여 자신에게 이익이 될 상황을 선택하는 것이라 할 수 있다.
③ 이기적인 행동이 타인에게 이익이 된 것이 아니라, 빠르고 안전하게 목적지에 도착하기 위해 교통 규칙을 지키며 안전하게 운전한 것이 타인에게 이익이 된 것이다.
④ '그'만 조심해서 안전하게 운전한다고 해서 다른 운전자들이 모두 안전하게 교통 규칙을 지키면서 운전할 이유는 없고, 교통규칙을 지키는 타인과의 협력과 상호부조를 통해 안전하고 빠르게 목적지에 도착한 것이다.
⑤ '그'가 안전하게 교통 규칙을 지킨 것도 결국 목적지까지 빠르게 도착하고자 하는 '그'의 이기심이 발현된 것으로, 이타적인 마음으로 다른 운전자들을 고려했다고 볼 수는 없다.

문제 ▸ p. 118

01	④	02	②	03	①	04	⑤	05	⑤
06	⑤	07	③	08	①	09	③	10	⑤
11	④	12	②	13	①	14	④	15	③
16	④	17	⑤	18	⑤	19	③	20	②
21	③	22	②	23	②	24	①	25	①
26	②	27	③	28	②	29	①	30	②
31	③	32	①	33	③	34	④	35	④
36	③	37	⑤	38	⑤	39	②	40	①
41	④	42	③	43	④	44	②	45	①

01 논리 추론 – 동의어 정답 ④

밑줄 친 persistent는 '끊임없는, 지속적인'의 뜻으로, 단어의 뜻으로 가장 적절한 것은 ④ chronic(만성의, 고질의)이 적절하다.

오답 분석

① 치명적인
② 이따금씩의, 때때로의
③ 불규칙한
⑤ 전염하는

□ trainee doctor : 수련의

《 해석 체크체크 》

내가 수련의였을 때, 내 첫 번째 환자들 중 한 명은 지속적인 기침을 하는 노인이었다.

02 논리 추론 – 동의어 정답 ②

밑줄 친 contradicted는 '~와 모순되었다'의 뜻으로, 단어의 뜻으로 가장 적절한 것은 ② opposed(반대했다)가 적절하다.

오답 분석

① 찬성했다
③ 확인했다
④ 복사했다
⑤ 평가하다

□ court case : 법정 소송 사건

《 해석 체크체크 》

TV로 중계된 법정 소송 사건 동안, 목격자 진술이 서로 모순되었다.

03 논리 추론 – 동의어 정답 ①

밑줄 친 advent는 '도래, 출현'의 뜻으로, 단어의 뜻으로 가장 적절한 것은 ① emergence(출현)가 적절하다.

오답 분석

② 변형, 변화
③ 붕괴, 와해
④ 조작, 속임수
⑤ 보충, 추가

□ if it hadn't been for : 만약 ~이 없었다면(= But for ~)
□ agribusiness : 기업식 농업[영농]
□ as many as : 무려 ~나 되는
□ exist : 존재[실재/현존]하다

《 해석 체크체크 》

기업식 농업의 도래가 없었다면 20억 명이나 되는 사람들이 지금 존재하지 않았을지도 모른다.

04 논리 추론 – 동의어 정답 ⑤

밑줄 친 exceptional은 '예외적인, 드문'의 뜻으로, 단어의 뜻으로 가장 적절한 것은 ⑤ unusual(보통이 아닌)이 적절하다.

오답 분석

① 반대의
② 의심스러운
③ 습관적인
④ 유리한

□ promotion : 승진, 승격
□ circumstance : 상황, 환경

《 해석 체크체크 》

첫해 승진은 예외적인 상황에만 주어진다.

05 논리 추론 – 동의어 정답 ⑤

밑줄 친 substandard는 '수준 이하의, 조악한'의 뜻으로, 단어의 뜻으로 가장 적절한 것은 ⑤ insufficient(불충분한, 부족한)가 적절하다.

오답 분석

① 정교한, 복잡한
② 동정심 많은, 인정이 있는
③ 일시의, 잠깐 동안의
④ 전통적인, 인습적인

□ bias : 선입관《toward; to》, 편견
□ provide : 제공[공급]하다, 주다

간호사가 환자에게 편견을 가질 때, 그녀는 <u>수준 이하의</u> 치료를 제공할지도 모른다.

06 빈칸 추론 – 구/절   정답 ⑤

대화의 빈칸 앞에서 A가 'Oh, here it is. But it's still wet.'이라고 했고, 빈칸 다음에서 A가 'Oh, no! The school bus is going to be here any minute.'라고 하자 B가 '그럼 다른 셔츠를 입어야겠구나.'라고 대답했으므로, 문맥상 대화의 빈칸에 들어갈 말로 가장 적절한 것은 ⑤ 'It's going to take at least twenty more minutes(적어도 20분은 더 걸릴 거야)'가 적절하다.

오답 분석
① 너는 대신 새 셔츠를 살 수 있어
② 그러면 바로 입을 수 있어
③ 그냥 세탁기에 넣어주렴
④ 네가 좋아하는 셔츠를 빨리 찾기 바라

□ check : 살피다[점검하다]
□ drawer : 서랍
□ look inside : 안을 들여다보다

해석 체크체크

A : 엄마, 내가 제일 좋아하는 빨간 셔츠 어디에 있는지 아세요?
B : 네 방의 맨 윗서랍을 확인했니?
A : 네. 하지만 거기엔 없었어요.
B : 그럼 건조기 안을 한 번 봐.
A : 아, 여기 있네요. 하지만 아직 젖었어요.
B : <u>적어도 20분은 더 걸릴 거야.</u>
A : 오, 안돼! 스쿨버스가 금방 올 거예요.
B : 그럼 다른 셔츠를 입어야만 하겠구나.

07 빈칸 추론 – 구/절   정답 ③

대화의 빈칸 앞에서 A가 'What you did to save that young man's life was very brave.'라고 했고, 빈칸 다음에서 A가 '정말 겸손하군. 우리 부서를 자랑스럽게 만드는 것은 자네 같은 사람들이라네.'라고 했으므로, 문맥상 대화의 빈칸에 들어갈 말로 가장 적절한 것은 ③ 'I'm sure anyone else would have done the same(다른 누구라도 똑같이 했을 거예요)'이 적절하다.

오답 분석
① 전 결코 어떤 것도 두려워한 적이 없어요
② 전 항상 제 자신을 영웅으로 생각해 왔어요
④ 당신이 이 메달에 적임자인지 잘 모르겠어요
⑤ 나는 범죄자들을 체포하는 것이 무엇보다 중요하다고 생각해요

□ sergeant : 경사
□ deserve : ~을 받을 만하다[누릴 자격이 있다]
□ commissioner : (세무·경찰 등의) 감독관
□ modest : 겸손한
□ cherish : (마음속에) 간직하다

해석 체크체크

A : 박 경사, 명예 훈장 받은 거 축하하네.
B : 제가 그럴 자격이 있는지 모르겠네요, 감독관님.
A : 물론 자격이 있지. 자네가 그 청년의 목숨을 구하기 위해 한 일은 매우 용감하네.
B : <u>다른 누구라도 똑같이 했을 거예요.</u>
A : 정말 겸손하군. 우리 부서를 자랑스럽게 만드는 것은 자네 같은 사람들이라네.
B : 감사합니다. 저는 그저 그 청년이 잘 지내고 있다니 기뻐요.
A : 자네 덕분에, 우리 도시의 거리가 조금 더 안전하고 따뜻해졌어.
B : 이 순간을 영원히 간직할 거예요.

08 어법 – 관계대명사   정답 ①

밑줄 친 ① translate 앞의 which는 계속적 용법의 관계대명사로 앞 문장 전체를 받으며 관계절에서 주어 역할을 한다. 이때 동사(translate) 다음에 목적어가 없으므로, ① translate가 아닌 is translated가 적절하다.

□ point : (특정한 단계·결론에[을]) 이르게 하다[시사하다]
□ force : (물리력을 이용하여) 억지[강제]로 ~하다
□ submission : 복종, 항복
□ subtle : 미묘한, 포착하기 힘든
□ claim : 주장
□ argue : 논하다, 논쟁하다
□ monopolise : 독점하다, (사람의 관심·시간을) 독차지하다
□ manual labour : 손일, 근육 노동
□ plough : 쟁기로 갈다[일구다]
□ harvesting : 수확
□ translate : (다른 형태로) 바꾸다[옮기다], 바뀌다
□ on average : 평균적으로, 대체로
□ with regard to : ~에 관해서는
□ resistant : ~에 강한[잘 견디는]
□ lift : (위로) 들어 올리다[올리다]
□ problematically : 문제가 있게, 의심스럽게
□ exclude : 제외[배제]하다
□ priesthood : 사제직
□ engage in : ~에 종사하다

해석 체크체크

가장 일반적인 이론은 남성이 여성보다 더 강하며, 그들은 여성을 굴복하도록 강요하기 위해 더 큰 신체적 힘을 사용했다는 사실을 시사한다. 이 주장에 대한 더 미묘한 의견은 그들의 힘이 남성들에게 쟁기질이나 수확 같은 힘든 육체노동을 요구하는 고된 노역을 독점하는 것을 허용한다고 주장한다. 이것은 그들에게 식량 생산의 통제를 주는데, 그것이 결과적으로 정치적인 권력으로 바뀐다. 그러나 '남자가 여자보다 강하다'는 말은 단지 평균적으로만, 그리고 단지 어떤 유형의 힘에 관해서만 사실이다. 여성은 일반적으로 남성보다 배고픔, 질병, 피로를 더 잘 견딘다. 또한 많은 남자들보다 더 빨리 달리고 더 무거운 역기를 들 수 있는 여자들도 많다. 게다가, 이 이론에서 가장 문제가 되는 것은, 여성들은, 역사를 통틀어, 주로 성직자, 법률, 정치 같은 육체적 노력을 거의 요구하지 않는 직업으로부터 제외되었던 반면, 밭에서, 수공예 공장에서, 가정에서 힘든 육체노동에 종사해 왔다는 것이다. 만약 사회적 권력이 육체적인 힘과 직접적으로 관련되어 나뉘었다면, 여성들은 훨씬 더 많은 것을 얻었어야 했다.

09 어법 - 관계대명사＋수동태 정답 ③

③ 밑줄 친 asked는 선행사(the participants)를 수식하는 관계사절의 동사인데, 참가자들이 요청을 하는 것이 아니라 '요청을 받은'의 수동 의미이므로, asked가 아닌 'who were asked'가 되어야 한다. participants가 복수이므로 were가 적절하다.

□ play a role in : ~에서 역할을 하다
□ intimacy : 친밀함
□ interplay : 상호 작용
□ exposure : 노출
□ inhale : 숨을 들이마시다[들이쉬다]
□ immune : (특정 질병에) 면역성이 있는
□ monitor : 추적 관찰하다
□ mucus : (코 등에서 나오는) 점액
□ quarantine : 격리
□ impervious : ~에 영향받지[휘둘리지] 않는

해석 체크체크

포옹은 신체적 친밀감과 건강에서 역할을 한다. 연구원들은 질병에 대한 노출, 사회적 지지, 그리고 매일의 포옹 사이의 상호 작용을 조사했다. 과학적인 연구(와 아마도 100달러의 보상)이라는 미명으로, 404명의 건강한 성인들은 그들을 일반 감기에 노출시키는 점비액을 들이마시는 데 동의했다. 우선, 연구원들은 지원자들이 면역력이 없다는 것을 확인하기 위해 혈액 샘플을 채취했다. 그러고 나서 그들은 포옹을 받으라고 요청받은 참가자들을 대상으로 14일 동안 연속적으로 관찰했다. 최종적으로, 그들은 지원자들을 감기 바이러스에 노출시켰으며, 5일간 격리된 상태에서 점액 생성 같은 증상들을 추적 관찰했다.

매일 포옹을 받은 사람들은 병에 걸릴 확률이 32퍼센트 낮았다. 포옹은 감기에 걸리지 않게 하는 것은 아니라고 밝혀진다. 하지만 병에 걸린 포옹한 사람들은 그렇게 아프지는 않았다. 그들은 덜 심각한 증상을 보였으며, 더 빨리 회복했다.

10 논리 추론 - 어휘 정답 ⑤

(A)의 앞에서 'which is quiet, doesn't create any emissions, will turn off completely when the car is stationary ~'라고 하이브리드 자동차가 전기 모터에 전적으로 의존할 때 생기는 장점을 나열하고 있으므로 빈칸 (A)에는 긍정적인 단어가 와야 함을 유추할 수 있다. 따라서 문맥상 빈칸 (A)에는 '뛰어난 연비를 제공하다(gives superb fuel economy)'는 의미의 'superb'가 적절하다.

(B) 앞부분에서 'because the electric motor simply doesn't have he power to drive the car'라고 했고, (B) 다음의 'nor the energy to run for long distances'로 미루어 빈칸 (B)에는 하이브리드 자동차가 고속도로에서 가솔린 엔진으로 되돌아와야 하는 이유가 들어가야 하므로, 문맥상 빈칸 (B)에는 'higher'가 적절하다.

(C)의 앞 문장에서 하이브리드 자동차용 배터리 제조에 에너지가 많이 필요하고 (C)가 포함된 문장에서 수명이 다한 하이브리드 자동차의 해체와 재활용에는 더 많은 에너지가 필요하다고 했고, (C) 앞부분의 'This and the development impact actually make hybrid cars ~'로 미루어 빈칸 (C)에는 'less'가 적절하다.

□ emission : (대기 속의) 배출물, 배기가스
□ stationary : 정지된, 움직이지 않는
□ fuel economy : 연비
□ fall back on : ~까지 후퇴하다
□ petrol engine : 가솔린 엔진
□ comparable : 비교되는
□ take into account : ~을 고려하다
□ decommission : ~의 사용을 중지하다

해석 체크체크

하이브리드 자동차는 실제로 환경 친화적인가? 어떻게 쓰는지에 따라 달려있다. 하이브리드 자동차는 전기 모터에 거의 전적으로 의존할 수 있다고 생각하면, 소음이 적고 배기가스를 발생시키지 않으며, 정지해 있는 동안 엔진이 완전히 꺼지고, 결정적으로 (A) 뛰어난 연비를 제공하므로, 도시 운전자들에게 매우 좋다. 하지만 고속도로로 차를 몰고 나가면 전기 모터는 더 (B) 빠른 속도로 차를 몰 수 있는 동력이나 먼 거리를 달릴 수 있는 에너지가 없기 때문에 하이브리드는 가솔린 엔진으로 되돌아와야 할 것이다. 이러한 경우 하이브리드는 유사한 연비와 동일한 배기가스 배출을 제공하는 기존의 가솔린 자동차와 같은 역할을 한다. 하이브리드 자동차용 배터리를 제조하려면

많은 에너지가 필요하다는 점도 고려해야 한다. 그리고 나서, 그것들이 수명이 다한 후, 아마도 몇 년 후에, 그것들을 해체하고 재활용하기 위해서는 더 많은 에너지가 필요하다. 이것과 개발의 영향은, 제조업체들이 여러분에게 믿기 원하는 것보다, 실제로 (C) 덜 환경친화적으로 하이브리드 자동차를 만든다.

11 논리 추론 – 어휘 정답 ④

(A) 지문의 첫 문장에서 '미국 사회의 다양성을 고려할 때, 학교들을 집단 간의 차이와 긴장으로 인한 압력으로부터 격리시키는 것은 불가능했다.'라고 한 다음에, (A) 앞부분에서 'When people differ about basic values, sooner or later those ~'라고 했고, (A) 다음에서 '학교가 어떻게 조직되어 있는지 또는 학교가 무엇을 가르쳐야 하는지에 대한 싸움에서 나타난다(turn up in battles about how schools are organized or what the schools should teach)'라고 했으므로 문맥상 (A)에는 'disagreements(의견 불일치)'가 적절하다.
(B) 앞부분의 'Sometimes, however, interest groups'와 (B) 다음의 'the curriculum'으로 미루어 빈칸 (B)에는 동사가 들어감을 유추할 수 있다. and 다음의 'attempt to impose their views on teachers, school officials, and textbook publishers(교사, 학교 관계자, 그리고 교과서 출판업자들에게 그들의 견해를 강요하려고 시도한다.)'로 미루어 문맥상 (B)에는 'politicize(정치화하다)'가 적절하다.
(C) 앞부분에서 단체들이 이성이나 타인들과 관련 없이 그들 자신의 의제를 내세우며 극단주의로 선을 넘으면 그것들이 공교육 자체를 위협해서 'making it difficult ~ and making the entire curriculum ~ to political campaigns.'라고 했으므로, 문맥상 (C)에는 'vulnerable (취약하게)'이 적절하다.

- given : ~라고 가정하면
- diversity : 동일하지 않음, 차이
- insulate : (불쾌한 경험·영향으로부터) ~을 보호[격리]하다
- differ about : ~에 대해 의견이 다르다
- interest group : 이익단체
- inject : (특성을) 더하다
- creationism : 천지창조설(성서에 묘사된 대로 하느님이 우주를 창조했다는 믿음)
- biology : 생물학
- extremism : 극단[과격]주의, 극단론
- without regard to : ~과 관련 없이
- threaten : 위태롭게 하다, 위협하다
- honestly : 솔직히

미국 사회의 다양성을 고려할 때, 집단 간의 차이와 긴장으로 인한 압력으로부터 학교들을 격리시키는 것은 불가능했다. 사람들이 기본 가치에 대해 의견이 다를 때, 머지않아 그러한 (A) 의견 불일치는 학교가 어떻게 조직되어 있는지 또는 학교가 무엇을 가르쳐야 하는지에 대한 다툼에서 나타난다. 때로 이런 다툼들은 인종 차별 같은 끔찍한 불평등을 제거한다. 그러나 때때로 이익단체들은 교육과정을 (B) 정치화하며 교사, 학교 관계자, 그리고 교과서 출판업자들에게 그들의 견해를 강요하려고 시도한다. 전국적으로, 심지어 지금도, 이익단체들은 어린이 독자들로부터 신화와 우화 그리고 다른 상상력 있는 문헌들을 제거하고 생물학에 창조론의 가르침을 주입하도록 지역 학교 이사회를 압박하고 있다. 단체들이 이성이나 타인들과 관련 없이 그들 자신의 의제를 내세우며 극단주의로 선을 넘으면 공교육 자체를 위협해 어떤 이슈도 정직하게 가르치기 어렵게 하고, 교육과정 전체를 정치운동에 (C) 취약하게 만든다.

12 논리 추론 – 어휘 정답 ②

(A) 다음에 'strategy to sneak up on prey'로 미루어 빈칸에는 살금살금 다가가서 먹이를 몰래 잡기 위한 'strategy(전략)'을 수식하는 단어가 와야 함을 유추할 수 있으므로, 문맥상 (A)에는 'camouflage(위장)'가 적절하다.
(B) 앞 문장에서 'researchers dragged a seal decoy behind a boat'라고 했고, 빈칸 (B) 다음에서 'several sharks to leap out of the water near ~'라고 했으므로, 문맥상 (B)에는 'entice(유인하다)'가 적절하다.
(C) 다음에 '그것의 턱에 있는 표시 때문에(because of a mark on its jaw)'라고 했으므로, 문맥상 (C)에는 'identifiable(식별할 수 있는)'이 적절하다.

- predatory : 포식성의
- great white shark : 백상아리
- intrigue : (흥미·호기심을) 끌다, 자아내다
- sneak up : (~에게) 살금살금[몰래] 다가가다
- prey : (사냥 동물의) 먹이[사냥감]
- drag : 끌어당기다, 끌고 가다
- decoy : 유인하는 장치, 미끼, 후림새
- leap : 껑충 뛰다, 도약하다
- verify : 입증하다
- variable : 변수

지구상에서 가장 큰 포식성 물고기인 백상아리는 이미 300개의 날카로운 이빨로 무장하고 5,000파운드에 달하는 무게가 인상적이다. 이제, 새로운 연구는 해양 동물들에게 더 많은 흥미진진함을 추가하는데, 살금살금 다가가서 먹이를 몰래 잡기 위해서 그 동물들이 색깔을 바꿀 수 있다는 것, 즉 아마도 (A) 위장 전략을 암시한다. 남아프리카의 새로운 실험에서, 연구원들은 흰색, 회색, 그리고 검은색 패널이 있는 특별하게 디자인된 색판자 근처에서 여러 마리의 상어가 물 밖으로 뛰어내리도록 (B) 유인하기 위해 바다표범 미끼를 보트 뒤로 끌고 갔다. 연구팀은 상어가 점프할 때마다 사진을 찍으며 하루 종일 실험을 반복했다. 그것의 턱에 있는 표시 때문에 쉽게 (C) 식별할 수 있는 한 상어는 하루 중 다른 시간대에 어두운 회색과 훨씬 밝은 회색으로 나타났다. 과학자들은 날씨, 조명 수준, 카메라 설정과 같은 변수들을 수정하기 위해 컴퓨터 소프트웨어를 사용하여 이것을 검증했다.

13 논리 추론 – 어휘   정답 ①

첫 번째 문장에서 '제멋대로 하게 내버려 두면, 대부분의 아이들은 주저하지 않고 문고리를 핥거나 소매로 코를 닦는다.'라고 했고, ① distaste 다음에서 'for getting dirty(더러워지는 것)'으로 미루어 문맥상 ① distaste(혐오감)가 아닌 taste(취향)가 되어야 함을 유추할 수 있다.

☐ left to one's own devices : 제멋대로 하게 내버려 둔
☐ hesitate : 망설이다[주저하다]
☐ doorknob : (문의) 손잡이
☐ wipe : (어디에 묻은 먼지·물기 등을) 닦다[훔치다]
☐ snot : 콧물
☐ distaste : 불쾌감, 혐오감
☐ city slicker : 전형적인 도시인
☐ epidemiologist : 유행[전염]병학자
☐ sibling : (한 명의) 형제자매[동기]
☐ susceptible : 민감한
☐ hay fever : 고초열(꽃가루 알레르기)
☐ eczema : 습진
☐ infection : 전염병
☐ transmit : 전염시키다
☐ unhygienic : 비위생적인
☐ foster : 조성하다, 발전시키다
☐ immune system : 면역체계
☐ hygiene hypothesis : 위생 가설. 어렸을 때 먼지, 박테리아 등 전염병을 발생시키는 물질에 노출되지 않으면 면역체계가 약해져서 알레르기나 천식에 걸릴 가능성이 오히려 커진다는 이론
☐ asthma : 천식
☐ autoimmune disorder : 자가면역질환
☐ multiple sclerosis : 다발성 경화증
☐ Crohn's disease : 크론병(만성 장염)
☐ microbiologist : 미생물학자

제멋대로 하게 내버려두면, 대부분의 아이들은 주저하지 않고 문고리를 핥거나 소매로 코를 닦는다. 하지만 더러워지는 것에 대한 혐오감(→ 취향)이 그들의 건강에 이로울 수 있다는 생각이 사실인가? 그 이론은 1800년대까지 거슬러 올라가는데, 그 시기에 유럽의 의사들은 농부들이 전형적인 도시 사람들보다 더 적은 알레르기를 겪었다는 것을 깨달았다. 하지만, 그것은 1989년까지는 널리 관심을 끌지 못했는데, 그때 영국의 유행병학자인 David Strachan이 나이 많은 형제자매가 있는 어린 아이들이 다른 아이들보다 꽃가루 알레르기와 습진에 덜 취약하다는 것을 발견했다. Strachan은 '비위생적인 접촉에 의해 전염되는' 유아기 전염병이 강력한 면역 체계 조성에 도움이 된다고 시사했다. 위생 가설이라고 불리는 그의 이론은 알레르기와 천식뿐만 아니라 다발성 경화증과 크론병 같은 자가면역질환이 1950년대 이후 미국에서 300% 이상 증가한 이유에 대한 근접한 설명을 제공한다. 아마도 서구 사회는 그들 자신을 위해 지나치게 깨끗해졌으며, 부모들은 약간의 먼지도 너무 두려워했다. University College London의 미생물학자 Graham Rook은, "현대 세계에서 일어나고 있는 일이 무엇이든 간에, 그것이 필요하지 않을 때 면역체계가 활성화되는 원인이 되고 있습니다."라고 말한다.

14 논리 추론 – 어휘   정답 ④

밑줄 친 ④ veil 앞에서 'tools called aging clocks that assess markers in your body'라고 했고, 마지막 문장에서 노화시계는 '본질적으로 여러분의 장기 기능이 얼마나 저하되었는지를 나타내고, 따라서 여러분에게 건강한 시간이 얼마나 남아 있는지 예측하는 것'이라고 했으므로, 문맥상 ④ veil(숨기다)이 아닌 unveil(밝히다)이 되어야 한다.

☐ cope with : ~에 대처[대응]하다, ~에 대항하다
☐ wear and tear : (일상적인 사용에 의한) 마모[마손]
☐ chronological age : 실제 연령, 실제 나이
☐ biological age : 생물학적 연령
☐ mortality : 사망
☐ calculate : 추정하다, 추산하다
☐ marker : 표시[표지]
☐ essentially : 본질적으로, 본질상
☐ indicate : 가리키다, 지적하다, 보이다

◁ 해석 체크체크 ▷

나이는 여러분이 측정한 생일 수보다 훨씬 더 많다. 스트레스, 수면, 다이어트는 모두 우리의 장기가 일상생활의 마모에 어떻게 대처하는지에 영향을 미친다. 이러한 요소들은 같은 날에 태어난 사람들보다 더 빨리 혹은 더 느리게 나이 들게 만들 수 있다. 이것은 여러분의 생물학적 나이가 여러분의 실제 나이, 즉 여러분이 살아온 나이와 상당히 다를 수 있다는 것을 의미한다. 생물학적 나이는 실제 나이보다 여러분의 신체적 건강과 심지어 사망을 더 잘 반영하는 것 같다. 그러나 그것을 추정하는 것은 그리 간단하지 않다. 과학자들은 지난 10년 동안 여러분의 생물학적 나이를 숨기기(→ 밝히기) 위해 여러분의 몸속의 표시를 평가하는 노화시계라고 불리는 도구를 개발했다. 노화시계의 이면에 있는 큰 아이디어는 그것들이 본질적으로 여러분의 장기 기능이 얼마나 저하되었는지를 나타내고, 따라서 여러분에게 건강한 시간이 얼마나 남아 있는지 예측한다는 것이다.

15 정보 파악 – 세부 정보　　　　정답 ③

첫 번째 문장에서 'the Yongle Emperor of the Ming dynasty ordered the construction of a towering monument to honor his mother'라고 했으므로, 글의 내용과 일치하는 것은 ③ 'It was built to honor the Emperor's mother(그것은 황제의 어머니를 기리기 위해 지어졌다).'이다.

오답 분석

① 그것의 벽돌들은 모두 같은 크기였다. → 다섯 번째 문장에서 'Some of the largest bricks were more than 50 centimeters thick and weighed as much as 150 kilograms each, ~'라고 했으므로, 글의 내용과 일치하지 않는다.

② 그것은 시골의 한 절에 서 있었다. → 두 번째 문장에서 'The Porcelain Tower was a grand pagoda built in the city of Nanjing—the imperial capital at the time ~'라고 했으므로, 글의 내용과 일치하지 않는다.

④ 그것은 태양의 모양으로 장식되었다. → 세 번째 문장에서 '~ adorned with vibrant glazed designs of animals, flowers and landscapes in greens, yellows and browns'라고 했으므로, 글의 내용과 일치하지 않는다.

⑤ 그것의 도자기 판들은 오늘날 성공적으로 복제되었다. → 마지막 문장에서 'Nowadays, workers trying to replicate these porcelain slabs struggle ~ and their colors fade after just a decade'라고 했으므로, 글의 내용과 일치하지 않는다.

□ towering : 높이 솟은
□ monument : 기념비, 기념 건조물
□ honor : ~에게 경의를 표하다
□ Porcelain Tower : 영곡탑
□ imperial : 제국의
□ porcelain brick : 자기 벽돌

□ glisten : 반짝이다
□ adorn : 장식하다
□ vibrant : 활기찬, 생기가 넘치는
□ glazed : 윤이 나는, 반드러운
□ remnant : 유물, 남은 부분(remainder), 파편
□ replicate : 복제[복사]하다
□ slab : 평판, 판
□ struggle : 노력[분투]하다, 고투하다
□ fade : (색깔이) 바래다[희미해지다], 바래게[희미해지게] 만들다

◁ 해석 체크체크 ▷

15세기 초, 명나라 영락제는 그의 어머니를 기리기 위해 우뚝 솟은 기념비를 세우라고 명령했다. 영곡탑(Porcelain Tower)은 당시 제국의 수도였던 난징시에 세워진 장대한 탑으로, 거대한 Bao'en 불교 사원의 일부분이었다. 탑은 백자 벽돌로 지어졌는데, 그것은 햇빛을 받아 반짝이고, 동물, 꽃, 풍경이 녹색, 노란색, 갈색으로 생동감 있고 윤기 나는 디자인으로 장식되어 있었을 것이다. 유물을 연구하는 역사학자들은, 유약을 입힌 도자기 벽돌들이 고도로 숙련된 노동자들에 의해 만들어졌지만, 안타깝게도 그것들을 만드는 데 사용된 방법들은 역사 속으로 사라졌다고 시사한다. 가장 큰 벽돌들 중 일부는 각각 두께가 50센티미터 이상이고 무게가 150킬로그램이나 나갔으며, 그 유약의 색이 수 세기 동안 밝게 남아 있었다. 오늘날, 노동자들은 이 도자기 판들을 5센티미터 이상의 두께가 되도록 복제하기 위해 애쓰고 있는데, 불과 10년만 지나면 그 색이 바래서 희미해진다.

16 정보 파악 – 세부 정보　　　　정답 ④

첫 번째 문장에서 'Nadine Gordimer was awarded the Nobel Prize for Literature ~ for her consistent and courageous criticism of apartheid ~'라고 했으므로, Nadine Gordimer에 관한 글의 내용과 일치하는 것은 ④ 'She was acknowledged for her strong stance against racial discrimination(그녀는 인종 차별에 반대하는 강경한 입장으로 인정받았다).'이다.

오답 분석

① 그녀의 소설은 백인들에 의해 직면하게 된 윤리적인 문제를 무시했다. → 여섯 번째 문장에서 'Her novels and short stories, therefore, concentrate on the moral dilemmas imposed on the individuals ~'라고 했으므로, 글의 내용과 일치하지 않는다.

② 아파르트헤이트에 대한 그녀의 투쟁은 주로 정치적 야망에 의해 추진되었다. → 두 번째 문장에서 'Her attack on apartheid was not primarily a political gesture.'라고 했으므로, 글의 내용과 일치하지 않는다.

③ 작가로서의 그녀의 성장은 그녀의 중산층 흑인 부모 덕분이었다. → 네 번째 문장에서 '~ as a white middle-class intellectual living in South Africa, benefited from the system.'이라고 했으므로, 글의 내용과 일치하지 않는다.

⑤ 그녀는 남아프리카 공화국의 정치에 관한 미묘한 문제들을 피하는 그녀의 능력으로 칭찬받았다. → 마지막 문장에서 'as an intellectual she is capable of making unambiguous political statements on delicate social issues, ~'라고 했으므로, 글의 내용과 일치하지 않는다.

▢ award : 수여하다
▢ literary : 문학의
▢ skill : 기량, 기술
▢ consistent : 한결같은, 일관된
▢ courageous : 용감한
▢ apartheid : 아파르트헤이트(예전 남아프리카 공화국의 인종 차별 정책)
▢ segregate : (사람들을 인종·종교·성별에 따라) 분리[차별]하다
▢ sphere : (활동·영향·관심) 영역[-권]
▢ for one thing : 우선 한 가지 이유는, 우선 첫째로
▢ benefit : (~에서) 득을 보다
▢ concentrate on : ~에 더 많은 시간을 할애하다[집중하다]
▢ dilemma : 궁지, 딜레마
▢ impose : 부과하다
▢ be capable of : ~할 수 있다
▢ unambiguous : 모호하지 않은, 명백한
▢ inequality : 불평등, 불공평, 불균형
▢ injustice : 부정, 불법, 불의, 불공평

◁ 해석 체크체크 ▷

남아프리카 공화국의 소설가 Nadine Gordimer는 그녀의 뛰어난 문학적 기량뿐만 아니라 apartheid에 대한 지속적이고 용기 있는 비판 활동으로 1991년 노벨문학상을 수상했는데, apartheid는 모든 삶의 영역에서 흑인과 백인을 엄격히 분리하는 제도였다. apartheid에 대한 그녀의 공격은 근본적으로는 정치적 의도의 표현이 아니었다. 소설가로서, 그녀는 apartheid와 인종 차별주의의 인간적인 측면에 좀 더 관심이 있었다. 우선 첫째로, 그녀는 남아프리카에 사는 백인 중산층 지식인으로서 그 제도의 혜택을 받았다는 것을 알고 있었다. 그녀는 또한 인종 차별 제도 유지에 대하여 책임 있는 백인들이 그것으로부터 그들만의 방식으로 고통 받았다는 것을 알고 있었다. 그러므로 그녀의 소설과 단편 소설은 남아프리카의 사회적 관계에 의해 개인에게 부과된 도덕적 딜레마에 초점을 맞추고 있다. 비록 지식인으로서 그녀는 미묘한 사회적 문제에 대해 분명한 정치적 발언을 할 수 있지만, 소설가로서 그녀는 불평등과 불공평을 기반으로 한 사회에서 살아가는 인간의 덜 분명한 측면에 더 관심이 있다.

17 빈칸 추론 – 어휘   정답 ⑤

빈칸 앞 문장에서 Kant에게 있어 '중요한 것은 그들을 구하려는 의지나 의도(What counts is the will or intention to save them)'라고 했고, 빈칸 문장의 앞부분에서 결과주의자는, 명백하게, 주로 결과에 초점이 맞춰져 있는 반면에 'Kant는 선택과 ~에 관심이 있다'라고 했다. 따라서 문맥상 빈칸에는 '결과(outcome)'와 반대되는 뜻의 단어가 들어가야 함을 유추할 수 있으므로, 빈칸에 들어갈 말로 적절한 것은 ⑤ 'motivation(동기)'이다.

【 오답 분석 】
① 진압, 제지
② 결심, 결의
③ 직감, 직관력
④ 만족감

▢ impress : ~에게 감명을 주다, ~을 감동시키다
▢ perspective : 관점, 시각
▢ essential : 근본적인, 필수의, 가장 중요한
▢ will : 의지
▢ consequentialist : 결과주의자
▢ focus on : ~에 초점을 맞추다, ~에 집중하다
▢ outcome : 결과, 과정
▢ be concerned with : ~에 관계가 있다, ~에 관심이 있다

◁ 해석 체크체크 ▷

여러분이 물에 빠진 아이를 구하기 위해 강으로 뛰어든다고 상상해 보라. 이것은 아마도 대부분 사람들에게 좋은 일로 보일 것이다. 그러나 Kant에게는, 만약 그렇게 하는 것이 여러분의 도덕적 의무라는 것을 알았기 때문에 물에 빠진 아이를 구하기 위해 강물에 뛰어들었을 때만이 좋은 일이다. 만약, 그것이 여러분을 멋지게 보일지도 모르고, 친구들을 감동시키고, 여러분을 텔레비전에 나오게 할 것이고, 심지어 여러분이 아이를 좋아했다고 생각했기 때문에, 강물에 뛰어들어 아이를 구한다면, Kant의 관점에서 볼 때, 그것은 더 이상 도덕적인 행위가 아니다. Kant에게 있어서, 여러분이 실제로 물에 빠진 아이를 구하는 것은 중요하지 않다. 중요한 것은 그들을 구하려는 의지나 의도이다. 결과주의자는, 명백하게, 주로 결과에 초점이 맞춰져 있는 반면, Kant는 선택과 동기에 관심이 있다.

18 빈칸 추론 - 어휘   정답 ⑤

첫 번째 문장에서 정보 기록 능력이 원시 사회와 진보된 사회 사이의 경계선이라고 한 다음에, 기본적인 계산과 측정은 초기 문명의 가장 오래된 개념적 도구라고 했다. 이후 문자의 진화로 생산과 상거래 기록의 정확한 방법을 제공했다고 했고, 빈칸 앞 문장에서 'Written language enabled early civilizations to measure reality, record it, and retrieve it later(문자언어는 초기 문명으로 하여금 현실을 측정하고, 그것을 기록하고, 후에 그것을 되찾는 것을 가능하게 했다).'라고 했으므로, 문맥상 빈칸 문장인 '측정과 기록은 함께 데이터의 생성을 ~하게 했다.'에서 빈칸에 들어갈 적절한 것은 ⑤ 'facilitated (용이하게 했다)'이다.

<오답 분석>

① 복잡하게 했다
② 거꾸로 했다
③ 모방했다
④ 방해했다

☐ a line of demarcation : 경계선
☐ primitive : 원시의, 원시시대의
☐ advanced : 진보한, 나아간
☐ counting : 계산; 집계; 개표
☐ measurement : 측량, 측정
☐ conceptual : 개념상의
☐ tool : 도구, 공구, 연장
☐ script : 글씨(체)
☐ keep track of : ~을 기록하다
☐ business transaction : 상거래, 기업 거래
☐ retrieve : (정보를) 검색하다
☐ datafication : 데이터화

<해석 체크체크>

정보 기록 능력은 원시 사회와 진보된 사회 사이의 경계선들 중 하나이다. 기본적인 계산과 길이와 무게 측정은 초기 문명의 가장 오래된 개념적 도구 중에 있었다. 기원전 3천 년까지 정보 기록에 대한 개념은 인더스 계곡, 이집트, 메소포타미아에서 크게 발전했다. 일상생활에서 측정의 사용이 증가함에 따라 정확도가 향상되었다. 메소포타미아에서 문자의 진화는 생산과 상거래를 기록하는 정확한 방법을 제공했다. 문자언어는 초기 문명으로 하여금 현실을 측정하고, 그것을 기록하고, 후에 그것을 되찾는 것을 가능하게 했다. 측정과 기록은 함께 데이터 생성을 <u>용이하게 했다</u>. 그것들은 데이터화의 초기 기반들이다.

19 빈칸 추론 - 구/절   정답 ③

빈칸 문장의 앞부분에서 'Social-media algorithms prioritise attention-grabbing clickbait over ~(소셜 미디어 알고리즘은 ~보다 눈길을 끄는 낚시성 링크를 우선순위에 두는데)'라고 했고, 마지막 문장에서 사전 출판사인 Collins가 '가짜 뉴스'를 2017년 올해의 신조어로 선언했다고 했으므로, 문맥상 빈칸에 들어갈 적절한 것은 ③ '지루한 진실(boring truth)'이다.

<오답 분석>

① 주관적인 의견
② 흥분되는 표제
④ 온라인 에티켓
⑤ 과장 광고

☐ bulletin : 뉴스 단신, 고시, 공고
☐ a profusion of : 풍성한, 다량의, 많은
☐ spring up : 휙 나타나다[갑자기 생겨나다]
☐ outlet : 할인점, 아울렛
☐ not to mention : ~은 말할 것도 없고[물론이고]
☐ curated : 전문적인 식견으로 엄선한
☐ dominate : 지배[군림]하다
☐ print circulation : 발행부수
☐ hard hit : 심각한 영향을 받은, 큰 타격을 입은
☐ go bust : 파산하다
☐ prioritise : 우선순위를 매기다
☐ attention-grabbing : 눈길을 끄는, 주목을 끄는
☐ clickbait : 낚시성 링크(자극적인 제목으로 인터넷 사용자들의 클릭을 유도하는 기사나 광고)
☐ propel : (사람을 특정한 방향·상황으로) 몰고 가다
☐ neologism : 신조어, 새로운 표현[의미]

<해석 체크체크>

뉴스는 예전 같지 않다. 요즘 많은 소비자들이 대부분 뉴스 단신을 온라인에서 얻는다. 온라인 출판이 저렴하기 때문에, 다수의 새로운 출처들이 생겨났다. 기성 신문에 의해 운영되는 웹사이트는 기사들의 조합과 디지털 체인 레터, 페이스북과 트위터 같은 소셜 미디어 사이트의 알고리즘에 의해 엄선된 논평은 말할 것도 없고, 더 새로운 온라인 전용 매체와 전문적인 (또는 아마추어적인) 블로그와 경쟁한다. 기성 매체들은 어려움을 겪었다. 기자들의 월급을 주던 광고의 많은 부분이 온라인 광고 시장을 지배하는 두 개의 큰 기술 회사인 페이스북과 구글에게 돌아갔다. 발행 부수는 무너졌다. 지역 신문들이 특히 크게 타격을 입었으며, 다수의 신문들이 파산했다. 소셜 미디어 알고리즘은 <u>지루한 진실</u>보다 눈길을 끄는 낚시성 링크를 우선순위에 두는데, 이는 전 세계적으로 말도 안 되는 일을 추진하는 데 도움이 된다. 사전 출판사인 Collins는 '가짜 뉴스'를 2017년 올해의 신조어로 선언했다.

20 빈칸 추론 – 구/절
점답 ②

지문은 클래식 음악이 대중교통에서 범죄를 막는 데 도움이 된다는 내용으로, 런던 지하철과 미국 포트랜드, 뉴욕 등에서 클래식 음악을 내보냈을 때 강도와 공공기물 파손이 3분의 1로 줄었다고 했다. 빈칸 앞 문장에서 'the people who loiter and vandalize ~ usually don't enjoy orchestral music(종종 어슬렁거리고 파괴하는 사람들은 대개 관현악을 즐기지 않는다).'라고 했고, 빈칸 앞부분에서 '만약 환경의 음향 풍경이 짜증나게 한다면 여러분은 아마 ~ 하지 않을 것이다'라고 했으므로 빈칸에 들어갈 적절한 것은 ② 'want to loaf around there(그곳에서 빈둥거리기를 원하다)'이다.

오답 분석

① 정서적으로 안정되다
③ 클래식 음악을 듣고 싶은 기분이 들다
④ 현장에서 중죄를 범하다
⑤ 음악에 더 이상 귀를 기울이지 않다

☐ team up : 협력하다
☐ pipe : (유선으로 소리 등을) 송신하다[보내다]
☐ transit : 공공 여객 운송
☐ hub : (활동·권위·상업 등의) 중심, 중추
☐ vagrancy : 방랑, 부랑죄
☐ loiter : 빈둥거리다, 지체하다
☐ vandalize : (예술·문화·공공 시설 등을) 파괴하다
☐ scare away : 쫓아버리다
☐ soundscape : 소리의 퍼짐
☐ annoy : 괴롭히다, 귀찮게[성가시게] 굴다
☐ blare : (소리를) 요란하게[쾅쾅] 울리다

◀ 해석 체크체크 ▶

1990년대 이래로, 기업과 경찰은 범죄로 가득 찬 거리, 주차장, 쇼핑몰에서 유선 방송으로 클래식 음악을 흘려보내기 위해 협력해 왔다. 왜 그럴까? 그 이유는 약간의 Bach 음악으로 범죄를 막을 수 있다는 증거가 있기 때문이다. 2005년, 런던 지하철은 특정 지하철역에 클래식 음악을 방송하기 시작했고, 1년 안에 강도와 공공기물 파손이 3분의 1로 줄어들었다. 오리건주 포트랜드의 경전철 역과 뉴욕 항만청 버스 터미널 같은 다른 교통 중심지들도 비발디 같은 바로크 시대 대작곡가들의 범죄 저지력으로 인해 부랑죄가 떨어졌다고 보고했다. 논리? 우선, 클래식 음악은 진정시킬 수 있다. 하지만 더 중요한 것은, 종종 어슬렁거리면서 공공기물을 파괴하는 사람들(종종 십대들)은 보통 관현악을 즐기지 않는다는 것이다. 그리고 만약 환경의 음향 풍경이 여러분을 짜증나게 한다면, 아마 여러분은 <u>그곳에서 빈둥거리기를 원하지</u> 않을 것이다. 분명히, 이것은 동물에게도 효과가 있다. 영국 Staverton의 Gloucestershire 공항에서, 공항 책임자들은 새들을 쫓아버리는 가장 좋은 방법이 Tina Turner의 최대 히트곡을 요란하게 울려대는 밴을 운전하는 것이라고 배웠다.

21 빈칸 추론 – 구/절
점답 ③

지문은 1940년대 인종 분리 정책이 흑인 아이들의 자아 감각 발달에 미치는 영향을 이해하기 위해 실시한 피부색이 다른 아기 장난감 세트를 이용한 실험 결과를 서술하고 있다. 빈칸 앞 문장에서 흑인 어린이들은 두 가지 선택 중에서 창백한 인형을 선호했으며 어떤 인형이 그들과 닮았는지 질문받자 울었다고 했고, 빈칸 다음에서 'They saw themselves as inferior because of their skin color(그들은 피부색 때문에 자신들을 열등하다고 생각했다).'라고 했으므로, 문맥상 빈칸에 들어갈 말로 적절한 것은 ③ 'internalized the social values of their environment(그들의 환경의 사회적 가치를 내면화했다)'이다.

오답 분석

① 성공하기 위해 그들 자신을 해방시킬 필요를 느꼈다
② 그들의 연장자들의 기대에 부담을 느꼈다
④ 억압적인 규범과 관습을 피하는 법을 배웠다
⑤ 그들 자신들의 잠재력을 개발하고 실현하려는 열망이 있었다

☐ segregation : (인종·종교·성별에 따른) 분리[차별] (정책)
☐ present with : ~을 (선물로) 주다
☐ take ~ as : ~을 …로 간주하다
☐ internalize : (사상·태도 등을) 내면화하다
☐ attorney : 변호사, 검사
☐ lawsuit : 소송, 고소
☐ testify : 증언하다, 진술하다
☐ self-hatred : 자기[동포]혐오
☐ integrate : (학교·공공 시설 등에서의) 인종 [종교]적 차별을 폐지하다
☐ spur : ~에 박차를 가하다, 자극[격려]하다

◀ 해석 체크체크 ▶

아프리카계 미국 흑인인 심리학자 Kenneth와 Mamie Pipps Clark는 1940년대에 인종 분리 정책 하에 살고 있는 흑인 아이들이 어떻게 자아 감각을 발달시키는지 이해하기 위해 (일부는 백인종, 일부는 황인종인) 아기 장난감 세트를 이용했다. 두 가지 옵션을 모두 제시받은 흑인 아이들은 창백한 인형을 선호했다. 어떤 인형이 자신들과 닮았는지 물었을 때 심지어 울기도 했다. Clarks 부부는 이것을 젊은이들이 <u>그들의 환경의 사회적 가치를 내재화했다</u>는 증거로 간주했다. 그들은 피부색 때문에 자신들을 열등하다고 생각했다. 이 테스트는 유명한 브라운 대 교육위원회(Brown v. Board of Education) 소송에서 변호사들에게 깊은 인상을 남겼고, Kenneth는 인종 차별 정책이 자기혐오로 이어졌다고 진술했다. 그 소송에 대한 1954년 대법원 판결은 마침내 학교에서의 인종적 차별을 폐지했고, 시민권 운동 성장에 박차를 가했다.

22 빈칸 추론 – 구/절   정답 ②

지문은 점성술과 국가 권력과의 관계를 서술하는 내용으로, 다섯 번째 문장에서 'In many countries it was a capital offense for anyone but the official astrologer to read the signs in the skies'라고 한 다음에 정권을 몰락시키는 가장 좋은 방법은 그것의 몰락을 예측하는 것이라고 했다. 빈칸 앞 문장에서 '정확하지 않은 예측을 한 중국의 궁정 점성술사들은 처형되었다.'라고 했고, 빈칸 문장의 앞부분에서 '다른 사람들은 단순히 기록을 조작해서 후에 ~'라고 했으므로, 빈칸에는 기록을 조작한 결과에 해당하는 내용이 오는 것을 유추할 수 있다. 따라서 빈칸에 들어갈 말로 적절한 것은 ② 'they were in perfect conformity with events(그것들이 사건들과 완벽하게 일치했다)'이다.

오답 분석
① 좀 더 신중한 입장이 채택될 것이다
③ 사람들은 별에 세심한 주의를 기울일 것이다
④ 후손들은 그들의 조상으로부터 배울 수 있었다
⑤ 행성들의 관측은 장려될 수 있었다

□ astrology : 점성학[술]
□ contend : (강력히) 주장하다
□ constellation : 별자리
□ profoundly : (영향 등을) 깊이
□ determine : 결정하다, 결정[조건]짓다
□ astrologer : 점성술사, 점성가
□ capital offense : 사형죄
□ overthrow : (지도자·정부를) 타도하다[전복시키다]
□ downfall : 몰락, 몰락의 원인
□ execute : 처형[사형]하다
□ doctor : 조작[변조]하다
□ in conformity with : ~에 따라서, ~에 응하여
□ record-keeping : 기록 관리
□ fuzzy : (모습·소리가) 흐릿한[어렴풋한]
□ fraud : 사기(죄)

해석 체크체크

점성술은 여러분이 출생 시 행성들이 어느 별자리에 있는지가 여러분의 미래에 큰 영향을 미친다고 주장한다. 수천 년 전, 그 생각은 행성의 운동이 왕, 왕조, 제국의 운명을 결정했다는 것으로 발전했다. 점성술사들은 행성의 움직임을 연구했는데, 예를 들어 금성이 염소자리에서 떠오르고 있었을 때 무슨 일이 일어났는지 자신들에게 물었다. 아마도 이번에도 비슷한 일이 일어날 것이다. 그것은 미묘하고 위험한 일이었다. 점성술사들은 오직 국가에 의해서만 고용되도록 되었다. 많은 나라에서 공식 점성술사가 아닌 다른 사람이 하늘의 별자리를 읽는 것은 사형죄였다. 정권을 전복시키는 좋은 방법은 그것의 몰락을 예측하는 것이었다. 정확하지 않은 예측을 한 중국의 궁정 점성술사들은 처형되었다. 다른 사람들은 단순히 기록을 조작해서 후에 그것들이 사건들과 완벽하게 일치했다. 점성술은 관측, 수학, 모호한 사고와 사기를 사용한 조심스러운 기록 관리의 이상한 조합으로 변했다.

23 빈칸 추론 – 구/절   정답 ②

지문은 부모들이 10대 자녀들을 잘 이해하고 그들과 소통하기 위해 유의할 점에 대한 내용이다. 10대들이 그들의 부모들과 이야기하지 않고 침묵하는 이유는 '부모가 자신들의 기분을 신경 쓰지 않는다고 느끼기(they may feel that a parent doesn't care how they feel)' 때문이라는 저명한 심리학자의 말을 인용한 다음에 그 해결법을 설명하고 있다. 빈칸 다음 문장에서 10대의 딸이 친구로부터 그녀의 새 옷이 형편없다는 말을 들었다고 말할 때 부모가 삼가야 될 것을 예로 들고 있으므로, 빈칸에 들어갈 말로 적절한 것은 ② 'Acknowledge and legitimize a teenager's feelings(십대의 감정을 인정하고 정당화하다)'이다.

오답 분석
① 통제하려는 유혹을 뿌리치고 침묵하라
③ 십대들이 다른 사람들의 비판을 받아들이도록 격려하라
④ 연락 유지 방법으로서의 가족 행사를 지키다
⑤ 사춘기의 기분 변화와 침묵을 개인적으로 받아들이라

□ reprimand : 견책[징계]하다, 호되게 꾸짖다
□ instruct : 지시하다
□ suspended animation : 가사 상태, 일시적 활동 정지, 일시적 중지
□ animation : 동영상, 만화영화
□ acknowledge : 인정하다, 승인하다
□ legitimize : 정당화하다, 합법화하다
□ outfit : 옷[복장]
□ refrain : (특히 하고 싶은 것을) 삼가다
□ peer : 또래[동배]
□ say mean things : 야속한 말을 하다

해석 체크체크

십대들은 왜 그들의 부모들에게 말하지 않는가? "기본적으로, 그들은 부모님이 이해할 것이라고 생각하지 않아요."라고 한 저명한 심리학자는 말한다. 그들이 계속해서 질책 받거나 지시받을 때, 그들은 부모가 자신들의 기분을 신경 쓰지 않는다고 느낄지도 모릅니다." 십대에게는 침묵이 무기다. 그것은 "당신은 더 이상 날 통제할 수 없어요."라는 그들의 말하는 방식이다. 하지만 그렇다고 해서 앞으로 몇 년 동안 아무것도 하지 않고 가사 상태로 있어야 한다는 의미는 아니다. 그것은 여러분이 신뢰와 이해, 융통성 있는 분위기를 조성해야 한다는 것을 뜻한다. 여기 십대의 감정을 인정하고 정당화하는 방법이 있다. 만약 여러분의 딸이 말하기를 가장 친한 친구가 그녀의 새 옷이 형편없다고 했다고 말한다면, "Jennifer의 말에 왜 신경을 써야 하니?"라고 말하는 것을 삼가세요. 십대들은 그들의 또래들이 어떻게 생각하는지 매우 신경 쓰고, 현명한 부모는 그것을 정상으로 받아들인다. 대신에, "네 기분이 정말 좋지 않았겠구나. 우리가 아끼는 사람들이 야속하게 말하면 마음이 아프단다."라고 하세요.

24 핵심 파악 - 제목 정답 ①

세 번째 문장에서 빅토리아 시대에 가장 소중한 발견물은 석탄 가루라고 한 다음에, 당시에 '석탄 가루와 진흙을 섞어서 벽돌을 만드는 벽돌공들이 그것을 사려고 꽤 많은 돈을 지불했다(Brickmakers, who mixed it with clay to make blocks, paid a pretty penny for it).'라고 했다. 글의 후반부에서 '그들의 고용주들은 더럽게 부유해졌지만, 런던의 석탄 가루 공급이 수요를 앞지르면서 수익이 감소했다(Their bosses got filthy rich, London's dust supply outstripped demand, profits declined).'라고 하면서 '황금빛 청소부'로 불리던 런던의 청소부들의 전망이 퇴색되었다고 마무리하고 있다. 따라서 글의 제목으로 적절한 것은 ① 'When Victorians Got Rich on Dust(빅토리아 시대 사람들은 언제 석탄 가루로 부유해졌나)'이다.

오답 분석
② 누구나 이용 가능한 벽돌 만드는 비결
③ 탄광에서 일하는 것은 얼마나 나쁠까?
④ 산업혁명 시기의 아동 노동
⑤ 대기 오염 : 런던이 숨쉬기 힘든 이유

☐ dig through : ~를 파나가다
☐ junkyard : 폐품 하치장, 고철 처리장
☐ scrap : (특히 종이옷감 등의) 조각
☐ furrier : 모피상, 모피공
☐ prized : 소중한
☐ find : (흥미롭거나 가치 있는) 발견물
☐ coal dust : 분탄, 석탄 가루
☐ scarce : 부족한, 적은, 결핍한
☐ open-hearth : 평로(平爐)[반사로]의
☐ clog : (도로를 차 따위로) 막다
☐ dustman : (옥외 쓰레기를 치우는) 청소부
☐ lug : (무거운 것을 힘들게) 나르다[끌다]
☐ dustbin : 쓰레기통
☐ outskirt : 변두리, 교외
☐ regular : 자주[고정적으로] 하는, (어떤 곳에) 자주[고정적으로] 다니는
☐ thigh-deep : 허벅지 깊이의
☐ filthy : 더럽게 부자인[돈이 많은]
☐ outstrip : 앞지르다, (경쟁 상대를) 능가하다[앞서다]
☐ tarnish : (평판을) 더럽히다[손상시키다]

해석 체크체크

빅토리아 시대의 런던에서는 어린이들이 고물상을 파헤치며 되팔 수 있는 것을 찾는 게 드문 일이 아니었다. 금속조각, 누더기, 단추와 비누를 만드는 데 사용될 수 있는 뼈들, 심지어 죽은 고양이까지 무엇이든 찾았는데, 그들은 죽은 고양이는 모피상에게 팔았다. 하지만 가장 소중한 발견물은? 석탄 가루이다. 벽돌공들이 그것을 진흙과 섞어서 벽돌로 만들려고 꽤 많은 돈을 주고 그것을 샀다. 석탄 가루가 부족한 것은 아니었다. 사실, 평로의 화재 때문에, 재가 사방에 널려 있어서, 그것을 쓰레기통으로부터 도시 외곽으로 끌고 가는 청소부들이 없었다면 도시의 거리를 막았을 것이다. 그 장면은, 여자, 남자, 그리고 아이들이 허벅지까지 먼지를 뒤집어쓰고 일하는 디킨스의 소설에 주로 나오는 재활용 작업과 유사했다. 그들의 고용주들은 더럽게 부유해졌지만, 런던의 석탄 가루 공급이 수요를 앞지르면서 수익이 감소했다. 19세기 후반까지, 한때 '황금빛 청소부'였던 이들에 대한 전망은 이미 퇴색되었다.

25 핵심 파악 - 제목 정답 ①

지문은 메타버스라고 불리는 사이버 공간이 인터넷의 미래에서 차지하는 역할과 앞으로의 변화를 예측하고 '메타'의 다양한 월드들과 그 안에서 이익을 얻으려는 기업들의 선택을 다루고 있다. 네 번째 문장에서 'a growing number of companies are buying up space in the metaverse so that they can set up shop there.'라고 한 다음에, 'The question for such businesses, though, is what location they pick(그러나 그러한 사업체들의 문제는 그들이 어떤 장소를 선택하느냐이다).'라고 했다. 마지막 문장에서 '승리하는 생태계 내에서 기업들은 가장 인기 있는 영역이 될 것을 선택하기 위해 노력해야 한다'라고 결론지었으므로, 글의 제목으로 적절한 것은 ① 'Setting up Shop in the Metaverse(메타버스에서 상점 설정)'이다.

오답 분석
② 전자은행 지점 개설
③ 가상 친환경 환경 구축
④ 메타버스에서 사회계층 오르기
⑤ 아바타로 쇼핑 공간 장악하기

☐ convinced : (전적으로) 확신하는
☐ metaverse : 사이버 공간(컴퓨터 네트워크에 의해 형성되는 가상공간)
☐ fanciful : 공상에 잠긴, 공상적인
☐ buy up : 매수하여 장악하다
☐ set up : 설정하다, 준비하다
☐ obscurity : 무명, (세상 사람들에게) 잊혀짐
☐ ecosystem : 생태계

해석 체크체크

이전에 페이스북으로 알려진 그 회사는 사이버 공간(metaverse)이 인터넷의 미래라는 사실을 전적으로 확신해서 작년에 그 이름을 Meta로 변경했다. Meta와 그 사장인 Mark Zuckerberg는 결국 우리 중 많은 사람들이 메타버스에서 일하고, 놀고, 쇼핑할 것이라고 생각한다. 혹은 적어도 우리의 아바타들이 그럴 것이다. 많은 사람들에게 이 모든 것이 허황된 상상으로 들리겠지만, 점점 더 많은 회사들이 그곳에서 상점을 차릴 수 있도록 메타버스에서 공간을 매수하여 장악하고 있다. 이 회사들은 아디다스, 버버리, 구찌, 토미 힐피거, 나이키, 삼성, 루이비통 그리고 심지어 HSBC

은행들과 JP 모건 같은 회사들을 포함한다. 그러나 그러한 사업체들의 문제는 그들이 어떤 장소를 선택하느냐이다. 현재 메타버스 안에는 Meta 자체의 Horizon Worlds 뿐만 아니라 The Sandbox, Decentraland, Voxel, Somnium Space를 포함한 서로 다른 가장 인기 있는 월드 제공자들이 50여 개 있다. 소매업체와 다른 투자자들은 이것들 중 어떤 것이 우리의 아바타로부터 가장 많은 방문자를 얻고 메타버스에서 지배적인 세력이 될지에 대해 도박을 하고 있어야 한다. 그리고 어떤 다른 세계가 무명으로 사라질 것인지. 게다가, 승리하는 생태계 내에서 기업들은 가장 인기 있는 영역이 될 것을 선택하기 위해 노력해야 한다.

26 핵심 파악 - 제목　　　　　　　　　　정답 ②

지문은 서비스 제공 시 권력 거리와 보상의 관계에 대한 내용으로, 두 번째 문장에서 서비스 직원들에 대한 강렬한 분노의 영향은 'a person's level of acceptance of power differences and hierarchy (권력 차이와 계층에 대한 개인의 수용 수준)'에 따라 다르다고 했다. 네 가지 실험의 결과 'PD가 높은 참가자들은 심하게 화가 난 고객보다 약간 화가 난 고객에게 더 많은 보상을 제공했지만, 반면에 PD가 낮은 참가자들은 그 반대로 했다.'라고 했으므로, 글의 제목으로 적절한 것은 ② 'Does the Squeaky Wheel Get the Most Oil(삐걱거리는 바퀴가 기름을 가장 많이 얻을까?)'이다.

오답 분석
① 즐겁게 살면 시간이 정말 빨리 갈까?
③ 구르는 돌에 이끼가 낄 수 있을까?
④ 요리사가 너무 많으면 스프를 망칠 수 있을까?
⑤ 제때의 한 땀이 아홉 바늘의 수고를 덜 수 있을까?

□ service rep : 서비스 직원
□ power distance : 권력 거리(구성원들이 자기가 소속된 사회나 조직 내의 권력 불평등을 수용하는 정도)
□ hierarchy : (특히 사회나 조직 내의) 계급[계층]
□ simulated : 모조의, 모의의, 가장된
□ participant : 참가자
□ inevitable : 불가피한, 필연적인
□ subject : 피실험자, 실험대상자
□ display : (감정 등의) 표현
□ threatening : 협박하는, 위험한
□ reward : 보상하다
□ perception : 지각, 자각
□ mitigate : 완화[경감]시키다

◁ 해석 체크체크 ▷

　　새로운 연구는 서비스 실패 후에 더 화난 것처럼 보이는 사람들이 더 많은 보상을 받을 것이라는 일반적인 믿음을 시험하고 종종 그 반대가 사실이라는 것을 보여준다. 연구진들은, 서비스 직원들에 대한 강렬한 분노의 영향은 권력 거리, 즉 PD로

알려진 문화적 특성에 따라 다르다는 것을 발견했다. 다시 말하면, 권력 차이와 계층에 대한 개인의 수용 수준에 따라 다르다는 것이다. 모의 서비스 상호 작용을 포함하는 네 가지 실험에 걸쳐서 PD가 높은 참가자들, 즉 권력 차이를 자연스러운 또는 불가피한 것으로 받아들인 사람들은 심하게 화가 난 고객보다 약간 화가 난 고객에게 더 많은 보상을 제공했지만, 반면에 PD가 낮은 참가자들은 정확히 그 반대로 했다. 왜 그럴까? PD가 높은 피실험자들은 강렬한 분노의 표현을 부적절한 것으로 간주하고 그들을 처벌했지만, PD가 낮은 피실험자들은 그러한 표현을 위협적인 것으로 간주하고 그들에게 보상했다. 그러나 위협에 대한 인식이 완화되었을 때 (참가자들은 고객들이 자신들을 해칠 수 없다고 들었음), PD가 낮은 사람들 역시 약간 화가 난 고객들에게 더 많은 보상을 해주었다.

27 핵심 파악 - 주제　　　　　　　　　　정답 ③

지문은 시대의 흐름에 따른 세계화의 재해석에 대한 내용으로, 마지막에서 두 번째 문장에서 이러한 새로운 유형의 세계화는 '여러분이 의지할 수 있는 사람들과 여러분의 정부와 사이가 좋은 국가들에서 사업하는 것을 우선적으로 처리한다(prioritises doing business with people you can rely on, in countries your government is friendly with).'라고 했고, 마지막 문장에서 'It could descend into protectionism, big government and worsening inflation(그것은 보호무역주의, 큰 정부, 악화되는 인플레이션으로 내려갈 수 있다).'라고 했으므로, 글의 주제로 적절한 것은 ③ 'the switch to a security-first model of globalisation (세계화의 안보 제일주의 모델로의 전환)'이다.

오답 분석
① 새로운 사업체들에 의해 도입된 세계화 시대
② 비용 효율성을 통한 세계화의 촉진
④ 전쟁으로 인한 세계화의 붕괴
⑤ 노동자의 권리에 대한 세계화의 위협

□ go-go : (경기가) 호경기의
□ integration : 통합
□ stall : 시간을 끌다
□ aftershock : (큰 지진 후의) 여진, 여파
□ populist : 일반 대중의, 대중에 영합하는
□ open border : 국경 개방 지대
□ stagnate : 침체되다, 부진해지다
□ just-in-time : 적기 공급[무재고] 생산 방식의
□ wait-and-see : (인내심을 갖고) 기다려[두고] 보다
□ globalisation : 세계화
□ blip : 일시적인 상황 변화
□ once-in-a-generation : 한 세대에 한 번
□ reimagine : 재해석하다
□ boardroom : 중역 회의실, 이사회실
□ stockpile : (대량으로) 비축하다
□ prioritise : 우선순위를 매기다, 우선적으로 처리하다

□ descend into : ~로 내려가다
□ protectionism : 보호무역주의

1990년대와 2000년대 호경기 후에, 금융 위기 여파, 국경 개방 지대에 반대하는 일반 대중의 반란, Donald Trump 대통령의 무역전쟁으로 기업들이 어려움을 겪자 2010년대에 경제 통합의 속도가 지연되었다. 상품과 자본의 흐름이 침체되었다. 많은 경영주들이 해외 투자에 대한 중요한 결정을 미루었다. 적기 공급 생산 방식이 관망하는 쪽으로 바뀌었다. 세계화가 일시적인 상황 변화에 직면했는지 아니면 사멸에 직면했는지는 아무도 몰랐다. 우크라이나에서 유행병과 전쟁이 이사회와 정부에서 세계 자본주의를 한 세대에 한 번 재해석하는 계기가 되었기 때문에, 이제 기다림은 끝났다. 여러분이 보는 모든 곳에서 상품의 공급망은 부족과 인플레이션에 대한 보험으로서 비축된 9조 달러의 재고로부터, 중국에서 베트남으로 글로벌 기업들이 이동함에 따라 노동자들을 위한 투쟁으로 변환되고 있다. 이러한 새로운 종류의 세계화는 여러분이 의지할 수 있는 사람들과 여러분의 정부와 사이가 좋은 국가들에서 사업하는 것을 우선적으로 처리한다. 그것은 보호무역주의, 큰 정부, 악화되는 인플레이션으로 내려갈 수 있다.

28 핵심 파악 - 주제 　　　　　　　　정답 ②

지문은 잃어버린 세대의 '아메리칸 드림'의 개념에 대한 내용으로, F.S. Fitzgerald의 The Great Gatsby에 나타난 아메리칸 드림은 전통적인 아메리칸 드림이 변질된 것이라고 서술하고 있다. 여섯 번째 문장에서 '아메리칸 드림의 가장 중요한 요소는 누구나 노력하면 재정적 풍요와 사회적 신분 상승을 획득할 수 있다는 가정'이라고 했지만, 마지막 문장에서 오늘날 아메리칸 드림은 현대 미국의 현실에 맞지 않는 잘못된 믿음으로 비판받고 있다고 했으므로, 글의 주제로 적절한 것은 ② 'the fallacy of the great American Dream(위대한 아메리칸 드림의 오류)'이다.

오답 분석

① 고된 노동을 통한 자립에 대한 후회
③ 아메리칸 드림의 수정
④ 미국에서 물질적 성공에 대한 비판
⑤ 잃어버린 세대의 이상에 대한 실현

□ the Lost Generation : 잃어버린 세대, 잃어버린 세대의 작가들 (Hemingway, Fitzgerald, Dos Passos 등)
□ American Dream : 미국인의 꿈, 아메리칸 드림(물질적 번영과 성공)
□ deception : 속임, 기만, 사기
□ misery : 고통, 빈곤
□ corrupted : 부패한, 타락한
□ live the dream : 꿈을 성취[실현]하다
□ self-sufficient : 자급자족할 수 있는
□ stunningly : 너무나 충격적인, 전혀 뜻밖의
□ by any means necessary : 어떻게든 필요한

□ regardless of : ~에 상관없이[구애받지 않고]
□ perseverance : 인내(심)
□ risk-taking : (어떤 일을 성취하는 데 따르는) 위험을 각오함[위험 부담]
□ from rags to riches : 무일푼에서 벼락부자로
□ attain : (보통 많은 노력 끝에) 이루다[획득하다]
□ upwardly mobile : 신분이 상승하는
□ question : 의문을 갖다, 이의를 제기하다
□ misplaced : 잘못된
□ contradict : 부정[부인]하다, 반박하다

잃어버린 세대(the Lost Generation)의 회원들은 '아메리칸 드림(American Dream)'의 개념을 거대한 속임수로 간주했다. 이것은 F.S. Fitzgerald의 The Great Gatsby(위대한 개츠비)에서 중요한 주제가 되었는데, 이 이야기의 서술자 Nick Carraway가 Gatsby의 막대한 재산은 엄청난 빈곤에 대한 보상이라는 것을 깨닫게 되었기 때문이다. Fitzgerald에게, 열심히 일하면 성공한다는 아메리칸 드림의 전통적인 비전은 변질되었다. 잃어버린 세대에게 '꿈을 성취한다는 것'은 더 이상 단순히 자급자족하는 삶을 구축하는 것이 아니라, 어떻게든 필요한 수단을 써서 깜짝 놀랄 만큼 부자가 되는 것이었다. '아메리칸 드림'이란 용어는 그들이 어디에서 또는 어떤 사회계층으로 태어났는지 상관없이, 누구나 번영과 행복을 추구할 권리와 자유를 가지고 있다는 믿음을 가리킨다. 아메리칸 드림의 가장 중요한 요소는 열심히 일하고, 인내하고, 위험을 감수함으로써 누구든지 '무일푼에서 벼락부자로' 올라갈 수 있으며 재정적으로 풍부하고 사회적으로 신분이 상승하게 됨으로써 그들 나름의 성공을 획득할 수 있다는 가정이다. 1920년대 이후, 아메리칸 드림은, 연구자들과 사회과학자들에 의해 현대 미국의 현실을 부인하는 잘못된 믿음으로서 의문이 제기되었으며, 종종 비판받았다.

지문은 세대를 초월한 유용한 기술에 대한 내용으로, 최근 대학을 졸업한 젊은 컴퓨터 공학도가 반세기 전에 유행했던 기술에 열광하고, 그것이 구직활동에 도움이 되었다고 했다. 반세기 전에 유행했던 기술이 아직도 대형 은행과 보험 회사 등 여러 기관에서 필수적인 기술이라고 했고, 마지막 문장에서 'The resilience of decades-old computing technologies and the people who specialize in them shows that new technologies are often built on lots of old tech.'라고 했으므로, 글의 요지로 적절한 것은 ① 'Old technology can still be of great use(오래된 기술은 여전히 매우 쓸모 있을 수 있다).'이다.

오답 분석

② 기술 세계에서 변화하는 시대에 뒤지지 않도록 하라.
③ 가장 좋은 직업은 여러분의 능력을 최대한 활용하는 것이다.
④ Silicon Valley는 항상 새로운 기술을 사려고 한다.
⑤ 디지털 기술의 미래는 학술 기관 안에 있다.

□ passionate : 열정적인, 열렬한
□ date : ~의 연대를 추정하다
□ Sputnik : 스푸트니크(세계 최초의 구소련 인공위성, 제1호 발사는 1957년 10월 4일)
□ hot : 인기 있는
□ computer mainframe : 컴퓨터 본체
□ stuff : 것[것들], 물건, 물질
□ resilience : 회복력, 탄성(彈性), 탄력
□ decades-old : 수십 년 된
□ in the market for : ~ 구입에 관심이 있는, 사려고 하는
□ lie within : 안에 있다

〈 해석 체크체크 〉

Caitlin Mooney는 24살이며 Sputnik 시대를 추정하는 기술에 열정적이다. 최근에 New Jersey Institute of Technology에서 컴퓨터 공학을 졸업한 Mooney는 반세기 전에 유행했던 기술에 대한 팬인데, 그것은 컴퓨터 본체와 그것들을 구동하는 COBOL이라고 불리는 소프트웨어를 포함한다. Silicon Valley에서 그런 것들은 어떤 쿨 포인트도 획득하지 못할 것이지만, 그것은 대형 은행, 보험 회사, 정부 기관 및 다른 거대 기관들에서 필수적인 기술이다. Mooney의 구직 기간 동안, 잠재적인 고용주들은 그녀의 전문성을 보았고 그녀가 찾고 있던 것보다 더 많은 상급직에 대해 이야기하고 싶어했다. "그것들은 정말 굉장할 거예요."라고 Mooney가 말했다. 그녀는 지금 여러 일자리 제안들 중에서 결정하려고 노력하고 있다. 수십 년 된 컴퓨팅 기술과 이를 전문으로 하는 사람들의 탄력성은 새로운 기술이 종종 다수의 오래된 기술을 기본으로 한다는 것을 보여준다.

지문은 성공과 행운의 관계에 대한 내용으로, 나폴레옹의 일화에서 종종 행운은 '공인되지 않은 성공의 설계자(the unacknowledged architect of success)'라고 했다. 스포츠에서는 기술뿐만 아니라 행운이 중요하다는 것을 Grant Simmer의 우승을 예로 들었다. 일곱 번째 문장에서 'Sometimes, what looks like sustained success may conceal trickery(때로는 지속적인 성공처럼 보이는 것이 속임수를 감출지도 모른다).'라고 했고, 그 예로 엔론 사태로 인해 성공적인 CEO의 명성을 잃은 Jeff Skilling과 회사의 이익을 거짓으로 과장해서 불명예 퇴진한 도시바의 경영주 Hisao Tanaka의 경우를 들었다. 따라서 글의 요지로 적절한 것은 ② 'All that glitters is not gold(반짝이는 것이 모두 금은 아니다).'이다.

오답 분석

① 지켜보는 주전자는 결코 끓지 않는다(초조하게 기다리는 동안에는 시간이 무척 더디 가는 것처럼 여겨진다).
③ 세월은 사람을 기다리지 않는다.
④ 같은 깃털의 새들이 모여든다(유유상종).
⑤ 한 바구니에 모든 것을 담지 마세요.

□ tempting : 유혹하는, 부추기는, 솔깃해지는
□ assume : (사실일 것으로) 추정[상정]하다
□ multigenerational : 다세대의
□ midsize : 중형의
□ sheer : 완전한, 전적인
□ longevity : 장수, 오래 지속됨
□ cite : 인용하다
□ famously : 유명하게, 주지하는 바와 같이
□ architect : 건축가[사], 건축기사
□ attest : ~을 증명하다, 입증하다
□ sustained : 지속된, 한결같은, 일관된
□ conceal : 감추다, 숨기다
□ trickery : 사기, 협잡
□ hail : ~을 환호하며 맞이하다
□ overstatement : 과장
□ unearth : (땅속에서) 파내다, 발굴하다, 찾다, 밝혀내다

〈 해석 체크체크 〉

과거의 성공이 좋은 판단의 신호라는 가정은 솔깃해지는 것으로, 어떤 경우에는 그럴 수도 있다. 일부 독일 중견 기업의 다세대 성공과 Warren Buffett의 투자 실적의 완전한 장수는 자주 인용되는 예시들이다. 하지만 성공은 다른 부모를 가질 수 있다. 행운은, 나폴레옹이 그의 장군들에게 주지하는 바와 같이 요구했던 특징으로, 종종 공인되지 않은 성공의 설계자이다. 스포츠에 종사하는 사람들은 기술뿐만 아니라 행운의 중요성을 입증할 수 있다. Grant Simmer는 America's Cup 요트 경기에서 4번 우승한 항해사이자 디자이너로, 경쟁자들의 실수라는 형태로 행운의 도움을 받았음을 인정했다. 때로는 지속적인 성공처럼 보이는 것이 속임수를 감출지도 모른다. 엔론 사태

(Enron scandal)가 터지기 전인 2001년에 CEO Jeff Skilling 은 매우 성공적인 리더로 환영받았다. 노시바의 존경받는 경영주인 Hisao Tanaka는, 7년 동안 12억 달러로 이익을 과장해 왔던 사실을 숨긴 것이 밝혀진 후 2015년 불명예 퇴진했다.

31 논리 추론 – 무관한 문장   정답 ③

지문은 이로 가득 찬 머리를 양호한 건강의 징표로 여겼던 New Hebrides 섬의 원주민들의 경우에서 이와 건강과의 상관관계를 설명하고 있다. 네 번째 문장에서 '그러나 이 상관관계는 이가 건강의 비결이라고 의미하는 것은 아니었다. 그것은 정반대였다.'라고 했고, ③ 앞 문장에서 '건강한 사람들은 그들의 몸이 단지 적절한 온도, 즉 병원균의 완벽한 서식지였기 때문에 이를 가졌다.'라고 했으므로, 글의 전체 흐름과 관계 없는 문장은 '이의 증식은 인간의 신체에 건강을 촉진시키는 결정적 요소였다.'라는 ③이다.

□ louse : 이(복수형 lice)
□ observation : 관찰, (자신의 관찰에 따른) 논평[의견]
□ accurate : 정확한
□ sound : 견실한, 믿을 만한, 타당한
□ correlation : 상호 관계, 상관
□ the other way around : 반대로, 거꾸로
□ bug : 벌레, 병원균(에 의한 병), (특히) 전염병
□ proliferation : 급증, 확산
□ determinant : 결정 요인
□ promote : 촉진[고취]하다
□ prey on : ~을 잡아먹다

◁ 해석 체크체크 ▷

수 세기 동안 New Hebrides 섬의 원주민들은 이로 가득 찬 머리를 양호한 건강의 징표로 여겨왔다. "수 세기에 걸친 관찰은 건강한 사람들은 보통 이를 가지고 있고 아픈 사람들은 종종 그렇지 않았다고 사람들에게 가르쳐 주었습니다. 그 관찰 자체는 정확하고 타당했습니다."라고 Darrell Huff는 How to Lie with Statistics에서 밝히고 있다. 그러나 그 상관관계는 이가 건강의 비결이라고 의미하는 것은 아니었다. 그것은 정반대였다. 건강한 사람들은 그들의 몸이 단지 적절한 온도, 즉 병원균의 완벽한 서식지였기 때문에 이를 가졌던 것이다. (그래서 이의 증식은 인간의 신체에 건강을 촉진시키는 결정적 요소였다.) 그러나 사람들이 고열이 났을 때, 그들의 살이 뜨거워지게 되고, 이를 흩뿌렸다. 이는 양호한 건강을 유발하지 않았다. 그것들은 건강을 잡아먹었다.

32 논리 추론 – 무관한 문장   정답 ①

지문은 실물경제에서 가상회폐의 역할에 대한 내용으로, 첫 문장에서 가상화폐는 실거래에서 결코 주요한 역할을 한 적이 없다고 했으며, 비트코인을 자국의 통화로 만들려다 실패한 El Salvador의 시도를 제시하고 있다. ② ~ ⑤ 문장에서 가상화폐 산업이 실물경제에서 성공하지 못한 이유를 설명하고 있는데, ① 문장은 미국의 모바일 송금 시스템인 Venmo의 실거래에서의 유용성에 대한 내용이므로, 문맥상 글의 전체 흐름과 관계 없는 문장은 ①번 문장이다.

□ cryptocurrencies : 암호통화, 가상화폐
□ much-hyped : 엄청 선전[광고]된
□ bitcoin : 비트코인 (시스템)
□ currency : 통화
□ Venmo : 벤모(미국의 모바일 송금 시스템)
□ amply : 충분히, 널따랗게, 상세하게
□ trillion : 1조
□ rein in : 억제하다
□ stablecoins : 스테이블코인(가격 변동성을 최소화하도록 설계된 암호 화폐)
□ pegged to : ~에 연동된
□ subject to : ~을 조건으로 하는, ~을 받아야 하는
□ unregulated : 규제받지 않는
□ cascading : 계속되는, 연속적인
□ reminiscent : 생각나게 하는, 암시하는(of)
□ crypto : 암호화폐, 가상화폐
□ be of much use in : ~에 매우 유용하다
□ cutting edge : 최첨단, 활력소
□ cultivate : (누구와의 관계를) 구축하다[쌓다]

◁ 해석 체크체크 ▷

가상화폐는 약 2009년부터 있었으며, 그동안 실거래에서 결코 주요한 역할을 한 적은 없었다. 비트코인을 자국의 통화로 만들려는 El Salvador의 과장된 시도는 재난이 되었다. [예를 들어, Venmo(미국의 모바일 송금하는 시스템) 같은 디지털 지불 앱을 사용하고, 실거래에서 그것의 유용성을 충분히 입증했다고 가정해 보라.] 그래서 어떻게 가상화폐가 절정에서 거의 3조 달러의 가치가 있게 되었을까? 미국 달러에 연동되어 있었지만 규제받지 않은 은행의 모든 위험에 분명히 노출되어 있었다고 추정되며, 지금은 대공황을 만들었던 은행 부도의 물결을 연상하게 하는 연쇄 붕괴를 겪고 있는 스테이블코인을 억제하는 데 아무런 조치가 취해지지 않았던 이유는 무엇일까? 내 대답은 가상화폐 산업이 결코 실물경제에서 매우 유용한 제품을 생산하지는 못했지만, 그것은 마케팅 자체에서 눈부시게 성공해 최첨단이자 존경받을 만한 이미지를 창출해냈다는 것이다. 특히 그것은 저명한 사람들과 기관들을 양성함으로써 그렇게 했다.

지문은 빙하시대의 황새 *Leptoptilos robustus*에 대한 내용으로, 주어진 문장이 'But newly analyzed fossils ~'로 시작하고 있으므로, 반대되는 내용 다음에 들어가야 함을 유추할 수 있다. ③ 앞 문장에서 '고생물학자들은 본래 그 큰 새가 외딴 섬의 생태계에서 살도록 적응한 날지 못하는 종이었다고 생각했다.'라고 했는데, ③ 다음 문장에서 'Despite the stork's size, its 12-foot wingspan likely would have allowed it to soar overhead(그 황새의 크기에도 불구하고, 아마도 그것의 12피트 날개 길이는 하늘 높이 솟아오르게 해줬을 것이다).'라고 했으므로, 글의 흐름으로 보아, 주어진 문장이 들어가기에 적절한 곳은 ③이다.

☐ immense : 엄청난, 어마어마한
☐ landscape : 풍경, 경치; 조망, 전망
☐ stork : 황새
☐ tower over : ~ 위로 높이 솟아 있다[~보다 훨씬 더 크다/높다]
☐ flightless : 날지 못하는
☐ wingspan : 날개 길이, 날개폭(양 날개를 다 펼쳤을 때 한쪽 날개 끝에서 다른 쪽 날개 끝까지의 길이)
☐ anatomy : (해부학적) 구조
☐ scavenger : 썩은 고기를 먹는 동물, 청소부

❰ 해석 체크체크 ❱

인도네시아 동부에 있는 섬인 고대 Flores섬에서 '호빗' 크기의 인간들은 거대한 새와 그 풍경을 공유했다. 5피트 이상 높이에서, 빙하시대의 황새 *Leptoptilos robustus*는 6만 년 전에 살았던 신장이 3피트인 *Homo floresiensis*보다 훨씬 더 키가 컸을 것이다. 고생물학자들은 본래 그 큰 새가 외딴 섬의 생태계에서 살도록 적응한 날지 못하는 종이었다고 생각했다. <u>그러나 새롭게 분석된 날개뼈를 포함한 화석들이 오늘날 *Royal Society Open Science* 저널에 의해 발표되어 그 이야기를 변경시켰다.</u> 그 황새의 크기에도 불구하고, 아마도 그것의 12피트 날개 길이는 하늘 높이 솟아오르게 해줬을 것이다. 이러한 새로운 자각은 고생물학자들로 하여금 *L. robustu*의 해부학적 구조와 행동에 대한 이전의 생각을 바꾸도록 자극했다. 이 새로운 연구는, 그 새가 작은 먹이의 사냥꾼이라기 보다는 아마도 동물의 사체를 먹고 사는 것으로 알려진 날아다니는 황새들인 선사시대의 다른 동물들처럼 썩은 고기를 먹는 청소부였을 것이라고 시사한다.

지문은 눈 가장자리를 검게 화장한 이집트인들의 독특한 화장법에 대한 내용으로, 주어진 글에서 'Lead ions—while still toxic in other ways—also helped produce nitric oxide ~'라고 했으므로, 아이라이너가 사람들을 눈 감염으로부터 보호한다는 고대인들의 믿음과 아이라이너에 납 성분이 있다는 내용 다음에 와야 한다는 것을 유추할 수 있다. ④ 앞 문장에서 '2009년에 파리에서 피에르 마리 퀴리 대학교(파리 제6대학교)의 화학자 팀이 무덤 속에서 파낸 표본들을 분석했고 고대인들 위에 무언가가 있다는 것을 발견했다.'라고 했고, ④ 다음 문장에서 아이라이너의 일부 화합물은 이집트 고유의 것이 아니므로 의도적으로 제조되었다고 믿도록 했다고 했다. 따라서 글의 흐름에서 주어진 문장이 들어가기에 적절한 곳은 ④번이다.

☐ nitric oxide : 일산화질소
☐ free radical : 유리기(홀전자 오비탈을 가진 화학종의 하나)
☐ rim : 가장자리[테]를 이루다[두르다]
☐ makeover : 단장
☐ ritual : 의식상의, 의식을 위한
☐ slaughter : (가축의) 도살[도축]
☐ compound : (화학적) 화합물, 혼합물
☐ native to : ~에 고유한
☐ on hand : 구할[얻을] 수 있는
☐ dub : ~라고 칭하다, 별명을 붙이다

❰ 해석 체크체크 ❱

이집트 사람들은 눈 가장자리를 검게 화장하는 것으로 유명하다. 그 화장은 단순히 사람에게만 해당되는 것이 아니었는데, 기원전 2500년부터의 그림에서 보이는 것처럼, 종교의식에서 제물로 도살되는 소들도 역시 얼굴을 화려하게 칠했다. 그 시대의 기록문서들은 눈의 윤곽을 돋보이게 하는 화장품인 아이라이너가 사람들을 눈 감염으로부터 보호한다고 주장했지만, 오늘날의 과학자들은 회의적이었다. 어쨌든 가장 일반적인 방식들은 납을 포함했다. 그러나 2009년에 파리에서 피에르 마리 퀴리 대학교(파리 제6대학교)의 화학자 팀이 무덤 속에서 파낸 표본들을 분석했고 고대인들 위에 무언가가 있다는 것을 발견했다. <u>납이온은, 다른 면에서는 여전히 독성이 있지만, 또한 눈이 세균에 감염되기 전에 박테리아를 죽이는 유리기(free radical)인 일산화질소의 생성을 도왔다.</u> 게다가 아이라이너의 일부 화합물들은 이집트가 원산지가 아니어서, 연구원들로 하여금 그 화장품이 단지 구할 수 있기 때문에 사용된 것이 아니라 의도적으로 제조된 것이었다고 믿도록 했다. 이 연구의 저자들은 그 아이라이너를 우리에게 알려진 최초의 대규모 화학적인 제조 공정이라고 불렀다.

지문은 고대 그리스의 민주주의와 로마의 공화주의를 비교한 내용으로, 그 둘은 초기 형태에서는 오늘날 기준의 자유 민주주의로는 정의되지 않지만, 시간이 흘러 참정권과 정치 제도가 확장되면서, 공화주의와 민주주의가 뒤얽혀 오늘날 우리가 알고 있는 현대 자유 민주주의 체제를 생산했다고 마무리짓고 있다. 따라서 글의 내용을 한 문장으로 요약할 때, 빈칸에 들어갈 말로 적절한 것은 ④ '(A) dissimilar(다른), (B) foundation(토대)'이다.

☐ governing : 통치[지배]하는, 관리[운영]하는
☐ decision : 결정, 판단
☐ state : 국가, 나라
☐ lay out : 펼치다, 내놓다
☐ republicanism : 공화주의
☐ popular sovereignty : 국민주권설
☐ derive : 끌어내다, 얻다
☐ legislative body : 입법부, 입법기관
☐ senate : 상원, 의회
☐ liberal democracy : 자유 민주주의
☐ intertwine : 뒤얽히다, 뒤얽다, 밀접하게 관련되다

◀ 해석 체크체크 ▶

　고대 그리스의 민주주의는 정책을 선택하고 통치 결정을 내리는 정부의 일에 대중이 직접 참여하도록 했다. 이러한 의미에서 대중이 국가였다. 반대로, 로마제국은 공화주의의 개념을 내놓는데, 그것은 국가 내 삼권 분립과 선출된 관리들을 통한 대중의 대표성을 강조했다. 따라서 그리스는 우리에게 국민주권설 개념을 제공했지만, 의회 같은 입법부 개념을 끌어낸 것은 로마에서였다. 그들의 초기 형태에서는, 그리스의 민주주의나 로마의 공화주의 모두 오늘날 기준의 자유 민주주의로 정의되지는 않을 것이다. 두 가지 모두 특정 민주적 요소들을 강조했지만, 근본적인 방식으로 그것들을 제한했다. 수 세기에 걸쳐 참정권과 정치 제도가 확장되면서, 공화주의와 민주주의가 뒤얽혀 오늘날 우리가 알고 있는 현대 자유 민주주의 체재를 생산했다.

⬇

　고대 그리스와 로마에서 정부 형태는 (A) 달랐지만, 그들은 함께 현대 민주주의의 (B) 토대를 제공했다.

빈칸 (A) 앞의 문장에서 'How we look at purpose is often connected to perceived importance.'라고 한 다음에 (A) 다음에서 두 가지의 경우, 즉 'if we see the flower as the object of primary concern'과 'if we are, say, beekeepers'의 경우에 따라 벌의 목적이 다르다는 것을 예로 들어 설명하고 있으므로, 빈칸 (A)에 들어갈 말로 적절한 것은 'For instance(예를 들어)'이다.
(B) 앞 문장에서 '목적은 더 큰 맥락과 관련된 것으로 간주될 수 있으며, 어떤 목표를 위해 무언가를 착취하고 이용하는 것과 관계가 있다고 했는데, (B) 다음에서 'in nature it is often not quite clear who is using who(자연에서는 누가 누구를 이용하고 있는지 종종 명확하지 않다).'라고 반대로 서술하고 있으므로, 빈칸 (B)에 들어갈 말로 적절한 것은 'Yet(하지만)'이다.

☐ perceived : 인지된
☐ pollinate : 수분하다
☐ feed : 먹이다[먹여 살리다]
☐ beekeeper : 양봉가
☐ hive : 벌떼
☐ be relative to : 관계가 있다
☐ exploit : (부당하게) 이용하다, 착취하다
☐ tick : 진드기
☐ rhinoceros : 코뿔소
☐ all-you-can-eat : 양껏 먹을 수 있는, 뷔페식의

◀ 해석 체크체크 ▶

　우리가 목적을 보는 법은 종종 인지된 중요성과 관련되어 있다. (A) 예를 들면, 우리가 꽃을 중요한 관심 대상으로 본다면, 벌의 목적은 꽃을 수분하기 위한 것이라고 말한다. 하지만 우리가 양봉가라면 벌의 목적은 벌떼를 먹여 살리기 위해 꿀을 생산하는 것이라고 말할 가능성이 더 많을 것이다. 여기서 목적은 더 큰 맥락, 즉 꽃씨를 운반하거나 벌떼를 위한 꿀을 생산하는 것과 관련된 것으로 간주될 수 있으며 어떤 목표를 위해 무언가를 착취하고 이용하는 것과 관계가 있다. (B) 하지만, 자연에서는 누가 누구를 이용하고 있는지 종종 명확하지 않다. 코뿔소에 숨어서 진드기를 잡아먹는 작은 새는 코뿔소를 맘껏 먹을 수 있는 뷔페로 이용하는 것일까, 아니면 코뿔소가 그 작은 새를 성가신 진드기를 제거해주는 수단으로 이용하는 것일까? 그들은 둘 다 서로를 필요로 한다. 그래서 목적은 상대적이고, 무언가의 혹은 누군가의 상대적 중요성과 관련이 있다.

주어진 글은 60년대 이후 여성운동이 발전한 방식으로 시작하여 '여성운동이 그 잠재력을 발휘하지 못한 이유(why on the whole the women's movement has not fulfilled its potential)'를 생각하고 있다고 끝맺음을 하였으므로, 그 이유를 설명하는 것으로 시작하는 (C)의 엄청난 에너지를 갖고 불쑥 현장에 나타났지만, '그 에너지는 소멸되었다(the energy dissipated~)'는 것으로 이어지는 것이 자연스럽다. (C)의 마지막 부분의 'middle-class women(중산층 여성들)'은 문맥상 (B)의 'They'로 받는다. (B)의 마지막 문장의 'This is also true in countries where women have an extremely bad time, like Japan.'은 (A)의 'In today's Japan ~'로 이어지는 것이 자연스럽다. 따라서 주어진 글 다음에 이어질 글의 순서로 적절한 것은 ⑤ '(C) - (B) - (A)'이다.

☐ mirror : (거울처럼) 잘 보여주다, 반영하다
☐ burn into : [마음]에 깊이 새겨지다
☐ fulfill : 성취[실현]시키다
☐ potential : 잠재력
☐ burst on : 돌연[사람 · 눈] 앞에 나타나다
☐ dissipate : 소멸되다, 소멸하다[시키다]
☐ end up : 결국 (어떤 처지에) 처하게 되다

〈 해석 체크체크 〉

60년대 이후의 여성운동은 전통적인 남성의 태도를 정확하게 반영하는 방식으로 발전했다. 그것은 마치 우리가 우리들의 뇌 속에 깊이 새겨진 방식을 갖고 있으며 우리는 그것 바깥으로 이동할 수 없는 것 같다. 최근에 나는 왜 전체 여성운동이 그 잠재력을 발휘하지 못했는지 생각하고 있었다.

(C) 그것은 유럽 전역과 미국에서 엄청난 에너지를 갖고 불쑥 현장에 나타났다. 그러나 그 에너지는 소멸되었으며, 실제로 성취된 것은 이것이다. 유럽의 모든 나라들과 미국과 캐나다의 중산층 여성들이 꽤 잘 했다는 것인데, 아마 그들은 60년대에 젊은 시절을 보냈을 테고, 현재는 중년이 되었다.

(B) 그들은 보통 텔레비전과 라디오, 신문 등 문화적인 분야에서 좋은 직업을 가지고 있다. 이것은 또한 일본처럼 여성이 극도로 힘든 시간을 보낸 나라들에서도 사실이다.

(A) 오늘날 일본에서는 공직에 있는 여성들이 거의 없으며, 서양의 어느 곳보다도 훨씬 더 적다. 그리고 공직에 있는 여성들은 거의 항상 문화 분야에 있다. 그래서 모든 엄청난 에너지의 폭발은 결국 여성 인구의 극히 일부만이 이전에 했던 것보다 더 잘하게 되었다는 것이다.

주어진 글은 문화를 일종의 정신적 감염 또는 기생충으로 보는 학자들의 견해로 시작하며 문화를 인간에 기생하며 사는 바이러스 같은 기생충이라고 했다. 주어진 글의 마지막 문장에 나오는 'Organic parasites'는 (C)의 'These parasites multiply and spread ~'로 이어지는 것이 자연스럽다. (C)에서 기생충이 숙주를 옮겨 다니면서 번식하고 퍼트리고, 심지어 숙주를 죽이기도 한다고 했는데, 그것은 (B)의 'In just this fashion, cultural ideas live inside the minds of humans(바로 이런 방식으로, 문화적 발상은 인간의 마음속에 살아 있다).'라는 내용으로 이어진다. (B)의 마지막 문장에서 문화적 발상은 심지어 죽음의 대가를 치르더라도 인간에게 그 삶을 희생해서 그것을 퍼트리는 데 헌신하도록 강요할 수 있다고 했으므로, '인간은 죽지만, 그 사상은 퍼진다.'라는 문장으로 시작하는 (A)로 이어지는 것이 적절하다.

☐ ever more : 늘, 항상
☐ parasite : 기생충
☐ unwitting : 자신도 모르는, 부지불식간에, 무의식의
☐ multiply : 증가시키다, 번식시키다
☐ spread : 퍼지다[확산되다], 퍼뜨리다, 확산시키다
☐ feed off : ~을 먹고 살다
☐ pass along : ~을 다음으로 전달하다, ~에게 널리 알리다
☐ compel : 강요[강제]하다
☐ dedicate : 바치다, 전념[헌신]하다
☐ at the price of : ~을 걸고서, ~을 희생하여
☐ conspiracy : 음모, 모의
☐ emerge : 나오다[모습을 드러내다]

〈 해석 체크체크 〉

언제나 학자들은 문화를 일종의 정신적 감염 또는 기생충으로 보는데, 그것들은 자신도 모르는 사이에 인간을 숙주로 삼는다. 바이러스처럼 인간 장기에 기생하는 기생충들은 그들의 숙주들의 몸 안에서 산다.

(C) 이 기생충들은 한 숙주로부터 다른 숙주로 번식하고 확산하는데, 그들의 숙주를 먹고 살고, 그것들을 약화시키고, 때로는 심지어 죽이기도 한다. 숙주가 기생충을 물려줄 만큼 충분히 오래 사는 한, 숙주의 상태에 대해서는 거의 신경 쓰지 않는다.

(B) 바로 이런 방식으로, 문화적 발상은 인간의 마음속에 살아 있다. 그것들은 한 숙주로부터 다른 숙주로 번식하고 퍼지는데, 이따금 숙주들을 약화시키고, 때로는 심지어 그것들을 죽인다. 문화적 발상은, 심지어 죽음의 대가를 치르더라도 그 사상을 퍼트리는 데 그 또는 그녀의 삶을 헌신하도록 인간을 강요할 수 있다.

(A) 인간은 죽지만, 그 생각은 퍼진다. 이 접근에 따르면, 문화는 다른 사람들을 이용하기 위해 일부 사람들에 의해 만들어진 음모가 아니다. 오히려, 문화는 우연히 모습을 드러내는 정신적인 기생충으로, 그 후에 그들에 의해 감염된 모든 사람들을 이용한다.

□ charge : (~을 들어/~한다고) …를 비난하다
□ overthrow : 전복시키다, 타도하다
□ be preoccupied with : ~에 몰두하다
□ hyperorganized : 매우 잘 조직된
□ monarchy : 군주제, 군주 일가, 왕정
□ side with : ~의 편을 들다
□ the Confederacy : 남부 연합(1860~1861년 사이에 미합중국을 탈퇴해서 미국 남북전쟁을 일으킨 미국 남부의 11개 주)
□ Latino : 라틴 아메리카인
□ the gold rush : 골드러시(새로 발견된 금광으로 사람들이 몰려드는 것)
□ spontaneous : 자발적인
□ the fight against slavery : 노예제 반대 투쟁
□ fall by the wayside : 중도에 좌절하다, 밀려나다, 관심이 멀어지다
□ Hispanic : 라틴 아메리카계의
□ spirits industry : 주정 공업
□ ubiquitous : 흔히 볼 수 있는

《 해석 체크체크 》

　　많은 미국인들에게, Cinco de Mayo는 멕시코 음식과 음료를 마음껏 먹는 날이다. 그러나 실제 역사에서는 훨씬 더 정치적으로 비난받고 있다.
　　그것은 1860년대에 시작했다. 프랑스는 멕시코로 제국을 확장하기를 원했고, 나폴레옹 3세는, Abraham Lincoln이 내전에 몰두하는 동안, 멕시코에서 민주적으로 선출된 대통령 Benito Juarez를 전복시키기 위해 자신의 군대를 멕시코시티로 향하도록 명령했다. 대단히 잘 조직화 된 프랑스 군대가 승리해서, 남부 연합의 편을 드는 새로운 멕시코 왕정으로 이어질 것으로 널리 예상되었다. 그러나 1862년 5월 5일에 멕시코 군대는 Puebla 전투에서 프랑스군을 패배시켰다. 그 놀라운 승리는 골드러시 (gold rush) 동안 북상했던 라틴 아메리카인들을 화합하게 해서 자발적인 축하 의식으로 이어졌다고 *El Cinco de Mayo : An American Tradition*의 저자 David E. Hayes-Bautista가 말한다. (첫 번째 축제는 캘리포니아 Tuolumne 카운티에서 열렸다.) 곧 그들은 멕시코와 미국의 노예제도에 반대하는 투쟁을 지원하기 위한 단체들의 네트워크 조직을 시작했다. 그러나 1930년대에 남북전쟁이 더 먼 기억이 되었으며, 민권 공휴일로서의 Cinco de Mayo의 중요성은 중도에 관심이 멀어지기 시작했다. 1980년대와 1990년대까지 라틴 아메리카계 소비자들의 수가 급격하게 증가했고 (특히 주정 산업의) 마케터들은 그 기회를 포착했다. 그들은 그 공휴일을 멕시코계 미국인 문화의 일반적인 축제로 바꾸어 어디에서나 흔히 볼 수 있게 만들었고, 오늘날 그 축제는 대유행이 되었다.

39 다문항1 – 빈칸 구/절　　　　　정답 ②

지문의 첫 번째 문장에서 'To many Americans, Cinco de Mayo is a day for eating Mexican food and drinking liberally.'라고 했으며, 빈칸 앞부분에서 '하지만 실제 역사는 훨씬 더 ~하다'라고 했으므로 빈칸에는 부정적인 의미가 들어감을 유추할 수 있다. 빈칸 다음에 이어지는 Cinco de Mayo 축제의 기원에 대한 설명에서 영토 확장의 의도로 멕시코를 침입한 프랑스의 나폴레옹 3세는 손쉽게 멕시코 군대를 이기고 남부 연합의 편을 드는 새로운 멕시코 왕정으로 이어질 것으로 널리 예상했지만 결과는 프랑스군의 패배로 끝났고 그것을 계기로 라틴 아메리카인들을 화합하게 해서 자발적인 축하 의식으로 이어졌다고 했으므로, 빈칸에 들어갈 말로 적절한 것은 ② 'politically charged(정치적으로 비난받는)'이다.

【오답 분석】
① 지리적으로 추진된
③ 음모에 지배된
④ 문화적으로 왜곡된
⑤ 경제적으로 균형 잡힌

40 다문항1 – 제목　　　　　정답 ①

지문은 Cinco de Mayo의 기원과 오늘날의 축제로 바뀌게 된 계기에 대해 말하고 있으므로, 윗글의 제목으로 적절한 것은 ① 'The Surprising Evolution of Cinco de Mayo(Cinco de Mayo의 놀라운 진화)'이다.

【오답 분석】
② 멕시코 요리의 정치적 중요성
③ 멕시코 이민 역사에 대한 재논의
④ 노예제에 대항하는 모든 것 : 남부 연합의 투쟁
⑤ Cinco de Mayo를 통한 시민권 회복

□ gasp at : ~에 놀라 숨이 막히다

□ moon illusion : 달 착시

□ visual trickery : 시각적 속임수

□ snap : 스냅사진을 찍다

□ consistent : 불변한, 견지하는, 시종일관된, 견실한

□ coincide with : ~와 동시에 일어나다, 일치하다

□ lunar orbit : 달의 공전(公轉)궤도

□ naked eye : 육안

□ juxtaposed against : ~와 나란히 놓인

□ fool into : 속여서 ~하게 하다[시키다]

□ foreground : 중요한[눈에 잘 띄는] 위치

□ abound : 아주 많다, 풍부하다

□ intrigue : (비밀스럽거나 중요한 일을 둘러싼) 흥미로움[흥미진진함]

□ savor : 감상하다

◁ **해석 체크체크** ▷

야간에 수평선을 바라보고 장관을 이루는 거대한 월출 장면을 보고 놀라 숨이 막힌 적이 있었나요? 보통 몇 시간 후에 하늘을 올려다보면 달이 줄어든 것처럼 보일 것이다. 달 착시라고 불리는 이 현상은 수천 년 동안 목격되었던 마음속에서 일어나는 시각적 속임수이다. 그리고 그렇게 오랜 시간이 지난 후에도 과학자들은 여전히 우리 뇌에서 정확하게 무엇이 일어나고 있는지에 대해서 의견이 일치하지 않는다. 그것을 테스트하기 위해, 지평선에서 떠오르는 달 사진을 찍고 그것을 그날 밤 늦게 찍은 이미지와 비교할 수 있다. 여러분의 눈이 그 순간을 속일지라도 그 크기는 여전히 변하지 않고 동일하게 남아 있을 것이다. (A) 유사하게도, supermoon(달이 크게 보이는 현상) 동안에 보름달이 되는 날짜가 달 궤도에서 지구와 가장 가까운 지점에 있는 날과 일치하고 달이 약 7퍼센트 크게 보일 때, 비록 여러분이 다르게 확신하더라도, 육안으로는 달의 증가를 거의 볼 수 없다.

그 착시에 대한 일반적인 설명은 달이 지평선 가까이에 있을 때, 하늘과 나란히 놓인 나무나 빌딩이 여러분의 뇌를 속여서 달이 지구와 더 가깝게 있어서 대단히 크다고 인식한다는 것이다. (B) 하지만, 궤도에 있는 우주비행사들도 역시 전경 물체가 없는 달 착시를 목격하므로, 이것이 그 문제를 완전히 해결하지는 못한다. 다른 가설들이 많지만, 달 착시는 여전히 과학자들과 이러한 달의 신비를 음미하기 위해 시간을 할애하는 사람은 누구든지 흥미를 갖고 있다.

41 다문항2 - 제목   정답 ④

지문은 시간에 따라 달의 크기가 다르게 보이는 달의 착시에 대한 내용이므로, 윗글의 제목으로 적절한 것은 ④ 'The Optical Illusion of the Size of the Moon(달 크기에 대한 착시)'이다.

오답 분석

① 달 여행이 쉬워졌다

② 슈퍼문 기간 동안의 월식

③ 외계에서 바라본 숨막히는 풍경

⑤ 줄어드는 우주 : 걱정의 원인?

42 다문항2 - 빈칸 연결어   정답 ③

빈칸 (A) 앞 문장에서 'The size will remain consistent, even if your eyes deceive in the moment.'라고 했고, (A) 다음 부분에서 supermoon 동안에도, 육안으로는 달의 증가를 거의 볼 수 없다고 했으므로, 빈칸 (A)에 들어갈 말로 적절한 것은 'Similarly(유사하게도)'이다.

빈칸 (B) 앞 문장에서 착시에 대한 설명으로 달이 지평선 가까이에 있을 때, 하늘과 나란히 놓인 나무나 빌딩이 여러분의 뇌를 속여서 달이 지구와 더 가깝게 있어서 대단히 크다고 인식한다고 했는데, (B) 다음 부분에서 '궤도에 있는 우주비행사들도 역시 전경 물체가 없는 달 착시를 목격하므로, 이것이 그 문제를 완전히 해결하지는 못한다.'라고 했으므로, 빈칸 (B)에 들어갈 말로 적절한 것은 'However(하지만)'이다.

43~45

□ polio : 소아마비

□ antidote : 해결책

□ under wraps : (당분간) 비밀로 해 둔

□ epidemic : 유행병

□ wary : 경계하는, 조심하는

□ coupled with : ~와 결부된

□ eradicate : 근절하다

□ be inducted into : ~에 입성하게 되다, 추대되다

□ low profile : 주목을 거의 못받는

□ ward : 병동

◁ **해석 체크체크** ▷

(A) 1948년이었고, Eleanor Abbott은 무료했다. 그 은퇴한 교사는, 그녀처럼 소아마비를 앓고 있는 어린아이들로 둘러싸인 San Diego 병원에 갇혀 있었다. 그 아이들은 외로웠고 슬펐으며 Abbott은 아무것도 할 일이 없자 활력을 주는 보드게임이 완벽한 해결책이 될 수 있다고 결정했다. 그래서 아마도 푸줏간에서 고기 포장용으로 쓰는 방습지 한 장을 움켜쥐고 계획을 스케치하기 시작했을 것으로 추정된다.

(D) 최종 결과는 어린아이들에게 완벽했다. 계산이 없다. 독서도 없다. 게임 참가자들은 단순히 색을 파악하여 카드상의 지시에 따라 보드 주변을 여행하고, 그 과정에서 맛있는 소리를 내는 다양한 장소에 멈추면 되었다. 그녀는 그것을 소아마비 병동의 아이들과 공유했으며, 그들은 그것을 매우 좋아했다. 1년 후에, Milton Bradley가 그 게임을 샀고 그것은 'Candy Land'라는 이름으로 놀랍게도 대박을 쳤다.

(B) Milton Bradley가 그 유래담을 수십 년 동안 비밀에 부쳤지만, 그 보드게임과 소아마비라는 질병의 연관이 거기서 멈추지 않았다. 소아마비가 Candy Land를 유명하게 하는 데 일조했을지도 모른다. 1950년대 초에, 소아마비 유행병은 전국을 휩쓸고 지나갔다. 건강을 유지하는 최선의 방법은 사람들은 피하는 것이었다. 대중 수영장, 운동장 그리고 볼링장이 문을 닫았다. 영화팬들은 극장에서 서로에게 멀리 떨어져 앉도록 권고 받았다. 경계하는 부모들은 심지어 그들의 아이들이 밖에서 놀지 못하도록 했다. 건강한 사람이나 아픈 사람 모두 시간을 보내는 것을 도와줄 오락거리가 필요했다. 그것은 2차 세계대전 이후의 미국인들이 어느 때보다도 많은 돈과 여유 시간을 가졌다는 사실과 결부하여 어린이 보드게임을 인기 있게 만드는 이상적인 조건을 제공했다. 게다가 그것은 사탕(candy)에 대한 것이었다!

(C) 오늘날, 소아마비는 사실상 지구상에서 근절되었다. 그러나 Candy Land는 기부를 계속하고 있다. 그것은 4천만 장 이상이 팔렸고 2005년에 National Toy Hall of Fame에 입성하게 되었다. 그러나 Abbott은 여생 동안 계속 겸손하고 주목을 거의 받지 않게 보냈다. New York의 Rochester에 위치한 게임 역사와 탐구에 헌신한 The Strong 박물관의 Nicolas Ricketts에 따르면, Abbott은 첫 번째 로열티 수표를 받았을 때, 그 돈의 많은 부분을 병동에서 만난 아이들에게 바로 돌려주었다고 한다. 얼마나 훈훈한가!

43 다문항3 – 글의 순서   정답 ④

(A)에서 은퇴한 교사인 Eleanor Abbott이 소아마비에 걸려서 병원에 입원해 있는 동안 지루한 시간을 달래기 위해 보드게임을 만들게 되었다고 했고, (D)에서 그녀는 그 게임을 소아마비 병동에 입원해 있는 아이들과 함께 했는데, 아이들에게 인기를 얻자 Milton Bradley가 그 게임을 샀으며 'Candy Land'라는 이름으로 크게 히트 했다고 했다. (B)에서 당시 소아마비의 유행으로 말미암아 그 게임이 인기를 얻게 되는 조건이 성립되었다고 했다. (C)에서 소아마비가 근절된 오늘날에도 게임 Candy Land의 인기는 여전해서 2005년 National Toy Hall of Fame에 입성했으며, 게임을 만든 Abbott이 첫 번째 로열티를 소아마비 병동에서 만난 어린이들에게 주었다는 것으로 마무리 짓고 있다.

44 다문항3 – 제목   정답 ②

지문은 Candy Land 게임을 만들게 된 계기와 소아마비가 유행했던 당시의 시대적인 상황이 게임이 유행하는 데 도움이 되었지만, 소아마비가 근절된 오늘날도 여전히 Candy Land의 기부는 계속되고 있으며 게임을 만든 Abbott은 첫 번째 로열티를 소아마비 병동에서 만난 어린이들에게 주었다는 내용이므로, 윗글의 제목으로 적절한 것은 ② 'The Bittersweet History of Candy Land(Candy Land의 달콤쌉쌀한 역사)'이다.

오답 분석

① 아이들과 Candy Land를 게임하는 법
③ 교육 도구로서의 Candy Land 사용
④ Candy Land : 아이들의 자신감을 높여주다
⑤ Candy Land 인기의 하락

45 다문항3 – 세부 정보   정답 ①

(D)의 두 번째 문장에서 'No counting(계산이 없다)'라고 했으므로 윗글의 내용과 일치하지 않는 것은 ① 'Candy Land requires basic arithmetic skills(Candy Land는 기본적인 산수 기술을 요구한다).'이다.

오답 분석

② 미국은 1950년대에 전염병에 걸렸다. → (B)의 세 번째 문장에서 'In the early 1950s, a polio epidemic swept the country(1950년대 초에, 소아마비 유행병은 전국을 휩쓸고 지나갔다).'라고 했으므로, 글의 내용과 일치한다.
③ Eleanor Abbott은 입원 중에 Candy Land를 만들었다. → (A)의 세 번째 문장에서 'The kids were lonely and sad, and Abbott, with nothing else to do, decided that a cheerful board game could be the perfect antidote.'라고 했으므로, 글의 내용과 일치한다.
④ Eleanor Abbott은 그녀의 첫 번째 로열티 수표를 다른 사람들과 공유했다. → (C)의 마지막 문장에서 'when Abbott received her first royalty check, she gave much of the money right back to the children she met in the ward.'라고 했으므로, 글의 내용과 일치한다.
⑤ 처음에 Milton Bradley는 Candy Land의 유래 이야기를 밝히지 않았다. → (B)의 첫 번째 문장에서 'While Milton Bradley kept that origin story under wraps for decades, ~'라고 했으므로, 글의 내용과 일치한다.

01 ①	02 ④	03 ③	04 ⑤	05 ①
06 ③	07 ④	08 ⑤	09 ⑤	10 ③
11 ②	12 ④	13 ②	14 ③	15 ③
16 ①	17 ①	18 ②	19 ④	20 ②
21 146	22 250	23 7	24 14	25 34

01 사인법칙과 코사인법칙   정답 ①

삼각형 ABC의 넓이가 $5\sqrt{2}$ 이므로

$\dfrac{1}{2} \times \overline{AB} \times \overline{AC} \times \sin A = 5\sqrt{2}$ 에서

$\dfrac{1}{2} \times 3 \times 5 \times \sin A = 5\sqrt{2}$

$\therefore \ \sin A = \dfrac{2\sqrt{2}}{3}$

$\cos A = \sqrt{1 - \sin^2 A} = \sqrt{1 - \left(\dfrac{2\sqrt{2}}{3}\right)^2} = \dfrac{1}{3}$

코사인법칙에 의하여

$\overline{BC}^2 = \overline{AB}^2 + \overline{AC}^2 - 2 \times \overline{AB} \times \overline{AC} \times \cos A$

$\qquad = 3^2 + 5^2 - 2 \times 3 \times 5 \times \dfrac{1}{3} = 24$

$\therefore \ \overline{BC} = 2\sqrt{6}$

사인법칙에 의하여

$2R = \dfrac{\overline{BC}}{\sin A} = \dfrac{2\sqrt{6}}{\dfrac{2\sqrt{2}}{3}} = 3\sqrt{3}$

$\therefore \ R = \dfrac{3\sqrt{3}}{2}$

◁ **개념 체크체크** ▷

1. 사인법칙

삼각형 ABC에서 ∠A, ∠B, ∠C의 대변의 길이를 각각 a, b, c라 하고 삼각형 ABC의 외접원의 반지름의 길이를 R라 하면 다음이 성립한다.

$\dfrac{a}{\sin A} = \dfrac{b}{\sin B} = \dfrac{c}{\sin C} = 2R$

2. 코사인법칙

삼각형 ABC에서 ∠A, ∠B, ∠C의 대변의 길이를 각각 a, b, c라 하자.

(1) 제일코사인법칙

$a = b\cos C + c\cos B$

$b = c\cos A + a\cos C$

$c = a\cos B + b\cos A$

(2) 제이코사인법칙

$a^2 = b^2 + c^2 - 2bc\cos A$

$b^2 = a^2 + c^2 - 2ac\cos B$

$c^2 = a^2 + b^2 - 2ab\cos C$

02 정적분의 활용(속도와 거리)   정답 ④

두 점 P, Q의 시각 $t(t \geq 0)$에서의 위치를 각각 $x_P(t)$, $x_Q(t)$라 하면 시각 $t=0$일 때 동시에 원점을 출발하므로

$x_P(t) = 0 + \displaystyle\int v_P(t)dt = \int (3t^2 + 2t - 4)dt$

$\qquad = t^3 + t^2 - 4t$

$x_Q(t) = 0 + \displaystyle\int v_Q(t)dt = \int (6t^2 - 6t)dt$

$\qquad = 2t^3 - 3t^2$

출발한 후 두 점 P, Q가 만나는 시각은

$t^3 + t^2 - 4t = 2t^3 - 3t^2$에서

$t^3 - 4t^2 + 4t = 0, \ t(t-2)^2 = 0$

$\therefore \ t = 2$

따라서 구하는 위치는

$16 - 12 = 4$

03 지수함수   정답 ③

오른쪽 그림과 같이

$\overline{PQ} = 4^a - 2^a, \ \overline{QR} = 2^a + \dfrac{1}{2^{a-1}}$

이때 $\overline{PQ} : \overline{QR} = 8 : 3$이므로

$4^a - 2^a : 2^a + \dfrac{1}{2^{a-1}} = 8 : 3$

$8\left(2^a + \dfrac{1}{2^{a-1}}\right) = 3(4^a - 2^a)$

$8 \times 2^a + 16 \times \dfrac{1}{2^a} = 3 \times (2^a)^2 - 3 \times 2^a$

$2^a = t(t > 0)$라 하면

$8t + \dfrac{16}{t} = 3t^2 - 3t, \ 8t^2 + 16 = 3t^3 - 3t^2$

$3t^3 - 11t^2 - 16 = 0, \ (t-4)(3t^2 + t + 4) = 0$

$\therefore \ t = 4$

따라서 $2^a = 4 = 2^2$이므로

$a = 2$

04 로그의 계산   정답 ⑤

$\log_a b \le 2$에서 $\log_a b \le \log_a a^2$

이때 밑 a가 $a \ge 2$이므로 $b \le a^2$

$a = 2$일 때, $b \le 4$이므로 $(2,\ 1),\ (2,\ 2),\ (2,\ 3),\ (2,\ 4)$의 2^2개

$a = 3$일 때, $b \le 9$이므로 $(3,\ 1),\ (3,\ 2),\ (3,\ 3),\ \cdots,\ (3,\ 9)$의 3^2개

$$\vdots$$

집합 A의 원소의 개수가 54이므로 $2^2 + 3^2 + 4^2 + 5^2 = 54$이어야 한다.

$\therefore\ k = 5$

따라서 $a + b + k$의 최댓값은

$5 + 25 + 5 = 35$

05 사차함수와 극값   정답 ①

$\displaystyle\int_0^2 f(x-1)dx = \int_{-1}^1 f(x)dx$의 값을 구하면 된다.

사차함수 $f(x)$는 $x = 1$에서 극값 2를 갖고 $f(x)$가 x^3으로 나누어 떨어지므로 사차함수 $f(x)$는 $x = 0$에서 삼중근을 갖고, $x = 1$에서 극값 2를 갖는다.

사차함수 $y = f(x)$의 그래프가 x축과 만나는 점의 x좌표를 $t(t \ne 0)$라 하면

$f(x) = ax^3(x - t)$ (a는 상수이고, $a \ne 0$)

이때 $f(1) = 2$이어야 하므로 $a(1 - t) = 2$ …… ㉠

$f'(x) = 3ax^2(x - t) + ax^3$이고, $f'(1) = 0$이어야 하므로

$3a(1 - t) + a = 0$

㉠을 대입하면

$3 \times 2 + a = 0$ $\therefore\ a = -6$

$a = -6$을 ㉠에 대입하면

$-6(1 - t) = 2,\ 1 - t = -\dfrac{1}{3}$ $\therefore\ t = \dfrac{4}{3}$

$\therefore\ f(x) = -6x^3\left(x - \dfrac{4}{3}\right) = -6x^4 + 8x^3$

$\begin{aligned}
\therefore\ \int_0^2 f(x-1)dx &= \int_{-1}^1 f(x)dx = \int_{-1}^1 (-6x^4 + 8x^3)dx \\
&= 2\int_0^1 (-6x^4)dx + 0 \\
&= -12\left[\dfrac{1}{5}x^5\right]_0^1 = -\dfrac{12}{5}
\end{aligned}$

06 삼각함수   정답 ③

$\cos\dfrac{(a-b)\pi}{2} = 0$이므로 $|a - b| = $ (홀수)이어야 한다.

$a^2 + b^2 \le 13$이므로 $a,\ b$는 $-3 \le a \le 3$, $-3 \le b \le 3$인 정수만 가능하다.

(i) $|a|$가 홀수, $|b|$가 짝수인 경우

$a = -3,\ 3$일 때, $b^2 \le 4$이므로 $b = -2,\ 0,\ 2$

$a = -1,\ 1$일 때, $b^2 \le 12$이므로 $b = -2,\ 0,\ 2$

즉, 이 경우의 순서쌍 $(a,\ b)$의 개수는 12이다.

(ii) $|a|$가 짝수, $|b|$가 홀수인 경우

$a = -2,\ 2$일 때, $b^2 \le 9$이므로 $b = -3,\ -1,\ 1,\ 3$

$a = 0$일 때, $b^2 \le 13$이므로 $b = -3,\ -1,\ 1,\ 3$

즉, 이 경우의 순서쌍 $(a,\ b)$의 개수는 12이다.

(i), (ii)에서 모든 순서쌍 $(a,\ b)$의 개수는 24이다.

07 일차 · 삼차함수의 그래프   정답 ④

최고차항의 계수가 1인 삼차함수 $f(x)$의 도함수 $f'(x)$는 최고차항의 계수가 3인 이차함수이고, 삼차함수 $f(x)$는 $x = 1$과 $x = -1$에서 극값을 가지므로 $f'(1) = f'(-1) = 0$이다.

즉, $f'(x) = 3(x - 1)(x + 1)$이다.

또한, $\{x | f(x) \le 9x + 9\} = (-\infty,\ a]$이므로 삼차함수 $y = f(x)$의 그래프와 직선 $y = 9x + 9$는 접해야 한다.

$f'(x) = 9$에서 $3(x - 1)(x + 1) = 9$

$x^2 - 4 = 0,\ (x + 2)(x - 2) = 0$

$\therefore\ x = -2$ 또는 $x = 2$

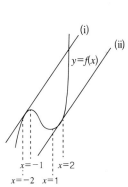

그런데 오른쪽 그림과 같이 (ii) $x = 2$인 경우는 $\{x | f(x) \le 9x + 9\} = (-\infty,\ a]$인 a의 값이 음수이므로 조건을 만족시키지 않는다.

즉, (i) $x = -2$일 때,

삼차함수 $y = f(x)$의 그래프와 직선 $y = 9x + 9$가 접해야 한다.

또한, 삼차함수 $y = f(x)$의 그래프와 직선 $y = 9x + 9$가 접하지 않으면서 만나는 점의 x좌표가 a이므로

$f(x) - (9x + 9) = (x + 2)^2(x - a)$ …… ㉠

라 할 수 있다.

이때

$\begin{aligned}
f(x) &= \int f'(x)dx = 3\int (x^2 - 1)dx \\
&= 3\left(\dfrac{1}{3}x^3 - x\right) + C \text{ (단, } C\text{는 적분상수)}
\end{aligned}$

이므로

$\begin{aligned}
f(x) - (9x + 9) &= 3\left(\dfrac{1}{3}x^3 - x\right) + C - 9x - 9 \\
&= x^3 - 12x - 9 + C
\end{aligned}$

따라서 ㉠에서

$x^3 - 12x - 9 + C = x^3 + (4 - a)x^2 + 4(1 - a)x - 4a$

이므로 $4 - a = 0$

$\therefore\ a = 4$

08 산술평균과 기하평균의 관계 + 로그의 성질   정답 ⑤

점 (a, b)가 원 $x^2 + y^2 = r^2$ 위의 점이므로

$a^2 + b^2 = r^2$

$\log_r |ab|$의 최댓값이 $f(r)$이므로 $f(64)$의 값은 $\log_{64} |ab|$의 최댓값이다.

즉, $a^2 + b^2 = 64^2$이고, 산술평균과 기하평균의 관계에 의하여

$a^2 + b^2 \geq 2\sqrt{a^2 b^2} = 2|ab|$이므로

$64^2 \geq 2|ab|$, $\dfrac{64^2}{2} \geq |ab|$

$\log_{64} \dfrac{64^2}{2} \geq \log_{64} |ab|$

$\log_{64} 64^2 - \log_{2^6} 2 \geq \log_{64} |ab|$

$2 - \dfrac{1}{6} \geq \log_{64} |ab|$ $\therefore \dfrac{11}{6} \geq \log_{64} |ab|$

따라서 $f(64)$의 값은 $\dfrac{11}{6}$ 이다.

09 로그 + 경우의 수   정답 ⑤

조건 (나)에서

$\log\{f(1) + f(2) + f(3)\} = 2\log 2 + \log 3 = \log(2^2 \times 3) = \log 12$

$\therefore f(1) + f(2) + f(3) = 12$

이 등식을 만족시키는 $f(1)$, $f(2)$, $f(3)$의 값은 순서에 상관없이 $(4, 4, 4)$ 또는 $(3, 4, 5)$ 또는 $(2, 5, 5)$ ······ ㉠

조건 (다)에서

$\log f(4) + \log f(5) \leq 1$, $\log\{f(4)f(5)\} \leq 1$

$\therefore f(4)f(5) \leq 10$

이 부등식을 만족시키는 $f(4)$, $f(5)$의 값을 순서쌍 $(f(4), f(5))$로 나타내면

$(5, 1)$, $(5, 2)$,

$(4, 1)$, $(4, 2)$,

$(3, 1)$, $(3, 2)$, $(3, 3)$,

$(2, 1)$, $(2, 2)$, $(2, 3)$, $(2, 4)$, $(2, 5)$,

$(1, 1)$, $(1, 2)$, $(1, 3)$, $(1, 4)$, $(1, 5)$ ······ ㉡

(i) ㉠에서 $(4, 4, 4)$인 경우

$(4, 4, 4)$를 $f(1)$, $f(2)$, $f(3)$에 하나씩 대응시키는 경우의 수는 1

이 경우는 $f(1)$, $f(2)$, $f(3)$의 값에서 이미 조건 (가)를 만족시키므로 ㉡의 $f(4)$, $f(5)$의 값의 17가지 모두 주어진 조건을 만족시킨다.

즉, 이 경우의 수는 $1 \times 17 = 17$이다.

(ii) ㉠에서 $(3, 4, 5)$인 경우

$(3, 4, 5)$를 $f(1)$, $f(2)$, $f(3)$에 하나씩 대응시키는 경우의 수는 $3! = 6$

이 경우가 조건 (가)를 만족시키려면 ㉡의 $f(4)$, $f(5)$의 값에서 $(2, 1)$, $(1, 2)$인 경우만 제외하면 되므로 15가지이다.

즉, 이 경우의 수는 $6 \times 15 = 90$이다.

(iii) ㉠에서 $(2, 5, 5)$인 경우

$(2, 5, 5)$를 $f(1)$, $f(2)$, $f(3)$에 하나씩 대응시키는 경우의 수는 $\dfrac{3!}{2!} = 3$

이 경우는 $f(1)$, $f(2)$, $f(3)$의 값에서 이미 조건 (가)를 만족시키므로 ㉡의 $f(4)$, $f(5)$의 값의 17가지 모두 주어진 조건을 만족시킨다.

즉, 이 경우의 수는 $3 \times 17 = 51$이다.

(i), (ii), (iii)에서 조건을 만족시키는 함수 $f(x)$의 개수는

$17 + 90 + 51 = 158$

10 정적분의 활용   정답 ③

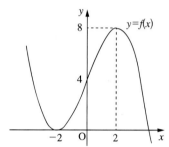

두 곡선

$y = (x+2)^2$,

$y = -(x-2)^2 + 8$은

점 $(0, 4)$에 대하여 대칭이므로 곡선 $y = f(x)$는 오른쪽 그림과 같다.

또한, 직선 $y = mx + 4$는 m의 값에 관계없이 항상 점 $(0, 4)$를 지난다.

(i) $h(-2)$의 값

$h(-2)$의 값은 곡선 $y = f(x)$와 직선 $y = -2x + 4$로 둘러싸인 부분의 넓이이고, $x \leq 0$일 때의 넓이와 $x > 0$일 때의 넓이가 서로 대칭이므로 $x \leq 0$일 때의 넓이의 2배와 같다.

곡선 $y = (x+2)^2$과 직선 $y = -2x + 4$의 교점의 x좌표는

$(x+2)^2 = -2x + 4$에서 $x^2 + 4x + 4 = -2x + 4$

$x^2 + 6x = 0$, $x(x+6) = 0$

$\therefore x = -6$ 또는 $x = 0$

$\therefore h(-2) = 2\displaystyle\int_{-6}^{0} \{-2x + 4 - (x+2)^2\}\,dx$

$\qquad = 2\displaystyle\int_{-6}^{0} (-x^2 - 6x)\,dx$

$\qquad = 2\left[-\dfrac{1}{3}x^3 - 3x^2\right]_{-6}^{0}$

$\qquad = 2 \times 36 = 72$

(ii) $h(1)$의 값

$h(1)$의 값은 곡선 $y = f(x)$와 직선 $y = x + 4$로 둘러싸인 부분의 넓이이고, $x \leq 0$일 때의 넓이와 $x > 0$일 때의 넓이가 서로 대칭이므로 $x \leq 0$일 때의 넓이의 2배와 같다.

곡선 $y = (x+2)^2$과 직선 $y = x + 4$의 교점의 x좌표는

$(x+2)^2 = x + 4$에서 $x^2 + 4x + 4 = x + 4$

$x^2 + 3x = 0$, $x(x+3) = 0$

$\therefore x = -3$ 또는 $x = 0$

$\therefore h(1) = 2\displaystyle\int_{-3}^{0} \{x + 4 - (x+2)^2\}\,dx$

$\qquad = 2\displaystyle\int_{-3}^{0} (-x^2 - 3x)\,dx$

$$= 2\left[-\frac{1}{3}x^3 - \frac{3}{2}x^2\right]_{-3}^{0}$$

$$= 2 \times \frac{9}{2} = 9$$

(ⅰ), (ⅱ)에서 $h(-2) + h(1) = 72 + 9 = 81$ 이다.

11 일반항이 분수 꼴인 수열의 합   정답 ②

$a = \sqrt{3n+1}$, $b = \sqrt{3n-2}$ 라 하면

$$a_n = \frac{\sqrt{9n^2 - 3n - 2} + 6n - 1}{\sqrt{3n+1} + \sqrt{3n-2}}$$

$$= \frac{\sqrt{(3n+1)(3n-2)} + \{(3n+1) + (3n-2)\}}{\sqrt{3n+1} + \sqrt{3n-2}}$$

$$= \frac{ab + a^2 + b^2}{a+b} = \frac{(a-b)(ab + a^2 + b^2)}{(a-b)(a+b)}$$

$$= \frac{a^3 - b^3}{a^2 - b^2} = \frac{a^3 - b^3}{(3n+1) - (3n-2)}$$

$$= \frac{a^3 - b^3}{3}$$

$$\therefore \sum_{n=1}^{16} a_n = \frac{1}{3} \sum_{n=1}^{16} (a^3 - b^3)$$

$$= \frac{1}{3} \sum_{n=1}^{16} \{(\sqrt{3n+1})^3 - (\sqrt{3n-2})^3\}$$

$$= \frac{1}{3}\left[\{(\sqrt{4})^3 - 1\} + \{(\sqrt{7})^3 - (\sqrt{4})^3\} + \{(\sqrt{10})^3 \right.$$

$$\left. - (\sqrt{7})^3\} + \cdots + \{(\sqrt{49})^3 - (\sqrt{46})^3\}\right]$$

$$= \frac{1}{3} \times \{(\sqrt{49})^3 - 1\} = \frac{1}{3} \times (343 - 1) = 114$$

12 도함수의 활용   정답 ④

원 C의 반지름의 길이의 최솟값은 원 C가 오른쪽 그림과 같이 접할 때이다.
원 C가 곡선 $y = x^2 - 1$에 접하는 점의 좌표를 $(t, t^2 - 1)$이라 하면 두 점 $(18, -1)$, $(t, t^2 - 1)$을 지나는 직선의 기울기는

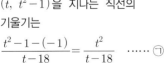

$$\frac{t^2 - 1 - (-1)}{t - 18} = \frac{t^2}{t - 18} \quad \cdots\cdots \ \text{㉠}$$

곡선 $y = x^2 - 1$ 위의 점 $(t, t^2 - 1)$에서의 접선은 ㉠과 수직이므로 기울기는 $-\dfrac{t - 18}{t^2}$

또한, 곡선 $y = x^2 - 1$ 위의 점 $(t, t^2 - 1)$에서의 접선의 기울기는

$y' = 2x$에서 $2t$이므로 $-\dfrac{t - 18}{t^2} = 2t$이어야 한다.

$2t^3 + t - 18 = 0$이므로

$(t-2)(2t^2 + 4t + 9) = 0$

$\therefore \ t = 2$

즉, 접점의 좌표는 $(2, 3)$이므로 원 C의 지름은

$$\sqrt{(18-2)^2 + (-1-3)^2} = 4\sqrt{17}$$

따라서 원 C의 반지름의 길이의 최솟값은 $2\sqrt{17}$ 이다.

13 접선의 방정식   정답 ②

점 (a, b)에서 곡선 $y = x^2$에 그은 접선이 곡선 $y = x^2$에 접하는 점의 좌표를 (t, t^2)이라 하자.
접선의 기울기는 $y' = 2x$에서 $2t$이므로 접선의 방정식은

$$y - t^2 = 2t(x - t)$$

이 직선이 점 (a, b)를 지나므로

$$b - t^2 = 2t(a - t)$$

$\therefore \ t^2 - 2at + b = 0 \quad \cdots\cdots \ \text{㉠}$

t에 대한 이차방정식 ㉠의 서로 다른 두 실근을 t_1, t_2라 하면 두 접선의 기울기는 각각 $2t_1$, $2t_2$이고, 두 접선이 서로 수직이므로

$$2t_1 \times 2t_2 = -1 \quad \therefore \ t_1 t_2 = -\frac{1}{4}$$

이차방정식 ㉠에서 근과 계수의 관계에 의하여 $t_1 t_2 = b$이므로

$$b = -\frac{1}{4}$$

$b = -\dfrac{1}{4}$을 $a^2 + b^2 \leq \dfrac{37}{16}$에 대입하여 정리하면

$$a^2 \leq \frac{9}{4} \quad \therefore \ -\frac{3}{2} \leq a \leq \frac{3}{2}$$

따라서 $a + b$의 최댓값은 $p = \dfrac{3}{2} + \left(-\dfrac{1}{4}\right) = \dfrac{5}{4}$,

최솟값은 $q = -\dfrac{3}{2} + \left(-\dfrac{1}{4}\right) = -\dfrac{7}{4}$이므로

$$pq = \frac{5}{4} \times \left(-\frac{7}{4}\right) = -\frac{35}{16}$$

$\dfrac{1}{x}=h$라 하면 $x \to \infty$일 때, $h \to 0+$이므로

$$\lim_{x \to \infty} \sum_{k=1}^{4} \left\{ xf\left(1+\frac{3^k}{x}\right)g\left(1+\frac{3^k}{x}\right) \right\}$$

$$= \lim_{h \to 0+} \sum_{k=1}^{4} \frac{f(1+3^k h)g(1+3^k h)}{h}$$

$$= \lim_{h \to 0+} \sum_{k=1}^{4} \left\{ \frac{f(1+3^k h)g(1+3^k h)}{3^k h} \times 3^k \right\}$$

이때

$f(x)g(x)=i(x)$라 하면 $i(1)=f(1)g(1)=2 \times 0=0$이므로

$$\lim_{h \to 0+} \sum_{k=1}^{4} \left\{ \frac{f(1+3^k h)g(1+3^k h)}{3^k h} \times 3^k \right\}$$

$$= \lim_{h \to 0+} \sum_{k=1}^{4} \left\{ \frac{i(1+3^k h)-i(1)}{3^k h} \times 3^k \right\}$$

$$= \lim_{h \to 0+} \left\{ \frac{i(1+3h)-i(1)}{3h} \times 3 \right\} + \lim_{h \to 0+} \left\{ \frac{i(1+9h)-i(1)}{9h} \times 9 \right\}$$

$$+ \lim_{h \to 0+} \left\{ \frac{i(1+27h)-i(1)}{27h} \times 27 \right\}$$

$$+ \lim_{h \to 0+} \left\{ \frac{i(1+81h)-i(1)}{81h} \times 81 \right\}$$

$$= 3i'(1)+9i'(1)+27i'(1)+81i'(1)$$

$$= 120i'(1)$$

$$= 120 \times \{f'(1)g(1)+f(1)g'(1)\}$$

$$= 120 \times (3 \times 0 + 2 \times 2)$$

$$= 480$$

◁ **개념 체크체크** ▷

미분계수

함수 $y=f(x)$에서 x의 값이 a에서 $a+\Delta x$까지 변할 때의 평균변화율에서 Δx가 0으로 한없이 가까워질 때의 극한값

$$\lim_{\Delta x \to 0} \frac{\Delta y}{\Delta x} = \lim_{\Delta x \to 0} \frac{f(a+\Delta x)-f(a)}{\Delta x}$$

$$= \lim_{h \to 0} \frac{f(a+h)-f(a)}{h}$$

$$= \lim_{x \to a} \frac{f(x)-f(a)}{x-a}$$

를 함수 $y=f(x)$의 $x=a$에서의 순간변화율 또는 미분계수라 하고, 기호로 $f'(a)$와 같이 나타낸다.

오른쪽 그림과 같이 원 S의 중심을 O라 하고, 원 S가 정삼각형 ABC에 접하는 점을 각각 D, E, F라 하자.

원 S의 반지름의 길이가 1이므로 $\overline{OE}=1$

점 O는 삼각형 ABC의 무게중심이므로 $\overline{AO}=2\overline{OE}=2$

$0 \le t \le 1$인 실수 t에 대하여

(i) $t=0$일 때

점 P가 점 D, E, F의 위치에 있을 때, 점 P와 원 S의 거리가 0이므로

$f(0)=3$

(ii) $t=1$일 때

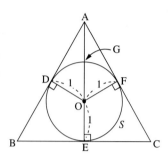

오른쪽 그림과 같이 사각형 ADOF에서 원 S와 선분 AO가 만나는 점을 G라 하면 $\overline{AG}=\overline{AO}-$(원 S의 반지름의 길이)$=2-1=1$

즉, 점 P가 점 G의 위치에 있을 때, 점 P와 원 S의 거리가 1이다.

두 사각형 BEOD, CFOE에도 이와 같은 점이 생기므로

$f(1)=3$

(iii) $0<t<1$일 때

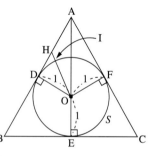

오른쪽 그림과 같이 삼각형 ADO에서 선분 AD 위의 점 H에 대하여 원 S와 선분 HO가 만나는 점을 I라 하자.

점 P가 점 I의 위치에 있을 때, 점 P와 원 S의 거리가 0보다 크고 1보다 작다.

나머지 5개의 삼각형에도 이와 같은 점이 생기므로

$f(t)=6$

(i), (ii), (iii)에서 $f(t)=\begin{cases} 3 & (t=0) \\ 6 & (0<t<1) \\ 3 & (t=1) \end{cases}$

따라서 함수 $f(t)$가 $t=k$에서 불연속인 k의 개수는 0, 1의 2이므로

$a=2$

$\lim_{t \to 1-} f(t)=6$이므로

$b=6$

$\therefore a+b=2+6=8$

16 수열의 합

(i) $n=1$일 때

오른쪽 그림과 같이 점 $(a,\ b)$가 점 E의 위치에 있을 때, 두 조건 (가), (나)를 만족시킨다.

이때 $a=\dfrac{1}{2}$, $b=\dfrac{1}{2}$이므로 조건 (다)도 만족시킨다.

즉, 집합 X_1의 원소의 개수는 $\left(\dfrac{1}{2},\ \dfrac{1}{2}\right)$의 1이므로 $a_1=1$이다.

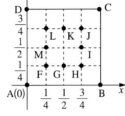

(ii) $n=2$일 때

오른쪽 그림과 같이 점 $(a,\ b)$가 점 F, G, H, I, J, K, L, M의 위치에 있을 때, 두 조건 (가), (나)를 만족시킨다.

이때 세 점

$F\left(\dfrac{1}{2^2},\ \dfrac{1}{2^2}\right)$, $G\left(\dfrac{1}{2},\ \dfrac{1}{2^2}\right)$,

$M\left(\dfrac{1}{2^2},\ \dfrac{1}{2}\right)$만 조건 (다)를 만족시킨다.

즉, 집합 X_2의 원소의 개수는

$\left(\dfrac{1}{2^2},\ \dfrac{1}{2^2}\right)$, $\left(\dfrac{1}{2},\ \dfrac{1}{2^2}\right)$, $\left(\dfrac{1}{2^2},\ \dfrac{1}{2}\right)$의 3이므로 $a_2=3$이다.

이와 같은 방법으로 하면 $a_1=1$, $a_2=3$, $a_3=5$, $\cdots$,

$a_n=2n-1$이므로

$$\sum_{n=1}^{10} a_n = \sum_{n=1}^{10}(2n-1)$$
$$=2\times\frac{10\times11}{2}-1\times10$$
$$=100$$

17 삼각함수의 그래프의 활용

$\log_2 f(x)$가 정수이려면 정수 k에 대하여 $\log_2 f(x)=k$,

즉 $f(x)=2^k$ 꼴이어야 한다.

따라서 $0\le x\le1$에서 집합 $\{x|\log_2 f(x)$는 정수$\}$의 원소의 개수가 8이 되려면 $0\le x\le1$에서 함수 $y=f(x)$의 그래프와 직선 $y=2^k$ (k는 정수)가 만나는 서로 다른 점이 8개이어야 한다. …… ㉠

(i) $b=1$일 때

$f(x)=\sin(a\pi x)+2$에서 함수 $f(x)$의 주기는

$\dfrac{2\pi}{a\pi}=\dfrac{2}{a}$이므로

$0\le x\le\dfrac{2}{a}$에서의 함수 $y=f(x)$의 그래프의 개형은 오른쪽 그림과 같다.

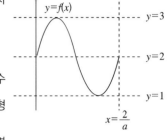

이때 ㉠을 만족시키려면

$0\le x\le1$에서 함수 $y=f(x)$의 그래프와 두 직선 $y=2^0=1$, $y=2^1=2$가 만나는 서로 다른 점이 8개이어야 하므로 다음 그림과 같다.

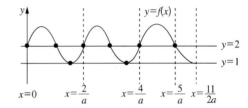

즉, $\dfrac{5}{a}\le1<\dfrac{11}{2a}$이어야 하므로 $5\le a<5.5$

∴ $a=5$ (∵ a는 자연수)

(ii) $b=2$일 때

$f(x)=\sin(a\pi x)+4$에서 함수 $f(x)$의 주기는

$\dfrac{2\pi}{a\pi}=\dfrac{2}{a}$이므로

$0\le x\le\dfrac{2}{a}$에서의 함수 $y=f(x)$의 그래프의 개형은 오른쪽 그림과 같다.

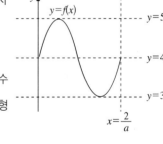

이때 ㉠을 만족시키려면

$0\le x\le1$에서 함수 $y=f(x)$의 그래프와 직선 $y=2^2=4$가 만나는 서로 다른 점이 8개이어야 하므로 다음 그림과 같다.

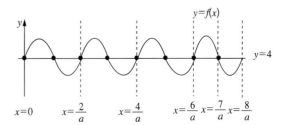

즉, $\dfrac{7}{a} \leq 1 < \dfrac{8}{a}$ 이어야 하므로 $7 \leq a < 8$

$\therefore a = 7$ ($\because a$는 자연수)

(iii) $b = 3$일 때

$f(x) = \sin(a\pi x) + 6$에서 함수 $f(x)$의 주기는

$\dfrac{2\pi}{a\pi} = \dfrac{2}{a}$ 이므로

$0 \leq x \leq \dfrac{2}{a}$에서의 함수

$y = f(x)$의 그래프의 개형은 오른쪽 그림과 같다.

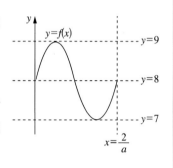

이때 ㉠을 만족시키는 정수 k의 값이 존재하지 않는다.

(iv) $b = 4$일 때

$f(x) = \sin(a\pi x) + 8$에서 함수 $f(x)$의 주기는

$\dfrac{2\pi}{a\pi} = \dfrac{2}{a}$ 이므로

$0 \leq x \leq \dfrac{2}{a}$에서의 함수

$y = f(x)$의 그래프의 개형은 오른쪽 그림과 같다.

이때 ㉠을 만족시키려면

$0 \leq x \leq 1$에서 함수 $y = f(x)$의 그래프와 직선 $y = 2^3 = 8$

이 만나는 서로 다른 점이 8개이어야 하므로 다음 그림과 같다.

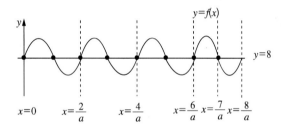

즉, $\dfrac{7}{a} \leq 1 < \dfrac{8}{a}$ 이어야 하므로 $7 \leq a < 8$

$\therefore a = 7$ ($\because a$는 자연수)

이와 같은 방법으로 하면 $a = 5$ 또는 $a = 7$이므로 서로 다른 모든 a의 값의 합은

$5 + 7 = 12$

$g(x) = \displaystyle\int_{-1}^{x} f(t)\{2x - f(t)\}dt$의 양변에 $x = -1$을 대입하면

$g(-1) = 0$

$g(x) = \displaystyle\int_{-1}^{x} f(t)\{2x - f(t)\}dt$

$\quad = 2x\displaystyle\int_{-1}^{x} f(t)dt - \int_{-1}^{x} \{f(t)\}^2 dt$

이므로 위의 등식의 양변을 x에 대하여 미분하면

$g'(x) = 2\displaystyle\int_{-1}^{x} f(t)dt + 2xf(x) - \{f(x)\}^2$

(i) $-1 < x < 0$일 때

$f(x) = 1 + x$이므로

$g'(x) = 2\displaystyle\int_{-1}^{x} f(t)dt + 2xf(x) - \{f(x)\}^2$

$\quad = 2\displaystyle\int_{-1}^{x} (1+t)dt + 2x(1+x) - (1+x)^2$

$\quad = 2\left[t + \dfrac{1}{2}t^2\right]_{-1}^{x} + 2x + 2x^2 - 1 - 2x - x^2$

$\quad = 2\left(x + \dfrac{1}{2}x^2 + \dfrac{1}{2}\right) + x^2 - 1$

$\quad = 2x^2 + 2x = 2x(x+1)$

(ii) $0 < x < 1$일 때

$f(x) = 1 - x$이므로

$g'(x) = 2\displaystyle\int_{-1}^{x} f(t)dt + 2xf(x) - \{f(x)\}^2$

$\quad = 2\displaystyle\int_{-1}^{x} (1-t)dt + 2x(1-x) - (1-x)^2$

$\quad = 2\left[t - \dfrac{1}{2}t^2\right]_{-1}^{x} + 2x - 2x^2 - 1 + 2x - x^2$

$\quad = 2\left(x - \dfrac{1}{2}x^2 + \dfrac{3}{2}\right) - 3x^2 + 4x - 1$

$\quad = -4x^2 + 6x + 2 = -4\left(x + \dfrac{3}{4}\right)^2 + \dfrac{17}{4}$

(iii) $|x| > 1$일 때

$f(x) = 0$이므로

$g'(x) = 0$

(i), (ii), (iii)에 의하여 함수 $y = g'(x)$의 그래프의 개형은 오른쪽 그림과 같다.

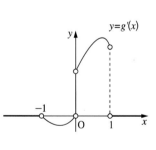

따라서 $-1 < x < 0$일 때, $g'(x) < 0$이므로 함수 $g(x)$의 최솟값은 $x = 0$일 때

$g(0) = \displaystyle\int_{-1}^{0} g'(x)dx$

$\quad = \displaystyle\int_{-1}^{0} (2x^2 + 2x)dx$

$\quad = \left[\dfrac{2}{3}x^3 + x^2\right]_{-1}^{0} = -\dfrac{1}{3}$

19 함수의 극한

정답 ④

함수 $g(x)$가 함수 $y = f(x)$의 그래프를 y축에 대하여 대칭이동한 그래프이므로

$g(x) = f(-x)$

위의 등식의 양변을 x에 대하여 미분하면

$g'(x) = -f'(-x)$ ······ ㉠

조건 (가)에 의하여 $f(x)$는 $x-1$을 인수로 갖고, $f(1) = 0$이다.

조건 (나)에 의하여 $f(x)$는 $x-3$을 인수로 갖고, $f(3) = 0$이다.

조건 (다)에 의하여 $\displaystyle\lim_{x \to -3+} g'(x) = 0$이므로 $g'(-3) = 0$이다.

이때 ㉠의 양변에 $x = -3$을 대입하면

$g'(-3) = -f'(3) = 0$ $\therefore$ $f'(3) = 0$

즉, $f(3) = 0$, $f'(3) = 0$이므로 $f(x)$는 $(x-3)^2$을 인수로 갖는다.

따라서 $f(x) = a(x-1)(x-3)^2$ (a는 상수이고, $a \neq 0$)이라 하면

$g(x) = f(-x) = a(-x-1)(-x-3)^2 = -a(x+1)(x+3)^2$

이므로 조건 (나)에서

$\displaystyle\lim_{x \to 3} \frac{f(x)}{(x-3)g(x)} = \lim_{x \to 3} \frac{a(x-1)(x-3)^2}{-a(x-3)(x+1)(x+3)^2}$

$\displaystyle = \lim_{x \to 3} \frac{(x-1)(x-3)}{-(x+1)(x+3)^2} = 0 = k$ ······ ㉡

그런데 k는 0이 아닌 상수이므로 이 경우는 조건을 만족시키지 않는다.

또한, ㉡의 값이 0이 아니려면 분모가 $x-3$을 인수로 가져야 한다.

즉, 함수 $g(x)$가 $x-3$도 인수로 가져야 하므로

함수 $f(x) = g(-x)$는 $-x-3$도 인수로 가져야 한다.

$f(x) = a(x-1)(x-3)^2(-x-3)$ (a는 상수이고, $a \neq 0$)이라 하면

$g(x) = -a(x+1)(x+3)^2(x-3)$이고, 조건 (나)에서

$\displaystyle\lim_{x \to 3} \frac{f(x)}{(x-3)g(x)} = \lim_{x \to 3} \frac{a(x-1)(x-3)^2(-x-3)}{-a(x-3)^2(x+1)(x+3)^2}$

$\displaystyle = \lim_{x \to 3} \frac{x-1}{(x+1)(x+3)} = \frac{1}{12} = k$

따라서 함수 $f(x)$의 차수의 최솟값은 $m = 4$이고 $k = \dfrac{1}{12}$이므로

$m + k = 4 + \dfrac{1}{12} = \dfrac{49}{12}$

20 접선의 방정식

정답 ②

곡선 $y = x^3 - x^2$ 위의 제1사분면에 있는 점 A의 좌표를 $(t, t^3 - t^2)$ $(t > 0)$이라 하자.

$y = x^3 - x^2$에서 $y' = 3x^2 - 2x$이므로 접선의 기울기가 8인 점의 x좌표는

$3x^2 - 2x = 8$에서

$3x^2 - 2x - 8 = 0$, $(3x+4)(x-2) = 0$

$\therefore$ $x = -\dfrac{4}{3}$ 또는 $x = 2$

$t > 0$이므로 $t = 2$

$\therefore$ A$(2, 4)$

주어진 조건을 좌표평면 위에 나타내면 다음 그림과 같다.

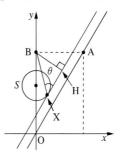

이때 점 B에서 직선 OA에 내린 수선의 발을 H라 하면 $\overline{BX}\sin\theta$의 값은 직각삼각형 BXH에서 선분 BH의 길이와 같다.

즉, $\overline{BX}\sin\theta$가 최댓값을 가지려면 다음 그림과 같이 원 S와 직선 OA가 점 X에서 접해야 한다.

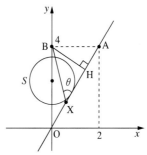

오른쪽 그림과 같이 원 S의 중심을 S라 하고, 점 S에서 선분 BH에 내린 수선의 발을 I라 하자.

직선 OA가 x축의 양의 방향과 이루는 각의 크기를 α라 하고, 점 A에서 x축에 내린 수선의 발을 J라 하자.

$\angle SBI = \angle AOJ = \alpha$이므로

두 직각삼각형 AOJ, SBI는 서로 닮음 (AA 닮음)이다.

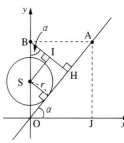

따라서 $\overline{SB} : \overline{BI} = \overline{AO} : \overline{OJ}$이므로

$2 : \overline{BI} = 2\sqrt{5} : 2$ $\therefore$ $\overline{BI} = \dfrac{4}{2\sqrt{5}} = \dfrac{2\sqrt{5}}{5}$

또한, 원 S의 반지름의 길이를 r라 하면 $\overline{BX}\sin\theta$의 최댓값인 선분 BH의 길이가 $\dfrac{6\sqrt{5}}{5}$이어야 하므로

$$\overline{BH}=\overline{BI}+\overline{IH}=\frac{2\sqrt{5}}{5}+r=\frac{6\sqrt{5}}{5} \text{에서}$$

$$r=\frac{4\sqrt{5}}{5}$$

따라서 원 S의 반지름의 길이는 $\dfrac{4\sqrt{5}}{5}$ 이다.

---

21 일반항이 분수 꼴인 수열의 합   정답 146

$\displaystyle\sum_{k=1}^{n}\frac{a_k}{2k-1}=2^n$의 양변에 $n=1$을 대입하면

$$a_1=2$$

또한, $n\geq 2$일 때, $\dfrac{a_n}{2n-1}=2^n-2^{n-1}$이므로 양변에 $n=5$를

대입하면

$$\frac{a_5}{9}=32-16=16 \qquad \therefore a_5=144$$

$$\therefore a_1+a_5=2+144=146$$

---

22 로그의 뜻과 성질   정답 250

$\log a=A$, $\log b=B$, $\log c=C$라 하자.

$\log\dfrac{ab}{2}=(\log a)(\log b)$에서 $\log a+\log b-\log 2=(\log a)(\log b)$

$\therefore A+B-\log 2=AB$ …… ㉠

$\log\dfrac{bc}{2}=(\log b)(\log c)$에서 $\log b+\log c-\log 2=(\log b)(\log c)$

$\therefore B+C-\log 2=BC$ …… ㉡

$\log(ca)=(\log c)(\log a)$에서 $\log c+\log a=(\log c)(\log a)$

$\therefore C+A=CA$ …… ㉢

㉠$-$㉡을 하면

$A-C=B(A-C)$, $B(A-C)-(A-C)=0$

$(A-C)(B-1)=0$ $\therefore A=C$ 또는 $B=1$

$B=1$이면 $\log b=1$이므로 $b=10$

그런데 b는 10보다 커야 하므로 이 경우는 조건을 만족시키지 않는다.

즉, $A=C$이므로 이를 ㉢에 대입하면

$2A=A^2$, $A(A-2)=0$ $\therefore A=0$ 또는 $A=2$

$A=0$이면 $\log a=0$이므로 $a=1$

그런데 a는 10보다 커야 하므로 이 경우는 조건을 만족시키지 않는다.

즉, $A=C=2$이므로

$\log a=\log c=2$ $\therefore a=c=100$

또한, $A=C=2$를 ㉠에 대입하면

$2+B-\log 2=2B$, $B=2-\log 2=\log 100-\log 2=\log 50$

따라서 $\log b=\log 50$이므로 $b=50$

$\therefore a+b+c=100+50+100=250$

---

23 함수의 연속   정답 7

함수 $g(x)$가 $x=1$에서 연속이므로

$$\lim_{x\to 1-}g(x)=\lim_{x\to 1+}g(x)=g(1) \text{이어야 한다.}$$

$\therefore f(1)=3$

또한, $x<1$에서

$g(x)=-x^2+2x+2$

$\qquad=-(x-1)^2+3$이고,

$x\geq 1$에서 $g(x)=f(x)$는 최고차항의 계수가 1인 이차함수이므로 함수 $g(x)$가 실수 전체의 집합에서 증가하려면 함수 $y=g(x)$의 그래프의 개형은 오른쪽 그림과 같아야 한다.

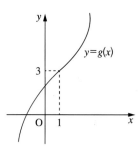

이때 $f(3)$의 최솟값은 이차함수 $f(x)$가 $x=1$에서 최솟값 3을 가질 때이므로 $f(x)$는 $f(x)=(x-1)^2+3$이라 할 수 있다.

따라서 $f(3)$의 최솟값은

$4+3=7$

---

24 함수의 최대 · 최소   정답 14

$(a\sin^2 x-4)\cos x+4\geq 0$에서 $\cos x=t(-1\leq t\leq 1)$이라 하면

$\{a(1-t^2)-4\}t+4\geq 0$, $-at^3+at-4t+4\geq 0$

$at(1+t)(1-t)+4(1-t)\geq 0$

이때 $-1\leq t\leq 1$에서 $0\leq 1-t\leq 2$이므로 위의 부등식의 양변을 $1-t$로 나누면

$at(1+t)+4\geq 0$

즉, $-1\leq t\leq 1$일 때, $at^2+at+4\geq 0$을 만족시켜야 한다.

(i) $a\geq 0$인 경우

$f(t)=at^2+at+4=a\left(t+\dfrac{1}{2}\right)^2-\dfrac{a}{4}+4$라 하면

함수 $y=f(t)$의 그래프의 개형은 오른쪽 그림과 같다.

$-1\leq t\leq 1$일 때,

$f(t)\geq 0$이려면

$f\left(-\dfrac{1}{2}\right)\geq 0$이어야 하므로

$-\dfrac{a}{4}+4\geq 0$

$\therefore 0\leq a\leq 16\ (\because a\geq 0)$

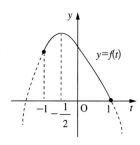

(ii) $a<0$인 경우

함수 $y=f(t)$의 그래프의 개형은 오른쪽 그림과 같다.

$-1\leq t\leq 1$일 때, $f(t)\geq 0$이려면 $f(1)\geq 0$이어야 하므로

$a+a+4\geq 0$

$\therefore -2\leq a<0\ (\because a<0)$

(i), (ii)에서 $-2 \leq a \leq 16$이므로 실수 a의 최댓값과 최솟값의 합은

$16 + (-2) = 14$

25 정적분의 활용   정답 **34**

점 $(2+2\cos\theta,\ 2+2\sin\theta)$가 나타내는 도형은 점 $(2\cos\theta,\ 2\sin\theta)$가 나타내는 도형을 x축의 양의 방향으로 2만큼, y축의 양의 방향으로 2만큼 평행이동한 것이다. 점 $(2\cos\theta,\ 2\sin\theta)$가 나타내는 도형은 원점을 중심으로 하고 반지름의 길이가 2인 원이므로 집합 A의 모든 원소가 나타내는 도형은 오른쪽 그림과 같다.

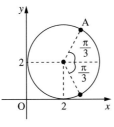

이와 같은 방법으로 하면 세 집합 A, B, C의 모든 원소가 나타내는 도형은 각각 다음 그림과 같다.

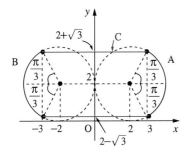

집합 $A \cup B \cup C$의 모든 원소가 나타내는 도형 X로 둘러싸인 부분의 넓이 α는 오른쪽 그림과 같이 직사각형 DEFG의 넓이와 활꼴 DG의 넓이의 합의 2배와 같다.

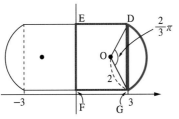

(직사각형 DEFG의 넓이) $= 3 \times \{(2+\sqrt{3})-(2-\sqrt{3})\}$
$= 6\sqrt{3}$,

(활꼴 DG의 넓이) $=$ (부채꼴 OGD의 넓이) $-$ (삼각형 OGD의 넓이)

$= \dfrac{1}{2} \times 2^2 \times \dfrac{2}{3}\pi - \dfrac{1}{2} \times 2 \times 2 \times \sin\dfrac{2}{3}\pi$

$= \dfrac{4}{3}\pi - \sqrt{3}$ 이므로

$\alpha = 2 \times \{($직사각형 DEFG의 넓이$)+($활꼴 DG의 넓이$)\}$

$= 2 \times \left(6\sqrt{3} + \dfrac{4}{3}\pi - \sqrt{3}\right) = 10\sqrt{3} + \dfrac{8}{3}\pi$

한편, 도형 X와 곡선 $y = -\sqrt{3}x^2 + 2$가 만나는 점의 y좌표가 c이므로 $c = 2 - \sqrt{3}$ 이고, 곡선 $y = -\sqrt{3}x^2 + 2$와 직선 $y = 2-\sqrt{3}$ 으로 둘러싸인 부분의 넓이 β는 다음 그림과 같다.

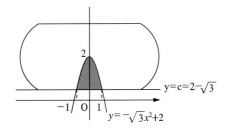

$\therefore\ \beta = 2\displaystyle\int_0^1 \{(-\sqrt{3}x^2+2)-(2-\sqrt{3})\}dx$

$= 2\displaystyle\int_0^1 (-\sqrt{3}x^2+\sqrt{3})dx = 2\left[-\dfrac{\sqrt{3}}{3}x^3 + \sqrt{3}x\right]_0^1$

$= 2 \times \dfrac{2\sqrt{3}}{3} = \dfrac{4\sqrt{3}}{3}$

따라서 $\alpha - \beta = 10\sqrt{3} + \dfrac{8}{3}\pi - \dfrac{4\sqrt{3}}{3} = \dfrac{8\pi + 26\sqrt{3}}{3}$ 이므로

$p = 8,\ q = 26$

$\therefore\ p+q = 8+26 = 34$

제 1 교시 **국어영역** 문제 ▶ p. 146

01 ①	02 ①	03 ②	04 ③	05 ①
06 ①	07 ①	08 ②	09 ②	10 ④
11 ④	12 ④	13 ③	14 ②	15 ⑤
16 ③	17 ①	18 ②	19 ⑤	20 ①
21 ②	22 ②	23 ④	24 ②	25 ①
26 ⑤	27 ⑤	28 ①	29 ②	30 ③
31 ④	32 ④	33 ⑤	34 ③	35 ⑤
36 ⑤	37 ③	38 ③	39 ④	40 ⑤
41 ⑤	42 ①	43 ②	44 ③	45 ④

01~05

▶ 갈래 : 설명문
▶ 제재 : 한국어 음운과 통사 구조
▶ 주제 : 외국인이 느끼는 한국어 학습의 어려움
▶ 내용 요약 : 한국어는 음운 구조나 통사 구조가 주류 언어들과 크게 달라서 외국인들은 한국어를 학습할 때 어려움을 느낀다. 한국어를 모국어로 쓰는 화자는 한국어의 복잡한 규칙을 내면화하고 있기 때문에 어려움을 느끼지 못하지만, 모국어에 한국어와 같은 규칙이 없는 외국인들에게는 한국어를 익히는 게 대단히 어려운 일이다.

01 글의 세부 정보 파악하기 정답 ①

① 6문단 두 번째 문장의 '통사 구조가 한국어와 꽤 엇비슷한 일본어'라는 서술을 통해 한국어와 일본어의 어순(통사 구조)이 비슷함을 알 수 있다.

오답 분석

② 한국어를 배우려는 외국인의 수에 대한 언급은 나타나지 않는다.
③ 한국어의 음운 구조에 대해서는 '복잡한 음운 규칙들을 많이 지니고 있다.'라고 하였으며, 통사 구조에 대해서는 '통사 수준의 어려움은 이보다 훨씬 더하다.'라고 서술하고 있다. 그러나 복잡하다고 하여 체계성이 없다고 이해할 수 없다.
④ 5문단 첫 번째 문장을 통해 '그 정확한 이유는 대다수 한국인들도 모른다.'라고 서술하고 있다.

⑤ 조음부가 같은 자음이 성대 울림 유무로 변별되는 것은 주류 언어이다. 한국어는 조음부가 공기의 흐름을 어떻게 방해하는지에 따라 자음을 변별한다.

02 글의 내용을 바탕으로 구체적 사례에 적용하기 정답 ①

제시문의 3문단에 따르면, '/ㄴ/ /ㄹ/ /ㅁ/ /ㅇ/'의 네 자음과 모음은 유성음에 해당한다. 따라서 '논리[놀리]'의 종성 'ㄴ'이 /ㄹ/로 소리 나는 현상의 'ㄴ'은 무성 평자음이 아니라 유성 자음이므로 무성 평자음이 두 유성음 사이에서 유성 자음으로 변한 규칙의 사례로 '논리[놀리]'는 적합하지 않다.

03 글의 내용을 바탕으로 추론하기 정답 ②

② 1문단에 따르면, 모국어가 새로 익힌 언어에 간섭하는 현상은 한국인이 외국어를 배울 때도 생기는 일이다. 따라서 한국인이 외국어를 배울 때에는 한국어에 없는 음운이나 음운 규칙으로 인해 어려움을 겪을 것이라고 추론할 수 있다.

오답 분석

① 5문단에서 '/ㅡ/나 /ㅢ/ 같은 모음을 지닌 언어는 매우 드물어서, 외국인들이 이 소리를 제대로 익히는 일도 쉽지 않다.'라고 서술하고 있다.
③ 6문단에서 '한국인들도 더러 헷갈려할 만큼 복잡한 경어 체계'라고 서술하였다.
④ 6문단에서 "주격 조사 '이', '가'와 보조사 '은', '는'의 구별은 이들에게 악몽"이라고 서술하고 있다.
⑤ 한국어의 통사 구조에 따르면 '결혼하다'는 앞에 '~와/과'를 필요로 한다. 따라서 영어 초보자 한국인이 모국어의 통사 구조에 간섭을 받아 영어에서는 불필요한 'with(~와/과)'를 사용한 것임을 알 수 있다.

04 외적 준거를 바탕으로 내용 파악하기 정답 ③

③ '가구'에서 첫째 음절의 'ㄱ'과 둘째 음절의 'ㄱ'은 음성 수준에서는 구분되지만 동일한 음운 'ㄱ'이다. 같은 음운으로는 의미 변별을 할 수 없다.

오답 분석

① 3문단에서 '가구'의 'ㄱ'이 음성 수준에서 각각 [k]와 [g]로 실현된다고 서술하고 있으며, 〈보기〉에서 음성은 물리적으로 귀에 들리는 소리라고 하였다. 따라서 외국인에게 '가구'의 'ㄱ'들은 다른 음성으로 들릴 것이다.

② 한국어에서 '가구[ka:gu]'의 'k'와 'g'는 음성으로는 다르게 실현되지만, 똑같이 'ㄱ'으로 표기되는 같은 음운이다.

④ 한국어는 조음부가 공기의 흐름을 어떻게 방해하는지에 따라 자음을 변별하므로 성대 울림 유무만으로 음운을 변별할 수 없다.

⑤ 〈보기〉에 따르면 음운은 '의미 변별에 관여하는 최소의 말소리'이다. 그런데 자음과 모음은 의미 변별의 단위이므로 음운으로서 자격을 가진다.

05 어휘의 문맥적 의미 파악하기   정답 ①

① ㉠의 '방해'는 문맥상 조음부가 공기의 흐름을 어떻게 '차단'하는지와 비슷한 의미로 쓰였다.

오답 분석
②·③·④·⑤는 모두 외국인들이 한국어를 배울 때 느끼는 어려움을 의미한다.

06~08

▸ 갈래 : 설명문
▸ 제재 : 디지털 시대의 글쓰기
▸ 주제 : 디지털 패러다임 변화에 따른 새로운 글쓰기 방식의 필요성
▸ 내용 요약 : 빌렘 플루서가 주장하는 디지털 시대의 글쓰기에 따르면, 디지털 시대의 패러다임 변화에 따라 새로운 글쓰기 방식이 대두되어야 한다. 디지털 시대의 저자는 이전 시대의 저자와는 다르게 디지털 이미지를 통해 의미를 생성하고 수용자와 양방향으로 주고받아야 한다. 또한, 플루서는 대중문화 현상에 대한 깊이 있는 인식을 촉구하면서 디지털 시대의 이미지가 갖는 현실 은폐와 기만의 작용을 간파해야 한다고 강조한다.

06 구절의 문맥적 의미 파악하기   정답 ①

① ㉠ '패러다임 변화'는 디지털 시대에 따른 글쓰기 조건, 지식 전달 방식, 지식 분배 방식 등을 포함한 일체의 변화를 의미한다.

오답 분석
② ㉡ '디지털 시대의 저자'는 문자와 개념을 디지털 이미지로 만들고, 만들어진 이미지에서 새로운 의미를 생산하는 사람이다. '문자로 표현하는 사람'은 디지털 시대 이전의 저자에 가깝다.

③ ㉢ '기술적 형상'은 문자의 개념적 의미를 이미지로 보여주는 것이므로 '대화 구조'라는 해석은 부적절하다.

④ ㉣ '기술적 상상력'은 '기술적 형상을 이해하고 기술을 이용해 상상과 개념을 종합하는 새로운 능력'이다. 그런데 '문자의 의미를 선형적으로 배열'하는 것은 상상력과는 거리가 멀다.

⑤ ㉤ '정보 유희자'는 '기술적 상상가'와 같이 디지털 시대의 소통 방식에 맞는 의식을 갖춘 사람이다. 디지털 시대는 '양방향'을 특징으로 하므로 '정보를 일방향적으로 전달하는 사람'은 디지털 시대의 소통 방식에 걸맞지 않다.

07 글의 내용을 바탕으로 구체적 사례 파악하기   정답 ①

[A]는 디지털 시대의 글쓰기에 관해 설명하고 있다. 특히 마지막 문장에서 '과거 일방적 전달 방식이 구조화한 지식의 특징까지 비판적으로 수용할 수 있다.'라고 서술하고 있는데, ①의 '바둑, 장기, 체스 경기의 기본 규칙'은 비판적으로 수용할 수 있는 성질의 지식이 아니므로 [A]에 해당하지 않는다.

08 주장에 따른 타당한 근거 제시하기   정답 ②

5문단에 세 번째 문장에 따르면, '대중이 비판의 필요성을 간과하거나 무시할 때 권력과 자본은 기술적 형상을 장악하고 대중 매체를 이용해 정보 수용자들을 탈정치화, 탈윤리화, 탈가치화할 수 있다.'라고 밝히고 있다. 따라서 ② '의미의 해독과 생산을 방해해 수용자들을 탈정치화'하는 것은 '기술적 발전'이 아니라 '권력과 자본'이다.

09~13

정지용, 「바다 2」
▸ 갈래 : 자유시, 서정시
▸ 성격 : 감각적, 묘사적
▸ 제재 : 바다
▸ 주제 : 파도치는 바다의 역동적인 모습
▸ 특징
 – 시적 대상을 활유법을 사용하여 역동적으로 표현
 – 시적 대상의 이미지를 감각적으로 형상화
 – 근경에서 원경으로, 나중에는 상상 속 바다의 모습으로 화자의 시선이 이동함
▸ 구성
 – 1~3연 : 바다가 밀려 나가는 모습(근경)
 – 4~6연 : 바다가 밀려 나가고 드러난 해안의 모습(원경)
 – 7~8연 : 밀려오고 밀려 나가는 바다에 둘러싸인 지구(상상)

곽재구, 「사평역에서」
▸ 갈래 : 자유시, 서정시
▸ 성격 : 감각적, 애상적, 회고적
▸ 제재 : 사평역 대합실의 사람들
▸ 주제 : 고단한 삶을 사는 서민의 애환과 이들에 대한 연민
▸ 특징 : 시각, 청각 등 다양한 감각적 이미지 사용

▶ 구성
- 1~4행 : 겨울밤 막차를 기다림
- 5~8행 : 고단한 사람들의 모습과 그리운 순간을 추억하는 화자
- 9~16행 : 삶의 애환을 침묵으로 삭이는 사람들
- 17~21행 : 눈이 내리는 바깥 풍경 속 대합실의 모습
- 22~27행 : 고단한 삶에 대한 슬픔과 연민

김선우, 「단단한 고요」
▶ 갈래 : 자유시, 서정시
▶ 성격 : 감각적, 개성적
▶ 제재 : 도토리묵
▶ 주제 : 도토리묵에 대한 창의적 인식
▶ 특징
- 도치법을 사용
- 주로 청각적 이미지를 사용하여 시적 대상의 의미를 함축적으로 표현
- 명사형 종결을 반복하여 시상 전개
▶ 구성
- 1연 : 도토리묵이 만들어지기까지의 과정
- 2연 : 완성된 도토리묵
- 3연 : 도토리묵에 대한 시적 화자의 창의적 인식

09 작품의 특징 파악하기 정답 ②

② (가)는 바다를, (다)는 도토리를 살아 있는 것으로 비유하여 생동감 있게 표현하고 있다.

오답 분석
① (나)에는 소박하고 일상적인 대합실의 풍경을 묘사하고 있다. 이국적인 소재를 통해 신선한 느낌을 표현하고 있지 않다.
③ (나)의 지배적 정서는 연민이고, (다)는 '삶의 슬픔과 회한의 정서'와 관련이 없다.
④ (가)~(다) 모두 시제 변화는 나타나지 않는다.
⑤ (가)~(다) 모두 공간 변화는 나타나지 않는다.

10 표현상의 특징 파악하기 정답 ④

④ 반어적 표현은 나타나지 않는다.

오답 분석
① 파도치는 바다의 모습을 '달아나는 푸른 도마뱀 떼'에, 포말을 '흰 발톱'에 비유하여 선명한 이미지로 묘사하고 있다.
② 해변에 파도가 부딪치는 모습을 '푸른', '흰', 바다와 해변의 '붉은' 색으로 대비하여 형상화 하였다.
③ '찰찰', '돌돌'과 같은 음성 상징어가 사용되었다.
⑤ 전반부는 파도치는 바다의 모습을 관찰하다가 후반부에서는 바다가 지구를 연잎처럼 받치고 있다는 상상력을 펼치고 있다.

11 외적 준거로 작품 감상하기 정답 ④

〈보기〉에 따르면, 화자는 연민과 애정 어린 시선으로 사람들을 그렸다고 하였으므로 '사람들이 서로를 의심하는 모습'은 화자가 사람들을 바라보는 시선으로 적합하지 않다. 따라서 ④ '모두들 아무 말도 하지 않았다'는 것은 고단한 삶에 지친 서민들의 모습을 나타낸다. '서로를 믿지 않아서'가 아니다.

12 외적 준거로 표현 방식 분석하기 정답 ④

〈보기〉에서는 원관념과 보조 관념을 '구상성'과 '추상성'의 개념으로 설명하면서, ⓐ의 원관념(차창)과 보조 관념(단풍잎)이 모두 구상성을 지니고 있다고 설명한다. '구상성'이란 '구체성'을 전문적으로 이르는 말이다. 따라서 원관념 '계단'과 보조 관념 '건반'이 모두 구체성을 지닌 ④가 ⓐ와 유사한 비유 관계이다. 덧붙여, 〈보기〉의 '구상성'의 의미를 모르더라도 '추상성'과 대비되는 개념이라는 추론을 통해 문제에 접근해야 한다.

13 표현상의 특징 파악하기 정답 ③

(다)는 도토리묵이 만들어지는 과정을 실제로 들리는 소리처럼 표현함으로써 시적 대상에 대한 애정과 뛰어난 상상력을 드러내고 있다. 따라서 ③의 '정서를 배제'하였다는 설명은 어울리지 않는다. 또한, (다)의 주된 심상은 청각적 심상이므로, '회화적 이미지'라는 설명도 부적절하다.

14~17

▶ 갈래 : 설명문
▶ 제재 : 플라톤의 이데아론
▶ 주제 : 플라톤의 이데아론에 대한 존재론적 접근
▶ 내용 요약 : 플라톤의 철학은 가짜들 속에서 진짜를 가려내기 위한 철학이라고 알려져 있는데, 이는 플라톤이 현실 세계를 '진짜' 세계인 '이데아'를 모방한 '가짜'라고 보았기 때문이다. 이데아를 모방한 현실 세계는 다시 이데아를 모방한 정도에 따라 위계가 설정된다. 이데아에 가깝게 모방된 것일수록 더 높은 가치를 가진다. 플라톤에게 있어 현실 세계 사물들 사이의 위계를 구분하는 것은 진짜와 가짜를 구별하는 것만큼이나 중요한 문제였다.

14 내용 전개 방식 파악하기   정답 ②

플라톤 철학에 대한 통념을 '일반적으로 가짜들 속에서 진짜를 가려내기 위한 철학이라고 본다.'라며 첫 번째 문단에서 서술한 뒤, '이렇게 생각해 보면 이데아론은 애초부터 순수 존재론적 맥락에서가 아니라 오히려 가치론적 맥락에서 착상되지 않았을까'라며 마지막 문단에서 통념과는 다른 해석 관점을 제시하며 글을 마무리하고 있다.

15 글의 세부 내용 파악하기   정답 ⑤

⑤ 플라톤에게 있어 현실 세계는 이데아의 세계를 모방한 가짜이므로 존재론적으로 폄하된다. 따라서 '현실 세계는 이데아의 세계보다 존재론적으로 가치가 있다'는 설명은 부적절하다.

오답 분석
① 일상생활에서 사용하는 의자는 '의자의 이데아'를 모방한 것이고, 의자 그림은 '의자의 이데아'를 한 번 더 모방한 것이므로 이데아로부터 더 멀어진 것이다.
② 5문단에 따르면, '이데아는 바로 이 구분과 위계를 설명하는 기준이 된다.'라고 서술하고 있다.
③ 이데아에 더 가까운 자연물의 가치가 인공물의 가치보다 존재론적으로 더 우위에 있다.
④ 현실 세계의 존재들은 이데아에 대한 모방의 성공 정도에 입각해 존재론적으로 위계를 갖는다.

16 글의 내용을 바탕으로 구체적 사례에 적용하기   정답 ③

플라톤의 관점에 따르면, '이미지'는 가짜, 허상과 마찬가지로 이데아를 모방한 것에 불과하다. 비록 이미지가 현실 세계에서 힘을 발휘할지라도 이미지는 이데아가 될 수 없다.

17 외적 준거로 세부 내용 파악하기   정답 ③

③ 이데아에 가까울수록 가치론적 우위를 점할 수 있다. 따라서 '서사시'가 현실 세계의 '역사'보다 가치론적으로 우위에 있는 것이다.

오답 분석
① '시적 진실'은 모방 대상의 본질을 꿰뚫은 이데아에 가까운 허구이므로 가짜의 극점이라고 보기 어렵다.
② 아리스토텔레스는 '시적 진실'이 '역사'보다 이데아에 가깝기 때문에 더 위대하다고 보았다.
④ 허상들의 위계를 명확히 구분하는 것은 '위계를 설명하는 기준'인 이데아의 특성이지 '서사시'의 기능이 아니다.
⑤ '서사시'와 '역사' 모두 이데아에 대한 모방임에도 불구하고, '서사시가 역사보다 위대하다.'라고 하는 이유는 서사시가 '본질', 즉 이데아를 더 많이 반영하고 있기 때문이지 현실 세계에 대한 폄하가 반영된 관점이라서가 아니다.

18~20

▶ 갈래 : 설명문
▶ 제재 : 꿈
▶ 주제 : 정신적 측면에서 살펴본 꿈의 특성과 중요성
▶ 내용 요약 : 정신적 측면에서 보면, 잠드는 일은 스스로의 행동에 책임질 필요가 없는 상태로 되돌아가 자아를 보호하는 기능을 한다. 그런데 잠자는 동안에도 정신 활동은 꿈을 통해 계속 이루어진다. 꿈은 자기중심성과 감각의 과장성을 띠는데, 이는 꿈을 꿀 때 정신 에너지가 외부 세계에서 내부로 바뀌기 때문이다. 또한, 꿈은 무의식의 세계를 구체화시켜 보여주기 때문에 중요하다.

18 글의 세부 내용 파악하기   정답 ②

2문단에 따르면, '수면 상태의 나르시시즘'이 일어나는 이유는 수면 중 정신 작용의 방향이 외부 세계에서 자기 자신으로 바뀌기 때문이다. 또한, 3문단에 따르면, '꿈의 과장성'이 나타나는 이유는 꿈꾸는 사람이 외부 세계로 향하던 정신적 에너지를 자아로 되돌려 집중하기 때문이다. 따라서 ② '수면 상태에서는 외부로 향하는 정신 에너지가 더욱 강해지는' 것이 아니라 자기, 즉 내부로 방향이 바뀐다는 것을 알 수 있다.

19 글의 내용을 바탕으로 구체적 사례에 적용하기   정답 ⑤

@의 '퇴행'은 자궁 속 태아나 유아처럼 스스로의 행동을 책임지지 않아도 되는 상태로 되돌아가고자 하는 자기 방어 기제이다. ⑤ '동생이 태어난 후 대소변을 제대로 못 가리는' 모습은 유아기 때로 되돌아가 주어진 책임으로부터 벗어나려는 자기 방어 행위의 사례이다.

20 외적 준거로 세부 내용 파악하기   정답 ①

4문단에 따르면 꿈은 무의식의 세계를 구체적 형태로 바꾸어서 보여준다. 이때 '무의식'은 〈보기〉의 '이드'에 해당하므로, ① 꿈은 '이드(무의식)'를 의식 세계의 형태로 바꾸어서 무의식과 의식 세계를 연결하는 역할을 하는 것이다.

- ▶ 갈래 : 현대 소설, 중편 소설
- ▶ 시점 : 1인칭 주인공 시점
- ▶ 주제 : 암울한 삶의 체험을 통한 소년의 성장
- ▶ 특징
  - 1인칭 독백체로 화자가 자신의 경험을 서술
  - 간결한 문장을 구사
  - 시골과 도시의 대비를 통한 어린 소년의 의식 성장 과정을 그려냄
- ▶ 해제 : 어른이 된 소년이 자신의 어린 시절을 추억하는 방식으로 전개되는 소설이다. 기억에 의존해 과거의 삶을 재구성하고 있기 때문에 일화들이 단편적이고 비연속적이다. 세 편(「장난감 도시」, 「굶주린 혼」, 「유다의 시간」)으로 이어진 연작 소설 중 하나이다.

21　글의 서술 방식 파악하기　　정답 ②

작품은 1인칭 주인공 시점으로, 화자가 과거 시골에서 도시로 이사한 뒤 겪었던 어린 시절의 체험을 독백체로 서술하고 있다. 따라서 ② '인물이 서술자(1인칭 주인공 시점)가 되어 자신의 경험을 서술하고 있다.'는 설명은 적절하다.

22　특정 구절의 문맥적 의미 파악하기　　정답 ②

ⓛ에서 '나'가 자존심이 상한 이유는, 도시가 '나'의 예상보다 훨씬 가까운 곳에 있어서 시골의 친구 누구라도 작정만 한다면 쉽게 자신처럼 도시에 올 수 있으며, 도시로 이사를 온 게 딱히 부러움을 받을 만한 일이 아니라는 생각이 들었기 때문이다. ②에서처럼 도시와 시골 사이의 거리를 몰랐다는 사실을 부끄럽게 여겨 자존심이 상한 것이 아니다.

23　인물이 처한 상황 속담에 적용하기　　정답 ④

ⓐ에서 '나'는 당장 그 자리를 벗어나고 싶어 한다. '오렌지 빛 물'을 사서 집으로 가려는 '나'를 물장수가 잔을 두고 가라며 불러 세웠기 때문이다. 잔을 돌려줘야 한다는 사실을 몰랐던 '나'는 매우 당황한 동시에 도시의 낯선 생활 방식을 몰랐다는 사실에 부끄러움을 느끼고 있다. 따라서 부끄럽거나 난처하여 어디에라도 숨고 싶을 때를 일컫는 ④ '쥐구멍에라도 들어가고 싶다'가 ⓐ의 상황과 어울린다.

오답 분석

① 간에 기별도 안 간다 : 먹은 것이 너무 적어 먹으나 마나 하다는 말
② 도랑 치고 가재 잡는다 : 도랑을 치우고 나면 진흙에 숨어 있던 가재도 없어지게 되는데 그 후에 가재를 잡는다는 뜻으로, 일의 순서가 바뀌어서 애쓴 보람이 없게 됨을 비유적으로 이르는 말 / 지저분한 도랑을 깨끗이 치우던 중 뜻하지 않게 가재도 잡게 되었다는 뜻으로, 한 가지 일로 두 가지 이익을 보는 경우를 비유적으로 이르는 말

③ 바늘 도둑이 소도둑 된다 : 자그마한 나쁜 일도 자꾸 해서 버릇이 되면 나중에는 큰 죄를 저지르게 된다는 말
⑤ 여우를 피하려다 호랑이를 만난다 : 갈수록 더욱더 힘든 일을 당함을 비유적으로 이르는 말

24　특정 구절의 문맥적 의미 파악하기　　정답 ②

ⓑ에서 '나'는 어지럼증을 느끼다 급기야 구토까지 한다. 앞선 상황에서 '나'는 오렌지 빛 물을 사먹었는데, 잔을 두고 가야 한다는 사실을 몰라 물장수에게 핀잔을 들은 뒤 도망치듯 자리를 벗어나 이사 온 집으로 막 뛰어온 참이다. 새로 이사 온 '나'의 집은 시골에서 사용하던 세간살이들을 정리 중이었고, '나'는 앞으로 살게 될 판잣집과 판자촌의 정경을 둘러보고 있다. 이를 통해 '나'가 ② '낯선 도시 생활에 적응하기 어려워'하고 있음을 알 수 있다.

25　외적 준거로 작품 감상하기　　정답 ①

'나'는 골목에 잔뜩 쌓여 있는 세간살이들을 보며 '왠지 이물스런 느낌'을 받는다. 이는 시골의 삶을 상징하는 세간살이들이 도시 골목에 놓여 있는 모습이 생경하다는 의미로서, 시골과 도시의 삶을 대조적으로 표현한 것이다. ① '시골집에서는 아무렇지도 않게 생각되던 세간살이들이 촌스럽고 보잘것없게 느껴진' 것이 아니다.

- ▶ 갈래 : 설명문
- ▶ 제재 : 계약이행과 불이행
- ▶ 주제 : 계약이행과 불이행에 따른 사회적 순편익 비교
- ▶ 내용 요약 : 효율적 계약불이행의 개념과 효율적 계약불이행이 일어나는 경우를 사례를 통해 설명한다. 또한, 계약 위반 시의 구제 방법인 '기대손실의 원칙'과 '신뢰손실의 원칙'에 대해서도 사례를 통해 비교하여 설명한다.

26　글의 내용 전개 방식 파악하기　　정답 ⑤

글은 효율적 계약불이행과 관련된 각종 개념을 정의하고, (가), (나) 사례를 통해 효율적 계약불이행이 일어나는 경우에 대해 설명하고 있다. 또한 '그렇다면 계약법은 ~ 나타날 수 있을까? 다시 말해 ~ 놓아야 할까?' 등의 질문을 통해 설명의 범위를 구제 방법의 원리로 넓혀 독자의 이해를 돕고 있다.

27 글의 내용을 바탕으로 구체적 사례에 적용하기 　정답 ⑤

㉠의 '신뢰투자'란 계약이 이행될 것을 믿고 행한 투자를 의미한다. ⑤ 해외에 있는 친구 집을 빌려 쓸 수 있다고 믿고, 비행기 표를 미리 구입(투자)하는 것도 신뢰투자로 볼 수 있다.

28 글의 세부 내용 파악하기 　정답 ①

ⓐ '기대손실의 원칙' : 계약이 이행되었더라면 누렸을 효용 수준과 동일한 수준의 효용을 보장하는 금액을 배상할 것을 요구한다. 신뢰투자로 지출한 비용도 보상에 포함된다. 4문단에 따르면, A는 한빛조명과의 계약으로부터 3백만 원에 해당하는 순편익을 얻게 되며, 신뢰투자 비용에 해당하는 광고비 2백만 원을 지출하였다. 따라서 ⓐ는 이 두 비용을 합친 5백만 원이다.

ⓑ '신뢰손실의 원칙' : 애당초 그 계약이 맺어지지 않았더라면 누렸을 효용 수준 금액을 보상해 줄 것을 요구한다. 그런데 마지막 문단에 따르면, (나) 사례에서 한빛조명의 신뢰손실의 원칙하에서는 손해 배상액이 계약 파기로 증가하는 이익(3백만 원)보다 작다고 하였으므로, ⓑ는 3백만 원 미만이라는 것을 알 수 있다.

29 글의 세부 내용 파악하기 　정답 ②

② 계약불이행 시의 사회적 순편익 9백만 원은 구입자 A, B의 순편익과 한빛조명의 이윤을 모두 더한 값이다.

오답 분석
① 6문단에 따르면, (가) 사례는 '사회적인 관점에서 볼 때는 원래의 계약이 파기되는 것이 더 효율적'이라고 밝히고 있다.
③ 제시문의 표를 참고하면, 계약이행 시 사회적 순편익인 6백만 원보다 계약불이행 시 사회적 순편익인 9백만 원이 더 크다.
④ 계약불이행 시 한빛조명의 이윤은 B가 제안한 샹들리에 값 2천 4백만 원에서 샹들리에 생산 비용 1천 7백만 원을 뺀 7백만 원이다.
⑤ 계약불이행 시 B의 순편익은 B가 샹들리에 구입에 지불할 용의가 있었던 2천 8백만 원에서 샹들리에 구입 비용으로 제안한 2천 4백만 원을 뺀 4백만 원이다.

30 글의 내용을 바탕으로 추론하기 　정답 ③

③ 어떤 손해 배상의 원칙이 효율적인지는 주변 여건에 따라 달라진다.

오답 분석
① 두 손해 배상 원칙 모두 계약불이행 시 계약을 위반한 측이 계약 파기로 인해 손해를 본 측에게 효용 수준을 고려한 손해를 배상하도록 요구하기 때문에 계약자들은 손해 배상 구제 방법을 믿고 과다한 신뢰투자를 할 가능성이 높다.
② 9문단에 따르면, (가) 사례의 경우 '기대손실의 원칙하에서는 (계약불이행이 효율적임에도 불구하고) 계약이 이행되는 비효율적 결과가 나타날' 수 있다.
④ 신뢰손실의 원칙은 애당초 계약이 맺어지지 않았더라면 누렸을 효용 수준의 금액을 보상해 줄 것을 요구하므로 효용 수준에 대한 해석에 따라 과다한 계약 파기나 과소한 계약 이행의 문제가 발생할 수 있다.
⑤ 2문단에 따르면, '이 사례에 등장하는 모든 경제 주체는 위험 부담에 대해 중립적이라고 가정'하였다.

31~35

작자 미상, 「만전춘별사」
▶ 갈래 : 고려 가요
▶ 성격 : 향락적, 남녀상열지사
▶ 제재 : 남녀 간의 사랑
▶ 주제 : 임과의 영원한 사랑 기원
▶ 출전 : 『악장가사』, 『시용향악보』
▶ 특징 : 비유와 상징을 사용하여 진솔한 감정을 표현
▶ 구성
　－ 1연 : 극한의 상황을 가정하여 임에 대한 연정을 부각시킴
　－ 2연 : 시름없는 도화와 서글픈 자신의 처지를 비교
　－ 3연 : 이별 전 임이 한 약속을 원망
　－ 4연 : 임을 오리에 빗대 임의 방탕함을 풍자
　－ 5연 : 임에 대한 연심과 상상
　－ 6연 : 영원한 사랑을 소망

매창, 「이화우 흩날릴 제 ～」
▶ 갈래 : 평시조
▶ 성격 : 감상적, 애상적
▶ 제재 : 이별
▶ 주제 : 이별한 임에 대한 그리움
▶ 특징
　－ 자연물(이화우, 추풍낙엽)을 사용하여 이별한 시간의 경과를 표현
　－ 임과의 거리감을 함축적으로 표현[천 리(千里)]
▶ 구성
　－ 초장 : 봄에 임과 이별한 화자
　－ 중장 : 가을까지 임을 그리는 화자
　－ 종장 : 임과의 재회가 어려운 현실

홍랑, 「뫼ㅅ버들 가려 꺾어 ～」
▶ 갈래 : 평시조
▶ 성격 : 감상적, 애상적
▶ 제재 : 연모의 정
▶ 주제 : 이별한 임에 대한 그리움

▸ 특징
  – 상징법과 도치법을 사용
  – 자연물(뫼ㅅ버들)을 사용하여 임에 대한 사랑을 표현
▸ 구성
  – 초장 : 뫼ㅅ버들을 임에게 보냄
  – 중장 : 임이 뫼ㅅ버들을 창밖에 심어두고 보기를 소망
  – 종장 : 임이 자신을 잊지 않기를 염원

작자 미상, 「상사별곡」
▸ 갈래 : 가사
▸ 성격 : 감상적, 애상적
▸ 제재 : 이별의 정한
▸ 주제 : 독수공방의 외로움과 임에 대한 간절한 그리움
▸ 출전 : 『청구영언』
▸ 특징 : 반복법, 대구법, 은유법
▸ 해제 : 생이별한 남녀 간의 상사(사랑)의 정을 노래한 내용으로, 노랫말은 출전에 따라 조금씩 다르다. 남녀 사이의 순수한 연정을 주제로 한 상사류의 가사 가운데 전형성을 보이는 작품이다.

31 작품 간의 공통점 파악하기   정답 ④

④ (가)~(다) 작품 모두 임과의 이별에 대한 화자의 주관적 정서가 나타난다. 상심에서 벗어나 사태를 객관적으로 파악하려는 화자의 태도는 나타나지 않는다.

오답 분석
① 임과의 이별을 받아들이고 싶지 않은 (가)~(다) 화자들의 애절한 목소리가 나타난다.
② (가)의 '여흘란 어듸 두고 소해 자라 온다', (나)의 '천 리(千里)', (다)의 '한번 이별하고 돌아가면 다시 오기 어려워라' 등을 통해 화자와 임 사이의 정서적·물리적 거리감을 알 수 있다.
③ (가)의 화자는 자신을 찾지 않는 임을 오리(올히)에 빗대고 있으며, (나)의 화자는 '저도 나를 생각하는가', '새 잎 곧 나거든 나인가도 여기소서'라며 일방향적인 그리움을 드러내고 있다. (다)의 화자는 '이별 후에 소식조차 돈절하니'라며 답답함을 호소하고 있다.
⑤ (가)의 '정(情)둔 오늘 밤', (나)의 '외로운 꿈', '밤비', (다)의 '오동추야(梧桐秋夜)', '심야(深夜)' 등의 표현을 통해 밤에 임에 대한 정서가 고조됨을 알 수 있다.

32 표현상의 특징 파악하기   정답 ④

④ (나)의 '추풍낙엽'은 '이화우'와 대비되어 임과 이별한 시간의 경과(계절이 봄에서 가을로 바뀜)를 나타내고, (다)의 '오동추야'는 가을 날 밝은 달에 임 생각이 더 애절함을 나타낸다.

오답 분석
① (나)의 '천 리(千里)'는 반복되지 않는다.
② (다)에는 풍자가 나타나지 않는다.
③ (나)의 '보내노라 님의손대'와 (다)의 '듣고지고 임의 소리'가 어순 도치는 맞으나, 작품에 화자의 가치관은 드러나지 않는다.
⑤ (나)의 '새 잎 곧 나거든'과 (다)의 '일촌간장 구비 썩어'에는 과거와 현재의 대비가 나타나지 않는다.

33 작품의 세부 내용 파악하기   정답 ⑤

(나)의 [B] '뫼ㅅ버들 가려 꺾어'는 임에 대한 원망을 의미하는 것이 아니라, 임에게 보낼 뫼ㅅ버들을 정성껏 골라 화자의 애절한 사랑을 전달하겠다는 의미이다.

34 특정 시구의 문맥상 의미 파악하기   정답 ③

③ ⓒ은 온갖 보물(천금주옥)도 세상 일(세사)도 화자의 관심 밖이라는 의미로, 화자는 오직 이별한 임에 대한 진정에만 관심이 있다. 따라서 ⓒ에는 화자가 임과 이별하게 된 이유가 나타나지 않는다.

오답 분석
① (다)는 이별한 뒤 소식이 끊긴 임을 그리워하며 외로운 자신의 처지를 담고 있다. ㉠에는 이러한 화자의 심정이 나타난다.
② 화자는 만첩청산에 들어간들 임이 자신을 찾지 않을 것이라며 서러워한다. ㉡의 첩첩 산과 소가 된 물은 화자의 고립감을 부각시키는 자연물이다.
④ ㉣에서 화자는 이별하고 독수공방하는 외로운 처지에 한숨짓고 있다.
⑤ ㉤에서 화자는 '이별의 슬픔으로 흘린 눈물을 받아내면 그 양이 배를 띄울 만큼'이라며 자신의 연정을 과장되게 표현하고 있다.

35 외적 준거를 활용하여 형식상 특징 파악하기   정답 ⑤

6연의 '아소 님하'는 시가의 끝 구절에 나타나는 낙구이다. 낙구는 시상의 심화 혹은 서정적 완결을 나타내는 감탄사이다. 후렴구는 연과 연 사이에 반복되는 특징이 있으나 '아소 님하'는 반복되고 있지 않다.

▶ 갈래 : 설명문
▶ 제재 : 21세기 공학 기술
▶ 주제 : 자연 선택 법칙의 한계에 도전하는 21세기 인간의 공학 기술
▶ 내용 요약 : 21세기 인간의 자연 선택의 법칙을 깨고 자연 선택을 지적 설계로 대체하고 있다. 생명 공학에서는 살아 있는 개체의 유전자를 조작해 원래 해당 종에게 없던 특성을 제공하고 있다. 사이보그 공학에서는 생물과 무생물을 부분적으로 합치고 있다. 망막에 마이크로칩을 삽입하여 시각 장애인이 부분적으로 볼 수 있게끔 하는 연구, 뇌와 컴퓨터를 직접 연결하는 연구가 대표적인 사이보그 공학의 사례이다. 비유기물 공학에서는 유전자의 진화를 모방한 유전적 프로그래밍으로 무기물이 스스로 진화하는 개체로 거듭날 전망이다. 컴퓨터 바이러스가 바로 유전적 프로그래밍의 원형이다.

36 글의 세부 내용 파악하기   정답 ⑤

⑤ 4문단에 따르면, 현재 뇌와 컴퓨터를 직접 연결하는 프로젝트가 진행되고 있다.

오답 분석

① 6문단에 따르면, 컴퓨터 바이러스는 백신 프로그램에 쫓기는 존재이다. 백신 프로그램을 무력화할 수 있도록 만들어졌다면, 백신 프로그램을 피하기만 하지 않을 것이다.

② 2문단에 따르면, 우리가 신체에서 보완기를 떼어낼 수 없는 진정한 사이보그가 된다면, 우리의 능력, 욕구, 성격, 정체성이 달라지게 하는 비유기물적 속성을 갖게 될 수 있다고 하였다. 따라서 인간이 비유기물적 속성을 선천적으로 갖고 있다는 설명은 틀렸다.

③ 4문단에 따르면, 컴퓨터와 뇌를 연결하는 연구는 컴퓨터가 인간 뇌의 전기 신호를 읽어내는 동시에 뇌가 읽을 수 있는 신호를 내보내는 것을 목표로 한다. '스스로 복제하는 능력'은 컴퓨터 바이러스와 관련된 쟁점이다.

④ 3문단에 따르면, 외부의 빛을 전기 신호로 바꾸는 것은 망막의 신경 세포가 아니라 광세포이다.

37 글의 내용을 바탕으로 구체적 사례에 적용하기   정답 ③

㉠ 생명 공학은 살아 있는 개체의 유전자를 조작해 원래 해당 종에게 없던 특성을 제공하는 방식으로 자연 선택의 법칙을 깨고 있다. 그런데 컴퓨터 ③의 '뇌의 신경망을 모방한 컴퓨터 전기 회로를 컴퓨터 안에 심는 것'은 완전히 무생물적 존재를 제작하는 '비유기물 공학'에 해당하는 사례이다.

38 문맥상 의미 파악하기   정답 ③

사이보그 공학에서 말하는 사이보그란, 생물과 무생물이 부분적으로 합쳐진 생체 공학적 존재이다. 거시적 관점으로 보면 우리 모두 생체 공학적 존재인데, 왜냐하면 인간의 선천적 감각을 안경, 심장 박동기, 의료 보장구, 컴퓨터와 스마트폰으로 보완하고 있기 때문이다. 이때 컴퓨터와 스마트폰은 ③과 같이 인간의 뇌가 담당하는 일을 보완해 주므로 사이보그 공학의 일부로 볼 수 있다.

39 글의 세부 내용 파악하기   정답 ④

5문단에 따르면, 완전히 무생물적 존재를 제작하는 것의 주요 사례로 유전적 프로그래밍을 제시하고 있으며, 유전자의 진화를 모방한 프로그램을 창조하기 위해 노력하고 있다고 부언한다. 따라서 〈보기〉의 ㉮에는 ④ '컴퓨터 프로그램'이 들어가는 것이 적절하다.

40 어휘의 문맥적 의미 파악하기   정답 ⑤

ⓐ의 '짜다'는 엔지니어가 프로그램을 어떤 의도에 맞게 만들었다는 의미로 쓰였다. 그런데 ①·②·③·④ 모두 프로그램을 새로 만들었다는 의미에 부합하는 반면, ⑤의 '활용하다'는 기존에 있는 것을 '충분히 잘 이용하였다'는 의미이므로 ⓐ의 문맥과 어울리지 않는다.

김시습, 「만복사저포기」
▶ 갈래 : 한문 소설, 애정 전기(傳奇) 소설, 명혼 소설
▶ 성격 : 전기적, 낭만적, 비극적, 환상적, 비현실적
▶ 주제 : 이승과 저승을 초월한 남녀 간의 애절한 사랑
▶ 특징
 – 불교의 연(緣) 사상을 바탕으로 운명론적 세계관을 보여준다.
 – 비현실적이고 환상적인 요소가 드러난다.
 – 다른 고전 소설이 중국을 배경으로 한 것과 대조적으로 우리나라를 배경으로 한다.
▶ 해제 : 생사를 초월한 '양생'과 '여인'의 사랑을 다룬 소설로, 불교적 세계관을 바탕으로 한 비현실적이며 환상적인 분위기로 내용이 전개된다. 한편 작중 등장인물인 '양생'의 삶이 작가 김시습의 삶과 흡사하여 작품과 작가를 관련지어 해석하기도 한다. 양생과 여인의 생사를 초월한 사랑은 부당한 세계의 횡포에 맞서고 이를 고발하고자 하는 작가 의식이 반영된 것이라 할 수 있다.

41 작품의 내용 파악하기 　　　　　　 정답 ⑤

양생은 여인의 부탁대로 여인의 부모님께 인사를 드리고 함께 절에 가기 위해 은그릇을 들고 길가에서 기다리고 있었다. 그런데 그녀의 부모님께서는 여인의 장례를 치르기 위해 절로 가는 길이었고, 양생은 그때서야 여인이 이승의 사람이 아님을 안 것이다. 또한, 여인은 장례를 치르고 함께 음식을 먹으면서 양생에게 자신이 이 세계의 규범을 어겼으며, 이제 저승으로 돌아가야 함을 알린다.

42 외적 준거를 통해 작품 이해하기 　　　 정답 ①

〈보기〉에 따르면, 애정 전기(傳奇) 소설 작품에서 한시는 여러 서사적 기능을 담당한다. [A]에서 여인은 한시를 통해 '우스갯소리'를 건네고, 양생도 한시로 답변하며 서로 장난을 치고 껄껄 웃는다. 이를 통해 [A]는 〈보기〉에서 제시한 한시의 서사적 기능 중 ① '등장인물 간 대화를 대신'하고 있음을 알 수 있다.

43 작품 속 등장인물에 파악하기 　　　　 정답 ②

여인의 부모는 여인이 노략질하던 왜구의 손에 죽었으며, 여인이 세상을 뜬 지 두 돌이 되었다고 말한다. 따라서 여인의 부모는 ② '딸이 살아 돌아오기를 소망'해서 양생에게 함께 절로 와 주기를 청한 것이 아니라, 죽은 딸 본인의 장례에 오기를 바라기 때문에 딸을 볼 수 있는 양생에게 함께 와 달라고 청한 것이다.

44 특정 구절 문맥상 이해하기 　　　　　 정답 ③

③ ⓒ의 '은그릇'은 양생이 여인에게 직접 받은 물건으로, 이후 여인의 부모님과의 만남에서 양생이 여인과 부부의 연을 맺었음을 증명하는 소재가 된다.

오답 분석
① ㉠은 현실적인 마을의 풍경을 묘사함으로써 그 풍경 속 비현실적 존재인 여인을 부각하고 있다.
② ㉡은 여인의 집이 있는 공간을 음침하게 묘사함으로써 여인이 이승의 존재가 아님을 암시하고 있다.
④ ㉣에서 하인은 양생이 여인의 물건을 훔쳤다고 생각하고 있다. 그런데 양생은 은그릇을 훔친 게 아닐 뿐더러, 도둑질은 비범한 능력이라고 보기 어렵다.
⑤ ㉤을 통해 여인이 이승의 존재가 아니라고 확신할 수 없으므로, 직설적으로 드러내고 있는 것이 아니다.

45 작품 깊이 있게 파악하기 　　　　　　 정답 ④

[B]에 따르면, 여인은 '마음속에 있던 정이 한번 일어나자 끝내 다잡을 수 없어'서 절에서 소원을 빌고 양생과 삼세의 인연을 맺게 된 것이라고 밝히고 있다. 따라서 ④에서 처럼 '현실 세계에서의 고달픈 삶을 긍정'하여서 양생과의 결연을 시도한 것이라고 볼 수 없다. 더 나아가, 여인은 현실 세계도, 사후 세계도 아닌 중간 세계에 머물던 존재였으므로 현실 세계의 삶을 긍정하여서 결연을 맺었다고 보기 어렵다.

01 ③	02 ⑤	03 ⑤	04 ①	05 ③
06 ④	07 ④	08 ①	09 ①	10 ③
11 ①	12 ②	13 ④	14 ④	15 ②
16 ⑤	17 ④	18 ④	19 ⑤	20 ⑤
21 ③	22 ⑤	23 ③	24 ①	25 ④
26 ①	27 ③	28 ②	29 ⑤	30 ③
31 ①	32 ②	33 ③	34 ③	35 ①
36 ⑤	37 ②	38 ②	39 ③	40 ⑤
41 ①	42 ②	43 ③	44 ②	45 ②

01   논리 추론 – 동의어   정답 ③

밑줄 친 ubiquitous는 '어디에나 있는'의 뜻으로 ③ omnipresent(어디에나 있는)가 적절하다.

오답 분석

① 소리 높여 표현하는
② 모호한
④ 멈출[변경할] 수 없는
⑤ 무료의, 칭찬하는

□ stray dog : 길 잃은 개, 떠돌이 개
□ ubiquitous : 어디에나 있는, 아주 흔한

◁ 해석 체크체크 ▷

유기견을 추적하는 것은 <u>어디에나 있는</u> 마이크로칩 덕분에 곧 쉬워질지도 모른다.

02   논리 추론 – 동의어   정답 ⑤

밑줄 친 unscrupulous는 '부도덕한'의 뜻으로 ⑤ dishonest(부정직한)가 적절하다.

오답 분석

① 신중한
② 비정상적인
③ 근면한
④ 무관심한

□ advocacy : 지지[옹호]
□ seek : ~하려고 (시도)하다

□ open space : (일반 개발이 금지된) 공공용지
□ unscrupulous : 부도덕한, 무원칙한
□ developer : 개발업자[개발 회사]

◁ 해석 체크체크 ▷

공교육과 정치적 지지, 시위를 통해, 우리는 또한 <u>부도덕한</u> 개발자들로부터 개발이 금지된 공공용지와 숲을 보호하려고 했다.

03   논리 추론 – 동의어   정답 ⑤

밑줄 친 ostracized는 '왕따를 당한'의 뜻으로 ⑤ excluded(제외되는)가 적절하다.

오답 분석

① 당혹한
② 바로 잡은
③ 물밀 듯이 몰려드는
④ 스며드는

□ be ostracized : 왕따를 당하다

◁ 해석 체크체크 ▷

그러한 행동을 한 개인들은 동료들로부터 <u>따돌림당할</u> 위험을 무릅썼다.

04   논리 추론 – 동의어   정답 ①

밑줄 친 nemesis는 '강한 상대, 천벌'의 뜻으로 ① adversary(적수)가 적절하다.

오답 분석

② 촉매(제)
③ 관습
④ 영재
⑤ 정점

□ stuttering : 말을 더듬는, 입속에서 중얼거리는
□ nemesis : 응당 받아야 할[피할 수 없는] 벌, 천벌
□ struggle with : ~으로 고심하다, 씨름하다

◁ 해석 체크체크 ▷

말을 더듬는 것은 Timothy가 어린 시절 내내 고군분투했던 당혹스러운 <u>숙적</u>이었다.

05 논리 추론 – 동의어 정답 ③

밑줄 친 banal은 '평범한, 따분한, 시시한'의 뜻으로 ③ ordinary(일상적인, 평범한)가 적절하다.

오답 분석

① 다정한, 애정 어린
② 혐오의
④ 걱정되는, 불안한
⑤ 과장된, 부풀린

☐ banal : 평범한, 따분한, 시시한
☐ file past : 줄줄이 ~의 옆을 통과하다
☐ inwardly : 마음속으로, 내심, 은밀히
☐ frantic : (두려움 · 걱정으로) 제정신이 아닌

> **〈 해석 체크체크 〉**
>
> 나는 줄지어 지나가는 등산객들과 <u>평범한</u> 축하인사를 주고받으면서, 내심 걱정이 앞섰다.

06 빈칸 추론 – 구/절 정답 ④

대화의 빈칸 다음에서 A가 'It moved very quickly, so I could easily tell the difference between it and the stars around it.'라고 한 다음에, 'You can check the location of the ISS ~'라고 답했으므로, 문맥상 대화의 빈칸에 들어갈 말로 가장 적절한 것은 ④ 'How did you know that it was the ISS(그게 ISS인걸 어떻게 알았나요)'가 적절하다.

오답 분석

① ISS와 NASA의 차이점을 설명해 주겠어요
② 구름의 중심에 있는 별을 볼 수 있나요
③ ISS를 보는 목적은 무엇이었나요
⑤ 지구에서 얼마나 떨어져 있나요

☐ International Space Station : 국제 우주 정거장
☐ neat : 뛰어난, 훌륭한

> **〈 해석 체크체크 〉**
>
> A : 이봐요, 그거 알아요? 지난 밤, 나는 국제 우주 정거장을 내 눈으로 직접 보았어요!
> B : 정말요? 놀랍군요! 지구에서 ISS를 보는 게 정말로 가능할까요?
> A : 네. 그것은 하늘을 가로질러 움직이는 밝은 별처럼 보였어요.
> B : <u>그게 ISS인 걸 어떻게 알았나요?</u>
> A : 그것이 매우 빠르게 움직여서 나는 주변의 별들 사이에서 쉽게 구별할 수 있었어요. ISS를 보고 싶다면, NASA 웹사이트에서 ISS의 위치를 확인할 수 있어요.
> B : 정말 멋지네요. 해 볼게요.

07 빈칸 추론 – 구/절 정답 ④

대화의 빈칸 앞에서 A가 'These kinds of things are not proven.'이라고 하고, 빈칸 다음에서 A가 'The photos could have been modified.'라고 답했으므로, 문맥상 대화의 빈칸에 들어갈 말로 가장 적절한 것은 ④ 'There are lots of photos of Nessie, though(하지만 네시의 사진들은 많이 있어요)'가 적절하다.

오답 분석

① 과학자들은 정말로 그것의 존재를 믿었어요
② 하지만 그것은 나의 실수인 것 같아요
③ 괴물은 자연의 질서를 어지럽혀요
⑤ 네, 그것들은 진품임이 완전히 입증되었어요

☐ look through : ~을 (빠르게) 살펴[훑어]보다
☐ Nessie : 네시(스코틀랜드의 Ness호에 출몰한다고 하는 괴물)
☐ reasonable : 사리에 맞는, 합리적인
☐ suspicion : 혐의[의혹]

> **〈 해석 체크체크 〉**
>
> A : 뭐하고 있어요?
> B : 몇 가지 흥미로운 것들에 대한 블로그를 훑어보고 있어요.
> A : 뭐가 그렇게 재미있어요?
> B : 이 블로그에 따르면, 네시라고 불리는 괴물이 스코틀랜드의 한 호수에 살고 있다고 해요.
> A : 오, 꽤 흥미롭긴 한데, 믿지 않는 게 좋을 거예요. 이런 종류의 것들은 증명되지 않았어요.
> B : 하지만 네시의 사진들이 많이 있어요.
> A : 그 사진들은 수정되었을 수도 있어요. 나는 당신이 보는 모든 것을 믿기보다는 합리적인 의구심을 갖고 접근하는 게 중요하다고 생각해요.
> B : 알겠어요, 명심하도록 노력할게요.

명사(factors)를 수식하는 분사인 considering은 '수동'이므로 ① considering이 아닌 considered(고려되는)가 적절하다.

☐ chemical imbalance : 화학적 불균형
☐ under the supervision of : ~의 감독 하에
☐ psychiatrist : 정신과 의사
☐ pioneer : 개척하다
☐ psychoanalysis : 정신분석학
☐ whereby : (그것에 의하여) ~하는

◀ 해석 체크체크 ▶

정신질환은 여러 면에서 우리에게 불가사의로 남아 있다. 어떤 과학자들은 그것이 유전이라고 생각한다. 다른 사람들은 그것이 신체의 화학적 불균형에 의해 발생한다고 생각한다. 고려되는 다른 요소들은 개인의 환경이나 아마도 뇌의 부상이다. 전문가들은 정신질환의 원인에 대해서 이견이 있고, 치료법에 대한 견해가 다르다. 한 가지 방법은 정신질환자들을 사회로부터 격리시키기 위해 병원에 입원시키고, 심지어 교도소에 수감시키는 것이다. 또 다른 방법은 행동을 바꾸기 위해 정신과 의사의 감독 하에 약을 주는 것이다. 약물 치료를 받고 있는 정신질환자들은 종종 감독 주택에서 산다. 지그문트 프로이트에 의해 개척된 또 다른 치료법은 정신분석학인데, 정신분석학에서는 환자가 정신과 의사 사무실에서 수 시간 동안 상담치료와 대화치료를 받는다. 위의 치료법들은 종종 결합된다.

(A) 다음 문장에서 'They run as surely toward danger as most people run away from it.'이라고 한 다음에, 그들은 번지점프를 하거나 산악자전거를 타고 자갈길을 미끄러져 내려오거나, 절벽의 아주 작은 틈에 손끝으로 매달리거나, 심지어 위험한 모험을 위해 안전한 직장을 그만두기도 한다고 했으므로, 문맥상 (A)에는 'nervous (초조해 하는)'가 적절하다.

(B) 앞부분에서 '그들은 모험을 좋아하는 사람들이고, 과학자들은 그들이 일부러 ~하는 이유를 오랫동안 궁금해왔다'고 했으므로, 문맥상 (B)에는 'court(~을 얻으려고 하다)'가 적절하다.

(C) 앞의 문장에서 위험에 대한 신체의 생리적 반응의 중요한 요소는 아드레날린인데, 우리 몸은 이 화학물질을 신장 위에 있는 부신의 중심에서 생산한다고 했으므로, 문맥상 (C)에는 신체적 또는 정신적으로 스트레스를 받는 상황이 'arises(발생할)'가 적절하다.

☐ placidly : 잔잔하게, 조용히
☐ skid down : 미끄러져 내리다
☐ gravel road : 자갈길
☐ hang by : ~으로 매달다
☐ take a chance on : ~을 운에 맡기고 해보다
☐ risk-taker : 모험을 좋아하는 사람
☐ court : ~을 얻으려고 하다
☐ ingredient : 구성 요소
☐ adrenaline : 아드레날린
☐ adrenal glands : 부신
☐ kidney : 신장, 콩팥

◀ 해석 체크체크 ▶

어떤 사람들은 평온하고 안전하게 살 때 (A) 초조해 한다. 그들은 대부분의 사람들이 위험으로부터 도망치듯이, 확실하게 그것을 향해 달려간다. 그들은 번지점프를 하거나 산악자전거를 타고 자갈길을 미끄러져 내려오거나, 절벽의 아주 작은 틈에 손끝으로 매달리거나, 심지어 위험한 모험을 위해 안전한 직장을 그만두기도 한다. 그들은 모험을 좋아하는 사람들인데, 그들이 (B) 일부러 손해보고, 부상당하고, 심지어 죽음을 불사하는 이유에 대해 과학자들은 오랫동안 의아하게 여겼다. 그 질문에 대한 답은 심리적, 생리학적 요인들의 복잡한 상호작용을 포함한다. 위험에 대한 신체의 생리적 반응의 중요한 요소는 아드레날린이다. 신체는 이 화학물질을 신장 위쪽에 있는 부신의 중심에서 만들어낸다. 신체적 또는 정신적으로 스트레스 받는 상황이 (C) 발생하면, 혈류로 유입되는 다량의 아드레날린이 스스로 보호하기 위해 신속하고 강력하게 행동하도록 신체를 준비시킨다.

(A) 뒷부분에서 먹잇감 종들에서 신화적인 수준의 속도와 지구력, 민첩성을 고무시키는 뛰어난 예술로 완벽의 경지에 이르렀다고 하고, 다음 문장에서 'Plain animals, such as antelopes, gazelles, and zebras, have also learned to measure their attackers' talents against their own.'이라고 했으므로, 문맥상 (A)에는 'Fleeing(도망치는)'이 적절하다.

(B) 앞부분에서 'Knowing that lions, leopards, and cheetahs are capable of only short bursts of speed,'라고 했으므로, 문맥상 (B)에는 'panic(겁에 질려)'이 적절하다.

(C) 앞부분에서 'Canines are not as fast as cats, but they can run for a long time'이라고 한 다음에, 'but they can run for a long time, ~'이라고 했으므로, 문맥상 (C)에는 약하고, 늙은 또는 병든 먹잇감을 'exhausted(지치게 할)'가 적절하다.

□ fleeing : 도망치는
□ endurance : 인내, 참을성
□ agility : 민첩, 명민함
□ plain : 평원, 평지
□ antelope : 영양
□ gazelle : 가젤(작은 영양)
□ hoofed : 발굽이 있는, 발굽 모양의
□ idle : 게으른, 나태한
□ at the sight of : ~을 보고
□ keep an eye out : 지켜보다, 살펴보다
□ predator : 포식자, 포식동물
□ steal the bases : 도루를 하다
□ sprint : 전력질주하다[빨리 헤엄쳐 가다]
□ Canine : 개, 송곳니
□ exhaust : 다 써 버리다, 고갈시키다
□ invigorate : 기운게 하다, 활기를 북돋우다

◁ 해석 체크체크 ▷

　(A) <u>도망치는 것</u>은 사냥의 먹잇감 종들에게서 신화적인 수준의 속도, 지구력, 민첩성을 고무시켜서 뛰어난 예술로 완벽의 경지에 이르렀다. 영양, 가젤, 얼룩말같은 평원 동물들도 공격자들의 재능과 자신들의 재능을 비교하는 것을 배웠다. 사자, 표범, 치타가 짧은 순간만 폭발적인 속도를 낼 수 있다는 사실을 알고 있는 발굽이 있는 거주민들(동물들)은, 달릴 수 있는 시간적 여유와 유리한 출발선 상에 있기만 하면, 고양이를 보고도 (B) <u>겁에 질려</u> 어쩔 줄 모르는 일은 거의 없다. 중요한 것은 포식자가 '도루를 하고' 치명적인 질주를 할 만큼 가까이 접근하지 않도록 그것을 주시하는 것이다. 그러나 사냥개와 늑대에 맞서, 사냥의 먹잇감인 동물들은 그들이 단지 지구력에만 의존할 수는 없다는 사실을 알고 있다. 개는 고양이만큼 빠르지는 않지만, 약하고, 늙고, 병든 먹잇감을 (C) <u>지치게 할</u> 만큼 충분히 오랫동안 달릴 수 있다.

(A) 다음 문장에서 '~ as your melody rises up, try to make the bass note of the chord progression you're accompanying it with fall.'이라고 했으므로, 문맥상 (A)에는 'contrary(반대되는)'가 적절하다.

(B) 다음에 '~ — so that movement in one direction prompts movement the other way in the other part —'라고 했으므로, 문맥상 (B)에는 'separating(분리하는)'이 적절하다.

(C) 이 글은 멜로디와 화음의 결합에 대하여 설명하고 있고, (C) 앞에서 'The reason for this is that the listener likes to hear one part as a melody and the other part as ~'라고 했으므로, 문맥상 (C)에는 'harmony(화음)'가 적절하다.

□ harmonic : 화성[화음]의
□ combination : 조합[결합](물)
□ contrary : ~에 반하는, 반대되는
□ chord progression : 화음 진행
□ accompanying : 수반하는
□ as a rule : 일반적으로
□ prompt : 유도하다, 촉발하다
□ discord : 불협화음

◁ 해석 체크체크 ▷

　만약 여러분이 멜로디와 화음의 조합 방식에 대해 조금이라도 고민하고 있다면, 이 두 요소의 가장 좋은 조합은 (A) <u>반대되는</u> 움직임으로 작동한다. 다시 말하면, 멜로디 라인이 올라가면, 멜로디와 동반되는 하행 진행 코드의 베이스 음을 만들어 보세요. 마찬가지로, 멜로디 라인이 내려가면, 베이스 음(과 그 코드)을 상행 진행으로 하세요. 이 방식은 각각의 멜로디 음표와 화음에 전부 적용시킬 필요는 없지만, 일반적으로, 한 방향으로의 이동이 다른 방향으로의 이동을 유도하기 위해서, 이 두 부분 사이의 움직임을 (B) <u>분리하고</u> 그들 사이에 거울처럼 반영되는 것을 상상하는데, 종종 제대로 작동한다. 이렇게 하는 이유는 듣는 사람이 한 부분을 멜로디로 듣고 다른 부분을 (C) <u>하모니</u>로 듣기를 좋아하기 때문으로, 그 결과 하나의 멜로디 라인이 '선율'을 전달하는 것으로 식별될 수 있다. 어쨌든, 이것은 멜로디 연주 부분과 그것을 지원하는 라인이 가능한 한 다르면, 종종 우리의 뇌가 더 이해하기 쉽다는 것이다.

12 논리 추론 – 어휘

futile 다음 문장에서 '이 모든 것이 이 땅을 매우 가치 있게 만든다.'라고 했으므로, 문맥상 futile(쓸모없는)이 아닌 fertile(비옥한)이 되어야 한다.

☐ Corn Belt : 옥수수 곡창 지대(옥수수가 많이 나는 미국 중서부 지역)
☐ bulk of : 대량의, 대부분의
☐ livestock : 가축
☐ futile : 헛된, 소용없는
☐ abundant : 많은, 풍부한, 윤택한
☐ fertilizer : 비료
☐ tenant : 소작인, (땅을) 소작하다
☐ equip with : ~을 갖추다[갖추게 하다]
☐ round-the-clock : 24시간 내내

⟨해석 체크체크⟩

　오늘날 미국의 중서부 지역에서 농장을 운영하는 것은 매우 비용이 많이 드는 작업이다. 이것은 특히 옥수수 곡창 지대에 해당되는데, 이 지역에서 미국의 대부분 가축을 살찌우는 옥수수 사료가 재배된다. 옥수수 곡창 지대의 중심은 아이오와, 일리노이, 인디애나 주에 있다. 토양이 매우 쓸모없고(→ 비옥하고), 강우량이 풍부하며, 길고 따뜻한 성장기가 있다. 이 모든 것이 이 땅을 매우 가치 있게 만든다. 토지 비용에 가축 비용, 종자, 기계, 연료, 비료를 더하면, 농사는 매우 고비용 작업이 된다. 그러므로 많은 농부들이 소작농이며, 대부분 토지는 은행, 보험회사 또는 부유한 사업가들의 소유이다. 이 소유주들은 일반적으로 기계와 노동력을 제공하는 농부들에게 토지를 임대한다. 일부 농장은 제분회사와 계약하여 운영하고 있다. 그 회사들은 농장을 매입하여, 관리자들을 투입해 운영하며, 농사지을 기계를 제공하고, 농산물을 그들의 용도에 맞게 가져간다. 기계에는 종종 24시간 내내 작동할 수 있도록 전등이 설치되어 있다.

13 논리 추론 – 어휘

앞부분에서 '~ the quality of information on the Internet is not always so obvious, sometimes deliberately ~'라고 했으므로, 문맥상 'unveiled(공개된)가 아닌 veiled(분명하게 드러내지 않는)'가 되어야 한다.

☐ play a part in : 일익을 담당하다 일조하다
☐ dwarf : 왜소해 보이게 만들다
☐ esoteric : 소수만 이해하는[즐기는], 비전의
☐ discipline : 규율, 훈육
☐ sample : 표본조사를 하다
☐ stature : 지명도, 위상
☐ affiliation : 제휴, 가맹
☐ simplistic : 지나치게 단순화한
☐ encyclopedic : 백과사전의, 백과사전에서 볼 수 있는
☐ guarantee : 보장[약속]하다
☐ bill ~ as : ~라고 묘사하다
☐ caveat : 통고[경고]
☐ relative : 비교상의, 상대적인

⟨해석 체크체크⟩

　디지털 정보는 지식의 불확실성 증가에 일조한다. 첫 번째, 현재 인터넷을 통해 접근 가능한 무한한 정보는 한 주제에 통달하려는 시도를 왜소해 보이게 한다. 즉, 어떤 영역에서 알아야 할 것에 대해 안다는 게 그야말로 더 이상 불가능하다. 그 대응은 좀 더 좁아지거나 더욱 난해한 분야 또는 관심사에 주력하는 것 또는 그 분야를 표본 조사하는 게 할 수 있는 전부라는 사실을 인정하는 것이다. 둘째, 접근 가능한 것의 품질이 알려지지 않았기 때문에, 지식의 위상에 대하여 이의가 제기된다. 인쇄된 책에는 일반적으로 품질 표시 즉, 출판사와 저자 집단 등이 분명하게 표시되어 있다. 하지만 인터넷에 있는 정보의 품질은 항상 명확한 것은 아니고, 때론 일부러 공개되기도 하고(→ 분명하게 드러내지 않기도 하고), 때론 지나치게 단순화되었으나 요란하기도 하다. 백과사전도 품질을 보장하지 않는데, 위키피디아는 스스로를 '누구나 편집할 수 있는 무료 백과사전'이라고 묘사한다. 일반적으로 정확한 문제가 부정확한 것을 압도할 것이라는 이론에도 불구하고, 지식은 항상 상대적이라는 경고가 있다.

네 번째 문장에서 'Sixty percent of the faces we welcome are our regulars, but we have fun meeting a beautiful variety of people from all walks of life every day.'라고 했으므로, 글의 내용과 일치하는 것은 ④ '손님의 절반 이상이 이 카페를 정기적으로 방문한다.'이다.

오답 분석

① Songbird House는 1904년에 유명한 유적지였다.
② Songbird House에서는 아침식사가 제공되지 않는다.
③ 새로운 직원들이 자주 고용된다.
⑤ Songbird House는 거실을 개조하는 회사이다.

☐ turnover : (기업의) 총매상고, (기업의 직원) 이직률
☐ be assured of : ~을 확신하다
☐ consistent : 한결같은, 일관된
☐ regular : 단골손님, 고정 고객
☐ extension : 확대
☐ all walk of life : 모든 계층의 사람들

◁ 해석 체크체크 ▷

    Songbird House는 2012년 7월 23일에 문을 열었고 1904년에 지어진 역사적인 집에 자리잡고 있습니다. 우리의 중점은 커피와 차이지만, 여러분은 우리가 집에서 만든 페스트리와 아침식사용 샌드위치를 좋아할 것입니다. 우리는 직원 이직률이 낮기 때문에 손님들과 개인적으로 친해지고, 손님들이 일관된 품질의 서비스를 보장받을 수 있다는 데 긍지를 갖고 있습니다. 손님 중 60%는 단골이지만, 우리는 매일 모든 계층의 다양한 멋진 분들을 만나는 게 행복합니다. 여러분이 누구건, 사랑하는 사람이 누구건, 인생에서 어디에 있건 상관없어요. 어서 오세요! 사업가, 학생, 작가, 아기를 돌보는 엄마, 그 누구든 상관없이 편안한 시간을 보내시기 바랍니다. Songbird House를 여러분들 가정에 있는 거실의 연장선이라고 여기세요.

세 번째 문장에서 '~ these carnivorous plants feed on insects as well as small vertebrates.'라고 했으므로, 글의 내용과 일치하지 않는 것은 ② '그것은 등뼈가 있는 작은 동물들에 의해 잡아먹힌다.'이다.

오답 분석

① 그것의 잎은 코브라 뱀의 머리를 닮았다.
③ 그것은 습지에서 종종 발견된다.
④ 그것은 기분 좋은 냄새를 분비하여 곤충을 유혹한다.
⑤ 그것은 빗물을 모아 먹잇감을 가두지는 않는다.

☐ eye-catching : 눈길을 끄는
☐ round out : 둥글게 되다
☐ hooded : 두건으로 가리워진, 두건으로 숨겨진
☐ foliage : 나뭇잎
☐ startling 놀라운[특이한]
☐ carnivorous : 식충성의
☐ vertebrates : 척추동물
☐ native to : ~에 고유한
☐ boggy : 늪[수렁] 같은
☐ devoid of : ~이 없는
☐ secrete : 분비하다
☐ digestive : 소화의
☐ enzymes : 효소
☐ pitcher plant : 낭상엽식물(벌레잡이통풀 등)
☐ take after(= resemble) : 닮다
☐ marshland : 습지대

◁ 해석 체크체크 ▷

    코브라풀(cobra lily)은 잎이 코브라 뱀의 머리를 닮은 인상적인 모양으로 눈길을 끄는 특이한 식물이다. 그 식물의 밑에서 올라온 구불구불한 잎들은 둥글게 말려 두건을 쓴 모양이 된다. 특이한 외양의 이 식충식물은 작은 척추동물뿐만 아니라 곤충을 먹고 산다. 코브라풀은 북아메리카가 원산지로, 영양분이 없는 늪지대에서 종종 개별 집단으로 자란다. 이 식물의 잎은 두건모양으로, 곤충을 유인하는 냄새를 뿜어낸 다음 식물이 올가미에서 소화를 시키는데 필요한 연료를 모을 수 있게 한다. 일단 식물의 잎 속으로 빨려 들어간 곤충들은 빠져나오기 어려울 뿐더러, 식충식물은 동물성 물질 분해를 돕는 소화효소를 분비할 것이다. 하지만, 다른 낭상엽(囊狀葉) 식물들과 달리, 코브라풀은 먹잇감을 덫에 가두기 위해 빗물을 모을 수 없다.

16 핵심 파악 – 제목 　　　　　정답 ⑤

마지막에서 두 번째 문장에서 로스앤젤레스부터 런던까지 세계적인 레스토랑에서 김치를 이용한 메뉴의 인기가 올라가고 있지만, 김치 원산지인 한국에서 위기가 오고 있다고 한 다음에 마지막 문장에서 '~ we can now add a trade war with China and fears of lasting damage to Korean cultural identity.'라고 했으므로, 글의 제목으로 가장 적절한 것은 ⑤ '한국 국민요리의 인기와 위기'이다.

오답 분석
① 김치 : 치솟는 인기
② 김치는 건강에 어떤 영향을 미칠까?
③ 한국이 중국과의 무역 전쟁에서 승리하다
④ 김장 : 유네스코 상으로 선정되다

□ permeate : 스며들다, 침투하다
□ subway carriage : 지하철 객차
□ arrival : 도래, 도입
□ crop up : 불쑥 나타나다[발생하다] (=come up)
□ far from : 전혀 ~이 아닌, ~와는 거리가 먼
□ napa cabbage : 배추
□ seasoning : 양념(특히 소금과 후추)
□ copious : 엄청난 (양의), 방대한

〈 해석 체크체크 〉

　이것의 숨길 수 없는 냄새가 출퇴근 시간 서울의 지하철 객차에 스며들고, 숭배자들은 이것이 지구상에서 가장 건강에 좋은 음식이라고 주장한다. 냉장고가 없던 시대에 비타민 C의 원천으로 여겨졌던 김치는 이제 그 원산지인 한반도에서 멀리 떨어진 곳에서 메뉴로 등장한다. 강한 마늘향의 매운 배추 요리는 영국과 호주, 미국에서 피자 토핑과 타코 속재료로도 쓰인다. 김장은 함께 모여서 김치를 담그는 전통 행사인데, 최근 유네스코 세계문화유산으로 선정되었다. 하지만 김치는 로스앤젤레스에서 런던까지 레스토랑에서 그 인기가 점점 높아가고 있지만, 한국의 국민 음식은 원산지에서 위기에 처해 있다. 김치의 기본 재료인 배추, 마늘, 양념, 엄청나게 많은 양의 고춧가루에, 우리는 이제 중국과의 무역전쟁과 한국 문화의 정체성이 지속적으로 피해에 대한 두려움을 추가할 수 있다.

17 핵심 파악 – 제목 　　　　　정답 ④

글은 건강한 바다를 회복하기 위하여 해양쓰레기 처리의 PMC 솔루션에 대해 기술하고 있으며, 마지막 문장에서 결론적으로 'Overall, only few solutions reached technical readiness and no solution was validated for efficiency and environmental impacts.'라고 했으므로, 글의 제목으로 적절한 것은 ④ '바다를 치유하기 원하나요? 더 많은 작업이 필요합니다'이다.

오답 분석
① 해양 동물 구하기 : 소형쓰레기 대상
② 해양 발견으로의 수동적인 여행
③ 인류에 대한 해양 위협
⑤ 해양쓰레기 재활용의 효용성에 대한 의문

□ marine litter : 해양 쓰레기
□ address : (문제·상황 등에 대해) 고심하다[다루다]
□ wastewater treatment : 폐수처리
□ inconsistent : 일관성 없는
□ harmonization : 조화; 일치, 화합
□ macrolitter : 대형쓰레기
□ readiness : 준비가 되어 있음
□ validate : 입증하다

〈 해석 체크체크 〉

　건강한 바다를 복원하고 오랜 시간에 걸쳐 해양 환경의 안녕을 유지하기 위해, 해양 쓰레기의 예방과 모니터링, 청소 작업에 대한 혁신적인 솔루션(PMC)이 필요하다. 개발·실행된 이들 솔루션의 수와 솔루션의 효과 정도에 대해서는 알려진 바가 거의 없는데, 그것은 정보가 플랫폼에 분산되어 접근이 용이하지 않기 때문이다. Bellou와 동료들에 의한 세계적인 분석과 Nature Sustainability에서도, 연구원들은 177개의 PMC 솔루션을 식별하고, 그중 106개 솔루션이 모니터링에 대응하는 것을 발견하고 33개 솔루션이 (주로 폐수처리를 통한) 예방을, 30개 솔루션만이 청소 작업을 다루고 있다는 것을 알아낸다. 연구원들은 또한 여러 개발자들이 쓰레기 용량 용어를 무분별하게 사용하고 있어 다루어야 할 쓰레기 유형에 접근하는 화합 노력이 요구됨을 알아냈으며, 그 결과는 137개 솔루션이 대형 쓰레기를 대상으로 한 것으로 보여진다. 대체적으로, 단지 극소수만이 기술적으로 준비 상태에 도달했으며, 효율성과 환경적인 영향에 대한 검증이 이루어진 솔루션은 없었다.

18 핵심 파악 – 주제　　　　　　　　　　　정답 ④

첫 번째 문장에서 '~ I can only conclude that personalization in that culture involves not only the acquisition of certain symbols and statuses, but also the achievement of a series of successes.'라고 했으므로, 글의 주제는 ④ '미국에서의 개인화의 한 측면'이다.

오답 분석

① 개인화에 대한 다양한 전략
② 노인에 관한 전형적인 오해
③ 미국에서의 노인요양 문제
⑤ 미국 경제에 대한 소비의 기여

□ acquisition : 습득
□ token : 징표[표시]로 하는, 예고성의
□ capacity : 용량, 수용력
□ displace : 대신[대체]하다
□ occupational : 직업의, 직업과 관련된
□ deprived of : ~을 박탈당한
□ retention : 정체[잔류], 보유
□ indispensable : 없어서는 안 될, 필수적인
□ render : 주다[제공하다], (어떤 상태가 되게) 만들다[하다]

◁ 해석 체크체크 ▷

　　미국 내 노인들에 대한 '돌봄'을 목격한 후에, 나는 그 문화에서의 개인화는 확실한 상징과 지위의 획득뿐만 아니라 일련의 성공에 대한 성취도 포함한다고 결론지을 수 있을 뿐이다. 그 증표로, 실패한 사람이나 성공 능력을 상실한 사람은 '부족한' 사람으로 여겨지는데, 성공 매커니즘에서 추출되었기 때문이다. 미국의 노인들은, 직업 체계에서 물러났거나 대체되었기 때문에, 성공 또는 실패 능력을 박탈당한다. 그것은 그들은 지속적인 소비 능력으로 여전히 지난날의 성공을 상징할 수 없다면, 거의 사람으로 여겨지지 않기 때문이다. 이러한 방식으로 개인의 소비 능력 보유는, 심지어 성공 조직에서 물러난 후에도, 성공을 위한 적절한 대체물로 여겨지는데, 그 이유는 이러한 소비를 통해 경제에 필수적인 서비스가 제공되기 때문이다.

19 핵심 파악 – 주제　　　　　　　　　　　정답 ⑤

마지막에서 두 번째 문장에서 'Insofar as it depends upon individuals' electing to maintain it, it is not autonomous.'라고 했으므로, 글의 주제로 적절한 것은 ⑤ '개인의 선택에 의해 결정되는 기술의 운명'이다.

오답 분석

① 자율성에 대한 기술적 비판
② 혁신적인 기술에 미치는 윤리의 영향
③ 윤리적 기술을 이해하고 활용하는 법
④ 사람들이 그들이 가장 좋아하는 기술을 홍보해야 하는 이유들

□ inevitable : 불가피한, 필연적인
□ perspective : 관점, 시각
□ autonomous : 자주적인, 자치의
□ cease : 중단되다, 그치다; 중단시키다
□ implementation : 이행, 실행; 완성, 성취; 충족
□ insofar : ~하는 한에 있어서는
□ autonomy : 자주성, 자율성
□ fashion : 만들다[빚다]
□ much less : 하물며[더구나] ~은 아니다

◁ 해석 체크체크 ▷

　　적어도 윤리적 관점에서, 기술이 필연적일 수 있는 방법과 자율적일 수 있는 방법은 그야말로 불분명하다. 어떤 사람들은 주어진 기술을 사용하기로 선택하지만, 어떤 사람들은 그렇지 않다. 어떤 기술이든, 모두가 그것을 사용하지 않기로 선택하는 경우도 있을 수 있다. 경쟁자가 생길 수도 있고, 아니면 도덕적인 논쟁이 발생해서 중요한 수의 사람들을 설득해서 더 이상 기술을 사용하지 않도록 할 수도 있다. 그러면 개인의 결정으로 인해, 그 기술은 더 이상 구현되지 않는다. 따라서 기술은, 적어도 그것의 실행이, 필연적인 것은 아니다. 그것을 유지하는 것이 개인의 선택에 달려 있는 한, 그것은 자율적이지 않다. 기술의 필연성과 자율성에 기초한 기술 윤리를 형성하려는 노력은 사람들의 선택 방식을 반영하지 않고, 더구나 도덕적인 결정은 고사하고 개인과 기술 사이의 전체 관계도 반영하지 않을 것이다.

20 핵심 파악 - 요지

네 번째 문장에서 이 새로운 거주자들이 도시에 들어온 것은 그들의 노동력 이상의 것이었다고 하고, 다섯 번째 문장에서 'They brought their religions, their politics, their institutions, and their art.'라고 했으므로, 글의 요지로 가장 적절한 것은 ⑤ '이민자들은 자신들의 문화를 미국 주류사회에 내보냈다.'이다.

오답 분석

① 미국 국경지대는 예상치 못한 어려움을 극복했다.
② 그 위험한 피해는 새로운 사람들에 의해 야기되었다.
③ 다양한 이민자들이 정치적 르네상스를 불러일으켰다.
④ 소수 문화는 미국의 대중생활에 적합하도록 변형되었다.

- foreign-born 외국 태생의
- native-born : 본토박이의
- well-to-do : 부유한, 잘사는
- brawn : 체력
- institution : 제도[관습], 기관[단체/협회]
- jam : 밀어[집어]넣다
- feast day : (기독교의) 축일
- Day of Atonement : 속죄의 날
- storefront : 가게[점포] 앞에 딸린 공간
- fraternal : 공제의, 형제 간의
- lodge : (비밀 결사 단체 등의) 회원들, (그들이 모이는) 집회소
- vaudeville theater : 뮤직홀, 연예장
- hone : (특히 기술을) 연마하다
- craft : 기술[기교]
- ghetto : 빈민가[게토]
- ragtime : 래그타임

해석 체크체크

외국 태생과 본토 태생이든, 백인과 흑인이든지 간에 범람하는 사람들은 단일한 모습을 갖고 있지는 않다. 소수집단은 사업가와 교사, 의사와 변호사, 사제, 성직자, 종교지도자 같은 전문직 종사자들이었다. 대다수 사람들은 노동자들이었는데, 그들은 공장을 가득 채우고, 집을 짓고, 바닥을 문질러 닦고, 부유한 사람들의 아기들을 돌보았다. 그러나 이 새로운 거주자들이 도시에 들어온 것은 그들의 노동력 이상의 것이었다. 그들은 자신들의 종교, 정치, 제도, 예술도 함께 가지고 들어왔다. 그들은 자신들의 마을에 성인의 축일에는 거리를 가득 메우도록 몰려나와서 축하했고, 속죄일에는 거리가 텅 비었다. 그들은 작은 가게 앞 교회와 그들 종족을 위한 상당한 수의 집회소를 열었다. 그들은 유태계 연예인들이 기교를 다듬었던 뮤직홀과 래그타임 밴드가 미국 음악의 경계를 넓힌 게토 댄스홀로 몰려들었다. 그리고 그들은 그들의 방식으로 밀치고 도시 공공 생활 속으로 들어갔다.

21 핵심 파악 - 요지

세 번째 문장에서 'Offering an apology to another country is an effective way to lay the ground work for future cooperation.'라고 하고 글의 마지막 부분에서 체코가 사과하자 독일이 체코를 위한 자선기금을 설립했고, 나토와 유럽연합이 체코공화국의 합류를 요청했다는 내용이 나오므로, 글의 요지로 가장 적절한 것은 ③ '사과는 국내외 관계의 균형을 회복시킨다.'이다.

오답 분석

① 독일은 체코인들이 그들의 전후 행동에 대해 사과할 때까지 체코 희생자들에게 돈을 지불하지 않았다.
② 사과는 사람들이 부유한 나라와 가난한 나라 사이의 분열을 바로잡는 데 도움을 준다.
④ 사과는 종종 사람들이 지나간 일을 잊어버리도록 하기 위해 조작된다.
⑤ 미국은 매독 치료를 거부당한 아프리카계 미국 남성들에게 사과했다.

- display : 표현[과시], 드러내다[보이다]
- at the heart of : ~의 핵심/본질/중심에(는)
- veritable : 진정한
- avalanche : (눈/산)사태
- sphere : (활동·영향·관심) 영역[-권]
- demonstrate : 증거[실례]를 들어가며 보여주다, 입증[실증]하다
- wronged : 부당한 취급을 받은, 학대받은
- syphilis : 매독
- lay the ground work : 성공의 기틀을 마련하다
- restitution : 배상, 보상
- persecution : 박해, 학대
- reparation : 배상금
- philanthropic : 박애(주의)의, 동포애의
- for the benefit of : ~을 위하여

해석 체크체크

배려의 표시로서 '사과'의 위력은 우리가 지금 공공 영역에서 보고 있는 진정한 사태의 핵심에 있다. 예를 들어, 정부는 부당한 취급을 받은 집단에 대한 배려를 입증할 수 있는데, 1997년 의학실험의 일부로 매독 치료를 거부당한 아프리카계 미국 남성들에 대한 사과와 같은 경우이다. 다른 나라에 대한 사과는 미래의 협력을 위한 토대를 마련하는 효과적인 방법이다. 1990년대 후반, 체코 공화국은 유럽 국가 중 유일하게 제2차 세계대전 기간 나치 박해에 대한 배상에 독일과 합의에 이르지 못했다. 독일은 체코인들의 전후 수데텐란트에서 독일계 민족 추방에 대하여 공식 사과를 받기 전까지는 체코 희생자들에게 보상금을 지불하기를 거부했다. 독일의 배상금과 나토에 가입하여 독일의 지원을 모두 받기 위해 체코 정부는 1997년에 사과했다. 독일은 체코를 위한 자선기금 설립으로 대응했고, 나토와 유럽연합은 체코 공화국이 합류하도록 초청했다.

22 핵심 파악 – 요지　　　　　　　　　　정답 ⑤

두 번째 문장에 가장 큰 실수 중 하나는 여러분이 무슨 일을 하고 있든지 걸려오는 모든 전화를 받는 습관을 들이는 것이라고 하고, 세 번째 문장에서 'A good way to handle the telephone is to concentrate your calls in one time segment, ...'라고 했으므로, 글의 요지로 가장 적절한 것은 ⑤ '가능한 한 방해로부터 여러분 자신을 격리시켜라.'이다.

오답 분석

① 의식적으로 편안함과 즐거움을 투영하라.
② 성공에 대한 계속되는 두려움에 주의하라.
③ 자연스러운 최적의 작업 주기를 인식하라.
④ 성공을 종착지가 아닌 하나의 과정으로 생각하라.

☐ jar : (귀・신경 등에) 거슬리다
☐ nervous system : 신경계
☐ interruption : 가로막음, 방해
☐ in the midst of : ~의 한가운데에

〈해석 체크체크〉

여러분이 중요한 문제에 집중하고 있을 때 반복해서 중단되는 것만큼 신경에 거슬리는 것은 없다. 가장 큰 실수 중 하나는 여러분이 무슨 일을 하고 있든지 걸려오는 전화를 모두 받는 습관이다. 전화를 다루는 좋은 방법은, 가령 예를 들어, 아침 9시에서 10시 사이 또는 오후 4시에서 5시 사이 한 시간 동안에 통화를 집중시키는 것이다. 그 시간 동안 걸려오는 모든 전화를 받고, 여러분에게 전화한 사람들에게 다시 전화를 한다. 바빠서 전화를 못 받는 것은 무례한 행동이 아니다. 현명해지는 것이다. 만약 전화의 피해자라면, 전화 심사(phone screening)는 여러분의 직장 생활을 바꿀 수 있다.

23 빈칸 추론 – 어휘　　　　　　　　　　정답 ③

빈칸 다음에서 'if we had to think about every detail of every system in our lives all the time, we'd faint from overexposure.'라고 했으므로, 빈칸에 들어갈 말로 가장 적절한 것은 ③ '애매모호함'이다.

오답 분석

① 일관성
② 글을 읽고 쓸 줄 아는 능력
④ 신중함
⑤ 인기

☐ content : 내용물
☐ appliance : (가정용) 기기
☐ faint from : ~ 때문에 기절하다
☐ bundling : 일괄 판매, 시스템 판매
☐ wreck : 망가뜨리다, 파괴하다
☐ spine : (책의) 등
☐ lay claim to : ~에 대한 권리를 주장하다

〈해석 체크체크〉

여러분은 매장에서 텔레비전을 구입할 수 있고, 가정에서 텔레비전을 시청할 수 있다. 하지만, 여러분이 구입한 텔레비전은 여러분이 시청하는 텔레비전이 아니며, 여러분이 시청하는 텔레비전은 여러분이 구입한 텔레비전이 아니다. 이런 식의 표현은 혼란스러워 보이지만, 일상생활에서는 전혀 혼란스러운 게 아니다. 그것은 텔레비전이 무엇인지에 대해 너무 어렵게 생각할 필요가 없으며, 우리는 '텔레비전'이라는 단어를 '산업, 콘텐츠, 가전기기'라는 묶음의 서로 다른 부분에 대해 이야기하기 위해 사용한다. 언어는 우리로 하여금 적절한 수준의 <u>애매모호함</u>에서 작동하도록 해준다. 만약 항상 우리 삶이 체계의 세부 사항을 하나하나 모두 생각해야 한다면, 과다노출 때문에 기절할 것이다. 사물과 산업, 제품과 서비스, 비즈니스 모델에 대한 이러한 결합은 텔레비전에만 국한되는 고유한 현상은 아니다. 희귀 초판을 수집하고 보존하는 사람들과, 대중시장용 로맨스 소설을 구입해서 책등을 부수고 그 다음 주에 나눠주는 사람들은 모두 라벨북 애호가로서의 합법적인 권리를 주장할 수 있다.

24 빈칸 추론 - 어휘   정답 ①

글의 맨 처음에서 기계적인 복제 제품이 가져올 수 있는 상황은 실제 예술 작품에 영향을 미치지 않을 수 있지만 그 존재의 품질은 항상 저하된다고 했고, 빈칸 앞의 문장에서 'Since the historical testimony rests on the authenticity, the former, too, is jeopardized by reproduction when substantive duration ceases to matter.'라고 했으므로, 빈칸에 들어갈 말로 가장 적절한 것은 ① '권위'이다.

오답 분석
② 부정적[비관적] 성향, 소극성
③ 승격, 홍보[판촉] (활동)
④ 공연, 연주회
⑤ 국한[제한]

☐ reproduction : 복사, 복제
☐ touch : 영향을 미치다
☐ depreciate : 가치가 떨어지다[절하되다]
☐ in review : ~을 차례차례 회상하다
☐ spectator : 관중
☐ hold : (무엇이 사실이라고) 간주[생각]하다
☐ nucleus : (원자)핵, 핵심
☐ authenticity : 진정성
☐ whereas : ~한 사실이 있으므로
☐ vulnerable : (~에) 취약한, 연약한
☐ transmissible : 보낼[전할, 전도할] 수 있는; 전염하는
☐ range from : ~에서(~까지) 걸치다, 범위가 ~부터이다
☐ substantive : 실질적인
☐ testimony : 증거
☐ rest on : ~에 기초하다
☐ jeopardize : 위태롭게 하다 (=endanger)

해석 체크체크

　기계적인 복제품이 가져올 수 있는 상황은 실제 예술품에는 영향을 미치지 않을지 모르지만, 그 품질은 항상 저하된다. 이것은 예술품뿐만 아니라, 예를 들어, 영화에서 관객 앞에서 회상하면서 차례차례 지나치는 풍경에도 적용된다. 예술 대상의 경우, 가장 민감한 핵심 즉, 다시 말해 그것의 진정성은 손상을 입는 반면에, 자연적인 대상은 그렇지 않다. 어떤 사물이 진짜임은 그것의 실질적인 지속 기간부터 그 경험한 역사에 대한 증언에 이르기까지 그것의 시작부터 전할 수 있는 모든 것의 본질이다. 역사적 증언이 진짜임에 기초하기 때문에, 전자 역시 실질적인 지속 기간이 더 이상 문제되지 않을 때 복제에 의해 위태로워진다. 그리고 역사적 증언이 영향을 받을 때 실제로 위태로워지는 것은 그 대상의 권위이다.

25 빈칸 추론 - 구/절   정답 ④

빈칸 앞의 문장에서 'Electrons in atoms "hate" not existing in pairs.'라고 하고, 빈칸 다음에서 'to "steal" from another atom or molecule.'이라고 했으므로, 문맥상 빈칸에 들어갈 말로 가장 적절한 것은 ④ '다른 전자'이다.

오답 분석
① 다른 세포들
② 강력한 에너지
③ 안정적인 (원자)핵
⑤ 영양분이 많은 단백질

☐ orbit : 궤도, 궤도를 돌다
☐ atom : 원자
☐ in pairs : 둘씩 짝을 지어
☐ odd number : 홀수
☐ unpaired : 짝이 없는
☐ superoxide : 초산화물
☐ molecule : 분자
☐ free radical : 유리기
☐ seek out : ~을 찾아내다
☐ pose : (위협·문제 등을) 제기하다
☐ macromolecule : 거대 분자, 고분자
☐ fatty acids : 지방산

해석 체크체크

　원자의 핵 주위를 돌고 있는 전자들을 기억해라. 그 전자들은 에너지를 포함하고 있지만, 이 에너지가 항상 안정적인 것은 아니다. 안정성은 원자 안에 있는 전자의 수에 달려 있다. 원자는 전자가 둘씩 짝지어 궤도를 돌 때 더 안정적이다. 홀수 전자를 가진 원자는 짝이 없는 전자를 가져야 한다. 산소가 짝을 이루지 않은 전자를 한 개 가지고 있을 때, 그것은 최[과]산화물이라고 알려져 있다. 짝을 이루지 않은 전자를 가진 과산화물 같은 원자와 분자는 유리기라고 불린다. 유리기의 짝이 없는 전자는 원자나 분자를 불안정하게 만든다. 원자에서 전자는 짝을 이루지 못한 전자를 '싫어'한다. 짝을 이루지 않은 전자를 가진 원자는 다시 안정되기를 원하기 때문에, 다른 원자나 분자로부터 '훔쳐오기' 위해 재빨리 다른 전자를 찾는다. 유리기의 불안정성은 DNA, RNA, 단백질, 지방산과 같은 고분자를 위협한다.

26 빈칸 추론 – 구/절 　　　　　　　　　정답 ①

세 번째 문장에서 Bernard Weiner는 귀인이론을 4가지 요인, 즉 능력과 노력, 과제의 어려움, 행운의 면에서 어떤 일의 성공 또는 실패 요인을 설명하고 있다. 빈칸 앞에서 'Thus, failure to get a high grade on a final exam in a language class might for some be judged to be a consequence of their poor ability or effort, and by others to difficulty of exam, ~'이라고 했으므로, 문맥상 빈칸에 들어갈 말로 가장 적절한 것은 ① '단지 아주 오래된 불운'이다.

오답 분석

② 이전의 학습 경험
③ 언어 학습에 대한 지나친 자부심
④ 부적절한 교수법 사용
⑤ 자기옹호 결핍

□ underlying : 근본적인[근원적인]
□ self-esteem : 자부심
□ fundamental : 근본[본질]적인
□ attribution : 귀착시킴, 귀속, 귀인
□ self-efficacy : 자기 옹호
□ dimension : 차원, 관점
□ causal : 인과 관계의
□ plain : (나쁨 바보 같음 등을 강조할 때 써서) 분명히

〈 해석 체크체크 〉

언어 학습에서 자부심의 역할에 관한 근원적인 쟁점은 귀인과 자기옹호에 대한 근본적인 개념이다. 귀인이론이란 사람들이 자신들의 성공과 실패의 원인을 설명하는 방법에 초점을 맞춘 것이다. Bernard Weiner는, 개인적인 목표의 성취에 있어, 성공과 실패 요인을 4가지 요인, 즉 능력, 노력, 인지된 과업의 어려움, 행운의 면에서 귀인이론을 설명한다. 이 네 가지 요소 중 두 가지인 능력과 노력은 학습자에게 내재되어 있으며, 나머지 두 가지인 과제의 어려움과 행운은 학습자의 외부 상황이다. Weiner에 따르면, 학습자들은 그들의 과업 성공이 이들 4가지 차원에 기인한다고 설명하는 경향이 있다. 개인에 따라 많은 인과적 결정 요인이 인용될 수 있다. 따라서 어학 수업의 기말시험에서 높은 점수를 받지 못한 것이 어떤 이들에게는 자신의 능력이나 노력 부족의 결과로, 다른 이들에게는 시험이 어려워서, 그리고 다른 이들에게는 아마도 <u>단지 아주 오래된 불운</u>에 기인한 결과로 판단될지도 모른다.

27 빈칸 추론 – 구/절 　　　　　　　　　정답 ③

첫 문장에서 '흑인과 히스패닉계는 뉴욕시 인구의 51%에 해당하지만, Covid-19 사망자 중 62%를 차지한다.'라고 했고, 글의 중반에서 그 원인은 고혈압과 당뇨 같은 동반질환과 연관성이 크지만, 높은 사망률의 근본적인 원인은 적절한 의료서비스의 부족 때문이라고 했으므로, 문맥상 빈칸에 들어갈 말로 가장 적절한 것은 말은 ③ '바이러스가 (건강과 의료서비스의) 약점을 악용한다'이다.

오답 분석

① 의사들은 그들의 역할 수행을 주저한다
② 소수집단들은 적절한 정책을 개발한다
④ 우리는 긴박함을 이해했다
⑤ Covid-19 변종 치료에는 교육이 필요하다

□ compared with : ~과 비교하여
□ disparity : 차이
□ Co-morbid condition : 동반 질환
□ hypertension : 고혈압(증)
□ diabetes : 당뇨병
□ undiagnosed : 진단 미확정[회피]의
□ potentially : 가능성 있게, 잠재적으로
□ fatal : 치명적인

〈 해석 체크체크 〉

흑인과 히스패닉계는 뉴욕 시 인구 중 51%에 해당하지만, Covid-19 사망자 중 62%를 차지한다. 연령에 맞게 조정하면, 사망률이 백인의 두 배이다. 이 격차는 몇 가지 요인의 결과일 가능성이 높다. 고혈압과 당뇨병 같은 동반 질환은 Covid-19로 인한 사망과 강하게 연관되어 있으며 흑인과 히스패닉 사회에서 더 흔하게 나타난다. 하지만 제대로 통제되지 않은 고혈압과 당뇨병의 비율이 높은 원인은 무엇인가? 적절한 의료 서비스의 부족이다. 돈, 시간, 위치, 또는 신뢰의 원인 때문에 양질의 의료서비스를 쉽게 찾을 수 없는 사람들은 진단과 치료에 있어 치명적인 지연을 경험할 뿐만 아니라, 진단 받지 않은 상태로 집에 머물면서 바이러스를 퍼뜨릴 가능성이 더 크다. 건강과 의료서비스에서 <u>바이러스가 약점을 악용한다</u>는 이러한 설명은 이탈리아, 뉴올리언스, 그리고 아마도 이란의 경우와 마찬가지로 뉴욕 시의 경우도 동일하다.

28 빈칸 추론 – 구/절   정답 ②

빈칸 앞 문장에서 'What is creativity?'라고 묻고, 다섯 번째 문장에서 '~ defining creativity may be one of the most difficult tasks facing the social sciences, ~'라고 했다. 마지막 문장에서 심리학자들은 때때로 우리가 창의성에 대한 합의에 이를 수 있을지에 대해 의문을 갖고 있다고 했으므로, 문맥상 빈칸에 들어갈 말로 가장 적절한 것은 ② '우선, 그것(창의력)이 무엇인지 합의할 필요가 있다.'이다.

오답 분석
① 일련의 규칙을 정해야 한다
③ 그 단어에 대한 광범위한 연구를 해야 한다
④ 그 용어에 대한 심리적으로 함축된 의미를 조사하다
⑤ 주로 그 의미의 본질에 집중하다

☐ sociocultural approach : 사회문화적 접근
☐ turn out : (일·진행·결과가 특정 방식으로) 되다[되어 가다]
☐ surprisingly : 놀랄 만큼, 의외로, 대단히
☐ psychologist : 심리학자
☐ argue over : ~을 두고 논쟁하다
☐ complimentary : 칭찬하는
☐ term : 용어, 말
☐ reach a consensus : 합의에 이르다

해석 체크체크

사회문화적 접근은 문제의 핵심을 공격하는 데에서 시작한다 : 창의성이란 무엇인가? 창의성을 설명하기 위해서, 우리는 우선, 그것이 무엇인지 합의할 필요가 있으며, 이것은 대단히 어려운 일이다. 모든 사회과학은 일상적으로 익숙한 개념을 정의하는 과제에 직면하고 있다. 심리학자들은 지능, 감정, 기억의 정의에 대해 논쟁한다; 사회학자들은 집단, 사회운동, 제도의 정의에 대해 논쟁한다. 하지만 창의성에 대한 정의는 사회과학이 직면한 가장 어려운 과제 중 하나일 수 있는데, 그 이유는 누구나 자신이 창의적이라고 믿고 싶어하기 때문이다. 사람들은 일반적으로 '창의성'을 칭찬하는 말로 사용한다. 창의적이라고 불리는 것은 역사적, 문화적 시대에 따라 다양했던 것으로 밝혀졌다. 심리학자들은 때때로 우리가 창의성에 대한 합의에 이를 수 있을지, 심지어 그것이 과학적인 연구에 유용한 주제일지에 대해 의구심을 가졌다.

29 빈칸 추론 – 구/절   정답 ⑤

첫 문장에서 'Every new tool shapes the way we think, as well as what we think about.'라고 했고, 빈칸 앞 문장에서 'The one thing that both apocalyptics and utopians understand and agree upon is that every new technology pushes us toward new forms of behavior while nudging us away from older, familiar ones.'라고 했다. 첫 문장과 빈칸 앞 문장을 요약하면 새로운 기술·도구가 우리의 행동과 생각을 변화시킨다고 하고 있으므로 문맥상 빈칸에 들어갈 말로 가장 적절한 것은 ⑤ '그 기술들이 일상생활에 편견을 갖게 하는 법'이다.

오답 분석
① 어째서 그것들이 과거에 무시당했는지
② 전신이 제대로 기능하는 법
③ 미래에 어떤 혁신이 이루어져야 하는지
④ 기술혁신을 일으키는 것

☐ printed word : 인쇄물
☐ cognition : 인식, 인지
☐ linear : 선의, 선으로 된
☐ along with : ~에 덧붙여, ~와 마찬가지로
☐ vastly : 대단히, 엄청나게
☐ enlarge : 확대[확장]하다
☐ store : 비축[저장]량
☐ shrink : (shrink – shrunk – shrunk) 줄어들다[줄어들게 하다]
☐ prophet : 선도자
☐ bicker over : ~에 대해 언쟁하다
☐ apocalypse : 파멸, 세상의 종말
☐ pundit : 전문가, 권위자
☐ era of : ~의 시대
☐ drown : 익사하다; 익사시키다, 삼켜 버리다[안 들리게 하다]
☐ idiotic : 바보 같은, 멍청한
☐ trivia : 하찮은[사소한] 것들[정보]
☐ apocalyptic : 종말론적인
☐ utopian : 유토피아적인, 이상적인
☐ nudge : (특히 팔꿈치로 살짝) 쿡 찌르다, 살살[조금씩] 밀다[몰고 가다]

모든 새로운 도구는 우리가 생각하는 대상뿐만 아니라 우리가 생각하는 방식도 형성한다. 인쇄물은 지식 저장고의 엄청난 확장과 함께 우리들의 인식을 선형적이고 추상적으로 만드는 데 도움을 주었다. 신문은 세계의 간격을 줄어들게 했고, 그 다음 전신은 그것을 훨씬 더 극적으로 줄어들게 했다. 모든 혁신과 함께, 문화적 선구자들은 우리가 기술적 종말론에 직면하고 있는지, 아니면 유토피아에 직면하고 있는지에 대해 언쟁했다. 어떤 빅토리아 시대의 전문가들에게 물어봤는지에 따라, 전신은 세계 평화의 시대로 안내하거나, 우리를 바보 같은 잡동사니의 사르기소해(거대한 갈색 해조류 벨트를 이루는) 속으로 익사시키거나 둘 중 한 가지였다. 물론 두 예측이 모두 정확한 건 아니었지만, 두 예측이 모두 완전히 틀린 것도 아니었다. 종말론자들과 유토피아주의자들이 모두 이해하고 동의하는 한 가지는 모든 신기술이 우리를 새로운 형식의 행동으로 밀어붙이는 반면, 오래된 익숙한 것들로부터는 멀어지게 한다는 것이다. 신기술과 함께 산다는 것은 <u>그 기술들이 일상생활에 편견을 갖게 하는 법</u>을 이해하는 것을 의미한다.

도덕적인 논쟁은 누군가가 '<u>그것은 단지 여러분의 의견일 뿐이다</u>'라고 말함으로써 입장을 고려하는 것을 거부할 때 종종 중단된다. 그 함축된 의미는 어느 누구의 판단도 다른 사람의 판단만큼 훌륭하며, 어느 누구도 다른 사람에게 무엇을 하라고 말할 권리가 없다는 것이다. 내가 바나나를 좋아하지 않는다는 것이 나에 대한 사실일지도 모르지만, 그것은 여러분이 좋아하는 것과는 관련 없다. 마찬가지로, 내가 어떤 것을 못마땅하게 여긴다면, 그것이 나에 대한 사실을 여러분에게 말할 수 있을지 모르지만, 여러분이 무엇을 해야 하는지와는 아무런 관련 없다는 것을 암시한다. 이 모든 혼란은 우리가 다른 사람들에게 무엇을 하라고 말할 '권리'가 없다는 생각에 의해 나타난다. 우리는 도덕적 주장이 모든 사람들을 구속할 수 있다는 사실을 부정하면서 동시에, 적어도 우리 모두가 존중해야 하는 한 가지 도덕적 주장이 있다는 사실을 단언하고 있다. 즉, 그것은 바로 우리가 다른 사람들에게 우리의 견해를 강요해서는 안 된다는 것이다.

30 빈칸 추론 – 구/절   정답 ③

빈칸 다음 문장에서 'The implication is that anybody's judgement is as good as anyone else's, and that no one has a right to tell others what to do.'라고 했으므로, 문맥상 빈칸에 들어갈 말로 가장 적절한 것은 말은 ③ '그것은 단지 여러분의 의견일 뿐이다'이다.

오답 분석
① 말보다는 행동이 중요하다
② 여러분의 의견에 전적으로 동의한다
④ 우리는 같은 처지이다
⑤ 표지를 보고 책을 판단하지 마라

☐ moral argument : 도덕적 논증
☐ track : 길[방향], 진로
☐ implication : 함축, 암시
☐ bearing on : ~ 관련하여
☐ imply : 암시[시사]하다
☐ disapprove : 탐탁찮아[못마땅해] 하다
☐ have relevance to : ~와 관련이 있다
☐ display : 내보이다, 드러내다[보이다]
☐ moral claims : 도덕적인 주장
☐ tie ~ down : ~를 (~에/~을 하도록) 얽매다[구속하다]
☐ assert : (사실임을 강하게) 주장하다
☐ namely : 즉, 다시 말해

31 빈칸 추론 – 연결어   정답 ①

(A) 앞의 문장에서 'These attachments have a strong influence on any later attachments that we might make.'라고 했으므로, (A)에는 앞 문장의 예시를 드는 '예를 들어'가 적절하다.
(B) 앞의 문장에서 초기 애착이 양면적인 사람에 대해 설명하고 있고 (B) 다음 문장에서는 초기 애착이 안전한 사람에 관해 설명하고 있으므로 문맥상 빈칸 (B)에는 앞 문장의 내용과 비교하는 경우를 의미하는 '이에 비해'가 적절하다.

☐ attachment : 애착
☐ have a strong influence on : ~에 강한 영향을 주다
☐ ambivalent : 반대 감정이 병존하는, 애증이 엇갈리는
☐ flick : 잽싸게[휙] 움직이다
☐ commitment : 약속, 책무, 헌신
☐ reluctantly : 마지못해서, 꺼려하여
☐ enthusiastic : 열렬한, 열광적인
☐ on the alert for : ~을 경계하여
☐ slight : 모욕, 무시
☐ perceived as : ~로 이해하다
☐ lead to : ~로 이어지다
☐ withdraw : 물러나다, 철수하다
☐ straightforward : 간단한, 쉬운, 복잡하지 않은
☐ reasonably : 상당히, 꽤
☐ steadfast : (태도·목표가) 변함없는

　　우리들의 삶에서 초기 애착의 본질은 우리 이후의 발전과 사회적, 감정적 경험에 대단히 중요하다. 이러한 애착은 우리가 형성할지 모르는 이후의 애착에 강한 영향을 끼친다. 따라서, (A) 예를 들어, 만약 초기 애착이 반대감정이 병존하는 양면적이었다면, 다시 말해 안정감을 느끼는 것과 불안감을 느끼는 것 사이에서 이리저리 왔다갔다했다면, 그것은 집단에 대한 개인의 헌신에서도 마찬가지가 될 수 있다. 어떤 사람은 마지못해 이익 집단에 가입하고, 잠시 동안 열광하지만, 그 집단의 다른 구성원들에 의해 야기된 것으로 인식되는 사회적 무시 또는 지위 상실에 대해 끊임없이 경계할지도 모른다. 이것은 그 집단을 탈퇴하는 행동으로 이어지는 경향이 있다. (B) 이에 비해, 초기 애착이 안전한 사람은 간단하게 집단에 가입하고, 회원 자격을 합리적으로 꾸준히 유지하는 과정으로 순조롭게 이어질 수 있다.

32 논리 추론 – 무관한 문장　　　　정답 ②

두 번째 문장에서 'Why have the creative arts so dominated the human mind, everywhere and throughout history?'라고 묻고, 창의적인 예술이 어떻게 존재했는지에 대한 설명을 하고 있으므로, 글의 전체 흐름과 관계 없는 문장은 ② '그럼에도 불구하고, 할리우드 작곡가들은 재즈의 어휘와 록의 구조화된 모델을 실험하기 시작했다.'이다.

- □ setting : 배경[(배경이 되는) 무대]
- □ causation : (다른 사건의) 야기
- □ dominate : 가장 중요한[두드러지는] 특징이 되다
- □ excavate : 발굴하다, 출토하다
- □ entail : 수반하다
- □ genetic trait : 유전형질
- □ evolutionary biology : 진화생물학
- □ bear in mind : ~을 명심하다, 유념하다
- □ literate culture : 문자문화(글을 읽고 쓸 줄 아는 문화)
- □ come down to : 결국 ~이 되다, ~에 이르다

　　이제는 다른 환경에서, 다른 각도에서, 더 깊이 들어가고, 더 깊은 인과 관계를 탐구하는 조사가 필요한 시기이다.　창의적인 예술이 역사를 통틀어 어디서나 그토록 인간의 마음을 지배해 온 이유는 무엇인가? 우리는 그 해답을 최고의 미술관과 교향악 홀에서는 찾을 수 없을 것이다. ① 재즈와 록의 혁신은, 인간 경험으로부터 좀 더 직접적으로 생겨난 것으로, 아마도 우리에게 발굴해야 할 곳에 대한 더 나은 아이디어를 줄 것이다. (② 그럼에도 불구하고, 할리우드 작곡가들은 재즈의 어휘와 록의 구조화된 모델을 실험하기 시작했다.) ③ 창의적인 예술에는 보편적 유전형질이 뒤따르기 때문에, 그 질문에 대한 해답은 진화생물학에 있다. ④ 호모 사피엔스는 약 10만 년 전부터 존재했지만, 문자문화는 그 기간의 10분의 1도 되지 않는 동안 존재했다는 사실을 명심하라. ⑤ 따라서 보편적 창의 예술의 존재 이유에 대한 불가사의는 결국 인간이 존재의 초기 9/10에 해당하는 기간의 행적에 대한 의문으로 귀결된다.

33 논리 추론 – 무관한 문장　　　　정답 ③

첫 문장에서 'To keep from breaking glass, all movement near and on the glass must be parallel ..., and always use a pull-type scraper.'라고 하고, 전반적으로 부연 설명하고 있으므로, 글의 전체 흐름과 관계 없는 문장은 ③ '유리 제조사들은 생산 비용을 줄이기 위해 공장을 동아시아 일부 국가로 옮기기 시작했다.'이다.

- □ keep from : ~하지 못하게 하다
- □ parallel : 평행한
- □ pull-type scraper : 당김형 긁어내는 도구
- □ pull out : 옆으로 빠져나가다[나오다]
- □ along with : ~ 와 함께, ~에 따라
- □ putty : 퍼티(유리를 창틀에 끼울 때 바르는 접합제)

　　유리가 깨지지 않도록 하려면 유리 근처와 유리 위의 모든 움직임이 평행해야 하며 (긁어낼 때 유리에 압력을 가하지 마세요.), 항상 당김형 스크레이퍼를 사용해야 한다. 그 방식은 여러분이 미끄러져도 유리에 모든 힘이 가해지지 않아 깨지지 않게 해준다. 글레이징 포인트를 제거하려면, 당김형 스크레이퍼의 날카로운 모서리를 부드러운 금속 지점에 끼우고 그것들은 퍼티와 함께 빼낸다. [유리 제조 회사들은 생산 비용을 줄이기 위해 그들의 공장을 동아시아 일부 국가로 옮기기 시작했다.] 글레이징 포인트가 다 제거되어있는지, 유리 옆쪽과 아래쪽 모서리의 오래된 퍼티가 헐거운지 다시 확인해라. 그렇지 않으면, 다시 한 차례의 가열 과정이 필요하다.

주어진 글에서 환경이 자주 변하지 않을 때 선호되는 능력은 학습 능력임을 설명하고 있고 (B)에서 환경이 거의 변하지 않을 때 선호되는 능력과 However를 통해 환경이 항상 변할 때 선호되는 능력을 나누어 설명하면서 주어진 지문에 대해 부연 설명을 하고 있다. (C)의 첫 문장의 thus는 (B)의 마지막 문장을 받으면서 결코 변하지 않는 환경과 항상 변하는 환경 사이에 어느 지점을 새롭게 제시했다. (A)에서 첫 문장의 In such a case는 (C)에서 '결코 변하지 않는 환경과 항상 변하는 환경 사이에 어느 지점에서는'을 받으면서 환경적인 안정성에 대한 가정에 이의를 제기한 David Stephens의 견해로 마무리하고 있다.

□ behaviour ecologist : 행동생태학자
□ genetic transmission : 유전적 전달
□ fixed trait : 고정 형질
□ pass on : 넘겨주다[전달하다]
□ transmission : 전달
□ predictive value : 예측치
□ fixed response : 고정 반응
□ not so as : ~만큼 …하지 않다

《 해석 체크체크 》

  심리학자들과 행동생태학자들은 동물들이 사는 환경이 변하기는 하지만, 너무 자주 변하지 않을 때 고정 형질의 유전적 전달보다 학습 능력이 더 선호되어야 한다고 생각한다.

(B) 환경 변화가 거의 없을 때, 정보는 유전적인 전달에 의해 가장 효과적으로 전달되는데, 그러한 전달수단이 학습 비용의 발생을 피하고, 자손이 접하는 환경이 부모의 환경과 유사하기 때문이다. 하지만, 환경이 계속 변한다면, 학습된 것은 다음 상황과 완전히 무관하기 때문에 학습할 가치가 없다.

(C) 따라서, 과거의 경험은 예측치가 없다. 그러므로, 학습된 반응보다는 고정 반응에 대한 유전적 전달이 선호된다. 결코 변하지 않는 환경과 항상 변하는 환경 사이에 어느 지점에서는 고정 반응에 대한 유전적 전달보다 학습이 더 선호되는데, 그것은 학습 비용을 지불할 가치가 있기 때문이다.

(A) 이러한 경우, 환경은 학습을 선호할 만큼 안정적이지만, 유전적 전달을 선호할 만큼 안정적이지는 않다. David Stephens는 위 견해에 동의하는 반면에, 다양한 유형의 안정성에 대한 분리 필요성을 거론함으로써, 환경적 안정성에 대한 가정에 이의를 제기했다.

주어진 글에서 최근 창의성 이론 중 하나인 심리경제학의 교육현장에서의 역할을 제시한 다음, (A)에서 예를 들어, 교육 목적의 신념을 고려하면, 교육자들은 학창시절에는 시간과 자원이 제한되어 있고, 적어도 미국의 경우, 오늘날 학교에는 막대한 책임감이 부여되어 있다고 기술하고 있다. (C)에서 교육과정은 보상이 명확해야 하지만, 창의력은 개별 학생의 내재된 동기와 자기표현에 달려있다고 기술한다. 결론적으로 (B)에서 창의적인 생각은 독창적이므로, 교육자는 창의적인 생각이 허용되는 과제의 결과를 알 수 없다고 하면서, 문제는 그러한 과제로 얻어지는 이점이 불확실하고 시간 투자를 정당화하기 어렵다고 마무리하고 있다.

□ psychoeconomics : 심리경제학
□ intrinsic : 고유한, 본질적인
□ open-ended : 제약[제한]을 두지 않은, (정정·추가 등의) 조정이 가능한

《 해석 체크체크 》

  최근의 창의성 이론 중 하나는 심리경제학이다. 이것은 교육에 직접적으로 적용되는 것처럼 들리지는 않지만, 교실에서 실행되어야 하는 것과 창의성 지원 교육 설계의 문제점에 대한 원인 규명에 실제적으로 도움이 된다.

(A) 예를 들어, 교육 목적의 신념을 고려하라. 교육자들은 학창 시절에 시간과 자원이 제한되어 있으며, 적어도 미국에서는 오늘날의 학교에는 막대한 책임감이 부여되어 있다.

(C) 이 모든 것은 교육과정이 분명한 보상을 받아야 한다는 것을 의미한다. 창의성은 그렇지 않다. 그것은 종종 학생의 내재적 동기와 개별 학생의 자기표현에 의존하고 있다.

(B) 게다가, 창의적 사고는 독창적이므로, 의미상 실제 창의적인 사고를 허용하는 조정이 가능한 과제를 제시한다면, 어떤 결과가 나올지 교육자가 알 수 없을 것이다. 그러면 문제는 그 이점이 불확실하고 비용(즉, 시간 투자)을 정당화하기 어렵다는 것이다.

첫 문장에서 물품 판매에 따른 매출 확인이 사업체별로 상이한 방식으로 식별될 수 있다고 한 다음에, 대형 소매점(슈퍼마켓)에서는 판매와 동시에 물품가를 회수하는 매장 기기가 있다고 했다. ⑤번 이전의 문장에서 '비교적 소수의 고부가가치 물품을 판매하는 다른 업체들도 판매 시점에 판매된 물품 가격과 판매 수익을 일치시키는 경향이 있다고 했다.'라고 했고, ⑤번 다음 문장에서 '그들은 회계연도가 끝날 때 매출 수치를 파악하는 것이 더 용이하다는 것을 알게 된다.'라고 했으므로, '그러나'로 시작하는 주어진 문장이 들어가기에 가장 적절한 곳은 ⑤번이다.

☐ figure : 수치
☐ accounting period : 회계 기간[연도]
☐ be identified in : ~에서 동일시되다
☐ income statement : 손익계산서
☐ point-of-sale : 매장[점두]의, 판매 시점의
☐ pick up : 다시 시작하다, 계속하다
☐ relatively : 비교적
☐ revenue : 수익[수입/세입]

◁ 해석 체크체크 ▷

어떤 기간의 판매가(또는 판매된 물품 가격)의 수치는 다른 방법으로 식별될 수 있다. 일부 사업체에서 판매가는 판매가 이루어진 시점에 파악된다. 매출은 그것의 판매가와 밀접하게 관련 있으므로 손익계산서에 포함시키기 위해 판매가를 확인하는 것은 문제가 되지 않는다. 다수의 대형 소매점들(예를 들어, 슈퍼마켓)에는 각각의 판매를 기록하고 동시에 특정 판매 대상 제품의 비용을 회수하는 매장의 기기가 있다. 비교적 소수의 고부가가치 물품을 판매하는 다른 업체들도 판매 시점에 판매된 물품 가격과 판매 수익을 일치시키는 경향이 있다. <u>그러나 일부 기업(예를 들어, 소형 소매점)은 일반적으로 회계연도가 진행되면서 각각의 매출을 특정 판매가와 일치시키는 게 현실성 있다고 생각하지 않는다.</u> 그들은 회계연도가 끝날 때 매출 수치를 파악하는 것이 더 용이하다는 것을 알게 된다.

37~38

☐ muster out : 제대시키다
☐ veteran 참전용사, 재향군인
☐ hostility : 적의, 적대감, 적개심
☐ chain-smoke : 줄담배를 피우다
☐ timidly : 겁 많게, 소극적으로.
☐ gesture of compassion : 동정의 표시
☐ undoubtedly : 의심할 여지없이, 확실히

◁ 해석 체크체크 ▷

1970년 6월 23일, 나는 베트남에서 1년간의 군복무를 마치고 막 제대했다. 스물세 살의 육군 참전용사인 나는 캘리포니아 오클랜드에서 텍사스 댈러스의 집으로 돌아가는 비행기를 타고 있었다.

당시 나는 베트남 참전 용사들의 귀환을 향한 많은 우리 동포들이 느끼는 적대감에 대해 경고 받은 상태였다. 우리가 그 인기 없는 전쟁에서 고향으로 돌아왔을 때, 우리를 위한 행진은 없었다. 수많은 다른 사람들처럼, 나도 그저 아무런 분란을 일으키지 않고 집에 가려고 애썼다.

나는 군복 차림으로 창가 좌석에 앉아 연신 담배를 피우면서, 다른 승객들과 시선을 마주치는 걸 피했다. 내 옆 좌석에는 아무도 앉지 않았고, 그것이 나를 더 쓸쓸하게 했다. 10살이 채 안 된 어린 여자아이가 별안간 통로에 모습을 드러냈다. 그 아이는 아무 말 없이 웃으면서 수줍어하면서 내게 잡지를 건네주었다. 내가 잡지를 받아들자, 그 아이는 작은 소리로 "환영합니다."라고 말했다. 내가 할 수 있는 말은 "고마워."가 전부였다. 나는 그 아이가 어디에 앉았는지, 누구와 함께 있었는지 모른다. 그 아이에게서 잡지를 받아들고 나는 곧바로 창가로 돌아와서 울었기 때문이었다. 동정심에서 비롯된 그 아이의 작은 행동은 내가 오랜만에 경험한 것이었다.

그 어린 소녀는 틀림없이 수년 전에 일어났던 일을 전혀 기억하지 못할 것이다. 나는 그 아이가 자라서 계속해서 다른 사람들에게 감동을 주고 그녀의 자녀들에게도 그렇게 하도록 가르쳤다고 생각하고 싶다. 나는 그 아이가 어머니로부터 내게 '선물'을 주라는 말을 들었을 수도 있다는 것을 알고 있다. 그 아이의 아버지는 그 당시 여전히 베트남에 있을 수 있고, 전사했을 수도 있다. 그 아이가 내게 그 잡지를 준 이유는 중요하지 않다. 중요한 것은 그 아이가 했다는 것이다.

그 이후로, 나는 그 아이의 행동을 따라서, 다른 사람들을 위해, 다른 방식으로, 그들을 위해 똑같이 하려고 노력했다. 오래 전에 비행기를 탔던 내가 그랬던 것처럼, 그들은 낯선 사람이 왜 시간을 내서 손을 내밀었는지 그 이유를 결코 알 수 없을 것이다. 하지만 그때 이후로 내가 시도했던 모든 행동은 그 어린 소녀 때문이라는 걸 나는 알고 있다. 지치고 겁에 질린 한 외로운 군인에게 잡지를 건넨 그 아이의 행동은 내 일생 동안 메아리쳤다.

37 다문항1 - 제목   정답 ②

마지막 문단에서 글쓴이는 자신에게 수년 전 잡지를 건네면서 따뜻한 환영의 말을 건넨 한 어린 소녀의 친절한 행동에 감동받아 자신도 그렇게 하려고 애쓴다고 했다. 마지막 문장에서 'Her offer of a magazine to a tired, scared and lonely soldier has echoed throughout my life.'라고 했으므로, 윗글의 제목으로 적절한 것은 ② '친절한 작은 행동이 중요하다'이다.

오답 분석
① 우리는 전투를 이길 수 있을까?
③ 용감한 군인의 승리
④ 참전용사의 마음의 고통
⑤ 어린 소녀를 찾아서

38 다문항1 - 세부 정보   정답 ②

첫 번째 문단에서 'I had just been mustered out of the Army after completing my one-year tour of duty in Vietnam.'라고 했으므로, 윗글의 내용과 일치하는 것은 ② '화자는 군인 중 한 명이었다.'이다.

오답 분석
① 화자는 한 달 안에 베트남으로 돌아가야 한다.
③ 화자는 그 어린 소녀에게 감정적으로 상처 받았다.
④ 그 어린 소녀는 화자의 좋은 친구였다.
⑤ 그 어린 소녀는 일생 동안 화자의 발자취를 따랐다.

39~40

□ emerging : 최근 생겨난, 최근에 만들어진
□ be equivalent to : ~에 해당하다, 맞먹는다
□ quarterlife crisis : 청년 위기
□ coin : (새로운 낱말어구를) 만들다
□ twentysomething : 20대 풋내기, (20-29세의)
□ overwhelming : 압도적인, 너무도 강력한[엄청난]
□ helplessness : 무력함, 난감함
□ indecision : 망설임
□ apprehension : 우려, 불안 (=anxiety)
□ sphere : (활동·영향·관심) 영역[-권]
□ disorientation : 방향 감각 상실, 혼미
□ harness : 이용[활용]하다
□ passion : 격정
□ transition : 이행, 과도
□ guidepost : 지침
□ premature : 너무 이른, 시기상조의
□ resolution : 결단력[성], 과단성

해석 체크체크

20대 연령 집단은 흔히 '신생 성인기(the period of emerging adulthood)'라고 불린다. 혹자는 말하기를 서른 살이 된다는 것은 한 세대 전의 스물한 살에 해당한다고 한다. '청년 위기 (quarterlife crisis)'라는 용어는 20대들이 직면하고 있는 문제들과 쟁점들을 묘사하기 위해 만들어졌다. 최근의 대학 졸업생들에 따르면, 청년 위기는 '엄청난 불안정, 끊임없는 변화, 너무 많은 선택, 공황상태에 빠진 무력감에 대한 반응'이다. 우유부단함과 불안감은 이 기간 동안 흔한 동반자들이다. 가족과 대학의 보호 구역을 떠나자마자, 방향성을 상실한 20대들은 정체성, 직업 선택, 생활 방식, 독립성 확립, 삶의 열정을 발견하고 이용하는 것, 새로운 소셜 네트워크 구축과 관련된 혼란에 직면한다. 인생의 중요한 결정을 내리고, 그 책임으로 인한 경험이 거의 없기 때문에, 20대들은 무엇을 하고, 어디로 가고, 어떤 사람이 될 것인가에 대한 지침을 찾는 과도기에 처한다. 그것은 시행착오와, 섣부른 결심, 어떤 때는 우유부단함에 기인한 마비의 시기이다.

39 다문항2 - 제목   정답 ③

여섯 번째 문장에서 '~, twentysomethings encounter disorientation and confusion regarding identity, career choices, living arrangements, establishing independence, discovering and harnessing a life passion, and creating new social networks.'라고 했으므로, 윗글의 제목으로 가장 적절한 것은 ③ '도전 : 새로운 성인이 직면하는 것'이다.

오답 분석
① 황금기의 20대들
② 20대의 열혈 젊은이
④ 20대의 무한한 가능성
⑤ 20대의 강철 같은 정신

40 다문항2 - 빈칸 구/절   정답 ⑤

빈칸 앞 문장에서 'Having little experience at making major life decisions and accepting responsibility for them places twentysomethings in a transition zone of trying to find guideposts on what to do, where to go, and who to be.'라고 했으므로, 빈칸에 들어갈 말로 가장 적절한 것은 ⑤ 'trial and error'이다.

오답 분석
① 육체와 영혼
② 원인과 결과
③ 긍지와 기쁨
④ 찬반 양론

□ mother figure : 어머니와 같은 존재[사람]
□ filial imprinting : 자식의 각인
□ elicit : (정보·반응을 어렵게) 끌어내다
□ attachment : 애착
□ olfactory : 후각의
□ stationary object : 정물
□ mallard duckling : 청둥오리 새끼
□ wood-duck : 미국 원앙새
□ shrew : 뒤쥐
□ substitute mother : 대리모
□ demonstrate : 증거[실례]를 들어가며 보여주다, 입증[실증]하다

◁ 해석 체크체크 ▷

어미의 존재에 대한 반응은 자식의 각인이라고 불린다. 새끼새들에게 접근과 애착을 유도할 수 있는 사물의 범위는 매우 크다. 각인을 위한 자극은 시각, 청각 또는 후각일 수 있다. 시각적 자극의 범위에는 제한이 없는 것으로 보인다. 움직임은 번쩍이는 불빛처럼 주의를 끌도록 도와준다. 정물은 배경과 대비되며 새끼새들을 유인할 것이다.

청각적인 자극은 많은 새끼새들에게 매력적인 것으로 밝혀졌다. 예를 들어 청둥오리 새끼들의 경우, 어미새를 따라가도록 유도하기 위해 소리가 매우 중요하다. 미국 원앙새는 나무 구멍에 둥지를 튼다. 둥지 구멍 밖에 있는 물속에서 들려오는 어미새가 부르는 소리는 새끼새들이 어미새를 제대로 보지 못했는데도 어미새에게 다가가도록 유인한다.

후각적인 자극의 예는 생후 5일에서 14일 사이의 새끼 뒤쥐가 있다. 이 새끼 뒤쥐들은 자신들을 돌보는 어미쥐의 냄새에 의해 각인된다. 새끼 뒤쥐들은 어미쥐의 냄새를 배운 후에 생애 초기에 함께 할 대상을 형성하면, 그 냄새를 따를 것이다. 생후 5일 또는 6일 된 새끼뒤쥐가 다른 종의 대리모를 제공받으면, 이 대리모의 냄새가 그들에게 각인된다.

나중에, 이 뒤쥐들이 생후 15일이 되었을 때, 진짜 어미쥐에게 돌아갔다. 이 새끼들은 어미쥐를 따르지 않으며, 진짜 어미쥐와 함께 남겨진 다른 형제들에게 사슬과 같은 대상을 형성하지 않는 것으로 나타났다. 하지만, 그들은 자신들을 키워준 대리모의 냄새가 배어 있는 천조각을 따라갔는데, 이것은 <u>새끼 뒤쥐들이 어렸을 때 자신들을 양육한 뒤쥐의 냄새</u>로 각인된다는 것을 증명하는 반응이다.

41 다문항3 - 어법 　　　　정답 ①

두 번째 문장의 주어는 'The range of objects(사물의 범위)'이고, 'which can elicit approach and attachment in young birds'는 주어를 수식하는 형용사절이다. 주어가 단수이므로, (a) are가 아닌 is가 되어야 한다.

42 다문항3 - 빈칸 구/절 　　　　정답 ②

빈칸 앞에서 'they followed a piece of cloth impregnated with the odor of their caretaker mother, ~'라고 했으므로, 문맥상 빈칸에 들어갈 말로 가장 적절한 것은 ② '새끼 뒤쥐들이 어렸을 때 그들을 양육한 뒤쥐의 냄새'이다.

오답 분석
① 그들의 양육자 어미쥐를 따라다니며 보낸 시간
③ 그들이 둥지를 떠나기 전 양육자 어미쥐의 부름
④ 그들의 진짜 어미쥐에게 기울인 시각적인 관심의 양
⑤ 그들이 성장하면 그들의 진짜 어미쥐를 돌보는 것

□ .44 magnum : 44 매그넘(44구경 매그넘)
□ border guard : 국경수비대원
□ tear ~ apart : 허물다, 해체하다
□ slash : 긋다[베다] (=slit)
□ awning : (창이나 문 위의) 차양
□ ferry : 연락선[(카)페리]
□ mottle : ~에 반점을 붙이다, 얼룩덜룩하게 하다
□ file off : 종렬을 지어 행진하다
□ nautical : 선박의
□ head out : ~으로 향하다
□ psych : 흥분시키다
□ paddle : 노로 저어 운반하다

해석 체크체크

(A) "과일이나 권총을 소지하고 있나요?"

"물론이에요, 난 트렁크에 키위 3킬로그램을 갖고 있고, 그녀는 지갑에 44구경 매그넘을 갖고 있어요."

아니다, 국경수비대원들에게 하려는 말이 아니다. 이 자들에게는 농담을 하지 않는 게 최선이다. 그들은 유머 감각이라고는 없으므로, 차를 산산조각으로 분해하려고 할 것이다. 국경수비대원들은 나를 긴장하게 한다. 나는 그들의 무표정한 눈동자와 얼어붙은 얼굴을 벗어나자마자 기분이 나아졌다.

(D) 하지만 Ainsworth로의 여행은 100명의 국경수비대와 마주할 가치가 있다. Ainsworth 온천. 나는 수년 전부터 가고 싶었다. 내가 아는 모든 사람들이 그곳에 갔다 왔다. 누가 Ainsworth에 대해 얘기하기 시작할 때마다 박탈감을 느낄 정도이다. 그래서 친구 Margaret과 나는 춥고 비오는 11월 화요일에 그곳에 가는데, 온천 가기에는 나쁘지 않은 날이다. 캐나다로 몇 마일 들어가면 길이 바뀐다.

(C) 그 길은 Kootenai 호수를 따라 50마일 정도 구불구불하게 이어지는데, 자동차로 지나갈 수 있는 지점은 세 군데 정도에 불과하다. 우리 차가 마지막으로 승선했다. 남색 옷을 입은 선원들이 아래 갑판의 주차 공간으로 우리를 안내한다. 우리는 가파른 계단을 올라와서 객실 층까지 왔다. 여객선이 선착장을 떠나 호수를 가로질러 가자 비바람이 거세진다. 나는 갑판에 나왔지만, 아주 잠깐 동안이었다.

(B) 옆으로 들이치는 빗줄기에 나는 빗줄기를 피하고자 차양막 밑으로 다시 들어간다. 페리가 흔들리기 시작한다. Margaret은 Sicily에서 Malta로 페리 여행을 할 때 디젤 가스와 파도로 뱃멀미를 했다고 말했다. 아이들 몇 명이 플라스틱 좌석 위로 올라갔다 내려갔다 하면서 장난감 자동차 경주를 하고 있다. 빗물이 얼룩진 창을 통해 산꼭대기가 안개 속에 희미하게 모습을 드러내고 있다. 곧 우리는 저쪽에 있는 선착장에 도착할 것이다. 자동차들이 줄지어 페리를 나왔고, 우리는 온천까지 9마일 남았다는 소리를 들었다. 입장료는 4 캐나다 달러이다.

(E) 사물함이 없다. 우리는 각자 옷을 넣을 비닐봉지를 받았고, 옷이 든 비닐봉지를 받은 직원은 번호가 적힌 벨크로 손목밴드를 나눠준다. 나는 38번이다. 온천으로 향하는 내 몸에 빗방울이 점처럼 찍힌다. 커다란 온천풀은 따뜻하고, 위쪽에 좀 더 뜨거운 온천과 동굴이 있어서 기력을 돋우기에 좋은 장소이다. 동굴들! 그것은 바로 Ainsworth를 특별하게 만드는 것이다. 우리는 노를 저어 뜨거운 물을 따라 그 수원까지 산등성이를 돌아간다. 희미한 불빛이 놀라운 광경을 보여준다.

---

43 다문항4 – 글의 순서   정답 ③

(A)에서 국경수비대를 통과하는 긴장감을 언급하고, (D)에서 그럼에도 불구하고 Ainsworth 여행을 결심하게 된 계기를 설명하고, (C)에서 친구 Margaret와 페리를 타고 Ainsworth 온천으로 가는 과정을 말한다. (B)에서 페리를 타고 비바람 치는 호수를 건너 도착한 후, (E)에서 온천에 도착해서 마주하게 된 멋진 장관을 말하면서 마무리하고 있다.

44 다문항4 – 심경 변화   정답 ②

(D)에서 Ainsworth 온천 여행을 결심하게 된 계기를 말하고 (E)에서 Ainsworth 온천에 도착한 일행이 자연경관을 보고 흥분한 상태이므로, 화자의 심경변화는 ② 'determined(단호히 결심한) → excited(흥분한)'이다.

오답 분석

① 안심되는 → 긴장된
③ 무서워하는 → 놀란
④ 후회하는 → 헌신적인
⑤ 낙담한 → 무관심한

45 다문항4 – 세부 정보   정답 ②

(B)에서 'Cars file off the ferry, and we heard the last nine miles to the hot springs'라고 했으므로, 윗글의 내용과 일치하지 않는 것은 ② 'Ainsworth는 캐나다 국경에서 9마일 떨어져 있었다.'이다.

오답 분석

① 화자는 국경 수비대와 일상적인 대화를 나누지 않았다.
③ 여행자들은 페리에서 폭우와 바람을 만났다.
④ Margaret은 화자와 함께 여행을 갔다.
⑤ 그 동굴은 Ainsworth를 다른 온천들과 구별되게 만드는 지점이었다.

01	④	02	②	03	③	04	④	05	①
06	②	07	③	08	①	09	①	10	④
11	⑤	12	③	13	⑤	14	④	15	②
16	⑤	17	③	18	⑤	18	②	20	①
21	12	22	49	23	21	24	5	25	217

01　로그의 뜻과 성질　　정답 ④

$\log_b a + \log_a b = \dfrac{26}{5}$ 에서 $\dfrac{1}{\log_a b} + \log_a b = \dfrac{26}{5}$

$\log_a b = A$라 하면

$\dfrac{1}{A} + A = \dfrac{26}{5}$, $5A^2 - 26A + 5 = 0$

$(5A - 1)(A - 5) = 0$

$\therefore\ A = \dfrac{1}{5}$ 또는 $A = 5$

(i) $A = \dfrac{1}{5}$인 경우

　$\log_a b = \dfrac{1}{5}$이므로 $b = a^{\frac{1}{5}}$

　$\therefore\ a = b^5$　……㉠

　이때 $ab = 27$에서 $a = \dfrac{27}{b}$이므로 ㉠에 대입하면

　$\dfrac{27}{b} = b^5$, $b^6 = 27$

　$\therefore\ b^2 = 3$

　또한, $ab = 27$에서 $a^2 b^2 = 27^2$이므로 $b^2 = 3$을 대입하여 정리

　하면 $a^2 = 243$

(ii) $A = 5$인 경우

　(i)과 같은 방법으로 하면 $a^2 = 3$, $b^2 = 243$이다.

(i), (ii)에서 $a^2 + b^2 = 246$이다.

02　사인법칙과 코사인법칙　　정답 ②

$4\cos^2 A - 5\sin A + 2 = 0$에서

$4(1 - \sin^2 A) - 5\sin A + 2 = 0$, $4\sin^2 A + 5\sin A - 6 = 0$

$(\sin A + 2)(4\sin A - 3) = 0$

$\therefore\ \sin A = \dfrac{3}{4}$ $(\because\ -1 \le \sin A \le 1)$

이때 사인법칙에 의하여 $\dfrac{\overline{BC}}{\sin A} = 2R$이므로

$\dfrac{3}{\frac{3}{4}} = 2R$

$\therefore\ R = 2$

따라서 삼각형 ABC의 외접원의 반지름의 길이는 2이다.

◁ **개념 체크체크** ▷

1. **사인법칙**

　삼각형 ABC에서 $\angle A$, $\angle B$, $\angle C$의 대변의 길이를 각각 a, b, c라 하고 삼각형 ABC의 외접원의 반지름의 길이를 R라 하면 다음이 성립한다.

　$\dfrac{a}{\sin A} = \dfrac{b}{\sin B} = \dfrac{c}{\sin C} = 2R$

2. **코사인법칙**

　삼각형 ABC에서 $\angle A$, $\angle B$, $\angle C$의 대변의 길이를 각각 a, b, c라 하자.

　(1) 제일코사인법칙

　　$a = b\cos C + c\cos B$

　　$b = c\cos A + a\cos C$

　　$c = a\cos B + b\cos A$

　(2) 제이코사인법칙

　　$a^2 = b^2 + c^2 - 2bc\cos A$

　　$b^2 = a^2 + c^2 - 2ac\cos B$

　　$c^2 = a^2 + b^2 - 2ab\cos C$

03　정적분의 활용(속도와 거리)　　정답 ③

(i) 시각 $t = 1$일 때, 점 P의 속도가 15이므로

　$v(1) = a + b = 15$　……㉠

　시각 $t = 2$일 때, 점 P의 속도가 20이므로

　$v(2) = 4a + 2b = 20$　……㉡

(ii) ㉠, ㉡을 연립하여 풀면 $a = -5$, $b = 20$

　$\therefore\ v(t) = -5t^2 + 20t$

따라서 시각 $t = 1$에서 $t = 5$까지 점 P가 움직인 거리는

$\displaystyle\int_1^5 |-5t^2 + 20t| dt = \int_1^4 (-5t^2 + 20t) dt + \int_4^5 (5t^2 - 20t) dt$

$\displaystyle = 5\left\{ \int_1^4 (-t^2 + 4t) dt + \int_4^5 (t^2 - 4t) dt \right\}$

$\displaystyle = 5\left(\left[-\dfrac{1}{3}t^3 + 2t^2 \right]_1^4 + \left[\dfrac{1}{3}t^3 - 2t^2 \right]_4^5 \right)$

$= 5 \times \left(9 + \dfrac{7}{3} \right)$

$= \dfrac{170}{3}$

04 함수의 극한 정답 ④

조건 (가)의 $\lim\limits_{x \to \infty} \dfrac{f(x) - ax^2}{2x^2 + 1} = \dfrac{1}{2}$ 에서

$f(x) - ax^2 = x^2 + bx + c$ (b, c는 상수)이므로

$f(x) = (a+1)x^2 + bx + c$ ····· ㉠

㉠을 조건 (나)의 $\lim\limits_{x \to 0} \dfrac{f(x)}{x^2 - ax} = 2$에 대입하면

$\lim\limits_{x \to 0} \dfrac{(a+1)x^2 + bx + c}{x^2 - ax} = 2$ ····· ㉡

㉡에서 $x \to 0$일 때, (분모)$\to 0$, (분자)$\to 0$이다.

즉, $\lim\limits_{x \to 0}\{(a+1)x^2 + bx + c\} = 0$이므로 $c = 0$이다.

$c = 0$을 ㉡에 대입하면

$\lim\limits_{x \to 0} \dfrac{(a+1)x^2 + bx}{x^2 - ax} = \lim\limits_{x \to 0} \dfrac{x\{(a+1)x + b\}}{x(x - a)} = \lim\limits_{x \to 0} \dfrac{(a+1)x + b}{x - a}$

$\qquad\qquad = \dfrac{b}{-a} = 2$

$\therefore\ b = -2a$

따라서 $f(x) = (a+1)x^2 - 2ax$이므로

$f(2) = 4(a+1) - 4a = 4$

05 로그부등식 정답 ①

$0 \le \log_2 a \le 2$, $0 \le \log_2 b \le 2$에서

$1 \le a \le 4$, $1 \le b \le 4$이므로 $2 \le a + b \le 8$

$\therefore\ 1 \le \log_2(a+b) \le 3$

이때 $\log_2(a+b)$가 정수이므로

$\log_2(a+b) = 1$ 또는 $\log_2(a+b) = 2$ 또는 $\log_2(a+b) = 3$

$\therefore\ a + b = 2$ 또는 $a + b = 4$ 또는 $a + b = 8$

즉, 두 점 $(4, 2)$와 (a, b) 사이의 거리의

최솟값은 $a = 3$, $b = 1$일 때,

$m = \sqrt{(3-4)^2 + (1-2)^2} = \sqrt{2}$

최댓값은 $a = 1$, $b = 1$ 또는 $a = 1$, $b = 3$일 때,

$M = \sqrt{(1-4)^2 + (1-2)^2} = \sqrt{10}$

따라서 $m^2 = 2$, $M^2 = 10$이므로

$\therefore\ m^2 + M^2 = 2 + 10 = 12$

06 등비수열 정답 ②

$a_3^{\,\log_2 3} = 27$에서 $3^{\log_2 a_3} = 27 = 3^3$이므로

$\log_2 a_3 = 3$

$\therefore\ a_3 = 8$ ····· ㉠

등비수열 $\{a_n\}$의 공비를 r ($r > 0$)라 하면

$a_1 = 2a_4$에서 $a_1 = 2a_1 r^3$, $r^3 = \dfrac{1}{2}$

$\therefore\ r = 2^{-\frac{1}{3}}$

㉠에서 $a_1 r^2 = 8$이므로 $r = 2^{-\frac{1}{3}}$을 대입하여 정리하면 $a_1 = 2^{\frac{11}{3}}$

$\therefore\ \{a_n\} : 2^{\frac{11}{3}}, 2^{\frac{10}{3}}, 2^{\frac{9}{3}}, \cdots, 2^{\frac{1}{3}}, 2^0, 2^{-\frac{1}{3}}, \cdots$

한편, $\log_4 a_n - \log_2 \dfrac{1}{a_n} = \dfrac{1}{2}\log_2 a_n + \log_2 a_n = \dfrac{3}{2}\log_2 a_n$에서

$\dfrac{3}{2}\log_2 a_n = $(자연수)이므로 $a_n = 2^{\frac{(\text{짝수})}{3}}$

따라서 주어진 집합의 원소는

$a_2 = 2^{\frac{10}{3}}$, $a_4 = 2^{\frac{8}{3}}$, $a_6 = 2^{\frac{6}{3}}$, $a_8 = 2^{\frac{4}{3}}$, $a_{10} = 2^{\frac{2}{3}}$

이므로 모든 원소의 개수는

2, 4, 6, 8, 10으로 5개이다.

07 함수의 연속 정답 ③

$f(x) = x^3 + kx^2 + (2k-1)x + k + 3$

$\qquad = (x^2 + 2x + 1)k + x^3 - x + 3$

함수 $f(x)$의 그래프가 k의 값에 관계없이 항상 점 P를 지나므로

$x^2 + 2x + 1 = 0$이어야 하므로 $(x+1)^2 = 0$ $\therefore\ x = -1$

$\therefore\ \mathrm{P}(-1, 3)$

한편, 곡선 $y = f(x)$ 위의 점 P에서의 접선이 곡선 $y = f(x)$와 오직 한 점에서 만나려면 점 P가 곡선 $y = f(x)$의 변곡점이어야 한다.

$f'(x) = 3x^2 + 2kx + 2k - 1$

$f''(x) = 6x + 2k$

$f''(x) = 0$에서 $6x + 2k = 0$

$\therefore\ x = -\dfrac{1}{3}k$

따라서 $-\dfrac{1}{3}k = -1$이어야 하므로 $k = 3$이다.

08 함수의 연속　　　　　　　　　　정답 ①

$\lim\limits_{x \to \infty} \dfrac{f(x) - x^3}{x^2} = 2$ 에서

$f(x) - x^3 = 2x^2 + ax + b$ (a, b는 상수)이므로

$f(x) = x^3 + 2x^2 + ax + b$

이때 삼차방정식 $f(x) = 0$의 한 실근을 α라 하면 $f(\alpha) = 0$이고, 함수 $g(x)$가 실수 전체의 집합에서 연속이어야 하므로 $x = \alpha$에서도 연속이어야 한다.

$\lim\limits_{x \to \alpha} g(x) = g(\alpha)$이어야 하므로 $\lim\limits_{x \to \alpha} \dfrac{x-1}{f(x)} = \dfrac{1}{n}$ ‥‥‥ ㉠

㉠에서 $x \to \alpha$일 때, (분모)$\to 0$이고 극한값이 존재하므로, (분자)$\to 0$이어야 한다.

$\lim\limits_{x \to \alpha}(x-1) = 0$이어야 하므로 $\alpha - 1 = 0$ $\therefore \alpha = 1$

$\therefore f(x) = x^3 + 2x^2 + ax + b$
$\quad = (x-1)(x^2 + 3x + a + 3)$ (단, $a+b = -3$) ‥‥‥ ㉡

㉠에 대입하면

$\lim\limits_{x \to 1} \dfrac{x-1}{(x-1)(x^2 + 3x + a + 3)}$

$= \lim\limits_{x \to 1} \dfrac{1}{x^2 + 3x + a + 3} = \dfrac{1}{7+a} = \dfrac{1}{n}$이므로

$n = 7 + a$ ‥‥‥ ㉢

한편, 삼차방정식 $f(x) = 0$이 $x = 1$이 아닌 또 다른 실근을 가지면 그 점에서는 함수 $g(x)$가 연속이 될 수 없으므로 방정식 $f(x) = 0$은 $x = 1$만 근으로 가져야 한다.

즉, ㉡에서 이차방정식 $x^2 + 3x + a + 3 = 0$이 서로 다른 두 허근을 가져야 하므로

$D = 3^2 - 4(a+3) < 0$, $-4a - 3 < 0$ $\therefore a > -\dfrac{3}{4}$

㉢에서

$n = 7 + a > 7 + \left(-\dfrac{3}{4}\right) = \dfrac{25}{4} = 6.\times\times\times$

따라서 자연수 n의 최솟값은 7이다.

> **개념 체크체크**
>
> **함수의 연속과 불연속**
> (1) 함수의 연속
> 　　함수 $f(x)$가 실수 a에 대하여 다음 세 조건을 만족시킬 때, 함수 $f(x)$는 $x = a$에서 연속이라고 한다.
> 　　① 함수 $f(x)$는 $x = a$에서 정의되어 있다. 즉 $f(a)$의 값이 존재한다.
> 　　② $\lim\limits_{x \to a} f(x)$의 값이 존재한다.
> 　　③ $\lim\limits_{x \to a} f(x) = f(a)$
> (2) 함수의 불연속
> 　　함수 $f(x)$가 $x = a$에서 연속이 아닐 때, 함수 $f(x)$는 $x = a$에서 불연속이라고 한다.
> ※ 함수 $f(x)$가 (1)의 세 조건 ①, ②, ③ 중 어느 한 조건이라도 만족하지 않으면 함수 $f(x)$는 불연속이다.

09 함수의 최대·최소　　　　　　　　정답 ①

$f(x) = x^3 + x^2$에서 $f'(x) = 3x^2 + 2x$

삼차함수 $y = f(x)$의 그래프 위의 점 $(t, f(t))$에서의 접선의 방정식은

$y - (t^3 + t^2) = (3t^2 + 2t)(x-t)$, y절편이므로 $x = 0$

$g_1(t) = -2t^3 - t^2$

삼차함수 $y = f(x)$의 그래프 위의 점 $(t+1, f(t+1))$에서의 접선의 방정식은

$y - \{(t+1)^3 + (t+1)^2\} = \{3(t+1)^2 + 2(t+1)\}\{x - (t+1)\}$이므로

$g_2(t) = -2(t+1)^3 - (t+1)^2 = -2t^3 - 7t^2 - 8t - 3$

$\therefore h(t) = |g_1(t) - g_2(t)| = |-2t^3 - t^2 - (-2t^3 - 7t^2 - 8t - 3)|$

$\qquad = |6t^2 + 8t + 3| = \left|6\left(t + \dfrac{2}{3}\right)^2 + \dfrac{1}{3}\right|$

따라서 함수 $h(t)$의 최솟값은 $\dfrac{1}{3}$이다.

10 수열　　　　　　　　　　　　　정답 ④

$a_n = \sum\limits_{k=1}^{n} k = \dfrac{n(n+1)}{2}$이므로

$b_n = b_{n-1} \times \dfrac{\dfrac{n(n+1)}{2}}{\dfrac{n(n+1)}{2} - 1} = b_{n-1} \times \dfrac{n(n+1)}{n(n+1) - 2}$

$\qquad = b_{n-1} \times \dfrac{n(n+1)}{(n-1)(n+2)}$

$\therefore \dfrac{b_n}{b_{n-1}} = \dfrac{n(n+1)}{(n-1)(n+2)}$

$\dfrac{b_2}{b_1} = \dfrac{2 \times 3}{1 \times 4}$, $\dfrac{b_3}{b_2} = \dfrac{3 \times 4}{2 \times 5}$, $\dfrac{b_4}{b_3} = \dfrac{4 \times 5}{3 \times 6}$, $\cdots$, $\dfrac{b_{99}}{b_{98}} = \dfrac{99 \times 100}{98 \times 101}$,

$\dfrac{b_{100}}{b_{99}} = \dfrac{100 \times 101}{99 \times 102}$

위의 등식의 양변을 변끼리 곱하면

$\dfrac{b_{100}}{b_1} = \dfrac{3}{1} \times \dfrac{100}{102} = \dfrac{50}{17}$

$\therefore b_{100} = \dfrac{50}{17}$ ($\because b_1 = 1$)

11 삼각형의 넓이 정답 ⑤

삼각형의 외접원의 호의 길이는 원주각의 크기에 비례하므로
$A:B:C=4:5:3$
이때 삼각형의 세 내각의 크기의 합은 $180\,°$ 이므로

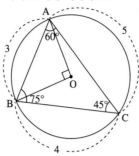

$A=180\,°\times\dfrac{4}{12}=60\,°$

$B=180\,°\times\dfrac{5}{12}=75\,°$

$C=180\,°\times\dfrac{3}{12}=45\,°$

한편, 삼각형 ABC의 외접원의 중심을 O라 하면 오른쪽 그림과 같이 호 AB의 원주각 $\angle ACB=45\,°$ 에 대하여 원주각과 중심각 사이의 관계에 의하여 $\angle AOB=90\,°$ 이다.
즉, 삼각형 ABC의 외접원의 반지름의 길이를 R 라 하면

$2\pi R\times\dfrac{90}{360}=3$ 이므로 $R=\dfrac{6}{\pi}$

삼각형 ABC에서 사인법칙에 의하여

$\dfrac{\overline{AB}}{\sin 45\,°}=2R$, $\dfrac{\overline{AB}}{\dfrac{\sqrt{2}}{2}}=2\times\dfrac{6}{\pi}$ $\quad\therefore\ \overline{AB}=\dfrac{6\sqrt{2}}{\pi}$

$\dfrac{\overline{BC}}{\sin 60\,°}=2R$, $\dfrac{\overline{BC}}{\dfrac{\sqrt{3}}{2}}=2\times\dfrac{6}{\pi}$ $\quad\therefore\ \overline{BC}=\dfrac{6\sqrt{3}}{\pi}$

삼각형 ABC에서 코사인법칙에 의하여

$\overline{BC}^2=\overline{AB}^2+\overline{AC}^2-2\times\overline{AB}\times\overline{AC}\times\cos 60\,°$

$\dfrac{108}{\pi^2}=\dfrac{72}{\pi^2}+\overline{AC}^2-2\times\dfrac{6\sqrt{2}}{\pi}\times\overline{AC}\times\dfrac{1}{2}$

$\overline{AC}^2-\dfrac{6\sqrt{2}}{\pi}\overline{AC}-\dfrac{36}{\pi^2}=0$

$\therefore\ \overline{AC}=\dfrac{3\sqrt{2}}{\pi}+\dfrac{3\sqrt{6}}{\pi}\ (\because\ \overline{AC}>0)$

$S=\dfrac{1}{2}\times\overline{AB}\times\overline{AC}\times\sin 60\,°$

$\quad=\dfrac{1}{2}\times\dfrac{6\sqrt{2}}{\pi}\times\left(\dfrac{3\sqrt{2}}{\pi}+\dfrac{3\sqrt{6}}{\pi}\right)\times\dfrac{\sqrt{3}}{2}$

$\quad=\dfrac{9\sqrt{3}(1+\sqrt{3})}{\pi^2}$

$\therefore\ \dfrac{\pi^2 S}{9}=\dfrac{\pi^2}{9}\times\dfrac{9\sqrt{3}(1+\sqrt{3})}{\pi^2}=3+\sqrt{3}$

12 도함수와 부정적분 정답 ③

조건 (가)의 등식을 계산하면
$f(x)+x^2+2ax-3=2f(x)-3x+7+C_1$ (C_1은 적분상수)
즉, $f(x)=x^2+(2a+3)x+C_2$ (C_2는 적분상수)이므로
$f'(x)=2x+2a+3$ $\quad\cdots\cdots\ ㉠$
조건 (나)에서

$\lim\limits_{h\to 0}\dfrac{f(3+h)-f(3-h)}{h}$

$=\lim\limits_{h\to 0}\dfrac{f(3+h)-f(3)-\{f(3-h)-f(3)\}}{h}$

$=\lim\limits_{h\to 0}\left\{\dfrac{f(3+h)-f(3)}{h}+\dfrac{f(3-h)-f(3)}{-h}\right\}$

$=f'(3)+f'(3)=2f'(3)=6$

이므로 $f'(3)=3$
따라서 ㉠에서
$6+2a+3=3$
$\therefore\ a=-3$

> **개념 체크체크**
>
> **부정적분**
> 함수 $f(x)$의 부정적분 중 하나를 $F(x)$라 하면 함수 $f(x)$의 임의의 부정적분은
> $F(x)+C$ (C는 적분상수)
> 의 꼴로 나타낼 수 있고, 이것을 기호로
> $\displaystyle\int f(x)dx=F(x)+C$
> 와 같이 나타낸다.

13 무리식 정답 ⑤

$\sqrt[3]{2}=t$ 라 하면 $2=t^3$ 이므로

$r=\dfrac{2+1}{(\sqrt[3]{2})^2-\sqrt[3]{2}+1}=\dfrac{t^3+1}{t^2-t+1}=\dfrac{(t+1)(t^2-t+1)}{t^2-t+1}=t+1$

$\therefore\ r+r^2+r^3=r(1+r+r^2)=(t+1)\{1+(t+1)+(t+1)^2\}$

$\qquad\qquad\qquad\ =t^3+4t^2+6t+3$

$\qquad\qquad\qquad\ =2+4\times\sqrt[3]{4}+6\times\sqrt[3]{2}+3$

$\qquad\qquad\qquad\ =4\sqrt[3]{4}+6\sqrt[3]{2}+5$

따라서 $a=4$, $b=6$, $c=5$이므로
$a+b+c=4+6+5=15$

14 코사인법칙
정답 ④

$\overline{BC} = a$, $\overline{AC} = b$라 하면

$a + b = 24$ ····· ㉠

삼각형 ABC에서 코사인법칙에 의하여

$a^2 = b^2 + 6^2 - 2 \times b \times 6 \times \cos\dfrac{2\pi}{3}$

$\quad = b^2 + 36 + 6b$

$(24-b)^2 = b^2 + 36 + 6b$ (∵ ㉠)

$54b = 540$ ∴ $b = 10$

$b = 10$을 ㉠에 대입하여 정리하면 $a = 14$

∴ $\cos B = \dfrac{6^2 + 14^2 - 10^2}{2 \times 6 \times 14} = \dfrac{11}{14}$

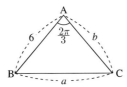

15 함수의 최대·최소
정답 ②

곡선 $y = x^3 - x^2 = x^2(x-1)$과 항상 점 $(0, -1)$을 지나는 직선 $y = px - 1$에 대하여

$\displaystyle\int_a^b (x^3 - x^2 - px + 1)dx = \int_a^b \{(x^3 - x^2) - (px - 1)\}dx > 0$

이므로 곡선과 직선은 다음 그림과 같아야 한다.

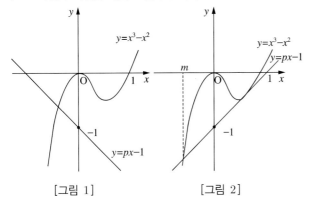

[그림 1]   [그림 2]

이때 m의 최솟값은 [그림 2]와 같을 때이다.

$y = x^3 - x^2$에서 $y' = 3x^2 - 2x$이므로 곡선 $y = x^3 - x^2$과 직선 $y = px - 1$이 접하는 접점의 좌표를 $(t, t^3 - t^2)$라 하면 접선의 방정식은

$y - (t^3 - t^2) = (3t^2 - 2t)(x - t)$

∴ $y = (3t^2 - 2t)x - 2t^3 + t^2$ ····· ㉠

직선 ㉠이 점 $(0, -1)$을 지나므로

$-1 = -2t^3 + t^2$, $2t^3 - t^2 - 1 = 0$, $(t-1)(2t^2 + t + 1) = 0$

∴ $t = 1$ (∵ $2t^2 + t + 1 > 0$)

$t = 1$을 ㉠에 대입하면 $y = x - 1$ ····· ㉡

직선 ㉡이 직선 $y = px - 1$과 일치하므로 $p = 1$

따라서 곡선 $y = x^3 - x^2$과 직선 $y = x - 1$의 교점의 x좌표는

$x^3 - x^2 = x - 1$에서 $x^3 - x^2 - x + 1 = 0$

$(x-1)^2(x+1) = 0$ ∴ $x = -1$ 또는 $x = 1$

∴ $m = -1$

16 삼각함수
정답 ⑤

(i) $n = 1$일 때

곡선 $y = \sin(\pi x)$의 주기는

$\dfrac{2\pi}{\pi} = 2$이므로 $0 \le x \le 1$에서 곡선 $y = \sin(\pi x)$는 오른쪽 그림과 같다.

∴ $a_1 = 1$

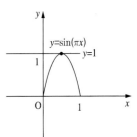

(ii) $n = 2$일 때

곡선 $y = 2\sin(2\pi x)$의 주기는

$\dfrac{2\pi}{2\pi} = 1$이므로 $0 \le x \le 1$에서 곡선 $y = 2\sin(2\pi x)$는 오른쪽 그림과 같다.

∴ $a_2 = 3$

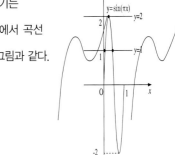

(iii) $n = 3$일 때

곡선 $y = 3\sin(3\pi x)$의 주기는

$\dfrac{2\pi}{3\pi} = \dfrac{2}{3}$이므로 $0 \le x \le 1$에서 곡선 $y = 3\sin(3\pi x)$는 오른쪽 그림과 같다.

∴ $a_3 = 10$

⋮

따라서

n이 홀수일 때,

$a_n = (n+1)(n-1) + \dfrac{1}{2}(n+1)$

$\quad = n^2 + \dfrac{1}{2}n - \dfrac{1}{2}$

n이 짝수일 때, $a_n = n(n-1) + \dfrac{1}{2}n = n^2 - \dfrac{1}{2}n$이므로

$\displaystyle\sum_{n=1}^{10} a_n = \sum_{n=1}^{5}\left\{(2n-1)^2 + \dfrac{2n-1}{2} - \dfrac{1}{2}\right\} + \sum_{n=1}^{5}\left\{(2n)^2 - \dfrac{2n}{2}\right\}$

$\displaystyle = \sum_{n=1}^{5}(4n^2 - 3n) + \sum_{n=1}^{5}(4n^2 - n)$

$\displaystyle = \sum_{n=1}^{5}(8n^2 - 4n)$

$= 8 \times \dfrac{5 \times 6 \times 11}{6} - 4 \times \dfrac{5 \times 6}{2}$

$= 440 - 60$

$= 380$

17 절댓값 기호를 포함한 식의 그래프   정답 ③

n이 자연수이므로 모든 실수 x에 대하여
$x^2+n>0$이다.

이때 함수 $y=|x^2-4|$의 그래프는 오른쪽
그림과 같으므로

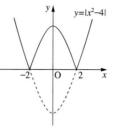

함수 $f(x)=|x^2-4|(x^2+n)$은
$x=-2$, $x=0$, $x=2$에서 극값을 갖는다.

한편,

$f(x)=|x^2-4|(x^2+n)$

$=\begin{cases}(x^2-4)(x^2+n) & (x<-2 \text{ 또는 } x>2) \\ -(x^2-4)(x^2+n) & (-2 \le x \le 2)\end{cases}$ 에서

$f'(x)=\begin{cases}4x^3+2(n-4)x & (x<-2 \text{ 또는 } x>2) \\ -4x^3-2(n-4)x & (-2<x<2)\end{cases}$ 이고,

함수 $f(x)$가 $x=-2$, $x=0$, $x=2$ 이외의 점에서 극값을 더 가져
야 한다.

$f'(x)=0$, 즉 $4x^3+2(n-4)x=0$에서 $2x(2x^2+n-4)=0$이
므로

$2x^2+n-4=0$을 만족시키는 $x=0$ 이외의 실근이 존재해야 한다.
따라서 $n-4<0$이어야 하므로

$n<4$일 때 $n=1$, 2, 3이고, 함수 $f(x)$의 모든 극값의 합이 최대
가 되려면 n의 값도 최대이어야 하므로 구하는 n의 값은 3이다.

18 함수의 극대·극소와 그래프   정답 ⑤

$f(x)=2x^3-(t+3)x^2+2tx=x\{2x^2-(t+3)x+2t\}$에서
$f'(x)=6x^2-2(t+3)x+2t=2(3x-t)(x-1)$

$f'(x)=0$에서 $x=\dfrac{t}{3}$ 또는 $x=1$

이때 $0<t<3$에서 $0<\dfrac{t}{3}<1$이므로 함수 $f(x)$의 증가와 감소를
표로 나타내면 다음과 같다.

x	$\cdots$	$\dfrac{t}{3}$	$\cdots$	1	$\cdots$
$f'(x)$	$+$	0	$-$	0	$+$
$f(x)$	$\nearrow$	극대	$\searrow$	극소	$\nearrow$

즉, 함수 $y=f(x)$의 그래프의
개형은 오른쪽 그림과 같고,
$\dfrac{t}{3}=a$, 즉 $t=3a$이다.

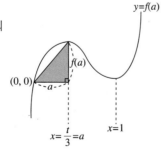

$\therefore g(t)=\dfrac{1}{2}\times a\times f(a)$

$=\dfrac{1}{2}a\{2a^3-(3a+3)a^2+2\times 3a\times a\}=\dfrac{-a^4+3a^3}{2}$

$\displaystyle\int_0^a f(x)dx=\int_0^a \{2x^3-(3a+3)x^2+6ax\}dx$

$=\left[\dfrac{1}{2}x^4-(a+1)x^3+3ax^2\right]_0^a$

$=\dfrac{1}{2}a^4-(a+1)a^3+3a^3=\dfrac{-a^4+4a^3}{2}$

$t\to 0$일 때 $a\to 0$이므로

$\displaystyle\lim_{t\to 0}\dfrac{1}{g(t)}\int_0^a f(x)dx=\lim_{a\to 0}\left(\dfrac{2}{-a^4+3a^3}\times\dfrac{-a^4+4a^3}{2}\right)$

$=\lim_{a\to 0}\dfrac{-a^3(a-4)}{-a^3(a-3)}=\lim_{a\to 0}\dfrac{a-4}{a-3}=\dfrac{4}{3}$

19 삼각함수의 그래프   정답 ②

닫힌구간 $[0,\ \pi]$에서 함수 $f(x)=\begin{cases}\cos x & (\cos x \ge \sin x) \\ \sin x & (\cos x < \sin x)\end{cases}$의 그래
프는 다음 그림과 같다.

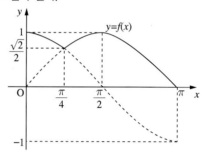

함수 $g(x)=\cos ax$의 주기는 $\dfrac{2\pi}{a}$이고, 닫힌구간 $\left[0,\ \dfrac{\pi}{4}\right]$에서 두
곡선 $y=f(x)$와 $y=g(x)$의 교점의 개수가 3이 되도록 하는 a의
최솟값은 다음 그림과 같이 곡선 $y=g(x)$가 점 $\left(\dfrac{\pi}{4},\ \dfrac{\sqrt{2}}{2}\right)$를 지
날 때이다.

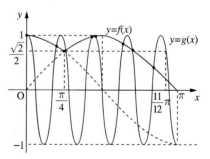

즉, $\dfrac{\sqrt{2}}{2}=\cos\dfrac{a}{4}\pi$이고, 함수 $g(x)$의 주기는 $\dfrac{2\pi}{a}<\dfrac{\pi}{4}$이므로
$a>8$ 일 때 $a=9$, 15, 17, $\cdots$이다. $p=9$

또한, 함수 $y=\cos 9x$의 주기는 $\dfrac{2}{9}\pi$이므로 닫힌구간 $\left[0,\ \dfrac{11}{12}\pi\right]$에
서 두 곡선 $y=f(x)$와 $y=\cos 9x$의 교점의 개수는 8이다.

$\therefore q=8$

$\therefore p+q=9+8=17$

20 두 곡선의 교점   정답 ①

조건 (나)에서 -4, a_1, a_2, a_3, 4가 이 순서대로 등차수열을 이루므로 공차를 d라 하면 $4=-4+4d$, $4d=8$ $\therefore d=2$

$\therefore a_1=-2$, $a_2=0$, $a_3=2$

조건 (가)에서 $f'(-4)\neq0$, $f(4)\neq0$이므로

$P(-4)\neq0$, $P(4)\neq0$이고,

조건 (다)에서 이차방정식 $f'(x)=P(x)+(x+4)P'(x)=0$을 만족시키는 x의 값은 a_1, a_2, a_3, 즉 -2, 0, 2 중 하나이므로 $P(x)=(x-\alpha)^2$ ($\alpha=-2$, 0, 2 중 하나)이라 할 수 있다.

또한, 조건 (가)에서 $g(-4)\neq0$이므로

(i) $P(x)=(x+2)^2$일 때 $(\alpha=-2)$

$Q(x)=x(x-2)$이므로 $g(x)=(x-4)x(x-2)$

$\therefore g'(x)=x(x-2)+(x-4)(x-2)+(x-4)x$

$g'(x)$가 조건 (다)를 만족시킨다.

$f(x)=(x+4)(x+2)^2$이므로

두 곡선 $y=f(x)$와 $y=g(x)$의 그래프의 개형은 다음 그림과 같다.

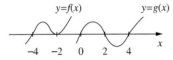

즉, 두 곡선 $y=f(x)$와 $y=g(x)$가 만나지 않는다.

(ii) $P(x)=x^2$일 때 $(\alpha=-0)$

$Q(x)=(x+2)(x-2)$이므로

$g(x)=(x-4)(x+2)(x-2)$

$\therefore g'(x)=(x+2)(x-2)+(x-4)(x-2)+(x-4)(x+2)$

$g'(x)$가 조건 (다)를 만족시킨다.

$f(x)=(x+4)x^2$이므로 두 곡선 $y=f(x)$와 $y=g(x)$의 그래프의 개형은 다음 그림과 같다.

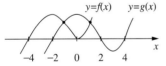

즉, 두 곡선 $y=f(x)$와 $y=g(x)$가 서로 다른 두 점에서 만난다.

(iii) $P(x)=(x-2)^2$일 때 $(\alpha=2)$

$Q(x)=x(x+2)$이므로 $g(x)=(x-4)x(x+2)$

$\therefore g'(x)=x(x+2)+(x-4)(x+2)+(x-4)x$

$g'(x)$가 조건 (다)를 만족시킨다.

$f(x)=(x+4)(x-2)^2$이므로

두 곡선 $y=f(x)$와 $y=g(x)$의 그래프의 개형은 다음 그림과 같다.

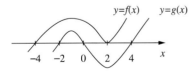

즉, 두 곡선 $y=f(x)$와 $y=g(x)$가 만나지 않는다.

(i), (ii), (iii)에서 $f(x)=(x+4)x^2$,

$g(x)=(x-4)(x+2)(x-2)$이므로 두 곡선의 교점의 x좌표는

$(x+4)x^2=(x-4)(x+2)(x-2)$에서

$x^3+4x^2=x^3-4x^2-4x+16$, $8x^2+4x-16=0$

따라서 x좌표의 합은 $-\dfrac{4}{8}=-\dfrac{1}{2}$이다.

21 로그   정답 12

$\log_2(x+4)+\log_{\frac{1}{2}}(x-4)=1$에서

$\log_2(x+4)-\log_2(x-4)=1$, $\log_2\dfrac{x+4}{x-4}=1$

$\dfrac{x+4}{x-4}=2$, $x+4=2x-8$ $\therefore x=12$

<개념 체크체크>

로그의 성질과 계산

$a\neq1$, $a>0$, $x>0$, $y>0$일 때,

(1) $\log_a xy=\log_a x+\log_a y$

(2) $\log_a\dfrac{x}{y}=\log_a x-\log_a y$

(3) $\log_a x^r=r\log_a x$ (단, r은 실수)

(4) $a^{\log_a x}=x$

(5) $\log_a x=\dfrac{\log_b x}{\log_b a}$ (단, $b\neq1$, $b>0$)

22 수열   정답 49

이차방정식 $x^2-x-1=0$의 두 근이 α, β이므로 근과 계수의 관계에 의하여

$\alpha+\beta=1$, $\alpha\beta=-1$

이때 $\displaystyle\sum_{k=1}^{3}a_{3k}=a_3+a_6+a_9$이므로

$a_3=\dfrac{1}{2}(\alpha^3+\beta^3)=\dfrac{1}{2}(\alpha+\beta)(\alpha^2-\alpha\beta+\beta^2)$

$=\dfrac{1}{2}(\alpha+\beta)\{(\alpha+\beta)^2-3\alpha\beta\}$

$=\dfrac{1}{2}\times1\times\{1^2-3\times(-1)\}=2$

$a_6=\dfrac{1}{2}(\alpha^6+\beta^6)=\dfrac{1}{2}\{(\alpha^2)^3+(\beta^2)^3\}$

$=\dfrac{1}{2}(\alpha^2+\beta^2)(\alpha^4-\alpha^2\beta^2+\beta^4)$

$=\dfrac{1}{2}(\alpha^2+\beta^2)\{(\alpha^2+\beta^2)^2-3\alpha^2\beta^2\}$

$=\dfrac{1}{2}\times3\times\{3^2-3\times(-1)^2\}=9$

$$a_9 = \frac{1}{2}(\alpha^9 + \beta^9) = \frac{1}{2}\{(\alpha^3)^3 + (\beta^3)^3\}$$

$$= \frac{1}{2}(\alpha^3 + \beta^3)(\alpha^6 - \alpha^3\beta^3 + \beta^6)$$

$$= \frac{1}{2}(\alpha^3 + \beta^3)\{(\alpha^3 + \beta^3)^2 - 3\alpha^3\beta^3\}$$

$$= \frac{1}{2} \times 4 \times \{4^2 - 3 \times (-1)^3\} = 38$$

$$\therefore \sum_{k=1}^{3} a_{3k} = a_3 + a_6 + a_9 = 2 + 9 + 38 = 49$$

---

23 함수의 극한   정답 21

$$g(x) = \int_{-1}^{x} f(t)dt \quad \cdots\cdots \text{㉠}$$

㉠의 양변을 x에 대하여 미분하면 $g'(x) = f(x)$

㉠의 양변에 $x = -1$을 대입하면 $g(-1) = 0$

$$\lim_{x \to 1} \frac{g(x)}{x-1} = 2 \quad \cdots\cdots \text{㉡}$$

㉡에서 $x \to 1$일 때, (분모)$\to 0$이고, (분자)$\to 0$이어야 한다.

즉, $\lim_{x \to 1} g(x) = 0$이어야 하므로 $g(1) = 0$

$g(1) = 0$을 ㉡에 대입하면

$$\lim_{x \to 1} \frac{g(x)}{x-1} = \lim_{x \to 1} \frac{g(x) - g(1)}{x-1} = g'(1) = 2$$

따라서 $g(-1) = 0$, $g(1) = 0$이므로

$g(x) = \frac{1}{3}(x+1)(x-1)(x-a)$ (a는 상수)라 하면

$$g'(x) = \frac{1}{3}\{(x-1)(x-a) + (x+1)(x-a) + (x+1)(x-1)\}$$

이때 $g'(1) = 2$이므로

$$\frac{1}{3} \times 2 \times (1-a) = 2, \quad 1 - a = 3 \quad \therefore a = -2$$

즉,

$$f(x) = g'(x)$$

$$= \frac{1}{3}\{(x-1)(x+2) + (x+1)(x+2) + (x+1)(x-1)\}$$

$$f(4) = \frac{1}{3} \times (3 \times 6 + 5 \times 6 + 5 \times 3) = 21$$

---

24 함수의 연속   정답 5

두 점 $A(3, 3)$, $B(0, -1)$에 대하여 직선 AB의 방정식은

$$y - (-1) = \frac{-1-3}{0-3}(x-0) \quad \therefore y = \frac{4}{3}x - 1$$

이때 직선 AB에 수직인 직선의 기울기는 $-\frac{3}{4}$이고, 오른쪽 그림과 같이 직선 AB에 의하여 두 부분으로 나뉜 원 C에 대하여 C 위의 점 X가 직선 $y = -\frac{3}{4}x$ 위에 있을 때 삼각형 ABX의 넓이는 각각 최대이다.

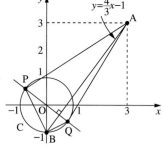

원 $C : x^2 + y^2 = 1$과 직선 $y = -\frac{3}{4}x$의 교점의 x좌표는

$$x^2 + \left(-\frac{3}{4}x\right)^2 = 1, \quad \frac{25}{16}x^2 = 1 \quad \therefore x = \pm\frac{4}{5}$$

$P\left(-\frac{4}{5}, \frac{3}{5}\right)$, $Q\left(\frac{4}{5}, -\frac{3}{5}\right)$이라 하자.

(i) 점 X가 점 $P\left(-\frac{4}{5}, \frac{3}{5}\right)$과 일치할 때

삼각형 ABX의 넓이 t는

$t = \frac{1}{2} \times \overline{AB} \times$ (점 P와 직선 $y = \frac{4}{3}x - 1$, 즉 $4x - 3y - 3 = 0$ 사이의 거리)

$$= \frac{1}{2} \times \sqrt{(0-3)^2 + (-1-3)^2} \times \frac{\left|-\frac{16}{5} - \frac{9}{5} - 3\right|}{\sqrt{4^2 + (-3)^2}}$$

$$= \frac{1}{2} \times 5 \times \frac{8}{5} = 4$$

이때 $t = 4$가 되도록 하는 원 C 위의 점 X는 1개뿐이므로 $f(4) = 1$

(ii) 점 X가 점 $Q\left(\frac{4}{5}, -\frac{3}{5}\right)$과 일치할 때

삼각형 ABX의 넓이 t는

$t = \frac{1}{2} \times \overline{AB} \times$ (점 Q와 직선 $y = \frac{4}{3}x - 1$,

즉 $4x - 3y - 3 = 0$ 사이의 거리)

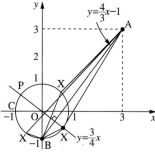

$$= \frac{1}{2} \times 5 \times \frac{\left|\frac{16}{5} + \frac{9}{5} - 3\right|}{\sqrt{4^2 + (-3)^2}}$$

$$= \frac{1}{2} \times 5 \times \frac{2}{5} = 1$$

이때 $t = 1$이 되도록 하는 원 C 위의 점 X는 그림과 같이 3개가 가능하므로

$$f(1) = 3$$

(ⅰ), (ⅱ)에 의하여 $0 < t \le 4$에서 함수 $y = f(t)$의 그래프는 다음 그림과 같다.

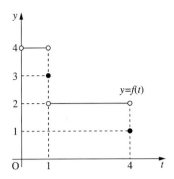

따라서 함수 $f(t)$가 연속하지 않은 t의 값은 $t = 1$, $t = 4$이므로 모든 t의 값의 합은 $1 + 4 = 5$이다.

25 집합   정답 217

$\log a_n + \log a_{n+1} = 2n$에서 $\log a_n a_{n+1} = 2n$

$\therefore$ $a_n a_{n+1} = 10^{2n} = 100^n$ $\cdots\cdots$ ㉠

㉠의 양변에 $n = 1$, 2, 3을 차례대로 대입하면

$a_1 a_2 = 100$, $a_2 a_3 = 100^2$, $a_3 a_4 = 100^3$

이때 $\{a_n\}$은 모든 항이 자연수인 수열이므로 가능한 a_1, a_2, a_3, a_4의 값을 순서쌍 $(a_1,\ a_2,\ a_3,\ a_4)$로 나타내면

$(1,\ 100,\ 100,\ 100 \times 100)$, $(2,\ 50,\ 2 \times 100,\ 50 \times 100)$,

$(4,\ 25,\ 4 \times 100,\ 25 \times 100)$, $\cdots$

즉, 집합 $Y = \{a_4 | \{a_n\} \in X\}$에 대하여 집합 Y의 모든 원소의 합이 $p \times 100$이므로 p는 100의 양의 약수의 합과 같다.

$100 = 2^2 \times 5^2$이므로

$p = (2^0 + 2^1 + 2^2)(5^0 + 5^1 + 5^2)$

   $= (1 + 2 + 4) \times (1 + 5 + 25)$

   $= 217$

제1교시 **국어영역**

문제 ▶ p. 192

01 ②	02 ③	03 ①	04 ②	05 ②
06 ①	07 ④	08 ③	09 ②	10 ③
11 ①	12 ⑤	13 ⑤	14 ③	15 ④
16 ⑤	17 ⑤	18 ②	19 ③	20 ④
21 ④	22 ①	23 ③	24 ①	25 ②
26 ③	27 ⑤	28 ②	29 ③	30 ③
31 ⑤	32 ②	33 ①	34 ④	35 ⑤
36 ④	37 ①	38 ⑤	39 ④	40 ⑤
41 ①	42 ④	43 ④	44 ④	45 ⑤

01 형태소 분석 정답 ②

- 쇠붙이는 '쇠 + 붙 + 이'로 ㉡에 해당한다.
- 쓰레기는 '쓸 + -에기'로 ㉠에 해당한다.
- 달맞이는 '달 + 맞 + 이'로 ㉡에 해당한다.
- 코끼리는 '코 + 길 + 이'로 ㉠에 해당한다.
- 무르팍는 '무릎 + 악'으로 ㉠에 해당한다.

02 이중 모음 '의'와 보기를 활용한 발음의 이해 정답 ③

③ '논의'는 '긔'는 이중 모음으로 발음한다는 원칙에 따라 [노늬]가 표준 발음이다.

오답 분석

① '의식'은 '긔'는 이중 모음으로 발음한다는 원칙에 따라 [의식]이 표준 발음이다.
② '너희'는 자음을 첫소리로 가진 '긔'는 [ㅣ]로 발음한다는 원칙에 따라 [너히]가 표준 발음이다.
④ '의의'는 '긔'는 이중 모음으로 발음한다는 원칙과 단어의 첫 음절 이외의 '의'는 [ㅣ]로 발음한다는 원칙에 따라 [의이]가 표준 발음이다.
⑤ '너의'는 조사 '의'는 [ㅔ]로 발음하는 것도 허용한다는 원칙에 따라 [너에]가 표준 발음이다.

03 음운변동 정답 ①

① '비 + 어서'는 '비'와 '어'가 축약되어 [벼 :서]로 발음된다.

오답 분석

② '어'가 탈락되어 [펴서]로 발음된다.
③ '어'가 탈락되어 [서서]로 발음된다.
④ '一'가 탈락되어 'ㅆ + 어서'가 [써서]로 발음된다.
⑤ '一'가 탈락되어 'ㅋ + 어서'가 [커서]로 발음된다.

04 문장의 이해 정답 ②

- 나는 정성껏 만든 선물을 몰래 엄마에게 드렸다.
  → 부사 : 정성껏, 몰래
  → 부사어 : 정성껏, 몰래
- 나는 예전에 존경하던 선생님께 편지를 보냈다.
  → 부사 : 없음
  → 부사어 : 예전에, 선생님께

따라서 ② 부사가 부사어로 나타난다는 것은 적절하지 않다.

오답 분석

① 첫 번째 문장의 서술어는 '드렸다'로 주어(나는), 목적어(선물을), 필수적 부사어(엄마에게)가 필요한 세 자리 서술어이며, 두 번째 문장의 서술어는 '보냈다'로 주어(나는), 필수적 부사어(선생님께), 목적어(편지를)가 필요한 세 자리 서술어이다.
③ 첫 번째 문장에서는 객체인 '엄마'를 높이기 위한 형태소 '드렸다'가, 두 번째 문장에서는 객체인 '선생님'을 높이기 위한 형태소 '께'가 쓰였다.
④ 첫 번째 문장에서는 '정성껏 선물을 만들다'가 안긴문장으로 삽입되어 '정성껏 만든'이 '선물'을, 두 번째 문장에서는 '나는 선생님을 존경하다'가 안긴문장으로 삽입되어 '존경하던'이 '선생님'을 수식하는 관형어의 기능을 한다.
⑤ 문법적 관계를 나타내는 품사란 조사를 뜻한다.

05 단어의 형성 정답 ②

제시문은 직접 성분 분석에 관한 이야기다. ㉠은 직접 성분을 분석하면 1차로 '금 + 목걸이'로 분석되어 '어근 + 어근'의 구조인 합성어이며, '목걸이'는 다시 한번 '목 + 걸 + 이'로 분석되어 '어근 + 어근 + 접사'의 형태를 가진다. 접사가 포함되어 있지만 1차적으로 '어근 + 어근'으로 분석되었기 때문에 '금목걸이' 또한 합성어이다. ㉠의 접사가 포함되어 있어도 합성어로 분석되는 경우는 이러한 경우를 뜻한다.

② 병따개는 '병(어근) + 따개(어근)'로 분석되어 합성어로 분류된다. '따개'는 다시 '따(어근) + 개(접사)'로 분석되어 '어근 + (어근 + 접사)'의 형태가 된다. 따라서 접사가 포함되어 있지만, 합성어로 분류되므로 ㉠의 예로 적절하다.

① 나뭇가지는 1차로 '나뭇(어근) + 가지(어근)'로 분석되어 합성어로 분류되지만, 접사가 포함되어 있지 않으므로 ㉠에 해당하지 않는다.

③ 손가락질은 1차로 '손가락(어근) + 질(접사)'로 분석되어 파생어로 분류되므로 ㉠에 해당하지 않는다.

④ 아침밥은 1차로 '아침(어근) + 밥(어근)'으로 분석되어 합성어로 분류되지만, 접사가 포함되어 있지 않으므로 ㉠에 해당하지 않는다.

⑤ 비웃음은 1차로 비웃(어근) + 음(접사)로 분석되어 파생어로 분류되므로 ㉠에 해당하지 않는다.

06 용언의 활용   정답 ①

① '넣다'는 〈보기〉의 한글 맞춤법 제18항에 해당하지 않는다.

② 어간의 끝 'ㄹ'이 줄어질 적에 해당하므로 적절하다.

③ 어간의 끝 'ㅅ'이 줄어질 적에 해당하므로 적절하다.

④ 어간의 끝 'ㅎ'이 줄어질 적에 해당하므로 적절하다.

⑤ 어간의 끝 'ㅅ'이 줄어질 적에 해당하므로 적절하다.

07 타동사와 자동사(능격동사)의 이해   정답 ④

④ • 그가 부르던 노랫소리가 <u>그쳤다</u>.
   → '계속되던 일이나 움직임이 멈추거나 끝나다. 또는 그렇게 하다.'라는 뜻의 '그치다'의 활용형으로 자동사로 쓰였다.
 • 그는 하던 일을 갑자기 <u>그쳤다</u>.
   → '계속되던 일이나 움직임이 멈추거나 끝나다. 또는 그렇게 하다.'라는 뜻의 '그치다'의 활용형으로 타동사로 쓰였다.
 두 문장에서 '그치다'는 뜻이 동일한 동사이면서 자동사와 타동사 모두로 쓰였으므로 ㉠의 예로 적절하다.

① • 그는 사람들에게 천사로 <u>불렸다</u>.
   → '무엇이라고 가리켜 말해지거나 이름이 붙여지다.'라는 뜻으로 '부르다'의 피동사이다.
 • 그는 갖은 방법으로 재산을 <u>불렸다</u>.
   → '분량이나 수효를 많아지게 하다.'라는 뜻으로 '붇다'의 사동사이다.
 두 문장에서 '불렸다'는 형태는 같지만 각 용언의 원형은 '부르다'와 '붇다'로 동일한 동사가 아니다. 따라서 ㉠의 예로 적절하지 않다.

② • 그는 수배 중에 경찰에게 <u>잡혔다</u>.
   → '붙들리다.'라는 뜻으로 '잡다'의 피동사이다.

• 그는 자기 집도 저당으로 <u>잡혔다</u>.
   → '담보로 맡기다.'라는 뜻으로 '잡다'의 사동사이다.
 두 문장에서 '잡히다'는 형태는 같지만, 의미가 다른 별개의 용언이므로 ㉠의 예로 적절하지 않다.

③ • 그가 접은 배가 물에 잘 <u>떴다</u>.
   → '물속이나 지면 따위에서 가라앉거나 내려앉지 않고 물 위나 공중에 있거나 위쪽으로 솟아오르다.'의 뜻인 '뜨다'의 활용형이다.
 • 그는 집에 가기 위해 자리를 <u>떴다</u>.
   → '다른 곳으로 가기 위하여 있던 곳에서 다른 곳으로 떠나다.'의 뜻인 '뜨다'의 활용형이다.
 두 문장에서 '떴다'는 형태는 같지만, 의미가 다른 별개의 용언이므로 ㉠의 예로 적절하지 않다.

⑤ • 그는 품행이 매우 <u>발랐다</u>.
   → '말이나 행동 따위가 사회적인 규범이나 사리에 어긋나지 아니하고 들어맞다.'의 뜻인 '바르다'의 활용형이다.
 • 그는 손에 연고만 <u>발랐다</u>.
   → '물이나 풀, 약, 화장품 따위를 물체의 표면에 문질러 묻히다.'의 뜻인 '바르다'의 활용형이다.
 두 문장에서 '발랐다'는 형태는 같지만, 의미가 다른 별개의 용언이므로 ㉠의 예로 적절하지 않다.

08 사전의 활용한 어휘의 의미   정답 ③

① '타려면'은 '바닥이 미끄러운 곳에서 어떤 기구를 이용하여 달리다.'의 뜻으로 제시문에 언급되어 있지 않다.

② '타서'는 '다량의 액체에 소량의 액체나 가루 따위를 넣어 섞다.'의 뜻으로 제시문에 언급되어 있지 않다.

④ '타러'는 제시문 타다² 의 「동사」 1의 활용형이다.

⑤ '타고'는 '바람이나 물결, 전파 따위에 실려 퍼지다.'의 뜻으로 제시문에 언급되어 있지 않다.

09 이중 모음의 이해   정답 ②

② 'ㅒ'는 'ㅑ'와 'ㅣ'가 합쳐진 모음이다.

10 높임 표현의 이해   정답 ③

③ '보내숩-'는 '구이'가 대궐에 '보내어'와 상응하므로 '선혜'를 높이는 말이 아니다.

▶ 갈래 : 설명문
▶ 제재 : 예술 작품의 주체
▶ 주제 : 인간이 아닌 주체가 만든 예술품에 대한 판단
▶ 내용 요약 : 어떤 결과물이 미술품인지에 대한 판단은 미술품을 만드는 주체에 달렸다. 미술가가 반드시 인간인 것은 아니다. 인간이 의도를 가지고 인공 지능을 이용하거나 작품이 만들어지는 과정에 개입한다면, 침팬지, 인공 지능 등 인간이 아닌 주체가 만든 작품 또한 예술품이 될 수 있다. 인간이 아닌 주체가 예술 작품을 만드는 것을 인정하지 못하는 것은, 예술은 인간의 영역이라는 근거 없는 믿음에서 시작된다. 결국, 인간이 아닌 주체들이 만든 예술작품에 대한 논쟁은 예술이 아닌 정치적인 문제로 생각될 수도 있다.

11 글의 논지 전개 방식 파악하기 정답 ①

① 1문단 '인공 지능이 그린 그림을 예술품이라고 할 수 있을까? 적어도 누군가 돈을 주고 샀으니 예술품인 걸까?', 3문단 '미술가가 하는 일이 미술이라는 말인데, 그렇다면 미술가는 누구인가? 미술 하는 사람이 미술가니까 결국 자기 참조의 오류에 빠진 것이 아닌가?', 4문단 '미술가는 반드시 인간이어야 할까?' 등의 질문 제시를 통해 글을 전개함으로써 쟁점을 구체화하였다.

오답 분석

② 1문단에서 '이 사건은 해묵은 논쟁을 다시 불러일으켰다.'라며 논쟁의 이유를 언급하였지만, 이는 대상의 개념을 구체적으로 설명하여 논쟁의 이유를 밝히는 것은 아니다.
③ 윗글에 원인과 결과가 서술된 부분은 나타나있지 않다.
④ 윗글에 다양한 가설은 나타나있지 않으며, 충돌되는 견해의 유사점 또한 찾아볼 수 없다.
⑤ 오비어스와 콩고, 앤디워홀의 예시가 나타나있지만 이를 활용하여 서로 다른 주장에 내포된 공통점에 대한 설명은 나타나있지 않다.

12 글의 세부 정보 파악하기 정답 ⑤

⑤ 2문단 '예술의 가치를 돈으로 평가하는 것 자체에 거부감이 있는 사람도 있으리라.'를 보면 확인할 수 있다.

오답 분석

① 5문단 '동물은 자신이 그린 그림의 지적 재산권도 가질 수 없다. 동물은 인간이 아니기 때문이다.'를 보면 확인할 수 있다.
② 7문단 '인공 지능의 작품이 예술품이 되지 못하도록 막는 것은 어쩌면 예술은 인간만이 할 수 있다는 근거 없는 믿음뿐이다.'를 보면 확인할 수 있다.
③ 1문단 '우선 인공 지능이 그린 그림이 팔렸다는 사실 자체는 예술품인지 여부를 판단하는 중요한 근거가 아니라는 것을 말해 두고 싶다.'를 보면 확인할 수 있다.

④ 6문단 '법인(法人)은 인간이 아니지만 인간의 법적 권리를 가질 수 있다. 재단 법인은 소송, 소유, 계약에서 재물(財物)이 인간의 권리를 갖는 것인데, 인간의 모든 권리를 갖는 것은 아니다. 적어도 재단 법인이 그린 미술품은 없다. 하지만 인간은 필요하다면 자신의 권리 일부를 법인이라는 비인간에게 줄 수 있다.'를 보면 확인할 수 있다.

13 어휘의 문맥적 의미 파악하기 정답 ⑤

⑤ 윗글의 하는은 '어떤 직업이나 분야에 종사하거나 사업체 따위를 경영하다.'의 뜻으로 ⑤의 '했다'가 문맥적 의미가 가깝다.

오답 분석

① '표정이나 태도 따위를 짓거나 나타내다'의 뜻이다.
② '어떤 일을 그렇게 정하다'의 뜻이다.
③ '음식물 따위를 먹거나 마시거나 담배 따위를 피우다'의 뜻이다.
④ '이르거나 말하다'의 뜻이다.

14 글의 내용을 바탕으로 구체적 사례에 적용하기 정답 ③

③ 7문단 '미술가를 인간으로 국한하더라도 인공 지능이 그린 그림은 예술품이 될 수 있다. 인간이 의도를 가지고 인공 지능을 이용하여 작품을 만들면 된다.'를 보고 확인할 수 있다. 앤디 워홀은 작품을 위해 전문 판화가가 제작한 지폐를 열을 맞춰 늘어논 작품을 기획했다. 다시 말해 기획자와 제작자가 별개인 것이다. 이와 마찬가지로 인간의 의도가 반영된 인공지능의 창작도 기획자인 인간의 의도에 의해 기획이 되고 인공지능은 그것을 제작하는 제작자가 되는 것이므로 기획자와 제작자가 별개이다. 따라서 앤디 워홀의 기획과 지시는 인간 의도가 반영된 인공지능 창작과 비슷하다고 할 수 있다.

오답 분석

① 1문단에 보면 오비어스는 인공 지능 화가로, 직접 작품을 그렸다는 것을 알 수 있다. 하지만 5문단을 보면 앤디 워홀은 작품을 직접 제작하지 않았다는 것을 알 수 있다. 따라서 앤디 워홀이 오비어스보다 그림을 창작하는데 더 많은 공력을 들였다는 것은 적절하지 않다.
② 1문단 '2018년 미국 크리스티 경매에서 인공 지능 화가 '오비어스'가 그린 「에드몽 드 벨라미(Edmond de Belamy)」라는 초상화가 43만 2천 달러(약 5억 원)에 낙찰되었다.'와 5문단 '앤디 워홀은 그의 작품을 직접 제작하지 않았다.'를 보면 확인할 수 있다.
④ 콩고와 오비어스는 모두 인간이 아니다. 4문단 '미술가는 반드시 인간이어야 할까?'를 보면 인간이 아닌 콩고와 오비어스가 그린 그림이 매매되었다는 것은 비슷한 문제라는 것을 알 수 있다.
⑤ 7문단 '인공 지능은 침팬지와는 비교도 안 되는 수준으로 인간을 흉내 낼 수 있다.'를 보면 오비어스의 그림이 콩고의 그림보다 인간인 앤디 워홀의 그림 수준에 가깝다는 것을 알 수 있다.

이상, 「거울」
▶ 갈래 : 자유시
▶ 성격 : 실험적, 자의식적
▶ 주제 : 자아 분열과 불안 심리
▶ 특징
 - 역설적 표현으로 현실적 자아와 내면적 자아의 모순성을
  드러냄
 - 띄어쓰기를 하지 않음으로써 분열된 자의식을 표현함
 - 거울의 이중성을 활용해 화자와 내면적 자아의 연결과 단
  절을 드러냄
▶ 구성
 - 1연 : 거울 속 세계
 - 2연 : 의사소통이 단절된 거울 속 세계
 - 3연 : 자아 소외와 단절의 심화
 - 4연 : 만남과 단절의 기능을 하는 거울의 이중성
 - 5연 : 자아 분열의 심화
 - 6연 : 자아 분열에 대한 안타까움

윤동주, 「자화상」
▶ 갈래 : 자유시, 서정시
▶ 성격 : 성찰적, 고백적
▶ 주제 : 자아 성찰과 암울한 현실 속 자신에 대한 애증
▶ 특징
 - 시상 전개에 따라 화자의 정서와 인식이 변함
 - 구체적 행동을 통해 내적 갈등을 형상화함
▶ 구성
 - 1연 : 우물을 통해 자아를 성찰함
 - 2연 : 우물 속 평화로운 정경
 - 3연 : 자아에 대한 부끄러움과 미움
 - 4연 : 자아에 대한 연민
 - 5연 : 자아에 대한 미움과 그리움, 애증
 - 6연 : 우물 속 평화로운 정경과 추억 속 자아에 대한 그리움

최두석, 「성에꽃」
▶ 갈래 : 자유시, 서정시
▶ 성격 : 감각적, 상징적, 현실 참여적
▶ 주제 : 어두운 현실을 살아가는 서민들의 삶에 대한 애정
▶ 특징
 - 서민들의 삶의 애환을 자연물로 형상화함
 - 담담한 어조로 어두운 사회 현실을 제시함
 - 어느 한쪽에 치우치지 않은 균형 잡힌 시선을 보여줌
▶ 구성
 - 1~4행 : 새벽 시내버스 차창에 핀 성에꽃을 바라봄
 - 5~19행 : 서민들의 삶의 모습과 이해와 공감
 - 20~22행 : 만날 수 없는 친구에 대한 안타까움

15 작품의 개괄적 내용 이해하기　　　　　　정답 ④

④ (가)는 거울에 비친 모습으로, (나)는 우물에 비친 모습으로 현실
 적 자아와 이상적 자아 사이의 갈등을 형상화하였다.

16 소재의 구체적 의미 파악하기　　　　　　정답 ⑤

⑤ 5연에서 '나는지금거울을안가졌소마는거울속에는늘거울속의내가
 있소 / 잘은모르지만외로된사업에골몰할게요'라고 하며 거울을 가
 지고 있지 않을 때도 거울 속에는 늘 자신의 모습이 있다고 하였지만,
 이는 거울 속 자신과 늘 함께 행동하고 있다고 판단하는 것은 아니다.

오답 분석
① 1연을 보면 확인할 수 있다.
② 3연을 보면 확인할 수 있다.
③ 2연을 보면 확인할 수 있다.
④ 4연을 보면 확인할 수 있다.

17 시구의 구체적 의미 파악하기　　　　　　정답 ⑤

⑤ 화자는 우물 속 아름다운 자연의 정경을 보며 '추억처럼' 사나이
 가 있다고 했다. 화자는 아름답고 평화로운 자연의 모습을 통해
 과거의 자신을 추억하는 그리움의 정서를 드러내고 있다는 것을
 알 수 있다.

오답 분석
① [A]는 평화롭고 아름다운 우물 속 모습을 열거한 것이다.
② [B]에서 화자는 식민지 현실에 안주해있는 자신의 모습에 미움을
 느끼고 있다.
③ [C]에서 화자는 식민지 현실을 살 수밖에 없는 자신에 대한 연민
 의 태도를 보이고 있다.
④ [D]에서 화자는 자신에 대한 애증을 반복하면서 내적 자아와 외
 적 자아 간의 갈등을 심화시키고 있다.

18 소재의 구체적 의미 파악하기　　　　　　정답 ②

② ㉡ '엄동 혹한'은 고통스러운 시대 상황을 나타내는 것이며, ㉠,
 ㉢, ㉣, ㉤은 차창의 성에를 표현한 것이다.

19 소재의 구체적 의미 파악하기 정답 ③

③ '차창'은 시적 대상인 성에꽃을 감각적으로 느끼게 함으로써 세상을 이해하고 바라보는 통로가 되는 소재이다.

오답 분석

① '거울'은 현실적 자아와 이상적 자아의 단절과 매개가 되는 이중적인 소재이다.

② '우물'은 바라봄과 드러남의 양면성을 통해 식민지 현실에서 자아 성찰을 할 수 있게 해주는 매개체이다.

④ '차창'은 세상을 바라보는 통로로, 세상을 이해하고 공동체가 처한 문제 상황을 보여주는 역할을 한다.

⑤ '우물'은 암울한 시대 현실 속 자아 성찰의 매개체가 되는 소재이다.

20~23

▶ 갈래 : 설명문
▶ 제재 : 저작권이 미치는 범위
▶ 주제 : 저작물에서 저작권의 범위와 저작권 보호의 부인
▶ 내용 요약 : 저작권은 표현에는 영향을 미치지만, 표현의 바탕이 되는 아이디어에는 미치지 않는다. 저작권법에서 이렇게 표현과 아이디어를 구별하는 이유는 문화와 사회의 발전을 위해서이다. 하지만 실제 저작물에서 아이디어와 표현을 분리하는 것은 쉽지 않으며, 그 범위를 적당히 조절해야만 균형 있는 창작 활동을 보호할 수 있다. 또한, 저작권법으로 보호될 수 있는 요건을 갖춘 표현이라 할지라도, '합체의 원칙', '사실상의 표준', '필수 장면'이 기준이 되어 저작권 보호가 부인되기도 한다.

---

20 글의 서술 방식 파악하기 정답 ④

④ 윗글은 저작권이 미치는 범위와 저작권 부인, 그리고 그 기준 등 저작권에 관한 심화 내용을 구체화하여 설명하고 있다.

---

21 글의 내용을 바탕으로 추론하기 정답 ④

④ 윗글에는 최초 창작자의 이익 보호와 특허법에 관한 내용이 나타나있지 않기 때문에 추론할 수 있는 내용이 아니다.

오답 분석

① 1문단 '저작권은 표현에 미치고, 표현의 바탕이 되는 아이디어에는 미치지 않는다.'와 '기술과 산업 분야에서 착상(conception)이 특허법 등 다른 법률에 의해 보호되는 것과 대비되는 대목이다.'를 보고 아이디어는 법률에 의해 보호되지 않지만, 착상은 법률에 의해 보호될 수 있다는 것을 유추할 수 있다.

② 3문단 '저작권법으로 보호될 수 있는 요건을 갖춘 표현이라 할지라도 특정한 아이디어를 효과적으로 표현할 수 있는 방법이 논리적으로든 사실적으로든 매우 제한된 경우에는 저작권 보호가 부인되기도 한다.'를 보고 유추할 수 있다.

③ 2문단 '하지만 실제 저작물에서 아이디어와 표현을 분리하는 것은 그리 쉽지 않다.', '저작권 침해 사건을 심리할 때 이 문제가 종종 심각하게 거론되는 이유가 여기에 있다.' 등을 보면 아이디어와 표현을 구별하는 것은 판단하는 이에 따라 다를 수 있다는 것을 유추할 수 있다.

⑤ 1문단 '누군가가 먼저 착안했다는 이유만으로 그에게 아이디어를 독점할 수 있는 권리를 부여하면, 자칫 헌법적 권리인 사상과 표현의 자유가 제약되고 민주주의의 토대가 되는 자유로운 토론이 제약되는 결과로 이어질 수 있다.'를 보고 유추할 수 있다.

---

22 글의 내용을 바탕으로 구체적 사례에 적용하기 정답 ①

① 윗글에는 유명세에 따른 저작권의 침해 여부에 대해 나와 있지 않다. 또한, 가치가 인정된 표현에 대한 언급이 없기 때문에 적절하지 않다.

오답 분석

② 1문단 '저작권은 표현에 미치고, 표현의 바탕이 되는 아이디어에는 미치지 않는다.' 등 1문단 내용에 부합하므로 적절하다.

③ 4문단 '먼저 '합체의 원칙'이다. 특정 아이디어를 표현하는 방법이 당초 지극히 제한되어 있어 오직 그 방법을 통하지 않고서는 달리 효과적으로 표현할 수 없는 경우에는 해당 표현에 대하여는 저작권 보호가 부인된다.'에서 확인할 수 있다.

④ 5문단 '다음으로 '사실상의 표준'이다. 처음 창작을 할 당시에는 아이디어를 표현하는 방법이 많이 있었으나, 시간이 흐르면서 어떤 표현 방법이 업계의 표준으로 굳어져 통용되는 경우가 있다.'를 보고 확인할 수 있다.

⑤ 6문단 '끝으로 '필수 장면'이다. 합체의 원칙이 주로 기능적인 저작물에 적용된다면, 필수 장면은 예술적 저작물에 주로 적용된다.'를 보고 확인할 수 있다.

---

23 어휘의 문맥적 의미 파악하기 정답 ③

③ ⓒ에 쓰인 '어떤'의 의미는 '주어진 여러 사물 중 대상으로 삼는 것이 무엇인지 물을 때 쓰는 말'이다.

오답 분석

①, ②, ④, ⑤의 '어떤'은 '관련되는 대상이 특별히 제한되지 아니할 때 쓰는 말'의 의미로 쓰였다.

24~28

작자 미상, 「임진록」
▶ 갈래 : 역사 소설, 군담 소설
▶ 성격 : 전기적, 설화적
▶ 주제 : 전지적 작가 시점
▶ 배경
  – 시간적 배경 : 임진왜란 전후
  – 공간적 배경 : 조선 및 왜국
▶ 제재 : 임진왜란 때 활약한 영웅들의 모습
▶ 특징
  – 역사적 사실과 허구적 내용이 혼합되어 소설로 창작됨
  – 영웅적 인물들의 활약상을 순차적으로 전개함
  – 민족적 자부심을 고취시킴

24 작품의 서술상 특징 파악하기   정답 ①

① 윗글은 이여송과 이항복의 이야기, 의병장 이야기, 이순신과 진인의 이야기 등 여러 가지 이야기를 삽입하여 임진왜란이라는 전체 사건의 여러 면모를 보여주고 있다.

25 작품의 세부 내용 파악하기   정답 ②

② '진인의 천성이 본디 강포하매 두려워하는 자가 많은 고로, 진인의 군사가 수령을 욕매(辱罵)하여 조금도 기탄함이 없고, 찰방 이상규를 무수 난타하여 유혈이 낭자한지라.'를 보고 확인할 수 있다.

오답 분석

① '이항복'이 '생낙지 칠 개'를 담아 올린 것은 '계수나무 버러지'를 보고 주저하는 '이항복'의 모습을 이해하지 못하는 '이여송'의 행동을 따라 하여 '이여송'의 행동이 잘못된 것임을 깨닫게 해주기 위한 것이다.
③ '진인'이 전선 '수십여 척'을 머물러 지키게 한 것은 '일일은 도적 수백 척이 나오거늘, 순신과 진인이 각각 수군을 거느려 녹도에 이르니 적이 아군을 바라보고 짐짓 뒤로 물러가며 아군을 유인하니, 순신이 따르지 아니하고 돌아올새, 진인이 수십여 척을 머물러 싸움을 돕게 하니라.'를 보고 적의 계략이 있음을 짐작한 이순신을 돕기 위해 한 행동임을 알 수 있다.
④ '진인'이 '천총'을 내친 것은 이순신과 진인이 적의 계략을 알아채고 일부러 적과 싸움을 하지 않았는데 '천총'이 그를 모르고 혼자 판단하여 적과 싸움을 했기 때문이다.
⑤ '이순신'은 '진인을 후례(厚禮)로 대접하여 촉노(觸怒)함이 없게 하라.'는 상의 명을 듣고 노략을 일삼는 '진인'의 군사들을 길들이기 위해 여사에 불을 지르고 의금을 수습한 것이다.

26 작품의 세부 내용 파악하기   정답 ③

③ ⓒ은 크게 화가 난 진인의 뜻을 파악하여 그를 달래주기 위해 한 말이다.

27 특정 부분을 바탕으로 작품 감상하기   정답 ⑤

⑤ '이때, 적이 승승장구하여 각읍 수령이 다 도망하되, 오직 의병장 곽재우만이 화왕산성에 올라 굳게 지키더니~인심이 소동하여 사산분주하니 곽준이 싸우다가 죽으니라.'를 보고 산성을 지키며 적의 공격에 대비한 것은 의병장뿐이라는 것을 유추할 수 있다.

오답 분석

①·② '남원이 이미 함몰하매 전주로부터 망풍와해(望風瓦解)하니, 이로 인하여 양원호 북주(北走)하니라.'를 보고 전세의 변화에 따라 목적지가 바뀌었다는 것과 적의 기세에 놀라 도망갔다는 것을 보고 유추할 수 있다.
③ '곽준의 여자가 그 아비와 오라비 이미 죽고 그 지아비 또한 도적에게 잡힘을 듣고 탄식 왈, "이제 아비와 지아비를 잃었으니 내 홀로 살아 무엇하리오?" 하고, 목매어 죽으니라.'를 보고 유추할 수 있다.
④ '김해 부사 백사림과 안의 현감 곽준과 함양 군수 조종도가 성중에 있다가 불의지변을 만나매, 인심이 소동하여 사산분주하니 곽준이 싸우다가 죽으니라.'를 보고 유추할 수 있다.

28 외적 준거를 바탕으로 작품 감상하기   정답 ②

② 조선의 왕 '상'이 원나라의 왕 '천자'의 위로를 받고, 용포를 '하사' 받는 모습은 당시 조선이 외세의 세력 아래 있다는 것을 나타내주는 것으로, 백성을 위하는 뛰어난 인물이 조선을 다스린다는 점을 강조하기 위해 삽입했다는 것은 적절하지 않다.

29~32

▶ 갈래 : 설명문
▶ 제재 : 지역별 불평등과 발달
▶ 주제 : 지역별 불평등과 발달의 차이를 보는 관점
▶ 내용 요약 : 유럽이나 북미 서구인들은 발달된 산업 사회에서 많은 혜택을 누리는 반면에 아프리카나 오세아니아 지역의 원주민들은 여전히 전통적 방식으로 살아가고 있다. 이러한 차이의 발생 원인은 발달된 문명의 소유 여부와 결부 지을 수 있으며 이러한 과학 기술이나 사회 제도의 발달 차이가 생기는 이유를 보는 관점은 각 지역 거주민들의 선천적 능력 차이를 원인으로 보는 생물학적 관점과 각 지역이 처한 생태 환경적 요인을 원인으로 보는 환경적 관점 두 가지로 나뉜다.

29 글의 세부내용 파악하기 　　　　　　　정답 ③

③ 윗글에 환경적 제약의 극복에 관한 내용은 나타나있지 않다.

오답 분석

① 1문단 전체를 보면 확인할 수 있다.
② 1문단 '이러한 불평등은 인류 역사의 발달에 크나큰 영향을 미쳤다. 약탈과 정복의 역사는 바로 여기에서 비롯되었던 것이다.'를 보면 확인할 수 있다.
④ 4문단 '하나는 생물학적 관점이라고 부를 수 있는 견해로, 각 지역별 인종의 능력 차가 문명 발달의 차이를 일으켰다고 보는 것이다.'를 보면 확인할 수 있다.
⑤ 3문단 '발전된 과학 기술이나 사회 제도의 출현 여부와 결부 짓는 것이다. 발달된 문명을 가진 지역의 경우에는 과학이 발달해 있고, 정치 체제를 비롯한 사회 구조도 체계적으로 갖추어져 있다.'를 보면 확인할 수 있다.

30 글의 서술상의 특징 파악하기 　　　　　　정답 ③

③ 4문단 '이 질문에 대한 해답으로 다소 관점이 다른 두 가지 견해가 존재한다.'를 보면 같은 질문에 대한 이견이 있음을 언급하고 어느 한쪽의 의견에 치우치지 않고 전개하여 판단을 유도하고 있는 것을 알 수 있다.

31 글의 내용을 바탕으로 구체적 상황에 적용하기 　정답 ⑤

⑤ (a)와 (b) 모두 각 지역이 처한 생태 환경적 요인으로 인하여 문명 발달의 차이가 난다는 환경적 관점이다. 따라서 ⓒ의 사례로 활용하는 것이 적절하다.

32 글의 내용을 바탕으로 구체적 상황에 적용하기 　정답 ②

윗글에서 지역에 따라 과학 기술이나 사회 제도의 발달이 차이를 보이게 된 이유는 두 가지 관점으로 나뉜다 했다. 하지만 두 관점 모두 단점과 한계점을 가지고 있다고 했다. 따라서 윗글의 관점으로는 역사의 서술과 문명 발달을 연결 지은 〈보기〉의 상황에 대해 ② '문명 발달 자체가 불평등하게 일어나게 된 근본적인 이유를 설명하지 못한다'가 적절하다.

33~37

작자 미상, 「노처녀가」
▶ 갈래 : 가사
▶ 성격 : 해학적
▶ 주제 : 노처녀의 신세 한탄

▶ 특징
 - 몰락한 양반층에 대한 비판적 시각을 드러냄
 - 설의적 표현, 대조적 표현, 도치와 대구 등을 활용하여 전개함으로써 화자의 처지와 주제를 강조함
 - 청자에게 말을 건네는 어조를 활용함
▶ 내용
 - 서사 : 노처녀인 자신의 처지에 대한 한탄
 - 본사 : ① 자신을 혼가시키지 않은 부모에 대한 비판
　　　　 ② 독수공방과 중매에 대한 기대
　　　　 ③ 결혼한 주변 인물에 대한 부러움과 혼인 대상들에 대한 관심
　　　　 ④ 혼인 적기인 자신의 미모
 - 결사 : 세월의 흐름과 혼기를 놓쳐 가는 것에 대한 한탄과 슬픔

33 작품의 개괄적 내용 이해하기 　　　　　정답 ①

① 윗글은 혼기가 넘도록 결혼하지 못해 노처녀로 남아있는 화자가 느끼는 서러움과 한탄을 그린 작품이다.

34 구절의 문맥적 의미 파악하기 　　　　　정답 ④

④ '김동(金童)이도 상처(喪妻)하고 이동(李童)이도 기처(棄妻)로다'에서 '상처'는 '처가 죽다.', '기처'는 '처가 없다.'라는 뜻이다. '처녀 사십 나이 적소 혼인 거동 차려주오'라는 화자의 말을 통해 김동이와 이동이가 자신의 배필이 될 수도 있다고 생각하는 화자의 인식을 확인할 수 있다.

오답 분석

① '인간 세상 사람들'은 화자의 사연을 듣도록 설정된 청자로 화자가 자신의 신세를 한탄하는 대상이지 고민을 해결해 주는 존재가 아니다.
② '어떤 처녀'는 팔자 좋아 이십 전에 시집가는 존재로, 화자가 부러워하는 대상이다.
③ '동편 집 용골녀'는 곧 시집갈 존재로, 화자가 부러워하는 대상이다.
⑤ '원수의 아이들'은 '앞집에서는 신랑 오고 뒷집에는 신부 가네'라며 화자가 듣기 싫어하는 주변의 결혼 소식을 전해주는 존재들로, 그들과 화해를 시도하고 있지는 않다.

35 특정 구절에 대한 세부 내용 파악하기 　　정답 ⑤

⑤ 화자는 '거울'더러 '갈데없다 나도 나도 쓸데없다 너도 너도'라며 거울을 인격을 부여하여 말을 건네고 있지만, 대화를 주고받고 있지 않다. 따라서 이를 통해 위안을 얻는다는 것도 적절하지 않다.

36 외적 준거를 통한 작품의 세부 내용 파악하기 　정답 ④

④ '풍헌(風憲) 약정(約正) 환자(還子) 재촉'에서 '풍헌'과 '약정'은 향약 조직의 일원을 뜻하며, '환자'는 백성들에게 봄에 곡식을 꾸어 주고 가을에 이자를 붙여 거두던 일로, 당대 사회의 모습을 확인할 수 있는 소재일 뿐, 집단의 안위를 앞세우는 폭압에 대한 저항이라고 할 수 없다.

37 외적 준거와 관련된 작품을 활용하여 내용 파악하기 　정답 ①

① [B]에서 '남이 알까 부끄러우나 안 슬픈 일 하여 보자'를 보아 가상으로 혼례를 치르는 자신의 모습을 부끄러워하는 것을 알 수 있다.

38~40

▶ 갈래 : 설명문
▶ 제재 : 원자들의 결합
▶ 주제 : 원자들의 결합 조건과 결합 방식
▶ 내용 요약 : 원자들은 서로 다른 방식으로 결합되어 분자를 구성한다. 하지만 분자를 이루는 원자들이 결합되는 데는 '전자 공유'라는 조건이 있다. 전자를 공유할 때 다른 성질의 전자들이 각 방에 하나씩 들어간 후 나머지 방에 남은 전자들이 들어갈 수 있으며, 이때 전자는 결코 같은 성질이면 안 되는 '파울리의 배타 원리'에 따라 전자들은 공유된다. 이러한 원리는 인간 사회에도 적용되며, 이 원리가 지켜져야 무너지지 않는 세상의 뼈대가 생긴다.

38 세부 정보 파악하기 　정답 ⑤

⑤ 8문단 '원자 호텔은 일단 각자 방을 하나씩 배정하고 빈방이 없을 때만 한 방에 전자 하나씩 더 들어가게 해 놓았다. 그것도 같은 성질의 전자여서는 안 된다. 하나는 위쪽에 베개를 두고 자는 전자라면 다른 하나는 아래쪽에 베개를 두고 자는 전자여야 한다.'를 보고 확인할 수 있다.

오답 분석

① 5문단 '산소는 여섯 개나 된다. 손이 여섯 개가 있는 셈이다. 그런데 양쪽 손을 제외한 네 개의 손은 다른 원자에게 손을 내미는 게 아니라 자기 안에서 두 개씩 손을 잡고 있다. 그래서 뼈대를 이루지 못한다.'를 보고 확인할 수 있다.

② 3문단 '수소는 손이 하나뿐이니 결합을 하나만 할 수 있지만 산소는 손이 둘이니 두 개의 수소와 결합할 수 있다. H:O:H처럼 말이다. 이걸 우리는 간단하게 'H₂O'라고 쓰고 '물'이라 읽는다.'를 보아 물은 산소 한 개와 수소 두 개의 결합으로 이루어진 것을 확인할 수 있다.

③ 2문단 '전자는 핵을 둘러싼 여러 껍질에 나누어 분포하는데 가장 바깥 껍질에 있는 전자만 공유할 수 있다.'를 보고 확인할 수 있다.

④ 7문단 '탄소 역시 가장 바깥 껍질에는 방이 네 개 있다. 탄소는 네 개의 전자들이 방을 하나씩 쓰면 된다.'를 보면 탄소는 네 개의 전자들이 방을 하나씩 쓰며 오비탈을 구성하고 있다는 것을 알 수 있다.

39 글의 설명 방식 파악하기 　정답 ③

③ 윗글은 유추의 방식이 나타나지 않는다. 따라서 이를 통해 새로운 이론을 정립하여 의의를 설명하고 있다는 것은 적절하지 않다.

오답 분석

① 3문단 '이를 '공유 결합'이라 한다.', 9문단 '원자의 호텔방을 과학자들은 '오비탈'이라고 한다.', '같은 성질의 전자가 같은 방을 써서는 안 되는 규칙을 '파울리의 배타 원리'라고 한다.' 등을 보고 확인할 수 있다.

② 윗글은 전자들에 '손'이 있다고 하면서 전자끼리의 공유 결합을 '손을 잡는 것', '방에 들어가는 것' 등으로 표현하였다. 따라서 의인화 같은 비유를 동원하여 설명의 효과를 높였다는 것은 적절하다.

④ 1문단 '도대체 이 능력은 어디에서 온 것일까?', 6문단 '어떻게 나눠 쓸 수 있을까?', 8문단 '만약 탄소의 전자들이 각방을 쓰지 않고 한 방에 두 개씩 들어가면 어떻게 될까?' 등을 보면 확인할 수 있다.

⑤ '전자의 공유 결합'이라는 과학적 현상을 '물(H₂O)'의 사례를 들어 설명함으로써 독자들의 이해를 돕고 있다.

40 구체적 상황에 적용하여 추론하기 　정답 ⑤

⑤ A는 각 방에 한 개씩의 전자만 들어가므로 다른 원자와 공유할 수 있는 전자는 5개이다. B는 7개의 전자를 가지고 있지만 방이 4개이므로 다른 원자와 공유할 수 있는 전자는 1개이다. 따라서 A와 B가 결합하여 만들어질 수 있는 분자는 A₅B가 아니다.

오답 분석

①·② A는 전자 5개, 방 5개로 각 방에 한 개씩의 전자만 들어간다. 따라서 A의 전자는 모두 각방을 사용하며 A가 다른 원자와 공유할 수 있는 전자의 수는 5개이다.

③·④ 5문단과 6문단의 내용을 근거로 B가 다른 원자와 공유할 수 있는 전자의 개수와 각방을 사용하는 전자의 개수를 추론할 수 있다. B의 7개의 전자는 4개의 방에 하나씩 들어가고 남은 3개의 전자는 방에 하나씩 더 들어간다. 4개의 방 중 3개의 방에는 전자가 2개씩 들어가 있고, 1개의 방에 1개의 전자가 들어가 있다. 따라서 B의 전자 중 각방을 사용하는 것은 1개이며 다른 원자와 공유할 수 있는 전자의 수도 1개이다.

김정한, 「수라도」

▶ 갈래 : 가족사 소설

▶ 성격 : 회고적, 고발적

▶ 주제 : 오봉 선생의 애국정신과 민족적 수난과 현실

▶ 특징
  - 3인칭 서술을 통해 독자들에게 직접 이야기하는 듯한 태도를 취함
  - 대조적 인간형을 등장시켜 현실적 고난에 맞선 인간의 초월적 모습

▶ 내용 : 가야 부인은 일제 강점 후 김해 명문가에서 양반 가문 허씨 집안으로 시집을 오는데 시아버지 오봉 선생의 대쪽같은 성격으로 집안은 일제의 억압에 온갖 시련을 겪는다. 시할아버지와 시동생이 일제에 의해 죽임을 당하는 등 어려운 상황에서 가야 부인은 집안을 다스리며 살아간다. 시아버지 오봉 선생이 애국지사 박해 사건에 연루되어 옥고를 겪다 출옥 후 죽게 된다. 이 과정에서 가야 부인은 도움을 청하러 이와모도 참봉에게 찾아가게 되지만 헛수고로 돌아간다.

---

41 서술 방식 파악하기   정답 ①

① '그러나 그도 지기는 싫었다. 지다니!' 등을 보고 확인할 수 있다.

---

42 작품 속 인물에 대한 추론하기   정답 ④

④ 윗글에서 '오봉 선생'과 '가야 부인'이 유교를 신봉했다는 내용은 나와있지 않다. 또한 '흐느끼는 아낙네들의 손을 잡아 주며 조용히 '관세음보살'을 염하는 것이었다.'라는 부분을 보면 가야 부인은 오히려 불교에 정진하는 인물이라고 볼 수 있다. '오봉 선생' 또한 작중 시대적 배경을 고려했을 때 독립 관련 행동을 하다가 죽었을 것이라는 걸 추측할 수 있으며, 이러한 모습에서 유교를 신봉하는 모습은 찾아볼 수 없다. 따라서 '오봉 선생'과 '가야 부인'이 유교를 신봉해 유생들로부터 존경받는 위인이었다는 것은 적절하지 않다.

---

43 특정 구절을 통한 작품의 세부 내용 파악하기   정답 ④

④ ㉣ 뒤 '그들은 말 없는 미륵불 앞에 엎드리어 떠난 아들딸들이 무사히 살아 돌아오기를 빌고 또 비는 것이었다.'를 보아 ㉣은 가족과 이별하게 된 슬픔과 한을 바탕으로 이별한 가족에 대한 안녕과 가족이 무사히 재회하기를 기원하기를 바라며 하는 행위로 민족의 비극성을 부각해 준다.

---

44 특정 구절을 통한 작품의 특징 파악하기   정답 ④

④ ⓐ는 한 선비가 가야부인을 알아볼 수 있었던 이유를 알려주면서 가야부인에게 다가가 위로를 하는 한 선비의 행위에 대한 개연성을 높여주었다. ⓓ는 '짐덩이처럼 떼를 지어 짐배에 실릴' 수 밖에 없었던 이유에 대해 말해주고 있다.

---

45 외적 준거를 활용하여 작품의 세부 내용 파악하기   정답 ⑤

⑤ '그들은 말 없는 미륵불 앞에 엎드리어 떠난 아들딸들이 무사히 살아 돌아오기를 빌고 또 비는 것이었다.'는 전쟁에 강제로 동원되어 가족들과 이별하게 된 이들의 모습을 그리고 있다. 이는 '항일 독립운동 내력을 가진 오봉 선생 집안'의 모습을 보여주는 것이 아닌, '태평양 전쟁에 동원된 조선인의 현실을 증언'한 것이다.

01 ②	02 ③	03 ②	04 ③	05 ④
06 ③	07 ⑤	08 ①	09 ①	10 ③
11 ⑤	12 ④	13 ⑤	14 ①	15 ⑤
16 ⑤	17 ②	18 ⑤	19 ③	20 ④
21 ①	22 ④	23 ②	24 ①	25 ②
26 ②	27 ①	28 ⑤	29 ③	30 ①
31 ⑤	32 ②	33 ③	34 ④	35 ①
36 ⑤	37 ⑤	38 ④	39 ④	40 ①
41 ③	42 ④	43 ③	44 ④	45 ③

01 논리 추론 – 동의어　　　정답 ②

밑줄 친 단어 tawdry는 '저속한, (도덕적으로) 지저분한'의 뜻이므로, ② immoral(부도덕한)이 적절하다.

오답 분석

① 합법적인
③ 열정적인
④ 예기치 않은, 뜻밖의
⑤ 기이한

□ tawdry : 저속한, (도덕적으로) 지저분한

〈 해석 체크체크 〉

　그 록스타의 불건전한 불륜 소식은 전 세계 팬들을 충격에 빠뜨렸다.

02 논리 추론 – 동의어　　　정답 ③

밑줄 친 irked는 '짜증이 난'의 뜻이므로, ③ annoyed(짜증이 난)이 적절하다.

오답 분석

① 쫓겨난
② 속임수 당한
④ 실망한
⑤ 설득당한

□ irk : 짜증스럽게 하다

〈 해석 체크체크 〉

　Joanne은 그녀의 아파트 이웃들에게 짜증이 나서 교외에 있는 집으로 이사했다.

03 논리 추론 – 동의어　　　정답 ②

밑줄 친 parsimonious는 '인색한'의 뜻이므로, ② stingy(인색한, 쩨쩨한)가 적절하다.

오답 분석

① 무관심한, 심드렁한
③ 먼, (멀리) 떨어져 있는
④ 객관적인
⑤ 사려 깊은

□ parsimonious : (돈에 지독히) 인색한

〈 해석 체크체크 〉

　그 자선가가 세상을 떠난 후, 가까운 친척들은 그가 자기 자신의 생활방식에 관해서는 인색했다는 것을 밝혔다.

04 논리 추론 – 동의어　　　정답 ③

밑줄 친 languid는 '나른한'의 뜻이므로, ③ peaceful(평화로운)이 적절하다.

오답 분석

① 느린, 더딘
② 습한
④ 변덕스러운
⑤ 매력적인

□ languid : 나른한
□ porch : (건물 입구에 지붕이 얹혀 있고 흔히 벽이 둘러진) 현관
□ pastime : 취미(생활)

〈 해석 체크체크 〉

　Brown씨가 가장 좋아하는 취미생활은 나른한 여름 오후에 자신의 현관에 앉아서 시간을 보내는 것이었다.

05 논리 추론 – 동의어　　　정답 ④

밑줄 친 arcane은 '신비로운, 불가사의한'의 뜻이므로, ④ secretive(비밀스러운)이 적절하다.

오답 분석

① 동일한
② 향상된
③ 상속한
⑤ 변화가 많은

□ arcane : 신비로운, 불가사의한, 비밀의

Marley의 치즈 케이크는 뉴요커들 사이에서 매우 인기가 있으며, 그들의 레시피는 대대로 불가사의했다.

06 빈칸 추론 – 구/절 정답 ③

빈칸 다음에서 A가 'The Houston Street Stop.(Houston Street 정류장이요.)'이라고 대답했으므로, 빈칸에는 ③ 'Where do I get off?(어디서 내려요?)'가 적절하다.

오답 분석

① 버스로 얼마나 걸릴까요?

② 내가 걷기로 했다면 어떻게 될까?

④ Dan's 백화점으로 가는 길 좀 안내해 줄 수 있겠니?

⑤ 몇 시에 문 여는지 알아요?

A : 실례합니다. Dan's 백화점으로 가는 길을 아세요?

B : 물론이에요. 하지만, 여기서 걸어서 30분 정도 걸어야 해요.

A : 꽤 먼데요. 걷는 것 말고 다른 방법은 없을까요?

B : 여기서 두 블록 떨어진 곳에서 M11 버스를 탈 수도 있어요.

A : 어디서 내려요?

B : Houston Street 정류장이요. Dan's 백화점은 거기서 멀지 않아요.

A : 내려서 누군가에게 길을 물어볼게요. 고마워요.

B : 괜찮아요. 잘 찾아가세요.

07 빈칸 추론 – 구/절 정답 ⑤

B가 빈칸 다음에서 'I won't. I will always work for the citizens of our city.(잊지 않겠습니다. 항상 우리 도시의 시민들을 위해 일하겠습니다.)'라고 했으므로, 문맥상 빈칸에는 ⑤ Never forget our motto, "to serve and to protect"("봉사와 보호"라는 우리 좌우명을 절대 잊지 말게.)'가 적절하다.

오답 분석

① 법관의 특권을 누려라.

② 열심히 일하면 훌륭한 경찰관이 될 것이다.

③ 누구든지 범죄자가 될 수 있으니 항상 의심하라.

④ 이 일이 자네와 맞지 않으면 내게 알려주게.

□ cadet : (경찰・군대의) 간부[사관] 후보생

□ sergeant : (미국 경찰에서 lieutenant와 captain의 중간인) 경사

□ graduation ceremony : 졸업식

□ perk : 특전

A : 축하하네, 이 생도.

B : 감사합니다, Louis 경사님.

A : 오늘 졸업식 후에 자네는 Tonawanda 경찰서에서 정식 경찰관이 될 걸세.

B : 네. 실감이 안 나요.

A : 자격이 충분해. 자네는 정말 열심히 했지.

B : 고맙습니다. 조언의 말씀 부탁드립니다.

A : "봉사와 보호"라는 우리의 좌우명을 절대 잊지 말게.

B : 잊지 않겠습니다. 항상 우리 도시의 시민들을 위해 일하겠습니다.

A : 나는 자네가 우리를 자랑스럽게 만들 것이라고 확신하네.

08 어법 – 관계대명사 정답 ①

①이 가리키는 것은 전치사 with의 목적어가 되는 명사절 'most people can understand.(대부분의 사람들이 이해할 수 있는 것)'로 선행사가 없다. 따라서 선행사가 필요한 which가 아닌 선행사가 필요하지 않은 관계대명사인 what이 적절하다.

□ out of touch with : ~에 대해 잘 모르다, ~와 동떨어져 있다

□ hiccups : 딸꾹질

□ diaphragm : 횡격막, 가로막

□ irritate : 자극하다

□ distension : 팽창, 확대

□ gastric : 위(胃)의

□ in excess : 극단적으로

□ singultus : (의학용어)딸꾹질

□ physician : 의사

의사들은 자신들을 극히 지적인 사람처럼 들리게 하거나 대부분의 사람들이 이해할 수 있는 것과 동떨어진 복잡한 단어들을 사용하는 것으로 알려져 있다. 딸꾹질을 뜻하는 의학용어 'singultus'는 의사들이 우스꽝스럽게 보이는 완벽한 예다. 횡격막을 자극해서 불규칙한 소리를 내도록 공기를 빠르게 밀어 올리면 딸꾹질을 하게 된다. 횡격막을 자극하고 딸꾹질을 일으키는 것들은 음식, 술 또는 공기로 인한 위장의 팽창과 위장의 급격한 온도 변화, 또는 지나친 음주와 흡연으로 인해 발생할 수 있다. 딸꾹질은 또한 흥분하거나 스트레스에 의해서도 유발될 수 있다. 딸꾹질은 대부분 몇 분 동안 지속되지만, 때로는 며칠 혹은 몇 주 동안 계속되는 경우도 있다. 하지만, 이것은 매우 비정상적인 경우로, 대개 의학적으로 또 다른 문제가 있다는 신호이다.

09 어법 – 시제
정답 ①

since 이전의 시제가 현재완료(he's been riding bikes)이므로, since 다음에는 과거완료가 아닌 과거 시제가 와야 한다. 따라서 ① had been이 아닌 was가 적절하다.

☐ trash : 부수다, 엉망으로 만들다
☐ dump : (쓰레기) 폐기장[하치장]
☐ tinker with : ~을 서투르게 고치다[손을 대다]
☐ ethos : (특정 집단·사회의) 기풍[정신]
☐ carry over : (다른 상황에서 계속) 이어지다
☐ figure out : 알아내다
☐ wrench : (특히 발목, 무릎, 어깨를)삐다, 접지르다
☐ rural : 시골의, 지방의
☐ dilemma : 딜레마

◀ 해석 체크체크 ▶

　　Tim Richardson의 어머니 Doris Bohannon이 말하기를 그는 세 살 때부터 바이크를 탔으며, 그 후 얼마 지나지 않아 발목을 삐었다고 한다. 그리고 그녀는 알아야한다. 그녀는 그에게 자전거 수리법을 가르쳐 준 장본인이었는데, 쓰레기 폐기장에서 망가진 자전거를 집으로 가져와서 어설픈 솜씨로 이곳저곳을 고쳤다. 인구 832명인 Odd주 West Virginia에서 성장한 Richardson은 말했다. "엄마는 우리 집의 정비공이에요. 시골에 있으면, 혼자서 자전거 고치는 법을 배우지 않고는 자전거를 못 타요." 그 정신은 Virginia Harrisonburg에 있는 그의 바이크 가게 Shenandoah Bicycle 회사까지 계속 이어져서, 고객들은 자신들의 바이크에 문제가 생기면 스스로 알아낼 수 있도록 권장된다.

10 논리 추론 – 어휘
정답 ③

(A) 다음 문장에서 'It turns out, rethinking the color of the surfaces around us could help cool the planet.(우리 주위의 표면의 색을 다시 생각하는 것은 세상을 서늘하게 하는 걸 도울 수 있다고 알려졌다.)'라고 했으므로 문맥상 8월에 주차장을 지나간 사람은 아스팔트가 '열'을 흡수한다는 것을 알 수 있다는 내용이 되어야 하므로, heat가 적절하다.
(B) 알베도는 '반사'면에 되돌아오는 태양 에너지의 비율을 뜻하므로, reflective가 적절하다.
(C) 문맥상 열을 덜 '흡수'하는 지붕 소재를 선택하는 것이 상당한 에너지 절약 효과가 있다는 것이므로, absorbs가 되어야 한다.

☐ blacktop : 아스팔트
☐ soak up : 빨아들이다
☐ planet : 행성, 세상
☐ calculate : 추정하다, 추산하다 (=estimate)
☐ lighten : 밝아[환해]지다, 밝게[환하게] 하다
☐ keep out of : ~안에 들이지 않다
☐ albedo : 알베도(달·행성이 반사하는 태양 광선의 비율)

☐ reflective surfaces : 반사면
☐ close to home : 정곡[아픈 데]을 찌르는
☐ color-consciousness : 색채 감각
☐ pavement : 인도, 보도, 포장지역
☐ roughly : 대략, 거의
☐ equivalent : 동등한[맞먹는]
☐ abrasive : 거친
☐ reflective : 반사하는
☐ repel : 쫓아버리다
☐ substantial : 상당한

◀ 해석 체크체크 ▶

　　8월에 주차장을 가로질러 가봤던 사람이라면 누구든지 아스팔트가 (A) 열을 많이 흡수한다는 걸 알고 있다. 우리 주위의 표면의 색을 다시 생각하는 것은 세상을 서늘하게 하는 걸 도울 수 있다고 알려졌다. 지붕과 포장도로가 도시 지역의 60%를 덮고 있다. 과학자들은 전 세계적으로 그것들의 색을 밝게 하는 것은 지구 온난화에 485억 톤의 이산화탄소를 대기에 들이지 않는 것과 같은 효과를 가진다고 추정한다. 그것은 대략 18년 동안 전 세계 도로에서 차를 없애는 것과 같다. 이 우아하면서도 단순한 해결책은 (B) 반사 표면이 태양 에너지를 반사하는 비율인 알베도의 증가 때문이다. 좀 더 정곡을 찌르자면, 색채 의식은 기후 변화와 싸우는 것 이상의 효과를 얻을 수 있다. 열을 덜 (C) 흡수하는 소재의 지붕을 선택하는 것은 상당한 에너지 절약을 의미한다. 연구는 "서늘한 지붕"은 냉방비를 20% 이상 줄일 수 있다는 것을 보여준다.

11 논리 추론 – 어휘
정답 ⑤

(A) 70억의 인구가 70억의 안건을 갖고 있으므로, 큰 그림을 생각하는 것은 상대적으로 드문 '사치'라고 해야 문맥상 적절하다.
(B) 지중해 한가운데 보트에서 육지를 찾아 헤매는 것은 '난민들'이 문맥상 적절하다.
(C) 앞에서 예시로 든 세 부류의 사람들(뭄바이의 슬럼가에서 굶주림에 허덕이는 두 자녀를 키우는 싱글맘, 지중해 한 가운데 보트 난민들, 런던의 병원에서 죽어가는 환자)에게는 문맥상 지구 온난화 또는 자유 민주주의의 위기보다 훨씬 더 '급박한' 문제들이 있다고 해야 적절하다.

☐ luxury : 호화로움, 사치
☐ focus on : (관심노력 등을) 집중하다[시키다]
☐ refugee : 난민, 망명자
☐ scan : (특히 무엇을 찾느라고 유심히) 살피다
☐ overcrowded : 너무 붐비는, 초만원인
☐ urgent : 긴급한, 시급한
☐ frugality : 절약, 검소
☐ trivial : 사소한, 하찮은

70억 인구는 70억 개의 안건을 갖고 있으며, 큰 그림을 생각하는 것은 상대적으로 보기 드문 (A) 사치다. 뭄바이의 빈민가에서 두 자녀를 키우며 힘겹게 살아가는 미혼모는 다음 끼니만 생각한다. 지중해 한가운데 보트 (B) 난민들은 혹시 육지가 보이는가 하고 수평선을 유심히 살핀다. 혼잡한 런던의 병원에서 죽어가는 한 남자는 한번 더 숨을 쉬려고 남아있는 모든 힘을 모은다. 그들 모두에게는 지구온난화 또는 자유민주주의의 위기보다 훨씬 더 (C) 급박한 문제들이 있다.

12 논리 추론 – 어휘   정답 ④

④ 다음 문장에 'no paved road leads to it(그곳과 이어지는 포장도로가 없는)'가 오는 것을 보아, tainted(더럽혀진)가 아닌 untainted(오염되지 않은)가 적절하다.

☐ be estimated to : ~에 이를 것으로 추산되다
☐ marine animal : 해양 동물
☐ strangled : 터져 나오다가 끊긴
☐ zooplankton : 동물성 플랑크톤
☐ microplastic : 미세플라스틱
☐ crunch : (단단한 것을[이] 으스러뜨려[으스러져]) 으드득거리다
☐ looming : 다가오는
☐ catastrophe : 재앙
☐ in the same breath : 숨도 쉬지 않고 바로[바로 연이어서]
☐ endangered : 멸종 위기에 처한
☐ abandoned : 버려진
☐ seemingly : 겉보기에는
☐ tainted : 더럽혀진
☐ loom : 곧 닥칠 것처럼 보이다

매년 해양 플라스틱이 수백만 해양 동물들을 죽이는 것으로 추정된다. 멸종 위기에 처한 종을 포함해 거의 700종의 동물들은 그것에 의해 영향을 받고 있다고 알려졌다. 일부 동물들은 눈에 보이게 해를 입었는데, 버려진 그물이나 6개들이 세트 고리에 목이 졸린 경우이다. 눈에 보이지 않게 해를 입은 동물들은 아마도 더 많을 것이다. 플랑크톤부터 고래까지, 모든 크기의 해양 동물들은, 현재 지름이 5분의 1인치보다 작은 조각들인 미세플라스틱을 먹는다. 하와이의 Big 섬에서 포장도로가 연결되지 않아서 겉보기에는 오염되어(→ 오염되지 않아) 보이는 해변을 걸어가면서 나는 발목까지 쌓인 미세플라스틱을 통과해야 했다. 그것들이 내 발밑에서 라이스 크리스피처럼 뽀드득거리는 소리를 냈다. 그 후, 나는 사람들이 해양 플라스틱을 기후변화와 같이 연이어서 중요하게 언급하는, 곧 닥칠 것처럼 보이는 재앙으로 보는지 이해했다.

13 논리 추론 – 어휘   정답 ⑤

위 글은 위기 대처에 중요한 요인인 '자아강도'를 소유한 사람의 능력에 대해 이야기하고 있다. 마지막 문장에서 'Those linked qualities are essential for exploring new solutions.(그 자질들과 연관된 것들은 새로운 해결책을 탐색한다.)'라고 했으므로, 문맥상 위기 상황에서 엄습하는 공포심을 '약화시킨다(weaken)'가 적절하다.

☐ cope with : ~에 대처[대응]하다, ~에 대항하다
☐ psychologist : 심리학자
☐ ego strength : 자아강도
☐ self-confidence : 자신감
☐ approval : 인정
☐ perceive : 감지[인지]하다
☐ make sound decisions : 건전한 결정을 하다
☐ reinforce : (감정·생각 등을) 강화하다
☐ tolerate : 용인하다, 참다
☐ paralyze : 마비시키다, 무력하게 만들다

위기 대처에 중요하며, 사람마다 다른 한 가지 요소를 심리학자들은 '자아강도'라고 부른다. 그것은 자신감을 포함하지만, 훨씬 더 광범위하다. 자아강도는 여러분 자신에 대한 감각과 목적을 가지고, 인정이나 생존을 위해 다른 사람에게 의존하지 않는 자랑스러운 독립적인 사람으로서 자신을 받아들이는 것을 의미한다. 자아강도는 강한 감정에 대한 인내와 스트레스 아래에서 집중력 유지, 여러분 자신에 대한 자유로운 표현, 정확한 현실 인식, 건전한 결정을 가능하게 하는 능력을 포함한다. 그 자질들과 연관된 것들은 새로운 해결책을 탐색하고 위기 상황에서 자주 엄습하는 무력하게 만드는 공포심을 강화시키는 데 (→ 약화시키는 데) 필수적이다.

14 정보 파악 – 세부 정보   정답 ①

두 번째 문장에서 'A mismatched flock of peacocks and peahens, wild turkeys and roosters all cavort around the front and back of the restaurant.(어울리지 않는 암수 공작과 야생 칠면조, 수탉이 뒤섞인 무리들이 레스토랑의 앞과 뒤에서 이리저리 돌아다니고 있습니다.)'라고 했으므로, 지문의 내용과 일치하는 것은 ① '카페 주변에서 다양한 가금류를 볼 수 있다.'이다.

오답 분석
② 수탉 몇 마리가 식당에 들어갈 수 있다.
③ 수탉 한 마리가 10년 전부터 지배인 역할을 했다.
④ Buddy의 의상은 빨간 넥타이로 되어있다.
⑤ 그들은 더이상 시나몬 롤을 팔지 않는다.

☐ mismatched : (사람·사물들 간의) 부조화의, 어울리지 않는 조합의
☐ flock : 무리[떼]
☐ peahen : (암컷) 공작

□ cavort around : 빈둥빈둥 돌아다니다
□ poultry : 가금류
□ leghorn rooster : 레그혼 종 수탉
□ tenure : 재임 기간, 재임
□ maitre d'of the restaurant : 식당의 웨이터 주임, 지배인
□ crow : '꼬끼오'하고 울다
□ find : (흥미롭거나 가치 있는) 발견물
□ ranchhouse : 랜치하우스(폭은 별로 넓지 않은데 옆으로 길쭉하고 지붕의 물매가 뜬 단층집)
□ not with standing : ~에도 불구하고

◀ 해석 체크체크 ▶

San Marcos Cafe를 방문할 때 엄청난 환영을 기대해 보세요. 어울리지 않는 암수 공작과 야생 칠면조, 수탉이 뒤섞인 무리들이 레스토랑의 앞과 뒤에서 이리저리 돌아다니고 있다. 가금류는 식당에 들어오는 것이 허락되지 않으며, Buddy는 이름의 매우 유명한, 약 15년 전에 오랜 기간 비공식적으로 식당의 지배인이었던 레그혼 종 수탉이 있다. 검정 넥타이를 맨 Buddy는 문에서 기분 좋게 손님들을 맞이하고 아침식사 시간 내내 '꼬끼오'하고 울어댑니다. 닭들이 어수선하게 왔다 갔다 하기는 하지만, San Marcos Cafe는 정말 괜찮은 곳이다. 시골 부엌 스타일로 꾸며진 아늑하고 매력적인 랜치 하우스로, 최고의 시나몬 롤을 제공한다.

15 정보 파악 - 세부 정보   정답 ③

지문의 세번째 문장에서 'he helped found the field of chemical ecology.(화학생태학 분야 연구 확립을 도왔다.)'라고 했으므로, 지문의 내용과 일치하지 않는 것은 ③ '그의 아내가 화학생태학 분야를 세웠다.'이다.

오답 분석

① 그는 81세에 파킨슨병 합병증으로 사망했다.
② 그는 곤충이 어떻게 먹이를 잡는가에 관심이 있었다.
④ 그의 의제에는 열대우림의 생물 다양성 보호가 포함되어 있었다.
⑤ 그의 작품은 'Science'에 실렸다.

□ ecologist : 생태학자
□ evolutionary biologist : 진화 생물학자
□ complications from Parkinson's disease : 파킨슨병 합병증
□ bombardier beetles : 폭탄먼지벌레
□ arthropod : 절지동물(곤충·거미·게 등)
□ capture prey : 먹이를 잡다
□ collaborator : 공동 연구자[저자], 합작자
□ chemical ecology : 화학생태학
□ outspoken : (남의 기분에 신경 쓰지 않고) 노골적으로[거침없이] 말하는
□ conservationist : 환경보호활동가
□ promote : 추진하다

□ bioprospect : 생물자원탐사
□ biodiversity : (균형 잡힌 환경을 위한) 생물의 다양성
□ grace : (아름답게) 꾸미다[장식하다]

◀ 해석 체크체크 ▶

Cornell 대학의 생태학자이자 진화 생물학자인 Thomas Eisner는 지난 주 81세의 나이로 파킨슨병 합병증으로 사망했다. 거미줄부터 폭탄먼지벌레까지 다양한 주제에 대한 수백 편의 저널 기사에서, Eisner는 곤충과 절지동물들이 어떻게 자신들을 방어하며, 먹잇감을 포획하고, 때로 복잡한 방식으로 짝을 유혹하는지를 탐구했다. Cornell 대학의 공동 연구자인 Jerrold Meinwald와 함께 Eisner는 어떻게 동물과 식물이 의사소통을 위한 화학물질을 사용하는지를 연구하는 화학생태학 분야 연구 확립을 도왔다. 거침없이 말하는 환경보호 활동가로서 Eisner는 생물의 다양성을 보호하기 위한 기금을 마련하기 위해 기업들이 열대우림에서 유용한 화학물질을 구하는 "생물자원탐사"를 허용하는 아이디어를 추진했다. 또한 Eisner는 피아니스트이자 유명한 과학작가이기도 했는데, 자연 사진을 주로 찍는 사진작가 아내 Maria와 함께 유충의 갈고리와 딱정벌레 털, 그밖의 여러 미세한 경이로운 이미지들로 'Science'의 많은 페이지와 표지를 아름답게 장식했다.

16 핵심 파악 - 제목   정답 ⑤

첫 문장에서 'median household income in the United States, adjusted for inflation, has stagnated for the bottom 60 percent of the population.(인플레이션에 적응된 미국의 중위 가계 소득은, 인구의 하위 60%가 정체되었다.)'라고 했으므로, 지문의 제목은 ⑤ '일반 사람들을 위한 경제 전망 : 비가 오고 흐림'이 적절하다.

오답 분석

① 인플레이션 : 경제의 큰 장애물
② 기업 투명성에 대한 국민의 요구
③ 테크노크라트가 재채기를 하면, 은행은 감기에 걸릴까?
④ 휘청거리는 유럽경제의 나비효과

□ median household income : 중위 가계 소득
□ adjust : 맞추다, 적합시키다
□ stagnate : 침체되다, 부진해지다
□ stark : (불쾌하지만 피할 수 없는) 냉혹한[엄연한]
□ point in the same direction : 같은 방향을 가리키다
□ soar : 급증하다, 솟구치다
□ increasingly : 점점 더
□ technocrat : 테크노크라트(많은 권력을 행사하는 과학 기술 분야 전문가)

1967년 이후, 인플레이션에 적용된 미국의 중위 가계 소득은, 가장 부유한 미국인들의 부와 수입이 치솟았음에도, 인구의 하위 60%가 정체되었다. 그 정도가 덜하긴 하지만, 유럽에서의 변화들도 같은 방향을 가리킨다. 기업 이익은 1960년대 이후 최고 수준이지만, 기업들은 그 이윤을 투자해서 생산성과 임금에 해를 끼치기보다는 저축을 선택하는 추세가 늘어나고 있다. 그리고 최근에, 이러한 변화는 민주주의의 공동화와 세계화된 엘리트들에 의한 기술 통치로 대체되는 것을 동반했다.

17 핵심 파악 - 제목   정답 ②

다섯 번째 문장에서 'All this dark morning, I have reluctantly entertained him.(어두운 오늘 아침 내내 나는 마지못해 그를 떠올린다.)' 라고 했으므로, 지문의 제목은 ② '어두운 아침에 잠자리 동료에 대해 추억하기'가 적절하다.

오답 분석

① 책과 애완동물 : 누가 더 좋은 동반자를 만들까?
③ 사랑하는 Dash-Hound로부터의 희망의 메세지
④ 예상치 못한 개의 도착 : 새로운 시작
⑤ 의료정치 이면의 현실

☐ dachshund : 닥스훈트(몸통과 귀가 길고 다리가 짧은 작은 개)
☐ on occasions : 가끔
☐ everlasting : 너무 오래 계속되는[자주 반복되는]
☐ attend : ~에 다니다, 돌보다
☐ lecherous : 색을 밝히는, 호색의
☐ physician : 의사, 내과의사
☐ entertain : (생각・희망・감정 등을) 품다
☐ oppressive : 답답한[질식할 것 같은]
☐ fraudulent : 사기를 치는[치기 위한]
☐ rudeness : 버릇없음, 무례함; 조잡함
☐ pretension : 허세, 가식
☐ sick bay : 병실
☐ vantage point : 좋은 위치
☐ starling : 찌르래기
☐ as a matter of fact : 사실은
☐ hound : 따라다니며 괴롭히다
☐ reluctantly : 마지못해
☐ rumple : 헝클다

나는 여기 침대 끝에서 찌르래기를 보면서 두 번째와 세 번째 거리 사이에 위치한 마을 동쪽에 있는 내 개인 병실에 누워있다. 민주당원 3명이 나와 함께 침대에 누워 있다: 그들은 Harry Truman(*Times*의 오래된 사본에 있는)과 Adlai Stevenson(*Harper's*에 있는), Dean Acheson(*A Democrat Looks at His Party*라는 책에 있는)이다. 나는 닥스훈트가 없어서 민주당원들을 데리고 잠자리에 들지만, 사실 지금 같은 때에는 나는 끊임없이 지속적으로 나를 따라다니던, 이미 오래 전에 죽은 Fred의 유령이 나를 찾아올 것이라는 걸 확신한다. 살아있을 때 Fred는 항상 병자를 간호했는데, 음탕한 늙은 내과 의사처럼 곧장 환자의 침상에 올라가서 나쁜 상황을 더 악화시키곤 했다. 어두운 오늘 아침 내내 나는 마지못해 그를 떠올리고는 구겨진 담요 위로 숨 막힐 것 같은 그의 무게를 느끼면서 그의 엉터리 보고를 들었다. 그는 생전에는 불편한 잠자리 동료였으며, 상황은 죽어서도 별로 나아지지 않았다. 내가 그의 무례한 천성과 허세를 참고 있었던 이유를 생각하면 내 마음 속에는 여전히 궁금증이 밀려온다.

18 핵심 파악 - 주제   정답 ⑤

다섯 번째 문장에서 'Failure has its merits.(실패에는 장점이 있다.)' 라고 하고 마지막 문장에서 'This means seeking not only to reduce the probability of financial distress but also to increase the probability that the real economy remains insulated from it. (이것은 재정적으로 곤란해질 가능성을 줄이는 방법뿐만 아니라, 실물경제가 그것으로부터 격리될 가능성을 늘이는 방법을 찾는 것을 의미한다.)' 라고 했으므로, 지문의 주제는 ⑤ '곤란에 견딜 수 있는 경제 시스템 개혁하기'가 적절하다.

오답 분석

① 통계를 바탕으로 한 경제 정책 입안하기
② 특이한 사건들을 바탕으로 경제를 건설하기
③ 사람들의 요구를 기업보다 우선시하기
④ 경제 시스템에서 잠재적인 문제 예측하기

☐ inherent : 내재하는
☐ fragility : 부서지기 쉬움, 여림
☐ objective : 목적, 목표
☐ eliminate : 없애다, 제거[삭제]하다
☐ spur : 원동력[자극제]이 되다, 자극하다
☐ promote : 촉진[고취]하다
☐ efficiency : 효율(성), 능률
☐ strive : 분투하다
☐ transferring risk : 트랜스퍼 리스크(외국의 채무자가 원리금의 송금을 못하게 되는 것에 따르는 리스크)
☐ idiosyncratic : (개인에게) 특유한(peculiar); 기이한, 색다른
☐ insulate from : ~로부터 격리하다
☐ resilience : 탄력, 탄력(성)

경제 시스템에 내재하는 취약성은 더 안전하게 만들어질 수 없다는 것을 뜻하지 않는다. 많은 것들이 실행될 수 있고, 실행되어왔으며, 여전히 실행될 수 있다. 하지만 개혁을 설계할 때, 목표를 조심스럽게 선택하는 것이 중요하다. 목표가 개별 은행 또는 대형 기관들의 실패 위험을 제거하는 것이 되어서는 안 된다. 실패에는 장점이 있다. 올바른 인센티브를 창출하고, 혁신의 원동력이 되고, 효율성을 촉진하기 위해서 그것은 중요하다. 오히려 정책을 만드는 사람들은 광범위한 금융 시스템의 탄력성을 높이기 위해 노력해야 한다. 시스템이 극심한 스트레스 아래에 있을 때도, 그것은 지불, 청산, 결제 서비스 제공의 기본적인 기능을 수행할 수 있어야 한다. 다시 말하면, 정책을 만드는 사람들은 하나의 특이한 사건으로 인해 시스템 위기가 발생하지 않는 시스템 구축을 위해 노력해야 한다. 이것은 재정적으로 곤란해질 가능성을 줄이는 방법뿐만 아니라, 실물경제가 그것으로부터 격리될 가능성을 늘이는 방법을 찾는 것을 의미한다.

언어가 현대 인류의 주요한 의사소통 수단으로 진화한 후에 사람들에게는 음악을 통해서 누구와 의사소통을 할 것인가에 대한 질문이 남게 되었다. 결국, 음악은 '허밍(흥얼거리는 소리)'의 파생어인데, 그 자체가 의사소통 수단으로 진화했으므로, 의사소통 기능이 쉽사리 없어질 수 없었다. 현대 인류에게는 음악으로 생각과 느낌을 전하려는 충동이 오늘날에도 여전히 남아 있다. 이것은 어떻게 실현될 수 있을까? 말 배우기 전 아이가 아니면 다른 사람들과의 의사소통은 음악보다는 언어를 통해서 훨씬 더 효과적으로 이루어지고 있다. 하지만, 현대인의 마음속에는 이제 그들이 의사소통을 할 수 있고 해야 하는 또 다른 형태의 실체, 즉 초자연적인 존재가 있었다. 그래서 음악을 통해 소통하려는 인간의 경향은 무당이 북을 치는 행위에 의해서든 바흐의 작품을 통해서든지 간에 초자연적인 것에 초점을 맞추게 되었다.

19 핵심 파악 – 주제   정답 ③

마지막 문장에서 'So the human propensity to communicate through music came to focus on the supernatural.(그래서 음악을 통해 소통하려는 인간의 경향은 초자연적인 것에 초점을 맞추게 되었다.)라고 했으므로, 지문의 주제는 ③ '초자연적인 것과 소통하기 위한 수단으로서의 음악'이 적절하다.

오답 분석
① 초자연적인 것에 대한 우리의 견해에 미치는 음악의 영향
② 언어와 비교했을 때 음악의 기능적 다양성
④ 의사소통 수단으로서의 언어의 장점
⑤ 음악이 언어 발달에 미치는 영향

▢ evolve : 진화하다[시키다]
▢ derivative : 파생어, 파생물
▢ drop : 떨어지다[떨어뜨리다]
▢ compulsion : 강요, 충동
▢ prelinguistic : 전언어적
▢ supernatural being : 초자연적 존재
▢ propensity : 경향, 성향, 기질
▢ after all : 결국
▢ fulfill : 이행하다, 실현하다
▢ infant : 유아
▢ entity : 독립체

20 핵심 파악 – 요지   정답 ④

마지막 문장에서 'Without all three elephants marching in sync, ... the race to a zero-carbon civilization in less than twenty years will be lost.'라고 했으므로, 지문의 요지는 ④ '무탄소 세계를 위해서는 주요 구성원들 간의 협력이 필수적이다.'가 적절하다.

오답 분석
① 포스트 탄소 시대로 질주하기 전에 인구문제에 대해 고심할 필요가 있다.
② 세 마리의 코끼리 모두 동시에 행진한다면, 어떤 경쟁자도 경주에서 이길 수 없을 것이다.
③ 중국의 참여는 무배출 경제를 위한 낙관적인 신호다.
⑤ 탄소 제로 문명은 20년 안에 역효과를 보기 마련이다.

▢ roar : 고함치다, 함성[아우성]을 지르다
▢ poise : 태세를 취하다
▢ herd : 떼, 대중, 사람들
▢ zero-carbon : 탄소 제로의(탄소 배출이 없거나 탄소 상쇄가 이루어진)
▢ emission : 배출(물), 배기가스

5억 1200만 시민의 EU(유럽 연합)는 최근까지 무배출 시스템(zero-emission)의 녹색 경제로의 임무를 선도적으로 이끌었다. 14억 인구의 중화인민공화국은 불과 몇 년 전에 자국의 포스트카본 시대로의 이양 계획을 가지고 그 분야에 뛰어들었다. 그리고 3억 2,500만 인구의 미국이 이제 그 무리에 합류할 태세를 취하고 있다. 세 마리의 코끼리(세 나라)가 모두 동시에 행진해서 모범 사례를 공유하고, 공통 코드와 규정, 표준, 인센티브제를 확립하고, 함께 힘을 합쳐 남은 인류를 그 영역으로 끌어들이지 않는다면, 탄소 제로 문명으로의 경기는 20년도 안되어 사라질 것이다.

21 핵심 파악 – 요지 　　　　　　　　　정답 ①

두 번째 문장에서 'But everyday experiences show that our relationships can either foster or impede our progress.(매일의 경험들은 우리들의 관계가 우리의 발전을 촉진하거나 방해할 수 있다는 것을 보여준다.)'라고 한 후 목표를 성취하기 위해서는 배우자의 영향을 받는다는 이야기를 하고 있으므로 지문의 요지는 ① '목표 달성 가능성은 배우자에게 달려있다.'가 적절하다.

《 오답 분석 》
② 심리적 안정은 당신의 행복의 주요 지표다.
③ 현실적인 목표를 설정하는 것은 파트너의 영향을 많이 받는다.
④ 개인적인 감정은 목표를 추구하는 것과 직접 관련이 있다.
⑤ 배우자의 양심적인 태도는 성공적인 결을 이끈다.

□ treat : (특정한 태도로) 대하다[다루다/취급하다/대우하다]
□ pursuit : 추구, (원하는 것을) 좇음[찾음]
□ solitary : 혼자 하는
□ endeavor : 노력
□ foster : 조성하다, 발전시키다
□ impede : (진행을) 지연시키다[방해하다]
□ spouse : 배우자
□ shut off : (전원을) 차단하다
□ have an impact : ~에 영향을 주다
□ posit : (주장·논의의 근거로 삼기 위해 무엇을) 사실로 상정하다 [받아들이다]
□ stability : 안정, 안정성[감]
□ stable : 안정된, 안정적인
□ pursue : 추구하다

《 해석 체크체크 》

　　전통적으로, 연구는 목표 추구를 혼자의 노력으로 취급해 왔다. 하지만, 매일의 경험들은 우리들의 관계가 우리의 발전을 촉진하거나 방해할 수 있다는 것을 보여준다. 매일 아침 더 일찍 일어나고 싶다면, 밤 10시에는 침대 머리의 불을 끄는 배우자와 함께 사는 것이 좋다. 채식주의자가 되고 싶다면, 아마도 두부 대 스테이크에 대한 배우자의 취향이 영향을 미칠 것이다. 현재 연구원들이 그 영향을 조사하고 있다. Washington 대학의 연구는 매우 양심적인, 다시 말해 조직적이고 신뢰할 수 있는, 배우자와의 결혼은 미래의 직업 만족도와 좀 더 높은 수입을 예측한다는 것을 보여주었다. 독일 Cologne 대학의 Wilhelm Hofmann의 연구는 관계에 대한 만족도가 높으면 목표 추구를 위한 감정의 통제에 긍정적인 영향을 미친다는 것을 보여준다. Hofmann은 행복한 관계에서 생긴 안정감은 집중을 쉽게 한다고 상정했다. Hofmann에 의하면, "사람들의 일상이 안정되고 예측 가능하다고 느낄 때, 그들은 자신들의 목표 추구 능력을 더 잘 관리하고 있다고 느낀다."라고 했다.

22 핵심 파악 – 요지 　　　　　　　　　정답 ④

마지막에서 두 번째 문장의 하반부와 마지막 문장에서 'That windmill toll is equivalent to the work of just 150 cats.(풍차가 죽이는 새들의 수는 불과 고양이 150마리가 죽이는 새들의 수와 똑같다.)'라고 했으므로, 지문의 요지는 ④ '풍차는 야생고양이만큼 야생 조류에 위협적이지 않다.'가 적절하다.

《 오답 분석 》
① 새와 박쥐에 대한 정책은 통계에 기초해야 한다.
② 고양이 주인들은 고양이들이 야외에서 마음대로 돌아다니지 않게 하도록 권고 받는다.
③ 풍차는 환경 기준을 충족하도록 규제되어야 한다.
⑤ 야생고양이 개체 수는 생태 균형을 위해 억제되어야 한다.

□ windmill : 풍차
□ sounds like : ~처럼 들리다
□ place : (등급순위 등을 ~로) 평가하다[보다]
□ in perspective : 전체적 시야로, 긴 안목에서
□ calculate : 계산하다, 산출하다 (=work out)
□ compared to : ~와 비교하여
□ be equivalent to : ~에 해당하다[상당하다]
□ mere : 겨우, ~에 불과한
□ toll : 사상자, 희생자 수

《 해석 체크체크 》

　　미국에서 풍차가 매년 적어도 45,000마리의 새들과 박쥐들을 죽이는 것으로 추정되어왔다. 그것은 매우 많은 새와 박쥐인 것처럼 들린다. 전체적인 시야로 그 숫자를 평가하기 위해서는 주인집을 들락날락하면서 배회하는 애완고양이들이 한 마리 당 매년 평균 300마리 이상의 새들을 죽이는 것으로 측정되었다는 사실을 생각해라. 미국의 야생고양이가 대략 1억 마리라고 추정한다면, 매년 풍차에 의해 죽임을 당하는 불과 4만 5천 마리의 새와 박쥐와 비교하면, 고양이들은 적어도 매년 미국에서 최소 300억 마리의 새를 죽인다고 계산할 수 있다. 풍차가 죽이는 새들의 수는 불과 고양이 150마리가 죽이는 새들의 수와 똑같다.

23 빈칸 추론 – 어휘 　　　　　　　　　정답 ②

빈칸 다음에서 'But the concept is less than a century old.(하지만 그 개념은 한 세기도 채 안 됐고.)'라고 하면서, 'Those constraints no longer exist to the same extent.(그러한 제약조건은 더이상 같은 정도로 존재하지 않는다.)'라고 했으므로, 빈칸에는 ② unchangeable (변경할 수 없는, 불변의)이 적절하다.

① 무례한, 버릇없는
③ 미숙한, 치기 어린
④ 목전의, 임박한
⑤ 공정한

- bedrock : (튼튼한) 기반
- to the same extent : 같은 정도로
- clutch : (꽉) 움켜 잡다
- whip : 채찍
- in certain contexts : 어떤 맥락에서
- predominant : 우세한, 지배적인
- statistical : 통계적인, 통계에 근거한
- sort : 종류, 분류
- geometry : 기하학
- constraint : 제약, 제한, 통제
- reach for : 손을 뻗다

《 해석 체크체크 》

　우리는 통계 샘플링을 기하학의 원리나 중력의 법칙처럼, 모종의 변경할 수 없는 기반으로 생각하는 경향이 있다. 하지만 그 개념은 한 세기도 채 안 됐고, 그것은 특정한 순간에 특정한 기술적 제약 아래 특정 문제를 해결하기 위해 개발되었다. 그 제약 조건들은 더이상 같은 정도로 존재하지 않는다. 빅 데이터 시대에 무작위 표본에 손을 뻗는 것은 자동차 시대에 말 채찍을 움켜쥐고 있는 것과 같다. 우리는 여전히 특정한 맥락에서 샘플링을 사용할 수 있지만, 그것이 대규모 데이터 세트를 분석하는 주요 방법일 필요는 없고, 앞으로도 그럴 것이다. 우리는 점점 더 모든 것을 추구하는 것을 목표로 할 것이다.

24 빈칸 추론 - 어휘　　　　　정답 ①

빈칸 앞에서 'Intersecting with the reconfigurations of the family through adoption and divorce.(입양과 이혼을 통해 가족의 재구성과 교차하면서.)'라고 했으므로, 빈칸에는 '관습에 얽매이지 않는 이러한 생식 경로가 어머니, 아버지, 자녀, 가족의 통용되는 의미를 ① '약화시키기 시작했다'가 적절하다.

② 복사[복제]하다, 사본을 만들다
③ 요약하다
④ 굳히다[강화하다]
⑤ 간소화[단순화]하다

- fetus : 태아
- claims : 권리
- ground : 기초, 근거, 이유, 동기, 전제
- redefine : 재정립하다
- terminate a pregnancy : 임신중절하다

- associated with : ~와 관련된
- contraception : 피임
- abortion : 낙태
- vantage point : (무엇을 지켜보기에) 좋은 위치, 시점
- concern : ~에 관한[관련된] 것이다
- uncouple : (두 개의 차량 등을) 분리시키다
- biological reproduction : 생물 생식
- artificial insemination : 인공수정
- in vitro fertilization : 체외수정
- embryo implantation : 배아착상비율
- reconfiguration : 구조 변경
- unconventional : 인습[관습]에 얽매이지 않는
- reproductive : 생식[번식]의
- pathway : 경로

《 해석 체크체크 》

　인간 태아는 최근까지 대체로 보이지 않고 목소리도 없는 사회 구성원이었다. 지난 수십 년간 기술적인 혁신은 태아에게 더 큰 물리적 현실과 합법적인 권리를 부여했지만 반면에 그것과 동시에 여성들에게는 임신 예방, 재정립, 심지어 임신 중절에 대한 많은 이유를 제공했다. 피임과 낙태와 관련하여 확장된 기술적 선택권을 둘러싼 갈등은 이러한 쟁점에 대해 생각해 볼만한 시점을 제공한다. 또 다른 일련의 분쟁은 사회적 양육에서 시작하여 인공수정과 체외수정, 배아착상비율 같은 기술적인 수단에 이르는 생물 번식을 점진적으로 분리하는 것에 관한 것이다. 입양과 이혼을 통해 가족의 재구성과 교차하면서, 이러한 관습에 얽매이지 않는 생식 경로는 '어머니, 아버지, 자녀, 가족'에 대한 통념을 약화시키기 시작했다.

25 빈칸 추론 - 구/절　　　　　정답 ①

빈칸 다음 문장에서 'Your knee may twitch if hit in the right place by a doctor's rubber mallet, but no one would consider this reflex to be a choice.(의사가 고무망치로 무릎의 정확한 위치를 건드리면, 무릎이 씰룩거릴 것이지만, 누구도 이러한 반사 작용을 선택하지는 않는다)'라고 했으므로, 빈칸에는 ① '감각 정보에 반응하기'가 적절하다.

② 최고의 욕망에 굴복하기
③ 가장 유익한 것을 고르기
④ 즉각적인 만족을 찾기
⑤ 타고난 본능을 억누르기

- satiation : 포만감
- twitch : 씰룩거림, 경련
- rubber mallet : 고무망치
- reflex : 반사 작용[운동], 반사적인 반응[동작]
- vital : 필수적인

우리가 거울을 들여다볼 때, 우리는 선택에 필요한 몇 가지 '도구'를 본다. 눈과 코, 귀, 입은 환경으로부터 정보를 수집하는 반면에 팔과 다리는 우리가 행동에 옮길 수 있도록 한다. 우리는 굶주림과 포만감, 안전함과 취약성, 심지어 삶과 죽음 사이에서 효과적으로 협상하기 위해 이러한 능력들에 의존한다. 하지만 우리의 선택 능력은 단순히 <u>감각 정보에 반응하는 것</u> 이상을 포함한다. 의사가 고무망치로 무릎의 정확한 위치를 건드리면, 무릎이 씰룩거릴 것이지만, 누구도 이러한 반사 작용을 선택하지는 않는다. 진정한 선택을 할 수 있으려면, 우리는 모든 이용 가능한 옵션들을 평가하고 마음을 육체만큼이나 선택에 필수적인 것으로 만드는 최상의 것을 골라야 한다.

26 빈칸 추론 – 구/절   정답 ②

첫 번째 문장에서 'There is no question that starting a business is easier when you are younger.(여러분이 젊을 때는 창업이 쉽다는 것에는 의심의 여지가 없다.)'라고 했지만, 'Still, start-ups in some industries, such as biotech and business software, gain an edge from the experience that comes with a founder's age.(여전히, 생명공학과 비즈니스 소프트웨어 같은 일부 업종에서의 스타트업 기업은 창업자의 나이에서 오는 경험이 우세하다.)'라고 했다. 또한 빈칸 앞 조건절에서 'if you have the financial resources, the right network and, most important, a great idea.(그것은 여러분이 재정적인 자원과 올바른 네트워크, 가장 중요한 대단한 아이디어를 갖고 있다면.)'라고 했으므로, 문맥상 빈칸에는 ② '나이는 단지 숫자에 불과하다'가 적절하다.

오답 분석

① 내면의 성공이 보상이다.
③ 모든 것은 당신이 아는 사람에게 귀결된다.
④ 퍼즐의 마지막 조각은 자본이다.
⑤ 젊음은 언제나 승리할 수 있는 길을 찾을 것이다.

☐ venture : 벤처 (사업), (사업상의) 모험
☐ gush about : ~에 대해 마구 쏟아 내다[표현하다]
☐ obstacle : 장애물
☐ hurdle : ~을 뛰어넘다
☐ gain an edge : 남보다 낫다, 우세하다
☐ tech entrepreneur : 기술기업가
☐ It goes to show that : ~라는 것을 보여 주다
☐ financial resources : 재원
☐ pour : 붓다, 쏟아지다
☐ venture capitalist : 위험투자가, 벤처투자가
☐ entrepreneur : 사업가, 기업가

여러분이 젊을 때는 창업이 쉽다는 것에는 의심의 여지가 없다. 업무와 무관한 것에 대한 책임이 적을수록, 새로운 사업에 여러분의 피와 땀, 눈물을 쏟을 가능성이 더 많아진다. 하지만 그것은 여러분이 단지 젊기 때문에 새로운 회사를 시작하기 위해 학교 또는 직장을 떠나야 한다는 것을 뜻하는 것은 아니다. 벤처 투자자들은 종종 신선한 고기를 선호한다. 실리콘밸리에서 가장 큰 벤처 기업 중 하나인 Sequoia Capital의 Michel Moritz는 20대 중후반의 기업가들에 대해 떠들어대면서 "그들이 뛰어넘을 수 없는 경계, 한계, 장애물은 없다."라고 했다. 여전히, 생명공학과 비즈니스 소프트웨어 같은 일부 업종에서의 스타트업 기업은 창업자의 나이에서 오는 경험이 우세하다. 한 기술 기업가의 연구에 따르면, 이 분야와 다른 고도 성장 산업에서 성공한 스타트업 창업자의 평균 연령은 40세였다. 그것은 여러분이 재정적인 자원과 올바른 네트워크, 가장 중요한 대단한 아이디어를 갖고 있다면, <u>나이는 숫자에 불과하다는</u> 것을 보여준다.

27 빈칸 추론 – 구/절   정답 ①

빈칸 다음에서 'Overnight, the mysterious rays became popular icons constantly encountered in advertisements, prose, songs, and cartoons.(하룻밤 사이에, 그 신비로운 광선은 광고와 산문, 노래, 만화에 쉴 새 없이 나오는 대중적인 아이콘이 되었다.)'라고 했으므로 빈칸에는 ① '대중문화도 동일하게 그것에 마음을 빼앗겼다.'가 적절하다.

오답 분석

② 광고주와 정치인들이 전례를 따랐다.
③ 이 발견은 많은 사람들의 도전을 받았다.
④ 금융권은 당황했다.
⑤ 대중적 열풍을 반영하는 경우는 드물다.

☐ unrefractable : 굴절시킬 수 없는
☐ electromagnetic : 전자기장
☐ befuddle : 정신을 잃게 하다, 어리둥절하게 하다
☐ precipitate : (갑자기 어떤 상태로) 치닫게 하다[몰아넣다]
☐ feverish : 몹시 흥분한, 과열된
☐ implication : 영향[결과]
☐ long-standing : 오래된
☐ mesmerize : 최면을 걸듯 마음을 사로잡다, 완전 넋을 빼놓다
☐ intoxicating : 도취시키는, 취하게 만드는
☐ penetrate : 관통하다, 침투하다
☐ flesh : 피부, 살점
☐ prose : 산문

해석 체크체크

Wurzburg의 Bavarian 대학의 Wilhelm Roentgen 교수가 1895년 12월 최초로 엑스선의 발견을 공표했다. 전자기장과 무관한 굴절되지 않는 새로운 종류의 광선의 개념은 과학계를 혼란에 빠뜨렸으며, 빛과 물질에 대한 오래된 이론들의 본성과 그 결과에 대한 연구가 과열로 치닫게 했다. 대중문화도 동일하게 그것에 마음을 빼앗겼다. 유리처럼 쉽게 살에 침투해서 골격을 사진 이미지를 만들 수 있는 '어두운 광선' 개념은 사람들을 취하게 할 만큼 강렬했다. 하룻밤 사이에, 그 신비로운 광선은 광고와 산문, 노래, 만화에 쉴 새 없이 나오는 대중적인 아이콘이 되었다. 1896년에만 그 주제에 대한 기사가 천 편이 넘게 나왔고, 책도 50권 출판되었다.

---

28 빈칸 추론 − 구/절　　　　　정답 ⑤

지문의 마지막에서 마피아 보스의 영화 속 대사를 예로 들어, 말 자체는 협박이 아니더라도 그 말을 듣는 사람이 부정적인 결과를 예측할 수 있다면 협박이 성립된다고 했으므로, 문맥상 빈칸에는 ⑤ '수신인에 대한 부정적인 결과'가 적절하다.

오답 분석

① 수족관으로의 정중한 초대
② 향후 조치에 대한 명시적 철회
③ 현재 상태의 유지
④ 협력에 대한 무언의 합의

□ effectual : 효과적인, 효험이 있는
□ frame : (거짓 증거로) 죄[누명]를 뒤집어씌우다
□ utterer : 발언자
□ addressee : 수신인
□ forcecasting : 예측
□ explicitly : 명쾌하게, 명백하게
□ imminent : 금방이라도 닥칠 듯한, 목전의, 임박한
□ doom : 죽음, 파멸
□ chilling : 으스스한, 소름끼치는

해석 체크체크

협박이 실효성을 거두려면 그 발언자는 그것을 실행할 수단을 가지고 있어야 하며, 수신인이 발언의 촉구가 없을 경우와 다르게 행동하기를 원한다. 발언자가 목표 대상에 의해 그러한 권력을 가진 것으로 여겨지면, 수신인에 대해 부정적인 결과를 예측하는 발언은, 비록 그것이 분명하게 발언자의 행동과 관련 있다고 여겨지지 않더라도, 타당하게 협박으로 이해될 수 있다. 이것이 우리가 노골적으로 위협을 담고 있지 않은 발언에 의미를 부여하는 방식이다. 예를 들어, 마피아의 보스가 영화에서 "오늘 밤 너는 물고기들과 함께 잘 거야."라고 말한다면, 그 말은 수족관이 있는 보스의 방에서 함께 자는 초대가 아니라, 다가오는 죽음을 알리는 소름끼치는 메시지인 것이다.

---

29 빈칸 추론 − 구/절　　　　　정답 ③

빈칸 다음에서 'People who live in colder climates tend to have larger brains, and Neanderthals lived in Eurasia during a cold period. Neanderthal skeletal bones also show that they were massive.(좀 더 추운 곳에 사는 사람들은 뇌 크기가 더 큰 경향이 있는데, 네안데르탈인들은 추운 시대에 유라시아에 살았다. 네안데르탈인의 골격 역시 그들이 거대했다는 것을 나타낸다.)'라고 했으므로, 빈칸에는 ③ '근골의 건장함과 기상 조건과도 관련 있다'가 적절하다.

오답 분석

① 필연적으로 지능과 체중을 결정한다
② 근육 손실과 영양실조에 대한 보상이다
④ 서식지와 주변 환경을 가리킨다
⑤ 오래 전부터 인류의 지능을 담는 용기로 유명하다

□ muscularity : 근골의 건장함, 강장(强壯), 강건
□ climatic condition : 기상조건
□ stocky : (체격이) 다부진
□ be correlated with : (밀접한) 연관성이 있다
□ neuroanatomist : 신경해부학자
□ measurement : 측정, 측량
□ independent of : 구애받지 않고
□ specimen : 견본, 표본, 샘플
□ clever : 영리한, 똑똑한
□ skeleton : 뼈대, 골격

해석 체크체크

네안데르탈인의 뇌 용량은 1,200~1,750cc 정도로, 현대 호모 사피엔스의 초기 및 현재 표본의 뇌 용량(1,200~1,700cc)과 거의 동일하다. 이 사실은 그들이 현재 인류처럼 영리했다는 것을 뜻하지는 않는데, 그 이유는 뇌 크기는 근골의 건장함과 기상 조건과도 관련 있기 때문이다. 좀 더 추운 곳에 사는 사람들은 뇌 크기가 더 큰 경향이 있는데, 네안데르탈인들은 추운 시대에 유라시아에 살았다. 네안데르탈인의 골격은 또한 그들이 거대했다는 것을 나타낸다. 그들은 단신에 다부진 체격이었으며, 남자들은 몸무게가 대략 145파운드에 신장은 5피트 7인치 미만이었다. 뇌 용량은 또한 밀접하게 연관되어 있는 종 안에서 더 무거운 근육과 체중과 상관관계가 있다. 독일의 신경 해부학자인 Heinz Stephan은 과거 40년간 여러 종족에서 그들 신체의 다양한 부분들과 뇌 크기에 대해 연구해 왔다. 그의 자세한 치수는 근육이 크면 클수록 지능에 상관없이 뇌 크기도 크다는 사실을 보여준다.

30 빈칸 추론 - 구/절 정답 ①

빈칸 다음에서 사람들이 재택근무로 업무를 처리하고 급여도 은행 계좌에 바로 입금되고, 은행 업무 또한 창구 직원을 통하지 않고 기계를 통해 처리되며, 심지어는 대출 승인이나 거절도 컴퓨터 프로그램에 따라 결정된다는 내용이 이어지고 있으므로, 빈칸에는 ① '기술이 우리를 고립시키고 있다'가 적절하다.

오답 분석

② 직원들이 과로하고 있다
③ 인공지능은 인간에게 혜택을 준다
④ 재정을 관리하는 것이 최우선이다
⑤ 인적 자원이 고르게 할당되었다

☐ impersonal : 특정 개인과 상관없는, 개인적인 것이 개입되지 않은
☐ credit : (A에) (B를) 입금하다
☐ eliminate : 없애다, 제거[삭제]하다
☐ paycheck : 급료 지불 수표
☐ bank loan : 은행 대출
☐ loan officer : 대출 담당 직원

해석 체크체크

비즈니스 세계는 <u>기술이 우리를 고립시키고 있는</u> 한 영역이다. 많은 사람들은 현재 집에서 홀로 일한다(재택근무를 한다는 뜻). 비서, 보험대리인, 회계사 같은 고용인들은 대형 중앙 컴퓨터에 액세스해서 자신들의 집에 있는 컴퓨터 단말기에서 그들의 업무를 처리한다. 그들은 더 이상 자신들이 상대하는 사람들을 실제로 볼 필요가 없다. 게다가, 그들은 종종 비대면 방식으로 급여를 받는다. 근로자들의 급여는 급료 지불 수표의 필요 없이, 자동적으로 그들의 은행 계좌에 입금된다. 급료를 지불받거나 수표를 현금으로 바꾸기 위해 동료들과 줄 서서 기다리는 경우는 거의 없다. 결국, 개인 은행 업무는 분리된 과정이 되고 있다. 고객들은 자신들의 계좌에 입금하거나 인출할 때 사람들과 대면하기보다 기계를 통해서 한다. 심지어 일부 은행 대출은 대출담당 직원과의 인터뷰가 아닌, 컴퓨터 프로그램에 의해서 승인되거나 거부된다.

31 빈칸 추론 - 연결어 정답 ②

(A) 앞의 문장은 'Biologists assume that the brain somehow produces the mind, and that biochemical reactions in billions of neurons somehow produce experiences such as pain and love.(생물학자들은 뇌는 어떻게든 정신을 만들어 내고, 수십억 개에 달하는 뉴런의 생화학 물질 반응들이 고통과 사랑 같은 경험들을 생산해 내고 추정했다.)'라고 했고, (A) 뒤의 문장은 'so far we have absolutely no explanation for how the mind emerges from the brain.(지금까지는 뇌에서 마음이 어떻게 나오는가에 대해서는 전혀 아무런 설명도 없다.)'이라고 했으므로 (A)의 앞문장과 뒤문장은 반대의 내용이다. 따라서, 빈칸 (A)에는 ② '그러나'가 적절하다.

(B) 앞의 문장에 'We haven't got a clue.(그것에 대한 단서는 없다.)'라고 했으므로 빈칸 (B)에는 ② '이런 이유로'가 적절하다.

☐ biochemical : 생화학 물질
☐ subjective : 주관적인
☐ somehow : 어떻게든, 왜 그런지 (모르겠지만), 왠지
☐ absolutely : 전혀
☐ emerge from : ~에서 벗어나다, 나오다
☐ how come : 어째서, 왜
☐ fire electrical signals : 전기신호를 발포하다
☐ Hence : 이런 이유로
☐ undertaking : (중요한·힘든) 일[프로젝트]

해석 체크체크

과학자들을 비롯한 많은 사람들은 정신과 뇌를 혼동하는 경향이 있지만, 그것들은 실제로 매우 다르다. 뇌는 뉴런과 시냅스, 생화학 물질의 물질적인 네트워크이다. 정신은 고통과 쾌락, 분노, 사랑 같은 주관적인 경험의 흐름이다. 생물학자들은 뇌는 어떻게든 정신을 만들어 내고, 수십억 개에 달하는 뉴런의 생화학 물질 반응들이 고통과 사랑 같은 경험들을 생산하는 것이라고 추정했다. (A) <u>그러나</u>, 지금까지는 뇌에서 마음이 어떻게 나오는가에 대해서는 전혀 아무런 설명도 없다. 왜 특정한 패턴의 수많은 뉴런이 전기 신호를 보낼 때, 고통을 느끼고, 뉴런이 다른 패턴으로 신호를 보낼 때, 사랑을 느낄까? 그것에 대한 단서는 없다. (B) <u>이런 이유로</u> 정말로 뇌에서 정신이 나온다고 해도, 적어도 지금까지는 정신에 대한 연구는 뇌 연구와는 다른 과제다.

32 논리 추론 - 무관한 문장 정답 ②

지문은 첫 문장에서 'The Internet of Things (IoT) can revolutionize the business and consumer landscape by bridging digital and material worlds.(사물인터넷(IoT)은 디지털 세계와 물질세계에 다리를 놓음으로써 비즈니스와 소비자 환경을 혁신시킬 수 있다.)'라고 말한 후, 사물 인터넷 사용으로 인한 이윤을 제시하고 있으므로, ② '그러나 많은 회사들이 그들의 사물인터넷에 동원될 수 있는 5G 브로드밴드 연결을 갖춘 인프라를 갖추고 있지 않다.'는 글의 전체적인 흐름과 관계없는 문장이다.

☐ Internet of Things(IoT) : 사물인터넷(사물을 인터넷으로 연결하여 정보를 주고받는 기술 및 이러한 기술을 활용한 서비스)
☐ revolutionize : 혁신을 일으키다
☐ bridge : 다리를 놓다[형성하다]
☐ reliant on : ~에 의지하는
☐ stand to benefit : 덕을 보다
☐ infrastructure : 사회기반시설
☐ mobilize : (물자·수단 등을) 동원하다
☐ bring to : ~로 이끌다
☐ optimize : ~을 최대한 적합하게 만들다

□ occupancy : 사용, 점거
□ generate : 발생시키다, 만들어 내다
□ revenue : 수익
□ acoustic : 음향의, 청각의
□ offshore : 앞바다의, 연안의
□ oilfield : 유전, 석유생산지역
□ maximize : 극대화하다
□ output : 생산량, 산출량

◀ 해석 체크체크 ▶

사물인터넷(IoT)은 디지털 세계와 물질세계에 다리를 놓음으로써 비즈니스와 소비자 환경을 혁신시킬 수 있다. ① 이전에는 인터넷과 연결되지 않았던, 생산, 운송 혹은 상품 판매에 의존하는 산업이 이익을 얻는다. (② 그러나, 많은 회사들이 그들의 사물인터넷에 동원될 수 있는 5G 브로드밴드 연결을 갖춘 인프라를 갖추고 있지 않다.) ③ 사물인터넷의 구체적인 혜택은 기술이 어떻게 사용되는가에 달렸다. ④ 예를 들어 센서는 사용 수준에 근거하여 빛과 열을 최대한 적절하게 활용함으로로써 폐기물을 줄이는 데 사용될 수 있고, 운송 중 온도를 모니터함으로써 제품의 변질을 줄일 수 있다. ⑤ 또한 사물인터넷은 파이프라인을 통해 활동을 분석하여 출력을 극대화하고 새로운 자원 풀의 식별을 돕는 음향 해상 유전 센서처럼 수익을 창출하고 생산성을 높일 수 있다.

33 논리 추론 – 무관한 문장   정답 ③

첫 문장에서 20세기 초가 되어서야 금지 마약 사용을 범죄로 인식하기 시작했으며, 이전에는 현재 '중독성 마약'으로 분류되는 코카인이나 대마초가 의약품 또는 각성제 성분에 사용되기도 했고, 1937년에 아편제 판매 및 보유를 금지하는 Harrison 법이 제정되고 나서 오늘날 우리들의 마약에 대한 견해가 확립되었다고 마무리 짓고 있다. 따라서 ③ '지난 40년간 법 집행기관이 적극적으로 특정 약물을 제거하는 방안을 모색해야 한다는 사상에 기초한 "마약 전쟁"을 목격했다.'는 지문의 전체 흐름과 관계없는 문장이다.

□ criminology : 범죄학, 형사학
□ criminalization : 법률로 금하기, 유죄로 하기
□ construe : ~을 이해하다
□ array : 집합체
□ substance : 물질
□ arguably : 주장하건대, 거의 틀림없이
□ hard drug : 중독성 마약
□ food additives : 식품첨가물
□ live up to : (기대 등)에 부응하다
□ jingle : (라디오 텔레비전의) 시엠송
□ stimulating ingredient : 각성제 성분
□ effectively : 실질적으로, 사실상
□ opiates : 아편제
□ legislation : 법률의 제정, 입법 행위

◀ 해석 체크체크 ▶

일반 시민들뿐만 아니라, 범죄학과 학생들도 종종 마약의 범죄화가 20세기 미국의 창작품이라는 사실을 알지 못한다. 좀 더 이전에는, 오늘날 우리가 '마약'으로 이해하고 있는 것들은 거의 틀림없이 건강을 해칠(또는 증진시킬) 가능성이 있는 다른 물질들의 거대한 물질들과 다르게 다루어지지 않았다. ① 현재 우리가 "중독성 마약"으로 여기는 것은 한때는 의약품이나 심지어 식품 첨가물로도 쉽게 구할 수 있었다. ② 코카콜라는 한때 후에 카페인으로 대체된 코카인을 각성제 성분에 포함시킴으로써 그것을 "진짜"라고 더빙하는 광고 시엠송에 부응했다. (③ 지난 40년간 법 집행기관이 적극적으로 특정 약물을 제거해야 한다는 사상에 기초한 "마약 전쟁"을 목격했다.) ④ 마약에 대한 현재의 우리 견해는 1914년 의회가 아편제 판매 및 보유를 사실상 불법화하는 Harrison 법을 통과시켰을 때 시작되었다. ⑤ 대마초 흡연 처벌에 대한 입법행위는 1930년까지 16개 주에서, 1937년까지는 모든 주에서 시행되었다.

34 논리 추론 – 문장 삽입   정답 ④

지문은 주변 환경의 색에 따라 몸 색깔을 바꾸는 회색가지나방의 위장술을 설명하고 있는데, 첫 번째 실험에서는 나방 유충을 각각 다른 색깔의 막대기와 함께 상자에 넣었을 때 일정 시간이 지난 후 상자 속 막대기 색깔에 맞춰 몸 색깔이 바뀌었다고 했고, 두번째 실험에서는 한 상자 안에 두 개의 다른 막대기를 넣고 그 안에 나방 유충을 넣었을 때 나방 유충이 자신의 몸 색깔과 흡사한 막대기에 머물렀다는 결과를 설명하고 있다. 주어진 문장은 첫 번째 실험에 대한 결과를 말하는 내용이므로 ④에 들어가는 게 적절하다.

□ Peppered moth : 회색가지나방
□ camouflage : 위장
□ larva : 유충, 애벌레(복수형 larvae)
□ obscure : 보기 어렵게 하다
□ blend into : ~와 뒤섞이다
□ larval stage : 유충기
□ dermal : 피부의
□ photoreception : 광선 감수성

◀ 해석 체크체크 ▶

회색가지나방은 위장술의 달인이다. 유충 단계에서, 그들은 피부색을 그들의 정착지와 구별하기 어렵게 바꿀 수 있는데, 심지어 주변 환경을 보지 않고도 가능하다고 새로운 연구가 발견했다. 300마리 이상 회색가지나방의 유충들을 기른 후에, 영국 연구원들은 검정색 페인트로 그들 중 일부의 시야를 가렸다. 유충들을 흰색, 녹색, 갈색, 또는 검은 막대기가 들어있는 상자 안에 넣고, 적응할 시간을 주었다. <u>연구원들이 상자를 열었을 때, 애벌레들이 눈이 보이거나 안 보이거나 간에, 거의 모든 애벌레들이 상자 안 막대기의 색에 맞춰서 몸 색깔을 바꾼 것을 발견했다.</u> 그리고 나서 연구원들이 애벌레들을 두 개의 다른 색깔의

막대기를 넣은 새로운 상자에 옮겨 넣었더니, 대략 80퍼센트의 유충들이 자신들의 몸 색깔과 맞는 막대기에 남는 것을 선택했다. 연구원들은 그들의 발견은 회색가지나방의 애벌레들이 피부에 광선 감수성을 소유하고 있다는 강력한 증거를 제공한다고 한다고 말했다.

(B) 콘크리트 고속도로가 미국의 광활한 지역에 걸쳐 펼쳐졌으며, 세계 역사상 가장 큰 공공사업인 미국 주간 고속도로 시스템의 절정을 이루어 해안에서 해안까지 매끄럽게 이어지는 도로 시스템 구축했다. 주간 고속도로는 수백만 가구들이 도시에서, 고속도로 출구에서 튀어나온, 최근 형성된 교외 지역으로 대규모 이동하는 자극제가 되었다.

35 논리 추론 – 글의 순서 정답 ①

주어진 글은 미국의 도시와 시골에 전기가 공급되어 자동차 대량 생산을 하는 계기가 되었다는 내용이므로, (A)에서 전기 덕분에 미국의 자동차 대량생산이 가능하게 되었으며, 사회의 시공간적 변화를 이끌어 냈으며, (C)에서는 그에 따른 구체적인 변화의 예를 열거하고, (B)에서 그 결과 오늘날 미국의 주간 고속도로 시스템이 완성되어 수백만 가구가 도시에서 교외로 이동했다는 내용으로 마무리하고 있다.

□ kingpin : 중심(인물)
□ make way for : 길을 열어 주다
□ temporal : 시간의, 시간의 제약을 받는
□ buggy : 마차
□ follow suit : 방금 남이 한 대로 따라하다, 전례를 따르다
□ alter : 달라지다; 바꾸다, 고치다
□ orientation : 성향, 방향성
□ nascent : 초기의
□ rev up : 활성화되다, 힘이 붙다, 활기 띠다
□ culminating : 절정에 달하는
□ seamless : 아주 매끄러운, 천의무봉의
□ popping up off : 불쑥 나타난
□ interstate : 주와 주 사이의, 주간의, 주간 고속도로
□ impetus : 자극(제)
□ exodus : 탈출, 이동

◁ 해석 체크체크 ▷

미국의 도시 지역은 1900년대와 1929년 대공황의 시작 사이에 전기화되었으며, 미국의 시골 지역은 1936년과 1949년 사이에 그 뒤를 이었다. 공장의 전기화는 자동차 생산을 중심으로 하여 대량 생산품 시대의 길을 열어주었다.

(A) 전기가 없었다면, Henry Ford는 노동자들에게 일을 가져다주고 공장에서 수백만 미국인들이 사용하기에 충분한 자동차를 생산하기 위해 사용 가능한 전기 동력 기구를 가지지 못했을 것이다. 가솔린 모델 T 자동차의 대량 생산은 사회의 시간적 공간적 경향을 변화시켰다.

(C) 수백만 명의 사람들이 말과 마차를 자동차와 거래하기 시작했다. 늘어나는 연료 수요를 충족시키기 위해, 초기의 석유 산업은 탐사 및 시추에 박차를 가했으며, 전국에 송유관을 건설하고 조립 라인에서 나오는 수백만 대의 자동차에 연료를 공급하기 위해 주유소를 수천 개 세웠다.

36 논리 추론 – 글의 순서 정답 ⑤

주어진 글에서 감정이 사람들 사이에 일으키는 영향에 대해서 설명하고 있으므로, (C)에서 감정이 적절한지 아닌지는 맥락과 관련 있다고 말하고 있으며, (B)에서 적절한 감정표현은 메시지와 맞아떨어지며, 사람에 따라서 감정을 언어로 표현하기도 하며, 목소리 톤으로 표현하기도 한다고 설명한다. (A)에서 감정표현이 사람들과의 관계를 용이하게도 하고 어렵게 하기도 하며, 감정표현의 영향을 이해하는 것은 심리치료의 핵심이라고 마무리 짓고 있다.

□ display : 드러내다
□ congruent : 알맞은, 적절한
□ incongruent : 맞지않는, 적합하지 않는
□ fit with : 조응하다
□ be referred to as : ~로 불리다
□ lead to problems : 문제가 생기다
□ facilitate : 용이하게 하다
□ derail : 탈선하다[시키다]
□ psychotherapy : 심리치료

◁ 해석 체크체크 ▷

자신의 감정이 다른 사람들의 생활에 어떤 영향을 미치는지 누구나 다 알고 있지는 않다. 심지어 감정이 적절할 때에도, 그 강렬함은 문제로 이어질 수 있다. 물론 어떤 감정은 부적절하다.

(C) 감정이 적절한지 아닌지는 관련된 사람들뿐만 아니라, 그것이 표현되는 맥락과 관련 있다. 감정은 또한 적절하거나 적절하지 않거나 둘 중 하나일 것이다.

(B) 감정이 적절한 경우, 그 감정은 전달되는 메시지와 맞아떨어진다. 어떤 사람들은 하나의 감정은 그들의 단어로 나타내고, 다른 감정은 목소리로 나타낼 수도 있다. 때때로 이것은 언어적 행동과 비언어적 행동의 차이점이라고 일컬어진다.

(A) 그런 메시지들은 그런 감정의 수신인을 혼란스럽게 하는 경향이 있고, 문제로 이어질 수 있다. 사람들이 감정을 표현할 때, 그들은 관계를 용이하게 하거나 탈선시킬 수 있다. 감정표현의 영향을 이해하는 것은 심리치료의 핵심이다.

37~38

- □ chores : 잡일, 허드렛일
- □ hold back : 저지하다
- □ velvety : 부드러운
- □ pitch in : 협력하다
- □ call somebody up : ~에게 전화를 걸다, 요청하다
- □ breaded : 빵가루를 묻힌
- □ grin from ear to ear : 입을 쩍 벌리고 싱글싱글 웃다
- □ cut up : 소란을 부리다

해석 체크체크

어느 날 아침, 내가 일어나 보니 기온은 거의 5도였으며 바람이 세차게 불고 있었다. 아빠와 다른 카우보이들은 그들의 일을 하러 갔지만, 엄마는 날 저지했다. "너랑 나는 오늘 초콜릿 케이크를 만들까?"라고 엄마가 말했다.

엄마는 내게 필요한 재료를 말하고 그릇에 밀가루와 설탕을 스푼으로 넣기 시작했다. "얼마나 필요한지 어떻게 알아요?" 내가 물었다. 나는 엄마가 요리할 때 레시피 보는 걸 보지 못했다.

"적절한 균형을 찾는 거야. 처음에는 실수하지만, 그러면서 배우는 거지." 엄마가 말했다.

곧 집안은 풍부하고 부드러운 초콜릿의 달콤한 향기로 가득 차게 되었다. 오븐에서 나오는 열기가 따뜻하고 안락했다.

"다음엔 뭘 할지 알지?" 엄마가 내게 물었다.

"먹어요!" 내가 말했다.

엄마는 웃었다. "먼저 깨끗이 치우고 나서." 엄마는 싱크대를 뜨거운 비눗물로 채우면서 말했다. 흠, 심지어 재미있는 일도 힘든 일이 필요하군. "요리의 기쁨은 먹는 데 있는 게 아니야. 사람들의 얼굴에서 미소를 보는 거란다."

나는 몇 살 더 나이가 들 때까지 미소가 어떻게 초콜릿 케이크 한 조각을 이길 수 있는지 몰랐다. 난 15살이었고, 나는 아빠, 형과 함께 친구의 목장에서 이웃에게 요청 온 연간 행사를 힘을 합쳐 일하고 있었다. 한낮쯤, 나는 얼굴에 땀을 흘리는 노인이 말하는 걸 들었다. "오늘은 봉급을 잘 받는 게 좋겠어." 와우, 현찰로 받겠구나. 나는 생각했다. 그리고 나서 나는 차들이 진입로를 따라 꼬리를 물고 내려오고, 사람들이 프라이드 치킨과 빵가루를 묻힌 폭찹, 샐러드, 케이크와 파이 접시를 들고 오는 걸 쳐다보았다. 카우보이들은 입을 크게 벌리고 웃고 있었다. 지금까지도 나는 그날 아침 고된 노동 후에 먹은 그 음식이 얼마나 맛있었는지 기억하고 있다. 그날 오후에 카우보이들은 웃고 떠들면서 두 배나 더 열심히 일했다. 나는 엄마가 왜 요리를 좋아하는지에 대해 말했던 것을 생각했다. 사람들에게 그토록 큰 즐거움을 줄 수 있다는 건, 음, 꽤나 특별해 보였다.

37 다문항1 – 제목　　　　　　　정답 ⑤

지문에서 엄마가 글쓴이에게 한 "The joy of cooking isn't about the eating. It's about seeing the smiles on people's faces.(요리의 기쁨은 먹는 데 있는 게 아니야. 사람들의 얼굴에서 미소를 보는 거란다.)"에서 힌트를 얻고 '마지막 문장에서 'To be able to give folks that much pleasure, well, that seemed pretty special.(사람들에게 그렇게 많은 즐거움을 줄 수 있다는 건, 음, 꽤나 특별해 보였다.)'라고 했으므로, 제목은 ⑤ '요리의 즐거움에 대한 교훈'이 적절하다.

오답 분석

① 오래된 버릇은 고치기 힘들다
② 당신이 먹은 음식이 곧 당신이다
③ 당신은 좋은 이웃인가?
④ 다양한 카우보이 요리

38 다문항1 – 세부 정보　　　　　　　정답 ④

글쓴이는 "We better get paid well today.(오늘은 봉급을 잘 받는 게 좋겠어.)"라고 한 노인의 말을 현금을 받는다는 것으로 알아들었는데, 나중에 알고 보니 풍성한 음식을 대접받았으므로, 내용과 일치하는 것은 ④ '노인이 지불로 뜻한 것은 음식이었다.'이다

오답 분석

① 엄마는 요리할 때 레시피를 충실히 따랐다.
② 엄마는 요리에서 가장 중요한 것은 맛이라고 말했다.
③ 이웃의 풍습은 매달 행해졌다.
⑤ 카우보이들은 오후에 일하는 게 즐겁지 않았다.

39~40

- □ forte : 강점
- □ outperform : 더 나은 결과를 내다, 능가하다
- □ unaugmented : 늘려지지 않은
- □ interface : 인터페이스
- □ enhancement : 상승, 향상
- □ electrode displacement : 전극 치환
- □ implant : 심다, 주입하다
- □ illustration : 실례, 사례
- □ hemorrhage : 출혈, 자산손실
- □ cognitive decline : 인지력 감퇴
- □ subthalamic nucleus : 시상하부 핵
- □ demonstration : 설명
- □ slump : 털썩 앉다, 푹 쓰러지다
- □ spring to life : 갑자기 활발해지다
- □ alleviate : 완화하다
- □ pirouette : 피루엣(특히 발레에서 한쪽 발로 서서 빠르게 도는 것)

□ neurosurgery : (특히 두뇌에 대한) 신경외과 수술
□ functionality : 기능성

다이렉트 뇌-컴퓨터 인터페이스(BCI), 특히 뇌 임플란트 기술은 인류에게 디지털 컴퓨팅 강점을 탐사할 수 있게 했다고 제안되기도 한다. 디지털 컴퓨팅 포티스는 완벽한 리콜과 신속하고 정확한 산술 계산, 고밀도 데이터 전송을 뜻하는데, 그 결과 용량이 더 이상 늘려지지 않는 인간의 뇌를 획기적으로 능가할 수 있게 한 하이브리드 시스템이 가능하게 되었다. 그러나 인간의 두뇌와 컴퓨터 사이의 직접적인 연결 가능성이 입증되었음에도 불구하고, 이런 인터페이스가 곧 기능이 향상되어 널리 사용될 것 같지는 않다.

우선, 뇌에 전극을 이식할 경우, 감염과 전극치환, 출혈, 인지력 감퇴를 포함한 의학적인 합병증 위험이 크다. 아마 현재까지 뇌 자극을 통해 얻을 수 있는 효과의 가장 생생한 예시는 파킨슨병 환자 치료일 것이다. 파킨슨병 환자의 임플란트는 비교적 간단하다 : 그것은 실제로 뇌와 반응을 주고받지 않고, 단순히 자극적인 전류를 시상하부 핵에 공급한다. 설명 영상은 파킨슨병에 의해 완전히 움직이지 못하여 마비된 상태로 의자에 푹 쓰러져있다가 전류 스위치가 켜지자 갑자기 활발해지는 환자의 모습을 보여준다 : 이제 대상자는 팔을 움직이고, 일어나서 방을 가로질러 걷고 돌아서서 발레의 피루엣 동작을 선보인다. 하지만 심지어 굉장히 단순하고 거의 기적에 가까울 정도로 성공적인 이 과정의 이면에는 부정적인 면이 숨어 있다. 심층 뇌에 뇌 임플란트 시술을 받은 파킨슨 환자에 대한 한 연구에 따르면, 시술 결과 언어 통제력과 비교해서 언어 유창성과 선택적 주의력, 색깔 이름 지정, 언어적 기억이 감소한다는 결과가 나타난다. 또한, 처치 받은 피실험자들은 더 많은 인지적인 불만을 보고했다. 그 과정이 심각한 장애를 완화시키기 위해 사용되었다면, 그러한 위험과 부작용은 견뎌질 수 있을 것이다. 하지만 건강한 대상자들이 자발적으로 신경외과 수술에 지원하도록 하려면, 얻을 수 있는 정상적인 기능에 대해 매우 <u>상당한 향상</u>이 있어야 할 것이다.

39 다문항2 - 제목　　　　　정답 ④

지문은 다이렉트 뇌-컴퓨터 인터페이스(BCI)의 장점(파킨슨병 환자의 치료)과 단점(인지적 불안)에 대해 설명하고 있으므로, 제목은 ④ '다이렉트 뇌-컴퓨터 인터페이스 : 장점과 단점'이 적절하다.

오답 분석
① 뇌-컴퓨터 인터페이스를 통해 모든 기능 제공
② 파킨슨병 치료의 돌파구
③ 임플란트로 두뇌력을 높이는 최선의 방법
⑤ 성공에 대한 희망은 신경과학 분야에서 점점 줄어들고 있다

40 다문항 2 - 빈칸 구/절　　　　　정답 ①

빈칸 앞의 문장들에서 뇌-컴퓨터 인터페이스 임플란트로 인한 위험과 부작용의 사례를 열거한 다음, 파킨슨병 환자의 경우 심한 장애를 완화시키는 효과 때문에 그것들을 감수할 수도 있다고 했다. 빈칸 문장 앞부분에서 '하지만 건강한 대상들이 자발적으로 신경외과 수술에 지원하기 위해서는'이라고 했으므로, 문맥상 빈칸에는 ① '상당한 향상'이 적절하다.

오답 분석
② 보편적인 적용
③ 복잡한 업적
④ 완전한 박탈감
⑤ 권위 있는 시설

41~42

□ disabled people : 장애인
□ inflict : (괴로움 등을) 가하다[안기다]
□ existence : 존재, 실재
□ be fascinated by : ~에 매료되다
□ pioneer : 개척자, 선구자
□ bold : 대담한
□ divine : 신성한
□ liberate : 자유롭게[벗어나게] 해주다
□ remarkable : 주목할 만한
□ deduce : 추론하다
□ orbit : (다른 천체의) 궤도를 돌다
□ arrangement : 배치, 배열
□ solar eclipse : 일식
□ lunar eclipse : 월식
□ contemporaries : 동시대인
□ chink : (특히 빛이 새어드는) 틈
□ stunning : 너무나 충격적인, 전혀 뜻밖의
□ govern : 통제하다

해석 체크체크

수세기 동안 나 같은 장애인들은 신이 내린 저주를 받고 살고 있다고 여겨졌다. 그것은 아마 누군가를 (A) 화나게 했을 수도 있지만, 나는 모든 것이 '자연의 법칙'이라는 다른 방식에 의해서 설명될 수 있다고 생각하고 싶다. 나처럼, 과학을 신뢰하는 사람이라면, 언제나 따라야 하는 법칙들이 있다는 사실을 믿을 것이다. 원하다면, 그 법칙들이 신의 작품이라고 말할 수 있지만, 그것은 신의 실존에 대한 증거이기보다는 신의 정의다. 기원전 300년경, Aristarchus라는 철학자는 일식, 특히 달의 일식에 매료되었다. 그는 (B) 용감하게도 그것들이 정말로 신에 의해 생긴 현상인지 질문했다. Aristarchus는 진정한 과학의 선구자였다. 그는 천체를 주의 깊게 연구해서 대담한 결론에 도달했

다 : 그는 일식은 실제로 달을 지나가는 지구의 그림자이며, (C) 신성한 사건이 아니라는 것을 깨달았다. 이 발견으로 (당대의 생각에서) 해방된 그는 자신의 머리 위에서 정말로 무슨 일이 일어나고 있는지 알아낼 수 있었고, 태양과 지구와 달의 정확한 관계를 보여주는 도표를 그릴 수 있었다. 거기서 그는 더욱 주목할 만한 결론에 도달했다. 모든 사람들이 생각하는 것처럼 지구가 우주의 중심이 아니고, 대신 지구가 태양의 궤도를 공전한다는 사실을 그는 추론했다. 사실, 이러한 배치를 이해하면 일식과 월식이 전부 설명된다. 달이 지구에 그림자를 드리우게 될 경우는 일식이 된다. 지구가 달을 가릴 경우는 월식이 된다. 그러나 Aristarchus는 거기서 더 나아갔다. 그는 당시 사람들의 믿음과 달리, 별들은 하늘의 갈라진 틈새로 새들어오는 빛이 아니라, 지구와 마찬가지로, 아주 멀리 떨어져 있는 다른 태양들이라고 했다. 얼마나 충격적인 현실이었을까. 우주는 인간의 정신에 의해 이해될 수 있는 원칙이나 법칙에 지배되는 기계다.

41 다문항3 – 어휘 정답 ③

(A) 앞 문장에서 'it was believed that disabled people like me were living under a curse that was inflicted by God.(나 같은 장애인들은 신이 내린 저주를 받고 살고 있다고 여겨졌다.)'라고 했고 (A) 다음 문장에서 'I prefer to think that everything can be explained another way; by the laws of nature.(나는 모든 것이 '자연의 법칙'이라는 다른 방식에 의해서 설명될 수 있다고 생각하고 싶다.)'고 했으므로, 문맥상 (A)에는 upset(화나게 하는)이 적절하다.
(B) 다음 문장에서 'whether they really were caused by gods.(그것들이 정말로 신에 의해 생긴 현상인지.)'라고 했으므로, 문맥상 (B)에는 brave(용감한)가 적절하다.
(C) 앞 문장에서 'he realised the eclipse was really the shadow of the Earth passing over the Moon,(그가 일식은 실제로 달을 지나가는 지구의 그림자라는 것을 깨달았다.)'라고 했으므로, 문맥상 (C)에는 divine(신성한)이 적절하다.

42 다문항3 – 빈칸 구/절 정답 ④

글쓴이는 옛날 사람들은 지구가 우주의 중심이라고 생각한 반면, 현대 사람들은 우주 현상들이 자연 법칙의 지배를 받는다는 사실을 알게 되었으며, 태양과 지구, 달의 배치를 이해하면 일식과 월식이 전부 설명된다고 했다. 따라서 문맥상 빈칸에는 ④ '인간의 정신에 의해 이해될 수 있는'이 적절하다.

오답 분석
① 신의 암호를 해독하다
② 신의 존재를 밝히다
③ 인간의 과학적 역량을 초월하다
⑤ 신과 자연의 유대를 강화하다

43~45

□ a minor point : 사소한 점, 사소한 문제
□ in heat : 골이 난
□ atonal : 무조의(음악에서 특정한 조로 쓰이지 않은)
□ desperately : 필사적으로
□ tin : 통, 깡통
□ nod : 끄덕이다
□ rite : 의식
□ jackass : 멍청이
□ score : (영화연극의)음악
□ upsoar : 소란
□ commotion : 소란
□ pit : 오케스트라석(좌석)

해석 체크체크

나는 사실 Stravinsky에 대해 아주 일찍부터 알고 있었다. 내가 12살 정도였다. 나는 멋지고 곱슬머리에 30대 처녀인 Denis에게 피아노 레슨을 받고 있었는데, 그녀는 Für Elise를 가르쳤으며, 내가 흥미를 유지하게 하기 위해 Star Wars의 연주곡도 가르쳤다. 나는 음악적 재능이 없다는 사소한 문제에도 불구하고, 어쨌든, 레슨을 다음 단계까지 계속하겠다고 결심했다. 나는 작곡가가 되어야 했다.

그래서 나는 매일 오후 몇 시간씩 현관에서 피아노를 치며, 메모를 쓰고, 지우고, 몇 개 더 쓰고, 또 낙서를 하며 시간을 보냈다. 마침내, 금요일에 Denis가 와서 나는 내가 작곡한 작품을 연주했다. 그것은 마치 Madison Avenue의 교통체증과 팩스 기계, 골이 난 족제비가 내는 소리를 합친 것처럼 들렸다.

"잘했어, A. J." 그녀가 말했다. "넌 실험적인 무조음악을 썼구나."

"네, 저는 무조음악에 관심이 많아요." 물론, 난 무조음악이 무엇인지도 몰랐다; 사실, 나는 필사적으로 조가 있는 곡을 쓰려고 애썼다. 단지 (A) 내 귀는 100퍼센트 깡통이었다.(음표들 사이의 차이를 구별할 수 없었다.)

"Stravinsky가 떠오르는구나." 그녀가 말했다.

"아, 네, Stravinsky." 나는 고개를 끄덕이며 대답했다. Denis는 아주 친절하게 대해주었다. 그녀는 나를 실망시키고 싶어하지 않았지만, Stravinsky를 떠올리게 할 수 있는 유일한 방법은 Stravinsky가 우연히 키보드 위에 앉아있는 것이다.

그렇게 해서 러시아인 스승님(Stravinsky)을 처음 알게 되었다. 그러고 나서 대학에서 나는 Stravinsky에 대한 지식을 'The Rites of Spring'이라는 네 단어로 넓혔다. 'The Rites of Spring'을 작곡한 무조음악 작곡가. 그 정도가 내 수준이었다.

Britannica에서 나는 두 가지 중요한 사실을 배웠다. 첫째, 'The Rites of Spring'은 하나의 의식이다. 따라서 내가 가끔 Stravinsky를 암시할 때 그동안 멍청이 같은 소리를 하고 있었다는 것이다. 둘째, The Rites of Spring은 1913년 5월 29일 de Champs Elysees 극장에서 데뷔할 때, '개봉 첫날밤 폭동'을 일으키기에 충분했다.

"침울한 불협화음과 역동적인 잔인함"으로 가득한 Stravinsky의 음악은 세련된 파리 관객들 사이에 소란을 일으켰다. 그 소란은 너무 시끄러워서 발레리나들은 오케스트라 바로 옆에서도 오케스트라를 들을 수 없었다. 하지만 어쨌든 발레리나들은 날개 달린 의자에 서서 소리를 지르고 리듬을 흉내 내는 안무가의 재촉을 받으며 계속 춤을 추었다.

나는 이것을 사랑한다. 1세기도 안되는 시간 전에, 불협화음의 발레곡이 실제로 폭동을 일으킬 수 있었다는 사실이 믿기지 않는다. 오늘날, 발레단의 관객들은 거의 폭동을 일으키지 않는다. 관중들은 금세 잠들어버리거나, 아니면 정말로 화가 난다면, 어딘가에서 저녁으로 맛있는 파스타를 먹기 위해 1막 후에 자리를 떠난다.

43 다문항4 – 심경   정답 ③

글쓴이는 자신이 음악적 소질이 없고 무조음악에 대해 알지 못했음을 솔직하게 말하고 있으므로, ③ '유쾌하고 솔직한'이 적절하다.

오답 분석
① 낙관적이고 의기양양한
② 객관적이고 공정한
④ 짜증이 나고 비난하는
⑤ 침착하고 내성적인

44 다문항4 – 의미 추론   정답 ④

(A) 앞 문장에서 'I had no idea what atonal compositions were; in fact, I was trying desperately to write tonal compositions.(물론, 난 무조음악이 무엇인지도 몰랐다; 사실, 나는 필사적으로 조가 있는 곡을 쓰려고 애썼다.)'라고 했으므로, ④ '나는 음표들 사이의 차이점을 구별할 수 없었다.'가 적절하다.

45 다문항4 – 세부 정보   정답 ③

네 번째 문단에서 'in college, I expanded my knowledge of Stravinsky by four words : The Rites of Spring.(그러고 나서 대학에서 나는 Stravinsky에 대한 지식을 'The Rites of Spring'이라는 네 단어로 넓혔다.)'라고 했으므로, 윗글의 내용과 일치하지 않는 것은 ③ '나는 대학에서 Stravinsky에 대한 포괄적인 이해를 얻었다.'이다.

오답 분석
① 내 피아노 선생님은 독신이었고, 30대였다.
② 나는 피아노로 스타워즈 연주곡을 배운 적이 있다.
④ 브리태니커 백과사전은 스트라빈스키에 대한 나의 오해를 깨닫는 데 도움을 주었다.
⑤ 나는 불협화음이 폭동을 일으킨 것에 놀랐다.

01 ⑤	02 ②	03 ①	04 ③	05 ④
06 ①	07 ③	08 ③	09 ①	10 ②
11 ⑤	12 ①	13 ④	14 ③	15 ②
16 ③	17 ①	18 ②	19 ④	20 ⑤
21 480	22 13	23 973	24 31	25 3

01   로그함수   정답 ⑤

$\log_3(\log_{27}x) = \log_{27}(\log_3 x)$ 에서

$\log_{3^3}(\log_{27}x)^3 = \log_{27}(\log_3 x)$, $\log_{27}(\log_{27}x)^3 = \log_{27}(\log_3 x)$

$(\log_{27}x)^3 = \log_3 x$, $(\log_{3^3}x)^3 = \log_3 x$

$\left(\dfrac{1}{3}\log_3 x\right)^3 = \log_3 x$, $\dfrac{1}{27}(\log_3 x)^3 = \log_3 x$

$\therefore (\log_3 x)^2 = 27$

02   식의 계산   정답 ②

$x = \dfrac{1+\sqrt{2}+\sqrt{3}}{1-\sqrt{2}+\sqrt{3}} = \dfrac{1+(\sqrt{2}+\sqrt{3})}{1-(\sqrt{2}-\sqrt{3})}$

$= \dfrac{\{1+(\sqrt{2}+\sqrt{3})\}\{1+(\sqrt{2}-\sqrt{3})\}}{\{1-(\sqrt{2}-\sqrt{3})\}\{1+(\sqrt{2}-\sqrt{3})\}}$

$= \dfrac{\{(1+\sqrt{2})+\sqrt{3}\}\{(1+\sqrt{2})-\sqrt{3}\}}{\{1-(\sqrt{2}-\sqrt{3})\}\{1+(\sqrt{2}-\sqrt{3})\}}$

$= \dfrac{(1+\sqrt{2})^2-(\sqrt{3})^2}{1-(\sqrt{2}-\sqrt{3})^2} = \dfrac{(1+2\sqrt{2}+2)-3}{1-(2-2\sqrt{6}+3)}$

$= \dfrac{2\sqrt{2}}{2\sqrt{6}-4} = \dfrac{2\sqrt{2}(2\sqrt{6}+4)}{(2\sqrt{6}-4)(2\sqrt{6}+4)}$

$= \dfrac{8\sqrt{3}+8\sqrt{2}}{8} = \sqrt{3}+\sqrt{2}$

$\therefore x(x-\sqrt{2})(x-\sqrt{3}) = (\sqrt{3}+\sqrt{2}) \times \sqrt{3} \times \sqrt{2}$
$= 3\sqrt{2}+2\sqrt{3}$

03   정규분포의 표준화   정답 ①

이 대학에서 신입생 50명을 모집하는데 5000명이 지원하였으므로 대학에 입학하기 위한 최저 점수 a에 대하여 $P(X \geq a) = \dfrac{50}{5000}$ $= 0.01$ 이어야 한다.

즉, $P(X \geq a) = P\left(Z \geq \dfrac{a-63.7}{10}\right) = 0.01$ 이므로

$P\left(0 \leq Z \leq \dfrac{a-63.7}{10}\right) = 0.5 - 0.01 = 0.490$

이때 주어진 표준정규분포표에서 $P(0 \leq Z \leq 2.33) = 0.490$ 이므로

$\dfrac{a-63.7}{10} = 2.33$, $a - 63.7 = 23.3$ $\therefore a = 87$

한편, 94.6점 이상인 학생들을 대상으로 장학금을 지급하므로

$P(X \geq 94.6) = P\left(Z \geq \dfrac{94.6-63.7}{10}\right)$
$= P(Z \geq 3.09)$
$= 0.5 - P(0 \leq Z \leq 3.09)$
$= 0.5 - 0.499 = 0.001$

즉, $5000 \times 0.001 = 5$ 이므로

$b = 5$

$\therefore a + b = 87 + 5 = 92$

> ◁ **개념 체크체크** ▷
>
> **정규분포의 표준화**
>
> 확률변수 X가 정규분포 $N(m, \sigma^2)$을 따를 때 확률변수 $Z = \dfrac{X-m}{\sigma}$ 은 표준정규분포 $N(0, 1)$을 따른다. 확률변수 X를 표준정규분포 $N(0, 1)$을 따르는 확률변수 Z로 변환하는 것을 확률변수 X를 표준화한다고 한다.

04   사잇값의 정리   정답 ③

$\lim\limits_{x \to 2} \dfrac{f(x)}{x-2} = 4$ ······ ㉠

㉠에서 $x \to 2$일 때, (분모)→0이고 극한값이 존재하므로 (분자)→0 이어야 한다.

$\lim\limits_{x \to 2} f(x) = 0$에서 $f(2) = 0$

㉠에서 $\lim\limits_{x \to 2} \dfrac{f(x)-f(2)}{x-2} = f'(2) = 4$

$\lim\limits_{x \to 4} \dfrac{f(x)}{x-4} = 2$ ······ ㉡

㉡에서 $x \to 4$일 때, (분모)→0이고 극한값이 존재하므로 (분자)→0 이어야 한다.

$\lim\limits_{x \to 4} f(x) = 0$에서 $f(4) = 0$

㉡에서 $\lim\limits_{x \to 4} \dfrac{f(x)-f(4)}{x-4} = f'(4) = 2$

즉, $f(2) = f(4) = 0$, $f'(2) = 4$, $f'(4) = 2$이므로 함수 $y = f(x)$ 의 그래프는 $x = 2$ 또는 $x = 4$인 점에서 x축과 만나고, $x = 2$에서의

2021학년도 기출문제 다잡기

접선의 기울기는 4, $x=4$에서의 접선의 기울기는 2이다.
따라서 다항함수 $f(x)$에 대하여 구간 $[2, 4]$에서 함수 $y=f(x)$의
그래프의 개형은 오른쪽 그림과 같아
야 하므로 방정식 $f(x)=0$이 구간
$[2, 4]$에서 적어도 3개의 서로 다른
실근을 갖는다.

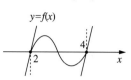

05 도함수의 접선의 활용 　　　　　　　　정답 ④

$y=x^2-1$에서 $y'=2x$이므로 곡선 $y=x^2-1$ 위의 점 (t, t^2-1)
$(0 < t < 1)$에서의 접선 l의 기울기는 $2t$
접선 l의 방정식은
$y-(t^2-1)=2t(x-t)$ 　　$\therefore y=2tx-t^2-1$
즉, 곡선 $y=x^2-1$과 직선 l 및 두 직선 $x=0$, $x=1$로 둘러싸인
도형의 넓이는

$\int_0^1 |(x^2-1)-(2tx-t^2-1)|dx$

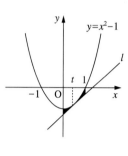

$= \int_0^1 \{(x^2-1)-(2tx-t^2-1)\}dx$

$= \int_0^1 (x^2-2tx+t^2)dx$

$= \left[\frac{1}{3}x^3-tx^2+t^2x\right]_0^1$

$= \frac{1}{3}-t+t^2$

$f(t)=t^2-t+\frac{1}{3}$ 이라 하면

$f'(t)=2t-1$

$f'(t)=0$에서 $t=\frac{1}{2}$

따라서 함수 $f(t)$는 $t=\frac{1}{2}$에서 최솟값 $f\left(\frac{1}{2}\right)=\frac{1}{4}-\frac{1}{2}+\frac{1}{3}=\frac{1}{12}$

을 가지므로 구하는 도형의 넓이의 최솟값은 $\frac{1}{12}$ 이다.

06 확률의 계산 　　　　　　　　정답 ①

첫날 파란색 밴드를 사용한 사건을 A, 다섯째 날 파란색 밴드를 사
용한 사건을 B라 하면 구하는 확률은 $\mathrm{P}(B|A)$이다.
그날 사용할 밴드는 전날 사용한 밴드의 색과 다른 한 색을 임의로
선택하여 그 색의 밴드를 사용하므로

$\mathrm{P}(A)=\frac{1\times4\times4\times4\times4}{5\times4\times4\times4\times4}=\frac{1}{5}$

(ⅰ) 첫날, 셋째 날, 다섯째 날 모두 파란색 밴드를 사용하는 경우

$\frac{1\times4\times1\times4\times1}{5\times4\times4\times4\times4}=\frac{1}{80}$

(ⅱ) 셋째 날 파란색이 아닌 다른 색의 밴드를 사용하는 경우

$\frac{1\times4\times3\times3\times1}{5\times4\times4\times4\times4}=\frac{9}{320}$

(ⅰ), (ⅱ)에서

$\mathrm{P}(A\cap B)=\frac{1}{80}+\frac{9}{320}=\frac{13}{320}$

$\therefore \mathrm{P}(B|A)=\frac{\mathrm{P}(A\cap B)}{\mathrm{P}(A)}=\frac{\dfrac{13}{320}}{\dfrac{1}{5}}=\frac{13}{64}$

07 등비 수열 　　　　　　　　정답 ③

두 등비수열 $\{a_n\}$, $\{b_n\}$의 공비를 r $(r>0)$라 하자.

$a_n b_n = \frac{(a_{n+1})^2+4(b_{n+1})^2}{5}$ 에서

$a_1 r^{n-1} b_1 r^{n-1} = \frac{(a_1 r^n)^2+4(b_1 r^n)^2}{5}$

$a_1 b_1 r^{2n-2} = \frac{a_1{}^2 r^{2n}+4b_1{}^2 r^{2n}}{5}$

$a_1 b_1 = \frac{a_1{}^2 r^2}{5}+\frac{4b_1{}^2 r^2}{5}$

이때 $\dfrac{a_1{}^2 r^2}{5}+\dfrac{4b_1{}^2 r^2}{5}$에서 $\dfrac{a_1{}^2 r^2}{5}>0$, $\dfrac{4b_1{}^2 r^2}{5}>0$이므로 산술평균
과 기하평균의 관계에 의하여

$\frac{a_1{}^2 r^2}{5}+\frac{4b_1{}^2 r^2}{5} \geq 2\sqrt{\frac{a_1{}^2 r^2}{5}\times\frac{4b_1{}^2 r^2}{5}}$

$= 2\sqrt{\frac{4a_1{}^2 b_1{}^2 r^4}{25}}$

$= \frac{4a_1 b_1 r^2}{5}$

$\left(\text{단, 등호는 } \dfrac{a_1{}^2 r^2}{5}=\dfrac{4b_1{}^2 r^2}{5}, \text{ 즉 } a_1=2b_1 \text{일 때 성립}\right)$

즉, $a_1 b_1 \geq \dfrac{4a_1 b_1 r^2}{5}$이므로

$r^2 \leq \frac{5}{4}$ 　　$\therefore 0 < r \leq \frac{\sqrt{5}}{2}$

따라서 공비의 최댓값은 $\dfrac{\sqrt{5}}{2}$ 이다.

08 여러 가지 경우의 수 정답 ③

모든 자리의 수의 합이 10인 다섯 자리 자연수에 대하여 숫자 1, 2, 3을 각각 한 번 이상 사용해야 하고, $1+2+3=6$이므로 다음과 같이 경우를 나누어 생각할 수 있다.

(i) $\underline{1}\underline{2}\underline{3}40$인 경우

　5개의 숫자를 일렬로 나열하는 경우의 수는

　$5!=120$

　이때 숫자 0이 만의 자리에 오는 경우의 수는

　$4!=24$

　즉, 이 경우의 자연수의 개수는

　$120-24=96$

(ii) $\underline{1}\underline{2}\underline{3}31$인 경우

　5개의 숫자를 일렬로 나열하는 경우의 수는

　$\dfrac{5!}{2!2!}=30$

(iii) $\underline{1}\underline{2}\underline{3}22$인 경우

　5개의 숫자를 일렬로 나열하는 경우의 수는

　$\dfrac{5!}{3!}=20$

(i), (ii), (iii)에서 구하는 자연수의 개수는

$96+30+20=146$

09 여러 가지 수열 정답 ①

$(4-a_{n+1})(2+a_n)=8$에서

$8+4a_n-2a_{n+1}-a_na_{n+1}=8$

$4a_n-2a_{n+1}-a_na_{n+1}=0$

위의 등식의 양변을 a_na_{n+1}로 나누면

$\dfrac{4}{a_{n+1}}-\dfrac{2}{a_n}-1=0$

$b_n=\dfrac{1}{a_n}$이라 하면

$4b_{n+1}=2b_n+1$

$\therefore b_{n+1}=\dfrac{1}{2}b_n+\dfrac{1}{4}$

이때 $b_{n+1}-\beta=\dfrac{1}{2}(b_n-\beta)$라 하면

$b_{n+1}=\dfrac{1}{2}b_n+\dfrac{1}{2}\beta$　　$\therefore \beta=\dfrac{1}{2}$

$\therefore b_{n+1}-\dfrac{1}{2}=\dfrac{1}{2}\left(b_n-\dfrac{1}{2}\right)$

즉, 수열 $\left\{b_n-\dfrac{1}{2}\right\}$은 첫째항이 $b_1-\dfrac{1}{2}=\dfrac{1}{a_1}-\dfrac{1}{2}=1-\dfrac{1}{2}=\dfrac{1}{2}$,

공비가 $\dfrac{1}{2}$인 등비수열이므로

$b_n-\dfrac{1}{2}=\dfrac{1}{2}\times\left(\dfrac{1}{2}\right)^{n-1}=\left(\dfrac{1}{2}\right)^n$

$\therefore b_n=\left(\dfrac{1}{2}\right)^n+\dfrac{1}{2}$

$\therefore \displaystyle\sum_{k=1}^{9}\dfrac{8}{a_k}=8\sum_{k=1}^{9}b_k=8\sum_{k=1}^{9}\left\{\left(\dfrac{1}{2}\right)^k+\dfrac{1}{2}\right\}$

$=8\left[\dfrac{\dfrac{1}{2}\left\{1-\left(\dfrac{1}{2}\right)^9\right\}}{1-\dfrac{1}{2}}+\dfrac{9}{2}\right]$

$=8-8\left(\dfrac{1}{2}\right)^9+36=44-\dfrac{1}{64}$

$=43.\times\times\times$

따라서 정수 부분은 43이다.

10 독립시행의 확률 정답 ②

각각의 부부에 대하여 남편이 적은 수가 아내가 받은 카드에 적힌 수와 일치하고, 아내가 적은 수가 남편이 받은 카드에 적힌 수와 일치할 확률은 $\dfrac{1}{3}\times\dfrac{1}{3}=\dfrac{1}{9}$

n쌍의 부부에 대하여 상품을 받는 부부가 2쌍 이하일 확률은

${}_nC_0\left(\dfrac{1}{9}\right)^0\left(\dfrac{8}{9}\right)^n+{}_nC_1\left(\dfrac{1}{9}\right)^1\left(\dfrac{8}{9}\right)^{n-1}+{}_nC_2\left(\dfrac{1}{9}\right)^2\left(\dfrac{8}{9}\right)^{n-2}$

$=\left(\dfrac{8}{9}\right)^n+\dfrac{n}{9}\left(\dfrac{8}{9}\right)^{n-1}+\dfrac{n(n-1)}{2}\times\dfrac{1}{81}\left(\dfrac{8}{9}\right)^{n-2}$

$=\left(\dfrac{8}{9}\right)^n\left\{1+\dfrac{n}{8}+\dfrac{n(n-1)}{128}\right\}$

$=\dfrac{128+16n+n^2-n}{128}\left(\dfrac{8}{9}\right)^n$

$=\dfrac{n^2+15n+128}{128}\left(\dfrac{8}{9}\right)^n$

이때 $\dfrac{n^2+15n+128}{128}=\dfrac{57}{32}$이므로

$n^2+15n+128=228$

$n^2+15n-100=0,\ (n+20)(n-5)=0$

$\therefore n=5$

11 여러 가지 수열 정답 ⑤

$a_1=1,\ a_2=3,\ a_{2k+1}+2a_m=g(m+k)\ (k=0, 1, 2, \cdots, m=1, 2, 3, \cdots)$

$k=0,\ m=1$일 때, $a_1+2a_1=g(1+0)$

$\therefore g(1)=1+2\times1=3$

$k=0,\ m=2$일 때, $a_1+2a_2=g(2+0)$

$\therefore g(2)=1+2\times3=7$　　…… ㉠

$k=0,\ m=3$일 때, $a_1+2a_3=g(3+0),\ g(3)=1+2a_3$

…… ㉡

$k=1,\ m=1$일 때, $a_3+2a_1=g(1+1),\ g(2)=a_3+2\times1=7$

($\because$ ㉠)　　$\therefore a_3=5$

$a_3=5$를 ㉡에 대입하면 $g(3)=1+2\times5=11$

$$\vdots$$

따라서 $g(k)=3+(k-1)\times4=4k-1$이므로

$$\sum_{k=1}^{10}g(k)=\sum_{k=1}^{10}(4k-1)$$
$$=4\times\frac{10\times11}{2}-1\times10$$
$$=220-10=210$$

12 지수함수   정답 ①

$f(x)=a^{2x}+4a^x-2$에서 $a^x=X\ (X>0)$라 하면

$f(X)=X^2+4X-2=(X+2)^2-6$이고

$-1\le x\le1$에서 $\dfrac{1}{a}\le X\le a$

이때 함수 $y=f(X)$의 그래프의 대칭축이 $X=-2$이므로 $\dfrac{1}{a}\le X\le a$

에서 함수 $f(X)$의 최댓값은 $X=a$일 때, $a^2+4a-2=10$이다.

즉, $a^2+4a-12=0$이므로

$(a+6)(a-2)=0$ $\therefore a=2\ (\because a>1)$

따라서 함수 $f(X)$의 최솟값은 $X=\dfrac{1}{2}$일 때,

$$\frac{1}{4}+4\times\frac{1}{2}-2=\frac{1}{4}$$

13 도함수의 접선의 활용   정답 ④

$y=x^3+1$에서 $y'=3x^2$이므로 곡선 $y=x^3+1$ 위의 점 $(1,\ 2)$에서의 접선 l의 기울기는 3

접선 l의 방정식은

$y-2=3(x-1)$ $\therefore y=3x-1$

한편, 중심이 y축 위에 있는 원의 방정식을 $x^2+(y-a)^2=r^2$ $(a>0,\ r>0)$이라 하자.

이 원의 중심 $(0,\ a)$와 점 $(1,\ 2)$를 지나는 직선이 직선 l과 수직이어야 하므로

$\dfrac{2-a}{1-0}=-\dfrac{1}{3}$, $3a=7$ $\therefore a=\dfrac{7}{3}$

또한, 원의 중심 $\left(0,\ \dfrac{7}{3}\right)$과 직선 l, 즉 $3x-y-1=0$ 사이의 거리

가 원의 반지름의 길이 r과 같아야 하므로

$$\frac{\left|-\dfrac{7}{3}-1\right|}{\sqrt{3^2+(-1)^2}}=\frac{\dfrac{10}{3}}{\sqrt{10}}=\frac{\sqrt{10}}{3}=r$$

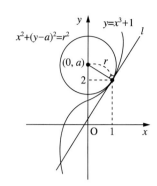

따라서 이 원의 넓이는

$$\pi r^2=\pi\left(\frac{\sqrt{10}}{3}\right)^2=\frac{10}{9}\pi$$

14 이항정리와 수열의 합   정답 ③

x^ny^2에서 차수의 합이 $n+2$이므로 $(x-y+1)^{n+2}$의 전개식에서 x^ny^2의 계수는

$(x-y)^{n+2}$의 전개식에서 x^ny^2의 계수와 같다.

$(x-y)^{n+2}$의 전개식의 일반항은

$$_{n+2}C_r x^{n+2-r}(-y)^r={}_{n+2}C_r(-1)^r x^{n+2-r}y^r$$

x^ny^2항은 $r=2$일 때이므로 x^ny^2의 계수 $f(n)$은

$$f(n)={}_{n+2}C_2(-1)^2=\frac{(n+2)(n+1)}{2}$$
$$\therefore \frac{1}{f(n)}=\frac{2}{(n+1)(n+2)}=2\left(\frac{1}{n+1}-\frac{1}{n+2}\right)$$
$$\therefore \frac{1}{f(1)}+\frac{1}{f(2)}+\frac{1}{f(3)}+\cdots+\frac{1}{f(2020)}$$
$$=2\left\{\left(\frac{1}{2}-\frac{1}{3}\right)+\left(\frac{1}{3}-\frac{1}{4}\right)+\left(\frac{1}{4}-\frac{1}{5}\right)+\cdots+\left(\frac{1}{2021}-\frac{1}{2022}\right)\right\}$$
$$=2\left(\frac{1}{2}-\frac{1}{2022}\right)$$
$$=1-\frac{1}{1011}=\frac{1010}{1011}$$

따라서 $a=1010$, $b=1011$이므로

$a+b=1010+1011=2021$

15 지수·로그함수와 수열의 합   정답 ②

함수 $y=2^x-\sqrt{2}$의 그래프 위의 점 P의 좌표를 $(t,\ 2^t-\sqrt{2})$ $\left(t>\dfrac{1}{2}\right)$라 하자.

점 $\mathrm{P}(t,\ 2^t-\sqrt{2})$를 지나고 기울기가 -1인 직선의 방정식은

$y-(2^t-\sqrt{2})=-(x-t)$ $\therefore y=-x+2^t+t-\sqrt{2}$

이 직선이 x축과 만나는 점 Q의 x좌표는

$0=-x+2^t+t-\sqrt{2}$에서 $x=2^t+t-\sqrt{2}$

$\therefore \mathrm{Q}(2^t+t-\sqrt{2},\ 0)$

이때 $\overline{\mathrm{PQ}}=n$이므로

$$\overline{PQ} = \sqrt{\{(2^t+t-\sqrt{2})-t\}^2+\{0-(2^t-\sqrt{2})\}^2}$$
$$= \sqrt{(2^t-\sqrt{2})^2+(2^t-\sqrt{2})^2}$$
$$= \sqrt{2(2^t-\sqrt{2})^2}=n$$

에서 $2(2^t-\sqrt{2})^2=n^2$

$$(2^t-\sqrt{2})^2=\frac{n^2}{2}$$

$$2^t-\sqrt{2}=\frac{n}{\sqrt{2}} \ \ (\because 2^t-\sqrt{2}>0)$$

$$2^t=\frac{n}{\sqrt{2}}+\sqrt{2}=\frac{n+2}{\sqrt{2}}$$

$$\therefore t=\log_2\left(\frac{n+2}{\sqrt{2}}\right)=\log_2(n+2)-\log_2\sqrt{2}$$

$$=\log_2(n+2)-\frac{1}{2}$$

즉, $a_n=\log_2(n+2)-\frac{1}{2}$ 이므로

$$\sum_{n=1}^{6}a_n=\sum_{n=1}^{6}\left\{\log_2(n+2)-\frac{1}{2}\right\}$$

$$=(\log_2 3+\log_2 4+\log_2 5+\cdots+\log_2 8)-\frac{1}{2}\times 6$$

$$=\log_2(3\times 4\times 5\times\cdots\times 8)-3$$

$$=\log_2 20160-3$$

이때 $2^{14}=16384$, $2^{15}=32768$ 이므로

$\log_2 20160=14.\times\times\times$

따라서 $\displaystyle\sum_{n=1}^{6}a_n=14.\times\times\times-3=11.\times\times\times$ 이므로 정수 부분은 11 이다.

16 도함수의 최대최소의 활용 정답 ③

곡선 $y=2-x^2$ 위의 점 P의 좌표를 $(t, \ 2-t^2)$ 이라 하면

$$\overline{AP}=\sqrt{(t-1)^2+(2-t^2)^2}$$
$$=\sqrt{t^2-2t+1+4-4t^2+t^4}$$
$$=\sqrt{t^4-3t^2-2t+5}=k$$

에서 $t^4-3t^2-2t+5=k^2$

$f(t)=t^4-3t^2-2t+5$ 라 하면

$f'(t)=4t^3-6t-2=2(2t^3-3t-1)$

$f'(t)=0$ 에서 $2t^3-3t-1=0$

조립제법에 의하여

$(t+1)(2t^2-2t-1)=0$

이차방정식 $2t^2-2t-1=0$ 에서 근의 공식에 의하여

$$t=\frac{1\pm\sqrt{3}}{2}$$

즉, $(t+1)\left(t-\dfrac{1-\sqrt{3}}{2}\right)\left(t-\dfrac{1+\sqrt{3}}{2}\right)=0$ 이므로

$t=-1$ 또는 $t=\dfrac{1-\sqrt{3}}{2}$ 또는 $t=\dfrac{1+\sqrt{3}}{2}$

사차함수 $f(t)$ 는 $t=-1$ 또는 $t=\dfrac{1+\sqrt{3}}{2}$ 에서 최솟값을 가지므로

$f(-1)=1-3+2+5=5$

$$f\left(\frac{1+\sqrt{3}}{2}\right)=\left(\frac{1+\sqrt{3}}{2}\right)^4-3\left(\frac{1+\sqrt{3}}{2}\right)^2-2\left(\frac{1+\sqrt{3}}{2}\right)+5$$

$$=\left(\frac{4+2\sqrt{3}}{4}\right)^2-3\left(\frac{4+2\sqrt{3}}{4}\right)-1-\sqrt{3}+5$$

$$=\frac{28+16\sqrt{3}}{16}-3-\frac{3\sqrt{3}}{2}-\sqrt{3}+4$$

$$=\frac{7}{4}+\sqrt{3}-\frac{3\sqrt{3}}{2}-\sqrt{3}+1$$

$$=\frac{11-6\sqrt{3}}{4}$$

이때 $5>\dfrac{11-6\sqrt{3}}{4}$ 이므로 함수 $f(t)$ 의 최솟값은 $\dfrac{11-6\sqrt{3}}{4}$ 이다.

따라서 k^2 의 최솟값도 $\dfrac{11-6\sqrt{3}}{4}$ 이다.

17 지수·로그함수의 그래프 정답 ①

$y=\log_{\frac{1}{2}}(2x-m)=\log_{\frac{1}{2}}2\left(x-\dfrac{m}{2}\right)$ 이므로

함수 $y=\log_{\frac{1}{2}}(2x-m)$ 의 그래프 는 오른쪽 그림과 같다.

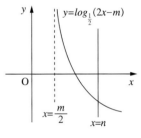

점근선 $x=\dfrac{m}{2}$ 에 대하여 직선

$x=n \ (n\geq 2)$ 이

함수 $y=\log_{\frac{1}{2}}(2x-m)$ 의 그래프

와 한 점에서 만나려면

$\dfrac{m}{2}<n \qquad \therefore m<2n \qquad \cdots\cdots ㉠$

자연수 m 에 대하여 함수 $y=|2^{-x}-m|$ 의 그래프는 오른쪽 그림과 같다.

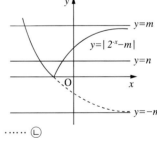

점근선 $y=m$ 에 대하여 직선 $y=n \ \ (n\geq 2)$ 이 함수 $y=|2^{-x}-m|$ 의 그래프와 두 점에 서 만나려면

$m>n \qquad\qquad \cdots\cdots ㉡$

㉠, ㉡의 공통부분을 구하면

$n<m<2n$

즉, 모든 자연수 m의 값의 합 a_n은

$$a_n = (n+1) + (n+2) + (n+3) + \cdots + (2n-1)$$

$$= \frac{(n-1)\{(n+1)+(2n-1)\}}{2} = \frac{3n(n-1)}{2}$$

$$\therefore \sum_{n=5}^{10} \frac{1}{a_n} = \sum_{n=5}^{10} \frac{2}{3n(n-1)} = \frac{2}{3} \sum_{n=5}^{10} \frac{1}{(n-1)n}$$

$$= \frac{2}{3} \sum_{n=5}^{10} \left(\frac{1}{n-1} - \frac{1}{n} \right)$$

$$= \frac{2}{3} \left\{ \left(\frac{1}{4} - \frac{1}{5} \right) + \left(\frac{1}{5} - \frac{1}{6} \right) + \left(\frac{1}{6} - \frac{1}{7} \right) + \cdots + \left(\frac{1}{9} - \frac{1}{10} \right) \right\}$$

$$= \frac{2}{3} \left(\frac{1}{4} - \frac{1}{10} \right) = \frac{2}{3} \times \frac{3}{20} = \frac{1}{10}$$

18 함수의 그래프에서의 미적분의 활용   정답 ②

함수 $f(x) = x^4(x-a)$의 그래프는 $x=0$에서 x축에 접하고 $x=a$인 점에서 x축과 만나며 직선 $y=x-1$에 접하므로 그 그래프의 개형은 오른쪽 그림과 같아야 한다.

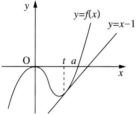

함수 $f(x) = x^4(x-a)$의 그래프가 직선 $y=x-1$에 접하는 점의 x좌표를 t라 하면

$$f(t) = t-1, \quad f'(t) = 1$$

$f(x) = x^4(x-a)$이므로 $f(t) = t-1$에서

$$t^4(t-a) = t-1 \quad \therefore a = t - \frac{t-1}{t^4} \quad \cdots\cdots \ \text{㉠}$$

$f'(x) = 4x^3(x-a) + x^4$이므로 $f'(t) = 1$에서

$$4t^3(t-a) + t^4 = 1, \ t^3(5t-4a) = 1 \quad \therefore a = \frac{5}{4}t - \frac{1}{4t^3}$$

$\cdots\cdots \ \text{㉡}$

㉠=㉡이므로

$$t - \frac{t-1}{t^4} = \frac{5}{4}t - \frac{1}{4t^3}$$

위의 등식의 양변에 $4t^4$을 곱하면

$$4t^5 - 4(t-1) = 5t^5 - t, \ t^5 + 3t - 4 = 0$$

$$(t-1)(t^4 + t^3 + t^2 + t + 4) = 0$$

$$\therefore t = 1 \ (\because t^4 + t^3 + t^2 + t + 4 > 0)$$

$t=1$을 ㉠에 대입하면 $a=1$

한편, 함수 $g(x) = k(x-1)(x-b)$의 그래프는 $x=1$, $x=b \ (b>1)$인 점에서 x축과 만나고 직선 $y=x-1$에 접하므로 그 그래프의 개형은 오른쪽 그림과 같아야 한다.

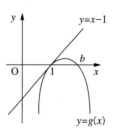

즉, $g'(1) = 1$이므로 $g'(x) = k\{(x-b) + (x-1)\}$에서 $k(1-b) = 1 \ (k<0)$

$\cdots\cdots \ \text{㉢}$

또한, 함수 $f(x)$의 그래프와 x축으로 둘러싸인 부분의 넓이가 함수 $g(x)$의 그래프와 x축으로 둘러싸인 부분의 넓이와 같으므로

$$\int_0^1 |f(x)|dx = \int_1^b |g(x)|dx$$

$$\therefore \int_0^1 |x^5 - x^4|dx = \int_1^b |kx^2 - (1+b)kx + bk|dx$$

즉,

$$\int_0^1 |x^5 - x^4|dx = \int_0^1 (-x^5 + x^4)dx = \left[-\frac{1}{6}x^6 + \frac{1}{5}x^5 \right]_0^1 = \frac{1}{30},$$

$$\int_1^b |kx^2 - (1+b)kx + bk|dx = \frac{|k|}{6}(b-1)^3 = -\frac{k}{6}(b-1)^3$$

에서 $-\dfrac{k}{6}(b-1)^3 = \dfrac{1}{30}$

이때 ㉢에서 $b-1 = -\dfrac{1}{k}$이므로 이를 대입하면

$$-\frac{k}{6} \times \left(-\frac{1}{k} \right)^3 = \frac{1}{30}, \ \frac{1}{6k^2} = \frac{1}{30}$$

$$k^2 = 5 \quad \therefore k = -\sqrt{5} \ (\because k<0)$$

$k = -\sqrt{5}$를 ㉢에 대입하면

$$-\sqrt{5}(1-b) = 1 \quad \therefore b = 1 + \frac{1}{\sqrt{5}}$$

$$\therefore abk = 1 \times \left(1 + \frac{1}{\sqrt{5}} \right) \times (-\sqrt{5}) = -1 - \sqrt{5}$$

19 함수의 그래프에서의 도함수의 활용   정답 ④

삼차함수 $f(x)$의 도함수 $f'(x)$가 $x=-1$에서 최솟값을 가지므로 이차함수 $y=f'(x)$의 그래프는 직선 $x=-1$에 대하여 대칭이다.

즉, 삼차함수 $y=f(x)$의 그래프는 $x=-1$인 점에 대하여 대칭이고 이 점이 변곡점이므로 그래프의 개형은 오른쪽 그림과 같다.

이때 방정식 $|f(x) - f(-3)| = k$가 서로 다른 네 실근을 갖도록 하는 실수 k의 값의 범위가 $0 < k < m$ 꼴이려면 함수 $y = |f(x) - f(-3)|$의 그래프는 오른쪽 그림과 같아야 한다.

$f(x) - f(-3) = g(x)$라 하면 함수 $y=g(x)$의 그래프가 $x=-1$인 점에 대하여 대칭이고 함수 $g(x)$가 $x=-3$에서 극대이므로 $x=1$에서 극소이다.

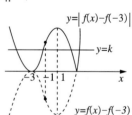

$g(x) = (x+3)^2(x-a)$ (a는 상수)라 하면 $g'(1) = 0$이므로

$g'(x) = 2(x+3)(x-a) + (x+3)^2$에서

$$8(1-a) + 16 = 0, \ 1-a = -2 \quad \therefore a = 3$$

즉, $g(x) = (x+3)^2(x-3)$이므로

$$|g(1)| = |16 \times (-2)| = 32$$

따라서 주어진 방정식을 만족시키는 실수 k의 값의 범위는 $0 < k < 32$이므로 실수 m의 최댓값은 32이다.

20 삼각함수의 활용　　정답 ⑤

삼각형 ABC에 대하여 두 선분 AB, AC 위에 삼각형 ADE의 외접원이 선분 BC에 접하도록 점 D, E를 잡으면 오른쪽 그림과 같다.

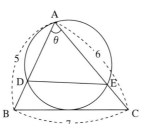

$\angle BAC = \theta$라 하면 코사인법칙에 의하여

$\cos\theta = \dfrac{\overline{AC}^2 + \overline{AB}^2 - \overline{BC}^2}{2 \times \overline{AC} \times \overline{AB}}$|

$= \dfrac{6^2 + 5^2 - 7^2}{2 \times 6 \times 5} = \dfrac{12}{60} = \dfrac{1}{5}$

$\therefore \sin\theta = \sqrt{1 - \left(\dfrac{1}{5}\right)^2} = \dfrac{2\sqrt{6}}{5}$

또한, 삼각형 ADE의 외접원의 반지름의 길이를 R라 하면 사인법칙에 의하여

$\dfrac{\overline{DE}}{\sin\theta} = 2R,\ \dfrac{\overline{DE}}{\frac{2\sqrt{6}}{5}} = 2R$

$\therefore \overline{DE} = \dfrac{4\sqrt{6}}{5} R$

즉, 선분 DE의 길이가 최소이려면 R가 최소이어야 하므로 오른쪽 그림과 같이 삼각형 ADE의 외접원이 선분 BC에 수직으로 접해야 한다.

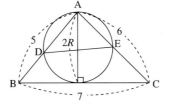

점 A에서 선분 BC에 내린 수선의 발을 H라 하면 삼각형 ABC의 넓이에서

$\dfrac{1}{2} \times \overline{AC} \times \overline{AB} \times \sin\theta = \dfrac{1}{2} \times \overline{BC} \times \overline{AH}$

$\dfrac{1}{2} \times 6 \times 5 \times \dfrac{2\sqrt{6}}{5} = \dfrac{1}{2} \times 7 \times 2R$

$\therefore R = \dfrac{6\sqrt{6}}{7}$

따라서 선분 DE의 길이의 최솟값은

$\overline{DE} = \dfrac{4\sqrt{6}}{5} \times \dfrac{6\sqrt{6}}{7} = \dfrac{144}{35}$

21 삼각 방정식　　정답 480

$n=5$일 때, 방정식 $|\sin 5x| = \dfrac{2}{3}$의 서로 다른 실근의 개수는 곡선 $=|\sin 5x|$와 직선 $y = \dfrac{2}{3}$의 교점의 개수와 같다.

곡선 $y = \sin 5x$의 주기는 $\dfrac{2}{5}\pi$이고, $0 \le x \le 2\pi$에서 이 주기가 5번 반복되므로 a_5의 값은 $0 \le x \le \dfrac{2}{5}\pi$에서 곡선 $=|\sin 5x|$와 직선 $y = \dfrac{2}{3}$의 교점의 개수의 5배이다.

$\therefore a_5 = 4 \times 5 = 20$

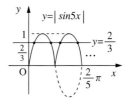

$n=6$일 때, 방정식 $|\sin 6x| = \dfrac{2}{3}$의 서로 다른 실근은 곡선 $y = |\sin 6x|$와 직선 $y = \dfrac{2}{3}$의 교점의 x좌표와 같다.

곡선 $y = \sin 6x$의 주기는 $\dfrac{2}{6}\pi$이고, $0 \le x \le 2\pi$에서 이 주기가 6번 반복된다.

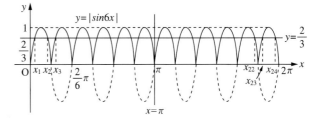

위의 그림과 같이 방정식 $|\sin 6x| = \dfrac{2}{3}$의 서로 다른 실근을 크기가 작은 순서대로 $x_1, x_2, x_3, \cdots, x_{24}$라 하면 곡선 $y = |\sin 6x|$는 직선 $x = \pi$에 대하여 대칭이므로

$\dfrac{x_1 + x_{24}}{2} = \pi,\ \dfrac{x_2 + x_{23}}{2} = \pi,\ \dfrac{x_3 + x_{22}}{2} = \pi,\ \cdots,\ \dfrac{x_{12} + x_{13}}{2} = \pi$

$\therefore b_6 = x_1 + x_2 + x_3 + \cdots + x_{24} = 2\pi \times 12 = 24\pi$

따라서 $a_5 b_6 = 20 \times 24\pi = 480\pi$이므로

$k = 480$

(i) $f(x) \geq g(x)$일 때

$$h(x) = \frac{1}{2}[f(x)+g(x)+\{f(x)-g(x)\}] = f(x)$$

(ii) $f(x) < g(x)$일 때

$$h(x) = \frac{1}{2}[f(x)+g(x)-\{f(x)-g(x)\}] = g(x)$$

(i), (ii)에서 $h(x) = \begin{cases} f(x) & (f(x) \geq g(x)) \\ g(x) & (f(x) < g(x)) \end{cases}$ 이므로 함수 $h(x)$가

극솟값을 가지려면 함수 $y = h(x)$의 그래
프는 오른쪽 그림과 같아야 한다.
두 함수 $y = f(x)$, $y = g(x)$의 그래프가
만나는 점의 x좌표를 α, β ($\alpha < 2 < \beta$)라
하면 $f(\beta) = 3$이므로
$-\beta^2 + 4\beta = 3$, $\beta^2 - 4\beta + 3 = 0$
$(\beta-1)(\beta-3) = 0$
$\therefore \beta = 3$ ($\because \beta > 2$)

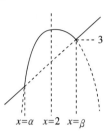

즉, $g(3) = 3$이므로
$6 - a = 3$ $\therefore a = 3$
또한, 두 점 $(3, 3)$, $(\alpha, -\alpha^2+4\alpha)$를 지나는 직선의 기울기가 2
이므로

$$\frac{(-\alpha^2+4\alpha)-3}{\alpha-3} = 2$$

$-\alpha^2+4\alpha-3 = 2\alpha-6$
$\alpha^2 - 2\alpha - 3 = 0$, $(\alpha+1)(\alpha-3) = 0$
$\therefore \alpha = -1$ ($\because \alpha < 2$)

$$\therefore \int_0^4 h(x)dx = \int_0^3 (-x^2+4x)dx + \int_3^4 (2x-3)dx$$

$$= \left[-\frac{1}{3}x^3+2x^2\right]_0^3 + \left[x^2-3x\right]_3^4$$

$$= 9 + 4 = 13$$

$\log_a b = \frac{3}{2}$에서 $b = a^{\frac{3}{2}}$ ($a \neq 1$)

$\log_c d = \frac{3}{4}$에서 $d = c^{\frac{3}{4}}$ ($c \neq 1$)

b, d가 자연수이므로 a는 자연수의 제곱수, c는 네제곱수이어야
한다.

$c = 2^4$일 때, $d = (2^4)^{\frac{3}{4}} = 8$이므로 $a-c = 19$에서
$a = 19 + 16 = 35$
그런데 35는 제곱수가 아니다.

$c = 3^4$일 때, $d = (3^4)^{\frac{3}{4}} = 27$이므로 $a-c = 19$에서
$a = 19 + 81 = 100 = 10^2$

$\therefore b = (10^2)^{\frac{3}{2}} = 1000$

$\therefore b - d = 1000 - 27 = 973$

조건 (가)에서 $ab(c+d+e) = 12 = 2^2 \times 3$이고 c, d, e가 자연수이
므로 $c+d+e \geq 3$이다.

(i) $ab = 4$, $c+d+e = 3$인 경우
    $c = 1$, $d = 1$, $e = 1$이고
    조건 (나)에 의하여 $a = 2$, $b = 2$
    즉, 이 경우의 순서쌍 (a, b, c, d, e)의 개수는 1

(ii) $ab = 3$, $c+d+e = 4$인 경우
    순서쌍 (a, b)의 개수는 $(1, 3)$, $(3, 1)$의 2
    그런데 $c+d+e = 4$와 조건 (나)를 만족시키는 c, d, e의 값은
    존재하지 않는다.

(iii) $ab = 2$, $c+d+e = 6$인 경우
    순서쌍 (a, b)의 개수는 $(1, 2)$, $(2, 1)$의 2
    순서쌍 (c, d, e)의 개수는 1, 1, 4 또는 1, 2, 3 또는 2, 2,
    2를 일렬로 나열하는 경우의 수와 같으므로

    ① 1, 1, 4일 때, $\frac{3!}{2!} = 3$

    ② 1, 2, 3일 때, $3! = 3 \times 2 \times 1 = 6$

    ③ 2, 2, 2일 때, 1

    ①, ②, ③에서 $3 + 6 + 1 = 10$
    즉, 이 경우의 순서쌍 (a, b, c, d, e)의 개수는 $2 \times 10 = 20$

(iv) $ab = 1$, $c+d+e = 12$인 경우
    $a = 1$, $b = 1$이고
    조건 (나)에 의하여 c, d, e는 모두 2 이상의 짝수이어야 하므
    로 자연수 c', d', e'에 대하여 $c = 2c'$, $d = 2d'$, $e = 2e'$이라
    하면
    $c+d+e = 12$에서 $2c'+2d'+2e' = 12$
    $\therefore c'+d'+e' = 6$ (단, c', d', e'은 자연수)
    또한, 음이 아닌 정수 c'', d'', e''에 대하여
    $c' = c''+1$, $d' = d''+1$, $e' = e''+1$이라 하면
    $c'+d'+e' = 6$에서 $(c''+1)+(d''+1)+(e''+1) = 6$
    $\therefore c''+d''+e'' = 3$ (단, c'', d'', e''은 음이 아닌 정수)
    즉, 순서쌍 (c, d, e)의 개수는 순서쌍 (c'', d'', e'')의 개수
    와 같고, (c'', d'', e'')의 개수는 c'', d'', e''에서 중복을 허
    락하여 3개를 택하는 경우의 수와 같으므로

    $_3H_3 = {}_{3+3-1}C_3 = {}_5C_3 = {}_5C_2 = \frac{5 \times 4}{2 \times 1} = 10$

    즉, 이 경우의 순서쌍 (a, b, c, d, e)의 개수는 10
(i)~(iv)에서 구하는 순서쌍 (a, b, c, d, e)의 개수는
$1 + 20 + 10 = 31$

$$\sum_{i=1}^{5}(ax_i+b-y_i)^2$$

$$=(ax_1+b-y_1)^2+(ax_2+b-y_2)^2+(ax_3+b-y_3)^2$$
$$\quad +(ax_4+b-y_4)^2+(ax_5+b-y_5)^2$$

$$=(-2a+b-1)^2+(-a+b-2)^2+(b-3)^2+(a+b-2)^2$$
$$\quad +(2a+b-4)^2$$

$$=\{(-2a+b)-1\}^2+\{(-a+b)-2\}^2+(b-3)^2$$
$$\quad +\{(a+b)-2\}^2+\{(2a+b)-4\}^2$$

$$=(4a^2-4ab+b^2+4a-2b+1)+(a^2-2ab+b^2+4a-4b+4)$$
$$\quad +(b^2-6b+9)+(a^2+2ab+b^2-4a-4b+4)$$
$$\quad +(4a^2+4ab+b^2-16a-8b+16)$$

$$=10a^2+5b^2-12a-24b+34$$

$$=10\left(a-\frac{3}{5}\right)^2+5\left(b-\frac{12}{5}\right)^2+A \quad (A\text{는 상수})$$

즉, a에 대한 이차함수 $10\left(a-\dfrac{3}{5}\right)^2$은 $a=\dfrac{3}{5}$일 때 최솟값을 갖고,

b에 대한 이차함수 $5\left(b-\dfrac{12}{5}\right)^2$은 $b=\dfrac{12}{5}$일 때 최솟값을 가지므로

주어진 식의 값이 최소가 되도록 하는 두 실수 a, b의 값은

$$a=\frac{3}{5}, \quad b=\frac{12}{5}$$

$$\therefore a+b=\frac{3}{5}+\frac{12}{5}=3$$

제1교시 국어영역

문제 ▶ p. 238

01 ⑤	02 ②	03 ①	04 ⑤	05 ③
06 ①	07 ④	08 ④	09 ②	10 ③
11 ④	12 ②	13 ②	14 ③	15 ④
16 ①	17 ③	18 ③	19 ②	20 ④
21 ②	22 ⑤	23 ①	24 ④	25 ①
26 ⑤	27 ①	28 ⑤	29 ③	30 ②
31 ④	32 ③	33 ③	34 ③	35 ④
36 ⑤	37 ②	38 ①	39 ②	40 ④
41 ①	42 ③	43 ③	44 ④	45 ⑤

01 어법에 맞게 고쳐쓰기 정답 ⑤

〈보기〉의 첫 번째 문장은 '인간은 자연의 위대한 힘과 맞설 때도 있었지만 대개는 <u>자연에</u> 굴복하면서 살아왔다.'로, 두 번째 문장은 '대도시의 수도관이 낡고 녹슬어서 <u>수도관에</u> 녹이 섞이거나, <u>수도관에서</u> 물이 새는 일이 적지 않다.'로 고치는 것이 적절하다. 따라서 각 문장에 서술어가 필요로 하는 부사어를 추가하는 것이 적절하다.

02 용언의 활용 이해하기 정답 ②

②에서 동사 '본뜨다'가 활용할 때에는 모두 '으' 탈락이 일어난다. 따라서 '본떠, 본뜨고, 본떠서, 본떴다'와 같이 활용되므로 이와 같이 표기하는 것이 알맞다.

오답 분석
① '아니에요'는 형용사 '아니다'의 어간에 어미 '-에요'가 연결된 것으로 바른 표기이다.
③ '빨갛네'는 형용사 '빨갛다'의 어간에 종결 어미 '-네'가 연결된 것으로 바른 표기이다.
④ '누레졌다'는 형용사 '누렇다'가 '-어지다'를 만나며 'ㅎ'이 탈락된 것으로 바른 표기이다.
⑤ '가팔라서'는 형용사 '가파르다'의 '르' 불규칙 활용이다. '가파르다'의 어간의 끝소리 '르'가 '-아' 앞에서 'ㄹㄹ'로 바뀌었으므로 '가팔라서'는 바른 표기이다.

03 음운의 변동 이해하기 정답 ①

㉠ : '열여섯 → 열여섣'이므로 교체(음절의 끝소리 규칙)와 첨가('ㄴ' 첨가)
㉡ : '열녀섣 → 열려섣'이므로 교체(유음화)

04 국어의 로마자 표기법 이해하기 정답 ⑤

〈보기〉의 '다만' 조항을 보면 체언에서 'ㄱ, ㄷ, ㅂ' 뒤에 'ㅎ'이 따를 때에는 'ㅎ'을 밝혀 적는다고 했다. 그래서 '묵호'는 [무코]로 소리 나지만 'ㅎ'을 밝혀 'Mukho'라고 표기하듯이 '집현전[지편전]'도 'ㅎ'을 밝혀 'Jiphyeonjeon'이라고 표기해야 한다.

오답 분석
① '신라[실라]'는 자음 사이에서 동화 작용이 일어나는 경우이므로 소리 나는 대로 'Silla'로 표기한다.
② '알약[알략]'은 'ㄴ, ㄹ'이 덧나는 경우이므로 소리 나는 대로 'allyak'으로 표기한다.
③ '같이[가치]'는 'ㅌ'이 모음 'ㅣ'를 만나 구개음인 'ㅊ'이 되는 구개음화이므로 'gachi'로 표기한다.
④ '놓다[노타]'는 'ㄷ'이 'ㅎ'과 합하여 거센소리인 'ㅌ'으로 소리 나는 경우이므로 'nota'로 표기한다.

05 형태소 분석하기 정답 ③

용언의 활용형 '가는'은 어휘의 의미에 따라 기본형이 다르다. '등교하는'의 의미로 쓰일 때는 기본형이 '가다'이고, '연마하는'의 의미로 쓰일 때는 기본형이 '갈다'이고, '얇은'의 의미로 쓰일 때는 기본형이 '가늘다'이다. 따라서 형태소를 분석하면 ㉠ '가-+-는', ㉡ '갈-+-는', ㉢ '가늘-+-ㄴ'이 된다. '가늘다'는 어간의 끝소리인 'ㄹ'이 'ㄴ, ㄹ, ㅂ, ㅅ, 오' 앞에서 탈락하며 활용되므로, '가늘-' 뒤에 어미 '-ㄴ'이 붙어서 '가는'의 형태가 된 것이다.

06 접미사 '-적'의 품사 이해하기 정답 ①

①의 '비교적'은 뒤에 오는 서술어 '쉽다'를 꾸며 주는 부사이므로 ㉠의 예로 적절하다.

오답 분석
② '비상식적' 뒤에 서술격 조사 '이다'가 붙었으므로, '비상식적'은 명사이다.
③ '기술적'이 뒤에 오는 명사 '결함'을 꾸며 주고 있으므로, '기술적'은 관형사이다.

④ '전국적' 뒤에 조사 '으로'가 붙었으므로, '전국적'은 명사이다.
⑤ '평화적'이 뒤에 오는 명사 '방법'을 꾸며 주고 있으므로, '평화적'은 관형사이다.

07 이형태 관계 찾기 　　　　　　　　정답 ④

이형태는 하나의 형태소가 음운론적 환경에 따라 둘 이상의 모습으로 나타나는 경우를 가리키는 말이다. ④에서 '어디라도'의 '라도'와 '관심이라도'의 '이라도'는 모두 다른 경우와 마찬가지임을 나타내는 보조사이지만 앞말의 받침 유무에 따라 다른 형태로 쓰였으므로 이형태 관계에 있다고 할 수 있다.

오답 분석

① '에서'와 '에'는 모두 '앞말이 장소를 가리키는 부사어임을 나타내는 격 조사'이지만, '에서'는 거기에 더하여 '앞말이 행동이 이루어지고 있는 처소의 부사어임을 나타내는 격 조사'이다.
② '로서'는 자격을 나타내는 격 조사이고, '으로써'는 어떤 일의 기준이 되는 시간임을 나타내는 격 조사이다.
③ '하라'는 간접 명령을 나타내는 말이고, '해라'는 직접 명령을 나타내는 말이다.
⑤ '-니'는 물음의 뜻을 나타내는 종결 어미이고, '-으니'는 앞말이 뒷말의 원인이 됨을 나타내는 연결 어미이다.

08 국어사전의 용례 찾기 　　　　　　　　정답 ④

문형 정보란 단어가 반드시 필요로 하는 문장 성분을 나타낸다. ㄹ의 문형 정보에서 필수적인 문장 성분은 부사어('…에게')와 용언('-도록'), 즉 2개임을 알 수 있다. 그런데 ④의 예문에서는 '누나를'이라는 목적어가 없으면 문장이 성립하지 않으므로 이 문장에서는 필수적인 문장 성분이 3개이다. 따라서 ④의 예문이 적절하지 않다.

09 관용 표현의 의미 파악하기 　　　　　　　　정답 ②

②에서 '머리에 털 나고'는 '세상에 태어나서'를 뜻하는 관용 표현으로, '어른이 되다'라는 의미를 나타내지는 않는다.

10 청유형 어미와 행동 수행 주체의 관계 이해하기 　　정답 ③

③에서 조용히 하는 것은 청자(도서관에서 떠드는 사람)만 하는 것이므로 ㄷ이 아니라 ㄹ의 예로 적절하다.

오답 분석

① 화자와 청자 모두가 내일 다시 논의를 해야 하므로 ㄱ의 예로 적절하다.
② 밥을 먹는 행위는 청자(아기) 혼자 하는 것이므로 ㄴ의 예로 적절하다.

④ 길을 비키는 행위는 청자(길을 막고 있는 사람) 혼자 하는 것이므로 ㄹ의 예로 적절하다.
⑤ 그 책을 보겠다는 것은 화자 혼자 하는 것이므로 ㅁ의 예로 적절하다.

11 중세 국어의 품사 이해하기 　　　　　　　　정답 ④

중세 국어에서 'ㅅ'이 관형격 조사로 쓰이는 경우는 무정물 뒤(예 나랏 말씀) 또는 높임의 대상을 나타내는 명사 뒤에 붙는 경우(예 대왕ㅅ-대왕의)이다. ㄷ의 관형격 조사 'ㅅ'은 높임의 대상인 '太子' 뒤에 붙은 경우이다.

오답 분석

① '호리이다'는 '호-+-오-+-리-+-이다'로 형태소 분석을 할 수 있으므로 선어말 어미 '-오-'가 들어 있다.
② '내 롱담ㅎ다라'는 '내 농담하더라'로 해석할 수 있으므로 화자가 청자보다 상위자일 것이라고 짐작할 수 있다.
③ '太子ㅣ'가 주어라면 'ㅣ'는 주격 조사임을 짐작할 수 있다.
⑤ '아니 ㅎ시는 거시니'에서 '아니'는 부정의 뜻을 나타내는 부사로 쓰였다.

12 동일 모음 탈락 적용하기 　　　　　　　　정답 ②

'가다가'는 '가-+-다가'로 분석되므로 동일 모음 탈락이 일어나지 않았다.

오답 분석

① '자-+-아도'가 '자도'가 된 것이다.
③ '떠나-+-아야'가 '떠나야'가 된 것이다.
④ '서-+-어서'가 '서서'가 된 것이다.
⑤ '자-+-아'가 '자'가 된 것이다.

13~17

▶ 갈래 : 설명문
▶ 제재 : 웃음에 관한 다양한 이해
▶ 주제 : 웃음이 나는 원리에 대한 학자들의 다양한 견해
▶ 내용 요약 : 웃음이 나는 것에 대한 학자들의 견해는 다양하다. 이츠하크 프리드 박사는 우리 뇌에 웃음을 유발하는 영역이 존재하며 그 곳에 자극을 가하면 웃음이 나온다고 주장했다. 그리고 로버트 프로빈 교수는 웃음은 인간관계를 돈독하게 해 주는 사회적 신호 중 하나라고 주장했다.

13 중심 소재 파악하기
정답 ②

이 글은 타인이 웃으면 따라 웃게 되는 원인에 대한 여러 학자들의 견해를 나열하고 있다. 따라서 글의 제목으로 가장 적절한 것은 ②이다.

14 글의 설명 방식 이해하기
정답 ③

이 글은 웃음에 관해 연구한 여러 전문가들의 견해를 나열하여 웃음에 대한 과학적 논의를 설명하고 있다.

15 외적 준거를 바탕으로 세부 내용 이해하기
정답 ④

〈보기〉는 억지로라도 웃는 시늉을 하면 기분이 좋아질 수 있다는 실험에 관한 내용이다. 따라서 이 글과 〈보기〉를 참고해 이해한 것으로 적절한 것은 인간은 행복해서 웃기도 하지만 웃는 행위를 통해 행복한 감정을 느낄 수 있다는 내용의 ④이다.

16 글의 내용 추론하기
정답 ①

[A]는 웃음이 남녀 인간관계에 어떤 영향을 미치는지 조사한 실험에 대한 내용이다. 이 실험에서 여자들은 남자와 함께 영화를 볼 때, 특히 전혀 알지 못하는 남자와 함께 영화를 볼 때 크게 웃고, 혼자 보거나 같은 여자와 함께 볼 때는 웃음소리가 잦아들었다. 따라서 혼자 개그 프로그램을 시청하는 여성은 남성과 함께 볼 때보다 조용히 볼 것이라고 추론하는 것이 적절하다.

17 세부 정보 확인하기
정답 ③

ⓐ는 인간의 뇌에 있는 웃음 발생 영역에 자극을 가하면 웃음을 유발한다는 내용으로, 타인이 웃을 때 웃음 감지 영역에서 웃음 발생 영역으로 신호가 전달돼 따라 웃게 된다는 앞 문단의 내용과 관련이 있다. 따라서 웃음 발생 영역에서 웃음 감지 영역으로 신호가 전달된다는 ③의 내용은 적절하지 않다.

> 오답 분석

①·② 4문단에서 확인할 수 있다.
④ 3문단에서 확인할 수 있다.
⑤ 6문단에서 확인할 수 있다.

18~21

▶ 갈래 : 설명문
▶ 제재 : 미국의 반문화를 형성한 비트 세대
▶ 주제 : 비트 세대 작가들이 등장한 배경과 활동 내용
▶ 내용 요약 : '비트 세대' 작가군은 1950~60년대 미국의 지배적인 정치, 경제, 문화 상황에 저항하면서 반문화를 형성한 작가들이다. 당시 미국에서는 사회 구성원들의 개인성과 자율성을 억압했는데, 비트 세대 작가들은 이에 저항하고 대안을 추구했으며, 개인성을 회복하고 자아를 표현하는 것을 중시했다.

18 글의 논지 전개 방식 파악하기
정답 ③

이 글은 다양한 비트 세대 작가들을 소개하고 그들의 대표작이나 활동 내용을 소개했을 뿐 가설을 세우거나 서로 다른 논리들을 비교하지는 않았다.

> 오답 분석

① '비트 세대'의 개념을 밝혀 독자의 정확한 이해를 돕고 있으므로 적절하다.
② 비트 세대 작가들의 저항과 대안 추구의 다양한 예를 제시하여 중심 내용을 구체화하고 있으므로 적절하다.
④ 로버트 로웰, 게리 스나이더와 같은 사람들의 견해를 인용하여 설명을 뒷받침하고 있으므로 적절하다.
⑤ 비트 세대 작가들의 저항과 대안 추구가 나타난 원인과 그 결과를 밝히며 사회적인 현상을 설명하고 있으므로 적절하다.

19 글의 세부 내용 이해하기
정답 ③

8문단에서 케루악의 방랑은 '정신적 소외, 불안감, 불만'에서 시작된 것이었고, 스나이더는 방랑의 시작이 '1950년대 미국의 정신적, 정치적 외로움'이었다고 했으므로 ③의 내용은 적절하다.

> 오답 분석

① 3문단에서 1950년대 미국 사회는 순응과 획일성을 강요받았기 때문에 진정제를 맞은 환자처럼 평온한 사회였다고 했다. 따라서 '진정제'라는 표현은 당시 미국 사회를 빗댄 비유적 표현임을 알 수 있다.
② 미국 사회가 개인주의와 반문화주의의 조화를 추구했다는 내용은 글에서 확인할 수 없다.
④ 9문단에서 비트 세대 작가들은 선불교 사상을 수용하는 등 자신들의 반문화를 형성하여 주류 문화에 저항하였다고 했다.
⑤ 비트 세대 작가들은 미국의 주류 문화에 대해 긍정이 아닌 저항을 추구했다.

20 특정 구절의 세부 정보 파악하기   정답 ④

이 글에서 말하는 '일차원적 인간'은 개인의 사적인 경험, 자율적인 판단, 자유가 억압되거나 유보된 사회 속에서 소비로 불안감을 대신하고 대중문화나 매체에 의하여 쉽게 선동되어 스스로 결정을 하지 못하는 인간이다. 따라서 사회적 현안에 대해 자신의 관점을 갖지 못하는 경향이 있다는 설명이 적절하다.

21 어휘의 문맥적 의미 파악하기   정답 ②

㉠에서 '밝히다'는 '드러나지 않거나 알려지지 않은 사실, 내용, 생각 따위를 드러내 알리다.'라는 의미로 사용되었다. 이와 문맥적 의미가 가장 가까운 것은 ②이다.

오답 분석

① '밝히다'가 '불빛 따위가 환하게 되다.'라는 의미로 사용되었다.
③ '밝히다'가 '빛을 내는 물건에 불을 켜다.'라는 의미로 사용되었다.
④ '밝히다'가 '드러나게 좋아하다.'라는 의미로 사용되었다.
⑤ '밝히다'가 '잠을 자지 않고 지내다.'라는 의미로 사용되었다.

22~27

김현, 「두꺼운 삶과 얇은 삶」
▶ 갈래 : 현대 수필
▶ 성격 : 성찰적, 비판적, 논리적
▶ 제재 : 아파트에서의 삶과 땅집에서의 삶
▶ 주제 : 깊이가 없는 아파트에서의 삶에 대한 반성과 비판
▶ 내용 : 삶의 비밀이 있는 깊이 있는 공간인 땅집과 깊이가 없는 평면적인 삶이 이루어지는 공간인 아파트를 대조하여 두 대상에 대한 성찰을 드러내고 있다. 글쓴이는 얇은 삶을 비판하는 자신도 그러한 아파트에서의 삶에 깊이 물들어 있음을 인식하며 자기 반성적 태도를 보이고 있다.

22 서술상의 특징 이해하기   정답 ⑤

이 글은 아파트와 땅집이 단순한 주거 공간이 아니라 사람들의 사고방식을 대변한다는 관점에서 두 대상의 차이점을 서술하고 있다. 허구적인 상황을 설정한 부분은 나오지 않는다.

오답 분석

① 아파트에서의 삶과 땅집에서의 삶이 어떻게 다른지, 그런 차이가 나는 까닭은 무엇인지에 대해 원인과 그 결과를 밝혀 서술하고 있다.
② 땅집을 이루는 구성 요소를 하위 유형으로 나누어 설명하고 있다.

③ 생텍쥐페리가 쓴 글의 일부를 들어 자신의 견해를 뒷받침하고 있다.
④ 땅집과 아파트의 속성을 여러 가지 비유적 표현을 사용하여 드러내고 있다.

23 대상의 의미 파악하기   정답 ①

글쓴이인 '나'는 아파트가 평면적이고 깊이가 없어서 모든 것이 한 평면 위에 나열되어 있으므로 한눈에 들어오게 되어 있다고 하였다. 모든 것이 노출되어 있는 구조여서 비밀을 가질 수 없는 것이므로 아파트가 삶을 효율적으로 만들기 때문이라는 설명은 적절하지 않다.

24 글쓴이의 생각 파악하기   정답 ④

글쓴이인 '나'는 땅집의 지하실이나 다락방에서는 하찮은 것들이라도 굉장한 신비를 간직한 것으로 나타난다고 했으며, 쓸모 있는 것과 쓸데없는 것을 구분하게 해 주는 것을 '땅집의 삶'의 매력으로 꼽지는 않았다.

25 단어의 구조 파악하기   정답 ①

'은수저'는 '물질+대상'의 의미 구조를 지닌 단어이다. ②~⑤는 모두 '장소+대상'의 의미 구조를 지닌다.

26 글쓴이의 태도 파악하기   정답 ⑤

글쓴이는 도시인들이 실용적인 것만을 추구하는 삶을 비판하며 땅집에서의 자연적인 삶, 정신적 가치가 존재하는 삶을 추구하는 삶의 태도를 가져야 한다고 생각하고 있다. 이와 같은 태도를 보이는 것은 ⑤이다.

27 등급 반의어와 상보 반의어 이해하기   정답 ①

㉠ '높다 – 낮다'는 중간 상태가 있는 등급 반의어다. 반면 ① '살다 – 죽다'는 중간 상태가 없어서 동시에 부정하는 것이 불가능한 상보 반의어이다.

작자 미상, 「운영전」
▶ 갈래 : 애정 소설, 몽유 소설, 액자 소설
▶ 성격 : 애정적, 비극적
▶ 배경 : 시간적 – 조선 초기, 공간적 – 수성궁, 천상계
▶ 제재 : 궁녀 운영과 김 진사의 사랑
▶ 주제 : 현실적인 제약을 초월한 남녀의 비극적 사랑
▶ 특징
  – 액자식 구성을 취함
  – 봉건적 애정관을 탈피한 자유연애 사상을 드러냄
  – 대화체의 문체를 사용하여 작품에 흥미를 더함
▶ 내용 : 수성궁에서 술을 마시고 잠이 들었던 유영은 우연히 김 진사와 운영을 만나서 두 사람의 비극적인 연애담을 듣는다. 궁녀인 운영은 안평 대군을 찾아온 김 진사에게 반하여 편지를 주고받으며 정을 키웠다. 두 사람은 도망갈 계획을 세웠지만 안평 대군에게 들켜 운영은 자결하고 김 진사도 슬픔을 이기지 못해 상사병으로 죽었다. 유영이 이 이야기를 다 듣고 잠들었다가 깬 뒤, 김 진사가 쓴 책을 발견하고 그 후로 세상을 유랑한다.

28 인물의 태도 파악하기   정답 ⑤

대군이 궁녀들을 용서한 이유는 김 진사와의 의리 때문이 아니라 초사를 읽고 점차 노기가 풀어졌기 때문이다.

오답 분석
① 자란은 남녀가 사랑의 감정을 갖는 것은 당연한 일이니 김 진사와 운영을 만나게 해서 두 사람의 원한을 풀어 주어야 한다며 운영의 사랑을 옹호하고 있다.
② 운영은 정절을 지키지 못한 죄, 대군께 사실대로 아뢰지 못한 죄, 다른 궁녀들까지 위험에 처하게 한 죄를 죽음으로 갚겠다고 했다.
③ 옥녀는 운영과 뜻을 같이하여 함께 죽겠다며 의리를 지키고 있다.
④ 유영은 김 진사와 운영의 비극적 사랑 이야기를 듣고는 삶의 의욕을 잃고 명산을 두루 유람하였다.

29 외적 준거를 바탕으로 작품 감상하기   정답 ⑤

㉯에 운영과 김 진사가 안평 대군이 몰락한 일로 비통해하는 부분은 나와 있지 않다. 다만 수성궁에 돌아와 옛일을 회상하면서 자연은 그대로인데 자신들은 변해 버린 일로 슬픔을 느끼고 있다.

오답 분석
① ㉮-2로 돌아온 유영이 망연자실하며 유랑하는 삶을 살았다는 것으로 보아, 꿈꾸기 전과 다른 삶의 태도를 갖게 되었음을 짐작할 수 있다.
② ㉯에서 언급된 안평 대군은 결국 몰락하였으므로 ㉯의 운영, 김 진사와 마찬가지로 현실에서 좌절한 인물이다.
③ 유영이 위로하는 말에 '원수인 노비 특도 이미 제거되어 분통함을 씻었습니다.'라고 한 것으로 보아, ㉯의 과거사에서 김 진사와

노비 특이 갈등을 겪었을 것임을 짐작할 수 있다.
④ ㉯의 이야기는 운영과 김 진사의 일인칭 주인공 시점으로 서술되고 있다.

30 작품 속 인물에 대해 추론하기   정답 ②

궁녀들은 대군에게 자신들도 운영과 마찬가지로 궁녀로서 죄를 지었으니 죽음을 받아들이겠다는 초사를 올렸다. 그렇지만 자신들의 죽음이 초래할 결과를 밝히지는 않았으므로 ②는 적절하지 않다.

31 사건 전개 흐름 파악하기   정답 ④

ⓐ~ⓔ 가운데 사건 전개상 가장 먼저 일어난 일은 ⓓ이다. ⓓ는 본래 천상의 선인으로 오래도록 옥황상제를 모시고 있었던 김 진사가 지상으로 내려오기 전에 겪은 일이다.

32 인물의 정서를 다른 작품에 적용하기   정답 ③

③은 자연은 무한하나 인간의 삶과 권력은 유한함을 노래하며 슬픈 감정을 표현한 작품이다. 이 글에서 운영과 김 진사 그리고 두 사람의 이야기를 들은 유영은 인간 삶의 무상함과 유한함을 깨달았으므로 ③에 표현된 화자의 감정이 유영의 정서와 가장 가깝다.

정서, 「정과정」
▶ 갈래 : 향가계 시가
▶ 성격 : 충신연주지사(忠臣戀主之詞)
▶ 주제 : 임금을 그리워하는 정
▶ 특징
  – 화자를 여성으로 설정하여 임금에 대한 충성을 임과 이별한 여성의 사랑에 빗대어 노래함
  – 객관적 상관물(산 접동새)에 화자의 감정을 이입함
  – 고려 가요 중 작자를 알 수 있는 유일한 작품임
▶ 내용
  – 1~4행(기) : 자연물에 빗댄 자신의 처지와 결백
  – 5~10행(서) : 임에 대한 변함없는 충성심, 결백에 대한 주장, 자신을 모함한 사람들에 대한 원망
  – 11행(결) : 임에 대한 간절한 소망

조위, 「만분가」
▶ 갈래 : 양반 가사, 유배 가사
▶ 성격 : 원망적, 한탄적
▶ 주제 : 임금에 대한 그리움과 유배당한 자신의 처지에 대한 원통한 심정
▶ 특징
 – 자연물을 매개로 화자의 정서를 표현함
 – 고사를 인용하여 화자의 억울함을 호소함
 – 현전하는 가장 오래된 유배 가사임
▶ 내용 : 임을 잃은 여인을 화자로 설정하여 임금에 대한 그리움과 유배당한 자신의 처지에 대한 원통한 심정을 노래하고 있다.

정철, 「속미인곡」
▶ 갈래 : 양반 가사, 서정 가사, 유배 가사
▶ 성격 : 서정적, 여성적, 충신연주지사(忠臣戀主之詞)
▶ 주제 : 임에 대한 그리움
▶ 특징
 – 임과 이별한 여인의 마음에 빗대어 연군의 마음을 표현함
 – 문답 형식의 대화체로 시상을 전개함
 – 세련되고 뛰어난 우리말 표현을 구사함
▶ 내용
 – 서사 : 임과 이별한 사연 및 자신의 신세 한탄
 – 본사 : 임에 대한 걱정과 그리움, 독수공방의 외로움 토로
 – 결사 : 죽어서라도 임과의 사랑을 이루고 싶은 마음

33 작품의 공통점 파악하기 정답 ③

(가)~(다)의 화자는 모두 임과 이별한 처지에서 벗어나 임과의 사랑을 이루고 싶은 마음을 노래하고 있다.

오답 분석
① 4음보의 율격은 (나), (다)만 해당한다.
② 감탄사를 활용하여 시상을 집약하여 마무리한 것은 (가)만 해당한다.
④ (가)~(다)에 화자가 현재 처한 상황은 드러나 있지만 그렇게 된 원인은 구체적으로 드러나 있지 않다.
⑤ (가)~(다)의 화자는 임과 멀리 떨어져 있어서 만날 수 없는 상황이다.

34 시어의 의미 파악하기 정답 ③

(나)의 '천상(天上) 백옥경(白玉京)'은 임이 계신 천상 세계를 뜻한다. (다)의 '높픈 뫼'는 천상에 있는 임에게 조금이라도 가까이 가려는 소망 성취의 공간이다. 따라서 둘 다 탈속적 공간과는 거리가 멀다.

오답 분석
① (가)의 화자는 '산(山) 접동새'에 감정을 이입하여 동병상련의 대상으로 보고 있다. (나)의 화자는 모함을 받아 좌천되었던 가태부와 자신의 처지가 비슷한 점을 들어 '가태부의 넋'에 자신을 비유하고 있다.

② (가)의 '괴오쇼셔'는 (임에게 자신을) 사랑해 달라는 직접적인 표현이다. (다)의 '꿈'은 현실에서 못 보는 임을 꿈에서라도 보고 싶은 마음을 담은 매개체이다. 따라서 이 둘은 모두 화자의 소망이 간절함을 드러내는 표현이다.
④ (나)의 '구름'과 (다)의 '비 길'은 모두 임에게 갈 수 있는 매개체이므로, 화자의 소망을 성취할 수 있는 통로로 볼 수 있다.
⑤ (다)의 '구롬', '부람', '믈결'은 화자와 임 사이를 가로막는 대상이므로, 화자의 소망을 방해하는 장애물로 볼 수 있다.

35 외적 준거를 바탕으로 작품 이해하기 정답 ④

(가)의 7행인 '과(過)도 허믈도 천만(千萬) 업소이다'는 화자가 왕을 모시고 싶다는 충정을 드러낸 부분이 아니라 자신의 결백함을 호소한 부분이다.

오답 분석
① 화자는 자신을 '접동새'에 빗대고 있으므로 접동새의 울음은 임에 대한 그리움과 억울함을 표상한 것으로 볼 수 있다.
② '잔월효성'은 천지신명을 의미하는데, 이는 화자의 억울함과 결백함을 알고 있는 초월적 존재이다.
③ 5행에서 화자는 임에 대한 일편단심, 즉 자신의 소망을 직접적으로 표출하고 있다.
⑤ 10, 11행에는 임에 대한 원망과 간절한 애원이 교차하며 나타나고 있다.

36 외적 준거를 바탕으로 시구 이해하기 정답 ⑤

(다)의 결사 부분에서 주 화자는 보조 화자에게 임의 안부가 염려되고 소식이 궁금하니 차라리 죽어서 낙월(落月)이 되어서라도 임의 곁으로 가고 싶다고 한다. 그러자 보조 화자는 달은커녕 굳은비나 되라며 사랑의 표현을 좀 더 적극적이고 직접적으로 할 것을 조언하고 있다.

오답 분석
① 보조 화자는 작품의 극적인 결말을 짓는 역할을 한다.
② 주 화자는 죽어서라도 임의 곁으로 가고 싶을 정도로 절박한 심경을 드러내고 있다.
③ 주 화자와 보조 화자 모두 작가의 분신으로 임금을 향한 작가의 충절을 대변하는 역할을 한다.
④ 보조 화자는 임을 그리워하는 주 화자의 마음에 공감하며 말하고 있다.

37 시어의 의미 파악하기 정답 ②

ⓑ '황하수'는 화자의 감정과 관계없는 공간적 배경을 가리킨다. 나머지는 모두 화자의 외로움을 심화시키는 대상으로 적절하다.

전봉건, 「사랑」
- ▶ 갈래 : 자유시, 서정시
- ▶ 성격 : 성찰적, 비유적
- ▶ 주제 : 진정한 사랑의 의미
- ▶ 특징
  - 수미상관의 구조로 형태적 안정감을 줌
  - 관념적인 대상을 구체적인 대상에 빗대어 표현함
- ▶ 내용 : 화자는 사랑의 의미를 깨달음을 통해 정의하고 있다. 2, 3연에서 사랑에 대한 비유를 나타내며 사랑은 인내하고 기다리는 과정을 통해 완성된다는 내용을 전하고 있다.

이육사, 「교목」
- ▶ 갈래 : 자유시, 저항시
- ▶ 성격 : 의지적, 저항적, 상징적
- ▶ 주제 : 암담한 현실에 굴하지 않는 강인한 의지
- ▶ 특징
  - 자연물을 통해 화자의 의지를 형상화함
  - 각 연을 부정적 명령형 종결 어미를 사용하여 부정적인 현실을 거부하려는 단호한 의지를 드러냄
- ▶ 구성
  - 1연 : 굽힐 수 없는 신념과 의지
  - 2연 : 후회 없는 삶에 대한 내면적 다짐
  - 3연 : 절망적 상황에 대한 결연한 의지

김영랑, 「독을 차고」
- ▶ 갈래 : 자유시, 저항시
- ▶ 성격 : 의지적, 직설적, 저항적, 상징적
- ▶ 주제 : 죽음을 각오한 불의와의 대결 의지
- ▶ 특징
  - 강인한 어조와 직설적인 표현으로 화자의 의지를 강조함
  - 순응적인 삶과 저항적인 삶의 자세를 대조적으로 보여 줌
- ▶ 구성
  - 1연 : 의지의 표명
  - 2연 : 벗의 회유와 충고
  - 3연 : 독을 찬 배경
  - 4연 : 현실 대결 의지의 다짐

38 작품의 공통점 파악하기   정답 ①

(가)의 화자는 '사랑'이라는 가치를, (나)와 (다)의 화자는 '암담한 현실에 대한 저항'이라는 가치를 마음속에 간직하고 있다.

39 작품의 표현상 특징 파악하기   정답 ②

(가)에서는 '열매가 맺지 않는 과목 ↔ 새 묘목', '비바람이 삼킨 어둠, 어두운 밤 ↔ 훤한 새벽 햇살' 등과 같이 상반된 함축적 의미를 가진 시어들을 활용하고 있다.

오답 분석
① 화자의 정서를 성찰적 어조로 드러내고 있다.
③ 공감각적 표현이 쓰인 부분은 찾을 수 없다.
④ 계절의 변화를 드러내는 시어는 쓰이지 않았다.
⑤ '~는 일이다'의 반복과 수미상관 구조로 시상을 강조하며 주제를 효과적으로 드러내고 있다.

40 시어의 의미 파악하기   정답 ④

ⓔ '검은 그림자'는 부정적인 자아가 아니라 암울한 시대 상황을 가리키는 시어이다.

오답 분석
① ㉠ '푸른 하늘'은 이상과 염원의 세계를 의미한다.
② ㉡ '낡은 거미집'은 화자가 처한 암담한 현실, 즉 일제 강점기를 의미한다.
③ ㉢ '끝없는 꿈길'은 마음속의 이상, 이상을 위한 투쟁을 의미한다.
⑤ ㉤ '바람'은 외부의 시련을 의미한다.

41 시어의 의미 파악하기   정답 ①

화자는 현실에 순응하지 않고 외로운 혼을 건지기 위해 마음에 '독'을 품었다. 아직 아무도 해한 일 없는 새로 뽑은 독이다. '독'은 일제에 대한 저항 의지, 즉 내면의 순수성을 지키고자 하는 화자의 현실에 대한 대결 의지를 상징한다. 따라서 '독'이 '내' 안의 부정적 성향을 가리킨다고 보기 어렵다.

오답 분석
② '독'을 품음으로써 화자는 부끄럽지 않은 삶을 살 수 있음을 알 수 있다.
③ 화자는 부정적 현실에 대항하겠다는 삶의 태도를 '독'으로 나타내고 있다.
④ 화자는 이리 승냥이, 짐승이 판을 치는 현실에서 독을 품어 깨끗한 마음을 지키려고 한다.
⑤ 현실 순응적이고 허무주의적인 삶의 태도를 가진 '벗'은 화자에게 독을 버리라 충고한다. 그렇지만 화자는 독을 품고 가겠다는 의지를 보이며 '벗'과 갈등하고 있다.

박경리, 「불신시대」

▶ 갈래 : 단편 소설, 전후 소설
▶ 성격 : 비판적, 현실주의적
▶ 배경 : 시간적 – 1950년대, 공간적 – 서울
▶ 주제 : 전후 혼란기의 부정적 사회에 대한 분노와 고발
▶ 특징
  – 위선과 기만에 가득 찬 당대 사회 현실을 사실적으로 드러냄
  – 여성의 시각으로 시대의 문제를 조명함
▶ 내용 : 한국 전쟁 중에 남편과 사별한 진영의 유일한 희망은 아들 문수다. 그러나 거리에서 넘어진 문수는 의사의 무성의한 치료(엑스레이도 찍지 않고 약도 준비하지 않음)로 목숨을 잃는다. 이 사건으로 인해 사회에 대한 진영의 불신은 더욱 증폭된다. 그리고 아들의 명복을 위해 절에 맡겼던 문수의 사진과 위패를 되찾아 와 태우면서 사회에 대한 진영의 증오는 절정에 달한다.

42 서술상의 특징 이해하기   정답 ③

이 글은 전지적 작가 시점으로 주인공 진영의 시각을 중심으로 사건을 전개하고 있다. 작가는 진영이 겪는 체험을 중심으로 이기심으로 가득 찬 사회악과 위선적인 종교 등 사회 현실을 비판하고 있다.

43 인물이 처한 상황 파악하기   정답 ③

진영은 방 안에 가스가 찬 것과 같은 느낌을 받으며 자리에서 쓰러졌다. 이를 통해 건강 상태가 좋지 않은 상태인 것을 알 수 있다.

오답 분석
① 전쟁이 끝난 뒤 의사의 무성의한 치료로 아들을 잃었다.
② 어머니와 진영의 사이가 어떠한지는 글에서 확인할 수 없다.
④ 진영은 방속에 피운 구멍탄 스토브에서 가스가 새고 있다고 생각했지만 그 집을 떠나고 싶어 하는지는 알 수 없다.
⑤ 진영은 절의 늙은 중의 위선에 얼굴의 근육이 경련하는 것을 느끼고 있다.

44 구절의 문맥적 의미 파악하기   정답 ④

ⓔ에서 고슴도치처럼 바싹 털이 솟았다는 것은 앞뒤 문장의 내용으로 보아 진영이 눈이 쌓인 길을 걸으며 추위를 느꼈기 때문이라고 볼 수 있다.

오답 분석
① ㉠에서 '도수장 속의 망아지'는 마취도 없이 뇌수술을 받고 죽은 아들의 모습을 실감나게 표현한 것이다.
② ㉡에서 '밀려오는' '조수'는 진영이 아들의 죽음을 잊지 못하고 있음을 표현한 것이다.
③ ㉢에서 '내장이 터진 소년병'은 진영이 겪는 심리적인 고통을 효과적으로 드러낸 것이다.
⑤ ㉤에서 '사진'을 태우는 행위에는 불행했던 과거를 잊고 새로이 자각하게 된 불신시대에 정면으로 대응하며 살아가겠다는 진영의 의지가 담겨 있다.

45 특정 부분을 바탕으로 작품 감상하기   정답 ⑤

[A]에서 진영은 "내게는 아직 생명이 남아 있었다. 항거할 수 있는 생명이!"라고 중얼거리고 있다. 이는 곧 삶에 대한 의지를 바탕으로 부조리하고 위선으로 가득 찬 시대와 사회에 정면으로 대응하겠다는 의지를 드러낸 것이다. 또한 진영은 고통스러운 상황에 빠진 뒤 종교를 찾았으나, 그곳 역시 위선과 부조리로 가득 차 있다는 것을 깨달았으므로 ⑤는 적절하지 않다.

01 ②	02 ⑤	03 ①	04 ①	05 ⑤
06 ④	07 ④	08 ⑤	09 ③	10 ④
11 ③	12 ②	13 ①	14 ③	15 ④
16 ②	17 ④	18 ①	19 ⑤	20 ①
21 ②	22 ③	23 ②	24 ⑤	25 ①
26 ③	27 ②	28 ②	29 ⑤	30 ③
31 ②	32 ①	33 ④	34 ①	35 ④
36 ④	37 ③	38 ⑤	39 ⑤	40 ④
41 ⑤	42 ②	43 ②	44 ①	45 ③

01 논리 추론 - 동의어   정답 ②

밑줄 친 단어 procrastination은 '꾸물거림, 지연, 연기'라는 뜻으로 ② postponement(연기, 뒤로 미루기)가 적절하다.

오답 분석
① 조급함, 성급함, 경솔
③ 자발적임, 자연스러움
④ 영향을 미치다, 관련되다
⑤ 과장

☐ procrastination : 미루는 버릇, 꾸물거림; 지연, 연기
☐ slipshod : 대충 하는(한), 엉성한
☐ hastiness : 조급함, 성급함, 경솔
☐ spontaneity : 자발적임, 자연스러움
☐ concern : 걱정, 우려
☐ exaggeration : 과장

◁ 해석 체크체크 ▷

　중요한 일이나 맡은 일이 끝나지 않은 채 남겨져 있거나 엉성하게 완료되었을 때 꾸물거리는 것은 당신의 직장 생활에서 중요한 문제가 된다. 왜냐하면 과제를 적절하게 완료하기 위해 불충분한 시간만이 남아 있기 때문이다.

02 논리 추론 - 동의어   정답 ⑤

밑줄 친 단어 plummet은 '곤두박질치다, 급락하다'라는 뜻으로 ⑤ dropped sharply(폭락하다)가 적절하다.

오답 분석
① 갑자기 쾅쾅 소리가 나다
② 되돌아온
③ 갇혔다
④ 차이를 만들다

☐ plummet : 곤두박질치다, 급락하다
☐ boom suddenly : 갑작스럽게 호황을 맞다
☐ bounce back : (병, 곤경에서) 다시 회복되다
☐ get stuck : 꼼짝 못하게 되다
☐ make a difference : 차별을 두다, 구별하다
☐ drop sharply : 폭락하다

◁ 해석 체크체크 ▷

　몇몇 아시아 경제들의 화폐 가치가 폭락한 1997년 후반기 전 세계적인 금융 위기가 시작되었다.

03 논리 추론 - 동의어   정답 ①

밑줄 친 단어 abjure은 '포기하다'라는 뜻으로 ① abandon(버리다, 떠나다)이 적절하다.

오답 분석
② 구성하다
③ 변경하다, 수정하다
④ 사고 정지 상태
⑤ 정교한

☐ weave : 짜다, 엮다, 엮어서 만들다
☐ deftly : 솜씨 좋게, 교묘히
☐ fabric : 직물, 천; 구조
☐ prose : 산문(체)
☐ abjure : 포기하다
☐ paraphrase : 다른 말로 바꾸어 표현하다
☐ abandon : 버리다, 떠나다, 유기하다
☐ compose : 구성하다, 작곡하다
☐ revise : 변경, 수정하다
☐ brainstorm : 영감을 떠올리다
☐ elaborate : 상술하다, 자세히 설명하다

◁ 해석 체크체크 ▷

　만약 당신이 당신의 산문 속에 솜씨 좋게 인용문을 넣을 수 없다면, 인용을 포기하고, 그 대신 다른 말로 바꾸어 표현하라.

04 논리 추론 - 동의어   정답 ①

밑줄 친 단어 rudimentary는 '기본적인, 기초적인'라는 뜻으로 ① basic(기초적인)이 적절하다.

오답 분석
② 깊은
③ 최선의, 최상의, 최적의
④ 의식하는, 자각하는
⑤ 추상적인

□ rudimentary : 가장 기본(기초)적인
□ optimal : 최선의, 최적의
□ conscious : 의식하는, 자각하는
□ abstract : 추상적인

<< 해석 체크체크 >>

   개인용 컴퓨터의 힘의 증가는 더 똑똑하고 사용자에게 보다 즉각 반응하는 응용 프로그램을 발달시키는 것을 가능하게 한다. 철자법이나 문법 검사 프로그램을 사용해 본 사람이라면 매우 <u>기초적인</u> 수준에서 이런 종류의 응용 프로그램을 경험해 본 것이다.

05 논리 추론 − 동의어   정답 ⑤

밑줄 친 단어 tenacious는 '오래 계속되다'라는 뜻으로 ⑤ persistent(끊임없이 지속되는)가 적절하다.

오답 분석

① 임의적인, 제멋대로인
② 믿을 수 있는
③ 유용한, 쓸모 있는
④ 의식하는, 자각하는

□ more or less : 거의
□ tenacious : 완강한, 결연한; 오래 계속되는
□ arbitrary : 임의적인, 제멋대로인
□ reliable : 믿을(신뢰할) 수 있는
□ useful : 유용한, 도움이 되는
□ graphic : 그래픽(도표)의, 상세한
□ persistent : 끈질긴, 집요한, 끊임없이 지속(반복)되는

<< 해석 체크체크 >>

   문자 언어가 거의 지금과 비슷해 보일 것이라고 생각할 하나의 이유는 여태까지 문자 언어가 극도로 <u>오래 계속된다</u>는 점으로 증명된 사실이다. 중국어 체계는 3,000년이 넘는 세월 동안 거의 변화하지 않았으며, 알파벳으로 쓰인 현대 그리스어도 거의 그만큼 오래 사용되었다.

06 논리 추론 − 동의어   정답 ④

밑줄 친 haphazardly는 '우연히'라는 뜻으로, ④ randomly(무작위로)가 적절하다.

오답 분석

① 은밀히, 살며시
② 변함없이, 언제나
③ 분명한, 명쾌한
⑤ 바로, 꼭, 정확히

□ fall back on : ~까지 후퇴하다, ~에 기대다, 의지하다
□ haphazardly : 우연히, 무턱대고, 되는 대로
□ randomly : 무작위로, 닥치는 대로, 임의로
□ covertly : 은밀히, 살며시
□ invariably : 변함(예외)없이, 언제나
□ explicitly : 명쾌하게
□ precisely : 정확하게

<< 해석 체크체크 >>

   결정을 내릴 분명한 방식이 결여된 채, 우리는 무엇을 할지 결정하는 익숙하고 편한 방법들에 반응하고, 의지한다. 그 결과로, 우리는 <u>우연히</u> 우리의 목표들을 지지하지 않는 접근들을 선택한다.

07 어법 − 대명사   정답 ④

they가 가리켜야 하는 것은 문맥상 *Description del'Egyptek*(이집트 지(誌))이므로, they가 아닌 it이 적절하다.

□ supersede : 대신(대체)하다
□ archaeology : 고고학
□ antiquity : (고대) 유물
□ expedition : 원정
□ *Description del'Egyptek* : 이집트 지(誌)

<< 해석 체크체크 >>

   유럽의 골동품 연구가 고고학으로 대체된 시점에 대한 질문과 관련해, '초기 여행자들'의 글과 이집트 고대 유물 수집이 이집트학의 근대적 규율에 대한 접근으로 변하기 시작한 정확한 시점을 제시하는 것은 쉬운 일이 아니다. 하지만 이집트 고고학의 대부분의 역사는 19세기 초에 있었던 Napoleonic의 원정을 파라오 시기 이집트의 남아 있는 유물들을 기록하고 묘사하기 위한 첫 번째 체계적인 시도였다고 본다. 원정으로부터 나온 결과인 여러 권의 책으로 된 출판물인 『이집트 지(誌)』의 중요성은 정확함에 대한 그것의 높은 기준뿐만 아니라, 그것이 일군의 학자들에 의해 연속적이고 내적으로 일관된 평가를 구성하여 고대 이집트 전부에 대한 최초의 진정한 평가를 제공한다는 사실 때문이다.

08 어법 - 접속사
정답 ⑤

that 뒤에 완전한 문장이 나왔다는 점에서 that이 관계대명사가 아닌 접속사로 사용되었음을 알 수 있다. 따라서 관계대명사 which를 접속사 that으로 고쳐야 한다.

□ logging : 벌목
□ land clearing : 개간
□ cover up : 완전히 덮다, 은폐하다
□ fire hazard : 화재 위험
□ infestation : 침략, 횡행, 만연

◀해석 체크체크▶

화재는 매년 3억 5천만 헥타르에 달하는 숲을 파괴한다. 몇몇 화재는 인간들에 의해 발생하는데, 이는 불법적인 벌목과 개간을 은폐하기 위함이다. 다른 화재는 자연적인 원인들에 의해 시작된다. 전세계의 거의 절반을 차지하는 가장 큰 화재 위험 요소는 사하라 사막 이남의 아프리카에 있다. 통제되지 않은 화재는 특히 부패하거나 비효율적인 정부가 있거나 높은 수준의 빈곤, 사회 불안, 내부 난민들이 있는 국가들에서 악화되는 경향이 있다. 세계 기후 변화가 가뭄과 곤충의 유입을 세계 많은 지역에 가져오면서 산불이 급격히 증가할 수 있다는 우려가 있다.

09 어법 - 가정법 과거완료
정답 ③

would be를 would have been으로 고쳐야 한다. 'Had Clinton not been ~'을 통해 가정법 과거완료 형태의 문장임을 알 수 있다.

□ hit the ground running : (성공적으로) 잘나가다
□ debacle : 대실패, 큰 낭패
□ agile : 날렵한, 민첩한, 재빠른, 기민한
□ stature : 지명도, 위상
□ evaporate : 증발하다

◀해석 체크체크▶

만약 동시대 경험이 우리에게 가르쳐 주는 것이 있다면, 대통령에게 필요한 것은 잘나가는 것이다. Reagan의 빠른 시작과 Clinton의 휘청거림의 차이는 하나의 길은 일련의 입법 승리로 향하고, 나머지 다른 한 길은 건강보험에서의 대실패, 그리고 의회에서의 패배로 향했다는 데 있다. Clinton이 1993년 말 회복과 1995년 재회복 때 민첩하지 못했다면, 그의 대통령 임기는 한 번에 그쳤을 것이다. 그때의 사정으로는 그는 절대 그가 바랐던, 완전히 탈바꿈한 인물이 될 수 없었다. 대부분의 제도에서, 지도자의 권력은 시간이 흐름에 따라 커진다. CEO, 대학 총장, 조합의 장은 그들의 장기간 성과의 질을 통해 위상을 획득한다. 대통령직은 정반대이다. 권력은 재빠르게 증발하는 경향이 있다. 그의 임기 첫 백일 동안 Franklin Roosevelt와 같은 권력을 가질 수는 없겠지만, 그의 사무실에서의 첫 달은, 심지어 그가 대통령직 임기를 두 번 수행한다고 하더라도, 대개 그가 가질 가장 큰 기회의 창이다. 그것이 그가 재빠르게 움직여야 한 이유이다.

10 논리 추론 - 어휘
정답 ④

예측을 바꾸는 것이 쉬운 일이 아니므로, easy를 어렵다는 의미의 uphill로 고쳐야 한다. uphill은 힘겨운 전투, 투쟁, 과제 등의 의미를 나타낼 때 사용하는 battle, struggle, task 등의 명사에 어울리는 형용사이다.

□ open with : ~(으)로 시작하다
□ fully fledged : 완전히 발달한, 필요한 자격을 다 갖춘
□ qualification : 자격, 자격증
□ eminence : 명성

◀해석 체크체크▶

『슈퍼기상예보 : 예측의 예술과 과학』이란 책은 1909년 태어난 스코틀랜드 의사이자, 의학을 마법에서 완전히 발달한 과학으로 바꾸는 데 다른 누구보다도 더 많은 것을 한 Archie Cochrane의 논의로 시작한다. 50년 전 크게 논란이 많이 된, 그의 통찰은 의사의 자격, 명성, 그리고 자신감은 상관없이, 치료의 효과성은 통계적으로, 그리고 엄격하게 존재할지를 보여 줄 수 있는 것이었다. 책의 저자인 Mr. Tetlock은 사람들이 미래에 대한 예측을 분석하는 방법에 비슷한 엄격함을 가져오기를 바란다. 그것은 쉬운(→ 힘겨운) 투쟁이 될 것이다. 20세기 초 의학과 마찬가지로, 예측은 아직도 대부분 증거보다는 명성에 기반을 두고 있기 때문이다.

11 논리 추론 – 어휘 　　정답 ③

설문이 부끄럽거나 민감할 경우 응답자들은 자신과 관련한 사실을 왜곡하거나 부정해서 대답할 수 있다. 투표하지 않았다는 사실을 인정하지 않을 수 있으므로, deny가 아닌 admit이 적절하다.

- wiggle room : 자유 재량권
- veracity : 진실성
- overstate : 과장하다
- pollster : 여론 조사 요원

<해석 체크체크>

　여론 조사는 마치 인터넷 데이트와 같다. 제공된 정보의 진실성에는 약간의 흔들림이 있다. 우리는 사람들이 진실을 숨긴다는 것을 알고 있으며, 특히 설문이 부끄럽거나 민감할 경우 더 그러하다는 것을 알고 있다. 응답자들은 그들의 소득을 과장할 수 있다. 그들은 그들이 투표하지 않았다는 것을 <u>부인하지</u> (→ 인정하지) 않을 수 있다. 그들은 인기가 없거나 사회적으로 용인되지 않는 견해들을 표현하는 데 주저할 수 있다. 이러한 모든 이유들로 인해, 심지어 가장 신중하게 고안된 여론 조사조차도 응답자들의 응답의 진실성에 의존적이다. 선거 여론 조사는 선거일에 투표할 사람들과 그렇지 않을 사람들을 구분하는 것에 결정적으로 달려있다. 개인들은 종종 그들이 투표할 것이라고 말하는데, 그것이 여론 조사 요원들이 듣고 싶어 하는 대답이라고 생각하기 때문이다. 스스로 보고한 투표 행태를 선거 기록과 비교한 연구결과에 따르면 1/4에서 1/3에 이르는 응답자들이 그들이 사실 투표하지 않은 것을 투표했다고 말한다는 것을 지속적으로 발견한다.

12 논리 추론 – 어휘 　　정답 ③

동물 종(種)에 관해 설명하는 내용이다. 같은 종들끼리 새끼를 낳으면, 그 새끼는 임신이 가능(fertile)하지만, 다른 종들끼리 새끼를 낳으면 그 새끼는 임신이 불가능(sterile)해진다.
(A) 같은 종의 동물들끼리 새끼를 낳으면 그 새끼는 임신이 가능하다(fertile).
(B) 말과 당나귀처럼 다른 종의 동물들이 교배하면 그 자손은 임신이 불가능하다(sterile).
(C) 결과적으로 다른 종의 동물들은 서로 다른 종으로 여겨지며, 별개의(separate) 진화 과정을 겪는다.

- induce : 설득하다, 유도하다
- vice versa : 거꾸로, 반대도 또한 같음
- pair off : ~와/과 짝을 짓다

<해석 체크체크>

　생물학자들은 유기체를 종으로 분류한다. 만약 동물들이 서로 짝을 짓는 경향이 있어서 (A) <u>임신이 가능한</u> 자손을 낳는다면, 그 동물들은 같은 종에 속한다고 한다. 말과 당나귀들은 최근의 공통 조상을 가지고 있으며 많은 육체적 특징들을 공유한다. 하지만 그들은 서로에게 성적 관심을 거의 보이지 않는다. 그들은 만약 짝짓도록 유도된다면 짝을 지을 테지만, 그들의 자손은 (B) <u>임신이 불가능하다</u>. 그러므로 당나귀 DNA에서의 돌연변이는 절대로 말로 바뀔 수 없고, 반대도 마찬가지다. 두 종류의 동물들은 결과적으로 두 개의 다른 종으로 여겨지며, (C) <u>별개의</u> 진화 과정을 밟는다. 반대로, 불독과 스파니엘은 매우 달라 보이지만, 그들은 같은 종에 속해 있으며, 동일한 DNA 군을 공유한다. 그들은 행복하게 짝지을 것이며, 그들의 새끼들은 자라나 다른 개들과 짝지을 것이며, 더 많은 새끼들을 낳을 것이다.

13 논리 추론 – 어휘 　　정답 ①

(A) 정보 처리 능력보다도 정보가 많으면, 정보에 의해 압도당한다는 맥락에서 overwhelm이 적절하다.
(B) 빅데이터를 사용할 적절한 방법을 개발하지 않으면, 빅데이터라는 홍수 속에서 익사할지(drown) 모른다고 하는 것이 문맥상 자연스럽다.
(C) 빅데이터의 홍수에도 불구하고, 우리가 당장 취할 수 있는 단계들을 언급했다. 따라서 빅데이터의 힘을 이용한다는 의미로, harness가 적절하다.

- drawback : 결점, 문제점
- drown in : ~에 압도당하다, ~에 싸이다, ~에 빠져죽다
- harness : (동력원 등으로) 이용(활용)하다

<해석 체크체크>

　빅데이터는 문제점들을 가지고 있다. 몇몇은 유용하고, 또 몇몇은 유용하지 않은 정보의 홍수는 빠르고 효율적으로 데이터를 처리하고 적절한 행동을 취하도록 하는 능력을 (A) <u>압도한다</u>. 만약 우리가 빅데이터를 효과적으로 사용하기 위한 방법론과 도구를 생성하고 이용하는 데 실패한다면, 우리는 빅데이터 속에서 계속해서 (B) <u>익사할 것이다</u>. 국가안보의 맥락에서, 적절한 빅데이터 도구들이 부족하다는 것은 엄청나고 심지어 치명적인 결과를 가질 수 있다. 하지만, 지금 우리가 취할 수 있는, 이미 많은 경우에 취해왔었던, 단계들이 있다. 이는 우리가 성공적으로 빅데이터의 힘을 (C) <u>이용하도록</u> 보장한다.

14 논리 추론 - 무관한 문장 정답 ③

미국이 하나의 국가로서 종교, 언어 등의 다양성을 폭넓게 인정한다는 것을 설명하고 있다. ③은 다양성과 관련된 내용이 아닌, 다양성과 관계없이도 단순히 충돌이 발생한다는 내용이므로 글 전체 흐름과 관계가 없다.

□ worship : 예배, 숭배
□ in short : 요컨대

◁ **해석** 체크체크 ▷

미국은 실제로 다른 환경으로부터 온 사람들이 어떻게든 모두 같아진다는 의미에서의 '용광로'가 아니다. 미국은 항상 생각, 태도, 그리고 행동의 많은 다양성을 포함해 왔다. ① 한 예시로, 미국 초기부터 있었던 기본 원칙인, 교회와 국가의 헌법적 분리는 모든 종교인들이 예배하고 종교적 행동을 할 동등한 자유와 권리를 갖고 있다고 보장한다. ② 다양한 종교적 배경을 가진 사람들이 하나의 종교로 함께 '녹기를' 기대하기는 어렵다. (③ 같거나 다른 배경을 갖고 있든 아니든, 사람들 사이에서 충돌은 단순하게 발생한다.) ④ 다른 법들은 피부색, 성별, 그리고 나이와 상관없이 모든 사람의 동등한 권리를 보장한다. ⑤ 미국은 심지어 하나의 공식적인 언어도 가지고 있지 않다. 그리고 다양한 지리적 장소에서의 많은 정부들과 다른 출판물들 역시 여러 언어들로 소개되고 있다. 요컨대 하나의 국가로서 미국은 항상 다양한 실제 상황들과 혜택들을 인지해 왔다.

15 논리 추론 - 무관한 문장 정답 ④

글의 전반부는 기계가 노동자에 대한 필요를 감소시킨다는 내용이다. 하지만 ②부터 기계로 인한 문제가 일시적이며, 해결이 가능하다는 내용으로 논지가 바뀌고 있다. ④는 기계가 인간에 대한 필요를 감소시킨다는 내용으로 글 후반부의 논지에 적절하지 않다.

□ displace : 대신(대체)하다
□ obsolete : 더 이상 쓸모가 없는, 한물간, 구식의
□ shovel : 삽질하다, 삽으로 파다
□ locomotive : 기관차의
□ cease : 중단되다, 그치다; 중단시키다
□ hold down : ~을/를 억제하다, 제압하다

◁ **해석** 체크체크 ▷

기계들이 개인 노동자들을 특정한 직업들에서 대체하고, 단기적으로 이것은 종종 어려운 문제들을 야기할 것이라는 데 아무도 의심을 하지 않는다. ① 한 예시로, 철도에서의 디젤 엔진과 전력의 사용은 화부의 지위를 쓸모없게 만들었다. 화부는 기차의 증기 기관을 위해 증기를 생산하는 ② 기관차 보일러에 석탄을 삽질해 넣었던 직원이었다. 하지만, 노조의 지원 때문에, 철도는 기차에 의한 증기 동력이 사용되지 않게 된 후 여러 해 동안 이 자리를 메워야 했다. 하지만 그러한 문제들은 일시적이다. ③ 궁극적으로, 기계 기술에서의 진보는 비용과 가격을 줄이거나 억제하는 경향이 있으며, 사람들이 더 많은 제품들을 사게 함으로써 새로운 고용 기회를 만들어 낸다. (④ 기계들은 인간의 기술들에 대한 필요성을 감소시킨다.) ⑤ 만약 몇몇 산업이 더 적은 노동자들을 고용한다면, 다른 산업들은 더 많이 고용한다. 동시에, 새로운 제품들이 소개되고 새 산업들이 창설된다.

16 빈칸 추론 - 어휘 정답 ②

빈칸 앞의 내용은 치료를 거부할 수 있는 신체적 질병과는 달리, 몇몇 국가들에서 정신적 질병은 치료를 거부할 수 없다는 내용이므로, 문맥상 ② compulsory(강제적인)가 가장 적절하다.

□ competent : 능숙한, 만족할 만한, 권한이 있는
□ lifesaving : 구명(용)의; 수난 구조의
□ compulsory : 강제적인, 의무적인, 필수의
□ adjunctive : 부속의
□ incremental : 증가의, 증대하는

◁ **해석** 체크체크 ▷

많은 법 체제에서 결정권이 있는 성인은 심지어 생명을 구할 치료도 거부할 권한이 있다는 것이 원칙이다. 이 원칙은 신체 질병의 치료에 적용된다. 하지만 많은 국가들에서 이 원칙이 정신적 질병에는 적용되지 않는다. 잉글랜드의 경우, 그곳에서는 정신보건법(the Mental Health Act)이 정신적 장애를 가진 환자들의 <u>강제적</u> 치료를 통제하고 있다.

17 빈칸 추론 - 어휘 정답 ④

몇몇 스포츠들은 많은 돈을 필요로 하고, 또 다른 스포츠들은 그렇지 않다. 어떤 스포츠를 할 수 있느냐는 소득 수준에 제한을 받기 때문에 이는 선택의 문제이자 사회적인 '위치(standing)'를 반영한다고 보는 것이 자연스럽다.

□ well-to-do : 부유한, 잘사는

사회적 충돌 분석은 스포츠가 사회적 불평등과 밀접하게 관련되어 있다는 점을 지적하면서 시작한다. 테니스, 수영, 골프, 그리고 스키를 포함한 몇몇 운동들은 비용이 많이 들기 때문에 참여는 대체적으로 부유한 사람들에 한해 제한된다. 하지만 축구, 야구, 농구는 모든 소득 수준의 사람들에게 접근이 가능하다. 요컨대 사람들이 하는 체육활동들은 단순히 선택의 문제일 뿐만 아니라, 사회적 위치를 반영하는 것이다.

18 빈칸 추론 – 어휘 · 정답 ①

동기 부여적 자극은 목표를 성취하는 것이 어느 정도로 어려워야 가장 크게 발현된다. 반대로 목표가 너무 쉽거나 어려우면, 동기 부여적 각성은 약화된다는 의미에서 weakened가 적절하다.

□ arousal : 각성, 환기, 자극, 흥분
□ fluctuate : 변동(등락)을 거듭하다

동기의 성공적인 효과는 무엇이어야 하는가? 그것이 반드시 동기를 커지게 만드는가? 한 주장은 만약 학습자들이 몇몇 활동에서의 성공적인 성과가 그들의 목표로 이끈다는 것을 깨달으면, 기대가 증가할 가능성이 크다고 이전에 주장했다. 이는 성공이 동기를 강화하는 경향이 있다고 말할 수 있는 것처럼 보이지만, 문제는 그렇게 단순하지 않다. 이 주장은 가능성이 있는 동기를 고려하고, 동기 부여가 되는 자극을 무시하고 있다. 동기 부여적 자극은 제대로 활동을 수행하기 위해 얼마나 많은 노력이 필요한지에 대해 개인의 가정에 기반을 둔다. 연구들은 동기 부여적 자극은 보통 수준으로 어렵다고 추정되는 업무들에 있어 가장 크다는 것을 보여 준다. 만약 성공률이 매우 높거나 매우 낮다고 여겨지면, 동기 부여적 자극은 약해진다. 다시 말해서, 우리는 거의 불가능한 것은 아니지만, 도전적이라고 여기는 것들에 가장 열심히 노력한다.

19 빈칸 추론 – 어휘 · 정답 ⑤

Zidane의 예시를 통해 정체성이 다면적이며, 그중 취사선택하는 것이 가능할 수 있다는 것을 알 수 있다. 따라서 정체성은 유동적(fluid)이라고 보는 것이 가장 적절하다.

□ compilation : 모음(집), 편집본
□ Berber : 베르베르 사람(의)
□ multifaceted : 다면적인, 많은 요소로 구성된

아프리카의 역사가들에게 정체성은 까다로운 지적 이슈가 될 수 있다. 여느 곳의 사람들처럼, 아프리카 사람들의 몇몇은 개인적 혹은 집합적으로 주장되고, 또 다른 몇몇은 외부인에 의해 부여된 여러 종류의 정체성 모음이다. 만약 사람들에게 살아 있는 아프리카인 중 가장 유명한 사람을 꼽으라면, 대개 'Nelson Mandela'라고 답할 것이다. 하지만 2006년 월드컵의 여파 속에서 이를 다시 말하자면, 현존하는 가장 유명한 아프리카인은 'Zinedéne Zidane'일 것이다. 이 한 개인을 고려해 보자. Zidane은 누구 혹은 무엇인가? 그는 프랑스 사람이며, Marseilles에서 나고 자랐다. 하지만 그는 또한 부모님이 알제리로부터 이민을 온 북아프리카인이기도 하다. 그리고 가족의 뿌리는 Kabyle 산에 있는 베르베르인이기도 하며, 그의 조상들의 마을에 대한 자부심을 맹렬하게 드러내기도 한다. 그는 또한 그 자신을 무슬림으로 묘사한다. 그리고 당연하게도, 그는 축구 선수다. Zidane 그 자신이 어떤 꼬리표를 선택해서 사용할지는 그가 어디에 있는가와 동시에 그가 지금 어떻게 생각하고 있느냐에 따라 달려 있다. 다시 말하면, 정체성은 다면적인 만큼 유동적이다.

20 빈칸 추론 – 구/절 · 정답 ①

사람들은 독창적인 작품이 나오기까지 얼마나 많은 노력을 해 왔는지에 대해선 관심이 없다는 내용이다. Picasso, Maya Angelous, Einstein은 걸작을 만들기 위해 엄청나게 많은 노력과 일을 했다. 따라서 많은 노력과 일 끝에 독창적인 작품이 나올 수 있다는 뜻으로, ①이 빈칸에 들어갈 말로 가장 적절하다.
① 많은 일을 하다

오답 분석
② 채무 불이행을 거절하다
③ 근본적인 위험을 감수하다
④ 새로운 통찰력을 얻다
⑤ 더 나은 선택을 탐구하다

□ oeuvre : 모든 작품(전작)
□ garner : 얻다[모으다]
□ acclaim : 칭송하다, 환호를 보내다; 찬사[칭찬]
□ recite : 암송[낭송/낭독]하다

Picasso의 일생의 작품들은 판화, 깔개, 태피스트리는 말할 나위 없고 그림 1,800장, 조각 1,200개, 도자기 2,800개, 그리고 소묘 12,000장이 넘는다. 이렇게 모아진 것들 중 일부분만이 칭송받는다. 시에 있어서, 우리가 Maya Angelou의 명시 『Still I Rise』를 암송할 때 우리는 그녀가 쓴 165개의 다른 시들을 잊어버린다. 우리는 그녀의 감동적인 회고록인 『I Know Why the Caged Bird Sings』를 기억하며, 그녀의 다른 자서전 6권에는 관심을 덜 가진다. 과학에서, Einstein은 물리학을 바꾼 일반 상대성이론과 특수 상대성이론에 대한 논문을 작성했지만, 그의 248개의 많은 출판물들은 최소의 영향만을 가진다. 만약 당신이 독창적이고 싶다면, "당신이 할 수 있는 가장 중요하고 가능한 일은, 많은 일을 하는 것이다."라고 『This American Life』와 팟캐스트 『Serial』의 제작자인 Ira Glass가 말했다.

21 빈칸 추론 – 구/절   정답 ②

Witmer가 심리학 박사 학위를 받았던 1800년대 후반에는 심리학은 학문적인 훈련, 연구 분야였으며, 오늘날에 응용된 기능들은 거의 없었다고 했으므로 그 당시 심리학은 실천적이기보다 공부와 연구의 대상이었음을 서술하는 것이 자연스럽다.
② 심리학자들은 심리학을 실천하지 않고, 심리학을 공부했다

오답 분석

① 실험 심리학 분야는 유명하지 않았다
③ Lightner Witmer는 독일에서 선두적인 심리학자였다
④ 심리학에서 박사 학위를 받는 것은 더 많은 노력을 필요로 했다
⑤ Wilhelm Wundt는 임상 심리학의 태동을 준비했다

☐ doctorate : 박사 학위
☐ pioneer : 개척자, 선구자

1892년 독일에서 Lightner Witmer는 심리학에서 그의 박사 학위를 Wilhelm Wundt 밑에서 받았는데, 그는 많은 사람들이 실험 심리학의 설립자라고 보는 사람이었다. Witmer는 또한 실험 심리학의 또 다른 선구자인 James McKeen Cattell 밑에서도 공부했다. Witmer가 그의 박사 학위를 받을 때는 심리학은 본질적으로 학문적인 훈련, 연구 분야였다. 오늘날 그 분야를 특징짓는 응용된 기능들은 거의 없었다. 다시 말해서, 1800년대 후반에는, 심리학자들은 심리학을 실천하지 않고, 심리학을 공부했다.

22 빈칸 추론 – 구/절   정답 ③

빈칸 이전은 상품의 가격이 상품의 효용성에 큰 영향을 받는다는 내용이 나온다. 반면 빈칸 이후에는 물과 다이아몬드의 예시를 들며 상품의 효용성이 가격에 거의 영향을 미치지 않을 수도 있음을 보여주고 있다.
③ 상품의 효용성은 가격에 거의 영향력을 미치지 않을 수 있다

오답 분석

① 상품의 가격은 그것의 유용성에 의존할 수 있다
② 상품의 가격은 그것의 가치와 밀접하게 관련되어 있을 수 있다
④ 상품의 효용성은 그것의 공급과 수요에 의존할 수 있다
⑤ 요구되는 상품의 양은 그것의 가격에 의존하지 않을 수 있다

☐ common sense : 상식, 양식
☐ commodity : 상품, 물품; 원자재
☐ availability : 유효성, 유용성, 효용

Adam Smith가 1760년대 Glasgow 대학에서 강의했을 때 그는 난제를 제기하며 수요의 연구를 소개했다. 그는 반드시 상품의 가격이 어떻게든 그 상품이 소비자들에게 갖는 가치, 즉 그 상품이 제공하는 '효용성'의 크기에 의존한다는 것이 상식이라고 제안했다. 그러나 Smith는 몇몇 경우들은 상품의 효용성이 그것의 가격에 거의 영향을 주지 않을 수도 있음을 보여준다고 지적했다. Smith는 다이아몬드와 물을 예시로 인용했다. 그는 물이 대부분의 소비자들에게 엄청난 가치가 있다는 것에 주목했다. 실제로 물의 효용은 삶과 죽음의 문제가 될 수 있다. 그러나 물은 일반적으로 공짜이거나, 매우 낮은 가격이었다. 반면 다이아몬드는 심지어 그것을 필수품으로 여기는 사람들이 거의 없음에도 불구하고 굉장히 높은 가격에 판매된다.

23 빈칸 추론 – 구/절   정답 ②

가장 중요한 일이라고 항상 그것을 알아챌 수 있는 것은 아니다. 시끄러운 바퀴가 윤활유를 먼저 얻는다는 이야기를 한 뒤, But이라는 역접의 접속사가 나왔기 때문에 빈칸에는 이와 반대되는 내용의 ②가 적절하다.
② 항상 가장 크게 소리 지르지 않는다

오답 분석

① 당신으로 하여금 쉽게 길을 잃게 만들 수 있다
③ 때때로 우리의 성공을 약화시킨다
④ 우리가 생각했을 수 있는 바로 첫 번째 것들이다
⑤ 가장 덜 중요한 것들에 따라 휘둘림에 틀림없다

☐ tyrannize : 압제하다, 폭군같이 굴다
☐ love-hate relationship : 애증 관계
☐ inbox : 받은 편지함
☐ overflow : 넘쳐흐르다, 넘치다
☐ masquerade : 가장하다, 가장무도회하다

□ tackle : 씨름하다; 솔직하게 말하다[따지다]
□ duly : 적절하게, 때에 맞춰
□ note : 언급하다

<**해석 체크체크**>

　할 일 목록은 우리의 가장 알맞은 의도들의 유용한 모음집으로서 역할을 하는 반면, 그 목록에 있는 것들은 또한 사소하고 중요하지 않은 일들로 우리를 압제해, 우리로 하여금 그것을 마쳐야 할 의무가 있는 것처럼 느껴지게 한다. 왜냐하면 우리의 목록에 있기 때문이다. 이것은 우리들 중 대부분이 우리의 할 일 목록과 애증 관계를 갖고 있는 이유이다. 만약 허용된다면, 할 일 목록은 받은 편지함이 우리의 하루를 좌우하는 것과 같은 방식으로 우리의 우선순위를 설정한다. 대부분의 받은 편지함들은 우선순위로 가장한 중요하지 않은 이메일들로 넘쳐흐른다. 우리가 그것들로부터 받은 순서에 맞춰 이런 업무들과 씨름하는 것은 마치 삐걱거리는 바퀴가 즉시 윤활유를 얻는 것과도 같다. 하지만, 호주의 수상 Bob Hawke가 적절히 지적했듯이 "가장 중요한 것들은 항상 가장 크게 소리 지르지 않는다".

24 빈칸 추론 – 어휘　　　　　정답 ⑤

블록체인으로 인해 과거 기록이 변하지 않고 남아 있을 수 있게 되었다. 따라서 이와 같은 블록체인의 특성으로는 ⑤ immutability(불변성)이 가장 적절하다.

오답 분석

① 유효성, 유용성
② 혁신
③ 다수, 다양성
④ 유연성

□ ledger : (은행·사업체 등에서 거래 내역을 적은) 원장
□ transact : 거래하다
□ fraudulent : 사기를 치는
□ entry : (컴퓨터의) 입력; (책 등에) 등재(수록)

<**해석 체크체크**>

　블록체인은 두 번 지불되는 문제를 예방하기 위해 비트코인에서 사용된다. 비트코인 이전에 전자 화폐와 관련된 문제는 누군가 같은 단위의 디지털 화폐를 같은 시각 여러 장소에서 사용할 수 있다는 것이었다. 블록체인은 공유된 원장을 제공함으로써 이 문제를 해결한다. 이는 모두가 어떤 시점에 얼마만큼의 전자 화폐가 사용자들 사이에서 거래되었는지 알고 동의하는 것을 보장한다. 블록체인들은 부패나 사기 행위들을 감지하고 예방하는 데 효과적인 도구를 제공한다고 알려져 있다. 이 생각은 블록체인의 불변성을 전제로 한다. 그 불변성은 누군가 서류나 전자 기록에 손을 댈 수 있을 때, 어느 누구도 과거 기록들을 바꾸지 못하게 한다.

25 빈칸 추론 – 어휘　　　　　정답 ①

(A) 앞부분에서 여성들은 일을 해야만 하기 때문에 한다고 언급했고, (A)의 뒤 문장은 일이 필수적이어서가 아니라 사회적 필요이기 때문에 여성들이 일을 한다고 했으므로, 두 내용을 이을 가장 적절한 접속사는 Therefore이다.

(B) 앞 문장과 달리, 흑인과 소수 여성들에게는 백인 여성들에게 보다 더 일이 필수적이라는 내용이 나오므로, 역접의 의미를 나타내는 However가 가장 적절하다.

□ maintain : 유지하다, 부양하다
□ pinpoint : 정확히 찾아내다[보여 주다], 이유를 정확히 집어내다; 정확히 기술[묘사]하다
□ workforce : 노동자, 노동 인구[노동력]

<**해석 체크체크**>

　전직 여성 국회의원인 Patricia Schroeder는 그녀가 여성들이 전례 없는 숫자로 노동 인구에 포함되는 주요한 이유 중 하나를 지적하며 여성들이 노동에 종사하는 주된 이유는 그들의 가족들을 부양해야 하기 때문이라고 주장했다. 가족을 가진 많은 여성들은 그들이 일해야 하기 때문에 일을 한다. 다른 이들은, 비록 가족이 더 소규모화되고 있음에도 불구하고, 원하는 것들이 더 커지고 있다. (A) 그러므로 이러한 가족 여성들에게 있어 일은 실제의 필수가 아닌 사회적 욕구이다. 일은 가족들이 욕구를 채울 유일한 방법인 것이다. (B) 하지만, 흑인과 다른 소수 여성들에게 있어 일은 백인 여성들에게보다 훨씬 더 오랫동안 필수였다. 노동(이 가능한) 연령의 여성 전체의 비율로서 여성 노동 인구는 1972년 32%에서 2000년대 초반에 70% 이상까지 증가했다. 이런 트렌드를 연구하는 분석가들은 비록 고소득 여성들이 일하는 것을 멈추고 그들의 자녀와 집에서 지내는 것을 선택하더라도, 아이들이 있는 일하는 여성의 비율이 계속해서 증가할 것이라고 말한다.

26~27

□ convince : 확신시키다, 납득시키다, 설득하다
□ derive : 끌어내다, 얻다, ~에서 비롯되다
□ address : 고심하다[다루다]
□ judiciously : 분별력 있게, 사려 깊게
□ cluster : 무리, 송이
□ evocative : 좋은 생각(기억)을 떠올리게 하는, ~을/를 환기시키는
□ spinning wheel : 물레
□ ply : (무기, 도구 등을) 부지런히 움직이다(쓰다, 놀리다)
□ rebel : 저항[반항]하다
□ denounce : 맹렬히 비난하다, 고발하다
□ emblem : 상징
□ fellowship : 동료애

□ proceeds : (물건 판매, 행사 등을 하여 받는) 돈(수익금)

□ patronize : 애용하다; 후원하다

□ observe : 준수하다; 지키다

◀ 해석 체크체크 ▶

분별력 있게 선택된 상징들에 의해 다뤄지고 활성화될 수 있는 인간의 행동들이 '심장'으로부터 그것들의 감정적 에너지를 끌어냈다고 설득하며, Gandhi는 물레, 소, 그리고 그에 의해 유명해진 하얀 면으로 된 챙이 달린 모자인 '간디 모자'를 포함한 문화적으로 환기되는 좋은 상징들의 강력한 무리를 발전시켰다. 한 예로 Gandhi가 모두에게 부지런히 쓰라고 요청한 물레는 여러 상징적 목적을 수행했다. 물레는 근대 기술 문명에 대해 점잖게 저항하는 방식이었으며, 인도의 시골 생활양식의 존엄성을 <u>고발하는(→ 지지하는)</u> 것이었다. <u>그것</u>은 도시, 마을, 서구화된 엘리트들과 대중들을 결집시켰으며, 그들의 '동료애의 상징'이었다. 물레는 또한 육체노동과 <u>그것</u>에 종사하는 사람들에 대한 존엄성을 확고히 했으며, 그 둘을 업신여겼던 전통적인 인도 문화에 도전했다. <u>그것</u>은 사회적 연민을 상징화해, <u>그것</u>으로 만든 생산품으로 인한 수입이 필요치 않은 사람들은 그들의 생산품을 필요한 사람들에게 나누어 주도록 촉구되었고, 이는 돈을 기증하는 것을 후원하는 한없이 우월한 도덕적 행위였다. 그리고 <u>그것</u>은 또한 개인으로 하여금 그 스스로 홀로 남아 있게 했으며, 최소한 잠깐이라도 침묵을 지키도록 했다. Gandhi는 이러한 종류의 무수한 상징들을 서서히 발전시켰을 뿐만 아니라, 그 스스로도 상징이 되었다.

26 다문항1 – 어휘　　　　　　　　정답 ③

물레를 사용하는 것은 곧 인도의 시골 생활양식의 존엄성을 보여 주는 것과 같다고 볼 수 있으므로, '고발하다'라는 의미의 denouncing은 적절하지 않다. 물레를 사용함으로써 그것을 '지지한다'라는 의미가 될 수 있도록 affirming으로 고쳐 쓰는 것이 자연스럽다.

□ affirm : 단언하다; 지지하다

27 다문항1 – 지칭 대상　　　　　　정답 ②

(b)를 제외한 나머지는 the spinning wheel을 의미한다. (b)는 '육체노동'이라는 의미의 manual labor를 가리킨다.

28 정보 파악 – 심경 변화　　　　　정답 ②

Annemarie는 처음에 군인들을 보고 긴장했고, 특히 Kirsti가 할 말을 예상하며 공포감을 느끼는 정도가 증폭되었다. 하지만 Kirsti가 Annemarie의 예상과 다른 말을 해 군인이 낄낄 대고 자리를 옮기자 Annemarie는 안심하고 창밖을 바라보았다.

□ car : (기차의) 차량, 칸

□ stroll : 거닐다, 산책하다

□ probe : 살피다, 조사하다, 캐다, 탐색하다

□ distort : 비틀다, 일그러뜨리다

□ fascination : 마음이 홀린 상태, 매혹, 매료

◀ 해석 체크체크 ▶

기차는 다시 출발했다. 그들 칸의 끝에 있는 문이 열리더니 두 명의 독일 군인들이 나타났다. Annemarie는 긴장했다. 기차 안인 여기도 아니라고? 그들은 어디에나 있었다. 군인들은 함께 기차 칸을 거닐었으며, 승객들을 바라보고, 여기저기에 멈춰서서 질문했다. 그들 중 한 명은 그의 이에 무언가 꼈 있었다. 그는 그의 혀로 살피더니, 얼굴을 찡그렸다. Annemarie는 두 사람이 다가오자 겁먹고도 홀린 상태로 바라보았다. 군인들 중 한 명이 얼굴에 심드렁한 표정을 짓고 내려다보았다. "어디로 가나?" 그가 물었다. "Gilleleje요." 어머니가 차분히 대답했다. "오빠가 그곳에 살고 있어요. 우리는 그를 만나러 가고 있습니다." 군인은 돌아섰고, Annemarie는 안심했다. 그러고 나서 경고도 없이, 그가 돌아섰다. "새해 때문에 오빠를 찾아가는 건가?" 그가 갑자기 물었다. 어머니는 어리둥절한 표정으로 그를 바라보았다. "새해요?" 그녀가 물었다. "지금은 10월밖에 안 되었는데요." "그럼 알아 맞혀 봐!" Kirsti가 갑자기 큰 소리로 군인을 바라보며 소리쳤다. Annemarie의 심장이 덜컥 내려앉았고 그녀는 어머니를 바라보았다. 어머니의 눈동자는 겁먹었다. "쉿, Kirsti." 어머니가 말했다. "떠들지 마렴." 하지만 Kirsti는 평소처럼 어머니에게 관심을 갖지 않았다. 그녀는 그 군인을 즐겁게 바라보았고, Annemarie는 그녀가 무엇을 말할 참인지 알았다. '이것은 우리의 친구 Ellen이고 그것은 그녀의 새해에요!'라고 말이다. 하지만 그녀는 그러지 않았다. 그 대신, Kirsti는 그녀의 발을 가리켰다. "난 우리 삼촌 Henrik을 찾아갈 거예요." 그녀가 재잘거렸다. "그리고 나는 내 새 반짝이는 까만 신발을 신고 있어요!" 그 군인은 낄낄 웃더니 이동했다. Annemarie는 다시 창밖을 응시했다. 나무, 발트 해, 그리고 우중충한 10월 하늘이 그들이 해안을 따라 북쪽으로 가는 대로 매우 빨리 지나갔다.

29 정보 파악 - 세부 정보 　　　　　　　정답 ⑤

글의 내용에 따르면, 고양이들은 익은 과일과 익지 않은 과일의 차이를 판단할 필요가 없기 때문에 당류의 맛을 느끼는 능력을 상실한 대신, '단' 맛을 느끼는 미뢰를 고기의 다른 맛을 구별하는 것에 적응시켰다. 따라서 ⑤는 글의 내용과 일치하지 않는다.

☐ prostaglandin : 프로스타글란딘(호르몬 물질)
☐ extract : 추출하다
☐ taste bud : (혀의) 미뢰(맛봉오리)
☐ come to light : (사람들에게) 알려지다(밝혀지다)
☐ captive breeding : (야생동물의) 포획 사육

　수백만 년 전에, 십여 개 정도의 유전적 변화들이 오늘날의 모든 고양잇과 동물들의 선조에게 발생했고, 그 이후 그들은 육식만을 하게 되었다. 모든 고양이들은 그들의 섭취에 있어서 많은 양의 동물 단백질을 필요로 한다. 식물로부터 나온 단백질은 고양이들은 필요로 하지만 우리들을 포함한 다른 포유류들은 필요로 하지 않는 타우린과 같은 특정한 아미노산이 결핍되어 있다. 고양이들은 스스로 번식에 핵심적인 호르몬인 프로스타글란딘을 만들어 낼 수 없고, 그래서 육식을 통해 그것들을 얻어야 한다. 다른 포유류들에 비해, 모든 고양이들은 식물보다는 고기에서 더 쉽게 추출되는 많은 양의 니아신, 티아민 그리고 레티놀과 같은 여러 종류의 비타민들을 필요로 한다. 그리고 그들이 익은 과일과 익지 않은 과일의 차이를 판단할 필요가 없기 때문에 그들은 당류의 맛을 느끼는 능력을 상실했다. 그들은 그들의 '단' 맛을 느끼는 미뢰를 고기의 다른 맛을 구별하는 것에 적응시켰다. 이것이 집에서 키우는 고양이들이 때때로 그들의 주인에게는 괜찮아 보이는 음식을 떠나 버리는 이유이다. 이러한 지식은 지난 40년 안에 밝혀졌으며, 집에서 키우는 고양이들뿐만 아니라 대만 표범과 같은 멸종 위기에 처한 고양잇과 동물들을 포획해 사육하는 데에도 도움이 되었다.

30 정보 파악 - 세부 정보 　　　　　　　정답 ③

Philip이 스파르타를 제외한 그리스 본토를 정복했다는 내용이 글의 네 번째 문장에 나와 있다.

☐ hoplite : 장갑 보병
☐ wedge formation : 설대대형
☐ cavalry : 기사, 기병; 기갑부대

　왕위에 오르자마자, Philip은 Macedonian 군대를 Thebes에서 보았던 것보다 더 성공적인 이미지로 변화시키기 시작했다. Philip은 Thebe인들에 의해 사용된 이미 긴 창을 훨씬 더 늘려 Macedonian sarissa를 만들었는데, 이것은 전통적인 그리스 장갑 보병의 창의 2배인, 약 18피트 길이의 창이었다. 그는 Thebe의 설대대형을 유지했을 뿐 아니라 많은 기병을 전선에 추가했고, 따라서 Macedonian의 가장 강력한 요소를 방진 속에 포함시켰다. 그 결과는 그 자체로 말해 준다. 그 후 20년이 넘는 세월 동안 Philip은 조직적으로 그가 내버려 두기로 한 스파르타를 제외하고, 그리스 본토 전부를 정복했다. Philip의 마지막 가장 위대한 승리는 기원전 338년 Chaeronea 전투에서였다. 여기에서 Macedonian 군대는 아테네와 Thebe의 연합군을 격퇴했다. Philip의 본토 전체의 정복은 한 시대의 종말이었는데, 처음으로 전 영토가 한 명의 왕의 통치 아래 결속되었기 때문이다.

31 정보 파악 - 세부 정보 　　　　　　　정답 ②

글의 내용에 따르면 함무라비 법전은 주로 형사가 아닌 민사를 다루었다. 결혼, 상속, 가족 관계, 재산권, 상관습 등이 함무라비 법전이 주로 다루던 영역이라고 나와 있음을 확인할 수 있다.

☐ inscribe : (이름 등을) 쓰다(새기다)
☐ stela : 기념 석주, 석비
☐ restitution : (분실물, 절도 물품의) 반환; 배상, 보상
☐ trial by ordeal : (금책 등의) 가책에 의한 심판
☐ pay with head : 대가로 목숨 바치다
☐ retaliatory action : 보복 행위
☐ retribution : 징벌, 응징
☐ capital punishment : 사형

　기원전 약 1792년부터 약 1750년까지 메소포타미아를 통치했던 바빌로니아의 황제 Hammurabi는 그의 이름을 가진 법전으로 유명하다. 그 법전은 여태껏 발견된 법전 중 가장 초기의 것들 중 하나다. Hammurabi의 주요 관심사는 권위를 통해 그의 제국 내 질서를 유지하는 것이었으며, 이는 그의 신민들의 요구에 응답한 것이었다. 그 결과로 그는 그의 백성들에게 복잡한 법전을 주었다. 282개의 법령은, 집합적으로 '함무라비 법전'이라고 불리며, 석비 혹은 기념비에 새겨졌고 여러 장소에 세워졌다. 하나는 19세기에 Persian Susa에서 발견되었으며 현재 파리의 루브르 박물관에 있다. 이 규범은 주로 결혼 및 상속, 가족 관계, 재산권 및 사업 관행과 같은 시민들의 사건을 다루었다. 범죄는 가해자와 피해자의 사회적 지위에 따라 다양한 정도의 심각도로 처벌 받았다. 상류층의 권리와 평민의 권리 사이에는 분명한 차이가 있었다. 일반적으로 귀족이 평민에게 입은 피해에 대한 배상금은 허용된다. 그러나 귀족에게 피해를 입힌

평민은 죄의 대가로 목숨을 바쳐야 한다. 시련에 의한 재판, 보복 행위에 의한 보복, 사형은 일반적인 관행이었다. 그러나 판사는 의도적 상해와 비의도적 상해를 구분했으며 악의가 없는 경우 벌금형이 일반적으로 사용됐다. 함무라비의 규범과 관련된 "눈에는 눈" 도덕성은 상대적으로 적용이 제한되었으며 사회적 평등에 의해 저지른 범죄에만 적용되었다.

32 핵심 파악 – 제목　　　　　　　　　　　정답 ①

사람들은 멀티태스킹을 할 수 있다고 믿지만, 실제로는 두 가지 이상의 일에 매달리면 둘 다 해내지 못하거나, 모두를 제대로 처리할 수 없다는 내용이다. 그 이유로 사람들은 컴퓨터와 달리 동시에 하나의 일에만 집중이 가능하다는 점을 들었다. 사람들이 통상적으로 멀티태스킹에 대해 지니고 있던 관념에 오류가 있었다는 내용으로 정리가 가능하므로 글의 제목으로 가장 적절한 것은 ①이다.
① 멀티태스킹의 오류

오답 분석

② 멀티태스킹의 기초
③ 멀티태스킹 : 이유와 방법
④ 멀티태스킹 요구에 대한 전략 마련
⑤ 위대한 결과 뒤의 단순한 진실 : 멀티태스킹

□ repercussion : (어떤 사건이 초래한, 보통 좋지 못한, 간접적인) 영향
□ runway : 활주로
□ fallacy : 오류

〈 해석 체크체크 〉

　사람들은 실제로 걸으면서 말하기, 껌 씹으면서 지도 보기 등 둘 혹은 그 이상의 일을 동시에 할 수 있다. 하지만 컴퓨터처럼 우리가 할 수 없는 것은 동시에 두 가지 것들에 집중하는 것이다. 우리의 관심은 이리저리 왔다갔다 움직인다. 이것은 컴퓨터에는 괜찮지만, 사람에게 있어서는 심각한 영향을 초래한다. 두 여객기들은 같은 활주로에 착륙하려고 한다. 한 환자는 잘못된 약을 받는다. 걸음마를 배우는 아기는 욕조에서 관심을 받지 못한 채 남겨진다. 이처럼 가능한 모든 비극들이 공통적으로 갖는 것은 사람들이 한꺼번에 너무 많은 것들을 하려고 하면서 그들이 해야 하는 어떤 것을 잊어버린다는 것이다. 당신이 한꺼번에 두 가지를 하고자 할 때, 당신은 그것들을 다 할 수 없거나, 둘 다 잘 해내지 못한다. 만약 당신이 멀티태스킹이 더 많은 것들을 해내는 효과적인 방법이라고 생각한다면, 당신은 퇴보하는 것이다. 더 적은 일을 하는 것이 효과적인 방법이다.

33 핵심 파악 – 주제　　　　　　　　　　　정답 ④

이혼 통계를 시대와 상황에 따라 다르게 해석해야 한다는 내용이다. 과거에는 이혼이 사회적으로 불리하게 작용하거나 이혼했을 때 여성들의 경우 생계를 위한 일자리가 극히 적었으므로, 결혼 생활이 불행해도 쉽게 이혼을 선택하지 않았다. 하지만 현재는 사람들이 이혼을 더 쉽게 선택하고 있으므로, 이혼 통계를 보다 조심스럽게 해석해야 할 필요성이 있음을 이야기하고 있는 것이다.
④ 이혼 통계의 조심스러운 해석

오답 분석

① 이혼 통계의 사용
② 이혼 통계의 수집
③ 사람들이 이혼하는 이유들
⑤ 이혼과 가족 해체에 대처하기

□ ostracism : 외면(배척)

〈 해석 체크체크 〉

　이혼 통계는 종종 가족 해체의 척도로 사용되며, 현재 높은 이혼율은 미국 가정들이 심각한 문제에 봉착한 상태라는 증거로 인용된다. 하지만 과거보다 높은 오늘날의 이혼율이 전적으로 더 많은 가족의 불행에 대한 결과는 아니다. 이전 세대에서는 여러 커플들이 비록 그들의 결혼 생활이 불행했더라도 이혼을 피했다. 왜냐하면 그것은 사회적 배척 혹은 여성의 경우에는 생계를 유지할 기회가 거의 없었기 때문에 빈곤을 의미했기 때문이다. 이혼한 사람이 될 가능성이 높아지고 이혼이 하기 쉬워짐에 따라 더 많은 불행한 커플들이 이 방법을 선택하고 있다.

34 핵심 파악 – 요지　　　　　　　　　　　정답 ①

유아 사망률이 낮아지면 출생률도 낮아진다는 점에서 유아 사망률은 출생률에 영향을 미치고 있음을 알 수 있다. 마지막 문장은 전염성 질병들로 인해 생명을 구하게 된 유아들 수의 몇 배에 해당하는 수만큼 출산이 적어지는 것으로 추정된다고 설명하고 있다.
① 유아 사망률은 출생률에 영향을 미친다.

오답 분석

② 전 세계의 유아 사망률은 매우 급격하게 감소하고 있다.
③ 부의 차이는 유아 사망률에 반영된다.
④ 유아 사망률의 주요 원인은 물의 열등한 품질이다.
⑤ 훌륭한 태아기 건강관리는 유아 사망률을 감소시키는 것과 관련이 있다.

□ demographic : 인구(통계)학의
□ oral rehydration therapy : 경구 수분 보충 요법
□ infectious disease : 전염병
□ prenatal care : 태아기 건강관리

많은 개발도상국에서 그러하듯 유아 사망률이 높을 때 부모들은 누군가 성인까지 살아남기를 보장하기 위해 더 많은 수의 아이들을 낳는 경향이 있다. 유아 사망률이 먼저 지속적으로 하락하지 않는 한, 출산율에 있어 지속적인 하락은 결코 없었다. 인구통계학적으로 구별되는 우리 세상에서 가장 중요한 구별 중 하나는 저개발 국가들에서의 높은 유아 사망률이다. 더 나은 영양, 개선된 건강 보험, 단순한 경구 수분 보충 요법, 그리고 전염병에 대한 면역은 유아 사망률에 있어 극적인 감소를 불러왔다. 이는 대부분 지역에서 출생률 하락을 동반했다. 쉽게 예방할 수 있는 전염성 질병들로부터 매년 5백만의 어린이들을 구하는 것은 2천 혹은 3천만의 추가 출생을 피하게 한다고 추정된다.

35 논리 추론 – 문장 삽입   정답 ④

우주의 물질 중 80% 이상이 우리가 볼 수 없는 암흑 물질이기 때문에 무엇이 암흑 물질을 구성하는지도 알 수 없다. ④의 앞 문장은 암흑 물질이 우주 어디에나 있음을 설명하고, 그럼에도 불구하고 이것이 무엇으로 구성되어 있는지 알 수 없다는 내용인 ④가 나오고, ④의 뒤 문장에서 암흑 물질을 구성하는 입자들에 대한 추론이 나오는 것이 자연스럽다.

☐ hot gas : 고압가스
☐ galaxy cluster : 은하단
☐ ubiquity : 도처에 존재하기, 편재(성)
☐ subatomic : 원자보다 작은; 원자 내에서 발견되는
☐ neutrinos : 중성미자, 중성미립자
☐ elude : 빠져나가다
☐ elementary particle : 소립자

해석 체크체크

암흑 물질은 측정이 가능하다. 그것은 보이지 않는다. 암흑 물질은 그것이 '암흑'이기 때문에 보이지 않는다. 천문학자들은 암흑 물질이 어떻게 우주가 스스로 흔들림 없는 상태로 받치고 있는지, 어떻게 중력 렌즈가 작동하는지와 관측된 고압가스의 온도 분포가 은하단에서 보이는지를 설명하기 때문에 그것의 존재를 추정한다. 결론은 우주의 물질 중 80% 이상이 우리가 단순히 볼 수 없는 형태라는 것이다. 그러나 그것의 편재성에도 불구하고, 천문학자들은 무엇이 암흑 물질을 구성하는지 전혀 알 수가 없었다. 그것은 아마 무거운 중성미자들 또는 악시온과 같은 다른 가설의 입자들 같이 원자보다 작은 입자들을 포함하고 있을 것이다. 그것들 중 몇몇은 물체 안에 갇혀서 단순히 포착을 피할지도 모른다. 현재 천문학자들은 대부분의 암흑 물질이 전자기적 방사선이나 원자들과 명백하게 상호교류하지 않는, '미약하게 상호작용하는 질량 입자(WIMPs)'로 불리는 새로운 소립자들로 구성되었다고 믿는다. 그러므로 그것들은 발견하기 위한 전통적 수단으로는 보이지 않는다.

36 논리 추론 – 문장 삽입   정답 ④

주어진 문장은 정신 쇠약을 경험하는 사람들은 도움이 필요한 사람을 보아도 인격체로 대하기보다는 하나의 사건 혹은 사물로 본다는 내용이다. 따라서 그 내용에 해당하는 사회복지사의 예를 드는 ④ 앞에 주어진 문장이 위치하는 것이 가장 자연스럽다.

☐ afflict : 괴롭히다, 피해를 입히다
☐ day in and day out : 매일
☐ social worker : 사회복지사
☐ foster child : 수양 자녀

해석 체크체크

정신 쇠약은 스트레스에 따른 특별한 종류의 심리적 결과로 매일 매일 장기간 동안 높은 수준의 업무 스트레스를 경험하는 고용인들을 괴롭힌다. 그것은 특히나 고용인들이 다른 사람들을 도와주고, 보호하고, 또는 보살피는 것에 책임이 있을 때 발생하기 쉽다. 간호사들, 의사들, 사회복지사들, 교사들, 변호사들, 그리고 경찰관들은 그들의 업무 성격으로 인해 정신 쇠약이 발생할 위험이 높다. 정신 쇠약의 세 가지 주된 증상은 낮은 개인적 성취감, 감정적 소진, 그리고 몰개인성의 감정들이다. 정신이 쇠약해진 근로자들은 자주 그들이 해야 하는 만큼 타인을 돕지 않거나 (일을) 해내지 못한다고 느낀다. 때때로 도움을 간절히 필요로 하는 사람들을 대하는 것에 대한 지속적인 스트레스로 인해 그들은 감정적으로 지친다. 정신이 쇠약해진 노동자들은 때때로 그들이 도와주어야 하는 사람들을 비인격화하며, 그들을 인격체로 느끼기보다는 물체나 사물로 생각한다. 일례로 정신이 쇠약한 사회복지사는 도움이 필요한 한 명의 새로운 수양 자녀를 두려움에 떠는 12살짜리로 보기보다는 하나의 케이스 번호로 생각할 수 있다. 이러한 심리적 결과는 정신이 쇠약해진 사회복지사가 그 아이를 차갑고 거리감 있는 태도로 대하는 행동적 결과로 이어진다.

37 논리 추론 – 글의 순서   정답 ③

(B)는 주어진 글의 내용과 반대의 논지로 직감이 이성적인 분석적 접근보다 나을 수 있다고 설명하고 있다.
(C)는 전문가들이 어떤 경우에 직감을 통해 효과적으로 의사 결정을 할 수 있는지 서술하고 있다.
(A)는 (C)의 구체적 예시를 들고 있으며, 글 전체의 논지를 정리하고 있다.

☐ prime : (사용 · 작동할 수 있게) 준비시키다

　역사적으로, 이성적인 분석적 접근들은 직감에 비해 의사 결정 과정이 훨씬 더 느림에도 불구하고 자주 우수한 결과들을 제공하는 것으로 보인다.
(B) 이런 이유로 의사 결정에서 속도와 효율성의 맞교환에 대한 논의가 있다. 하지만 직감은 의사 결정자의 경험 수준과 당장에 일의 성격에 따라 이성적 방식들보다 더 나은 결과들을 산출할 수 있다.
(C) 단순하게 말해서, 전문가와 같이 특정한 영역에서 많은 경험을 가진 개인들은 그들이 직면하는 일의 종류에 따라 이성적인 의사 결정보다 직감을 통해 더 유능할 준비가 갖추어져 있다. 일반적으로 전문가들은 당장에 주어진 일이 정답이 하나보다 더 많거나, 일이 더 작은 양으로 쉽게 세분화되지 않을 때, 직관적인 의사 결정을 사용하여 가장 유능하다.
(A) 이러한 종류의 일들은 인적 자원 관리, 전략, 미학, 그리고 투자 결정에서 일반적이다. 요컨대 직감은 전문가들이 판단 가능하고 전체적인 일들을 수행하는 중일 때 가장 효과적이다.

38 논리 추론 - 글의 순서　　　　정답 ⑤

주어진 글은 의사소통이 위기 방지에 얼마나 중요한지를 설명하기 위한 도입부이다.
(C)는 부실한 의사소통으로 인해 발생한 비극을 예로 들고 있다.
(B)는 Air Florida 737 비행기의 사고 원인이 어느 정도는 부실했던 의사소통에 있었음을 밝히고 있다.
(A)는 의사소통을 효과적으로 개선할 수 있도록 미국연방항공국이 취한 조치를 설명하고 있다.

☐ Federal Aviation Administration : 미국연방항공국(=FAA)
☐ copilot : 부[보조]조종사
☐ incident : 일(사건)
☐ mandatory : 의무적인

　오늘날, 우리는 항공기 객실 승무원들, 조종사들, 접객 승무원들 등 그들이 서로 그리고 승객들과 효과적으로 의사소통하는 능력이 위기를 방지하는 데 필수적이라는 것을 모두 인지하고 있다.
(C) 여객기에서 효과적인 의사소통 방법이 굉장히 중요하다는 것을 보여 주었던 한 비극적인 예시는 Air Florida 737 비행기가 워싱턴, D.C.의 국제공항에서 이륙한 이후 포토맥 강 위의 다리로 추락했을 때 일어났다.
(B) 미국연방항공국 조사관들은 그 추락이 어느 정도는 부조종사가 조종사에게 엔진 센서의 얼음에 의해 발생되었던 엔진 출력 내용들의 문제점들에 대해 말하는 데 실패했기 때문에 일어났다고 밝혔다.
(A) 이 때문에, 그리고 부실한 의사소통으로 일어났던 다른 위험한 사건들 때문에 미국연방항공국은 모든 여객기 승무원들에게 그들이 효과적으로 의사소통할 수 있는 능력을 갖췄는지 의무적으로 보증할 수 있도록 적극성 훈련과 민감성 훈련을 했다.

39~40

☐ conditioning stimulus : 조건부 자극(제)
☐ festivity : 축제 기분
☐ facilitation : 조장, 촉진

　어렸을 적부터 가족 내 혹은 다른 집단과의 사회적 상호작용들은 음식 경험의 대부분이 만들어 내는 맥락을 제공하며, 이런 이유로 음식 선호에 대한 학습이 가능해진다. 일례로 친구들과 식사를 함께하는 축제 기분과 같이, 이러한 상호작용과 연관된 즐거움은 단것과 같은 새로운 음식 맛에 대한 긍정적인 조건부 자극을 대표한다. 그러므로 레스토랑에서 음식을 평가하는 것은 요리사의 기술만큼이나 사회적 환경과도 관련이 있다. 유아기에 친구들, 좋아하는 연예인들, 혹은 어른들의 관심의 존재를 음식과 짝짓는 것은 이 집단들이 각각 아이에게 긍정적 가치를 나타내고 있음은 물론이거니와, 모두 그 음식들에 대한 선호를 증가시킨다. 이 과정은 아이들의 음식 선호에 대한 다른 사회적 상호작용들의 상대적인 영향을 강력하게 드러낸다. 놀랍게도 가정에서 부모들이 먹는 음식에 아이들을 노출시킬 엄청난 기회들에도 불구하고, 부모의 선호는 아이의 음식 선호에 대한 강력한(→ 미미한) 예측 지표에 불과하다. 실제로 그것은 다른 성인들의 선호보다 더 나은 예측 지표가 아니다. 이것은 이러한 일련의 선호와 관계가 있는 정도가 가족 내 특정한 식성보다는 더 넓은 문화와 훨씬 관련이 높다는 것을 제시한다. 아이의 음식 호불호는 그 아이의 부모보다는 또래들, 특히 특정한 친구들과 훨씬 더 연관되어 있는 것으로 보인다. 음식 선택에 있어 사회적 조장의 궁극적인 영향은 이러한 선호가 결과적으로 내면화된다는 것이다. 즉, 다른 이들이 그렇게 하기 때문에 고른 음식은 그들 고유의 감각적 특징이 된다.

39 다문항2 – 제목 정답 ⑤

아이들의 특정 음식에 대한 선호가 어떻게 형성되는지 보여 주는 내용이다. 친구, 좋아하는 연예인들의 존재가 특정 음식을 좋아하는 데 큰 영향을 미치며, 부모의 영향은 생각보다 미미함을 확인할 수 있다. ⑤ 어떻게 음식 선호가 사회적으로 형성되는가?

오답 분석

① 단 것에 대한 갈망
② 냠냠! : 음식에 대한 선천적인 반응
③ 새로운 맛에 대한 조건부 자극
④ 육아와 관련한 신중한 음식 선택

40 다문항2 – 어휘 정답 ④

strong을 poor로 바꿔야 한다. 가정 내에서 부모와 아이들이 함께 식사를 할 기회가 매우 많음에도 불구하고, 부모의 음식 선호가 아이의 음식 선호에 미치는 영향력은 생각보다 미미하다는 점에서 poor가 적합하다.

41~42

□ formidable : 가공할, 어마어마한
□ hardy : (척박한 환경에) 강한, 강인한
□ subterranean : 지하의
□ sentry : 보초[감시]병
□ bird of prey : 맹금
□ make a dash : 돌진하다
□ bolthole : 빠져나갈 구멍, 도피처
□ pitch in : 협력하다

〈 **해석 체크체크** 〉

(A) 미어캣은 아프리카 평원에서 가장 큰 동물이 아니며, 코뿔소의 뿔과 같이 특별히 어마어마한 무기나 치타의 속도와 같이 인상적인 기술을 자랑하는 것처럼 보이지도 않는다.
(D) 그럼에도 불구하고, 강인한 생명 활동, 영리한 요령, 그리고 독특한 공동체 정신을 통해 이 포유류들은 그들의 거친 환경에 완벽히 적응했다. 그들은 지하 땅굴 속에서 생활함으로써 그들을 먹고 싶어 하는 방대한 많은 포식자들뿐만 아니라, 남아프리카의 가장 극심한 온도도 피한다.
(B) 이러한 지하 관계망 중 일부는, 비록 평균적인 군집이 이것의 절반 크기여도, 집단으로 함께 사는 둘 혹은 세 가족들로 이루어진 50마리 가량의 개체들을 수용할 수 있다. 몽구스의 일종인 미어캣은 위험을 포착하기에 아주 용이한 잘 발달된 시력뿐 아니라, 날카롭고 굽은 발톱을 가지고 있어 그것을 땅파기나 자기방어를 위해 사용한다. 실제로 그들이 음식을 찾기 위해 그들의 굴을 나오는 모험을

떠날 때, 항상 최소한 하나의 미어캣은 종종 바위 위나 덤불 속에서 주로 그들의 최고 적인 맹금류를 찾기 위해 하늘을 보면서 보초를 설 것이다.
(C) 위협이 감지되자마자, 망을 보는 미어캣은 날카로운 경고 소리를 낼 것이고, 다른 미어캣들은 즉시 근처에 빠져나갈 구멍이나 다른 숨을 곳으로 돌진할 것이다. 미어캣들은 위협을 의미하는 수십 개의 다른 (경고) 소리를 갖고 있다고 추정된다. 영토 범위에서 함께 사냥하는 것뿐만 아니라, 미어캣은 또한 육아 의무도 공유한다. 일반적으로 집단에서 오직 우두머리 한 쌍만이 짝짓기를 할 것이지만, 나머지 모든 미어캣들은 식량을 어디서 찾는지와 놀이싸움, 전갈의 어느 부위를 먹는지와 같은 귀중한 삶의 기술들을 보여 줄 뿐만 아니라 새끼들을 재우고, 먹이면서 양육에 협력한다.

41 다문항3 – 글의 순서 정답 ⑤

(D)는 (A)에 나온 상대적으로 보잘 것 없어 보이는 미어캣이 어떻게 생존에 성공했는지 설명하고 있다.
(B)는 (D)에서 설명한 미어캣의 공동체 정신이 발현되는 방식을 굴을 나설 때 누군가 보초를 서는 모습을 통해 보여 준다.
(C)는 미어캣이 보초를 서는 것 외에도 육아에 모두 협력한다는 점을 더해서 설명하고 있다.

42 다문항3 – 세부 정보 정답 ②

미어캣은 (D)를 통해서 알 수 있듯이 독특한 공동체 정신을 지녔으며, (B)를 통해서 알 수 있듯이 50마리 가량의 개체들을 수용할 수 있는 지하 관계망을 구축하여 살아간다. 따라서 미어캣이 일반적으로 독립적인 생활을 한다는 ②는 글의 내용과 일치하지 않는다.

43~45

□ spacial : 공간의, 공간적인
□ doting : 맹목적으로 (아이를) 사랑하는
□ around the clock : 24시간 내내, 밤낮으로

〈 **해석 체크체크** 〉

[가] 두 연구자들은 대학생들이 모차르트의 피아노 소나타를 들은 이후 공간 추론 테스트에서 더 높은 점수를 받았다고 보고했다. 이 관찰이 뉴스가 된 직후, 맹목적으로 (아이들을) 사랑하는 부모들은 밤낮으로 그들의 아기에게 모차르트를 들려주었다. 분명히, 그들은 대학생들처럼 그들의 아기들이 더 똑똑해지기를 바랐다. 하지만 부모들은 그런 마법적인 혜택 제공을 표방하는 실행에 대해 의심해야만 했다.

[다] '모차르트 효과'에 관한 하나의 중요한 (B) 문제는 최초 실험이 성인들을 대상으로 행해졌다는 것이다. 그것이 유아들에 대해서 우리에게 말해 주는 바는 없다. 또한 그 연구는 다른 종류의 음악을 검정하지 않았다. 그 점에 대해서는 바흐나 슈베르트의 음악을 사용하는 건 어떤가? 훨씬 더 중요한 질문은, '모차르트 효과'가 실재하는가이다.

[나] 증거는 뭐라고 말하는가? 몇몇 연구들은 모차르트 음악의 노출 이후 공간적 지능의 간소한 향상을 발견했다. 하지만 대부분의 연구자들은 그 효과를 (A) 재현할 수 없었다.

[라] 왜 어떤 연구들은 그 효과를 지지하고, 다른 연구들은 그것을 부정하는가? 많은 연구들은 음악을 들었던 학생들과 침묵 속에 쉬었던 학생들을 비교했다. 하지만 두 심리학자들은 내레이션이 있는 이야기를 듣는 것 또한 시험 점수를 향상시킨다는 사실을 알아냈다. 이것은 이야기를 듣는 것을 좋아하는 학생들에게 특히 효과가 있었다. 따라서 모차르트 음악을 들은 이후 더 높은 점수를 기록했던 학생들은 그저 더 정신이 초롱초롱했거나 더 나은 상태였던 것이다.

43 다문항4 – 글의 순서 정답 ②

[다]는 [가]의 마지막 문장에서 '모차르트 효과'에 대해 의심했었어야 한다는 내용에 이어, '모차르트 효과'의 문제점을 거론하고 있다. [나]는 '모차르트 효과'에 대해 갑론을박이 존재함을 보여 준다. [라]는 [나]에서 나온 '모차르트 효과'에 대한 다른 의견이 나온 원인을 제시하고 있다.

44 다문항4 – 제목 정답 ①

'모차르트 효과'가 모든 이들에게 적용되는 것은 아니라고 설명하는 내용이다. 따라서 '모차르트 효과'가 정말 듣기만 해도 성적이 오르거나 더 똑똑해지는 마법적인 혜택이 아니라는 점에서 ①이 글의 제목으로 가장 적절하다.
① 모차르트 효과 : 마법적인 것이 아니다

오답 분석
② 모차르트 : 영재 만드는 법
③ 왜 클래식 음악이 아기들에게 좋은가?
④ 모차르트의 소나타 : 가장 높은 음악적 충실함
⑤ 모차르트의 음악과 그것의 교육학적 함의

☐ prodigy : 영재
☐ fidelity : 충실함
☐ implication : 함의

45 다문항4 – 어휘 정답 ③

(A) 대부분의 연구자들이 '모차르트 효과'를 재현하는 데 실패했다는 내용이다. '재현하다'와 가장 유사한 의미로 '다시 중복해서 하다'라는 의미의 duplicate가 가장 적절하다.
(B) '모차르트 효과'의 문제점에 대한 내용이므로, '문제'를 의미하는 problem이 나오는 것이 가장 적절하다. (B) 이후 문장들은 '모차르트 효과'를 주장한 첫 실험에 대한 문제점들을 나열하고 있다.

01 ②	**02** ①	**03** ④	**04** ④	**05** ③
06 ③	**07** ⑤	**08** ①	**09** ④	**10** ②
11 ⑤	**12** ③	**13** ③	**14** ①	**15** ④
16 ②	**17** ②	**18** ⑤	**19** ⑤	**20** ③
21 2	**22** 4	**23** 202	**24** 17	**25** 23

01 지수법칙 　　　　　　　　　　　정답 ②

$2^{3x}=9$에서 $2^{3x}=3^2$이므로

$2^3=3^{\frac{2}{x}}$ 　　 $\therefore 3^{\frac{2}{x}}=8$

다른 풀이

$2^{3x}=9$에서 $3x=\log_2 3^2$ 　　 $\therefore x=\dfrac{2}{3}\log_2 3$

$\therefore 3^{\frac{2}{x}}=3^{\frac{2}{\frac{2}{3}\log_2 3}}=3^{\log_3 2^3}=2^3=8$

> **개념 체크체크**
>
> **지수법칙**
>
> $a>0$, $b>0$, m, n은 실수일 때
>
> (1) $a^m \times a^n = a^{m+n}$
>
> (2) $\dfrac{a^m}{a^n}=a^{m-n}$
>
> (3) $(a^m)^n = a^{mn}$
>
> (4) $(ab)^n = a^n b^n$

02 로그의 여러 가지 성질 　　　　　정답 ①

$\log_x 1000 + \log_{100} x^4 = 3\log_x 10 + 2\log_{10} x$

$\qquad\qquad\qquad \ge 2\sqrt{(3\log_x 10)\times(2\log_{10} x)}$

$\qquad\qquad\qquad = 2\sqrt{6}$

이므로 $m=2\sqrt{6}$

또한, 등호는 $3\log_a 10 = 2\log_{10} a$일 때 성립하므로 $\log_{10} a = A$ $(A>0)$라 하면

$\dfrac{3}{A}=2A$, $\dfrac{3}{2}=A^2$ 　　 $\therefore A=\dfrac{\sqrt{6}}{2}$ $(\because A>0)$

$\therefore \log_{10} a^m = m\log_{10} a = 2\sqrt{6}\times \dfrac{\sqrt{6}}{2}=6$

> **개념 체크체크**
>
> **산술평균과 기하평균의 관계**
>
> $a>0$, $b>0$일 때
>
> $\dfrac{a+b}{2}\ge \sqrt{ab}$ (단, 등호는 $a=b$일 때 성립)

03 함수의 극한값의 계산 　　　　　정답 ④

(i) $|x|>1$일 때

$f(x)=\lim_{n\to\infty}\dfrac{x-2+\dfrac{1}{x^{2n}}}{x^2+1+\dfrac{1}{x^{2n}}}=\dfrac{x-2}{x^2+1}$이므로

$\lim_{x\to -1-}f(x)=\lim_{x\to -1-}\dfrac{x-2}{x^2+1}=-\dfrac{3}{2}$

(ii) $|x|<1$일 때

$f(x)=1$이므로

$\lim_{x\to 1-}f(x)=\lim_{x\to 1-}1=1$

(i), (ii)에서 $a=-\dfrac{3}{2}$, $b=1$이므로

$\dfrac{b}{a+2}=\dfrac{1}{-\dfrac{3}{2}+2}=2$

> **개념 체크체크**
>
> x^n을 포함한 함수의 극한
>
> x^n을 포함한 함수 $f(x)$의 극한은 x의 값의 범위를 $|x|>1$, $|x|<1$, $x=1$, $x=-1$인 경우로 구분하여 함수 $f(x)$를 구한 후 조사한다.
>
> (1) $|x|>1$일 때, $\lim\limits_{n\to\infty}\dfrac{1}{x^n}=0$임을 이용한다.
>
> (2) $|x|<1$일 때, $\lim\limits_{n\to\infty}x^n=0$임을 이용한다.
>
> (3) $x=1$일 때, $\lim\limits_{n\to\infty}x^n=\lim\limits_{n\to\infty}1^n=1$임을 이용한다.
>
> (4) $x=-1$일 때, $\lim\limits_{n\to\infty}(-1)^{2n}=\lim\limits_{n\to\infty}1=1$,
>
> $\lim\limits_{n\to\infty}(-1)^{2n-1}=\lim\limits_{n\to\infty}(-1)=-1$임을 이용한다.

2020학년도 기출문제 다정기

04 이항분포와 정규분포의 관계 정답 ④

$\sum\limits_{k=308}^{400} {}_{400}\mathrm{C}_k \left(\dfrac{4}{5}\right)^k \left(\dfrac{1}{5}\right)^{400-k}$ 을 따르는 확률변수를 X라 하면 X는 이

항분포 $\mathrm{B}\left(400,\ \dfrac{4}{5}\right)$ 를 따른다.

이때

$\mathrm{E}(X)=400\times\dfrac{4}{5}=320,\ \ \mathrm{V}(X)=400\times\dfrac{4}{5}\times\dfrac{1}{5}=64=8^2$

이고, 400이 충분히 크므로 X는 근사적으로 정규분포 $\mathrm{N}(320,\ 8^2)$
을 따른다.

$\sum\limits_{k=308}^{400} {}_{400}\mathrm{C}_k \left(\dfrac{4}{5}\right)^k \left(\dfrac{1}{5}\right)^{400-k}$ 의 값은 $\mathrm{P}(X\geq 308)$의 값과 같으므로

$$
\begin{aligned}
\mathrm{P}(X\geq 308) &=\mathrm{P}\left(Z\geq\dfrac{308-320}{8}\right)\\
&=\mathrm{P}(Z\geq-1.5)\\
&=0.5+\mathrm{P}(0\leq Z\leq 1.5)\\
&=0.5+0.4332\\
&=0.9332
\end{aligned}
$$

> **개념 체크체크**
>
> 1. 이항분포
>   한 번의 시행에서 사건 A가 일어날 확률이 p로 일정할 때,
> n회의 독립시행에서 사건 A가 일어나는 횟수를 X라 하면
> X의 확률질량함수는
> $$\mathrm{P}(X=x)={}_n\mathrm{C}_r\, p^r(1-p)^{n-r}$$
>
> 2. 이항분포와 정규분포와의 관계
>   확률변수 X가 이항분포 $\mathrm{B}(n,\ p)$를 따를 때 n이 충분히
>   크면 X는 근사적으로 정규분포 $\mathrm{N}(np,\ npq)$를 따른다.
>   (단, $q=1-p$)

05 등비수열의 극한 + $\sum$의 정의 정답 ③

자연수 k에 대하여

(ⅰ) $1\leq k\leq 4$일 때

$$a_k=\lim_{n\to\infty}\dfrac{5}{k+4k\times\left(\dfrac{k}{5}\right)^n}=\dfrac{5}{k}$$

(ⅱ) $k=5$일 때

$$a_k=\lim_{n\to\infty}\dfrac{5^{n+1}}{5^{n+1}+4\times 5^{n+1}}=\dfrac{1}{1+4}=\dfrac{1}{5}$$

(ⅲ) $k\geq 6$일 때

$$a_k=\lim_{n\to\infty}\dfrac{5\times\left(\dfrac{5}{k}\right)^n}{k\times\left(\dfrac{5}{k}\right)^n+4k}=0$$

(ⅰ), (ⅱ), (ⅲ)에서

$$
\begin{aligned}
\sum_{k=1}^{10} ka_k &= a_1+2a_2+3a_3+\cdots+10a_{10}\\
&=\dfrac{5}{1}+2\times\dfrac{5}{2}+3\times\dfrac{5}{3}+4\times\dfrac{5}{4}+5\times\dfrac{1}{5}\\
&=5+5+5+5+1=21
\end{aligned}
$$

> **개념 체크체크**
>
> 등비수열 $\{r^n\}$의 극한
> (1) $r>1$일 때, $\lim\limits_{n\to\infty} r^n=\infty$(발산)
> (2) $r=1$일 때, $\lim\limits_{n\to\infty} r^n=1$(수렴)
> (3) $-1<r<1$일 때, $\lim\limits_{n\to\infty} r^n=0$(수렴)
> (4) $r\leq-1$일 때, 수열 $\{r^n\}$은 진동한다.(발산)

06 여러 가지 경우의 수 정답 ③

$f(1)-1=f(2)-2=f(3)-3$을 만족하려면 $f(1)$, $f(2)$, $f(3)$
의 함숫값이 각각 1, 2, 3 또는 2, 3, 4 또는 3, 4, 5이어야 하므로
$f(1)$, $f(2)$, $f(3)$의 함숫값을 정하는 경우의 수는 3이다.
또한, $f(4)$, $f(5)$의 함숫값을 정하는 경우의 수는 각각 5이다.
따라서 구하는 경우의 수는
$3\times 5\times 5=75$

> **개념 체크체크**
>
> 곱의 법칙
> 사건 A가 일어나는 경우의 수가 m, 그 각각에 대하여 사건 B
> 가 일어나는 경우의 수가 n일 때, 두 사건 A, B가 잇달아 일
> 어나는 경우의 수는
> $m\times n$

07 접선의 방정식 정답 ⑤

곡선 $y=|x^2-4|$는 다음 그림과 같다.

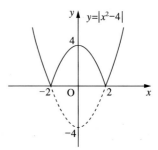

(ⅰ) 직선 $y=f(x)$가 점 $(2,\ 0)$을 지날 때
$2+t=0$　∴ $t=-2$

(ⅱ) 직선 $y=f(x)$가 점 $(-2,\ 0)$을 지날 때
$-2+t=0$　∴ $t=2$

(ⅲ) 직선 $y=f(x)$가 곡선 $y=|x^2-4|$에 접할 때
직선 $y=f(x)$가 곡선 $y=-x^2+4$에 접할 때의 점의 좌표를

$(x_1,\ y_1)$이라 하면 $y=-x^2+4$에서 $y'=-2x$이므로

$-2x_1=1$에서 $x_1=-\dfrac{1}{2}$

$x_1=-\dfrac{1}{2}$을 $y=-x^2+4$에 대입하면

$y_1=-\dfrac{1}{4}+4=\dfrac{15}{4}$

즉, 접할 때의 점의 좌표가 $\left(-\dfrac{1}{2},\ \dfrac{15}{4}\right)$이므로 이를 $y=x+t$
에 대입하면

$\dfrac{15}{4}=-\dfrac{1}{2}+t$ $\therefore t=\dfrac{17}{4}$

(ⅰ), (ⅱ), (ⅲ)에서 함수 $y=g(x)$의 그래프와 직선 $y=\dfrac{x}{2}+2$의
그래프는 다음 그림과 같으므로 만나는 점의 개수는 5이다.

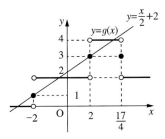

〈 개념 체크체크 〉

접선의 방정식

함수 $f(x)$의 그래프의 위의 점 $(x_0,\ f(x_0))$에서의 접선의 방
정식은 $y=f'(x_0)(x-x_0)+f(x_0)$이다.

---

08 중복순열   정답 ①

$A-B=\{1\}$이므로 전체집합 U와 두 부분집합 A, B를 벤 다이어
그램으로 나타내면 다음 그림과 같다.

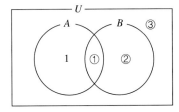

즉, 나머지 원소 2, 3, 4, 5가 포함될 수 있는 부분은 각각 위의 그림
의 ①, ②, ③ 중 하나이므로 조건을 만족하는 모든 순서쌍 $(A,\ B)$
의 개수는

$_3\Pi_4=3^4=81$

〈 개념 체크체크 〉

중복순열

(1) 중복순열의 뜻 : 서로 다른 n개에서 중복을 허락하여 r개
를 택해 일렬로 나열하는 것을 n개에서 r개를 택하는 중복
순열이라 하며, 이 중복순열의 수를 기호로 $_n\Pi_r$와 같이 나
타낸다.

(2) 중복순열의 수 : 서로 다른 n개에서 r개를 택해 일렬로 나
열하는 중복순열의 수는

$_n\Pi_r=n^r$

---

09 정적분으로 정의된 함수   정답 ④

$\displaystyle\int_0^x (x-t)^2 f'(t)dt=\dfrac{3}{4}x^4-2x^3$에서

$\displaystyle\int_0^x (x^2-2tx+t^2)f'(t)dt=\dfrac{3}{4}x^4-2x^3$

$\displaystyle x^2\int_0^x f'(t)dt-2x\int_0^x tf'(t)dt+\int_0^x t^2 f'(t)dt=\dfrac{3}{4}x^4-2x^3$

위의 식의 양변을 x에 대하여 미분하면

$\displaystyle 2x\int_0^x f'(t)dt+x^2 f'(x)-2\int_0^x tf'(t)dt-2x^2 f'(x)+x^2 f'(x)$

$\displaystyle =2x\int_0^x f'(t)dt-2\int_0^x tf'(t)dt$

$=3x^3-6x^2$

위의 식의 양변을 x에 대하여 미분하면

$\displaystyle 2\int_0^x f'(t)dt+2xf'(x)-2xf'(x)=9x^2-12x$

$\displaystyle 2\int_0^x f'(t)dt=9x^2-12x$

$2\big[f(t)\big]_0^x=9x^2-12x$

$2\{f(x)-f(0)\}=9x^2-12x$

$2\{f(x)-1\}=9x^2-12x\ (\because f(0)=1)$

따라서 $f(x)=\dfrac{9}{2}x^2-6x+1$이므로

$\displaystyle\int_0^1 f(x)dx=\int_0^1\left(\dfrac{9}{2}x^2-6x+1\right)dx$

$\displaystyle =\left[\dfrac{3}{2}x^3-3x^2+x\right]_0^1$

$=\dfrac{3}{2}-3+1=-\dfrac{1}{2}$

10   같은 것이 있는 순열   정답 ②

네 정수 a, b, c, d에 대하여 $a^2 + b^2 + c^2 + d^2 = 17$을 만족시키는 경우는 다음과 같다.

(i) a^2, b^2, c^2, d^2의 값이 각각 9, 4, 4, 0인 경우

9, 4, 4, 0을 a^2, b^2, c^2, d^2에 각각 배정하는 경우의 수는

$$\frac{4!}{2!} = 12$$

이 각각의 경우에 대하여 $a^2 = 9$, $b^2 = 4$, $c^2 = 4$라 하면 $a = \pm 3$, $b = \pm 2$, $c = \pm 2$이므로 이 경우의 수는

$$2 \times 2 \times 2 = 8$$

따라서 이 경우의 수는

$$12 \times 8 = 96$$

(ii) a^2, b^2, c^2, d^2의 값이 각각 16, 1, 0, 0인 경우

16, 1, 0, 0을 a^2, b^2, c^2, d^2에 각각 배정하는 경우의 수는

$$\frac{4!}{2!} = 12$$

이 각각의 경우에 대하여 $a^2 = 16$, $b^2 = 1$이라 하면 $a = \pm 4$, $b = \pm 1$이므로 이 경우의 수는

$$2 \times 2 = 4$$

따라서 이 경우의 수는

$$12 \times 4 = 48$$

(i), (ii)에서 모든 순서쌍 (a, b, c, d)의 개수는

$$96 + 48 = 144$$

11   도함수의 활용   정답 ⑤

$P(x) = ax^3 + bx^2 + cx + d$에서

$$P'(x) = 3ax^2 + 2bx + c$$

삼차함수 $P(x)$가 $0 \le x \le 1$인 모든 실수 x에 대하여 $|P'(x)| \le 1$을 만족하면서 실수 a가 최댓값을 가지려면 이차함수 $y = P'(x)$의 그래프는 다음 그림과 같아야 한다.

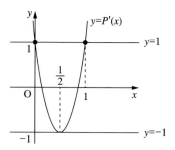

따라서 $P'(x) = 3a\left(x - \dfrac{1}{2}\right)^2 - 1$이고 점 $(1, 1)$을 지나야 하므로

$$3a\left(1 - \frac{1}{2}\right)^2 - 1 = 1 \text{에서}$$

$$\frac{3}{4}a = 2 \qquad \therefore a = \frac{8}{3}$$

12   미분가능 + 함수의 극대·극소 + 정적분과 미분의 관계   정답 ③

함수 $g(x)$가 $x = -1$, $x = 5$에서 미분가능하므로

$$\lim_{x \to -1-} g'(x) = \lim_{x \to -1+} g'(x), \quad \lim_{x \to 5-} g'(x) = \lim_{x \to 5+} g'(x)$$

이어야 한다.

$\displaystyle\lim_{x \to -1-} g'(x) = \lim_{x \to -1+} g'(x)$에서 $0 = \{|f(-1)|\}'$ $\cdots\cdots$ ㉠

$\displaystyle\lim_{x \to 5-} g'(x) = \lim_{x \to 5+} g'(x)$에서 $\{|f(5)|\}' = 0$ $\cdots\cdots$ ㉡

미분가능하면 연속이므로

$$\lim_{x \to -1-} g(x) = \lim_{x \to -1+} g(x), \quad \lim_{x \to 5-} g(x) = \lim_{x \to 5+} g(x)$$

이어야 한다.

$\displaystyle\lim_{x \to -1-} g(x) = \lim_{x \to -1+} g(x)$에서 $a = |f(-1)|$ $\cdots\cdots$ ㉢

$\displaystyle\lim_{x \to 5-} g(x) = \lim_{x \to 5+} g(x)$에서 $|f(5)| = b$ $\cdots\cdots$ ㉣

ㄱ. ㉠, ㉡에 의하여 최고차항의 계수가 1인 삼차함수 $f(x)$는 $x = -1$에서 극댓값을 갖고, $x = 5$에서 극솟값을 갖는다. (참)

ㄴ. 삼차함수 $y = f(x)$의 그래프의 개형은 다음 그림과 같다.

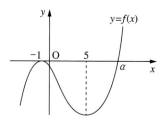

함수 $y = f(x)$의 그래프가 $x = -1$에서 x축에 접한다고 하고,

$y=f(x)$의 그래프가 x축과 만나는 $x=-1$이 아닌 x의 값을 α라 하면

$$f(x)=(x+1)^2(x-\alpha)$$

이때 $f(9)=0$이므로

$$(9+1)^2 \times (9-\alpha)=0 \qquad \therefore \alpha=9$$

즉, $f(x)=(x+1)^2(x-9)$이므로 함수 $y=|f(x)|$의 그래프의 개형은 다음 그림과 같다.

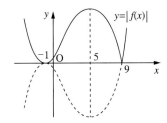

따라서 $|f(-1)| < |f(5)|$이므로 ㉢, ㉣에 의하여 $a<b$이다.

(거짓)

ㄷ. $f'(x)=3(x+1)(x-5)=3x^2-12x-15$이므로

$$f(x)=\int f'(x)dx=\int (3x^2-12x-15)dx$$
$$=x^3-6x^2-15x+C \text{ (단, } C \text{는 적분상수)}$$

이때 $a=b$이려면 함수 $y=f(x)$의 그래프가 점 $(2, 0)$을 지나야 하므로

$$2^3-6\times 2^2-15\times 2+C=0 \text{에서}$$
$$C=46$$

즉, $f(x)=x^3-6x^2-15x+46$이므로 $f(0)=46$이다. (참)

따라서 옳은 것은 ㄱ, ㄷ이다.

13 경우의 수를 이용한 확률 　　　　　정답 ③

한 개의 주사위를 세 번 던지는 모든 경우의 수는 $6\times 6\times 6=216$이고, 함수 $y=g(x)$의 그래프는 다음 그림과 같다.

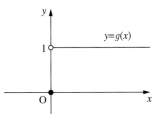

(i) $a=1$, 2인 경우

함수 $f(x)=(a-3)(x^2+2bx+c)$에 대하여 $a-3<0$이므로 합성함수 $(g\circ f)(x)$가 실수 전체의 집합에서 연속이려면 $f(x)\geq 0$이어야 한다.

즉, 이차방정식 $x^2+2bx+c=0$이 중근 또는 서로 다른 두 허근을 가져야 하므로 이 이차방정식의 판별식을 D라 하면

$$\frac{D}{4}=b^2-c \leq 0 \qquad \therefore b^2 \leq c \quad \cdots\cdots ㉠$$

㉠을 만족시키는 순서쌍 (b, c)의 개수는

$(1, 1)$, $(1, 2)$, $(1, 3)$, $(1, 4)$, $(1, 5)$, $(1, 6)$, $(2, 4)$, $(2, 5)$, $(2, 6)$

의 9이다.

즉, 이 경우의 순서쌍 (a, b, c)의 개수는 $2\times 9=18$

(ii) $a=3$인 경우

함수 $f(x)=(a-3)(x^2+2bx+c)$에 대하여 $a-3=0$이므로 이차방정식 $x^2+2bx+c=0$이 어떤 근을 갖는지에 상관없이 합성함수 $(g\circ f)(x)$가 실수 전체의 집합에서 연속이다.

즉, 순서쌍 (b, c)의 개수는 $6\times 6=36$이므로 이 경우의 순서쌍 (a, b, c)의 개수는 36

(iii) $a=4$, 5, 6인 경우

함수 $f(x)=(a-3)(x^2+2bx+c)$에 대하여 $a-3>0$이므로 합성함수 $(g\circ f)(x)$가 실수 전체의 집합에서 연속이려면 $f(x)>0$이어야 한다.

즉, 이차방정식 $x^2+2bx+c=0$이 서로 다른 두 허근을 가져야 하므로 이 이차방정식의 판별식을 D라 하면

$$\frac{D}{4}=b^2-c<0 \qquad \therefore b^2 < c \quad \cdots\cdots ㉡$$

㉡을 만족시키는 순서쌍 (b, c)의 개수는

$(1, 2)$, $(1, 3)$, $(1, 4)$, $(1, 5)$, $(1, 6)$, $(2, 5)$, $(2, 6)$

의 7이다.

즉, 이 경우의 순서쌍 (a, b, c)의 개수는 $3\times 7=21$

(i), (ii), (iii)에서 조건을 만족시키는 경우의 수는 $18+36+21=75$이므로 구하는 확률은

$$\frac{75}{216}=\frac{25}{72}$$

14 정적분의 계산 　　　　　정답 ①

조건 (가)에 의하여 삼차함수 $y=f(x)$의 그래프는 점 $(a, 0)$에 대하여 대칭이고, 조건 (나)와 양수 a에 대하여 최고차항의 계수가 1인 삼차함수 $y=f(x)$의 그래프는 다음 그림과 같다.

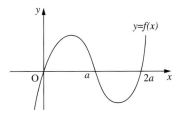

즉, 삼차함수 $y=f(x)$의 그래프가 x축과 만나는 점의 x좌표는 0, a, $2a$이므로

$$f(x)=x(x-a)(x-2a)=x^3-3ax^2+2a^2x$$

따라서 조건 (다)에 의하여 $\displaystyle\int_0^a (x^3-3ax^2+2a^2x)dx=144$이므로

$$\left[\frac{1}{4}x^4 - ax^3 + a^2x^2\right]_0^a = \frac{1}{4}a^4 - a^4 + a^4 = \frac{1}{4}a^4 = 144$$

에서 $a^4 = 576$ $\therefore a = 2\sqrt{6}$

<개념 체크체크>

정적분의 성질을 이용하여 삼차함수 $y=f(x)$의 그래프는 점 $(a, 0)$에 대하여 대칭임을 안다.

최고차항의 계수가 1인 삼차함수 $f(x)$가 모든 실수 t에 대하여 $\displaystyle\int_{a-t}^{a+t} f(x)dx = 0$이므로

$$\int_{a-t}^{a+t} f(x)dx = \int_{a-t}^{a} f(x)dx + \int_{a}^{a+t} f(x)dx$$
$$= -\int_{a}^{a-t} f(x)dx + \int_{a}^{a+t} f(x)dx = 0$$

에서 $\displaystyle\int_{a}^{a-t} f(x)dx = \int_{a}^{a+t} f(x)dx$

따라서 삼차함수 $y=f(x)$의 그래프는 점 $(a, 0)$에 대하여 대칭이다.

---

15 곡선과 x축 사이의 넓이   정답 ④

두 곡선 $y = x^3 + 4x^2 - 6x + 5$, $y = x^3 + 5x^2 - 9x + 6$이 만나는 점의 x좌표가 α, β이므로 $x^3 + 4x^2 - 6x + 5 = x^3 + 5x^2 - 9x + 6$에서

$$x^2 - 3x + 1 = 0 \qquad \therefore x = \frac{3 \pm \sqrt{5}}{2}$$

$$\therefore \alpha = \frac{3-\sqrt{5}}{2}, \ \beta = \frac{3+\sqrt{5}}{2} \ (\because \alpha < \beta)$$

따라서 곡선 $y = 6x^5 + 4x^3 + 1$과 두 직선

$x = \dfrac{3-\sqrt{5}}{2}$, $x = \dfrac{3+\sqrt{5}}{2}$와 x축으로 둘러싸인 부분의 넓이는

$$\int_{\frac{3-\sqrt{5}}{2}}^{\frac{3+\sqrt{5}}{2}} (6x^5 + 4x^3 + 1)dx$$

$$= \left[x^6 + x^4 + x\right]_{\frac{3-\sqrt{5}}{2}}^{\frac{3+\sqrt{5}}{2}}$$

$$= \left\{\left(\frac{3+\sqrt{5}}{2}\right)^6 + \left(\frac{3+\sqrt{5}}{2}\right)^4 + \frac{3+\sqrt{5}}{2}\right\}$$
$$\quad - \left\{\left(\frac{3-\sqrt{5}}{2}\right)^6 + \left(\frac{3-\sqrt{5}}{2}\right)^4 + \frac{3-\sqrt{5}}{2}\right\}$$

$$= (161 + 72\sqrt{5}) + \frac{47 + 21\sqrt{5}}{2} + \frac{3+\sqrt{5}}{2}$$
$$\quad - \left\{(161 - 72\sqrt{5}) + \frac{47 - 21\sqrt{5}}{2} + \frac{3-\sqrt{5}}{2}\right\}$$

$$= 166\sqrt{5}$$

이므로 $a = 166$

<개념 체크체크>

곡선과 x축 사이의 넓이

함수 $f(x)$가 닫힌구간 $[a, b]$에서 연속일 때, 곡선 $y=f(x)$와 x축 및 두 직선 $x=a$, $x=b$로 둘러싸인 부분의 넓이 S는

$$S = \int_a^b |f(x)|dx$$

---

16 함수의 극대·극소   정답 ②

양수 k에 대하여 사차함수 $y=f(x)$의 그래프는 x축과 $x=1$, a, $a-1$, $a-2$에서 만난다.

이때 조건 (가)에서 사차방정식 $f(x)=0$은 서로 다른 세 실근을 가지므로 $a=1$ 또는 $a-1=1$ 또는 $a-2=1$이다.

그런데 a, $a-1$, $a-2$는 일정한 간격 1씩 차이가 나므로 사차함수 $y=f(x)$의 그래프는 다음 그림과 같이 직선 $x=a-1$에 대하여 대칭이고, $x=a-1$에서 x축에 접해야 한다.

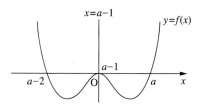

즉, $a-1=1$에서 $a=2$이므로

$$f(x) = kx(x-1)^2(x-2) = k(x^4 - 4x^3 + 5x^2 - 2x)$$
$$\therefore f'(x) = k(4x^3 - 12x^2 + 10x - 2) \quad \cdots\cdots \ \textcircled{\scriptsize ㄱ}$$

한편, 조건 (나)에 의하여 사차함수 $f(x)$의 두 극솟값이 각각 -5이므로 극소를 갖는 x의 값을 각각 $1-\alpha$, $1+\alpha$ $(0 < \alpha < 1)$라 하면 사차함수 $y=f(x)$의 그래프는 두 점 $(1-\alpha, -5)$, $(1+\alpha, -5)$를 지난다.

또한, ㄱ에서 삼차방정식 $4x^3 - 12x^2 + 10x - 2 = 0$은 서로 다른 세 실근 $1-\alpha$, 1, $1+\alpha$를 가지므로 삼차방정식의 근과 계수의 관계에 의하여

$$(1-\alpha) \times 1 \times (1+\alpha) = \frac{1}{2}, \ 1-\alpha^2 = \frac{1}{2}$$

$$\therefore \alpha = \frac{\sqrt{2}}{2} \ (0 < \alpha < 1)$$

따라서 사차함수 $y=f(x)$의 그래프는 점 $\left(1-\dfrac{\sqrt{2}}{2}, -5\right)$를 지나므로

$$k \times \left(1 - \frac{\sqrt{2}}{2}\right) \times \left\{\left(1 - \frac{\sqrt{2}}{2}\right) - 1\right\}^2 \times \left\{\left(1 - \frac{\sqrt{2}}{2}\right) - 2\right\} = -5$$

에서 $k = 20$

$\therefore ak = 2 \times 20 = 40$

17 함수의 극값 + 부정적분의 정의 정답 ②

$f(x-y)=f(x)-f(y)+3xy(x-y)$의 양변에 $x=0$, $y=0$을 대입하면

$f(0)=f(0)-f(0)+0$ $\therefore f(0)=0$

또한, $f(x-y)=f(x)-f(y)+3xy(x-y)$에서

$f(x-y)-f(x)=-f(y)+3xy(x-y)$

$f(x-y)-f(x)=-f(y)+f(0)+3xy(x-y)$ $(\because f(0)=0)$

위의 식의 양변을 $-y$로 나누면

$$\dfrac{f(x-y)-f(x)}{-y}=\dfrac{f(y)-f(0)}{y}-3x(x-y)$$

$$\lim_{y\to 0}\dfrac{f(x-y)-f(x)}{-y}=\lim_{y\to 0}\left\{\dfrac{f(y)-f(0)}{y-0}-3x(x-y)\right\}$$

$f'(x)=f'(0)-3x^2$ …… ㉠

이때 함수 $f(x)$가 $x=2$에서 극댓값을 가지므로 $f'(2)=0$

㉠의 양변에 $x=2$를 대입하면

$f'(2)=f'(0)-12$

$0=f'(0)-12$ $\therefore f'(0)=12=b$

$f'(0)=12$를 ㉠에 대입하면

$f'(x)=-3x^2+12$

$\therefore f(x)=\displaystyle\int f'(x)dx=\int(-3x^2+12)dx$

$\qquad\qquad =-x^3+12x\ (\because f(0)=0)$

따라서 함수 $f(x)$가 $x=2$에서 극댓값 a를 가지므로 $f(2)=a$

$-8+24=a$ $\therefore a=16$

$\therefore a-b=16-12=4$

18 여러 가지 수열 정답 ⑤

$|a_1-a_2|+|a_2-a_3|+|a_3-a_4|+\cdots+|a_{11}-a_{12}|$가 최댓값을 가지려면 a_1, a_2, a_3, $\cdots$, a_{12}의 값이 서로 가장 멀리 떨어져 있는 수이어야 한다.

즉, $a_1=6$, $a_2=12$라 하면 a_3의 값은 12와 가장 멀리 떨어져 있는 수 1이면 된다.

또한, a_4의 값은 남은 수 중에서 1과 가장 멀리 떨어져 있는 수 11이면 된다.

  $\vdots$

이와 같은 과정을 반복하면

$a_1=6$, $a_2=12$, $a_3=1$, $a_4=11$, $a_5=2$, $a_6=10$, $a_7=3$, $a_8=9$, $a_9=4$, $a_{10}=8$, $a_{11}=5$, $a_{12}=7$

따라서 $|a_1-a_2|+|a_2-a_3|+|a_3-a_4|+\cdots+|a_{11}-a_{12}|$의 최댓값은

$6+11+10+9+8+7+6+5+4+3+2=71$

19 로그의 여러 가지 성질 정답 ⑤

$\log_2(x+\sqrt{2}\,y)+\log_2(x-\sqrt{2}\,y)=2$에서

$\log_2(x^2-2y^2)=2$ $\therefore x^2-2y^2=4$ …… ㉠

$|x|=X$, $|y|=Y$ $(X\geq 0,\ Y\geq 0)$라 하면 ㉠에서 $|x|^2-2|y|^2=4$이므로

$X^2-2Y^2=4$ …… ㉡

또한, ㉠에서 $x^2-2y^2>0$이므로

$x^2>y^2$ $\therefore X>Y$

한편, $|x|-|y|=k$ (k는 실수)라 하면

$X-Y=k\ (k>0)$ $\therefore Y=X-k$ …… ㉢

㉢을 ㉡에 대입하면

$X^2-2(X-k)^2=4$, $X^2-4kX+2k^2+4=0$

이때 x, y가 실수이므로 X도 실수이다.

즉, X에 대한 이차방정식 $X^2-4kX+2k^2+4=0$이 실근을 가져야

2020학년도 기출문제 다잡기

하므로 이 이차방정식의 판별식을 D라 할 때

$$\frac{D}{4} = (-2k)^2 - (2k^2+4) \geq 0$$

$2k^2 - 4 \geq 0$, $k^2 \geq 2$ $\quad \therefore k \geq \sqrt{2}$ $(\because k > 0)$

따라서 $|x| - |y|$의 최솟값은 $\sqrt{2}$ 이다.

다른 풀이

$\log_2(x + \sqrt{2}\,y) + \log_2(x - \sqrt{2}\,y) = 2$에서

$\log_2(x^2 - 2y^2) = 2$, $x^2 - 2y^2 = 4$ $\quad \therefore y = \pm\sqrt{\frac{1}{2}x^2 - 2}$

한편, $|x| - |y| = k$ (k는 실수)
라 하면 오른쪽 그림과 같이 k
의 값은 제1사분면에서 직선
$x - y = k$, 즉 $y = x - k$가 곡
선 $y = \sqrt{\frac{1}{2}x^2 - 2}$ 에 접할 때
최소이다.

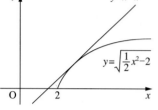

$y = \sqrt{\frac{1}{2}x^2 - 2}$ 에서 $y' = \dfrac{x}{2\sqrt{\frac{1}{2}x^2 - 2}}$ 이고, 직선 $y = x - k$가

곡선 $y = \sqrt{\frac{1}{2}x^2 - 2}$ 에 접할 때의 점의 좌표를 (α, β)라 하면 직

선 $y = x - k$의 기울기가 1이므로 $\dfrac{\alpha}{2\sqrt{\frac{1}{2}\alpha^2 - 2}} = 1$에서

$\alpha = 2\sqrt{\frac{1}{2}\alpha^2 - 2}$ $\quad \therefore \alpha^2 = 8$

$\alpha^2 = 8$을 $\beta = \sqrt{\frac{1}{2}\alpha^2 - 2}$ 에 대입하면

$\beta = \sqrt{2}$

따라서 k의 값이 최소일 때 직선 $y = x - k$는 점 $(2\sqrt{2},\ \sqrt{2})$를
지나므로

$\sqrt{2} = 2\sqrt{2} - k$ $\quad \therefore k = \sqrt{2}$

따라서 $|x| - |y|$의 최솟값은 $\sqrt{2}$ 이다.

---

20 여러 가지 절대부등식　　　　　정답 ③

$\frac{1}{a} + \frac{1}{b} \leq 4$의 양변에 ab를 곱하면

$a + b \leq 4ab$

위의 식의 양변을 제곱하면

$(a+b)^2 \leq 16a^2b^2$ $\quad \cdots\cdots$ ㉠

또한, $(a-b)^2 = 16(ab)^3$에서 $(a-b)^2 = 16a^3b^3$이므로

$(a+b)^2 = (a-b)^2 + 4ab$

$\qquad\quad = 16a^3b^3 + 4ab$ $\quad \cdots\cdots$ ㉡

$\qquad\quad \leq 16a^2b^2$ $(\because$ ㉠$)$

$16a^3b^3 + 4ab \leq 16a^2b^2$의 양변을 $ab(a > 0,\ b > 0)$로 나누면

$16a^2b^2 + 4 \leq 16ab$, $16a^2b^2 - 16ab + 4 \leq 0$

$(4ab - 2)^2 \leq 0$ $\quad \therefore ab = \frac{1}{2}$

$ab = \frac{1}{2}$을 ㉡에 대입하면

$(a+b)^2 = 16 \times \left(\frac{1}{2}\right)^3 + 4 \times \frac{1}{2} = 4$

$\therefore a + b = 2$ $(\because a > 0,\ b > 0)$

개념 체크체크

부등식의 성질

임의의 세 실수 a, b, c에 대하여

(1) $a < b$, $b < c$이면 $a < c$

(2) $a < b$이면 $a + c < b + c$, $a - c < b - c$

(3) $a < b$, $c > 0$이면 $ac < bc$, $\dfrac{a}{c} < \dfrac{b}{c}$

(4) $a < b$, $c < 0$이면 $ac > bc$, $\dfrac{a}{c} > \dfrac{b}{c}$

(5) $a \geq 0$, $b \geq 0$일 때, $a < b$이면 $a^2 < b^2$

---

21 등비급수의 합　　　　　정답 ②

삼차방정식 $x^3 + ax - 1 = 0$의 실근이 r이므로

$r^3 + ar - 1 = 0$ $\quad \cdots\cdots$ ㉠

한편, $\displaystyle\sum_{n=1}^{\infty} r^{3n-2} = \frac{1}{2}$에서 $\dfrac{r}{1 - r^3} = \dfrac{1}{2}$이므로

$2r = 1 - r^3$, $r^3 + 2r - 1 = 0$

따라서 ㉠에 의하여

$a = 2$

개념 체크체크

등비급수

(1) 첫째항이 a이고 공비가 r인 등비수열 $\{ar^{n-1}\}$에 대하여
급수

$$\sum_{n=1}^{\infty} ar^{n-1} = a + ar + ar^2 + \cdots + ar^{n-1} + \cdots$$

을 첫째항이 a이고, 공비가 r인 등비급수라고 한다.

(2) 등비급수 $\displaystyle\sum_{n=1}^{\infty} ar^{n-1} (a \neq 0)$은

① $|r| < 1$일 때, 수렴하고 그 합은 $\dfrac{a}{1-r}$이다.

② $|r| \geq 1$일 때, 발산한다.

22 조건부확률

두 상자 A, B 중 하나의 상자에서 공을 1개 꺼냈더니 검은 공이 나왔고, 그 상자에 남은 공이 모두 흰 공인 경우는 상자 B에서 검은 공을 1개 꺼낸 경우이다.

검은 공을 1개 꺼내는 사건을 S, 상자 B에서 공을 1개 꺼내는 사건을 T라 하면 구하는 확률은 $\mathrm{P}(T|S)$이다.

$\mathrm{P}(S) = \dfrac{1}{2} \times \dfrac{2}{4} + \dfrac{1}{2} \times \dfrac{1}{4} = \dfrac{3}{8}$, $\mathrm{P}(S \cap T) = \dfrac{1}{2} \times \dfrac{1}{4} = \dfrac{1}{8}$ 이므로

$\mathrm{P}(T|S) = \dfrac{\mathrm{P}(S \cap T)}{\mathrm{P}(S)} = \dfrac{1}{3}$

따라서 $p = 3$, $q = 1$이므로

$p + q = 3 + 1 = 4$

≪개념 체크체크≫

조건부확률

'~인 사건이 일어났을 때, ~인 사건이 일어날 확률'은 조건부확률을 구하는 문제이다.

두 사건 A, B에 대하여 사건 A가 일어났을 때 사건 B의 조건부확률은

$\mathrm{P}(B|A) = \dfrac{\mathrm{P}(A \cap B)}{\mathrm{P}(A)}$ (단, $\mathrm{P}(A) > 0$)

임을 이용하여 주어진 확률을 구한다.

23 여러 가지 수열의 합 + 자연수의 거듭제곱의 합

$\left| n - \sqrt{m - \dfrac{1}{2}} \right| < 1$ 에서

$\left| \sqrt{m - \dfrac{1}{2}} - n \right| < 1$, $n - 1 < \sqrt{m - \dfrac{1}{2}} < n + 1$

$(n-1)^2 < m - \dfrac{1}{2} < (n+1)^2$

$\therefore (n-1)^2 + \dfrac{1}{2} < m < (n+1)^2 + \dfrac{1}{2}$

$n = 1$일 때, $\dfrac{1}{2} < m < \dfrac{9}{2}$ 이므로 $a_1 = 4$

$n = 2$일 때, $\dfrac{3}{2} < m < \dfrac{19}{2}$ 이므로 $a_2 = 8$

$n = 3$일 때, $\dfrac{9}{2} < m < \dfrac{33}{2}$ 이므로 $a_3 = 12$

$\vdots$

따라서 $a_n = 4n$이므로

$\dfrac{1}{100} \displaystyle\sum_{n=1}^{100} a_n = \dfrac{1}{100} \sum_{n=1}^{100} 4n = \dfrac{1}{25} \sum_{n=1}^{100} n$

$= \dfrac{1}{25} \times \dfrac{100 \times 101}{2} = 202$

≪개념 체크체크≫

$(n-1)^2 + \dfrac{1}{2} < m < (n+1)^2 + \dfrac{1}{2}$ 에서 n은 자연수이므로

$(n-1)^2$, $(n+1)^2$은 0이거나 자연수이다.

즉, $(n-1)^2 + \dfrac{1}{2} < m < (n+1)^2 + \dfrac{1}{2}$ 에서

$(n-1)^2 + 1 \leq m \leq (n+1)^2$이므로

$a_n = (n+1)^2 - \{(n-1)^2 + 1\} + 1 = 4n$으로 구할 수도 있다.

24 일반항이 분수 꼴인 수열의 합

$\dfrac{1}{\sqrt{2k+1}} = \dfrac{2}{2\sqrt{2k+1}}$ 이므로

$\dfrac{2}{\sqrt{2k+3} + \sqrt{2k+1}} < \dfrac{2}{2\sqrt{2k+1}} < \dfrac{2}{\sqrt{2k+1} + \sqrt{2k-1}}$

$\dfrac{2(\sqrt{2k+3} - \sqrt{2k+1})}{(\sqrt{2k+3} + \sqrt{2k+1})(\sqrt{2k+3} - \sqrt{2k+1})}$

$< \dfrac{1}{\sqrt{2k+1}} < \dfrac{2(\sqrt{2k+1} - \sqrt{2k-1})}{(\sqrt{2k+1} + \sqrt{2k-1})(\sqrt{2k+1} - \sqrt{2k-1})}$

$\dfrac{2(\sqrt{2k+3} - \sqrt{2k+1})}{2} < \dfrac{1}{\sqrt{2k+1}} < \dfrac{2(\sqrt{2k+1} - \sqrt{2k-1})}{2}$

$\sqrt{2k+3} - \sqrt{2k+1} < \dfrac{1}{\sqrt{2k+1}} < \sqrt{2k+1} - \sqrt{2k-1}$

즉,

$\displaystyle\sum_{k=1}^{180} (\sqrt{2k+3} - \sqrt{2k+1}) < \sum_{k=1}^{180} \dfrac{1}{\sqrt{2k+1}}$

$< \displaystyle\sum_{k=1}^{180} (\sqrt{2k+1} - \sqrt{2k-1})$

이고, 이때

$\displaystyle\sum_{k=1}^{180} (\sqrt{2k+3} - \sqrt{2k+1})$

$= (\sqrt{5} - \sqrt{3}) + (\sqrt{7} - \sqrt{5}) + (\sqrt{9} - \sqrt{7}) + \cdots$

$\quad + (\sqrt{363} - \sqrt{361})$

$= \sqrt{363} - \sqrt{3} = 17. \times\times\times$

$\displaystyle\sum_{k=1}^{180} (\sqrt{2k+1} - \sqrt{2k-1})$

$= (\sqrt{3} - 1) + (\sqrt{5} - \sqrt{3}) + (\sqrt{7} - \sqrt{5}) + \cdots$

$\quad + (\sqrt{361} - \sqrt{359})$

$= \sqrt{361} - 1 = 19 - 1 = 18$

이므로 $\displaystyle\sum_{k=1}^{180} \dfrac{1}{\sqrt{2k+1}} = 17. \times\times\times$

따라서 $S_{180} = \displaystyle\sum_{k=1}^{180} \dfrac{1}{\sqrt{2k+1}}$ 의 정수 부분은 17이다.

$$f(x) = \begin{cases} \dfrac{[x]^2 + x}{[x]} & (1 \le x < 3) \\ \dfrac{7}{2} & (x \ge 3) \end{cases} \text{에서}$$

$1 \le x < 2$일 때 $[x] = 1$, $2 \le x < 3$일 때 $[x] = 2$이므로

$$f(x) = \begin{cases} x + 1 & (1 \le x < 2) \\ \dfrac{x + 4}{2} & (2 \le x < 3) \\ \dfrac{7}{2} & (x \ge 3) \end{cases}$$

즉, 함수 $y = f(x)$의 그래프는 다음 그림과 같다.

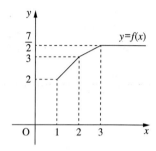

한편,

$g(a)$

$$= \lim_{n \to \infty} \frac{f(a) + f\left(a - \dfrac{2}{n}\right) + f\left(a - \dfrac{4}{n}\right) + \cdots + f\left(a - \dfrac{2(n-1)}{n}\right)}{n}$$

$$= \lim_{n \to \infty} \frac{\displaystyle\sum_{k=0}^{n-1} f\left(a - \dfrac{2k}{n}\right)}{n}$$

이므로

$$g(3) = \lim_{n \to \infty} \frac{\displaystyle\sum_{k=0}^{n-1} f\left(3 - \dfrac{2k}{n}\right)}{n} = \lim_{n \to \infty} \sum_{k=0}^{n-1} f\left(3 - \dfrac{2k}{n}\right)\dfrac{1}{n}$$

이때 $3 - \dfrac{2k}{n} = x$, $-\dfrac{2}{n} = dx$라 하면

$$g(3) = \lim_{n \to \infty} \sum_{k=0}^{n-1} f\left(3 - \dfrac{2k}{n}\right)\dfrac{1}{n}$$

$$= \int_3^1 f(x) \times \left(-\dfrac{1}{2} dx\right)$$

$$= \dfrac{1}{2} \int_1^3 f(x) dx$$

따라서 함수 $y = f(x)$의 그래프에서

$$\int_1^3 f(x) dx = \dfrac{1}{2} \times (2 + 3) \times 1 + \dfrac{1}{2} \times \left(3 + \dfrac{7}{2}\right) \times 1 = \dfrac{23}{4}$$

이므로

$$g(3) = \dfrac{1}{2} \int_1^3 f(x) dx = \dfrac{1}{2} \times \dfrac{23}{4} = \dfrac{23}{8}$$

$$\therefore 8 \times g(3) = 8 \times \dfrac{23}{8} = 23$$

◀ 개념 체크체크 ▶

정적분과 급수의 관계

a, b, p가 상수이고 $f(x)$가 연속함수일 때

(1) $\displaystyle\lim_{n \to \infty} \sum_{k=1}^{n} f\left(\dfrac{k}{n}\right) \times \dfrac{1}{n} = \int_0^1 f(x) dx$

(2) $\displaystyle\lim_{n \to \infty} \sum_{k=1}^{n} f\left(\dfrac{p}{n} k\right) \times \dfrac{p}{n} = \int_0^p f(x) dx$

(3) $\displaystyle\lim_{n \to \infty} \sum_{k=1}^{n} f\left(a + \dfrac{b-a}{n} k\right) \times \dfrac{b-a}{n} = \int_a^b f(x) dx$

제**1**교시 **국어영역**
문제 ▶ p. 282

01 ③	02 ⑤	03 ②	04 ③	05 ④
06 ③	07 ⑤	08 ①	09 ③	10 ①
11 ⑤	12 ④	13 ③	14 ③	15 ⑤
16 ⑤	17 ③	18 ②	19 ②	20 ④
21 ④	22 ④	23 ②	24 ②	25 ⑤
26 ④	27 ③	28 ⑤	29 ①	30 ③
31 ⑤	32 ③	33 ④	34 ①	35 ⑤
36 ③	37 ④	38 ①	39 ①	40 ①
41 ⑤	42 ②	43 ③	44 ①	45 ②

01 어법에 맞는 문장 찾기
정답 ③

오답 분석

① '웃으면서'의 의미가 '영수가 웃는 것'인지 아니면 '다희가 웃으면서 다가오는 것'인지 정확하게 알 수 없다. 만약 '영수가 웃는 것'이라면 '영수는 웃으면서, 다가오는 다희의 손을 잡았다.'라고 해야 하고, '다희가 웃는 것'이라면 '영수는, 웃으면서 다가오는 다희의 손을 잡았다.'라고 해야 한다.

② '두피 건강과 비듬에 좋은 제품'이라고 하면 본래 의도인 '비듬 억제에 좋은 제품'이라는 의도가 잘 드러나지 않는다. 그러므로 '이 샴푸는 두피 건강과 비듬 억제에 좋은 제품입니다.'라고 해야 한다.

④ 문장에 있는 '오른다'는 '북한산에'에 대한 서술어로는 적절하지만 '헬스를'에는 적절하지 않으므로, '체중 관리를 위해 주중에는 헬스를 하고, 주말에는 북한산에 오른다.'라고 해야 한다.

⑤ 불필요한 피동 표현이 사용되었다. '서울을 떠나 대전을 경유한 열차가 곧 우리 역에 도착하겠습니다.'로 해야 올바른 표현이 된다.

02 구어체를 문어체로 바르게 고치기
정답 ⑤

오답 분석

① '가족과 함께 지낼 수 있었다는 것이 가장 큰 기쁨이었다.'
② '수많은 군중들이 무엇을 해야 할지 몰라 우왕좌왕하고 있다.'
③ '대통령과 사무총장이 만나서 비밀리에 의제를 상정했다.'
④ '끼니때가 되면 식탐이 많은 그는 늘 자기가 먼저 먹으려고 했다.'

03 단모음의 모음 변동 이해하기
정답 ②

오답 분석

① '그리고>그리구'는 입술 모양은 동일한 '원순 모음'으로 달라지지 않았으며, 혀의 높낮이가 중모음에서 고모음으로 달라진 변동이다.

③ '블>불'은 혀의 전후 위치는 달라지지 않은 채 입술 모양만 달라진 변동이다.

④ '거죽>가죽'은 혀의 높낮이만 달라지고 입술 모양은 그대로인 변동이다.

⑤ '윗어른>웃어른'은 혀의 전후 위치만 달라지는 변동이다.

04 접미사에 따른 구개음화 이해하기
정답 ③

③ 제6항과 ㄴ을 참고했을 때 ⓒ에 들어가는 단어의 원형은 '핥다'로, ⓒ는 '핥이다'라는 것을 알 수 있다.

오답 분석

① ⓐ는 파생접미사나 피동·사동 접미사로 어근이나 동사와 결합하면 단어를 이루게 된다.

② ⓑ의 '맏-'은 '맏이'의 뜻을 지닌 접두사로 어근이 아니며, ⓒ의 경우 역시 어근이 아닌 용언의 어간이므로 ②는 잘못된 설명이다. 또한 ⓒ의 경우 '핥다'의 피동사나 사동사로 '-이-'와 결합하여 품사가 바뀌지도 않았다.

④ ⓓ와 ⓔ는 선행 음절의 받침이 같으며 구개음도 같게 실현되고 있다.

⑤ ⓕ에 들어갈 어형은 '훑히다'가 아닌 '훑이다'이다.

05 형태소의 교체와 이형태 이해하기
정답 ④

'값이', '값도', '값만'은 각각 [갑시], [갑도], [감만]으로 소리 나며, 각각의 이형태는 {값, 갑, 감}이다. 이때 주의할 점은 '값이'의 '값'이 '갑'으로 소리 난다고 하여 이형태를 '갑'으로 생각해서는 안 된다는 것이다. '값이'의 경우 [갑시]로 소리 나는데 이때 '값이'의 '-이'가 '-시'로 소리 나는 이유는 '값이'의 '값'의 이형태가 {갑}이 아닌 {값}이기 때문이다. 만약 이형태가 {갑}일 경우 '값이'는 [갑시]가 아닌 [가비]로 소리 나야 한다.

06 복합어의 구성 방식과 경음화 현상 이해하기   정답 ③

㉠에는 사잇소리 현상으로 인한 경음화가 존재하나, ㉡에는 그로 인한 경음화가 존재하지 않는다. '집게'는 본디 발음이 [집께]이며, 만약 ㉡에 사잇소리 현상으로 인한 경음화가 존재하려면 [빨래찝께]로 발음이 되어야 한다.

07 명사형 어미와 명사 파생 접미사 구분하기   정답 ⑤

용언의 명사형과 파생명사의 경우 모양이 같아 혼동하기 쉽다. 그러나 '주어가 있다', '서술성이 있다', '부사의 수식을 받는다', '선어말 어미가 쓰일 수 있다'와 같은 경우에 해당되면 용언의 명사형이고, 이것들이 모두 불가능하면 파생명사이다. ① '믿음', ② '젊음', ③ '웃음', ④ '앎'은 모두 전자에 해당하는 용언의 명사형들이고, ⑤ '갚음'은 후자에 해당하는 파생명사이다.

08 보조 용언 이해하기   정답 ①

〈보기〉의 '가'는 보조 용언의 개념에 대한 설명이고, '나'는 보조 용언이 지닌 특성에 대한 설명이다. ①의 '보다'와 '보렴'이 모두 보조 용언으로 사용된 경우이다.

오답 분석

② 첫 번째 문장의 '먹었다'는 보조 용언으로 사용되었으나, 두 번째 문장의 '먹자'는 본용언으로 사용되었다.
③ 첫 번째 문장의 '생겼다'는 본용언으로 사용되었고, 두 번째 문장의 '생겼구나'가 보조 용언으로 사용되었다.
④ 첫 번째 문장의 '말고'와 '주시오'는 본용언으로 사용되었고, 두 번째 문장의 '말겠다'는 보조 용언으로 사용되었다.
⑤ 첫 번째 문장의 '드리렴'은 본용언으로 사용되었고, 두 번째 문장의 '드린다'는 보조 용언으로 사용되었다.

09 비유 개념 이해하기   정답 ③

가. '주전자'는 비유가 사용되지 않은 표현 → 〈보기〉의 예시에 해당하지 않음
나. '그 친구'는 '그 친구의 연락처'를 의미하는 비유 → 〈보기〉의 예시에 해당하지 않음
다. '두뇌'는 '대학생'의 일부로 '대학생 전체'를 나타낸 것 → ㉠
라. '우리 학교'는 '우리 학교 대표팀'을 의미하는 비유 → 〈보기〉의 예시에 해당하지 않음
마. '군홧발'은 '군인'과 관련된 속성으로 '군인' 자체를 나타낸 것 → ㉡

10 문장 유형과 발화 의도의 일치 여부 파악하기   정답 ①

〈보기〉는 간접 발화에 대한 설명이다. 선생님의 "덥구나."라는 말의 의도가 진짜 교실이 더운 것을 말하는 것이라면 문장 유형(평서문)과 발화 의도(평서문)가 일치하므로 직접 발화로 볼 수 있다. 그러나 "덥구나."라는 말의 의도가 '창문을 열라.'는 의미라면 문장 유형(평서문)과 발화 의도(명령문)가 일치하지 않으므로 간접 발화로 볼 수 있다. 실수를 저지른 신입 사원에게 상사가 말한 '다음번에는 잘 해.'는 직접적인 명령의 의미이므로 발화된 문장의 유형과 의미가 일치하는 직접 발화이다.

오답 분석

② '도대체 지금 몇 시니?'라는 말은 발화된 문장은 '시간을 묻는 의문'이지만 발화의 의도는 '빨리 들어오라는 명령문'이다.
③ '비가 많이 오는구나.'의 발화된 문장은 '사실을 나타내는 평서문'이지만 발화의 의도는 '비가 많이 오니 우산을 가지고 나가라는 명령문'이다.
④ '어, 지갑을 까먹고 안 가지고 왔네.'의 발화된 문장은 '사실을 나타내는 평서문'이지만 발화의 의도는 '돈을 대신 내달라는 명령문'이다.
⑤ '잠 좀 자자.'의 발화된 문장은 '함께하기를 요청하는 청유문'이지만 발화의 의도는 '음악 소리를 줄이라는 명령문'이다.

11 자료를 통한 중세 국어의 특징 이해하기   정답 ⑤

오답 분석

① 중세 국어의 팔종성법은 'ㄱ, ㄴ, ㄷ, ㄹ, ㅁ, ㅂ, ㅅ, ㆁ'이므로 ㉠의 '곶'은 이에 해당하지 않는다.
② ㉡은 음절 수 감소가 아닌 음운 수 감소가 발생한 예이다.
③ ㉢은 '바롤+애'가 '바ᄅᆞ래'로 된 것이므로 분철 표기가 아닌 연철 표기가 준수된 예이다.
④ ㉣의 'ㅅ'은 관형격 조사로 실현된 예이다.

12~14

▶ 갈래 : 설명문
▶ 제재 : 인간의 욕망
▶ 주제 : 인간의 욕망은 타인의 행동에 영향을 받는다.
▶ 내용 요약 : 우리는 타인을 모방함으로써 자신의 욕망을 채운다. 욕망은 그 대상과 관련된 것을 향하는 관념적인 것이다. 욕망의 산물인 자아도 타인과의 관계에서 매번 새롭게 주조되기에 우리가 '자아'라 칭하는 것은 '실체가 없는 것'이라고도 생각할 수 있다.

12 글의 세부 정보 파악하기   정답 ④

세 번째 문단의 마지막 문장 '지라르는 ~ 중개자를 통해서만이 욕망의 주체가 대상을 욕망할 수 있다~'에서 알 수 있듯이 직접적이기보다는 간접적인 상호작용을 강조했다.

13 특정 구절을 구체적 상황에 적용하기 　정답 ③

매일 규칙적인 생활을 하는 것은 그 대상과 관련된 것을 향하는 것이므로 '욕망'에 해당한다.

오답 분석

① 목이 마를 때 갈증을 해소하기 위해 '물'을 찾는 것은 인간의 '본능적인 것'이므로 '욕구'에 해당한다.
② 음식에 집중하는 것이 아닌 메뉴를 꼼꼼히 선택하는 것은 '그 대상과 관련된 것을 향하는 것'이므로 '욕망'에 해당한다.
④ 유년 시절의 추억을 위해 전원주택에 살고자 하는 것은 추억 자체가 아닌 '그 대상과 관련된 것을 향하는 것'이므로 '욕망'에 해당한다.
⑤ 좋아하는 연예인의 옷을 구매하려는 것은 연예인 자체가 아닌 '그 대상과 관련된 것을 향하는 것'이므로 '욕망'에 해당한다.

14 외적 준거를 바탕으로 특정 구절의 의미 추론하기 　정답 ③

중개자가 주체의 일상 안에 들어올 경우 존경의 마음이 약화되고, 욕망하던 대상이 제한적일 때, 즉 희소성을 띨수록 경쟁자로 인식하므로 갈등 관계에 놓일 가능성이 높아진다.

오답 분석

① 주체가 ⓒ의 절대적 권위를 인정할수록 존경의 마음이 강화되지만 자신의 모방 행위와의 관련은 나타나 있지 않다.
② 주체와 ⓒ의 거리가 가까워짐에 따라 존경의 마음이 약화된다고 하였다.
④ ⓒ과 주체와의 거리가 가까워질수록 존경의 마음이 약화되고, ⓒ으로 인해 욕망하던 대상이 제한적일 경우 중개자를 경쟁자나 적으로 인식한다고 하였으므로 ④의 진술은 적절하지 않다.
⑤ 자신에게 영감을 주는 대상으로 인식한다는 것은 ⓒ을 자신의 멘토로 인정한다는 것이므로 경쟁 관계를 형성하지 않는다.

15~19

정지용, 「인동차(忍冬茶)」
▶ 갈래 : 자유시, 서정시
▶ 주제 : 정신적 고결함을 지키면서 혹독한 현실을 견디는 삶의 자세
▶ 특징
 - 시적 화자의 감정을 절제하여 대상을 객관적으로 표현함
 - 눈 내리는 겨울, 깊은 산중이라는 탈속의 공간을 배경으로 함
 - 주로 시각적 이미지의 시어를 사용해 색채의 대비가 돋보임
 - 풍경을 회화적, 감각적으로 묘사하며 대상을 관조적으로 바라봄

▶ 내용
 - 1연 : 인동차를 마시는 노주인
 - 2연 : 자작나무의 붉은 불
 - 3연 : 추위 속에 돋아난 무순
 - 4연 : 풍설 소리에 잠착함
 - 5연 : 눈 덮인 산중

이성부, 「누룩」
▶ 갈래 : 자유시, 서정시
▶ 주제 : 자기희생을 통해 새로운 시대를 이끄는 민중의 힘, 새로운 시대에 대한 신뢰와 기대감
▶ 특징
 - 자연물의 속성을 이용해 삶의 의미를 깨닫게 함
 - 강한 물음을 통해 현실 각성을 촉구함
 - 민중의 희생적인 힘을 통한 새로운 시대에 대한 기대감을 강조함
▶ 내용
 - 1연 : 누룩의 사랑에 대한 인식
 - 2연 : 고통을 이겨 내려는 강인한 의지
 - 3연 : 미래를 위한 누룩의 희생 의지
 - 4연 : 누룩에 대한 기대와 신뢰

박성우, 「애호」
▶ 갈래 : 자유시, 서정시
▶ 주제 : 호박에서 본 자연의 생명력
▶ 특징
 - 작은 호박넝쿨이 점차 올라와 소나무를 잠식하는 모습을 통해 경계에 무디어지는 자신에 대한 반성을 나타냄
 - 애호박이 열리는 모습을 설명하며 자연스럽게 시간의 흐름을 드러냄
 - 어법에 맞지 않는 연 구분으로 화자의 놀라는 마음을 전달함
▶ 내용
 - 1연 : 소나무에 호박넝쿨이 올라옴
 - 2연 : 넝쿨이 솔가지를 덮쳐, 줄기를 걷어내려 함
 - 3연 : 걷어내려는데 애호박이 애호박을 낳고 또 낳음
 - 4연 : 호박넝쿨이 호박나무가 됨

15 작품 속 화자의 태도 및 주제 의식 파악하기 　정답 ⑤

(가)는 초연히 현실을 이겨 내려는 삶의 모습을, (다)는 경계에 길들여지는 인간 의식을 나타내고 있다. (가)와 (다) 모두 자연이 나타나 있지만 그것이 눈앞의 현실과 지향점의 대립을 초래하고 있지는 않다.

16 시어의 의미 이해하기 정답 ⑤

㉠~㉣은 모두 '추운 겨울(혹독한 현실)'을 이겨 내기 위한, 또는 추운 겨울과 상반된 이미지의 의미를 담고 있지만, ㉤은 '추운 겨울(부정적이고 혹독한 현실)'을 의미한다.

17 두 작품의 공통점과 차이점 비교하기 정답 ③

(다)는 호박넝쿨이 호박나무가 되는 모습을 통해, (나)는 누룩이 변해가는 모습을 통해 화자의 내적 변화가 이루어지고 있다.

오답 분석

① (나)와 (다)는 시간의 흐름은 나타나 있지만 '계절의 변화'는 나타나 있지 않다.
② (다)는 대상 사이의 대립을 통해 시상을 전개하고 있지만, (나)는 대립보다는 자기희생을 통해 시상을 전개하고 있다.
④ '알겠느냐', '들었느냐', '보았느냐' 등 반복된 강한 질문의 구조를 통해 주제 의식을 심화하고 있는 것은 (나)이다.
⑤ (나)는 대상의 변화를 통해 새로운 시대에 대한 화자의 기대감을 드러내고 있으며, (다)는 대상이 변화하는 모습을 통해 경계에 무디어지는 자기 자신을 반성하는 태도가 드러나 있다.

18 표현상의 특징 파악하기 정답 ②

(나)는 다가올 상황을 가정하여 제재의 부정적 속성을 강조하는 것이 아닌, 제재의 긍정적 속성(새로운 시대를 위해 자신을 희생하는 모습)을 통해 부정적 현실에 대한 저항 의지의 확산을 드러내고 있다.

19 외적 준거를 바탕으로 작품 감상하기 정답 ②

〈보기〉의 관점에서 볼 때 '일개 호박넝쿨에게 소나무를 내줄 수는 없는 일'은 인간 중심 문화에 대한 화자의 초월적 태도를 보여 준다기보다 오히려 인간 중심 문화를 옹호하고 있는 태도를 보여 주는 것으로 이해할 수 있다.

20~23

▸ 갈래 : 논설문
▸ 제재 : 법과 도덕
▸ 주제 : 법과 도덕이 가지는 가치, 효력, 강제성의 상관관계
▸ 내용 요약 : 법과 도덕은 인간의 올바른 행위를 위한 규범이다. 법과 도덕의 상관관계를 둘러싼 여러 이론들이 있다. 그러나 법과 도덕은 각각 고유의 영역이 있기 때문에 완전히 동일시할 수는 없다. 그러므로 법과 도덕은 상호 의존하고 보완하여 올바른 사회적 가치와 법규범의 실현에 이바지해야 할 필요성이 있다.

20 글의 논지 전개 방식 파악하기 정답 ④

이 글의 글쓴이는 옐리네크, 슈몰러, 라드브루흐의 이론들을 제시한 뒤 이를 바탕으로 자신의 견해를 밝히고 있다.

오답 분석

① 각각의 이론들을 제시하고 그 내용을 간략히 설명하고 있지만 각각의 장단점을 비교하고 있지는 않다. 이론들을 제시하면서 필자의 입장이 향하는 방향과 다른 이론의 경우 일부 단점을 언급하고 있지만 이것을 각각의 장단점을 비교하는 것으로 보기는 어렵다.
② 이론들을 설명하고 있지만 각각의 이론에 관련된 사례들을 소개하고 있지는 않다. 사례를 소개한 것은 '프로이센의 일반란트법'과 '미국의 금주법' 두 가지뿐이다.
③ 각각의 이론이 등장한 시대적 배경은 이 글만 가지고서는 알기 어려우며, 또한 이를 통해 이론들을 개관하고 있다고 보기도 어렵다.
⑤ 이론들 사이의 관계를 분석하는 모습(옐리네크와 슈몰러의 이론)은 볼 수 있지만, 이전 이론이 후대 이론으로 대치되는 경과를 서술하였다고 보기는 어렵다.

21 특정 구절에 대한 견해의 타당성 평가하기 정답 ④

㉠과 ㉡ 모두 법이 도덕에 비해 강제성이 높다는 것은 동일하게 인지하고 있다. ㉠은 '법은 도덕 가운데에서 특별히 그 실현을 강제할 필요가 있는 경우'라고 보고 있고, ㉡ 역시 '법의 효력을 중시하여, 법에는 강제력이 있으므로'라고 보고 있다. 그러므로 ㉠이 ㉡과 달리 법이 도덕에 비해 강제성과 실효성이 높다는 데 회의적이라는 이해는 올바르지 않다.

22 글의 내용을 바탕으로 구체적 사례에 적용하기 정답 ④

㉯의 경우 도덕적으로 허용되지 않는 행위이지만 이를 법으로 강제하는 것은 위헌이라고 보는 취지이다. 따라서 ④는 ㉯에 대한 올바른 이해라고 보기 어렵다.

23 어휘의 문맥적 의미 파악하기 　　　　정답 ②

오답 분석

① ⓐ의 '지지'는 '어떤 사람이나 단체 따위의 주의, 정책, 의견 따위에 찬동하여 이를 위하여 힘을 씀'의 의미이고 '건물의 지지'는 '무거운 물건을 받치거나 버팀'의 의미이다.

③ ⓒ의 '차원'은 '사물을 보거나 생각하는 처지. 또는 어떤 생각이나 의견 따위를 이루는 사상이나 학식의 수준'의 의미이고 '무한 차원'은 '기하학적 도형, 물체, 공간 따위의 한 점의 위치를 말하는 데에 필요한 실수의 최소 개수'의 의미이다.

④ ⓓ의 '허용'은 '허락하여 너그럽게 받아들임'의 의미이고 '선제골의 허용'은 '주로 각종 경기에서 막아야 할 것을 막지 못하여 당함. 또는 그런 일'의 의미이다.

⑤ ⓔ의 '기초'는 '사물이나 일 따위의 기본이 되는 토대'의 의미이고 '헌법의 기초'는 '글의 초안을 잡음'의 의미이다.

24~28

작자 미상, 「적벽가(赤壁歌)」

▶ 갈래 : 판소리 사설
▶ 주제 : 적벽 대전 영웅들의 활약상과 전쟁으로 인한 하층민의 고통
▶ 특징
　− 「삼국지연의」의 '적벽 대전'을 바탕으로 함
　− 조조로 표상되는 당대 양반층에 대한 민중의 신랄한 저항 정신을 표출함
　− 군사들을 통해 서민들의 고통과 전쟁의 참혹함을 드러냄
▶ 내용 : 한 군사가 오대 독자로 태어나 늦게 얻은 자식을 떠올리며 무사히 돌아가 재회하기를 바라고 있다. 또 다른 군사는 혈혈단신으로 살다가 결혼한 아내를 떠올리며 무사히 돌아가 재회하기를 기원하고 있다.
　조조는 적벽 대전에 패해 도망가던 중 메추리를 보고 깜짝 놀라기도 하고, 메추리를 잡아먹고 싶어 하기도 하는 등 희화화된 모습을 보인다.

---

24 특정 구절의 표현상의 특징 파악하기 　　　정답 ②

[A]에는 설의법이나 직접 인용, 의태어 사용 등의 다양한 표현 방식이 나타나 있으나 고사를 활용하고 있지는 않다.

25 작품 속 등장인물 파악하기 　　　　정답 ③

오답 분석

① '한 군사'는 오대 독자로 태어나 늦게 얻은 자식을 두고 전쟁에 나온 슬픔을 이야기하고 있는데, 이를 통해 자신의 처지가 다른 군사들에 비해 더 가혹함을 드러내고 있다.

② '또 한 군사' 역시 아내를 떠올리며 무사히 돌아가서 다시 보기를 바라고 있는데, 그가 아내에게 '장부가 세상을 태어나서 전장출세를 못하고 죽으면 장부 절개가 아니라'고 말한 부분은 아내를 달래기 위해 말한 것으로 보는 것이 타당하다.

④ 이 글에서 '조조'가 전쟁에서의 일시적인 패배를 만회할 수 있다는 기대를 품은 내용은 언급되어 있지 않다.

⑤ '정욱'이 '조조'의 모습을 보고 조롱하듯 말하고 있지만 이를 '조조'에 대한 적대감을 직설적으로 표출한 것으로 보기 어려우며, 또한 그 과정에서 '조조'와 갈등을 빚고 있지도 않다.

---

26 외적 준거를 바탕으로 시대상 추론하기 　　정답 ④

'한 군사'의 대사나 '또 한 군사'의 대사에서 볼 수 있듯 전쟁에 징발되는 두려움과 어서 집으로 돌아가고 싶은 마음을 표현하고 있을 뿐이지 적국에 대한 적개심이나 외세에 대한 비판 의식은 살펴볼 수 없다.

---

27 특정 구절의 내면적 의미 파악하기 　　　정답 ③

오답 분석

① '또 한 군사'는 '한 군사'의 대사를 졸장부의 말이라 놀리고 있지만 이는 자신의 처지가 더 가혹함을 드러내기 위힘이지, 개인의 일로 공동의 목표를 등한시하는 상대의 태도에 동조하는 것으로 보기는 어렵다.

② '아내'의 행동을 과장된 것으로 볼 수는 있지만 그 행동에 허위를 담고 있다고 보기는 어렵다.

④ '조조'가 처한 급박한 상황을 과장되게 희화화하며 주관적으로 묘사하고 있다.

⑤ '정욱'은 조조의 대사에 조롱하듯 대답하며 상대의 처지에 공감하기보다 놀리는 듯한 태도를 보이고 있다.

---

28 외적 준거를 바탕으로 작품 비교하기 　　　정답 ⑤

〈보기〉는 서경덕의 '마음이 어린 후니~'이다. 황진이와의 이별의 정한과 그리움을 나타내는 시조로 '무음이 어린 후(後)니 호는 일이 다 어리다(마음이 어리석으니 하는 일이 다 어리석다)'에서 볼 수 있듯 상황의 책임을 전가하는 태도는 나타나 있지 않다. 또한 [B]에서도 상황을 수습하려는 모습은 나타나지 않는다.

▶ 갈래 : 논설문
▶ 제재 : 고려청자, 조선백자
▶ 주제 : 조선백자의 평범한 아름다움
▶ 내용 요약 : 고려청자의 아름다움은 '월드 챔피언' 급이다. 그러나 조선백자도 고려청자에 밀리지 않을 만큼 아름답고 가치가 높다. 조선 도자기는 군더더기가 없는 '단순미'가 있다. 그러나 조선백자의 단순미를 미적 요소가 부족한 것으로 보는 그릇된 견해도 있다. 하지만 선조들이 빚은 도자기에는 인정할 만한 아름다움이 있다.

29 글의 서술 방식 파악하기 　　　　　　　　정답 ①

이 글의 주요 제재는 '고려청자'와 '조선백자' 두 가지로, 이를 유형별로 세분화하거나 종류를 구체적으로 나열하고 있지는 않다. 다만 제재에 대한 설명을 위해 특징을 부분적으로 언급하고 있다.

30 특정 구절의 세부 정보 파악하기 　　　　　　정답 ③

㉠ '고려청자'는 ㉡ '조선백자'와 달리 귀족 문화를 반영한 섬세함과 화려함이 있다고 설명하고 있으며, 기술력에 있어서는 ㉡ '조선백자'가 ㉠ '고려청자'에 필적할 만큼 뛰어나다고 말하고 있다.

31 외적 준거를 바탕으로 글쓴이의 세계관 추론하기 　정답 ⑤

오답 분석

① 이 글과 〈보기〉는 모두 조선백자의 평범하고 소박한 '단순미'를 높게 평가하고 있으므로, 단순한 미적 가치를 지양하는 것과는 거리가 멀다.
② 이 글과 〈보기〉 모두 평범함의 미학을 중요하게 생각하고 있지만, 그것이 다른 것들을 모방하는 데서 실현될 수 있어야 한다는 내용은 언급되지 않고 있다.
③ 복잡하고 화려한 아름다움과 평범하고 단순한 아름다움이 조화를 이루어야 한다는 내용은 이 글에 언급되지 않았으며, 이 글과 〈보기〉 모두 단순한 아름다움을 보다 높게 평가하고 있으므로 복잡하고 화려한 아름다움과 조화를 이루는 미학과는 거리가 멀다.
④ 이 글에서 정치와 예술의 연관성은 언급된 적이 없으며 〈보기〉에서도 정치와 예술의 관계에 대해서는 알지 못한다고 하였다. 그러므로 정치와 예술의 직접적인 연관에서 비롯된 표현 방식을 밝혀내야 한다는 것은 올바른 추론으로 보기 어렵다.

송순, 「면앙정가」
▶ 갈래 : 서정 가사, 양반 가사, 은일 가사
▶ 주제 : 대자연 속의 풍류 생활
▶ 특징
　- 3(4)·4조, 4음보의 율격을 지님
　- 운문체와 가사체를 사용하여 풍류를 즐기는 호방한 어조를 드러냄
　- 강호가도를 노래함
▶ 내용 : 자연 속의 풍류와 호연지기, 임금의 은혜에 감사하는 마음을 표현하고 있다.

정철, 「성산별곡」
▶ 갈래 : 서정 가사, 양반 가사
▶ 주제 : 성산의 풍경과 식영정 주인의 풍류를 예찬함
▶ 특징
　- 한어구(漢語句)와 전고(典故, 전례와 고사)가 많아 한시적인 분위기가 짙음
　- 한 개인과 지역에 대한 칭송이기에 보편성이 부족함
▶ 내용 : 산중에 벗이 없어 독서를 통해 고금 성현과 호걸을 생각하고 그 흥망과 지조를 느끼며 술 마시고 거문고나 타는 진선(眞仙) 같은 즐거움을 표현하고 있다.

작자 미상
▶ 갈래 : 시조
▶ 주제 : 세상살이의 어려움
▶ 특징 : 백로를 통해 세상사의 어려움을 우회적으로 표현함
▶ 내용 : 먹이를 찾아 먹기 위해 몸을 굽혔다 폈다 하는 백로의 모습을 통해 먹고살기 위해 온갖 어려움을 참으며 살아가고 있는 인간의 모습을 표현하였다.

32 표현상의 특징 파악하기 　　　　　　　　정답 ③

(가)와 (나) 모두 계절감을 지닌 소재를 통한 계절의 변화를 느낄 수 없다. 특히 「성산별곡」의 본사는 봄, 여름, 가을, 겨울의 계절감을 느낄 수 있지만 (나)에 수록된 부분은 결사로 독서, 음주, 탄금에 대한 내용들만 언급되었으므로 (가)와 (나) 모두 계절의 변화를 느낄 수 없다.

33 특정 시어의 의미 파악하기 　　　정답 ④

① (가)와 (나) 모두 '술'을 통해 기쁨을 누리고 있다. 특히 (나)의 '엇 그제 비즌 술이 어도록 니건느니 잡거니 밀거니 슬ㅋ장 거후로니 무음의 미친 시롬 져그나 흐리느다(엊그제 빚은 술이 얼마나 익었 느냐? 술잔을 잡거니 권하거니 실컷 기울이니, 마음에 맺힌 시름 이 조금이나마 덜어지는구나)'에서 볼 수 있듯 술을 통해 근심을 털어내고 기쁨으로 바뀌어 감을 알 수 있다.

② (가)에서 '벗'의 존재를 번거롭게 여기는 표현은 나타나 있지 않으 며, '번로(煩勞)흔 무음이지만 버릴 것이 전혀 없다.'는 번거로운 마음이 아니라 자연 경관을 보느라 정신없음을 표현한 것이다.

③ (가) 역시 (나)와 마찬가지로 '시롬'은 그 원인이 제시되지 않았으 며, 또한 '시롬이라 브트시랴(시름이랴 붙었겠느냐)'는 시름이 붙 지 않았음을 의미한다.

⑤ (나)의 '진선'은 화자의 불우한 처지를 부각하는 대상이 아닌 부러 움의 대상(자연과 더불어 사는 자유로운 존재)으로 보는 것이 더 적절하다.

34 외적 준거를 바탕으로 작품 속 화자와 비교하기 　　　정답 ①

〈보기〉는 조찬한의 '빈천을 팔랴 하고 ∼'이다. 현대어로 해석하면 '가난과 천함을 면해 보고자 권세 있는 집에 찾아갔더니, 치름 없는 흥정을 누가 먼저 하려고 하겠는가. 아름다운 자연을 달라고 하니, 그는 그렇게는 할 수가 없노라'이다. (가)의 내용과 〈보기〉의 현대어 풀이를 볼 때, (가)와 〈보기〉 모두 화자가 자신의 세계관을 타인과 공 유하려 하지 않는 것으로 보기는 어렵다.

35 특정 시구의 문맥적 의미 파악하기 　　　정답 ⑤

'힝혀 아니 만나신가'는 '혹시 (전에) 만나지 않았던가?'라고 묻는 것 으로서 재회하고자 하는 기대감을 표현한 것이 아닌 자연 속에서의 풍류를 드러내기 위한 표현이다.

36 외적 준거를 바탕으로 작품 감상하기 　　　정답 ③

'흔 닙에 두셋 물고'는 하나로는 부족해서 여럿을 물고 있는 탐욕으 로 볼 수도 있으나, 먹고살기 위해 열심히 몸을 굽혔다 폈다 하는 인 간의 모습으로 해석할 수도 있다. 무엇보다 당시 세태를 비판하기 위 한 표현이라는 해석은 〈보기〉를 바탕으로 감상한 것이라고 보기 어 렵다.

37~40

▶ 갈래 : 설명문
▶ 제재 : 빙하
▶ 주제 : 빙하의 형태 및 생성과 소모, 변화에 대한 설명
▶ 내용 요약 : 빙하는 빙상과 빙하 등 여러 형태로 존재한다. 빙 하는 끊임없이 변화하는데 직접대와 소모대를 번갈아가며 변 화한다. 빙하의 이동 또한 변화를 촉진한다.

37 글의 서술 방식 파악하기 　　　정답 ④

빙하의 이동을 설명하면서 '빙하의 무게로 인한 압력 상승', '빙하 하 단의 액화 현상', '빙하 하단의 지질' 등 서로 다른 원인을 제시하고 있으나 이것을 '동일한 현상에 대한 상반되는 이론의 특징 대비'로 보 기는 어렵다.

38 글의 세부 정보 파악하기 　　　정답 ①

'150만 년 전에는 그 비율이 지금보다 2배 이상 높았다고 한다. 이후 확장과 축소를 20번 넘게 반복하였으나, 빙하의 전체적인 규모는 점 차 줄어들었다.'에서 알 수 있듯 지난 150만 년 동안 소모대가 집적대 보다 우세하였다고 볼 수 있다. 그러나 확장과 축소를 반복하였다고 했으므로 항상 소모대가 집적대보다 우세하였다고 보기는 어렵다.

39 외적 준거를 바탕으로 추론하기 　　　정답 ①

수위가 높은 바닷물보다는 낮은 바닷물에서 빙하가 생성되기 더 쉽 다. 〈보기〉의 설명 중 '대류의 규모는 수위와 비례한다.'고 되어 있는 데, 수위가 높으면 대류의 규모도 커지고 그럴수록 물 분자가 압력을 받기 어려워져 빙하 생성이 더 힘들어진다.

40 어휘의 문맥적 의미 파악하기 　　　정답 ①

ⓐ는 '어떤 대상을 무엇이라고 이름 붙이거나 가리켜 말하다.'의 의미 이다.

② '어떤 사람의 잘못을 윗사람에게 말하여 알게 하다.'의 의미이다.
③ '무엇이라고 말하다.'의 의미이다.
④ '타이르다.'의 의미이다.
⑤ '책이나 속담 따위에 예부터 말하여지다.'의 의미이다.

41~45

김정한, 「사하촌」

▶ 갈래 : 단편 소설, 농촌 소설
▶ 성격 : 사실적, 현실 참여적, 저항적
▶ 소재 : 농촌의 궁핍한 배경
▶ 주제 : 부조리한 농촌 현실과 농민들의 저항 의지
▶ 특징
  – 일반적인 농촌 계몽 소설과 달리 농민들이 자발적으로 깨닫는 데 의의가 있음
  – 특별한 주인공 없이 보광리와 성동리 사람들 전체의 모습을 보여 줌
  – 작품 서두에서 곧바로 사건 전개의 현실적 배경이 제시됨
▶ 내용 : 보광사라는 절의 논을 소작하여 살아가는 성동리 마을 농민들의 문제를 그린 단편 소설로, 가뭄과 지주의 횡포 속에서 살아가는 농민 스스로의 자각을 사실적으로 그리고 있다.

41   서술상의 특징 이해하기   정답 ⑤

서술자는 '난데없는 지렁이가 한 마리 만신에 흙고물 칠을 해 가지고 바동바동 굴고 있다. 새까만 개미떼가 물어 뗄 때마다 지렁이는 한층 더 모질게 발버둥질을 한다.', '중풍 든 사람의 입처럼 문조차 돌아가서', '모를 낸 이후 비 같은 비 한 방울 구경 못한 무서운 가물에 시달려' 등의 표현을 통해 현실의 문제를 객관적이기보다는 주관적으로 표현하고 있다.

42   작품 속 등장인물의 태도 이해하기   정답 ②

오답 분석

① 치삼 노인은 "그놈의 집에서는 무슨 일을 끼니때도 모르고 시킬꼬 온!"이라고 말하며 돌아오지 않는 며느리의 행동을 이해하고 있다.
③ 들깨는 농사를 짓기 어려운 현실적 상황을 인지하고 있지만 '거칠 대로 거칠어진 농민의 성미가 뚜렷이 엿보였다.'고 한 부분에서 담담히 순응하려는 긍정적인 태도와는 거리가 먼 것을 알 수 있다.
④ 들깨가 치삼 노인의 물음에 퉁명스럽게 답을 한 것은 가뭄 때문이며, 아버지가 아니라 면장과 보광사 중에게 불만을 품고 있다.
⑤ 치삼 노인과 들깨는 면장이나 보광사 중을 현실의 위기를 더욱 심화시키는 방해자로 보고 있다.

43   특정 구절의 표현 방식 파악하기   정답 ③

치삼 노인이 대답을 두려워한 것은 '아들에 대한 두려움' 때문이 아니라 '부정적인 답변'이 예상되는 물음이었기 때문이다.

44   특정 소재의 상징적 의미 파악하기   정답 ①

딱딱하게 말라붙은 뜰 한가운데서 만신에 흙고물 칠을 하고 바동바동 굴고 있는 '지렁이'는 오랜 가뭄으로 인해 말라버린 논에서 어떻게든 농사를 지어 보려고 하는 '들깨'를 상징한다. 지렁이를 물어 떼는 '개미떼'는 그런 들깨에게 횡포를 부리는 보광사 중을 상징한다.

45   외적 준거를 바탕으로 작품 감상하기   정답 ②

"기사년은 그래도 냇물은 조금 안 있었니요."는 과거와 달리 현재는 '냇물'조차 없다는 것을 의미하는 것으로, 이는 당시의 원인과 현재의 원인이 다르다고 생각하고 있음을 보여 준다.

제**2**교시 영어영역

문제 ▶ p. 300

01	④	02	⑤	03	④	04	①	05	②
06	④	07	⑤	08	③	09	④	10	⑤
11	③	12	⑤	13	④	14	③	15	⑤
16	⑤	17	①	18	②	19	⑤	20	②
21	④	22	①	23	③	24	②	25	①
26	④	27	②	28	①	29	②	30	⑤
31	③	32	④	33	①	34	①	35	③
36	④	37	③	38	④	39	②	40	②
41	⑤	42	①	43	③	44	③	45	③

01 논리 추론 - 동의어   정답 ④

밑줄 친 단어 pensive은 '사려 깊은'이라는 뜻으로 ④ thoughtful(사려 깊은)이 적절하다.

오답 분석

① 명시적인, 공공연한
② 지나친, 과도한
③ 만연하는, 스며드는
⑤ 낙관적인, 낙관하는

☐ firm : 확고한
☐ overt : 명시적인
☐ excessive : 과도한
☐ pervasive : 만연한
☐ optimistic : 낙관적인

《 해석 체크체크 》

사려 깊은 상냥함에도 불구하고 이 편지의 어조보다 더 확고한 것은 없다.

02 논리 추론 - 동의어   정답 ⑤

밑줄 친 단어 exhaustive는 '철저한, 완전한'이라는 뜻으로 ⑤ thorough(빈틈없는, 철두철미한)가 적절하다.

오답 분석

① 보람 있는
② 혁명의, 혁명적인
③ 관대한
④ 독립된, 독립적인

☐ by no means : 결코 ~이 아닌
☐ rewarding : 보람 있는
☐ revolutionary : 혁명적인
☐ lenient : 관대한
☐ independent : 독립적인

《 해석 체크체크 》

그 의사는 인간 게놈에 대한 그의 평생의 연구가 결코 철저하지 않다고 주장했다.

03 논리 추론 - 동의어   정답 ④

밑줄 친 단어 conundrum은 '난문제, 수수께끼'라는 뜻으로 ④ puzzle(퍼즐, 수수께끼, 미스테리)이 적절하다.

오답 분석

① 기구, 계기
② 강도(사건)
③ 범죄의
⑤ 입증(하다)

☐ instrument : 기구
☐ robbery : 강도
☐ criminal : 범죄자
☐ demonstration : 시위

《 해석 체크체크 》

이 난제는 경찰들이 전에 직면했던 그 어떤 것과도 달랐다.

04 대화 - 빈칸 구/절   정답 ①

B는 어제 회의에서 말실수를 했고, A의 조언에 따라 사과하기 위해서는 용기가 필요하다고 말하고 있다.
① 사과하기에 늦지 않았어

오답 분석

② 항상 모든 사람을 기쁘게 할 수는 없어
③ 때때로 싸움은 팀에 도움이 되지
④ 다른 것과 마찬가지로, 시간은 모든 상처를 치유하지
⑤ 그래서 말하기 전에 생각을 해야 하는 거야

☐ apologize : 사과하다
☐ wound : 상처

<해석 체크체크>

A : 어제 회의는 어땠어?

B : 더 나쁠 수가 없었지.

A : 무슨 일 있었어?

B : 내가 해선 안 될 말을 했는데, Jack이 이제 나와 얘기하려고 하지 않아.

A : 사과하기에 늦지 않았어.

B : 이제 나는 그렇게 하기 위해서 모든 용기를 모아야 해.

05 대화 - 빈칸 구/절   정답 ②

연구실에서 나오는 결과를 기다려야겠다는 A의 대답으로 보아 B는 범인 체포를 위한 더 확실한 증거를 원하고 있다는 것을 알 수 있다.

② 우리는 감이 아니라 증거를 가지고 움직입니다

오답 분석

① 당장 영장을 신청하겠습니다

③ 내 생각에 우리는 이미 우리가 필요한 모든 증거를 갖고 있어요

④ 목격자들의 진술에 집중합시다

⑤ 우리의 주된 임무는 시민의 안전을 보장하는 것입니다

☐ warrant : 영장

☐ perpetrator : 가해자[범인]

<해석 체크체크>

A : Mills 형사님, 우리가 찾고 있는 사람 같은데요.

B : 그의 지문이 범행 현장에서 나온 지문과 일치하나요, Flaherty 경관?

A : 아직 결과가 나오지 않았지만, 두 명의 목격자가 그의 인상착의를 가진 사람을 봤다고 합니다.

B : 그건 체포 영장을 받기에 충분하지 않을 겁니다.

A : 하지만, 분명히 이 사람이 범인일 거예요.

B : 우리는 감이 아니라 증거를 가지고 움직입니다.

A : 알았어요. 그럼 연구실에서 나오는 결과를 기다려야겠군요.

06 어법 - 단수형 지시 대명사   정답 ④

the standpoint를 대신하는 것이므로 단수를 나타내는 that으로 고쳐야 한다.

☐ recurrent : 반복되는, 재발되는

☐ adopt : 채택하다

☐ disclose : 밝히다

☐ practitioner : 의사

☐ therapeutic : 치료상[법]의

☐ preeminent : 탁월한

☐ withhold : 주지 않다

☐ deferential : 경의를 표하는, 공경하는

☐ adequacy : 타당성

<해석 체크체크>

법정에서 되풀이되는 이슈는 환자들의 의료 처치에 대해 그들에게 얼마나 많이 공개되어야 할지를 결정하는 데 있어서 누구의 관점을 채택하느냐이다. 대부분의 주에서는 전문가들을 선호하며, 같은 공동체와 같은 전문 분야의 '합리적인 의사'에 의해 딱 합리적이라고 여겨지는 만큼만 의사들이 공개할 책임이 있다고 간주한다. 이러한 접근은 이른바 치료상의 특권에 근거하고 있는데, 이는 환자에게 해가 될 수 있는 정보를 주지 않는 의사의 특권을 인정하는 것이다. 덜 우호적인 소수자 규칙은 '합리적인 의사'의 관점에서가 아니라 '합리적인 환자'의 관점에서 공개의 타당성이 판단되어야 한다고 주장한다. 이러한 일반적인 규칙들이 잘 정립되더라도, 여전히 공개의 타당성에 대한 의문들은 제기된다.

07 어법 - 능동형 현재 분사   정답 ⑤

밑줄 친 부분은 make의 목적격 보어 자리이다. 목적어 the practice of raku는 (사람들을) 만족시키는 것이므로, 능동의 형태인 satisfying으로 고쳐야 한다.

☐ glaze : 유약

☐ humble : 겸손한

<해석 체크체크>

라쿠는 세라믹 제품에 흥미롭고 우연한 표면 효과를 제공하는 인기 있는 저온, 급속 연소 공정이다. 꾸밈없는 흰색의 잔금무늬 유약에서부터 놀라운 스펙트럼 색에 이르기까지, 작은 찻잔에서부터 추상적이거나 화려한 조각 형태에 이르기까지 라쿠 관행에 존재하는 가능성과 혁신의 범위는 항상 젊고 활기 있게 해준다. 이러한 고대의 과정 속 현대 서구 관행은 그것의 목적 뿐만 아니라, 동양의 뿌리와는 다르지만, 라쿠의 결과는 다양성과 에너지 그리고 아름다움에 있어서 여전히 무한하다. 일본과 서양 라쿠는 도예가에게 상대적으로 짧은 시간 내에 점화의 최종 결과를 경험할 수 있는 기회를 제공하며, 이것은 라쿠 관행을 만족스럽게 만든다.

08 논리 추론 - 어휘   정답 ③

(A) 그것의 크기(size)가 반으로(to half) 변하는 것이므로 compressed가 적절하다.

(B) 뒤 문장에서 꼬리를 구성하는 각 판들이 서로 미끄러지며 유연하다고 설명하고 있으므로 resilience가 적절하다.

(C) 척추를 취약하게 만드는 것이 아니라 안전하게 만들어야 하므로 문맥상 safe가 적절하다.

□ manta ray : 쥐가오리

□ sea horse : 해마

□ resilience : 탄성

□ rigidity : 강직, 강도

□ vertebrae : 척추뼈, 등골

□ vulnerable : 취약한, 연약한

□ excursion : 여행

□ detonate : 폭발하다

《 해석 체크체크 》

게, 새, 그리고 쥐가오리는 저녁 식사를 위해 정기적으로 해마를 부수려고 하지만, 해마는 특이한 방어용 갑옷을 가지고 있다. 그것의 꼬리는 지속적인 손상 없이 정상적인 크기의 절반으로 (A) 압축될 수 있다는 것을 샌디에고 캘리포니아 대학의 연구원들이 최근 발견했다. 꼬리의 (B) 탄력은 각각 4개의 뼈 판으로 구성된, 약 36개의 사각형 부분에서 나온다. 이 판들은 척추뼈를 콜라겐과 연결하며, 척추를 (C) 안전하게 유지하면서 서로 미끄러져 지나갈 수 있다. 궁극적으로 연구원들은 해마의 유연하고 튼튼한 꼬리를 흉내 내어 로봇 팔을 3D 인쇄판으로 만들고, 그것을 수중 여행이나 폭탄을 터뜨리는 데 사용하고 싶어 한다.

09 논리 추론 – 어휘 정답 ④

(A) 글의 내용에 따르면, 프라이밍 효과는 어떠한 자극에 노출되었을 때 그것이 우리의 판단과 선택에 영향을 끼치는 것을 의미한다. 따라서 기존의 우리의 사고를 위협한다(threaten)고 하는 것이 자연스럽다.

(B) 투표는 정책에 대한 우리의 생각을 반영하는 것이기 때문에 무관한 것들(irrelevancies)에 의해서 영향을 받지 않는다고 생각하는 것이 일반적이다.

(C) 교실이나 사물함과 같이 학교를 떠올리는 이미지들이 학교에 대한 정책을 더 지지하게끔 만든다는 내용이므로, increased가 적절하다.

□ deliberate : 신중한

□ irrelevancy : 무관함

□ precinct : 선거구

□ proposition : 제안, 건의

□ initiative : 계획

《 해석 체크체크 》

프라이밍 효과에 대한 연구는 우리의 판단과 선택의 의식적이고 자율적인 저자로서 우리의 자아상을 (A) 위협하는 발견을 해냈다. 예를 들어, 우리들 대부분은 투표를 우리의 가치관과 정책에 대한 평가를 반영하고, (B) 무관한 것들에 의해 영향을 받지 않는 신중한 행동으로 간주한다. 우리의 투표는 예를 들어 투표소의 위치에 의해 영향을 받아서는 안 되지만, 그것은 그러하다. 2000년 애리조나 주 선거구의 투표 패턴에 대한 연구는

투표소가 근방에 있을 때보다 학교 안에 위치할 때 학교 자금을 늘리기 위한 건의에 대한 지지가 훨씬 더 컸다는 것을 보여주었다. 분리된 실험에서 사람들을 교실과 학교 사물함 이미지들에 노출시키는 것은 또한 학교 계획을 지지하는 참가자들의 경향을 (C) 증가시킨다는 것을 보여 주었다. 이 이미지들의 효과는 부모와 다른 투표자들 사이의 차이보다 더 컸다.

10 논리 추론 – 어휘 정답 ⑤

해법을 더 늦게 얻는 것에 가치가 있는 것이 아니라 더 일찍(earlier) 얻는 것에 가치가 있다고 해야 문맥상 적절하다.

□ elude : 피하다, 이룰 수가 없다

□ immensely : 대단히

□ plausible : 그럴듯한

□ deploy : 배치하다

□ building block : 구성 요소

《 해석 체크체크 》

'발견'은 정보의 도래를 이후 시점에서 이전 시점으로 이동시키는 행위라고 생각하라. 발견의 가치는 발견된 정보의 가치와 동등하지 않고 정보를 다른 경우보다 더 빨리 사용할 수 있게 하는 것의 가치와 동등하다. 과학자나 수학자는 다른 많은 사람들은 이룰 수 없던 해결책을 찾는 첫 번째 사람이 됨으로써 대단한 기술을 보여 줄지도 모른다. 그러나 만약 그 문제가 곧 해결되었다면, 그 일은 아마도 세계에 많은 혜택을 주지 못했을 것이다. 조금 더 일찍 해결책을 갖는 것이 매우 가치가 있는 경우가 있지만, 이것은 해결책을 즉시 사용할 때나 어떤 실질적인 결과를 위해 배치되거나 더 이론적인 작업에의 토대가 될 때 가장 그럴듯하다. 그리고 후자의 경우, 해법이 즉시 더 나아간 이론화를 위한 구성 요소 역할을 한다는 의미에서 사용될 때, 단지 할 수 있는 추가 작업이 그 자체로 중요하고 긴급하다면 해법을 약간 더 늦게(→ 더 일찍) 얻는 것에 큰 가치가 있다.

11 논리 추론 – 어휘 정답 ③

문맥상 '확고하지 못한, 흔들리고 있는'이라는 뜻을 가진 unsteadfast가 와야 옳다.

□ commit to : ~에 전념하다

□ tacitly : 묵묵히, 조용하게

□ steadfast : 변함없는, 확고한

□ albeit : 비록 ~일지라도

□ probabilistic : 확률론적인, 개연론에 의거한

□ tentativeness : 망설임, 시험[실험]적임

우리는 추론에 전념한다. 만약 우리가 질문을 하고, 가능한 답을 평가하고, 다른 사람들에게 그 답의 가치를 설득하려고 한다면, 우리는 추론하고 있는 것이고, 따라서 묵묵히 이성의 타당성에 동의한 것이다. 우리는 또한 수학의 이론과 논리와 같은 이성의 신중한 적용으로부터 나오는 어떤 결론에도 전념한다. 비록 우리가 물리적 세계에 대해 어떤 것도 논리적으로 증명할 수는 없지만, 우리는 그것에 대한 어떤 믿음에 대해 자신감을 가질 자격이 있다. 세계에 대한 확고한(→ 확고하지 못한) 일반화를 발견하기 위한 이성과 관찰의 적용은 우리가 과학이라고 부르는 것이다. 세계를 설명하고 다루는 데 있어 놀라운 성공과 함께 과학의 발전은 비록 항상 확률론적이고 수정될 수 있지만 우주에 대한 지식이 가능하다는 것을 보여 준다. 그러므로 과학은 우리가 어떻게 지식을 습득해야 하는가에 대한 패러다임이다. 특정한 방법이나 과학의 체계가 아니라, 그 가치 체계 즉, 세계를 설명하고, 가능성이 큰 설명을 객관적으로 평가하고, 그리고 언제라도 우리의 이해에 대한 망설임과 불확실성을 인식하는 것이다.

12 논리 추론 – 어휘 정답 ⑤

거북이가 질긴 플라스틱 링에 끼여 등껍질이 비틀어졌다고(warped) 하는 것이 문맥상 적절하다.

☐ plier : 집게, 펜치
☐ nostril : 콧구멍
☐ writhe : 온몸을 비틀다
☐ profusely : 많이, 아낌없이; 풍부하게
☐ log : 기록하다
☐ desperate : 필사적인
☐ dislodge : 제거하다, 제자리를 벗어나게 만들다
☐ refuse : 쓰레기
☐ unscathed : 다치지 않은, 아무 탈 없는

코스타리카에서 떨어진 배에서 한 생물학자가 바다거북의 콧구멍에서 플라스틱 빨대를 빼내기 위해 스위스 군용 칼의 집게를 사용한다. 거북이는 고통으로 온몸을 비틀며 피를 많이 흘린다. 고통스런 8분 동안 유튜브 비디오가 진행되고, 비록 시청하기 힘들지만 2천만 명 이상의 조회수를 기록했다. 결국 점점 더 필사적인 생물학자들은 마침내 가까스로 그 동물의 코에서 4인치 길이의 빨대 하나를 제거한다. 이 같이 플라스틱이 생태계에 주는 피해를 폭로하는 노골적인 장면들이 흔해지고 있다. 쓰레기로 배가 터질 지경인 알바트로스 새. 수년 동안 질긴 플라스틱에 꽉 죄서 다치지 않은(→ 비틀어진) 등껍질을 가진 6팩짜리 링에 끼인 거북이. 버려진 어망에 걸린 바다표범. 누구 탓인가? 거울을 들여다보라.

13 핵심 파악 – 제목 정답 ⑤

태양계외 행성과 외계 위성에 생명체가 살 수도 있는 가능성을 설명하는 내용이다. 따라서 ⑤ '밖에 누구 있나요?'가 글의 제목으로 가장 적절하다.

오답 분석
① 지구, 특별한 집
② 은하 간 고속도로
③ 미생물은 우리의 진정한 조상인가?
④ 우주 동물원 : 큰 거짓말

☐ at best : 기껏해야
☐ teeming : 바글거리는
☐ exoplanet : 태양계외 행성
☐ exomoon : 외계 위성
☐ intergalactic : 은하계 사이의
☐ cosmic : 우주의
☐ hoax : 거짓말

우리는 희귀한 지구에 살고 있는가? 너무 예외적이라서 거의 모든 다른 행성이 기껏해야 단순한 미생물의 고향이 되는 다양한 생명체를 초대하는 것은 거의 혼자일까? 아니면 우리가 거대한 우주 동물원의 일부로서 존재하면서 우리는 여기처럼 복잡한 생물들로 가득 찬 우주에 있는 것인가? 이 문제에 대한 토론은 격렬하지만, 우리는 지금이 후자의 가능성이 매우 높다는 것을 받아들일 때라고 말한다. 현재까지 우리는 적어도 3,700개의 태양계외 행성에 대해 알고 있고, 우리 은하계와 그 너머에 수조 개의 잠재적으로 거주할 수 있는 태양계와 행성과 외계위성이 있을 가능성이 있다. 우리는 그 행성들에 생명이 얼마나 흔하게 발생하는지 모르지만, 많은 과학자들은 그것은 적합한 행성의 화학적·물리적 특성에서 나타날 수 있다고 생각한다.

14 정보 파악 – 세부 정보 정답 ③

글의 내용에 따르면 Frank O'Connor는 1931년부터 미국 잡지에 정기적으로 출판했다.
③ 미국에서 그의 작가 경력은 1930년대 초에 시작되었다.

오답 분석
① 그는 Harvard 학위를 가지고 있는 아일랜드의 극작가이다.
② 그는 Abbey 극장에서 무대 스태프의 일원이었다.
④ 그는 이야기꾼의 목소리 리듬을 흐리게 하려고 했다.
⑤ 그의 이야기는 초기의 미국 매너와 관련이 있다.

☐ struggle : 투쟁
☐ librarian : 사서
☐ declared : 선언된
☐ objective : 목표
☐ prolific : 다작하는

Frank O'Connor는 아일랜드의 Cork에서 태어났는데, 그의 집안은 너무 가난해서 그에게 대학 교육을 시킬 수 없었다. 아일랜드의 독립 투쟁 동안 그는 잠시 아일랜드 공화국 군의 일원이었다. 그리고 나서 그는 Cork와 Dublin에서 사서로 일했고, 단편 소설 작가로 확고히 되기 전에 잠시 동안 Abbey 극장의 감독이었다. 1931년부터 그는 미국 잡지에 정기적으로 출판했고 몇 년 동안 Harvard와 Northwestern 대학에서 가르쳤다. 그가 선언한 목표는 이야기꾼이 자신의 작품을 형성하는 데 있어서 자연스러운 리듬과 강세를 발견하는 것이었다. 그는 실제로 아일랜드 매너와 아일랜드 특징을 가진 다작의 역사가였다.

15 정보 파악 – 세부 정보　　　　　　정답 ⑤

세계 야생 동물 기금은 그 종을 되살리려는 모든 희망을 포기한 것이 아니라, 그 종을 되살리려는 노력을 해 달라고 요구했다.

오답 분석

① 그것의 유일한 서식지는 양쯔강이었다.
② 중국 흰 돌고래로 착각해서는 안 된다.
③ 산업화는 그것의 개체 수 감소에 영향을 미쳤다.
④ 그것은 2006년 탐사 동안 나타나지 않았다.

☐ drastically : 급격히
☐ hydroelectricity : 수력 발전, 수력 전기
☐ reportedly : 전하는 바에 따르면, 소문에 의하면

해석 체크체크

baiji는 이전에 중국 양쯔강에서만 발견된 기능적으로 멸종한 민물 돌고래이다. 그것은 또한 중국의 강 돌고래라고도 불린다. 그것은 중국 흰 돌고래와 혼동되지 않는다. 중국의 산업화와 어업, 운송, 수력 발전을 위한 강의 심각한 이용으로 baiji의 개체 수는 급격히 감소했다. baiji는 인간이 멸종으로 몰고 간 역사상 최초의 돌고래 종일 수도 있다. 이 종을 보존하기 위한 노력이 이루어졌지만, 2006년 말 강에서 baiji를 찾지 못했다. 전하는 바에 따르면 2007년 8월, 한 중국 남자가 양쯔강에서 수영하고 있는 baiji라고 추정되는 거대한 백색 동물을 촬영했다고 한다. 세계 야생 동물 기금은 이 종들이 위치해 있고 되살아날 수 있는 경우를 대비해 가능한 모든 baiji 서식지의 보존을 요구하고 있다.

16 핵심 파악 – 목적　　　　　　정답 ⑤

'I'는 다른 이웃 주민들로부터 제기된 음악 소음에 대한 불만을 새로 이사 온 사람에게 대신 전달하고 있다.
⑤ 이웃의 시끄러운 음악에 대해 불평하기 위해서

오답 분석

① 어려운 이웃을 위한 기부를 간청하기 위해서
② 주민 파티에 이웃을 초대하기 위해서
③ 떠나는 가족을 위한 안녕을 기원하기 위해서
④ 더 나은 음향장치로 교환을 요구하기 위해서

☐ solicit : 간청하다
☐ needy : 어려운, 가난한
☐ block party : 주민의 파티

해석 체크체크

이 기회를 빌어 제 소개를 하고 당신이 이 동네에 온 것을 환영합니다. 제 아내 Monica와 저는 당신의 새 집에서 바로 윗길 19번지에 살고 있습니다. 우리는 지난 20년간 Meadow 거리에서 살았습니다. 제가 여기 있는 다른 사람들보다 나이가 더 많기 때문에, 저는 종종 이웃의 비공식 '시장'으로 언급됩니다.

저는 몇몇 이웃들로부터 당신이 이사 온 이후로 발생한 문제에 대해 그들의 바람을 전해 달라고 요청받았습니다. 우리 모두는 음악을 사랑하며, 우리 대부분에게는 10대 청소년이 있고, 또는 있게 될 것입니다. 그래도 우리는 당신이 당신 가정의 10대 청소년들에게 소리 좀 줄여 달라고 부탁해 주면 감사하겠습니다.

우리는 모두 당신이 적응한 후에 제대로 만나서 인사하기를 기대합니다.

17 핵심 파악 – 요지　　　　　　정답 ①

웃음이 건강한 관계를 이끄는 핵심 요소이며, 웃음이 없는 진지한 관계는 결국 시무룩하게 변할 수 있다고 설명하고 있다.
① 건강한 관계의 핵심은 함께 웃는 것이다.

오답 분석

② '행동이 아니라 오직 대화만'은 관계 실패의 씨앗이다.
③ 진지한 대화는 서로를 끊임없는 비판으로 이끈다.
④ 정작 놀랄 일은 당신의 관계에 웃음을 가져다준다.
⑤ 많이 웃어라, 그러면 당신은 새로운 인간관계와 함께하게 될 것이다.

☐ compatibility : 양립[공존] 가능성, 호환성
☐ intimate : 친밀한, 사적인[은밀한]
☐ dour : 시무룩한, 음침한, 재미없는
☐ element of surprise : 기습공격, 기습작전 또는 이와 같은 것을 할 수 있는 기회, 정작 놀랄 일

웃음은 공존성의 단서이다. 그것은 장기적으로 서로의 동반자와 함께 있는 것을 얼마나 좋아할지 말해 준다. 만약 당신의 웃음이 함께하여 좋고 건강하고, 다른 사람들을 희생시키지 않는다면, 당신은 세계와 건강한 관계를 맺게 될 것이다. 웃음은 놀라움의 산물이다. 만약 당신이 서로를 웃게 만든다면, 당신은 항상 서로를 놀라게 할 수 있다. 만약 당신이 항상 서로를 놀라게 할 수 있다면, 당신은 항상 주변의 세상을 새롭게 유지할 수 있다. 웃음이 없는 관계를 조심하라. 심지어 진지함만을 바탕으로 한 가장 친밀한 관계도 시무룩하게 변하는 경향이 있다. 시간이 지남에 따라, 세상에 대한 공통된 진지한 관점을 공유하는 것은 같은 관점을 공유하지 않는 사람들에게 등을 돌리는 경향이 있고, 당신의 관계는 함께 비판적이 되는 것에 기초할 수 있다.

18 빈칸 추론 - 어휘   정답 ②

지질학자들이 대륙판의 움직임을 설명하기 위해서 물리학자들의 설명이 필요하다는 내용이 나온다. 따라서 마지막 문장에는 한 현상을 설명하기 위해서라도 없어도 되는(필요 없는) 과학자는 없다는 내용이 들어가야 한다.

□ reductionism : 환원주의
□ landmass : 광활한 토지
□ adjacent : 인접한
□ upwelling : 용승
□ innocent : 무죄인
□ dispensable : 없어도 되는
□ meticulous : 세심한
□ qualified : 자격이 있는
□ connected : 연결된

좋은 환원주의는 한 분야의 지식을 다른 분야로 대체하는 것이 아니라 그것들을 연결하거나 통합하는 것으로 이루어진다. 한 분야에 사용되는 구성 요소들은 다른 분야에 의해 현미경 아래 놓인다. 한 지리학자는 아프리카의 광대한 토지가 한때 인접했지만 떨어져 멀어진 다른 판에 놓여 있다고 말함으로써 왜 아프리카의 해안선이 아메리카의 해안선에 맞아 들어가는지를 설명할지도 모른다. 왜 판들이 움직이는가에 대한 질문이 지질학자들에게 전달되는데, 지질학자들은 판들을 떠미는 마그마의 용승에 호소한다. 마그마가 어떻게 뜨거워졌는지 그들은 물리학자들로 하여금 지구의 중심과 맨틀의 반응을 설명하기를 요구한다. 없어도 되는 과학자는 아무도 없다.

19 빈칸 추론 - 어휘   정답 ⑤

미국의 경제 성장은 중국처럼 단기간에 이룬 것이 아니라 꾸준히 조금씩 이루어진 것이다. 따라서 빈칸에는 ⑤ '일관성'이라는 단어가 들어가야 한다.

오답 분석
① 속도
② 독창성
③ 투명성
④ 유동성

□ spectacularly : 극적으로, 볼만하게
□ velocity : 속도
□ originality : 독창성
□ transparency : 투명성
□ liquidity : 유동성
□ consistency : 일관성

심지어 연간 경제 성장률의 작은 차이조차도, 수십 년 또는 수백 년 동안 지속된다면, 결국 경제 웰빙 수준에 큰 차이를 가져온다. 예를 들어 미국의 1인당 국민 총 생산은 1820년부터 1998년까지 매년 약 1.7퍼센트 비율로 성장했다. 이것은 생활 수준의 25배 증가를 이끌었고, 1인당 소득은 1820년 1인당 1,200달러에서 오늘날(1990년 달러로) 약 3만 달러로 증가했다. 미국이 세계에서 가장 부유한 주요 경제국이 된 열쇠는 중국의 최근 연간 8퍼센트 성장 달성과 같이 극적으로 빠른 성장이 아니었다. 핵심은 미국이 거의 2세기 동안 소득 증가율을 유지했다는 사실, 일관성이었다.

20 빈칸 추론 - 구/절   정답 ②

추론하는 과정에서 자기 성찰이나 자기 관찰과 같은 어떠한 의식적인 과정이 꼭 필요한 것은 아니라는 내용이다.
② 전혀 의식적인 과정의 결과일 필요는 없다

오답 분석
① 종종 상호 모순의 상태에서 발생한다
③ 결론을 검토하는 대상의 능력에 달려 있을지도 모른다
④ 거의 전제와 결론의 존재를 부인하지 않는다
⑤ 연결 원칙에 의해 지속적으로 조정되어야 한다

□ explicit : 분명한
□ introspection : 내성, 자기 성찰

추론에 대한 믿음이 <u>의식적인 과정의 결과일 필요는 없다.</u> 나는 내 이웃이 아무도 그를 방문하지 않기 때문에 친구가 거의 없다고 믿을지도 모른다. 나는 나 자신이나 다른 사람에게 이 추론을 분명히 하지 않았을지도 모른다. 하지만 만약 '왜 그가 친구가 거의 없다고 생각하는가?'라는 질문을 한다면, 나는 '아무도 그를 방문하지 않기 때문에'라고 어떠한 자기 성찰이나 자기 관찰도 없이 대답할 수 있다. 어떤 대상이 관련 상태에 있다는 것은 추론에 대한 의식적인 검토에서 반드시 나타나는 것은 아니며, 그것을 입증의 형태와 표현적인 자기 설명, 즉 그냥 줄 수 있는 자기 믿음에 대한 설명으로 표현하는 능력을 포함한다.

21 빈칸 추론 - 구/절 정답 ④

인간 공학이 진화보다 더 우수하고 월등하다고 설명하며, 인간 공학이 곧 진화와 같은 일을 할 수 있을 것이라는 내용이 들어가야 한다.
④ 곧 같은 일을 할 수 있는

오답 분석
① 초지능화와 경쟁하는
② 진화 과정에 훨씬 뒤떨어지는
③ 인간 수준의 AI로 위장하는
⑤ 같은 실수를 되풀이하는

□ feasible : 실현가능한
□ lag : 뒤처지다
□ superintelligence : 초지능화

우리는 맹목적인 진화 과정이 적어도 한 번은 그렇게 했기 때문에, 인간 수준의 일반적인 지능을 생산할 수 있다는 것을 알고 있다. 선견지명을 가진 진화 과정, 즉 똑똑한 인간 프로그래머에 의해 설계되고 지도된 유전 프로그램은 훨씬 더 높은 효율성으로 유사한 결과를 달성할 수 있어야 한다. 이 관찰은 일부 철학자들과 과학자들이 인간 수준의 AI가 이론적으로 가능할 뿐만 아니라 금세기 안에 실현 가능하다고 주장하는 데 이용되어 왔다. 그 생각은 우리가 지능을 생산하기 위해 진화와 인간 공학의 상대적 능력을 추정할 수 있게 하고, 인간 공학이 이미 어떤 분야에서 진화보다 훨씬 우수하고 너무 오래지 않아 나머지 분야에서 더 우수해질 가능성이 높다는 것을 알게 할 수 있다. 그러므로 진화가 지능을 생산했다는 사실은 인간 공학이 <u>곧 같은 일을 할 수 있게 한다</u>라는 것을 나타낸다.

22 빈칸 추론 - 구/절 정답 ①

전 세계의 전기 차 붐은 전기 차에 사용되는 리튬 이온 전지 재활용의 문제를 불러오는데, EU에서는 리튬 이온 전지의 재활용이 5퍼센트에 그치고 이것의 원인은 환경적인 비용이 들기 때문이라고 후술하고 있다.
① 이것은 환경적인 비용이 든다

오답 분석
② 추가 단계를 수행하는 것이 금지된다
③ 원인을 파악했다
④ 이것은 파리 기후 협약을 비준한다
⑤ 현재 에너지 정책을 지지한다

□ depletion : 고갈, 소모
□ ratify : 비준하다

지난해 세계 전기 차의 수는 200만 대를 돌파했고 국제 에너지 기구는 각국이 파리 기후 협약 목표를 충족한다면 2030년까지 전 세계적으로 1억 4천만 대의 전기 차가 생길 것으로 예상하고 있다. 이 전기 자동차 붐은 지금부터 2030년까지 재활용할 필요가 있는 1100만 톤의 폐 리튬 이온 배터리를 남길 수 있다. 그러나 EU에서는 겨우 5%의 리튬 이온 전지가 재활용된다. 이것은 환경적인 비용이 든다. 배터리는 손상되었을 때 유독 가스를 방출할 위험이 있을 뿐만 아니라 리튬, 코발트 등의 핵심 성분은 유한하고 추출은 수질 오염과 다른 환경적 영향의 고갈로 이어질 수 있다.

23 빈칸 추론 - 구/절 정답 ③

전자기장에 속한 전자의 속성에 대한 설명으로 전자는 그 하나하나가 전자기장의 한 부분일 뿐, 그것들이 한데 섞이면 그것 자체의 성질이 사라진다는 내용이다.
③ 그것들은 그것들 고유의 정체성이 없다

오답 분석
① 그것들은 우주의 핵심에 벡터를 제공한다
② 그것들은 양자장에 파급 효과를 만든다
④ 그것들은 잠재력을 충분히 발휘하지 못한다
⑤ 그것들은 많은 반응의 촉매 역할을 한다

□ localize : (영향 등을) 국한시키다
□ electromagnetic : 전자기의
□ electron : 전자
□ quantum : 양자
□ macroscopic : 육안으로 보이는
□ ripple effect : 파급 효과
□ catalyst : 촉매

전자기장은 어디에나 있고, 우주에 존재하는 모든 전자는 그 안에 속해 있을 뿐만 아니라 언제 어디서나 다른 모든 전자와 정확히 일치한다. 그것들 중 두 개를 교환해도 우주는 알아차리지 못할 것이다. 그것 때문에, 그것들이 표현되는 양자장 때문에, 전자는 어떠한 것이 육안으로 보이는 것처럼 묘사될 수 없다. 그것들은 장에 속해 있다. 그것들은 그것의 한 부분, 거대한 바다의 물 한 방울, 밤공기 중의 돌풍, 당신이 국한시킬 수 없는 한 방울 혹은 돌풍과 같은 것이다. 누군가 보지 않는 한, 강우와 돌풍은 바다 그 자체, 바람 그 자체와 같다. 그 자체보다 훨씬 더 광대한 실체와 섞이면, <u>그것들은 그것들 고유의 정체성이 없다</u>.

---

24 빈칸 추론 – 구/절   정답 ②

생산 비용에 대한 설명으로 생산 비용이 표면적으로 경제 분석에 유용할 것으로 보이지만 사실 분석에 사용되는 도구라기보다 결과라는 내용이 들어가야 한다.
② 제한된 분석 능력을 가진 도구라기보다 결과

오답 분석
① 농업 투자 결정의 중요한 원천
③ 장기적인 시장 성장의 가장 약한 지표의 하나
④ 산업 간 협력 평가 시험
⑤ 시장 자산의 애매한 측정

☐ indices : index의 복수(지표)
☐ obscure : 모호한

생산 비용 개념은 피자 생산 비용이 피자 산업을 이해하는 데는 그다지 유용하지 않은 것처럼, 농업의 경제를 이해하는 데 그다지 유용하지 않다. 더 적절한 비교는, 농업에서의 공동 생산의 특성을 고려할 때, 피자 생산 비용의 관계가 식당 산업의 구조적 이해와 관련이 있다. 생산 비용에 대한 지나친 의존은 후속 분석의 본질적인 취약점, 다른 곳에서 더 잘 사용될 생산 비용에 헌신한 자원, 강조로 인해 발생할 수 있는 문제의 제한된 집중 때문에 위험하다. 생산 비용은 표면적으로는 경제 분석에 유용하고 기본적인 요소로 보인다. 더구나, 비경제학자들은 생산 비용의 개념과 관련이 있는 반면 공급 기능, 투입 요구 기능, 실행 기간 및 기타 중요한 이슈는 덜 명확한 개념이다. 그 결과, 생산 비용은 종종 <u>제한된 분석 능력을 가진 도구라기보다 결과</u>로 간주된다.

---

25 핵심 파악 – 주제   정답 ①

수렵 채집 사회에서는 우유 또는 아기들에게 맞는 음식을 구하기가 어려웠기 때문에 다른 사회보다 젖을 떼는 시기가 늦다는 내용이다.
① 젖을 떼는 시기와 이용 가능한 음식 사이의 관계

오답 분석
② 수렵 채집 사회에서의 조기 이유식 사이의 필요성
③ 아동 건강에서 이유식의 역할에 대한 논란
④ 아동의 조기 이유식을 위한 농업적 동기
⑤ 농민과 수렵 채집인의 인구학적 차이

☐ wean : 젖을 떼다
☐ demographic : 인구학의

미국에서는 산모의 젖을 먹은 유아의 비율과 젖을 뗀 유아의 연령이 20세기 대부분 동안 감소했다. 예를 들어, 1970년대까지 오직 5퍼센트의 미국 아이들이 6개월의 나이에 젖을 먹었다. 이와는 대조적으로, 농부들과 접촉하지 않고 농사짓는 음식에 접근이 없던 수렵 채집자들 사이에서, 아기들은 6개월 이상 훨씬 넘게 젖을 먹었는데, 유일하게 적절한 유아 식품은 모유였기 때문이다 : 그들은 우유, 유아식 또는 부드러운 음식 대체물을 접할 수 없다. 7개의 수렵 채집자 집단들의 평균적인 이유식 연령은 약 3살로, 이는 아이들이 마침내 충분히 딱딱한 음식을 씹음으로써 그들 스스로 자양분을 얻을 수 있게 되는 나이이다.

---

26 핵심 파악 – 주제   정답 ④

중국 채권 시장이 굉장히 위험한 것처럼 보이지만, 사실은 중국 채권 시장의 발전으로 볼 수 있다는 내용이다.
④ 중국 채권 시장에 대한 부적절한 우려

오답 분석
① 중국 경제의 숨겨진 위험
② 중국 사회 기반 시설에 대한 위험한 투자
③ 중국에서 정부 개입의 중대한 필요
⑤ 중국 누적 부채의 어두운 미래

☐ default : 채무 불이행
☐ shoot up : 급등하다
☐ sacrosanct : 신성한
☐ pitfall : 위험
☐ intervention : 개입
☐ unwarranted : 부적절한

해석 체크체크

중국 채권 시장이 이렇게 험난한 봄을 보인 적은 없다. 그것은 이미 2/4분기에 채무 불이행 기록을 세웠다. 회사들의 신용 대금이 급등했다. 심지어 이전에는 신성했던 사회 기반 시설에 투자하는 국영 기업들조차도 위험으로 보인다. 무엇이 잘못됐는가? 답은 전혀 없다. 채무 불이행은 누적된 부채의 잔고를 청산해야 하는 중국의 과정이다. 올해 사상자는 채권 시장의 단지 0.1퍼센트에 불과하다. 그러나 투자자들이 정부가 어려움에 처한 어떤 대기업도 구제할 것이라고 가정했을 때, 그것은 여전히 최근의 발전이다.

27 빈칸 추론 – 어휘   정답 ②

(A) 타고난 능력이 부족해도 열심히 일하면 그것이 재능을 대신하거나, 재능을 만들어 낼(creates) 수도 있다는 내용이다.

(B) 과학적 분야에서 과학자들은 성과를 내는 속도(speed)가 아니라 그 질에 대해서 평가를 받고 싶어 한다는 내용이다.

☐ assimilate : 이해하다
☐ expeditious : 효율적인
☐ undertaking : 일
☐ suppress : 억제하다

해석 체크체크

타고난 능력의 부족은 끈질긴 노력과 집중을 통해 보상될 수 있다. 어떤 사람은 일이 재능을 대신하거나, 혹은 그것이 재능을 (A) 만들어 내는 더 나은 것이라고 말할 수도 있다. 자신의 능력을 향상시키기로 굳게 결심한 사람, 신경 세포의 가소성이 크게 감소하는 기간 동안 교육이 너무 늦게 시작되지 않는다면, 그렇게 할 것이다. 걸작에 대해 읽고 생각하는 것은 작가의 통찰력, 지도 원리, 그리고 심지어 스타일에 대한 결론을 넘어 확장되는 과정을 제공하면서 그것들을 창조하는 기술의 많은 부분을 이해하도록 한다는 것을 잊지 말아라. 우리가 위대하고 특별한 재능이라고 부르는 것은 대개 질적이기보다는 효율적인 우월성을 내포한다. 그러나 과학적 일에서는 예술가처럼 과학자들이 생산 (B) 속도가 아니라 그들이 생산한 것의 질에 의해 평가되기 때문에 느린 것은 빠른 것만큼 유용하다는 것이 증명된다.

28 빈칸 추론 – 어휘   정답 ①

(A) 공공의 직업과 전문직 사이에서의 투쟁은 저항을 반영한다.

(B) 전문직들은 관료주의를 좋아하지 않는데, 공공 서비스를 위해 일하는 전문직들은 이에 대한 반감을 극복해야 한다.

☐ incompatible : 양립할 수 없는
☐ purge : 몰아내다
☐ hack : 일꾼

☐ impediment : 장애
☐ antipathy : 반감
☐ congruence : 일치
☐ affinity : 친밀성

해석 체크체크

직업에는 전문 지식, 위신, 자율성, 존엄성, 형식적 학습, 종종 정치와는 양립할 수 없는 가치들이 포함된다. 정치에서 그것들을 몰아내기 위한 공공 직업의 역사적 투쟁, 예를 들어 도시 관리자 대 정당 일꾼, 사서 대 무지한 검열관, 환경 과학자 대 정치적 이념가 모두 이러한 (A) 저항을 반영한다. 전문직 종사자들은 그들의 전문화의 자유로운 행사에 대한 장애물로 보이는 관료주의를 좋아하지 않는다. 연방 정부를 위해 일하는 과학자와 엔지니어와 같은 특정한 종류의 전문직 종사자들은 연방 정부 실무진들보다 훨씬 덜 만족감을 나타낸다. 직설적으로 말하면, 공공 서비스를 선택하는 전문가들은 종종 그것의 두 가지 주요 특징인 정치와 관료주의에 대한 (B) 반감을 극복해야 한다.

29 논리 추론 – 글의 순서   정답 ②

호기심에 대한 서양의 사회적 의견을 설명하는 글이다. 서양에서는 호기심이 사회를 좀먹는다고 간주되었고 호기심은 다루기 힘든데, (B)에서는 호기심의 특성을 설명하고, (A)는 호기심의 특성 때문에 사회는 호기심을 억제하려고 한다는 내용이다. (C)는 호기심에 대한 다른 인식이 있다는 것을 서술하고 있다.

☐ corrosive : 좀먹는
☐ unruly : 다루기 힘든
☐ provisional : 일시적인
☐ laceration : 열상
☐ disdain : 업신여기다
☐ deviant : 일탈적인
☐ probing : 면밀히 살피는

해석 체크체크

대부분의 서양 역사에서 호기심은 기껏해야 주의를 산만하게 하고, 최악의 독으로, 영혼과 사회를 좀먹는 것으로 여겨져 왔다. 여기에는 이런 이유가 있다. 호기심은 다루기 힘들다.

(B) 그것은 규칙을 좋아하지 않거나, 적어도, 그것은 아무도 아직 물어보지 않은 현명한 질문의 고뇌를 조건으로 모든 규칙들이 일시적이라고 가정한다. 그것은 승인된 경로를 경멸하며, 우회, 계획되지 않은 여행, 충동적인 좌회전을 선호한다.

(A) 간단히 말해서, 호기심은 일탈이다. Galileo에서 Charles Darwin, Steve Jobs까지 모든 사람들이 증명할 수 있었듯이, 그것을 계속하는 것은 어느 시점에서 권력을 가지고 당신에게 갈등을 가져올 것 같다. 질서를 무엇보다 중시하는 사회는 호기심을 억누르려고 할 것이다.

(C) 그러나 진보, 혁신, 창의성을 믿는 사회는 사람들의 탐구심이 그것의 가장 귀중한 자산이라는 것을 인식하면서 그것을 구축할 것이다. 계몽주의 시대 즈음, 유럽 사회들은 그들의 미래가 그것들(질문들)을 짓밟기보다는 호기심 많고 면밀히 살피는 질문들에 달려 있다는 것을 보기 시작했다.

30 논리 추론 - 글의 순서 　　　　　　　정답 ⑤

드론은 법적, 기술적 지원 관리가 필요하다. (C) 그것을 운영하는 사람들에게도 권고될 것이라며 '박스 안에 드론'에 대해 언급한다. (B) 용어에 대한 설명이 나오고, (A) 드론이 어떻게 운영되는지 서술한다.

□ implication : 영향

◀ 해석 체크체크 ▶

　기존 드론 대부분은 노련한 운영자가 조종해야 한다. 사실, 법은 종종 이것을 요구한다. 드론은 또한 기술 지원과 유지 관리가 필요하다.
(C) 그리고 그것을 운영하는 사람들은 그들이 무엇을 하고 있는지에 대한 법적 및 안전의 영향에 대해 이해하도록 권고될 것이다. 이런 이유 때문에 '박스 안에 드론'이 흥미를 끈다.
(B) 이는 관련 걱정 없이 드론의 이점을 팔고자 하는 몇몇 회사의 제품에도 적용되는 용어이다. 문제의 박스는 드론을 수용하고 재충전하고 수집한 데이터를 고객에게 전송하는 기지국이다.
(A) 미리 프로그래밍된 일정에 따라 드론은 자동으로 비행하거나 방문 명령이 내려진 지점까지 자동으로 길을 찾을 수 있고, 또는 지구상 제어 센터 어디에 있든 시스템을 공급하는 회사의 운영자가 원격으로 조종할 수 있다.

31 논리 추론 - 무관한 문장 　　　　　　　정답 ③

흡혈 박쥐들이 서로 피를 빌려주고 받는 것에 대한 설명으로, 진화적 압력을 완화하기 위해 대출을 해 주지 않는다는 문장은 내용과 관련이 없다.

□ congregate : 모이다
□ regurgitate : 역류시키다
□ reciprocate : 화답하다

◀ 해석 체크체크 ▶

　많은 동물들이 효과적으로 협력하고, 몇몇은 심지어 대출을 해 주기도 한다. 자연에서 가장 유명한 대출자는 흡혈 박쥐이다. 이 박쥐들은 수천 개의 동굴 안에 모여 있고 매일 밤 먹이를 찾기 위해 날아간다. 그들이 잠자는 새나 부주의한 포유동물을 발견했을 때, 그들은 그것의 피부에 작은 절개를 내 그것의 피를 빨아들인다. ① 그러나 모든 흡혈 박쥐들이 매일 밤 희생자를 찾는 것은 아니다. ② 그들의 삶에 불확실성에 대처하기 위해 흡혈 박쥐들은 서로에게 피를 빌려준다. (③ 그러나 흡혈 박쥐는 진화적인 압력을 완화하기 위해 대출을 해주지 않는다.) ④ 먹이를 찾지 못하는 흡혈 박쥐가 집에 와서 좀 더 운 좋은 친구에게 훔친 피를 역류시키라고 요청할 것이다. ⑤ 흡혈 박쥐는 그들이 피를 빌려준 박쥐를 매우 잘 기억한다. 그래서 나중에 만약 그 친구가 배고픈 채로 집에 돌아오면, 그는 호의를 화답할 채무자에게 다가갈 것이다.

32 논리 추론 - 문장 삽입 　　　　　　　정답 ④

주어진 문장은 철(물)과 녹의 예를 들어 인식에 대해 설명하는 내용에 이어 잔디와 초록색의 예를 들어 설명하는 내용의 시작에 위치해야 한다.

□ rustish : 녹슨(= rusty)
□ perception : 인식, 인지, 감지
□ property : 특성, 속성
□ neuron : 뉴런

◀ 해석 체크체크 ▶

　당신이 철의 한 조각이라고 상상해 보라. 당신은 한 방울의 물이 올 때 평소처럼 아무것도 하지 않고 앉아 있다. 물에 대한 당신의 인식은 무엇일까? 그렇다, 물론 쇠막대기는 두뇌가 없고, 전혀 지각이 없다. 하지만 그 불편한 사실을 무시하고 쇠막대기가 물을 감지할 수 있다면 어떨지 상상해 보자. 철의 관점에서 보면, 물은 녹슬지 않는다. 이제 인간으로서 당신의 시각으로 돌아온다. 당신은 녹슴이 사실 물 자체의 속성이 아니라 철과 어떻게 반응하느냐의 속성임을 알고 있다. 인간의 인식도 마찬가지이다. 당신이 잔디를 초록색으로 볼 때, 녹슬어가는 것이 물의 특성이 아닌 것과 같이 초록색도 잔디(자체)의 특성이 아닌 것이다. 초록색은 잔디에서 튕겨져 나온 빛이 뇌의 뉴런과 반응할 때 나타나는 경험이다. 초록색은 철 조각에 존재하는 녹처럼 우리 안에 존재한다.

33 정보 파악 - 심경 변화 　　　　　　　정답 ①

글의 '나'는 숨겨둔 금반지가 들통날까봐 불안(nervous)했다가, 나치 장교들이 아무 일 없이 지나가고 난 뒤 안도(relieved)했다.

□ undisturbed : 그 누구도 건드리지[손대지] 않은, 누구의 방해도 받지 않는
□ outraged : 폭력적인, 불법의
□ irritated : 화난
□ terrified : 불안한

해석 체크체크

나는 1939년 4월 기차를 타고 브뤼셀로 떠났다. 내가 겨우 9살이었을 때 부모님을 떠나는 것은 매우 고통스러웠다. 내가 독일과 벨기에 사이의 국경에 도착했을 때, 기차는 잠시 동안 정차했고 독일 세관원들이 탑승했다. 그들은 내가 소지하고 있을지도 모르는 보석이나 다른 귀중품들을 볼 것을 요구했다. 나는 나와 함께 여행하고 있던 한 젊은 여성으로부터 이 요청에 대해 미리 주의를 받았었다. 그래서 나는 내 주머니 속에 내 이니셜이 새겨진 작은 금반지를 숨겨 두었는데, 그 반지는 내 7번째 생일에 선물로 받은 것이었다. 나치 장교들이 기차에 탔을 때 그들의 존재에 대한 나의 두려움은 거의 참을 수 없는 지경에 이르렀고 나는 그들이 반지를 발견할까 봐 두려웠다. 다행히도, 그들은 나에게 거의 관심을 기울이지 않았고 나를 건드리지 않은 채 있도록 두었다. 그들의 발소리가 점점 희미해지자, 조용한 한숨이 내 입에서 나왔다.

34~35

□ winnow out : 걸러내다
□ extraneous : 관련 없는
□ cull out : 추려내다, 가려내다, 걸러내다

해석 체크체크

새로운 소재에서 핵심 아이디어를 추출하여 정신적 모델로 조직하고 그 모델을 사전 지식에 연결하는 방법을 배우는 사람들은 복잡한 숙달된 지식을 배우는 데 있어 이점을 보여 준다. 정신적인 모델은 외부 현실의 정신적인 표현이다. 공을 기다리는 야구 타자를 생각해 보라. 그는 그것이 커브볼인지, 변화구인지, 아니면 또 다른 것인지 해독할 시간이 거의 없다. 그는 그것을 어떻게 하는가? 투수가 자세를 취하는 방법, 던지는 방식, 공의 솔기 회전 등 도움이 되는 몇 가지 미묘한 신호들이 있다. 위대한 타자는 이러한 투구들의 변화만을 보고, 각각의 투구에 대해 다른 일련의 단서들을 바탕으로 구별되는 정신적 모델을 형성하는 연습을 통해, 관련 없는 모든 지각 분산(요소)들을 걸러낸다. 그는 이 모델들을 그가 알고 있는 타격 자세, 스트라이크 존, 배트 휘두르기 같은 것에 연결시켜 공 위에 머물게 한다. 그는 이것들을 선수의 포지션들에 대한 정신적인 모델과 연결시킨다. 만약 1루와 2루에 사람이 있다면, 그는 앞으로 주자들을 움직이기 위해 희생할 것이다. 왜냐하면 그는 각각의 투구를 확인하고 대응하는 데 가장 중요한 요소들을 제외한 모든 요소들을 걸러내고, 그 학습으로부터 정신적 모델을 만들고, 이러한 모델을 이 복잡한 게임의 나머지 필수적인 요소들에 대한 그의 숙달된 지식과 연결시켰기 때문에, 숙련된 선수는 플레이트에 올라갈 때마다 직면하는 크고 변화 가능한 정보를 이해할 수 없는 경험이 적은 선수보다 득점할 가능성이 더 높다.

34 다문항1 - 제목   정답 ①

학습을 통해 정신적 모델을 만들고 그것이 짧은 순간에 하는 결정을 더 낫게 만든다는 내용의 지문이다.
① 쉽게 되는 눈 깜짝 할 사이의 결정들

오답 분석
② 야구 선수들이 열광할 때
③ 야구 101 : 올바른 배트 선택
④ 야구 투수 분석
⑤ 타자가 얼마나 멀리 공을 칠 수 있을까?

35 다문항1 - 빈칸 구/절   정답 ③

새로운 정보를 기존에 알고 있던 내용과 연결하여 정신적 모델로 구성하고, 그것이 복잡한 지식을 배우는 데 있어 이점이 있다는 내용이므로, 사전 지식(prior knowledge)이 빈칸에 들어갈 말로 가장 적절하다.

오답 분석
① 미래의 사건들
② 운동 기부
④ 사실상의 원칙들
⑤ 억제된 동기

36~37

□ scarcely : 거의 ~않다
□ vernacular : 토착어, 방언, (특정 지역·집단이 쓰는) 말
□ reiterate : 반복하다
□ encapsulate : 요약하다

해석 체크체크

내가 길러진 서부 뉴욕 주의 지역에서는, 실제로 세계의 거대한 영어권 지역에서처럼 *doesn't*라는 형태가 거의 (지역) 언어로 존재하지 않는다. 내가 온 곳의 거의 모든 사람들은 *It don't matter*와 *He don't need that*이라고 말한다.

당연히, 내 고등학교 선생님인 Mrs. Breck은 이러한 사용에 강한 예외를 두었고, 그녀는 끊임없이 자신만의 작은 전쟁을 벌였다. 나는 어느 날 그녀의 캠페인이 한창일 때 교실에 앉아 있었던 것을 기억한다. 같은 반 친구 Norman이 그날 700번 째 "He don't know that" 같은 말을 하는 것을 들었고, 그녀는 반격하기로 결심했다. "He *doesn't* know that, Norman" "그래요, 맞아요." Norman은 대답했다. "he *don't*" "*don't*가 아니야, Norman" 그녀의 얼굴이 흥미로운 색으로 변하면서 Mrs. Breck은 반복했다. "He DOESN'T know that이라고 말해" "하지만...하지만..." 만족(→ 불만족)의 표정이 Norman의 얼굴에 나타났다. "But it don't *sound* right!(하지만 그건 옳은 것

같지 않아요)"

이 작은 에피소드는 우리가 표준 영어라 부르는 하나의 특정한 형태의 영어의 매우 특별한 위치와 우리가 집합적으로 비표준 영어라고 부를 수 있는 다른 모든 종류의 영어 사이의 대조를 아주 깔끔하게 요약한다. 영어를 말하는 사람들의 대부분은 거의 언제나 표준 영어와는 상당히 다르며, 때로는 놀랄 만큼 다른 현지 (지역) 언어 형태의 영어를 배우고 말하면서 성장한다.

36 다문항2 - 제목 　　　　　　정답 ④

표준 영어와 비표준 영어의 위치에 대한 대조를 작은 에피소드를 들어 설명하는 글이다. 에피소드 속 대조를 드러내는 비표준 영어로 don't를 들고 있으므로, 제목으로 가장 적절한 것은 ④ '표준 영어 대 비표준 영어 : 중요하지 않나요?(Don't It matter)'이다.

오답 분석

① 좋았던 날들 : 나의 영어 선생님에 대한 기억
② 다양성을 위해 사투리 소멸을 막아라
③ 옳게 들리는 것 : 정책 결정자들의 딜레마
⑤ (지역) 언어 대 고급 영어 : 전쟁을 끝내다

37 다문항2 - 어휘 　　　　　　정답 ③

Norman은 doesn't가 옳게 들리지 않는다고 답했으므로, 만족한 얼굴이 아니라 불만의(discontent) 얼굴을 해야 한다.

38~39

□ induce : 유발하다
□ despondency : 낙담, 의기소침, 실망

해석 체크체크

음악이 좋은 분위기를 유도함으로써 협력과 도움을 증가시킬 수 있다는 것은 실험적으로도 증명되었다. Rona Fied와 Leonard Berkowitz는 Wisconsin 대학에서 그들의 학생들과 함께 연구를 진행했다. 그들은 네 그룹으로 나누고 그들 중 세 그룹에게 다른 음악을 들려 줌으로써 다른 분위기를 유도했다. Mendelssohn의 '말 없는 노래'에서 두 개의 선곡이 한 그룹에서 마음을 달래는 분위기를 조성하기 위해 선택되었다. Duke Ellington의 '1시에 점프'는 또 다른 그룹에게 흥분을 불러일으키기 위해 연주되었고, John Coltrane의 '명상'은 세 번째 그룹에서 부정적인 감정, 슬픔 그리고 실망을 심어 주기 위해 사용되었다. 네 번째, 제어 집단은 단지 음악 녹음의 7분 동안 침묵 속에 앉아 있었다. 학생들은 음악을 듣기 전과 듣고 난 후에 분위기 설문지를 작성해야 했고,

이것은 음악이 그들의 감정에 중요한 변화를 가져왔다는 것을 확인시켜 주었다.

그들이 해체되기 전, 실험자는 자원자들에게 15분에서 2시간 사이의 시간을 필요로 하는 전혀 관련이 없는, 또 다른 실험을 도와 달라고 요청했다. 그들은 그들이 도울 준비가 되어 있는지, 만일 그렇다면 얼마의 시간을 낼 수 있을지 여부를 명시하기 위한 양식을 작성하도록 요청받았다. 물론, 이것은 도움에 관한 실험이었다. 실험자는 네 집단이 그들이 듣고 있던 음악의 종류에 따라 기꺼이 돕고자 하는 마음이 달라지는지 여부를 발견하기를 원했다.

이것은 사실로 드러났다. Mendelessohn 작품을 들은 사람들은 두 번째 실험을 돕겠다는 의지와 그들이 제공할 준비가 된 기간으로 측정했을 때 가장 도움이 되는 것으로 나타났다. 두 가지 방법 모두, Coltrane의 음악을 들은 학생들 모두 부정적인 분위기로 이어져서 도움이 되고자 하는 의지가 가장 낮았다.

38 다문항3 - 요지 　　　　　　정답 ④

듣는 음악의 종류에 따라 도움을 주고자 하는 것이 집단마다 다를지 확인하는 실험에서 그러한 의지에 영향을 주는 결과가 나타났음을 마지막 문단을 통해 알 수 있다. 따라서 글의 요지로 가장 적절한 것은 ④ '음악의 종류는 사람들의 기꺼이 돕고자 하는 의지에 영향을 주었다.'이다.

오답 분석

① 협력적 그룹은 Mendelssohn의 음악을 선호하는 경향이 있었다.
② 클래식 음악은 사람들에게 위로를 주었다.
③ 협력과 도움은 음악적 재능에 의해 영향을 받았다.
⑤ 흥분된 분위기는 사람들로 하여금 더 많은 도움을 제공하게 했다.

39 다문항3 - 빈칸 구/절 　　　　　　정답 ②

좋은 분위기를 유도함으로써 음악이 협력과 도움에 영향을 미친다는 내용의 연구를 하고, 그것이 증명되었다는 것을 설명해 주는 내용이 들어가야 한다.
② 사실로 드러났다

오답 분석

① 전에 실험된 적이 있었다
③ 많은 사람들에 의해 도전받았다
④ 이전의 발견과 모순되었다
⑤ 추가적인 지원이 필요했다

□ insignificant : 하찮은
□ elusive : 찾기 힘든, 규정하기 힘든
□ aptitude : 적성
□ flunk : 낙제하다
□ flint : 부싯돌
□ dexterity : 손재주

〈 해석 체크체크 〉

대부분의 지능에 대한 정의에 따르면, 백만 년 전 인류는 이미 세계에서 가장 지능이 높은 동물이었고, 세계 최고의 도구 제작자였지만, 주변 생태계에 거의 영향을 미치지 않는 하찮은 동물로 남아 있었다. 그들은 분명히 지능과 도구 제작 외에 몇 가지 중요한 특징들이 부족했다.

어쩌면 인류가 규정하기 힘든 제3의 핵심 요소 때문이 아니라, 더 높은 지능과 더 나은 도구 제작 능력 때문에 결국 지구를 지배하게 된 것인가? 그렇게 보이지 않는다. 왜냐하면 우리가 역사적 기록을 검토할 때, 우리는 개개인의 지능과 도구 제작 능력 사이의 직접적인 상관관계와 전체로서의 우리 종의 힘을 보지 못하기 때문이다. 2만 년 전, 평균 사피엔스는 아마도 오늘날의 평균 사피엔스보다 더 높은 지능과 더 나은 도구 제작 기술을 가지고 있었을 것이다. 현대의 학교와 고용주들은 때때로 우리의 적성을 시험할 수도 있지만, 우리가 아무리 못 하더라도 복지 국가는 항상 우리의 기본적 욕구를 보장한다. 석기 시대에 자연 선택은 매일 매 순간마다 당신을 시험했고, 만약 당신이 그것의 수많은 시험들 중 어떤 것이든 낙제한다면 당신은 (A) 즉시 사라질 것이다. 하지만 석기 시대 조상들의 뛰어난 도구 제작 능력에도 불구하고, 그리고 그들의 날카로운 마음과 훨씬 더 날카로운 감각에도 불구하고, 2만 년 전 인류는 오늘날보다 훨씬 더 약했다.

그 2만 년이 넘는 세월 동안 인류는 손재주가 있거나 더 큰 두뇌의 진화 덕분은 아니지만 돌로 만든 창으로 하는 매머드 사냥에서 우주선으로 태양계를 탐험하는 것으로 옮겨 갔다. 대신에, 세계를 정복하는 데 있어서 중요한 요소는 많은 사람들을 서로 연결하는 능력이었다. 오늘날 인류는 지구를 완전히 지배하고 있다. 왜냐하면 각각의 인간이 침팬지나 늑대보다 훨씬 똑똑하고 손끝이 더 민첩하기 때문이 아니라 '호모 사피엔스'가 지구상에서 유연하게 다수가 협력할 수 있는 유일한 종이기 때문이다. 지능과 도구 제작 또한 명백하게 매우 중요했다. 그러나 만약 인간이 다수가 유연하게 협력하는 법을 배우지 못했다면, 우리의 교활한 두뇌와 약삭빠른 손은 여전히 (B) 우라늄 원자보다는 부싯돌을 쪼개고 있을 것이다.

40 다문항4 – 의미 추론   정답 ②

석기 시대에는 매일 매일이 시험의 연속이고 그것에서 탈락하면 바로 사라질 수밖에 없었다. 따라서 이와 비슷한 의미는 ② '즉시 사라질 것이다'이다.

오답 분석
① 영원히 번영할 것이다
③ 도구를 천천히 갈다
④ 꽃을 빨리 꺾을 수 있었다
⑤ 마침내 농부가 되었다

41 다문항4 – 빈칸 구/절   정답 ⑤

우리는 협력하는 법을 배우지 않았다면 지금처럼 발전하지 못했을 것이라는 내용의 문장이다.
⑤ 우라늄 원자보다는 부싯돌을 쪼개고

오답 분석
① 훨씬 더 예민한 감각을 발달시키고
② 생태계에 큰 영향을 미치고
③ 야생의 수많은 장애물을 극복하고
④ 집단에서 쉬운 먹이를 찾고

42 다문항4 – 요약   정답 ①

마지막 문단의 두 번째 문장을 보면, 세계를 정복하는 데 있어 중요한 요소는 많은 사람들을 서로 연결하는 능력이었다는 것을 알 수 있다.

〈 해석 체크체크 〉

호모 사피엔스가 세상을 (D) 지배하는 데 중요한 역할을 했던 것은 더 높은 지능이나 더 좋은 (C) 손재주가 아니라, 대규모의 유연한 협력 능력이다.

□ perspective : 관점, 시각
□ weigh down : ~을 (마음 · 기분을) 짓누르다
□ multicultural : 다문화의
□ diversity : 다양성
□ director : 책임자
□ restless : 가만히 못 있는[들썩이는]
□ in the midst of : ~(하는) 중에[가운데]
□ commotion : 소동

(A) 세상에 대한 어린애 같은 시각이 종종 성인들이 삶을 멀리 보도록 할 수 있다는 것을 아는가? 아이들의 순수한 관점은 어른들이 그들의 문제에 너무 짓눌리지 않도록 도울 수 있다. 탁아소의 책임자인 Nancy Craver는 어린이의 관점이 어떻게 <u>그녀가</u> 큰 문제를 작은 문제로 바꾸는 데 도움이 되었는지에 대한 다음 이야기를 다룬다. 이것은 이 센터의 연례 다문화 저녁 식사로, 부모, 아이들, 직원들이 그들의 다양성과 함께 일을 잘 할 수 있는 능력을 축하할 수 있는 기회로 만들어졌다.

(C) Nancy가 막 새 책임자로 채용되었기 때문에, 이전 해의 축하 행사는 Nancy에게 꽤 어려운 일이었다. 올해 <u>그녀는</u> 휴식을 취하고 저녁 식사에 참여할 수 있도록 일찍 일들을 계획했다—혹은 그렇게 생각했다. 처음에는 사소한 일이 잘못되었다. 그리고 나서, 누군가 저녁 식사 후에 발표하기 위해 사용하려던 슬라이드 영사기를 떨어뜨렸다. 저녁 식사가 끝났을 때 아이들을 다른 곳으로 데리고 가 놀아 주도록 고용된 여자는 나타나지 않았다. 아이들은 들썩이며 뛰어다니기 시작했다.

(D) 이런 소동이 한창인 가운데, 한 노인이 주차장에서 자신을 가로막는 차를 이동하라고 강력히 요구했다. 긴장과 체온이 오른 상태로 Nancy는 그가 주차장에서 벗어나도록 돕기 위해 갔다. <u>그녀가</u> 건물로 다시 들어가자마자 어린 아이들 중 한 명이 계단을 내려와 그녀에게 몸을 던졌다. 아이가 공중으로 날고 있을 때 Nancy의 마음에서 부상당한 아이, 놀란 부모, 그리고 사람들이 "이봐, 그녀는 우리 아이들을 통제하거나 심지어 보호할 수도 없어!"라고 말하는 이미지가 번득였다.

(B) <u>그녀가</u> 본능적으로 팔을 뻗자, 그녀는 작은 아이를 잡았을 뿐만 아니라 웃음과 흥분도 잡았다. 즉시, 처음의 그 끔찍한 이미지들은 사라져버렸다. <u>그녀를</u> 빙빙 돌리면서, Nancy는 그 아이의 열정에 따라 이것이 기념일이었다는 것을 상기했다. 그녀의 웃음과 장난은 상황을 바로잡지는 못했지만, Nancy의 관점을 바꾸어 놓았다. 그리고 저녁은 그녀와 주변 사람들을 위해 더 나아졌다.

43 다문항5 – 글의 순서 정답 ③

Nancy의 센터의 연례 다문화 저녁 식사 자리에 대한 이야기를 시작으로(A), 이 행사가 Nancy에게 어려운 일임을 나타내는 내용이 나오고(C), 아이 한 명이 Nancy를 향해 계단 아래로 몸을 던지는 일이 벌어지면서(D) 이를 통해 Nancy의 관점이 달라지는 결과를 보여 주는(B) 글이다.

44 다문항5 – 지칭 대상 정답 ③

(c)는 Nancy를 향해 몸을 던진 해맑은 어린 아이이고, 나머지는 모두 Nancy를 가리킨다.

45 다문항5 – 세부 정보 정답 ③

Nancy는 막 새 책임자로 채용되었다.

오답 분석
① 그녀는 탁아소를 담당하고 있었다.
② 그녀는 한 아이를 공중에서 잡았다.
④ 그녀는 올해 저녁 식사를 미리 계획했다.
⑤ 그녀는 주차 문제를 도와주었다.

01	②	02	④	03	⑤	04	④	05	④
06	③	07	②	08	②	09	⑤	10	⑤
11	①	12	④	13	⑤	14	①	15	①
16	⑤	17	①	18	②	19	①	20	③
21	7	22	13	23	172	24	3	25	40

01 등차수열 정답 ②

수열 $\{a_n\}$은 등차수열이므로 첫째항을 a, 공차를 d라 하면
$a_1 + a_3 = a + (a+2d) = 10$에서
$a + d = 5$ ⋯⋯ ㉠
$a_6 + a_8 = (a+5d) + (a+7d) = 40$에서
$a + 6d = 20$ ⋯⋯ ㉡
㉠, ㉡을 연립하여 풀면
$a = 2$, $d = 3$
$\therefore a_{10} + a_{12} + a_{14} + a_{16}$
$= (a+9d) + (a+11d) + (a+13d) + (a+15d)$
$= 4a + 48d$
$= 4 \times 2 + 48 \times 3 = 152$

◁개념 체크체크▷

등차수열

첫째항이 a, 공차가 d인 등차수열의 일반항 a_n은
$a_n = a + (n-1)d$ $(n = 1, 2, 3, \cdots)$

02 중복조합 정답 ④

$1 \leq a \leq |b| \leq |c| \leq 7$을 만족시키는 세 자연수 a, b, c에 대한 순서쌍 (a, b, c)의 개수는 1에서 7까지의 자연수 중에서 중복을 허락하여 3개를 선택하는 중복조합의 수와 같다.
이때 $|b| = \pm b$, $|c| = \pm c$이므로 각각 2가지 경우가 있다.
따라서 구하는 순서쌍 (a, b, c)의 개수는
$_7H_3 \times 2 \times 2 = {}_9C_3 \times 2 \times 2$
$= \dfrac{9 \times 8 \times 7}{3 \times 2 \times 1} \times 2 \times 2 = 336$

다른 풀이

(i) $a = 1$인 경우
$b = \pm 1$이면 $c = \pm 1$, ± 2, ± 3, ± 4, ± 5, ± 6, ± 7이므로
순서쌍 (a, b, c)의 개수는
$2 \times (7 \times 2) = 28$
$b = \pm 2$이면 $c = \pm 2$, ± 3, ± 4, ± 5, ± 6, ± 7이므로
순서쌍 (a, b, c)의 개수는
$2 \times (6 \times 2) = 24$

$b = \pm 3$이면 $c = \pm 3$, ± 4, ± 5, ± 6, ± 7이므로
순서쌍 (a, b, c)의 개수는
$2 \times (5 \times 2) = 20$
$b = \pm 4$이면 $c = \pm 4$, ± 5, ± 6, ± 7이므로
순서쌍 (a, b, c)의 개수는
$2 \times (4 \times 2) = 16$
$b = \pm 5$이면 $c = \pm 5$, ± 6, ± 7이므로
순서쌍 (a, b, c)의 개수는
$2 \times (3 \times 2) = 12$
$b = \pm 6$이면 $c = \pm 6$, ± 7이므로
순서쌍 (a, b, c)의 개수는
$2 \times (2 \times 2) = 8$
$b = \pm 7$이면 $c = \pm 7$이므로
순서쌍 (a, b, c)의 개수는
$2 \times (1 \times 2) = 4$
따라서 $a = 1$인 경우 순서쌍 (a, b, c)의 개수는
$$\sum_{k=1}^{7} 4k$$
(ii) $a = 2, 3, 4, 5, 6, 7$인 경우도 마찬가지로 하면 각각의 경우 순서쌍 (a, b, c)의 개수는
$$\sum_{k=1}^{7-a+1} 4k$$
(i), (ii)에서
$$\sum_{k=1}^{7} 4k + \sum_{k=1}^{6} 4k + \cdots + \sum_{k=1}^{2} 4k + \sum_{k=1}^{1} 4k$$
$= 4 \times \dfrac{7 \times 8}{2} + 4 \times \dfrac{6 \times 7}{2} + \cdots + 4 \times \dfrac{2 \times 3}{2} + 4 \times \dfrac{1 \times 2}{2}$
$= 336$

◁개념 체크체크▷

중복조합

중복조합은 서로 다른 n개에서 중복을 허락하여 k개를 택하는 경우의 수로 $_nH_k$로 나타낸다.
이때 중복조합의 수는 $_nH_k = {}_{n+k-1}C_k$이다.

03 명제의 참, 거짓 정답 ⑤

$x^2 - x - 6 \leq 0$에서 $(x+2)(x-3) \leq 0$
$\therefore -2 \leq x \leq 3$
'$x^2 - x - 6 \leq 0$인 어떤 실수 x에 대하여 $x^2 - 2x + k \leq 0$이다.'
와 같은 명제는 '$-2 \leq x \leq 3$인 어떤 실수 x에 대하여 $x^2 - 2x + k \leq 0$이다.'이다.
함수 $y = x^2 - 2x + k = (x-1)^2 + k - 1$의 그래프는 $x = 1$을 축으로 하는 그래프이므로 $x = 1$이 $-2 \leq x \leq 3$에 포함된다.

즉, 주어진 명제가 거짓이 되려면 이차방정식 $x^2 - 2x + k = 0$의 해가 존재하지 않아야 한다. 여기서 이 이차방정식의 판별식을 D라 하면 $D < 0$이어야 하므로

2019학년도 기출문제 다잡기

$\dfrac{D}{4}=1-k<0$에서 $k>1$

따라서 정수 k의 최솟값은 2이다.

04 코시-슈바르츠 부등식 정답 ④

코시-슈바르츠 부등식에 의하여

$$\left\{\left(\dfrac{x}{2}\right)^2+\left(\dfrac{x}{3}\right)^2\right\}(6^2+6^2) \geq (3x+2y)^2$$

이므로

$$72 \geq (3x+2y)^2$$

05 조합 + 부분집합의 개수 정답 ④

(i) $n(A \cap B)=2$인 경우

$A \cap B=\{a, b\}$라 할 때 a, b가 될 수 있는 것은

$_3C_2=3$

집합 B는 집합 $\{a, b, 4, 5\}$의 부분집합 중 a, b를 반드시 원소로 갖는 부분집합이므로

$3 \times 2^2=12$

(ii) $n(A \cap B)=1$인 경우

$A \cap B=\{a\}$라 할 때 a가 될 수 있는 것은 $_3C_1=3$

집합 B는 집합 $\{a, 4, 5\}$의 부분집합 중 a를 반드시 갖는 부분집합이므로

$3 \times 2^2=12$

(iii) $n(A \cap B)=\varnothing$ 인 경우

$B \subset \{4, 5\}$ 이므로 집합 B의 개수는 $2^2=4$

(i), (ii), (iii)에서 구하는 집합 B의 개수는

$12+12+4=28$

06 로그의 성질 정답 ③

$\log_{ab}3+\log_{bc}9=4$에서 $\log_{ab}3+2\log_{bc}3=4$

$\log_{bc}3+\log_{ca}9=5$에서 $\log_{bc}3+2\log_{ca}3=5$

$\log_{ca}3+\log_{ab}9=6$에서 $\log_{ca}3+2\log_{ab}3=6$

$\log_{ab}3=x$, $\log_{bc}3=y$, $\log_{ca}3=z$라 하면

$x+2y=4$, $y+2z=5$, $z+2x=6$

위의 세 식을 연립하여 풀면

$x=2$, $y=1$, $z=2$

즉 $\log_{ab}3=2$, $\log_{bc}3=1$, $\log_{ca}3=2$이므로

$3=(ab)^2$, $3=bc$, $3=(ca)^2$

따라서 a, b, c는 양수이므로

$a=1$, $b=\sqrt{3}$, $c=\sqrt{3}$

$\therefore abc=3$

07 두 점을 지나는 직선의 방정식 + 접선의 방정식   정답 ②

이차함수 $y=f(x)$의 그래프 위의 두 점 A$(1,\ 4)$, B$(6,\ 19)$를 지나는 직선의 기울기를 m이라 하면

$$m=\frac{19-4}{6-1}=3$$

직선 AB에 평행하면서 포물선에 접하는 점의 좌표를 $(a,\ f(a))$라 하면
$f'(x)=2x-4$에서
$f'(a)=2a-4=3$이므로

$$a=\frac{7}{2}$$

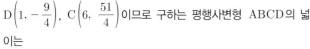

접점의 좌표는 $\left(\dfrac{7}{2},\ \dfrac{21}{4}\right)$이므로 접선의 방정식은

$$y=3\left(x-\frac{7}{2}\right)+\frac{21}{4}=3x-\frac{21}{4}$$

따라서 두 직선 $x=1$, $x=6$과 만나는 점 D, C의 좌표는 각각

D$\left(1,\ -\dfrac{9}{4}\right)$, C$\left(6,\ \dfrac{51}{4}\right)$이므로 구하는 평행사변형 ABCD의 넓이는

$$\left(19-\frac{51}{4}\right)\times(6-1)=\frac{25}{4}\times 5=\frac{125}{4}$$

> **개념 체크체크**
>
> **좌표평면 위의 두 점을 지나는 직선의 방정식**
>
> 두 점 A$(x_1,\ y_1)$, B$(x_2,\ y_2)$를 지나는 직선의 방정식은
>
> $$y-y_1=\frac{y_2-y_1}{x_2-x_1}(x-x_1)$$

08 이산확률변수의 평균   정답 ②

주머니 A에서 꺼낸 카드에 적힌 숫자를 a, 주머니 B에서 꺼낸 공에 적힌 숫자를 b라 할 때 이것을 순서쌍 $(a,\ b)$로 나타내어 보자.
모든 순서쌍 $(a,\ b)$의 경우의 수는 $4\times 5=20$
$X=1$인 경우, $(1,\ 1)$
$X=2$인 경우, $(1,\ 2)$, $(2,\ 1)$, $(2,\ 2)$
$X=3$인 경우, $(1,\ 3)$, $(2,\ 3)$, $(3,\ 1)$, $(3,\ 2)$, $(3,\ 3)$
$X=4$인 경우,
$(1,\ 4)$, $(2,\ 4)$, $(3,\ 4)$, $(4,\ 4)$, $(4,\ 1)$, $(4,\ 2)$, $(4,\ 3)$
$X=5$인 경우, $(1,\ 5)$, $(2,\ 5)$, $(3,\ 5)$, $(4,\ 5)$
확률변수 X의 확률분포를 표로 나타내면 다음과 같다.

X	1	2	3	4	5	계
P$(X=x)$	$\dfrac{1}{20}$	$\dfrac{3}{20}$	$\dfrac{5}{20}$	$\dfrac{7}{20}$	$\dfrac{4}{20}$	1

$$\therefore \mathrm{E}(X)=1\times\frac{1}{20}+2\times\frac{3}{20}+3\times\frac{5}{20}+4\times\frac{7}{20}+5\times\frac{4}{20}$$

$$=\frac{1}{20}+\frac{6}{20}+\frac{15}{20}+\frac{28}{20}+\frac{20}{20}=\frac{7}{2}$$

> **개념 체크체크**
>
> **이산확률변수의 기댓값(평균), 분산, 표준편차**
>
> 이산확률변수 X의 확률질량함수가
>
> $\mathrm{P}(X=x_i)=p_i(i=1,\ 2,\ 3,\ \cdots,\ n)$일 때
>
> (1) 기댓값(평균)
>
> $$\mathrm{E}(X)=x_1p_1+x_2p_2+\cdots+x_np_n=\sum_{i=1}^{n}x_ip_i$$
>
> (2) 분산
>
> $$\mathrm{V}(X)=\mathrm{E}((x-m)^2)=\sum_{i=1}^{n}(x_i-m)^2p_i$$
>
> $$=\mathrm{E}(X^2)-\{\mathrm{E}(X)\}^2$$
>
> (3) 표준편차
>
> $$\sigma(X)=\sqrt{\mathrm{V}(X)}$$

09 곡선과 좌표축 사이의 넓이   정답 ⑤

함수 $y=f(x)$의 그래프와 $y=g(x)$의 그래프는 직선 $y=x$에 대하여 대칭이므로 함수 $y=g(x)$의 그래프는 다음 그림과 같다.

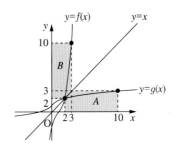

따라서 (A의 넓이)$=$(B의 넓이)이므로

$$\int_{2}^{10}g(x)dx=3\times 10-2\times 2-\int_{2}^{3}\{(x-1)^3+(x-1)\}dx$$

$$=26-\left[\frac{1}{4}x^4-x^3+2x^2-2x\right]_{2}^{3}=\frac{83}{4}$$

> **개념 체크체크**
>
> **역함수의 그래프**
>
> 함수 $y=f(x)$의 그래프와 그 역함수 $y=f^{-1}(x)$의 그래프는 직선 $y=x$에 대하여 대칭이다.

10 접선의 방정식의 활용
정답 ⑤

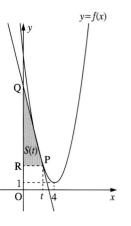

$f(x) = x^2 - 8x + 17$에서
$f'(x) = 2x - 8$
곡선 $y = f(x)$ 위의 점
$P(t, t^2 - 8t + 17)$에서의 접선의
방정식은
$y = (2t - 8)(x - t) + t^2 - 8t + 17$
$\therefore y = (2t - 8)x - t^2 + 17$
$1 \le t \le 3$에서 접선과 곡선의 그래프는 오른쪽 그림과 같으므로
$\overline{QR} = (-t^2 + 17) - (t^2 - 8t + 17)$
$\qquad = -2t^2 + 8t$
$\overline{RP} = t$

$\therefore S(t) = \frac{1}{2} \times \overline{QR} \times \overline{RP} = \frac{1}{2} \times (-2t^2 + 8t) \times t = -t^3 + 4t^2$

따라서 $S'(t) = -3t^2 + 8t = t(8 - 3t)$이므로

$S(t)$는 $t = \frac{8}{3}$일 때 최댓값을 갖는다.

───◀ 개념 체크체크 ▶───
접선의 방정식
함수 $f(x)$의 그래프의 위의 점 $(x_0, f(x_0))$에서의 접선의
방정식은
$y = f'(x_0)(x - x_0) + f(x_0)$

11 조건부확률
정답 ①

주민이 동양인일 사건을 A, 주민이 백인일 사건을 B, 주민이 흑인일 사건을 C라 하고 범인이 동양인이라고 판정한 사건을 E라고 하자.
$P(A \cap E) = P(A)P(E|A) = 0.1 \times 0.9 = 0.09$
$P(B \cap E) = P(B)P(E|B) = 0.8 \times 0.1 = 0.08$
$P(C \cap E) = P(C)P(E|C) = 0.1 \times 0.1 = 0.01$
$\therefore P(E) = P(A \cap E) + P(B \cap E) + P(C \cap E)$
$\qquad = 0.09 + 0.08 + 0.01 = 0.18$
따라서 구하는 확률은
$P(A|E) = \dfrac{P(A \cap E)}{P(E)} = \dfrac{0.09}{0.18} = \dfrac{1}{2}$

───◀ 개념 체크체크 ▶───
조건부확률
어떤 시행에서 표본공간 S의 확률이 0이 아닌 두 사건 A, B에 대하여 사건 A가 일어났다고 가정할 때, 사건 B가 일어날 확률을 사건 A가 일어났을 때의 사건 B의 조건부확률이라 하고, 기호로 $P(B|A)$와 같이 나타낸다.
$P(B|A) = \dfrac{P(A \cap B)}{P(A)}$ (단, $P(A) > 0$)

12 유리함수의 그래프
정답 ④

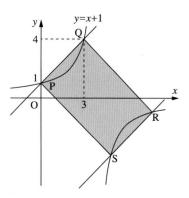

위의 그림에서 두 점 R, S의 좌표를 각각 $R(p, q)$, $S(r, s)$라 하자.
사각형 PQRS가 직사각형이므로
(직선 PQ의 기울기)=(직선 SR의 기울기)
(직선 PQ의 기울기)×(직선 PS의 기울기)=-1
(직선 PQ의 기울기)×(직선 QR의 기울기)=-1

직선 PQ의 기울기는 $\dfrac{4-1}{3-0} = \dfrac{3}{3} = 1$이므로

$\dfrac{q-s}{p-r} = 1$에서 $q - s = p - r$ ······ ㉠

$\dfrac{s-1}{r-0} = -1$에서 $s - 1 = -r$ ······ ㉡

$\dfrac{q-4}{p-3} = -1$에서 $q - 4 = -p + 3$

$\therefore p + q = 7$ ······ ㉢

한편 $\overline{PQ} = \sqrt{(3-0)^2 + (4-1)^2} = \sqrt{9+9} = 3\sqrt{2}$이고 직사각형
PQRS의 넓이는 30이므로
$\overline{PS} = 5\sqrt{2}$
즉 $\sqrt{r^2 + (s-1)^2} = 5\sqrt{2}$이므로
$r^2 + (s-1)^2 = 50$ ······ ㉣
㉠, ㉡, ㉢, ㉣을 연립하여 풀면
$r = -5$, $s = 6$, $p = -2$, $q = 9$ 또는
$r = 5$, $s = -4$, $p = 8$, $q = -1$
$\therefore R(-2, 9)$, $S(-5, 6)$ 또는
$\quad R(8, -1)$, $S(5, -4)$
또한, 이 직사각형의 대각선의 교점을 M이라 하면 두 점근선의 교점은 M이다.
(i) $R(-2, 9)$, $S(-5, 6)$인 경우
$\quad M\left(\dfrac{0+(-2)}{2}, \dfrac{1+9}{2}\right) = (-1, 5)$
이때 주어진 조건에서 함수 $y = f(x)$의 점근선의 방정식
$x = -c \, (c < 0)$에 모순이다.
(ii) $R(8, -1)$, $S(5, -4)$인 경우
$\quad M\left(\dfrac{8+0}{2}, \dfrac{1+(-1)}{2}\right) = (4, 0)$
(i), (ii)에서 $f(x) = \dfrac{ax+b}{x-4}$

이때 두 점 $P(0,\ 1)$, $Q(3,\ 4)$가 함수 $y=f(x)$의 그래프 위의 점이므로 각각 대입하여 풀면

$a=0,\ b=-4$

따라서 $f(x)=-\dfrac{4}{x-4}$이므로

$f(-2)=-\dfrac{4}{-2-4}=\dfrac{2}{3}$

◀개념 체크체크▶

좌표평면 위의 두 점을 지나는 직선의 기울기

좌표평면 위의 두 점 $A(a_1,\ a_2)$, $B(b_1,\ b_2)$를 지나는 직선의 기울기를 m이라 하면

$m=\dfrac{b_2-a_2}{b_1-a_1}$

13 수열의 수렴 조건   정답 ⑤

$\dfrac{a_n}{a_{n+1}}=\dfrac{\dfrac{(n!)^4}{(pn)!}}{\dfrac{\{(n+1)!\}^4}{\{p(n+1)\}!}}=\dfrac{(pn+1)(pn+2)\cdots(pn+p)}{(n+1)^4}$

$\displaystyle\lim_{n\to\infty}\dfrac{a_n}{a_{n+1}}$의 극한값이 존재하려면 분자는 n에 대한 4차식이어야 하므로 $p=4$

$\therefore \displaystyle\lim_{n\to\infty}\dfrac{a_n}{a_{n+1}}=\lim_{n\to\infty}\dfrac{(4n+1)(4n+2)(4n+3)(4n+4)}{(n+1)^4}$
$\qquad\qquad\qquad =4^4$

따라서 $\alpha=4^4$이므로

$\log_2\alpha=\log_2 4^4=\log_2 2^8=8$

◀개념 체크체크▶

$\dfrac{\infty}{\infty}$ 꼴의 수열의 극한이 존재하면 분모의 차수와 분자의 차수는 서로 같고, 이때 그 극한값은 최고차항의 계수의 비이다.

14 수학적 확률   정답 ③

모든 경우의 수는 $_8C_3=\dfrac{8\times7\times6}{3\times2\times1}=56$

각 꼭짓점에 대하여 오른쪽 그림과 같은 둔각삼각형이 각각 3개씩 생기므로 모든 둔각삼각형의 개수는

$3\times8=24$

따라서 구하는 확률은

$\dfrac{24}{56}=\dfrac{3}{7}$

◀개념 체크체크▶

수학적 확률

어떤 시행에서 표본공간 S의 각각의 원소가 일어날 가능성이 같은 정도로 기대될 때, 표본공간 S의 원소의 개수 $n(S)$와 사건 A의 원소의 개수 $n(A)$에 대하여 사건 A가 일어날 확률 $P(A)$를

$P(A)=\dfrac{n(A)}{n(S)}=\dfrac{(\text{사건 }A\text{가 일어나는 경우의 수})}{(\text{일어날 수 있는 모든 경우의 수})}$

로 정의하고, 이것을 표본공간 S에서 사건 A가 일어날 수학적 확률이라 한다.

15 조합을 이용한 확률   정답 ①

9개의 공에서 임의로 4개의 공을 동시에 꺼내는 전체 경우의 수는

$_9C_4=\dfrac{9\times8\times7\times6}{4\times3\times2\times1}=126$

네 수를 더해서 홀수가 되는 경우는 (짝, 짝, 짝, 홀) 또는 (짝, 홀, 홀, 홀)뿐이다.

(ⅰ) (짝, 짝, 짝, 홀)인 경우

네 수의 곱이 15의 배수이기 위해서는 홀수는 반드시 5이어야 하고, 짝수는 3의 배수인 수를 포함해야 하므로 반드시 6을 포함해야 한다.

따라서 나머지 세 개의 짝수가 적힌 공 중에서 두 개를 선택해야 하므로

$_3C_2=3$

(ⅱ) (짝, 홀, 홀, 홀)인 경우

① 짝수가 6일 때

15의 배수가 되기 위해서는 5를 항상 포함해야 하므로 나머지 네 개의 홀수가 적힌 공 중에서 2개의 공을 선택해야 한다.

$\therefore {}_4C_2=6$

② 짝수가 6이 아닐 때

15의 배수가 되기 위해서는 5를 항상 포함해야 하고 3 또는 9를 포함해야 한다.

- 3을 포함하고 9를 포함하지 않을 때,

1, 7에서 한 개, 2, 4, 8에서 한 개를 뽑아야 하므로

$_2C_1\times{}_3C_1=2\times3=6$

- 3을 포함하지 않고 9를 포함할 때,

1, 7에서 한 개, 2, 4, 8에서 한 개를 뽑아야 하므로

$_2C_1\times{}_3C_1=2\times3=6$

- 3과 9를 모두 포함할 때,

2, 4, 8에서 한 개를 뽑아야 하므로 $_3C_1=3$

(ⅰ), (ⅱ)에서 조건을 만족시키는 경우의 수는

$3+6+6+6+3=24$

따라서 구하는 확률은

$\dfrac{24}{126}=\dfrac{4}{21}$

함수의 최댓값과 최솟값

함수 $f(x)$가 닫힌 구간 $[a, b]$에서 연속일 때, $f(x)$의 최댓값과 최솟값은 다음과 같은 순서로 구할 수 있다.

❶ 구간 $[a, b]$에서 $f(x)$의 모든 극댓값과 극솟값을 구한다.

❷ 구간 양 끝값 $f(a)$, $f(b)$를 구한다.

❸ 극댓값, 극솟값, $f(a)$, $f(b)$ 중에서 가장 큰 값이 최댓값이고 가장 작은 값이 최솟값이다.

등비급수의 수렴과 발산

등비급수 $\sum_{n=1}^{\infty} ar^{n-1}$ $(a \neq 0)$은

(1) $|r| < 1$이면 수렴하고 그 합은 $\dfrac{a}{1-r}$ 이다.

(2) $|r| \geq 1$이면 발산한다.

---

16 등비급수의 합의 활용   정답 ⑤

규칙 2의 경로의 길이를 l이라고 하면 $l = t^{n-1}$이므로 경로의 길이는 등비수열을 이루고 있다.

정사각형 ABCD에서 $k < t < \dfrac{39}{40}$인 t에 의해 정해지는

P_0, P_1, P_2, P_3, $\cdots$ 중에서 무수히 많은 점들이 변 DA 위에 있다는 것은 $n \to \infty$에 대하여, 즉 적당한 자연수 N보다 큰 자연수 n에 대해서는 모든 점 P_n들이 $\overline{DA}$ 위에 있다는 것이다.

한편 $n \to \infty$에 대하여 경로의 길이의 합은 공비가 $t < 1$인 등비급수이므로 그 합은 $\dfrac{1}{1-t}$ 이다.

무수히 많은 점들이 $\overline{DA}$ 위에 있으려면

$$3 < \frac{1}{1-t} < 4,$$

$$7 < \frac{1}{1-t} < 8,$$

$$11 < \frac{1}{1-t} < 12,$$

$$\vdots$$

$$\therefore \ 4a-1 < \frac{1}{1-t} < 4a \ (단, \ a는 \ 자연수)$$

$4a-1 < \dfrac{1}{1-t} < 4a$에서

$$\frac{1}{4a} < 1-t < \frac{1}{4a-1}$$

$1 - \dfrac{1}{4a-1} < t < 1 - \dfrac{1}{4a}$ 이고 $k < t < \dfrac{39}{40}$ 이므로

$$\frac{39}{40} \leq 1 - \frac{1}{4a}, \ -\frac{1}{40} \leq -\frac{1}{4a}$$

$$\therefore \ a \geq 10$$

$k \geq 1 - \dfrac{1}{4a-1}$에서 k가 최소가 될 때는 a가 최소일 때이므로 $a = 10$을 대입하면

$$k \geq 1 - \frac{1}{4 \times 10 - 1} = \frac{38}{39}$$

따라서 구하는 실수 k의 최솟값은 $\dfrac{38}{39}$ 이다.

---

17 접선의 방정식 + 곡선과 직선 사이의 넓이   정답 ①

$y = x^3$에서 $y' = 3x^2$

곡선 $y = x^3$ 위의 점 (t, t^3+1)에서 그은 접선의 방정식은

$$y = 3t^2(x-t) + t^3 + 1$$

점 (a, b)는 접선 위의 점이므로

$$b = 3t^2(a-t) + t^3 + 1$$

이때 접선의 개수가 3이므로 $b = 3t^2(a-t) + t^3 + 1$을 만족시키는 t의 값의 개수는 3이어야 한다.

즉 삼차방정식 $3t^2(a-t) + t^3 + 1 - b = 0$,

$-2t^3 + 3at^2 + 1 - b = 0$의 실근이 3개가 존재해야 한다.

$f(t) = -2t^3 + 3at^2 + 1 - b$라 하면

$f'(t) = -6t^2 + 6at = -6t(t-a)$

$f'(t) = 0$에서 $t = 0$ 또는 $t = a$

이때 $f(t) = 0$의 근이 3개가 존재하려면

$f(0)f(a) = (1-b)(a^3 + 1 - b) < 0$을 만족해야 하므로

(ⅰ) $(1-b) < 0$, $(a^3 + 1 - b) > 0$ 인 경우

$\qquad 1 < b < 1 + a^3$

(ⅱ) $(1-b) > 0$, $(a^3 + 1 - b) < 0$인 경우

$\qquad a^3 + 1 < b < 1$

$\qquad$ 이때 조건 $0 \leq a \leq 1$에 모순이다.

(ⅰ), (ⅱ)에서 $1 < b < 1 + a^3$이므로 점 (a, b)가 나타내는 영역의 넓이는 오른쪽 그림에서 어두운 부분의 넓이와 같다.

따라서 구하는 넓이는

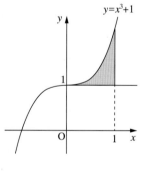

$$\int_0^1 (x^3 + 1)dx - 1$$

$$= \left[\frac{1}{4}x^4 + x \right]_0^1 - 1$$

$$= \frac{1}{4}$$

곡선 밖의 한 점에서의 접선의 방정식

곡선 밖의 한 점 $(p,\ q)$에서 곡선 $y=f(x)$에 그은 접선의 방정식은 다음의 순서로 구한다.

❶ 접점의 좌표를 $(a,\ f(a))$로 놓는다.

❷ 접선의 방정식 $y-f(a)=f'(a)(x-a)$에 점 $(p,\ q)$의 좌표를 대입하여 a의 값을 구한다.

❸ ❷의 접선의 방정식에 a의 값을 대입한다.

---

18 새로운 형태로 정의된 함수의 연속 정답 ②

$0<x<1$에서 $y=[4x]$와 $y=[6x]$의 함숫값을 각각 구하면

$$[4x]=\begin{cases}0 & \left(0<x<\dfrac{1}{4}\right)\\1 & \left(\dfrac{1}{4}\le x<\dfrac{1}{2}\right)\\2 & \left(\dfrac{1}{2}\le x<\dfrac{3}{4}\right)\\3 & \left(\dfrac{3}{4}\le x<1\right)\end{cases},\quad [6x]=\begin{cases}0 & \left(0<x<\dfrac{1}{6}\right)\\2 & \left(\dfrac{1}{6}\le x<\dfrac{1}{3}\right)\\3 & \left(\dfrac{1}{3}\le x<\dfrac{1}{2}\right)\\4 & \left(\dfrac{1}{2}\le x<\dfrac{2}{3}\right)\\5 & \left(\dfrac{2}{3}\le x<\dfrac{5}{6}\right)\\6 & \left(\dfrac{5}{6}\le x<\dfrac{6}{6}\right)\end{cases}$$

$0<x<1$에서는 $\left[\dfrac{x}{2}\right]=\left[\dfrac{x}{4}\right]=0$이므로 $f(x)=[4x]-[6x]$이고 이 구간에서 6개의 불연속점이 나타난다.

$1<x<2$, $2<x<3$, $3<x<4$, $4<x<5$에서도 마찬가지로 각각 6개의 불연속점이 나타나므로

$5\times 6=30$

$0<x<5$에서 $y=\left[\dfrac{x}{2}\right]$와 $y=\left[\dfrac{x}{4}\right]$의 함숫값을 각각 구하면

$$\left[\dfrac{x}{2}\right]=\begin{cases}0\ (0<x<2)\\1\ (2\le x<4)\\2\ (4\le x<5)\end{cases}\quad \left[\dfrac{x}{4}\right]=\begin{cases}0\ (0<x<4)\\1\ (4\le x<5)\end{cases}$$

이제 함수 $f(x)$의 $x=1$, $x=2$, $x=3$, $x=4$에서의 연속성을 알아 보자.

(i) $x=1$인 경우

$\displaystyle\lim_{x\to 1-}f(x)=3-5+0-0=-2$,

$\displaystyle\lim_{x\to 1+}f(x)=4-6+0-0=-2$

$f(1)=[4]-[6]+0-0=-2$이므로 $x=1$에서 연속이다.

(ii) $x=2$인 경우

$\displaystyle\lim_{x\to 2-}f(x)=7-11+0-0=-4$,

$\displaystyle\lim_{x\to 2+}f(x)=8-12+1-0=-3$

이므로 $x=2$에서 불연속이다.

(iii) $x=3$인 경우

$\displaystyle\lim_{x\to 3-}f(x)=11-17+1-0=-5$,

$\displaystyle\lim_{x\to 1+}f(x)=12-18+1-0=-5$

$f(3)=[12]-[18]+\left[\dfrac{3}{2}\right]-0=-5$이므로 $x=3$에서 연속이다.

(iv) $x=4$인 경우

$\displaystyle\lim_{x\to 4-}f(x)=15-23+1-0=-7$,

$\displaystyle\lim_{x\to 4+}f(x)=16-24+2-1=-7$

$f(4)=[16]-[24]+[2]-[1]=-7$이므로 $x=4$에서 연속이다.

(i)~(iv)에서 함수 $f(x)$가 불연속이 되는 점의 개수는 31이다.

함수의 연속과 불연속

(1) 함수의 연속

함수 $f(x)$가 실수 a에 대하여 다음 세 조건을 만족시킬 때, 함수 $f(x)$는 $x=a$에서 연속이라고 한다.

① 함수 $f(x)$는 $x=a$에서 정의되어 있다. 즉 $f(a)$의 값이 존재한다.

② $\displaystyle\lim_{x\to a}f(x)$의 값이 존재한다.

③ $\displaystyle\lim_{x\to a}f(x)=f(a)$

(2) 함수의 불연속

함수 $f(x)$가 $x=a$에서 연속이 아닐 때, 함수 $f(x)$는 $x=a$에서 불연속이라고 한다.

※ 함수 $f(x)$가 (1)의 세 조건 ①, ②, ③ 중 어느 한 조건이라도 만족하지 않으면 함수 $f(x)$는 불연속이다.

---

19 함수의 극한＋이차함수의 그래프와 직선의 위치 관계 정답 ①

(i) $-1<x<0$ 또는 $0<x<1$일 때

$\displaystyle\lim_{n\to\infty}x^{-2n}=\infty$, $\displaystyle\lim_{n\to\infty}x^{2n}=0$이므로

$f(x)=\displaystyle\lim_{n\to\infty}\dfrac{x(x^{2n}-x^{-2n})}{x^{2n}+x^{-2n}}=\lim_{n\to\infty}\dfrac{x(x^{4n}-1)}{x^{4n}+1}=-x$

(ii) $x<-1$ 또는 $x>1$일 때

$\displaystyle\lim_{n\to\infty}x^{-2n}=0$, $\displaystyle\lim_{n\to\infty}x^{2n}=\infty$이므로

$f(x)=\displaystyle\lim_{n\to\infty}\dfrac{x(x^{2n}-x^{-2n})}{x^{2n}+x^{-2n}}=\lim_{n\to\infty}\dfrac{x(1-x^{-4n})}{1+x^{-4n}}=x$

(iii) $x=-1$, $x=1$일 때

$\displaystyle\lim_{n\to\infty}x^{-2n}=1$, $\displaystyle\lim_{n\to\infty}x^{2n}=1$이므로

$f(x)=\displaystyle\lim_{n\to\infty}\dfrac{x(x^{2n}-x^{-2n})}{x^{2n}+x^{-2n}}=0$

$f(0)=0$이므로 (i), (ii), (iii)에서

$$f(x)=\begin{cases}-x & (-1<x<1)\\0 & (x=-1,\ x=1)\\x & (x<-1,\ x>1)\end{cases}$$

따라서 함수 $y=f(x)$의 그래프는 다음 그림과 같다.

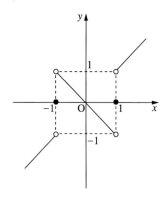

방정식 $f(x)=(x-k)^2$의 서로 다른 실근의 개수가 3이 되기 위해서는 함수 $y=(x-k)^2$의 그래프와 함수 $y=f(x)$의 그래프의 교점의 개수가 3이어야 한다.

즉 $k>0$인 k에 대하여 함수 $y=(x-k)^2$의 그래프와 함수 $y=-x$의 그래프의 교점의 개수가 2이어야 한다.

이차방정식 $(x-k)^2=-x$, 즉 $x^2+(1-2k)x+k^2=0$의 판별식을 D라 할 때 $D>0$이어야 하므로

$D=(1-2k)^2-4k^2>0$에서 $1-4k>0$

$\therefore k<\dfrac{1}{4}$

즉 $0<k<\dfrac{1}{4}$이므로

$a=0$, $b=\dfrac{1}{4}$

$\therefore a+b=\dfrac{1}{4}$

◁ 개념 체크체크 ▷

1. 두 함수의 그래프의 교점의 개수

두 함수 $y=f(x)$, $y=g(x)$의 그래프의 교점의 개수는 방정식 $f(x)=g(x)$의 실근의 개수와 같다.

2. 이차함수의 그래프와 직선의 위치 관계

이차함수 $y=ax^2+bx+c$의 그래프와 직선 $y=mx+n$의 위치 관계는 이차방정식 $ax^2+bx+c=mx+n$, 즉 $ax^2+(b-m)x+c-n=0$의 판별식 D의 부호에 따라 다음과 같이 결정된다.

(1) $D>0$이면 서로 다른 두 점에서 만난다.

(2) $D=0$이면 한 점에서 만난다(접한다).

(3) $D<0$이면 서로 만나지 않는다.

---

20 집합 사이의 포함 관계 + 경우의 수

$A=\{(f\circ f)(x)|x\in X\}$, $B=\{f(x)|x\in X\}$라 하면
집합 A는 $\{1, 2, 3\}$, $\{1, 2, 3, 4\}$, $\{1, 2, 3, 5\}$, $\{1, 2, 3, 4, 5\}$가 될 수 있다.

(i) $A=\{1, 2, 3\}$, $B=\{1, 2, 3\}$인 경우

$f(1)$, $f(2)$, $f(3)$의 값은 1, 2, 3에 하나씩 대응되어야 하므로

$3!=3\times 2\times 1=6$

$f(4)$의 값이 될 수 있는 것은 1, 2, 3의 3가지

$f(5)$의 값이 될 수 있는 것은 1, 2, 3의 3가지

따라서 함수 f의 개수는

$6\times 3\times 3=54$

(ii) $A=\{1, 2, 3\}$, $B=\{1, 2, 3, 4\}$인 경우

$B=\{1, 2, 3, 4\}$이므로

$f(5)=4$

$f(1)$, $f(2)$, $f(3)$, $f(4)$의 값은 1, 2, 3에 대응되어야 하므로

$_4C_2\times 3!=36$

따라서 함수 f의 개수는

$1\times 36=36$

(iii) $A=\{1, 2, 3\}$, $B=\{1, 2, 3, 5\}$인 경우

(ii)와 마찬가지로 함수 f의 개수는

$1\times 36=36$

(iv) $A=\{1, 2, 3, 4\}$, $B=\{1, 2, 3, 4\}$인 경우

$f(1)$, $f(2)$, $f(3)$, $f(4)$의 값은 1, 2, 3, 4에 하나씩 대응되어야 하므로

$4!=4\times 3\times 2\times 1=24$

$f(5)$의 값이 될 수 있는 것은 1, 2, 3, 4의 4가지

따라서 함수 f의 개수는

$24\times 4=96$

(v) $A=\{1, 2, 3, 5\}$, $B=\{1, 2, 3, 5\}$인 경우

(iv)와 마찬가지로 함수 f의 개수는

$24\times 4=96$

(vi) $A=\{1, 2, 3, 4, 5\}$, $B=\{1, 2, 3, 4, 5\}$인 경우

$f(1)$, $f(2)$, $f(3)$, $f(4)$, $f(5)$의 값은 1, 2, 3, 4, 5에 하나씩 대응되어야 하므로

$5!=5\times 4\times 3\times 2\times 1=120$

(i)~(vi)에서 구하는 함수 f의 개수는

$54+36+36+96+96+120=438$

◁ 개념 체크체크 ▷

합집합

두 집합 A, B에 대하여 A에 속하거나 B에 속하는 원소로 이루어진 집합

즉 $A\cup B=X$이면 $A\subset X$, $B\subset X$이다.

---

21 자연수의 거듭제곱의 합＋수열의 극한값의 계산   정답 7

(주어진 식)

$$= \lim_{n\to\infty} \frac{1}{n^3} \sum_{k=1}^{n} (n+3k)^2$$

$$= \lim_{n\to\infty} \frac{1}{n^3} \sum_{k=1}^{n} (n^2+6kn+9k^2)$$

$$= \lim_{n\to\infty} \frac{1}{n^3} \left(\sum_{k=1}^{n} n^2 + \sum_{k=1}^{n} 6kn + \sum_{k=1}^{n} 9k^2 \right)$$

$$= \lim_{n\to\infty} \frac{1}{n^3} \left\{ n^2 \times n + 6n \times \frac{n\times(n+1)}{2} + 9 \times \frac{n\times(n+1)\times(2n+1)}{6} \right\}$$

$$= \lim_{n\to\infty} \frac{1}{n^3} \left\{ 7n^3 + \frac{15}{2}n^2 + \frac{3}{2}n \right\}$$

$$= 7$$

> **개념 체크체크**
>
> **자연수의 거듭제곱의 합**
>
> (1) $\displaystyle\sum_{k=1}^{n} k = 1+2+3+\cdots+n = \frac{n(n+1)}{2}$
>
> (2) $\displaystyle\sum_{k=1}^{n} k^2 = 1^2+2^2+3^2+\cdots+n^2 = \frac{n(n+1)(2n+1)}{6}$
>
> (3) $\displaystyle\sum_{k=1}^{n} k^3 = 1^3+2^3+3^3+\cdots+n^3 = \left\{ \frac{n(n+1)}{2} \right\}^2$

22 수열의 합과 일반항 사이의 관계＋수열의 귀납적 정의   정답 13

$S_n + S_{n+1} = (a_{n+1})^2$

$S_{n+1} - S_n = a_{n+1}$이므로 위 두 식을 연립하여 풀면

$$S_{n+1} = \frac{a_{n+1}+(a_{n+1})^2}{2} \ (n \geq 1)$$

$S_2 = \dfrac{a_2+(a_2)^2}{2}$에서 $2(10+a_2) = a_2+(a_2)^2$

$(a_2)^2 - a_2 - 20 = 0$, $(a_2-5)(a_2+4)=0$

$\therefore a_2 = 5 \ (\because a_2 > 0)$

한편 $n \geq 2$에 대하여

$a_{n+1} = S_{n+1} - S_n = \dfrac{a_{n+1}+(a_{n+1})^2}{2} - \dfrac{a_n+(a_n)^2}{2}$이므로

$2a_{n+1} = \{ a_{n+1}+(a_{n+1})^2 - a_n - (a_n)^2 \}$

$(a_{n+1})^2 - a_{n+1} - a_n(a_n+1) = 0$

$(a_{n+1}+a_n)(a_{n+1}-a_n-1) = 0$

$a_{n+1}+a_n > 0$이므로 $a_{n+1}-a_n-1=0$

$\therefore a_{n+1} = a_n + 1 \ (n \geq 2)$

따라서 $a_n = a_{n-1} + 1 = a_{n-2} + 2 = \cdots = a_2 + n - 2$이므로

$a_{10} = a_2 + 8 = 5 + 8 = 13$

> **개념 체크체크**
>
> **수열의 합과 일반항 사이의 관계**
>
> 수열 $\{a_n\}$에서 첫째항부터 제 n항까지의 합을 S_n이라 하면
>
> $$\begin{cases} a_1 = S_1 \\ a_n = S_n - S_{n-1} \ (n \geq 2) \end{cases}$$

23 로그의 성질＋부등식 영역   정답 172

주어진 부등식의 양변에 밑이 10인 로그를 취하면

$\log 10^{10} \leq \log 2^x 5^y$ 이므로

$10 \leq x\log 2 + y\log 5$

$10 \leq 0.3x + 0.7y$

한편 $x^2+y^2 = k^2$이라 하면 이것은 중심이 점 $(0,\,0)$이고 반지름의 길이가 k인 원이다.

직선 $3x+7y-100 = 0$과 중심 $(0,\,0)$ 사이의 거리가 k일 때 최소이므로

$m = k^2$

즉 $k = \dfrac{|-100|}{\sqrt{3^2+7^2}} = \dfrac{100}{\sqrt{58}}$ 이므로

$m = \left(\dfrac{100}{\sqrt{58}} \right)^2 = \dfrac{10000}{58} = 172.41379 \cdots$

따라서 m의 정수 부분은 172이다.

> **개념 체크체크**
>
> **점과 직선 사이의 거리**
>
> 직선 $ax+by+c = 0$과 점 $(x_1,\,y_1)$ 사이의 거리 d는
>
> $$d = \frac{|ax_1+by_1+c|}{\sqrt{a^2+b^2}}$$

24 미분가능과 연속   정답 3

함수 $f(x)$가 모든 실수 x에 대하여 미분가능하면 모든 실수 x에 대하여 연속이다.

즉 $f(0) = 1 = g(0)$, $f(2) = 1 = g(2)$이어야 한다.

$\displaystyle\lim_{x\to 0+} \frac{g(x)-g(0)}{x} = \lim_{x\to 0-} \frac{f(x)-f(0)}{x} = 1$ 이므로

$g'(0) = 1$

$\displaystyle\lim_{x\to 2-} \frac{g(x)-g(2)}{x-2} = \lim_{x\to 2+} \frac{f(x)-f(2)}{x-2} = k$ 이므로

$g'(2) = k$

함수 $f(x)$는 $x \leq 0$에서 위로 증가하는 일차함수이고, $x \geq 2$에서 위로 증가하는 일차함수 (k는 자연수)이므로 $f(x)$가 미분가능하기 위한 $g(x)$의 가장 낮은 차수는 3차이다.

$g(x) = ax^3+bx^2+cx+d$라 하면

$g'(x) = 3ax^2+2bx+c$

$g(0)=1$, $g'(0)=1$이므로 $d=1$, $c=1$

$g(2)=1$이므로 $g(2) = 8a+4b+3 = 1$

즉 $4b = -8a - 2$ ····· ㉠

$g'(x) = 3ax^2 + 2bx + 1$이므로

$g'(2) = 12a + 4b + 1 = k$ ····· ㉡

㉡에 ㉠을 대입하면

$k = 4a - 1$

$\dfrac{1}{4} < g(1) < \dfrac{3}{4}$, 즉 $1 < 4a + 4b + 8 < 3$이므로

㉠을 대입하면

$1 < -4a + 6 < 3$

$2 < 4a - 1 < 4$

$\therefore 2 < k < 4$ ($\because$ ㉡)

따라서 구하는 자연수 k의 값은 3이다.

25 같은 것이 있는 순열 + 여사건 정답 40

오른쪽으로 가면 a, 위쪽으로 가면 b의 문자로 나타낼 때 A에서 B로 가는 최단경로는 a, a, a, a, a, b, b, b를 일렬로 나열한 것과 일대일대응된다.

전체 경우의 수는 $\dfrac{8!}{5!3!} = 56$

2개의 a의 순서쌍 (a, a)를 한 개의 a로 생각한다고 할 때 가로 또는 세로의 길이가 3 미만인 직선 구간을 포함하는 경우는

$a, a, a, (a, a)$와 $a, (a, a), (a, a)$로 나누어 구할 수 있다.

(ⅰ) $a, a, a, (a, a)$인 경우

□b□b□b□의 □자리에 $a, a, a, (a, a)$가 들어 가는 경우의 수는 $\dfrac{4!}{3!} = 4$

(ⅱ) $a, (a, a), (a, a)$인 경우

□b□b□b□의 □자리에 $a, (a, a), (a, a)$가 들어 가는 경우의 수는 $_4\mathrm{C}_3 \times \dfrac{3!}{2!} = 12$

(ⅰ), (ⅱ)에서 구하는 경우의 수는

$56 - (4 + 12) = 40$

배우기만 하고 생각하지 않으면 얻는 것이 없고, 생각만 하고 배우지 않으면 위태롭다.

- 공자 -

우리가 해야 할 일은 끊임없이 호기심을 갖고 새로운 생각을 시험해보고 새로운 인상을 받는 것이다.

- 월터 페이터-

2026 시대에듀 경찰대학 7개년 기출문제 다잡기
[국어 · 영어 · 수학]

개정18판1쇄 발행	2025년 02월 10일(인쇄 2024년 12월 12일)
초 판 발 행	2007년 06월 15일(인쇄 2007년 04월 10일)
발 행 인	박영일
책 임 편 집	이해욱
편 저	시대특수대학연구소
편 집 진 행	박종옥 · 김희현
표지디자인	김지수
편집디자인	김기화 · 임창규
발 행 처	(주)시대교육
공 급 처	(주)시대고시기획
출 판 등 록	제10-1521호
주 소	서울시 마포구 큰우물로 75 [도화동 538 성지 B/D] 9F
전 화	1600-3600
팩 스	02-701-8823
홈 페 이 지	www.sdedu.co.kr
I S B N	979-11-383-8499-5(53370)
정 가	28,000원